Maria Anastasiadis
Soziale Organisationen als Partizipationsräume

Maria Anastasiadis

Soziale Organisationen als Partizipationsräume

Zwischen Aktivierung, Ökonomisierung und Gestaltung: Perspektiven für die Soziale Arbeit

BELTZ JUVENTA

Die Autorin
Maria Anastasiadis, Jg. 1973, Mag. Dr., ist Assoz. Prof. im Arbeitsbereich Sozialpädagogik am Institut für Erziehungs- und Bildungswissenschaft der Karl-Franzens-Universität Graz. Ihre Arbeitsschwerpunkte sind Soziale Organisationen und deren Beiträge zur Partizipation und Sozialen Innovation; wohlfahrtsstaatliche sowie arbeitsgesellschaftliche Wandlungsprozesse; Soziale Arbeit und nachhaltige Entwicklung; partizipative Forschung.

Gefördert durch:
Fachverband für akademische Sozialpädagogik

Universität Graz　Land Steiermark　Stadt Graz

UNI GRAZ　Das Land Steiermark　GRAZ

FSC www.fsc.org MIX Papier aus verantwortungsvollen Quellen FSC® C089473

Dieses Buch ist erhältlich als:
ISBN 978-3-7799-3951-1 Print
ISBN 978-3-7799-5224-4 E-Book (PDF)

1. Auflage 2019

Satz: text plus form, Dresden
Herstellung: Ulrike Poppel
Druck und Bindung: Beltz Grafische Betriebe, Bad Langensalza
Printed in Germany

Weitere Informationen zu unseren Autor_innen und Titeln finden Sie unter: www.beltz.de

Inhalt

1 Einführung

Zurzeit erfährt Partizipation in zahlreichen gesellschaftlichen Segmenten sowie in alltagspraktischen und wissenschaftlichen Diskursen eine Konjunktur. Der aktuell wahrnehmbare Trend zur Partizipation kann zum einen als paradigmatische Antwort auf die dem gesellschaftlichen Wandel geschuldeten „Entgrenzungen" (Böhnisch, Schröer & Thiersch 2005, S. 96) gelesen werden, mit der Formen der Gemeinschaft, lokalen Beteiligung und Solidarität (wieder-)belebt werden. Zum anderen kann in Zeiten aktivierender Sozialstaatsideologien darin ein programmatischer Rückgriff auf die Selbstverantwortungskräfte der BürgerInnen gesehen werden (vgl. Böhnisch & Schröer 2002, S. 47; Dahme & Wohlfahrt 2005a, S. 1; Galuske 2008b, S. 209). Diese Widersprüchlichkeit zwischen Paradigma und Programmatik durchdringt das gegenwärtige Partizipationsverständnis. Vor diesen Hintergründen erweist sich die Gestaltung von Beteiligungsprozessen in den lebensweltlich orientierten und systemisch induzierten Handlungskontexten der Sozialen Arbeit[1] (vgl. Rauschenbach 1999, S. 103) als besonders herausfordernd.

Wie der Titel der Studie ankündigt, bildet eine kritische Betrachtung von suppressiv wirkenden politischen Steuerungs- und Aktivierungsmechanismen in Handlungsfeldern der Sozialen Arbeit den Kern. Diesen werden alternative Strategien als Zukunftsperspektiven gegenübergestellt, die insbesondere auf Gestaltung abzielen und eine ermöglichende Partizipation in den Blick nehmen.

In der Analyse wird der Fokus auf Soziale Organisationen gelegt. Sie werden als jene spezifischen Orte der Sozialen Arbeit verstanden, die als Dritt-Sektor-Organisationen nicht unter öffentlicher Trägerschaft agieren und auf nicht-gewinnmaximierender Basis soziale Dienstleistungen unterschiedlichster Art für eine Vielzahl von Personengruppen anbieten. Aufgrund ihrer intermediären Position zwischen Staat, Markt und Nachbarschafts- bzw. Familienökonomie ist davon auszugehen, dass sich in ihnen multiple Partizipationsräume öffnen, in denen sowohl lebensweltliche als auch strukturelle und professionelle Gestaltungspotenziale liegen. Idealtypisch gedacht geht es einerseits um die Beteiligung und Befähigung der AdressatInnen, andererseits um Engagierte bzw. Pro-

1 Sozialarbeit und Sozialpädagogik werden in dieser Arbeit, wie mittlerweile üblich, als Soziale Arbeit zusammengefasst (vgl. Thiersch 2008, S. 976; Thole 2010, S. 20). Damit wird eine Überkategorie für die in der Praxis nach wie vor in einigen Bereichen different gelebten Berufsbilder – der erzieherischen Hilfen und der behördlichen Sozialarbeit – geschaffen (vgl. Hamburger 2003, S. 21; Scheipl 2016, S. 5).

fessionistInnen in Sozialen Organisationen selbst, die an der Ausgestaltung von politischen Vorhaben beteiligt sein können.

Diese grundlegende These wird in einem ersten Schritt sukzessive theoretisch spezifiziert. In einem zweiten Schritt wird sie empirisch an einem ausgewählten Forschungskontext – an ‚ecologically oriented work integration social enterprises' (ECO-WISE) – nachgezeichnet und fundiert.

So wird in *Kapitel 2* das Partizipationsdiskursgebiet erkundet. Es werden partiell ‚Untiefen und Tiefen' ausgelotet sowie unterschiedliche Partizipationsräume in der Sozialen Arbeit identifiziert. Damit gilt es, die vielfache und differente Verwendung des „ungeschützten Begriffes" (Zychlinski 2012, S. 93) in ihren Umrissen zu erkennen, die Vielschichtigkeit und Komplexität von Partizipation kartografisch anzudeuten und sie so reflektierender Analysen zugänglich zu machen. Dazu wird zunächst in einer interdisziplinären Gangart gezeigt, dass Partizipation kein neuer Trend ist, sondern ein konstitutives Merkmal der Demokratie darstellt, das in Rechtsmaterien sowie administrativen Empfehlungen verankert ist. Des Weiteren wird die Nähe zu anderen, mit dem Partizipationsbegriff oftmals synonym verwendeten demokratischen Praktiken, wie beispielsweise Demokratisierung, Inklusion, Integration, Emanzipation und Kooperation, diskutiert. Zudem werden Partizipationsparameter herausgeschält, die als Schablonen für die empirischen Arbeiten herangezogen werden. Dabei wird zwischen unterschiedlichen Beteiligungsdimensionen, -formaten, -intensitäten und -determinanten differenziert. In einem dritten Schritt wird der Blick auf die Partizipationsvariationen der Sozialen Arbeit gerichtet. Es wird darauf verwiesen, dass Partizipation in der Sozialen Arbeit eine lange Tradition hat und aktuell als Handlungsprinzip zahlreiche fachliche Orientierungskonzeptionen durchdringt. Darin ist zu erkennen, dass der Begriff vorwiegend mit Blick auf die Erweiterung von Partizipationschancen der AdressatInnen diskutiert wird. Diese parzellierte Konnotation verstellt allerdings die Sicht auf eine umfassende, die Engagementtradition und die Entwicklung der Profession als Ganzes wahrnehmende Partizipationsversion. Auch wenn es zunächst irritieren mag, wird eine solche vorgeschlagen. Es werden bewusst die Diskursstränge der AdressatInnenpartizipation mit denen zum ‚sozialen Kapital' und zur ‚Gestaltung des Sozialen' zusammengedacht und in ein Raummodell des partizipativen Handelns eingepasst, zumal erst damit die multiplen Partizipationsräume von Sozialen Organisationen mit ihren vielfältigen Facetten, Widersprüchlichkeiten und Überschneidungen umfassend erschließbar werden. Abschließend werden die Elemente der weitgehend kursorischen Untiefen- und Tiefenerkundung zu einem breiten Begriffsverständnis verdichtet und grafisch kartografiert. Die darin erkennbaren Markierungen bilden die Ausgangspunkte für spezifischere Erkundungen, die Gegenstand der folgenden Abschnitte sind.

In *Kapitel 3* wird das der Arbeit zugrunde liegende breite Verständnis von Partizipation um die dynamische Komponente erweitert. Partizipation wird als

‚Beziehung' gedacht und in analytische Kategorien transformiert. Der bereits in Kapitel 2 aufgespürte, dem Begriff implizite Dualismus zwischen handlungs- und strukturgeleiteten respektive emanzipativ-systemverändernden und integrativ-systemerhaltenden Partizipationsmotiven wird in Anlehnung an die ‚Theorie der Strukturierung' nach Giddens (1997) theoretisch verbunden. Dadurch öffnet sich der Blick für einen nicht im Widerspruch verhafteten Zugang. Partizipation wird in diesem Sinne als spezifische soziale Praxis verstanden, die in demokratische Strukturen eingelassen ist und von Strukturprinzipien respektive gesellschaftspolitischen Partizipationsschattierungen umrahmt ist. Die darauf zurückzuführenden Widersprüche und Konflikte gelten wiederum als Partizipationsmotive, um durch Partizipation demokratische Strukturen zu gestalten. Die hier entwickelten Komponenten zur Analyse von Partizipationsphänomenen sind eingepasst in ein Partizipationsanalyse-Rahmenmodell, in dem die in Kapitel 2 kartografierten Parameter integriert sind. Das Modell dient als Vorlage für die Diskussion der empirischen Ergebnisse in Kapitel 7, wodurch es eine empirische Plausibilisierung erfährt.

In *Kapitel 4* stehen die gesellschaftspolitischen Partizipationsschattierungen sowie die darin eingelagerten Widersprüche im Zentrum, in denen sich Partizipationsbeziehungen formen. Es werden die für die gegenständliche Forschung relevanten gesellschaftlichen Dynamiken sowie der Umgang damit in unterschiedlichen wohlfahrtsstaatlichen Kontexten detaillierter skizziert. Zentral herausgestellt sind die Widerspruchskonstellationen zwischen Individualisierung und Solidarisierung, Globalisierung und Regionalisierung, wirtschaftlichem Wachstum und ökologischer Gefährdung sowie Flexibilisierung und Kontinuität in der Erwerbsgesellschaft. In der Folge sind wegweisende politische Strategien portraitiert, die an der Auflösung der genannten Widersprüche ansetzen. Die Politik des ‚dritten Weges' (Giddens 1999b) und die Konzeption einer ‚nachhaltigen Gesellschaft' (WCED 1987) gelten als aktuelle Schablonen mit weitreichenden realpolitischen Transformationen. Diese wirken insbesondere auf die strukturelle Rahmung von Sozialen Organisationen insgesamt und ECO-WISE im Besonderen. Dahingehend werden Realisierungskonsequenzen an Ausschnitten kritisch diskutiert. In den Blick genommen werden die Veränderungen in der Arbeitsmarktpolitik mit ihren aktivierenden Zügen, neue Steuerungsmechanismen der öffentlichen Verwaltung mit ökonomisierenden Tendenzen sowie lokale Governance Strategien, mit denen sich das Verantwortungsgefüge zwischen globalen und lokalen Prozessen neu durchmustert. In diesen Entwicklungen ist eine Betonung der integrativ-systemerhaltenden Partizipationskonnotation nachweisbar. In Erweiterung dazu wird auf die „Politik der Bewältigung" (Böhnisch & Schröer 2001, S. 226 ff.) respektive des „gestaltenden Sozialstaates" (Böhnisch & Schröer 2002, S. 181 ff.) Bezug genommen, mit denen in einer fragmentarischen Gangart alternative Wege aus der Perspektive der Sozialen Arbeit eingemahnt werden.

Im *Kapitel 5* werden schließlich Soziale Organisationen definiert und umfassend charakterisiert. Dem rekursiven Wirkungsgefüge zwischen ihnen und ihren Umwelten wird dabei besondere Aufmerksamkeit geschenkt. Dazu wird zunächst das der Arbeit zugrunde liegende Verständnis von Sozialen Organisationen als soziale DienstleistungserbringerInnen im und in der Nähe des Dritten Sektors vermittelt. Zudem werden ihre Charakteristika als wirtschaftlich und sozial handelnde Organisationen vor den Hintergründen zentraler theoretischer Zugänge diskutiert – des Dritt-Sektor-, Non-Profit- und Social-Economy-Ansatzes sowie der Solidarischen-Ökonomie-, Social-Entrepreneurship- und Social-Enterprises-Figuration. Spuren dieser Konzeptionen werden anschließend in der nationalen Diskurslandschaft gesucht und abschließend in einer Organisationstypologie verdichtet. Im Weiteren wird die Institutionalisierung von Sozialen Organisationen vor der Matrix unterschiedlicher theoretischer Erklärungsmodelle diskutiert. Herangezogen werden dazu historische, beziehungsanalytische und organisationstheoretische Erklärungstypologien. Konsekutiv wird ihre österreichspezifische Entfaltung in der Spannung zwischen wohlfahrtsstaatlichen Entwicklungen und sozialen Bewegungen mit ihren Organisationen in vier Phasen – von ihren Ursprüngen bis zum ‚Welfare-Market' – in groben Zügen nachgezeichnet. Diese historische Spurensuche ist für das Verständnis der Institutionalisierungsprozesse von ECO-WISE von Bedeutung, da sich diese als spezifisches Segment von Sozialen Organisationen in den sich über lange Strecken etablierenden Strukturen und Kulturen entwickelten. Insgesamt zeigt sich, dass Soziale Organisationen aus gesellschaftlichen Problemlagen und Bedürfnissen erwachsene Räume darstellen, die (Mit-)Gestaltungsoptionen für unterschiedliche Akteure eröffnen, wobei in diesen Räumen die Möglichkeiten zur Partizipation einmal weiter und einmal enger gerahmt sind. In diesen Erkenntnissen bestätigt sich die in Kapitel 2 betonte Relevanz, Partizipation in der Sozialen Arbeit über den AdressatInnenfokus hinaus in organisationale und strukturelle Gegebenheiten hinein zu denken. Indem das Augenmerk auf Partizipationsräume gelegt wird, die sich in Sozialen Organisationen erschließen lassen, werden die darin eingelagerten adressatInnenbezogenen als auch strukturell-strategischen Gestaltungspotenziale erkennbar, die durch die Profession und durch Engagement im Kollektiv entfaltet werden (vgl. Anastasiadis 2015, S. 48).

In *Kapitel 6* wird von den theoretischen Weiten in die empirischen Tiefen übergeleitet. In einem ersten Schritt wird das Handlungsfeld ‚Soziale Arbeit bei Arbeitslosigkeit' spezifiziert. Dabei wird auf theoretisch-strukturelle und empirisch-reflexive Arbeiten Bezug genommen, entlang derer Zielstellungen, Orientierungen und Widersprüche herausgeschält werden. In einem zweiten Schritt wird der Blick auf das für die Forschungsarbeiten zentrale Segment von arbeitsmarktintegrativen Hilfen mit ökologischer Fokussierung gelegt. ECO-WISE werden zunächst in ihrer strukturellen Rahmung portraitiert, wobei ihre sozialen, ökonomischen und ökologischen Charakteristika sowie ihre partizipative Unternehmensstruktur auf Basis einschlägiger Richtlinien und Studien definiert werden. Es zeigt sich, dass sie zusätzlich zu ihrer sozialintegrativen Funktion einen wichtigen Beitrag zur Entwicklung regionalökonomischer Strukturen und ökologischer Lebensweisen leisten können. Mit diesen Attributen können sie sich zum einen als prototypische Nachhaltigkeitsakteure profilieren. Zum anderen können sie aufgrund ihrer multiprofessionellen Performance und ihrer partizipativen Unternehmensstruktur plurale Beteiligungsräume eröffnen. In diesen ermöglichen sich über die arbeitsmarktintegrative Blickrichtung hinaus additiv Kooperationen mit ökologischen und ökonomischen Stakeholdern, wodurch ein horizontales Handeln im thematischen Querschnitt theoretisch möglich und empirisch rekonstruierbar wird. Im weiteren Verlauf des Kapitels werden die leitenden Forschungsfragen spezifiziert und es wird der teilpartizipative Forschungszugang, der in ein zyklisches, multimethodales Design eingebettet ist, erläutert. Mit Blick auf die Forschungsfragen gilt es zu eruieren, wie Soziale Organisationen – hier ECO-WISE – in Zeiten der Globalisierung, Ökonomisierung und Aktivierung zwischen gesellschaftlichen Institutionen und subjektiven Lebenswelten gestaltend vermitteln können und wie insbesondere ProfessionistInnen in diesen Organisationen als an der Lebenswelt orientierte Akteure ihre Partizipationsmöglichkeiten in regionalen strategischen Planungsprozessen wahrnehmen und weiterentwickeln können. Zur Ergründung dieser Fragen wird das spezifische Organisationsspektrum der ECO-WISE zunächst mit einem Mixed-Methods-Zugang erschlossen. Im Weiteren werden mit einem an die Delphi-Technik angelehnten teilpartizipativen Vorgehen darin eingelagerte Partizipations- und Gestaltungspotenziale herausgearbeitet, die in einem multiprofessionellen regionalen Think-Tank mit Blick in die Zukunft weiterentwickelt werden. In einer diesen Abschnitt abrundenden Reflexion des gewählten Forschungsdesigns werden ergänzend Überlegungen für die Adaptierung partizipativer Zugänge in der sozialpädagogischen Forschung diskutiert. Abschließend wird ein Ausblick auf die Ergebnisinterpretation gegeben.

In den empirischen Arbeiten der Studie *(Kapitel 7)* wird der Fokus auf den in Kapitel 2 ausgewiesenen strategisch-planerischen Partizipationsraum gelegt, wobei den Kategorien und Parametern des in Kapitel 3 entwickelten Partizipationsanalyse-Rahmenmodells im Praxisfeld der ECO-WISE nachgegangen wird. Für die Interpretation sind die Kategorien in ein prozessual-interaktionistisches Schema gegossen, das angelehnt ist an das paradigmatische Modell des axialen Kodierens der Grounded Theory (vgl. Strauss & Corbin 1996, S. 75 ff.), in dem die Entfaltung von ECO-WISE als regionale Nachhaltigkeitsakteure als zu betrachtendes Phänomen ins Zentrum gestellt ist. Diese Variante wurde aus zweierlei Gründen gewählt: Zum einen galt es, den zyklischen Charakter des Forschungsprozesses bewusst im Interpretationsprozess weiterzuführen. Zum anderen sollte die thematische Komplexität nicht vorschnell reduziert, sondern zunächst aus unterschiedlichen Perspektivierungen heraus sichtbar gemacht und erst dann verdichtet werden. Folglich bilden nicht selektive, in sich abgeschlossene thematische Stränge die ‚Storyline', sondern die kausalen, kontextuellen und intervenierenden Bedingungen, die eruierbaren Handlungsstrategien und die daraus ableitbaren Konsequenzen. In diesen reifen zentrale Querschnittsthemen wie beispielsweise der ‚Spannungsbogen zwischen Inklusions- und Integrationsansprüchen' im kanonischen Stil heran. Sie entfalten sich so sukzessive unter jeweils anderen Fokussierungen, woraus schließlich empirisch und theoretisch gestützte Vorschläge für den Umgang damit entwickelt werden können.

So werden in *Kapitel 7.1* auf Basis qualitativer ExpertInnengespräche mit inhaltsanalytischer Auswertung zunächst die kausalen Bedingungen spezifiziert. Die Entwicklung von ECO-WISE wird im nationalen Kontext nachgezeichnet, wobei die Eigenschaften und Dimensionen dieses Institutionalisierungsprozesses durchleuchtet sowie partizipative Gestaltungsmöglichkeiten und -grenzen ergründet werden. In *Kapitel 7.2* stehen die kontextuellen Bedingungen im Zentrum. Es werden die sozialen, ökonomischen, ökologischen und organisationsspezifischen Partizipationspotenziale anhand einer quantitativen Strukturanalyse inklusive Trenderhebung deskriptivstatistisch ausgewiesen, wobei auch die Einflussrelevanz unterschiedlicher Stakeholdergruppen bewertet wird. Im Anschluss an diese, das Phänomen charakterisierende Analyse werden auf der Grundlage des teilpartizipativ angelegten regionalen Zukunftsgestaltungsprozesses, in dem die Delphi-Technik adaptiert wurde, intervenierende Bedingungen identifiziert, aktuelle Handlungsstrategien eruiert und Konsequenzen für eine Optimierung ihrer gestaltenden Partizipationselemente als regionale Nachhaltigkeitsakteure erarbeitet. Dazu werden in *Kapitel 7.3* aktuelle sowie zukünftige Herausforderungen und Chancen von den organisationalen VertreterInnen spezifiziert. Diese leiten sich aus den operativen Spannungszonen ab, die sich in der Dynamik zwischen Inklusion und Integration, ökonomischen Quantitäten und sozialen Qualitäten sowie dem Ausbalancieren von ökologischen, sozialen und ökonomischen Ansprüchen bewegen. Sie lassen sich nach einem inhaltsanalytischen Vorgehen in 15 Szenarien verdichten. In *Kapitel 7.4* werden Handlungs- und Interaktionsstrategien gefiltert, mit denen ECO-WISE den Herausforderungen begegnen, um ihre Chancen zu entfalten. Diese konnten im Zuge der multiprofessionellen Think-Tank-Diskussionen aufgespürt werden, in die ECO-WISE-VertreterInnen und RepräsentantInnen relevanter Stakeholdergruppen involviert waren. Es ließen sich drei Perspektiven ermitteln, die von den am Think-Tank beteiligten DiskutantInnen gemeinsam getragen werden, wenn sich auch nach einer Analyse der Diskursorganisation (vgl. Bohnsack & Schäffer 2013, S. 332; Loos & Schäffer 2001, S. 64ff.) tendenziell Differenzen in den Herangehensweisen und strategischen Auslegungen zeigen. In *Kapitel 7.5* werden auf Basis der in denselben Gesprächsrunden ermittelten Daten Konsequenzen identifiziert und in Empfehlungen für ein optimiertes Handeln übersetzt.

Diese beziehen sich gleichermaßen auf die gesellschaftliche Makro-, strategische Meso- und operative Mikroebene. Es sind partizipativ generierte Zukunftsgestaltungsoptionen, mit denen die intervenierenden Bedingungen beeinflusst werden können, um den entwickelten Perspektiven zu größeren Realisierungschancen zu verhelfen. Auch diese werden von den GesprächspartnerInnen konsensuell getragen, wobei mit Blick auf die Erwartungen Unterschiede wahrnehmbar sind. Insgesamt weisen die Ergebnisse klare Potenziale, aber auch Herausforderungen hinsichtlich der Beteiligungsmöglichkeiten der Akteure in den Organisationen auf, ihr Handlungsfeld und Umfeld mitzugestalten.

Im die Arbeit abrundenden *Kapitel 8* werden zum einen die zentralen Erkenntnisfäden aus den theoretischen und empirischen Arbeiten zusammengezogen und hinsichtlich ihrer Transformierbarkeit auf andere Soziale Organisationen geprüft. Zum anderen wird das entwickelte Partizipationsanalyse-Rahmenmodell vor der Matrix der empirischen Plausibilisierung reflektiert, wobei generalisierende Akzente gesetzt sind.

Die Studie zielt insgesamt darauf ab, die Rolle von Sozialen Organisationen als Partizipationsräume im ausgewählten Handlungskontext und darüber hinaus theoretisch, empirisch sowie fachlich zu bekräftigen. Es wird damit der Anspruch verfolgt, die Diskurse um Partizipation generell und in Sozialen Organisationen im Speziellen zu systematisieren, Analyseschablonen zur Entschlüsselung der darin eingelagerten Vielschichtigkeit und Dynamiken bereitzustellen sowie nachhaltige, für die Weiterentwicklung der Disziplin und Profession relevante theoretische und empirische Erkenntnisse hervorzubringen. Darüber hinaus soll zu weiterführenden Forschungen inspiriert werden, mit denen die in dieser Arbeit entwickelten Analysemodelle und methodischen Zugänge fundiert werden können. Im Weiteren gilt es zu zeigen, dass die sozialpädagogische Forschung mittels partizipativer Zugänge tendenziell Räume für Partizipation und Gestaltung in Sozialen Organisationen eröffnen kann. Somit lassen sich die hervorgebrachten, umfassend diskutierten und aus unterschiedlichen Perspektiven reflektierten Erkenntnisse an der Schwelle zwischen Forschung, Sozialer Arbeit und Politik einordnen.

2 Untiefen und Tiefen des Partizipationsdiskursgebietes

Partizipation ist ein vielfach, über einzelne Disziplin- und Fachgrenzen hinausreichend diskutierter Begriff. Während die englischen und französischen Verben ‚participate' bzw. ‚participer' (teilnehmen) integrativer Bestandteil der Alltagssprache sind, hat ‚partizipieren' im Deutschen fachbegrifflichen Charakter. Teilnehmen und Teilhaben, Mitwirken und Beteiligtsein an sowie Mitbestimmen von gesellschaftlichen Prozessen und Entscheidungen sind die gängigsten alltagssprachlichen Übersetzungen[2] (vgl. Oelschlägel 1978, S. 148; Schultze 1998b, S. 470; Schnurr 2001, S. 1330 und 2011, S. 1069; Wrentschur 2005, S. 4; Zinser 2005, S. 158; Moser 2010, S. 73; Fuchs-Heinritz 2011c, S. 500). Hinweise darauf gibt ein Blick in einschlägige Lexika und Wörterbücher. Im „Wörterbuch zur Politik" von Manfred G. Schmidt (2010a) wird ‚Partizipation' unter dem Eintrag zur ‚politischen Beteiligung' diskutiert. Im „Lexikon der Politik", herausgegeben von Drechsler, Hilligen und Neumann (2003), wird man unter dem Begriff ‚Mitbestimmung' fündig, wobei sich diese dort auf den ökonomischen Bereich bezieht und Komponenten der Beteiligung von ArbeitnehmerInnen in Unternehmen beschreibt. In anderen politikwissenschaftlichen Nachschlagewerken (Mickel & Zitzlaff 1983; Nohlen, Schultze & Schüttemeyer 1998), in den einschlägigen Wörter- und Handbüchern zur Sozialen Arbeit (Deutscher, Fieseler & Maòr 1978; Deinet & Sturzenhecker 2005; Kreft & Mielenz 2008; Otto & Thiersch 2011) sowie zur Soziologie (Fuchs-Heinritz, Klimke, Lautmann, Rammstedt, Stäheli, Weischer & Wienold 2011) wird der Fachbegriff ‚Partizipation' mit den üblichen deutschen Übersetzungen definiert, jedoch stets versehen mit unterschiedlichen disziplinären Konnotationen. Die Nähe zu verwandten Fachtermini wie Emanzipation, Empowerment, Demokratisierung, Engagement, Revolution und Kooperation wird erkennbar, was zu Begriffsirritationen führt.

Ebenso sind Fokussierungen auf einzelne Partizipationsbereiche (politisch, ökonomisch, sozial, kulturell etc.) und -formate (direkt, indirekt, formell, informell etc.) nachlesbar. Insgesamt werden in den inter- und transdisziplinären Diskursen unterschiedliche Prioritäten gesetzt, differente Schablonisierungen und Kategorisierungen vorgenommen. Diese Durchmischung erschwert die Klärung der Begrifflichkeit sowie ihrer Verwendungen. Dem Anspruch, eine

2 Diese Übersetzungen werden auch in der vorliegenden Studie synonym mit dem Partizipationsbegriff verwendet.

allgemeingültige Definition von Partizipation voranzustellen, kann aufgrund dieser unüberschaubaren Vielfalt an Betrachtungen nicht entsprochen werden.

Die Begriffserschließung wird geklärt, indem in diesem Abschnitt selektiv ‚Untiefen und Tiefen' des ‚Partizipationsdiskursgebietes' an ausgewählten ‚Ankerstellen' ausgelotet und in ihrer Tektonik kartografiert werden (siehe Abbildung 2 in Kapitel 2.4). Es werden die Konturen angedeutet und die im Rahmen einer thematisch fokussierten Gebietserkundung gesammelten Impressionen kursorisch aufgeschichtet. Partizipation wird 1.) als demokratisches Merkmal, 2.) als facettenreiches Konglomerat und 3.) in ihren Variationen in der Sozialen Arbeit differenziert erkundet. Diese theoretischen Markierungen bilden nützliche Ausgangspunkte für tiefergehende Erkenntnisreisen, die Gegenstand der weiteren theoretischen Abschnitte sind. Auf die Dynamik zwischen ihnen verweisen die in der Tektonik stellenweise auffindbaren diskursdifferenten Ablagerungen anderer Fundstellen. So implizieren die Partizipationsdiskurse der Sozialen Arbeit beispielsweise demokratietheoretische Elemente. Auch sind dort Facetten des Konglomerats erkennbar. Es ist also davon auszugehen, dass unterschiedliche Debatten nicht getrennt voneinander geführt werden können, dass die einen vielmehr in die anderen hineinspielen. Da sich eine theoretisch bemühte gänzliche Trennung nicht nur als schwierig, sondern vor allem auch als irritierend erweist, werden diese Ablagerungen als Überlagerungen in den Ausführungen kenntlich gemacht.

2.1 Partizipation – ein konstitutives Merkmal der Demokratie

Die epistemologische Bestimmung und Entwicklung des Partizipationsbegriffes enthüllt seine primär demokratiepolitische Bedeutung. Die lateinischen Stammworter ‚partem capere' (einen Teil nehmen), ‚participatio' (Teilnahme) und ‚participare' (jemanden an etwas teilnehmen bzw. an etwas teilhaben lassen) finden wir im Französischen ‚partie' (Teil, Anteil, Bestandteil), im Englischen ‚party' (Beteiligte) und im vom Französischen entlehnten deutschen ‚Partei'. Ursprünglich wurde mit diesen Begriffen eine Gruppe von Personen bezeichnet, die sich zusammenschließen und gemeinsam vorrangig politische Zwecke verfolgen (vgl. Gerhardt 2007, S. 14; Duden 2001, S. 590). Im „Wörterbuch zur Politik" von Manfred G. Schmidt (2010a, S. 614), in dem Partizipation mit politischer Beteiligung synonym gesetzt wird, werden darunter „die Arenen und der Prozess der Teilhabe an der Meinungs- und Willensbildung und der Entscheidungsfindung in politisch-öffentlichen Angelegenheiten sowie die hierauf bezogenen Einstellungen und Verhaltensweisen der Bürger" verstanden.

Wenn auch Partizipation eng mit dem politischen System verbunden ist, kann sie, wie hier die Wortwahl „politisch-öffentlich" signalisiert, nicht auf diese eine Dimension reduziert werden. Im demokratiepolitischen Partizipationsdiskurs wird Partizipation über die parlamentarische Ebene hinaus in alle relevanten Lebensbereiche hineingedacht. Auf die mehrfache Bedeutung von Demokratie 1.) als parlamentarisch angelegte Herrschafts- und Staatsform, in der das Volk über sich selbst bestimmt, und 2.) als ein gesellschaftspolitisches Gestaltungsprinzip, mit dem es bestehende gesellschaftliche Ungleichheiten und differente Partizipationschancen zu verringern gilt, weist beispielsweise Hegner (2011, S. 127) hin. Alemann (1983, S. 75) differenziert in seiner Aufschlüsselung zwischen Demokratie als politisches Prinzip, als Staatsform und als Lebensform. Schultze (1998b, S. 470) spricht in diesem Zusammenhang von einem instrumentellen und normativen Verständnis, in dem politische Partizipation nicht nur Mittel zum Zweck, sondern auch Ziel und Wert ist. Die genannten Autoren sind sich einig, dass Demokratie – und somit auch politisch-öffentliche Beteiligung – nicht durch den staatspolitischen Ereignisrahmen zu begrenzen ist. Vielmehr „ist sie überall da, wo in der Gesellschaft mittels Macht Gleichheit und Freiheit garantiert oder beschränkt werden" (Alemann 1983, S. 78). Auch Buse und Nells (1975, S. 41) machen auf die enge Verflochtenheit von politischer und gesellschaftlicher Partizipation aufmerksam, denn „jede Handlung kann letztlich politisch sein, indem sie – auch unerwartete oder unbeabsichtigte – Folgewirkungen auf den politischen Prozeß hat".

Dennoch war der Partizipationsbegriff anfangs auf die Beteiligung Einzelner an Entscheidungen in formellen demokratischen Strukturen im Sinne einer Partizipation im ‚Modus 1' beschränkt (z. B. das Wahlsystem). Durch den Einfluss studentischer Bewegungen in den 1960ern sowie diverser Protest- und Alternativbewegungen der 1970er- und 1980er-Jahre löste er sich sukzessive aus der politisch-parlamentarischen Umklammerung und entwickelte sich hin zu einer im ‚Modus 2' zu denkenden allgemeinen Beteiligung der BürgerInnen an gesellschaftlichen Prozessen (vgl. Alemann 1975, S. 14; Vilmar 1983, S. 339; Wrentschur 2005, S. 4). Diese Bewegungen waren wesentlich von Prozessen der Demokratisierung und Emanzipation[3] getragen und äußerten sich in einer wachsenden Protestkultur. Die Autoren der „Political-Action"-Studie, Barnes, Kaase, Allerbeck et al. (1979, S. 524), interpretieren diese Entwicklungen als „to be a lasting characteristic of democratic mass publics and not just a sudden surge in political involvement bound to fade away as time goes by". Sie sprechen dahingehend von einer „partizipatorischen Revolution" (zit. n. Schultze 1998b, S. 471), die eine Ausweitung, Ausdifferenzierung und Institutionalisierung von Partizipationsmöglichkeiten bedingte (vgl. Gabriel & Völkl 2008, S. 279). Der Einsatz für benachteiligte Bevölkerungsgruppen und die Kritik an traditionellen autoritären Entscheidungsstrukturen, alternative Formen der Meinungsbildung und Entscheidungsfindung zu Problemstellungen in unterschied-

---

3 Näheres zu diesen demokratischen Praktiken siehe Kapitel 2.1.2.

lichen gesellschaftlichen Teilbereichen[4] führten zu einer Erneuerung des Partizipationsverständnisses, zu einem „neuen Strang der Partizipationsdiskussion“, wie es Oelschlägel (1978, S. 149) formuliert.

Partizipation ist somit grundlegend mit der Entstehung und Entwicklung demokratischer Strukturen verbunden, in denen sich immer mehr Menschen an der gesellschaftlichen Ausgestaltung engagieren. Partizipation verbindet in dieser erweiterten demokratiepolitischen Konnotation die Sphären Staat, Zivilgesellschaft, Mensch und erweist sich so als „ein konstitutives Merkmal demokratischer Gesellschafts-, Staats- und Herrschaftsformen“ (Schnurr 2011, S. 1069), oder wie es Sturzenhecker ausdrückt: „Partizipation ist die aktive Praxis von Demokratie durch die Subjekte“ (2008, S. 24).[5]

2.1.1 Partizipationsrechte in modernen Demokratien

Bedeutend in dieser demokratiepolitischen Partizipationskonzeption ist ihre verfassungsrechtliche Komponente. In modernen Demokratien bedarf Partizipation in zentralen gesellschaftlichen Bereichen keiner Gewährung, sondern sie ist ein Recht (vgl. Zinser 2005, S. 158; Sturzenhecker 2008, S. 24; Reicher 2009, S. 33). Die Institutionalisierung allgemeiner und gleicher Partizipationsrechte und ihre Nutzung durch die BürgerInnen gehören Gabriel und Völkl (2008, S. 268) zufolge zu den „unverzichtbaren Merkmalen der Demokratie“.

Diese Partizipationsrechte haben sich sukzessive als moderne StaatsbürgerInnenrechte in demokratischen Gesellschaften entfaltet. Der britische Soziologe T.H. Marshall (1992, S. 40) verbindet in seiner 1950 erstmals publizierten und aktuell wieder vielfach rezipierten Arbeit „Citizenship and Social Class“ die Genese des Wohlfahrtsstaates mit der Entwicklung des modernen Staatsbürgerstatus, wobei er drei Elemente staatsbürgerlicher Rechte herausarbeitet. Während sich bürgerliche Rechte auf individuelle Freiheitsrechte (Rede- und Eigentumsfreiheit) beziehen, politische Rechte auf die Teilhabe an politischen Entscheidungen und Machtstrukturen fokussieren, beinhalten soziale Rechte Ansprüche auf ein Mindestmaß an wirtschaftlicher Sicherheit, eine Teilhabe am gesellschaftlichen Leben und ein den gesellschaftlichen Standards entsprechendes Leben.

Schultze (1998a, S. 113) wählt für diese Entwicklungen eine ähnliche Terminologie: 1.) Demokratie als Schutz, gewährleistet durch den sich etablierenden Rechts- und Verfassungsstaat, 2.) Demokratie als Partizipation mittels politi-

4 Eine Ausdifferenzierung dieser Teilbereiche wird unter Partizipationsdimensionen in Kapitel 2.2.1 vorgenommen.

5 Die Relevanz dieser Praxis und deren Ziele sind je nach vorherrschendem Demokratieverständnis unterschiedlich gewichtet. Auf diese Differenzierung wird unter Kapitel 2.1.2.1 noch detaillierter eingegangen.

scher Integration der Arbeiterbewegung und Parteienlandschaft sowie 3.) Demokratie als Inklusion, sichergestellt durch die Herausbildung sozialer Grundrechte und des Wohlfahrtsstaates. Rokkan (1979, S. 233f.) fasst die Modernisierung von Staaten als kontinuierliche Krisenbewältigung auf, an deren Ende die Lösung von Partizipations- und Verteilungsproblemen durch die Institutionalisierung von Demokratie und Wohlfahrtsstaaten steht. Auch für Thiersch (2004, S. 5) ist Partizipation und somit auch das Recht auf Partizipation untrennbar mit den wohlfahrtsstaatlichen Ansprüchen auf soziale Gerechtigkeit und Gleichheit verbunden: „Der Sozialstaat kann auch verstanden werden als Antwort innerhalb des kühnen Projektes der Neuzeit, Gerechtigkeit als soziale Gerechtigkeit zu realisieren, also in gegebenen Ungleichheiten in Lebensressourcen und Partizipationsmöglichkeiten auf Gleichheit [...] zu insistieren."

Einer historischen Betrachtung zufolge haben sich die bürgerlichen Rechte im 18. Jahrhundert, die politischen im 19. und die sozialen im 20. Jahrhundert durchgesetzt (vgl. Marshall 1992, S. 40ff.; Guggenberger 1995, S. 38). Diese holzschnittartige Periodisierung spiegelt die Entwicklungslinien des Kapitalismus, der Demokratie und des Wohlfahrtsstaates wider. Dieser langjährige Entwicklungsprozess war national geprägt und verlief mit Blick auf die EU-Mitgliedsstaaten heterogen. Während sich beispielsweise in Italien, Deutschland und Österreich demokratische Strukturen erst nach dem Zweiten Weltkrieg etablierten, verlief die Entwicklung in den nördlichen und westlichen Regionen weitestgehend kontinuierlich seit Beginn des 20. Jahrhunderts. In den südeuropäischen Ländern Spanien, Portugal und Griechenland kam es aufgrund diktatorischer Herrschaftsformen erst in den 1970er-Jahren dazu, als diese von demokratischen Regierungen abgelöst wurden. In den ehemaligen Ostblockstaaten setzte der Prozess nach dem Zusammenbruch des kommunistischen Regimes in den 1990er-Jahren ein[6] (vgl. Gabriel & Völkl 2008, S. 268). Im Übergang zum 21. Jahrhundert zeichnet sich eine die Kapitalismus-Demokratie-Wohlfahrtsstaat-Triade ergänzende Periode ab. Forderungen zur Erhaltung der Umwelt und Lebenswelt gegenüber ökonomischen Wachstumsgeboten und die Sehnsucht nach globalen Verbindlichkeiten in Bereichen des Umweltschutzes, der Menschenrechte und der Sicherheit leiten Entwürfe einer „Neuen Weltordnung" (Guggenberger 1995, S. 38) respektive einer „globalen Demokratie" (Giddens 2001, S. 176) ein, in denen die Nationalstaaten durch transnationale demokratische Strukturen Unterstützung finden, um eine rechtliche Verankerung dieser Bedürfnisse zu erwirken. Alemann prognostizierte eine solche Entwicklung bereits 1975, indem er konstatierte, dass „Demokratisierung stärker

6 Auf die unterschiedlichen wohlfahrtsstaatlichen und zivilgesellschaftlichen Ausprägungen ist hier lediglich verwiesen. Diese werden an anderen Stellen detaillierter thematisiert (Kapitel 4.1 und Kapitel 5.3.1.1).

auf die internationale Tagesordnung vordringen wird“ (ebd., S. 13). Dem Versuch, Ungleichheiten aufzuheben, kann in Anbetracht sich verändernder ökonomischer Bedingungen seiner Ansicht nach nur mehr unzureichend innerstaatlich nachgegangen werden.

Diesen Entwicklungsdynamiken zufolge sind in den Verfassungen der nationalen und supranationalen demokratischen Strukturen des 21. Jahrhunderts zentrale Beteiligungsrechte und demnach auch -pflichten geregelt (vgl. Schnurr 2011, S. 1069), von denen im Folgenden einige wesentliche schlaglichtartig aufgelistet sind.

- Grundlegend zu nennen sind die *Menschenrechte* (vgl. Amnesty International 2016), die u.a. das Recht auf Gedanken-, Gewissens- und Religionsfreiheit (Artikel 18), Meinungsfreiheit (Artikel 19), friedliche Versammlungen und Vereinigungen (Artikel 20), Mitwirkung an der Gestaltung öffentlicher Angelegenheiten inkl. Wahlrecht (Artikel 21), soziale Sicherheit (Artikel 22), Arbeit, freie Berufswahl, gerechte Entlohnung und Schutz vor Arbeitslosigkeit (Artikel 23), Bildung (Artikel 26) sowie die freie Teilnahme am kulturellen Leben der Gesellschaft (Artikel 27) beinhalten. Die Menschenrechte sind als nicht demokratisch verhandelbare Rechte im „vordemokratischen Raum“ (Schmid 2016, S. 135) verortet und repräsentieren als solche gewissermaßen die demokratischen Grundregeln.
- Die 2000 erarbeitete und mit dem Lissabon-Vertrag 2009 in Kraft getretene *EU-Grundrechtscharta*, die auf den Grundsätzen der Demokratie und der Rechtsstaatlichkeit beruht, fordert u.a. die Einhaltung universeller Werte wie der Würde des Menschen, der Freiheit, der Gleichheit und der Solidarität ein (Europäische Kommission 2000).
- Auch in der *UN-Kinderrechtskonvention* (vgl. Vereinte Nationen 1989) ist Partizipation ein grundlegendes Prinzip (z.B. freie Meinungsäußerung und Beteiligung von Kindern und Jugendlichen im Artikel 12).
- Hervorzuheben ist zudem die *UN-Behindertenrechtskonvention* (vgl. BMASK 2008), die unter anderem die volle und wirksame Teilhabe von Menschen mit Behinderung an der Gesellschaft und ihre Einbeziehung in die Gesellschaft fordert (Artikel 3c der UN-Behindertenrechtskonvention).
- Beide Konventionen fanden mit wenigen Ausnahmen Eingang in das *österreichische Bundesverfassungsgesetz* (vgl. Bundeskanzleramt 2011 und 2016a), in dem u.a. die demokratische Staatsstruktur und deren Einbindung in die Europäische Union, direktdemokratische Formen der Beteiligung (Volksbegehren, Volksabstimmung und Volksbefragung) sowie alle relevanten politischen, sozialen, kulturellen, ökonomischen und bildungsrelevanten Teilhaberechte der StaatsbürgerInnen grundgelegt sind.
- Neben dem Bundesverfassungsgesetz finden wir *weitere rechtliche Regelungen zur Partizipation*, wie beispielsweise in der Arbeits- und Sozialrechtsgesetz-

gebung (Arbeitsverfassungsgesetz, das Gleichbehandlungs-, Behinderteneinstellungs-, Sozialversicherungs-, Arbeitslosenversicherungs-, Pensions- und Mindestsicherungsgesetz). Zudem bilden das österreichische Vereinsgesetz, die Gewerbeordnung, das Wasserrechtsgesetz oder die Raumordnungsgesetze der Länder nennenswerte Rechtstexturen mit Regelungen zur Partizipation ab.

Ergänzend zu diesen Rechten existieren für einzelne Handlungsbereiche Richtlinien und Standards, in denen Partizipation als Grundprinzip akzentuiert ist und ihre Förderung empfohlen wird (vgl. Anastasiadis, Heimgartner & Sing 2011, S. 36ff.).

- Eines der ersten Dokumente war beispielsweise die ‚Ottawa Charta zur Gesundheitsförderung' (WHO 1986).
- Auch die ‚Standards in Social Work Practice meeting Human Rights' (IFSW 2010) sind herauszustreichen.
- Im hochschuldidaktischen Bereich sind problemorientierte und kooperative Lehr- und Lernkulturen, in denen Lehrende und Studierende sich als PartnerInnen begegnen, zu zentralen Attributen universitärer Portfolios avanciert. Konzepte des „forschenden Lernens" (Huber 2004; Huber, Hellmer & Schneider 2009; Wildt 2011) oder der „forschungsgeleiteten Lehre" (Kossek 2009; Egger, Wustmann & Karber 2015) zielen auf eine reflexive und kontextualisierte Wissensaneignung und -produktion ab, die sich durch inter- und transdisziplinäre Zugänge, Partizipation, Kooperationen und gesellschaftliches Verantwortungsbewusstsein auszeichnet (vgl. Derecik & Paus 2013, S. 135).
- Soziale Verantwortung ist auch in Unternehmenskreisen zu einem zentralen Schlagwort geworden. ‚Corporate Social Responsibility' (CSR) wird seit 2002 von der Europäischen Kommission als Grundlagenkonzept empfohlen, mit dem Unternehmen auf freiwilliger Basis – neben ihren wirtschaftlichen Interessen – soziale und ökologische Zielstellungen integrieren sollen. 2011 wurden diese Empfehlungen in ein Strategiepapier gefasst (vgl. European Commission 2001, 2002 und 2011). CSR ist eng mit dem Anspruch der nachhaltigen Entwicklung (WCED 1987) verbunden, nämlich das Bewusstsein für wirtschaftliche, gesellschaftliche und ökologische Auswirkungen unternehmerischer Tätigkeiten zu schärfen. Dementsprechend werden CSR-Aktivitäten in der Regel mit standardisierten Instrumenten des Nachhaltigkeitsreportings sichtbar gemacht (GRI 2006; ISO 2010).[7]

7 Auf das Konzept der nachhaltigen Entwicklung wird in Kapitel 4.3 noch detaillierter eingegangen.

- Des Weiteren zu nennen ist in diesem Zusammenhang die ‚Agenda 21', ein Aktionsprogramm zur nachhaltigen Entwicklung (Vereinte Nationen 1992), das in der Nachhaltigkeitsstrategie der österreichischen Bunderegierung implementiert ist (Österreichische Bundesregierung 2002; BMLFUW 2010).
- Hervorzuheben ist zudem die ‚Europäische Bürgerinitiative', eine 2009 im Lissabon-Vertrag beschlossene Maßnahme, die zu direktdemokratischen Verfahren motiviert, womit das in Art. 47 I im Entwurf des EU-Verfassungsvertrags leitgebende Prinzip einer partizipativen Demokratie tendenziell realisiert wird (vgl. Europäische Union 2007). Dass die Ausweitung politischer Teilhabemöglichkeiten ein zentrales Anliegen der Europäischen Union darstellt, wird in den von Freedom House durchgeführten kontinuierlichen länderspezifischen Qualitätsmessungen zu verfassungsrechtlichen Absicherungen und zu Praxen der Bürgerbeteiligung ersichtlich (vgl. Gabriel & Völkl 2008, S. 268). In Österreich werden diese Praxen mit den ‚Standards zur Öffentlichkeitsbeteiligung' (Bundeskanzleramt & Lebensministerium 2009) untermauert.

Auch wenn die hier aufgelisteten Rechte und Standards nur einen exemplarischen Ausschnitt wiedergeben, signalisiert die Vielfalt bereits, wie weit sich Partizipation vom hegemonialen politischen Verständnis – respektive vom ‚Modus 1' – in andere Lebensbereiche – in den ‚Modus 2' – ausgebreitet hat.[8] Wenn in den 1960er-Jahren damit begonnen wurde, Partizipation in zahlreichen gesellschaftlichen Arealen einzufordern, so wird sie am Beginn des 21. Jahrhunderts von administrativer Ebene in verschiedenartigsten Handlungsarrangements empfohlen, wie die zahlreichen Standards und Empfehlungen bezeugen. Dieser nächste Wandel – der im Sinne eines Mainstreamings von Partizipation zu denken ist – kann zum einen vor der Folie gelesen werden, dass Partizipation im Zuge demokratischer Entwicklungen in das gesellschaftliche Bewusstsein und in die Strukturen vor- und eingedrungen ist. Zum anderen sind diese Entwicklungen sicherlich auch kritisch zu hinterfragen. Mit ihnen deutet sich eine Veränderung des Begriffsverständnisses an, vom einst emanzipativen, systemverändernden ‚Kampfbegriff' hin zu einem integrierenden, systemerhaltenden Administrationsbegriff. Eine einst auf Rechten und Freiwilligkeit basierende Teilhabe überlagert sich so auch mit subtilen Beteiligungszwängen, die ein Mitmachen-Müssen signalisieren. Damit öffnen sich indirekt die Schleusen zu Exklusionstendenzen, denn wer sich nicht beteiligt – aus welchen Gründen auch immer –, bleibt von Gestaltungsprozessen ausgeschlossen, deren Resultate

8 Unter http://www.partizipation.at/links.html [11.7.2016] finden sich zahlreiche partizipative Projekte in Österreich und Europa, was als deutliches Signal gewertet werden kann, dass die Empfehlungen auch angenommen werden.

allerdings auch die Nichtbeteiligten betreffen – eine januskköpfige Entwicklung, die es allenfalls im Auge zu behalten gilt und die in Kapitel 3 nochmals explizit aufgenommen wird.

2.1.2 Differenzierung demokratischer Praktiken

In den bisherigen Erkundungen deuten sich Begriffsüberschneidungen an. Partizipation ist in unterschiedliche demokratische Praktiken eingelagert, die in der Literatur allerdings mit dem Partizipationsbegriff tendenziell synonym verwendet werden, wodurch sich nicht zuletzt die in der Terminologie impliziten Spannungen zwischen Systemveränderung und -erhaltung immer wieder neu aufladen. Um Nähe, aber auch Distanzen zwischen zentralen demokratischen Praktiken und Partizipation aufzuzeigen, werden im Folgenden die Begriffe Demokratisierung, Inklusion und Integration, Emanzipation, Revolution, soziale Bewegungen und Kooperation, wenn auch nur kurz und in einer allgemeinen Gangart, differenziert betrachtet, woraus die den weiteren Ausführungen zugrunde liegenden Begriffsverständnisse destilliert werden.

2.1.2.1 Demokratisierung

Mit Demokratisierung werden Prozesse der Demokratieentwicklung bezeichnet. Diese beziehen sich zunächst auf die Durchsetzung von Formen und Prinzipien der Volksherrschaft im staatlich-politischen Bereich (vgl. Fuchs-Heinritz 2011a, S. 130), die – wie in Kapitel 2.1.1 bereits ausgeführt – bis ins 18. Jahrhundert zurückreichen und die Etablierung des Rechts- und Verfassungsstaates, der politischen Beteiligungsrechte und der wohlfahrtsstaatlichen Sicherungssysteme hervorbrachten (vgl. Marshall 1992, S. 40), worin sich die drei zentralen Elemente der Demokratie begründen: 1.) Schutz, 2.) Partizipation und 3.) Inklusion. Demokratisierung beschränkt sich demnach nicht auf die staatliche und politische Dimension, sondern umschließt ebenso Prozesse, die auf die Verwirklichung von Demokratie als gesellschaftspolitisches Gestaltungsprinzip abzielen, mit dem es gesellschaftliche Ungleichheiten aufzuheben gilt. Daher ist unter Demokratisierung allgemein die Etablierung der Volksherrschaft zu verstehen – auch außerhalb des staatlich-politischen Bereiches –, mit dem Ziel, die Ambivalenz von politischer Gleichheit und sozialökonomischer Ungleichheit aufzulösen, um eine optimale Beteiligung aller am soziopolitischen Leben zu erwirken (vgl. Vilmar 1983, S. 339; Alemann 1983, S. 78; Fuchs-Heinritz 2011a, S. 130). Demgemäß definiert Dahl (1971, S. 7) Demokratisierung als Prozess der Institutionalisierung von Partizipation (im Sinne von Inklusivität) und Wettbewerb (im Sinne von Liberalisierung). Demnach ist

Demokratisierung als Verwirklichung von demokratischen Grundsätzen in allen gesellschaftlichen Segmenten zu denken, durch die es gesellschaftliche Widersprüchlichkeiten aufzulösen gilt.

Die Art und Weise der Widerspruchsauflösung variiert allerdings je nach demokratietheoretischer Position. Schnurr (2011, S. 1070) differenziert in Anlehnung an Schmidt (2010b) zwischen konservativ-staatszentrierten und partizipativ-basiszentrierten Konzeptionen. Während ersterer Zugang, dem unter anderem die herrschaftssoziologischen Entwürfe von Max Weber zugeordnet werden können, Partizipation als Voraussetzung für Demokratie denkt, sehen VertreterInnen der zweiten Position darin einen Handlungsmodus von Demokratie. In der staatszentrierten Variante überwiegt der Repräsentationsgedanke. Partizipation wird auf das politisch-institutionalisierte Beteiligungsrecht reduziert, womit die Resultate vorhandener Herrschaftsformen via Mehrheitsentscheide legitimiert werden. Die partizipatorischen Demokratietheorien fokussieren hingegen auf direktdemokratische Verfahren, in denen eine umfassende Beteiligung aller BürgerInnen angestrebt wird und aus denen politische Entscheidungen als Produkte hervorgehen. Zu differenzieren ist hier zwischen der „starken Demokratie" von Barber (1994), die gänzlich auf die gestaltenden Kräfte der BürgerInnen und das Gemeinwesen fokussiert, und der vermittelnden „deliberativen Demokratie" nach Habermas (1998), die auf das Zusammenspiel zwischen institutionalisierter und nonformeller Beteiligung setzt. In kommunikativen Aushandlungs- und Verständigungsprozessen harmonisieren sich öffentliche Meinungsbildung, institutionalisierte Wahlentscheidung und legislative Beschlüsse. Alemann (1975, S. 21) differenziert zwischen sieben Demokratietypen[9], um die Vielschichtigkeit zwischen progressiven BefürworterInnen einer breiten Demokratisierung, konservativen GegnerInnen und GradualistInnen zur Geltung zu bringen. Die Kritik an einer umfassenden Partizipation bezieht sich zum einen auf die Befürchtung einer Destabilisierung durch Übermobilisierung – ein Aspekt, der im Zusammenhang mit einer anderen demokratischen Praxis, der Revolution, durchwegs stichhaltig ist. Zum anderen werden die Beteiligungskompetenzen der BürgerInnen ebenso wie die realen Kommunikationsmöglichkeiten überschätzt (vgl. Schnurr 2001, S. 1331) – Determinanten, die an anderer Stelle noch eigens spezifiziert werden (siehe Kapitel 2.2.4).

Insgesamt ist das Demokratisierungsverständnis abhängig von politischen Ordnungen. Marktliberale und staatlich-soziale Ordnungen wirken sich nachweislich auf das zivilgesellschaftliche Beteiligungsvermögen aus.[10] Schmidt

9 1.) konservativ, 2.) altliberal, 3.) pluralistisch-integrativ, 4.) linksliberal, 5.) radikaldemokratisch-sozialistisch, 6.) orthodox-marxistisch, 7.) antirevisionistisch.

10 Der Zusammenhang zwischen Demokratiemodellen, zivilgesellschaftlichen Ausprägungen und Wohlfahrtsstaatskonzeptionen – ein Querschnittsthema der Studie – wird an mehreren Stellen mit je unterschiedlicher Fokussierung detaillierter diskutiert. Bezüge

(2010a, S. 614) weist darauf hin, dass Partizipation exogen stimuliert bzw. gezügelt wird. Die Beteiligungsbereitschaft steht demnach tendenziell mit der Ausprägung der Zivilgesellschaft in Zusammenhang, die wiederum durch demokratiepolitische Akzentuierung entweder angeregt oder paternalistisch gedämpft wird. Nach Vilmar (1983, S. 339) ist der politische Standort der Diskutierenden zentral. Während Konservative tendenziell eine Demokratisierung aller Lebensbereiche ablehnen, da eine solche zu einer unzumutbaren Politisierung führen würde, befürworten sozialliberale und demokratisch-sozialistische VertreterInnen – wenn auch auf unterschiedliche Weise und mit anderen Fokussierungen – Partizipation in allen gesellschaftlichen Bereichen, insbesondere dort, wo Ungleichheiten bestehen.

2.1.2.2 Inklusion und Integration

Ähnlich wie Partizipation werden die Begriffe ‚Inklusion' und ‚Integration' heterogen und kontrovers diskutiert. Das der Studie zugrunde liegende Verständnis orientiert sich an der Auffassung, dass beide sowohl sozialpolitische als auch pädagogische Leitkonzepte bilden, die auf die Beseitigung von Ungleichheiten sowie auf die Förderung einer umfassenden gesellschaftlichen Teilhabe abzielen (vgl. Thiersch 2016, S. 8 f.), mit denen allerdings unterschiedliche Ansprüche und Intentionen verbunden sind (vgl. Balz, Benz & Kuhlmann 2012, S. 2; Diehm 2011, S. 43).

Mit Inklusion geht die Forderung einher, dass jeder Mensch das Recht auf eine volle gesellschaftliche Teilhabe hat (vgl. Schmid 2013, S. 17). Es gilt, Strukturen und Möglichkeiten zu schaffen, die ein individuelles Leben mit einer umfassenden Beteiligung an gesellschaftlichen Systemen und Prozessen unterstützen (vgl. Heimgartner 2009a, S. 81). Insofern ist Inklusion als Handlungsimperativ der Demokratisierung zu lesen. Balz, Benz und Kuhlmann (2012, S. 2) sehen darin einen Auftrag, dem es in unterschiedlichen professionellen Bereichen nachzukommen gilt. Gleichzeitig betonen sie die Gefahr, dass der Inklusionsbegriff zu einem inflationär verwendeten Modewort verkommt, der es durch begriffliche Klärungen und Ausweisungen seiner inhaltlichen Tragweite und -tiefe entgegenzusteuern gilt.

---

finden sich insbesondere bei der Charakterisierung von sozialen Bewegungen (siehe Kapitel 2.1.2.5), bei der Differenzierung der Wohlfahrtsstaatsmodelle nach Esping-Andersen (2007) (siehe Kapitel 4.1) und bei der Rekonstruktion des Institutionalisierungsprozesses von Sozialen Organisationen in Österreich (siehe Kapitel 5.3.2). In diesem Zusammenhang begründen sich die Weiten und Engen von Partizipationsräumen in Sozialen Organisationen, wie es in den empirischen Arbeiten auch deutlich wird (siehe Kapitel 7).

In einer differenzierten Betrachtung konstatieren Degener und Mogge-Grotjahn (2012, S. 60), dass in den Sozialwissenschaften der Inklusionsdiskurs auf zwei Ebenen geführt wird. Zum einen wird auf die Ungleichverteilung von Ressourcen wie beispielsweise im Armutsdiskurs fokussiert, zum anderen wird auf Benachteiligungen aufgrund personaler Merkmale wie Geschlecht, Ethnie, sexuelle Identität, Behinderung etc. reflektiert. Diese Unterscheidung spiegelt sich in aktuellen erziehungswissenschaftlichen Inklusionsdebatten wider. Während sich unter der Verwendung des Begriffs ‚soziale Inklusion' der Blick auf die Armutsfrage richtet, wird ‚Inklusion' ohne Zusatz vorwiegend im Zusammenhang mit personalen Benachteiligungen, insbesondere bezogen auf Menschen mit Behinderung, diskutiert (vgl. Kuhlmann 2012, S. 35). Demnach existieren auch hinsichtlich des Inklusionsbegriffs unterschiedliche inner- und transdisziplinäre theoretische Positionierungen. Flankiert werden diese von der soziologischen Systemtheorie sowie dem Lebenslagenkonzept, der rechtswissenschaftlichen Ungleichheitsforschung sowie ökonomisch und philosophisch ausgerichteten Gerechtigkeitstheorien (vgl. Degener & Mogge-Grotjahn 2012, S. 60). Da Letztere aktuelle Theorieentwicklungsbezüge der Sozialen Arbeit abbilden, werden diese hier ins Blickfeld gerückt.[11]

Als profilgebend zu nennen ist zum einen die „egalitäre Gerechtigkeitstheorie" von John Rawls (1975), welche die zu verteilenden Güter und Ressourcen sowie die unterschiedlichen Lebenslagen in den Blick nimmt (vgl. Degener & Mogge-Grotjahn 2012, S. 63). Seine in der „Theory of Justice" formulierten Gerechtigkeitssätze beziehen sich auf die notwendige Regulierung politischer Rechte und Freiheiten sowie ökonomischer und sozialer Grundgüter (vgl. Rawls 1975, S. 81), was über wohlfahrtsstaatliche Institutionalisierungen zu gewährleisten ist, wie er unter anderem in seiner Gerechtigkeitsarchitektur einer „Fairen Gesellschaft" hervorhebt. „Institutionen [müssen] dafür sorgen, daß genügend Produktionsmittel nicht nur in die Hände weniger, sondern von Anfang an in die Hände aller Bürger gelegt werden, so daß sie als Gleiche voll kooperierende Angehörige der Gesellschaft sein können. Zu diesen Mitteln gehört nicht nur reales, sondern auch menschliches Kapital, d.h. Wissen und Kenntnis der Institutionen, Bildung und geschulte Fertigkeiten" (Rawls 2003, S. 218). Um Exklusionstendenzen von Schlechtergestellten zu vermeiden, sind, wie Forst (2005, S. 30) konstatiert, Marktregulierungen, Eingriffe in Eigentumsverhältnisse und gesellschaftliche Umstrukturierungen unvermeidlich. Die Rawls'schen

11 Auf die durch Luhmann (1997) induzierten systemtheoretischen Implikationen zum Inklusions- und Exklusionsverständnis in Theorien und Konzepten der Sozialen Arbeit wird hier nicht weiter eingegangen. Sie sind unter anderem nachzulesen in: Merten & Scherr (Hrsg.) (2004); Kleve (2005); Kronauer (2002); Bommes & Scherr (1996).

Gerechtigkeitsvorstellungen prägten die Ausformulierung kontinentaleuropäischer konservativer, nachsorgender Wohlfahrtsstaatsmodelle mit.[12]

Ein zweiter zentraler Gerechtigkeitsansatz, der „Capability Approach", vertreten durch Amartya Sen (2007) und Martha Nussbaum (1999), nimmt Abstand von einer paternalistischen Umverteilungsstrategie, indem die Chancen und Freiheiten der Menschen hinsichtlich ihrer Fähigkeiten ins Zentrum gerückt werden (vgl. Degener & Mogge-Grotjahn 2012, S. 73). Die Stärkung der Eigenverantwortung im Sinne der selbstbestimmten Chancengerechtigkeit ist das zentrale Thema dieser neueren Gerechtigkeitsauffassung (vgl. Forst 2005, S. 24). Alle Menschen sollen auf eine Palette an Lebensoptionen zurückgreifen können, wodurch ihnen ausreichend Freiheiten gewährt sind, sich ihrem Sein (‚beings') und ihren Handlungsmöglichkeiten (‚doings') gemäß ihre individuelle Lebensweise (‚type of life') aussuchen und gestalten zu können (vgl. Sen 1992, S. 40). „Die Aufmerksamkeit [gilt] vor allem der Erweiterung der ‚Verwirklichungschancen' der Menschen, genau das Leben führen zu können, das sie schätzen" (Sen 2007, S. 29). Hinsichtlich der Freiheiten differenziert Sen grundlegend zwischen konstitutiven und instrumentellen. Konstitutive Freiheiten schließen substanzielle Fähigkeiten ein, wie die Möglichkeit, Hunger, heilbare Krankheiten und vorzeitigen Tod zu vermeiden, lesen und schreiben zu können, am politischen Geschehen teilzunehmen sowie seine Meinung frei äußern zu können (vgl. Sen 2007, S. 50). Instrumentelle Freiheiten beziehen sich auf Aspekte, die zur Entwicklung der menschlichen Freiheit insgesamt beitragen. Dazu zählt Sen (vgl. 2007, S. 52 ff.) 1.) politische Freiheiten – Chancen zur politischen Partizipation; 2.) ökonomische Einrichtungen – Chancen, sich am wirtschaftlichen Leben zu beteiligen; 3.) soziale Chancen – Zugang zu die substanziellen Freiheiten wie z. B. Bildung und Gesundheit erweiternden Einrichtungen; 4.) Transparenzgarantie – das Vertrauen, dass der soziale Umgang durch Offenheit und die Möglichkeit, Einblick zu bekommen, geprägt ist und nicht auf Korruption etc. beruht; und 5.) soziale Sicherheit – Institutionalisierung eines gesetzlich garantierten Mindesteinkommens und Soforthilfe in Notlagen. In wohlfahrtsstaatliche Muster gegossen, muss ein chancengerechter Staat im Sen'schen Sinne die Eigenverantwortung stärken, die Freiheiten der Einzelnen schützen, Heterogenität und Autonomie gleichermaßen respektieren, für soziale Absicherung Sorge tragen und Möglichkeiten zur Entfaltung der Fähigkeiten offerieren, die ein selbstbestimmtes Leben ermöglichen. Die Vorstellung kommt einem aktivierenden und gleichzeitig umverteilungsstarken Wohlfahrtsstaat

---

12 Esping-Andersen (2007) differenzierte zwischen drei Typen von Wohlfahrtsstaaten: 1.) den angelsächsischen und US-amerikanischen liberalen, marginalen, 2.) den konservativen, nachsorgenden kontinentaleuropäischen und 3.) den umfassenden skandinavischen, mit breiter sozialstaatlicher Absicherung (siehe Kapitel 4.1).

gleich, woran das skandinavische Modell noch am ehesten heranzureichen scheint.

Martha Nussbaum entwickelte den Capability Approach weiter, wobei sie sich stärker auf die aristotelische Idee des „guten Lebens" bezieht. Wesentlich für sie ist, den Menschen ihre Rechte zuzugestehen und sie zu befähigen, diese auch in Anspruch zu nehmen, ihre Grundbedürfnisse zu befriedigen sowie ihre Selbstachtung und Würde sicherzustellen (vgl. Kuhlmann 2012, S. 50; Huster & Bourcarde 2012, S. 27). „Das heißt, daß die Politik nicht einfach abwartet und schaut, wer zu den Zukurzgekommenen gehört und nur mit institutioneller Unterstützung zurechtkommt, und diesen Menschen dann aus ihrer mißlichen Lage heraushilft. Stattdessen besteht das Ziel darin, ein umfassendes Unterstützungssystem zu schaffen, das allen Bürgern ein ganzes Leben lang eine gute Lebensführung ermöglicht" (Nussbaum 1999, S. 62). Dieses umfassende und an den Menschenrechten orientierte Inklusionsverständnis beeinflusst die aktuelle Theorieentwicklung in der Sozialen Arbeit und gilt als maßgeblich für ihre Rahmung als Menschenrechtsprofession (siehe Kapitel 2.3.1).

Insgesamt betrachtet ist der Inklusionsbegriff als Weiterentwicklung des demokratietheoretischen Gleichheitsgebotes zu denken, das darauf abzielt, die Lebensbedingungen so auszugestalten, dass ungeachtet der sozioökonomischen und kulturellen Ausgangslage Ressourcen zur Verfügung stehen (Geld, Bildung, Wissen, Rechte, Macht etc.), die eine durchgängige Teilhabe an der Gesellschaft realistisch werden lassen (Kleve 2005, S. 20; Heimgartner 2009a, S. 81). Die Anerkennung von Heterogenität sowie der unterschiedlichen Lebenslagen und die Wahrung der Autonomie, Freiheit und Partizipation sind die Grundsätze (vgl. Degener & Mogge-Grotjahn 2012, S. 75). Es gilt, Voraussetzungen zu schaffen, sodass die Menschen die für die Demokratie konstitutiven Rechte wahrnehmen können und ein eigenverantwortliches, selbstbestimmtes Leben führen können, wie es von Sen und Nussbaum im Capability Approach betont wird.

Mit Integration (lateinisch: Wiederherstellung eines Ganzen) wird eine weitere Praxis der Demokratie aufgeworfen, die der Logik strukturfunktionalen Denkens zufolge allerdings normative sowie differenzierende Elemente impliziert und auf individuelle Anpassungsleistungen fokussiert (vgl. Diehm 2011, S. 39). Demzufolge setzt die Einbindung von Individuen in das Gefüge der Gesellschaft die Übernahme, Akzeptanz und Verinnerlichung von Wertvorstellungen und normativen Vorgaben der Gesellschaft voraus (vgl. Kleve 2005, S. 19; Degener & Mogge-Grotjahn 2012, S. 60). In Anbetracht aktueller Gesellschaftsdiagnosen, die unter den Schlagworten ‚Individualisierung', ‚Pluralisierung' und ‚Differenzierung' etc. bekannt sind und die in Kapitel 4.1 vertieft erörtert sind, wird deutlich, dass gesellschaftsweite, feste, normative Integrationsformeln ihr Ablaufdatum erreicht haben. Nassehi und Nollmann (1997, S. 396) konstatieren, dass „Desintegration geradezu als ‚Normalfall' der gesellschaftlichen Moderne angesehen werden kann" (zit. n. Kleve 2004, S. 172).

Diese gesellschaftlichen Wandlungsprozesse tangieren insbesondere die Positionsbestimmung und Theorieentwicklung der Sozialen Arbeit. Soziale Arbeit verstand sich lange als Integrationshilfe, deren normative Zielsetzung es war, Menschen durch Normalisierung zu helfen, sich bestmöglich in die Gesellschaft zu integrieren (vgl. Kleve 2004, S. 164; Degener & Mogge-Grotjahn 2012, S. 61). Die sozialintegrative Funktionsbestimmung der Sozialen Arbeit wird auf der Grundlage dieser gesellschaftlichen Veränderungen in Frage gestellt. Als Alternative zu normgeleiteter Integration wird daher zusehends auf Inklusion als Orientierungsformel gesetzt. Integration hingegen wird mit konservativen, strukturerhaltenden Motiven assoziiert, die es aufzubrechen gilt. Scherr (2001, S. 13) kritisiert den Integrationsbegriff als einen, welcher der „Perspektive verhaftet [ist], die nicht die Bedürfnisse und Interessen der Adressaten Sozialer Arbeit, sondern gesellschaftliche Erwartungen an diese in den Vordergrund stellt".

Mit der Hinwendung zur Inklusion[13] wird der Blick auf die Schaffung von Voraussetzungen gelenkt, die es den AdressatInnen erlauben, sich ihren Bedürfnissen gemäß zu entfalten (vgl. Diehm 2011, S. 45). Es geht vornehmlich nicht mehr darum, dass die Soziale Arbeit die Einzelnen dabei unterstützt, sich anzupassen und zu integrieren, sondern dass sie sich an den Bedürfnissen der AdressatInnen orientiert und sie dabei unterstützt, die vorhandenen Möglichkeiten und Rechte zu nutzen, um im Sinne des Capability Approach ein selbstwirksames, eigenverantwortliches und menschenwürdiges Leben zu führen. Das bedeutet, dass Institutionen ihre Praxis ändern und sich an die Bedürfnisse und Lebenslagen der Individuen anpassen. Es wird nicht von der Anpassung der Individuen an Strukturen ausgegangen, sondern Systemveränderung verlangt (vgl. Reicher 2009, S. 28; Degener & Mogge-Grotjahn 2012, S. 75; Platte 2012, S. 154).

Auch wenn zusehends versucht wird, den Integrationsbegriff durch Inklusion zu ersetzen, sind dennoch integrative, strukturerhaltende Motive allgegenwärtig. Insofern ist der Integrationsbegriff in gesellschaftlichen Beteiligungsdiskursen nach wie vor real. Deutlich wird darin die konfliktreiche Situation der Sozialen Arbeit, die unter der Formel des „Tripelmandats" diskutiert wird (Staub-Bernasconi 2007, S. 200 f.). Zusätzlich zur wissenschaftlich und menschenrechtlich begründeten professionellen Selbstbestimmung der Sozialen Arbeit gilt es, zum einen die Interessen der AdressatInnen und zum anderen jene institutioneller AuftraggeberInnen zu vertreten. Dies bedeutet, Inklusion in tatsächlichen integrierenden Strukturen zu fördern – ein zentraler Aspekt, der sich durch die Forschungsarbeit zieht (siehe Kapitel 2.3.1) und insbesondere in den empirischen Durchleuchtungen evident wird (siehe Kapitel 7).

13 respektive zu einem nicht normgeleiteten Integrationsverständnis, wie es beispielsweise Thiersch (2005 und 2016, S. 8 f.) im Konzept der Lebensweltorientierung ausbuchstabiert (siehe Kapitel 2.3.1)

Die Erreichung des Inklusionsideals mag vor diesen Hintergründen visionär erscheinen, jedoch sind jegliche Bestrebungen zugleich ein wichtiger Ausdruck eines gesellschaftlichen Krisenbewusstseins (vgl. Scherr 2004, S. 56). Utopien reiben sich bekanntlich an der Realität. Insofern ist Inklusion als Auftrag zu verstehen, mannigfaltige Exklusionstendenzen zeitgemäß zu bearbeiten.

2.1.2.3 Emanzipation

Partizipative Prozesse werden unter anderem durch emanzipative Praktiken flankiert, um Exklusion entgegenzusteuern und Inklusion voranzutreiben. Emanzipation (lat. ‚emancipatio') ist ein Begriff aus dem römischen Recht, mit dem ursprünglich die Entlassung von Hausangehörigen (Sklaven oder erwachsene Söhne) aus der Vormundschaft bzw. Gewalt des Hausherrn bezeichnet wurde (vgl. Claußen 1983, S. 93; Weiß 1998, S. 142; Rammstedt 2011, S. 163). Heute steht Emanzipation für die (Selbst)Befreiung von Gruppen, Klassen und Gesellschaften aus rechtlich, ökonomisch, politisch, sozial und persönlich bedingten Abhängigkeitsverhältnissen, erfahrenen Ungleichheiten und Unterdrückungen (vgl. Claußen 1983, S. 93; Weiß 1998, S. 142; Rammstedt 2011, S. 163), mit dem Ziel, insbesondere rechtliche und gesellschaftliche Gleichstellung zu erwirken (vgl. Ribolits 2013, S. 1). Diese Bedeutung als von den Subjekten ausgehende, mitunter kämpferische, aber nicht zwingend gewalttätige politische Aktivität erhielt Emanzipation unter dem Einfluss der Aufklärung, in der Emanzipation als Programm zur Überwindung von Herrschaftsordnungen, die Freiheits- und Gleichheitsrechte einschränkten, formuliert wurde (vgl. Claußen 1983, S. 94; Rammstedt 2011, S. 163). So wurde aus Emanzipation als einem auf Gewährung basierenden rechtlichen Terminus ein Begriff für systemverändernde soziale Prozesse, die zumeist von sozialen Bewegungen getragen werden (siehe Kapitel 2.1.2.5). Den Emanzipationsbestrebungen des Bürgertums standen später jene der Arbeiterbewegung gegenüber. Hervorzuheben sind zudem die Frauenbewegung, die US-amerikanische Bürgerrechtsbewegung sowie zahlreiche andere politische, religiöse und allgemein humanitär motivierte Bewegungen. Die vielfältigen Emanzipationsprozesse sind zumeist theoretisch-ideologisch begleitet. So war die Aufklärung bekanntermaßen durch Kant und Locke inspiriert, die Arbeiterbewegung durch Marx. Die Früchte reifen in unterschiedlichen strategischen Formaten, die von Reformen wie beispielsweise Gleichstellungsgesetzen, Diskriminierungsverboten bis hin zu Revolutionen reichen (vgl. Weiß 1998, S. 143). Emanzipation als politische Aktivität wird in diesem Sinne oftmals synonym mit Prozessen der Demokratisierung verwendet.

Einen kritischen Blick auf die systemverändernden Potenziale von Emanzipation werfen beispielsweise die kritische Erziehungswissenschaft und die kritische Soziale Arbeit, die sich beide unter anderem an den Foucault'schen Machtanalysen orientieren. Ribolits (2013, S. 3) betont, dass mit Emanzipation zwar versucht wird, für alle gleiche Chancen bereitzustellen und faire Bedingungen zu schaffen, allerdings in einem auf Ungleichheiten basierenden politischen und ökonomischen System. Laut Ribolits war „[d]er in unterschiedlichsten Varianten geführte Kampf um politische Emanzipation ein Kampf um Emanzipation ‚innerhalb' der Bedingungen des gegebenen politisch-ökonomischen Status quo, kaum je einer um Emanzipation ‚von' diesen". Die Gegenmachtkonstellationen blieben stets in bürgerlich-kapitalistischen Machtstrukturen gefangen. Tatsächliche Emanzipation wäre es – so Ribolits weiter –, wenn es den Menschen gelänge, sich von der Determinierung der darin eingelagerten, Ungleichheit produzierenden Logiken zu befreien. Mit dem Hinweis auf das mangelnde subjektive Befreiungsvermögen hinterfragt er gleichzeitig den Gehalt menschlicher Emanzipationsprozesse, die von bisher dargelegten politischen zu unterscheiden sind. Diese menschliche Perspektive auf Emanzipation etablierte sich insbesondere in der gesellschaftskritischen Erziehungswissenschaft der 1960er- und 1970er-Jahre. Sie zielt ab auf die „Befreiung der Subjekte [...] aus Bedingungen, die ihre Rationalität und das mit ihr verbundene Handeln beschränken" (Mollenhauer 1970, S. 11). Diese Rationalität ist jedoch ebenso wenig außerhalb existierender Machtstrukturen zu denken, wie Ribolits (ebd., S. 4) in Anlehnung an Foucault argumentiert. „Die Wahrheit [respektive Rationalität, Anmk. d. Verf.] ist zirkulär an Machtsysteme gebunden, die sie produzieren und stützen, und an Machtwirkungen, die von ihr ausgehen und sie reproduzieren" (Foucault 1978, S. 54). Während die emanzipatorische Pädagogik noch die Erziehung von selbstreflexiven, rationalen, autonomen und kritischen Individuen forderte, scheint diese Forderung in heutige Erziehungs- und Bildungssysteme selbstverständlich eingelassen zu sein. Dies bezeugen diverse Lehrpläne und Leitbilder, die die Förderung der Eigenverantwortung, Reflexionsfähigkeit und Anwendungsbezüge von Wissen ins Zentrum stellen. Kritische AutorInnen entlarven jedoch gerade diese subjektiven Eigenschaften als Kitt gegenwärtiger Herrschaftsbedingungen (vgl. Masschelein 2003, S. 129; Thomson 2013, S. 40; Ribolits 2013, S. 2). Sie sind notwendig und funktional für die Ausgestaltung der Konkurrenzbedingungen im globalen Kapitalismus, wie sie beispielsweise im „unternehmerischen Selbst" (Bröckling 2007) zum Ausdruck kommen.

Insbesondere die Soziale Arbeit gerät im Rahmen aktivierender Sozialstaatsideologien zunehmend unter Druck, Einzelne zu flexiblen, unternehmerischen und eigenverantwortlichen Subjekten zu befähigen[14] (vgl. Galuske 2008a, S. 127; Seithe 2012, S. 247). Die Erziehung und Bildung zu emanzipativen Subjekten folgt demnach implizit einem neoliberalen ökonomischen Imperativ. Die kritische Erziehungswissenschaft und Soziale Arbeit entwickelt und positioniert

14 Diese Aktivierungstendenzen werden in Kapitel 4.4.2 eingehend diskutiert.

sich darin, diese gesellschaftlichen Bedingungen nicht als gegeben hinzunehmen, sondern problematisierende Effekte zu entlarven und die eigene Praxis auch vor den Hintergründen zu reflektieren, inwiefern damit Herrschaftsstrukturen reproduziert werden (vgl. Scherr 2006, S. 169; Kessl & Maurer 2010, S. 159; Bütow, Chassé & Lindner 2014, S. 9). Insgesamt gilt es, Machtkonfigurationen in den Blick zu nehmen und deren mögliche Auflösung durch „Entunterwerfung“ (Foucault 1992, S. 15), Widerstand und politisches Einmischen zu erwirken (vgl. Seithe 2012, S. 403). Diese kritischen emanzipatorischen Züge der Sozialen Arbeit werden hier nicht weiter diskutiert. Vielmehr sollten diese Diskurse darauf aufmerksam machen, dass Emanzipation – politische wie menschliche – sowie die daraus hervorgehenden Resultate nicht unabhängig von Strukturen zu denken sind, sondern diese immer auch produzieren und reproduzieren. Claußen definiert Emanzipation dahingehend als „Resultat von Widersprüchen mit der Qualität von Konflikten“ (1983, S. 94), wobei erfahrbare Widersprüche, beispielsweise zwischen Wertebasis und praktizierter Moral, zwischen Handlungsmöglichkeiten und Begrenzungen, zwischen gesamtgesellschaftlichem Reichtum und ungerecht verteilten Wohlstand, nicht schicksalshaft gegeben sind, sondern immer durch das menschliche Handeln in sozialen Zusammenhängen hervorgebracht werden und somit auch veränderbar sind. Emanzipation kann zur Auflösung erfahrener Widersprüche beitragen. Sie entspringt den darin eingelagerten Konflikten und dem Bedürfnis nach Selbstverfügung sowie nach Veränderung einschränkender und Ungleichheit produzierender Umstände.[15] Ihre Resultate können aber genauso zu neuen Widersprüchen und Konflikten führen, die sich mitunter in revolutionären Bewegungen noch aufladen.

2.1.2.4 Revolution

Revolution (franz. Umdrehung, Umwälzung; lat. revolvere zurückdrehen) ist ein in der Astronomie wurzelnder Begriff, mit dem die Umlaufbahnen der Planeten um die Sonne beschrieben wurden (vgl. Duden 2001, S. 673). Der politische Wortsinn von Revolution entstammt dem Italienischen. Mit ‚revoluzione, rivolta, rivoltura‘ wurden im Italien des 14. Jahrhunderts politische Umschwünge und Verfassungsänderungen bezeichnet (vgl. Lenk 1983, S. 443). Die heute vorherrschende gesellschaftliche Bedeutung von Revolution als gewaltsamer Umsturz und als Umwälzung von Bestehendem durch die Subjekte entwickelte

15 Mit diesem Verständnis schließt Claußen bereits 1983 an zentrale Elemente der Theorie der Strukturierung an (vgl. Giddens 1997), die 1984 erstmals unter dem Titel „The Constitution of Society“ erschien und die rahmengebend für das als Beziehung gedachte Partizipationsverständnis dieser Arbeit ist (siehe Kapitel 3).

sich im 18. Jahrhundert unter dem Einfluss der Französischen Revolution (vgl. Duden 2001, S. 673; Lenk 1983, S. 443). Mit dem Revolutionsbegriff werden seitdem Veränderungen assoziiert, die in der Regel durch gewaltsame Umgestaltungsprozesse eingeleitet und begleitet werden.

Auch wenn sich Revolutionen zumeist auf Umstürze politischer und sozialer Ordnungen beziehen, ereignen sie sich auch partiell in anderen gesellschaftlichen Teilgebieten. Wissenschaftliche Revolutionen (vgl. Kuhn 1996) beispielsweise markieren eine Abkehr von bestehenden Wissensbeständen. In der Wirtschaft werden neue Produktions- und Arbeitsweisen eingeführt, wie es im Zuge der ‚industriellen' und der ‚digitalen' Revolution symptomatisch ist (vgl. Rifkin 2003). Ebenso kann es zu kulturellen Umbrüchen kommen, die sich im Paradigmenwechsel und Wertewandel manifestieren. In solchen Teilrevolutionen liegen Potenziale für gesamtgesellschaftliche Umstürze. Sie sind Vorboten und vielfach auch Auslöser von großen Revolutionen, die auf die Schaffung einer neuen Ordnung abzielen. Die Vorstellung einer solchen neuen Ordnung „reift im Schoß der alten heran" (Lenk 1983, S. 443) und sie wird durch die Revolution offenkundig gemacht. Giddens (1999a, S. 543) definiert Revolutionen in diesem Sinne als „Machtergreifung, die häufig Gewalt anwendet, durch die Anführer einer Massenbewegung, wobei diese Macht in der Folge dazu benutzt wird, umfangreiche soziale Reformprozesse einzuleiten". Als beispielgebend nennt er die Französische Revolution (1789–1799), die Russische Revolution (1917) und den Zerfall des osteuropäischen Kommunismus (1989).

Die Revolutionsforschung destilliert drei konstitutive Merkmale von Revolutionen: 1.) Revolutionen sind immer an eine soziale Massenbewegung gebunden, die sich in öffentlichen Räumen positioniert und dort interagiert. 2.) Revolutionen führen zu bedeutenden Reformen und Wandlungsprozessen, wobei die neuen Machthabenden in der Lage sein müssen, eine neue soziale Ordnung zu institutionalisieren. Ansonsten ist die jeweilige Gesellschaft von Zerfall bedroht. 3.) Revolutionen sind an Gewalt gebunden, wobei es hier zwischen der tatsächlichen Ausübung von Gewalt und bloßer Gewaltandrohung zu differenzieren gilt (vgl. Giddens 1999a, S. 543). Des Weiteren sind unterschiedliche Revolutionsformen existent. Auf Revolutionen können beispielsweise Gegenrevolutionen folgen, die sich gegen die Revolution selbst oder gegen ihre Resultate formieren. Sie sind keine eigenen Revolutionen, sondern ergänzen die ursprüngliche Revolutionsbewegung (vgl. Lenk 1983, S. 444). Revolutionen werden gemeinhin als Bewegungen von unten verstanden, als solche, die von Subjekten getragen werden. Demgegenüber existieren Revolutionen „von oben" (Vogel 2013), wenn Regierungen oder Machthabende abrupt tiefgreifende Veränderungen durchsetzen. Von der Revolution abzugrenzen sind Formen des Staatsstreichs, da sich diese lediglich auf eine Personalrochade in Regierungen beziehen; Machtansprüche sind gegenüber inhaltlichen Veränderungsbestrebungen und der Durchsetzung einer neuen Ordnung vorrangig (vgl. Lenk 1983,

S. 443). Mit Blick auf die Vielfalt entwickelte Rosenau (1964, S. 63f.; zit. n. Tanter & Midlarsky 1979, S. 419) eine Revolutionstypologie, die zwischen drei Formen unterscheidet: 1.) Kampf um Positionen im Sinne von Palastrevolutionen, in denen es um die Besetzung bereits bestehender Positionen in politischen Herrschaftsordnungen geht; 2.) Kampf um die Herrschaftsordnungen, also politische Revolutionen, die auf eine Veränderung der politischen Struktur abzielen, z. B. wenn Diktaturen durch Demokratien abgelöst werden; 3.) Kampf um die Systemordnung respektive soziale Revolutionen, die zusätzlich auf die Veränderung der sozialen und ökonomischen Basis abzielen.

Die Schnittpunkte zur Partizipation lassen sich in einer Rekonstruktion idealtypischer Revolutionsverläufe herauslesen (vgl. Lenk 1983, S. 446). Diese gestalten sich zumeist wellenförmig. Sie zeichnen sich aus durch permanente Provokationen und Unruhen größerer Gruppierungen, um auf Missstände aufmerksam zu machen. Revolten, Aufstände und Rebellionen stehen zumeist am Beginn einer Revolution und werden in Prozessen der Revolution fortgeführt. Kennzeichnend ist die Solidarisierung, der Zusammenschluss betroffener Personenkreise, um gemeinsame Forderungen durchzusetzen. Demgemäß setzt eine Revolution eine potenzielle revolutionäre Trägerschaft (Parteien, Organisationen, Institutionen) mit konkreten Ideen und Programmen voraus, die zumeist in Parolen eingelassen sind und theoretisch-ideologisch unterfüttert sind. Als fundamental für die Russische Revolution galt beispielsweise das marxistische Revolutionsverständnis, das an das dialektisch gedachte Hegel'sche anknüpft (vgl. Tanter & Midlarsky 1979, S. 418). Dem vorangestellt ist die Entwicklung eines Bewusstseins der Menschen über vorhandene Probleme und das Erkennen, dass diese durch zielgerichtetes Handeln gelöst werden können. Ebenso wichtig ist das Solidarisierungspotenzial innerhalb der Bevölkerung, die geplanten Veränderungen zu unterstützen und mitzutragen. Erfolgreich durchgeführte Revolutionen in Nachbarländern haben zudem eine beflügelnde Vorbildwirkung. Sie sind oft Auslöser für weitere, ganze Regionen umspannende Bewegungen (vgl. Lenk 1983, S. 446), wie es sich jüngst im ‚Arabischen Frühling' auch nachweisen lässt (vgl. Asseburg 2011a, S. 3). Tilly (1978; zit. n. Giddens 1999a, S. 548) arbeitet vier Komponenten von „kollektiven Aktionen" heraus, die einer Revolution vorangehen: 1.) Organisation der Massenbewegung, also der Protestmärsche, Versammlungen oder Kämpfe; 2.) Mobilisierung von materiellen und immateriellen Ressourcen, um diese durchzuführen; 3.) Schärfung eines gemeinsamen Interesses; 4.) Erkennen des entscheidenden Momentes, wann die Revolution öffentlich wird. In der Regel wächst solchen kollektiven Aktionen gegenüber gleichzeitig die Unfähigkeit der Regierenden respektive der im jeweiligen System herrschenden Eliten, die Krisen und die Missstände zu bewältigen. Die Weigerung, Privilegien abzugeben und auf Forderungen einzugehen, geht damit einher. Oftmals wird den zumeist im Rahmen der verfassungsmäßigen Ordnungen durchgeführten geplanten Aktionen des Aufstandes mit staatlichen Übergriffen begegnet, wodurch sich die Stimmung aufheizt, woraus MärtyrerInnen hervorgehen und in Summe nicht selten eine gewaltsame Wende der Bewegung eingeleitet wird. Die Folgen dieser Provokationen führen zu einer allgemeinen Vertrauenskrise gegenüber bisherigen Ordnungen. Größere Bevölkerungsteile solidarisieren sich mit den RevolutionärInnen und tragen die Veränderungsbestrebungen mit. Die Eroberung der Macht durch die revoltierende Bevölkerung markiert das Ende einer erfolgreichen Revolution und leitet die Stabilisierungsphase ein. Um die geforderten Veränderungen zu realisieren, werden idealtypisch Führungspersönlichkeiten eingesetzt, die das Vertrauen der Aufständischen genießen. Die neue Ordnung wird regulativ verfasst, wobei anzumerken ist, dass diese Prozesse durchwegs diktatorisch gesteuert sein können. Im Zuge dessen gilt es auch, gegenrevolutionäre Bewegungen außer Kraft zu setzen. Eine Normalisierung der Verhältnisse stellt sich erst dann ein, wenn die revolutionären Energien allmählich versickern und die neue Ordnung an Boden gewinnt (vgl. Lenk 1983, S. 446f.).

Zusammenfassend wird deutlich, dass die Motive für eine Revolution sozialer, politischer, ökonomischer und kultureller Art sein können, wobei sich diese Kategorien in der Praxis verschränken. Es sind in der Regel gesellschaftliche Krisen und Widersprüche, die in der bestehenden politischen, ökonomischen und sozialen Ordnung nicht zu bewältigen sind (vgl. Harders 2011, S. 10). Der Legitimitätsverlust einer bestehenden Ordnung ist der Auslöser, die Vorstellung einer neuen Ordnung die Antriebskraft, die Durchsetzung dieser das Ziel. Es handelt sich um radikale Brüche, die andere Herrschaftsordnungen hervorbringen, welche sich allerdings noch zu bewähren haben – was, wie die Erfahrungen des ‚Arabischen Frühlings' bezeugen, von langandauernden, schwierigen und konfliktreichen Prozessen begleitet sein kann. Das Ideal eines herrschaftsfreien Raums erweist sich mit Blick auf Revolutionen als Unmöglichkeit. Dieser Diskurs wird an späterer Stelle (Kapitel 3) nochmals aufgegriffen und theoretisch unterlegt. Deutlich wird in den skizzierten revolutionstheoretischen Zugängen und rekonstruierten Praktiken ihre Verbindung zum emanzipativen, systemverändernden Partizipationsverständnis: In den Elementen von kollektiven Aktionen wird Partizipation als konstitutives Merkmal von Revolution greifbar.

2.1.2.5 Soziale Bewegungen

Emanzipation und Revolution sind von Subjekten ausgehende, selbstorganisierte Handlungsformate, die auf gesellschaftliche Veränderungen abzielen. Während mit Emanzipation die Befreiung aus Ungleichheitsverhältnissen zu verstehen ist, gehen mit Revolutionen Umstürze ganzer gesellschaftlicher Systeme einher. Neben dem Subjekt-Faktor werden beide in der Regel wesentlich durch soziale Bewegungen getragen (vgl. Giddens 1999a, S. 544). Soziale Bewegungen beschränken sich jedoch nicht auf Revolutionen und Emanzipationsprozesse, sondern sind weiter zu fassen und dementsprechend schwierig definitorisch zu bestimmen. Eine breite Begriffsrahmung legt Giddens (1999a) vor. Er definiert soziale Bewegungen als „kollektiver Versuch zur Förderung eines gemeinsamen Interesses oder zur Erreichung eines gemeinsamen Zieles durch ein kollektives Vorgehen außerhalb des Bereiches etablierter Institutionen" (ebd., S. 552).

Soziale Bewegungen erweisen sich als variantenreich in Hinblick auf ihre Inhalte, ihre Größe, ihren geografischen Wirkungsbereich, ihre Dauer oder ihre Formate. Ihr formatives Spektrum reicht von einzelnen, punktuellen Protestereignissen, die zumeist den Beginn einer sozialen Bewegung einleiten, bis zu formellen Organisationen, die durch die Institutionalisierung das Ende der Bewegung markieren, wenn sie sich nicht zuvor bereits langsam aufgelöst hat (vgl. Roth 2011, S. 1356). Neben der kollektiven Ausrichtung und Zielverfolgung ist die organisationale Offenheit ein weiteres Kennzeichen von sozialen Bewegungen. Soziale Bewegungen sind in der Regel nicht formell organisiert. Sie weisen sich durch eine fluktuierende Beteiligung und nicht festgelegte Organisations- und Partizipationsprinzipien aus, wobei sich im Laufe ihrer Entwicklung daraus durchwegs formelle, mit bürokratischen Merkmalen versehene Organisationen herausbilden können (vgl. Raschke 1988, S. 78; Giddens 1999a, S. 553; Wagner 2009, S. 10; Roth 2011, S. 1356). So ist die Entstehung von Sozialen Organisationen oftmals an soziale Bewegungen rückgebunden (siehe Kapitel 5.3.2). Roth und Rucht (2008, S. 13) heben ergänzend das Kriterium der Kontinuität hervor, wonach ein einmaliges Protestereignis noch keine soziale Bewegung darstellt.

Mit Blick auf ihre inhaltlichen Ziele legt Aberle (1966; zit. n. Giddens 1999a, S. 553) eine Klassifizierung vor. Demnach ist zwischen Transformationsbewegungen, die ähnlich wie Revolutionen auf eine langfristige Veränderung der Gesellschaft abzielen, und Reformbewegungen, die eine Änderung bestimmter Aspekte in einer Gesellschaft verfolgen, wie z. B. die Frauenbewegung, zu differenzieren. Davon sind wiederum Erlösungsbewegungen, die zumeist religiös oder spirituell motiviert sind und Menschen auf den richtigen Weg führen möchten, und Alternativbewegungen, die die Veränderung einzelner individueller Gewohnheiten anstreben, wie es z. B. in der Ökologiebewegung zum Ausdruck kommt, zu unterscheiden.

Bei sozialen Bewegungen handelt es sich in der Regel um lokale und nationale Phänomene. Diese sind jedoch oftmals durch internationale Ereignisse inspiriert und mit anderen Bewegungen vernetzt, woraus größere, weltumspannende Bewegungsformate erwachsen können. Gemeinsam ist ihnen der „Anspruch auf Gestaltung des gesellschaftlichen Wandels" (Roth & Rucht 2008, S. 13). Die Geschichte wird auch von ihnen nicht als schicksalhaft gegeben, sondern als veränderbar begriffen (vgl. Wagner 2009, S. 11).

Aus Rekonstruktionen zum Entwicklungsprozess von sozialen Bewegungen lässt sich herauslesen, dass die Entstehung und Mobilisierungswirkung von sozialen Bewegungen an die jeweiligen politischen Herrschaftsformen und Bedingungen gebunden ist (vgl. Roth 2011, S. 1357). Die Etablierung von Gegenöffentlichkeit hängt ab vom vorhandenen Maß an Öffentlichkeit sowie von Partizipationsrechten und -möglichkeiten, womit sich der Kreis zu den bereits diskutierten unterschiedlichen demokratietheoretischen Auffassungen schließt (siehe Kapitel 2.1.2.1). So verwundert es nicht, dass in diktatorischen Regimen, wie beispielsweise unter der NS-Herrschaft oder heute in Nordkorea, keine legale Gelegenheit zur Formierung von sozialen Bewegungen bestand bzw. besteht. Mobilisierungsbedarf und -wirkung werden des Weiteren durch die jeweilige wohlfahrtsstaatliche Ausgestaltung beeinflusst. So gab es in Österreich in den ‚Wirtschaftswunderjahren' mit einer starken keynesianischen Sozialpolitik kaum soziale Bewegungen. In den späten 1970er-Jahren und den 1980ern wurden neue Bedürfnisse erkannt, welche die sogenannte ‚neue soziale Bewegung' einleiteten, deren Organisationen später zum Großteil als Ergänzung zu staatlichen Dienstleistungen in die Struktur implementiert wurden (siehe Kapitel 5.3.2). Diese Entwicklung bildet sich ebenso in den empirischen Arbeiten ab (siehe Kapitel 7.1). Erst mit der Zuspitzung globaler Problematiken und deren Wahrnehmung gewannen soziale Bewegungen wieder verstärkt an Bedeutung (vgl. Kern 2008, S. 15; Wagner 2009, S. 13). Seit der zweiten Hälfte der 1990er-Jahre formieren sich weltweit globalisierungskritische und antikapitalistische Bewegungen sowie transnationale advokatorische Netzwerke, die von Huntington (1991) unter dem Schlagwort einer „third wave of democratization" subsumiert werden. Sie haben einen hohen Demokratisierungsanspruch, eine internationale Grundhaltung und sie fördern die globale Solidarität (vgl. Wagner 2009, S. 13). Beck spricht von einer „Kosmopolitisierungsstrategie", die eine transnationale Öffentlichkeit herzustellen versucht (Beck 2009, S. 352). Gleichzeitig ist eine Zunahme religiös-fundamentalistischer und nationalistischer Bewegungen zu beobachten (vgl. Kern 2008, S. 15). Sie agieren gewissermaßen als Antidemokratisierungsbewegungen, die sich gegen die Grundprinzipien moderner Gesellschaften in mitunter radikaler Weise richten. Diesen kurzen Befunden folgend begründet sich die Entstehung und Entwicklung von sozialen Bewegungen, ähnlich wie bei Emanzipationsprozessen und Revolutionen, in gesellschaftlichen Widersprüchen und darin eingelagerten Konfliktzonen.

Da sich auch die Soziale Arbeit in diesen Widerspruchskonstellationen bewegt, verwundern die engen Zusammenhänge zwischen sozialen Bewegungen und der professionellen Sozialen Arbeit nicht, auch wenn sie sich, wie Böhnisch (2014, S. 36) konstatiert, in unterschiedlichen Welten bewegen. So macht Staub-Bernasconi (1995, S. 58) darauf aufmerksam, dass „*professionelle* Soziale Arbeit aus *sozialen Bewegungen* mit selbstdefinierten Bedürfnissen, Zielen und Forderungen, Anrechten und Aufträgen, nämlich der Frauen-, Friedens- und sozialreformerischen Settlementbewegung, und nicht etwa aus staatlichen, juristischen Vorgaben oder verwaltungstechnischen Dekreten und Mandaten hervorgegangen ist". Wie noch zu zeigen sein wird, ist die Kritik, die soziale Bewegungen an der Gesellschaft und in der Folge auch an der Sozialen Arbeit üben, essenzielle Inspirations- und Legitimationsquelle (siehe Kapitel 2.3.1 und 5.3.2). Insofern haben soziale Bewegungen eine krisenseismografische Funktion für die Soziale Arbeit. Das Pendel schlug im Laufe ihrer Geschichte vor allem dann aus, wenn sie sich „mit den Forderungen der Mächtigen verbündete [...] und sich unkritisch als Normen- und Gesetzesanwenderin" positionierte (ebd., S. 59). Hier werden zum einen klare Bezüge zur emanzipatorischen kritischen Sozialen Arbeit deutlich, zum anderen deutet sich das Strukturdilemma der Sozialen Arbeit erneut an, das sich bekanntlich im Ausbalancieren der Spannungen zwischen Hilfe, Kontrolle und professioneller Selbstbestimmung schürt (siehe Kapitel 2.3.1).

2.1.2.6 Kooperation

Kooperation (kirchenlateinisch „Mitwirkung") wird allgemein mit Zusammenarbeit übersetzt. Der Begriff wird vorwiegend in organisations- und wirtschaftswissenschaftlichen Diskursen verwendet, wobei zwischen organisationsinterner und zwischenorganisationaler Kooperation differenziert werden kann. Während sich Erstere auf die Zusammenarbeit von Verantwortlichen innerhalb einer Organisation im Sinne der Koordinierung von Aufgabenbereichen bezieht, umfasst Letztere überorganisationale, zumeist vertraglich geregelte Zusammenarbeitsformen. Laut Friese (1998, S. 64) handelt es sich bei Kooperationen um die freiwillige Zusammenarbeit von rechtlich selbstständigen Unternehmen und/oder Individuen, die ihre wirtschaftliche Unabhängigkeit partiell zugunsten eines koordinierten Handelns aufgeben, um angestrebte Unternehmensziele im Vergleich zum individuellen Vorgehen besser erreichen zu können. Diese vorteilhaften Zusammenschlüsse realisieren sich unter anderem in Interessengemeinschaften, Konsortien, Koalitionen oder strategischen Allianzen.

Sennett (2012, S. 17) definiert Kooperation allgemeiner als „Austausch, von dem alle Beteiligten profitieren", als „Schmierstoff für jene Maschinerie, mit deren Hilfe wir es schaffen, dass Dinge getan werden, und indem wir uns mit anderen Menschen zusammentun, können wir individuelle Mängel ausgleichen" (ebd., S. 9). Er fasst Kooperationen über den organisationalen Bereich hinaus als Grundhaltung des Zusammenlebens, die in der frühen Kindheit erlernt wird und sich im Erwachsensein weiter formt. Kooperation findet in dieser weiten Fassung in allen Lebensbereichen statt und gestaltet sich ähnlich facettenreich wie Partizipation in unterschiedlichen Formaten. Zudem sind Kooperationen ebenso wie Partizipation an Fähigkeiten und Determinanten gebunden (siehe Kapitel 2.2.4). So schwächen wachsende soziale und ökonomische Ungleichheiten Kooperationserfahrungen. Eine gesellschaftliche Spaltung schürt laut Sennett Distanzen und bringt „destruktive Kooperationen" in einem „Wir-gegen-sie"-Modus hervor (vgl. ebd., S. 20). Weitere einschränkende Faktoren sind die parzellierten Strukturen moderner Organisationen, die Diskontinuitäten im Arbeitsleben und die zunehmenden Unsicherheiten sowie Ängste vor Andersartigkeiten (vgl. ebd., S. 20 ff.). Sie bedingen Isolations- und Rückzugstendenzen, die Sennett mit dem Charaktertyp des „unkooperativen Ich" umrahmt (ebd., S. 21). Die Belebung positiver Kooperationserfahrungen setzt aus seiner Sicht die Fähigkeit einer „Dialogik" voraus. Diese impliziert unter anderem das empathische Moment des Aufmerksam- und Empfänglichseins für andere Menschen, das Vermögen, individuelle Eigenheiten zu erkennen und in Beziehungen herauszustellen, die Fähigkeit, gemeinsame Regeln der Zusammenarbeit zu definieren, die Möglichkeit, in Dialogen ein besseres Verständnis für Andersartigkeiten zu entwickeln, und die Freiheit, Räume für Experimente offen zu lassen (vgl. ebd., S. 29 ff.). In diesem Sinne begreift Sennett Kooperation als „handwerkliche Kunst" (ebd., S. 50) zwischenmenschlicher Austauschbeziehungen. In einem differenzierten Herangehen buchstabiert er unterschiedliche Gestaltungsmomente aus (vgl. ebd., S. 103 ff.). Kooperation kann altruistisch erfolgen oder in auf Gegenseitigkeit beruhenden Win-win-Konstellationen, in denen mitunter konkurrierende Beteiligte beiderseits profitieren. Eine weitere Variante stellt der differenzierende Austausch dar, mit welchem Konkurrenz- und Abgrenzungserfahrungen gemäßigt werden können (vgl. ebd., S. 112).

Kessl und Maurer (2010, S. 155) buchstabieren solche Grenzbearbeitungspraktiken sozialpädagogisch aus, indem sie diese als „soziale *Praktiken der Differenzierung*" fassen. In dem von den AutorInnen entwickelten und in empirischen Analysen plausibilisierten „grenzanalytischen Ansatz" (vgl. Maurer 2006b; Kessl & Maurer 2005; Kessl 2009) werden Grenzen jeglicher Art – territoriale, sektorale, organisationale, soziale, aber auch individuelle – nicht als absolut und gegeben angenommen, sondern als in der Praxis der Auseinandersetzungen mit diesen gemacht begriffen. „Grenzen sind in diesem Sinne als Ausdruck sozialer Macht- und Herrschaftsverhältnisse zu verstehen, die sich in sozialen Praktiken [...] (re)produzieren" (Kessl & Maurer 2010, S. 158). Insofern sind Grenzen fixierbar, veränderbar und delegitimierbar. Von den AutorInnen wird eine „differenzsensible" Haltung angeregt, die „eine Erweiterung, Verschiebung oder gar Überwindungen von Differenzierungen" versucht (ebd., S. 160). Bütow und Maurer (2013, S. 264; Bütow 2012, S. 454) adaptierten diesen Ansatz in der Durchleuchtung kooperativer Spannungszonen, in denen sich Organisationen der Sozialen Arbeit als Grenzgängerinnen und -bearbeiterinnen bewegen. Soziale Arbeit agiert als „sozialpolitische und professionelle Akteurin, die in und an Grenzen arbeitet", „im Vergleich, in Abgrenzung und in Kooperation mit anderen Professionen", in „Ritzen", „Spalten" und „Klüften" (Bütow 2012, S. 455). Auch in ihren Studien identifiziert sich das Kooperationsgeschehen als ein „*Machtgeschehen*" (Bütow & Maurer 2013, S. 263), in dem Partizipation in unterschiedlichen Ebenen, Modalitäten und Intensitäten stattfindet.[16] Als essenziell für multiprofessionelle, grenzüberschreitende Kooperationsbeziehungen erweisen sich in einer Zusammenschau die Artikulation von Zuständigkeiten bzw. Interessen, Übersetzungs- und Transformationsarbeiten, ebenso wie die Reflexion erfahrbarer, die organisationale Identität betreffender Deutungen und Zuschreibungen, worin sich insgesamt der Bogen zurück zu den von Sennett ausbuchstabierten Kooperationsfähigkeiten spannen lässt.

In all diesen schlaglichtartig besprochenen demokratischen Praktiken spielt Partizipation als Handlungsorientierung eine relevante Rolle. Insofern ist Partizipation als eigenständige soziale Praxis Teil dieser, woraus das breite Begriffsnuancierungsspektrum resultiert. Partizipation kann als Strategie gelesen werden, um Demokratisierungsprozesse einerseits emanzipativ und subversiv voranzutreiben, andererseits integrativ zu stützen und kooperativ zu erweitern. Partizipation ist demnach nicht per se auf Systemveränderung einzuschränken, sondern ihr sind auch systemerhaltende Züge implizit. Partizipative Prozesse können von den Subjekten ausgehen oder administrativ initiiert sein. Beiden Ausgangsszenarien liegen unterschiedliche Partizipationsverständnisse zugrunde. Während die subjektive Lesart von Partizipation eng mit Emanzipation (Befreiung) und Revolution (Umwälzung) in Verbindungen steht, die wiederum in der Regel von sozialen Bewegungen getragen werden, ist die administrativ-technokratische Lesart mit Integration (Eingliederung) und tendenziell mit Kooperation (Zusammenarbeit) assoziierbar. Diese terminologische Zuordnung entspricht einem theoretischen Bemühen, um Differenzen zu betonen. In der Realität wirken diese Praktiken vielmehr ineinander, was an späterer Stelle mit der Einführung des Verhältnis- sowie des Beziehungsbegriffs verdeutlicht wird (siehe Kapitel 3.1.3). Dort wird die dem Partizipationsbegriff inhärente Widersprüchlichkeit von Partizipation als Systemerhaltungs- oder Systemveränderungsstrategie präzisiert. Zuvor gilt es aber, den Blick auf die Resultate weiterer Gebietserkundungen zu richten, in denen Partizipation in ihrer Vielfalt und Vielschichtigkeit dechiffriert wird.

2.2 Partizipation – ein facettenreiches Konglomerat

Wie bisher aus vorrangig demokratietheoretischer Perspektive gezeigt wurde, ist Partizipation in vielen gesellschaftlichen Teilbereichen zu einem Leitbegriff geworden. Demzufolge ist Partizipation mehr als eine politische und verfas-

16 Kooperationen werden in den empirischen Arbeiten als eine zentrale Handlungsstrategie von Sozialen Organisationen identifiziert. Grenzgang-Erfahrungen und -Formen werden dort eingehend am empirischen Material gegengelesen (siehe Kapitel 7.5.2).

sungsrechtliche Kategorie. Darüber hinaus erweist sich Partizipation als äußerst facettenreich und vielschichtig. Entlang der aus der einschlägigen Fachliteratur identifizierbaren Dimensionen, Formate, Intensitäten und Determinanten werden im Folgenden Parameter gefiltert, die abschließend in die Kartografie eingearbeitet werden (siehe Kapitel 2.4). Diese ausschnitthafte Präzisierung ist freilich keine erschöpfende, sondern stellt einen erweiterbaren Orientierungsrahmen dar. Ein solcher erscheint vor dem Hintergrund empirischer Überprüfungen von Ausmaß und Formen der Partizipation in unterschiedlichsten Konstellationen als grundlegend (vgl. Anastasiadis, Heimgartner & Sing 2011, S. 38), nicht zuletzt deshalb, da Partizipation je nach Handlungskontext unterschiedliche Funktionen erfüllt und sich tendenziell andere Personenkreise beteiligen (vgl. Gabriel & Völkl 2008, S. 269).

2.2.1 Dimensionen

Heimgartner konstatiert, dass „prinzipiell alle Lebensbereiche für partizipative Prozesse offen und wichtig [sind]" (2009a, S. 70). Mit Blick auf diese Lebensbereiche bietet die Literatur eine breite Differenzierungspalette an. Je nach wissenschaftlicher Blickrichtung und Theorietradition werden verschiedene Akzente gesetzt. Im Folgenden werden exemplarisch einige Unterscheidungstypologien vorgestellt.

Der Politikwissenschafter Max Kaase (1992, S. 339) fokussiert beispielsweise auf die politische Dimension und legt dazu in Analogie zum dualen Demokratieverständnis eine Zweiteilung vor. Er unterscheidet zwischen politischer Partizipation in ihrem instrumentellen, zielgerichteten Verständnis im ‚Modus 1' und anderen partizipativen Handlungen, die in ihrer Konsequenz durchwegs auch politisch sein können im ‚Modus 2' (siehe Kapitel 2.1). Die politische Partizipation beschränkt sich demnach auf Einflussnahmen der BürgerInnen auf politische Entscheidungen auf verschiedenen Ebenen des politischen Systems (Gemeinde, Land, Bund). Diese Einflussnahme impliziert das Eingreifen der BürgerInnen in die Machtverteilung ebenso wie die Veranlassung politischer EntscheidungsträgerInnen, im Sinne der BürgerInnen zu handeln (vgl. Gabriel & Völkl 2008, S. 270). Alle anderen gestaltenden Handlungen von Personen und Gruppen sind laut Kaase (1992, S. 340), im Sinne einer begrifflichen Präzisierung, davon abzugrenzen. Demzufolge finden wir in der Literatur oftmals die Unterscheidung zwischen sozialer Partizipation (im Sinne der Mitgestaltung des gesellschaftlichen Lebens) und politischer Partizipation (im Sinne der Beteiligung an der Politik) (vgl. Gabriel & Völkl 2008, S. 271).

Hinsichtlich der sozialen Partizipation fällt auf, dass dieser anfänglich vonseiten der Partizipationsforschung nur marginal Aufmerksamkeit geschenkt wurde, was die Vermutung eines auf den politischen Bereich verengten, hegemonialen Begriffsverständnisses von Partizipation verhärtet. Nur wenige Studien der klassischen Partizipationsforschung der 1960er- und 1970er-Jahre stellten Fragen, die über den politischen Bereich hinausgingen und andere Beteiligungssegmente in den Blick nahmen. Hervorzuheben sind die Arbeiten von Nie, Powell und Prewitt (1969) und Verba, Nie und Kim (1978). Herauszustreichen ist ebenso die umfassende Systematisierung gesellschaftlicher Partizipationsbereiche von Fritz Vilmar, die eine der ersten in dieser Art darstellt (vgl. 1973 I, S. 108f.; zit. n. Vilmar 1983, S. 340). Seine Aufschlüsselung integriert die mit den Systembereichen assoziierbaren Institutionen und Organisationen. Er unterscheidet zwischen 1.) primärem Sozialisationssystem (Familie, Kindergarten), 2.) Bildungssystem (Schulen, Hochschulen, Einrichtungen der Erwachsenenbildung, Buch, Presse, Rundfunk, Theater, Kino etc.), 3.) öffentlicher Verwaltung (Wohnbereich, Kommune, Region, Land, Staat, Polizei und Militär), 4.) Einrichtungen des Sozial- und Gesundheitswesens (Krankenhäuser, Pflegeheime, Jugendwohlfahrtseinrichtungen, Gefängnisse und andere Anstalten), 5.) Wirtschaft (private, gemeinwirtschaftlich und staatliche Unternehmen, multinationale Konzerne, Kammern und Regionalverbände, Landes- und Volkswirtschaften, multinationale Wirtschaftsgemeinschaften), 6.) Verbänden und freien Vereinigungen (Parteien, Gewerkschaften, Interessenvertretungen, religiöse Einrichtungen), 7.) Volksvertretungen (internationale und supranationale Parlamente).

Des Weiteren hebt Vilmar (1983, S. 341) in seinem Beitrag zur Partizipation das „Sozialengagement" als eine relevante Realisierungsform hervor. Er versteht darunter Aktivitäten, die Menschen in ihrem Lebensumfeld nicht für sich, sondern vor allem auch für andere setzen, um die Bedingungen menschlicher und lebensfreundlicher zu gestalten. Dieses Sozialengagement rückte Anfang der 1990er-Jahre mit dem Populärwerden der Begriffe ‚Bürgergesellschaft' oder ‚Zivilgesellschaft' verstärkt ins Interesse der Partizipationsforschung (vgl. Gabriel & Völkl 2008, S. 269; Priller 2010, S. 205). Mit der Konzeptualisierung des ‚sozialen Kapitals' erfuhr es einen erweiterten Diskursrahmen (vgl. Priller 2010, S. 206). Damit wird an die Tradition Alexis de Tocquevilles angeknüpft, der in seinem Werk „Demokratie in Amerika" (1835; 1986) die Vereinigten Staaten als „Nation of Joiners" bezeichnete, worin sich seiner Ansicht nach die Stärke der amerikanischen Demokratie ausdrückt (vgl. Gabriel & Völkl 2008, S. 269). In Sozialkapitalanalysen wird der Grad des gesellschaftlichen Zusammenhaltes und damit auch das Demokratiepotenzial bestimmt, das abhängig von je spezifischen demokratietheoretischen Auffassungen geformt wird (siehe Kapitel 2.1.2.1). Robert Putnam (1993; zit. n. Priller 2010, S. 206) arbeitet in seiner italienischen Sozialkapitalstudie Indikatoren für die Messung von diesem heraus. Vertrauensbeziehungen, Netzwerke und Mitgliedschaften in zivilgesellschaftlichen Vereinigungen sind als zentrale Indikatoren herauszustreichen. Je geringer das soziale Kapital ausfällt, desto geringer erweist sich demzufolge auch der gesellschaftliche Zusammenhalt.

Soziale Partizipation wird in diesen Ansätzen in einem engeren Sinne als organisationale Aktivitäten in Vereinen, Verbänden etc. verstanden (vgl. van Deth 2001, S. 297; Roßteutscher 2009, S. 163). Andere AutorInnen dehnen soziales Engagement auf alle Formen kollektiven Handelns aus, die unentgeltlich und freiwillig zur Gestaltung gemeinsamer Angelegenheiten ausgeführt werden und sich nicht direkt an die Politik wenden (vgl. Gabriel & Völkl 2008, S. 269; More-Hollerweger & Heimgartner 2009, S. 6). Soziale Partizipation ist somit als formell organisierte oder informell strukturierte Form in einer Vielzahl von Lebensbereichen, wie beispielsweise in der Freizeitgestaltung, im Arbeitsleben, im Gemeinwesen oder im Kulturleben, eingelassen.

So spezifizieren beispielsweise More-Hollerweger und Heimgartner (2009, S. 36ff.) in Anlehnung an die ICNPO-Klassifikation (vgl. Salamon & Anheier 1996) im ersten österreichischen Freiwilligenbericht eine Fülle von Partizipationsdimensionen respektive -bereichen: 1.) Katastrophenhilfe und Rettungsdienste, 2.) Kunst, Kultur und Freizeit, 3.) Umwelt, Natur und Tierschutz, 4.) kirchliches und religiöses Engagement, 5.) Sozial- und Gesundheitsbereich, 6.) politische Arbeit und Interessenvertretung, 7.) bürgerliche Aktivitäten und Gemeinwesen, 8.) Bildung, 9.) Sport und Bewegung.[17] Auch das britische AutorInnenkollektiv der Studie „Pathways through participation" folgt in seiner Partizipationsdimensionierung der politisch-zivilgesellschaftlichen Dualität. Auf Basis des „Citizen Audit for Britain" (vgl. Pattie, Seyd & Whiteley 2003), des „NCVO's spectrum of active citizenship" (vgl. Jochum, Pratten & Wilding 2005) und der „United Nations classification for volunteering" (vgl. Davis-Smith 2000) differenzieren sie zwischen „public participation" im Sinne der Beteiligung der Individuen an demokratischen Strukturen bzw. Institutionen und „social participation" als zivilgesellschaftliche und am Gemeinwesen orientierte kollektive Aktivitäten in formellen und informellen Arrangements. Diese beiden Dimensionen werden durch die „individual participation" ergänzt, mit der das individuelle Alltagshandeln zur Gestaltung der Lebens(um)welt umrahmt wird. Beispielhaft genannt wird der Kauf von Fair-Trade-Produkten, die Spendenbereitschaft oder das Unterschreiben von Petitionen (vgl. Brodie, Cowling & Nissen 2009, S. 14f.). Eine vergleichbare Klassifikation mit Blick auf das zivilgesellschaftliche Engagement legt Roth (2000, S. 30ff.) vor, wobei sich hier die Partizipationsbereiche tendenziell mit Formaten und Akteuren überschneiden: 1.) politisches Engagement (Mitwirkung in der Kommunalpolitik, in Parteien, Gewerkschaften und Verbänden sowie in Bürgerinitiativen und Beiräten), 2.) soziales Engagement (Beteiligung in Wohlfahrtseinrichtungen, im Gemeinwesen und in sozialen Initiativen), 3.) Engagement in Vereinen, Verbänden und Kir-

17 Diese Differenzierung wurde auch im zweiten Bericht zum freiwilligen Engagement in Österreich übernommen (vgl. BMASK 2015a, S. 38ff.).

chen (Vorstands- und Leitungsaufgaben), 4.) öffentliches Engagement (Beteiligung an der Erfüllung öffentlicher Aufgaben, wie z. B. im Katastrophenschutz und Rettungswesen, in der Erhaltung von Bibliotheken und Museen), 5.) Engagement auf Gegenseitigkeit (alternative Ökonomie im Rahmen von Nachbarschaftsnetzwerken, Tauschringen und Genossenschaften), 6.) Selbsthilfe (Betroffene unterstützen Betroffene), 7.) Beteiligung von Unternehmen (Unternehmen beteiligen sich am Gemeinwesen im Rahmen des Corporate Citizenship und der Corporate Social Responsibility).

Im „Lexikon zur Soziologie" (Fuchs-Heinritz et al. 2011) wird soziale Partizipation hingegen gänzlich aus der zivilgesellschaftlichen Umarmung gelöst und auf das alltägliche soziale Handeln hin betrachtet. In diesem Sinne wird sie als die Beteiligung am sozialen Leben außerhalb organisationaler Realitäten, im Rahmen von Freundschafts- und Familienbeziehungen definiert (vgl. Fuchs-Heinritz 2011d, S. 500). Die politische Partizipation beschreibt der Autor ähnlich wie Kaase als Handlungen, mit denen BürgerInnen ihre Wünsche und Vorstellungen an die Politik vermitteln und an Entscheidungsprozessen mitwirken (vgl. Fuchs-Heinritz 2011c, S. 500). Erweitert wird das dimensionale Spektrum hier durch die kulturelle Partizipation, die die Aneignung von Kultur mittels diverser kultureller Medien (Bücher, Film, Fotografie, Bilder, Theater etc.) umschließt (vgl. Fuchs-Heinritz 2011b, S. 500).

Im selben Band (Fuchs-Heinritz et al. 2011) finden wir unter dem Eintrag „betriebliche Beteiligung" eine dem ökonomischen Bereich zuordenbare Partizipationsdimension. Darunter wird die Beteiligung der ArbeitnehmerInnen an unternehmerischen Entscheidungen verstanden (vgl. Schumacher 2011, S. 89), eine Forderung, die weit bis zum Beginn der ‚Arbeiterbewegung' zurückreicht (vgl. Neumann 2003, S. 650). Auch Oelschlägel (1978, S. 148) konstatiert bereits in den 1970ern, dass der Arbeitsplatz neben dem Reproduktionsbereich zu den zentralsten gesellschaftlichen Segmenten zählt, in denen Partizipation eingefordert wird. Hervorzuheben sind die sich seit den 1960er-Jahren sukzessive in Unternehmen ausbreitenden partizipativen Managementkonzeptionen, die darauf abzielen, einerseits die Produktionsintelligenz der Beschäftigten zu nutzen und ihnen gleichzeitig größere Mitsprachemöglichkeiten in arbeitsplatzspezifischen Entscheidungen einzuräumen (vgl. Gronemeyer 1973, S. 57; Schumacher 2011, S. 89). Partizipation wird genutzt, um unterschiedliche Hierarchieebenen in betriebliche Entscheidungsprozesse einzubinden. Gemeinsame Verantwortungsübernahme, Kommunikation und das Voneinanderlernen werden als Kernprinzipien hervorgehoben, die zur Optimierung der Betriebsergebnisse beitragen sollen (vgl. Schumacher 2011, S. 89). In den 1980er-Jahren entstanden im Gefolge der ‚neuen sozialen Bewegungen' auch neue, auf Partizipation gerichtete Unternehmensvarianten. Unter dem Schlagwort ‚Anders arbeiten, anders leben' entwickelten sich Formen alternativen Wirtschaftens, die an die Prinzipien der Selbstverwaltung anknüpften (siehe Kapitel 5.3.2.2). Gubitzer

(1989, S. 16) bezeichnet diese Prinzipien in Anlehnung an Vanek (1975) als das Solidaritätsprinzip (Verteilung von Überschüssen), das Identitätsprinzip (Verteilung der Anteils- und Besitzverhältnisse) und das Demokratieprinzip (Regelung der Mitbestimmungsmöglichkeiten). In aktuellen Formen der Solidarischen Ökonomie, der Social Enterprises und der Social Entrepreneurs (siehe Kapitel 5.2) wird ebenso mit vielfältigen Partizipationsmodellen im unternehmerischen Alltag experimentiert, was die Relevanz der Partizipation in den sich darunter befindenden Sozialen Organisationen unterlegt.

Die bisher gefilterten Dimensionen wurden von Guggisberg (2004, S. 13) gesammelt aufgeschichtet, wobei sich zum Teil von den bisherig genannten Definitionen abweichende Konnotationen nachlesen lassen. In ihrem Verständnis begrenzt sich die politische Dimension durch die in demokratischen Staatsstrukturen eingelagerten und verfassungsrechtlich fundierten indirekten oder direkten Mitbestimmungsoptionen (Wahlrecht, Volksabstimmung, Volksbegehren), womit sich der Kreis zu den Charakterisierungen von Fuchs-Heinritz (2011c), Kaase (1992) sowie Gabriel und Völkl (2008) schließt. Mit der sozialen Partizipationsdimension spricht die Autorin die Teilnahmemöglichkeiten am alltäglichen Leben an (Wohnen, Einkaufen, Nutzen der Infrastruktur). Die ökonomische Partizipation steht mit der sozialen eng in Verbindung. Darunter wird die Teilhabe am Erwerbsleben und am Wirtschaftskreislauf verstanden, um Wohnen, Einkaufen und Infrastrukturnutzung materiell realisieren zu können. Die kulturelle Dimension wird auf die Teilnahme am kulturellen Geschehen (Kino-, Theaterbesuche etc.) eingeschränkt, was wiederum die ökonomische Partizipation als Voraussetzung hat. Kronauer (2002, S. 153) nimmt eine ähnliche Unterteilung vor, allerdings mit Blick auf die gesellschaftlichen Exklusionsmodi, die zum Ausschluss aus 1.) der gesellschaftlichen Arbeitsteilung, 2.) sozialen Netzen, 3.) der materiellen Teilhabe, 4.) der politisch-institutionellen Teilhabe und 5.) der kulturellen Beteiligung führen. Unbeachtet in all den hier angeführten Aufschlüsselungen bleibt die ökologische Partizipation, die als Teilhabe an der Erhaltung unserer ökologischen Lebensumwelt beschrieben werden kann.[18]

Insgesamt zeigt sich in dieser Zusammenschau, dass Partizipation zum einen fokussiert auf einzelne Bereiche diskutiert wird, die zum anderen nicht immer klar voneinander zu trennen sind. Zudem sind sie mit unterschiedlichen Verständnissen unterlegt, was die Präzisierung der Begrifflichkeit erneut erschwert.

18 Details zum ökologisch nachhaltigen Agieren werden in Kapitel 4.3 ausgeführt.

2.2.2 Formate

Die Komplexität von Partizipation setzt sich fort in ihren Formaten. Neben konventionellen demokratischen Formen der politischen Beteiligung existieren zahlreiche neuere unkonventionelle. Priller (2010, S. 205) konstatiert in der Betrachtung dieser eine Zweiteilung der Partizipationsforschung. Während die eine Richtung auf den politischen Bereich fokussiert und sich auf die Wahlforschung konzentriert, betrachtet die andere Formen der Beteiligung im Rahmen von Protestereignissen, BürgerInneninitiativen, sozialen Bewegungen, zivilgesellschaftlichen und wirtschaftlichen Organisationen, im Aus- und Weiterbildungsbereich und im öffentlichen Leben insgesamt.

Hinsichtlich der politischen Partizipationsformen wird unterschieden zwischen ihrem Verfassungs-, Rechts- und Legitimationsstatus (vgl. Kaase 1992, S. 340; Schultze 1998b, S. 470; Schmidt 2010a, S. 614). In puncto Verfassung wird zwischen verfasster und nichtverfasster Partizipation differenziert. Zu den verfassten werden institutionell verankerte Formen wie beispielsweise Wahlen, kommunale BürgerInnenentscheidungen im Rahmen der direkten Demokratie oder Beteiligungen bezogen auf andere gesellschaftliche Bereiche, wie beispielsweise in der betrieblichen Mitbestimmung, zugezählt. Als nichtverfasste Varianten werden selbstorganisierte BürgerInneninitiativen oder gruppenspezifische Gegenmachtbildungen genannt. Hinsichtlich des Rechtsstatus kann zwischen legaler und illegaler, die Legitimität betreffend zwischen legitimer und illegitimer Partizipation unterschieden werden. Legale Handlungen beziehen sich auf eine gesetzliche Grundlage, illegale sind unrechtmäßige, oftmals gewaltsame respektive gewaltaffine Aktivitäten. Mit Blick auf die Legitimität stellt Kaase (1992, S. 340) fest, dass manche Formen zwar legal, aber nicht legitim sind. Des Weiteren wird zwischen konventionellen und unkonventionellen Formaten differenziert. Konventionelle Formen sind legale verfasste oder auch nichtverfasste, die einen hohen Legitimitätsstatus haben (z. B. Wahlbeteiligung). Verba und Nie (1972; zit. n. Grabriel & Völkl 2008, S. 273) unterscheiden dahingehend zwischen elektoralen Formen, wie Wählen und Wahlkämpfen, und nicht elektoralen, wie die Beteiligung an politischen Gemeinschaftsaktivitäten und individuellen Politikkontakten. Unter unkonventionellen Handlungen werden jene zusammengefasst, die nicht verfasst sind, unabhängig von ihrer Legalität und Legitimität. Diese reichen von der Mitarbeit in BürgerInneninitiativen über Protestaktionen bis hin zu zivilem Ungehorsam (vgl. Barnes, Kaase, Allerbeck et al. 1979, S. 41).

Buse und Nelles (1975, S. 84 ff.) verbinden in ihrer Typologie verfasste und nichtverfasste Formen mit direkt-plebiszitären und indirekt-repräsentativen Arten. Unter direkter Beteiligung verstehen die Autoren Formate, die es allen BürgerInnen erlauben, persönlich an einer Entscheidung mitzuwirken. Im Gegensatz dazu wird in indirekten Verfahren einzelnen Personen eine Entscheidungsvollmacht auf Zeit ausgestellt, um die Interessen einzelner Gruppen zu vertreten. Die Kombination verfasst – indirekt umschließt folgende repräsentative Verfahren: Wahlen, Parteimitgliedschaft und Parteiarbeit, Anhörungen von Interessengruppen im Vorfeld von parlamentarischen Entscheidungen, Beiräte und Kommissionen, an denen in der Regel berufene Personenkreise und GutachterInnen beteiligt sind, kommunalpolitische Funktionen (z. B. Stadtteilräte, Bezirksausschüsse), die eine Dezentralisierung politischer Entscheidungen forcieren, um auf regionale Bedürfnisse zu reagieren, sowie die Beteiligung in autonomen Planungsgruppen und in Parlamenten, wobei in Letzteren auch BürgerInnenbeauftragte partizipieren können. Verfasste und direkte Formen beschränken sich auf Volksbegehren und -entscheide, also Formen, bei denen BürgerInnen direkt auf relevante Entscheidungen einwirken können, die wiederum in den Verfassungen geregelt sind. Nichtverfasste und direkte Formen entsprechen versammelnden und initiierenden Aktivitäten, wozu BürgerInneninitiativen und Protestaktionen zu zählen sind, deren Forderungen rechtlich unverbindlich sind; die Durchsetzung der Forderungen sind vom jeweiligen politischen Kräfteverhältnis abhängig. Zu ergänzen sind hier Planwahlen, an denen selektiv den von Entscheidungen direkt Betroffenen die Möglichkeit zur Mitentscheidung geboten wird. Nichtverfasste und indirekte Formen decken stellvertretende und kooperative Verfahren ab, die im Rahmen von Interessengruppen und Verbänden, BürgerInnenforen oder auf Ebene des Gemeinwesens stattfinden.

Eine der ersten Studien der Partizipationsforschung, die neben konventionellen Beteiligungsformaten auch unkonventionelle untersuchte, mit der Intention, die international beobachtbaren ansteigenden Protestbewegungen der 1960er- und 1970er-Jahre theoretisch und analytisch zu fundieren, war die Political-Action-Studie (Barnes, Kaase, Allerbeck et al. 1979). Aus den Ergebnissen wurde eine weitere Systematisierung entwickelt. In Anlehnung daran unterscheidet Uehlinger (1988, S. 129 ff.) zwischen fünf Typen: 1.) staatsbürgerliche Partizipation (z. B. Wahlen), 2.) problemspezifische Partizipation (z. B. BürgerInneninitiative), 3.) parteiorientierte Partizipation (z. B. Parteiarbeit), 4.) ziviler Ungehorsam (z. B. Hausbesetzungen), 5.) Gewalt (z. B. Sachbeschädigung). Vilmar (1983, S. 340 f.) schematisiert das partizipative Kräftemessen in zwei Cluster, nämlich in Formen kollektiver Gegenmachtbildung und in institutionalisierte Partizipationspraktiken. Als institutionalisierte Formate identifiziert er unter anderem Räte und Vollversammlungen, paritätische Gremien, teilautonome Arbeitsgruppen, selbstverwaltete Organisationen und Fraktionsbildungen. Zur Gegenmachtbildung zählen symbolische Aktivitäten beispielsweise im Rahmen von Demonstrationen, zivilem Widerstand durch Boykott, Streik etc., gewaltfreiem Aktionismus und gewaltsamem Widerstand.

Aus diesen Typologien wird deutlich, dass unterhalb der politisch-institutionellen Ebene zahlreiche Formen politisch-öffentlichen Handelns existieren, denen sich die Partizipationsforschung auch zunehmend widmet. Die politische Beteiligung ist im Laufe demokratischer Entwicklungen vielgestaltiger geworden, was als Signal für eine insgesamt konfliktreicher gewordene politische Kultur gelesen werden kann, die durch eine selbstbewusste und aktive Bevölkerung geprägt wird (vgl. Rucht 2010, S. 6). Dies ist gerade mit Blick auf die vielfach geortete Politikverdrossenheit oder politische Apathie von Relevanz, die in sinkenden Wahlbeteiligungen sowie stagnierenden Parteienengagements zum Ausdruck kommt und insgesamt das zunehmende Desinteresse der BürgerInnen an verfassten Formen widerspiegelt. Die österreichische Nichtwählertypologie (IMAS 2014, S. 1) bestätigt diese Wahrnehmung, denn die „Politikverdrossenen“, „Protestierenden“ und „Systementtäuschten“ repräsentieren die größten Gruppen der NichtwählerInnen. Zugleich gewinnen nichtverfasste Formen an Bedeutung. So ortet Rucht (2010, S. 6) eine Verlagerung des Engagements von Parteien und Verbänden hin zu punktuellen und zumeist lokalen Aktivitäten sowie eine steigende Tendenz des politischen Protestes in den letzten Jahrzehnten. Zu einer ähnlichen Diagnose kommen Gabriel und Völkl (2008, S. 283): Den Daten des European Social Survey (ESS) lässt sich entnehmen, dass konventionelle politische Aktivitäten (z. B. Wahlkämpfen und Parteienengagement) zugunsten spontaner, punktueller Aktionsformen an Beliebtheit verloren haben. Daraus kann geschlossen werden, dass Politikverdrossenheit nicht mit Demokratieverdrossenheit gleichzusetzen ist. Des Weiteren wird darin deutlich, dass zuvor unkonventionelle und illegitime Formen des politischen Engagements in das Handlungsrepertoire der BürgerInnen integriert wurden. Diese Veränderung kann als ein Hinweis auf die emanzipativen, systemverändernden Kräfte der Partizipation gelesen werden. Beobachtbar ist zudem, dass von institutioneller Seite darauf reagiert wird, indem die Partizipationsmöglichkeiten formal erweitert werden, beispielsweise durch Neuerungen in Wahlsystemen, die Ausweitung direktdemokratischer Verfahren, die Herabsetzung des Wahlalters und die Einführung von Kinderparlamenten. Entscheidend ist dennoch, welche Formate tatsächlich gewählt werden respektive zum Einsatz in einzelnen Partizipationsrealitäten kommen, denn sie wirken gewissermaßen als Vorzeichen für die Ausgestaltung der Partizipationsprozesse, wie noch zu zeigen sein wird (siehe Kapitel 2.2.4).

Andere, nicht explizit auf die politische Partizipation hin entwickelte Formattypologien, weisen ebenso unterschiedliche Akzentuierungen aus. In der Studie „Pathways through participation“ (Brodie, Cowling & Nissen 2009, S. 4) wird beispielsweise zwischen formellem und informellem Engagement differenziert, wobei sich – wie bereits erwähnt – das formelle auf institutionelle Aktivitäten wie Mitgliedschaft und Mitarbeit in zivilgesellschaftlichen Institutionen bezieht und das informelle auf nicht organisierte Aktivitäten außerhalb der Familie (vgl. Gabriel & Völkl 2008, S. 275; More-Hollerweger & Heimgartner 2009, S. 6). Des Weiteren grenzen die AutorInnen bezahlte von unbezahlten

Formen ab und arbeiten weitere Gegensatzpaare heraus, die allerdings nicht als Entweder-oder-Varianten zu lesen sind, sondern als Von-bis-Paare, wodurch die unterschiedlichen Nuancen Ausdruck finden sollen. Mit ‚on-off' bzw. ‚ongoing' wird ein zeitliches Unterscheidungsmerkmal eingeführt, das der Differenz zwischen einerseits projektorientierten, zeitlich begrenzten und andererseits langfristigen, kontinuierlichen Formen entspricht. Die Trennung zwischen individueller und kollektiver Partizipation bezieht sich auf das soziale Gefüge, in dem Partizipation stattfindet. Mit lokal und global benennen die AutorInnen die Verortung des Engagements, mit aktiv und passiv werden Intensitäten betont. Die Differenzierung zwischen mitwirkend und organisierend hebt den unterschiedlichen Akteurtypus hervor. Mit selbstbezogenen oder altruistischen Formen sprechen sie Motive der Partizipation an, ebenso mit den Variationen von beratend (‚consultative') oder bestärkend (‚empowering'), proaktiv oder reaktiv und verändernd (‚driving change') oder erhaltend (‚resisting change'). Mit der Unterscheidung zwischen ‚online' und ‚offline' öffnen sie den Blick für neue medial unterstützte Partizipationsformen wie beispielsweise das „virtual volunteering" (vgl. Cravens & Ellis 2014).[19]

Eine andere Unterteilung von Formaten regt Guggisberg (2004, S. 14) an. Zu differenzieren ist zunächst zwischen freiwilliger und unfreiwilliger Partizipation. Partizipation wird zwar zumeist als etwas Freiwilliges eingestuft, komplementär existieren jedoch auch Teilhabepflichten, wie z. B. die Schulpflicht, Steuerpflicht, Sozialversicherungspflicht etc. Des Weiteren können selbstorganisierte und vorgeschriebene respektive empfohlene Partizipationsformen ausgemacht werden. Während selbstorganisierte Partizipation freiwillig, aus eigenem Antrieb entsteht, beispielsweise im Rahmen von BürgerInneninitiativen, werden vorgeschriebene Partizipationsformen von Verwaltung, Politik oder anderen Institutionen nahegelegt, wobei mitunter ihre Nichteinhaltung sanktioniert wird. Die bereits skizzierte breite Palette an Partizipationsempfehlungen und -standards (siehe Kapitel 2.1.1) signalisiert den zunehmenden partizipativen Handlungsimperativ, der in Kapitel 3 nochmals näher diskutiert wird.

Insgesamt wird mit Blick auf die Formate erneut eine Vielfalt deutlich. Die Kartografie versucht auch hierzu, eine Zusammenschau bereitzustellen (siehe Kapitel 2.4).

---

19 Infolge technologischer und medialer Entwicklungen haben sich Onlineformate zur Meinungs- und Entscheidungsbildung mittlerweile weiträumig etabliert. Das Web 2.0 bietet zahlreiche Möglichkeiten, um zur Partizipation zu mobilisieren. Es wird sogar als Instrument zur Revitalisierung der Demokratie diskutiert (vgl. Moser 2010, S. 50). Voss (2014, S. 19) stellt damit verbundene Fragen in den Raum: Die Anonymität im Netz kann Personen zwar zur Beteiligung animieren, die Authentizität und Repräsentativität kann allerdings nicht geklärt werden. Auch spielen Fragen des Datenschutzes und der Gruppendynamik hierbei eine wesentliche Rolle.

2.2.3 Intensitäten

Wie bereits angedeutet, ist zwischen unterschiedlichen Intensitäten der Partizipation zu differenzieren. Hinter den im Folgenden beispielhaft skizzierten Stufenmodellen stehen die Annahme eines Machtungleichgewichtes zwischen EntscheiderInnen und Beteiligten sowie die Frage nach Möglichkeiten bzw. Unmöglichkeiten, dieses auszugleichen. Abstufungen leisten insgesamt einen entscheidenden Beitrag zu einer kritischen Analyse von Methoden, Verfahren und der Anwendung von Partizipation. Machtbeziehungen, oft auch subtiler Art, werden damit beobachtbar.

Das bekannteste Stufenmodell wurde bereits 1969 von Arnstein konzeptualisiert. Ihre „Ladder of citizen partizipation" wurde in der Folge vielfach adaptiert und modifiziert. Sie ist auch für die Partizipationsdiskurse der Sozialen Arbeit modellgebend. Grundsätzlich besteht sie aus acht Stufen, die in drei Gruppen zusammengefasst sind: *Nichtbeteiligung:* 1.) Manipulation, 2.) Therapie; *Scheinbeteiligung:* 3.) Information, 4.) Beratung, 5.) Beschwichtigung; *Macht bei den Beteiligten:* 6.) Partnerschaft, 7.) Übertragung von Macht und Entscheidungskompetenz an die Beteiligten, 8.) Kontrolle durch Beteiligte und Selbstorganisation (vgl. Arnstein 1969, S. 2; Schnurr 2011, S. 1074).

Schnurr (2011, S. 1074) nennt eine von Hart (1992, S. 11 ff.) adaptierte Form, die im Zusammenhang mit der Jugendhilfeplanung bzw. Beteiligung von Kindern entwickelt wurde. Hier wird unterschieden zwischen 1.) Fremdbestimmung, 2.) Dekoration, 3.) Alibi-Teilnahme, 4.) zugewiesen, aber informiert, 5.) konsultiert und informiert, 6.) von Erwachsenen initiiert und Entscheidungen mit Kindern geteilt, 7.) von Kindern initiiert und durchgeführt sowie 8.) von Kindern initiiert und Entscheidungen mit Erwachsenen geteilt.

Guggisberg (2004, S. 14), Straßburger und Rieger (2014, S. 23) und Wrentschur (2005, S. 5) nehmen in Anlehnung an Lüttringhaus (2000, S. 39 ff.) eine andere Abstufung vor, die von der Information bis zur Selbstverwaltung reicht. Dabei stellt die *Information* und *Beobachtung* die schwächste Form der Partizipation dar. Informationen werden erhalten bzw. beschaffen, Vorgänge werden beobachtet bzw. man wird darüber in Kenntnis gesetzt. Man weiß zumindest Bescheid oder man wurde zumindest informiert. Die nächste Stufe beinhaltet *Mitwirkungsprozesse,* in denen BürgerInnen in Veränderungen einbezogen werden und auf diese Einfluss nehmen können. Beschlussfassungen finden jedoch auf einer anderen Ebene statt. Klassische Verfahren dieser Mitwirkungsprozesse sind Teilnahme an Dialogen, Arbeitsgruppen, runden Tischen sowie das Verfassen und Einbringen von Stellungnahmen. Eine intensivere Partizipation findet in der Stufe der *Mitentscheidung* statt. Sie geht über die Einflussnahme hinaus. Damit verbunden sind die Kontrolle über besprochene Vorgehensweisen sowie die aktive Teilnahme an Beschlüssen, wie vorgegangen werden soll. Diese Prozesse können in basisdemokratischen, aber auch in repräsentativen Strukturen eingebettet sein. Voraussetzung dafür sind offizielle Funktionen in diversen Vertretungsgremien (Gemeinderat, Interessenvertretungen, Kommissionen), was gleichzeitig bedeutet, dass Mitentscheidung durch bestimmte Verfahren garantiert wird. Die *Selbstverwaltung* bzw. Eigenständigkeit ist die oberste Stufe der Partizipation. Selbstverwaltung steht für Autonomie und Selbstbestimmung und sie ist nicht an vorgegebene Strukturen gebunden. In diesem Status wird die Teilnahme nicht gewährt, sondern sie stellt das Recht dar, alle finanziellen, organisatorischen und inhaltlichen Grundlagen autonom zu bestimmen. Wrentschur (2005, S. 5) veranschaulicht diese Abstufung anhand eines Beispiels zur Errichtung eines Jugendzentrums, wonach die höchste Stufe der Partizipation in der Form realisiert wird, wenn Gestaltungsideen für das Jugendzentrum von den Jugendlichen selbst eingebracht werden, sie ein Stimmrecht bei der Planung haben, in die Umsetzung des Konzeptes eingebunden und auch im laufenden Betrieb für verschiedene Dinge selbst verantwortlich sind – oder in Worten von Wrentschur gefasst: „Betroffene werden selbst aktiv, engagieren sich, gestalten und verwalten selbst“ (ebd., S. 6).

Diese Abstufung weist große Ähnlichkeiten mit der von Arnstein konzipierten auf. Es zeigen sich aber auch Parallelen zum zweitgenannten Modell. In den ersten beiden Stufen besteht keine direkte Einflussnahme auf die Beschlussfassung. Die Definitions- und Entscheidungsmacht tritt erst in den letzten beiden Stufen ein. Hier ist eine direkte Einflussnahme möglich. Auch Gronemeyer (1973, S. 207) kommt in seinen Fallstudien zu Partizipationsprozessen in der kommunalen Planung zu dem Schluss, dass selbstorganisierte BürgerInneninitiativen die größten Beteiligungschancen implizieren. Da, wie noch gezeigt wird (siehe Kapitel 5.2), die Selbstverwaltung ein traditionelles Wesensmerkmal von Sozialen Organisationen ist, bekräftigen sich hier ein weiteres Mal ihre Partizipationspotenziale.

2.2.4 Determinanten

Die ausschnitthaft dargelegten Intensitätsstufen verweisen auf Grenzen der Partizipation bzw. auf Herausforderungen, die es in Partizipationsprozessen zu bewältigen gilt. Sie stellen den Blick auf die unterschiedlichen hierarchischen Ebenen frei, in denen Partizipation eingebettet ist. Es zeigen sich die Machtverhältnisse, menschlichen Bedürfnisse und Diversitäten. Während sich die Partizipationsforschung primär mit individuellen Beteiligungsinteressen und -chancen beschäftigt, werden andere Akteure im gesellschaftlichen System, die Beteiligung initiieren, gewähren oder vermitteln, weitestgehend ausgeklammert. Es soll hier versucht werden, über die Aufschlüsselung von Partizipationssphären einzelne Gruppen von Beteiligten schematisch zu identifizieren und exemplarisch Partizipationsdeterminanten zu bestimmen.

Sphärische Aufschlüsselungen von Partizipation geben einen Überblick über das Partizipationsgefüge. Sie bilden für die weiteren theoretischen und empirischen Analysen zentrale Orientierungspunkte ab. Da auch hier je nach Blickrichtung und Handlungskontext unterschiedliche Chiffrierungen vorgenommen werden, werden in den einzelnen Kapiteln auch jeweils andere Modelle, die im Folgenden schlaglichtartig beleuchtet sind, ins Zentrum gerückt.

- Mit Blick auf die *Soziale Arbeit* ist das Ebenen-Modell von Schnurr (2001, S. 1338 ff.) herauszustreichen. Er differenziert zwischen vier Ebenen – der Einzelfallentscheidung, der Leistungserbringung, der lokalen Gewährleistungsplanung und den sozialpolitischen Rahmenbedingungen. Dieses Modell stellt die Basis für umfassende Partizipationsbetrachtungen in der Sozialen Arbeit dar, weshalb in Kapitel 2.3.3 darauf nochmals zurückgegriffen wird.
- Neumann (2003, S. 652) trifft eine Einteilung im Bereich *wirtschaftlicher Unternehmen:* 1.) Arbeitseinheit, der Arbeitsplatz; 2.) die Unternehmensleitung, Vorstände und Aufsichtsräte; 3.) die Selbstverwaltungsorgane der Wirtschaft (Kammern und Vereinigungen); 4.) die volkswirtschaftliche Ebene des Staates. Diese Differenzierung wird uns in der empirischen Stakeholderanalyse von Sozialen Organisationen nochmals partiell begegnen (siehe Kapitel 7.2.4).
- Pearce (2009, S. 25) nimmt mit Blick auf die Verortung von *Sozialen Unternehmen* eine komplexe sektorale Einteilung vor. Er differenziert zunächst zwischen den drei ökonomischen Systemen – dem marktwirtschaftlichen, dem öffentlich-staatlichen und dem gemeinwohlorientierten. Diese agieren wiederum in unterschiedlichen geografischen Sphären, also global, national, regional, lokal oder nachbarschaftsbezogen. In dieser Zusammenschau eröffnet sich ein komplexes Gewebe von unterschiedlichen Partizipationsräumen, in denen Soziale Unternehmen lokalisierbar sind. Auf dieses Schema wird in der Bestimmung von Sozialen Organisationen (siehe Kapitel 5.2.1) nochmals zurückgegriffen.
- Eine weitere Ebenenaufschichtung findet sich im *Global-Governance-Konzept.* Hier wird zwischen unterschiedlichen Ebenen des administrativen politischen Handelns differenziert, die sich miteinander verschränken (global, national, regional, lokal) und unter Einbindung aller Akteurgruppen partizipativ ausgestaltet sein sollen (vgl. Kuhn & Heinrichs 2011, S. 19). Im Rahmen der gesellschaftlichen Partizipationsschattierungen wird darauf noch mals einzugehen sein (siehe Kapitel 4.3).
- Mit Blick auf die *Forschung* bietet die Bedingungsmatrix der Grounded Theory eine Unterteilung an. Strauss und Corbin (1996, S. 136) differenzieren zwischen der internationalen, nationalen, lokalen und organisatorisch-institutionellen Ebene, die wiederum in organisationale Subeinheiten unter-

teilt ist. Im Kleinräumigen unterscheiden sie zwischen dem Segment von Kollektiven, Gruppen und Individuen, der Interaktionssphäre und schließlich der Handlungssphäre, in der das zu analysierende Phänomen verortet ist. In dieser Aufsplitterung wird die Dynamik zwischen diesen Ebenen hervorgehoben, in dem Sinne, dass Handlungen bis in den internationalen Bereich Wirkungen zeigen können und umgekehrt diese durch Ereignisse in den vorgelagerten Ebenen durchdrungen sind. Auch auf dieses Modell wird in den empirischen Analysen zurückgegriffen, insbesondere um die Dynamiken zwischen Handeln und Strukturen sichtbar zu machen (siehe Kapitel 6.4).

Explizit wird in diesen sphärischen Differenzierungen die hierarchische Durchmusterung unserer Gesellschaft. Gemeinsam ist ihnen die Aufschichtung von partizipativen Handlungen in unterschiedlichen geografischen Bezugssystemen, die vom internationalen Raum bis zu individuellen Lebenswelten reichen. Implizit lassen sich daraus unterschiedliche Gruppen von Akteuren herauslesen, die wiederum je spezifische Partizipationsanliegen und -voraussetzungen mitbringen. Grob ist zwischen öffentlich, ökonomisch, gemeinnützig und individuell Handelnden zu unterscheiden (vgl. Anastasiadis 2015, S. 41). Mit Blick auf ihre Partizipationsmöglichkeiten und -grenzen kann demnach zwischen individuellen sowie struktur- und prozessbezogenen Determinanten differenziert werden.

Mit Blick auf die individuellen Determinanten signalisieren Ergebnisse der Partizipationsforschung, die sich unter anderem mit Fragen der individuellen Beteiligungsinteressen und -chancen beschäftigt, dass das Partizipationsinteresse eng mit dem sozialen Status in Verbindung steht. Je höher der sozioökonomische Status ist (Ausbildung, Berufsprestige, Einkommen), desto zahlreicher sind die für Partizipation relevanten Ressourcen (Geld, Zeit, Wissen) und desto größer erweist sich die Bereitschaft zur Partizipation (vgl. Gronemeyer 1973, S. 34; Gabriel & Völkel 2008, S. 288; Schmidt 2010a, S. 614). Andere Daten zeigen, dass die gebildeten Mittelschichten in partizipativen Prozessen deutlich überrepräsentiert sind (vgl. Rucht 2010, S. 6). In diesem Zusammenhang beschreibt Hinte Agenda-21-Prozesse zur nachhaltigen Entwicklung beispielsweise als „Mittelschichtsveranstaltungen“ (Hinte 1998, o. S.; zit. n. Guggisberg 2004, S. 15).

Hinsichtlich der sozialen Partizipationsdimension bestätigen die Daten zum sozialen Engagement in Österreich dieses Bild (vgl. More-Hollerweger & Heimgartner 2009; BMASK 2015a). So engagieren sich Personen, die eine höhere Schule besuchen oder eine solche abgeschlossen haben, deutlich häufiger als jene mit einem Pflichtschulabschluss (vgl. More-Hollerweger & Heimgartner 2009, S. 110; BMASK 2015a, S. 21). Aber auch hinsichtlich des Geschlechts deuten sich Segregationstendenzen an. So sind beispielsweise Frauen eher im informellen, dem der Haus- und Familienarbeit nahestehenden, Bereich engagiert und Männer häufiger im formell organisierten (vgl. More-Hollerweger & Heimgartner 2009, S. 94; BMASK 2015a, S. 19). Diese Verteilung lässt erkennen, dass Frauen eher ausführende Tätigkeiten in nicht strukturierter Rahmung leisten, wo weniger gesellschaftliche Einflussmöglichkeiten vorliegen und die Tätigkeiten selbst i. d. R. mit einem geringeren gesellschaftlichen Ansehen verbunden sind. Diese Tendenz bestätigt sich in den Ergebnissen zur geschlechtsspezifischen Aufgabenverteilung im formellen Engagement. So sind deutlich mehr Männer in einer leitenden Funktion, wie z. B. als Vorstand, tätig (vgl. More-Hollerweger & Heimgartner 2009, S. 98). Mit Blick auf diese geschlechtsspezifischen Unterschiede konstatieren die AutorInnen, dass das freiwillige Engagement von Männern und Frauen deren private, erwerbsbezogene und gesellschaftliche Position und Rollenzuschreibung widerspiegelt (vgl. ebd., S. 95). Die Möglichkeiten der Einflussnahme durch und mit freiwilligem Engagement fallen bei Frauen aufgrund ihrer geringeren zeitlichen Flexibilität zwischen Erwerbs-, Haus- und Freiwilligenarbeit deutlich schwächer aus. Wenn auch die freiwillige Tätigkeit, zeitgeschichtlich betrachtet, für Frauen Raum zur Aufwertung ihrer gesellschaftlichen Stellung bot und auch bietet (z. B. Frauenbewegung, Interessengruppen etc.), so sind die Rahmenbedingungen zu deren Entfaltung, nicht zuletzt durch ihre Mehrfachtätigkeit, begrenzt. Aber es ist nicht nur das Geschlecht, sondern auch das Alter, das die Engagementbereitschaft dämmt. So sinkt die Beteiligungsquote ab dem 70. Lebensjahr deutlich, was auf gesundheitliche und familiäre Gründe zurückzuführen ist (vgl. More-Hollerweger & Heimgartner 2009, S. 57; BMASK 2015a, S. 20). Jüngere SeniorInnen sind noch sehr häufig engagiert, wobei die Ergebnisse des Langzeit-Freiwilligensurveys in Deutschland zu erkennen geben, dass sich die Altersspanne kontinuierlich ausdehnt. Die zunehmende körperliche und geistige Fitness sowie der Mehrwert, den insbesondere ältere Personen durch diese gesellschaftlichen Partizipationsmöglichkeiten erzielen, werden als Gründe genannt (vgl. Gensicke 2010, S. 229). Soziales Engagement ist demnach auch biografisch induziert. Jakob (2003, S. 79 ff.) arbeitet in einer Prägungstypologie die „biografische Passung" von freiwilligem Engagement heraus. Sie unterscheidet zwischen sechs Engagementtypen: 1.) familiäres Handlungsschema und soziokulturelles Milieu als Prägungsfaktoren, 2.) religiös begründetes Auftragshandeln, 3.) Engagement als Bestandteil der Karriere und des sozialen Aufstiegs, 4.) Engagement als selbstengagiertes Bearbeiten von gesellschaftlichen Problemen, 5.) Engagement als Bewältigung von eigenen Verletzungs- und Verlusterfahrungen, 6.) Engagement als Verwirklichung des biografischen Themas. Es zeigen sich auch hier geschlechts- und altersspezifische Differenzen. So sind Personen um die 50 Jahre in traditionellen, eher fremdbestimmten Formen des Engagements (Typ 1, 2, 3) zu finden. Bei jüngeren Personen ist ein stärkerer Bezug auf die biografische Passung festzustellen (Typ 4, 5, 6). Die Autorin spricht in diesem Zusammenhang von einer Modernisierung des Engagements. Zudem sind dem religiösen Typ vorwiegend Frauen zuzuordnen, der Karrieretyp ist von Männern dominiert.

Individuelle Merkmale, wie sozioökonomischer Status, Alter, Geschlecht und biografische Hintergründe, beeinflussen diesen Befunden gemäß Ausmaß und Form der Beteiligung, was weitergedacht auch die Möglichkeiten determiniert, auf gesellschaftliche Prozesse Einfluss auszuüben, um daraus mitunter auch einen Nutzen zu ziehen (vgl. Gabriel & Völkl 2008, S. 288). Auch Gronemeyer (1973, S. 146) verweist auf individuelle Partizipationshemmnisse. Er legt die Betonung jedoch auf mangelndes sachspezifisches Wissen, Artikulationsschwierigkeiten und ungleiche Zugänge zu partizipativen Verfahren, womit er den Bogen vom ‚Können', über das ‚Wollen' bis hin zum ‚Gefragtwerden' spannt, wie es Verba, Scholzman und Brady (1995, S. 15) ausdifferenzieren: „In thinking about why some people are active while others are not, we find it helpful to invert the usual question and ask instead why people do *not* take part in politics. Three answers immediately suggest themselves: because they can't; because they don't want to; or because nobody asked." Während sich das Können auf soziale, materielle, kulturelle und intellektuelle Ressourcen bezieht, umfasst das Wollen Motive, Interessen und Betroffenheiten. Das Gefragtwerden impliziert die Vernetzung der Personen, die für die Mobilisierung partizipativer Handlungen grundlegend ist und wodurch diese zu Ansprech- und KooperationspartnerInnen werden.

In diesem Zusammenhang ist auch immer von Partizipationskompetenz die Rede, worin sich Parallelen zu den von Sennett (2012) ausbuchstabierten Kooperationsfähigkeiten zeigen (siehe Kapitel 2.1.2.6). Nach Oelschlägel (1978, S. 149) verbinden sich darin folgende Teilkompetenzen: Problembewusstsein, Fähigkeit zur Interessenerkennung und -artikulation, soziale Sensibilität sowie Kooperations-, Entscheidungs- und Konfliktfähigkeit. Zu einer ähnlichen Beschreibung kommen Milbrath und Klein (1962; zit. n. Gronemeyer 1973, S. 35). Sie identifizieren ‚social skills' (das Richtige zum richtigen Zeitpunkt tun), ‚social ease' (wohlfühlen bei sozialer Interaktion und diese anregen) und ‚Ich-Stärke' (Überzeugung von eigenen Fähigkeiten) als relevante Kompetenzen. Auch Guggisberg (2004, S. 14) benennt individuelle Partizipationsvoraussetzungen: „Partizipation ist abhängig vom Lebensalter, von der persönlichen Situation und der persönlichen Betroffenheit. Meistens setzt Partizipation Artikulationskompetenzen, Kenntnisse über Strukturfragen und gesellschaftliches Selbstverständnis voraus, worüber nicht alle Menschen gleichermaßen verfügen." Sie weist auch darauf hin, dass in partizipativen Settings die persönlichen Grenzen anzuerkennen sind. Es ist abzuwiegen, „was in welchem Kontext angebracht ist und ob Partizipation wirklich in jedem Fall Sinn macht" (ebd., S. 15).

Buse und Nells (1975, S. 58) deuten an, dass diese akteurbezogenen Determinanten nicht unabhängig von gesellschaftlichen Bedingungen zu betrachten sind, sondern vielmehr aus diesen resultieren. Partizipation ist demnach abhängig von den Möglichkeiten, die einem die Gesellschaft bietet. Die gesellschaftliche Ausgestaltung beeinflusst jedoch auch die Struktur von Beteiligungs- und Entscheidungsprozessen selbst (vgl. ebd.). So arbeitet beispielsweise Gronemeyer (1973, S. 146) Einschränkungen von Partizipation auf kommunaler Ebene heraus und spricht damit die Komplexität von Partizipationsgefügen an. Es sind zum einen überregionale Vorgaben von Bund und Ländern sowie rechtliche Vorgaben, deren Einhaltung von Aufsichtsbehörden geprüft wird. Andererseits sind es Planungsvorarbeiten durch Fachleute, die den inhaltlichen Möglichkeitsrahmen beschränken. Insgesamt sind in diesem Modell der Hierarchisierung und Zentralisierung von Entscheidungen politische Akteure auf kommunaler Ebene in ihrem Handeln an regionale, nationale und mitunter auch internationale Konzepte gebunden – ein Aspekt, der in den empirischen Arbeiten noch eingehend ausgeleuchtet wird (siehe Kapitel 7). Diese Hierarchisierung wird über dezentralisierte Politikstrategien in den letzten Jahrzehnten zu überwinden gesucht. In Ergänzung zur bereits erwähnten ‚Global Governance' erfahren im Modus der ‚Local Governance' die kommunale Politik und das Gemeinwesen eine Aufwertung (vgl. Dahme & Wohlfahrt 2010b, S. 27). Damit wird auch das Verhältnis zwischen den ausgewiesenen Partizipationssphären neu definiert. Dieser Diskurs wird an anderer Stelle – im Zusammenhang mit den Herausforderungen, die sich an die Governance-Strategie und an die Dezentralisierungsbestrebungen stellen – detaillierter ausgeführt (siehe Kapitel 4.3.3 und 4.4.4).

Insgesamt machen diese deterministischen Betrachtungsweisen Machtstrukturen deutlich. Sie geben zu erkennen, dass in der Ausgestaltung von Partizipationsprozessen insbesondere darauf zu achten ist. Neben der Befähigung zur Partizipation und dem Abbau sozialer und selektiver Partizipationshemmnisse ist die Schaffung von ermöglichenden Rahmenbedingungen eine zentrale methodische Aufgabe, die sich auch der Sozialen Arbeit stellt. Im Bereich der Kinder- und Jugendarbeit liegen dazu bereits Grundsatzbekundungen vor, die sich auch auf andere Handlungsfelder übertragen lassen. Die ARGE Partizipation (2016, o. S.) definiert beispielsweise zwölf wegweisende Elemente: 1.) kompetente Prozessbegleitung, 2.) Freiwilligkeit und Selbstbestimmtheit der Beteiligten, 3.) Wertschätzung der Expertise der Beteiligten und Kooperation auf Augenhöhe, 4.) Aktivität und Selbstwirksamkeit, 5.) gemeinsame Zielformulierung, 6.) Verbindlichkeit, 7.) Überparteilichkeit, 8.) soziale Gerechtigkeit, 9.) intergenerativer Dialog, 10.) Dokumentation und Transparenz, 11.) Öffentlichkeitsarbeit und 12.) Evaluierung. Entlang dieser Qualitätskriterien können sich Prozessgestaltungen orientieren. Sie erweisen sich auch als brauchbares Schema, um Partizipationsprozesse reflexiv in den Blick zu nehmen und vorhandene Machtstrukturen zu dechiffrieren.

In einer Zusammenschau erweist sich der Facettenreichtum von Partizipation als kaum noch zu überschauendes Dickicht. In den genannten Dimensionen, Formaten, Intensitäten und Determinanten wird zum einen die Fähigkeit bzw. die Befähigung der Einzelnen sowie die Förderung der Selbstverantwortung der Einzelnen, sich an gesellschaftlichen Entwicklungen zu beteiligen, diskutiert. Es geht zum anderen um die Bereitstellung von Ressourcen und Strukturen, die solche Teilnahmeprozesse in unterschiedlichen partizipativen Sphären und Settings unterstützen und ermöglichen. Es geht aber auch um die Fragen, inwiefern bzw. bis zu welchem Grad Partizipation erwünscht ist und ob Partizipation einer Gewährung bedarf oder schlicht einem subjektiven Engagement entspringt, aus dem Wunsch nach Veränderung und Teilnahme. Nach diesen Tiefenerkundungen wird nun versucht, den Blick wieder auf ein ‚neues' Ganzes zu richten. Im Folgenden werden die Partizipationsvariationen in der Sozialen Arbeit in ihren Weiten und Tiefen umrahmt.

2.3 Partizipationsvariationen in der Sozialen Arbeit

Partizipation wird als eine der „grossen [sic!] Leitideen der Sozialen Arbeit", als ein altes Prinzip, an das sich neue Anforderungen stellen, als ein „unbestrittenes Konzept", ein „universelles Anliegen" wie auch eine „traditionelle Grundhaltung in der Sozialen Arbeit" bezeichnet (Frey 2011, S. 36f.). Scheu und Autrata (2013, S. 7) sprechen von einem „omnipräsenten Stichwort in der Sozialen Arbeit", von einem Begriff, der sich in „nahezu allen theoretischen Bestimmungen" seit den 1980er-Jahren wiederfindet. In diesen Blitzlichtern bleibt unklar, ob Partizipation ein altes Prinzip, ein Konzept, ein Anliegen oder ein Baustein in diversen Theorien und Orientierungen der Sozialen Arbeit ist. Ein Blick in die Literatur zeigt des Weiteren, dass, wenn in der Sozialen Arbeit von Partizipation die Rede ist, damit oftmals Unterschiedliches gemeint ist. So kann Partizipation aus der institutionellen, professionellen Perspektive anders ausgelegt sein als aus der Sicht engagierter BürgerInnen und AdressatInnen (vgl. Scheu & Autrata 2013, S. 7; Straßburger & Rieger 2014, S. 21f.).

Auf Basis einer umfangreichen Literaturrecherche zum Themenkomplex ‚Partizipation in der Sozialen Arbeit' lassen sich unterschiedliche Partizipationsvariationen erkennen und systematisieren. Im Folgenden werden zunächst die Bedeutung von Partizipation in einschlägigen fachlichen Orientierungen sichtbar gemacht und Akzentuierungen in verschiedenen Diskurssträngen aufgefächert. Diese Fragmente werden abschließend in ein Raummodell des partizipativen Handelns in der Sozialen Arbeit eingepasst, woraus sich Aussichten auf ein breites, die unterschiedlichen Diskursstränge verbindendes Begriffsverständnis eröffnen. Insgesamt wird mit dem hier vorgeschlagenen Modell eine Orientierungsschablone bereitgestellt, die eine fokussierte Betrachtung von differenten Partizipationsphänomenen in der Sozialen Arbeit unterstützen kann.

2.3.1 Fachliche Orientierung

Partizipation hat als fachliche Grundhaltung in der Sozialen Arbeit eine lange Tradition. Auch wenn nicht mit Partizipation benannt, finden wir Spuren z.B. bei Nohl, wenn er die Grundlage der Erziehung als „leidenschaftliches Verhältnis eines reifen Menschen zu einem werdenden Menschen, und zwar um seiner selbst willen [bezeichnet], dass er zu seinem Leben und seiner Form komme" (Nohl 1935, S. 169). Aber auch bei den Pionierinnen der Sozialraumorientierung wie Martha Muchow und Jane Addams, die „Soziale Arbeit auf Augenhöhe" (Elsen 2005, S. 11) praktizierten und Menschen als GestalterInnen ihrer Biografie und Lebensumwelt ansahen, finden wir deutliche Partizipationsbezüge. Nichtsdestotrotz fand Partizipation als eigenständige fachliche Orientierung erst in den 1980er-Jahren ihren Niederschlag, wie es von Heimgartner (2009a, S. 70ff.) ausgewiesen wird. Zusätzlich ist sie seitdem zentraler Bestandteil in relevanten anderen Orientierungskonzeptionen, wie beispielsweise der Sozialraum-, Ressourcen- und Dienstleistungsorientierung (vgl. Heimgartner 2009a, S. 29ff.).

Diese ‚partizipative Wende' wurde von einem Paradigmenwechsel in der Sozialen Arbeit eingeleitet, der eine Abkehr von fürsorglichen und paternalistischen Arbeitsweisen hin zu lebensweltorientierten und auf Inklusion bedachten Formen impliziert, wie bereits in Kapitel 2.1.2.2 angedeutet wurde (vgl. Kuhlmann 2012, S. 36ff.; Rieger & Straßburger 2014, S. 43; Hinte 2014, S. 12). Diese Veränderungen sind vor dem Hintergrund gesellschaftlicher Wandlungsprozesse zu lesen, die neue Anforderungen an die Soziale Arbeit stellen (vgl. Thiersch 2005, S. 33). Individualisierung, Flexibilisierung, Enttraditionalisierung, Entfremdung und Entgrenzung sind die Schlagworte dazu.[20] Wie in der Aufschichtung der unterschiedlichen demokratischen Praktiken bereits herausgestellt wurde (siehe Kapitel 2.1.2), agiert die Soziale Arbeit im Spannungsfeld zwischen Hilfe, Kontrolle und professioneller Selbstbestimmung. Es ist hinlänglich bekannt, dass sich die Soziale Arbeit als ein Resultat von aus gesellschaftlichen Konfliktzonen hervorgegangenen sozialen Bewegungen und sozialstaatlichen Reformen entwickelt hat und in der Folge stets in diesem dynamischen Feld zwischen gesellschaftlichen Bedarfen und strukturellen Anforderungen reagiert und agiert (exemplarisch Thiersch 1996, S. 619; Böhnisch & Schröer 2012, S. 232ff.; siehe Kapitel 5.3.2). Idealtypisch leistet sie Hilfe zur Selbsthilfe und trägt zur Förderung und Stabilisierung „menschenwürdiger Lebensgestaltung und Lebensverhältnisse" bei (Thiersch 1996, S. 619). In ihrer Rolle als „intermediäre Instanz", wie es Rauschenbach (1999, S. 99) herausstellt, handelt sie in Widersprüchen. Folgende Gegensatzpaare werden von Marzahn (1982, S. 20) in Replik auf die historischen Entwicklungslinien der Sozialen Arbeit herausge-

20 Auf diese Tendenzen wird in Kapitel 4.1 noch detaillierter eingegangen.

arbeitet: „Soziale Arbeit als soziales Engagement vs. bezahlter Beruf, als Klientenauftrag vs. Organisations- und Gesellschaftsauftrag, als Selbsthilfe vs. Fremdhilfe, als Hilfe vs. Kontrolle". Darin spiegelt sich ihre Grundkontroverse wider, „soziale Veränderung im Lebensinteresse der Menschen oder soziale Reform im Interesse des Systemerhalts" (ebd.) zu leisten. Insofern sind auch ihre Handlungsorientierungen und demgemäß ebenso die Relevanz von Partizipation in diese Widerspruchspaare eingelassen.[21]

Wie bereits in Kapitel 2.1.2.5 angedeutet, sind es soziale Bewegungen, die als kritische Kraft im Ausbalancieren der Widersprüche wirken und zur Weiterentwicklung der Profession beitragen. Sie gewinnen insbesondere dann an Bedeutung, wenn sich die Soziale Arbeit zu sehr auf die normierende Seite schlägt (vgl. Roth 2011, S. 1363; Böhnisch 2016, S. 191).[22] So entlarvten beispielsweise die unter der Chiffre ‚68' zusammengefassten kritischen sozialen Bewegungen im Feld und Umfeld der Sozialen Arbeit in den 1970er-Jahren Hilfeprozesse als therapeutische Umerziehung. Ebenso machten sie auf die Individualisierung gesellschaftlich verursachter Problemlagen aufmerksam (vgl. Steinacker & Sünker 2011, S. 194; Kuhlmann 2012, S. 38). Kritische theoretische Reflexionen leiteten in der Folge eine Wende ein, wobei das Konzept der Lebensweltorientierung von Thiersch (1992)[23] und das der Menschenrechtsprofession von Staub-Bernasconi (1995) den ‚Turn' zur Partizipation ankündigten und theoretisch fundierten.

So wurde 1992 von den VertreterInnen der ‚International Federation of Social Work' (IFSW) die Soziale Arbeit als *„Human-Rights-Profession"* charakterisiert. Dieses auf Inklusion bedachte professionelle Selbstverständnis orientiert sich an der Wahrung und Realisierung der Menschenrechte, die von Staub-Bernasconi als Werkzeug der Sozialen Arbeit definiert werden. „Im Unterschied zu großen, unerreichbaren Idealen sind Menschen- und Sozialrechte Realutopien. Realutopien sind individuelle und kollektiv geteilte Bilder des Wünschbaren, für die vage bis sehr konkrete Vorstellungen bestehen, unter welchen Bedingungen und mit welchen Ressourcen und Mitteln sie verwirklicht werden könn(t)en. Die Menschen- und Sozialrechte sind Realutopien, [denn] […] man kann lernen, sie gewissermaßen professionell zu handhaben" (1995, S. 72 f.). In die Ausbuchstabierung dieses Zugangs fließen Komponenten der Bedürfnis- und Gerechtigkeitstheorien als theoretische Bausteine ein (vgl. ebd., S. 73). Als prägend gilt insbesondere der Capability Approach von Sen

21 Diese hier lediglich benannten Widersprüchlichkeiten werden in Kapitel 4.4 mit Blick auf Aktivierungs-, Ökonomisierungs- und Dezentralisierungstendenzen vertieft diskutiert.

22 In der in Kapitel 5.3.2 vorgenommenen historischen Spurensuche verdeutlicht sich dies nochmals.

23 Im Folgenden zitiert nach der Ausgabe 2005 und Publikationen aus 2016.

und Nussbaum (vgl. Degener & Mogge-Grotjahn 2012, S. 73; Kuhlmann 2012, S. 50). Wie in Kapitel 2.1.2.2 bereits ausgeführt, hat dieser die Verwirklichungschancen aller Menschen mit ihren heterogenen Fähigkeiten und Bedürfnissen im Blick. Insofern gilt die darin implizite Förderung der Partizipationschancen als handlungsfeldspezifischer Orientierungsrahmen einer als Menschrechtsprofession gefassten Sozialen Arbeit.

Etwa zur selben Zeit wird von Thiersch Partizipation als Strukturmaxime der *Lebensweltorientierung* herausgestellt. Neben der Prävention, Regionalisierung und Alltagsnähe, der nicht normativ gedachten Integration und der Flexibilisierung der Hilfen stellt Partizipation – hier verstanden als tätige Mitwirkung der AdressatInnen Sozialer Arbeit in der Planung, Gestaltung und Durchführung von Angeboten – ein zentrales Prinzip lebenswelt-orientierter Sozialer Arbeit dar. Thiersch betont dahingehend, dass ein Sichbehaupten „in der heutigen Lebenswelt mit ihren Ungleichheiten, ihrer Pluralität, ihren individualisierenden Zumutungen Wahl, Entscheidung und darin Selbständigkeit [verlangt]" (Thiersch 2005, S. 33). Vor diesen Hintergründen hat insbesondere die Soziale Arbeit Mitbestimmungsmöglichkeiten sicherzustellen, welche die Selbstständigkeit ihrer AdressatInnen fördern (vgl. Thiersch 2016, S. 9).

Eine ebenso zentrale Rolle nimmt Partizipation in weiteren Konzeptionen der Sozialen Arbeit ein, die im Zuge der ‚partizipativen Wende' entwickelt wurden. Im Konzept der *Sozialraumorientierung* wird beispielsweise an der Tradition der Gemeinwesenarbeit angeknüpft. Es gilt, „unter tätiger Mitwirkung der betroffenen Menschen Lebenswelten zu gestalten und Arrangements zu kreieren, die dazu beitragen, dass Menschen auch in prekären Lebenssituationen zurechtkommen" (Hinte 2012, S. 7; 2014, S. 15). Dabei werden die Interessen und der Wille der Menschen als Referenzpunkt sozialräumlichen Agierens ins Zentrum gestellt. Die weiteren vier Prinzipien – aktivierende Arbeit respektive tätige Mitwirkung der AdressatInnen, zielgruppen- und bereichsübergreifende Ausrichtung, Vernetzung der Unterstützungsleistungen und Ressourcenorientierung – schließen an diesem Ausgangspunkt an (vgl. Wohlfahrt 2004, S. 123; Hinte 2014, S. 16; Noack 2015, S. 107).

Mit Blick auf die *Ressourcenorientierung* geht eine solche nach Nestmann (2004, S. 71) einher mit „einer Abkehr von der bisher in der Psychotherapie, Beratung und Sozialen Arbeit weitgehend dominanten Fixierung auf Risiken, Behinderungen, Defizite und Pathologien, die genau diese Entwicklungs-, Lebensführungs- und Lebensbewältigungsanstrengungen beeinträchtigen, stören oder verhindern". Sie zielt darauf ab, Ressourcen und Potenziale gemeinsam mit der Person zu erkennen, diese zu verdeutlichen und an einem Ressourcenausbau zu arbeiten (vgl. Heimgartner 2009a, S. 45). Insofern ist auch hier die ‚tätige Mitwirkung' oder ‚Selbsttätigkeit' von Relevanz.

Die Aneignung und Erweiterung von Ressourcen ist ebenso im *Empowerment* ein zentrales Element, das im *Lebensbewältigungsansatz* (Böhnisch 1999,

S. 271 ff.; Böhnisch 2016, S. 105 ff.) neben der Milieubildung, dem sozialräumlichen Denken, der sozialemotionalen Kompetenz und der biografischen Reflexivität in intervenierenden Settings das Leitprinzip bildet. Empowerment wird als „gestaltende Bewältigung" (Böhnisch 1999, S. 274) gefasst, gemäß der die AdressatInnen durch ihre Eigentätigkeit ihren Wert erkennen, ihr sozialräumliches Umfeld aktivieren und so soziale Anerkennung erfahren, womit schließlich eine sozial konstruktive Einbindung in ihre Umwelt erreicht wird. Ähnlich definiert Herriger (2006, S. 13 f.) Empowerment als Entwicklungsprozess, in dessen Verlauf „Menschen die Kraft gewinnen, derer sie bedürfen, um ein nach eigenen Maßstäben buchstabiertes ‚besseres Leben' zu leben." Nach Stark (1993, S. 41) können vier Handlungsebenen unterschieden werden, wonach Empowerment auf Subjekte, Gruppen respektive soziale Netzwerke, Institutionen und gesellschaftliche bzw. sozialpolitische Bedingungen wirken kann (zit. n. Herriger 2006, S. 16). Mit Empowerment werden demzufolge zum einen AdressatInnen zur Problembewältigung befähigt, zum anderen wird damit ihre Einbindung in zivilgesellschaftliche Zusammenhänge gefördert. Auch wird ihr gesellschaftspolitisches Engagement damit unterstützt. Insofern spielt Partizipation dabei unverkennbar eine entscheidende Rolle (vgl. Riegler & Straßburger 2014, S. 46).

Fundamental ist dieses ‚Kraftgewinnen' auch in der *Soziokulturorientierung*. Darunter wird im Allgemeinen „die Ermöglichung kultureller Aneignungs- und Ausdrucksformen benachteiligter oder ausgegrenzter Bevölkerungsgruppen" (Treptow 2001, S. 185) verstanden. Angebote sozialer Kulturarbeit stellen nach Wrentschur (2011, S. 245), ausgehend von einer Wertschätzung ihrer alltagskulturellen Praktiken und Ausdrucksformen, Partizipationschancen zur Verfügung. „Es geht darum, die kulturellen Ressourcen zur Bewältigung von Lebensschwierigkeiten freizusetzen und Handlungspotenziale der KlientInnen im Sinne des Empowerments zu aktivieren."

In der *Dienstleistungsorientierung* wird Partizipation im Sinne der ‚tätigen Mitwirkung' der AdressatInnen an der Leistungserbringung der Sozialen Arbeit selbst betont. Schaarschuch (1996, S. 2) definiert professionell erbrachte Soziale Arbeit als eine Dienstleistung im Sozialstaat, als „professioneller Handlungsmodus, der von der Perspektive des nachfragenden Subjektes in seiner doppelten Bestimmung als Konsument und Produzent zugleich ausgeht und von diesen gesteuert wird" (ebd., S. 8). Personenbezogene soziale Dienstleistungen sind im Wesentlichen durch das Uno-Actu-Prinzip, also der Gleichzeitigkeit von Produktion und Konsumption, der Interaktion als operativer Kern und der (Ko-)ProduzentInnenschaft, bestimmt (vgl. Schnurr 2011, S. 1071). In Anbetracht dieser Strukturmerkmale sind solche Dienstleistungen nach Schnurr (2011, S. 1071) ohne die Beteiligung der AdressatInnen kaum vorstellbar, denn „eine Partizipation vermeidende Gestaltung der Nutzer-Klient-Beziehung tendiert zur Manipulation und konterkariert damit das Ziel der (Wieder-)Herstellung der Autonomie und sozialen Integrität der Nutzer" (Schnurr 2001,

S. 1334). Auch Galuske (2013, S. 51) betont, dass „die Co-produktivität sozialer Dienstleistungen auf den Umstand [verweist], dass erfolgreiche sozialpädagogische Interventionen nur in Arbeitsbündnissen mit den Klienten zu erzielen sind. Sozialpädagogische Interventionen müssen darum in besonderer Weise die Partizipation der Klientinnen am Hilfeprozess sicherstellen als auch die Autonomie der Lebenspraxis der Klientinnen respektieren." Somit stellt die NutzerInnenpartizipation insgesamt ein alle Handlungsorientierungen umschließendes implizites Grundprinzip der Sozialen Arbeit dar, deren Wahrung und Erhaltung sich im Spannungsverhältnis zwischen institutionellen und organisatorischen Interessen sowie individuellen AdressatInnenansprüchen stets aufs Neue zu bewähren hat. Dieser, der vorliegenden Arbeit implizite, Spannungsbogen wird im Zuge der theoretischen Rahmung von sozialen Dienstleistungen noch eingehend spezifiziert (siehe Kapitel 5.1.2).

2.3.2 Akzentuierungen

Aus den bisherigen Ausleuchtungen wird erkennbar, dass Partizipation als Handlungsprinzip zentrale fachliche Orientierungskonzeptionen durchdringt, womit ein deutlicher Fokus auf die *Beteiligung der AdressatInnen* in der sozialen Dienstleistungserbringung und auf die Erweiterungen ihrer Partizipationschancen gelegt wird. Gemäß Gintzel (2008, S. 635 ff.) steht Partizipation in der Sozialen Arbeit „für die sehr unterschiedlichen Ansätze der bewussten Beteiligung der AdressatInnen und meint dabei Teilnahme, teilhaben lassen, Mitgestaltung, Mitwirkung, Mitbestimmung, Mitverantwortung, Selbstorganisation, Koproduzentenschaft". Die AdressatInnen der Sozialen Arbeit sind bekanntlich äußerst heterogen[24], und dementsprechend vielfältig erweist sich die Publikationslandschaft dazu (exemplarisch Guggisberg 2004; Zinser 2005; Sachs 2005; Verein Wiener Jugendzentren 2008; Moser 2010; Walther 2010; Straßburger & Rieger 2014). Insgesamt geht es um die Fragen, inwiefern und inwieweit AdressatInnen (Kinder, Jugendliche, Ältere, MigrantInnen, Wohnungslose, Arbeitssuchende etc.) an der Leistungserbringung bzw. -ausgestaltung beteiligt werden, wie sich ihre Partizipationschancen in allen Lebensbereichen erhöhen lassen und wie sie zur Partizipation motiviert und befähigt werden können. Es werden Möglichkeiten und Grenzen betrachtet, wobei insbesondere die Motivation, die Kompetenz und die Rahmenbedingungen zur Partizipation diskutiert werden.

Straßburger (2014, S. 52) arbeitet Gelingensbedingungen heraus, wobei individuelle Kompetenzen der ProfessionistInnen durch organisationale Voraus-

---

24 Ihre Breite wird in der theoretischen Rahmung von sozialen Dienstleistungen charakterisiert (siehe Kapitel 5.1.1).

setzungen zu flankieren sind. Als individuelle Kernkompetenzen gelten: 1.) das Einnehmen der AdressatInnenperspektive, 2.) das Spiegeln ihrer Stärken und 3.) die Förderung ihrer Eigenständigkeit (vgl. ebd., S. 71 ff.). Auf organisatorischer Ebene sind Partizipation ermöglichende Rahmenbedingungen einzurichten. Diese implizieren eine institutionelle Haltung, die das asymmetrische Machtverhältnis zwischen AdressatInnen und ProfessionistInnen über konstitutionelle Beteiligungsrechte dekodiert (vgl. ebd., S. 85). Eine partizipative Organisationskultur zeichnet sich des Weiteren aus durch ein strukturelles Empowerment, mit dem Partizipationshürden abgebaut werden und AdressatInnen zur Beteiligung befähigt werden (vgl. ebd., S. 91), eine institutionelle Öffnung, die für die Transparenz nach außen und Zugänglichkeit nach innen sorgt (vgl. ebd., S. 93) und eine Nachfrageorientierung, die sich durch bedarfsorientierte Angebotsentwicklungen und -gestaltungen charakterisiert (vgl. ebd., S. 96).

Partizipationsbegrenzungen werden unter anderem von Bütow und Maurer (2013, S. 265) betont. Die Ermöglichung von Partizipationsprozessen ist in Anbetracht der Widersprüchlichkeiten, in denen die Soziale Arbeit agiert, „alles andere als einfach" (ebd.). Institutionelle Rahmenbedingungen und professionelles Ermessen divergieren oftmals mit einer in die professionelle Haltung eingepassten Partizipationsoffenheit. Die Mitwirkung der AdressatInnen zu garantieren wird oftmals zur „Zumutung, bei der generationale und institutionelle Machtasymmetrien eine zentrale Rolle spielen" (ebd.). In Replik auf Pluto (2010, S. 195 ff.) halten die Autorinnen fest, dass sich beispielsweise in der Kinder- und Jugendhilfe allgemein die Wahrnehmung der Perspektive der AdressatInnen und ihre Mitwirkung nur unzureichend realisieren lassen. Behördliche Vorgaben, Kontroll- und Hilfsansprüche sowie die oftmals krisengeprägten Lebenslagen der AdressatInnen stehen einer gewollten Beteiligung oftmals entgegen. Hier schließt sich der Kreis zu den in Kapitel 2.2.4 ausgewiesenen Determinanten, die in partizipatorischen Settings der Sozialen Arbeit stets mitzudenken sind.

Ergänzend zu diesem auf die AdressatInnen bezogenen Partizipationsverständnis findet sich im Diskursstrang zur Analyse und Förderung des *sozialen Engagements* eine engagementbezogene Akzentuierung. Darauf weist auch Walther (2005, S. 47) hin. Diese Form der Akzentuierung wird vorwiegend im Zusammenhang mit der sozialen Partizipationsdimension rezipiert (siehe Kapitel 2.2.1). In der Gestalt des ‚sozialen Kapitals' verweist sie auf eine in den letzten Jahrzehnten intensivierte Wiederbelebung traditioneller bürgerschaftlicher Beteiligungsformate mit durchwegs normativem Gehalt, wie es Walther (2010, S. 115) herausstreicht. Wenn auch nicht immer explizit mit dem Sujet ‚Partizipation' versehen, beleuchtet die Forschung dazu Motive und Strukturen unterschiedlicher Beteiligungsformen, die sich von der Selbst- und Nachbarschaftshilfe sowie der Gemeinwesenarbeit (vgl. Sing 2011) über soziale Bewegungen (vgl. Kern 2008; Roth & Rucht 2008) bis hin zu Beteiligungen in sozioökonomischen Formaten (vgl. Anastasiadis et al. 2003; Elsen 2007) erstrecken und das

Spektrum des klassischen Ehrenamtes bzw. des Freiwilligenwesens (vgl. More-Hollerweger & Heimgartner 2009; BMASK 2015a) erweitern. Es handelt sich um formell und informell organisierte Varianten, die in der Regel aus wahrgenommenen gesellschaftlichen Bedürfnissen entspringen. In ihnen werden alternative Programme entwickelt, die Blindstellen bedienen. Tauschzirkel, gemeinwesenorientierte Projekte, Selbsthilfegruppen und nahräumliche Interessenvertretungen zählen ebenso dazu wie kooperative, über öffentliche Förderungen oder Crowdfunding getragene Angebotsentwicklungen. Dass aus dieser Selbsttätigkeit mitunter professionelle soziale Organisationen erwachsen, die das Leistungsspektrum der Sozialen Arbeit ergänzen, wird ebenso diskutiert. Ein Blick in die Entstehung und Entwicklung von sozialen Dienstleistungen und sozialen Bewegungen macht dies deutlich (vgl. Wagner 2009, S. 9 ff.; siehe Kapitel 5.3.2).

Mit Blick auf die Partizipationsintensität (siehe Kapitel 2.2.3) charakterisieren sich diese Formate idealtypisch durch Partnerschaft, Entscheidungskompetenz und Selbstorganisation. In den Diskursen werden ihre Verortung in wohlfahrtsstaatlichen Arrangements sowie die Möglichkeiten und Grenzen zur Einflussnahme auf die Ausgestaltung von gesellschaftlichen und sozialpolitischen Rahmenbedingungen durch die Beteiligten explizit betont und auch kritisch diskutiert. Wie bereits in Kapitel 2.2.4 ausgeführt, liegen individuelle und institutionelle Beteiligungsbeschränkungen vor. In Kapitel 2.1.2 wurden die unterschiedlichen Nuancen demokratischer Verständnisse spezifiziert, die dem sozialen Engagement fördernd bis einschränkend gegenüberstehen. Seit Mitte der 1990er-Jahre ist, wie bereits erwähnt, eine Konjunktur bürgerschaftlicher und stadtteilbezogener Projekte beobachtbar, was als ‚geographische Wende' respektive ‚spatial turn' in der Sozialen Arbeit besprochen wird (vgl. Homfeldt & Reutlinger 2009, S. 102). Inspiriert durch Sozialkapitalanalysen – allen voran jene von Putnam (1993) – wird insbesondere von sozialstaatskritischen Ecken eine Reaktivierung des lokalen sozialen Engagements zusehends gefördert und gefordert (vgl. Kessl & Otto 2004, S. 11). Die Studien machen in der Tradition partizipatorischer Demokratietheorien auf die Relevanz des kleinräumigen, lokalen gesellschaftlichen Engagements für das Funktionieren von Politik und Wirtschaft aufmerksam. Soziale Netzwerke und Beteiligung in Nachbarschaften und Vereinen schaffen demnach zentrale gesellschaftliche Ressourcen. In der Folge wird das ‚soziale Kapital' als analytisches Instrument zu einem politischen umfunktioniert (vgl. Karstedt 2004, S. 47). „Den Leim anrühren, der die Gesellschaft zusammenhält" (Kessl & Otto 2004, S. 7) ist die Devise einer dieser Perspektive folgenden aktivierenden Sozialstaatsideologie. Die Soziale Arbeit bietet sich nicht zuletzt durch ihre traditionellen engagementorientierten Gemeinwesenbezüge an, im Modus der ‚Hilfe zur Selbsthilfe' inklusiv gedachtes ‚soziales Kapital' insbesondere in benachteiligten Gebieten zu fördern (vgl. Kessl & Otto 2013, S. 11). Dabei ist allerdings genau hinzusehen, inwiefern diese den Prinzipien der Sozialraumorientierung (siehe Kapitel 2.3.1) folgen und ein Einmischen und Gestalten der Beteiligten verfolgen, oder ob diese als administrativ gesteuerte Beteiligungsmöglichkeiten gefasst sind, gepaart mit erhofften Aktivierungs- und Einsparungseffekten (vgl. Wohlfahrt 2004, S. 134 f.) – eine Spannungszone, die mit lokalen Governance-Strategien zusammenzudenken ist und in Kapitel 4.4.4 eigens Berücksichtigung findet.

Dieser kritische Blick auf bestehende Machtasymmetrien zwischen politischen Institutionen und sozial Engagierten sowie ProfessionistInnen leitet gleichsam über zu einer weiteren Diskurslinie. In den Debatten zur ‚*Gestaltung des Sozialen*' sowie zum ‚*politischen Mandat*' und der ‚*(Re-)Politisierung*' der Sozialen Arbeit ist ein wesentlicher Partizipationsakzent aufspürbar, der den Blick auf die professionsbezogenen Motive, Kompetenzen und Potenziale freistellt, aber auch auf die Rahmenbedingungen der Sozialen Arbeit selbst fokussiert und Möglichkeiten sowie Strategien, diese partizipativ zu gestalten, diskutiert. Auch wenn der Partizipationsbegriff hier eher selten explizit verwendet wird, steckt implizit viel davon drinnen (exemplarisch Hamburger, Eggert, Heinen, Luckas, May & Müller 2002; Scheipl 2003b; Badawia, Luckas & Müller 2006; Galuske 2002 und 2008a; Kessl & Otto 2009; Seithe 2012; Schneider 2012; Bütow, Chassé & Lindner 2014).

Gerade in Zeiten der Aktivierung und Ökonomisierung sowie der Etablierung neuer staatlicher Steuerungs- und Kontrollmechanismen, die mit wahrnehmbaren sozialstaatlichen Rückzugstendenzen in Verbindung stehen (siehe Kapitel 4.4), wird die Beteiligung der Profession in der bedarfsorientierten Ausgestaltung der sozialen Dienstleistungsangebotslage immer wichtiger (vgl. Galuske 2008a, S. 127; Schneider 2012, S. 163; Bütow et al. 2014, S. 7; Thiersch 2016, S. 11). „Die Herausforderung der aktuellen Sozialen Arbeit besteht sowohl in der Analyse dieser Entwicklungen wie in den Fragen, auf welchen Ebenen ihnen machtdynamisch […] zu begegnen wäre" (Bütow et al. 2014, S. 14). In kritischer emanzipatorischer Manier gilt es, wie bereits in Kapitel 2.1.2 angedeutet, die Widersprüche zwischen sozialpolitischen Zielvorgaben und Funktionen sowie zwischen intendierten Ergebnissen der Sozialen Arbeit zu thematisieren und zu reflektieren. Vorangetrieben werden Prozesse der Repolitisierung unter anderem durch die International Federation of Social Work (IFSW 2014, o. S.), die in ihrer Definition von Sozialer Arbeit den gesellschaftlichen Wandel als deren grundlegende Intention heraushebt: „Social work is a practice-based profession and an academic discipline that promotes social change and development, social cohesion, and the empowerment and liberation of people. Principles of social justice, human rights, collective responsibility and respect for diversities are central to social work. Underpinned by theories of social work, social sciences, humanities and indigenous knowledge, social work engages people and structures to address life challenges and enhance wellbeing."

Da die Politik eine zentrale Auftraggeberin der Sozialen Arbeit ist, ist Soziale Arbeit immer auch als politische Mitgestaltungskraft zu denken, wie es Benz,

Rieger, Schönig und Többe-Schukalla (2013, S. 8) betonen: „Die Rahmenbedingungen sozialarbeiterischen/sozialpädagogischen Handelns sind politisch konstituiert. Soziale Arbeit ist abhängig von Politik, beeinflusst diese aber gleichzeitig vielfältig." Bütow et al. (2014, S. 8) konstatieren allerdings, dass sich das Verhältnis der Sozialen Arbeit zur Politik in zeitlichen Wellen zwischen den Polen „expliziter Politisierung und Ent-Politisierung" einordnen lässt, wie es sich auch in den österreichspezifischen Begehungen (siehe Kapitel 5.3.2) tendenziell nachlesen lässt. Während in den Nachkriegsjahren die Methodenentwicklung zentrales Thema war, stand in den späten 1960er-Jahren eine Kritik an diesen im Raum, die zu Reformen und einschneidenden Paradigmenwechseln führte, aus denen unter anderem die bereits genannte ‚partizipative Wende' hervorging. Seit den 1990er-Jahren ist, bedingt durch manageriale Steuerungsprogrammatiken sowie Marketing- und Qualitätsorientierungen, eine Phase der weitgehenden Entpolitisierung wahrnehmbar. Mit Zuspitzung sozialer Problematiken und der wohlfahrtsstaatlichen Legitimierungs- und Finanzierungskrise setzte im neuen Jahrtausend eine neue kritische Wende der Repolitisierung ein.

Die gegenwärtige Notwendigkeit zur stärkeren Besinnung auf die politische Gestaltungsfunktion der Sozialen Arbeit wird von Kessl (2010, S. 134) im Format einer „Politischen Theorie des Sozialen" gefasst: „Die Idee kollektiver Existenzsicherung, die wohlfahrtsstaatlich in soziale Sicherungs- wie fürsorgliche Angebotsstrukturen eingeschrieben, und damit aber zugleich umdefiniert wurde, ist als generalisierter Anspruch auf soziale Sicherheits- und Freiheitsrechte skeptisch zu verteidigen, respektlose und nichtpartizipative Eingriffe [sind] entsprechend zu skandalisieren und Normalisierungsprozesse permanent als solche zu dechiffrieren. Dieses wäre die Aufgabe einer ‚politischen Theorie des Sozialen' und der mit ihr korrespondierenden politischen Kämpfe." Diese politische Positionierung orientiert sich deutlich am Ideal einer inklusiven Gesellschaft und gegen eine auf Integration abzielende Normierungsgesellschaft, wie sie realpolitisch gegenwärtig ist (siehe Kapitel 4.4).

Aufgabe einer kritisch entwickelten und gestaltenden Sozialen Arbeit ist es, in einem reflexiven Herangehen die „politische Entscheidungslogik zu dechiffrieren, zu verstehen und sodann zu beeinflussen" (Bütow et al. 2014, S. 15). Galuske (2002, S. 21) bezeichnet eine solche Reflexivität als „Gegengift" der Sozialen Arbeit, um „nicht zum Spielball einer Turbomodernisierung" zu werden. Diese Reflexivität des Politischen ist zu flankieren mit einer Selbstreflexivität und -kritik. Maurer (2006a, S. 46) erinnert mit ihrem Bild von Organisationen der Sozialen Arbeit als „Gedächtnisspeicher" an die stete Notwendigkeit, organisationales Handeln und darin eingelagerte Deutungsmuster laufend zu rekonstruieren und dieses Erinnern zu kultivieren, um das „kritische Potenzial [...] wachzuhalten und nicht unmittelbar in die Fallen der bürokratischen Selbstgenügsamkeit zu fallen" (Bütow et al. 2014, S. 18). Seithe (2014, S. 121) spricht ergänzend zur Reflexivität den fachlichen Widerstand, die Gegenwehr respektive die Einmischung sowie die Solidarisierung und Vernetzung als Handlungsstrategien an, um bewusst politisch und im Interesse der Menschen zu agieren. Es gilt, sich proaktiv gegen unzumutbare Rahmenbedingungen und Anforderungen zu wehren, sich auf die Konzeptionen, Ethik, Orientierungen, Methoden und benötigten Zeithorizonte zu besinnen (vgl. ebd., S. 123), sich mittels Aktionen und Öffentlichkeitsarbeit einzumischen und Bündnisse mit politischen und sozialen Bewegungen zu schließen, um auf die Rechte und Bedürfnisse der AdressatInnen aufmerksam zu machen (vgl. ebd., S. 124), sich Gehör zu verschaffen, sich zu vernetzen und sich dahingehend zu organisieren (vgl. ebd., S. 125). Lindner (2014, S. 193ff.) ergänzt dieses Spektrum durch pragmatische, politikaffine Strategien, wie beispielsweise Politikberatung, Lobbying sowie Politikfeldanalysen, um Entscheidungspfade transparent zu machen und sich strategisch darin zu positionieren. Verwiesen wird auf eine Reihe adaptierbarer Praktiken, die weitgehend unangetastet, allerdings noch mit Vorurteilen des Eigennutzes und der Kompromissbehaftetheit belastet sind, aber durchwegs ein zukunftsfähiges Betätigungsfeld auch für die Soziale Arbeit darstellen.

Insgesamt wird deutlich, dass die Soziale Arbeit, wenn sie soziale und politische Veränderungen erreichen will, die dem Ideal einer inklusiven Gesellschaft folgen, sich „auf das ‚politische Spiel' einlassen […], im politischen Geschehen aktiv ‚mitmischen'" (Schneider 2012, S. 164) muss. Das setzt Kooperationen und Bündnisse mit nahestehenden Professionen, politisch Verantwortlichen und den AdressatInnen voraus. Schneider (ebd., S. 165) spricht von einem notwendigen „politischen Lobbying nach allen Regeln der Kunst und zwar nicht nur in den Feldern, die der Sozialen Arbeit ‚wohlgesonnen' sind, sondern dort, wo Entscheidungen über Ressourcen fallen". Andererseits „[lässt] sich die Qualität der Sozialpolitik daran prüfen, ob sie in der Lage ist, dem kritischen Blick und den tätigen Antworten Sozialer Arbeit auf die sozialen Lagen und Perspektiven ihrer Klienten standzuhalten und diese aufzugreifen" (Benz 2010, S. 317). Die Profession der Sozialen Arbeit hat sich selbst dahingehend zu reflektieren, ob sie theoretisch und praktisch ihre politische Funktion ausreichend wahrnimmt (ebd.).

Zusammenfassend werden in den Diskursen Möglichkeiten thematisiert, soziale Bedürfnisse zu erkennen, diese strategisch an die Politik zu vermitteln, Rahmenbedingungen mitzugestalten sowie mittels Netzwerken lokaler, nationaler und globaler Art ein Lobbying zu betreiben. Ein solches Lobbying für die Interessen der AdressatInnen entspricht mittlerweile bereits dem Selbstverständnis zahlreicher sozialer Dienstleistungen (vgl. Dimmel & Schmid 2009, S. 581), wie in den empirischen Analysen dieser Arbeit noch zu zeigen sein wird (siehe Kapitel 7.1). Dass die Bedürfnisse der AdressatInnen nicht nur durch die ProfessionistInnen repräsentiert werden, sondern immer häufiger AdressatInnen selbst an diesen Prozessen partizipieren, wird zudem in einzelnen Projekten ersichtlich. Exemplarisch erwähnt seien das Projekt „Sichtbar Werden" der

Armutskonferenz (vgl. Die Armutskonferenz 2015, o.S.), das EQUAL-Projekt U-Turn (vgl. Anastasiadis 2008, S. 181 ff.) und legislative Theaterarbeiten von InterACT (vgl. Gangl & Wrentschur 2011, S. 51 ff.). Insofern ist die AdressatInnenbeteiligung in dieser auf die ProfessionistInnen bezogenen Rahmung stets mitzudenken.

2.3.3 Räume des partizipativen Handelns

In den aufgefächerten Partizipationsvariationen der Sozialen Arbeit wird ersichtlich, dass Partizipation in unterschiedlichen Diskurssträngen expliziter und impliziter Bestandteil ist. Explizit wird der Partizipationsbegriff überwiegend als fachliche Orientierung in einem AdressatInnenbezug verwendet. Im Zusammenhang mit sozialem Engagement und den Gestaltungspotenzialen der Profession finden wir vorrangig implizite Partizipationsakzente. Durch diese diskursive Parzellierung werden die differenten, in der Sozialen Arbeit eingelagerten Partizipationsräume voneinander getrennt, wodurch der Blick auf die spezifischen raumübergreifenden, gewachsenen Beteiligungsbeziehungen, -strukturen und -kulturen verstellt bleibt. Ein solcher umfassender Blick erscheint allerdings gerade für Analysen von spannungsgeladenen Partizipationsprozessen, wie sie insbesondere in Zeiten der Aktivierung und Ökonomisierung in Sozialen Organisationen erlebt werden, als grundlegend. Daher wird hier zu einer breiten, die Diskursstränge verbindenden Partizipationsversion inspiriert, in der die vorherrschende AdressatInnen- um die Engagement- und Professionsakzentuierung erweitert wird. Diese unterschiedlichen Blickrichtungen lassen sich in ein Raummodell des partizipativen Handelns einpassen.

Dazu werden als Orientierungsrahmen in Anlehnung an Schnurr (2001) zunächst die in der Sozialen Arbeit eingelagerten Entscheidungsebenen durchmustert. Nach Schnurr betrifft das Partizipationspostulat „zum einen die Ebene der infrastrukturellen Bereitstellung und Verfügbarhaltung bedürfnisadäquater Programme – mit entsprechenden Konsequenzen für Planungsprozesse; zum anderen die Mikroebene der Leistungserbringung bzw. die Ebene der Interaktion und der sozialen Beziehungen zwischen Nutzern und Professionellen" (Schnurr 2001, S. 1334; siehe auch Schnurr 2011, S. 1071). Wie bereits in Kapitel 2.2.4 angedeutet, wird in einer Feinabstufung dieser Aktionssphären zwischen vier Handlungsebenen unterschieden (vgl. 2001, S. 1338 ff.).[25] Diese las-

25 Eine ähnliche Aufschichtung legen Schaarschuch und Oelerich vor (2005, S. 13). Sie differenzieren mit Blick auf die soziale Dienstleistungserbringung zwischen dem Verhältnis von Professionellen und KlientInnen, dem institutionellen und organisatorischen Kontext sowie den gesellschaftlichen, politisch-ökonomischen Bedingungen. Auf diese Mus-

Abbildung 1: Räume des partizipativen Handelns

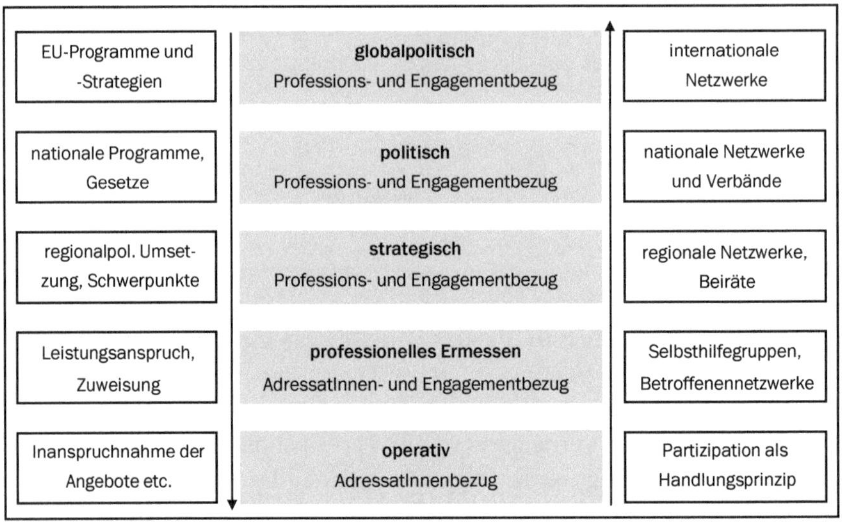

Quelle: eigene Darstellung

sen sich in einer modifizierten und erweiterten Adaptierung in folgende Partizipationsräume aufschichten (siehe Abbildung 1):

Auf der Ebene der *operativen Leistungserbringung* werden Entscheidungen der konkreten Leistungsausgestaltung getroffen. Inwiefern AdressatInnen an dieser partizipieren, begründet sich laut Schnurr (2001, S. 1342) in der individuellen und situativen Angemessenheit. Die jeweilige fachliche Konzeption, der professionelle Handlungsstil und die Organisationskultur sind, wie in Kapitel 2.2.4 bereits erwähnt, weitere Einflussgrößen. Dem ist die Komponente der öffentlichen Zielvorgaben hinzuzufügen, denn „sozialpädagogisches Denken und Handeln sieht sich immer im Spannungsverhältnis zwischen systemisch agierender Sozialpolitik und lebensweltlich eigensinnigen Beziehungswelten ausgesetzt“ (Böhnisch, Schröer & Thiersch 2005, S. 19).

Auf der Ebene der *Einzelfallentscheidung* werden zumeist von behördlichen Instanzen (Sozialämtern, dem Arbeitsmarktservice etc.) Entscheidungen getroffen, wer welche Leistung erhält. Auf Basis rechtlicher Bestimmungen, individueller Fallmerkmale, des professionellen Ermessens und des vorhandenen Leistungsangebotes werden AdressatInnen DienstleistungserbringerInnen zugewiesen bzw. erhalten monetäre Unterstützung. Für AdressatInnen ist diese Ebene entscheidend, da hier das Problem genau definiert wird (Akte, Diagnose etc.),

terung wird in Kapitel 5.1.2 im Kontext der Bestimmung von sozialen Dienstleistungen nochmals Bezug genommen.

aus dem die Ansprüche abgeleitet und Interventionen eingeleitet werden. Partizipationsmöglichkeiten der AdressatInnen sind im Wesentlichen durch rechtliche und sozialpolitische Vorgaben eingeschränkt. Sie beschränken sich zumeist auf informelle Verhandlungen, die unter anderem durch ProfessionistInnen unterstützt werden. Hervorzuheben sind zudem Selbsthilfegruppen oder Betroffenennetzwerke, die eine parteiergreifende Funktion in solchen Aushandlungsprozessen einnehmen. Beispielhaft erwähnt sind Arbeitslosennetzwerke wie der Verein AMSEL.[26]

Auf der Ebene der *lokalen Gewährleistungsplanung* werden Entscheidungen darüber getroffen, wie sozialpolitisch-strukturell vorgegebene Rahmenbedingungen auf die lokalen Bedürfnisse und Interessen übersetzt werden. Es handelt sich um strategische Entscheidungen zur Infrastrukturentwicklung, zu programmatischen Schwerpunktsetzungen und Ressourcenverteilungen. Die Frage, welche Organisation welche Leistungen anbietet, zählt hier ebenso dazu. Die Partizipation von ProfessionistInnen und Engagierten in der Entwicklung und Planung einer solchen regionalen Angebotsstruktur ist hier zentral, wobei – wie bereits erwähnt – Betroffene selbst in diese Prozesse miteinbezogen sein können. Es können Bedürfnisse der AdressatInnen direkt an die regionale Politik und Verwaltung (Länder, Städte, Gemeinden) kommuniziert werden. Eine gute Plattform dafür bieten regionale Netzwerke von Sozialen Organisationen oder Beiratsformate. Auf Mitgestaltungsmöglichkeiten auf dieser Ebene weisen auch Brandstetter, Pflegerl und Schmid (2009, S. 43) hin. Im Bereich der SeniorInnenpolitik erkennen sie deutliche Bottom-up-Tendenzen.

Auf der Ebene der *Gestaltung der sozialpolitischen Rahmenbedingungen* werden Entscheidungen über die nationalen sozialpolitischen Leistungs- und Programmstrukturen getroffen, Gesetze und Rechtsansprüche auf Dienste und Leistungen sowie Eingriffsrechte der Institutionen beschlossen. Insgesamt geht es um die Legitimierung sozialer Problemlagen (Wann liegt ein soziales Problem vor?) und der Leistungsansprüche (Wann kann eine Leistung bezogen werden?). An diesen politischen Ausgestaltungsprozessen partizipieren insbesondere ProfessionistInnen und Engagierte tendenziell unter der Beteiligung von Betroffenen. In nationalen Zusammenschlüssen und Netzwerken betreiben sie ein Lobbying, um adressatInnenbezogene Bedürfnisse zu verankern. Beispielhaft zu nennen sind das Netzwerk ‚arbeit plus'[27] und die Armutskonferenz[28]. Allerdings sind diese Möglichkeiten wesentlich durch das vorherrschende sozialpolitische Klima geprägt, das wiederum durch transnationale Programmentscheidungen beeinflusst wird.

---

26 http://www.amsel-org.info/ [13.7.2016].

27 http://arbeitplus.at/ [13.7.2016].

28 http://www.armutskonferenz.at/ [13.7.2016].

Diese allen anderen Ebenen voranzustellende *globale politische Ebene* ist von zentraler Bedeutung, denn hier werden Entscheidungen getroffen, die folgenreich für die weiteren institutionellen Prozesse sind. Die österreichische Arbeitsmarktpolitik orientiert sich beispielsweise an den beschäftigungspolitischen Leitlinien der Europäischen Union (EU) (vgl. Dimmel & Schmid 2009, S. 593; Anastasiadis 2013a, S. 60; siehe Kapitel 4.4.2). Aufgrund der hohen inhaltlichen und strukturellen Abstraktion ist Partizipation hier, wenn überhaupt, nur durch ProfessionistInnen und Engagierte in Form von internationalen transdisziplinären Netzwerken möglich. Das European Anti Poverty Network (EAPN)[29] ist hierfür ein gutes Beispiel, das in einzelnen Projekten insbesondere auch auf die Expertise der AdressatInnen setzt (vgl. EAPN 2009).

Diese Ebenenaufschichtung stellt einen Orientierungsrahmen bereit, in dem die unterschiedlichen Partizipationsvariationen in der Sozialen Arbeit sowohl fokussiert als auch in ihrer Verschränkung betrachtet werden können. Wird der Blick auf die AdressatInnenpartizipation gerichtet, so werden operative Prozesse und Einzelfallentscheidungen den zentralen Rahmen abbilden. Hinsichtlich des Engagementbezugs sind es vorwiegend selbsttätige Beteiligungsformen von BürgerInnen insgesamt oder betroffenen AdressatInnen im Speziellen, die je nach Grad der Organisiertheit Einfluss auf professionelle Entscheidungen üben können, aber auch regionale, nationale und internationale Programmstrukturen und Strategien durch Handlungsarrangements mitbeeinflussen können. In Hinblick auf den Professionsbezug sind Fragen der Partizipation vorwiegend hinsichtlich der Einflussmöglichkeiten in der strategischen Strukturplanung in regionalen, nationalen und internationalen Kontexten zu stellen.

Mit dem Modell wird des Weiteren die Einbettung von Partizipation in ein hierarchisch strukturiertes Gesellschaftssystem betont. Sie kann einerseits durch eine Gewährung oder Aufforderung top-down arrangiert sein, andererseits durchwegs subversiv bottom-up initiiert sein. Diese unterschiedlichen Konnotationen von Partizipation, die ausführlich in Kapitel 3.1 besprochen werden, gilt es ebenso im Blick zu haben wie die darin eingelagerten Dynamiken und daraus resultierenden Nuancierungen. Es kann damit auch geklärt werden, in welchen Settings Partizipation rechtlich möglich und praktisch sinnvoll ist. Im Kontext einer Kindeswohlgefährdung beispielsweise lässt sich eine Beteiligung der Betroffenen zu Recht nur schwerlich realisieren. Daraus wird deutlich, dass diese Räume nicht unabhängig voneinander zu erschließen sind, was einmal mehr die Relevanz eines raumübergreifenden Partizipationsverständnisses signalisiert.

In Anlehnung an sozialgeographische Forschungen (vgl. Löw 2001) und an die strukturierungstheoretischen Konzeptionen (vgl. Giddens 1997) weist Reut-

29 http://www.eapn.eu/ [13.7.2016].

linger (2005, S. 364)[30] darauf hin, dass Räume zwar als konkrete Handlungsräume zu denken sind, dass dabei allerdings mit komplexen Raumkonzepten zu arbeiten ist. Räume sind nicht in sich geschlossen und deterministisch als starre Folien konstituiert, sondern sie entstehen und entwickeln sich als soziale Prozesse (vgl. ebd., S. 359). Jeder Raum – und somit auch jeder dieser Partizipationsräume – besitzt eine spezifische Raumlogik, die sich durch die Handelnden und in Raumaneignungsprozessen strukturiert. Insofern gilt es, nicht die Räume an sich, sondern das Handeln in diesen in den Blick zu nehmen und darin eingelassene Machtverhältnisse aufzustöbern (vgl. ebd., S. 362). Des Weiteren stehen diese Räume miteinander in Beziehung, nicht zuletzt, da alle Räume in ein und derselben Welt liegen (vgl. Baumann 2003, S. 189). Reutlinger fasst Räume als Ermöglichungskontexte, wobei eine zentrale Aufgabe darin besteht, „mit den verschiedenen Raumlogiken zu arbeiten und diese auf die unterschiedlichen Ebenen zu den gesellschaftlichen Partizipations- und Teilnahmeformen in Verbindung zu bringen" (ebd., S. 365).

Für eine empirische Analyse dieser hier ausgewiesenen Partizipationsräume inklusive der darin eingelagerten Handlungen, Logiken und Dynamiken bieten sich Soziale Organisationen an. Wie einleitend betont, lassen sich in ihnen aufgrund ihrer intermediären Position zwischen Markt, Staat und Zivilgesellschaft die unterschiedlichen Partizipationsräume miteinander verschränkt als auch selektiv erschließen. Da eine umfassende empirische Fundierung der hier theoretisch entwickelten breiten Partizipationsversion deutlich den Rahmen einzelner Forschungsarbeiten sprengt, wird der primäre Blick in dieser Studie zunächst auf den regionalen strategischen Partizipationsraum gelegt, in dem sich ProfessionistInnen an der Ausgestaltung der Rahmenbedingungen beteiligen, wobei gleichwohl kontextbezogene Verbindungslinien zu den anderen Partizipationsräumen mit ihren Logiken gezogen werden (siehe Kapitel 7).

2.4 Kartografie

Wie einleitend zu Kapitel 2 erwähnt, wird mit Partizipation allgemein die Beteiligung von BürgerInnen an gesellschaftlichen Prozessen assoziiert. Bei genauerer Betrachtung werden jedoch sowohl ‚Beteiligung' als auch ‚gesellschaftliche Prozesse' in den unterschiedlichen Diskursen heterogen ausgelegt. Zudem wird der Terminus oftmals selektiv und begrenzt auf einzelne Ausschnitte diskutiert, was angesichts seiner Breite auch Sinn macht. Jedoch werden diese Ausschnitte nicht immer exakt definiert, was zu Irritationen führt. Im Bemühen, den Blick

30 Reutlingers Auseinandersetzungen beziehen sich zwar konkret auf ‚sozialräumliche' Diskurse, sie lassen sich aber auf den Raumbegriff generell übertragen.

Abbildung 2: Kartografie des Partizipationsdiskursgebietes

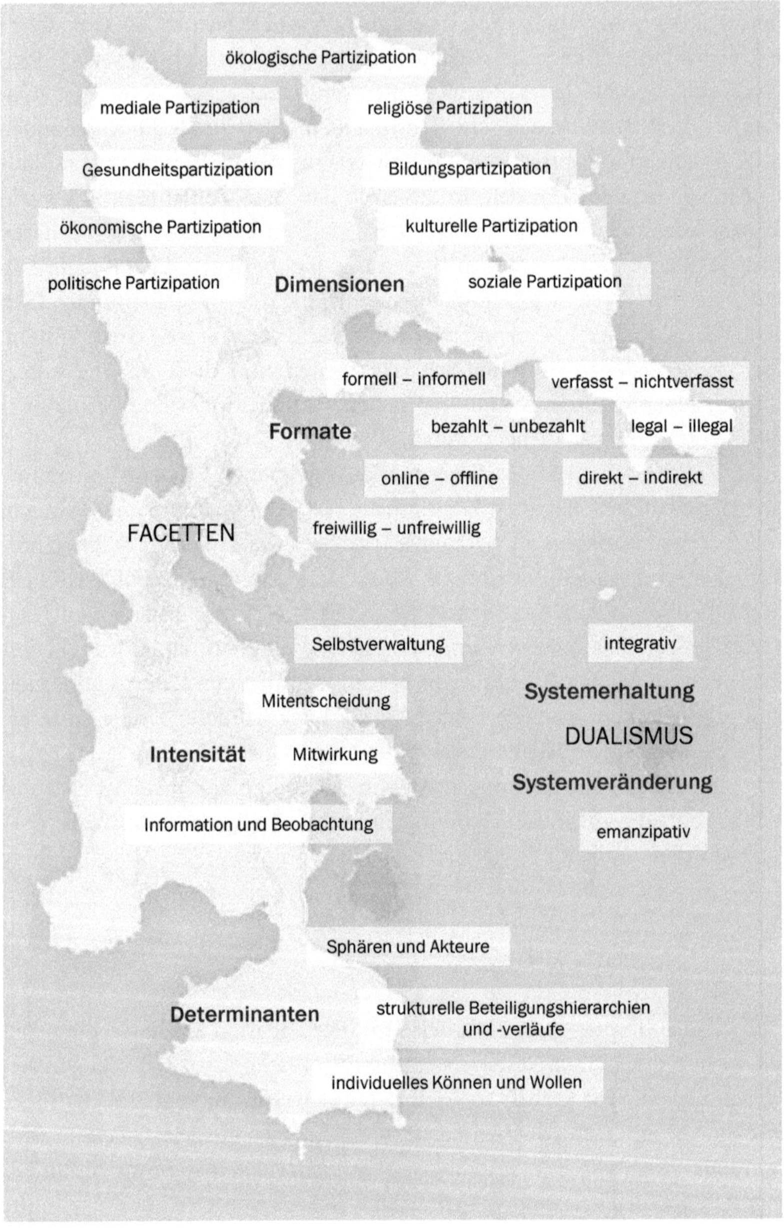

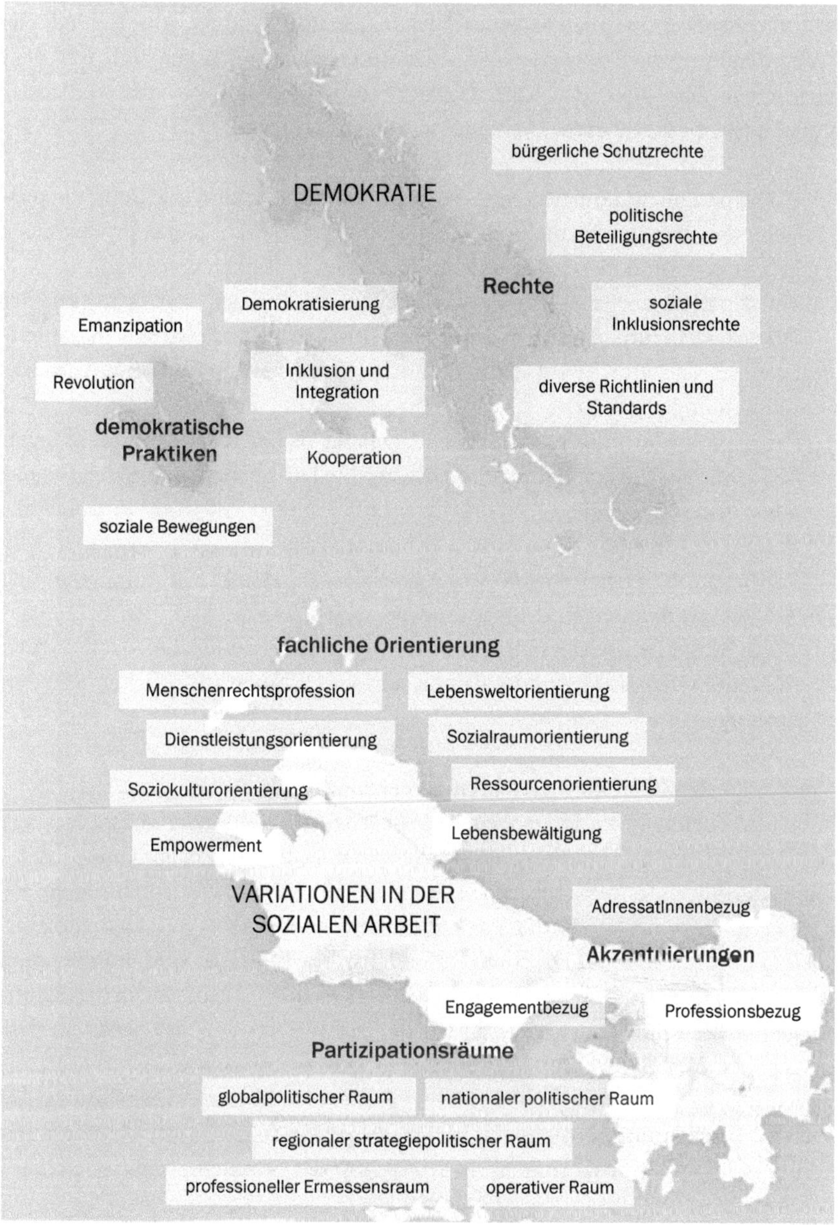

Quelle: eigene Darstellung

auf die Vielfalt und die Vielschichtigkeit des Begriffes zu richten, ohne vorschnell der Verführung von diskursspezifischen und disziplinären Begrenzungen nachzugeben, wurden in einer Diskursgebietserkundung unterschiedliche Kategorisierungen, Parameter und Akzentuierungen aufgeschichtet, mit dem Ziel, ein umfassendes, der Komplexität von Partizipation gerecht werdendes Verständnis zu destillieren. Demzufolge ist festzuhalten, dass …

- Partizipation ein konstitutives Merkmal demokratischer Gesellschaften darstellt, das über den formalpolitischen Rahmen hinaus in alle Lebensbereiche hineinreicht und mit anderen demokratischen Praktiken verwoben ist.
- Partizipation im Laufe der Entwicklungen, angetrieben von Prozessen der Demokratisierung und dem Ideal einer inklusiven Gesellschaft, in zahlreichen gesellschaftlichen Arealen rechtliche Verankerung und administrative Empfehlungen erfuhr.
- Partizipation in unterschiedlichen Formaten realisiert wird, in verschiedenen geografischen Sphären und institutionellen Ebenen unter der Beteiligung unterschiedlicher Akteure in jeweils anderen Intensitäten und Rahmungen stattfindet.
- Partizipation in der Sozialen Arbeit über den AdressatInnenbezug hinaus zu denken ist, denn es sind insbesondere auch ProfessionistInnen und engagierte BürgerInnen, die sich an der Ausgestaltung von für die Soziale Arbeit relevanten demokratischen Strukturen in jeweils unterschiedlichen Räumen beteiligen.

Um die Erschließbarkeit dieses breiten Verständnisses von Partizipation zu erhöhen, wurden jene an den einzelnen ‚Ankerstellen' identifizierbaren Elemente kartografiert (siehe Abbildung 2). Darin lassen sich die jeweiligen Ausschnitte für weiterführende, vertiefte Analysen konkreter Partizipationsphänomene lokalisieren. Anzumerken ist, dass sich die einzelnen Elemente nicht gänzlich unabhängig voneinander betrachten lassen. In der Tektonik sind immer auch Ablagerungen von anderen ‚Ankerstellen' erkennbar, auf die in den Ausführungen dieses Kapitels hingewiesen wurde. Des Weiteren ist zu erwähnen, dass es sich keineswegs um eine vollständige, sondern um eine erweiterbare Aufschichtung handelt. Es ist ein Orientierungsentwurf, der zur Wahrnehmung der Vielschichtigkeit und Komplexität von Partizipation sensibilisieren soll und das konkrete Hinsehen insbesondere in Kontexten der Sozialen Arbeit erleichtern kann.

3 Partizipation als Beziehung denken – eine Theoriefigur

Im bisherigen Aufriss wird einerseits die Komplexität von Partizipation und andererseits der in ihr eingelagerte Dualismus von Systemveränderungs- und Systemerhaltungsansprüchen wahrnehmbar. Letzterer tritt insbesondere in den demokratietheoretischen Diskursen und in den Partizipationsvariationen der Sozialen Arbeit auf. Während die Komplexität in der Kartografie aufzulösen versucht wurde (siehe Abbildung 2), wird nun dem dort bereits angekündigten Dualismus und dessen möglicher theoretischer Verbindung vertieft Aufmerksamkeit geschenkt. Demzufolge wird das in Kapitel 2 entwickelte umfassende Partizipationsverständnis um die dem Begriff implizite dynamische Komponente erweitert. Dazu werden zunächst die beiden konträren Begriffskonnotationen von Partizipation – die emanzipative und die integrative – skizziert. Im Versuch, Partizipation nicht im Entweder-oder-Modus, sondern als Beziehung zu denken, wird daran anschließend der Verhältnisgedanke lanciert. Schließlich werden anknüpfend an den verbindungstheoretischen Handlungs- und Strukturbegriff nach Giddens (1997) Komponenten dieses als Beziehung gefassten Partizipationsverständnisses ausbuchstabiert.

3.1 Der Dualismus im Partizipationsverständnis

Auch wenn Partizipation mittlerweile in grundlegenden Rechtsmaterien demokratischer Gesellschaften verankert ist, kann sie keinesfalls als etwas Selbstverständliches angesehen werden, sondern wurde und wird weiterhin im Laufe demokratischer Fortschritte entweder tendenziell handlungsgeleitet von den Subjekten eingefordert oder tendenziell strukturgeleitet von gesellschaftlichen Institutionen arrangiert und gefördert (vgl. Anastasiadis 2015, S. 39). In diesem Dualismus lassen sich zwei differente Begriffskonnotationen nachlesen, die im Zusammenhang mit den unterschiedlichen bereits skizzierten demokratischen Praktiken stehen (siehe Kapitel 2.1.2).

3.1.1 Emanzipativ-systemverändernde Konnotationen

Demokratie im emanzipativen Sinne ist als Prozess zu verstehen, der von den Menschen ausgeht, mit dem Ziel, gesellschaftliche Teilhabe- und Teilnahmechancen zu erhöhen und das Ideal der Gleichheit durchzusetzen. Partizipation, verstanden als aktive demokratische Praxis, entspricht in dieser Konnotation einem „zutiefst menschlichen Anliegen“ (Guggisberg 2004, S. 13). In einem Bericht des „Club of Rome“ (Botkin, Elmandjra & Malitza 1979, S. 58 f.) wird Partizipation dahingehend wie folgt beschrieben: „Nur wenige Worte vermögen den Anspruch der Menschen so deutlich zu machen, Entscheidungen sowohl auf lokaler als auch globaler Ebene, die ihre Umwelt und ihr Leben bestimmen, mit zu beeinflussen, in Verbindung mit ihrer Hoffnung auf Gleichheit und ihrer Weigerung, eine Abseitsposition oder einen untergeordneten Status zu akzeptieren.“ Für Miessen und Grassegger (2012, S. 2) bedeutet Partizipation, „sich selbst, dem ‚ungeladenen Außenseiter‘ Zutritt zu verschaffen“, und Arnstein (1969, S. 216) assoziiert damit „the redistribution of power that enables the have-not citizens, presently excluded from the political and economic processes, to be deliberately included in the future“. Diese Konnotationen erinnern an das emanzipative Partizipationsverständnis der 1960er- und 1970er-Jahre, wie es bereits in Kapitel 2.1.1 angesprochen wurde.

Eine ähnliche Sicht wird in der adressatInnenbezogenen Partizipationsakzentuierung der Sozialen Arbeit und in ihren Handlungsorientierungen erkennbar (siehe Kapitel 2.3.1). Wrentschur (2005, S. 5) beispielsweise versteht Partizipation als die aktive Teilhabe an gesellschaftlichen oder politischen Prozessen vor allem jener Menschen, die aus solchen traditionell eher ausgeschlossen sind. Er setzt Partizipation eng mit Empowerment im Sinne der Selbstbemächtigung (vgl. Herriger 2006, S. 20) in Beziehung. Auch Guggisberg (2004, S. 13) assoziiert mit Partizipation einen aktiven, befreienden, selbstbemächtigenden Prozess im Sinne von „Sich einen Teil nehmen, sich ein Stück Macht aneignen“. Das menschliche Bedürfnis nach Partizipation gilt diesen Auffassungen gemäß als die treibende Kraft für die Entwicklung demokratischer Strukturen und ein Blick in die aktuelle Schlagzeilenlandschaft genügt, um zu verstehen, dass Prozesse der Demokratisierung fortwährend stattfinden und mitunter ansteckend sind.[31]

Als Beispiele dafür können die bereits genannten revolutionären Bewegungen im ‚Arabischen Frühling‘ gelesen werden (siehe Kapitel 2.1.2.4). Wenn auch die Resultate daraus Jahre später ernüchternd wirken und die Spekulationen über den Ursprung der Revolution von inszenierter Verschwörung zur Schwächung der Region bis zu zivilgesellschaftlichem Eigensinn gepaart mit dem Wunsch nach Befreiung und Demokratie reichen, zeigt der Hergang deutlich, dass sie wesentlich von den Subjekten und ihren Bedürfnissen getragen wurde und sich flächenbrandähnlich auf nahezu den gesamten nordafrikanischen Raum ausdehnte (vgl. Asseburg 2011a und b; Harders 2011). Mit Blick auf die zahlrei-

31 Eine Studie von Maccoby und Brown (1958; zit. n. Gronemeyer 1973, S. 34) kommt beispielsweise zu dem Schluss, dass Partizipation ein kumulatives Phänomen ist. Partizipation in einem Gebiet stimuliert zu partizipativen Handlungen in anderen.

chen weltweit agierenden antikapitalistischen und emanzipativen Aktionisten[32] prägten insbesondere die ‚Gezi-Park-Bewegung' in der Türkei (2013), die ukrainische ‚Medan-Bewegung' (2013) und die ‚Occupy-Wall-Street-Bewegung' (2011) das gegenwärtige Jahrzehnt. Diese und andere Bewegungen, die sich oftmals auch künstlerischer Praktiken bedienen (z. B. Pussy Riot) und aus diesem Milieu Unterstützung erfahren[33], fordern die Ausweitung der Partizipation insbesondere von in einzelnen Teilbereichen benachteiligten Personengruppen ein. Sie verdeutlichen die nach wie vor existierenden Ungleichheiten in gesellschaftlichen Miniaturbereichen und signalisieren, dass Partizipation ein menschliches Bedürfnis ist und als Grundprinzip einer demokratischen Gesellschaft zu verstehen ist. Zu beachten ist dabei die Gefahr einer ideologischen Überhöhung, die mitunter zur Diskriminierung ‚Anderer' im Modus einer negativen ‚Wir-gegen-Sie'-Kooperation im Sennett'schen Sinne (siehe Kapitel 2.1.2.6) führen kann, wie es zum Beispiel durch die sich im deutschsprachigen Raum seit 2014 ausbreitende ‚Pegida-Bewegung' bezeugt wird.

3.1.2 Integrativ-systemerhaltende Konnotationen

Einen anderen Blick auf Partizipation öffnen Definitionen, die den Begriff in seiner strukturellen Einbindung in Machtasymmetrien betrachten. So versteht Sturzenhecker (2008, S. 24) beispielsweise darunter „das Recht auf freie, gleichberechtigte und öffentliche Teilhabe der BürgerInnen […] an gemeinsamen Diskussions- und Entscheidungsprozessen in der Gesellschaft, Staat und Institutionen, in institutionalisierter oder offener Form". Moser (2010, S. 73) buchstabiert dies als Forderung aus, „die von Entscheidungen in Staat (Gesamtstaat, Gemeinde) und Gesellschaft (Betriebe, Verbände, Schulen, Hochschulen, Kirchen) Betroffenen stärker an den sie berührenden Entscheidungsprozessen teilnehmen zu lassen". Diese Konnotation von Partizipation signalisiert, dass Partizipation eine anerkannte oder berechtigte Teilhabe ist, die einer oder einem von einer anerkennenden Institution oder Person gewährt wird. Diese Teilhabegewährung kann eine erkämpfte respektive durch die Menschen eingeforderte sein, sie kann aber auch im Sinne eines inversen Partizipationsausdrucks subversiv verweigert werden (z. B. Wahlboykott). Die Teilhabegewährung kann anders auch einen Zwang implizieren, indem die individuelle Verantwortungsübernahme am gesellschaftlichen Geschehen als Beteiligungspflicht suggeriert

32 Einen Überblick dazu gibt der Sammelband „Wir sind überall", herausgegeben von ‚Notes from Nowhere' (2007).

33 So stand beispielsweise der ‚steirische herbst' 2012 unter dem Titel „Truth is concrete". Unter diesem Leitmotiv wurde das soziale und politische Engagement der Kunst als Strategie der kreativen Selbstbemächtigung vielfältig reflektiert (vgl. Steirischer Herbst 2012).

wird. Die von staatlichen und gesellschaftlichen Institutionen ausgehende Gewährung bzw. Aufforderung zur Beteiligung, deren Existieren unter anderem durch die zahlreichen Standards und Empfehlungen zur Partizipation bezeugt wird[34] und in Modellen staatlich organisierter E-Partizipation eine Blüte erfährt (vgl. Voss 2014, S. 6), ist nicht neu. Sie wurde bereits von AutorInnen in den 1970er-Jahren identifiziert und kritisch diskutiert.

Als vielzitiertes Beispiel ist Gronemeyers Analyse „Integration durch Partizipation?“ (1973) angeführt. Der Autor vermutet in dem in den 1960er-Jahren aufkommenden Trend zum „Participative Management“ und in der verstärkten Einbindung von BürgerInnen in kommunale Planungsprozesse eine systemstabilisierende Herrschaftsoptimierung, in der Partizipation als integrationsförderndes Steuerungsinstrument gedeutet wird, um normative Anpassungsprozesse zu unterstützen und gleichzeitig emanzipative Bestrebungen im Sinne des Widerstandes sowie Züge der aktiven und/oder passiven Apathie im Sinne der Verantwortungslosigkeit bzw. Verweigerung zu verhindern. In den von ihm identifizierten Praktiken ortet er eine Umkehr des traditionellen Demokratieverständnisses. Es sind nicht die Massen, die das System vor Eliten schützen, sondern die Eliten, die das System vor den Massen schützen (vgl. ebd., S. 30). Partizipation wird als gesellschaftlicher Integrationsmechanismus entlarvt, der darauf zielt, eine systemgerechte Sozialisation der BürgerInnen zu erwirken. Die amerikanische Partizipationsforschung der 1950er- und 1960er-Jahre unterstützte dieses Partizipationsverständnis beispiellos, indem sie die Charakteristika eines politisch engagierten Amerikaners als „starken, glücklichen und moralisch demokratischen Bürgers“ (Lane 1959; zit. n. ebd., S. 33) beschreibt. Mit Blick auf die Messinstrumente diverser Studien schließt Gronemeyer, dass nur jene Menschen, die integriertes Verhalten an den Tag legen, die gegebenen kulturellen Werte und Normen respektieren und vorgesehene demokratische Aktivitäten wahrnehmen, als partizipativ gelten; alle anderen werden als unangepasst, apathisch und entfremdet quantifiziert (vgl. ebd., S. 36). Milbrath (1965; zit. n. Gabriel & Völkl 2008, S. 272) unterteilt die Beteiligten folglich in drei Gruppen: 1.) die Apathischen, 2.) die Zuschauenden und 3.) die Gladiatoren, wobei lediglich Letztere als Partizipierende klassifiziert werden. Die Motive, die hinter diesem Beteiligungssozialisationsprogramm stehen, sind zumeist technokratischer Natur. Partizipation wird vermehrt von staatlichen und wirtschaftlichen Institutionen aufgrund der wachsenden Komplexität in Handlungsabläufen und Entscheidungsfindungsprozessen initiiert. Innovation ist gefragt, die jedoch durch starre Hierarchien gebremst wird. Indem eine Kooperationsbereitschaft der MitarbeiterInnen im Produktionssektor und der BürgerInnen im Reproduktionsbereich gefördert wird, kann 1.) auf ihre kreativen Lösungs-

34 Siehe Kapitel 2.1.1

kompetenzen zurückgegriffen werden, 2.) können Konflikte und Widerstände in der Entscheidungsumsetzung vorweggenommen werden, wodurch 3.) der Status quo der Machtpositionen stabilisiert wird. Die Sozialisationsfolge dieser funktionalistisch gedachten Partizipation – so Gronemeyer weiter – ist „Anpassung durch Selbststeuerung" (Gronemeyer 1973, S. 208).

Diesen und anderen Befunden kann entnommen werden, dass dem Partizipationsbegriff in den 1960er- und 1970er-Jahren durchwegs kritisch gegenübergestanden wurde. Er stand unter dem Verdacht, die Idee der Assimilation und Integration zu unterstützen, statt Widerstand gegen und revolutionäre Überwindung von Ungleichheitsverhältnissen zu proklamieren. Vilmar (1983, S. 342) spricht in diesem Zusammenhang von einer „Pervertierung der Demokratisierungsidee durch ihre scheinhafte Verwendung als Integrationskitt" und Zimpel (1970, S. 12) vom „Phänomen der Scheinaktivität, die auf einem sorgfältig abgegrenzten Spielfeld stattfindet, Einfluss suggeriert, politisches Potenzial neutralisiert und Herrschaft unangetastet läßt". Dieses auf die Funktion der Rationalisierung und der Loyalität im Sinne der Anpassung durch Selbststeuerung verengtes Partizipationsverständnis blendet die subjektiv gesteuerte emanzipative Seite weitgehend aus bzw. versucht, sie durch beschäftigungstherapeutische, inhaltlich konsequenzenlose Beteiligung zu neutralisieren (vgl. Zimpel 1970, S. 72). Der damit gesuchte Mittelweg zwischen Beteiligung und Systemerhaltung erweist sich mit Blick in die aktuelle Literatur auch gegenwärtig als relevant. Dementsprechend sind die kritischen Stimmen in der heutigen Partizipationsdebatte keineswegs verschwunden. Vielmehr wurden sie durch die Durchsetzung aktivierender Strategien (siehe Kapitel 4.4) neu geschärft. Die steigende Komplexität und die damit verbundenen Steuerungsprobleme werden erneut als Leitargument für die Relevanz von Partizipation angeführt (vgl. Bora 2005, S. 33; zit. n. Zychlinski 2012, S. 99). Institutionelle Vorgaben für Partizipation und die Absicherung durch Partizipation, vor allem in Hinblick auf die Legitimierung von Entscheidungen, sind zentrale Motive steuernder Instanzen. Demgegenüber werden in aktuellen Studien zur Partizipation Machtasymmetrien in Partizipationsverfahren identifiziert und Empfehlungen für eine gelingende Partizipation formuliert (vgl. Heimgartner 2009a, S. 73 f.). Es werden Intensitäten, Motive, Formate und Determinanten entlarvt[35], die eine „pseudo-partizipative [sic!] Scheindemokratie" (Miessen & Grassegger 2012, S. 2) unterstützen. Gronemeyer (1973, S. 209) sieht in diesen – wenn auch auf funktionalistisch-programmatische Motive reduzierten – Öffnungen von Beteiligungsräumen durch Machthabende dennoch Chancen für emanzipative Entwicklungen, denn „die Kooperationszugeständnisse können nicht zurückgenommen werden, ohne das Gebäude zum Einbruch zu bringen. […] So gleicht

35 Diese wurden bereits in Kapitel 2.2 schematisiert.

der Versuch, den Status quo durch Partizipation zu stabilisieren, immer auch der Quadratur des Kreises. Ein unlösbares Problem, ein Widerspruch wird eingehandelt, der durchaus nicht zugunsten der Herrschaftsgewohnheiten ausschlagen muß". Partizipation wird vom Autor mit dem kämpferischen und zugleich listigen Bild eines „trojanischen Pferdes der Ohnmächtigen" verglichen, das in die Mauern traditioneller Machtpositionen hineingezogen wird (vgl. ebd.). Möglichkeiten einer Gegenmachtbildung im Sinne des emanzipativen Partizipationsverständnisses werden damit gleichsam in Aussicht gestellt. Insofern erweist sich der Grat zwischen von den Subjekten eingeforderter und institutionell geförderter Partizipation als ein schmaler.

Bisher wurde der Blick zum einen auf die Subjekte als treibende Partizipationskräfte gerichtet. Es wurde das emanzipative Verständnis von Partizipation im Sinne des Empowerment, der Machtaneignung und der systemveränderten Gegenmachtbildung entkleidet. Zum anderen wurde das Bedürfnis von Einfluss habenden Eliten, Systeme zu erhalten und ihre Einflussbereiche auszudehnen, spezifiziert. Dadurch eröffnet sich eine gänzlich andere Sicht auf Partizipation. Deutlich wird darin die dem Begriff anhaftende „Dialektik zwischen Integration und Subversion", wie es Offe nennt (1971, S. 143; zit. n. Gornemeyer 1973, S. 208). Im Versuch, diese Bipolarität zu ‚entspannen', führte Oelschlägel (1978, S. 148) den Verhältnisbegriff in die Partizipationsdiskussion ein. Dieser Diskursstrang wird als Entladungsversuch nun detailliert aufgegriffen, da er wesentlich zur Entwicklung des der Arbeit zugrunde liegenden beziehungsorientierten Partizipationsverständnisses inspirierte.

3.1.3 Entladungsversuche

Der Dualismus zwischen handlungsgeleiteter und strukturdeterminierter Partizipation begründet sich nach Oelschlägel (1978, S. 148) darin, dass Partizipation nicht eindeutig als Strategie der EntscheidungsträgerInnen zur Systemerhaltung zu bestimmen ist, genauso wenig lässt sie sich eindeutig als Strategie der Entscheidungsbetroffenen zur Durchsetzung ihrer Interessen definieren. Mit Partizipation wird „lediglich das Verhältnis benannt zwischen Entscheidungsträgern und Entscheidungsbetroffenen, die durch Partizipation zu Entscheidungsbeteiligten werden" (ebd., S. 148). Einen anderen Duktus zur Bestimmung dieses Verhältnisses wählt Zychlinski (2012, S. 93). Er spricht von einer Subjekt-Objekt-Logik, in der PartizipantInnen Objekte sind, die von Beteiligungsprozesse organisierenden Subjekten teilweise zu Subjekten umgedeutet werden. In beiden Verhältnisbestimmungen werden durch die Bezeichnungen der Akteure als 1.) Träger versus Betroffene und 2.) Subjekte versus Objekte die Machtasymmetrien explizit. Demgegenüber wird das Verhältnis von Kaase (1992, S. 345) neutral bestimmt: „Partizipation ist ein auf kollektive Ziele hin orientiertes soziales Verhalten, das in einem komplexen Zusammenspiel zwischen institutionellen Strukturen, konkreten politischen Ereignissen, Gruppeneinbindungen und individuellen Merkmalen zustande kommt." Auch Lüttringhaus (2000, S. 22) wählt eine die Hierarchie auflösende Semantik. Partizipation beschreibt dort „grundsätzlich das Verhältnis von Staat [...] einerseits und andererseits den Individuen und gesellschaftlichen Zusammenschlüssen [...] sowie VertreterInnen des Wirtschaftssystems". In Erweiterung an Lüttringhaus und unter Einbeziehung der unterschiedlichen Intensitätsstufen von Partizipation (siehe Kapitel 2.2.3) legen Straßburger und Riegler (2014, S. 15) ein Partizipationspyramidenmodell vor. Damit stellen sie die institutionell-professionelle Perspektive jener der Subjekte respektive AdressatInnen in der Sozialen Arbeit gegenüber. Hiermit wird zum einen auf die beiden Seiten der Partizipation verwiesen, zum anderen werden unterschiedliche Stufen der Partizipation systematisch gewürdigt.

In diesen hier genannten, auf ‚ein Verhältnis' respektive auf ein ‚soziales Verhalten' fokussierten Konnotationen ist die Perspektive ein zentrales Drehmoment. Partizipation ist abhängig von den unterschiedlichen Interessen der am Entscheidungsprozess Beteiligten und deren unterschiedlichen Erwartungen, die zwischen den Polen Systemerhaltung und Systemumkehr liegen können. Die hierarchische Durchmusterung unserer Gesellschaft und die darin eingelagerten Konflikte sind real und können nicht ausgeblendet werden. Daher gilt es umso mehr darauf zu achten, wie Partizipationsverhältnisse zustande kommen und sich entwickeln. Zychlinski (2012, S. 95) empfiehlt dahingehend die klassischen Fragen der Partizipationsforschung – „[w]er beteiligt sich in welcher Form und mit welchem Ergebnis an der Gestaltung des politischen und gesellschaftlichen Zusammenlebens?" (Gabriel & Völkl 2008, S. 268) – zu ersetzen durch „[w]er beteiligt wen, wo, wann, woran? Und vor allem: zu welchem Zweck?! Und: welche Strukturierung, welches Bild von Gesellschaft sowie welches Menschenbild verbirgt sich hinter diesen Konstruktionen" (Zychlinski 2012, S. 95). Straßburger und Rieger (2014, S. 15) formulieren in Analogie zu ihrem Pyramidenmodell ähnliche Fragen zur Praxisreflexion: „Wer hat den Prozess initiiert, und wer trägt die Verantwortung für den weiteren Verlauf? Wie weit reichen die Möglichkeiten der Mitbestimmung? Wodurch wird die Mitbestimmung ermöglicht und gefördert bzw. behindert oder eingegrenzt?". In diesen Frageformaten spiegelt sich das dem Verhältnisbegriff implizite Nebeneinander oder Gegenüber wider, denn mit einem Verhältnis wird gemeinhin die Lage oder der Umstand bestimmt, wie sich Dinge, Personen oder Handlungen zueinander verhalten oder wie sie sich aufeinander beziehen (vgl. Duden 2001, S. 313), wobei Verhältnisse ausgewogen, aber auch konfrontativ sein können. Das in dieser Arbeit entwickelte Partizipationsverständnis hingegen fokussiert auf die Beziehung, also auf die Verbindung, den inneren Zusammenhang zwischen Dingen, Personen oder Handlungen (vgl. ebd., S. 947). In Erweiterung zu Walther (2005, S. 54), der Partizipation als „*Beziehung* zu anderen

Individuen und sozialen Kontexten" beschreibt, wird im Folgenden ein prozessual-interaktionistisches, ein auf die Intimität und Gegenseitigkeit gerichtetes, ein verbindendes Verständnis entwickelt. Mit dem Beziehungsbegriff wird insbesondere versucht, die Dynamik im Zusammenspiel unterschiedlicher partizipierender Akteure hervorzuheben.

Wenn nun Partizipation im Modus einer Beziehung gedacht werden will, gilt es zunächst, beide Pole – also das auf die Gewährung und das auf das selbsterzeugte Bedürfnis bezogene Partizipationsverständnis – anzuerkennen und diese schließlich mit Blick auf das Beziehungsgefüge in ihren gegebenen Dynamiken und unterschiedlichen Nuancierungen zusammenzudenken. Um diese Dynamiken und Nuancierungen zu entschlüsseln, ist auch das Frageformat neutral zu halten: Wer ist in welcher Form, mit welchem Interesse, zu welchem Zeitpunkt, an welchem Ort, unter welchen Bedingungen, wie intensiv und mit welchem Ergebnis an welchen Ausschnitten und Prozessen des politischen und gesellschaftlichen Zusammenlebens beteiligt, oder auch nicht? Mit diesem offenen Blick kann der Dualismus theoretisch als Dualität entschlüsselt werden, wodurch verbindende Perspektiven auf Partizipationsphänomene ermöglicht werden.

3.2 Verbindungstheoretische Fundierung

Partizipation als Beziehung gedacht setzt das Wagnis voraus, sich in die Widersprüchlichkeit hineinzubegeben, Gegensätzlichkeit sichtbar zu machen und Möglichkeiten der Widerspruchsauflösung zu entdecken. Um diesem Anspruch zu begegnen, wird zur grundlegenden Orientierung aus der Soziologie ein verbindungstheoretischer Handlungs- und Strukturbegriff entlehnt, der es erlaubt, die Dynamiken in Partizipationsbeziehungen zwischen Individuum und Gesellschaft in den Blick zu nehmen.

Während HandlungstheoretikerInnen (exemplarisch Mead, Goffman, Schütz) mikrosoziologisch aus der Perspektive des Individuums argumentieren und StrukturtheoretikerInnen (exemplarisch Parson, Luhmann) makrosoziologisch aus der Perspektive der Gesellschaft, haben sich verbindungstheoretische Zugänge, wie beispielsweise jene von Giddens und Elias, zum Ziel gesetzt, die durch die beiden großen soziologischen Theorierichtungen aufgeworfenen Gegensätzlichkeiten – also Subjektivismus und Objektivismus, Individuum und Gesellschaft, Handlung und Struktur, Mikro- und Makroanalyse, Theorie und Praxis – zu verbinden.[36] Müller (2005, S. 23) spricht von einem „Dritten Weg"

---

36 Gertenbach, Kahlert, Kaufmann, Rosa und Weinbach (2009, S. 255 ff.) führen als einschlägige verbindungstheoretische Ansätze die Figurations- und Prozesstheorie von Norbert Elias, die Theorie sozialer Praxis von Pierre Bourdieu und die Theorie der Strukturierung von Anthony Giddens an, wobei sie mit Blick auf Bourdieu verbindungs-

der Theoriebildung, der zwischen dem bisher getrennt Gedachten vermitteln will. Wenn auch in Handlungs- und Strukturtheorien jeweils die andere Seite mitgedacht wurde, gelang ihnen dies aus Sicht der VerbindungstheoretikerInnen nur unzureichend, nicht zuletzt, da die Argumentationen eng geführt auf ihre jeweilige Perspektive zugeschnitten geschahen (vgl. Lamla 2003, S. 45; Gertenbach et al. 2009, S. 256). Dazu beispielsweise Giddens in der Einleitung zu seiner „Theorie der Strukturierung": „Trotz Parsons' Rede vom ‚handlungstheoretischen Bezugsrahmen' kann kein Zweifel daran bestehen, daß in seinem theoretischen Schema das Objekt (die Gesellschaft) das Subjekt (den bewußt handelnden Menschen) beherrscht. [...] Die vom hermeneutischen und phänomenologischen Lager am Objektivismus – und der strukturtheoretischen Soziologie – geübte Kritik hat einige wesentliche Unzulänglichkeiten zutage gefördert. Umgekehrt näherten sich diese Schulen bedenklich dem Subjektivismus. So klafft die konzeptionelle Lücke zwischen dem Subjekt und dem sozialen Objekt so weit wie eh und je" (Giddens 1997, S. 34).

Gegensätze verbinden zu wollen, ist jedoch nicht unproblematisch. Gertenbach et al. (2009, S. 257) weisen in ihrer Zusammenschau auf KritikerInnen hin, die der Ansicht sind, dass dadurch, wie angestrebt, keine neuen Denkmöglichkeiten eröffnet werden, sondern ein neues Gegensatzdenkproblem eingehandelt wird, das eigentlich überwunden werden soll. Aus der dekonstruktivistischen Philosophie Derridas ist bekannt, wie schwierig es ist, neue Denkmöglichkeiten zu entwickeln. Gegensätze können erst nach sorgfältigem Durchdenken und ‚De-strukturieren' durch sukzessives Verschieben und ‚Kon-struieren' langsam in Bewegung kommen (Derrida 1990, zit. n. Gertenbach et al. 2009, S. 257). Auch wenn an Verbindungstheorien bemängelt wird, dass es ihnen an Präzisierungen und Explikationen fehle, um beispielsweise konkrete Hypothesen über Machtbalancen und den sozialen Wandel zu formulieren, und sie über die Formulierung von „wennaber [sic!] wichtigen und richtigen Orientierungshypothesen" (Esser 1999, S. 616) kaum hinausreichen, ist ihrer integrativen Betrachtung von Struktur und Handlung zunächst mit Respekt zu begegnen (vgl. Gertenbach et al. 2009, S. 258). Schließlich stellen sie eine zentrale Grundlage dafür bereit, den Anspruch, Partizipation als Beziehung zu fassen, theoretisch zu fun-

theoretische Schwächen anmerken, da weitgehend offen bleibt, wie es in der sozialen Praxis zu Wandel kommen kann (vgl. ebd., S. 288). Esser (1999, S. 600 ff.) spricht in seiner Zusammenschau nicht von Verbindungstheorien, sondern von Makro-Mikro-Makro-Ansätzen, die integrierende theoretische Konzeptionen vorlegen. Er führt zusätzlich zu Elias und Giddens den Neo-Funktionalismus von Jeffrey Alexander, die Theorie des kommunikativen Handelns von Jürgen Habermas und die Systemtheorie von Niklas Luhmann an, wobei auch er die Konzeptionen von Elias und Giddens als bisher einzig gelungene theoretische Integration der Mikro- und Makro-Ebene wertet (vgl. ebd., S. 616).

dieren und analytische Komponenten für empirische Entschlüsselungen zu entwickeln.

Für die Ermittlung von Dualismen und das Erkennen von Dualitäten in Partizipationsbeziehungen bietet sich insbesondere die Theorie der Strukturierung von Anthony Giddens an. Zum einen lassen sich ihre zentralen Komponenten – Strukturierung, Handeln, Struktur, soziale Ordnung und sozialer Wandel – auf die in Partizipationshandlungen und -strukturen eingelagerten Elemente übertragen. Zum anderen sucht Giddens nicht nur die Verbindung von Struktur und Handlung, sondern seine Theorie ist auch beispielgebend für die Verbindung von Theoriebildung, empirischer Forschung und Praxis – Schwellen, an denen sich auch diese Studie positioniert. Mit dem Konzept der „doppelten Hermeneutik" betont Giddens (1997, S. 47) die oftmals nur unzureichend wahrgenommene praktische Wirkung der Sozialwissenschaften und hebt so „das gegenseitige interpretative Zusammenspiel zwischen der Sozialwissenschaft und denen, deren Handlungen ihren Gegenstand bilden" (ebd., S. 46f.), heraus. Damit lässt sich die Theorie der Strukturierung auch mit dem in dieser Arbeit gewählten empirischen Zugang verknüpfen, der einleitend als teilpartizipativer Forschungszugang charakterisiert wurde und in Kapitel 6.3 detaillierter ausgebreitet wird. Ein drittes Argument für die Wahl der Giddens'schen Theorie ist, dass sich Stränge der Organisationsforschung auf dieses theoretische Gerüst stützen und damit Strukturierungsprozesse innerhalb von Organisationen, zwischen ihnen und zwischen Organisationen und der Gesellschaft mit ihren Institutionen rekonstruieren (exemplarisch Ortmann, Sydow & Türk 2000). Diese Arbeiten unterstreichen die Relevanz und Adaptierbarkeit der Strukturierungstheorie für die Analyse von Partizipationsprozessen in Sozialen Organisationen, wie sie in der vorliegenden Studie zentral sind. Ein weiteres Argument für die Wahl dieser Theorie zeigt sich darin, dass Giddens in seinem verbindenden Zugang nicht nur auf der Ebene der Gesellschaftstheorie verhaftet blieb, sondern später im Modus des „dritten Weg[es]" (Giddens 1999b) auch den im politisch-öffentlichen Leben eingelagerten Bipolaritäten zwischen links und rechts mit alternativen Konzeptionen begegnete. Diese werden Gegenstand des Kapitels 4.2 sein, wenn aktuelle gesellschaftspolitische Partizipationsakzentuierungen zwischen sozialdemokratischen und neoliberalen Ansprüchen diskutiert werden. Wenngleich sich darin lediglich implizit Elemente der Strukturierungstheorie finden, können Bezüge zu den Motiven der Politik des dritten Weges hergeleitet werden, die an Erkenntnisse aus den empirischen Rückführungen seines strukturierungstheoretischen Gebäudes anknüpfen.

Bevor die tragenden Elemente der Theorie der Strukturierung ins Zentrum gestellt werden, ist zu erwähnen, dass Giddens zum Teil mit vertrauten Begriffen und Konzepten arbeitet, diese jedoch mit anderen Bedeutungen versieht. Dies erfordert ein intensives Um- und Eindenken. Um am Punkt zu bleiben, werden hier nur jene besonders relevanten Begriffe und Konzepte in komprimierter Form skizziert, die anschließend mit Blick auf die Entschlüsselung von Partizipationsbeziehungen in analytische Kategorien transformiert werden. Auch sind Bezüge zu anderen soziologischen Theoriegebäuden zum Großteil ausgespart; wenngleich sich ein solcher Diskurs lohnte, würde er den Rahmen des eigentlichen Vorhabens deutlich sprengen.

3.2.1 Strukturierungstheorie – Ansprüche und Wurzeln

In einem Gespräch mit Christopher Pierson (Giddens & Pierson 1998, S. 51) bringt Giddens seine intellektuellen Motive retrospektiv auf den Punkt: „I wanted to take a fresh look at past development of classical sociological thought; develop a new methodological framework for the social sciences; and analyse the distinctive qualities of modernity." Die Entwicklung der Strukturierungstheorie wurde demnach wesentlich inspiriert durch eine kritische Rezeption zentraler Sozial- und Gesellschaftstheorien. Darunter finden sich Klassiker wie Karl Marx, Emile Durkheim und Max Weber ebenso wie aktuellere Strömungen, wobei insbesondere der Entwurf von Talcott Parsons' Strukturfunktionalismus mit seinem handlungsdeterminierenden Strukturverständnis und interpretative Gegenentwürfe aus der Phänomenologie (Alfred Schütz), aus dem symbolischen Interaktionismus (Ervin Goffman) und der Ethnomethodologie (Harold Garfinkel) mit ihren handlungsunabhängigen Strukturverständnissen zu nennen sind (vgl. Lamla 2003, S. 45). Weitere Ingredienzien findet Giddens in der Psychoanalyse (Sigmund Freud), dem Strukturalismus (Claude Lévi-Strauss, Ferdinand de Saussure), der strukturalen Soziologie (Peter M. Blau) und dem Poststrukturalismus (Michel Foucault und Jacques Derrida), aber auch bei von Karl Marx inspirierten Konflikttheoretikern (Ralf Dahrendorf und David Lockwood) sowie in der Zeitgeografie (Torsten Hägerstrand). Die kritische, aber produktive Auseinandersetzung mit diesen Theoriebausteinen zielte darauf ab, im Sinne einer allgemeinen Sozialtheorie ein Verständnis für menschliches Handeln sowie von gesellschaftlichen Institutionen zu entwickeln und es für die empirische Analyse konkreter sozialer Prozesse fruchtbar zu machen (vgl. Giddens 1997, S. 30 f.). Giddens' Anspruch ist es, die Lücke zwischen Subjekt- und Objektdenken zu schließen (vgl. ebd., S. 41). Die Theorie der Strukturierung basiert auf der Prämisse, „daß dieser Dualismus begrifflich neu als eine Dualität gefaßt werden muß – die Dualität von Struktur" (ebd., S. 35) – ein Kernelement seiner Theorie. Diesem Anspruch folgend werden die Stärken der unterschiedlichen Theorierichtungen anerkannt und die Fäden zusammenziehend in ein neues Programm verknüpft. Dieses verbindende Theoriegebäude wird in einem dritten Schritt in der Rekonstruktion gesamtgesellschaftlicher Zusammenhänge und ihres Wandels analytisch angewendet. In mehreren Analysen zur Gesellschaftsgeschichte filtert er in der Folge Charakteristika der Moderne.[37] Dieser biografischen Logik folgend führt Giddens in „Die Konstitution der Gesellschaft" zunächst überblicksmäßig, dann detailliert und diskursiv in seine Theorieelemente ein und rundet diese mit empirischen Beispielen ab, die die Relevanz der Begriffe und Konzeptionen unterlegen und das Denkgebäude stützen. Werfen wir nun einen Blick in dieses hinein.

3.2.2 Strukturierung – das verbindende Grundelement

Beginnen wir mit dem Hauptbegriff – der Strukturierung. Im Weiterdenken des berühmten Satzes von Karl Marx – „Die Menschen machen ihre eigene Geschichte, aber sie machen sie nicht aus freien Stücken, nicht unter selbstgewählten, sondern unter unmittelbar vorgefundenen, gegebenen und überlieferten Umständen" (Marx & Engels 1972, S. 115) – führt Giddens das für den Strukturierungsbegriff zentrale Element der *sozialen Praxis* ein. Nach Giddens' Auffassung arbeitete Marx seine Theoriefigur einer laufenden Produktion und Reproduktion des gesellschaftlichen Lebens nur unzureichend aus, nicht zuletzt da er dem funktionalistischen und evolutionistischen Denken verhaftet blieb (vgl. Giddens 1997, S. 43). Mit der Fokussierung auf die soziale Praxis versucht Giddens die Relevanz der aktiven Handlung der Individuen zu betonen, denn „[i]n und durch ihre Handlungen reproduzieren die Handelnden die Bedingungen, die ihr Handeln ermöglichen" (Giddens 1997, S. 52). Unter sozialer Praxis versteht Giddens allgemein den kontinuierlichen Fluss menschlicher Verhaltensweisen, wobei die Produktion und Reproduktion Zeit und Raum in Anspruch nimmt (vgl. Lamla 2003, S. 46). Der Reiz für Giddens, Karl Marx' theoretischen Zugang weiterzudenken, besteht im Wesentlichen darin, dass die Geschichte offen, aber nicht strukturlos ist. Es gibt objektive Regelmäßigkeiten, die auf die Erhaltung der Sozialfunktionen ausgerichtet sind. Diese determinieren das subjektive Handeln jedoch nicht nur, sondern ermöglichen dieses auch, und – das ist entscheidend – diese Strukturen werden von diesem Handeln alltäglich aktiv hervorgebracht (vgl. Lamla 2003, S. 39). Das Handeln behält seinen Eigensinn und wirkt auf die Strukturen zurück (vgl. Böhnisch 2003, S. 43). Das aktive Handeln der Individuen und die Strukturen der gesellschaftlichen Ordnung strukturieren sich demzufolge in einem rekursiven Wechselverhältnis. Handeln ist nicht ohne Rückgriff auf vorgefundene Strukturen denkbar und Strukturen

37 Hervorzuheben sind diesbezüglich die folgenden drei Bände Giddens' (1981): A contemporary Critique of Historical Materialism. Volume 1: Power, property and state. London: Basingstoke; Giddens (1985): The Nation-State and Violence. Volume 2 of A contemporary Critique of Historical Materialism. Berkely; Giddens (1999c) Jenseits von Links und Rechts. Die Zukunft radikaler Demokratie. Frankfurt/M.; sowie Giddens (1995): Konsequenzen der Moderne. Frankfurt/M.

setzen das freie, nicht sozial determinierte Subjekt voraus, dessen Innovation und Kreativität sich im bewussten Handeln ausdrückt (vgl. Lamla 2003, S. 50).

Mit dem *Strukturierungsbegriff* hebt Giddens den prozessualen und dynamischen Charakter von Gesellschaft heraus. „Struktur wird immer nur wirklich in den konkreten Vollzügen der handlungspraktischen Strukturierung sozialer Systeme, weshalb ich auch meinen Ansatz ‚Theorie der Strukturierung' genannt habe" (Giddens im Gespräch mit Kießling 1988, S. 290). Durch das aktive Handeln respektive die soziale Praxis bilden sich im Modus raum-zeitlicher Produktion und Reproduktion sozialer Prozesse Strukturen, soziale Systeme und Institutionen heraus (vgl. Gertenbach et al. 2009, S. 294). Strukturen sind demnach gemacht und machbar. Auch wenn sie als noch so unumstößlich erscheinen, entstehen und vergehen sie, werden durch Handelnde verändert bzw. können durch sie verändert werden (vgl. Joas & Knöbl 2004, S. 403). Um diesen theoretischen Wurf besser nachvollziehen zu können, ist das Giddens'sche Verständnis von Handeln und Struktur vertieft zu betrachten.

3.2.3 Handeln

Handelnde sind im Giddens'schen Verständnis ausschließlich Einzelne und keine Kollektive, wie beispielsweise Organisationen oder soziale Bewegungen. Damit wird Handeln als etwas Subjektives und Individuelles eingegrenzt, das jedoch eingebettet ist in einen historischen Kontext, durch Zeit und Raum limitiert ist und sich durch die *dureé* – die Dauer durchlebter Erfahrungen – konstituiert (vgl. Gertenbach et al. 2009, S. 295).

Neben der Subjektivität ist die Intentionalität ein zentrales Element jeder sozialen Praxis. Intentionalität steht allerdings nicht am Anfang des Handelns, sondern ergibt sich „aus einer beständigen, zum Teil nachträglichen Konstruktion von Handlungsgründen durch ein subjektives Bewusstsein, das den Handlungsstrom reflexiv beobachtet" (Lamla 2003, S. 48). Jede soziale Praxis setzt daher bewusstseinsfähige Individuen voraus, mit der Fähigkeit zur „selbstreflexiven Kontrolle und Steuerung des Handelns im laufenden Verhalten" (Giddens 1997, S. 13). Handeln – so Giddens weiter – „ist der beständige Fluss ‚durchlebter Erfahrung', seine Klassifizierung und Aufspaltung in einzelne ‚Teile' ist das Ergebnis eines reflexiven Prozesses, in dem der Handelnde oder ein anderer seine Aufmerksamkeit auf einen Aspekt richtet" (Giddens 1984, S. 89). Damit wäre eine Dimension des Handelns angedeutet – die *reflexive Steuerung des Handelns* als eine kontinuierliche intentionale und zielgerichtete Steuerung und Kontrolle des Handlungssettings (vgl. Gertenbach et al. 2009, S. 295).

Handeln selbst ist jedoch vielfältig motiviert und determiniert. Giddens unterscheidet in seinem Stratifikationsmodell des Handelns (siehe Abbildung 3) des Weiteren zwischen 1.) *Handlungsrationalisierung* – der Fähigkeit, ein theoretisches Verständnis für die Gründe respektive Ursachen des Handelns zu entwickeln und diese bei Bedarf auch zu erklären, worin sich die Handlungskompetenz zeigt (vgl. Giddens 1997, S. 56) – und 2.) *Handlungsmotiven* – Gesamtplänen, Programmen oder Entwürfen, die nicht immer diskursiv ausdrückbar sind und mitunter auch unbewusst sein können (vgl. ebd., S. 57) und so einem bedürfnisorientierten Handlungspotenzial entsprechen (vgl. Gertenbach et al. 2009, S. 295). Zudem betont Giddens, dass der Großteil des Handelns auf *Routinen* basiert (vgl. Giddens 1997, S. 13). Routinen wirken entlastend, da sich damit das erworbene Wissen über die Konventionen des Alltags habitualisiert (vgl. Lamla 2003, S. 49). Beispielsweise macht sich niemand in einer Sprachgemeinschaft im alltäglichen Sprachgebrauch Grammatikregeln bewusst, die jedoch Voraussetzung für die sprachliche Produktion sind und demgemäß auch reproduziert werden. Die Routinisierung erzeugt ein Gefühl des Vertrauens und der Gewissheit (vgl. Giddens 1997, S. 37) – und sie ist für alle drei Handlungsdimensionen zentral (vgl. ebd., S. 54). Die reflexive Steuerung des Handelns richtet sich beispielsweise nicht nur auf das eigene Verhalten, sondern auch auf das der anderen Akteure in einem Handlungssetting. Damit steuern sie den kontinuierlichen Fluss ihres eigenen Handelns, sie erwarten dasselbe auch von anderen und sie kontrollieren damit routinemäßig den Kontext, in dem sie sich bewegen (vgl. ebd., S. 55). Selbiges gilt für die Handlungsrationalisierung, die neben normativen Verpflichtungen auch erwartete, routinisierte Verhaltensweisen impliziert (vgl. ebd., S. 54). Handlungsmotive wirken sich hingegen in der Regel nur dann direkt auf das Handeln aus, wenn sie von der Routine abweichen (vgl. ebd., S. 57).

Die Differenz zwischen Handeln als Reflexivität (steuerndes und klar bewusstes Handeln) und Routine (auf Gewissheit bezogenes Handeln) konkretisiert Giddens in seinen Bewusstseinsbegriffen. Er differenziert zwischen dem diskursiven und dem praktischen Bewusstsein sowie dem Unbewussten (vgl. Giddens 1997, S. 14), wobei das praktische Bewusstsein zentral für die Theorie der Strukturierung ist, da es „einen Keil zwischen dem Unbewussten und der reflexiven Steuerung des Handelns treibt" (ebd., S. 37). Während das *diskursive Bewusstsein* das Wissen der Handelnden über ihr Handeln und ihre Handlungsgründe, -intentionen, -zwecke und -motive einschließt (vgl. ebd., S. 36) sowie die Fähigkeit impliziert, dieses Wissen diskursiv darzulegen oder auch bewusst zu verbergen (vgl. ebd., S. 53), bezieht sich das *praktische Bewusstsein* auf ein praktisches Regelwissen (knowledgability) – respektive das Wissen, wie in gesellschaftlichen Kontexten zu handeln ist, ohne dass Handelnde dies diskursiv zum Ausdruck bringen können bzw. müssen. Es korrespondiert eng mit routinisierten Handlungen und basiert auf dem inkorporierten gemeinsamen Wissen, das dem Bewusstsein der Akteure nicht direkt zugänglich ist und sich in der Fähigkeit begründet, sich innerhalb der Routinen des gesellschaftlichen Lebens zurechtzufinden (vgl. ebd., S. 55). Damit hebt Giddens hervor, dass das

Bewusstsein in Routinehandlungen nicht stillgelegt ist, sondern dadurch lediglich entlastet wird (vgl. Lamla 2003, S. 48). Das *Unbewusste* hingegen schließt Wahrnehmungen und Antriebe ein, die aus dem Bewusstsein verdrängt sind oder dort nur verzerrt erscheinen (vgl. Giddens 1997, S. 55). Mit Blick auf die Übergänge der Kognitionsschichtung betont Giddens, dass die Trennung zwischen diskursivem und praktischem Bewusstsein unscharf ist und über Sozialisation und Lernerfahrung aufgebrochen werden kann. Es gibt lediglich den Unterschied zwischen dem, was gesagt werden kann, und dem, was schlicht getan wird. Zwischen diskursivem Bewusstsein und dem Unbewussten liegt jedoch eine Trennung vor, insbesondere dann, wenn Verdrängungsmechanismen einsetzen (vgl. ebd., S. 57). Abbildung 3 veranschaulicht die Dynamiken und Schichtungen des Handelns, wobei unbewusste Handlungsebenen mit dünnen Pfeilen symbolisiert sind und bewusste mit dickeren.

Abbildung 3: Stratifikationsmodell des Handelns nach Giddens

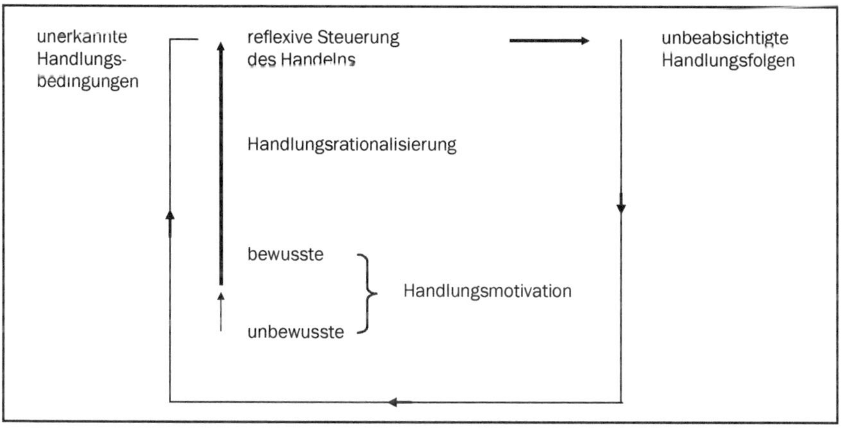

Quelle: eigene Darstellung in Anlehnung an Giddens 1997, S. 56 und Lamla 2003, S. 50

Mit Blick auf das Wesen des Handelns führt Giddens das Konzept der *unintendierten Handlungsfolgen* und das der *unerkannten Handlungsbedingungen* in sein Stratifikationsmodell ein. Handlungen können unbeabsichtigte Folgen haben[38], die sich wiederum in einem Rückkoppelungsprozess als unerkannte Bedingungen weiteren Handelns darstellen (Giddens 1997, S. 58) und für die Entstehung

38 Giddens differenziert zwischen drei Typen von unbeabsichtigten Folgen: 1.) Kumulation von Ereignissen, die aus einer Handlung hervorgingen, 2.) mehrere intentionale Handlungsverläufe führen zu einem Ereignis und 3.) Reproduktion institutionalisierter Praktiken (vgl. Giddens 1997, S. 65).

einer regelmäßigen sozialen Ordnung sorgen können. Damit unterstreicht Giddens seine Auffassung des Handelns als kontinuierlicher Verhaltensstrom.

Handeln ist – um es auf den Punkt zu bringen – als kontinuierlicher Fluss von in durchlebte Erfahrungen eingebetteten Verhaltensweisen zu verstehen, die nicht immer rational gesteuert sind, sondern weitaus häufiger auf Routinen basieren und auch unbewusst motiviert sein können. Das Stratifikationsmodell verbindet die reflexive Steuerung, Rationalisierung und Motivation von Handeln als einen integralen Prozess, die wiederum mit den drei Schichten der Kognition eng zusammenwirken und sich in unintendierten Handlungsfolgen und rückkoppelnd unerkannten Handlungsbedingungen fügen. Handeln wird in dieser theoretischen Fassung zum einen als Entfaltungspotenziale verstanden. Zum anderen liegen im Handeln auch Gefahren der Produktion und Reproduktion sozialer Desintegration, insbesondere dann, wenn es auf sich selbst zurückfällt und nicht in Beziehung zu den gegebenen Strukturen steht (vgl. Böhnisch 2003, S. 44). Handlungen haben zudem Folgen, die mitunter nicht vorhersehbar oder geplant waren und zur ebenso unvermuteten Schließung oder Öffnung von Strukturen führen können (vgl. Böhnisch 2003, S. 44). Um den Innovationsgehalt im Handeln herauszuschälen, kann Handeln – wie im Begriff der Strukturierung angelegt – nicht isoliert von Struktur betrachtet werden, denn die Fähigkeit zur reflexiven Steuerung des Handelns allein sagt noch wenig über die Autonomie der Subjekte gegenüber objektiven Bedingungen aus. Erst wenn das bewusste Handeln in Beziehung zu vorgefundenen Strukturen gesetzt wird, zeigt sich der rekursive Gehalt (vgl. Lamla 2003, S. 50). Bevor dieser Zusammenhang expliziert wird, gilt es, in die Vielschichtigkeit des Strukturbegriffes einzutauchen.

3.2.4 Struktur

Während der Strukturbegriff im Allgemeinen mit Einschränkungen und normativen Erwartungen verknüpft ist, hebt Giddens den ermöglichenden Charakter von Struktur hervor. „Struktur darf nicht mit Zwang gleichgesetzt werden: sie schränkt Handeln nicht nur ein, sondern ermöglicht es auch“ (Giddens 1997, S. 78).

Giddens betrachtet Struktur als ein Konglomerat aus gemeinsamen Regeln und verteilten Ressourcen; diese bilden die strukturellen Eigenschaften – respektive Strukturmomente – sozialer Systeme (siehe Abbildung 4). Unter *sozialen Systemen* versteht Giddens alle realen Beziehungen zwischen Handelnden und Kollektiven, die sich als regelmäßige soziale Praktiken in Raum und Zeit entwickeln[39] (vgl. Giddens 1997, S. 77; Gertenbach et al. 2009, S. 297), und zwar

39 Der Systembegriff bei Giddens ist sehr umfassend. Er schließt alle Arten von Inter-

durch Regeln und Ressourcen. *Regeln* sind dabei Techniken oder verallgemeinerbare Verfahren des gesellschaftlichen Lebens, die für die Reproduktion sozialer Praktiken konstitutiv sind (vgl. Giddens 1997, S. 73). Regeln umfassen regulative Aspekte im Sinne von normativen Elementen und konstitutive Aspekte im Sinne von Signifikationscodes (vgl. ebd., S. 45), die den Handelnden Entscheidungsoptionen sowie ihre Bedeutung aufzeigen (vgl. Lamla 2003, S. 51). Regeln besitzen unterschiedliche Merkmale, sie können 1.) intensiv oder oberflächlich, 2.) stillschweigend oder diskursiv, 3.) informell oder formell und 4.) schwach oder stark sanktioniert sein (vgl. Giddens 1997, S. 74). *Ressourcen* stellen strukturelle Handlungsmittel dar, wobei Giddens zwischen allokativen und autoritativen Ressourcen unterscheidet. Erstere beziehen sich auf materielle Produkte, Letztere wurzeln in der asymmetrischen Beziehung von Autonomie und Abhängigkeit und entspringen der Koordination des menschlichen Handelns (vgl. Giddens 1997, S. 45; Lamla 2003, S. 57). Regeln können nicht ohne Bezug auf Ressourcen generiert werden, und in beiden spiegeln sich Formen der Herrschaft und Macht wider (vgl. Giddens 1997, S. 69 f.). Hervorzuheben ist des Weiteren, dass Struktur als abstrakte Kategorie zu begreifen ist, während mit *Strukturen* im Plural eine isolierbare Menge von Regeln und Ressourcen (vgl. ebd., S. 69) gemeint ist, die transformativ in der sozialen Praxis real werden (vgl. ebd., S. 76). Insofern werden strukturelle Bedingungen – also Regeln und Ressourcen – nur in der und durch die soziale Praxis, also im Handeln, relevant (vgl. Gertenbach et al. 2009, S. 296), wie es im Begriff der Strukturierung angelegt ist.

Aus der Charakterisierung von Regeln und Ressourcen ist herauszulesen, dass diese durchwegs Zwänge beinhalten und dass sie das Handeln auch begrenzen. Gleichzeitig stellen sie aber Mittel bereit, um effektiv handeln und in Ereignisabfolgen eingreifen zu können (vgl. Lamla 2003, S. 51). Dieser doppelte Charakter von Struktur als Ermöglichung und als Restriktion des Handelns konzeptualisiert Giddens in seiner *Dualität von Struktur*. Struktur wird als Medium des sozialen Handelns begriffen und als Resultat, das sich in konstituierenden Momenten der institutionellen Ordnung niederschlägt (vgl. Lamla 2003, S. 55; Gertenbach et al. 2009, S. 298). Struktur als Medium impliziert die Interaktionsdimension – respektive die soziale Ordnungsdimension – im Strukturbegriff. Die Regeln und Ressourcen manifestieren sich hier via Kommunika-

---

dependenzen und Vernetzungen ein, unabhängig vom Grad der Systemhaftigkeit. Ein Liebespaar wird ebenso als soziales System begriffen wie ein Verkehrsstau, eine Stadt, eine Familie, eine Firma, die Börse oder globale Geflechte von Nationalstaaten (vgl. Gertenbach et al. 2009, S. 297; Lamla 2003, S. 61). Gemeinsam ist ihnen lediglich das sich regelmäßig reproduzierende Moment, wodurch Struktur über Raum und Zeit hinweg eine Kontinuität erhält und sich im Sinne einer strukturierten sozialen Praxis als System stabilisiert (vgl. Gertenbach et al. 2009, S. 297).

tion, Macht und Sanktion. Struktur als Resultat steht für die institutionalisierte Ordnungsdimension im Strukturbegriff, wobei sich die Regeln und Ressourcen hier über Signifikation, Herrschaft und Legitimation formulieren (vgl. Giddens 1997, S. 81). Diese Regeln und Ressourcen sind rekursiv in vier Institutionstypen eingelagert: 1.) der symbolischen Diskursordnung, 2.) der normativen Moral oder Rechtsordnung, 3.) den ökonomischen Institutionen und 4.) den politischen Institutionen (vgl. Giddens 1997, S. 84).

Abbildung 4: Analytische Dimensionen der Dualität von Struktur

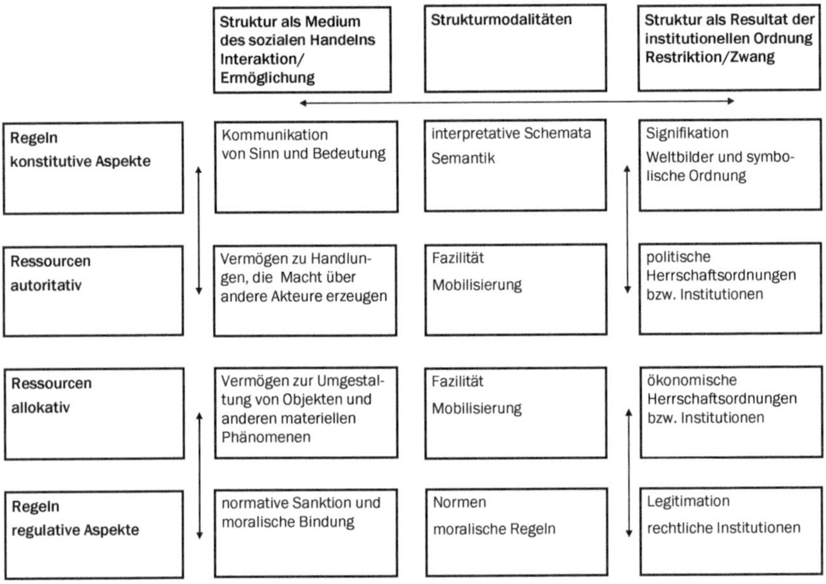

Quelle: eigene Darstellung in Anlehnung an Giddens 1997, S. 81 und Lamla 2003, S. 56

Mit *Institutionen* bezeichnet Giddens soziale Praktiken, die über Raum und Zeit eine weite Ausdehnung besitzen (vgl. Giddens 1997, S. 69). Institutionen sind so die dauerhaften Merkmale des gesellschaftlichen Lebens (vgl. ebd., S. 78). Die Nähe zum Begriff der sozialen Systeme wird hier deutlich. Lamla betont, dass sich Institutionen von sozialen Systemen lediglich analytisch in der Blickrichtung unterscheiden lassen. Während bei Institutionen der Blick auf das Erschließen von dauerhaften Regeln und Ressourcen liegt, geht es bei der Betrachtung von sozialen Systemen um die Entdeckung regelmäßiger Beziehungsmuster (vgl. Lamla 2003, S. 61).

Struktur und ihre Eigenschaften werden in diesem dualen Verständnis durch Handelnde produziert und reproduziert, wobei Giddens zwischen interpretativen, mobilisierenden und moralisch geleiteten *Strukturmodalitäten* differenziert. Wie in Abbildung 4 veranschaulicht, bedeutet dies mit Blick auf die konstitutiven Aspekte der Regeln, dass Sinn in interpretativen Schemata und Semantiken beispielsweise über die Kommunikation konstituiert wird. Gleichzeitig entsteht Sinn über strukturelle Ordnungen von Zeichensystemen (vgl. Giddens 1997, S. 82). Es sind soziale Interpretationsschemata, die dem Handeln Bedeutung verleihen und die immer wieder auch ausgehandelt werden (vgl. Lamla 2003, S. 56). Auf Ebene der regulativen Aspekte von Regeln ist die Beziehung zwischen Rechten und Verpflichtungen zentral. Es gibt Rechte, die das Handeln rechtfertigen, und Verpflichtungen, verantwortungsvoll im Sinne der Rechte zu handeln (vgl. Giddens 1997, S. 83). Damit sind Verhaltenserwartungen normativer Art angesprochen, die durch Sanktionen gestützt werden, die sich aber auch immer in Auslegungsspielräumen gestalten lassen (vgl. Lamla 2003, S. 56). Selbiges gilt für Ressourcen. Herrschaft hängt von der Mobilisierung allokativer oder autoritativer Ressourcen ab (vgl. Giddens 1997, S. 86). Erstere beziehen sich auf die Fähigkeiten zur Umgestaltung von Herrschaftsphänomenen in Bezug auf Objekte und materielle Güter, Letztere auf die Fähigkeit zur Umgestaltung von Herrschaftsphänomenen bezogen auf Personen (vgl. Lamla 2003, S. 57). Mit dem Begriff der Strukturmodalitäten wird die Bewusstheit der Handelnden im Modus der sozialen Praxis mit der Reproduktion und Transformation struktureller Momente sozialer Systeme vermittelt (vgl. Giddens 1997, S. 81). Betrachten wir nun die Dynamik zwischen Handeln und Struktur etwas genauer.

3.2.5 Die Dynamik zwischen Handeln und Struktur

Wie bereits mehrmals erwähnt, bedingen Handeln und Struktur im strukturierungstheoretischen Verständnis einander. Die Dimensionen des Handelns und die der Struktur sind in diesem analytischen Schema untrennbar miteinander verbunden. „Da sie [die Struktur; Anmk. d. Verf.] außerhalb der Anwendungsmomente und Gedächtnisspuren keine wirkliche, praxisrelevante Existenz haben, müssen Strukturen von den Handlungssubjekten in der Kontinuität ihres Alltages immer wieder hervorgebracht und aktiv erneuert werden. Da es aber auch kein Handeln ohne Struktur geben kann, reproduziert (bzw. transformiert) jede soziale Aktivität zugleich Momente der institutionellen Ordnung der Gesellschaft“ (Lamla 2003, S. 55). In dieser Dynamik spielt sich der eigentliche Gehalt der Strukturierung hervor.

Um diese Dynamik greifbar zu machen, führen Gertenbach et al. (2009, S. 296f.) das Beispiel von Prüfungen an Universitäten an. Prüfungen besitzen Systemhaftigkeit, da sie über Raum und Zeit hinweg in ähnlichen Regel-Ressourcen-Komplexen eingelagert sind, die das Handeln zunächst begrenzen. Im Weiteren ermöglichen sie das Handeln in der konkreten sozialen Praxis. Wenn auch die Regeln allen Beteiligten bekannt sind und ebenso die vorwiegend autoritativen Ressourcen transparent sind, wonach die Leistungen der zu Prüfenden von den Prüfenden bewertet werden, erlangen diese erst in der konkreten Prüfungssituation Bedeutsamkeit und sie können – das ist entscheidend – durch das Existieren bestehender Spielräume in unterschiedlichen Weisen angewendet bzw. ausgelegt werden.

Struktur bietet demnach Orientierungspunkte für unser Verhalten und sie impliziert Formen der Herrschaft und der Macht. Sie ist nicht irreversibel, sondern in der konkreten sozialen Praxis modifizierbar. Insofern steht Struktur im Giddens'schen Schema für Werkzeuge, die verschiedene Möglichkeiten der Verwendung zulassen, wodurch sie gemäß Lamla (2003, S. 51) die Entfaltung autonomer Subjekte geradezu erzwingt. Durch das Vermögen, selbst entscheiden zu können (die *capability*), bilden sich vermittelt durch Struktur autonome Handlungsinstanzen heraus (vgl. Lamla 2003, S. 51), die durch ihr Handeln soziale Ordnung (Kontinuität) und sozialen Wandel (Diskontinuität) produzieren und reproduzieren (siehe Abbildung 6 in Kapitel 3.2.6).

Den Prozess der Strukturierung spezifiziert Giddens mit Blick auf Regeln in zwei Strukturierungsdimensionen – der paradigmatischen und der syntagmatischen. *Paradigmatische Strukturierung* bezieht sich auf allgemeine Regeln (wie z. B. die Grammatik einer Sprache). Sie existieren nur im Moment der praktischen Anwendung, was Giddens als *syntagmatische Strukturierung* beschreibt. Ansonsten haben diese allgemeinen Regeln lediglich eine virtuelle Existenz im Regelgedächtnis. Inwiefern sie das Handeln einschränken oder ermöglichen, hängt davon ab, wie sehr sie in die reale Praxis eingreifen. Der duale Charakter von Regeln verdeutlicht die Lücke zwischen 1.) allgemeinen Regeln und 2.) deren reale Anwendung. Diese Lücke füllt das handelnde Subjekt auf Basis des praktischen Regelwissens *(knowledgability)*, gepaart mit dem Vermögen zur autonomen Anwendung und Entscheidung *(capability)*. Demnach determinieren Regeln das Handeln nicht nur, sondern sie stellen Handlungsmittel dar, die von den Individuen deutend beherrscht werden, um das soziale Leben zu strukturieren (vgl. Lamla 2003, S. 53).

Mit Blick auf Ressourcen konkretisiert Giddens Prozesse der Strukturierung mit dem Konzept der *Dualität von Struktur in Machtbeziehungen*. Giddens bindet sein Verständnis von Macht eng an den Handlungsbegriff. Demnach wird Macht nicht als hierarchisches Gefälle interaktiver Durchsetzungsmöglichkeiten verstanden, sondern als transformativer, weltumgestaltender Charakter allen Handelns (vgl. Giddens 1997, S. 13). „Herrschaft und Macht können nicht nur in der Begrifflichkeit von Verteilungsasymmetrien gedacht werden, sondern müssen als integraler Bestandteil sozialer Gemeinschaften (oder, wie ich meine, des menschlichen Handelns als solchem) erkannt werden" (ebd., S. 85). Die Beziehung zwischen Handeln und Macht begründet Giddens in der Intentionalität des Handelns – also in der Fähigkeit zur selbstreflexiven Steuerung und Kontrolle des Handelns: „In der Lage zu sein ‚anders zu handeln', bedeutet fähig zu sein, in die Welt einzugreifen bzw. einen solchen Eingriff zu unterlassen mit der Folge, einen spezifischen Prozeß oder Zustand zu beeinflussen“ (Giddens 1997, S. 65). Handeln hängt also von der Fähigkeit ab, einen Unterschied zwischen einem existierenden und einem veränderten Zustand oder Ereignisablauf zu erkennen. Dementsprechend ist Macht die Voraussetzung für die reflexive Steuerung des Handelns. Darüber hinaus bezieht sich Handeln, wie im Stratifikationsmodell deutlich wird, nicht ausschließlich auf die Intention respektive Absicht, die Menschen beim Tun der Dinge haben, sondern insbesondere auf die Fähigkeit, solche Dinge überhaupt tun respektive die Absichten in die Tat umsetzen zu können, weshalb Handeln selbst Macht impliziert (vgl. ebd., S. 66).

Die Dualität von Struktur in Machbeziehungen drückt sich somit primär über das bewusste Handeln aus. Macht wird demgemäß als das Vermögen verstanden, gewünschte oder beabsichtigte Ergebnisse herbeizuführen, und zwar auf Basis der Intention und des Willens respektive des Vermögens von Individuen, die von ihnen getroffenen Entscheidungen handelnd durchzusetzen (vgl. Giddens 1997, S. 314). Andererseits wird Macht aber auch als eine institutionalisierte Eigenschaft von Struktur verstanden, die sich in politischen und ökonomischen Herrschaftsordnungen niederschlägt und die via Mobilisierung gestaltbar ist. Insofern setzt Macht Herrschaftsstrukturen voraus, in denen sie ihre Wirkung entfaltet. In Giddens’ Verbindungstheorie stellt sich die Dualität von Struktur in Machbeziehungen wie folgt dar: Ressourcen (allokativ und autoritär) sind, wie gezeigt wurde, Strukturmomente, die wiederum mit den legitimativen und signifikativen Aspekten der Regeln verbunden sind, auf die sich die Akteure in der Produktion ihres Handelns beziehen und die sie auch reproduzieren (vgl. Giddens 1997, S. 67). Macht selbst ist keine Ressource, sondern sie stellt ein Medium des Handelns dar, durch die Herrschaft als ein Routineelement der Realisierung von Verhalten in der gesellschaftlichen Reproduktion ausgeübt wird. Macht wird in sozialen Systemen über Raum und Zeit hinweg gewissermaßen institutionalisiert und sie gründet sich demnach auf der geregelten Beziehung zwischen Autonomie und Abhängigkeit zwischen Handelnden in sozialen Interaktionskontexten (vgl. ebd.). Insofern sind bestehende Machtkonstellationen auch reversibel. Giddens geht davon aus, dass alle Formen der Abhängigkeit auch gewisse Ressourcen zur Verfügung stellen, mit denen die Unterworfenen die Aktivitäten der Überlegenen beeinflussen können das nennt er die in sozialen Systemen eingelassene *Dialektik der Herrschaft* (vgl. ebd.).

Hervorzuheben ist, dass zur Generierung von Macht die Speicherung von Ressourcen ein zentrales Element darstellt. Die Vermehrung allokativer (materieller) Ressourcen, wie Produkte, Geld etc., und autoritativer (nicht materieller) Ressourcen, wie Informationen, Wissen etc., geht mit einer Ausdehnung von Macht einher (vgl. Giddens 1997, S. 317). Die Speicherung beinhaltet die Bewahrung dieser Ressourcen und die Kontrolle über sie, wodurch soziale Beziehungen eine Kontinuität über Raum und Zeit hinweg entfalten (vgl. Giddens 1997, S. 319). Dennoch geht Giddens in Prozessen der Strukturierung von einem gewissen Maß an Wahlfreiheit, einem subjektiven Einflusspotenzial aus. Macht ist demgemäß keine Einbahnstraße, auch wenn realistisch betrachtet das Verhältnis von Autonomie und Abhängigkeit asymmetrisch ist. Abhängigkeit stellt demnach auch Ressourcen bereit, mit denen Einfluss auf das Handeln der Überlegenen ausgeübt werden kann (vgl. Lamla 2003, S. 51). Folglich schränken vorgefundene Lebensumstände die Individuen nicht nur ein, sondern verleihen ihnen auch Optionen. Da Handelnde im Modus der Capability selbst entscheiden können, sind sie es selbst, die den Fluss der sozialen Praxis beeinflussen. Daher impliziert jedes Handeln den „Keim des Wandels" und ist mit Macht verknüpft (vgl. Lamla 2003, S. 51).

Wenn nun aber alles Handelnkönnen in sozialen Beziehungen Macht ist, dann gibt es auch keine absolute Machtlosigkeit der Handelnden, dann können noch die Abhängigsten und Geknechtetsten Ressourcen zur Kontrolle ihrer Situation und der Reproduktion ihrer sozialen Beziehungen zu den UnterdrückerInnen mobilisieren (vgl. Joas 1997, S. 17). Böhnisch (2003, S. 44) hebt hervor, dass diese interaktionistische Fassung des Machtbegriffes den Blick auf die oftmals vernachlässigte lebensweltliche Dimension von Macht eröffnet. Auch wenn Strukturen in modernen Gesellschaften sich zu verselbstständigen drohen und als vom Einfluss der Menschen zunehmend abgekoppelt erscheinen, „müssen die Menschen, wollen sie sich nicht aufgeben, weiter versuchen, die Strukturen *beeinflussend* zu handeln und nicht zu resignieren".

Dieser Dynamik folgend kann davon ausgegangen werden, dass es keinen herrschaftsfreien Raum gibt. Indem Giddens Macht als fundamental definiert (domination), aber nur in Verbindung mit sinnkonstituierenden (signification) und normativen (legitimation) Aspekten des Handelns (siehe Abbildung 4 in Kapitel 3.2.4), bestreitet er gleichzeitig das Ideal der Herrschaftsfreiheit – die traditionelle normative Grundlage sozialdemokratischen Denkens. „Herrschaft kann nicht in irgendeiner vermeintlichen Zukunftsgesellschaft überwunden werden, wie es die charakteristische Sehnsucht zumindest einiger Strömungen des sozialistischen Denkens war und ist" (Giddens 1997, S. 85).

Um auf den Motivsatz der Strukturierungstheorie zurückzukommen – „Die Menschen machen ihre eigene Geschichte, aber sie machen sie nicht aus freien Stücken, nicht unter selbstgewählten, sondern unter unmittelbar vorgefundenen, gegebenen und überlieferten Umständen" (Marx & Engels 1972, S. 115) –, so machen Menschen nach Giddens' Verständnis als handelnde Subjekte nicht nur unter vorgegebenen Bedingungen ihre Geschichte. Ihre Bewusstheit, ihr praktisches Regelwissen und ihre Fähigkeit, Entscheidungen zu treffen, sind ebenso ausschlaggebend wie Regeln und verteilte Ressourcen für die Entstehung sozialer Ordnung und sozialen Wandels. Deutlich wird, dass Giddens die Eigenverantwortlichkeit des Individuums stark betont und der Capability – dem Vermögen, Entscheidungen zu treffen – große Bedeutung in der Ausgestaltung der Dynamiken zwischen Handeln und Struktur beimisst. Eine essenzielle Frage, der im Folgenden Aufmerksamkeit geschenkt wird, ist jene nach dem Entstehen von Kontinuität (sozialer Ordnung) bzw. von Diskontinuität (sozialem Wandel) über Raum und Zeit hinweg.

3.2.6 Soziale Ordnung und sozialer Wandel

Mit seinem analytischen Schema der Dualität von Struktur und den Prozessen der Strukturierung stellt Giddens eine Möglichkeit in Aussicht, die Beziehung zwischen Struktur und Handeln zu untersuchen, Herrschaftsverhältnisse auszumachen und zu vergleichen, darin relevante Ressourcentypen zu identifizieren und die Rolle von Tradition und Sanktion aufzuspüren. Die Offenheit von Geschichte, die Beständigkeit des sozialen Wandels und die Relevanz von Macht und Widersprüchen als Bestandteile einer sozialen Ordnung sind Gegenstand seiner weiterführenden Analysen, mit denen er die Tragfähigkeit seiner abstrakten Konstruktion Substanz verleiht. Durch die Analyse konkreter sozialer Phänomene leitet er von der Strukturierungstheorie auf Gesellschaftsanalysen über.

Grundlegend zu erwähnen ist, dass Struktur Kontinuität impliziert, wodurch eine *soziale Ordnung* über Raum und Zeit hinweg als System strukturierter sozialer Praktiken stabilisiert wird. Soziale Praktiken weisen so ein regelmäßiges und wiederkehrendes Muster auf (vgl. Lamla 2003, S. 47). Soziale Ordnung entsteht, wenn sich durch die Institutionalisierung der sozialen Praktiken die *Sozial- mit der Systemintegration* verbindet (vgl. Giddens 1997, S. 45 f.). In Anlehnung an Lockwood differenziert Giddens diese beiden Integrationsformen über das Kriterium der Anwesenheit bzw. Abwesenheit (vgl. ebd., S. 81). Mit Sozialintegration ist demnach die Systemhaftigkeit sozialer Praktiken auf Ebene der Face-to-Face-Interaktion gemeint, während sich die Systemintegration auf Interaktionen über größere Raum- und Zeitspannen bezieht. Daraus lässt sich schließen, dass eine Systemintegration wiederum die Sozialintegration voraussetzt (vgl. Lamla 2003, S. 62). In diesem Modus integrieren sich die institutionalisierten Praktiken zu einem sozialen Ganzen. Der hier eingeführte Begriff der *Integration* ist dabei nicht an seine allgemeine Bedeutung als Zusammenhalt im Einklang mit normativen Werthaltungen gebunden (siehe Kapitel 2.1.2.2), sondern beschreibt die Überlagerung von intentionalen und nicht intentionalen Handlungsfolgen und deren Rückkoppelung zu regelmäßigen Sozialbeziehungen (vgl. ebd., S. 61). Eine Analyse von sozialer Ordnung bezieht also auch – und vor allem auch – die unbewussten Handlungsebenen im Stratifikationsmodell ein (siehe Abbildung 3 in Kapitel 3.2.3).

Während der Begriff der sozialen Ordnung auf die Kontinuität sozialer Praktiken fokussiert – indem wie eben dargelegt soziale Systeme Gegenwärtiges und Abwesendes aufeinander beziehen und integrieren (vgl. Giddens 1997,

S. 235) –, bezieht sich der *Gesellschaftsbegriff* bei Giddens auf die institutionelle Stabilität (vgl. Lamla 2003, S. 67). Gesellschaften sind nicht ausschließlich durch territoriale Grenzen bestimmbar, sondern konstituieren sich über *Strukturprinzipien.* Diese implizieren über Raum und Zeit ausgereifte Strukturmomente – also institutionalisierte Aspekte sozialer Systeme, die wiederum über Raum und Zeit entstehen (siehe Abbildung 4 in Kapitel 3.2.4). Strukturprinzipien stellen umfassende Gefüge solcher Institutionen dar. Es handelt sich um Prinzipien der Organisation gesamtgesellschaftlicher Totalitäten (vgl. Giddens 1997, S. 240). Zur Herausbildung solcher Strukturprinzipien tragen wiederum Regel-Ressourcen-Komplexe bei, die Giddens als *Strukturkomplexe* (oder Strukturen im Plural) tituliert. Es handelt sich dabei um Transformationsmittel (Geld, Informationen, Transportmittel etc.), durch die soziale Systeme institutionelle Vernetzung erfahren. Des Weiteren existieren nach Giddens *zwischengesellschaftliche Systeme,* die sich entlang von *Raum-Zeit-Schwellen* verteilen (vgl. ebd., S. 217), wo verschiedene Gesellschaften eine Überlagerung erfahren. Figurativ heben sich Gesellschaften durch die in ihnen existierenden Strukturprinzipien reliefartig aus dem Hintergrund verschiedener anderer systemischer Beziehungen heraus.

Auf Basis zahlreicher historischer Untersuchungen schlägt Giddens eine dreigliedrige Klassifizierung von Gesellschaftstypen vor: Stammesgesellschaft, klassengegliederte Gesellschaft und die moderne Klassengesellschaft im Modus des Kapitalismus. Die Analyse des Zusammenspiels von Sozial- und Systemintegration gibt dabei Aufschluss über die jeweilige soziale Ordnung in diesen Gesellschaftstypen (vgl. Giddens 1997, S. 236 f.; Lamla 2003, S. 65). Entlang der drei Abstraktionsebenen (Achse der Strukturierung, Komplexe von Strukturen und Strukturprinzipien) können die jeweiligen gesellschaftlichen Eigenschaften ausgemacht werden (siehe Abbildung 5).

Abbildung 5: Abstraktionsebenen der Gesellschaftsanalyse

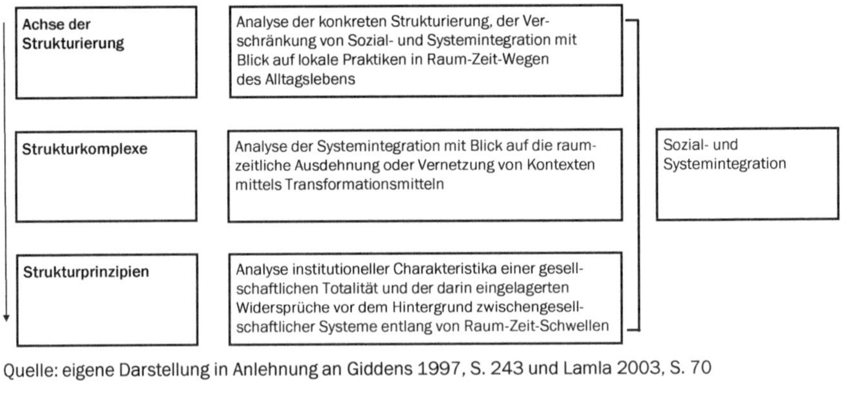

Quelle: eigene Darstellung in Anlehnung an Giddens 1997, S. 243 und Lamla 2003, S. 70

Auf eine Ausbreitung der Inhalte dieser Gesellschaftsanalysen wird an dieser Stelle verzichtet, da sie von der hier angestrebten verbindungstheoretischen Begründung des Partizipationsverständnisses ablenken würden. Vielmehr gilt es, die Dynamik gesellschaftlicher *Reproduktionsverläufe* genauer in den Blick zu nehmen (siehe Abbildung 6).

Abbildung 6: Gesellschaftlicher Reproduktionskreislauf

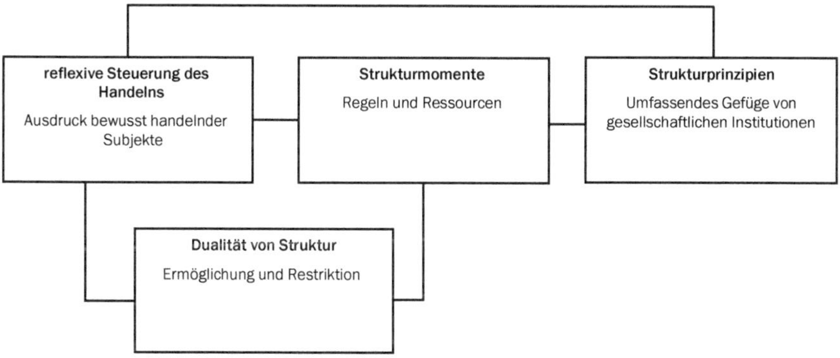

Quelle: eigene Darstellung in Anlehnung an Giddens 1997, S. 246

Wie bereits mehrmals hervorgehoben wurde, bedingen Handeln und Struktur im Modus der Strukturierung einander. Soziale Systeme strukturieren sich über Raum und Zeit und stabilisieren sich zu einer sozialen Ordnung. Selbiges gilt für Institutionen, die sich zu Strukturprinzipien formieren. Ziel der Gesellschaftsanalyse von Giddens ist es, die Strukturmomente respektive die institutionalisierte Ordnung in mehreren Abstraktions- und Generalisierungsschritten aus dem unmittelbaren Kontext des Alltagshandelns herauszulösen. Die Handlungsebene wird dabei eingeklammert, da davon auszugehen ist, dass sich diese aus der Dynamik von Handeln und Struktur herausbildet. „Alle Strukturmomente […] sind Mittel und Ergebnis der kontingent ausgeführten Handlungen situierter Akteure. In der reflexiven Steuerung des Handelns in Situationen von Kopräsenz vor allem gründet die soziale Integration, aber sowohl die Voraussetzungen wie die Ergebnisse situierter Interaktionen reichen weit über solche Situationen hinaus. Die Mechanismen solcher System Ausdehnungen sind unterschiedlich, implizieren aber in modernen Gesellschaften meist die reflexive Steuerung selbst. Dies bedeutet mit anderen Worten, daß ein Verständnis der Bedingungen der Systemreproduktion ein Moment eben dieser Bedingungen der Systemreproduktion wird“ (Giddens 1997, S. 246).

Auch wenn die Gesellschaftsanalysen den Fokus auf die institutionellen Geflechte legen, nimmt Giddens die Reproduktionskreisläufe eigens auf, um das Ganze im Blick zu behalten (siehe Abbildung 6). Gesellschaften, die sich durch ihre Strukturprinzipien charakterisieren, resultieren aus der Strukturierung und Restrukturierung sozialer Praktiken. Gemäß diesen Reproduktionskreisläufen entstehen sie aus den Bedingungen, die die bewusst Handelnden kontinuierlich durch soziale Praktiken reproduzieren (vgl. Lamla 2003, S. 64). Es handelt sich um Prozessverläufe, die stets eine Rückkoppelung zur Quelle des Handelns implizieren (vgl. Giddens 1997, S. 247).

Für das Verständnis des *sozialen Wandels* gilt es, die Strukturprinzipien genauer zu beleuchten. Giddens geht davon aus, dass Strukturprinzipien zueinander in *Widerspruch* stehen. Dementsprechend entfalten und hemmen sie ihre Wirkungen in wechselseitigem Bezug zueinander. Insgesamt kann zwischen primären und sekundären Widersprüchen unterschieden werden, wobei die primären die Basis gesellschaftlicher Totalitäten darstellen, während die sekundären aus den primären als neue Widersprüche hervorgehen (vgl. Giddens 1997, S. 248). In seinen historischen Gesellschaftsanalysen arbeitet Giddens (1997, S. 250) für die drei benannten Gesellschaftstypen folgende sie charakterisierende Widerspruchspaare heraus: Stammesgesellschaften tragen sich durch den existenziellen Widerspruch zwischen Natur und Mensch, wobei sich aus diesem sekundär strukturelle Widersprüche ergeben, die sich in der zunehmenden Verstädterung zeigen. Für klassengegliederte Gesellschaften erweist sich neben nach wie vor existierenden existenziellen Widersprüchen der Widerspruch zwischen Stadt und Land als zentrales Drehmoment. Dieser strukturelle Widerspruch bringt durch die Herausbildung von Nationalstaaten neue sekundäre Widersprüche hervor, die sich in modernen Klassengesellschaften als Widerspruch zwischen Staat und privatem Kapital verdichten. Durch die Internationalisierung des Kapitals formieren sich neue sekundäre Widersprüche, die die nationalstaatliche Begrenzung fraglich erscheinen lassen. Auf gegenwärtige Widerspruchskonstellationen wird im nachfolgenden Kapitel 4.1 detaillierter eingegangen, da sie die aktuellen Partizipationsbeziehungen wesentlich akzentuieren. Deutlich wird in dieser hier nur knapp skizzierten Widerspruchsdynamik, dass diese Widersprüche als Motor des sozialen Wandels fungieren. Sie sind die „Störzonen in der strukturellen Konstitution gesellschaftlicher Systeme“ (Giddens 1997, S. 254), wobei die Mechanismen des sozialen Wandels im Übergang von einem Typus gesellschaftlicher Totalität zu einem anderen zu finden sind (vgl. ebd., S. 245). Weiters hebt Giddens hervor, dass vor allem die Entstehung struktureller Widersprüche – also jene von nicht existenzieller Natur – die Prozesse des sozialen Wandels aufheizen. „Aber erst im Zusammenhang mit der Entwicklung des modernen Kapitalismus kommen diese Prozesse ‚zum Kochen‘“ (ebd., S. 254).

Giddens nimmt mit Blick auf den sozialen Wandel eine weitere Differenzierung vor, nämlich die zwischen Widerspruch und Konflikt. *Konflikt* trägt sich nach Giddens in der tatsächlichen Auseinandersetzung zwischen den Handelnden und Kollektiven aus, während Widersprüche ein strukturelles Konzept darstellen, die Interessenunterschiede zur Folge haben, worauf der soziale Wandel schließlich basiert (vgl. Giddens 1997, S. 254). Demnach vollziehen sich Konflikte auf der Achse der Strukturierung (siehe Abbildung 5), während Widersprüche institutionalisierte Aspekte von Gesellschaften sind. Widersprüche werden in Konflikten ausgetragen. Diese erscheinen aber folgenlos, wenn sich dadurch das institutionelle Geflecht nicht mitverändert. Tragend für den sozialen Wandel sind für Giddens auch *soziale Bewegungen.* Sie sind Ausdruck von Widersprüchen und formieren sich entlang diesen. Sie bedienen sich autoritativer und allokativer Ressourcen, um zu mobilisieren. Sie setzen ein hohes Maß an reflexiver Steuerung voraus (vgl. Giddens 1997, S. 255). „Es sind Gemeinschaftsunternehmungen zur Etablierung einer neuen Lebensordnung" (ebd., S. 260), die – anders als *Organisationen* – keinen starren Ortsbezug und intern keine eindeutigen Rollenzuschreibungen aufweisen. Als prototypische soziale Bewegung in der modernen Klassengesellschaft hebt Giddens die „Arbeiterbewegung" hervor, die gegen die „kapitalistischen Organisationen" angetreten ist (ebd., S. 261; siehe Kapitel 2.1.2.5).

Insgesamt konstatiert Giddens, dass der soziale Wandel nicht über Evolutions- und Konflikttheorien zu bestimmen ist (vgl. Giddens 1997, S. 281 ff.), sondern entlang der drei erwähnten Analyseebenen in den Blick zu nehmen ist. Es gilt, der Dynamik zwischen der Achse der Strukturierung, Strukturkomplexe und Strukturprinzipien besondere Aufmerksamkeit zu schenken. Zudem geschieht sozialer Wandel *episodisch* und eingerahmt in der *Weltzeit.* Jeder soziale Wandel hat nach Giddens einen Anfang und ein Ende und vollzieht sich in Sequenzen institutioneller Veränderungen, die zu neuen gesellschaftlichen Formen führen (vgl. ebd., S. 301). Dabei wird der Einfluss zwischengesellschaftlicher Systeme – also der Kontext, aus dem sich Gesellschaften hervorheben – auf diese episodischen Übergänge mitcinbezogen (vgl. ebd.). Deutlich wird auch, dass Diskontinuität respektive Wandel stets mit Kontinuität einhergeht (vgl. Gertenbach et al. 2009, S. 294). Damit betont Giddens, dass sich nicht alles gleichzeitig verändert, sondern Teile bestehen bleiben. Mit dem Begriff der *kritischen Schwellen* charakterisiert er die Übergänge von gesamtgesellschaftlichen Formen (vgl. Giddens 1997, S. 302). Eine Anzahl schneller Veränderungen bringt demnach langfristige Entwicklungsimpulse hervor, wobei Entwicklung nur dann möglich ist, wenn vorher bereits institutionelle Veränderungen stattgefunden haben (vgl. ebd.).

In einer Zusammenschau lassen sich folgende Kernelemente dieser strukturierungstheoretischen Fassung des sozialen Wandels und der sozialen Ordnung ausmachen: 1.) Stabilität und Wandel werden immer durch Akteure produziert und reproduziert und 2.) es gibt keinen herrschaftsfreien Raum, sondern Wandel und Stabilität entwickeln sich dynamisch in Raum-Zeit-Konstellationen. Es handelt sich um ein Aushandeln, um eine Beziehung, die weder ausschließlich von institutionellen Ordnungen und Herrschaftsmustern noch alleinig von aktiv und bewusst Handelnden gesteuert und kontrolliert wird, sondern sich in einer gegenseitigen Dynamik hervortut.

Wie sich diese Dynamik vor dem Hintergrund aktueller struktureller Widersprüche insbesondere im Handlungsraum der Sozialen Arbeit und bezogen auf das Phänomen von Sozialen Organisationen darstellt, ist eine Kernfrage dieser Arbeit. Für die Analyse gilt es, die hier portraitierten Elemente der Theorie der Strukturierung auf das theoretische Verständnis von Partizipation als Beziehung zu übertragen und in einen wissenschaftlich-analytischen Rahmen zu gießen.

3.3 Komponenten zur Analyse von Partizipationsphänomenen

Die Theorie der Strukturierung bietet sich als analytisches Gerüst an, um Partizipationsphänomene und die in ihr eingelagerten Dynamiken empirisch zu entschlüsseln. Sie geht nicht von einem deterministischen Strukturbegriff aus, wonach das Handeln ausschließlich durch Strukturen eingeschränkt wird. Genauso wenig geht sie von einem subjektzentrierten Handlungsbegriff aus, der unzureichend an strukturelle Gegebenheiten rückgebunden ist. Vielmehr betont sie die Dualität von Handeln und Struktur, ihre Gleichzeitigkeit und gegenseitige Beeinflussung (vgl. Böhnisch 2003, S. 43). Wie gezeigt wurde, findet sich in den Diskursen um Partizipation selbiger Dualismus. In seiner subjektgeleitet-systemverändernden Konnotation wird auf das Teilnehmen im Sinne des ‚sich einen Teil Nehmens' fokussiert und in seiner strukturdeterministisch-systemerhaltenden Perspektive wird das gewährende und mitunter manipulierende Teilnehmenlassen betont. Mit dem Anspruch, Partizipation als Beziehung zu verstehen und Partizipationsräume als Beziehungsräume zu fassen, soll genau dieser Dualismus dynamisch als Dualität zusammengedacht werden. Dazu ist es notwendig, den Blick auf die Gegenseitigkeit und die Wechselbeziehung zwischen Subjekt und Gesellschaft, zwischen Handeln und Struktur respektive zwischen Partizipationshandlung und Partizipationsstruktur freizulegen und auch den darin impliziten Wandel in den Blick zu nehmen.

Ziel der Theoriefigur ist es, den Partizipationsbegriff neutral zu bestimmen. Dazu wurden in einem ersten Schritt die unterschiedlichen Konnotationen herausgearbeitet (siehe Kapitel 3.1), um diese nun in einem zweiten Schritt theoretisch zueinander in Beziehung zu setzen, ohne dass eine Vereinnahmung der einen oder anderen Seite erfolgt. Es handelt sich um eine reduzierte Übertragung der strukturierungstheoretischen Elemente auf Partizipation, aus der sich modellhaft Kategorien für die Analyse von Partizipationsphänomenen schematisieren lassen. Diese Kategorien werden durch Differenzierungen von Partizipation erweitert, die bereits in Kapitel 2.2 herausgeschält und in der Kartografie entlang der ‚Ankerstelle' „Facetten" portraitiert wurden (siehe Abbildung 7).

Beginnen wir mit der Kategorie der *sozialen Praxis* – das Kernelement der Theorie der Strukturierung. Mit dem Begriff der sozialen Praxis betont Giddens die Relevanz des aktiven Handelns der Individuen. Durch dieses Handeln werden die Bedingungen, die das Handeln ermöglichen, produziert und reproduziert. Strukturen sind demnach gemacht und auch machbar. Partizipation, verstanden als „aktive Praxis von Demokratie durch die Subjekte" (Sturzenhecker 2008, S. 24) oder als „soziales Verhalten im komplexen Zusammenspiel zwischen institutionellen Strukturen" (Kaase 1992, S. 345), stellt eine spezifische soziale Praxis dar, durch die sich die Individuen an der Gesellschaft und deren Ausgestaltung beteiligen. Sie ist eingebettet in demokratische Strukturen, die einerseits durch partizipatives Handeln hervorgebracht und entwickelt werden, andererseits auf das partizipative Handeln ermöglichend oder einschränkend wirken. Entscheidend sind der prozessual-dynamische Charakter sowie die Möglichkeit der Veränderbarkeit dieser Strukturen durch Partizipation. Insofern strukturieren sich Partizipation und demokratische Strukturen in rekursiven Wechselbeziehungen. Schlussfolgernd gibt es keine Partizipation ohne Demokratie und keine Demokratie ohne Partizipation.

Partizipation, verstanden als spezifische soziale Praxis, begründet sich im *reflexiv gesteuerten Handeln* und ist Ausdruck bewusst handelnder Subjekte. Diese Handlungsebene basiert auf durchlebten Erfahrungen, die wiederum mit unbewussten und bewussten Handlungsmotivationen sowie bewussten Handlungsrationalisierungen verbunden sind. Insofern kann zwischen gesteuerter und kontrollierter sowie diskursiv ausdrückbarer Partizipation und bewussten sowie unbewussten Partizipationsmotiven, -plänen und -wünschen differenziert werden. Des Weiteren bilden routinisierte Partizipationshandlungen eine relevante Kategorie, die mit dem praktischen Regelwissen *(knowledgability)* korrespondiert. Zudem können partizipative Aktionen zu unintendierten Partizipationsfolgen führen, die in neue, unerkannte Partizipationsbedingungen münden und die Muster einer institutionalisierten demokratischen Ordnung beeinflussen. Vor diesen Hintergründen gilt es, in die Analyse von Partizipation nicht nur bewusste und routinisierte Handlungen einzubeziehen, sondern auch unbeabsichtigte Handlungsfolgen, unerkannte Handlungsbedingungen und unbewusste Motivlagen im Blick zu haben. Da sich der Gehalt von partizipativen Handlungen ausschließlich in ihrer Beziehung zu gegebenen und veränderbaren demokratischen Strukturen entfaltet, müssen auch diese Gegenstände von empirischen Betrachtungen sein.

Struktur im Allgemeinen und demokratische Strukturen im Speziellen haben gemäß der hier adaptierten theoretischen Fassung nicht nur einschränkenden, sondern auch ermöglichenden Charakter. Insofern kann von einer *Dualität demokratischer Strukturen* gesprochen werden. Auch demokratische Strukturen bestehen aus Regeln und Ressourcen, die beide erst über Partizipation als aktive Handlung der Subjekte Substanz erhalten und durch partizipatives Handeln gewachsen und veränderbar sind. Regeln werden über Ressourcen generiert und beide stehen mit Machtkonstellationen in Zusammenhang. *Regeln* beziehen sich zum einen auf verallgemeinerbare Verfahren der Partizipation. Sie bestehen aus normativen Aspekten, wie sie in den Rechten, Richtlinien und Standards zur Partizipation nachlesbar sind (siehe Kapitel 2.1.1). Zum anderen bilden Regeln signifikative Elemente ab, durch die das vorherrschende *Verständnis von Partizipation* zum Ausdruck gebracht wird, das, wie gezeigt wurde, je nach Demokratietyp variiert, aber auch von Akteurgruppen unterschiedlich konnotiert sein kann (siehe Kapitel 3.1). *Ressourcen* hingegen stellen strukturelle Handlungsmittel der Partizipation dar. Auch hier kann zwischen allokativen, die sich auf materielle Partizipationsmöglichkeiten beziehen, und autoritativen, die die Asymmetrien von Autonomie und Abhängigkeiten aufwerfen, unterschieden werden (siehe Kapitel 2.2.4).

Zurückkommend auf die Dualität demokratischer Strukturen, ist das Verständnis von Struktur als Medium und Resultat zu spezifizieren. Als Medium wird die interaktive Komponente verstanden, die eine *soziale Partizipationsordnung* entstehen lässt und ermöglichenden Charakter besitzt. Diese entwickelt sich via Kommunikation über unterschiedliche Partizipationsverständnisse, über das wahrnehmbare materielle und autoritative Umgestaltungsvermögen sowie über normative Bindungen in Hinblick auf die Einhaltung und Entfaltung von Partizipation. Diese Ordnung kann mit dem emanzipativen Partizipationsverständnis zusammengedacht werden. Als Resultat wird die konstitutive Seite gefasst, die in eine *institutionalisierte Partizipationsordnung* mündet und die mitunter restriktive Züge aufweisen kann. Sie manifestiert sich in den jeweilig institutionalisierten Auffassungen von Partizipation, in politischen, ökonomischen und rechtlichen Institutionen der Demokratie, die Partizipation legitimierend, fordernd, fördernd oder einschränkend gegenüberstehen. Die institutionalisierte Partizipationsordnung wiederum korrespondiert mit dem integrierenden und systemerhaltenden Verständnis von Partizipation. Beide Ordnungen stellen über Raum und Zeit dauerhaft gewordene und sich gegenseitig bedingende Merkmale der Demokratie dar. Sie werden von den Akteuren produziert und reproduziert, wobei zwischen interpretativen, mobilisierenden und moralisch-regulativen *Partizipationsmodalitäten* unterschieden werden kann.

Interpretative Partizipation bezieht sich auf die Kommunikation und Wahrnehmung unterschiedlicher Partizipationsverständnisse in gewordenen demokratischen Strukturen. An diesen Diskursen sind unterschiedliche Akteurgruppen mit differenten Intentionen und in verschiedenen geografischen Sphären beteiligt. In Kapitel 2.2.4 wurde dahingehend eine Aufschlüsselung vorgestellt. Mobilisierende Partizipation bewegt sich im Spannungsfeld unterschiedlicher Partizipationsintensitäten, die von der Nichtbeteiligung über die Scheinbeteiligung zur tatsächlichen Beteiligung und darüber hinaus zur Selbstorganisation reichen (siehe Kapitel 2.2.3). Moralisch-regulative Partizipation schließt die zahlreichen Partizipationsformate ein, die sich von legaler bis illegaler, direkter bis indirekter Partizipation etc. erstrecken und sich auf unterschiedliche Lebensbereiche bzw. Partizipationsdimensionen beziehen (siehe Kapitel 2.2.1 und 2.2.2).

Eine solche Analyse von Partizipation fragt also zusätzlich zur Handlungsdimension das Gewordensein von sozialen und institutionellen Partizipationsordnungen in ihrer rekursiven Wechselbeziehung ab. Der mit dem Konzept der *Dialektik der Herrschaft* bereitgestellte strukturoptimistische Ansatz betont dabei das Vermögen, Strukturen aktiv zu gestalten, auch wenn sich die Machtverhältnisse als ungleich verteilt erweisen. Die lebensweltliche Komponente der Macht kommt hier ins Spiel. Macht wird als Handlungsmedium begriffen, durch das Herrschaft routinisiert ausgeübt und akzeptiert wird. Insofern sind existierende, über Raum und Zeit gewachsene Machtkonstellationen Herrschaftsfigurationen, die auch veränderbar sind. Entscheidender Motor dafür ist die Capability – also die Möglichkeit, eigenverantwortlich entscheiden und handeln zu können. So können auch Abhängigkeiten und Unterlegenheit Ressourcen zur Einflussnahme sein. Partizipation, verstanden als soziale Praxis in durch Regeln und Ressourcen institutionalisierten demokratischen Strukturen, die wiederum durch das Handeln produziert und reproduziert werden, schließt diese Ermöglichungskomponente mit ein. Diese Option ist beispielsweise in der von Gronemeyer (1973, S. 209) verwendeten Metapher des ‚trojanischen Pferdes' erkennbar. Indem zum Zwecke der Systemstabilisierung Einladungen zur Mitgestaltung ausgesprochen werden, können die Eingeladenen von innen heraus das System verändern (siehe Kapitel 3.1.2). Demnach ist davon auszugehen, dass auch in restriktiveren strukturellen Gegebenheiten, wie sie derzeit tendenziell gegeben sind (siehe Kapitel 4.4), Gestaltungsräume vorhanden sind. Diese aufzuspüren ist eine weitere Frage, der sich die Analyse von Partizipation zu stellen hat. Wenn das Maß an Regeln und Ressourcen allerdings Aushandlungs- und Auslegungsspielräume verhindert, wie es beispielsweise in autoritären Gesellschaften der Fall ist, dann werden auch Partizipationsmöglichkeiten in illegale Nischen abgedrängt. Insofern ist Partizipation an demokratische Strukturen gebunden und umgekehrt. Dies gilt es nochmals herauszustellen.

Zu klären ist schließlich noch die Frage, wie Partizipation als spezifische soziale Praxis in über Raum und Zeit strukturierte Systeme sozialer Ordnung eingebunden ist bzw. wie diese sozialen Praxen auf diese Rahmungen wirken. In Analogie zur Theorie der Strukturierung ist davon auszugehen, dass die Dynamiken auf der *Achse der Strukturierung* die Ausgestaltung gesellschaftlicher Strukturprinzipien beeinflussen, deren Etablierung wiederum Anlässe für Veränderung aufwerfen. Insofern haben partizipative Praktiken nicht nur Auswirkungen auf demokratische Strukturen, sondern sie stehen auch mit gesellschaftlichen Strukturprinzipien in Verbindung, die sich über weite Raum- und Zeitausdehnungen entwickeln. Wie erwähnt entspringt ein sozialer Wandel den

Widersprüchen, die den Strukturprinzipien fundamental inhärenten sind. Für moderne Gesellschaften wird der Widerspruch zwischen privatem Kapital und Staat diagnostiziert, aus dem sich sekundäre Widerspruchskonstellationen entwickeln, auf die, wie bereits erwähnt, in Kapitel 4.1 detaillierter eingegangen wird. Diese Widersprüche stellen institutionalisierte Aspekte der Gesellschaft dar, die sich wiederum als Konflikte auf der Achse der Strukturierung austragen, wobei die Mobilisierungswirkung von sozialen Bewegungen ein relevantes Element ist. Wie in der Theorie der Strukturierung angelegt, bedarf die Austragung von Konflikten einer institutionellen Rückbindung, denn ansonsten bleiben Resultate folgenlos. Partizipative Praxis knüpft einerseits an der Auflösung der Konflikte an, die sich durch die Widersprüche ergeben. Andererseits bleibt sie selbst in diese institutionalisierten Widerspruchsrahmungen eingebunden. Vor diesen Hintergründen erweist sich der Blick auf die Beziehung zwischen partizipativem Handeln und demokratischen Strukturen auf der Achse der Strukturierung als sinnvoll, insbesondere wenn aufgezeigt werden soll, in welch kleinen Schritten sich mitunter größere Veränderungen vollziehen können.

Böhnisch (2003, S. 45) charakterisiert die Theorie der Strukturierung als ein „sozialtheoretisches *Programm* sozialoptimistischer, aber auch alltagsrückgebundener *Praxis*". Horkheimers Formulierung des praktischen Optimismus bei gleichzeitigem theoretischen Pessimismus aufgreifend, schließt er, dass die Giddens'schen Annahmen vor dem Hintergrund zu lesen sind, dass wir das Beste wollen, jedoch stets das Schlimmste befürchten müssen (vgl. ebd.). Dieser Analogie folgend, sind auch die Übertragungen auf den Partizipationsbegriff und deren allgemeine theoretische Rahmung als Beziehung optimistisch und zugleich kritisch zu lesen. Sie bilden Forschungskategorien zur Analyse von konkreten Partizipationsphänomenen ab, deren Ergebnisse ermöglichende, aber auch restriktive Elemente zum Vorschein bringen können.

Zusammenfassend ist Partizipation im hier entwickelten und in Abbildung 7 schematisierten analytischen Rahmenmodell zu verstehen als eine spezifische soziale Praxis, die sich im reflexiv gesteuerten Handeln begründet und eingelassen ist in der Dualität demokratischer Strukturen, deren Partizipationsregeln und -ressourcen einen restriktiven und ermöglichenden Charakter aufweisen und sich im rekursiven Wechselverhältnis zwischen sozialer und institutionalisierter Partizipationsordnung strukturieren. Demokratische Strukturen sind wiederum von gesellschaftspolitischen Partizipationsschattierungen respektive Strukturprinzipien umrahmt, die Widersprüche aufwerfen, die gleichsam als Beteiligungs- und Mitgestaltungsmotive fungieren. Mit diesen Elementen wird das in Kapitel 2 entwickelte umfassende Verständnis von Partizipation um die dynamische, als Beziehung gedachte Komponente erweitert.

Zu betonen ist, dass das Analysemodell allerdings erst in vertiefenden empirischen Betrachtungen Substanz erhält. In den empirischen Arbeiten wird darauf zurückgegriffen, wobei die hier hergeleiteten theoretischen Kategorien in ein

Abbildung 7: Analytisches Rahmenmodell zur Entschlüsselung von Partizipationsphänomenen

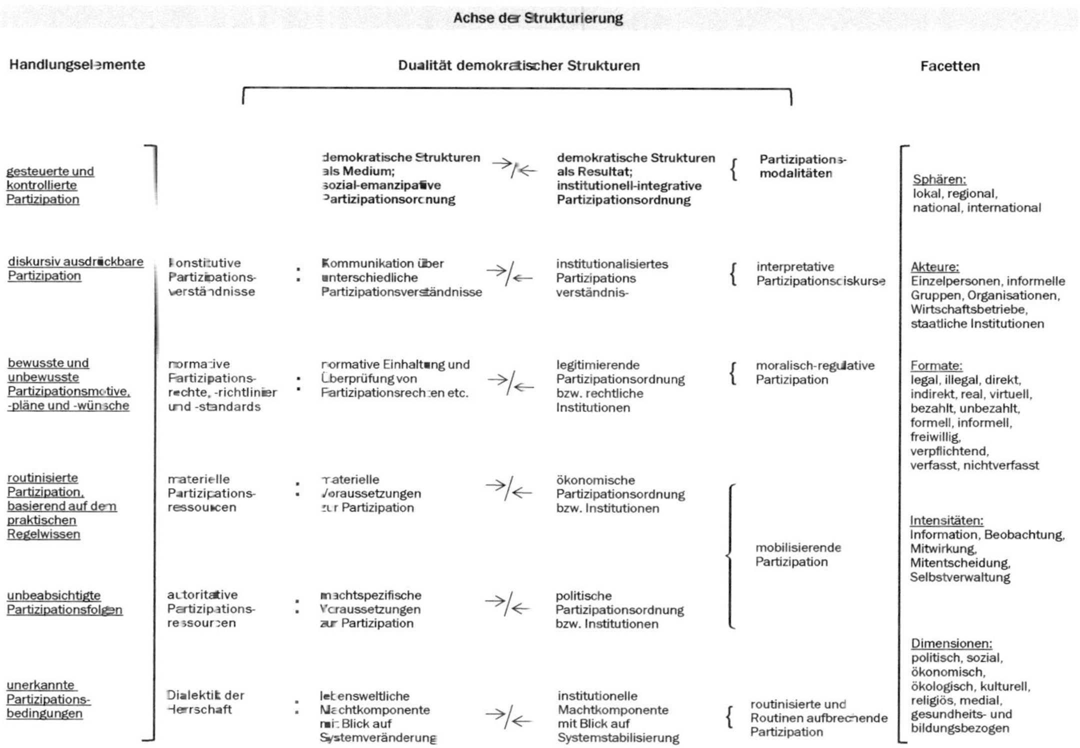

Quelle: eigene Darstellung

prozessual-interaktionistisches Analyseschema eingebettet sind, das an das paradigmatische Modell des axialen Kodierens der Grounded Theory angelehnt ist (vgl. Strauss & Corbin 1996, S. 75 ff.). Die einzelnen Analysekategorien werden mit Blick auf die Ergebnisdarstellung in Kapitel 6.4 nochmals eigens auf den Forschungsgegenstand bezogen spezifiziert. In Kapitel 8 wird eine generalisierte, für andere Forschungskontexte adaptierbare Fassung bereitgestellt. Des Weiteren sei bereits an dieser Stelle angemerkt, dass es in den empirischen Arbeiten nicht gelingen kann, eine vollständige systematische Überprüfung des Analysemodells vorzulegen. Der Anspruch ist vielmehr, eine erste empirische Fundierung und Plausibilisierung zu präsentieren, um damit zu weiteren Anwendungen zu inspirieren.

4 Gesellschaftspolitische Partizipationsschattierungen

Partizipation als Beziehung gedacht, hat die institutionellen Herrschaftsmuster ebenso in den Blick zu nehmen wie die darin gesetzten Handlungen. Diese Muster werfen je nach demokratiepolitischer Prägung und wohlfahrtsstaatlicher Ausgestaltung unterschiedliche Schatten auf zivilgesellschaftliche Beteiligungsprozesse. Überdies sind Partizipationsbeziehungen thematisch durch die den sozialen Wandel umrahmenden Strukturprinzipien respektive Widersprüche akzentuiert. Wenn konkrete Partizipationsphänomene entschlüsselt werden, sind diese strukturellen und thematischen Schattierungen stets mitzudenken. Daher wird in diesem Kapitel das Augenmerk auf aktuelle Widerspruchskonstellationen und darin eingelagerte Konfliktfelder gelegt. Es wird der tendenziell unterschiedliche Umgang damit skizziert und es werden richtungsweisende Theorien portraitiert, die Lösungen anzeigen, wie diese grundsätzlich ausbalanciert werden können.

Auf gerechtigkeitstheoretische Variationen wurde bereits im Rahmen der differenten demokratischen Praktiken eingegangen (siehe Kapitel 2.1.2.2). Hier wird der Fokus auf das politische Konzept des ‚dritten Weges' (Giddens 1999b, 2001 und 2008) sowie auf die Rahmung einer ‚nachhaltigen Entwicklung' (WCED 1987) gelegt, zumal in beiden auf soziale, ökonomische, ökologische und organisational-strukturelle Partizipationsdimensionen gleichsam Bezug genommen wird, die – wie einleitend erwähnt (siehe Kapitel 1) – für die Analyse des gegenständlichen Forschungskontextes von besonderer Relevanz sind. Die Konzepte werden in einer ausführlichen Gangart reflektiert, wobei insbesondere auch realpolitische Transformationen und deren Wirkung aufgedeckt werden, in denen der Dualismus zwischen Partizipation fördern und fordern respektive der emanzipative und integrierende Gehalt deutlich erkennbar werden. Die Wahl der Konzepte und die Ausführlichkeit der Darstellung begründet sich darin, dass mit beiden Programmen, auch wenn sie Widersprüche aufzulösen versuchen, in der realpolitischen Anwendung neue Konfliktzonen freigelegt werden, die die Handlungskontexte der Sozialen Arbeit im besonderen Maße strukturell tangieren. Um diese Berührungspunkte greifbar zu machen, wird auf eine verkürzte und eventuell missverständliche Darstellung und Diskussion verzichtet.

Die Konsequenzen zeichnen sich insbesondere in sozialpolitisch wahrnehmbaren Aktivierungs- und Ökonomisierungstendenzen ab, ebenso in einer auf rationaler Steuerung basierten Governance, mit der sich weniger das Kräfte-, aber sehr wohl das Verantwortungsverhältnis in den hierarchischen Sphären zu verlagern scheint. Die Diskussionen dazu durchziehen mittlerweile die gesamte Diskurslandschaft der Sozialen Arbeit, was die Bedeutsamkeit dieser Entwicklungen signalisiert. In ihnen werden im Modus einer gestaltenden und kritisch reflektierenden Sozialen Arbeit (siehe Kapitel 2.3.2) alternative Gangarten eingefordert, die abschließend in der Fassung der „Politik der Bewältigung" (Böhnisch & Schröer 2001, S. 226) respektive des „gestaltenden Sozialstaates" (Böhnisch & Schröer 2002, S. 182f.) zusammenführend skizziert werden.

4.1 Akzentuierung gesellschaftlicher Dynamiken

Giddens beschreibt Widersprüche als „Störzonen" der Gesellschaft, die den sozialen Wandel vorantreiben (vgl. Giddens 1997, S. 254; siehe Kapitel 3.2.6). Für moderne Klassengesellschaften wird der Widerspruch zwischen Staat und privatem Kapital als zentraler identifiziert, der im Wesentlichen durch die Etablierung von differenten Wohlfahrtsstaatsmodellen in tendenziell unterschiedlicher Art und Weise – zumindest bis in die 1980er-Jahre – als aufgelöst erscheint.

Esping-Andersen unterscheidet in „The Three Worlds of Welfare Capitalism" (2007[40]) zwischen liberalen, konservativen und sozialdemokratischen Wohlfahrtsstaaten, die sich aus dem Kräftemessen unterschiedlicher Klassen – des Adels, der Kirche, des Bürgertums und der ArbeiterInnen – in den westlichen Industrieländern bildeten (vgl. ebd., S. 1; Giddens 1999b, S. 130; Pennerstorfer & Badelt 2013, S. 113). Das *liberale Modell,* dem beispielsweise die USA, Großbritannien und Australien zuzuzählen sind, zeichnet sich aus durch einen schlanken Staat, eine Betonung des freien Marktes sowie ein ausgeprägtes Vertrauen in die Familie und Zivilgesellschaft. Soziale Anspruchsrechte sind gering und zumeist mit individuellen Anspruchsprüfungen verbunden. Das *konservative Modell,* das exemplarisch in Belgien, Deutschland, Israel und Österreich realisiert wird, ist lohnarbeits- und sozialversicherungszentriert. Dahingehend basieren soziale Anspruchsrechte weitestgehend auf dem Beitragswesen, woraus klassen- und statusgebundene Differenzen resultieren. Der Staat interveniert hier stärker als in liberalen Kontexten, jedoch temporär und primär aus staatspolitischen Gründen. Wie bereits in Kapitel 2.1.2.2 ausgeführt, korrespondiert diese Variante mit dem gerechtigkeitstheoretischen Ansatz von Rawls (1975 und 2003). Das *sozialdemokratische Modell,* das die skandinavischen Staaten wie Schweden und Norwegen kennzeichnet, basiert auf einem universalistisch ausgerichteten Wohlfahrtsstaat mit hohem Inklusionsniveau, worin sich Parallelen zum Capability Approach (vgl. Sen 2007; Nussbaum 1999) zeigen. Die Grundlage für soziale Ansprüche bilden soziale BürgerInnenrechte. Die Fi-

---

40 Erstmals erschienen 1990.

nanzierung von Sozialleistungen erfolgt zum Großteil durch den steuernden Staat und wird auch zum Großteil durch den Staat erbracht (vgl. Esping-Andersen 2007, S. 26 f.; Anastasiadis 2006, S. 36). Im liberalen und konservativen Modell findet die Leistungserbringung hingegen im Zusammenspiel zwischen Behörden, Versicherungen und nichtstaatlichen Organisationen des sogenannten Dritten Sektors[41] statt (vgl. Giddens 1999b, S. 130).

Wie bereits erwähnt, begründet sich diese Typologie in den Entwicklungen in den westlichen Industrienationen, so wie sie sich insbesondere in der Wachstumsperiode der 1960er- und 1970er-Jahre vollzogen. Schwellenländer und Entwicklungsländer sind hierin nicht berücksichtigt. Ebenso erweist sich das Modell für spätere Perioden, die durch die sogenannte ‚Krise des Wohlfahrtsstaates' charakterisierbar sind, als wenig ausgereift. Darauf verweist auch Esping-Andersen selbst (2007, S. 229), wobei er hier je nach Typ unterschiedliche Reaktionen erwartet. Giddens (1999b, S. 17) nimmt dahingehend eine tendenzielle Zunahme an einkommensabhängigen Leistungen in liberalen Regimen sowie eine steigende Besteuerung im universalistisch ausgerichteten sozialdemokratischen Modell wahr. Des Weiteren ortet er eine Differenz zwischen mitteleuropäischen und südeuropäischen Prägungen des konservativen Typs. Während in mitteleuropäischen Ländern ein hohes Leistungsangebot vorzufinden ist, das sich wesentlich über einkommensabhängige Sozialversicherungsbeiträge finanziert, finden wir in den südeuropäischen Ländern ein weitaus geringeres Leistungsangebot mit lückenhafter staatlicher Finanzierungsregulierung. Es ist davon auszugehen, dass Familien, die Kirchen oder informelle Netzwerke diese Lücken tendenziell füllen.[42]

Alles in allem zeichnen sich im Verlauf gesellschaftlicher Modernisierungsschübe, die Beck (1986, S. 14) als „zweite" bzw. „reflexive" Moderne tituliert, Verschiebungstendenzen in den Wohlfahrtsstaatsmodellen ab, mit denen neue Risiken[43] einhergehen. Technologische, ökonomische und politische Prozesse verändern das „inner-gesellschaftliche Koordinatensystem der Industriegesellschaft", wie es Beck (1986, S. 115) nennt, das sich entlang der Achsen „Familie und Beruf, die Verteilung und Trennung von demokratisch legitimierter Politik und Subpolitik" etabliert hat und aktuell zur Neuverhandlung steht. Damit stellen sich die Reichtums-, Risiko- und Verantwortungsverteilung betreffenden Fragen neu. Der seit den 1980er-Jahren fortschreitende Übergang kennzeichnet

41 Organisationen des Dritten Sektors werden detailliert in Kapitel 5 spezifiziert.

42 Die Ausgestaltung unterschiedlicher sozialer Sicherungssysteme ist Thema zahlreicher Abhandlungen, sodass auf sie hier nicht weiter eingegangen werden muss. Josef Schmid (2010) beispielsweise diskutiert die europäischen Varianten ausführlich.

43 Unter dem Begriff ‚Risiko' werden hier in Anlehnung an Beck (2007a, S. 18) gegenwärtig thematisierte zukünftige Gefahren bezeichnet, die sich zumeist in Zivilisationserfolgen begründen.

sich laut Galuske (2002, S. 139) durch Kontinuität und Brüche, wobei das Festhalten an Maximen des modernen Gesellschaftssystems im Wesentlichen dazu dient, Folgen der Modernisierung abzufedern und den Menschen Stabilität zu verleihen. Insgesamt gehen daraus neue, „sekundäre Widersprüche" (Giddens 1997, S. 248; siehe Kapitel 3.2.6) hervor, die sich unter anderem in der Dynamik zwischen Individualisierung und Solidarisierung, Globalisierung und Regionalisierung, wirtschaftlichem Wachstum und ökologischer Gefährdung sowie Flexibilisierung in der Erwerbsgesellschaft gepaart mit dem Wunsch nach Kontinuität realisieren. Die Diskurse zu diesen, für den gegenständlichen Forschungskontext relevanten, Konfliktzonen werden breit geführt. In Anbetracht dessen können sie in der folgenden Herleitung nicht vollständig aufgelöst, sondern lediglich angedeutet werden.

4.1.1 Individualisierung und Solidarisierung

Beck (1986, S. 206) konkretisiert den Widerspruch zwischen Individualisierung und Solidarisierung in drei analytischen Dimensionen – der Freisetzungs-, Entzauberungs- und Kontroll- bzw. Reintegrationsdimension.

Die *Freisetzungsdimension* bezieht sich auf die Herauslösung von Menschen aus ihren traditionellen Klassenbezügen und historisch vorgegebenen Sozialformen, was im Wesentlichen durch anhaltende materielle und soziale Sicherheiten, die durch wohlfahrtsstaatliche Entwicklungen gewährt wurden, geschehen konnte. Aus dem gestiegenen Lebensstandard resultieren größere Unabhängigkeiten gegenüber traditionellen sozialen Bindungen. Die Lebensformen sind weniger durch die soziale Herkunft vorbestimmt, sondern mehr durch die eigene individualisierte Lebensplanung gestaltbar und sie werden dahingehend zunehmend pluralistischer. Auch Giddens (1999b, S. 47) sieht den Zusammenhang zwischen der Pluralisierung der Lebensformen und dem durch die Wohlfahrtsstaaten hervorgebrachten angestiegenen Wohlstand. In Anlehnung an Beck (1998, S. 28) betont er, dass die wohlfahrtsstaatlichen Entwicklungen geradezu dazu auffordern, sich als Individuum zu konstruieren, nicht zuletzt, da die Leistungen mehrheitlich individualistisch gefasst sind (vgl. Giddens 1999b, S. 49). Ein Arbeitsplatz wird zumeist vorausgesetzt, damit auch eine Ausbildung und die Bereitschaft zur Mobilität. „Der Wohlfahrtsstaat hat daran mitgewirkt: seine unter dem Zeichen des Kollektivismus geschaffenen Einrichtungen haben den Individuen geholfen, einige Fesseln der Vergangenheit abzustreifen" (Giddens 1999b, S. 49). In der Essenz werden Einzelne vermehrt zur „lebensweltlichen Reproduktionseinheit des Sozialen" (Beck 1986, S. 119).

Den damit einhergehenden Verlust von traditionellen Sicherheiten, die sich auf das Handlungswissen, den Glauben und leitende Normen beziehen, bezeichnet Beck (1986, S. 206) als *Entzauberungsdimension*. Mit dieser emanzipativen Komponente der Individualisierung steigt gleichsam die Eigenverantwortung für die Lebensplanung, das heißt, die Einzelnen müssen bewusst Verantwortung für die Folgen ihrer Handlungen und die gewählten Lebensformen übernehmen (vgl. Giddens 1999b, S. 49). „Dieser Wandel ist keineswegs nur vorteilhaft – neue Nöte und Ängste sind damit verbunden“ (ebd., S. 50). Je größer sich die Vielfalt an Möglichkeiten gestaltet, desto größer werden demnach die Risiken, zu scheitern. Suchbewegungen nach Orientierung und Halt werden massiver.

Eine dadurch notwendige neue Form der sozialen Einbindung streicht Beck (1986, S. 206) durch die *Kontroll- und Reintegrationsdimension* heraus. Der in der Individualisierung implizite Widerspruch zwischen Freiheitsgewinn einerseits und Zunahme individueller Gefährdung und Risiken des Scheiterns durch weniger Rückhalt andererseits trägt zum einen zur Formung neuer soziokultureller Gemeinsamkeiten bei, die zu einer Solidarisierung „Gleichgefährdeter“ (Beck 1986, S. 119) bzw. zum gemeinsamen Eintreten gegen Modernisierungsrisiken in Form von sozialen Bewegungen oder Protestereignissen führen können, die gesellschaftlichen und politischen Schranken kritisch gegenübertreten (vgl. ebd.). Bauman (2003, S. 14 und S. 49) charakterisiert in seiner Fassung der „flüchtigen Moderne“ die durch die Individualisierung bedingten neuen Solidaritätsformate als fragile und flüchtige Beziehungsnetzwerke, in denen die individuellen Flexibilitätsansprüche und Selbstverwirklichungsinteressen gewahrt bleiben. Diese unterscheiden sich wesentlich von den „vorgefertigten Beziehungsgruppen“ der ersten Moderne (ebd., S. 14). Zum anderen ist die Freisetzung mit institutionellen Eingliederungsmechanismen und -zwängen verbunden. „Die freigesetzten Individuen werden arbeitsmarktabhängig und *deshalb* bildungsabhängig, konsumabhängig, abhängig von sozialrechtlichen Regelungen und Versorgungen, von Verkehrsplanungen, Konsumangeboten, Möglichkeiten und Moden in der medizinischen, psychologischen und pädagogischen Beratung und Betreuung. Dies alles verweist auf die *institutionenabhängige Kontrollstruktur* von Individuallagen. Individualisierung wird zur *fortgeschrittensten* Form markt-, rechts-, bildungs- usw. -abhängiger Vergesellschaftung“ (Beck 1986, S. 210). Eine Verantwortungsübertragung an die Individuen durch verstärkten Druck auf diese zeigt sich in der zunehmenden Individualisierung von Systemproblemen. Ein Scheitern am Arbeitsmarkt wird folglich als persönliches Versagen interpretiert (vgl. Beck 1986, S. 117). Giddens (1999b, S. 50) hält in Anbetracht dessen fest, dass es ein „neues Gleichgewicht zwischen individueller und staatlicher Verantwortung“ herzustellen gilt, wie es von ihm in seiner Politik des ‚dritten Weges‘ auch konkretisiert wird (siehe Kapitel 4.2.3).

4.1.2 Globalisierung und Regionalisierung

Das Phänomen der Globalisierung wird aus verschiedenen Blickwinkeln diskutiert. Zumeist werden damit ökonomische Entwicklungen besprochen, die sich in einer globalen Wirtschafts- und Finanzwelt realisieren. Giddens (1999b, S. 43) weist darauf hin, dass Globalisierung über wirtschaftliche Verflechtungen hinauszudenken ist und als lebensweltliche Transformation, die durch neue Kommunikations- und Informationstechnologien die Zeit- und Raumbegrenzungen öffnet, zu fassen ist. Globalisierung hat demzufolge sowohl wirtschaftliche als auch soziale, politische und kulturelle Züge (vgl. Giddens 2001, S. 78). Demgemäß wird der Globalisierungsbegriff disziplinspezifisch different besprochen. Während sich die Ökonomie auf die Internationalisierung der Waren- und Kapitalmärkte konzentriert, spezialisiert sich die Politikwissenschaft auf die Internationalisierung politischer Beziehungen und die Entwicklung einer globalen Politik. Die Soziologie hat hingegen die Entstehung einer Weltgesellschaft im Blick, die Kulturanthropologie wiederum die Herausbildung einer Weltkultur (vgl. Reidl & Schmid 1998, S. 19f.).

Kaufmann (1997, S. 118f.; zit. n. Galuske 2002, S. 40) führt in einer disziplinübergreifenden Betrachtung eine begriffliche Differenzierung ein: Während sich *Globalisierung* auf die weltweite Vernetzung von Informations- und Verkehrsmitteln bezieht, durch die räumliche Grenzen überwunden werden, bezeichnet *Internationalisierung* die Zunahme von Staatsgrenzen überschreitenden wirtschaftlichen Transaktionen. Unter *Transnationalisierung* wiederum wird die Einbindung staatlicher oder verbandlicher Akteure in staatsübergreifende Institutionen verstanden. Heinze, Schmid und Strünck (1999, S. 39; zit. n. Galuske 2002, S. 41) knüpfen an diese Differenzierung an. Sie fassen Globalisierung allerdings als Oberbegriff der Internationalisierung und Transnationalisierung. Gleichzeitig führen sie eine dritte Dimension ein, die *Universalisierung*, worunter die Annäherung bzw. Angleichung unterschiedlicher kultureller Gewohnheiten gefasst wird.

Beck (1999, S. 26) hingegen spricht von Globalität, Globalisierung und Globalismus. *Globalität* umfasst die örtliche Ungebundenheit von Gefahren und Ereignissen (vgl. ebd., S. 27f.). In „die Weltrisikogesellschaft" (Beck 2007a, S. 37) unterscheidet er zwischen global erfahrbaren ökologischen, ökonomischen und terroristischen Risiken.[44] Er konstatiert, dass ‚alte' Risiken, wie industrielle Unfälle, Kriege und Naturkatastrophen, in der Moderne über staatliche Institutionen, wie beispielsweise die Sozial- und Arbeitslosenversicherung

44 Beck nennt zusätzlich biografische Risiken, die er allerdings weniger als Folge der Globalisierung, sondern vielmehr als Resultat der Individualisierung interpretiert und die in der „Risikogesellschaft" (Beck 1986) thematisiert sind.

oder diverse Katastrophenfonds, aufgefangen werden. Für ‚neue' globale Risiken, wie sie sich in Klimakatastrophen, globalen Finanzkrisen oder terroristischen Anschlägen zeigen, greifen diese Institutionen zu kurz. Nationale Institutionen stoßen dahingehend zunehmend an ihre Grenzen (vgl. Beck 2007a, S. 29). Diese Weltrisiken verändern laut Beck die Grundlage des Handelns und Zusammenlebens. Das Weltrisiko fordert – so Beck weiter – eine neue „planetarische Verantwortungsethik", die neue Identitäten, Gesetze und Einrichtungen sozialer, politischer und wirtschaftlicher Art hervorbringt (Beck 2007a, S. 41 f.). Unter *Globalisierung* versteht Beck (1999, S. 28 f.) hingegen die Ausdehnung von wechselseitigen regional-globalen Beziehungsnetzwerken auf kultureller, politischer, wirtschaftlicher, militärischer und ökonomischer Ebene. Der Begriff *Globalismus* impliziert wiederum eine Deutungsfunktion, mit dem das grundlegende Charakteristikum des Globalisierungsprozesses betont wird, nämlich, dass der Weltmarkt das politische Handeln verdrängt, was im Wesentlichen der Logik des Neoliberalismus folgt. Kulturelle, ökologische, politische und zivilgesellschaftliche Globalisierungsprozesse sind folglich den ökonomischen untergeordnet (vgl. ebd., S. 26 f.). Galuske (2002, S. 43) ortet darin ein Bedrohungspotenzial, das die Eckpfeiler der Moderne „Kapital, Arbeit und Staat" aus der Balance bringt. Die nationalstaatlichen Gehäuse werden zusehends entmachtet, während die globale Wirtschaft an Macht gewinnt. Neoliberale Strategien deregulieren die internationalen und nationalen Waren-, Kapital- und Arbeitsmärkte, ohne dass sich gleichzeitig ein internationales politisch agierendes Gegengewicht ausbildet, das die ökonomischen Kräfte kontrolliert. Beck (1999, S. 32) fasst diese Ohnmacht in folgende Worte: „*Nicht*-Weltstaat. Genauer: Weltgesellschaft *ohne Weltstaat und* ohne *Weltregierung*. Es breitet sich ein global *des*organisierter Kapitalismus aus." Es sind vor allem die unkontrollierbaren Folgen der globalisierten Finanzwirtschaft, die sich spätestens in der globalen Wirtschaftskrise von 2008 zuspitzten. Sie sind „Ausdruck des radikalisierten Marktprinzips, das die Fesseln nationalstaatlicher und supranationaler Kontrollen abgestreift hat" (Beck 2007a, S. 27).

Der für moderne Gesellschaften konstitutive Widerspruch zwischen Kapital und Staat überträgt sich somit in die globale Sphäre, in der geeignete konfliktlösende Institutionen weitestgehend fehlen. Giddens (1999b, S. 44) ortet im Zusammenwirken globaler, nationaler und regionaler Institutionen Lösungspotenziale, um die Ohnmacht gegenüber dem globalen Kapitalismus und damit einhergehende nationalistische Gefahren einzudämmen. Er zeichnet die Spannung zwischen global und lokal in einer dreifachen Bewegungslinie nach: Die *Globalisierung von oben* schrankt nationalstaatliche Handlungsspielräume durch suprastaatliche Programme und Leitlinien ein. Gegenläufig ist ein *Sog von unten* beobachtbar, durch den lokale Identitäten eine Wiederbelebung erfahren. Die Unabhängigkeitsbestrebungen Schottlands, der BaskInnen und der KatalanInnen wären hier zu nennen, ebenso wie der Aufschwung europafeindlicher, zumeist am rechten Rand stehender Parteien, die auf das Nationalbewusstsein setzen. Unter dem Begriff *Globalisierung von unten* wird ergänzend die Etablierung transnationaler Interessengruppen gefasst, die sich als globales Gegengewicht zu politisch-parlamentarischen Systemen und zum globalen Kapitalismus formieren (vgl. Beck 2007a, S. 175). Die Bewegung der ‚Globalisierungsgegner' von 2001 oder das ‚Occupy-Wall-Street-Movement' von 2008 sind hier zu nennen. Diese globalen sozialen Bewegungen wurden bereits in Kapitel 3.1.1 als Beispiele für das emanzipative Partizipationsverständnis genannt. Beck (2007a, S. 154) bezeichnet diese Bündnisse als subpolitische Akteure, die Züge einer „Weltbürgergesellschaft" andeuten.

Zurückkommend auf die Dynamik zwischen dem Globalen und dem Regionalen identifiziert Giddens (1999b, S. 44) auch *Seitenwege*, die über Kooperationen neue grenzüberschreitende wirtschaftliche und kulturelle Regionen entstehen lassen, um Impulse zur sozioökonomischen Entwicklung regionaler Räume zu setzen. Exemplarisch können Aktivitäten im Alpe-Adria-Raum oder im Dreiländereck Österreich – Ungarn – Slowenien genannt werden. Den Einfluss der Nationalstaaten sieht Giddens nicht als aufgelöst. Er wird sich jedoch zukünftig stärker im Zusammenspiel zwischen Kommunen, Regionen und transnationalen Gruppierungen sowie Verbänden zu entfalten haben. Regieren ist dementsprechend umfassender zu denken, in einem aktiven Austausch unterschiedlicher Akteure (vgl. ebd., S. 45). Beck (2006, S. 13) hebt dementsprechend das zwischenstaatliche Zusammenwirken sowie Kooperationen zwischen Staaten, sozialen Bewegungen und der globalen Wirtschaft als essentiell hervor. Ebenso betont er die politische Verantwortung der Ökonomie, die durchwegs ein Eigeninteresse derselben darstellt, denn Massenentlassungen können zu revolutionären Situationen führen und somit zum Bumerang für die Wirtschaft werden. Demzufolge „müsste also auch die Wirtschaft politisch denken und handeln, ihre Verantwortung für die Demokratie in der gefährdeten Welt wahrnehmen. Dieses verdeckte Eigeninteresse der global agierenden Wirtschaft gilt es öffentlich hervorzukehren – auch gegen den Widerstand derselben" (ebd., S. 15).

Insgesamt kreisen die Globalisierungsdiskurse um vier zentrale Themenfelder, die sich wechselseitig bedingen. Zum einen sind es informations- und verkehrstechnologische Neuerungen, die räumliche und zeitliche Grenzen aufweichen. Zum anderen wird die international vernetzte Ökonomie ins Spiel gebracht, die sich in den Weltfinanzmärkten und in der Machtkonzentration von multinationalen Konzernen ausweist. Als Drittes wird die steigende Relevanz transnationaler Akteure und des vernetzten Regierens betont, durch die sich neue Institutionen formen, und schließlich werden viertens kulturelle Angleichungen und globale Betroffenheiten einer prospektiven Weltgesellschaft diskutiert. Giddens (1999b, S. 46) definiert Globalisierung als „ein komplexes Bündel von Prozessen, das durch eine Mischung aus politischen und ökonomischen Faktoren vorangetrieben wird", die das Alltagsleben verändern und neue transnationale Systeme erzeugen. „In ihrer Gesamtheit formt die Globalisierung die Institutionen der Gesellschaften, in denen wir leben, um" (ebd.), was sich als herausfordernd für Individuen und Gesellschaft erweist. Große Herausforderungen zeigen sich insbesondere in dem durch die Globalisierung mitbedingten Spannungsbogen zwischen ökonomischer Wachstumsdoktrin und ökologischen Gefährdungslagen.

4.1.3 Wirtschaftliches Wachstum und ökologische Gefährdung

Modernisierungsprozesse der ersten und zweiten Moderne gehen nach Beck (1986, S. 67) mit einem merklichen Eingriff in die menschlichen Lebensbedingungen einher. Mit der Industrialisierung traten beispielsweise Verelendung, Hunger, Not und Enge auf. Heute ist aufgrund einer anhaltenden „ökonomischen Risikoblindheit" (ebd., S. 79) die natürliche Lebensgrundlage bedroht. Die mit dem Produktivitätszuwachs verbundenen Risiken werden insbesondere von ökonomischer Seite nicht ausreichend wahrgenommen (vgl. ebd., S. 80; Giddens 1999b, S. 69). „Dass unendliches Wachstum in einer endlichen Welt nicht möglich ist, erscheint für Ökologen selbstverständlich, ist in der Ökonomie aber noch nicht verankert" (Schnitzer & Jasch 2011, S. 101). Die Überfischung der Ozeane und das fortschreitende Artensterben, Energieverknappung, Rohstoffmangel, Erdölkatastrophen im Golf von Mexiko, Kostenexplosionen auf dem Energiesektor, Natur- und Reaktorkatastrophen, Rohstoffkriminalität, der Wettlauf der Weltmächte um Bodenschätze, die dramatische Knappheit von Trinkwasser, die Verelendung in vielen Teilen der Welt, der wachsende Ausstoß von Treibhausgasen und der damit einhergehende Klimawandel sind im Wesentlichen Resultate kurzfristiger wirtschaftlicher Wachstumsdoktrinen sowie mangelnder globalpolitischer Entscheidungskompetenz (vgl. Augustin, Schenk, Seidel & Lietz 2011, S. 7). Es sind ernst zu nehmende Herausforderungen der sogenannten „Weltrisikogesellschaft" (Beck 2007a, S. 16).

Wie dringlich diese sind, wird im „Living Planet Report" des WWF verdeutlicht. Dem Messkonzept des ökologischen Fußabdrucks zufolge[45] verbrauchten

45 Der ökologische Fußabdruck erfasst die Ressourcennutzung entlang folgender Kriterien: 1.) die biologisch produktive Landfläche (Biokapazität), die für die Bereitstellung von Ressourcen erforderlich ist, wie Ackerland, Weideland, bebaute Flächen, Fischgründe und produktive Wälder, sowie 2.) der CO_2-Fußabdruck, ein Maß für die Waldfläche, die für die Aufnahme jener CO_2-Emissionen notwendig wäre, die nicht von den Ozeanen absorbiert werden können (vgl. WWF 2014a, S. 9). Auch wenn das Messkonzept in der Fachwelt aufgrund seiner Simplifikationen kritisch diskutiert wird (vgl. Posch 2012,

wir zum Erfassungszeitraum 2010 jährlich insgesamt 50% mehr Ressourcen, als die Erde zur Verfügung stellen kann. Demnach benötigen wir 1,5 Erden, um unseren aktuellen Ressourcenverbrauch zu decken (vgl. WWF 2014a, S. 9). Bei anhaltend hohem Ressourcenverbrauch werden bis zum Jahr 2030 geschätzte zwei Planeten nötig sein (vgl. WWF 2014c, o. S.). Erwartungsgemäß ist der Ressourcenverbrauch in einkommensstarken Ländern pro EinwohnerIn höher als in Ländern mit niedrigeren Einkommen. Würde beispielsweise jeder Mensch den Lebensstil einer Bewohnerin/eines Bewohners von Katar pflegen, würden wir 4,8 Erden benötigen, mit Blick auf die USA bräuchten wir 3,9 Erden, im Fall Belgiens 4,2, zieht man die Slowakei[46] und Südkorea heran, beträgt die Zahl 2 bzw. 2,5. Im Falle Südafrikas und Argentiniens wären hingegen 1,4 und 1,5 Erden nötig (vgl. WWF 2014a, S. 16). Neben dem Lebensstil ist die EinwohnerInnenzahl ein entscheidender Faktor. In einem Langzeitvergleich zwischen 1961 und 2010 zeigt sich, dass bevölkerungsreiche Länder mit mittleren Einkommen, wie China, Indien, Brasilien und Indonesien, das Ökosystem besonders belasten (vgl. ebd., S. 19). China wies beispielsweise im Jahr 2010 pro EinwohnerIn einen moderaten ökologischen Fußabdruck auf und rangierte im weltweiten Vergleich auf Platz 76. Aufgrund der hohen Population stellt China als Nation jedoch den größten Ressourcenverbraucher dar. Im Fall der USA verhält es sich umgekehrt. Obwohl die Population ca. 25% von China beträgt, nehmen die USA den 2. Platz im länderbezogenen Ranking ein. Hier haben die BewohnerInnen aufgrund ihres Lebensstils im Durchschnitt einen sehr hohen Verbrauch. Sie rangieren im personenbezogenen Ranking auf Platz 8. In der Verbindung der EinwohnerInnenzahl mit dem Pro-Kopf-Ressourcenverbrauch rückt Indien vom 136. Platz zum 3. Gesamtplatz auf, Brasilien vom 53. zum 4. und Russland vom 42. auf den 5. (vgl. WWF 2014b, S. 37). In Ländern mit niedrigen Einkommen hält sich trotz ansteigenden Bevölkerungszuwachses hingegen der ökologische Fußabdruck konstant niedrig (vgl. WWF 2014a, S. 19). Dies ist beispielsweise der Fall in afrikanischen Ländern (vgl. WWF 2014b, S. 34).

Diese Werte bilden die Ursachen bzw. die Hauptverursacher ökologischer Risiken ab. Sie sagen jedoch nichts über die Betroffenheit aus. Zumal unser Wohlergehen von natürlichen Ressourcen wie sauberes Wasser, Landflächen, Holz sowie vom Funktionieren unserer Ökosysteme, von der Bestäubung, dem Nährstoffkreislauf und Erosionsschutz abhängt, betrifft eine Gefährdung dieser

S. 107), erweist es sich für die hier vorgenommene Argumentation allgemeiner ökologischer Gefährdungslagen als ausreichend.

46 Der Wert der Slowakei entspricht in etwa dem von Österreich. Österreich befindet sich im weltweiten personenbezogenen Fußabdruck-Ranking auf Platz 17, die Slowakei etwas weiter hinten auf Platz 19 (vgl. WWF 2014b, S. 38).

Elemente prinzipiell alle Menschen in allen Ländern. „Die weltweite Egalisierung der Gefährdungslagen darf aber nicht über *neue* soziale Ungleichheiten *innerhalb* der Risikobetroffenheit hinwegtäuschen" (Beck 1986, S. 54), denn es sind vor allem ärmere Menschen, insbesondere jene in ärmeren Gebieten, die am meisten bedroht sind (vgl. WWF 2014a, S. 3). Eine adäquate Versorgung mit natürlichen Ressourcen ist gerade in instabilen Regionen, wie beispielsweise in weiten Teilen Afrikas und des Mittleren Ostens, besonders gefährdet (vgl. Beck 2007a, S. 15).

Der Weltrisikoindex berechnet jährlich das Katastrophenrisiko für 171 Staaten. Dabei werden auf Basis von quantitativen Daten die Stärken der Gefährdung sowie die Vulnerabilität respektive Verwundbarkeit der Bevölkerung in Hinblick auf ihre Bewältigungskapazität verknüpft betrachtet. Für das Jahr 2015 lagen die Hotspots des Katastrophenrisikos in Zentralamerika, im südlichen Sahel, in Südostasien und Ozeanien. Insbesondere Staaten, die am Meer liegen, weisen aufgrund ihrer Exposition ein hohes Katastrophenrisiko auf. Sie sind durch den Meeresspiegelanstieg, Stürme und Überschwemmungen am stärksten bedroht. Doch auch hochentwickelte Länder sind nicht gegen eintretende Naturkatastrophen gefeit. Aufgrund ihrer zumeist geringeren Exponiertheit gegenüber Naturgefahren, getroffener Vorsorgemaßnahmen sowie ihrer Möglichkeiten, adäquat und mit ausreichenden finanziellen Mitteln auf Katastrophen zu reagieren, bilden sie im Weltrisikoindex das andere Ende des Rankings (vgl. Bündnis Entwicklung Hilft 2015, S. 11).

Insgesamt ließen sich Katastrophen und Gefährdungen jedoch – so Beck (2007a, S. 16) – durch langfristige globale Initiativen verhindern. In sogenannten „global deals" gilt es, einerseits Klimasünder zum Handeln zu bewegen, andererseits „eine Kompromißformel für globale Gerechtigkeit in einer Welt zu (er)finden, in der die Reichtümer wie die Risiken radikal ungleich verteilt sind" (Beck 2007a, S. 16).

Für eine ganzheitliche Lösung setzt sich auch der WWF ein. Es werden fünf Maßnahmen vorgeschlagen. Zunächst gilt es, das *Naturkapital* zu schützen, indem zerstörte Ökosysteme wiederhergestellt und Schutzgebiete erweitert werden sowie der Zerstörung weiterer Lebensräume ein Ende gesetzt wird. Die *Produktionseffizienz* muss erhöht werden, wobei eine Verringerung des Ressourcenverbrauchs und von Abfällen, nachhaltiges Management natürlicher Ressourcen und die Steigerung des Anteils erneuerbarer Energien in den Blick zu nehmen sind. Veränderungen im *Konsumverhalten* zu erreichen wäre ein dritter Schritt. Dahingehend gilt es vor allem, das Bewusstsein für einen nachhaltigen Lebensstil zu schärfen. Ein vierter Schritt wäre, die *Finanzströme* umzulenken. Natürliche Ressourcen müssten ökonomisch bewertet werden, finanzielle Förderungen für nachhaltiges Ressourcenmanagement und Innovationen ausgeweitet werden. Schließlich wäre eine gerechte *Ressourcenverteilung* anzustreben. Darunter sind eine gemeinschaftliche Nutzung vorhandener Ressourcen, ein gerechtes und umweltbewusstes Handeln sowie Wohlstandsmessung über das Bruttoinlandsprodukt (BIP) hinaus zu verstehen (vgl. WWF 2014a, S. 38).

Mit diesen Initiativen kann ökologischen Gefährdungslagen in einem umfassenden Sinne begegnet werden, was sich in einer Zeit, in der die Trennung von Natur und Gesellschaft aufgehoben ist, als essenziell erweist, denn ökologische Risiken erzeugen ökonomische, soziale und politische Konflikte. Sie stellen reale Herausforderungen der Gegenwart und unserer Zukunft dar (vgl. Beck 1986, S. 108).

4.1.4 Flexibilisierung und Kontinuität in der Arbeitswelt

Eine weitere Herausforderung bildet sich in der Flexibilisierung der Arbeitswelt ab, die im Wesentlichen ein Resultat des „neuen Kapitalismus“ (Sennett 2005) ist, der sich durch technologische Innovationen, eine veränderte Unternehmenskultur und eine Deregulierungspolitik, die den Märkten mehr Macht einräumt, kennzeichnet. In der „dritten industriellen Revolution“ (Rifkin 2003, S. 48) wird die menschliche Arbeitskraft durch technologische Entwicklungen rationalisierbar, die Vernetzung der Arbeitskräfte vorangetrieben und die Ökonomie aus den nationalstaatlichen Engen befreit (vgl. Galuske 2002, S. 142). In dieser Dynamik sehen sich die westlichen Gesellschaften zusehends mit beunruhigend hohen Arbeitslosenzahlen und flexiblen Beschäftigungsverhältnissen konfrontiert, die den wohlfahrtsstaatlichen Kompromiss sukzessive aushöhlen.

Sennett (2005, S. 71 ff.) spezifiziert in seinem Werk „Die Kultur des neuen Kapitalismus“ drei treibende Kräfte. Zum einen ist es das *weltweite Arbeitskräfteangebot,* das durch die global vernetzte Wirtschaft vermehrt genutzt wird, um kostengünstiger Waren zu produzieren und Dienstleistungen anzubieten. Die Standortgebundenheit von Unternehmen nivelliert sich durch die Möglichkeit, qualifiziertes Personal in Ländern mit geringeren Lohn- und Produktionskosten zu akquirieren. Als häufig genanntes Beispiel können die ‚Callcenter‘ in Indien angeführt werden. Zum anderen tragen neue technologische Entwicklungen zur *Automatisierung von Arbeit* und Arbeitskräften bei. Technologien erleichtern nicht nur unseren Alltag, sondern versprechen Produktivitätszuwächse und Einsparungen im Bereich der Arbeit. Rifkin spricht von einem „Zeitalter der Fabriken ohne Menschen“ (2003, S. 155). Beobachtbar sind diese Entwicklungen am Zuwachs der sogenannten KundInnenarbeit. Das Onlinebanking ersetzt den Schalter, die Selbstbedienungskassa die KassierInnen, Online-Reiseportale die Reisebüros etc. Als dritte Kraft identifiziert Sennett die *Haltbarkeit von Qualifikationen.* Neue Technologien verlangen Menschen, die diese bedienen und produktiv nutzen können. Der neue Kapitalismus erfordert die Fähigkeit, sich ständig flexibel auf neue Anforderungen einstellen zu können. Eine solide Ausbildung ist daher kein Garant mehr für ein stabiles Arbeitsverhältnis. Lebenslanges Lernen und die Fähigkeit, sich neuen Gegebenheiten anzupassen, gehören zum Credo der flexiblen Arbeitswelt. Davon betroffen sind insbesondere die mit einem Defizitbild behafteten älteren ArbeitnehmerInnen. Sie gelten als „festgefahren, langsam und kraftlos" (Sennett 2005, S. 77). Hinzu kommt das Kostenargument. Dienstalterbezogene Lohnerhöhungen tragen zu vergleichsweise höheren Lohnkosten Älterer bei (vgl. Mosberger, Muralter & Zdrahal-Urbanek 2007, S. 12). Jüngeren, den aktuellen Anforderungen gemäß ausgebildeten, flexiblen Personen wird vor diesen Hintergründen gerne der Vorzug gegeben.[47] Die Investition in Fortbildungen von älteren Arbeitskräften widerspricht der Logik des auf Beliebigkeit und Schnelligkeit ausgerichteten neuen Kapitalismus – so Sennett (2005, S. 80) weiter.[48]

In „Der flexible Mensch" arbeitet Sennett (2000) anschaulich den Wandel der Unternehmenskultur und damit verbundene neue Anforderungen an die MitarbeiterInnen heraus. Eine flexible Spezialisierung löste demnach die fordistische Arbeitsweise ab. Betriebswirtschaftliche Kalkulationen sind der Maßstab, starre Formen der Bürokratie und blinde Routinen sind abgeschafft. Elastische Organisationsformen ermöglichen ein rasches Reagieren auf Marktanforderungen und das Entdecken von Marktnischen. Von den ArbeitnehmerInnen wird Offenheit für oft kurzfristige Veränderungen, Risikobereitschaft und Regelunabhängigkeit verlangt (vgl. Sennett 2000, S. 10). Das Motiv „Permanently temporarily" (ebd., S. 25) signalisiert des Weiteren Veränderungen in der Arbeitszeitorganisation, unbefristete Stellen werden durch laufzeitdefinierte Projektstellen ersetzt. Darüber hinaus lassen neue Technologien Produktions- und Leistungserbringungsprozesse näher an die privaten Haushalte rücken. Es entstehen quasi rechtsfreie Räume in Hinterhöfen, Kellern und Garagen jenseits von arbeitsrechtlichen Absicherungen (vgl. Anastasiadis 2006, S. 121). Insgesamt sind in sich schnell verändernden Märkten mit zunehmendem globalem Konkurrenzdruck Standorttreue und MitarbeiterInnenbindung nicht mehr leistbar. Befristete Beschäftigung, Leistungsbereitschaft bis hin zur Selbstausbeutung, flache Hierarchien und bewegliche Organisationsstrukturen sind die

47 Die Thematik ‚Älterwerden am Arbeitsmarkt' ist differenziert zu betrachten. In der Studie „Empowerment durch mediale Inszenierung. Eine Methode, die Erfahrungen des Älterwerdens am Arbeitsmarkt sichtbar macht" werden Defizitbilder von steigenden Arbeitslosenzahlen und Chancenbilder von aktivierbaren Potenzialen älterer ArbeitnehmerInnen dekonstruiert, indem die Vielschichtigkeit der Thematik über biografische Zugänge gesucht wird (vgl. Anastasiadis 2007).

48 In Kapitel 6.1 wird das Handlungsfeld ‚Soziale Arbeit bei Arbeitslosigkeit' detailliert behandelt. Die aus diesen arbeitsgesellschaftlichen Flexibilisierungen resultierenden individuellen Problemlagen und Belastungen werden dort spezifiziert. Sie werden auch in den empirischen Durchleuchtungen aufgenommen, wo sich die Problematiken in den Daten abbilden lassen (Kapitel 7.2).

neuen Paradigmen (vgl. Galuske 2002, S. 157; Anastasiadis 2006, S. 124). Das Resultat sind Kündigungswellen sowie marktförmige Beschäftigungsverhältnisse mit minderen Schutz- und Sicherheitsgarantien, die an die Wellenbewegungen des Marktes angepasst sind (vgl. Galuske 2002, S. 158). Dem hinzuzufügen sind erwerbsbiografische Unsicherheiten, die individuell bewältigt werden müssen.

Als ein Beobachtungsindikator für diese Veränderungen kann die Arbeitslosenstatistik herangezogen werden. In einem Langzeitvergleich der Arbeitslosenquote Österreichs von 1946 bis 2016 (vgl. AMS Österreich 2017b, o. S.)[49] ist die Dynamik deutlich erkennbar: Zwischen 1946 und 1950 wird als Folge des Krieges ein Anstieg von 4 % auf 6,2 % ausgewiesen. Zwischen 1950 und 1960 erholte sich die Wirtschaft. Die Arbeitslosenquote betrug 1960 lediglich 3,4 %. In den Wirtschaftswunderjahren der 1970er-Jahre, die durch eine ausgeprägte Sozialpolitik à la Kreisky flankiert wurden[50], realisierte sich das Ideal der Vollbeschäftigung. 1970 betrug die Arbeitslosenquote 1,9 %, 1973 sogar nur noch 1,2 %. Im Einklang mit dem konservativen Wohlfahrtsstaatsmodell werden folglich mit Arbeit materielles Einkommen, soziale Sicherung und Wohlstand assoziiert. Ideell impliziert Arbeit den Wert der Nützlichkeit für die Gesellschaft und sichert den Individuen den Platz in der Gesellschaft. In dieser institutionalisierten Form erweist sich Arbeit zu haben als elementarer Bestandteil individueller Normalbiografien in der kapitalistisch-sozialistischen Marktwirtschaft. Das System stützt sich dabei auf das sogenannte Normalarbeitsverhältnis – eine kontinuierliche Beschäftigung in abhängiger Lohnarbeit mit umfassender Einbindung in die sozialen Sicherungssysteme (vgl. Beck 2000, S. 8; Anastasiadis 2006, S. 106). Das Ideal der Vollbeschäftigung rechtfertigt sich, solange es genügend rechtlich abgesicherte Erwerbsarbeit gibt bzw. die Differenz zwischen eine respektive keine Arbeit habenden Personen ausbalanciert werden kann. Es wird jedoch dann zum Mythos, wenn der Gesellschaft die Arbeit ausgeht (vgl. Anastasiadis 2006, S. 107). Es setzt einen Arbeitsmarkt, der ein solches Lebensmodell ermöglicht, voraus. Im neuen Kapitalismus löst sich dieses Modell jedoch zusehends auf (vgl. Galuske 2002, S. 157). Das Schwinden der Arbeit zeichnete sich im Einklang mit den skizzierten strukturellen Veränderungen seit den 1980er-Jahren langsam ab. 1980 betrug die Arbeitslosenquote in Österreich noch 1,9 %, 1989 lag sie bereits bei 5 % und Mitte der 1990er-Jahre (1996) erreichte sie schließlich 7 %. Seither blieb sie anhaltend hoch mit leichten Schwankungen. 2015 und 2016 hatte Österreich im Gefolge der globalen Fi-

49 Nationale Berechnungsmethode nach nationalen Verwaltungsdaten von registrierter Arbeitslosigkeit.

50 Ein die Politik Kreiskys einfangendes Zitat: „Und wenn mich einer frage, wie denn das mit Schulden ist, dann sag ich ihm das, was ich immer sage, und zwar, dass mir ein paar Milliarden Schulden weniger schlaflose Nächte bereiten als ein paar hunderttausend Arbeitslose mir bereiten würden“ (Die Presse 2016, o. S.).

nanzkrise die bisher höchste Arbeitslosenquote von 9,1 % zu verzeichnen (vgl. AMS Österreich 2017b, o. S.). Wenn auch Österreich im Vergleich zu anderen europäischen Ländern 2016 mit 6 %[51] eine vergleichsweise geringe Arbeitslosenquote aufwies (vgl. EUROSTAT 2017, o. S.), folgen diese Entwicklungen dem Trend von prekären Stellenandrangsziffern. Im Jahr 2016 kam auf 8,9 arbeitssuchende Personen jeweils eine offene Stelle. Im Jahr 2014 und 2015 waren es sogar 12,1 Personen (vgl. AMS Österreich 2017a, o. S.).

Ein weiteres Indiz für das Brüchigwerden des Vollbeschäftigungsideals ist die Verbreitung atypischer Beschäftigungsformen. Diese Formen weichen in mehrfacher Hinsicht von standardisierten, vollzeitigen, kontinuierlichen, arbeits- und sozialrechtlich abgesicherten Arbeitsverhältnissen ab. Zu nennen sind: Teilzeitarbeit, geringfügige Beschäftigung, befristete Beschäftigung, Leiharbeit, Arbeit auf Abruf, Telearbeit und Scheinselbständigkeit (vgl. Fink 2000, S. 401; Anastasiadis 2006, S. 115). Diese Beziehungsformen zwischen Unternehmen und Beschäftigten werden auch unter dem Schlagwort „externe Flexibilisierung" subsumiert (vgl. Hohendanner & Bellmann 2006, S. 241). Fink (2000, S. 404) weist nach, dass seit den 1980er-Jahren international ein Anstieg dieser Beschäftigungsformen zu beobachten ist, wobei häufiger Frauen als Männer davon betroffen sind. Atypische Beschäftigungsformen werden von unternehmerischer Seite aufgrund Flexibilitätsanforderungen und Kostenargumenten befürwortet. Aus politischer Sicht wird unter dem Motto ‚besser atypisch beschäftigt als gar nicht' mitunter explizit die Förderung atypischer Beschäftigung vorgeschlagen (vgl. Fink 2000, S. 403). Galuske spricht von einer weltweiten Deregulierungspolitik, in deren Rahmen die nationalstaatlichen Ökonomien mit ihren Regulativen an Gestaltungspotenzialen einbüßen (vgl. Galuske 2002, S. 143). Teitzer (2014, S. 5 f.) weist auf Basis der Mikrozensus-Arbeitskräfteerhebung nach, dass die Atypisierung in Österreich zwischen 1995 und 2010 weiter zugenommen hat, sich aber im internationalen Vergleich, insbesondere zu Deutschland, moderater entwickelt. Hervorzuheben ist zudem, dass Teilzeitbeschäftigung und befristete Dienstverhältnisse deutlicher angestiegen sind (von 10,6 % auf 18,6 % bzw. von 6,3 % auf 10 %) als freie Dienstverträge und Werkverträge, welche zwischen 2005 und 2011 stagnierten. Die Leiharbeitsquote war in diesem Zeitraum jedoch im Steigen begriffen (von 1,9 % auf 2,3 %).

---

51 Internationale Berechnung nach „EU Labour Force Survey". Die Arbeitskräfteerhebung entspricht einer Haushaltsbefragung, die in allen Mitgliedsländern auf der Grundlage von vereinbarten Definitionen durchgeführt wird. Österreich reiht sich diesen Daten zufolge gemeinsam mit den Niederlanden an siebenter Stelle hinter Tschechien mit 4 %, Deutschland mit 4,1 %, Malta mit 4,7 %, Vereinigtes Königreich mit 4,8 %, Ungarn mit 5,1 % und Rumänien mit 5,9 %. Der Durchschnitt der EU-28-Länder betrug 2016 8,6 %. Am höchsten war die Arbeitslosigkeit in Griechenland mit 23,6 % und in Spanien mit 19,6 %.

Neben der externen Flexibilisierung sind interne Flexibilisierungstendenzen nachweisbar (vgl. Hohendanner & Bellmann 2006, S. 241). Es handelt sich dabei um die Verflüssigung von Arbeitsstrukturen, um betriebsinterne Anpassungen bzw. kapazitätsorientierte Arbeitsarrangements. „Beweglichkeit, permanente Leistungsbereitschaft, örtliche Ungebundenheit, unbeschränkte Anpassungsfähigkeit, diese Tugenden signalisieren gleichzeitig die Durchdringung der Lebenswelt durch Arbeit" (Anastasiadis 2006, S. 122), was neuer individueller Steuerungskompetenzen der eigenen Lebensführung bedarf (vgl. ebd., S. 124). Der Strukturwandel am Arbeitsmarkt stellt also nicht nur Herausforderungen an die Sozialpolitik, sondern auch an die individuelle Lebensplanung, wie es Sennett (2000) an den Erwerbsbiografien von Enrico und Rico anschaulich nachzeichnet. Diese Veränderungen werden in einer Reihe von Beiträgen diskutiert. Exemplarisch angeführt seien hier Mutz, Ludwig-Mayerhofer, Koenen, Eder und Bonß (1995), Icking (2004) und Hardering (2011). Insgesamt zeigt sich darin, dass frühere Generationen beispielsweise noch auf eine relativ stabile und zum Großteil typisch männliche Erwerbsbiografie vertrauen konnten, die in der Regel nach der Ausbildung mit dem Eintritt in den Arbeitsmarkt begann, in dem man prototypisch weitestgehend ohne Brüche und Wechsel des Arbeitsplatzes bis zum pensionsbedingten Austritt verblieb. Die Erwerbsbiografien jüngerer Generationen sind hingegen durch die Veränderungen der Arbeitsmarktstrukturen und Qualifikationsbedarfe höchst dynamisch geworden. „Berufliche Auf- und Abstiege sind eng miteinander verwoben. Karrierebrüche, Nach-, Weiter- und Neuerwerb von Qualifikationen, Branchenwechsel und Arbeitslosigkeit lassen den früheren, als stabil gedachten und vorwiegend auf Männer beschränkten erwerbsbiografischen Erwartungsfahrplan, der in unseren Köpfen trotz wandelnder Realitäten immer noch existiert, zusehends verblassen. Gegenüber dem im Lebenslauf geordneten Diktat der ‚stabilen Normalerwerbsbiografie' gewinnen, den sich verändernden Bedingungen gemäß handlungsanleitende subjektive Konstruktionen von Lebensverläufen an Bedeutung" (Anastasiadis 2007, S. 57). Alles in allem haben Patchwork-Existenzen mittlerweile die linearen Berufsbiografien ersetzt (vgl. Anastasiadis 2006, S. 122).

Vor diesen hier angedeuteten Flexibilisierungen in der Arbeitswelt stehen die Existenzsicherung und die integrative Funktion der Erwerbsarbeit infrage. Erwerbsarbeit ist somit kein Garant mehr für Existenzsicherung und für Wirtschafts- sowie Wohlstandswachstum. Demzufolge büßen auch die sinnstiftenden Elemente der Erwerbsarbeit – also Erfolg, Selbstverwirklichung, Leistung, sozialer Status – an Bedeutung ein. Darüber hinaus hat die strukturelle Bedingtheit der Arbeitslosigkeit Erwerbsarbeit inzwischen zum allgemeinen und allgegenwärtigen biografischen Risiko werden lassen (vgl. Böhnisch 1999, S. 221). Nach Beck (2007b, S. 103) ist Unsicherheit das grundlegende Prinzip der zweiten Moderne. Arbeit, Gesellschaft und Politik sind durch Unsicherheiten geprägt. Unsicherheit ist demnach kein Übergangsphänomen, sondern Bestandteil der flexiblen Arbeitsgesellschaft. „Es wird allmählich klar, daß Arbeitslosigkeit und das Prekärwerden der Beschäftigung in der gegenwärtigen Modernisierungsdynamik fest verankert sind. Sie sind die zwangsläufigen Konsequenzen aus der neuartigen Strukturierung der Beschäftigung, der Schatten, den der industrielle Umbau und der Kampf um Wettbewerbsfähigkeit auf sehr viele Menschen wirft“ (Castel 2000, S. 350). Fraglich ist, ob vor diesen Hintergründen noch von einer Arbeitsgesellschaft an sich gesprochen werden kann. Der Wandel von der fordistischen zur flexiblen Arbeitsgesellschaft wird allenfalls begleitet von zahlreichen Endprognosen: Dahrendorf (1983, S. 94) spricht schon Anfang der 1980er-Jahre vom „Verfall der Arbeitsgesellschaft“, Rifkin (2003) diagnostiziert Mitte der 1990er-Jahre das „Ende der Arbeit“[52], Gorz (1985, S. 53) kündigt Mitte der 1980er-Jahre ein „Zeitalter der Beseitigung der Arbeit“ an, zur Jahrtausendwende erklärt er die Arbeitsgesellschaft schließlich für tot (Gorz 2000, S. 82). Demgegenüber empfiehlt Beck (2000, S. 8) in Anlehnung an Vobruba (1998, S. 78), nicht vom Ende der Arbeit bzw. Erwerbstätigkeit, sondern vom „Ende der Vollbeschäftigungsgesellschaft“ zu sprechen. Auch für Galuske ist die Arbeit nach wie vor real, „aber sie legt sich ein neues Gewand zu. Die Arbeitsgesellschaft geht über von ihrem geregelten, fordistischen in ihr flexibles Stadium“ (Galuske 2002, S. 165). Beck rückt das Nichtwahrhabenwollen des Wandels in den Mittelpunkt seiner kritischen Betrachtungen. „Die Norm der Vollbeschäftigung liegt in Scherben. Doch sie wird weiter verkündet als Ziel einer Politik, die sich dadurch immer tiefer im Teufelskreis enttäuschter Hoffnungen verfängt“ (Beck 2006, S. 9).

Dieses Festhalten am Vollbeschäftigungsideal verdeutlicht sich beispielsweise in der Zielstellung der österreichischen Arbeitsmarktpolitik.[53] Gemäß dem Arbeitsmarktförderungsgesetz gilt es, „mit allen zu Gebote stehenden Mitteln zur Erreichung und Aufrechterhaltung der Vollbeschäftigung und zur optimalen Funktionsfähigkeit des Arbeitsmarktes beizutragen“ (Bundeskanzleramt 2016b, Abschnitt 1 § 1). In der nationalen Adaption der „Europa 2020. Eine Strategie für intelligentes, nachhaltiges und integratives Wachstum“ (Europäische Kommission 2010a) wird eine Erwerbstätigenquote von 77 bis 78 % der österreichischen Bevölkerung zwischen 20 und 64 Jahren festgesetzt (vgl. Ziegler & Sturm 2015, S. 1). Unsicherheiten sollen durch gezielte wirtschafts- und sozialpolitische Maßnahmen wie beispielsweise die „Innovationsunion“ oder die „Plattform zur Bekämpfung von Armut“ verringert werden (vgl. ebd., S. 2).

In einer Zusammenschau der europäischen arbeitsmarktpolitischen Reaktionen seit den späten 1990er-Jahren wird ersichtlich, dass sich diese je nach

52 Die amerikanische Originalausgabe erschien 1995 unter dem Titel „The End of Work“.

53 Wie sich die Soziale Arbeit in diesem an Systemintegration orientierten Verständnis von Arbeit positioniert, ist Gegenstand in Kapitel 6.1.

politischen Akzenten zwischen Flexibilisierung und Stabilisierung mit gleichsamen Regulierungs- und Deregulierungsbestrebungen bewegen. Strategien, um die Arbeitslosenquoten gering zu halten, reichen dabei von Arbeitszeitverkürzungen ohne Lohnausgleich über Investitionsförderungen bis zu Verkürzungen der Lebensarbeitszeit durch verschiedene Karenz- und Pensionsmodelle, Forcierung der Teilzeitbeschäftigung und Lohnsubventionen von Problemgruppen (vgl. Anastasiadis 2006, S. 117 f.).[54] Darin spiegelt sich der Traum von Kontinuität wider, der sich allerdings im Trend der Institutionalisierung von Flexibilität realisiert. Doch größere Flexibilität kann man laut Giddens (2001, S. 86) „nicht umsonst haben – sie erfordert Kompromisse". Giarini und Liedtke (1998, S. 131) halten in ihrem Bericht an den ‚Club of Rome' dazu Folgendes fest: „Die Frage, wie stark der Arbeitsmarkt reguliert oder dereguliert werden muß, ist zwar eine politische Frage und umfaßt zahlreiche moralische und philosophische Aspekte, die sich nicht mathematisch optimieren lassen, doch der Bedarf an neuen Lösungen für das gegenwärtige Problem der Arbeitslosigkeit steht außer Frage."

Insgesamt bringen die in diesem Kapitel schlaglichtartig entwickelten Widerspruchskonstellationen unterschiedliche Konfliktfelder hervor, wobei es im Wesentlichen – wie bereits angedeutet – um Fragen der Verantwortung und Machtarrangements zwischen Individuen, Zivilgesellschaft, Staat und Wirtschaft sowie der Reichtums- und Risikoverteilung zwischen Regionen und Individuen geht. Die skizzierten Dynamiken liefern Einblicke, wie die Machtverhältnisse neu verhandelt werden bzw. wie mit der ungleichen Verteilung von Risiken und Reichtümern umgegangen wird. Ferner wird deutlich, dass die hier aufgeschichteten Widersprüche ineinandergreifen, dass sich soziale, ökologische, ökonomische sowie politische Konfliktfelder gleichsam darin aufladen. Giddens konstatiert, dass mit Blick auf die Risikovermeidung eine Verbindung zwischen vielen sonst getrennten Politikbereichen herzustellen ist. Die Reform des Wohlfahrtsstaates, die Einschränkungen der Turbulenzen der Weltfinanzmärkte, die Reaktionen auf den technologischen Wandel sowie auf Umweltprobleme und geopolitische Veränderungen sind horizontal im Querschnitt aufeinander abzustimmen (vgl. Giddens 1999b, S. 79 f.).

Wie den Widersprüchen und Konfliktfeldern begegnet wird, variiert tendenziell je nach Wohlfahrtsstaatsmodell, denn in ihnen existieren je andere Verantwortungs- und Solidaritätsmodelle, mit denen – wie bereits erwähnt – wiederum andere Partizipationsauffassungen verbunden sind (siehe Kapitel 2.1.2.2). So kann davon ausgegangen werden, dass die Konflikte im Sozialstaatsmodell eher mit staatlich regulierenden Verfahren und mit geringer zivilgesellschaftlicher Einbindung bearbeitet werden, während in liberalen, ‚schlanken' Staaten

54 Die Maßnahmen der österreichischen Arbeitsmarktpolitik werden in Kapitel 4.4.2 detaillierter vorgestellt.

die Verantwortung eher auf die Zivilgesellschaft verlagert wird sowie an die Selbstregulierungskräfte des Marktes geglaubt wird (vgl. Giddens 1999b, S. 18; Giddens 2001, S. 65). Konservative Staaten werden sich in einer mehrheitlich staatlich gesteuerten Verständigung zwischen Politik, Wirtschaft und Zivilgesellschaft üben. Es wird noch gezeigt (siehe Kapitel 5.3.2[55]), dass Wohlfahrtsstaats- und Zivilgesellschaftsmodelle nicht statisch sind, sondern sich verändern. Sie sind in der Dynamik zwischen Handeln und Struktur eingelassen und ‚strukturieren' sich im Duktus von Giddens. Seit den 1990er-Jahren ist vor allem in konservativen Wohlfahrtsmodellen eine steigende Verantwortungsübertragung an BürgerInnen beobachtbar. Diese Verschiebung wird, wie in der Einleitung erwähnt (siehe Kapitel 1), insbesondere in aktivierenden und ökonomisierenden Tendenzen wahrnehmbar. Die Veränderungen gehen im Wesentlichen auf das Konzept des ‚dritten Weges' zurück, dessen Intention es ist, den Dualismus zwischen Sozialismus und Neoliberalismus aufzulösen, also einen Weg zu finden, der sowohl staatliche Absicherung als auch wirtschaftliche Freiheit und eine verantwortungsbewusste Zivilgesellschaft in Aussicht stellt (vgl. Giddens 2001, S. 37). Mit dieser ausgewogenen Verantwortungsaufteilung, die Giddens (2001, S. 65) als „strukturellen Pluralismus" beschreibt, soll es gelingen, den aktuellen Widersprüchen adäquat zu begegnen. Dieser politische Weg wird nun in seinen wesentlichen Grundzügen charakterisiert, nicht zuletzt, da zentrale Elemente daraus weitreichende realpolitische Transformationen erfahren haben, die wiederum die Praxis und Diskurse der Sozialen Arbeit durchdringen.

4.2 Politik des dritten Weges

„Die bekannten politischen Ideologien haben sich erschöpft. […] Wir leben in einer durch und durch beschädigten Welt, und zur Abhilfe sind radikale Mittel nötig" (Giddens 1999c, S. 30) – so lautet die grundlegende These, die Giddens in „Jenseits von Links und Rechts"[56] aufwirft. Dort kündigt er eine politische Denkrichtung an – eine Alternative zu der an die Grenzen geratenen Biopolarität zwischen links- und rechtsgerichteter politischer Praxis. Er bezeichnet sie als eine radikal-kritische Politik, womit er ihre Zukunftsgerichtetheit betonen will,

55 In Kapitel 5.3.2 wird die Entwicklung des österreichischen Wohlfahrtsmodells in groben Zügen episodisch nachgezeichnet. Dort wird der Institutionalisierungsprozess von Sozialen Organisationen in Österreich theoretisch beleuchtet. Ihre Einbettung in den institutionellen Kontext sowie die Zusammenhänge zwischen sozialen Bewegungen und der Sozialen Arbeit werden diskutiert.

56 Die Originalausgabe erschien 1993 unter dem Titel „Beyond Left and Right. The Future of Radical Politics".

denn in Zeiten des Wandels sind Umgestaltung und Veränderungen notwendig, statt an starren, nicht mehr haltbaren Traditionen festzuhalten (vgl. Giddens 1999c, S. 19). In „Der dritte Weg. Die Erneuerung der sozialen Demokratie“ (1999b)[57] passte Giddens diese Denkrichtung in ein theoretisches Konzept ein, dem in der Folge ein weitreichendes Interesse, aber auch Kritik entgegengebracht wurde (vgl. Giddens 2001, S. 7).

Vorab ist zu erwähnen, dass der Begriff ‚dritter Weg‘ respektive ‚third way‘ nicht von Giddens entwickelt wurde, sondern in politischen Kontexten, wenn auch mit unterschiedlichen Bedeutungen versehen, gewissermaßen eine lange Tradition aufweist (vgl. 1999c, S. 37; Giddens 2001, S. 9). In den 1920er-Jahren wurde er beispielsweise von rechten Gruppierungen verwendet (vgl. Giddens 1999c, S. 37). Im ‚Kalten Krieg‘ bezeichnete sich die Sozialdemokratie mit diesem Sujet, um sich vom amerikanischen Marktliberalismus und dem sowjetischen Kommunismus abzugrenzen (vgl. Giddens 2001, S. 9). Popularität erlangte der Terminus allerdings erst durch seine Entdeckung durch die amerikanischen ‚New Democrats‘ unter Bill Clinton und die britische ‚New Labour‘ unter Tony Blair (vgl. Giddens 1999b, S. 38 und 2001, S. 9). Beide Nationen hatten längere, mit ‚Thatcherismus‘ bzw. ‚Reagonomics‘ bezeichnete, neoliberale Regierungsperioden hinter sich, was zu einer Schwächung der sozialdemokratischen Bewegung beitrug. Um die Sozialdemokratie aus der Krise zu führen, war eine Neupositionierung unumgänglich. Die unter dem Begriff ‚dritter Weg‘ vorangetriebene Neuausrichtung stellt zunächst ein parteipolitisches Programm dar, mit dem den aktuellen gesellschaftlichen Herausforderungen zeitgemäß begegnet werden soll (vgl. Giddens 1999b, S. 7 und 2001, S. 37). So rief im Jahr 1998 Tony Blair in einem Interview mit der Zeitung ‚The Guardian‘ zu einem international angelegten neuen Mitte-Links-Kompromiss auf: „The old left resisted that change. The new right did not want to manage it. We have to manage that change to produce social solidarity and prosperity“ (Tony Blair, Interview in The Guardian, 7.2.1998; zit. n. Giddens 2008, S. 1). Das Programm impliziert gleichsam eine Kritik am Neoliberalismus und an den ‚alten‘ Linken, zumal beide politischen Strömungen – so die grundlegende Auffassung – mit ihrer differenten Grundausrichtung (siehe Tabelle 1) den aus globalen Veränderungen resultierenden Problemen nicht adäquat begegnen (vgl. Giddens 1999b, S. 26 ff.).[58]

57 Die Originalausgabe erschien 1998 unter dem Titel „The Third Way. The Renewal of Social Democracy“.

58 Da hier die Kernelemente der Dritte-Weg-Politik im Zentrum stehen, kann auf die Ideale der ‚alten‘ Linken und ‚neuen‘ Rechten nicht im Detail eingegangen werden. Sie sind im Überblick in der Tabelle 1 dargelegt und werden in den Darstellungen punktuell thematisiert.

Tabelle 1: Überblick der politischen Grundausrichtungen

Ideale der ‚alten' Linken	Ideale der ‚neuen' Rechten	Gemeinsamkeiten
staatliche Eingriffe in das gesellschaftliche Zusammenleben und ökonomische Belange	schlanker Staat	lineares Modernisierungsdenken
staatlich dominierte Zivilgesellschaft	autonome Zivilgesellschaft	geringes ökologisches Bewusstsein
Kollektivismus	autoritäre Moral und ökonomischer Individualismus	Aufrechterhaltung des Ost-West-Gegensatzes
korporatistische Wirtschaftspolitik mit einer eingeschränkten Rolle des Marktes und einer ausgeprägten Gemeinwirtschaft	Marktfundamentalismus	
Vollbeschäftigung	Arbeitsmarkt reguliert sich selbst	
Gleichheit wird angestrebt	Ungleichheit wird hingenommen	
umfassender Wohlfahrtsstaat	Wohlfahrtsverständnis als Sicherungsnetz	
internationale Solidarität	traditioneller Nationalismus und neorealistische internationale Politik	

Quelle: Giddens 1999b, S. 18 (modifizierte Darstellung)

Während die ‚alte' Linke bürokratische, zentralistische, hierarchische Regierungsweisen bevorzugt, hat die Rechte die Demontage des Staates im Blick (vgl. Giddens 2001, S. 10). Soziale, ökonomische und technologische Veränderungen trugen jedoch zur sukzessiven Auflösung des in unterschiedlichen Wohlfahrtsstaaten eingebetteten „Sozialstaatskompromisses" zwischen links und rechts bei (vgl. Giddens 1999b, S. 7), wie es sich unter anderem in den genannten Widersprüchen anzeigt. Die Politik des ‚dritten Weges' versucht dahingehend, „den gegenwärtig umfangreichen gesellschaftlichen Veränderungen – der Globalisierung, der Herausbildung einer neuen, wissensgestützten Ökonomie, den Umwalzungen im Alltagsleben und der zunehmend aktiven, reflexiven Grundhaltung der Bürger – sowohl bei der Reform von Staat und Regierung als auch in der Wirtschaftspolitik Rechnung zu tragen" (Giddens 2001, S. 75). Um die Veränderungen steuern und Solidarität sowie Wohlstand entfalten zu können, bedarf es nach Giddens einer Wiederbelebung des politischen Denkens jenseits von links und rechts. Durch eine nachhaltig durchdachte und theoretisch unterlegte politische Neukonzeption, in der relevante Ideale modifiziert integriert sind und durch neue ergänzt werden, will Giddens einer kurzfristig angelegten Stegreifpolitik in theoretisch-programmatischer Form vorgreifen (vgl. Giddens 1999b, S. 12). Im Folgenden wird ein neutral gehaltener Einblick in die Entwicklung, die Werte und Programmpunkte seiner Konzeption des ‚dritten Weges' gegeben. Kritikpunkte werden in Kapitel 4.2.4 gesondert diskutiert.

4.2.1 Entwicklungslinien einer politischen Mitte

Die Entwicklung des ‚dritten Weges' verlief – wie gesagt – auf zwei miteinander verschränkten Ebenen. Zum einen auf realpolitischer Programmentwicklungsebene zwischen VertreterInnen der Sozialdemokratie in Amerika, Großbritannien und Kontinentaleuropa (vgl. Giddens 1999b, S. 8), zum anderen handelt es sich um das von Giddens ausbuchstabierte theoretische Konzept. Giddens begleitete und reflektierte als politischer Berater die realpolitischen Prozesse, womit er in seinen Worten gesprochen „in die Debatten über die Zukunft sozialdemokratischer Politik eingreifen" wollte (Giddens 1999b, S. 7). Insofern ist in den Ausführungen zur Dritte-Weg-Strategie zu differenzieren zwischen der umfassenden theoretischen Rahmung von Giddens selbst und den realpolitischen Programmen, die sich auf Teilaspekte daraus beziehen und in ihrer jeweiligen kontextspezifischen Ausrichtung tendenziell anders formuliert sind. Beispielhaft dafür kann das „Blair-Schröder-Papier" (Blair & Schröder 1999) genannt werden, das unter anderem den Grundstein für aktivierungspolitische Maßnahmen in Deutschland und auch in Österreich legte (vgl. Galuske 2002, S. 209; Stelzer-Orthofer 2008, S. 19f.). Demgegenüber handelt es sich bei der theoretischen Grundkonzeption um ein breites Programm, das allerdings Auslegungsspielräume für die politische Praxis lässt (vgl. Giddens 2001, S. 40). Giddens beschreibt es wie folgt: „Unter dem ‚dritten Weg' verstehe ich eine Theorie und eine politische Praxis, mittels deren die Sozialdemokratie den grundlegenden Veränderungen in der Welt […] Rechnung trägt" (1999b, S. 38). „[S]ie [die Politik des ‚dritten Weges', Anmk. d. Verf.] ist ein Versuch, die von Sozialdemokraten längst begonnenen Reformen weiterzuführen. Sie stellt für diese einen theoretischen Rahmen zur Verfügung, um die eigene Position besser zu [sic!] bestimmen können" (Giddens 2001, S. 40).

Als Ausgangspunkte für sozialdemokratische Reformen identifiziert Giddens fünf Dilemmata: die Globalisierung, die Individualisierung, die zunehmenden ökologischen Risiken, die tendenzielle Auflösung des bipolaren Weltbildes zwischen links und rechts bzw. zwischen Sozialismus und Marktliberalismus sowie Veränderungen im politischen Handeln selbst (Giddens 1999b, S. 39). Auf die Aspekte der Globalisierung, Individualisierung und der ökologischen Notwendigkeiten wurde bereits in den Widerspruchskonstellationen (siehe Kapitel 4.1) eingegangen. An dieser Stelle wird der als überholt geltende Unterschied zwischen links und rechts thematisiert sowie auf Facetten der Ent- bzw. Repolitisierung eingegangen, die zur Etablierung einer sogenannten politischen Mitte beitrugen.

Die normative Auflösung der Unterschiede zwischen links und rechts wurde im Wesentlichen von sozialdemokratischen ReformerInnen im Gefolge der Ereignisse im Jahr 1989, die im Zusammenbruch des sowjetischen Sozialismus gipfelten, vorangetrieben. In Großbritannien und in Kontinentaleuropa begann sich die Sozialdemokratie in Reformprozessen, die als Vorläufer des ‚dritten Weges' gelesen werden können, sukzessive von ihren, wie in Tabelle 1 ausgewiesenen, ‚klassischen' Idealen zu lösen (vgl. Giddens 2001, S. 39). Auf der Agenda standen Aspekte wie die Anerkennung der individuellen Freiheiten, die Rücknahme der Verstaatlichungsbestrebungen der Wirtschaft, die Fokussierung auf wirtschaftliche Produktivität, die Lösung von der korporatistischen Einbindung von Gewerkschaften und anderen Interessenvertretungen, die Flexibilisierung und Deregulierung der Arbeitsstrukturen, der Aufmerksamkeitszuwachs gegenüber ökologischen Fragen und die Diskussion über partizipative Politikformen (vgl. Giddens 1999b, S. 29). Hervorzuheben ist das 1989 verabschiedete Grundsatzprogramm der Sozialdemokratischen Partei Deutschlands (SPD), das bereits zentrale Merkmale des ‚dritten Weges' integrierte. So wurde dort erstmals dem Umweltschutz ein relevanter Platz eingeräumt und auch als Quelle wirtschaftlichen Wachstums aufgefasst. Eine Lösung von der Kollektivität und Solidarität ist darin bemerkbar, dass den gesellschaftlichen Beiträgen Einzelner und dem wirtschaftlichen Wettbewerb größeres Gewicht beigemessen wird. Zugleich wird das Dogma staatlicher Eingriffe in die wirtschaftliche und soziale Ordnung tendenziell zurückgenommen (vgl. ebd., S. 31). Staatliche Verantwortung wird bedarfsorientiert definiert. So heißt es dort, dass „[e]s immer neu zu prüfen [ist], was jeweils der Lebensqualität der Menschen eher zugute kommt: die Steigerung des privaten Konsums oder die bessere Erfüllung öffentlicher Aufgaben" (Entwurf für ein neues Grundsatzprogramm der Sozialdemokratischen Partei Deutschlands, Juni 1986, S. 27f.; zit. n. Giddens 1999b, S. 31). Dieses Programm belegt, dass es sich beim ‚dritten Weg' nicht ausschließlich um ein in neoliberalen Kontexten entwickeltes Programm handelt, sondern im konservativen Wohlfahrtsstaat durch sozialdemokratische RegierungsvertreterInnen mitbestimmt wurde, um neue Lösungen zu finden. Die Sozialdemokratie übernahm für sich darin deutlich Werte und Ideale eines sich ausbreitenden Neoliberalismus.

Als Motive für die tendenzielle Adaption der Ideale ihrer KontrahentInnen identifiziert Giddens pragmatische parteipolitische sowie inhaltlich notwendige Gründe. Pragmatisch-parteipolitisch gedacht ist ein prinzipielles Festhalten an den alten Idealen hinsichtlich sich verändernder WählerInnenmilieus nicht mehr länger haltbar, denn der gesellschaftliche Strukturwandel leitete eine Erosion der klassenbezogenen Wählerschichtaufteilung ein (vgl. Giddens 1999b, S. 35). In der Folge ist der Sozialdemokratie ihre Kernwählerschicht – die Arbeiterklasse – abhandengekommen (vgl. Giddens 1999b, S. 32), die sich in eine neue Mittelschicht und eine prekäre, am unteren gesellschaftlichen Rand liegende Schicht ausdifferenziert hat. Während sich die ‚alte' Linke und auch die neue ‚extreme' Linke, aktuell vertreten beispielsweise durch die griechische ‚Syriza' oder die spanische ‚Podemos', sowie die extreme Rechte, die unter anderem durch den ‚Front national' in Frankreich, die Freiheitliche Partei Österreich

(FPÖ) und die YUKIP in Großbritannien repräsentiert wird, an Letztere wenden, werden die Ansprüche von Ersteren tendenziell vernachlässigt. Dies trägt zu einer wachsenden Entpolitisierung bzw. Entfremdung zwischen der aktiven Mehrheit und dem politischen System bei. Als Beleg hierfür kann die im Zusammenhang mit den Partizipationsformaten bereits angesprochene (siehe Kapitel 2.2.2) schwindende Wahlbeteiligung gelesen werden. Beck (1993) spricht diesbezüglich von der „Partei der Nichtwähler" (vgl. ebd., S. 219). Das gleichzeitig zu beobachtende steigende politische Engagement abseits von traditionellen Parteiensystemen im Modus von sozialen Bewegungen und Protestereignissen (siehe Kapitel 2.1.2.5 und 3.1.1) verweist hingegen weniger auf eine Entpolitisierung, sondern auf eine Veränderung im politischen Handeln selbst – auf die Entstehung einer „Subpolitik" (ebd., S. 154) oder auf eine Politik, die aus dem Parlament in die Gesellschaft abgewandert ist (vgl. Giddens 1999b, S. 62). Laut Beck haben „die Bürgerinitiativen thematisch die Macht ergriffen. Sie waren es, die gegen den Widerstand der etablierten Parteien die Themen einer gefährdeten Welt auf die Tagesordnung gesetzt haben" (Beck 1993, S. 157). Insofern ist eine Bereitschaft, von diesen Bewegungen zu lernen, unumgänglich (vgl. Giddens 1999b, S. 67). Mit einer sozialdemokratischen Neuausrichtung sollen insbesondere die neue Mittelschicht und eine kritische Wählerschaft gezielter angesprochen werden.

Inhaltlich gedacht sind es die bereits erwähnten neuen gesellschaftlichen Aufgabenstellungen, die eine zukunftsgerichtete Politik verlangen. In Zeiten, in denen gesellschaftliche Institutionen – politische wie ökonomische – den gesellschaftlichen Zusammenhalt nicht mehr ausreichend sicherstellen können, resultieren neue Ungleichheiten sowie Risiken auf globaler und nationaler Ebene. Da die klassische Linke jedoch keine Alternative zum Kapitalismus anbieten konnte, begann sie sich mit neoliberalen Grundzügen zu arrangieren, wobei sie sich auf Fragen nach dem bedarfsorientierten Ausmaß staatlicher Steuerungskapazitäten beschränkte. Giddens beschreibt die Programmentwürfe der Sozialdemokratie als ein opportunistisches Zubewegen auf eine politische Mitte, die sich in Kompromissen konkretisiert (vgl. Giddens 1999b, S. 57 f.). In diesen Annäherungen werden jedoch nicht alle Ideale und Werte der ‚neuen' Rechten übernommen, sondern es werden wesentliche Grundzüge beibehalten, wodurch Reibungspunkte zwischen links und rechts bestehen bleiben. Einen solchen sieht Giddens in der Gleichheitsfrage. Während im Neoliberalismus Ungleichheit hingenommen wird, strebt die Sozialdemokratie nach wie vor größtmögliche Gleichheit an (vgl. ebd., S. 53). Insofern bestehen in einzelnen Bereichen – trotz Annäherungen in anderen – Unterschiede. Die große Differenz ist jedoch nicht mehr in dem gewohnten Ausmaß gegeben.

4.2.2 Werte

Neue gesellschaftliche Herausforderungen benötigen nach Giddens Lösungen, die sich nicht aus dem Links-rechts-Schema heraus entwickeln lassen. Sie stellen große Fragen, die radikaler Überlegungen und konkreter Entscheidungen bedürfen (vgl. ebd., S. 60). Der ‚dritte Weg' setzt dahingehend neue Wertmaßstäbe, mit dem grundlegenden Ziel, „den Bürgern dabei zu helfen, sich ihren Weg durch die großen Revolutionen unserer Zeit zu bahnen" (ebd., S. 80). Für die aus den Widersprüchen zwischen Individualisierung und Solidarisierung, Globalisierung und Regionalisierung, Flexibilisierung und Kontinuität sowie Wirtschaftswachstum und ökologische Belastungen entstehenden Konfliktzonen gilt es, verbindende strukturelle Rahmungen zu entwickeln, die eine individuelle Konfliktbewältigung unterstützen (vgl. ebd., S. 80). Die hier angesprochene Dualität von unterstützenden Strukturen und individueller Verantwortung durchzieht die Wertelandschaft des ‚dritten Weges', die auf sechs Prinzipien basiert (vgl. ebd., S. 80 ff.; siehe Abbildung 8 in Kapitel 4.2.4):

1) Die Bejahung der Globalisierung. Diese Bejahung erfolgt nicht uneingeschränkt. Vielmehr gilt es, die negativen sozialen, kulturellen und ökonomischen Folgen eines uneingeschränkten Marktes im neoliberalen Stil einzudämmen. Ebenso sollen gegenläufige extreme Entwicklungen eines ökonomischen und kulturellen Protektionismus bekämpft werden, wie sie von den extremen Rechten propagiert werden. Erstrebenswert ist es, die kreativen Kräfte einer sich ergänzenden Regional- und Globalwirtschaft zu fördern sowie nach den Mustern eines ‚kosmopolitischen Pluralismus' (siehe Kapitel 4.2.3) zu handeln, in dem mehrfache nationale Identitäten toleriert werden.

2) Freiheit als selbstbestimmtes Handeln begreifen. Mit der Anerkennung der Freiheit respektive dem selbstbestimmten Handeln ist der Verzicht auf klassisch bindende kollektive Lösungsstrategien verbunden. Damit einhergehen muss nach Giddens die Wahrnehmung der gesellschaftlichen Umwelt, in die das selbstbestimmte Handeln eingebettet ist. Insofern ist das Verhältnis von Individuum und Gesellschaft in den Blick zu nehmen und vor sich verändernden Umständen neu zu bestimmen.

3) Soziale Gerechtigkeit. Die Auflösung von Ungleichheiten muss nach Giddens ein Kernthema demokratischer Gesellschaften sein, denn ungleiche Gesellschaften gefährden den sozialen Zusammenhalt (vgl. Wilkinson & Pickett 2010, S. 65 ff.), führen zu Unzufriedenheit und Konflikten (vgl. Giddens 1999b, S. 55). Insofern ist es ein Hauptanliegen, Schwächere und Verletzliche zu schützen und dabei gleichzeitig Strukturen zu schaffen, die den Handlungsspielraum der Einzelnen erweitern. Im Einklang mit dem Ideal einer inklusiven Gesellschaft (siehe Kapitel 2.1.2.2) soll Gleichheit zur Vielfalt beitragen (vgl. ebd., S. 118). Umverteilung ist daher im Sinne des Capability Approach als Chancenverteilung zu begreifen. „Die Förderung menschlicher Kreativität und Möglichkeiten sollte, soweit es geht, eine nachträgliche Umverteilung ersetzen" (ebd., S. 118), die es in Fällen, „wenn alles schiefgeht", ebenso sicherzustellen gilt. Zudem wird die Erreichung einer Chancengleichheit ohne ökonomische Umverteilung als nicht realistisch beurteilt (vgl. Giddens 2001, S. 134).

4) Keine Rechte ohne Pflichten. Auch wenn sich der Staat zum Schutz der Schwächeren verpflichtet, sind sozialstaatliche Sicherungsrechte nicht als „unbedingte Ansprüche" zu verstehen (Giddens 1999b, S. 81). Sozialsysteme sollen keine Abhängigkeiten erzeugen, sondern die individuellen Handlungschancen in einer individualisierten Welt erhöhen. Insofern sind Verpflichtungen zur Wahrnehmung und Ausweitung der Handlungschancen auch vonseiten der Individuen einzufordern. Soziale Sicherung wird als ein auf Gegenseitigkeit beruhendes System gedacht, das für alle gilt. Mit Nachdruck betont Giddens (2001, S. 62), dass ein solches System einen neuen Gesellschaftsvertrag voraussetzt, denn „wer gesellschaftlich erzeugte Güter in Anspruch nimmt, sollte sie verantwortlich nutzen und der Gesellschaft etwas zurückgeben". Das Prinzip „keine Rechte ohne Verpflichtung" gilt gleichermaßen für PolitikerInnen und BürgerInnen, Arme und Reiche, UnternehmerInnen und Privatpersonen (vgl. ebd.).

5) Keine Entscheidungsmacht ohne demokratisches Verfahren. Autoritäten und Entscheidungen sind nicht länger aus der Tradition und Gewohnheit herleitbar, sondern haben sich in den Erfahrungen einer pluralisierten und enttraditionalisierten Gesellschaft zu begründen. Die Hereinnahme der aktiven BürgerInnengesellschaft sowie die Ausweitung demokratischer Verfahrensweisen sind unabdingbar. Den Skeptizismus gegenüber politischen Klientelismus betont Giddens an anderer Stelle wie folgt: „Welche politischen Maßnahmen einzelne Regierungen treffen – die Politik des dritten Wegs darf auf die gesellschaftliche Machtverteilung aus Prinzip keine Rücksicht nehmen. Interessengruppen und mächtige Vereinigungen muß jede ihrem Programm verpflichtete Regierung links der Mitte in ihre Schranken weisen" (Giddens 2001, S. 47).

6) Ökologische Modernisierung im Modus des philosophischen Konservatismus. Die Reaktion auf ökologische Probleme bedarf einer Abkehr vom linearen Modernisierungsdenken. Im Sinne einer ökologischen Modernisierung gilt es, Kontinuität unter dem Einsatz wissenschaftlicher und technischer Innovation zu wahren. Insofern sind Wissenschaft und Technik in demokratische Verfahren miteinzubeziehen. Der philosophische Konservatismus „plädiert für eine pragmatische Einstellung bei der Bewältigung des Wandels" (Giddens

1999b, S. 84). Respekt vor der Vergangenheit und die Entwicklung von Vorbeugemaßnahmen sind gleichermaßen gefordert.

Insgesamt zielt der Wertekanon des ‚dritten Weges' auf eine Modernisierung der Demokratie im Sinne der Fortschrittlichkeit der Demokratie ab. Dabei steht die Wiederbelebung der Solidarität zwischen Individuen und Institutionen im Zentrum, um den gesellschaftlichen Zusammenhalt auf nationaler und globaler Ebene zu stärken sowie größtmögliche Inklusion zu erreichen und ökologische Gefährdungslagen zu vermeiden. „Chancengleichheit, persönliche Verantwortung und die aktive Beteiligung von Bürgern und Gemeinschaften gelten als Eckpfeiler der neuen Fortschrittlichkeit" (Giddens 2001, S. 10). Zur Realisierung dieser Prinzipien stellt Giddens Entwicklungsschritte in drei Zonen zur Diskussion (siehe Abbildung 8 in Kapitel 4.2.4).

4.2.3 Programmpunkte

Im Sinne der Ausweitung und Vertiefung der Demokratie sind *Reformen von Staat und Regierungen* notwendig. Diese Reformen stellen die *erste Entwicklungszone (1)* dar. Wie in der Tabelle 1 dargestellt zielen die Neoliberalen darauf ab, den Staat klein zu halten, die SozialdemokratInnen hingegen wollen ihn erweitern. „Der dritte Weg geht von der Notwendigkeit aus, ihn umzugestalten" (Giddens 1999b, S. 86). Anknüpfend an die Veränderungstendenz im politischen Handeln (siehe Kapitel 4.2.1), die in einem wahrnehmbaren Bedeutungszuwachs der aktiven und reflexiven BürgerInnengesellschaft ablesbar sind, in der sich das Verlangen nach Selbstbestimmung ausdrückt, konstatiert Giddens (1999b, S. 87), dass „[d]er Demokratisierungsprozess die Demokratie überflügelt. [...] Die Demokratie ist in der Krise, weil sie nicht demokratisch genug ist". Die Frage, ob mehr oder weniger Staat, ist dahingehend obsolet. Vielmehr stellt sich die Frage, wie sich Staat und Regierung an diese neuen Umstände anpassen und Entscheidungsprozesse „unter Beteiligung aller" (ebd., S. 88) gewährleisten können. Giddens' Antworten beziehen sich auf zwei Aspekte: zum einen auf die Notwendigkeit der Demokratisierung der Demokratie und zum anderen auf die Förderung zivilgesellschaftlicher Potenziale[59], denn „die demokratische Ordnung ist ebenso wie eine effiziente Marktwirtschaft auf eine florierende Zivilgesellschaft angewiesen" (Giddens 2001, S. 61), die mehr noch als der Staat das Fundament einer staatsbürgerlichen Ordnung bildet (vgl. ebd., S. 75).

59 Auf die Begrifflichkeit ‚Zivilgesellschaft' wird, wie bereits erwähnt, detailliert in Kapitel 5.3.1.3 eingegangen.

1a) Demokratisierung der Demokratie. Mit Blick auf die Demokratisierung der Demokratie schlägt Giddens (1999b, S. 88ff.) fünf Akzente eines neuen demokratischen Staates vor:

- Mit einer *Dezentralisierung*, die eine gleichsame Machtverlagerung nach oben und nach unten im Sinne einer „doppelten Demokratisierung" impliziert, wird eine auf Wechselseitigkeit beruhende Verantwortungsaufteilung zwischen globalen und nationalen Räumen, wie sie in den Sphärenmodellen schablonisiert sind (siehe Kapitel 2.2.4), angestrebt. Die Europäische Union würde beispielsweise ohne nationalstaatliche Rückbindung nicht funktionieren. Ebenso verhält es sich mit einer nationalstaatlichen Fragmentierung im Zeitalter der Globalisierung, wenn diese nicht in suprapolitische Institutionen eingebunden sind. Interessenkonflikte sind in einem einvernehmlichen Austausch zu verhandeln. Wie schwierig sich dies gestalten kann, wird in den aktuellen Debatten zur Lösung der Flüchtlingsproblematik deutlich.
- Zudem bedarf es an *Transparenz und Offenheit*. Die Öffentlichkeit ist verstärkt in Regierungsprozesse einzubeziehen, um das Vertrauen und die politische Öffentlichkeit wiederzubeleben. Zentral dabei ist es, Maßnahmen gegen Korruption und Privilegien zu setzen.
- Mit einer *effizienten Verwaltung* gilt es, die Leistungsfähigkeit der öffentlichen Verwaltung zu steigern. Diese ist an die flexiblen Bedingungen anzupassen, um rasch auf Veränderungen reagieren zu können. Aus der Privatwirtschaft adaptierte Verfahren, wie z.B. Zielkontrollen, dezentralisierte Entscheidungsprozesse und ein größeres Mitspracherecht der MitarbeiterInnen können die Effizienz steigern. Dabei sollen die Leistungen verbessert und nicht verringert werden. Die Implementierung marktwirtschaftlicher Lösungsstrategien in den öffentlichen Handlungskontext soll nicht zur Vermarktung bzw. zur Entstehung von „Quasi-Märkten" – wie es Giddens (2001, S. 68) betont – führen, sondern zur Stärkung der Position des Staates gegenüber dem Markt. Darin fundieren sich ‚New-Public-Management'-Initiativen, die unter anderem zur Ökonomisierung sozialer Dienste führen, wie es in Kapitel 4.4.3 noch diskutiert und in Kapitel 7.1 empirisch ausgewiesen wird.
- Durch die Ausweitung *demokratischer Verfahren* abseits von Wahlen durch „Demokratieexperimente" (Giddens 1999b, S. 91) soll der direkte Kontakt mit den BürgerInnen gepflegt werden, deren Einschätzungen sollen in Entscheidungsabläufe Eingang finden. Referenden, BürgerInnenversammlungen und direkte demokratische Verfahren würden die politischen Partizipationsmöglichkeiten erhöhen. Voraussetzung dafür ist, Informations- und Meinungsbildungsstrukturen zu schaffen, denn Mitentscheiden-Können ist mit Kenntnissen über den Entscheidungsgegenstand verknüpft, wie es bereits in Kapitel 2.2.4 besprochen wurde.

- Des Weiteren hat der *Staat als Risikomanager* zu fungieren. Es gilt, Regulative einzuführen, um durch wissenschaftliche und technologische Fortschritte bedingte Risiken einzudämmen bzw. diesen vorzubeugen und ethische Fragen zu klären. Auch hier wird ein partizipatives Herangehen betont, denn „[a]uf diesen Gebieten können Entscheidungen nicht den ‚Experten' überlassen werden, sondern müssen unter Teilnahme der Politiker und Bürger getroffen werden" (Giddens 1999b, S. 74).

Giddens (1999b, S. 93) verweist darauf, dass der so gefasste „neue demokratische Staat" freilich einem Ideal gleicht, denn alle Reformen bringen ihre je eigenen Komplikationen mit sich und deren Auflösung ist an je spezifische Bedingungen zu knüpfen (vgl. ebd.). Die Einbindung der BürgerInnen in Entscheidungsprozesse ist dabei ein wesentliches Element. Diesen Anspruch hebt er in der generell notwendigen Förderung zivilgesellschaftlicher Potenziale hervor, wobei hier auf eine partnerschaftliche Zusammenarbeit zwischen Staat und Zivilgesellschaft abzuzielen ist. Diese impliziert eine wechselseitige Unterstützung und gegenseitige Kontrolle (vgl. ebd., S. 95). Diese kooperative Ausrichtung unterscheidet sich von der traditionellen Auffassung der Linken und der Rechten wesentlich (siehe Tabelle 1). Während Erstere einer Zivilgesellschaft tendenziell misstrauen und eine Aushöhlung ihrer Verantwortung durch einen starken Staat vorantreiben, überlassen Letztere die Zivilgesellschaft mehr oder weniger sich selbst. Die Aufgabe des Staates im ‚dritten Weg' hingegen ist es, die Zivilgesellschaft zu fördern, diese zu unterstützen, aktiv einzubeziehen und auch als kritisches Gegenüber zu begreifen.

1b) Erneuerung der Zivilgesellschaft. Dazu arbeitet Giddens (1999b, S. 95 ff.) drei Schlüsselkriterien heraus:

- Erstens gilt es, die *Gemeinschaft durch lokale Initiativen* zu erneuern, um den durch die Enttraditionalisierung, Individualisierung und Globalisierung gefährdeten sozialen Zusammenhalt zu beleben. In der Tradition einer sozialraumorientierten Gemeinwesenarbeit (siehe Kapitel 2.3.1) sollen die Stadtviertel, Gemeinden und Städte sozial und materiell wiederbelebt werden. Hier sind direkte Implikationen zur Sozialen Arbeit erkennbar.
- Zweitens ist der *Dritte Sektor*[60] zu unterstützen. Er wird als Inspirationsquelle für die regionale Wirtschaft und das Empowerment von benachteiligten Personen identifiziert. Regionalwirtschaftliche Förderung unter Ein-

60 In der deutschen Übersetzung wird der Begriff „gemeinnütziger Sektor" verwendet. Im englischen Original spricht Giddens vom „third sector" (vgl. Giddens 2008, S. 79), was hier beibehalten wird. Zur begrifflichen Nuancierung siehe die Ausführungen in Kapitel 5.2.1.

bindung des Dritten Sektors impliziert zum einen Anreizsysteme für die Wirtschaft, wie es beispielsweise durch Kleinkredite oder steuerliche Erleichterungen unter der Bedingung, dass Gewinne in das Unternehmen und in die Region rückinvestiert werden, gewährleistet wird. Solche Unterstützungen fallen im Wesentlichen in den Ermessensbereich der Regionalpolitik, die jedoch oftmals an nationale Vorgaben gebunden ist. Zum anderen gilt es, dem sozialen Unternehmertum im Sinne von ‚Social Enterprises' und mitunter auch ‚Social Entrepreneurs' (siehe Kapitel 5.2.1) eine erhöhte Aufmerksamkeit zu schenken. Diese Organisationen fördern die lokale Autonomie und gestalten die Gesellschaft von unten nach oben bedarfsorientiert wesentlich mit. Durch ihre Kooperationspotenziale mit der Bevölkerung, den regionalen Unternehmen und der Politik, die in den empirischen Arbeiten klar hervortreten (siehe Kapitel 7.5), schaffen sie öffentliche Räume, womit das dritte Schlüsselkriterium angesprochen ist.

- Es bedarf einer *politischen Öffentlichkeit* auf lokaler und nationaler Ebene in gegenseitiger Bedingtheit. Parallelen zur Dezentralisierung werden hier erkennbar. Die Wechselseitigkeit wird hier allerdings zwischen dem regionalen und nationalen Raum verortet, wobei insbesondere auf das Steuerungsmaß zu achten ist. Zu viele Eingriffe vonseiten des Staates würden die Etablierung einer lokalen politischen Öffentlichkeit einschränken. Zu wenig Einfluss hingegen würde zu Konflikten führen. Der Staat müsse daher schützend eingreifen, um die Einzelnen vor Interessenkonflikten zu bewahren und – wie Giddens andernorts hervorhebt – einer Politik der Identitäten vorzugreifen, die den Boden für gesellschaftliche Spaltungsprozesse bereitet (vgl. Giddens 2001, S. 74).

Während sich die Entwicklungen in dieser ersten Zone auf Partizipationsmöglichkeiten in Hinblick auf die ‚Gestaltung des Sozialen' beziehen, die im Partizipationsraummodell (siehe Kapitel 2.3.3) auf der strategischen, politischen und globalen Sphäre einzuordnen sind, konzentrieren sich die Vorschläge in der *zweiten Zone* auf die *Umgestaltung des Staates (2)* selbst, was unter anderem die individuellen Anspruchsrechte und sozialstaatlichen Strukturen tangiert. Ausgangspunkt dafür stellt eine Verbindung von sozialen mit den ökonomischen Grundlagen der Wohlstandsproduktion dar (vgl. Giddens 2001, S. 62). Während die traditionellen Linken auf die soziale Dimension fokussieren und eine umfassende Absicherung durch ausgebaute Wohlfahrtsstaatsmodelle im Blick haben, orientieren sich die Rechten am Ausbau der wirtschaftlichen Wettbewerbsfähigkeit, die minimalen Schutz durch ein soziales Sicherungsnetz gewährt (siehe Tabelle 1). Hier wird Ungleichheit als etwas Gegebenes hingenommen, wohingegen im umfassenden Wohlfahrtsstaat auf größtmögliche Gleichheit abgezielt wird. Der ‚dritte Weg' definiert die Rolle des Staates hingegen als Investor, zum einen in das Humankapital, zum anderen in die wirtschaftliche

Infrastruktur (vgl. Giddens 1999b, S. 117). Mit dieser dualen Ausrichtung wird versucht, dem Ideal einer inklusiven Gesellschaft weitestgehend gerecht zu werden. Die wirtschaftspolitische Neuausrichtung konkretisiert sich im Modell der ‚neuen gemischten Wirtschaft', die des Wohlfahrtsstaates im Konzept der ‚positiven Wohlfahrt'.

2a) Gemischte Wirtschaft. Eine ‚neue' gemischte Wirtschaft hebt sich nach Giddens von bestehenden Formen dahingehend ab, dass Synergieeffekte zwischen dem öffentlichen und dem privaten Sektor besondere Betonung finden. Die Dynamiken des Marktes gilt es für die Erbringung öffentlicher Aufgaben verstärkt zu nutzen (vgl. Giddens 1999b, S. 117). Dazu wird es einerseits notwendig sein, auf ein Gleichgewicht zwischen Regulierung und Deregulierung auf nationaler, regionaler und transnationaler Ebene zu achten (vgl. ebd.), wobei es die Macht von Großkonzernen durch internationale Rechte einzugrenzen gilt und über wirtschaftspolitische Strategien ihre soziale und ökologische Verantwortung einzufordern sind (vgl. Giddens 2001, S. 62). Andererseits sollen die ökonomischen und die nicht ökonomischen Sphären – respektive Teile des Dritten Sektors, die informelle und familiäre Ökonomie – als gleichwertig betrachtet werden (vgl. Giddens 1999b, S. 117).

Diese neue gemischte Wirtschaft wird von Giddens nicht näher ausgeführt. Erkennbar wird in den Vorschlägen jedoch die gemeinsame Verantwortungsaufteilung zwischen Wirtschaft, Staat und Zivilgesellschaft, die ein Grundprinzip des ‚dritten Weges' darstellt. Als Ziele der Wirtschaftspolitik des ‚dritten Weges' formuliert Giddens (2001, S. 83) folgende: „eine niedrige Inflationsrate, eine möglichst geringe Neuverschuldung des Staates sowie die Förderung des Wirtschaftswachstums und die Schaffung von Arbeitsplätzen mithilfe angebotsorientierter Maßnahmen". Zentral ist dabei die Förderung des Unternehmergeistes unter anderem durch staatliche Subventionen von Innovationsprojekten und -partnerschaften zwischen Wirtschaft und Forschung (vgl. ebd., S. 91), denn „erfolgreiche Unternehmer sind auch Erneuerer, die von anderen übersehene Möglichkeiten entdecken oder von anderen gescheute Risiken eingehen" (ebd., S. 85). Dieser Grundsatz gilt nicht nur für das wirtschaftliche, sondern auch für das soziale Unternehmertum (vgl. ebd., S. 86).

2b) Positive Wohlfahrt. Mit der ‚positiven Wohlfahrt' wird eine Umgestaltung des Wohlfahrtsstaates angedeutet, die zum einen an Kritikpunkten an aktuellen Wohlfahrtsstaatsmodellen insgesamt anknüpft und zum anderen auf gesellschaftliche Wandlungsprozesse reagiert, die Modifikationen als notwendig erscheinen lassen (vgl. Giddens 1999b, S. 132 f.).

Aus neoliberaler Sicht wird der Wohlfahrtsstaat als ein undemokratisches Instrument zur Umverteilung von oben nach unten identifiziert. Wohlfahrtsstaatliche Institutionen gelten demnach als bürokratisch, lebensweltfremd und ineffizient. Fürsorge und Sozialleistungen wirken bevormundend, erzeugen Abhängigkeiten und schränken persönliche Freiheiten und Wahlmöglichkeiten sowie individuelle Entwicklungsräume ein. So tendieren sie dazu, Exklusion zu verstärken (vgl. ebd., S. 132). Sie erreichen oft nicht das angestrebte Ziel und „verführen zu unehrlichem Verhalten" (ebd., S. 134). Als Beispiel führt Giddens (1999b, S. 134f.) den Bezug von Arbeitslosengeld an, das in einer kritischen Situation zur Deckung des Lebensunterhaltes dient und den Weg aus der Krise unterstützen soll. Wenn es allerdings die langfristige Abnabelung vom Arbeitsmarkt bewirkt, wird die Abnabelung zu einer „dauerhaften sozialen Gewohnheit", die die Exklusion und nicht die Inklusion fördert.

Die Politik des ‚dritten Weges' sucht demgegenüber nach Lösungen, um das negative Bild des Wohlfahrtsstaates in ein positives zu verwandeln. Dabei steht nicht seine Demontage im Zentrum, sondern Reformen, die auf strukturelle Veränderungen, beispielsweise im Bereich der Familie, der Arbeitswelt und des demografischen Wandels, reagieren (vgl. ebd., S. 133). Der Wohlfahrtsstaat muss dynamisch auf diese Entwicklungen reagieren, um seine Legitimation und Finanzierung langfristig sicherstellen zu können (vgl. ebd., S. 135). Da Ungleichheiten real sind und diese insbesondere in Ländern mit neoliberalen Regierungstraditionen, wie beispielsweise den USA, zunehmen (vgl. Giddens 1999b, S. 124; Wilkinson & Pickett 2010, S. 34), „ist es zweifellos wichtig und richtig, daß durch sozialstaatliche Maßnahmen Reichtum umverteilt wird" (Giddens 1999b, S. 125). Jedoch bedarf es gezielter Umverteilungsstrategien, die differenziert Maßnahmen setzen, um spezifische, durch den gesellschaftlichen Wandel hervortretende Risikogruppen zu unterstützen. So variiert die Einkommensverteilung beispielsweise hinsichtlich des Geschlechtes, der Familienformen und anderer von der Politik beeinflussbarer Benachteiligungskonstellationen (vgl. ebd., S. 126). Die Reformen des Wohlfahrtsstaates sollten sich nicht auf ein Sicherheitsnetz reduzieren, sondern sie sollten zum Ziel haben, dass die Mehrheit der Bevölkerung – Reiche wie Arme – in ihm einen Nutzen und nicht eine Belastung sieht (vgl. ebd., S. 126).

Eine solche positive Wohlfahrt ist nicht defizit-, sondern ressourcenorientiert. Prinzipiell zielt der Wohlfahrtsstaat auf den Schutz vor Risiken ab, wobei Risiken als eintretende negative Ereignisse wie Notlagen, Krankheiten, Elend etc. konnotiert sind. Giddens empfiehlt dahingehend, die „belebende Seite des Risikos aufzugreifen und die Ressourcen zur Verfügung zu stellen, um Risiken eingehen zu können" (ebd., S. 136). Ganz im Sinne einer vorsorgenden Chancengleichverteilung sollte es die Aufgabe eines Wohlfahrtsstaates sein, die negativen Risikokonnotationen in positive zu übersetzen. „Selbstbestimmung statt Not; nicht Krankheit, sondern aktive Gesundheitsvorsorge; […] Wohlergehen für Elend" (ebd., S. 149). Als Grundprinzip gilt daher „Investition in menschliches Kapital statt direkte Zahlungen" (ebd., S. 137).

Strategisch kann dies durch folgende vier Schritte realisiert werden:

- Erstens wird die *Investition in Bildung* als eine notwendige Grundlage zur Chancenumverteilung erachtet. Unterschiedliche Bildungsniveaus sind das Ergebnis vorhandener ökonomischer Ungleichheiten, denen es gegenzusteuern gilt (vgl. ebd., S. 128). Der Bildung kommt eine Schlüsselfunktion zu, um die wirtschaftliche Effizienz zu steigern und den gesellschaftlichen Zusammenhalt zu sichern. Insofern stellt sie für Giddens die wichtigste öffentliche Investition dar (vgl. Giddens 2001, S. 83).
- Als ebenso wichtig gestaltet sich zweitens die *Arbeitsmarktintegration*, wobei damit nicht nur die Einkommensperspektive, sondern auch die sinnstiftenden Elemente von Arbeit in den Blick zu nehmen sind. Zudem gilt es, die Grundbedürfnisse jener, die unter anderem gesundheitsbedingt nicht arbeiten können, zu befriedigen, sodass sie „die Vielfalt von Möglichkeiten, die das Leben bietet", wahrnehmen können (Giddens 1999b, S. 129).
- Drittens soll die traditionelle *Hilfe für Arme* respektive die Sozialhilfe durch gemeinschaftsorientierte Maßnahmen ersetzt werden, indem finanzielle Mittel für lokale Aktivitäten bereitgestellt werden, die auf Selbsthilfe und gegenseitige Unterstützung abzielen. Damit werden Menschen, die als gesellschaftliche Außenseiter gelten, zu Beteiligten im und am gesellschaftlichen Zusammenleben. Insgesamt sollte die klassische Umverteilung von oben nach unten durch die Einführung solcher ortsbezogenen Verteilungssysteme weichen (vgl. ebd., S. 137), die sich in der Förderung von in der ersten Entwicklungszone bereits angesprochenen sozialraumorientierten Initiativen wiederfinden. Einer einseitigen Kürzung der Sozialhilfe steht Giddens kritisch gegenüber, zumal diese Betroffene in perspektivenlose Niedriglohn-Arbeitsmärkte und in die Armut drängen würde (vgl. ebd., S. 129).
- Viertens soll die Rolle von *Organisationen des Dritten Sektors*, die in einigen Bereichen – zumindest in liberalen und konservativen Staatsmodellen bereits traditionell in die wohlfahrtsstaatliche Leistungserbringung einbezogen sind[61], bestärkt und ausgeweitet werden (vgl. ebd., S. 137). Wie in der ersten Entwicklungszone schon angedeutet, sieht Giddens in diesen Organisationen wesentliche Potenziale zur Belebung der Zivilgesellschaft und der regionalen Wirtschaft. Um innovative Lösungen für soziale Probleme zu entwickeln, bedarf es auch hier eines Unternehmergeistes (vgl. Giddens 2001, S. 92).

Beispielgebend konkretisiert Giddens diese möglichen Strategien und Grundprinzipien einer positiven Wohlfahrt am Ausschnitt der Arbeitslosenversicherung. Wie gezeigt wurde, steigen die Arbeitslosenquoten insbesondere durch sich verändernde Rahmenbedingungen im flexiblen Kapitalismus stetig an (sie-

61 Siehe dazu auch Kapitel 5.3.1.1.

he Kapitel 4.1.4). Giddens sieht in Anlehnung an Nickell (1997) weniger strukturbedingte Gründe dafür als sozialstaatliche und individuelle, denn „hohe Arbeitslosigkeit hängt mit großzügigen und zeitlich unbegrenzten Sozialleistungen und mit einem schlechten Ausbildungsstand am unteren Ende des Arbeitsmarktes [...] zusammen" (Giddens 1999b, S. 142). Kontrastierend zu neoliberalen Lösungsmodellen, zielt die Politik des ‚dritten Weges' nicht auf weitere Deregulierungen der Arbeitsmärkte ab, wie es beispielsweise in Arbeitszeitverkürzungsmodellen ohne Lohnausgleich oder der Forcierung von prekären Beschäftigungen der Fall ist, sondern auf Investitionen in das Humankapital. „Die Sozialleistungssysteme sind zu reformieren, wo sie die Versuchung zu unehrlichem Verhalten erzeugen, und eine risikobereitere Einstellung sollte, wenn möglich durch Anreize, wenn nötig durch gesetzliche Verpflichtungen gefördert werden" (ebd., S. 143). Damit erhalten die real wahrnehmbaren aktivierungspolitischen Tendenzen eine deutliche Fundierung (siehe Kapitel 4.4.2). Zusätzlich sind strukturelle Maßnahmen zur Schaffung von Arbeitsplätzen zu setzen (vgl. ebd., S. 144). Bezugnehmend auf Kanter (1998) führt Giddens fünf Initiativen an (vgl. Giddens 1999b, S. 145 ff.): 1.) die Förderung der Regionalwirtschaft durch die Unterstützung von kleineren und mittleren Betrieben sowie von technologischen Innovationen, 2.) die Unterstützung des lebenslangen Lernens zur fachlichen und persönlichen Kompetenzentwicklung, 3.) die Umsetzung von öffentlichen Projekten in Partnerschaften mit privaten Unternehmen im Sinne der gemischten Wirtschaft, 4.) die Erhöhung der allgemeinen Flexibilität durch Bildung und altersunabhängige Pensionsansprüche, durch die Personen selbst entscheiden können, wann sie diese in Anspruch nehmen möchten und 5.) eine familienfreundliche Arbeitsmarktpolitik, die in einer öffentlich-privaten Zusammenarbeit zu realisieren ist.

In Hinblick auf die aktuelle Arbeitsmarktlage sieht auch Giddens das Festhalten am Vollbeschäftigungsideal als fragwürdig an. „Da niemand sagen kann, ob der globale Kapitalismus in Zukunft genug Arbeit schaffen wird oder nicht, wäre es töricht, so zu verfahren, als ob er es könnte" (ebd., S. 147). Vor diesen Hintergründen sind neue Arbeitszeit- und Lohnmodelle anzudenken, die auch die Potenziale freiwilligen Engagements als Arbeit für die Gesellschaft inkludieren, womit Giddens in eine ähnliche Kerbe schlägt wie beispielsweise Beck (2006, S. 11), Rifkin (2003, S. 193) und Bergmann (2006, S. 20), nämlich eine Gesellschaft abseits der arbeitsgesellschaftlichen Vorstellungen zu denken. Diese Visionen wurden an anderer Stelle ausführlich diskutiert (siehe Anastasiadis 2006, S. 118 ff.). Hier sollen nun die noch etwas lose erscheinenden Enden des Staates als Sozialinvestor zusammengeführt werden.

Das von Giddens vorgeschlagene Sozialstaatsmodell beruft sich auf beide in Kapitel 2.1.2.2 portraitierten gerechtigkeitstheoretischen Zugänge gleichermaßen. Einerseits bezieht es sich auf den traditionellen Integrationsansatz, wonach soziale Sicherung über bewährte wohlfahrtsstaatliche Systeme gewährleistet wird, die allerdings an spezifische Voraussetzungen respektive Beitragsleistungen gebunden sind. Andererseits stützt es sich auf einen umfassenden Inklusionsgedanken aller BürgerInnen, wonach es Unterstützungssysteme zu schaffen gilt, die allen eine selbstbestimmte Lebensführung ermöglichen (vgl. Huster & Bourcarde 2012, S. 26). Insgesamt gilt es, mit den benannten Strategien die Entfaltung der Selbstbestimmungsmöglichkeiten zu unterstützen, womit sich gleichzeitig die Verantwortung der Einzelnen erhöht. Es verändern sich so sukzessive die vertraglichen Beziehungen zwischen Individuum und Staat (vgl. Giddens 1999b, S. 149). Ein weiteres zentrales Element der Umgestaltungsvorschläge ist, dass diese Hand in Hand mit der Aufwertung der Zivilgesellschaft und der gesteigerten Verantwortungsübernahme durch die Wirtschaft gehen soll. Die ausgewogene Verantwortungsaufteilung dieser gesellschaftlichen Sphären durchzieht das Programm des ‚dritten Weges'. So sollten auch mit Blick auf die Finanzierung des Wohlfahrtsstaates die Ausgaben nicht nur vom Staat getragen, sondern in Kooperation mit zivilgesellschaftlichen Akteuren und der Wirtschaft aufgebracht werden (vgl. ebd., S. 149).[62] Wohlfahrt und Wohlfahrtssteigerung ist gleichermaßen sozial und ökonomisch zu begegnen. Investitionen in das Humankapital und in die wirtschaftliche Infrastruktur sind ebenso notwendig, um eine größtmögliche Chancengleichheit zu realisieren, wohin der ‚dritte Weg' schließlich führen soll. Die Erreichung des Zieles wird in kleinere, mittlere und größere Etappen einzuteilen sein, in regionale, nationale und auch globale Begehungen, womit wir bei der *dritten Entwicklungszone* angelangt sind – dem *Aufbruch in ein globales Zeitalter (3).*

Wie in Kapitel 4.1.2 gezeigt wurde, verändert sich in einer globalisierten Welt die Rolle der Nation. Nach Giddens sind Nationen stabilisierende Elemente in einer durch den globalen Kapitalismus fragmentierten Welt, die es zu stärken gilt. Um jedoch nicht in die Falle von ökonomischen und kulturellen Nationalismen zu geraten, bedarf es aus seiner Sicht einer „kosmopolitischen Version nationaler Souveränität" (Giddens 1999b, S. 151) sowie einer kosmopolitischen Demokratie im Modus des globalen Regierens.

3a) Kosmopolitische Nation. Eine kosmopolitische Nation gründet sich auf nationalen Identitäten, die ambivalente und mehrfache Zugehörigkeiten toleriert. In Zeiten, in denen Grenzen verschwimmen und Nationen in transnationale Bündnisse eingebettet sind, werden die Forderungen nach lokalen Autoritäten bestimmter (vgl. Giddens 1999b, S. 157). Dahingehend stellt eine kosmopolitische Einstellung eine notwendige Bedingung in einer multikulturell gelebten globalen Gesellschaft dar (vgl. ebd., S. 159). Dazu zählen „Werte, denen sich alle

62 Eine solche gemeinsame Verantwortungsübernahme wird auch von den Akteuren des Forschungskontextes betont (siehe Kapitel 7.5), worin sich realisierende Züge zeigen.

verpflichtet fühlen, und eine Identität, mit der sich die Bürger einerseits wohl fühlen, die aber andererseits auch Ambiguitäten und kulturelle Vielfalt zuläßt" (ebd., S. 159).

3b) Kosmopolitische Demokratie. Diese kosmopolitisch gedachten Nationen sollen Teil einer kosmopolitischen Demokratie sein, die wiederum in das Projekt des globalen Regierens eingebunden ist (vgl. Giddens 1999b, S. 161). Damit spricht Giddens neue Formen zwischen- und innerstaatlicher Gouvernance an, die sich durch Kooperationen mit nichtstaatlichen Organisationen tragen (vgl. Huster & Bourcarde 2012, S. 26). Die zunehmende Herausbildung internationaler staatlicher und nichtstaatlicher Institutionen unterstreicht Entwicklungen in diese Richtung (vgl. Giddens 1999b, S. 163). Die globale Zivilgesellschaft, repräsentiert unter anderem von ‚Greenpeace' und ‚Amnesty International', setzt wichtige Impulse von unten, staatliche Zusammenschlüsse, wie beispielsweise EU, NAFTA, OAE, ASEAN, agieren zwar noch in weltregionaler Aufteilung, nehmen dabei aber eine zentrale Rolle in der Regulierung und Steuerung von Globalisierungsprozessen ein (vgl. ebd., S. 164). Ein globales Regieren würde bedeuten, dass diese Strukturen demokratischer werden, ihre Distanz zu den BürgerInnen verringert wird, indem die Machtverlagerung nach oben und nach unten – wie in der Dezentralisierung angelegt – ausbalanciert wird. „In der kosmopolitischen Demokratie geht es nicht nur um die Verlagerung des Regierens auf eine weltweite Ebene, sondern auch um die Übertragung von Regierungskompetenzen auf lokale Ebene" (ebd., S. 170). Zudem müssten sie – so Giddens weiter – zukünftig in eine globale „Weltregierung" zusammengeführt strukturiert sein (vgl. ebd., S. 169). Insgesamt sieht Giddens die kosmopolitische Demokratie als Bedingung dafür, „daß die Weltwirtschaft wirksam reguliert wird, daß gegen die weltweiten ökonomischen Ungleichheiten vorgegangen wird und ökologische Risiken beseitigt oder eingedämmt werden", denn „[e]s bringt nichts, dem Marktfundamentalismus auf lokaler Ebene gegenzusteuern und ihm auf der globalen Ebene die Herrschaft zu überlassen" (ebd., S. 171).

In „Die Frage der sozialen Ungleichheit" konkretisiert Giddens (2001, S. 140ff.) seine Vorstellungen zu globalen Institutionen, die ergänzend zur kosmopolitischen Demokratie in weiteren vier Bereichen wirksam sein sollen: 1.) die Eindämmung von Kriegen, 2.) eine politische Kontrolle der Weltwirtschaftsordnung, 3.) die Einschränkung der Macht von Großkonzernen und 4.) ein globales Ökomanagement im Modus der ‚ökologischen Modernisierung' (siehe dazu Hajer 1995; Dryzek 1997).

Letzteres knüpft an Strategien zur Vermeidung ökologischer Risiken an, die bereits in Kapitel 4.1.3 skizziert wurden. Es zielt auf von staatlicher Seite gesetzte Umweltprinzipien ab, die zu nachhaltigem Handeln inspirieren sollen. Zentral dabei sind aktive Kooperationen zwischen Regierungen, Unternehmen, moderaten UmweltschützerInnen und WissenschafterInnen, die in einem partizipativen Herangehen die Strukturen der Ökonomie nach ökologisch verträglichen Standards ausgestalten. Als mögliche Indikatoren werden folgende genannt: 1.) nachhaltige Entwicklung statt Wachstumsparameter, 2.) Schadensverhinderung vor Schadensbeseitigung, 3.) Umweltverschmutzung ist als ineffizient zu bewerten und 4.) Umweltvorschriften und Wirtschaftswachstum sollen sich gegenseitig begünstigen[63] (vgl. Giddens 1999b, S. 72). Damit wird auch die Frage der Haftung neu gestellt. Die Produzenten von Umweltschäden, seien es Staaten oder Privatfirmen, sollen zukünftig eine größere Verantwortung für ihr Tun übernehmen (vgl. Giddens 2001, S. 154). International verbindliche Vereinbarungen, wie das Kyoto-Protokoll, gilt es auszuweiten und deren Umsetzung einzuhalten (vgl. ebd., S. 157). Dahingehend empfiehlt Giddens, die Zusammenarbeit mit Organisationen des Dritten Sektors zu intensivieren. Sie agieren als Gegenmacht zu Großkonzernen, kontrollieren deren negative Wirkungen und verfügen beispielsweise über die Mobilisierung der VerbraucherInnen über Sanktionsmacht. Als Beispiel führt Giddens die Ölkatastrophe im Golf von Mexiko an, woraufhin ein Verbraucherboykott die Firma ‚Shell' empfindlich traf (vgl. ebd., S. 159 f.).

4.2.4 Realisierung und Kritik

In einer Zusammenschau bilden die Werte und die Programmpunkte des ‚dritten Weges' ein engagiertes politisches Konzept ab, das die Ideale der ‚alten' Sozialdemokratie mit Haltungen des Neoliberalismus tendenziell verknüpft und mit Blick auf aktuelle gesellschaftliche und parteipolitische Herausforderungen erweitert. Wie in der Umrissdarstellung ersichtlich ist (siehe Abbildung 8), spielen Organisationen des Dritten Sektors in allen drei Entwicklungszonen eine entscheidende Rolle. Zudem sind in dieser politischen Strategie zahlreiche partizipative Elemente eingebettet. Sie finden sich insbesondere in der aktiven Beteiligung der BürgerInnen, der Förderung von Gemeinschaften und demokratischen Verfahren, in der Betonung von Rechten und Pflichten, womit die individuelle Verantwortung angesprochen wird, im Zusammenwirken zwischen den geografischen Sphären und der gesellschaftlichen Bereiche mit ihren differenten Akteurgruppen aus Staat, Markt und Zivilgesellschaft sowie nicht zuletzt in der Erhöhung der Inklusion respektive Chancengleichheit durch neue Umverteilungsstrategien, die den Schwerpunkt auf Investitionen in menschliche und infrastrukturelle Ressourcen im Sinne einer positiven Wohlfahrt setzen.

---

63 Die Europäische Kommission (2015, o. S.) akzentuiert beispielsweise im Aktionsplan zur Kreislaufwirtschaft im Wesentlichen eine solche ‚ökologische Modernisierung', indem ökologiesensible Innovationen in den Bereichen ‚Produktion', ‚Verbrauch' und ‚Abfallbewirtschaftung' gefördert werden.

Abbildung 8: Der dritte Weg im Überblick

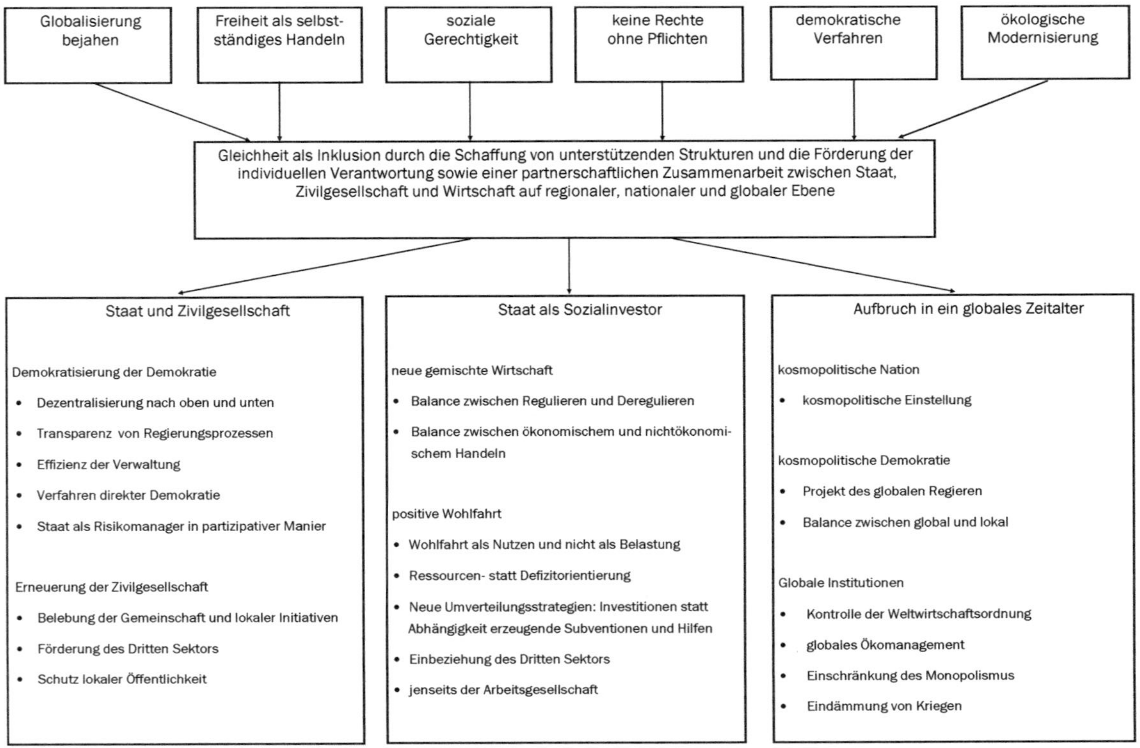

Quelle: eigene Darstellung

Partizipation bezieht sich hier auf alle in Kapitel 2.2.1 genannten Dimensionen gleichermaßen, wobei hinsichtlich der Intensitäten emanzipative sowie integrierende Züge erkennbar werden. Da sowohl der Integrations- als auch der Inklusionsgedanke synergetisch in das Konzept eingelassen ist, wird in der Realisierung zu entscheiden sein, ob die Beteiligung integrierend von oben nach unten gesteuert wird oder emanzipativ im Modus der Selbstorganisation von unten nach oben verläuft oder ob sie in beide Richtungen gleichermaßen angelegt ist. Das Konzept ist dahingehend offen formuliert, was Interpretations- und Aushandlungsspielräume lässt.

Das Fehlen einer bestimmten Richtung ist insgesamt ein wesentlicher Kritikpunkt am Konzept (vgl. Giddens 2001, S. 31). Da sich der ‚dritte Weg' grundsätzlich in Abgrenzung zur ‚alten' Linken und ‚neuen' Rechten definiert, bleibt das Programm amorph, was in Hinblick auf die realpolitischen Umsetzungen zu Orientierungsschwierigkeiten führt. Wie gezeigt wurde, hat sich das Konzept des ‚dritten Weges' im Austausch unterschiedlicher sozialdemokratischer VertreterInnen aus differenten wohlfahrtsstaatlichen Kontexten entwickelt. Wenn auch der ‚dritte Weg' vielfach als eines dem liberalen amerikanischen und britischen Kontext entsprungenes Modell gedeutet wird, basiert es auf einem breiten europäischen Diskurs. In der politischen Umsetzung wird es allerdings vor den Hintergründen nationaler Unterschiedlichkeiten different realisiert. In einer retrospektiven Betrachtung ist zwischen vier Varianten zu nuancieren: dem marktorientierten Ansatz von New Labour, dem markt- und konsensorientierten niederländischen Modell, dem an die sozialstaatliche Tradition anknüpfenden wohlfahrtsstaatlichen Reformmodell von Schweden sowie einer etatistisch ausgelegten französischen Variante (vgl. ebd, S. 40). Insgesamt konstatiert Giddens, dass „die Modernisierung der Sozialdemokratie ein andauernder Prozess ist, an dem diverse Länder mit unterschiedlichen Ausgangsbedingungen und verschiedenen politischen Reformmodellen teilnehmen" (ebd.).

Als Basis für die differenten realpolitischen Programmentwicklungen des ‚dritten Weges' gilt das bereits benannte ‚Blair Schröder-Papier' (vgl. Blair & Schröder 1999). Dieses Rahmenprogramm der europäischen Sozialdemokratie wird nicht nur von zahlreichen SozialdemokratInnen, sondern auch von WissenschafterInnen und von Giddens selbst kritisch diskutiert (exemplarisch Otto 1999, S. 323; Giddens 2001, S. 38; Galuske 2002, S. 210ff.). Es wird als eine verkürzte Variante eingestuft, indem es verabsäumt, die für die Sozialdemokratie zentralen Werte der sozialen Gerechtigkeit und Solidarität zu betonen und den Zusammenhang zwischen sozialer Ungleichheit und wirtschaftlichem Machtmonopolismus klarzustellen (vgl. Giddens 2001, S. 38). Otto (1999, S. 323) beispielsweise wertet das im ‚Blair-Schröder-Papier' vorgestellte Sozialstaatsmodell als „radikale Abkehr von bisherigen Vorstellungen über Solidarität, sozialen Ausgleich und Wohlfahrt".

Galuske (2002, S. 221) schält in einer Analyse der europäischen sozialpolitischen Praxen, die sich dem ‚dritten Weg' verschrieben haben, fünf Tendenzen heraus, die auf eine neoliberale Angleichung der europäischen Sozialdemokratie hindeuten. So sind *Deregulierungstendenzen* in der Senkung von Steuern und Abgaben sowie im Abbau von Marktbeschränkungen durch Arbeitsschutzrechte und Tarifverträge zum Zwecke der Erhöhung der Wettbewerbsfähigkeit in flexiblen Märkten erkennbar. Im Dokument heißt es dazu beispielsweise: „Moderne Wirtschaftspolitik strebt an, die Nettoeinkommen der Beschäftigten zu erhöhen und zugleich die Kosten der Arbeit für die Arbeitgeber zu senken. Deshalb hat die Senkung der gesetzlichen Lohnnebenkosten durch strukturelle Reformen der sozialen Sicherungssysteme und eine zukunftsorientierte, beschäftigungsfreundliche Steuer- und Abgabenstruktur besondere Bedeutung. [...] Rigidität und Überregulierung sind ein Bremsklotz für die wissensorientierte Dienstleistungsgesellschaft der Zukunft. Sie ersticken das Innovationspotential, das zur Schaffung neuen Wachstums und neuer Arbeitsplätze erforderlich ist. Wir brauchen nicht weniger, sondern mehr Flexibilität. Ein aktiver Staat in einer neuverstandenen Rolle hat einen zentralen Beitrag zur wirtschaftlichen Entwicklung zu leisten" (Blair & Schröder 1999, o. S.). *Ökonomisierungstendenzen* zeigen sich im Druck, die öffentliche Verwaltung und staatlich finanzierte Dienstleistungen effizienter zu gestalten. Im Wortlaut der Politiker formuliert: „Die Höhe der Staatsausgaben hat trotz einiger Unterschiede mehr oder weniger die Grenzen der Akzeptanz erreicht. Die notwendige Kürzung der staatlichen Ausgaben erfordert eine radikale Modernisierung des öffentlichen Sektors und eine Leistungssteigerung und Strukturreform der öffentlichen Verwaltung. Der öffentliche Dienst muß den Bürgern tatsächlich dienen: Wir werden daher nicht zögern, Effizienz-, Wettbewerbs- und Leistungsdenken einzuführen. [...] Innerhalb des öffentlichen Sektors muß es darum gehen, Bürokratie auf allen Ebenen abzubauen, Leistungsziele zu formulieren, die Qualität öffentlicher Dienste rigoros zu überwachen und schlechte Leistungen auszumerzen" (vgl. ebd., o. S.). *Privatisierungs-, Kommodifizierungs- und Paternalisierungstendenzen* bilden sich im Ab- und Umbau sozialstaatlicher Sicherung mit gleichzeitiger Erhöhung der Eigenverantwortung sowie einer neuen Gewichtung von Rechten und Pflichten ab, wobei insbesondere die Verpflichtung zur Arbeit als ein zentrales Kriterium hervorgeht. So ist im Programmpapier nachzulesen: „Wir haben Werte, die den Bürgern wichtig sind – wie persönliche Leistung und Erfolg, Unternehmergeist, Eigenverantwortung und Gemeinsinn – zu häufig zurückgestellt hinter universelles Sicherungsstreben. [...] Moderne Sozialdemokraten sind keine Laisser-faire-Neoliberalen. Flexible Märkte müssen mit einer neu definierten Rolle für einen aktiven Staat kombiniert werden. Erste Priorität muß die Investition in menschliches und soziales Kapital sein. [...] Ein Sozialversicherungssystem, das die Fähigkeit, Arbeit zu finden, behindert, muß reformiert werden. Moderne Sozialdemokraten wollen das Sicherheitsnetz aus

Ansprüchen in ein Sprungbrett in die Eigenverantwortung umwandeln" (Blair & Schröder 1999, o. S.).

Neben diesen fünf von Galuske identifizierten Tendenzen ist eine weitere erkennbar, denn das Programm zielt dezidiert auf eine Konsolidierung der öffentlichen Ausgaben ab, womit eine Austeritätspolitik eingeleitet wird. „Gesunde öffentliche Finanzen sollten zum Gegenstand des Stolzes für Sozialdemokraten werden" (Blair & Schröder 1999, o. S.). Demnach sollen Wachstum und Beschäftigung nicht über die Steigerung öffentlicher Ausgaben erzielt werden, wie es in der ‚keynesianischen Marktwirtschaft' der Fall war, sondern vielmehr gilt es, die Verschuldungsquote zu senken und einen schlanken, ausgeglichenen Staatshaushalt zu erwirken (vgl. Giddens 2001, S. 15). Dahingehend sind die benannten neuen Schwerpunktsetzungen nicht nur im Lichte einer Legitimierungskrise, sondern vor allem auch der Finanzierungskrise der Wohlfahrtsstaaten zu lesen.

Dieser im ‚Blair-Schröder-Papier' ausgewiesene Realisierungsweg wird nicht nur von ‚linker', sondern auch von ‚rechter' Seite kritisch diskutiert. Wie bereits angedeutet, sehen linke KritikerInnen ihre Ideale in Gefahr. Das Rahmenprogramm wird als „rechte politische Position" interpretiert, „die sich nur in einem schmeichelhafteren Licht präsentiert – Mrs. Thatcher ohne Handtasche" (Giddens 2001, S. 16). Insofern komme der ‚dritte Weg' sozialpolitisch einem Rückschritt gleich, insbesondere in stark ausgebildeten Wohlfahrtsstaaten. Rechte KritikerInnen stoßen sich hingegen am mangelnden Innovationsgehalt, denn aus ihrer Sicht spiegeln sich darin ihnen bereits gut bekannte Ideen und Maßnahmen wider, die nun allerdings von der Sozialdemokratie und nicht von ihnen selbst in die politische Arena eingebracht werden (vgl. Giddens 2001, S. 15; Galuske 2002, S. 215). Milton Friedmann äußert sich hinsichtlich der eingeleiteten Reformschritte von Gerhard Schröder wie folgt: „Es ist in der Tat erstaunlich, dass es linken Parteien leichter fällt, rechte Reformen durchzusetzen. […] Die jetzigen Reformen in Deutschland entsprechen eigentlich perfekt den Ideen der Regierung Kohl. Und dennoch musste erst Gerhard Schröder kommen, um sie durchzusetzen" (Friedmann 2000, S. 128; zit. n. Galuske 2002, S. 217).

Weitere Kritikpunkte sind, dass es dem ‚dritten Weg' an einer angemessenen Strategie für die globale Wirtschaft fehlt sowie insgesamt an einer wirtschaftstheoretischen Grundlegung, dass eine Orientierung am Bild der GewinnerInnen vorliegt und den VerliererInnen zu wenige Perspektiven geboten werden, dass durch die Verantwortungsaufteilung zwischen Staat, Markt und Zivilgesellschaft die Macht des Staates beschränkt wird und dass sich die Lösungen von ökologischen Problemen auf Lippenbekenntnisse beschränken (vgl. Giddens 2001, S. 31 ff.). Laut Dahrendorf stellt der ‚dritte Weg' einen gescheiterten Versuch dar, der keine große Antwort auf die „große Frage" bietet, nämlich: „Wie können wir im Rahmen freiheitsgarantierender Institutionen nachhaltigen Wohlstand mit gesellschaftlicher Solidarität in Einklang bringen?" (Dahrendorf 1999, o. S.; zit. n. Giddens 2001, S. 28). Insgesamt beziehen sich die Kritiken einerseits auf die Offenheit und weitgehend undifferenzierten Forderungen in der theoretischen Konzeption des ‚dritten Weges', andererseits stoßen sie sich an der Aushöhlung sozialdemokratischer Ideale in realpolitischen Programmen, in denen in mehr oder minder ausgeprägter Form Zugeständnisse an den Neoliberalismus getätigt werden. Ersichtlich wird darin, dass die Differenzen zwischen links und rechts nach wie vor der politischen Realität entsprechen.

Giddens geht in „Die Frage der sozialen Ungleichheit"[64] (2001) umfassend auf die Stimmen der KritikerInnen ein. Mit Blick auf die Offenheit legt er darin die von ihm beanspruchte Richtung fest. Der ‚dritte Weg' ist aus seiner Sicht eine linke Politik, deren Ziel es ist, Ungleichheiten zu vermindern und soziale Gerechtigkeit zu verwirklichen (vgl. Giddens 2001, S. 48). Des Weiteren schärft Giddens in dieser Ausgabe die wirtschaftspolitischen Akzente nach, hebt die Relevanz der gesellschaftlichen Macht- und Verantwortungsaufteilung zwischen Staat, Markt und Zivilgesellschaft hervor und erweitert seine Ausführungen zur Globalisierung. Diese wird keineswegs als unabänderlich hingenommen, sondern es gilt, sie ernst zu nehmen und konkrete Maßnahmen vorzulegen, wie auf diese eingewirkt werden kann. Zudem betont er erneut, dass ökologische Fragen aufs Engste mit Globalisierungsfragen verknüpft sind, wie bereits gezeigt wurde (vgl. ebd., S. 38). Insgesamt verteidigt Giddens das Programm als zukunftweisende Blickrichtung: „Die Politik des dritten Weges [ist] keine beliebige zusammengestückelte und schnell verschwindende Programmatik. Trotz ihrer auch in Zukunft auftretenden Gegner und Kritiker wird sie in den kommenden Jahren auf ähnliche Weise den Mittelpunkt politischer Auseinandersetzungen bilden, wie dies bis vor kurzem der Neoliberalismus und davor die alte Sozialdemokratie taten" (ebd., S. 7 f.).

Dass die Konzeption bereits zu weiten Teilen in der Realität angekommen ist, wurde aufgezeigt, ebenso wie die darin impliziten ‚neuen' Konflikte. Es zeigt sich, dass der Dritte-Weg-Ansatz Widersprüche und Konflikte lösen möchte, indem sich die Politik aus der bipolaren Enge zwischen links und rechts bzw. zwischen Sozialdemokratie und Neoliberalismus befreit. Darin spielt sich jedoch ein neuer sekundärer Widerspruch hervor, denn im Modell des ‚dritten Weges' wird Partizipation gleichsam gefordert und gefördert. Dieser insbesondere in den Transformationen erkennbare Konflikt markiert den existierenden Dualismus zwischen einem integrierenden und emanzipativen Partizipationsverständnis. Der Frage, welche Konsequenzen sich daraus für die Soziale Arbeit ergeben, wird, wie schon angemerkt, in Kapitel 4.4 begegnet. An dieser Stelle gilt es, den Blick auf die Konzeption und Verwirklichungsmöglichkeiten einer nachhaltigen Gesellschaft zu lenken. Diese Programmlinie wird vorgestellt und diskutiert, da

64 Die Originalausgabe erschien 2000 unter dem treffenderen Titel „The Third Way and its critics".

sie zum einen für den Forschungsgegenstand von entscheidender Bedeutung ist. Zum anderen bildet sie eine Alternative zum ‚dritten Weg', in der sich ähnliche Grundsätze hinsichtlich des sozialen, ökonomischen, ökologischen sowie steuernden Handeln finden. Während der ‚dritte Weg' vonseiten der Sozialen Arbeit ein hohes Maß an Aufmerksamkeit erfährt, wird die Konzeption einer nachhaltigen Gesellschaft in ihren Diskursen nur randständig betrachtet – eine Lücke, die es mit der folgenden expliziten Bezugnahme zu schließen gilt, womit gleichzeitig ein Beitrag zur Verortung der Sozialen Arbeit in den interdisziplinär geführten Diskursen zur nachhaltigen Entwicklung geleistet wird.

4.3 Nachhaltige Entwicklung

In Anbetracht der Folgewirkungen des globalisierten Kapitalismus (siehe Kapitel 4.1) sind in den letzten drei Jahrzehnten umwelt- und entwicklungspolitische Themen zu zentralen Agenden der internationalen Politik avanciert, denn wie bereits gezeigt wurde, birgt die natürliche Ressourcenverknappung, kombiniert mit sozialer Ungleichheit und ökonomischen Instabilitäten, Konfliktpotenziale, die sich nicht nationalstaatlich bewältigen lassen und somit ein globales Leitbild erzwingen (vgl. Kuhn & Heinrichs 2011, S. 16). Dahingehend braucht es „eine vorausschauende, intra- und intergenerationell gerechte soziale und ökonomische Weiterentwicklung der (Welt)Gesellschaft mit der Stabilisierung der natürlichen Lebensgrundlage" (ebd., S. 16). Diese Zielsetzung verdichtet sich im Konzept der nachhaltigen Entwicklung, das sich als „fundamentale Kritik an der immer dominanteren Lebensweise, wie sie sich in den reichsten Ländern der Erde herausgebildet hat", versteht (Lange 2008, S. 7).

4.3.1 Entwicklungslinien

Während sich der ‚dritte Weg' als parteipolitisches Programm entwickelte, das den Fokus auf sozial- und wirtschaftspolitische Fragen richtet, ging das Konzept der nachhaltigen Entwicklung aus Diskursen um die globale Umweltgefährdung hervor, aus denen sich weitere Forderungen nach einem nachhaltigen wirtschaftlichen und sozialen Handeln formulieren (vgl. Kuhn & Heinrichs 2011, S. 16). Diese umweltpolitische Fokussierung lässt sich in den Entwicklungslinien nachzeichnen.

So finden sich erste Verwendungen von ‚Nachhaltigkeit' respektive ‚Sustainability' (lat. Sustinere: stützen, aufrechterhalten) in forstwirtschaftlichen Forderungen, wie in der „Silvicultura Oeconomica" aus dem Jahr 1713, in der Carl von Carlowitz eine „continuierliche, beständige und nachhaltige Nutzung des Waldes" verlangte (zit. n. Zimmermann 2006, S. 2). Auch die traditionelle Naturschutzbewegung zum Ende des 19. Jahrhunderts ist als Vorläufer zu nennen, aus der heraus sich die ersten Naturschutzverbände, wie z. B. die Naturfreunde in Österreich (1895), bildeten (vgl. Littig & Grießler 2004, S. 5). Eine breite umweltpolitische Bedeutung erlangte der Begriff im Gefolge erster wahrnehmbarer ökologischer Schädigungen in den 1970er-Jahren. Der vom ‚Club of Rome' in Auftrag gegebene Bericht „Grenzen des Wachstums" machte 1972 erstmals auf die gefährdende Umweltsituation und den Ressourcenverbrauch aufmerksam (vgl. Meadows, Meadows, Zahn & Milling 1974, S. 141 f.). Etwa zur gleichen Zeit entwickelte Rawls (1975, S. 319 ff.) in seiner Gerechtigkeitstheorie eine transgenerationale Gerechtigkeitsperspektive, gemäß derer es die Ansprüche nachkommender Generationen mit Blick auf die natürlichen Beschränkungen sowie auf die wirtschaftlichen und gesellschaftlichen Ressourcen institutionell zu berücksichtigen gilt. Des Weiteren fand 1972 in Stockholm die erste internationale Umweltkonferenz der Vereinten Nationen statt, wobei nicht nur Lösungen von Umweltproblemen diskutiert wurden, sondern auch ökonomische und soziale Gefährdungen von VertreterInnen der Entwicklungsländer eingebracht wurden (vgl. Zimmermann 2006, S. 2). In der Folge wurde eine Umweltprogrammlinie der Vereinten Nationen (United Nations Environment Programme – UNEP) mit Sitz in Nairobi eingerichtet, mit dem Ziel, eine Strategie zur Umwelt- und Sozialverträglichkeit von Entwicklungen zu konzipieren. Das 1973 unter dem Titel „ECO-Development" publizierte Dokument gilt als Vorläufer der folgenden Strategiepapiere zur nachhaltigen Entwicklung (vgl. Zimmermann 2006, S. 3).

Konkretisiert wurde die Nachhaltigkeitsstrategie 1987 im sogenannten ‚Brundtland Report', der von der 1983 gegründeten Weltkommission für Umwelt und Entwicklung (WCED) unter dem Titel „Our Common Future" veröffentlicht wurde. Hier wurde der Begriff ‚nachhaltige Entwicklung' akzentuiert und definiert. Unter „sustainable development" verstehen wir international seither „a development which meets the needs of the present generation without compromising the ability of future generations to meet their own needs" (WCED 1987, Teil 1, Kapitel 2, Paragraph 1)[65]. Die Forderung, diese Entwicklung dauerhaft zu gestalten, gilt für alle Länder und Menschen. Ungerechtigkeit in der Verteilung von Ressourcen und Risiken soll durch ein gezieltes Hinarbeiten auf eine intra- und intergenerative Verteilungsgerechtigkeit langfristig behoben werden (vgl. ebd., Teil 1, Kapitel 2, Paragraph 3). Wie den im ‚Brundtland Report' genannten zentralen globalen Problembereichen zu entnehmen ist – „Poverty, Growth, Survival und Economic Crises" (vgl. ebd., Teil 1, Kapitel 1, Paragraph 8–38) –, ist der Blick insbesondere auf das Ungleichgewicht zwi-

65 Übersetzt: „eine Entwicklung, die den Bedürfnissen der heutigen Generation entspricht, ohne die Möglichkeiten künftiger Generationen zu gefährden, ihre eigenen Bedürfnisse zu befriedigen und ihren Lebensstil zu wählen" (zit. n. Littig & Grießler 2004, S. 3).

schen Mensch und Natur sowie zwischen Arm und Reich gerichtet. Die Problemzonen werden charakterisiert als 1.) Raubbau an den natürlichen Lebensgrundlagen (Survival), 2.) wachsende ungleiche Verteilung von Einkommen und Vermögen (Growth), 3.) steigende Zahl von in Armut lebenden Menschen (Poverty) und 4.) Bedrohung von Frieden und Sicherheit, insbesondere durch ökonomische Krisen (Economic Crises) (vgl. Littig & Grießler 2004, S. 15).

Nach Ansicht der Kommission sind für die Umsetzung von nachhaltiger Entwicklung drei normative Prinzipien zentral, aus denen sich das in Kapitel 4.3.2 im Detail vorgestellte Drei-Säulen-Modell ableitet, das sich fortan in den Diskursen und Entwicklungen durchsetzte.[66] Nachhaltige Entwicklung schließt demnach die drei Dimensionen Umwelt, Gesellschaft sowie Wirtschaften ein und fordert ein ökologisch verträgliches Wirtschaftswachstum sowie eine intra- und intergenerationelle soziale Gerechtigkeit (vgl. Elkington 1999, S. 70f.). Damit wird ein Gerechtigkeitspostulat eingefordert und ein globales Bewusstsein unterstützt (vgl. Zimmermann 2006, S. 3). Diese Dimensionen sind als gleichwertig zu betrachten und vor allem integrativ zu diskutieren.

Die folgenden Debatten zur Umsetzung dieser im ‚Brundtland Report' grundgelegten Orientierungen nahmen an der ‚United Nations Conference on Environment and Development' (UNCED) in Rio de Janeiro 1992 konkrete Gestalt an. Dort wurden erstmals verbindliche Vereinbarungen zwischen mehr als 170 Mitgliedsstaaten getroffen. Zum einen wurden durch die ‚Rio-Deklaration' die Tatsachen der armutsbedingten Umweltzerstörung in den Entwicklungsländern sowie die auf Überkonsum zurückzuführende Umweltbelastung in den Industrieländern anerkannt, denen durch die Einhaltung der entwicklungs- und umweltpolitischen Grundprinzipien entgegengewirkt werden soll. Zum anderen wurde die ‚Agenda 21' beschlossen, in der die Ziele, Maßnahmen und Instrumente zur Umsetzung von nachhaltiger Entwicklung beschrieben sind. Diese unterteilen sich in soziale und wirtschaftliche, ökologische, partizipative sowie umsetzungsrelevante Bereiche (vgl. Vereinte Nationen 1992, S. i.f.; Littig & Grießler 2004, S. 17; Peskoller 2014, S. 38).

Hinsichtlich der sozialen und wirtschaftlichen Entwicklungen liegt der Fokus auf der internationalen Zusammenarbeit, der Armutsbekämpfung, der Bevölkerungs- und Siedlungspolitik, der Gesundheitsförderung sowie auf der Integration von Umwelt und Entwicklungszielen in die Entscheidungsfindungsprozesse insgesamt. Ökologisch wird der Schwerpunkt auf die Erhaltung und Bewirtschaftung der Ressourcen gelegt (Boden, Wald, Wasser, Wüste, Meer etc.). Mit Blick auf die Partizipation geht es um die Stärkung der Rolle von relevanten Akteuren, wie beispielsweise Frauen, Kinder und Jugendliche, indigene

66 In Teil 1, Kapitel 1/II „New Approaches to Environment and Development", Paragraph 39–54 des ‚Brundtland Report' (WCED 1987) werden diese hergeleitet.

Völker, NGOs, lokale Initiativen, Unternehmen, Gewerkschaften und ArbeitnehmerInnen sowie Wissenschaft und Technik. Diesen Gruppierungen wird dezidiert ein Anspruch auf Partizipation in der Umsetzung einer nachhaltigen Entwicklung eingeräumt, wobei insbesondere Organisationen des Dritten Sektors eine „entscheidende Rolle bei der Ausformulierung und Umsetzung einer teilhabenden Demokratie" zukommt (Vereinte Nationen 1992, S. 288). Hinsichtlich der Realisierungsmöglichkeiten werden finanzielle Ressourcen, internationale Kooperationen, Wissens- und Technologietransfers, institutionelle Rahmenbedingungen sowie Rechte und Informationszugänge angesprochen. In Kapitel 28 wird auf die notwendige lokale Anbindung solcher Prozesse verwiesen. Die sogenannte ‚Lokale Agenda 21' (LA21) fordert Gemeinden auf, mit ihren BürgerInnen in Dialog zu treten, um auf lokaler Ebene nachhaltiges Denken und Handeln an der Basis zu verankern. Der in Kapitel 2.2.4 bereits genannte Modus einer ‚Local Governance' findet darin eine Entsprechung.

Auf europäischer Ebene wurde in Anlehnung dazu 1994 im Rahmen der ersten europäischen Konferenz des ‚International Council for Local Environmental Initiatives' (ICLE) für nachhaltige Städte und Gemeinden in Aalborg die sogenannte ‚Aalborg Charta' entwickelt, die mittlerweile von mehr als 2 500 Gemeinden unterzeichnet wurde[67], wobei sich diese zur konkreten Durchführung von LA21-Prozessen verpflichten (vgl. European Conference on Sustainable Cities & Towns 1994, S. 4; Littig & Grießler 2004, S. 18). Da sich im Rahmen von Evaluierungen dieser Prozesse eine Dominanz ökologischer Themenstellungen herauskristallisierte, diese selbst auch in den Umweltabteilungen der Gemeinden angesiedelt waren (vgl. Littig & Grießler 2004, S. 18), versuchte die ‚Rio-Plus-10'-Konferenz in Johannesburg 2002 die Ganzheitlichkeit des Konzeptes eindringlich zu bekräftigen (vgl. Vereinte Nationen 2002, S. 1). In der Folge wurden zehn Jahre nach der ‚Aalborg Charta' in einer weiteren Konferenz 2004 die ‚Aalborg Commitments' beschlossen, in denen das Bewusstsein über die Bedeutung eines integrativen Ansatzes durch die Definition von Schwerpunktthemen verankert wurde (vgl. Aalborg Commitments Secretary 2004, S. 2). Zu jedem Themenaspekt wurden konkrete Ziele definiert.

So gilt es, *Governance*[68] als Prinzip einer transparenten Regierungs- und Verwaltungsführung umzusetzen, um unter anderem die Kapazitäten für Mitwirkung und zukunftsbeständige Entwicklung zu schaffen. Alle Gesellschaftsbereiche sollen ermutigt werden, sich wirksam an Entscheidungsfindungsprozessen zu beteiligen. Die Installierung eines *Lokalen Managements für Zukunftsbeständigkeit,* das unter anderem Ziele und Zeitrahmen setzt und einem Monitoring-

---

67 Eine Liste der unterzeichnenden Gemeinden findet sich unter http://www.sustainablecities.eu/fileadmin/content/aalborgcharter.pdf [8. 4. 2016].

68 In Kapitel 4.3.2 wird Governance näher definiert und in 4.3.3.1 werden unterschiedliche Governance-Modelle besprochen, insbesondere die Global- und Local-Govenance.

prozess folgt, ist ein weiteres Thema. Zentral sind auch die Förderung eines verantwortlichen Umgangs mit *natürlichen Gemeinschaftsgütern,* wie Energie, Wasser, Luft etc., sowie die Verbesserung einer verantwortlichen *Konsum- und Lebensweise,* womit es Abfälle zu vermeiden, das Abfallaufkommen zu senken und die Wiederverwendung und das Recycling zu verstärken gilt. Im Bereich der *Kommunalentwicklung* sollen z. B. Nachhaltigkeitsvorgaben im Planungs- und Baubereich festgesetzt und qualitativ hochwertige Architektur und Bautechnologien unterstützt werden. In Hinblick auf die *Mobilitätsentwicklung* gilt es, den Bedarf an motorisiertem Individualverkehr zu reduzieren und für alle zugängliche attraktive Alternativen zu fördern. Kommunale *Gesundheitsförderungsmaßnahmen* sollen wiederum Benachteiligungen im Gesundheitsbereich verringern und der Armut entgegenwirken. Im Themenbereich *Dynamische und nachhaltige lokale Wirtschaft* sollen gezielte Maßnahmen verabschiedet werden, die Beschäftigung und Existenzgründungen vor Ort anregen und unterstützen. Mit Blick auf *soziale Gerechtigkeit* müsse vor allem ein gerechter Zugang zu öffentlichen Dienstleistungen, zu Bildung, zu Arbeitsmöglichkeiten, Informationen und kulturellen Aktivitäten gewährleistet werden. Die lokalen Aktivitäten sollen *globale Wirkungen* zeigen, worunter der Einfluss auf die globale Umwelt zu vermindern und das Prinzip der Umweltgerechtigkeit zu fördern ist.

Eine genauere Betrachtung der Themenfelder und Zieldefinitionen legt nahe, dass es eines Engagements auf allen Ebenen bedarf. Politik und Verwaltung sind ebenso gefordert wie die Wirtschaft, der Dritte Sektor und einzelne BürgerInnen (vgl. Anastasiadis & Mayr 2010, S. 16). Darin zeigen sich deutlich Parallelen zum „strukturellen Pluralismus" nach Giddens (2001, S. 65; siehe Kapitel 4.2). Auch entsprechen die Themenstellungen und Zielsetzungen weitestgehend den inhaltlichen Ansprüchen des ‚dritten Weges'.

In einer Zusammenschau der Entstehungsgeschichte wird ersichtlich, dass sich nachhaltige Entwicklung aufgrund ihrer ökologischen Verwurzelung erst langsam als ganzheitliches Konzept durchgesetzt hat. Auch wenn schon im ‚Brundtland Report' 1987 das Gleichgewicht zwischen der ökologischen, ökonomischen und sozialen Dimension als essenziell angesehen wurde, beginnt sich in der politischen als auch konkreten Umsetzung erst seit der Jahrtausendwende sukzessive der Blick dafür zu öffnen. Ein weiterer, wohl nicht zu unterschätzender Grund für eine präferierte Einseitigkeit liegt in den Zielkonflikten, die es in integrierten Prozessen auszubalancieren gilt, denn ökologisch und/ oder sozial nachhaltig handeln bedingt immer auch Konsequenzen auf ökonomischer Ebene und umgekehrt (vgl. Schidler 2008, S. 2).[69] Insgesamt bildete

69 Der Frage, wie ECO-WISE als soziale Unternehmen mit der Ausbalancierung dieser Zielsetzungen umgehen, wird in den empirischen Arbeiten auf den Grund gegangen (siehe Kapitel 7).

sich an den UN-Konferenzen 1992 in Rio de Janeiro und 2002 in Johannesburg die Grundlage für eine globale Zusammenarbeit sowie eine Konkretisierung des Leitbildes heraus (vgl. Kuhn & Heinrichs 2011, S. 16; Peskoller 2014, S. 40), das in der ‚Aalborg Charta' und den ‚Commitments' auf europäische Ebene übertragen wurde. Betrachten wir die Orientierungspunkte nun genauer.

4.3.2 Leitbild

Das im ‚Brundtland Report' grundgelegte Drei-Säulen-Modell der nachhaltigen Entwicklung hat sich als Alternative zu den einseitig auf Umweltfragen konzentrierten Diskussionen etabliert. Es wurde weiterentwickelt und erweist sich mittlerweile als ein gut ausdifferenziertes Konstrukt, wobei zu betonen ist, dass sich die Inhalte und Ziele überschneiden und nur in ihrer gegenseitigen integrativen Wahrnehmung realisierbar sind (vgl. Zimmermann 2006, S. 7; Peskoller 2014, S. 50).[70]

- Die *ökologische Säule* orientiert sich an der Wahrung der Umweltressourcen und an der Etablierung eines Lebensstils, der die natürlichen Grundlagen nur in einem regenerationsfähigen Ausmaß beansprucht. Dazu zählen unter anderem die Erhaltung der Biosphäre, die Vermeidung der Schadstoffproduktion, die Nutzung erneuerbarer Ressourcen und der minimale Verbrauch nicht erneuerbarer Quellen sowie deren Wiederverwendung im Modus des Recyclings (vgl. Grunwald & Kopfmüller 2006, S. 42 f.; Zimmermann 2006, S. 4; Paulesich 2011, S. 150; Peskoller 2014, S. 45). Insgesamt sollen Umweltrisiken vermieden werden. Wirtschaftliches Handeln gilt es darauf abzustimmen und ein Bewusstsein für ein ökologisch nachhaltiges Handeln ist durch Bildungsprozesse zu fördern.
- Die *ökonomische Säule* bezieht sich auf ein sozial und ökologisch verträgliches wirtschaftliches Handeln, das zur Steigerung der Lebensqualität und zur Befriedigung der materiellen Bedürfnisse beiträgt (vgl. Grunwald & Kopfmüller 2006, S. 48; Paulesich 2011, S. 150). Dazu zählt ebenso, regionale und soziale Disparitäten zu minimieren sowie den ökonomischen Kapitalstock für die gegenwärtigen und zukünftigen Generationen zu erhalten (vgl. Zimmermann 2006, S. 5; Peskoller 2014, S. 42). Demzufolge wird ökonomische Nachhaltigkeit einerseits supranational im Zusammenhang mit Konfliktsituationen zwischen Industrie- und Entwicklungsländern diskutiert,

70 Die im Folgenden skizzierten Dimensionen bilden eine Orientierungsgrundlage zur Charakterisierung des Forschungskontextes. In Kapitel 6.1.4 werden diese Elemente auf den organisationalen Handlungsrahmen von ECO-WISE übersetzt.

andererseits ist sie ein entscheidendes Element in regionalen Entwicklungsprogrammen. Kennzeichen eines nachhaltigen ökonomischen Systems sind nach Luks (2002, S. 16) ein hohes Bruttoinlandsprodukt, ein Gleichgewicht zwischen Importen und Exporten, ein ausgewogener Staatshaushalt, ein sorgsamer Umgang mit natürlichen Ressourcen und einer minimierten Schadstoffproduktion sowie die Einhaltung menschenwürdiger Produktions- und Arbeitsbedingungen auf nationaler und internationaler Ebene. Eine tragende Rolle spielen nicht nur regierende Organisationen, sondern vor allem die Unternehmen selbst. Mit dem Sujet ‚Corporate Social Responsibility' (CSR) wird die Verantwortung von Unternehmen bezeichnet, gleichsam fortschrittlich wettbewerbsfähig sowie sozial und ökologisch sensibel zu agieren. In diesem Zusammenhang ist nochmals auf die Strategie der Europäischen Kommission zu verweisen, CSR-Aktivitäten zu forcieren (European Commission 2001, 2002 und 2011; siehe Kapitel 2.1.1).

- Die *soziale respektive gesellschaftliche Säule* fokussiert auf die inter und intragenerationelle Verteilungsgerechtigkeit von Ressourcen und Lebenschancen (vgl. Grunwald & Kopfmüller 2006, S. 49; Paulesich 2011, S. 150). Überschneidungen zur ökonomischen und ökologischen Säule sind hier deutlich erkennbar. Es geht unter anderem darum, gesellschaftliche Partizipation auszuweiten. Dazu zählen ein hoher Beschäftigungsgrad, Preisstabilität, ein hoher Lebensstandard und ein ebenso hoher ‚Human Development Index' (HDI)[71], die Ausweitung des Bildungsniveaus und die Einhaltung des Generationenvertrages, z. B. hinsichtlich der Pensionssicherung, sowie die Gewährleistung einer flächendeckenden Grundversorgung (vgl. Peskoller 2014, S. 42). Soziale Nachhaltigkeit lässt sich im weiteren Sinne mit den Idealen einer inklusiven Gesellschaft vergleichen. Sie zielt auf die Erhaltung des sozialen Friedens ab, auf Sicherheit und Risikovermeidung. Soziale Gerechtigkeit ist ebenso inter- und intragenerativ zu begreifen. Bildung wird dabei als Grundvoraussetzung hervorgehoben, denn sie befähigt Menschen, eigenverantwortlich zu handeln und zur Existenzsicherung beizutragen (vgl. Zimmermann 2006, S. 6).

Böhnisch (2016, S. 2013 f.) identifiziert in der sozialen Nachhaltigkeitsdimension den Platz der Sozialen Arbeit: „Die gesellschaftliche und gesellschaftspolitische Stellung der Sozialen Arbeit wird also in Zukunft auch maßgeblich dadurch bestimmt sein, ob und inwieweit sie sich mit dieser Perspektive in den Nachhaltigkeitsdiskurs einbringen kann." Dass nachhaltige Entwicklung in

71 Der HDI setzt sich aus drei Indikatoren zusammen: 1.) Lebenserwartung und Säuglingssterblichkeitsrate, 2.) reale Kaufkraft der Bevölkerung und 3.) Bildungsniveau, gemessen an der Alphabetisierungsquote Erwachsener und Schüler (vgl. Peskoller 2014, S. 47).

Handlungsfeldern der Sozialen Arbeit angekommen ist, belegen zahlreiche Beispiele, insbesondere in den Bereichen des ökosozialen Wirtschaftens (z. B. Foodsharing) sowie in der Gemeinwesenarbeit (z. B. Urban Gardening) (vgl. Elsen 2014, S. 231 ff.). Hier werden soziale, aber auch ökonomisch und ökologisch nachhaltige Akzente gesetzt.

Das Agieren entlang dieses, auch als Triple-Bottom-Line (vgl. Elkington 1999, S. 70) bezeichneten, Modells erfordert spezifische institutionelle Herangehensweisen, in denen Partizipation und Kooperation als Grundprinzipien verankert sind (vgl. Newig, Kuhn & Heinrichs 2011, S. 27). Wie bereits in den Entwicklungslinien dargestellt, wird in der ‚Agenda 21' eine umfassende Beteiligung der Öffentlichkeit an den Entscheidungsprozessen als Voraussetzung für eine nachhaltige Entwicklung definiert. So heißt es dort: „Ausschlaggebend für die wirksame Umsetzung der Ziele, Maßnahmen und Mechanismen, die von den Regierungen in allen Programmbereichen der Agenda 21 gemeinsam beschlossen worden sind, ist das Engagement und die echte Beteiligung aller gesellschaftlichen Gruppen" (Vereinte Nationen 1992, S. 276). Kuhn und Heinrichs (2011, S. 20) differenzieren dabei zwischen Partizipation, die sie als Beteiligung von Akteuren in politischen Entscheidungsprozessen verstehen, und Kooperation, die auf die Zusammenarbeit unterschiedlicher Akteure bzw. Akteurgruppen fokussiert. Wie in Kapitel 2.1.2.1 und 2.2.1 diskutiert wurde, ist eine solche Differenzierung argumentativ nur schwer haltbar, nicht zuletzt da sich Partizipation äußerst facettenreich gestaltet, was mit der hier vorgenommenen Reduktion auf die politische Beteiligung Einzelner unbeachtet bleibt. Interessant ist allerdings, dass in einer erweiterten Variante des Drei-Säulen-Modells diese *institutionelle Dimension* als eigenständige vierte herausgehoben wird (vgl. Grunwald & Kopfmüller 2006, S. 51; Zimmermann 2006, S. 6). In dieser sind die Teilnahme und Mitsprache aller gesellschaftlichen Gruppen an Planungs-, Entscheidungs- und Umsetzungsprozessen zur nachhaltigen Entwicklung festgeschrieben, die folglich auch von allen gleichermaßen mitgetragen werden sollen. Solche partizipativ entwickelten, konsensfähigen Lösungen sind vor allem mit Blick auf das Ausbalancieren von Zielkonflikten gefragt (vgl. Schidler 2008, S. 3).

Als Steuerungsmodell für partizipative Entscheidungsfindungen im Rahmen der nachhaltigen Entwicklung wird das Governance-Konzept adaptiert (vgl. Aalborg Commitments Secretary 2004, S. 3). Es wird als Lösungsansatz eingeführt, durch den politische Prozesse, Steuerungsmechanismen und gesellschaftliche Mobilisierung dem Leitbild der nachhaltigen Entwicklung gemäß realisiert werden können (vgl. Kuhn & Heinrichs 2011, S. 19). Benz, Lütz, Schimank und Simonis (2007, S. 8) definieren Governance allgemein als „Formen und Mechanismen der Koordinierung zwischen mehr oder weniger autonomen Akteuren, deren Handlungen interdependent sind, sich also wechselseitig beeinträchtigen oder unterstützen können". Die Governance-Forschung unterscheidet prinzipiell drei Regulierungsformen: 1.) die autoritative Regulierung durch staatliches Regierungshandeln, 2.) die Selbstregulierung durch private Akteure und 3.) die Koregulation durch staatliche und private Akteure (vgl. Garrelts 2008, S. 316). Die unter dem Governance-Konzept diskutierten Verfahren setzen an Letzterem an, womit auf gleicher Augenhöhe basierende Kooperationsformen zwischen Regierenden und Dritten ins Zentrum gerückt werden (vgl. Jann & Wegrich 2010, S. 175). Das Governance-Konzept formuliert sich so als Gegenmodell zu hierarchischen Entscheidungsfindungsprozessen (vgl. Kuhn & Heinrichs 2011, S. 19).

Benz und Dose (2010, S. 25f.) differenzieren zwischen vier deskriptiven Komponenten von Governance: *Erstens* bedeutet Governance Steuern und Koordinieren, wodurch die unterschiedlichen Akteure bzw. Akteurgruppen wechselseitig aufeinander Bezug nehmen können. Diese Steuerung basiert *zweitens* auf der Kombination unterschiedlicher institutionalisierter Regeln (Markt, Hierarchie, Mehrheitsregeln, Verhandlungsregeln etc.). *Drittens* bilden Interaktionen und kollektives Handeln zentrale Elemente der Governance. *Viertens* sind Steuerung und Interaktionen institutionsübergreifend ausgerichtet. Politik findet so idealtypisch in der Zusammenarbeit zwischen staatlichen und nichtstaatlichen Akteuren statt.

Insgesamt zielt die Konzeption auf die Interaktion zwischen Staat, Wirtschaft und Zivilgesellschaft ab, wobei sich die Richtung vom regierenden Lenken von Entwicklungen zum dynamischen Initiieren und Gestalten dieser Entwicklungen ändert (vgl. Zimmermann 2006, S. 7). Dies entspricht einer neuen Qualität von Politik, die sich der Koordination von politischen Handlungen auf unterschiedlichen Ebenen verschreibt, durch politikbereichsbezogene Grenzüberwindungen geprägt ist und unterschiedliche Akteurgruppen einbezieht. Lange (2008, S. 12) ortet darin die eigentliche gesellschaftliche Herausforderung des Nachhaltigkeitskonzeptes. Governance „führt nicht etwa zu einer Relativierung, sondern unbeschadet notwendiger Modifikation älterer Politikmuster zur Bekräftigung des Primats der Politik […] im Sinne weiterer Schritte zur Modernisierung und Entfaltung der Demokratie, und dies sowohl in prozeduraler als auch inhaltlicher Hinsicht".

4.3.3 Realisierung und Herausforderungen

Bei nachhaltiger Entwicklung handelt es sich um ein mittlerweile weltweit akzeptiertes Rahmenkonzept, das sich als Ergänzung zum globalen Kapitalismus formuliert (vgl. Lange 2008, S. 7). Grunwald und Kopfmüller (2006, S. 21) halten dem entgegen, dass die Etablierung in der weitgehend offenen Formulierung der Anforderungen begründet ist, die nur selten in reale praktische Forderungen münden. Andere AutorInnen identifizieren in der breiten Zustimmung und mitunter inflationären Verwendung auch die Gefahr, dass nachhaltige Entwicklung zu einem Modewort respektive zu einer inhaltsleeren Worthülse verkommt, die politische Erklärungen, Parlamentsreden, Strategiepapiere von Konzernen etc. ziert (vgl. Zimmermann 2006, S. 1; Peskoller 2014, S. 1). Da sich die Umsetzung einer dem Leitbild gemäßen nachhaltigen Entwicklung als höchst anspruchsvoll erweist, werden im Folgenden schlaglichtartig zentrale Herausforderungen herausgeschält. Der Fokus wird zunächst auf das thematische Querschnittshandeln und dessen Steuerung im hierarchischen Gesellschaftsgefüge gelegt. Daran anschließend wird die Notwendigkeit beleuchtet, nachhaltige Entwicklung dynamisch und inter- sowie transdisziplinär zu denken.

4.3.3.1 Horizontal handeln und vertikal steuern

Aufgrund der nachweislich vielen Verflechtungen zwischen den zuvor überblicksartig skizzierten sozialen, ökonomischen, ökologischen und institutionellen Dimensionen kann nachhaltige Entwicklung nur in einem dimensionsübergreifenden Vorgehen realisiert werden (vgl. Grunwald & Kopfmüller 2006, S. 53). Das Drei-Säulen- respektive das Mehr-Säulen-Modell fordert eine gleichwertige und verschränkte Zielbearbeitung ein. Es handelt sich um ein integratives Konzept, das ein Gesamtziel verfolgt (vgl. Schidler 2008, S. 1). Dies gilt es nochmals herauszustreichen.

Grunwald und Kopfmüller (2006, S. 57) legen dazu eine konzeptive Folie vor, in der sie Ziele und Mindestanforderungen dimensionsübergreifend ausformulieren. Als Ziele gilt es, 1.) die Sicherung der menschlichen Existenz, 2.) die Erhaltung des gesellschaftlichen Produktivpotenzials und 3.) die Bewahrung der Entwicklungs- und Handlungsmöglichkeiten im Blick zu haben. Gesundheitsschutz, Vermeidung von Umweltrisiken, Gewährleistung der Grundversorgung und Absicherung gegen Lebensrisiken, selbstständige Existenzsicherung und der Ausgleich von Einkommens- und Vermögensdifferenzen sind zentrale Anforderungen zur *Sicherung der menschlichen Existenz.* Die nachhaltige Nutzung erneuerbarer und nicht erneuerbarer Ressourcen sowie die Entwicklung von Sach-, Human- und Wissenskapital zählen zu relevanten Faktoren hinsichtlich der *Erhaltung des gesellschaftlichen Produktivpotenzials.* Chancengleichheit in den Bereichen Bildung, Information und berufliche Tätigkeit, Partizipation an Entscheidungsprozessen, eine gerechte Verteilung der Umweltnutzung, die Erhaltung der kulturellen Vielfalt und des Erbes sowie sozialer Ressourcen dienen schließlich der *Entfaltung von Handlungsmöglichkeiten.* Diese Mindestanforderungen bieten eine Orientierung zur Realisierung einer integriert gefassten nachhaltigen Entwicklung.

Die Umsetzung einer solchen setzt, wie bereits in Kapitel 4.1 angekündigt, politische Entscheidungen voraus, die über einzelne Politikbereiche hinaus als

Querschnittsentscheidungen zu treffen sind. Es gilt, die sektoralen Grenzen der Sozial-, Wirtschafts- und Umweltpolitik zugunsten integrativer Prozesse zu überwinden (vgl. Kuhn & Heinrichs 2011, S. 19). Die Überwindung dieser Grenzen ist sicherlich nicht einfach, zum einen aus sachpolitischer Sicht, zum anderen sind in Koalitionsregierungen auch parteipolitische Ideale zu überschreiten. Dies wird am empirischen Ausschnitt noch konkretisiert (siehe Kapitel 7.5). Zumal in die Entscheidungsfindung, wie bereits betont, neben der Politik auch andere gesellschaftliche Gruppierungen eingebunden sein sollen – Wirtschaft, Zivilgesellschaft, Dritter Sektor, Wissenschaft etc. – und Initiativen in der Verschränkung der globalen, nationalen, regionalen und lokalen Ebene zu setzen sind (vgl. ebd., S. 19), erschweren sich die Prozesse nochmals.

In diesen im Modus des ‚strukturellen Pluralismus' angelegten Dezentralisierungsbestrebungen – wie es Giddens nennen würde (siehe Kapitel 4.2) – wird erneut die hierarchische Gesellschaftsstruktur[72] erkennbar, die es, wie im Leitbild der nachhaltigen Entwicklung ausgewiesen ist, mit unterschiedlichen Governance-Modellen aufzuweichen gilt. ‚Global Governance' beispielsweise folgt, wie in Kapitel 2.2.4 bereits angesprochen, dem Ideal einer integrierenden Weltpolitik, in der alle politisch-administrativen Ebenen miteinander verschränkt sind (vgl. Garrelts 2008, S. 316). In der Lissabon-Erklärung (2000) heißt es beispielsweise dazu: „Im Einklang mit dem Subsidiaritätsprinzip wird nach einem völlig dezentralen Ansatz vorgegangen werden, so dass die Union, die Mitgliedstaaten, die regionalen und lokalen Ebenen sowie die Sozialpartner und die Bürgergesellschaften im Rahmen unterschiedlicher Formen von Partnerschaften aktiv mitwirken" (zit. n. Dahme & Wohlfahrt 2010a, S. 3). In diese ‚Global Governance' wirken ‚Local-Governance'-Prozesse hinein, mit denen von politischen Eliten ausgehend Gelegenheiten für Koproduktionsprozesse initiiert werden (vgl. Garrelts 2008, S. 316; Dahme & Wohlfahrt 2010a, S. 3). Es werden in der Regel von global steuernden Akteuren zumeist in Netzwerken entwickelte Leitlinien, Ziele und Fahrpläne vorgegeben, die schließlich von nationalen Instanzen in Aktionspläne transferiert und von regionalen und lokalen Organisationen umgesetzt werden, wobei die Zielerreichung von den steuernden Akteuren in Monitoringprozessen kontinuierlich evaluiert wird (vgl. Dahme & Wohlfahrt 2010a, S. 4).

Diese Beobachtungen entsprechen dem Umsetzungsfahrplan von Nachhaltigkeitsstrategien. Realpolitisch stellen im Idealfall im Querschnittsmodus entwickelte nationale Strategien und Konzepte zumeist die Handlungsbasis dar. Diese sind an globale Zielsetzungen rückgekoppelt und werden durch interna-

72 Diese Ebenen wurden bereits in Kapitel 2.2.4 angesprochen und mit Blick auf die Handlungskontexte der Sozialen Arbeit in Kapitel 2.3.3 in das Raummodell des partizipativen Handelns gegossen.

tionale Zusammenarbeit unterstützt (vgl. Kuhn & Heinrichs 20011, S. 19). Die Europäische Union hat beispielsweise in den Vereinbarungen von Lissabon (2000) und Göteborg (2002) die Verbesserung der Wettbewerbsfähigkeit und der nachhaltigen Entwicklung zur Querschnittsmaterie erklärt (vgl. Paulesich 2011, S. 150). Die Staats- und Regierungschefs verpflichteten sich in der Lissabon-Strategie dazu, „to become the most competitive and dynamic knowledge-based economy in the world, capable of sustainable economic growth with more and better jobs and greater social cohesion" (Europäische Kommission 2000, S. 2). Die Strategie ‚Europe 2020 – A strategy for smart, sustainable and inclusive growth' setzt diese Linie fort: „Three priorities should be the heart of Europe 2020: Smart growth – developing an economy based on knowledge and innovation. Sustainable growth – promoting a more resource efficient, greener and more competitive economy. Inclusive growth – fostering a high-employment economy delivering economic, social and territorial cohesion. These three priorities are mutually reinforcing; they offer a vision of Europe's social market economy for the 21st century" (Europäische Kommission 2010b, S. 10). In Anlehnung an diese Leitlinien entwickelte Österreich seine nationale Nachhaltigkeitsstrategie (NSTRAT), die 2002 von der Bundesregierung beschlossen und 2010 als ÖSTRAT aktualisiert wurde (vgl. Österreichische Bundesregierung 2002, S. 2; BMLFUW 2010).

Die ÖSTRAT soll Bund und Länder dabei unterstützen, „ein Österreich [zu] schaffen und [zu] erhalten, das langfristig eine intakte Umwelt, wirtschaftliche Leistungsfähigkeit und sozialen Zusammenhalt garantiert, ohne dabei die Generationengerechtigkeit zu verletzen oder sich der globalen Verantwortung zu entziehen" (BMLFUW 2010, S. 3). Die im Strategiepapier festgesetzten Kernziele umfassen 1.) die Steigerung der Lebensqualität und die Sicherung eines menschenwürdigen Lebens, 2.) die Etablierung eines dynamischen Wirtschaftsstandorts, 3.) das Intakthalten des Lebensraums, 4.) die Sicherstellung einer verantwortungsvollen und aktiven Rolle Österreichs in Europa und der Welt, 5.) das Ausbalancieren des Spannungsfeldes zwischen Regionalisierung und Globalisierung, 6.) die Förderung des Sozialkapitals als Grundlage für Lebensqualität und wirtschaftlichen Erfolg, 7.) die Unterstützung verantwortungsvoller Unternehmen (CSR) als Erfolgsfaktor für den Wirtschafts- und Arbeitsstandort Österreich, 8.) die Steigerung der Ökoeffizienz und des Ressourcenmanagements durch nachhaltige Konsum- und Produktionsmuster und 9.) die Etablierung von Bildung und Forschung als Innovationsmotor für nachhaltige Entwicklung (vgl. ebd., S. 7). Diese Ziele sind mit Indikatoren bestückt, die zur sukzessiven nationalen und regionalen Umsetzung anleiten sowie der Zielevaluierung und Kommunikation dienen. Effekte sollen zudem über regionale und nationale Grenzen hinaus verbreitet werden (vgl. Schidler 2008, S. 3).

Durch diese globale Rückbindung von regionalen und nationalen Prozessen soll insbesondere einer Fragmentierung der Aktivitäten vorgegriffen werden.

Dahme und Wohlfahrt (2010a, S. 4) identifizieren in diesen Dezentralisierungsprozessen vorwiegend gesteuerte und durch Kontrollen begleitete Verantwortungsübertragungen nach unten, womit das Lokale respektive das Gemeinwesen eine politische Aufwertung erfährt und „zum Hoffnungsträger erster Güte aufgestiegen [ist]" (Dahme & Wohlfahrt 2010b, S. 26). Die Autoren sehen darin nicht nur eine Aufwertung, sondern vor allem eine ‚Tieferzonung' respektive ‚Devolution' der Problemlösungsfindung. Damit wären wir bei einer notwendigen kritischen Durchleuchtung des Governance-Konzeptes angelangt, denn in diesen Wahrnehmungen werden integrierende Züge von Partizipation erkennbar, in denen sich das Machtungleichgewicht fortschreibt, anstatt es aufzulösen, wie es eigentlich mit dem Governance-Konzept intendiert ist[73]. Die Governance-Strategie entlarvt sich so als ein Steuerungsmodell, mit dem institutionell arrangierte Partizipationsprozesse initiiert werden, um die Entscheidungsqualität und -akzeptanz zu erhöhen. Um Entwicklungsräume offen zu halten, wird darauf zu achten sein, dass Ziele und deren Umsetzungspläne nicht ausschließlich hierarchisch definiert werden. Stattdessen ist der Fokus auf emanzipative und handlungsgeleitete Definitions- und Implementationsprozesse zu richten. Lösungsmöglichkeiten dazu zeigen sich im dynamischen Verständnis von nachhaltiger Entwicklung und im inter- sowie transdisziplinären Herangehen.

4.3.3.2 Dynamisch, inter- und transdisziplinär denken

In den Nachhaltigkeitsdiskursen lässt sich ein substanziell-rationales und ein prozedural-reflexives Verständnis herauslesen (vgl. Grunwald & Kopfmüller 2006, S. 40). Während sich das erste an bestimmten Zielen orientiert und Partizipation in der Zielerreichung als förderlich begreift, geht das zweite von Prozessen der Partizipation und des kollektiven Lernens aus. Im ersten, weitaus verbreiteteren Verständnis ist von Nachhaltigkeit *und* Partizipation die Rede, im zweiten von Nachhaltigkeit *als* Partizipation (vgl. Newig, Kuhn & Heinrichs 2011, S. 27).

Voß (2008, S. 238) listet drei Grenzlinien einer rationalen Steuerung von Nachhaltigkeitsprozessen auf, woraufhin er für eine reflexiv-partizipative Gestaltung dieser Prozesse plädiert. *Erstens* stehen, wie bereits erwähnt, die Ziele einer nachhaltigen Entwicklung miteinander in Konflikt. Folglich lassen sie sich nur schwer eindeutig operationalisieren. Vielmehr gilt es, die unterschiedlichen Ziele im Modus des integrierten Verständnisses zusammenzudenken und auszubalancieren (vgl. ebd., S. 244). *Zweitens* liegt aufgrund der Breite ein unsicheres Wissen über die Wirkungen von Handlungsoptionen vor. Es handelt sich

73 Auf diese Dezentralisierungsproblematik wird in Kapitel 4.4.4 eigens eingegangen.

um globale, in der Zukunft liegende Folgen, die sich in Wechselwirkung zwischen Markt, Technik, Kultur, Umwelt, Politik etc. realisieren, wofür keine adäquaten Prognosemodelle vorliegen (vgl. ebd., S. 246). *Drittens* bedingen die im Governance-Konzept begründeten breiten Einflussmöglichkeiten die Aushebelung eines die Machtverhältnisse steuernden und koordinierenden Zentrums. Gestaltungsprozesse sind jedoch auf die Koordination verteilter Machtressourcen angewiesen. Es ist also aufgrund vorhandener Ungleichheiten und fehlender Kompensationen vom Widerstand einzelner Akteure auszugehen, der zum Scheitern von nachhaltigen Vorhaben führt (vgl. Voß 2008, S. 247f.).

Vor diesen Hintergründen ist Steuerung nur in einem reflexiv begriffenen Sinne möglich, als Verfahren, die ergebnisoffenes soziales Lernen ermöglichen, die nicht an definierten Zielen, Wirkungsprognosen und Kontrollen von Einflussmöglichkeiten ausgerichtet sind (vgl. ebd., S. 250). Damit wird die Prozesshaftigkeit von Nachhaltigkeit *als* Entwicklung generell betont, die bereits im ‚Brundtland-Report' herausgestrichen wurde: „Yet in the end, sustainable development is not a fixed state of harmony, but rather a process of change in which the exploitation of resources, the direction of investments, the orientation of technological development, and institutional change are made consistent with future as well as present needs" (WCED 1987, Teil 0, Kapitel 1, Paragraph 30). Demzufolge gilt es, kontinuierlich Verbesserungen anzustreben, Veränderungen bzw. Verbesserungen zu messen und nicht Zustände zu bewerten (vgl. Gelbmann & Klampfl-Pernold 2010, S. 163f.). Insofern ist nicht von fixen und spezifischen Endzielen auszugehen. Ebenso wenig existieren eindeutige Entscheidungen und konkrete Mittel zur Zielerreichung. Mog (2004, S. 2140) definiert nachhaltige Entwicklung in diesem Sinne als einen Ansatz zur Initiierung von Veränderung. Auch Foster (2008, S. 145) fasst eine solche dynamisch, wobei zugleich der notwendige Erwerb von Fähigkeiten durch Lernprozesse herausgestellt wird: „Sustainability is not a specificable target state, but the continuous exploratory pursuit, through open-ended learning, of ways to ensure that life goes on. [...] Deep sustainability really consists in the life-effort of men and women whose education has equipped them with enough knowledge, sensitive, emotional range and moral imagination to act together as a genuinely community in modern conditions." Mit der von den Vereinten Nationen initiierten ‚Decade on Education for Sustainable Development' (2005–2014) werden diese Lern- und Erfahrungsprozesse (vgl. Zimmermann 2006, S. 4) sowie die Prozesshaftigkeit von Nachhaltigkeit *als* Entwicklung insgesamt in den Fokus gerückt.

Zur Realisierung von so verstandenen dynamischen Nachhaltigkeitsprozessen bieten sich beispielsweise ‚Nexus-Arrangements' an (vgl. Voß 2008, S. 250f.). In diese ist ein multiperspektivisches Akteurteam in inter- und transdisziplinäre Settings eingebunden, um kollektiv Probleme zu analysieren und Strategien zu entwickeln. Sie konfrontieren sich dabei gegenseitig mit unterschiedlichen Erwartungen und Haltungen, was eine Perspektivenerweiterung zur Folge hat. In eigendynamischen Prozessen findet ein wechselseitiges Lernen statt, das eine bessere Einschätzung von komplexen Handlungsfolgen zulässt und robustere Entscheidungen hervorbringt. Mit einer solchen reflexiven Steuerungsstrategie werden Entwicklungsziele und Bewertungskriterien partizipativ definiert, es wird Wissen dazu unter Einbeziehung verschiedener relevanter wissenschaftlicher Disziplinen und Praxisexpertisen generiert, auf Basis von Experimenten die Anpassungsfähigkeit von Strategien erfahren und zudem werden Szenarien zur langfristigen Wirkung entwickelt und diskutiert – all das in direkter Interaktion von Beteiligten und Betroffenen (vgl. Voß 2008, S. 253).

Wenngleich sich solche Prozesse als herausfordernd erweisen – vor allem mit Blick auf die lange Dauer, die damit verbundenen Kosten und die Aufrechterhaltung der Motivation der Beteiligten (vgl. ebd., S. 254) –, liegen insbesondere im inter- und transdisziplinären Herangehen wichtige Potenziale. Zumal sich die Problemstellungen von nachhaltiger Entwicklung als äußerst komplex erweisen und die disziplinären Grenzen überschreiten, können sie nur über inter- und transdisziplinäre Zugänge ausreichend behandelt werden (vgl. Schidler 2008, S. 2; Gelbmann & Klampfl-Pernold 2010, S. 162; Newig, Kuhn & Heinrichs 2011, S. 40). Idealerweise verschränken sich dabei die Forschungs- und Arbeitsformen der Wissenschaften mit jenen außerwissenschaftlicher Institutionen in einem gleichberechtigten Kontext (vgl. Gelbmann & Klampfl-Pernold 2010, S. 162). Solche Forschungs- und Entwicklungssettings werden mit dem Sujet „Mode-2-Forschung“ (Gibbons, Limoges, Nowotny & Schwartzman 1994, S. 4 ff.) oder „post-normal-science“ (Funtowicz & Ravetz 1993, S. 99) umrahmt. Gemeinsam ist ihnen eine „Demokratisierung der Wissenschaft“ (Newig et al. 2011, S. 28). ExpertInnen aus der realen Lebenswelt werden nicht nur als Beforschte zur Datengeneration einbezogen, sondern als gleichwertige Beteiligte mit ihrem Erfahrungswissen und ihren Bedürfnissen inkludiert. Temporär werden disziplinäre Grenzen und jene zwischen Wissenschaft und Praxis mit dem Ziel des Voneinanderlernens überschritten. Zudem werden Kompetenzen gebündelt, um komplexe Probleme zu behandeln. Der Wandel von der Wissenschaft *über* die Gesellschaft zur Wissenschaft *mit* der Gesellschaft wird Gelbmann und Klampfl-Pernold (2010, S. 162) zufolge insbesondere durch das Forschungsfeld zur nachhaltigen Entwicklung unterstützt und vorangetrieben. Diesen Befunden folgend wurde auch für die gegenständlichen empirischen Arbeiten ein mit partizipativen Elementen angereicherter trans- und interdisziplinärer Zugang gewählt (siehe Kapitel 6.3).

4.4 Konsequenzen für die Soziale Arbeit

Wie schon angedeutet (siehe Kapitel 4.2.4) und in den Ausführungen verdeutlicht wurde, lassen sich im politischen Programm des ‚dritten Weges‘ und in der Konzeption von nachhaltiger Entwicklung wesentliche Parallelen erkennen, die auch die Soziale Arbeit insgesamt tangieren. Ausgehend von diesen Schnittmengen werden im Folgenden Problemzonen definiert und deren Auswirkungen auf die strukturelle Rahmung der Sozialen Arbeit diskutiert.

4.4.1 Schnittmengen

Auch wenn sich der ‚dritte Weg' und nachhaltige Entwicklung unabhängig voneinander entwickelt haben, sie unterschiedlichen Pfaden folgen und in ihren realpolitischen Transformationen dementsprechend differente Fokussierungen liegen, ähneln sich die darin formulierten Zielsetzungen. Im Übrigen lassen sich in den Diskursen auch wechselseitige Bezugnahmen entdecken. So identifizieren Kuhn und Heinrichs (2011, S. 15) beispielsweise in ihren Reflexionen zur nachhaltigen Entwicklung den ‚dritten Weg' als eine mögliche Strategie, um Folgeschäden des globalen Kapitalismus zu begrenzen. Umgekehrt nimmt Giddens (1999b, S. 71) im Zuge seiner Ausführungen zur ‚ökologischen Modernisierung' Bezug auf die Prinzipien einer nachhaltigen Entwicklung, wobei er sich allerdings auf die ökologische Säule beschränkt. Doch auch die soziale, ökonomische und institutionelle Komponente wird von ihm – zwar mit einer anderen Terminologie – in einer inhaltlich vergleichbaren Gangart in die Zukunft gedacht. Beide Programmlinien sprechen unter anderem die Notwendigkeit einer globalen Politik respektive einer Weltpolitik an, folgen dem Ideal einer sozial gerechten, inklusiven Gesellschaft (siehe Kapitel 2.1.2.2) und betonen sozial und ökologisch verträgliche Entwicklungsleistungen der Wirtschaft sowie deren stärkere Verantwortungsübernahme für den sozialen Zusammenhalt insgesamt, wobei Giddens von einer ‚gemischten Wirtschaft' spricht und im Rahmen der nachhaltigen Entwicklung von ‚Corporate Social Responsibility' die Rede ist. Die von Giddens als ‚Dezentralisierung', ‚Förderung einer politischen Öffentlichkeit' und ‚struktureller Pluralismus' bezeichneten Elemente bilden sich im Konzept der nachhaltigen Entwicklung in der Partizipation unterschiedlicher Akteure an Entscheidungsfindungs- und Gestaltungsprozessen ab, wie sie im Governance-Konzept ausformuliert sind.

Eine weitere Parallele zeigt sich in der offenen Formulierung der Programme. Es werden zwar Maßnahmen im ‚dritten Weg' und Leitlinien sowie Indikatoren im Konzept der nachhaltigen Entwicklung vorgeschlagen, allerdings lassen diese Platz für mannigfaltige Ausdeutungen. Ebenso wird in beiden Vorhaben von traditionellen parteipolitischen Prägungen Abstand genommen. Während sich nachhaltige Entwicklung allerdings in einem gänzlich parteifreien Raum etablierte, um nach horizontalen Lösungen für vorrangig umwelt- und entwicklungspolitische Fragen zu suchen, zielt der ‚dritte Weg' auf eine Erneuerung der Sozialdemokratie ab, mit dem Bemühen, diese aus der Bipolarität einer links/rechts gedachten Politik zu befreien. Insofern finden darin die sozial- und wirtschaftspolitischen Elemente gegenüber umwelt- und entwicklungspolitischen eine stärkere Betonung.

Diese ursprünglich unterschiedlichen Ausrichtungen setzen sich in der politischen Rezeption und Transformation der Entwürfe fort. So führt das Konzept der nachhaltigen Entwicklung zu Neuerungen in der Umweltpolitik, wo es auch zumeist strategisch verankert ist. Das Konzept des ‚dritten Weges' dient hingegen als Schablone für wohlfahrtsstaatliche Umbaumaßnahmen und ist als solches im sozial- und mitunter auch im wirtschaftspolitischen Bereich prioritär. Mit Blick auf die realpolitischen Transformationen ist trotz dieser bereichsspezifischen Akzente eine gemeinsame Tendenz wahrnehmbar, denn beide ursprünglich als Konfliktlösungsversuche gefassten Entwürfe bringen neue Spannungen hervor, die auch die Soziale Arbeit treffen. Diese sind in einer quer über alle politisch-administrativen Ebenen verteilten, von oben nach unten gesteuerten Förderung und Forderung von Partizipation beobachtbar. Die Beteiligung unterschiedlicher Akteure wird gefördert mit der gleichzeitigen Forderung, dass diese verstärkt Verantwortung übernehmen. Davon betroffen sind einzelne BürgerInnen ebenso wie Wirtschaftsunternehmen und Organisationen des Dritten Sektors. Darin bildet sich die Fähigkeit der Regierungen ab, die Auflösung des großen Widerspruches zwischen Staat und privatem Kapital (vgl. Giddens 1997, S. 250; siehe Kapitel 3.2.6) verstärkt der Sphäre der BürgerInnen zu überantworten. In den Worten von Sloterdijk (2010, S. 7) gefasst: „Die modernen sozialen Systeme – sprich die wohlfahrtsstaatlich organisierten Nationalstaatsgesellschaften der Ersten Welt – haben die Fähigkeit entwickelt, ihre früher so genannten systemsprengenden ‚Widersprüche' in stimulierende Irritationen umzuwandeln und aus internen Konflikten Anlässe zu systemstabilisierendem ‚Lernen' zu machen." Mit dem Foucault'schen Begriff der „Gouvernementalität" (Foucault 2000, S. 64)[74] lassen sich die in diesen Regierungstaktiken impliziten realen Verengungen von sich scheinbar öffnenden Partizipationsräumen entlarven. Pieper und Gutiérrez Rodríguez (2003, S. 12) identifizieren die durch Dezentralisierungen initiierte Verflüssigung des Staates als listige Strategie, „indem er auf rhizomatische und subtile Weise den Geist und die Seele der Subjekte zu führen versucht".

Trotz dieser Top-down-Modalitäten existieren nach wie vor emanzipative, von unten nach oben gelebte Partizipationsprozesse (siehe Kapitel 3.1). Es hat,

74 Mit dem Begriff ‚Gouvernementalität' (gouverner/regieren und mentalité/Denkweise, Strategie) macht Foucault auf die Zweckrationalität von Regierungen aufmerksam, die unter Einsatz verschiedener Taktiken Dinge lenken respektive steuern (vgl. ebd., S. 54). Dabei greifen Subjektivierungsprozesse und Machttechnologien ineinander, wobei sich der Staat in seiner reduzierten Form zunehmend der Selbstregierungskräfte der Bevölkerung bedient.

wie in den Kapiteln 3.1 und 2.1.2.5 angedeutet, sogar den Anschein, dass sich diese intensivieren, je stärker sich der Druck solcher integrierenden und steuernden Strategien ausbreitet. Im Kontext der nachhaltigen Entwicklung nehmen Newig, Kuhn und Heinrichs (2011, S. 29) allenfalls beide Partizipationsrichtungen als bedeutend und sich gegenseitig bedingend wahr – ähnlich wie es in dem der Arbeit zugrunde liegenden, als Beziehung gedachten Partizipationsverständnis angelegt ist (siehe Kapitel 3.3). Doch auch sie konstatieren für die Gegenwart eine tendenzielle Dominanz von systemstabilisierender Partizipation, die zur Steigerung von Entscheidungslegitimität und zur Erhöhung der Effektivität genutzt wird: „[I]m aktuellen gesellschaftlichen Diskurs um Partizipation und Nachhaltigkeit – vor allem auf europäisch-politischer Ebene – [dominiert] die instrumentelle, effektivitätsorientierte Perspektive“ (ebd., S. 31).

Die Verlagerung zu einer top-down gesteuerten Partizipation legitimiert sich wiederum über die im Konzept für nachhaltige Entwicklung und im Programm des ‚dritten Weges‘ formulierten Leitlinien und Maßnahmen. Diese gesellschaftspolitischen Partizipationsschattierungen konkretisieren sich in drei für die Soziale Arbeit besonders relevanten wohlfahrtsstaatlichen Neuerungen. Wie ansatzweise bereits dargelegt, sind es 1.) die Aktivierungspolitik, 2.) die Ökonomisierung sozialer Dienstleistungen und 3.) Dezentralisierungsbestrebungen, durch die sich die strukturelle Rahmung der Sozialen Arbeit insgesamt gewandelt hat. Da die Soziale Arbeit, wie bereits in Kapitel 2.3 ausgeführt, in der Dynamik zwischen individuellen Bedarfen und strukturellen Anforderungen agiert, steht ihr Selbstverständnis durch diese Veränderungen erneut auf dem Prüfstand. Um den in den fachlichen Orientierungen impliziten Prinzipien gemäß zu handeln (siehe Kapitel 2.3.1), ist eine Belebung der kritisch reflektierenden und strategiepolitischen Gestaltungskräfte der Sozialen Arbeit beobachtbar (siehe Kapitel 2.3.2). Vor diesen Hintergründen verwundert es nicht, dass die Diskurse zur Aktivierung, Ökonomisierung und Dezentralisierung die gesamte Publikationslandschaft der letzten Jahre durchdringen. Aufgrund dieser Breite können die Konsequenzen, die sich daraus für die Soziale Arbeit ergeben, lediglich selektiv und mit einer reduzierten Auswahl einschlägiger, die Debatten prägender Quellen beleuchtet werden. Es wird der Fokus auf jene Aspekte gelegt, die das empirische Forschungsfeld tangieren. Dahingehend werden Veränderungen in der Arbeitsmarktpolitik thematisiert, in denen sich Tendenzen der Aktivierung der AdressatInnen abbilden. Im Weiteren wird das sich im Zuge der Effizienzsteigerung der öffentlichen Verwaltung wandelnde neue Verhältnis zwischen dieser und den ihr nahestehenden Sozialen Organisationen angesprochen, das sich im Schlagwort der ‚Ökonomisierung sozialer Dienstleistungen‘ realisiert und hier vor der Matrix des durch das Kontraktmanagement eingeführten Wettbewerbs diskutiert wird. Zudem wird auf lokale Governance-Praxen eingegangen, die sich in einer dezentralisierten, kooperativen Leistungserbringung verdichten. Da sich alle drei ausgewählten Problemzonen gegenseitig bedingen, werden die Diskurse dazu auch teilweise miteinander verwoben geführt und auch weiterhin zu führen sein (exemplarisch Wohlfahrt 2004, S. 123 ff.; Dahme & Wohlfahrt 2005b, S. 8; Buestrich, Burmester, Dahme & Wohlfahrt 2008, S. 52 ff.; Galuske 2008a, S. 113; Dahme & Wohlfahrt 2010a, S. 4; Seithe 2012; S115 ff. und S. 239 ff.). Darin wird erkennbar, dass die Herausforderungen nur im Querschnitt aller in Kapitel 2.3.3 ausgewiesenen Räume bewältigbar sind. Perspektiven für eine solche Bewältigung eröffnet der Ansatz der „Politik der Bewältigung" (Böhnisch & Schröer 2001, S. 226 ff.) respektive des „gestaltenden Sozialstaats" (Böhnisch & Schröer 2002, S. 181 ff.), der abschließend als alternatives Gegenmodell zu den realpolitisch restriktiven Transformationen vorgestellt wird.

4.4.2 Aktivierung

Das im ‚Blair-Schröder-Papier' vorgestellte wohlfahrtsstaatliche Umbauprogramm (siehe Kapitel 4.2.4) orientiert sich an der von Giddens im ‚dritten Weg' definierten ‚positiven Wohlfahrt' sowie am dort festgelegten Grundsatz ‚keine Rechte ohne Pflichten'. Im deutschsprachigen Raum wird es unter den Schlagworten „aktivierender Staat" (Walther 2005, S. 44), „aktivierender Sozialstaat" (Galuske 2002, S. 208), „Aktivierungspolitik" (Seithe 2012, S. 239) oder „Sozialinvestitionsstaat" (Dahme & Wohlfahrt 2005b, S. 6) kritisch diskutiert, vor allem mit Blick auf die suppressive, der Idee eines minimalen Staates folgenden, realpolitischen Auslegung. Den Ausgangspunkt der Veränderungen markiert die zunehmende Legitimitäts- und Finanzierungskrise insbesondere korporatistisch definierter wohlfahrtsstaatlicher Strukturen (siehe Kapitel 4.1). Diese geraten aufgrund wachsender gesellschaftlicher Problemlagen, wie beispielsweise der steigenden Arbeitslosigkeit, hinsichtlich der Sicherung des Normallebenslaufes an ihre Grenzen, womit sie ihre Legitimität verlieren (vgl. Walther 2010, S. 118). Zugleich lassen diese gesellschaftlichen Herausforderungen die Leistbarkeit von Sozialversicherungs- und Grundversorgungssystemen fraglich werden. Die Folge sind budgetäre Engpässe in den öffentlichen Haushalten, die durch eine Verlagerung der Verantwortung zu den Individuen ausgeglichen werden sollen (vgl. Scheipl 2003b, S. 139; Dahme & Wohlfahrt 2005a, S. 1; Galuske 2008a, S. 118, Walther 2010, S. 118). Diese Verantwortungsverschiebung erzwingt erstens eine Abkehr von der „Vollkaskomentalität" umfassender Wohlfahrtsstaaten, wie es Galuske (2008a, S. 119) formuliert, zweitens eine Aufwertung der Eigensorge und Eigenverantwortung mit der drittens eine Abwertung kollektiver Solidaritätsansprüche einhergeht (vgl. Dahme & Wohlfahrt 2005a, S. 1; Galuske 2008a, S. 119; Walther 2010, S. 118). Insgesamt ist die Tendenz der Privatisierung sozialer Risiken im neoliberalen Stil erkennbar. Seithe (2012, S. 247) fasst diesen grundlegenden Richtungswechsel wie folgt zusammen: „Aktivierung bedeutet somit im neoliberalen Verständnis des ‚aktivierenden Staates', dass der Einzelne aufgefordert ist, im Sinne des flexiblen, unternehmerischen Habitus [...] für sein Leben einschließlich der Risiken, die es in unserer Gesellschaft gibt, von sich aus und selbständig Vorsorge zu treffen, jede mögliche Eigeninitiative zu entwickeln und die Verantwortung für das Gelingen ganz auf sich zu nehmen. Er hat sein ‚Kapital der eigenen Kraft' zu pflegen und einzusetzen." Darin implizit ist das Bild der Selbstverschuldung im Falle von Misserfolgen.

Wohlfahrtsstaatlich zeigt sich diese ‚Förderung' der Eigenverantwortung in einer Adaption der in der ‚positiven Wohlfahrt' entwickelten Sozialinvestitionskomponente. Sozialinvestition bedeutet Anreize und Gelegenheiten zu schaffen, die es den Individuen ermöglichen, ‚fähig' zu werden respektive zu bleiben. Versorgung ist an eine die Selbsthilfe anregende Vorsorge gekoppelt (vgl. Stelzer-Orthofer 2008, S. 17), „die dem erneut zum Fallwerden vorbeugen soll" (Dahme & Wohlfahrt 2005b, S. 12). Stelzer-Orthofer (2008, S. 20) differenziert dahingehend zwischen einer „emanzipatorischen Aktivierung", die in der Tradition eines umfassenden Wohlfahrtsstaates eingebunden ist, und einer „suppressiven Aktivierung", die der Idee neoliberal gedachter Minimalstaaten folgt und in der der Akzent weniger auf Rechten, sondern auf den Pflichten der Einzelnen gegenüber dem Gemeinwohl liegt (vgl. Stelzer-Orthofer 2008, S. 17). Auch Seithe buchstabiert dies ähnlich aus. Während Anreize in einer positiv gelebten Befähigung über die Offerierung von Wahlmöglichkeiten geschaffen werden, spielt sich eine aktivierende Befähigung über negative Anreizsysteme, zumeist in Form von Sanktionen, ab (vgl. Seithe 2012, S. 273). Der ‚Förderung' der Eigenverantwortung respektive deren Aktivierung sind aktuellen wohlfahrtsstaatlichen Entwicklungen zufolge suppressive Elemente gleichgeschaltet. Leistungen sind vermehrt an ‚fordernde' und ‚verpflichtende' Gegenleistungen gebunden, die bei Nichterfüllung sanktioniert werden (vgl. Walther 2005, S. 45; Stelzer-Orthofer 2008, S. 10; Seithe 2012, S. 254). Walther (2005, S. 45f.) spricht in diesem Zusammenhang von Befähigung durch Zwänge.

Tendenzen einer suppressiven Aktivierung finden am eindeutigsten in der Arbeitsmarktpolitik ihren Ausdruck, wo sie auch ihren Ursprung haben. Es ist insgesamt ein Paradigmenwechsel vom klassischen ‚Welfare' zum ‚Workfare' wahrzunehmen. Beobachtbar ist eine Schwerpunktverlagerung von passiven monetären Sicherungsleistungen zu aktiven Maßnahmen, die der Wiederherstellung und Erhaltung der Wettbewerbsfähigkeit, also der ‚employability', dienen (vgl. Dahme & Wohlfahrt 2005b, S. 13; Walther 2005, S. 45; Galuske 2008a, S. 126). In Deutschland realisiert sich der Wandel in den ‚Hartz-Gesetzen' (vgl. Dahme & Wohlfahrt 2005b, S. 10), die die Zusammenführung von Arbeitslosen- und Sozialhilfe implizieren (vgl. Lessenich 2005, S. 21). In Österreich sind es die Mitte der 1990er-Jahre einsetzenden arbeitsmarktpolitischen Reformen sowie die Einführung der ‚bedarfsorientierten Mindestsicherung' im Jahr 2010 (vgl. Steltzer-Orthofer 2011, S. 148ff.).

Wie bereits in Kapitel 4.1.4 ausgeführt, orientiert sich die Zielsetzung der österreichischen Arbeitsmarktpolitik nach wie vor am Vollbeschäftigungsideal. In Anlehnung an die ‚Europa-2020-Strategie' strebt Österreich dahingehend kontinuierlich eine weitere Erhöhung der Beschäftigungsquote an (vgl. Ziegler & Sturm 2015, S. 2). Auch wenn es aufgrund der wirtschaftlichen Situation nicht realisierbar ist, dass alle Menschen einen sicheren Arbeitsplatz haben und vom damit verbundenen sozialen Sicherungssystem profitieren, soll diese Möglichkeit zumindest so vielen wie möglich eröffnet werden. Der bis 2016 amtierende Sozialminister konstatiert, „dass Österreich weiterhin auf Beschäftigungsförderung setzen muss, um mehr Menschen in Arbeit zu bringen und Arbeitslosigkeit einzudämmen" (Hundstorfer 2015, S. 179). Dieses vom Bundesministerium für Arbeit, Soziales und Konsumentenschutz vorgegebene Ziel wird operativ vom Arbeitsmarktservice (AMS) umgesetzt, wobei der Grundsatz ‚Aktivierung vor passiver Leistungsgewährung' zum Tragen kommt.[75] „Auf nationaler Ebene haben die Vermittlung auf offene Stellen, Qualifizierungen und die Verhinderung von Langzeitarbeitslosigkeit oberste Priorität. Wirtschaftlich und gesellschaftlich ist es von besonderer Bedeutung, die Arbeitskräfte optimal einzusetzen und keine Ressourcen zu vergeuden. Mit einer umfassenden Aktivierungsstrategie muss der gänzliche Rückzug aus dem Erwerbsleben verhindert werden. Die Aktivierungsstrategie soll die Menschen zur Rückkehr in den Arbeitsmarkt motivieren und sie dabei entsprechend ihrer Bedürfnisse unterstützen" (BMASK 2011b, S. 7).

Seit 2007 ist eine kontinuierliche Erhöhung des Volumens der aktiven Arbeitsmarktpolitik zu verzeichnen (vgl. Buchinger 2012, S. 124; siehe Kapitel 7.1). Im Rahmen des 2015 stattgefundenen Arbeitsmarkt- und Konjunkturgipfels der Republik Österreich wurde deren weitere Ausdehnung mit zielgruppenspezifischer Fokussierung beschlossen. Langzeitbeschäftigungslosen, Personen über 50 Jahre und Asylberechtigten sollen innovative Projekte sowie längerfristige Eingliederungsbeihilfen zur Verfügung stehen. Betont wird, dass „wie bereits in den vergangenen Jahren das Prinzip ‚Beschäftigung vor Leistungsbezug' [gilt]. Das stärkt die aktive Arbeitsmarktpolitik und fördert die Beschäftigung von Menschen, die dadurch von Leistungsempfängern zu Leistungszahlern werden" (BMASK 2015c, S. 5). Mit diesen Maßnahmen gelang es insbesondere in den Folgejahren der weltweiten Wirtschaftskrise, die Arbeitslosenzahlen in Österreich weitgehend niedrig zu halten (vgl. Buchinger 2012, S. 124).

In den Jahren 2007 und 2008 wurden auch Neuerungen hinsichtlich der Jugendbeschäftigung gesetzt. So wurde beispielsweise die Beschäftigungs- und

75 Wie sich die Arbeitsmarktpolitik im Detail gewandelt hat, ist Gegenstand der empirischen Untersuchungen und kann in Kapitel 7.1 nachgelesen werden. Einen guten Überblick über die Ausgestaltung der passiven und aktiven Maßnahmen legt auch Woltran (2011, S. 122 ff.) vor.

Ausbildungsgarantie für Jugendliche eingeführt. Neben der dreijährigen betrieblichen Lehrausbildung besteht seitdem für Jugendliche, die keine Lehrstelle in einem Wirtschaftsbetrieb finden, die Möglichkeit, eine überbetriebliche, durch das AMS geförderte Lehrausbildung zu absolvieren. Gleichzeitig wurde der Kündigungsschutz für Lehrlinge gelockert. Das bedeutet, dass Unternehmen das Lehrverhältnis jederzeit kündigen können, allerdings erst nach einem Mediationsverfahren, in dem die Gründe erörtert und Möglichkeiten der Aufrechterhaltung abgewogen werden (vgl. Buchinger 2012, S. 124). Diese Entwicklungen entsprechen den in Europa unter ‚Flexicurity' diskutierten Bestrebungen, den Arbeitsmarkt zu flexibilisieren und gleichzeitig langfristige Absicherungen anzubieten. Dementsprechend steht jenen Jugendlichen, die aus einem betrieblichen Lehrverhältnis entlassen werden, das Auffangnetz der überbetrieblichen Lehrausbildung zur Verfügung. Ähnliches wurde mit der bereits 1997 eingeführten Versicherungspflicht für freie DienstnehmerInnen angestrebt. Mit dieser sozialversicherungsrechtlichen Gleichstellung wird ihrer fortschreitenden Prekarisierung tendenziell entgegengewirkt (Buchinger 2012, S. 124).

Neben der Aufrechterhaltung des Vollbeschäftigungsideals, der Ausweitung aktivierender Maßnahmen und den Flexicurity-Bestrebungen ist seit ca. 2000 insbesondere hinsichtlich der Arbeitslosenversicherung ein restriktiver Kurs belegbar. So wurden die Zugangsvoraussetzungen für den Erhalt arbeitsmarktpolitischer Transferleistungen (Arbeitslosengeld und Notstandshilfe) verschärft und strenger an die Arbeitswilligkeit bzw. an die Beteiligung an aktivierenden Maßnahmen gebunden. Wie noch in Kapitel 5.3.2.4 gezeigt wird, soll damit unter dem Leitmotiv ‚Erhöhung der Treffsicherheit' der Missbrauch von Sozialleistungen insgesamt verhindert und stärker sanktioniert werden. Im Zuge dessen wurde das Leistungsniveau des Arbeitslosengeldes von 57 % auf 55 % reduziert[76], die Kontrolle und Sanktion bei ArbeitslosengeldbezieherInnen ausgedehnt sowie die Familienzulage vermindert und der Berufsschutz teilweise aufgehoben (vgl. Talós 2005, S. 68; Andree 2006, S. 283 ff.; Stelzer-Orthofer 2011, S. 148).

Zudem setzten Mitte der 2000er-Jahre Diskussionen zu einer, in Deutschland bereits unter dem ‚Hartz-IV'-Programm realisierten, Zusammenlegung der Notstandshilfe mit der Sozialhilfe ein. Diese konkretisierten sich, wie bereits erwähnt, in Form der ‚bedarfsorientierten Mindestsicherung', die schließlich 2010 eingeführt wurde (vgl. Stelzer-Orthofer 2011, S. 151). Dabei handelt es sich kurz gesagt um eine Umgestaltung und bundesweite Angleichung der Sozialhilfe, deren Kernziele die Armutsbekämpfung sowie die Heranführung ar-

76 Das Arbeitslosengeld beläuft sich auch 2016 noch auf 55 % des Nettoeinkommens. Es ist allerdings mit einer maximalen Höhe von täglich 52,52 Euro begrenzt (vgl. Kammer für Arbeiter und Angestellte 2016a, S. 178).

beitsfähiger LeistungsbezieherInnen an den Arbeitsmarkt sind (vgl. Stanzl 2011, S. 211). 2016 beträgt die Mindestsicherung für alleinstehende Personen beispielsweise 882,78 Euro pro Monat. Dieser Betrag setzt sich zusammen aus dem Grundbetrag von 75 % zur Deckung des Lebensunterhaltes inklusive Krankenversicherung sowie dem 25-prozentigen Wohnkostenanteil (vgl. Kammer für Arbeiter und Angestellte 2016a, S. 378 f.). Der Bezug erfolgt monatlich und ist an diverse Auflagen gebunden. So dürfen beispielsweise nur geringe Vermögenswerte vorliegen, das Haushaltseinkommen muss unter der Mindestsicherung liegen und es muss eine Arbeitswilligkeit vorhanden sein (vgl. Stanzl 2011, S. 211 ff.; Kammer für Arbeiter und Angestellte 2016, S. 381 ff.).

Insgesamt zeigt sich in all diesen Entwicklungen eine zunehmend auf Aktivierung abzielende politische Strategie, die sich mit dem Regierungswechsel 2017 den Programmdokumenten folgend noch verschärfen wird[77] (siehe Österreichische Bundesregierung 2017). Stelzer-Orthofer (2011, S. 152) spricht von einem „ambivalenten Charakter" der österreichischen Arbeitsmarktpolitik, „der zum einen Chancen schafft, zum anderen aber […] mit Drohung und Leistungsentzug und einem kontinuierlichen Zurückschrauben des Leistungsniveaus zu einem wohlgefälligen individuellen Arbeitsmarktverhalten zwingen will". Deutlich erkennbar wird darin die Lohnarbeitszentriertheit des ‚neuen', aktivierenden Staates (vgl. Galuske 2002, S. 219).

Diese Aktivierungsstrategien beschränken sich jedoch nicht nur auf den Bereich arbeitsmarktintegrativer Prozesse, sondern haben sich mittlerweile in andere für die Soziale Arbeit wichtige Handlungsbereiche, wie beispielsweise Gesundheit, Pflege und Bildung, ausgebreitet (vgl. Galuske 2008a, S. 119). Dass sich damit das Verhältnis zwischen der intermediär agierenden Sozialen Arbeit und der Sozialpolitik verändert, liegt auf der Hand (vgl. Dahme & Wohlfahrt 2005b, S. 7; Seithe 2012, S. 241). Dahme und Wohlfahrt (2005b, S. 7 f.) sprechen von einer Verantwortungsübertragung an die Profession, die ihre Fachlichkeit empfindlich berührt. Wenn es die AdressatInnen gemäß den zuvor ausschraffierten Logiken zu aktivieren gilt, dann steht ihre zentrale methodische Grundausrichtung infrage. Die Stärkung der Eigenverantwortung, die Hilfe zur Selbsthilfe, die Ressourcenorientierung, Empowerment und Partizipation sind grundlegende Handlungsprinzipien der Sozialen Arbeit (siehe Kapitel 2.3.1). Sie werden von der Aktivierungspolitik adaptiert, allerdings mit einer gänzlich anderen Intention. Im Licht der Sozialen Arbeit soll damit die Lebensbewältigung der AdressatInnen unterstützt werden (vgl. Dahme & Wohlfahrt 2005b, S. 15), im Schatten der Aktivierung gilt es, sie mit diesen Mitteln zur Normalisierung

77 So sind gemäß dem Regierungsprogramm 2017–2022 weitreichende Reformen mit Verschärfungen in der Arbeitslosenversicherung, Notstandshilfe und der Mindestsicherung geplant.

respektive zur ‚employability' zu führen. Insofern stehen sozialpolitisch-investive Interessen über adressatInnenbezogenen Bedürfnissen. Galuske (2008a, S. 127) konkludiert, dass „Soziale Arbeit als Aktivierung nicht länger als generelle Unterstützung der Lebensbewältigung zu verstehen [ist], sondern als Verlängerung des sozialstaatlichen Ziels der Investition in diejenigen, die einen produktiven Beitrag zum Gemeinwohl leisten". Die sozialpolitischen Vorstellungen an die Soziale Arbeit beschreibt Galuske (2008a, S. 124) als „arbeitsmarktfixiert, effizient, transparent und vor allem fürsorglich-autoritär". Kontrollen sowie paternalistisches Lenken und Führen im Sinne einer funktionalistisch gedachten Fallverhinderung verunmöglichen ein lebensweltorientiertes und auf Partizipation setzendes Handeln (vgl. Dahme & Wohlfahrt 2005b, S. 15; Galuske 2008a, S. 129; Galuske 2008b, S. 223).

Diese Kontroll- und Sanktionsmethode zeigt sich deutlich in den behördlich gesteuerten arbeitsmarktintegrativen Settings. „Der ‚Kunde' der Aktivierungsleistungen ist bei Androhung von Sanktionen in Form von Leistungskürzungen und Sperrzeiten dazu verpflichtet z. B.: seine gesamten Beziehungs-, Wohn- und finanziellen Verhältnisse offen zu legen [sic!], ständig erreichbar und verfügbar zu sein, sich permanent nachweislich um eine Beschäftigung zu bemühen, wo (fast) jede Beschäftigung zumutbar ist, jedes angebotene Qualifizierungs- oder Beschäftigungsangebot anzunehmen [...]" (Galuske 2008a, S. 124). Demnach kann in diesen Wiedereingliederungsprozessen weder von Freiwilligkeit noch von Ergebnisoffenheit die Rede sein. Die Strategien zielen insgesamt auf eine Verhaltens- und nicht auf Verhältnisänderung ab (vgl. Galuske 2008a, S. 127). Die Soziale Arbeit erlebt aus Sicht von Galuske „ein kaum für möglich gehaltenes Comeback der ‚fürsorglichen Belagerung' als methodisches Prinzip, das von der Politik eingefordert wird" (ebd., S. 128). Stelzer-Orthofer (2008, S. 22) betont die Gefahr der Instrumentalisierung der Sozialen Arbeit, die sich in einer kritiklosen Verbeugung zu einer Erfüllungsgehilfin suppressiver Aktivierung entwickeln kann. Im Modus einer kritischen und gestaltenden Sozialen Arbeit (siehe Kapitel 2.1.2.3 und 2.3.1.2) wird daher einer solchen Vereinnahmung beharrlich entgegengewirkt und es wird ihr weiter entgegenzuwirken sein.

4.4.3 Ökonomisierung

Eine andere Form der Verantwortungsübertragung begegnet uns in der Ökonomisierung sozialer Dienstleistungen. Im Modus der im ‚dritten Weg' empfohlenen Effizienzsteigerung der öffentlichen Verwaltung und der in der ‚positiven Wohlfahrt' angeratenen verstärkten Einbeziehung von Dritt-Sektor-Organisationen in die öffentliche Leistungserbringung wurden in Deutschland bereits Anfang und in Österreich Mitte der 1990er-Jahre Umstrukturierungen eingeleitet (vgl. Buestrich et al. 2008, S. 40; Seithe 2012, S. 121), die sich durch den im

‚Blair-Schröder-Papier' angekündigten politischen Richtungswechsel intensivierten. Mittels ‚New Public Management' wurde eine ‚Binnenmodernisierung' in Gang gebracht, die auf den Umbau öffentlicher Behörden zu Dienstleistungsunternehmen abzielt (vgl. Buestrich et al. 2008, S. 43). Die damit eingeführten marktähnlichen Organisations-, Finanzierungs- und Steuerungsmodelle sollen ein Bewusstsein für mehr Transparenz der Kosten und der Qualität der Leistungen erzeugen (vgl. Anastasiadis 2011a, S. 289). Gleichzeitig ist eine ‚Außenmodernisierung' (Buestrich et al. 2008, S. 46) zu verzeichnen, mit der eine umfassende Privatisierung öffentlicher Leistungen eingeleitet und ein Wettbewerb zwischen den extern beauftragten LeistungsanbieterInnen etabliert wurde, um so die Landschaft der AnbieterInnen zu pluralisieren (vgl. Gruber 2014, S. 1). Hinter diesen Bemühungen steht die Intention, die insbesondere in sozialen Bereichen steigenden Kosten zu reduzieren (vgl. Seithe 2012, S. 122; Gruber 2014, S. 2). Insgesamt findet eine Transformation ökonomischer Rationalitäten auf öffentliche und soziale Dienstleistungsbereiche statt (vgl. Diebäcker, Ranftler, Strahner & Wolfgruber 2009a, S. 3; Dimmel 2012, S. 148), mit dem Ziel, die Kosten niedrig zu halten bei gleichzeitiger Angebots- und Qualitätssteigerung (vgl. Buestrich et al. 2008, S. 49; Heimgartner 2009a, S. 317).

Als wesentliches realpolitisches Element dieser ökonomisierenden Doppelstrategie kristallisiert sich die zunehmende Privatisierung[78] sozialer Dienstleistungen mit einem wirkungsorientierten Kontraktmanagement heraus, womit schließlich ein staatlich initiierter Wettbewerb zur Kostenreduktion vorangetrieben wird. Die steigende Auslagerung vormals öffentlich erbrachter sozialer Dienste in den gemeinnützigen Sektor geht mit den in der ‚Third-Party-Policy' ausgewiesenen Potenzialen dieses Sektors einher (vgl. Salamon 1996, S. 79; siehe Kapitel 5.3.1.2). Ihnen wird eine effektivere und effizientere Problembearbeitung zugetraut als öffentlichen Institutionen (vgl. Seithe 2012, S. 125). Aber auch privatwirtschaftliche, profitorientierte AuftragnehmerInnen drängen vermehrt auf den sozialen Dienstleistungsmarkt (vgl. ebd., S. 125; Dahme & Wohlfahrt 2015[79], S. 44; siehe Kapitel 5.2.2), der sich zunehmend in ein konkurrenzbehaftetes Minenfeld verwandelt, das über ein wirkungsorientiertes Kontrakt-

78 Mit Blick auf die Privatisierung ist zudem die Restrukturierung der Verwaltungsstrukturen durch die Installierung teilprivatisierter Holdingformate zu erwähnen. So wurden beispielsweise der gesamte kommunale Mobilitäts- und Energiebereich, die Wasser- und Abfallwirtschaft sowie die öffentlichen Freizeiteinrichtungen in die kommunale Dienstleistungen GmbH ‚Holding Graz' ausgelagert. Im ‚Fonds Soziales Wien' sind seit 2004 wesentliche Sektoren der Sozial- und Gesundheitsagenden der Stadt Wien ‚outgesourct' (vgl. Diebäcker et al. 2009a, S. 7).

79 Laut Dahme und Wohlfahrt (2015, S. 44) beträgt in Deutschland ihr Anteil bei Pflegediensten bereits 59,9 %, bei Pflegeheimen 39,2 %, bei Reha und Vorsorge 56,2 % und bei Kindergärten 14,6 %.

management reguliert wird – mit gleichzeitiger Deregulierung der Erbringungskontexte und -verhältnisse.[80]

So werden in Österreich seit Mitte der 1990er-Jahre die für soziale Dienstleistungen ehemals üblichen und oftmals jährlich pauschalierten öffentlichen Basissubventionen sukzessive durch befristete, periodisierte Leistungsverträge abgelöst. Die Zahlungen sind als Subjektförderungen strukturiert. Sie bemessen sich an der Zahl der KlientInnen und sind an Monitoring und Evaluationen rückgebunden (vgl. Diebäcker et al., 2009a, S. 8; Dimmel 2012, S. 146f.; Seithe 2012, S. 135). Damit wird innerhalb der Organisationslandschaft ein Kosten- und Qualitätswettbewerb initiiert, der sich mit der Novelle des Bundesvergabegesetzes seit 2002 noch verschärfte, denn seitdem sind zahlreiche soziale Dienstleistungen, insbesondere im Bildungsbereich, ausschreibungspflichtig. Die Auftragsvergabe wird nach dem Bestbieterprinzip entschieden, wobei der Preis durchwegs ein entscheidendes Kriterium ist (vgl. Anastasiadis 2006, S. 175ff.).[81] Im Gegensatz zu Auftragsvergaben, in deren Rahmen der Preis und die Leistung bereits durch das gelegte Angebot vordefiniert sind, finden bei Leistungsvereinbarungen Verhandlungsprozesse statt, die allerdings durch die gegebenen budgetären Mittel der öffentlichen Verwaltung, die zumeist von der Politik vorgegeben werden, limitiert sind. In den Vereinbarungen selbst werden die Art und das Ausmaß der Leistung definiert, die Qualitätskriterien bestimmt, wie z.B. die Qualifikation des Personals, die dafür zur Verfügung stehenden finanziellen Ressourcen inklusive Betreuungsschlüssel festgesetzt, die Berichterstattung und die zu erzielenden Ergebnisse bestimmt, wobei diese zumeist in Kennzahlen respektive Quoten quantifiziert sind. Zudem sind bei Nichterreichung der Ziele Sanktions- und Eingriffsmöglichkeiten durch die AuftraggeberInnen enthalten (vgl. Seithe 2012, S. 131). Somit entwickelt sich der Erbringungskontext zu einem auf Diskontinuitäten beruhenden Setting, denn es können am Ende einer Periode Kürzungen vorgenommen werden und auch während der beauftragten Laufzeit Zahlungen zurückgehalten werden, wenn die Ergebnisse nicht den Erwartungen entsprechen oder absehbar nicht entsprechen werden (vgl. Seithe 2014, S. 132).

In einer Studie zum Dritten Sektor in Wien, unter denen sich auch zahlreiche soziale DienstleistungsanbieterInnen befinden, konnten zur Zeit des Übergangs von alten in neue Finanzierungsmodelle folgende Wandelszenarien identifiziert werden: Die befragten Organisationen konstatierten *erstens* eine Reduktion ih-

---

80 Diese von Schaarschuch (1996 und 2006) verwendeten Begriffe werden in Kapitel 5.1.2 spezifiziert. Dort werden die wesentlichen Merkmale von sozialen Dienstleistungen detaillierter ausschraffiert.

81 Einen guten Einblick in das Vergaberecht und dessen Anwendung im Bereich sozialer Dienstleistungen in Österreich gibt Dimmel (2005a).

res Leistungsangebotes aufgrund vordefinierter Ziele durch die Behörden. Insofern wirkt die Verwaltung nicht nur markt-, sondern auch angebotsgestaltend, was einer an den Bedarfen orientierten Entwicklung von innovativen Angeboten entgegensteht. *Zweitens* fühlen sich die AnbieterInnen durch die laufenden Kosten-, Qualitäts- und Ergebniskontrollen im Zuge der Vertragsausführung diszipliniert. *Drittens* gestaltet sich der Auftrags- und Leistungsvergabeprozess für sie weitgehend intransparent, während von ihnen mittels Controlling und Evaluierungen eine Kosten- und Wirkungstransparenz gefordert wird (vgl. Anastasiadis 2006, S. 165 ff.).

Deutlich wird in diesen Wahrnehmungen ein Machtungleichgewicht zwischen AusführerInnen und AuftraggeberInnen. Dimmel betont in diesem Zusammenhang, dass das Ziel eines stabilen Dienstleistungsmarktes mit qualitativ hochwertigen Leistungen nicht aus dem Blick geraten dürfe. Es braucht diesbezüglich „1. eine kontinuierliche Weiterentwicklung von Standards für Rahmen und Leistungsverträge, die den Freien Trägern mittelfristige Planungs- und Bestandssicherheit gewähren, und 2. die Gewährleistung von transparenten Standards und Kriterien, entlang derer in Verhandlungsverfahren AnbieterInnen in die nähere Wahl gezogen werden“ (Dimmel 2005b, S. 49).

Umstritten ist auch, ob die zumeist an Kennzahlen orientierten Evaluierungen und Wirkungsmessungen die Qualität der Leistung und der Ergebnisse adäquat abbilden, zumal soziale Dienstleistungen sich von anderen kommerziellen tendenziell unterscheiden, wie in Kapitel 5.1.2 noch gezeigt wird. Sie orientieren sich am Gebrauchswert und sind an die Bereitschaft und Möglichkeiten ihrer KlientInnen gebunden, die ihrerseits die Prozesse im Sinne der NutzerInnenpartizipation mitgestalten. ‚Weiche‘ Qualitätsmerkmale wie die Koproduktion, Partizipation und Hilfe zur Selbsthilfe erschweren die Standardisier- und Messbarkeit von sozialen Diensten insgesamt (vgl. Seithe 2012, S. 198). Insofern ist fraglich, ob sich Steuerungs- und Managementinstrumente aus dem wirtschaftlichen Bereich generell auf die soziale Dienstleistungserbringung übertragen lassen.

Allenfalls scheint der Trend nicht abzubrechen, wie es aktuell an den vermehrt durchgeführten, am ‚Social Return on Investment‘ (SROI) orientierten Wirkungsanalysen zu beobachten ist (vgl. Dimmel 2012, S. 145). Dabei handelt es sich – sehr vereinfacht ausgedrückt – um eine Kosten-Nutzen-Schätzung, die ihren Ursprung Ende der 1990er-Jahre in den USA hat. Mit diesem Modell wird versucht, den durch Soziale Organisationen erzielten gesellschaftlichen Mehrwert möglichst umfassend zu bewerten und in einer Kennzahl zusammenzufassen, die den Ertrag des ‚Investments‘ darstellt. Dieser Wert gibt an, welcher monetär bewertete gesellschaftliche Gegenwert sich aus einem investierten Euro ergibt (vgl. SROI Network 2012; Maier, Schober, Simsa & Millner 2015, S. 1807). Kritisiert wird an diesem Modell, dass damit die Komplexität sozialer Benefits auf einen monetären Wert reduziert wird (vgl. Dimmel 2012, S. 145 f.;

Seithe 2012, S. 217), womit die Ökonomisierung sozialer Dienste wiederum weiter vorangetrieben wird (vgl. Buestrich et al., 2008, S. 123).[82]

Auch wenn die Ökonomisierung aus Sicht der DienstleistungsanbieterInnen nicht ausschließlich negative Züge aufweist, sondern positive Entwicklungsaspekte für sie darin zu finden sind – wie beispielsweise die Erhöhung der Transparenz hinsichtlich der eigenen Angebote, die Steigerung der Akzeptanz durch ökonomisch fundiertes Agieren und die Qualitätsentwicklung und Optimierung der Leistungen sowie der Organisationsabläufe durch ein ausgereiftes Qualitätsmanagement (vgl. Seithe 2012, S. 120) –, so erschweren die damit von behördlicher Seite entwickelten ‚Quasimärkte' mit ihren Qualitätskatalogen und Normkostenvorgaben allerdings merklich die adressatInnennahe, flexible, passgenau an den personenbezogenen Bedürfnissen ausgerichtete Angebotsgestaltung und -realisierung (vgl. Scheipl 2010, S. 430). Auf Aktivierung abzielende standardisierte Ziel- und Leistungsvorgaben durch die Behörden schränken zudem die Mitgestaltungsoptionen der AdressatInnen deutlich ein (vgl. Galuske 2008a, S. 127).

Insgesamt werden ein Funktionswandel und eine Deprofessionalisierung der Sozialen Arbeit beobachtet (vgl. Dimmel 2012, S. 147; Diebäcker, Ranftler, Strahner & Wolfgruber 2009b, S. 7f.). Durch das Effizienzgebot und die Outputorientierung rücken disziplinierende Interventionen zugunsten methodischer Prämissen in den Vordergrund (vgl. Diebäcker et al. 2009b, S. 7f.). Zudem sind sogenannte ‚Creaming-Tendenzen' wahrnehmbar, wonach ein Klientel mit geringerer Problembelastung gegenüber schwierigeren Fällen bevorzugt wird, um Erfüllungsquoten zu erreichen (vgl. Diebäcker et al. 2009a, S. 11; Dimmel 2012, S. 147). Des Weiteren sind laufende Normkostenverringerungen durch Personalschlüsselreduktionen feststellbar, wodurch die Leistungsfähigkeit unter Beweis gestellt werden soll (vgl. Diebäcker et al. 2009a, S. 11). Diese sowie der erhöhte Verwaltungsaufwand gefährden ebenso die Aufrechterhaltung der fachlichen Standards (vgl. Seithe 2012, S. 172).

Organisatorisch betrachtet steht die Kontinuität der Dienstleistungserbringung aufgrund der kurzfristigen Verträge infrage. Diese Planungsunsicherheit trägt zu einer Prekarisierung von Dienstverhältnissen bei, die eine erhöhte Personalfluktuation bedingt, was sich wiederum negativ auf die Angebotsrealisierung auswirkt (vgl. Seithe 2012, S. 175 und 177). In der bereits zitierten Studie zu Dritt-Sektor-Organisationen in Wien (vgl. Anastasiadis 2006, S. 187ff.) wurden Kompensationsstrategien erkennbar. Ein Kernergebnis ist, dass die durch die Ökonomisierung entstehenden qualitativen und quantitativen Lücken indirekt über die Engagementbereitschaft der professionell Handelnden kompen-

82 Diese und andere Modelle zum Sichtbarmachen der Effekte werden in den empirischen Analysen nochmals aufgespürt (siehe Kapitel 7.5.3).

siert werden, womit gleichzeitig das System stabilisiert und reproduziert wird. Der Verzicht auf arbeitsrechtliche Grundsätze (z. B. Abgeltung von Überstunden) und Lohnverzicht in finanziell schwierigen Situationen wurden beispielsweise von MitarbeiterInnen genannt. Doch diese Engagementbereitschaft ist gleichsam ein handlungsleitendes Muster der Erzeugung von Qualität in der Leistungserbringung. Seibel (2002, S. 15 ff.) spricht in diesem Zusammenhang von einer „Mission", Merchel (2001, S. 44) von der „Liebe zur Sache" und eine Interviewpartnerin von „Idealismus" (Anastasiadis 2006, S. 188). Vor diesen Hintergründen hat Arbeiten in sozialen Dienstleistungen lebensstilisierenden Charakter. Es dient der persönlichen Verwirklichung, oder wie es eine Gesprächspartnerin formuliert: „Weil's halt nicht einfach ein Job ist, sondern auch ein bisschen Lebensinhalt" (ebd., S. 194). Es handelt sich hier gewissermaßen um ein Potenzial, das dazu beiträgt, die Angebotslandschaft und deren Qualität aufrechtzuerhalten. Es ist jedoch ein prekäres Potenzial, mit der unintendierten Folge der Aufrechterhaltung eines Systems, das sich als äußerst fragwürdig gestaltet. Dahingehend mahnt Heimgartner (2009a, S. 319) ein, eine solche Lücke erst gar nicht entstehen zu lassen: „Es darf keine Kluft zwischen den pädagogischen Leitlinien [...] und der unter finanziellem Druck und durch Personalknappheit möglichen Alltagsrealisation entstehen" (ebd., S. 319).

Mit Blick auf die Trägerszene ist festzustellen, dass die Wettbewerbsorientierung die Marktposition großer Trägerorganisationen stärkt (vgl. Dimmel 2012, S. 148). Während diese ihr Angebotsspektrum zunehmend ausbauen konnten, verengt sich der Marktzutritt für kleinere alternative AnbieterInnen. Dadurch wird eine Monopolisierung vorangetrieben, anstatt – wie durch das ‚New Public Management' angestrebt – eine Pluralisierung des AnbieterInnenspektrums zu erwirken (vgl. ebd., S. 147). Um im Wettbewerb bestehen zu können, setzen Organisationen auf Lobbying und Marketingstrategien. Beobachtbar ist zudem die Spezialisierung in Nischen, um Wettbewerbssituationen zu umgehen (vgl. Diebäcker et al. 2009a, S. 11), sowie die Ausweitung der Eigenerwirtschaftung – ein Effekt, der insbesondere in arbeitsmarktintegrativen Betrieben wahrnehmbar ist (siehe Kapitel 7.1).

In einer Zusammenschau wird die Tendenz erkennbar, dass sich das selbstgesteuerte Handeln in der sozialen Dienstleistungserbringung zu einem Rudern ums Überleben gewandelt hat. Unter dem Motto ‚mehr für weniger Geld' erhöht sich einerseits der Druck auf soziale DienstleistungserbringerInnen, effizienter, professioneller und billiger zu arbeiten, andererseits wachsen der Anspruch und das Ausmaß der Leistungen (vgl. Heimgartner 2009a, S. 317). Durch den mit der Ökonomisierung einhergehenden ‚purchaser-provider-split', der sich über Ziel-Mittel-Relationen definiert, ändert sich das Verhältnis zwischen Verwaltung und sozialen DienstleistungserbringerInnen merklich (vgl. Buestrich et al. 2008, S. 101). Die darin geschürte Konkurrenz zwischen den Organisationen und die erzeugten Abhängigkeiten zur prekärer werdenden öffentlichen

Beauftragung tragen auch zu einer ‚Depolitisierung' der Sozialen Arbeit bei (vgl. Diebäcker et al. 2009a, S. 14). So ist Kritik gegenüber öffentlichen Akteuren in dieser Situation wenig ratsam und wird daher auch eher zurückgehalten. Zudem wird ein organisationsübergreifendes, kollektives politisches Engagement wettbewerbsbedingt erschwert (vgl. ebd., S. 14). Die Frage „Wie viel Markt und wie viel betriebswirtschaftliches Denken kann die Sozialpädagogik vertragen, ohne sich der Originalität und Produktivität ihrer kommunikativ strukturierten und lebensweltlich situierten Institutionalisierungs- und Handlungsformen zu berauben?" (Galuske 2002, S. 330) ist zu einer grundsätzlichen disziplinären Reflexionsfolie avanciert und wird zukünftig weiterhin kritisch zu diskutieren sein.

4.4.4 Dezentralisierung

Mit der Dezentralisierung wird eine weitere neue Steuerungspraktik etabliert, die mit der Ökonomisierung und Aktivierung zusammenzudenken ist (vgl. Buestrich et al. 2008, S. 54ff.). Sie korrespondiert mit der im ‚dritten Weg' vorgeschlagenen ‚Erneuerung der Zivilgesellschaft' und mit der institutionellen Partizipationsdimension im Konzept der nachhaltigen Entwicklung. Damit wird im Modus von lokalen Governance-Strategien eine Verantwortungsaufteilung unterschiedlicher lokaler Akteure zur Lösung gesellschaftlicher Probleme forciert. Dies realisiert sich in zwei miteinander verwobenen Strängen. Zum einen wird in der Förderung des bürgerschaftlichen Engagements eine Erhöhung des ‚sozialen Kapitals' angestrebt, wie es bereits in der sozialen Partizipationsdimension (siehe Kapitel 2.2.1) und im Engagementbezug (siehe Kapitel 2.3.2) sowie in den Determinanten (siehe Kapitel 2.2.4) angesprochen wurde. Die Tradition der Gemeinwesenarbeit aufgreifend gilt es, in einer sozialraumorientierten Manier lokale Herausforderung gemeinschaftlich in Beteiligungssettings zu bewältigen. Nicht nur soziale, sondern auch wirtschaftliche, kulturelle und ökologische Probleme werden entweder aus der eigenen Betroffenheit heraus im Sinne der lokalen Selbsthilfe (vgl. Reutlinger 2005, S. 355) oder über initiierte Netzwerke mit zivilgesellschaftlichen Mitgestaltungsmöglichkeiten bearbeitet. Letztere sind bereits Teil der zweiten Strategie. Hier wird mittels Dezentralisierung eine Aufwertung der Kommunalpolitik verfolgt, mit der das hierarchische Zuständigkeitsgefüge zwischen Bund, Ländern und Gemeinden neu sortiert wird. Den Gemeinden respektive lokalen Behörden wird mehr Autonomie und Verantwortung zur Lösung sozialer Probleme zuteil (vgl. Dahme & Wohlfahrt 2010a, S. 28). Ihnen obliegt so beispielsweise die Beauftragung sozialer Dienstleistungen inklusive der Kontrolle der Leistungserbringung. Es wird an die Expertise lokaler Behörden und Sozialer Organisationen angeknüpft, die die kommunalen Problemlagen besser kennen und dementsprechend besser bearbeiten können als Institutionen des Bundes (vgl. Buestrich et al. 2008, S. 53). Damit gilt es, flexible Strukturen zu schaffen, die Komplexitäten reduzieren (vgl. McGovern 2008, S. 13). Des Weiteren sollen in projektorientierten Settings Innovationen entwickelt sowie lokale Ressourcen aktiviert und erweitert werden. Wesentlich dabei ist die Intensivierung und Steuerung von Kooperationsbeziehungen zwischen den Behörden und unterschiedlichen Akteuren, wie beispielsweise BürgerInnen und BürgerInnengruppen, wirtschaftlichen Unternehmungen und Organisationen des Dritten Sektors. Sich daraus etablierende Netzwerke sind zumeist eingebunden in verwaltungs- oder verwaltungsnahe Strukturen, die über staatliche Förderungsmittel und durch diverse EU-Programmschienen kofinanziert werden (vgl. Dahme & Wohlfahrt 2010a, S. 3). Am Beispiel der Arbeitsmarktpolitik sind die von der EU initiierten Territorialen Beschäftigungspakte (TEP) zu nennen, in denen unterschiedliche lokale Stakeholder mit Blick auf die Beschäftigungsförderung wirken (vgl. Buestrich et al. 2008, S. 53). Weitere Anknüpfungen finden sich in den Regionalmanagementstellen der kommunalen Wirtschaftsförderung und in den Strukturen der ‚Lokalen Agenda 21'. Diese drei Beispiele werden in den empirischen Arbeiten noch genauer besprochen (siehe Kapitel 7.5.2).

Buesterich et al. (2008, S. 54) diskutieren diese Entwicklungen kritisch. Zum einen sind, wie in der Skizzierung der Arbeitsmarktpolitik deutlich wurde (siehe Kapitel 4.4.2), die politischen Entwicklungsziele und analog dazu die Bereichsbudgets vom Bund vorgeformt und korrespondieren wiederum mit den Strategien der EU. Damit bleibt letztlich nur ein geringer tatsächlicher, an den lokalen Bedürfnislagen ausgerichteter Entwicklungsspielraum. Zum anderen unterliegen die lokalen Akteure strengen Berichtspflichten und Evaluierungen, um die öffentlichen Gelder zu legitimieren (vgl. Dahme & Wohlfahrt 2010a, S. 4). Spuren des in der Ökonomisierung grundgelegten Effizienzanspruchs sind hier zu finden. Das in den Nachhaltigkeitsdiskursen bereits angedeutete vertikale Steuern (siehe Kapitel 4.3.3.1) findet also auch im arbeitsmarktpolitischen Bereich eine Entsprechung. Des Weiteren kann in der Verantwortungsverlagerung und insbesondere in den Kooperationsaufforderungen das Betreiben einer kostenreduzierenden Politik identifiziert werden (vgl. Buesterich et al. 2008, S. 54; Dahme & Wohlfahrt 2010b, S. 34), denn durch die Aktivierung des Engagements lokaler Akteurgruppen kann das wohlfahrtsstaatliche Leistungserbringungsspektrum entlastet werden. „Die lokale Sozialpolitik, die mit immer weniger Mitteln immer größere ‚Integrationsaufgaben' zu bewältigen hat, setzt deshalb konsequent auf das Ideal, dass durch eine starke ‚Vernetzung', die ‚Integration und Bündelung' von Ressourcen, eine stärkere ‚Aktivierung' der lokalen Bevölkerung usw. eine kompensatorische Bewältigung der Problemlagen möglich ist" (Dahme & Wohlfahrt 2010b, S. 36). So soll beispielsweise nicht nur die Arbeitsmarktpolitik für die Integration arbeitsmarktferner Personen verantwortlich sein, sondern es sollen sich dafür auch vermehrt die lokalen Wirtschaftsunternehmen engagieren, deren Beteiligung unter anderem über die an der Schnittstelle handelnden Sozialen Organisationen indirekt aktiviert werden soll – eine Dynamik, die in den empirischen Arbeiten deutlich erkennbar wird (siehe Kapitel 7.5). Eine weitere Schwierigkeit zeigt sich darin, dass die in der Dezentralisierung impliziten Kooperationen im Widerspruch zu den konkurrenzschürenden Ökonomisierungsbestrebungen stehen. Wie Soziale Organisationen diese Spannungen lösen, wird ebenso Gegenstand der empirischen Untersuchungen sein (siehe Kapitel 7).

Insgesamt konkretisiert sich in diesen Entwicklungen die bereits angesprochene „Tieferzonung" (Dahme & Wohlfahrt 2010b, S. 28) von Problemlösungen, die sich von oben nach unten vollzieht. Es ist eine Verantwortungsverschiebung ohne Macht- und Ressourcenverschiebung erkennbar. Dahme und Wohlfahrt (2010a, S. 7) orten insbesondere in Hinblick auf die Sozialpolitik die Gefahr, dass „soziale Leistungen abhängig werden von lokalen (zufälligen) Arrangements, Finanzen und privatem Engagement". Auch McGovern (2008, S. 15) spricht die Notwendigkeit einer ausreichenden Ressourcenlage an. Ansonsten gleichen Dezentralisierungsstrategien einem Missbrauch zur Legitimierung einer kostenreduzierenden Politik (vgl. Wurtzbacher 2014, S. 107). Vor diesen Hintergründen warnen Dahme und Wohlfahrt (2010a, S. 7 f.) davor, „die gegenwärtige Renaissance des Lokalen mit der Wiederbelebung einer partizipatorischen und emanzipatorischen Gemeinwesenarbeit und solidarischen Gemeinschaften zu verwechseln".

4.4.5 Gestaltung und Bewältigung

Die mit der Aktivierung, Ökonomisierung und Dezentralisierung einhergehenden Konsequenzen für die Soziale Arbeit sind im Wesentlichen Produkte einer einseitig verkürzten Übertragung des ‚dritten Weges'. Ein „negatives Zerrbild des Modells" (Scheipl 2003b, S. 162) bildet sich darin ab, in dem das Ideal der sozialen Gerechtigkeit ebenso ausgehöhlt ist wie das der solidarischen Verantwortungsaufteilung zwischen Staat, Markt und Zivilgesellschaft. Zentrale Elemente der Transformationen sind – wie gezeigt wurde – die Stärkung der Selbstregulierungskräfte der Gesellschaft, die Förderung des freiwilligen Engagements und der Gemeinwohlorientierung, die Belebung der Eigenverantwortung, die Weiterentwicklung der Beteiligungsmöglichkeiten der BürgerInnen an politischen und administrativen Entscheidungen, die Effizienzsteigerung in der öffentlichen Verwaltung durch die Einführung von Wettbewerbsregeln und Leistungsvergleiche in staatlich finanzierte Dienstleistungen sowie die Etablierung einer Verantwortungsteilung, in der sich der Staat im Modus der Governance als Moderator und Impulsgeber definiert. Dahme und Wohlfahrt (2001, S. 11) konstatieren, dass darin keine Reduktion staatlicher Macht, sondern vielmehr eine funktionale Verlagerung der Verantwortung in andere gesellschaftliche Bereiche, wie beispielsweise den Dritten Sektor, nachzuzeichnen ist, die begleitet sind durch eine Aufwertung regulativer und autoritativer Strategien, die auf Pflichten und Zwänge setzen. Jann und Wegrich (2010, S. 177) charakterisieren die staatliche Steuerung im aktivierenden Staat dementsprechend als eine Kombination von Markt, Hierarchie und Gemeinschaft, Vertrauen und Regulierung. Auf Ebene der sozialen Dienstleistungserbringung respektive der Organisation wird Macht über den Effizienzimperativ ausgeübt, auf der Ebene der Subjekte ist es die Verpflichtungspolitik und dabei insbesondere die Arbeitspflicht (vgl. Dahme & Wohlfahrt 2001, S. 12). Dahrendorf (2000, S. 2) bezweifelt, dass auf diese Weise Solidarität gestiftet und soziale Kohäsion gefördert wird. Vielmehr besteht die Gefahr, dass sich Ungleichheitsstrukturen verschärfen, insbesondere dann, wenn Verpflichtungen nicht an vorhandene Ressourcen rückgebunden sind. „Es ist also sorgfältig zu prüfen, ob und unter welchen Bedingungen die stärkere Betonung von Pflichten gerade die schwächsten Gruppen erneut benachteiligt. Aktivierende Politik muss daher von einer ungleichen Verteilung von Bewältigungskompetenzen und Ressourcen ausgehen und gegebenenfalls durch gezielte Maßnahmen solche Ressourcen umverteilen" (Olk 2000, S. 117). Deutlich wird des Weiteren, dass sich die Partizipationsräume über ein staatlich inszeniertes Fördern und Fordern sowohl auf individueller als auch auf organisational-professioneller Ebene verengen. Eine auf die individuellen Bedürfnisse und Ressourcen abgestimmte Fachlichkeit wird überschattet durch auf Aktivierung abzielende, ergebnisorientierte Wirkungskataloge, die ein disziplinierendes, paternalistisches Handeln erzwingen. Partizipation der AdressatInnen an der Leistungserbringung, der ProfessionistInnen in der Angebotsentwicklung und strategischen kommunalen Mitbestimmung werden durch diese Imperative eingeschränkt, was in weiterer Folge zu einer Depolitisierung führt. Galuske (2008b, S. 226) bezweifelt, dass diese „neue, sozialtechnologisch gewandete Soziale Arbeit ihre Qualität gesteigert hat" und so zu einem gelingenderen Leben ihrer AdressatInnen beitragen kann.

Böhnisch und Schröer setzen an diesen Kritikpunkten an und fordern einen „gestaltenden Sozialstaat" (Böhnisch & Schröer 2002, S. 182 f.) ein, der sich an einer „Politik der Bewältigung" (Böhnisch & Schröer 2001, S. 226; Böhnisch 2016, S. 195) orientiert. Die Autoren stellen allerdings kein ausgereiftes politisches Gegenkonzept bereit, sondern eine Perspektive in Aussicht, die im Kontrast zur Aktivierung am sozialen Gerechtigkeitsanspruch ansetzt und im Gegensatz zur Ökonomisierung und Dezentralisierung die Verantwortung des Staates in der Ausgestaltung der Gesellschaft rückeinfordert. Ihrer Diagnose zufolge hat „der Sozialstaat" durch die steuerungspolitisch angelegte Verantwortungsverlagerung an nichtstaatliche Akteure „seine Gestaltungsdynamik eingebüßt, ist aus der gesellschaftlichen Dialektik herausgerutscht, hat Entstrukturierungs- und Deregulierungsprozesse erlebt und ist zum Standortfaktor für die Ökonomie geworden, die ihn wiederum gemäß ihrer eigenen Logik modularisiert und in die Zone kundenorientierter Nachfrage schiebt" (Böhnisch & Schröer 2002, S. 182). In den Ökonomisierungs- und Dezentralisierungsdiskursen verschwinden die Gestaltungsaufgaben hinter funktionalistischen und legitimierenden Leistungsfragen (vgl. ebd., S. 183). In einer Rückbesinnung auf das historische Gewordensein insbesondere von korporatistisch geprägten Wohlfahrtsstaaten erinnern die Autoren an deren eigenständige Kraft, die sich in der Spannung zwischen Staat und privatem Kapital (siehe Kapitel 4.1) herausgebildet hat, die so „gesellschaftliche Räume von Konflikt und Konsens eröffnet hat und damit eine eigene Idee des Sozialen in diese Räume hinein [getragen hat]" (ebd., S. 183), die sich in den Werten der Solidarität und Kollektivität verdichtet. Mit der in der Dezentralisierung wahrnehmbaren Funktionsreduktion auf den lokalen Nahraum wird demgegenüber die Existenz des gesellschaftlichen Raums tendenziell ausgeblendet und damit auch „die Fragen des Verhältnisses von Mensch und Ökonomie, um soziale Ungleichheit und kollektive Identität" (ebd.). Verkannt wird, „dass der Sozialstaat die historisch gewordene Institution des Sozialpolitischen ist und damit die Sphäre des lokal übergreifenden, gesellschaftsstrukturellen Konfliktgefüges zugehörig ist" (ebd.). Vor diesen Hintergründen gilt es, die Spannung zwischen Zivilgesellschaft, Ökonomie und Sozialstaat neu aufzuladen und adäquate soziale Konflikt- und Aushandlungsräume zu eröffnen (vgl. ebd., S. 183). „Die *Einbeziehung des Sozialpolitischen* in einem neu strukturierten Verhältnis von bürgerschaftlicher Sphäre und Sozialstaat" (Böhnisch & Schröer 2002, S. 183 f.) bildet dabei den Kern des Konzeptes des ‚gestaltenden Sozialstaates', den die Autoren „im Kontrast zum institutionellen Verständnis des *aktivierenden Sozialstaates* verstehen" (ebd.).

Konsekutiv ist die Neubelebung der Sozialpolitik als soziale Gegenwelt zum globalen Kapitalismus zu forcieren. Die Spannungen zwischen Mensch und Ökonomie können nur auf dieser politischen Bühne ausgetragen werden, da sie nur unzureichend und wenn, dann nur in einem ungleichheitsfördernden Maße von den Individuen biografisch und lebensweltlich aufgelöst werden können, wie es indirekt in der Aktivierungspolitik gefordert wird (vgl. ebd., S. 184). Demzufolge gilt es, nicht die LeistungsempfängerInnen zu fordern, sondern den „Sozialstaat in seiner sozialpolitischen Gestaltungsfunktion" (ebd., S. 184). Auch ist es ein Fehlschluss, dem Lokalen respektive den zivilgesellschaftlichen, kommunalen und regionalökonomischen Akteuren die Gegenweltposition zum globalisierten Kapitalismus zu überantworten, denn im Lokalen sind weder genügend materielle noch machtspezifische Ressourcen vorhanden, um die grundsätzlichen Konflikte zwischen Mensch und Ökonomie auszubalancieren. Dies kann – wie bereits betont – nur „auf gesellschaftlicher und mithin sozialstaatlicher Ebene" ausgetragen werden (ebd., S. 184).

Mit dieser sozialstaatlichen Verantwortungsübernahme ist eine Seite der Gestaltungsaufforderung festgelegt. Eine zweite zeigt sich in der Unterstützung des individuellen, organisationalen und kommunalen Bewältigungshandelns, um ihre Beteiligungsmöglichkeiten freizusetzen. Wie gezeigt wurde, erzeugen Aktivierung, Ökonomisierung und Dezentralisierung einen suppressiven Bewältigungsdruck, wobei je nach vorhandener Ressourcenlage Gestaltungsoptionen gegeben oder eingeschränkt sind (vgl. Böhnisch & Schröer 2001, S. 229). Mit Blick auf die durch die Flexibilisierung eingetretene Risiko- und Problembiografisierung (siehe Kapitel 4.1.4) konstatieren Böhnisch und Schröer (2001, S. 229), dass die gleichzeitige Erfahrung von Freiheit und Bedrohung in ihrer Ambivalenz zu Stress führt. „Stress erzeugt immer wieder und immer neu die Suche nach Handlungsfähigkeit, und dieser Bewältigungsdruck durchzieht die Lebenslage aller Menschen, seien sie nun auf der Gewinner- oder Verliererseite." Die Autoren differenzieren zwischen regressiven Lebenslagen, in denen die soziale Belastung überwiegt, einfachen, in denen die Situationen zwar bewältigbar, aber nicht gestaltbar sind, und erweiterten Lebenslagen, in denen Ressourcen zur Gestaltung gegeben sind. Die sich mit der Aktivierung zuspitzenden Zwänge schmälern insbesondere die Gestaltungsmöglichkeiten von benachteiligten Gruppen (vgl. ebd.), wodurch sich Exklusionserfahrungen verstärken. Diese Konstellation lässt sich tendenziell auch auf die unterschiedlichen Lagen von sozialen Organisationen und Kommunen übertragen, denn auch hier gilt: je besser die Ressourcenausstattung desto mehr Gestaltungsspielräume sind vorhanden. Um diese Schieflagen zu neutralisieren, sind sozial abgesicherte Partizipations- und Aushandlungsformen für alle zu ermöglichen (vgl. Böhnisch & Schröer 2002, S. 185), in deren Rahmen eine vom Bewältigungsdruck befreite aktive Beteiligung real werden kann. Dazu muss sich die sozialstaatliche Versorgungskultur im Sinne einer ‚Politik der Bewältigung' als Hintergrund- und nicht als Endsicherung begreifen. Es bedarf einer Hintergrundstruktur und einer Hintergrundsicherung für zivilgesellschaftliche, organisationale und biografische Bewältigungsprozesse, die in weiterer Folge „ein experimentelles Suchen im sozialpolitischen Raum [zulassen] und damit kollektive Identität [befördern]" (ebd., S. 186). „Eine so verstandene sozialpolitische Sicherung für alle ist die Voraussetzung für die Entwicklung kollektiver und damit sozialintegrativer Gestaltungsmotivationen" (Böhnisch & Schröer 2001, S. 229), denn nur so lassen sich innovative, sozialpolitisch fruchtbringende Gestaltungspotenziale freisetzen. „Eine solche ‚von unten her' aufgeladene sozialpolitische Spannung geht von den Bewältigungsproblemen der Menschen aus, fordert Sozialpolitik als Bewältigungspolitik heraus" (Böhnisch 2016, S. 198). Gedacht ist dabei nicht an einen bevormundenden Sozialstaat, der zivilgesellschaftliche Räume eng hält, sondern an einen sicherheitsstiftenden, der Partizipation ernst nimmt und aus aktivierenden Zwängen befreit.

Insgesamt werden mit dieser Perspektive die in den realpolitischen Transformationen des ‚dritten Weges' verkürzten Inklusions- und Gestaltungsaufforderungen als wohlfahrts- respektive sozialstaatlicher Auftrag eingemahnt. In einer solchen Konstellation können sich auch Akteure in Sozialen Organisationen – optimistisch gedacht – aus dem ‚Getriebenwerden' herauslösen und sich als MitgestalterInnen profilieren, wodurch sie ihre partizipativen Potenziale adäquat entfalten können, wie sie im Folgenden spezifiziert werden.

5 Soziale Organisationen – Orte der Sozialen Arbeit

Wird der Blick auf Soziale Organisationen gerichtet, so erhellt sich die Aussicht auf ein umfassendes Partizipationsverständnis in der Sozialen Arbeit. Wie es im Raummodell des partizipativen Handelns angelegt ist (siehe Kapitel 2.3.3), öffnen sich in Sozialen Organisationen aufgrund ihrer intermediären Position unterschiedliche Partizipationsgelegenheiten für differente Akteure in verschiedensten Formen und Intensitäten. Diese der Studie zugrunde liegende zentrale These wird nun vor dem Hintergrund der bisherigen theoretischen Herleitungen zusammenführend konkretisiert. Dazu werden die konzeptionelle Rahmung, die ökonomische Verortung und die Institutionalisierung von Sozialen Organisationen ausschraffiert.

Bevor dies geschieht, ist das begriffliche Verständnis von Sozialen Organisationen zu klären. In der Einleitung (siehe Kapitel 1) wurde bereits angedeutet, dass in dieser Studie darunter die Gesamtheit aller am Gemeinwohl orientierten Unternehmen und Initiativen verstanden wird, die in Handlungsfeldern der Sozialen Arbeit agieren und sich im bzw. in der Nähe des Dritten Sektors verorten. In der Literatur werden sie auch als soziale Dritt-Sektor-Organisationen oder soziale Non-Profit-Organisationen bezeichnet (vgl. Simsa, Schober & Schober 2004, S. 18; Bono 2010, S. 35; Gruber 2014, S. 3). Damit wird eine handlungsfeldspezifische und sektorale Eingrenzung vorgenommen. Der Begriff ‚Sozial' bezieht sich demnach gleichsam auf das soziale Tätigkeitsfeld und auf die gemeinwohlorientierte Ausrichtung.[83] Um Missverständnissen vorzubeugen, sind folglich weitere begriffliche Differenzierungen einzuführen: Wenn von der Gesamtheit sozialer DienstleistungserbringerInnen unabhängig von ihrer sektoralen Verortung die Rede ist, wird der Begriff *Organisationen der Sozialen Arbeit* gebraucht. Wenn von am Gemeinwohl orientierten Organisationen insgesamt gesprochen wird, wird der Begriff *Dritter Sektor bzw. Dritt-Sektor-Organisationen* benutzt. Wenn von den darin eingelagerten in sozialen Handlungsfeldern tätigen Organisationen die Rede ist, wird der für die Studie zentrale Begriff *Soziale Organisationen* verwendet.

83 In der englischsprachigen Fachliteratur steht ‚social' für einen ausgewiesenen gesellschaftlichen Bezug unabhängig vom Aktivitätsspektrum. Soziale Handlungsfelder werden hingegen mit ‚social service' bezeichnet. In der deutschsprachigen Literatur liegt eine solche begriffliche Differenzierung nicht vor. Insofern vermischen sich die Bedeutungen tendenziell. Darauf verweist auch Habisch (2011, S. 49).

Der Organisationsbegriff bezieht sich dabei auf kollektive Zusammenschlüsse von Menschen zur Erreichung ihrer Ziele. Organisationen agieren unter spezifischen Rechtsformen, weisen i. d. R. einen Ortsbezug auf und kennzeichnen sich durch interne Strukturen. Des Weiteren entwickeln sie sich in Wechselbeziehungen mit anderen Organisationen sowie mit gesellschaftlichen Institutionen (vgl. Ortmann, Sydow & Türk 2000, S. 15ff.). Mit dem Begriff ‚Institutionen' werden in dieser Studie in Anlehnung an Giddens (1997, S. 240) über große Zeiträume dauerhaft gewordene Merkmale der Gesellschaft verstanden – wie z. B. Staat, Markt, Zivilgesellschaft und Familie –, die je eigenen Logiken folgen, z. B. staatlicher Regulierung, marktbezogenem Wettbewerb, zivilgesellschaftlicher Partizipation sowie familiärer Loyalität und Reproduktion (vgl. Türk 2000, S. 142). Institutionen bilden zentrale Umwelten von Organisationen (vgl. Ortmann et al. 2000, S. 15). Sie wirken insgesamt stabilisierend auf die Gesellschaft und sind weitgehend veränderungsresistent (vgl. Türk 2000, S. 128).

Für die Analyse von Sozialen Organisationen sind insbesondere drei Diskursstränge von Relevanz. In diesen verbinden sich unterschiedliche wissenschaftliche Zugänge und Forschungstraditionen, vorrangig aus den Sozial-, Wirtschafts- und Politikwissenschaften, was die Interdisziplinarität dieses Forschungsfeldes verdeutlicht. In den Aufschichtungen wird mit den handlungsfeldspezifischen Diskursen zu sozialen Dienstleistungen insgesamt begonnen. Es werden ihre Merkmale, ihre Besonderheiten im Erbringungsprozess, ihre kontextuelle Einbettung und daraus resultierende Konflikte thematisiert, womit sich die in Kapitel 4.4 bereits ausführlich besprochenen Herausforderungen der Sozialen Arbeit – diesmal aus dienstleistungstheoretischer Perspektive – nochmals fundieren. Die sektoralen Debatten zu Dritt-Sektor-Organisationen bzw. Social Enterprises bilden den zweiten relevanten Diskursstrang ab. Es werden zunächst internationale Konzeptionen vorgestellt, deren Spuren anschließend in der nationalen Publikationslandschaft gesucht werden. Die unterschiedlichen in Österreich auffindbaren Dritt-Sektor-Modelle werden letztendlich in einer Organisationstypologie schablonisiert, worin sich die gegenständlichen Sozialen Organisationen verorten lassen. Die Institutionalisierung von Dritt-Sektor-Organisationen insgesamt und Sozialen Organisationen im Speziellen ist Gegenstand des dritten Abschnittes. Hierzu werden in einem ersten Schritt einschlägige theoretische Institutionalisierungsmodelle skizziert, die ihr ‚Gewordensein' zwischen Markt, Staat und Zivilgesellschaft beschreiben. In einem zweiten Schritt wird ihre Entstehungs- und Entwicklungsgeschichte in Österreich in groben Zügen nachgezeichnet. Es wird versucht, die bisher diskutierten und disziplinär unterschiedlich verankerten Diskurse zu einem Gesamtbild zusammenzufügen, um schließlich die Partizipationspotenziale von Akteuren in Dritt-Sektor-Organisationen im Allgemeinen und in Sozialen Organisationen im Besonderen pointiert herausschälen zu können. Thematisiert werden 1.) der in Kapitel 4.1 bereits diskutierte wohlfahrtsstaatliche Kontext und die darin eingelagerten Widersprüche (siehe Kapitel 4.4) sowie 2.) die in Kapitel 2.1.2.5 besprochenen, aus sozialen Bewegungen hervorgehenden Organisationen, die als zivilgesellschaftliche Konfliktseismografen fungieren und die in Kapitel 2.3 ausgewiesenen Paradigmen und Handlungsorientierungen der Sozialen Arbeit (mit-)beeinflussen (vgl. Roth 2011, S. 1363).

5.1 Soziale Dienstleistungen

Soziale Organisationen bieten soziale Dienstleistungen unterschiedlichster Art für eine Vielzahl von Personengruppen an. Als spezifisches Gegenstandsfeld von Forschung und Theorie wird ihnen allerdings erst mit der Etablierung des Dienstleistungsbegriffes in den 1990er-Jahren verstärkt Aufmerksamkeit geschenkt (vgl. Galuske & Rosenbauer 2006, S. 154; Anastasiadis 2011a, S. 288). In den Diskursen verschränken sich in Analogie zum emanzipativen und integrierenden Partizipationsverständnis (siehe Kapitel 3.1) zwei differente Konnotationen.

Wie in Kapitel 2.3.1 bereits hervorgehoben, wird mit der Dienstleistungsorientierung das Verhältnis zwischen der Sozialen Arbeit als Dienstleistungserbringerin und ihren AdressatInnen als DienstleistungsnutzerInnen neu bestimmt. Die Beteiligung der AdressatInnen in der Ausgestaltung sozialer Dienstleistungen avancierte zu einem grundlegenden Handlungsprinzip in der Sozialen Arbeit. Verbunden damit ist der in der Lebensweltorientierung implizite Anspruch, die Angebote und Maßnahmen der Sozialen Arbeit besser auf die individuellen, lebensweltlichen Bedürfnisse des immer heterogener werdenden AdressatInnenkreises abstimmen zu können (vgl. Scheipl 2004, S. 228). Damit soll sich die Akzeptanz sozialer Dienstleistungen einerseits und deren Effektivität andererseits in einer enttraditionalisierten, individualisierten (vgl. Beck 1986, S. 206; siehe Kapitel 4.1.1) und „entgrenzten" (Böhnisch, Schröer & Thiersch 2005, S. 96) Gesellschaft erhöhen (vgl. Anastasiadis 2011a, S. 288). Gleichzeitig sind hinter der zunehmenden Konjunktur des Dienstleistungsbegriffes pragmatische Modernisierungsbemühungen der öffentlichen Verwaltung erkennbar, die ihren Ursprung im englischsprachigen Raum der 1980er-Jahre haben (vgl. Schnurr 2001, S. 1335). ‚New Public Management', ‚Consumerism', ‚User Involvement', ‚User Participation', ‚Voice and Choice' sowie ‚Personal Budget' sind Schlagworte, die im Zuge der Ökonomisierung und Aktivierung seit Mitte der 1990er-Jahre auch die kontinentaleuropäische und österreichische soziale Dienstleistungslandschaft durchdringen. Sie akzentuieren die Service- und KundInnenorientierung, worin sich ökonomisch motivierte Eigenverantwortungs- und Effizienzintentionen transformieren. Olk (2011, S. 490) beschreibt das damit einhergehende ‚neue' NutzerInnenbild als das eines „selbstverantwortlichen und unternehmerischen Kunden im aktivierenden Sozialstaat". „Seit der Erosion des klassische [sic!] Leitbilds des ‚versorgenden' Staates sollen Nutzer bzw. Konsumenten zunehmend eine aktive Rolle im Dienstleistungsprozess einnehmen; sie sollen zwischen unterschiedlichen Anbietern bzw. Diensten nach Maßgabe eigener Präferenzen auswählen, Verantwortung für eine gesunde Lebensweise übernehmen, sich eigen gesteuert auf die Anforderungen globalisierter Arbeitsmärkte vorbereiten, sich als Unternehmer ihrer eigenen Beschäftigungsfähigkeit gerieren, an der Planung und Ausgestaltung des Systems öffentlicher Dienste beteiligen, sich bürgerschaftlich engagieren und auch im hohen Alter einen aktiven und produktiven Lebensstil realisieren" (Olk 2011, S. 483). Mit diesem NutzerInnenbild ändert sich auch der Modus der ‚Welfare-Governance', die sich fortan an präventiv angelegten Strategien und klar definierten Outcomes orientiert (vgl. ebd., S. 490). Mit diesen Effizienzgeboten reformulieren sich nicht nur die Beziehungen zwischen DienstleistungserbringerInnen und KundInnen, sondern auch die Kooperationsbeziehungen zwischen Sozialen Organisationen als operative DienstleistungserbringerInnen und öffentlichen AuftraggeberInnen als strategische und politische Dienstleistungsplaner, -vermittler und -(mit)finanziers (vgl. Anastasiadis 2011a, S. 288). Wie in den Kapiteln 4.4.2 und 4.4.3 diskutiert, verengen sich die durch die Dienstleistungsorientierung geöffneten Räume für die AdressatInnenpartizipation durch die standardisierten, nach KlientInnenzahlen bemessenen und Outcome-orientierten Ziel- und Leistungsvorgaben der Behörden in der realen Dienstleistungserbringung.

Die in diesen beiden Dienstleistungskonnotationen eingelagerten Widersprüche werden im Folgenden zusammenführend, unter besonderer Berücksichtigung der österreichischen Rahmung diskutiert. Dies geschieht in einer interdisziplinären, die teils fragmentiert geführten Diskurse überbrückenden Gangart. In Anlehnung an die Differenzierung von Langer (2014, S. 64) werden 1.) verwaltungstheoretische Perspektiven, die beispielsweise auf die Sozialadministration und deren Reformen in der sozialen Daseinsvorsorge fokussieren, 2.) organisationstheoretische Zugänge, die sich vorrangig mit der organisationalen Trägerlandschaft und -struktur von DienstleistungserbringerInnen beschäftigen, 3.) Ansätze der neoinstitutionellen Organisations- und Politikforschung, die sich in Policy-Analysen auf die Rahmenbedingungen der Regulierung und Legitimierung sozialer Dienstleistungen sowie auf deren interaktive Gestaltbarkeit durch die Beteiligten konzentrieren, und 4.) sozialpädagogische Blickrichtungen, die unter Einbeziehung der gesellschaftlichen Einbettung von sozialen Dienstleistungen die Partizipation und Interaktion im Dienstleistungsgeschehen ins Zentrum rücken, zusammengedacht.

5.1.1 Merkmale und Differenzierungen

Aus sozialpädagogischer Perspektive werden soziale Dienste als personenbezogen sowie auf Interaktion zwischen den DienstleistungsproduzentInnen und

-konsumentInnen beruhend definiert, mit dem Ziel, die Handlungskompetenzen, Wissensbestände oder psychischen Dispositionen der DienstleistungskonsumentInnen zu verändern (vgl. Evers, Heinze & Olk 2011, S. 19). Sie gelten als zwischen Individuen und Gesellschaft vermittelnde Instanzen, die die „Besonderheit des Falles" mit der „Generalität der Bezugsnorm" balancieren (Offe 1987, S. 175). Dabei hat die Soziale Arbeit ihrem Selbstverständnis als lebensweltorientierte Menschenrechtsprofession (siehe Kapitel 2.3.1) folgend insbesondere „die Entfaltung und Steigerung der Handlungs- und Lebensmöglichkeiten der Individuen" im Blick (Schaarschuch 2006, S. 82 f.). Wendt (2016, S. 18) spricht dahingehend von „Humanleistungen", von Hilfen für Menschen unterschiedlichster Bedarfslagen, die darauf ausgerichtet sind, die Hilfe suchenden Menschen zu fördern und zu unterstützen.

Verwaltungstheoretisch werden soziale Dienste bestimmt als „Elemente wohlfahrtsstaatlicher Leistungserbringung", die von Geld- und Sachleistungen (z. B. Arbeitslosengeld, Notstandshilfe, Sozialhilfe, Mindestsicherung etc.) zu trennen sind (Dimmel & Schmid 2009, S. 579). Es sind „persönliche Hilfen bei immateriellen Notlagen, die in einer breiten Palette mobil, ambulant, stationär und teilstationär erbracht werden" (ebd.). Es handelt sich um Beratungs-, Behandlungs-, Betreuungs- und Pflegeleistungen, aber auch um Aktivierungs-, Beschäftigungs- und Qualifizierungsleistungen, sofern in diese eine sozialpädagogische Unterstützung integriert ist (vgl. Dimmel & Schmid 2013, S. 21 f.; Gruber 2014, S. 3; Wendt 2016, S. 8). Mit Blick auf die Zielgruppen richten sich diese Leistungen an Kinder, Jugendliche, Erwachsene, ältere Menschen, Familien, Straffällige, Personen mit Behinderung, mit Migrationshintergrund sowie mit psychischen und sonstigen gesundheitlichen Problemen. Ebenso werden Angebote der Gemeinwesenarbeit den sozialen Dienstleistungen zugerechnet (vgl. Klicpera & Gasteiger Klicpera 1997, S. 37 ff.; Wendt 2016, S. 17). Simsa, Schober und Schober (2004, S. 19 f.) machen auf einige Studien aufmerksam, in denen dieses Spektrum um die Bereiche der Katastrophen- und Notfallhilfe sowie der Einkommensunterstützung durch bedarfsorientierte finanzielle und materielle Hilfen ergänzt wird (exemplarisch Bachstein 2000; Heitzmann 2001; zit. n. Simsa, Schober & Schober 2004, S. 19 f.). Somit umfassen soziale Dienste nahezu den gesamten Bereich der Sozialen Arbeit und sind nicht auf pflegebedürftige Personen und auf Menschen mit Behinderung einzuschränken, wie soziale Dienste in der Fassung des Bundesministeriums für Arbeit, Soziales und Konsumentenschutz definiert werden (BMASK 2016a, o. S.).[84]

Um die Fülle dieses breit gefassten Verständnisses von sozialen Dienstleistungen zu schematisieren, eignet sich der von Heimgartner (2009a, S. 192) vor-

84 Siehe dazu auch die Definition der Bundesarbeitsgemeinschaft freier Wohlfahrt (BAGS) in Simsa, Schober & Schober 2004, S. 22.

gelegte Klassifikationsentwurf von Handlungsfeldern der Sozialen Arbeit. In der von ihm für Österreich entwickelten mehrdimensionalen Zusammenschau lassen sich 21 angewandte Handlungsfelder der Sozialen Arbeit unterscheiden. In der *biografischen Dimension* finden sich 1.) Kinder- und Jugendarbeit, 2.) Jugendwohlfahrt, 3.) Soziale Arbeit in Beziehungen und Familien sowie 4.) Soziale Arbeit für das Älterwerden und im Alter. Zur *problemorientierten Dimension* zählen 5.) Soziale Arbeit in Arbeitslosigkeit, 6.) Soziale Arbeit bei Armut und Schulden, 7.) Soziale Arbeit bei körperlichen und psychischen Krankheiten, 8.) Soziale Arbeit bei Gewalt und Kriminalität sowie 9.) Soziale Arbeit und Katastrophen. Die *thematische Dimension* umfasst 10.) Soziale Arbeit bei Asyl und Migration, 11.) Soziale Arbeit und Gesundheit, 12.) Soziale Arbeit bei Arbeit und Berufstätigkeit, 13.) Soziale Arbeit und Behinderung, 14.) Soziale Arbeit für Umwelt und Ressourcen sowie 15.) Soziale Arbeit und Kunst. Die *genderperspektivische Dimension* umschließt 16.) Soziale Arbeit für Mädchen und Frauen sowie 17.) Soziale Arbeit für Burschen und Männer. In der *räumlich-kulturellen Dimension* wird differenziert zwischen 18.) Sozialraum- und Soziokulturarbeit, 19.) transnationaler Arbeit und 20.) medialer Sozialer Arbeit. Zur *generalistischen Dimension* zählen 21.) allgemeine koordinierende Attribute der Sozialen Arbeit wie z.B. Case Management. Diese Klassifizierung schafft einerseits ein Bewusstsein für die „Breite der Sozialen Arbeit in Österreich" (Heimgartner 2009b, S. 21), andererseits wird dadurch ein Rahmen bereitgestellt, in dem Einrichtungen und Leistungen nach ihren inhaltlichen Primärzuordnungen platziert werden können.

In einer organisationstheoretischen Betrachtung werden unterschiedliche Trägerschaften sozialer Dienstleistungen differenziert. Es wird zunächst zwischen öffentlichen und privaten Trägern unterschieden, wobei der Großteil der sozialen Dienstleistungen unter privater Trägerschaft angeboten wird (vgl. Bono 2010, S. 37; Dimmel & Schmid 2013, S. 80; Wendt 2014, S. 19). Laut Badelt und Österle (2001a, S. 127) konzentrieren sich öffentliche Institutionen in Österreich zusehends auf die Rolle als Rechtsträger und Finanzier. Darin spiegelt sich die in Kapitel 4.4.3 besprochene Etablierung staatlicher Auslagerungs- und Steuerungsmodelle in der sozialen Dienstleistungserbringung wider, die unter dem Terminus der ‚Ökonomisierung' diskutiert werden. Hinsichtlich der privaten Trägerschaft ist wiederum zwischen gewinnorientierten und gemeinnützig[85] wirtschaftenden AnbieterInnen zu differenzieren (vgl. Wendt 2014, S. 19). Erstere stellen im Vergleich zu gemeinwirtschaftlichen AnbieterInnen in Österreich ein vergleichsweise junges Phänomen dar. Auch wenn sie derzeit

85 Die Bezeichnung ‚gemeinnützig' entspricht einem steuerlichen Begünstigungsstatus für Unternehmen, die in ihrer Satzung einen am Gemeinwohl orientierten mildtätigen Zweck ausweisen. Die von den Unternehmen erzielten Profite müssen im Einklang mit ihrer sozialen Zielsetzung ausgeschüttet oder reinvestiert werden.

noch eine untergeordnete Rolle spielen, wird diese als stetig zunehmend eingestuft (vgl. Simsa, Schober & Schober 2004, S. 26), wie bereits im Zusammenhang mit der Ökonomisierung hervorgehoben wurde (siehe Kapitel 4.4.3). Sie finden sich vorwiegend im Feld der Altenbetreuung und Pflege, der Kindergärten sowie in der Arbeitsmarktintegration (vgl. Dimmel & Schmid 2009, S. 581; Dahme & Wohlfahrt 2015, S. 44). Gemeinnützig wirtschaftende AnbieterInnen sind zumeist als Verein oder gemeinnützige GmbH organisiert. Anders als in Italien kommt gemeinnützigen Genossenschaften in Österreich in der sozialen Dienstleistungserbringung eine geringe Bedeutung zu. Sie sind mehrheitlich im Wohn- und Siedlungsbau tätig, wie noch zu zeigen sein wird (vgl. Pennerstorfer, Schneider & Badelt 2013, S. 63; siehe Kapitel 5.2.2). Gemeinwirtschaftliche Organisationen sind des Weiteren nach ihrer Größe zu differenzieren. So existieren in Österreich neben den fünf großen Wohlfahrtsverbänden Caritas, Diakonie, Rotes Kreuz, Hilfswerk und Volkshilfe, die sich zur Bundesarbeitsgemeinschaft der Freien Wohlfahrt (BAGS) zusammengeschlossen haben, AnbieterInnen von mittlerer Größe, wie beispielsweise Lebenshilfe, Kinderfreunde, Pro Mente oder Neustart, und viele kleine, lokal agierende Organisationen. Zu erwähnen sind zudem Tochterunternehmen von Interessenvertretungen, wie z. B. das BFI, das sich vorwiegend im arbeitsmarktpolitischen Dienstleistungsbereich positioniert.

Hinsichtlich der Ressourcenlage sind soziale Dienstleistungen im österreichischen konservativ-korporatistischen Wohlfahrtstaatsmodell zumeist öffentlich gesteuert (siehe Kapitel 5.1.2) und mehrheitlich auch öffentlich durch Bund, Länder, Kommunen, Sozialversicherungen oder das Arbeitsmarktservice (AMS) und das Sozialministeriumservice (SMS) entweder vollständig oder teilweise finanziert. Dabei liegen unterschiedliche Finanzierungsmodelle vor, wie beispielsweise Kostenzuschüsse für und Selbstbehalte durch die NutzerInnen oder Leistungsentgelte und Subventionen für die leistungserbringende Organisation (vgl. Dimmel & Schmid 2013, S. 62). Das Ausmaß ist in vielen Fällen vertraglich vereinbart und Voraussetzung für Förder- und Vergabezusagen (Dimmel & Schmid 2013, S. 63). Die Generierung zusätzlicher Mittel via Spenden, Sponsoring und Mitgliedsbeiträge ist insbesondere in gemeinnützig agierenden Sozialen Organisationen von Relevanz. Hier nimmt auch die Eigenerwirtschaftung eine wachsende Bedeutung ein. Mit dem Verkauf von Diensten und Produkten am Markt werden zusätzliche in der Leistungserbringung entstehende, aber nicht geförderte Kosten abgedeckt (vgl. Anastasiadis 2006, S. 59 f.; Dimmel & Schmid 2013, S. 65). Aus dieser Struktur resultiert der typische Finanzierungsmix, der sich aus öffentlichen Geldern, aus teilweisen Selbstbehalten, aus marktwirtschaftlichen Einnahmen und aus Investitionen von Zeit, Mitgliedsbeiträgen und Spenden durch die BürgerInnen zusammensetzt (vgl. Brinkmann 2010, S. 147; Dimmel & Schmid 2013, S. 62). Diese aktuell in der Begrifflichkeit ‚hybride Ressourcengestaltung' gefasste Durchmischung (vgl.

Brinkmann 2014, S. 13) bestätigt sich in den empirischen Arbeiten der Studie (siehe Kapitel 7.2.2).

5.1.2 Einbettung und Steuerung

Wie bereits erwähnt, unterliegen soziale Dienste in der Regel einer sozialpolitischen Steuerung. Dimmel und Schmid (2013, S. 74f.) differenzieren dabei aus verwaltungstheoretischer Sicht zwischen rechtlichen, institutionellen und performativen Steuerungsaspekten. Gegenstand der *rechtlichen* Dimension ist die öffentliche Gewährleistungsverantwortung. Auf Basis von Richtlinien und Gesetzen (z. B. Jugendwohlfahrtsgesetz, Pflegegeldgesetz sowie diverse Durchführungsverordnungen) werden die Sicherstellung von Leistungen, der Zugang zu diesen sowie deren Planung und Kontrolle geregelt. Diese Gesetze umrahmen die inhaltlichen und finanziellen Möglichkeiten sozialer Dienstleistungen. Sie sind jedoch nicht statisch, sondern entwickeln sich mit Blick auf aktuelle administrative und soziale Bedürfnislagen weiter, wozu soziale DienstleistungserbringerInnen als professionell Handelnde Entscheidendes beitragen können (vgl. Heimgartner 2009a, S. 311). *Institutionell* wird auf die Beauftragung von Trägerorganisationen und die Finanzierung der Dienstleistungserbringung fokussiert. Für den österreichischen Kontext sind diverse Förderrichtlinien von Bedeutung (z. B. jene für Sozialökonomische Betriebe[86]), die die Leistungs- bzw. Auftragsvergabe regulieren. Zudem spielt das an der EU-Vergaberichtlinie orientierte Bundesvergabegesetz eine zentrale Rolle (vgl. Bundeskanzleramt 2012), das mit seiner Novellierung 2002 die alte Subventionskultur im sozialen Dienstleistungsbereich teilweise ablöste und neue, den Ökonomisierungsbestrebungen folgende, nach marktähnlichen Standards funktionierende Strukturen einleitete, wie in Kapitel 4.4.3 bereits besprochen wurde. Die *performative* Dimension bezieht sich schließlich auf die Leistungserbringung selbst, die durch die in Kapitel 2.3.1 ausgeführten fachlichen Orientierungen, konzeptionellen Festlegungen und methodischen Zugängen der Trägerorganisationen bestimmt ist.

In diesen Steuerungsdimensionen werden Parallelen zu dem in Kapitel 2.3.3 entwickelten Raummodell partizipativen Handelns erkennbar. So entspricht die performative Dimension im Wesentlichen der operativen Ebene der Leistungserbringung, in der die Partizipation der AdressatInnen im Zentrum steht. Orientierungen an der Lebenswelt, dem Sozialraum, den Ressourcen sowie die Wahrnehmung ihrer aktiven und gestaltenden Rolle betonen die hier vorfindbaren Partizipationsmöglichkeiten. Die institutionelle Dimension bezieht sich

86 Diese das Handlungsfeld der Arbeitsmarktintegration betreffende Regulierung wird in Kapitel 6.1 detaillierter vorgestellt.

auf die strategischen Planungsprozesse, hinsichtlich derer vor allem für Engagierte sowie für professionell Handelnde und tendenziell auch für AdressatInnen Mitwirkungsoptionen bestehen. Die rechtliche Dimension realisiert sich zum einen in Entscheidungen des professionellen Ermessens, die sich zum anderen an im nationalen politischen Geschehen vorgeformten Richtlinien orientieren, die mitunter an internationale Strategien angepasst sind (vgl. Dimmel & Schmid 2013, S. 75). In Prozessen von deren Ausgestaltung können nationale und internationale Netzwerke von Professionellen und Engagierten beteiligt sein, wobei auch zunehmend AdressatInnen als aktive Akteure in das Sichtbarmachen von Problemlagen eingebunden werden.

In der sozialpädagogischen Dienstleistungstheorie lässt sich eine ähnliche Aufschichtung finden. Schaarschuch (1996; 2006) differenziert zwischen dem *Erbringungsverhältnis*, dem *Erbringungskontext* und den *gesellschaftlichen Bedingungen* von sozialen Dienstleistungen (Abbildung 9). Dabei begegnet er dem in der Dienstleistung eingelagerten Dualismus zwischen Struktur und Handlung respektive zwischen Verhalten und Verhältnis, ähnlich wie im verbindungstheoretisch-begründeten Partizipationsverständnis dieser Studie (siehe Kapitel 3). Soziale Dienstleistungen sind nicht einseitig über vorgeformte gesellschaftliche Strukturen bestimmt, sondern werden durch ihre Akteure – also AdressatInnen sowie professionell Handelnde und sozial Engagierte – beständig im Rahmen und in Konfrontation mit den institutionellen und organisatorischen Gegebenheiten des Erbringungskontextes produziert und reproduziert (vgl. Schaarschuch 2006, S. 85). Soziale Dienstleistungen strukturieren sich demzufolge im Zusammenwirken von Sozialleistungsträgern, DienstleisterInnen und LeistungsempfängerInnen. Um nicht in Widerspruch zum in Kapitel 5.1.1 bereits hervorgehobenen normativen Bezugspunkt der Sozialen Arbeit zu geraten – der „Entfaltung und Steigerung der Handlungs- und Lebensmöglichkeiten des Individuums“ (Schaarschuch 2006, S. 82f.) –, wird in der Tradition der Lebensweltorientierung und der anderen auf die subjektiven Praxen gerichteten Orientierungen (siehe Kapitel 2.3.1) die Dynamik vom handelnden Subjekten aus zu betrachten sein, in diesem Fall den AdressatInnen sozialer Dienstleistungen.

In diesem Zugang werden im Gegensatz zu anderen dienstleistungstheoretischen Entwürfen (z. B. Badura & Gross 1976; zit. n. Schaarschuch 1996, S. 1) die AdressatInnen sozialer Dienstleistungen nicht als *KoproduzentInnen,* sondern als *ProduzentInnen* begriffen. Sie werden aus ihrem Objektstatus herausgelöst. Ihnen wird eine aktive, an der Dienstleistung und deren Ausgestaltung partizipierende Subjekt-Rolle zuerkannt (vgl. Schaarschuch 1996, S. 2; Oelerich & Schaarschuch 2013, S. 87). Die Dienstleistungserbringung selbst wird als subjektiver Aneignungsprozess gefasst, wobei professionelles Handeln diese ‚koproduzierend‘ unterstützen und anregen kann (vgl. Schaarschuch 2006, S. 85; Oelerich & Schaarschuch 2013, S. 87).

Abbildung 9: Erbringungsverhältnis im Erbringungskontext

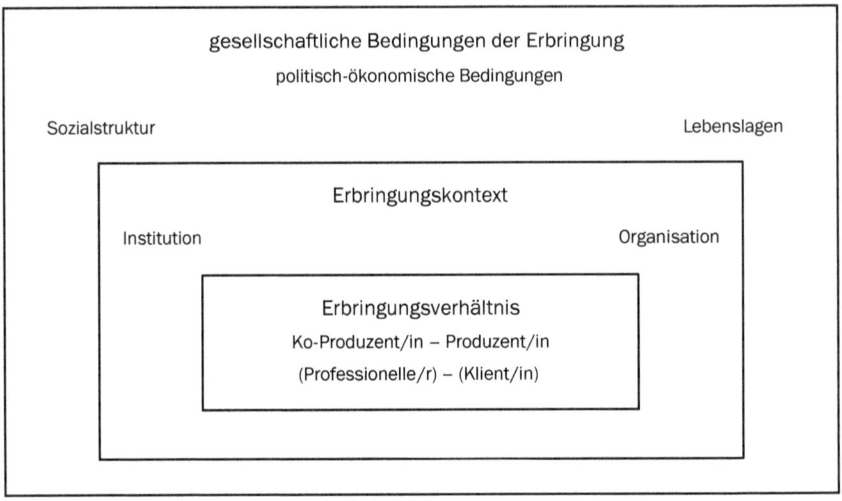

Quelle: eigene Darstellung in Anlehnung an Schaarschuch und Oelerich 2005, S. 13

Ein so festgelegtes Erbringungsverhältnis öffnet deutliche Partizipationsmöglichkeiten, die allerdings eingebettet sind in kontextuelle Rahmungen. Laut Schaarschuch (1996, S. 3) weist der *Erbringungskontext* primär öffentlich subventionierter sozialer Dienstleistungen vorwiegend staatsnahe Strukturmerkmale auf. Der Gebrauchswert, die Orientierung an den Bedürfnissen, demokratische Artikulationsmöglichkeiten (‚voice') und Rechtsansprüche als Steuerungsmittel sind die zentralen Attribute. Demgegenüber zeichnet sich der Markt durch den Tauschwert, die Orientierung an Konkurrenz und Profit, die Möglichkeit der Selektion und des Wechsels des Anbieters (‚exit') aus, wobei Geld als Steuerungsmittel fungiert.

Mit Blick auf diese Differenzen wird die Kritik an der Etablierung des KundInnenbegriffs in der Sozialen Arbeit nachvollziehbar. Dieser entspringt dem marktwirtschaftlichen Erbringungskontext und hielt insbesondere im Zusammenhang mit den Ökonomisierungstendenzen verstärkt Einzug in Diskurse der Sozialen Arbeit (vgl. Dahme, Kühnlein & Wohlfahrt 2004, S. 422). Mit diesem Begriff wird zwar der bittstellende und problembehaftete Charakter von AdressatInnen entschärft, jedoch verliert damit auch die ProduzentInnenschaft ihren Gehalt, denn KundInnen suchen sich in der Regel aus einer Angebotspalette etwas aus und tragen nicht zur Gestaltung des Angebotes bei. Des Weiteren handeln KundInnen in der Logik des Marktes auf Basis eines selbst festgestellten Bedürfnisses als KäuferInnen. Im Kontext öffentlich finanzierter sozialer Dienste hingegen stellt eine sozialrechtliche Bedarfsfeststellung den Ausgangspunkt dar (vgl. Gruber 2014, S. 3). Zudem haben AdressatInnen selten die

Möglichkeit, unabhängig zwischen unterschiedlichen Dienstleistungsangeboten zu entscheiden (vgl. Heimgartner 2009a, S. 99).

Vor diesen Hintergründen präferiert Schaarschuch (1996, S. 3) den Begriff der ‚NutzerInnen', womit der Gebrauchswert, den Menschen in der Bewältigung ihrer Lebenssituation in sozialen Dienstleistungen haben, ins Zentrum gerückt wird. „Professionelles sozialpädagogisches Handeln hat sich somit zunächst über seine Gebrauchswerthaftigkeit für die Selbstproduktionsprozesse der Subjekte in ihren Lebenssituationen mit ihren spezifischen Bedingungen auszuweisen" (Schaarschuch 2006, S. 85). Diese Selbstproduktionsprozesse sind jedoch abhängig von der Bereitschaft und den Möglichkeiten der NutzerInnen. Das Verhältnis zwischen DienstleistungserbringerInnen und NutzerInnen ist ein persönliches und mitunter auch emotional behaftetes. Die Prozesse und Ergebnisse unterliegen diesen Dynamiken, sie werden dadurch auf entscheidende Weise geprägt, wodurch ihre Standardisierbarkeit und Messbarkeit begrenzt ist (vgl. Simsa, Schober & Schober 2004, S. 25; Bono 2010, S. 38), wie es in der Ökonomisierung und Wirkungsorientierung zunehmend gefordert wird (siehe Kapitel 4.4.3). Durch diese Charakteristika unterscheiden sich soziale Dienstleistungen von anderen kommerziellen tendenziell. Insofern ist erneut die Frage aufzuwerfen, ob sich Steuerungs- und Managementinstrumente aus dem wirtschaftlichen Bereich auf die soziale Dienstleistungserbringung eins zu eins übertragen lassen.

Wie deutlich wurde, realisiert sich das professionelle sozialpädagogische Handeln in sozialstaatlichen Institutionen und formalen Organisationen. Diese determinieren das *Erbringungsverhältnis* jedoch nicht, sondern werden über aus diesem hervorgehenden Praxen produziert und reproduziert, wodurch sich die *kontextuelle Rahmung* entwickeln und wandeln kann (vgl. Schaarschuch 2006, S. 87). Machtbasierte Auseinandersetzungen zwischen den verschiedenen Akteuren sowie unterschiedliche Machtpotenziale chiffrieren diese Prozesse. So sind in der Regel, wie im Zusammenhang mit dem AdressatInnenbezug von Partizipation ausgewiesen wurde (siehe Kapitel 2.3.2), die professionell Handelnden aufgrund ihrer Position und ihres Auftrages gegenüber den NutzerInnen privilegiert, jedoch unterprivilegiert in Aushandlungsprozessen über Ausmaß, Form und Ergebnis der Leistung mit sozialpolitischen und administrativen Gegenübern (vgl. ebd.). Es wird daher stets am Einzelfall zu bemessen sein, wie mit diesen Machtverhältnissen umgegangen wird, wie sich das Erbringungsverhältnis im jeweiligen Erbringungskontext entwickeln lässt.

Dieselbe Frage stellt sich hinsichtlich der *gesellschaftlichen Bedingungen*, von denen die Kontexte und Verhältnisse umgeben sind. Zu diskutieren sind Möglichkeiten und Grenzen, inwiefern sich diese trotz vorhandener Machtungleich heiten partizipativ durch die Akteure sozialer Dienstleistungen modifizieren lassen. Schaarschuch (2006, S. 88) geht auch hier von der Option aus, dass übergeordnete gesellschaftliche Strukturen insgesamt und sozialpolitische Institutionen im Besonderen nicht deterministisch zu denken sind. „Die auf das Erbringungsverhältnis bezogenen institutionellen Formen des Erbringungskontextes verändern sich [...] aufgrund der Auseinandersetzung der beteiligten Akteure und können – etwa vor dem Hintergrund bestimmter machtförmiger Akteurskonstellationen – modifizierend auf die Gesellschaftsstrukturen einwirken." Die Gesellschaftsstrukturen wiederum sind durch den bereits benannten fundamentalen Widerspruch zwischen Staat und privatem Kapital geprägt (siehe Kapitel 3.2.6 und 4.1), aus dem heraus sich je nach politischer Regulierung und Formierung die politisch-ökonomischen Bedingungen und die darin eingelassenen unterschiedlichen Lebenslagen bilden (vgl. Schaarschuch 2006, S. 87).

Auch die neoinstitutionelle Organisations- und Politikforschung widmet sich dezidiert Fragen der interaktiven Steuerung von sozialen Dienstleistungen. In expliziter Bezugnahme auf Elemente der Strukturierungstheorie von Giddens (1997, S. 76; siehe Kapitel 3.2) wird der Handlungskontext in den Mittelpunkt gerückt, in dem sich die Agierenden auf Regeln und Ressourcen beziehen, die rekursiv in Institutionen respektive in dauerhafte Merkmale des gesellschaftlichen Lebens eingelagert sind (vgl. Langer 2014, S. 65). Langer arbeitet Infrastrukturelemente sozialer Dienstleistungen heraus, die durch soziale DienstleistungserbringerInnen in Interaktion mit politischen und steuernden Verantwortlichen produziert und reproduziert werden (vgl. ebd., S. 67). Für das gegenständliche Forschungsvorhaben, das den Fokus auf den strategiepolitischen Gestaltungsraum legt, erscheint insbesondere die Mehrebenenverflechtung im Politikbereich als interessant. Das Zusammenspiel von Bund, Ländern und Gemeinden ist durch regulative und normative Steuerungsaspekte geprägt. So sind neben Gesetzen und Verordnungen die politischen Leitlinien und Akteurkonstellationen entscheidend. Aber auch die Ausgestaltung von Verhandlungsarenen in der politischen Willensbildung, parteipolitische Prägungen und die gegebene Definitions- und Deutungsmacht sind wichtige Einflussgrößen. Sozialplanungsprozesse finden in dieser Dynamik statt, ebenso wie Stadt- und Sozialraumentwicklungen, die durch formelle und informelle Partizipation durch Trägerorganisationen und diverse Betroffenenorganisationen beeinflussbar sind (vgl. ebd., S. 69). Langer hält dahingehend konkludierend fest, dass „[e]ine Infrastruktur sozialer Dienstleistungen erstens gleichzeitig handlungseinschränkend und handlungsermöglichend [wirkt]. Zweitens wird Dienstleistungserstellung durch die Strukturen in gewisser Weise determiniert, obwohl gleichzeitig die Dienstleistungshandlung strukturgebend wirkt; Sozialunternehmer reproduzieren und produzieren Dienstleistungsstrukturen" (ebd., S. 70).

In den drei exemplarisch diskutierten theoretischen Zugängen wird deutlich, dass sich soziale Dienstleistungen in Beziehungen zwischen politisch-ökonomischen Institutionen und den Handelnden strukturieren, um in der Gidden'schen Begrifflichkeit zu bleiben. Die Dynamik respektive der Wandel wird durch Widersprüche und darin real werdende Konflikte geleitet. Konkret steht das subjektorientierte gestalterische Dienstleistungsverständnis im Widerspruch zum administrativ-ökonomisch konnotierten. Die damit verbundenen Partizipationsverständnisse sind dahingehend ebenso unterschiedlich (siehe Kapitel 3.1). Während das ökonomisch-administrative Verständnis integrative, Top-down-Züge enthält und auf die Aktivierung der NutzerInnen sowie der professionell Handelnden gleichermaßen abzielt, ist das sozialpädagogische, am Subjekt ausgerichtete Verständnis als Bottom-up-Ansatz gefasst, mit dem emanzipative Veränderungsbestrebungen einhergehen, die von den Bedürfnissen der NutzerInnen ausgehen. Dieses subjektgeleitete Verständnis ist im Sinne Schaarschuchs der Motor für Veränderbarkeit (Schaarschuch 2006, S. 82 ff.).

Das von Schaarschuch und Oelerich (2005, S. 10 ff.) entwickelte ‚NutzerInnenforschungsmodell' wird als kritische Methode eingeführt, um diese Veränderbarkeit im Blick zu behalten. Es zielt darauf ab, den Gebrauchswert sozialer Dienstleistungen aus der Perspektive der NutzerInnen einzufangen. Anders als in der Wirkungsforschung (siehe Kapitel 4.4.3), die linear und zumeist mit quantitativen Indikatoren Effekte evaluiert (vgl. SROI Network 2012; Maier, Schober, Simsa & Millner 2015, S. 1807), werden ausgehend vom produktiven Aneignungshandeln der NutzerInnen die in der Interaktion mit den professionell Handelnden liegenden Aneignungspotenziale im Erbringungsverhältnis sichtbar gemacht. Diese Wahrnehmungen gilt es vor dem Hintergrund der funktionalen Aufgaben von Institutionen und Organisationen zu spiegeln, in der Folge sollen nutzenfördernde bzw. -limitierende Aneignungsbedingungen identifiziert werden (vgl. Oelerich & Schaarschuch 2013, S. 89). Damit werden Versuche gesellschaftlicher Formierung und Normierung im Zuge neoliberaler Politikkonzepte und ihre Bedeutung für die NutzerInnen sowie für ihr Aneignungshandeln analysierbar, kommunizierbar und somit – optimistisch gedacht – auch veränderbar. Schaarschuch (2006, S. 81) spricht in diesem Zusammenhang vom „Nutzer Sozialer Dienstleistungen als Produzent des ‚Sozialen'". Damit schließt sich der Kreis zum adressatInnenbezogenen Partizipationsverständnis und zum Gestaltungsdiskurs in der Sozialen Arbeit (siehe Kapitel 2.3.2).

5.2 Verortung im Dritten Sektor

Wie einleitend erwähnt, agieren Soziale Organisationen in bzw. in der Nähe des Dritten Sektors. Dem Dritten Sektor, den Etzioni (1973, S. 314) schon Anfang der 1970er-Jahre als Ort zwischen Markt (Erster Sektor) und Staat (Zweiter Sektor) beschreibt, wird ebenso wie dem Dienstleistungsbegriff seit den 1990er-Jahren verstärkt Aufmerksamkeit geschenkt. Dabei ist ein Zusammenhang rund um die in Kapitel 4.4 skizzierte ‚Krise des Wohlfahrtsstaates' und mit der in dieser Zeit neu entflammten Debatte der ‚civil society' respektive der Wiederbelebung der Zivilgesellschaft unverkennbar. Dieses auch als „intermediärer

Bereich“ zwischen Staat, Markt und Familienökonomie bezeichnete System (vgl. Evers & Olk 1996, S. 16) ist jedoch kein Phänomen der 1990er-Jahre, sondern es hat sich seit dem 19. Jahrhundert als eigenständige Kraft im ökonomischen und gesellschaftlichen Gefüge als unverzichtbarer Bestandteil sukzessive herausgebildet, wie in der österreichischen Spurensuche noch eingehend gezeigt wird (siehe Kapitel 5.3.2). Wesentlich an diesem Ort ist, dass er sich strategisch in einer idealen Position befindet, um gesellschaftliche Bedürfnisse zu erkennen und im Austausch mit politischen und wirtschaftlichen Verantwortlichen sowie Initiativen der BürgerInnen darauf abgestimmte Angebote zu entwickeln und anzubieten. Diese Intermediarität stellt die Organisationen aber auch vor erhebliche Herausforderungen, denn gesellschaftliche, wirtschaftliche und politische Veränderungen bestimmen ihr Wirken entscheidend mit. Bevor auf diese Institutionalisierungsdynamik näher eingegangen wird, gilt es ihre Positionierung zwischen Markt, Staat und Zivilgesellschaft zu bestimmen. Dazu werden zunächst die internationalen und nationalen Konzeptionen durchleuchtet, um schließlich Soziale Organisationen als spezifische Orte der Sozialen Arbeit in diesem Gefüge platzieren zu können.

5.2.1 Internationale Diskurslandschaften

Beim Begriff des ‚Dritten Sektors‘ handelt es sich um keinen eindeutigen analytisch-wissenschaftlich entwickelten Terminus. In der Analyse der einschlägigen Literatur lassen sich vielmehr unterschiedliche Charakterisierungen und Benennungen finden, wobei die jeweilige nationale, sozialökonomische und auch kulturelle Rahmung entscheidend ist. So ist beispielsweise auch vom Non-Profit-Sector, Social Economy Sector, Civil Society Sector, Public-Benefit-Sector, Independent-Sector, Charitable-Sector, Non-Commercial-Sector, Nongovernmental Sector, Voluntary Sector die Rede (vgl. Salamon 2014, S. 4).

Im Wesentlichen existieren in der gegenwärtigen internationalen Fachdiskussion drei als klassisch einzustufende theoretische Ansätze: der amerikanische ‚Non-Profit-Approach‘ (Anheier & Seibel 1990; Salamon & Anheier 1997a), der lateineuropäische ‚Social-Economy-Approach‘ (Borzaga & Defourny 2001) und der die beiden anderen umschließende globale ‚Third-Sector-Approach‘ (Birkhölzer, Kistler & Mutz 2004; Evers & Laville 2004). Die drei Zugänge unterscheiden sich primär durch ihre spezifische ökonomische Blickrichtung.

Diese klassischen Ansätze werden seit den 1990ern durch drei weitere Diskursstränge flankiert: 1.) die Betonung der Solidarität durch die ‚Solidarity Economy‘ (Altvater & Sekler 2006; Giegold & Embshoff 2008; Elsen 2007 und 2014), 2.) die Hervorhebung des individualisierten Unternehmertums im Konzept des ‚Social Entrepreneurs‘ (Dees 2001; Mair, Robinson & Hockerts 2006; Nicholls 2008) und 3.) die Herausstellung des kollektiven und partizipativen

Wirtschaftens für soziale Ziele durch ‚Social Enterprises' (Borzaga & Defourny 2001; Defourny & Nyssens 2010). Mit diesen drei Spezifizierungen wird im Wesentlichen an den in der Praxis stattfindenden Veränderungen angeknüpft und die Weiterentwicklung der klassischen Konzeptionen vorangetrieben.

Non-Profit-Approach

Der Non-Profit-Approach konzentriert sich in seiner ursprünglichen Fassung auf Non-Profit-Organisationen (NPOs), die 1.) formell strukturiert und organisiert sind; 2.) privat und demnach unabhängig vom Staat agieren; 3.) eigenständig verwaltet werden und über die Kontrolle ihrer Tätigkeiten verfügen; 4.) nicht gewinnorientiert sind und mögliche Gewinne auch nicht an Mitglieder oder EignerInnen ausschütten sowie 5.) bis zu einem gewissen Grad von freiwilliger Unterstützung in Form von Geld-, Sach- oder Zeitspenden getragen werden (vgl. Salamon & Anheier 1997b, S. 61). Demnach klammert dieser Ansatz Organisationen aus, die über den Verkauf von Produkten und Dienstleistungen am freien Markt Gewinne erzielen, diese aber in Form von Investitionen in das Soziale Unternehmen rückinvestieren bzw. zu Teilen an ihre Mitglieder im Sinne der kollektiven Aneignung ausschütten, wie es beispielsweise in Genossenschaften, Social Enterprises oder Beteiligungsgesellschaften der Fall ist. Diese Fokussierung auf die Nicht-Gewinnorientierung bzw. Nicht-Gewinnverteilung grenzt demzufolge zahlreiche in der europäischen Kultur und Struktur gewachsene Organisationen aus.

Social-Economy-Approach

Kontrastierend dazu setzt der Social-Economy-Approach den Fokus genau auf solche Unternehmensformen. Es wird ein für europäische Verhältnisse passender Zugang gesucht, der breiter als der Non-Profit-Approach ist und neben nicht gewinnorientierten Organisationen auch solche einbezieht, die nicht gewinnmaximierend agieren, wobei anfänglich Organisationen, die idealtypisch keine Gewinne erzielen, wie etwa klassische Non-Profit-Organisationen oder Interessen- und Betroffenenvertretungen, tendenziell ausgegrenzt bleiben (vgl. Vienney 1994; zit. n. Laville 2011, S. 6). Das moderne Konzept der Social Economy hingegen schließt alle für Europa traditionellen, auf kollektiver Basis agierenden Organisationsformen der sogenannten CMAF-Familie mit ein: ‚cooperatives' (Genossenschaften), ‚mutal societies' (Beteiligungsgesellschaften), ‚associations' (Wohlfahrtsverbände und -vereine) und ‚funds' (gemeinnützige Stiftungen) (vgl. CIRIEC 2007, S. 7).

Die VertreterInnen dieses Konzepts kritisieren am Non-Profit-Approach vor allem seine US-amerikanische Blickrichtung, die sich von der europäischen Kultur grundsätzlich unterscheidet. „European initiatives share a common tradition – different from the North-American – which is specific to them and insists less on the non-distribution constraint, philanthropy and volunteering than on collective actions based on mutual help and participation of the citizens concerned by social problems“ (Laville 2011, S. 5). Darüber hinaus hat der Social-Economy-Approach eine normative Festschreibung, wonach er sich durch folgende Prinzipien auszeichnet: 1.) Vorrang des Einzelnen und des sozialen Ziels vor dem Kapital; 2.) freiwillige Mitgliedschaft, die allen offensteht; 3.) demokratische Entscheidungsfindung durch die Mitglieder (gilt nicht für Stiftungen, da sie keine Mitglieder haben); 4.) Vereinbarkeit der Interessen der Mitglieder mit dem allgemeinen Interesse; 5.) Verfechtung und Anwendung des Grundsatzes der Solidarität und der Verantwortlichkeit; 6.) selbstständige Verwaltung und Unabhängigkeit von staatlichen Stellen und 7.) erzielte Gewinne werden größtenteils für nachhaltige Entwicklungsziele und Dienstleistungen verwendet, die den Mitgliedern oder dem Allgemeinwohl zugutekommen (vgl. Social Economy Europe 2007, S. 2). Aus diesen Prinzipien wird die gemeinsame Identität der heterogenen Social-Economy-Welt deutlich: „[T]he shared core identity of the SE [Social Economy, Anmk. d. Verf.] is fortified by a large and diverse group of free, voluntary microeconomic entities created by civil society to meet and solve the needs of individuals, households and families rather than to remunerate or provide cover for investors or capitalist companies [...]“ (CIRIEC 2007, S. 11).

Third-Sector-Approach

Der Third-Sector-Approach verbindet beide Konzepte und öffnet einen umfassenden Blick auf das Segment zwischen Markt, Staat und informeller Ökonomie (vgl. CIRIEC 2007, S. 13; EMES 2008, S. 20). Studien zufolge handelt es sich um ein höchst heterogenes Feld, nicht nur bezogen auf die Tätigkeitsbereiche, sondern auch in Hinblick auf ihre ökonomische Ausrichtung, die Birkhölzer (2004, S. 12) in den nicht gewinnorientierten und nicht gewinnmaximierenden Bereich unterteilt. Des Weiteren werden durch diesen Ansatz mit der jeweiligen ökonomischen Blickrichtung sekundär verbundene tätigkeitsfeld- und rechtsformspezifische Einschränkungen aufgehoben, wie es im Social-Economy-Approach tendenziell der Fall ist. Die Dritt-Sektor-Forschung beschäftigt sich gleichsam mit Vereinen, Stiftungen, Genossenschaften, gemeinnützigen GmbHs, Gegenseitigkeitsgesellschaften etc., die Dienstleistungen in vielfältigen Branchen anbieten (Soziales, Kultur, Gesundheit, Bildung, Freizeit, Sport, Tierschutz, Umwelt, Landwirtschaft etc.) (vgl. Anastasiadis 2006, S. 65 ff.). Dieser offene Blick erweist sich als ein idealer Zugang, um das darin eingelagerte vielschichtige Spektrum sozialer DienstleistungserbringerInnen zu charakterisieren, worunter sich zahlreiche Non-Profit-Organisationen befinden, aber auch eine Vielzahl der Social Economy zuordenbarer sozialen Dienstleistungen anzutreffen ist, die eine ausgeprägtere ökonomische Orientierung aufweisen.

Um die Positionierung unterschiedlicher Dritt-Sektor-Organisationen im ökonomischen System auszumachen, wird auf zwei grafische Modelle zurückgegriffen, die die innersektorale Vielschichtigkeit und übersektorale Dynamik sichtbar machen. Das erste Modell von Pearce (2009, S. 25) wurde bereits in Kapitel 2.2.4 kurz vorgestellt. Es differenziert zunächst zwischen den Sektoren Markt und Schwarzmarkt, Staat, Familienökonomie und dem Dritten Sektor, der wiederum unterteilt ist in seinen nicht gewinnorientierten und nicht gewinnmaximierenden Teil (siehe Abbildung 10). Deutlich werden in der Platzierung der Sektoren und Subsektoren auch ihre Nähen bzw. Distanzen. Des Weiteren unterscheidet dieses Modell zwischen den geografischen Sphären, also zwischen internationalen, nationalen bzw. regionalen, lokalen und nachbarschaftlichen Bereichen, in denen wiederum unterschiedliche Organisationsformate eingelagert sind.

Während in dieser Schematisierung der Dritte Sektor als eigenständiger Sektor gleichwertig neben die anderen gestellt ist, bildet das von Pestoff (1992) entwickelte Modell den Sektor als Zwischenbereich ab. In einer Weiterentwicklung durch Defourny und Nyssens (2012a, S. 11) werden die unterschiedlichen Handlungsweisen der Sektoren und die Beweglichkeit von Dritt-Sektor-Organisationen – hier beispielhaft an Social Enterprises verdeutlicht – herausgestellt (siehe Abbildung 11).

Mit Blick auf die ökonomischen Handlungsprinzipien identifizieren Defourny und Nyssens in Anlehnung an Polany (1944) – ähnlich wie Schaarschuch (1996, S. 3) für soziale Dienstleistungen – die Redistribution als Maxime des Staates, wobei sich der Staat als zentrale Autorität für die Wohlstandsproduktion und -verteilung verantwortlich zeigt. Kontrastierend folgt die Logik des Marktes dem Ausgleich von Angebot und Nachfrage. Das Prinzip der Reziprozität wird dem privaten und informellen Gemeinschaftssektor zugeordnet. Dieses stützt sich auf ein normativ geleitetes Geben und Nehmen. Als intermediäre Organisationen sind Dritt-Sektor-Organisationen mit diesen unterschiedlichen wirtschaftlichen Handlungsweisen und Vorstellungen gleichsam konfrontiert. „They must act under the influence of and are dependent on different logics" (Defourny & Nyssens 2012a, S. 13). Da sich die Organisationen je nach ihrer ökonomischen Ausrichtung in unterschiedlichen Nähen und Distanzen zu den einzelnen Sektoren positionieren – manche in der Nähe des Staates, manche in der Nähe des Marktes und andere in der Mitte –, sind sie mit diesen Logiken in verschiedenen Ausmaßen konfrontiert. Diese Positionierung resultiert im Wesentlichen aus ihren Organisationsbiografien. Sie hängt zusammen mit den gewachsenen Partnerschaften, Zielen und Finanzierungsstrukturen und – das ist entscheidend – sie ist keinesfalls als statisch zu betrachten. Die Organisationen bewegen sich innerhalb des Sektors und in Extremfällen auch übersektoral. Das ist beispielsweise der Fall, wenn sich eine Organisation auflöst und im informellen Bereich weiteragiert. Umgekehrt kann sich eine informelle, zivilgesellschaftliche Initiative organisatorisch formalisieren und als Dritt-Sektor-Organisation weiter operieren. Auch nicht gewinnmaximierende Einrichtungen können die Grenze zum For-Profit-Bereich überschreiten.

Abbildung 10: Die drei Systeme der Ökonomie

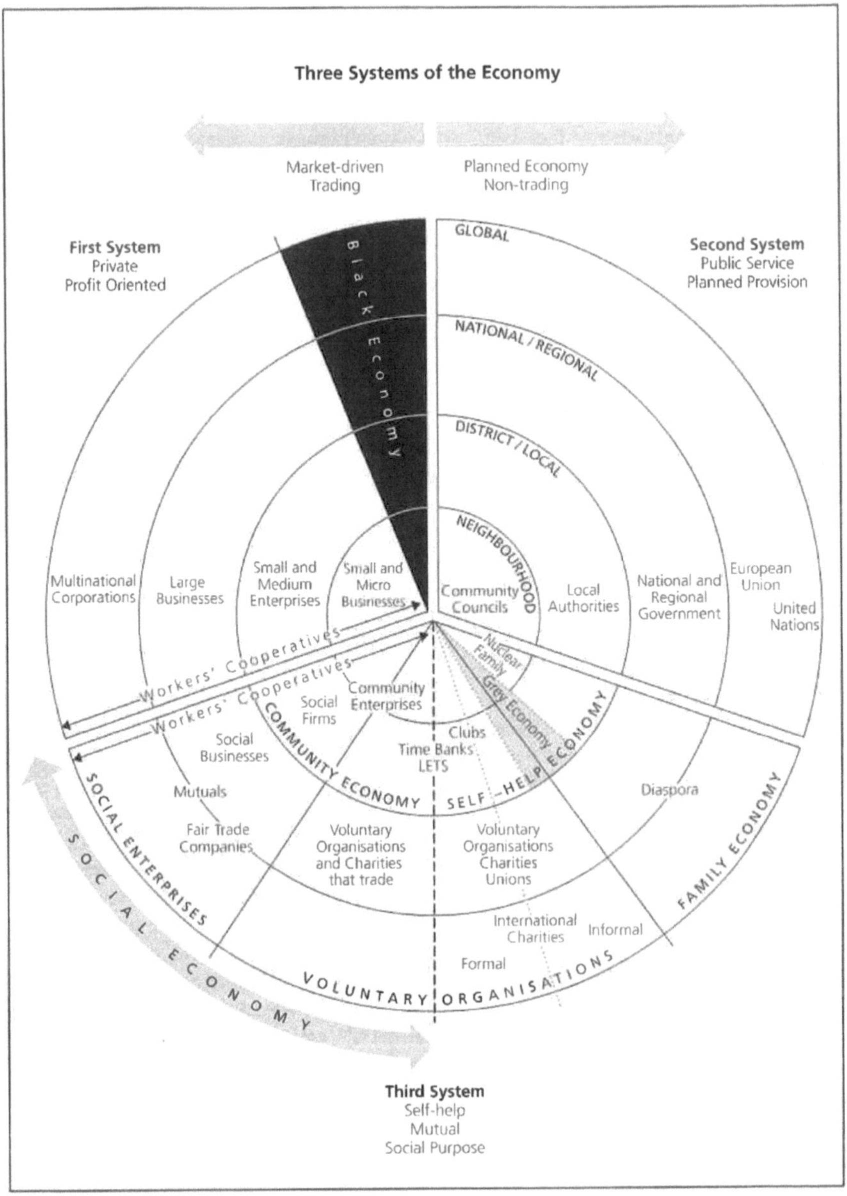

Quelle: Pearce 2009, S. 25

Abbildung 11: Positionierung des Dritten Sektors und Social Enterprises

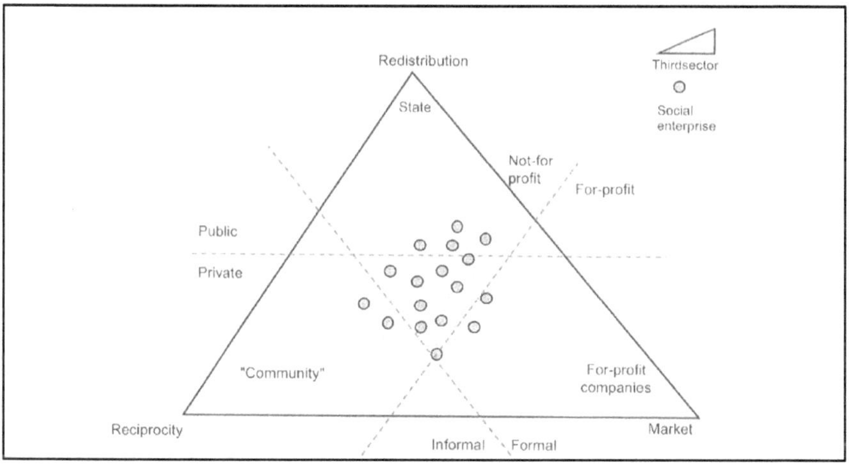

Quelle: Defourny und Nyssens 2012a, S. 17

Wie bereits angekündigt, wird das Spektrum der drei klassischen Zugänge – der Non-Profit-Approach, der Social-Economy-Approach und der Third-Sector-Approach – durch heuristisch entwickelte, spezifizierte Konzeptionen erweitert.

Solidarity Economy

Der Begriff der Solidarity Economy wurzelt in Frankreich und in lateinamerikanischen Staaten. Er entwickelte sich im letzten Viertel des 20. Jahrhunderts und ist eng mit neuen sozialen Bedürfnissen und erfahrenen Exklusionsgefährdungen verbunden (vgl. CIRIEC 2007, S. 9). Seit den 2000er-Jahren findet diese Konzeption unter der Terminologie ‚solidarische Ökonomie' (Altvater & Sekler 2006) oder Gemeinwesenökonomie (Elsen 2007) vermehrt in deutschsprachige Diskurse Eingang. Damit wird an die Tradition der Genossenschaftsbewegung im 19. Jahrhundert sowie der wirtschaftlichen Selbstorganisation und der ‚neuen sozialen Bewegungen' in den 1970ern und 1980ern angeknüpft (vgl. Farfeleder 2014, S. 285 f.; Elsen 2014, S. 248 ff.). Im Zentrum steht die Entwicklung selbstorganisierter ökonomischer Alternativen, die sich dezidiert gegen den Neoliberalismus sowie den globalen Kapitalismus stellen und zu lokalen sozialen Innovationen inspirieren (vgl. Farfeleder 2014, S. 286 ff.). „Sie entstehen im informellen Bereich jenseits der Logik des Marktes, befriedigen konkrete Bedarfe der Lebenswelt, beruhen auf Selbstorganisation und nutzen ökonomische Mittel zur Lösung sozialer Probleme" (Elsen 2014, S. 241).

In dieser Konzeption wird der Lebensweltbezug explizit herausgestellt, der – so die Kritik – im breiten, auf die Abgrenzung zu anderen Systemen bedachten Dritt-Sektor-Ansatz nur unzureichend Berücksichtigung findet (vgl. Elsen

2007, S. 43). Während der Dritte Sektor als System zwischen Markt, Staat und Lebenswelt begriffen wird, wird mit der solidarischen Ökonomie die Dynamik zwischen den Sektoren mit ihren bereits benannten Logiken respektive Handlungsprinzipien betont. Dabei wird von an der Lebenswelt orientierten Bottom-up-Initiativen ausgegangen, denn „[e]rst wenn zivile Selbstorganisation als eigenständige Komplementär- oder Alternativstruktur oder als Gegenentwurf auftritt, werden die sektoralen Grenzen explizit hinterfragt" (Elsen 2007, S. 44). Diese aus dem Gemeinwesen und lokalen Bedürfnissen entsprungenen alternativen ökonomischen Formate „sind hybride Gebilde, deren innovatives Potenzial auf der Mischung verschiedener Logiken basiert. Sie vertreten die Logik des *sowohl-als-auch,* nicht des *entweder-oder.* [...] Sie durchdringen auch die Systeme Markt und Staat und bewirken eine Entdifferenzierung" (Elsen 2014, S. 241). Sie basieren auf freiwilligen Kooperationen, gegenseitigen Hilfen und demokratieerweiternden Ansätzen (vgl. Giegold & Embshoff 2008, S. 12). Das Aktivitätsspektrum reicht von der Familienökonomie, Tauschorganisationen, Gemeinschaftsnutzungen und Regionalgeldinitiativen über den Fair-Trade-Handel bis zu neuen marktwirtschaftlich kompatiblen Genossenschaftsvarianten im Bereich der Landwirtschaft, Wasser- und Energieversorgung oder im Wohnbau (vgl. Elsen 2014, S. 246ff.). Die ökonomischen Varianten von Markt- (Verkauf von Gütern und Dienstleistungen), Nicht-Markt- (öffentliche Subventionen und Schenkungen) und geldloser Wirtschaft (freiwilliger Tausch) werden in diesen Formen explizit.

Insgesamt stellt die solidarische Ökonomie einen wesentlichen Teil des Dritten Sektors dar, der sich allerdings dezidiert politisch engagiert, an den lokalen lebensweltlichen Bedürfnissen anknüpft und vor allem den Anspruch auf Solidarität bereits im Begriff selbst erhebt. Darin liegt, den HerausgeberInnen des Bandes „Solidarische Ökonomie im globalisierten Kapitalismus" zufolge, ihr besonderer Charme (vgl. Giegold & Embshoff 2008, S. 12).

Social Entrepreneurship

Das Phänomen Social Entrepreneurship hielt in den 1990er-Jahren Einzug in die europäische Diskurslandschaft. Es handelt sich hier um einen in den 1980er-Jahren im US-amerikanischen Raum entwickelten Begriff, der eng an die Aktivitäten von ‚Ashoka' gebunden ist. ‚Ashoka' ist eine von Bill Drayton gegründete Plattform, die es sich zum Ziel gesetzt hat, weltweit sozial orientierte Unternehmen zu finden und zu fördern. Hackenberg und Empter (2011, S. 11) definieren Social Entrepreneurs wie folgt: „Sie suchen und finden innovative Lösungen für existierende soziale oder ökologische Probleme und wollen mit ihren Ideen und deren Verbreitung auf lokaler, nationaler oder globaler Ebene wirken. Ihre Mission ist es, ‚*to make a difference*', aus der Mitte der Gesellschaft heraus mit unternehmerischer Kreativität und den ihnen zur Verfügung stehenden Möglichkeiten ‚sozialen Mehrwert' zu schaffen."

Während der Fokus im US-amerikanischen Verständnis auf den von Schumpeter entliehenen Innovations- und Unternehmensbegriff reflektiert und auf wirtschaftlich tätige Personen gerichtet wird, die als ‚social businesses' soziale Projekte realisieren und Aktivitäten zur sozialen Innovation setzen (z.B. Muhammad Yunus), konzentrierte sich die europäische Blickrichtung anfänglich auf kollektive Formen des sozialen Engagements, die sich wirtschaftlicher Strategien bedienen. Damit werden Social Entrepreneurs in den bzw. in die Nähe des Dritten Sektors gesetzt. Es handelt sich um innovative Akteure im nicht gewinnmaximierenden Ausschnitt der Social Economy (vgl. Birkhölzer & Kramer 2004, S. 105; Defourny & Nyssens 2010, S. 32f.).

Mittlerweile haben sich die transatlantisch unterschiedlichen Diskurse vermengt und es werden zu Social Entrepreneurship sowohl das auf Ehrenamtlichkeit basierende soziale Engagement als auch unternehmerische ‚Corporate-Social-Responsibility'-Aktivitäten hinzugezählt. Nicholls (2010, S. 1) fasst diese Breite und die damit verbundene Unklarheit im Editorial der ersten Ausgabe des „Journal of Social Entrepreneurship" in folgende Worte: „For some, social entrepreneurship is merely a fuzzy construct whose novelty appeals to a small number of influential actors deliberately using the powerful tools of modern communications and the media to impose conceptual boundaries on an otherwise loose and baggy institutional space occupied by many diverse organizational forms and logics. This has generated a perception of social entrepreneurship as a superficial and fashionable rebranding exercise for well-established practice in the social and environmental sectors [...]." Ähnlich formuliert Swedberg (2006, S. 21) den Hype um diesen Begriff: „One of the difficulties with the notion of social entrepreneurship [...] is that it is not connected to a general theory of entrepreneurship, but is usually used as a slogan or inspiring phrase." Den inspirierenden Charakter betont auch Beckmann (2011, S. 67) mit der Bezeichnung von Social Entrepreneurs als „Vorboten eines Kapitalismus 2.0". Eine neuere, bessere in Entwicklung begriffene Kapitalismusvariante wird damit in Aussicht gestellt. Seit 2000 ist allenfalls eine intensive wissenschaftliche Auseinandersetzung beobachtbar, wobei auffallend ist, dass sich in den Theoriediskursen die beiden unterschiedlichen transatlantischen Rezeptionen fortsetzen, nur diesmal dies- und jenseits des Atlantiks gleichzeitig.

In einer Differenzierung wird unterschieden zwischen dem zivilgesellschaftlichen, kollektiven Engagement, das sich ökonomischer Praktiken bedient, und Initiativen aus dem Bereich des Marktes, die sich der Bewältigung von öffentlichen, sozialen und ökologischen Problemen zuwenden. Balgar (2011, S. 91) identifiziert darin zwei Forschungsstränge: 1.) die sozialwissenschaftliche Forschung, die sich mit Formen des Social Entrepreneurships im Dritten Sektor beschäftigt (exemplarisch Birkhölzer & Kramer 2004; Kerlin 2013; Defourny & Nyssens 2010), und 2.) die ökonomische Entrepreneurshipforschung, die sich mit sozialen Motiven und Aspekten der sozialen Innovation von marktwirtschaftlich agierenden Unternehmen auseinandersetzt (exemplarisch Dees 2001; Austin, Stevenson & Wei-Skillern 2006; Mair & Marti 2006; Haugh 2007). Hill, Kothari und Shea (2010, S. 19) differenzieren diese beiden Richtungen nach einer weitläufigen Recherche der Begriffsverwendung in englischsprachigen Zeitschriften nochmals aus. Sie unterscheiden zwischen vier Schulen: 1.) ‚Entrepreneurship', die sich mit der Frage der sozialen Verantwortung in Unternehmen beschäftigt und sich deutlich dem zweiten ökonomischen Theoriestrang nach Balgar zuordnen lässt (z. B. Haugh 2007); 2.) ‚Social', die sich auf die Erforschung der Gemeinwesenökonomie konzentriert und hier die soziale Mission und den Gehalt lokaler sozialer Netzwerke herausstellt (z. B. Peredo & Chrisman 2006); 3.) ‚Gouvernance', die sich mit Leadership- und Managementfragen im Feld der Gemeinwesenökonomie, des Entrepreneurships und der Governance beschäftigt (z. B. Spear 2006); 4.) ‚For-Profit/Non-Profit', die sich mit dem unternehmerischen Handeln von Non-Profit-Organisationen und mit Unterschieden zwischen diesen und For-Profit-Social-Entrepreneurs beschäftigt (z. B. Dees 2001).

Die noch jungen Diskurse zum Social Entrepreneurship spiegeln die in der Realität existierende weitere Ausdifferenzierung unterschiedlicher Organisationstypen wider. Augenscheinlich wird darin, dass sozial orientiertes Wirtschaften und Handeln nicht länger typischen Dritt-Sektor-Organisationen vorbehalten ist. Unternehmen, die dem wirtschaftlichen Sektor zuzuordnen sind, übernehmen zusehends diese Prämissen und gestalten so folglich auch den sozialen Dienstleistungsmarkt mit. Diese Entwicklungen durchdringen ebenso die Diskurse zur Konzeption von Social Enterprises.

Social Enterprises

Der Begriff *Social Enterprises* hat wie der des Social Entrepreneurships eine US-amerikanische und eine europäische Prägung (vgl. Defourny & Nyssens 2012b, S. 72 ff.; Young & Lecy 2014, S. 1310 ff.). In der amerikanischen Tradition werden Social Enterprises im Zusammenhang mit dem Non-Profit-Approach konzeptualisiert. Diese auch als ‚earned income school' bezeichnete Blickrichtung, die im Wesentlichen von der ‚Social Enterprise Initiative' der Harvard Business School in den 1980er-Jahren getragen wurde, fasst Social Enterprises als ‚commercial non-profits', die aufgrund rückläufiger öffentlicher Förderungen und Spenden Einkommensstrategien entwickelten, um ihre soziale Mission zu erfüllen (vgl. Defourny & Nyssens 2008b, S. 204; vgl. Defourny & Nyssens 2012b, S. 73). Parallel entwickelte sich der später von der ökonomischen Social Entrepreneurshipforschung aufgegriffene Ansatz der ‚social innovation school'. Young (1986; zit. n. Defourny & Nyssens 2012b, S. 74) definiert Akteure des Non-Profit-Sektors als „change maker", denn sie entwickeln neue Dienstleistungen sowie Methoden und öffnen neue Märkte. Die Frage richtet sich in diesem Zugang weniger nach der Einkommensstrategie, sondern nach dem Innovationsgehalt.

Das europäische Verständnis von Social Enterprises knüpft an die Tradition der Social Economy respektive des Dritten Sektors an.[87] Ziel ist es somit die unternehmerischen Aktivitäten von Dritt-Sektor-Organisationen in unterschiedlichen nationalen sozioökonomischen Kontexten zu identifizieren und hervorzuheben. Die Einführung der Rechtsform der sozialen Genossenschaften in Italien 1991 gilt als Meilenstein für die Entwicklung neuer, sozialpolitisch geförderter, auf Selbstorganisation und Eigenerwirtschaftung ausgerichteter Organisationsformate in Europa, mit denen auf gesellschaftliche Bedarfe reagiert wurde. Sie sind insbesondere im Bereich der Arbeitsmarktintegration tätig, erfüllen aber auch andere soziale Dienstleistungen. Durch ihre rechtliche und sozialpolitische Hintergrundsicherung wird Elsen (2007, S. 53) zufolge mit diesen Organisationen ein wesentlicher Akzent einer ‚gestaltenden Sozialpolitik' in der Figuration nach Böhnisch und Schröer (2002, S. 184; siehe Kapitel 4.4.5) gesetzt. Dem Beispiel Italiens folgend wurden in vielen europäischen Ländern solche neuen ‚Not-for-private-profit'-Organisationen gegründet, wenn auch nicht überall legal verankert. In Belgien ist es beispielsweise die ‚company with a social purpose', in Großbritannien die ‚community interest company' und in Österreich sind es die arbeitsmarktintegrativen ‚Sozialökonomischen Betriebe', ‚Gemeinnützigen Beschäftigungsprojekte' und ‚Gemeinnützigen Beschäftigungsgesellschaften'.[88]

Seit den frühen 1990er-Jahren bemühen sich europäische WissenschaftlerInnen des EMES-Netzwerks, die unterschiedlichen in Europa vorfindbaren Entwicklungen zu konzeptualisieren. Aus zahlreichen empirischen und konzeptionellen Arbeiten ging folgende Definition hervor: „Social Enterprises are not-for-profit private organisations providing goods or services directly related to their explicit aim to benefit the community. They rely on a collective dynamics involving various types of stakeholders in their governing bodies, they place a high value on their autonomy and they bear economic risks linked to their activity" (Defourny & Nyssens 2008a, S. 5).

Die von Defourny (2001, S. 16ff.) erstmals publizierte Charakterisierung von Social Enterprises unterscheidet zwischen ökonomischen und sozialen Faktoren, wobei in einer weiteren Ausdifferenzierung durch Defourny und Nyssens (2012b, S. 77f.) partizipative Elemente in der Organisationstruktur und -kultur explizit hervorgehoben werden (siehe Tabelle 2).

87 Es handelt sich um dasselbe Organisationsspektrum, das im europäischen Diskurs zu Social Entrepreneurs angeführt wird, wobei ‚Social Enterprise' den Ursprungsterminus darstellt und diese erst später, mit dem Populärwerden des Social-Entrepreneur-Begriffes, auch als solche bezeichnet wurden. Die Trennung dieser beiden Begriffe wird zusehends schwieriger und sie werden auch vielfach synonym verwendet, auch wenn andere Traditionslinien dahinterstehen.

88 Auf diese Organisationsformate wird detailliert in Kapitel 6.1.3 eingegangen.

Tabelle 2: EMES-Social-Enterprise-Modell

ökonomische Faktoren	soziale Faktoren	partizipative Faktoren
kontinuierliche Produktion und Vermarktung von Waren und/oder Dienstleistungen	eine Initiative, die kollektiv von einer Gruppe engagierter Bürgerinnen und Bürger oder einer Dritt-Sektor-Organisation gegründet wurde	ein hoher Grad an Autonomie
Die Unternehmen tragen das unternehmerische Risiko selbst.	eine explizite gemeinnützige Zielorientierung	gleichberechtigte Entscheidungsfindung im Unternehmen
ein Mindestmaß an bezahlter Beschäftigung	keine Gewinnmaximierung, limitierte Profitverteilung mit Blick auf das soziale Ziel	Partizipation und Mitbestimmung im Unternehmen unter Einbeziehung unterschiedlicher Stakeholder

Quelle: eigene übersetzte Darstellung in Anlehnung an Defourny und Nyssens 2012b, S. 77

Dieses idealtypische Modell stellt einen konzeptiven Orientierungsrahmen für empirische Analysen bereit, der auch für die gegenständlichen Forschungsarbeiten als Charakterisierungsbasis von ECO-WISE herangezogen wird (siehe Kapitel 6.1.2). In zahlreichen Studien konnten damit länderspezifische Gemeinsamkeiten, aber auch Besonderheiten in den europäischen Social-Enterprise-Landschaften sichtbar gemacht werden.[89] Für die Qualität dieser Typologie zeugt ihre Implementation als offizielle Social-Enterprise-Definition der Europäischen Kommission (vgl. ICF Consulting Service 2014, S. 2).

In den letzten Jahren entfachten sich allerdings Debatten um die Haltbarkeit dieses Modells vor allem dann, wenn über die europäischen Grenzen und Traditionen hinausgeblickt wird. Auch der zunehmende Einfluss von For-Profit-Unternehmen mit einer sozialen Zielsetzung und von hybriden Organisationsstrukturen mit der Beteiligung öffentlicher oder wirtschaftlicher Akteure trägt zur Entwicklung weiter gefasster Verständnisse von Social Enterprises bei, die erneut zu einer Unübersichtlichkeit führen. Peattie und Morley (2008, S. 95) sprechen in Hinblick auf die so entstandenen Diskussionen von einem definitorischen Minenfeld. Young und Lecy (2014, S. 1309) greifen die Metapher eines Obstkorbes auf: „Researchers know they cannot compare apples with oranges but they are unsure which fruits belong in their baskets and which do not." Um die Auswahl zu erleichtern, legen sie das „Social Enterprise Zoo Modell" (ebd., S. 1320f.) vor, in dem die Breite sichtbar wird und konkurrierende Schulen zusammengeführt werden. Young und Lecy verstehen Social Enterprises als Or-

89 Eine breite Auswahl ist direkt über die Website des Netzwerkes zugänglich: http://www.emes.net/what-we-do/publications/.

ganismen, die in sechs Gattungen aufgeteilt in einem Zoo leben.[90] 1.) ‚For-profit business corporations', die sich durch CSR-Programme auszeichnen, 2.) ‚Social businesses', die Profitorientierung mit einer sozialen Mission verbinden, 3.) ‚Social cooperatives', die Social Enterprises in der europäischen Tradition darstellen, 4.) ‚Commercial non-profits', die die US-amerikanischen Social Enterprises repräsentieren, 5.) ‚Public-private partnerships', die eine Verschränkungen von Social Enterprises mit dem öffentlichen Sektor darstellen, und 6.) ‚Hybrids', die in organisatorischer Verschränkung mit dem Wirtschaftssektor agieren. Der Zoo selbst ist auf der einen Seite abgegrenzt von der Welt der ‚sozialen Mission', die mit den öffentlichen und dem Non-Profit-Sektor assoziiert wird. Auf der anderen Seite verläuft die Grenze zum wirtschaftlichen Sektor, der keine sozialen Unternehmen beherbergt. Als Zoowärter fungieren die Unternehmen selbst, sie sind verantwortlich für ihre jeweilige Platzierung und ihre Interaktionen. Die Metapher des Obstkorbes wiederaufnehmend, kann entlang dieser Zusammenschau die Frucht ausgewählt werden, die es vertieft zu erforschen gilt (vgl. ebd., S. 1322).

An einer Aufschichtung der existierenden Vielfalt arbeitet im Zeitraum 2013 bis 2016 auch ein global ausgerichtetes Forschungsprojekt, genannt ‚International Comparative Social Enterprise Models' (ICSEM). An diesem waren 220 WissenschafterInnen aus 50 Ländern beteiligt, mit dem Ziel, unterschiedliche Social-Enterprise-Modelle zu identifizieren sowie deren nationale Institutionalisierungsprozesse zu eruieren und zu vergleichen.[91] Im Rahmen dieses Projektes wurde auch nach Traditionslinien und Konzeptionen von Social Enterprises in Österreich gefragt (vgl. Anastasiadis & Lang 2016). Auf Basis einer explorativen Literaturrecherche wurden dafür die österreichischen Diskurslandschaften durchleuchtet, woraus sich zum einen Tendenzen in der Verwendung unterschiedlicher Terminologien herauslesen lassen, zum anderen konnte daraus eine Typologie verschiedener österreichischer Dritt-Sektor-Modelle entwickelt werden, worin sich schließlich Soziale Organisationen konkret verorten lassen.

5.2.2 Nationale Diskurslandschaften

Ähnlich wie in den internationalen Diskursen ist auch in Österreich eine Begriffsvielfalt mit tendenziell synonymer Verwendung und oftmals unscharfer konzeptioneller Rückbindung zu verzeichnen. Des Weiteren beziehen sich die

---

90 Die englischen Termini wurden beibehalten, da eine Übersetzung Gefahr läuft, den Charakter zu verlieren.

91 http://www.iap-socent.be/icsem-project

existierenden empirischen und theoretisch-konzeptionellen Arbeiten zumeist auf Fragmente des Organisationsspektrums. Dadurch werden einerseits die Heterogenität des Gegenstandsfeldes sowie die unterschiedlichen Zugänge transparent, andererseits erschwert diese Fragmentierung die Generierung umfassender und vergleichbarer Daten, was die nationale und internationale Wahrnehmung der gesamten österreichischen Dritt-Sektor-Landschaft beeinträchtigt. Die hier aus einer Systematisierung der unterschiedlichen Terminologien und Konzepte entwickelte Typologie soll zu einer breiten Erfassung inspirieren, in der auch Differenzierungen vorgenommen werden können.[92] Für die Herleitung dieser Analyseschablone gilt es zunächst, zentrale sektorale und organisationale Adaptionen der internationalen Begrifflichkeiten zu bestimmen.

Dritter Sektor, Sozialwirtschaft und Non-Profit-Sektor

Die Terminologien *Social Economy* (Sozialwirtschaft) und *Third Sector* (Dritter Sektor) finden im Gegensatz zum ebenso anglophonen *Non-Profit-Sektor* in Österreich eher geringe Verwendung (vgl. CIRIEC 2007, S. 19). Erstere werden als akademische Konzepte (vgl. Leeb 2003, S. 2) oder terminologische Kunstprodukte (Melinz 2004, S. 33) wahrgenommen, die im Wesentlichen durch Programme der Europäischen Union, wie beispielsweise EQUAL I und II, in Österreich implementiert und von WissenschafterInnen zur Rekonstruktion dieses sich seit dem 19. Jahrhundert entwickelten Organisationssegmentes adaptiert wurden.[93] Der Begriff ‚Dritter Sektor' wird dabei in Analogie zur internationalen, breit angelegten Konzeption diskutiert, wobei insbesondere auf die Erweiterung des Non-Profit-Konzeptes Wert gelegt wird, indem auch gewinnerwirtschaftende Organisationen, wie beispielsweise gemeinnützige Genossenschaften, mitbetrachtet werden (vgl. Anastasiadis et al. 2003, S. 20; Dimmel, Riesenfelder & Simsa 2004, S. 7 ff.; Auer, Reiter & Wetzel 2005, S. 5).

Der Begriff ‚Sozialwirtschaft' wird in Österreich hingegen gänzlich anders als in der europäischen Social-Economy-Tradition diskutiert. Sozialwirtschaft begrenzt sich auf professionell erbrachte soziale Dienstleistungen im Dritten Sektor, womit eine handlungsfeldspezifische Fokussierung vorgenommen wird (vgl. Dimmel & Schmid 2013, S. 78). Eine andere Definition weitet die sektoralen Grenzen der Sozialwirtschaft aus, indem der Begriff mit sozialen Dienstleistungen synonym gesetzt wird, die sowohl von Trägern der freien Wohlfahrtspflege als auch von öffentlich-rechtlichen und gewerblichen AnbieterInnen geleistet werden können (vgl. Dimmel, Riesenfelder & Simsa 2004, S. 7 ff.; Gruber

92 Die folgende Zusammenschau der nationalen Diskurse sowie die Organisationstypologie stellt eine Weiterentwicklung der Arbeit von Anastasiadis & Lang (2016) dar.

93 Im Rahmen von EQUAL I beschäftigten sich beispielsweise 16 Entwicklungspartnerschaften mit dem Dritten Sektor, der Sozialwirtschaft und dem NPO-Sektor (vgl. Leeb 2003, S. 15).

2014, S. 3). Damit wird, wie auch von Wendt (2016, S. 16) vorgeschlagen, eine handlungsfeldspezifische Eingrenzung vorgenommen, mit gleichzeitiger Aufhebung der sektoralen Begrenzung.

Der Non-Profit-Begriff ist in Österreich der am weitesten verbreitete. Die Adaption dieser Terminologie erfolgte im Rahmen der österreichischen Beteiligung am internationalen Johns-Hopkins-NPO-Forschungsprojekt. In den Forschungsarbeiten werden seit den 1990er-Jahren mittels quantitativer Erhebungen die Strukturen von nationalen NPOs abgebildet, um ein Verständnis und ein (Selbst-)Bewusstsein für diesen Sektor zu entwickeln (vgl. Badelt 2002b, S. 63). Die Daten werden zwar vor der Matrix der internationalen Definition von Non-Profit-Organisationen aggregiert (vgl. Badelt 2002a, S. 8f.; Simsa, Schober & Schober 2004, S. 17), in der Forschungspraxis wird jedoch das Kriterium ‚non-profit-distribution' tendenziell erweitert. Die Gewinnerwirtschaftung und ihre limitierte Ausschüttung bzw. ihre Verwendung für gemeinnützige Zwecke werden als mit dem Non-Profit-Approach kompatibel interpretiert (vgl. Badelt 2002a, S. 8f.; Gschöpf 2010, S. 7; Bono 2010, S. 35; Meyer & Simsa 2013a, S. 8). Dementsprechend wird in den Publikationen der Begriff ‚Non-Profit-Sektor' häufig mit dem Dritten Sektor synonym gesetzt. Infolgedessen wird in den Studien auch ein breites Organisationsspektrum abgebildet, das neben den zumeist als Vereine organisierten klassischen NPOs auch Stiftungen, gemeinnützige Genossenschaften und Gesellschaftsformen umfasst, die insgesamt in einer Vielzahl von Branchen agieren (vgl. Neumayr, Schneider, Meyer & Haider 2007, S. 13f.; Pennerstorfer, Schneider & Badelt 2013, S. 62ff.). Bono (2010, S. 36) teilt diese ein in: 1.) wirtschaftliche NPOs, wie Wirtschafts- und Berufsverbände, Genossenschaften und Konsumentenschutzorganisationen, deren vorrangige Aufgaben in der Vertretung und der Förderung der wirtschaftlichen Interessen ihrer Mitglieder liegen; 2.) soziokulturelle NPOs, wie Sport-, Freizeit- und Kulturvereine, die sich für die Förderung kultureller und gesellschaftlicher Aktivitäten engagieren; 3.) politische NPOs, wie Parteien, Menschenrechts- und Umweltschutzorganisationen, die gesellschaftspolitisches Lobbying betreiben und auch unter der Terminologie ‚Nichtregierungsorganisationen' (NGOs) gesammelt werden (vgl. Simsa, Schober & Schober 2004, S. 43), und 4.) soziale NPOs, wie freie Wohlfahrtsträger oder Entwicklungshilfeeinrichtungen, die sich um die Anliegen benachteiligter Personengruppen kümmern. In dieser breiten NPO-Fassung sind also sowohl wirtschaftlich agierende als auch klassische nichtwirtschaftlich ausgerichtete Dritt-Sektor-Organisationen inkludiert. Die konzeptionelle Trennlinie zwischen dem europäischen Social-Economy-Approach und dem amerikanischen Non-Profit-Approach wird damit weitestgehend aufgehoben.

Ohne detailliert auf die Merkmale einzelner Rechtsformen und Tätigkeitsbereiche einzugehen, wird basierend auf der Zusammenschau von Pennerstorfer, Schneider und Badelt (2013, S. 62ff.) versucht, eine Ahnung von der Größe und Breite dieses weit gefassten NPO-Sektors in Österreich zu vermitteln. Da für Österreich kein sektorenspezifischer Datensatz existiert, bezieht sich die Erfassung auf heterogene Datenquellen, die auf je unterschiedliche Segmente fokussieren und mit unterschiedlichen Methoden generiert wurden.[94] Somit kann damit lediglich ein ungefähres Bild wiedergegeben werden.

So waren beispielsweise mit Stichtag 31.12.2010 in Österreich 116556 Vereine aktiv, wobei sich die Zahl in den letzten 50 Jahren verdreifacht hat (vgl. Pennerstorfer et al. 2013, S. 62). Das Vereinsregister ist ein Spiegel der österreichischen Alltagskultur (vgl. Pennerstorfer, Schneider & Badelt 2013, S. 59) und zugleich das wohl „schillernste Branchenverzeichnis Österreichs" (Anastasiadis 2006, S. 76). Hierin manifestiert sich das soziale Engagement respektive das ‚soziale Kapital'. Es handelt sich um eine Rechtsform, die eine niederschwellige Möglichkeit darstellt, soziales Engagement rechtlich fassbar zu machen und formal zu organisieren. Diese Vereine sind in nahezu allen Branchen gemäß der ICNPO-Klassifizierung vertreten: Gesundheit und Katastrophenschutz, Soziales, Bildung und Forschung, Umwelt, Religion, Interessenvertretungen und Berufsverbände, internationale Aktivitäten, Freizeit, Kultur und Sport (vgl. Badelt 2002b, S. 74; Mathis, Heckl & Senarclens de Grancy 2014, S. 27). Von den im Jahr 2008 existierenden 3126 Privatstiftungen weisen lediglich 245 einen Gemeinnützigkeitsstatus auf, was 7,8 % entspricht. Diese sind vorrangig in den Bereich Bildung, Soziales und Kultur aktiv (vgl. Schneider, Millner & Meyer 2010, S. 22). Mit Blick auf gemeinnützige Gesellschaftsformen konnten über eine Firmenbuchabfrage lediglich 514 Unternehmen identifiziert werden, wobei damit laut Einschätzung der AutorInnen nur ein geringer Anteil gemeinnütziger Unternehmungen erfasst werden konnte, da die Abfrage nur jene ausweist, die auch in ihrem Titel den Status ‚gemeinnützig' verankert haben. Davon sind 95 Genossenschaften und zehn Aktiengesellschaften, wobei beide Formen ausschließlich im Wohnbau tätig sind, mit dem Ziel, leistbares Wohnen sicherzustellen. Die 352 GmbHs hingegen sind in den Branchen Kultur, Gesundheit, Bildung, Soziales und Forschung aktiv (vgl. Pennerstorfer et al. 2013, S. 63). Hinsichtlich der Einnahmenstruktur liegen hochgerechnete Daten aus dem Jahr 2005 für diesen Sektor vor. Sie setzt sich zusammen aus Umsatzerlösen (33 %), öffentlichen Subventionen (16 %), leistungsbezogenen Zahlungen aus der öffentlichen Hand (36 %), Lohnkostenzuschüssen (0,7 %), Mitgliedsbeiträgen (3 %), Spenden (8,5 %) und Sponsoring (3 %) (vgl. ebd., S. 68). Der im Zusammenhang mit sozialen Dienstleistungen bereits erwähnte Finanzierungsmix (siehe Kapitel 5.1.1) stellt demnach ein zentrales Charakteristikum des gesamten Sektors dar.

---

94 Ergänzend ist ein am Institut für Sozialpolitik der Wirtschaftsuniversität Wien verankertes Forschungsvorhaben zu erwähnen, in dem seit 2006 in Kooperation mit der Statistik Austria eine Trenderhebung von NPOs in Österreich durchgeführt wird (siehe Schneider & Haider 2009; Pennerstorfer, Schneider & Reitzinger 2015).

Social Enterprises und Social Entrepreneurs

Mit Blick auf den explizit wirtschaftlich handelnden Teil im Dritten Sektor werden seit der Jahrtausendwende die Begriffe *Social Enterprises* und *Social Entrepreneuers* sukzessive in die österreichischen Diskurse implementiert, nicht zuletzt, um die nationalen Entwicklungen dieser Organisationen an internationale Diskurse anzubinden. Im nationalen öffentlichen, wissenschaftlichen und professionellen Diskurs hingegen finden sie kaum Verwendung (vgl. Mathis et al. 2014, S. i). Häufiger wird mit deutschsprachigen Benennungen wie ‚Sozialintegrationsunternehmen', ‚soziale Unternehmen', ‚soziales Unternehmertum', ‚Genossenschaftswesen' oder ‚gemeinnützige Organisationen' die ihnen inhärente Verbindung von sozialem mit wirtschaftlichem Handeln betont. Die Entwicklung dieser Unternehmungen und eines Bewusstseins für diese wird spätestens seit 2010 mit öffentlicher, privater und medialer Unterstützung verstärkt vorangetrieben (vgl. Lehner 2011, S. 59; Schneider & Maier 2013, S. 12 ff.; Mathis et al. 2014, S. 8 ff.). Zu erwähnen sind Beratungs- und Qualifizierungsinitiativen wie das ‚Kompetenzzentrum für Nonprofit Organisationen und Social Entrepreneurship' der Wirtschaftsuniversität Wien[95], der Studiengang Sozialwirtschaft und Soziale Arbeit der FH Campus Wien[96] oder die Workshops der Pioneers of Change[97]. Herauszuheben sind des Weiteren Aktivitäten und Events wie der Social Impact Award[98], der Social Business Day[99], die Sozial Marie[100], der 2014 zuletzt vergebene Essl Sozialpreis[101], die Ideen gegen Armut[102], der Trigos-Preis[103] und der Sustainable Social Entrepreneurship Award[104]. Zudem sind diverse Netzwerke und Dachverbände als relevante Unterstützungsstrukturen zu nennen, wie beispielsweise der 2016 in ‚arbeit plus' umbenannte Bundesdachverband für Soziale Unternehmen[105], Sozialwirtschaft Österreich[106], Social City Wien[107], Emersense[108], Impact HUB Vienna[109], Ashoka[110] und Architects of the

95 http://www.wu.ac.at/npo/competence/ [21.7.2016].
96 https://www.fh-campuswien.ac.at/studium/studien und weiterbildungsangebot/detail/sozialwirtschaft-und-soziale-arbeit.html [21.7.2016].
97 http://pioneersofchange.at/ [21.7.2016].
98 http://socialimpactaward.at/about/ [21.7.2016].
99 http://www.socialbusinessday.org [21.7.2016].
100 http://www.sozialmarie.org/?language=de [21.7.2016].
101 http://www.esslsozialpreis.at/ [21.7.2016].
102 http://www.ideen-gegen-armut.at/content/home/index.aspx [21.7.2016].
103 http://www.trigos.at/ [21.7.2016].
104 http://www.se-award.org/ [21.7.2016]
105 http://arbeitplus.at/ [21.7.2016].
106 http://www.bags-kv.at/1001,,,2.html [21.7.2016].
107 http://www.socialcity.at/ [21.7.2016].
108 http://emersense.org/ [21.7.2016].
109 http://vienna.impacthub.net/ [21.7.2016].
110 http://ashoka-cee.org/austria/ [21.7.2016].

future[111]. Hervorzuheben sind des Weiteren private Investoren wie die Erste-Bank-Stiftung[112], die Essl-Stiftung[113], Bonventure[114], Toniic[115], die Crowdfundig-Plattformen Conda[116] und respekt.net[117].

Publikationen, die explizit die Termini ‚Social Enterprises' und ‚Social Entrepreneurs' ausweisen, sind weniger umfassend als NPO- bzw. Dritt-Sektor-Studien und sie beziehen sich zumeist auf spezifische Segmente (exemplarisch Leichsenring 2001; Gruber 2006; BDV 2008; Lehner 2011; Schneider & Maier 2013; Millner, Vandoor & Schneider 2013; Anastasiadis 2013a und b; Mathis et al. 2014). In diesen Arbeiten bestätigt sich tendenziell die international beobachtbare Synonymsetzung der Bezeichnungen, womit die konzeptionelle sektorale Grenzziehung aufgeweicht wird. Insgesamt heben sie das wirtschaftliche Handeln und den sozialen Wert dieser Organisationen gleichsam heraus, wobei das Soziale über die Einschränkung von sozialen Dienstleistungen hinausgedacht wird und gesellschaftliche Benefits insgesamt darunter zu verstehen sind. Sie betonen den Innovationsgehalt, die Risikofreude und ihre mitunter weitgehende Unabhängigkeit von öffentlichen Trägern und größeren Non-Profit-Organisationen. In diesen Studien werden hybride Organisationen beschrieben, die sich zwischen dem zivilgesellschaftlichen und dem For-Profit-Bereich bewegen und die mitunter Beziehungen zum öffentlichen Sektor pflegen.

Millner und Vandor (2014, S. 287 ff.) differenzieren dahingehend zwischen 1.) ‚Social Start-ups' – sich in Gründung befindende Unternehmen mit einer sozialen Mission, 2.) ‚Social Enterprises' – Organisationen mit marktbasierten Geschäftsmodellen, wozu neue und bestehende NPOs, aber auch gewinnorientierte Betriebe zählen und 3.) ‚Social Innovators' – etablierte Sozialorganisationen mit nachweisbarer Innovationswirkung und Wachstumspotenzialen. In einer neueren Fassung werden von der Forschungsgruppe Social Entrepreneurs und Social Enterprises als ‚Social Business' zusammengefasst, wobei zwischen bereits etablierten Unternehmen und Start-ups unterschieden wird (vgl. Vandor, Millner, Moder, Schneider & Meyer 2015, S. 10 f.). Auch wenn Social Enterprises und Social Entrepreneurs von einigen WissenschafterInnen in den NPO-Bereich hineingedacht werden respektive dieser durch ihre Mitwahrnehmung ausgeweitet wird (vgl. Millner, Vandor & Schneider 2013, S. 431 ff.), wird in den genannten Studien die Besonderheit dieser wirtschaftlich handelnden Organisationen herausgehoben, womit indirekt wieder eine Trennlinie zu klas-

111 http://www.waldzell.org/architects-of-the-future/ [21. 7. 2016].

112 https://www.sparkasse.at/erstebank/Stiftungen/Erste-Stiftung [21. 7. 2016].

113 https://at.zeroproject.org/uber-die-essl-stiftung/ [21. 7. 2016].

114 http://www.bonventure.de/home.html [21. 7. 2016].

115 http://www.toniic.com/ [21. 7. 2016].

116 https://www.conda.eu/crowdinvesting/oesterreich/ [21. 7. 2016].

117 http://www.respekt.net/ [21. 7. 2016].

sischen, nicht primär gewinnerwirtschaftenden Non-Profit-Organisationen gezogen wird. Doch auch innerhalb dieses wirtschaftlich agierenden Segmentes werden Unterschiede erkennbar. Anknüpfend an die Differenzierung von Balgar (2011, S. 91; siehe Kapitel 5.2.1) lassen sich in Österreich ebenso zwei Organisations- bzw. Diskurstypen differenzieren, die auch aus zwei unterschiedlichen wissenschaftlichen Perspektiven beleuchtet werden.

Zum einen wird vorrangig aus der Sozial- und Politikwissenschaft im Rahmen von sozialökonomischen Forschungen auf aus kollektivem sozialem Engagement hervorgegangene Dritt-Sektor-Organisationen fokussiert, die im Modus der europäischen Social-Economy-Tradition zusätzlich zu öffentlichen Förderungen, privaten Spenden, Investitionen und Mitgliedsbeiträgen eine Eigenerwirtschaftungsquote aufweisen und mit diesem Finanzierungsmix ihre Dienstleistungserbringungen sicherstellen. Diese sind zumeist als Vereine und gemeinnützige GmbHs organisiert (vgl. Lehner 2011, S. 66; Anastasiadis 2013b, S. 79). Dazu zählen beispielsweise arbeitsmarktintegrative soziale Unternehmen, die im internationalen Sprachgebrauch als ‚work integration social enterprises' (WISE) bezeichnet werden.[118] Sie stellen seit den 1980er-Jahren eine bedeutende Säule der österreichischen aktiven Arbeitsmarktpolitik dar und sie haben sich unisono mit Initiativen in anderen europäischen Ländern etabliert, die folglich von den WissenschafterInnen des EMES-Netzwerkes als Social Enterprises definiert wurden (siehe Kapitel 5.2.1). Neben diesen idealtypischen Social Enterprises werden in dieser Diskurskategorie auch jüngere Organisationen, die sich an der solidarischen Ökonomie orientieren und gemeinwesenbezogene, alternative sozialwirtschaftliche Akzente setzen, besprochen (vgl. Kratzwald 2013, S. 15 ff.). Sie agieren zumeist in Nischen, schaffen dabei Wohnraum, Produkte und Arbeitsplätze in gemeinschaftlich orientierten demokratischen Settings. Sie fusionieren sich in offenen Werkstätten, pflegen die Fahrradkultur und tauschen Gegenstände und Leistungen (vgl. Armutskonferenz 2013, S. 118; S. 258; S. 260). Des Weiteren sind aus dem klassischen NPO-Spektrum heraustretende Organisationen in dieses Diskurssegment hineinzudenken. Es handelt sich dabei um weitgehend über öffentliche Zuwendungen finanzierte Initiativen, die im Zuge wohlfahrtsstaatlicher Rückzugs- und Umstrukturierungstendenzen seit den 1990er-Jahren zunehmend marktwirtschaftsähnliche Ansätze implementierten und Geschäftsfelder entwickelten, um über eine Eigenerwirtschaftung eine größere Unabhängigkeit von öffentlichen Geldern zu erlangen (vgl. Neumeyer, Schneider, Meyer & Haider 2007, S. 17). Diese Entwicklungen können tendenziell auch für die Ausweitung des Kriteriums ‚non profit distribution' in der österreichischen Variante des NPO-Approach gelesen werden. Prototypisch

118 Die ökologisch ausgerichteten Organisationen dieses Segmentes bilden den Ausschnitt der empirischen Arbeiten. Ihre Merkmale werden in Kapitel 6.1.2 konkretisiert.

dafür sind Organisationen in den Bereichen Bildung und Forschung sowie Soziales und Gesundheit (vgl. Mathis et al. 2014, S. 1). Laut Leichsenring (2001, S. 40) bieten sich gerade Bildungs- und Betreuungsaktivitäten für das Agieren am Markt an. Insgesamt können die Organisationen dieses kollektiven Social-Enterprise-Typs als sozial engagiert, ökonomisch motiviert und partizipativ strukturiert bezeichnet werden (vgl. Anastasiadis 2013b, S. 73 ff.).

Der zweite Typ wird vorrangig von den Wirtschaftswissenschaften und der Managementforschung reflektiert. Dieser bezieht die größtenteils auf individueller unternehmerischer Basis entstandenen Initiativen ein, die zumeist projektorientiert einen sozialen Zweck verfolgen (vgl. Schneider & Maier 2013, S. 30). Diese können umgekehrt als ökonomisch engagiert, sozial motiviert und flexibel strukturiert charakterisiert werden. Es handelt sich vorwiegend um relativ junge, kleine Unternehmen mit einer über die klassischen CSR-Aktivitäten hinausreichenden sozialen Mission. In einer österreichischen Studie wurden 273 solcher Akteure identifiziert (vgl. Schneider & Maier 2013, S. 4). Sie engagieren sich vorwiegend in Bereichen der Bildung, regionaler bzw. lokaler Entwicklung, Arbeitsmarktintegration, Entwicklungshilfe- und Umweltschutzprojekten (vgl. ebd., S. 21). Sie verkaufen dabei Produkte und Dienstleistungen, vernetzen Personengruppen und beraten diese. Sie finanzieren sich zum Großteil über Spenden und Gelder von Stiftungen sowie über Markterlöse und zu einem geringen Teil aus öffentlichen Mitteln (vgl. ebd., S. 21). Das Kriterium ‚limited-profit-distribution' wird in den Unternehmen kontrovers diskutiert (vgl. ebd., S. 16). Mit Blick auf die Rechtsform sind sie zumeist als Verein und als GmbH organisiert. Es finden sich darunter aber auch Einzel- und Personenunternehmen. Einige gaben an, noch keine Rechtsform zu haben, womit sie sich als sich neu formierende Unternehmen noch im informellen Bereich bewegen (vgl. ebd., S. 18).

In einer Zusammenschau unterscheidet sich der zweite Typ vom ersten vorrangig in der wirtschaftlichen Ausrichtung, die mehrheitlich auf Eigenkapital, privaten Investitionen und Erlösen von Marktaktivitäten beruht. Zudem sind Unterschiede bezüglich der Rechtsform auszumachen. Wenn auch Vereine und GmbHs dominieren, finden wir hierin für den Dritten Sektor untypische Einzel- und Personenunternehmen. Damit weisen sie in ihrem Selbstverständnis einen deutlich unternehmerischen Charakter auf. Den EMES-Social-Enterprise-Kriterien entsprechen die Organisationen des zweiten Typs lediglich tendenziell. Wenn also wirtschaftlich agierende Organisationen des Dritten Sektors über die sektoralen Grenzen hinausgedacht werden, dann müsste das idealtypische Social-Enterprise-Modell dementsprechend adaptiert werden. Darauf verweisen auch Mathis et al. (2014, S. 35).

Eine andere Variante ist, eine begriffliche Differenzierung einzuführen, mit der zwischen den traditionellen, zumeist kollektiv gegründeten Social Enterprises, die innerhalb des Dritten Sektors positioniert sind, und den neueren, eher projektspezifisch und individualistisch agierenden Social Entrepreneurs, die innerhalb und außerhalb des Sektors agieren, unterschieden wird. In der im Folgenden vorgeschlagenen Typologie wird dieser Weg gewählt. Diese Differenzierung ist nicht als Grenzziehungstaktik zu interpretieren, sondern sie erscheint aufgrund des unterschiedlichen unternehmerischen bzw. organisationalen Habitus als notwendig, zumal beide Typen auf Basis ihrer Erfahrungen und Handlungen tendenziell andere Geschäftsstile, Werthaltungen, Prägungen und Erwartungen aufweisen. Dieses divergente Selbstverständnis wird auch von Schneider und Maier (2013, S. 5) herausgestellt. Unterschiede werden neben der Finanzierung vor allem in Hinblick auf das kollektive Gründungsmotiv und hinsichtlich vorhandener partizipativer sowie demokratischer Elemente in der Organisationskultur identifiziert. So beschreibt Priddat (2011, S. 106) mit Blick auf den deutschen Kontext Social Entrepreneurs beispielsweise als „soziale Hayek-Akteure", die Wissen und Erfahrungen aus dem kommerziellen Bereich in den Dritten Sektor einführen und so den Wettbewerb insbesondere im Sozialbereich forcieren. Sie bedienen sich moderner Formen der Interaktion und medialer Kommunikation, setzen auf ergebnisorientierte Handlungen und verstehen sich als Investoren in das Soziale. Durch diese Attitüden ist eine Nähe zu Wirtschaftsunternehmen gegeben, die dadurch leichter als Kooperationspartner oder Investoren gewonnen werden können. An die Stelle von Solidarität, Gemeinschaftssinn und Vereinskultur treten unternehmerische SozialaktivistInnen, die auf Erfolg und weniger auf Gesinnung setzen (vgl. ebd., S. 109). Es bilden sich auf diese Weise kleine Verantwortungseliten heraus, die an die Tradition bürgerlicher ‚Charity' erinnern (vgl. ebd., S. 108).

Der kollektive Social-Enterprise-Typ hingegen ist stärker an soziale Bewegungen und das zivilgesellschaftliche Engagement rückgebunden. Zum einen entstehen Social Enterprises vielfach aus solchen Engagementarrangements partizipativ, wie es Elsen (2007, S. 45) in der Tradition der Gemeinwesenökonomie herausstreicht. Zum anderen unterstützen sie nichtformalisierte Initiativen in ihren Handlungen und kooperieren mit ihnen (vgl. Simsa 2014, S. 189). Insgesamt suchen sie nach sozialen Antworten für soziale Fragen und nicht primär nach unternehmerischen Lösungen (vgl. Priddat 2011, S. 115).

Heinze, Schneiders und Grohs (2011, S. 93) identifizieren insbesondere in den Produktionsbedingungen und in der Produktausrichtung Unterschiede. Während Social Entrepreneuers als unternehmerische Akteure mit einer sozialen Mission definiert werden und unter marktlichen Produktionsbedingungen soziale Ziele verfolgen, sind Social Enterprises soziale Akteure mit ökonomischen Bestrebungen, die unter sozialen Produktionsbedingungen unternehmerische Handlungen setzen. Beide verbinden soziale Ziele mit unternehmerischem Engagement, allerdings unter differenten Vorzeichen. Beide sind den AutorInnen zufolge von Non-Profit-Organisationen und von kommerziellen Unternehmen abzugrenzen, die entweder unter sozialen Bedingungen ausschließlich soziale Ziele im Blick haben oder unter unternehmerischen Bedingungen alleinig marktliche Zwecke verfolgen.

Mit dieser Unterscheidung werden die differenten Kulturen und Orientierungen im und im Grenzgebiet des Dritten Sektors unterlegt. Eine solche erweist sich auch für Brinkmann (2014, S. 14) vor allem mit Blick auf die soziale Dienstleistungserbringung als notwendig. Im unreflektierten Vordringen von ‚Social-Business'-Modellen in dieses Handlungssegment ortet er die Gefahr einer „marktradikalen Ausweitung" (ebd.) mit folgender Entpolitisierung der sozialen Versorgung. Wendt (2014, S. 24) geht ebenso von Differenzen aus, betont allerdings ein produktives und innovatives Nebeneinander. Der öffentlich-rechtliche Handlungskontext, in den soziale Dienstleistungen in der Regel eingebettet sind, kann „Ergänzung gut gebrauchen" (ebd.). Als unverzichtbar erscheint jedoch, die Kombination „einer mixed economy of welfare" (ebd.), in der sich öffentliche, gemeinnützige und For-Profit-Organisationen ergänzen.

Genossenschaften

Bisher weitestgehend unerwähnt geblieben ist das für die österreichische Traditionslinie relevante Genossenschaftswesen. Auch wenn Genossenschaften aktuell als Rechtsform betrachtet einen geringen Teil des Dritten Sektors abbilden und auch im unternehmerischen Segment keine nachweisliche Verankerung ausweisen, ist ihr Einfluss auf die Entwicklung alternativen Wirtschaftens erheblich. Wie noch zu zeigen sein wird (siehe Kapitel 5.3.2), weisen sie von allen Organisationen die längste Tradition in Österreich auf. Ihr Prinzip als freiwilliger Zusammenschluss zur wirtschaftlichen Selbsthilfe ist beispielgebend und steht erneut im Interesse alternativen sozialen Unternehmertums, wie es sich vor allem in der solidarischen Ökonomie realisiert. Ihre Doppelnatur von sozialem und wirtschaftlichem Handeln lässt sie als Möglichkeit für gemeinwohlorientierte Angebote zunehmend attraktiv erscheinen (vgl. Neumayr, Schneider, Meyer & Haider 2007, S. 3; Lang & Novy 2014, S. 1746).[119]

Die Gründe für die marginale Verortung und Wahrnehmung von Genossenschaften in den Diskurslandschaften des Dritten Sektors und des sozialen Unternehmertums in Österreich sind vielfältig. Zunächst werden sie vorwiegend als Rechtsform und weniger vor der Matrix ihres sozialwirtschaftlichen Prinzips, dem Genossenschaftsgedanken, diskutiert. Die meisten Organisationen, die die Rechtsform einer Genossenschaft besitzen, entsprechen zudem aufgrund der Gewinnausschüttung an ihre Mitglieder nicht dem ‚Limited-profit-distribution'-Kriterium (vgl. Pennerstorfer et al. 2013, S. 59), womit sie aus der

---

119 Die Revitalisierung des Genossenschaftsgedankens lässt sich auch an den Entwicklungen der österreichischen Bank für Gemeinwohl ablesen, die von einer Genossenschaft übernommen wurde (https://www.mitgruenden.at/projekt) [12.1.2018].

Dritt-Sektor-Forschung weitestgehend ausgeblendet bleiben (exemplarisch Mathis et al. 2014).

Auch wenn seit 2008 durch eine Revision des Genossenschaftsgesetzes eine Gewinnausschüttung an Außenstehende möglich ist und unabhängig vom Gemeinnützigkeitsstatus explizit ein soziales Ziel als Unternehmenszweck angegeben werden kann, halten sich die Neugründungen in Grenzen (vgl. Reiner & Rößl 2010, S. 15 f.). Zudem haben sich traditionsreiche Genossenschaften kommerzialisiert und von ihrem Ursprungsgedanken zu professionellen Unternehmen mit geringerer Einflussnahme ihrer Mitglieder wegentwickelt (vgl. Pennerstorfer et al. 2013, S. 59). Die etablierten, großen, professionell organisierten Genossenschaften sind im Bereich der Banken, Landwirtschaft und des Wohnbaus aktiv und bilden mittlerweile einen eigenen Sektor ab, der von der Genossenschaftsforschung als separater Diskursstrang beleuchtet wird (exemplarisch Matzinger 1979; Gubitzer 1989; Ludl 1999; Lang & Rößl 2011). In diesem lassen sich Wandlungsprozesse nachlesen und es lassen sich Nähen zu den Social-Enterprise-Diskursen nachweisen, wie Lang und Novy (2014) am Ausschnitt des gemeinnützigen Wohnbaus in Wien feststellen. Ihre Kernprinzipien der demokratischen Unternehmensführung mit kollektiven Eigentumsverhältnissen sowie ihre Kooperationen mit dem öffentlichen Sektor und regionalen Partnerschaften zur Erfüllung gesellschaftlicher Bedarfe im Sinne der sozialen Nachhaltigkeit sind dahingehend zu nennen. Somit bilden auch sie, wenn auch nicht auf den ersten Blick erkennbar, ein eigenes Dritt-Sektor-Modell ab.

5.2.3 Organisationstypologie

Aus der Betrachtung der nationalen Diskurslandschaften können unterschiedliche Organisationsmodelle des Dritten Sektors identifiziert werden (siehe Tabelle 3). Vorweg ist anzumerken, dass bei allen Differenzierungsbemühungen die Dynamik mitzudenken ist, der diese Organisationslandschaft unterliegt. Die damit verbundenen inner- und übersektoralen Überschneidungen und Übergänge sind in die Schablonisierung, die zwischen traditionellen und neueren Modellen unterscheidet, hineinzudenken.

Als *traditionelle Modelle* kristallisieren sich Genossenschaften und klassische Non-Profit-Organisationen heraus, deren Ursprünge bis ins 19. Jahrhundert zurückreichen, wie noch gezeigt wird (siehe Kapitel 5.3.2). Es handelt sich um kollektiv gegründete Organisationen, die auf gesellschaftliche Bedarfe reagierten und innovative alternative Angebote bereitstellen. Wie bereits erwähnt wurde, hat sich der Großteil der Genossenschaften zu professionellen kommerzialisierten Formen weiterentwickelt. Dennoch bestehen gemeinnützig agierende Unternehmungen, die in dieser Typologie eigens hervorgehoben werden. Hinsichtlich der Non-Profit-Organisationen ist zu differenzieren zwischen jenen, die ausschließlich soziale, am Gemeinwohl orientierte Zwecke verfolgen und zumeist eng an den öffentlichen und den informellen zivilgesellschaftlichen Sektor gebunden sind, und jenen, die mit der eintretenden Ökonomisierung zusätzlich zu ihrer sozialen Zielsetzung ökonomische Interessen an den Tag legen. Letztere werden als neuere Modelle unter die Terminologie ‚Social Enterprises' subsummiert.

Tabelle 3: Typologie von Dritt-Sektor-Modellen in Österreich

traditionelle Modelle		neuere Modelle	
Genossenschaften	**Non-Profit-Organisationen**	**Social Enterprises**	**Social Entrepreneurs**
Kollektiv gegründete, selbstverwaltete Unternehmen zur wirtschaftlichen Selbsthilfe, die sich auszeichnen durch kollektive Eigentumsverhältnisse, Mitgliederorientierung sowie eine partizipative und demokratische Kultur. Sie agieren vorwiegend im Bereich Finanz- und Kreditwesen, Landwirtschaft und Wohnbau.	Kollektiv gegründete, nicht gewinnorientierte Organisationen mit auf das Gemeinwohl ausgerichteten Zielen, die sie in unterschiedlichen Tätigkeitsbereichen realisieren (Soziales, Gesundheit, Kultur, Politik, Interessenvertretungen etc.)	Kollektiv gegründete, nicht gewinnmaximierende Organisationen mit gemeinwohlorientierten Zielen in unterschiedlichen Tätigkeitsfeldern. Sie weisen zusätzlich zu klassischen NPOs eine Eigenerwirtschaftung durch die Bereitstellung von Produkten und Dienstleistungen am Markt auf. Sie sind zumeist als Vereine und gGmbHs organisiert.	Junge Start-ups mit einer sozialen Mission, die gewinnmaximierend und nicht gewinnmaximierend in selektiven Branchen agieren und sich zum Großteil aus Markterlösen und aus privaten Investitionen finanzieren
Formen und Beispiele			
Auf Selbsthilfe und Gemeinschaft bezogene traditionelle Formen (z. B. sozialer Wohnbau) Professionelle kommerzialisierte Formen mit geringerem Mitgliedereinfluss und marktrationalen Zugängen	Größere und kleiner zumeist als Vereine organisierte Organisationen (z. B. Wohlfahrtsorganisationen, Kulturvereine, Interessenvertretungen), die über Spenden, Mitgliedsbeiträge und öffentliche Subventionen finanziert sind	Arbeitsmarktintegrationsbetriebe und andere gemeinwohlorientierte Organisationen mit einer Eigenerwirtschaftungsquote Formen der alternativen Ökonomie, die an die Prinzipien des Genossenschaftswesens anknüpfen	Zu Vereinen und GmbHs kommen Einzel- und Personenunternehmen, die gemeinwohlorientierte Projekte realisieren, wie z. B. eine Plattform für MusikerInnen in Entwicklungsländern, ein regionales Wirtschaftsnetz, Konfliktpräventionskurse an Schulen oder die Bereitstellung von Crowdfunding-Plattformen.
Verortung Sozialer Organisationen			
Wenn nicht gewinnmaximierend und in einem sozialen Tätigkeitsfeld engagiert	Wenn im sozialen Dienstleistungssegment aktiv	Wenn im sozialen Dienstleistungssegment aktiv	Wenn nicht gewinnmaximierend und in einem sozialen Tätigkeitsfeld engagiert

Quelle: eigene Darstellung

Zu den *neueren Modellen* zählen Social Enterprises und Social Entrepreneurs. Während, wie bereits ausführlich dargestellt, Social Enterprises im Wesentlichen mit den EMES-Kriterien korrespondieren, sind Letztere zumeist aus Eigeninitiativen, wenn auch vernetzt, entstanden und weisen ausgeprägtere unternehmerische Herangehensweisen auf. Gemeinnützige Stiftungen finden in dieser Typologie keine Berücksichtigung, zumal sie ein Phänomen von geringem Ausmaß darstellen.[120] Zum anderen setzen sie selbst keine sozialen Aktivitäten, sondern beschränken sich auf deren Förderung. Sie gelten als alternative Unterstützer und Finanziers, die zunehmend an Bedeutung gewinnen, wie aus der Finanzierungsstruktur der Social Entrepreneurs herauszulesen ist. Vor diesen Hintergründen sind gemeinnützige Formate zwar Teil des Dritten Sektors, bilden aber kein eigenes organisationales Dienstleistungs- und Aktivitätsmodell ab.[121]

Mit dieser Typologie wird eine Schablone vorgeschlagen, die aus der Analyse der österreichischen Diskurslandschaften entwickelt wurde. Da sich diese größtenteils an internationalen Modellen und Konzepten orientiert, handelt es sich bei dieser Aufschichtung um keine heuristisch aus der Praxis heraus entwickelte, sondern um eine theoretisch rekonstruierte Vermessung der Dritt-Sektor-Landschaft. Eine Rückbindung an die Praxis ist unabdingbar. Damit wird zu weiterführenden Forschungsarbeiten angeregt, deren Erkenntnisse zu praxissensiblen Modifikationen der vorgeschlagenen Typologie beitragen sollen.[122]

Mit Blick auf die Verortung von Sozialen Organisationen in dem der Studie zugrunde liegenden Verständnis, als soziale DienstleistungserbringerInnen in bzw. in der Nähe des Dritten Sektors, bildet sich eine Konzentration auf den nicht gewinnorientierten traditionellen Non-Profit-Bereich sowie auf die dem neueren Modell zugeordneten nicht gewinnmaximierenden Social Enterprises ab. Im Genossenschaftsmodell werden aufgrund ihrer tätigkeitsspezifischen

120 Neben den Bundes- und Landesstiftungen, die ausschließlich gemeinnützige und mildtätige Zwecke verfolgen, ist die Gründung von Privatstiftungen erst seit 1993 möglich (vgl. Pennerstorfer et al. 2013, S. 60), wobei gemeinnützig angelegte Stiftungen dabei mit 7,8 % einen geringen Stellenwert aufweisen (vgl. Schneider, Millner & Meyer 2010, S. 3).

121 Die hier entwickelte Typologie unterscheidet sich von der im Rahmen einer Studie der Europäischen Kommission erarbeiteten. In dieser werden Genossenschaften und integrative Betriebe, die einen Teil von Arbeitsmarktintegrationsbetrieben darstellen, nicht mitberücksichtigt. Beide werden von den AutorInnen als reine For-Profit-Unternehmen charakterisiert (vgl. Mathis et al. 2014, S. 25). Da integrative Betriebe durch die Bereitstellung von zahlreichen Arbeitsplätzen für benachteiligte Personengruppen einen wichtigen gesellschaftlichen Beitrag leisten, wie noch gezeigt wird (siehe Kapitel 6.1.2), ist die Argumentation für deren Ausschluss nicht nachvollziehbar. Hinsichtlich der Genossenschaften wird ein weiteres Beispiel für deren Nichtbeachtung als sozialwirtschaftlich handelnde Unternehmen geliefert.

122 Erste Unternehmungen dazu wurden von der Verfasserin im Rahmen des Projektes „Update of the Mapping of Social Enterprises and their Ecosystem in Europe“ getätigt (siehe European Commission 2019).

Einschränkung eher geringe Bezugspunkte vermutet. Initiativen der Gemeinwesenarbeit können sich dennoch hierin finden. Auch bei den Social Entrepreneurs wird von einer geringeren, aber tendenziell wachsenden Anzahl auszugehen sein. Insgesamt finden sich unter Sozialen Organisationen klassische Vereine und Verbände ebenso wie gemeinnützige Gesellschaftsformen mit Beteiligungsmöglichkeiten aus allen Sektoren. Wie aus diesen theoretischen Verortungs- und Bestimmungsbemühungen von Sozialen Organisationen erkennbar ist, handelt es sich um ein höchst vielschichtiges Feld, das eng mit den die Sozialen Organisationen umgebenden öffentlichen, wirtschaftlichen und zivilgesellschaftlichen Akteuren verbunden ist, wie es Defourny und Nyssens (2012b, S. 85) für Social Enterprises betonen: „[...] objectives and practices of organizations are partly shaped by the external environment, including the regulations under which they operate. [...] the relationship the latter have are not one-sided: social enterprises are not just residual actors filling the gaps of market and state. In fact social enterprises significantly influence their institutional environment, and they contribute to shaping institutions including public policies." Diese Beziehungsdynamik aufgreifend wird im Folgenden der Frage nachgegangen, wie sich die identifizierten Dritt-Sektor-Modelle insgesamt und Soziale Organisationen im Speziellen im Spannungsfeld zwischen Markt, Staat und Zivilgesellschaft in Österreich entwickelt haben.

5.3 Institutionalisierung

Die Wechselwirkungen zwischen Organisationen des Dritten Sektors und der Gesellschaft werden vor unterschiedlichen theoretischen Folien diskutiert. Bevor die Entwicklungslinien von Dritt-Sektor-Organisationen in Österreich nachgezeichnet werden, werden einschlägige konzeptionelle Zugänge umrahmt, zum einen, um die nachgezeichnete Entwicklung theoretisch zu stützen, zum anderen wurden aus den Theorien ableitbare zentrale Kategorisierungen als Erhebungsschablonen in die empirischen Arbeiten (Kapitel 7) integriert.

5.3.1 Theoretische Institutionalisierungskonzeptionen

Die Literatur bietet eine Fülle von Erklärungsmodellen für die komplexen Institutionalisierungsprozesse von Dritt-Sektor-Organisationen an. In der folgenden Zusammenschau wird der Fokus auf 1.) historische Erklärungstypologien, 2.) übersektorale Beziehungsmodelle und 3.) organisationstheoretische Zugänge gelegt.

5.3.1.1 Historische Erklärungstypologien

Der in der Tradition des Non-Profit-Approach entwickelte *Social-Origins-Approach* (vgl. Salamon & Anheier 1998; Salamon, Sokołowski & Anheier 2000; Salamon & Sokołowski 2010) zeichnet den Einfluss von nationalen sozialen, ökonomischen, kulturellen sowie politischen Institutionen und Mustern auf die Entwicklung von Dritt-Sektor-Organisationen nach. Ihre Größe, Zusammensetzung und Funktion wird historisch vor dem Hintergrund differenter Wohlfahrtsregime begründet (vgl. Esping-Andersen 2007, S. 1; siehe Kapitel 4.1), die sich ihrerseits aus dem Kräftemessen unterschiedlicher Klassen etablierten (vgl. Pennerstorfer & Badelt 2013, S. 113). Die Autoren konkludieren, dass „certain circumstances are […] more congenial to the blossoming of nonprofit institutions than others, and the shape and character of the resulting nonprofit sector is affected by the particular constellation of social forces that gives rise to it" (Salamon et al. 2000, S. 21).

In einer 22 Länder umschließenden Vergleichsstudie wurde die jeweilige Größe des Sektors, gemessen an den Beschäftigungszahlen, bestimmt. Anhand der Höhe der staatlichen Sozialausgaben sowie der existierenden staatlichen Steuerungsmodelle wurde eine differenzierte Einordnung in unterschiedliche Wohlfahrtsregime vorgenommen, woraus vier Typen von Dritt-Sektor-Modellen generiert wurden – das liberale, statische, korporatistische und sozialdemokratische. In einer weiterentwickelten Variante wird zwischen fünf Formen unterschieden: dem liberalen (liberal), dem wohlfahrtspartnerschaftlichen (welfare partnership), dem sozialdemokratischen (social democratic), dem verzögerter Demokratisierung (deffered democratization) und dem traditionellen (traditional) (Salamon & Sokolowski 2010, o. S.).

- Das *liberale Modell* findet sich naturgemäß in liberalen Wohlfahrtsstaaten wie beispielsweise den USA, Australien und Großbritannien. Dritt-Sektor-Organisationen werden in der Regel weniger durch staatliche Förderungen unterstützt und mehrheitlich durch private Beiträge in Form von Investitionen, Spenden und Freiwilligenarbeit getragen. Dementsprechend groß und vielfältig erweist sich hier das zivilgesellschaftliche Engagement. Dahingehend unterliegen sie auch in geringem Ausmaß der staatlichen Steuerung und Kontrolle, sondern werden tendenziell als Konkurrenten von staatlichen Angeboten wahrgenommen (vgl. Simsa, Schober & Schober 2004, S. 79).
- Das *wohlfahrtspartnerschaftliche Modell* zeichnet sich aus durch ein Vertrauen von staatlichen Wohlfahrtsinstitutionen in den Dritten Sektor, der im Wesentlichen die Funktion eines Dienstleistungserbringers erfüllt. Eine Aufgabenaufteilung zwischen den beiden Sektoren ist charakteristisch (vgl. Simsa, Schober & Schober 2004, S. 79). Die Finanzierung dieser Leistungen

wird zum Großteil von staatlicher Seite übernommen. Private Investitionen, Spenden und Freiwilligenarbeit sind demgegenüber von geringerer Relevanz. Vor diesen Hintergründen sind ihre Aktivitäten stärker staatlich gesteuert und kontrolliert als in liberalen Kontexten. Dieses Modell ist in konservativen Wohlfahrtsstaaten zu finden, beispielsweise in Belgien, Deutschland und Israel.

- Das *sozialdemokratische Modell* hingegen ist charakteristisch für sozialdemokratisch ausgerichtete Wohlfahrtsstaaten, wie Schweden und Norwegen, in denen sozialstaatliche Leistungen oft selbst von öffentlichen Trägern erbracht werden (vgl. Simsa, Schober & Schober 2004, S. 7). Der Dritte Sektor ist existent, allerdings durch die staatliche Vormachtstellung beschränkt. Organisationen fungieren hier vorwiegend als alternative und anwaltschaftliche LeistungsanbieterInnen. Freiwilliges Engagement und Mitgliedschaften sind hauptsächlich in den Bereichen Sport, Freizeit und Kultur zu finden. Die Autoren stufen auch Österreich in dieses Modell ein, wenn auch der wohlfahrtsstaatliche Kontext ein konservativ-korporatistischer ist (vgl. Esping-Andersen 2007, S. 26f.). Simsa, Schober und Schober (2004, S. 79) ordnen Österreich hingegen dem wohlfahrtspartnerschaftlichen Modell zu, in dem die Organisationen in die staatliche Leistungsbereitstellung kollaborativ eingebunden sind, was auf Basis der Erkenntnisse aus den historischen Entwicklungslinien des Dritten Sektors in Österreich auch zu unterstützen ist (siehe Kapitel 5.3.2).
- Das Modell der *verzögerten Demokratisierung* ist in postautoritären Regionen zu finden. Kolumbien und Polen werden von den Autoren exemplarisch genannt. Die Zivilgesellschaft und somit auch der Dritte Sektor werden als gering ausgeprägt eingestuft, deren Entwicklung mitunter von der Politik unterdrückt wird. Zivilgesellschaftliche Aktivitäten werden als Bedrohung des Staates und der wirtschaftlichen Entwicklungen wahrgenommen. Der Sektor ist angewiesen auf Spenden, internationale Hilfsprogramme und private Leistungsentgelte von betuchteren Personenkreisen.
- Das *traditionelle Modell* basiert auf gewachsenen sozialen Beziehungen und ist vorwiegend in Entwicklungsländern, wie beispielsweise in Pakistan, Kenia und Uganda, etabliert. Die gering ausgeprägten zivilgesellschaftlichen Aktivitäten beziehen sich auf die Armutsvermeidung und sind im Wesentlichen durch Spenden und internationale Hilfsprogramme finanziert.

Diese Modelle werden von den Autoren auch als ‚Civil-Society-Modelle' tituliert (vgl. Salamon & Anheier 1998), womit nicht nur die Nähe der Organisationen zur Zivilgesellschaft betont wird, sondern eine Gleichsetzung vorgenommen wird, was durchwegs als kritisch zu betrachten ist, da Dritt-Sektor-Organisationen ein Medium der Zivilgesellschaft darstellen, aber nicht das normative Konzept dahinter ersetzen können (vgl. Simsa 2013, S. 126; Bunyan 2014, S. 546;

siehe Kapitel 5.3.1.3). Ein weiterer Kritikpunkt am ‚Social-Origins-Approach' ist, dass der Institutionalisierungsprozess als linear von gesellschaftlichen Institutionen bestimmt interpretiert wird. Die Rolle, die Dritt-Sektor-Organisationen im historischen Kräftemessen wohlfahrtsstaatlicher Entwicklungsprozesse eingenommen haben und einnehmen, wird nicht explizit herausgestrichen. Die Dynamik und die Möglichkeit der Veränderung von gesellschaftlichen Institutionen durch ihr Wirken als zivilgesellschaftliche Medien bleiben in diesen Makroanalysen weitestgehend ausgeblendet.

Eine andere historische Entwicklungstypologie wird von Kerlin (2010; 2013) vorgelegt. Das *Social-Enterprises-Emphasis-Model* geht ebenso von der These aus, dass sich vor je unterschiedlichen kontextuellen Bedingungen andere Soziale Unternehmungen herausbilden. Mit Blick auf den Facettenreichtum von Social Enterprises (siehe Kapitel 5.2.1) wählt die Autorin eine für ihre globalen Analysen haltbare breite Definition, wonach Social Enterprises private Organisationen darstellen, die unternehmerische Handlungen setzen, um soziale Ziele zu erreichen (vgl. Kerlin 2010, S. 164; 2012, S. 84).

In Anlehnung an die Theorie des „Historical Institutionalism" (exemplarisch Rueschemeyer 2009; Mahoney 2000), eine Variante des Neoinstitutionalismus[123], legt sie eine komplexe Matrix vor. Es wird hier nicht von bestehenden und statischen Institutionen ausgegangen, sondern auch ihr Gewordensein mitbetrachtet. Institutionen stellen in diesem an die Strukturierungstheorie von Giddens (1997) angelegten Theorieansatz einen Ausschnitt von Normen dar, die ermöglichenden und einschränkenden Charakter haben können und wichtige Lebensbereiche regulieren. Diese Normen gehen aus der ‚Kultur' hervor, die sich zum einen im Zusammenspiel zwischen lokalen, regionalen und globalen Dynamiken entwickelt und zum anderen durch die politische und ökonomische Geschichte geprägt ist. Daraus entstehen die je eigentümlichen staatlichen Steuerungsformate, die entweder demokratische oder autoritäre Züge aufweisen und Einfluss auf wirtschaftliche und zivilgesellschaftliche Entwicklungen haben. Aus diesen Bedingungen resultieren schließlich je unterschiedliche Social-Enterprise-Modelle mit spezifischen Interessen (vgl. Kerlin 2013, S. 87).

Dieser Zugang wurde im Rahmen einer dreigliedrigen globalen Vergleichsstudie plausibilisiert. Die wirtschaftliche Lage wurde mittels quantitativer Makrodaten, wie beispielsweise des Global Competitiveness Report (GCR) und des Global Entrepreneurship Monitor (GEM), abgebildet. Die zivilgesellschaftliche Situation wurde in Bezug auf die aus dem ‚Social-Origins-Approach' hervorgegangene Klassifizierung von Dritt-Sektor-Modellen (Salamon & Sokolowski 2010) bestimmt. In Erweiterung dazu wurden qualitative Informationen zum

123 Auf neoinstitutionalistische Blickrichtungen auf den Dritten Sektor wird in Kapitel 5.3.1.4 spezifischer eingegangen.

Institutionalisierungsprozess in fünf Ländern gesammelt und miteinander in Beziehung gesetzt. In Summe kristallisierten sich fünf Social-Enterprise-Modelle heraus (vgl. Kerlin 2013, S. 93 ff.):

- Das *Sustainable Subsistence Model* beschreibt ein individuelles soziales Unternehmertum, mit dem Armut entgegenzuwirken und der familiäre Eigenbedarf abzudecken versucht wird. Diese Aktivitäten werden vielfach von internationalen Hilfsprogrammen unterstützt. Es ist in traditionellen Zivilgesellschaften und in Ländern mit basalen ökonomischen Strukturen verortet. Als Beispiele werden Zimbabwe und Uganda genannt.
- Das *Autonomous Mutalism Model* findet sich in postautoritären Staaten, wie beispielsweise in der Ukraine, in denen eine verzögerte Demokratisierung und eine langsame wirtschaftliche Entwicklung stattfinden. Social Enterprises entstehen hier vorwiegend, um die Lücken, die vom Staat und vom Markt hinterlassen werden, zu füllen. Bedarfsorientierte Leistungen werden vorwiegend von Genossenschaften und Gegenseitigkeitsgesellschaften angeboten.
- Das *Dependent-Focused-* und *Enmeshed-Focused*-Social-Enterprise-Modell treten in starken Wohlfahrtsstaaten auf. Deutschland wird zum ersten gezählt, Schweden und auch Österreich zum zweiten. Sie sind eingebettet in eine wohlfahrtspartnerschaftliche bzw. sozialdemokratische Struktur. Die Ökonomie erweist sich als gut entwickelt und sie zeichnet sich durch Innovationen aus. Wenn sich auch Social Enterprises aus der Zivilgesellschaft heraus entwickeln, um gesellschaftlichen Bedürfnissen zu begegnen, besteht hier ein enger Zusammenhang zu staatlichen Wohlfahrtsleistungen und Förderstrukturen, wobei im ‚Enmeshed Focused Model' eine stärkere wohlfahrtsstaatliche Steuerung gegeben ist als im ‚Dependent Focused Model'. Die Social-Enterprises-Landschaft ist im ‚Enmeshed Focused Model' auch gering ausdifferenziert.
- Das *Autonomous Diverse Model* zeichnet sich durch eine Vielzahl unterschiedlicher Social-Enterprise-Aktivitäten aus, die eingebettet sind in eine gut entwickelte Wirtschaft und in einen schmalen Wohlfahrtsstaat mit geringem Steuerungsanspruch und geringer Förderungskapazität, wie wir es in den USA vorfinden. Social Enterprises entwachsen einer liberalen Zivilgesellschaft, die sowohl auf Spenden, Freiwilligenarbeit und Eigenerwirtschaftung beruhen.

Zusammenfassend stellt Kerlin ähnlich wie im ‚Social-Origins-Approach' fest, dass Makroinstitutionen respektive die Kultur, die staatliche Steuerung, die Wirtschaft und die Zivilgesellschaft Druck auf die Funktion und die Formen von Social Enterprises ausüben. In Rückgriff auf die Theorie des ‚Historical Institutionalism' geht Kerlin allerdings davon aus, dass sich diese Makrostrukturen aufgrund sich ändernder Machtverhältnisse wandeln können und dass sich

Social-Enterprise-Modelle dahingehend mitverändern (vgl. Kerlin 2013, S. 102). So wird beispielsweise für Österreich aufgrund wohlfahrtsstaatlicher Dynamiken eine Übergangssituation vom ‚Enmeshed Focused Model' zum ‚Dependent Focused Model' diagnostiziert. Der nachweisbare Variantenreichtum an Dritt-Sektor-Modellen in Österreich (siehe Kapitel 5.2.2) spricht allenfalls für eine Veränderung in diese Richtung. Den Einfluss, den Social Enterprises auf gesellschaftliche Wandlungsprozesse haben können, bleibt hingegen auch in dieser Typologie unerwähnt. Kontrastierend zu diesen historischen Entwicklungstheorien fokussieren andere theoretische Zugänge auf die Beziehungswelten zum öffentlichen Sektor und zur Zivilgesellschaft.

5.3.1.2 Beziehungsmodelle zum öffentlichen Sektor

Beide historischen Erklärungsansätze begründen die Existenz von Dritt-Sektor-Organisationen im Wesentlichen vor dem Hintergrund eines Markt- und Staatsversagens (vgl. Weisbrod 1977; zit. n. Pennersdorfer & Badelt 2013, S. 109), also einer quantitativen und qualitativen Unterversorgung an sozialen Leistungen, die über zivilgesellschaftliche Aktivitäten abgedeckt werden. Die sich so entwickelnden Organisationen fungieren als Alternativen oder Lückenbüßer (vgl. BEIGEWUM 2004, S. 5).

Ausgehend vom amerikanischen Kontext, in dem Dritt-Sektor-Organisationen vorwiegend als konkurrierende LeistungsanbieterInnen zu staatlichen Organisationen wahrgenommen werden, wie es im liberalen Modell des ‚Social-Origins-Approach' beschrieben wird, denkt Salamon (1996, S. 79) im Entwurf seiner „Third Party Policy" das Verhältnis als Kooperationsbeziehung neu. Er betont die Vorteile von empirisch nachweisbarer gegenseitiger Unterstützung, Arbeitsteilungen und Einflussnahme in der Dienstleistungsproduktion. Im Modus der Ökonomisierung (siehe Kapitel 4.4.3) investiert der Staat in den Dritten Sektor, lagert dorthin öffentliche Leistungen aus, reguliert und finanziert diese. Es entsteht so ein komplexes System der Leistungserbringung, in dem staatliche Instanzen einen Anteil ihres Entscheidungsspielraumes und ihrer Machtbefugnisse mit nicht-staatlich Agierenden respektive ‚Dritt-Parteien' teilen (vgl. ebd., S. 86). Salamon geht davon aus, dass die Organisationen durch diese Einbeziehung in die öffentliche Leistungsbereitstellung über ein erhöhtes Einflusspotenzial verfügen. Sie können so beispielsweise idealtypisch mitentscheiden, wie öffentliche Gelder verwendet werden. Für den Staat legitimiert sich dadurch der Ressourceneinsatz. Zudem agieren Dritt-Sektor-Organisationen nahe an der Lebenswelt und der Problementstehung, woraus sich ein weiterer Vorteil abzeichnet. Der Staat ist durch die Ressourcenbereitstellung präsent, ohne selbst in aufwendige Infrastrukturen zur Problembewältigung zu investieren. Auch erhöhen sich so die Vielfalt und der Wettbewerb öffentlich finanzierter Dienstleistungen, was zur Effizienz und zur Kostenreduktion beitragen kann (vgl. ebd., S. 88), was Salamon als zusätzlichen Vorteil für den Staat identifiziert. Die Analyse solcher Kooperationsbeziehungen bildet seit den 1990er-Jahren einen eigenen Forschungsstrang in der Dritt-Sektor-Forschung ab, aus dem unterschiedliche weiterführende Kategorisierungen hervorgegangen sind.

Gidron, Kramer und Salamon (1992, S. 18; zit. n. Simsa, Schober und Schober 2004, S. 76 ff.) differenzieren in ihrer Typologie beispielsweise zwischen der Finanzierungs- und Leistungsdimension. Sie schlagen vier Modelle vor: Im *dominanten Staatsmodell* werden die Leistungen vorwiegend von staatlicher Seite finanziert und auch erbracht. Simsa, Schober und Schober (2004, S. 79) sehen darin Parallelen zum sozialdemokratischen Modell des ‚Social-Origins-Approach'. Das *Dritt-Sektor-Modell* entspricht hingegen im Wesentlichen dem liberalen ‚Civil-Society-Model', da sowohl die Leistungserbringung als auch die Finanzierung über Dritt-Sektor-Organisationen sichergestellt wird. Das *duale Modell* sieht sowohl bei der Finanzierung als auch bei der Leistungserbringung beide Sektoren als relevant an. Im *kollaborativen Modell* wiederum trägt der öffentliche Sektor in der Regel die Finanzierung, während Organisationen des Dritten Sektors für die Leistungserbringung zuständig sind. Letzteres entspricht dem Entwurf der ‚Third-Party-Policy' von Salamon (1996). Es findet sich am ehesten in wohlfahrtspartnerschaftlichen Strukturen, die in korporatistischen Wohlfahrtsstaaten anzutreffen sind. Spuren davon sind aber auch im US-amerikanischen Kontext auffindbar, wie Salamon (1996, S. 79) konstatiert.

Mit Blick auf Soziale Organisationen, also auf soziale DienstleistungserbringerInnen im Dritten Sektor, orten Simsa, Schober und Schober (2004, S. 77) in Österreich seit den 2000er-Jahren eine Zunahme von auf Leistungsverträgen basierenden Kooperationsbeziehungen, die sich im Zuge der Ökonomisierung etablierten (vgl. ebd., S. 175). Heitzmann (2004, S. 61) unterscheidet dabei zwischen zwei Extremformen: Zum einen können Organisationen auf die Funktion von „Erfüllungsgehilfen des öffentlichen Sektors" reduziert sein. Der Freiheitsgrad der Organisationen ist dabei gering, denn der Staat entscheidet über die Finanzierung sowie darüber, wie die Leistung erbracht und für wen sie erbracht werden soll. Die Organisationen weisen eine hohe Abhängigkeit vom öffentlichen Sektor auf und werden auch als QUANGOS (quasi NGOs) bezeichnet. Auf der anderen Seite können Organisationen als „gleichberechtigte PartnerInnen" (ebd.) agieren. In dieser Konstellation werden die Leistungen zwar weitestgehend öffentlich finanziert, der öffentliche Sektor lässt den Organisationen allerdings Entscheidungsspielräume über die Art der Leistungserbringung. Der Grad der Abhängigkeit verringert sich durch partnerschaftliche Handlungsmuster. Beispielgebend dafür können ‚Public-Private-Partnership'-Modelle gelesen werden (vgl. Simsa, Schober & Schober 2004, S. 79).

Young (2000, S. 150) differenziert in seiner Typologie zwischen ergänzenden, komplementären und konfliktären Beziehungsmustern. *Ergänzend* bedeutet, dass Dritt-Sektor-Organisationen aufgrund von Markt- und Staatsversagen Lücken schließen, Angebote entwickeln und weitestgehend auch selbst finanzieren. *Komplementär* entspricht dem kollaborativen Modell nach Gidron et al. (1992), wonach die beiden Sektoren zusammenarbeiten und sich gegenseitig bereichern. Das *konfliktäre* Muster beschreibt die Gegenmachtposition von Dritt-Sektor-Organisationen. Es basiert auf Kritik hinsichtlich des öffentlichen Leistungsangebotes, staatlicher Aktivitäten und politischer Maßnahmen. Young führt an, dass alle drei Beziehungsmuster gleichzeitig in ein und derselben Organisation zutage treten können. Dies ist beispielsweise der Fall, wenn eine Organisation komplementär zur öffentlichen Hand Leistungen anbietet, sich gleichzeitig für ein Lobbying mit Blick auf die Bedürfnisse der AdressatInnen einsetzt und alternative Angebote dazu auf eigenerwirtschafteter Basis entwickelt. Gidron et al. (1992, S. 11; zit. n. Simsa, Schober & Schober 2004, S. 81) bringen dieses Handeln in Widersprüchen auf den Punkt: „Third-sector organizations are therefore often in the position of having to bite the hand that feeds them, attacking government agencies on which they depend for financial support." Simsa, Schober und Schober (2004, S. 175) belegen in ihrer Studie zu sozialen Dienstleistungen im Dritten Sektor diese Beziehungsspannungen. Auch wenn die befragten Organisationen ihre Hauptaufgabe nicht primär im gesellschaftspolitischen Bereich sehen, setzen sie ihre kritischen Stimmen sehr wohl ein. Das Ausbalancieren differenter Ansprüche stellt eine zentrale Herausforderung in Dritt-Sektor-Organisationen dar. Die Forschung hat daher insbesondere an diesen Widersprüchen anzusetzen. „Will man diese Organisationen verstehen, so muss man also nach ihren zentralen Widersprüchen fragen" (Simsa 2013, S. 136).

Insgesamt bilden die hier vorgestellten Typologien Orientierungspunkte zur Beziehungsanalyse zwischen Dritt-Sektor-Organisationen und dem Staat. Die tatsächliche Ausgestaltung wird jedoch nur an einzelnen Fällen zu bemessen sein, denn ‚die' Beziehung zwischen den beiden Sektoren kann es aufgrund der Heterogenität des Dritten Sektors und der vielschichtigen staatlichen Handlungsebenen sowie unterschiedlicher thematischer Politikfelder nicht geben. Vielmehr handelt es sich um heterogene Beziehungswelten.

5.3.1.3 Beziehung zur Zivilgesellschaft

Wie in den historischen Entwicklungstypologien erkennbar ist, besteht nicht nur eine Nähe zwischen dem Dritten Sektor und der Zivilgesellschaft, sondern auch die Trennlinien verschwimmen durch pauschale Begriffsgleichsetzungen (vgl. Simsa 2013, S. 126). Es ist jedoch grundsätzlich zwischen diesen beiden Phänomenen zu unterscheiden. Darauf verweisen unter anderem Simsa und Zimmer (2014, S. 21), Evers (2010, S. 116) und Bunyan (2014, S. 546).

Mit ‚Zivilgesellschaft' wird die Sphäre neben den Institutionen Staat, Markt und informellen, privaten Gemeinschaften umrissen (vgl. Evers & Olk 1996, S. 23). Sie bildet demnach eine eigene Institution mit einer spezifischen Handlungslogik. Während der Markt, wie bereits in der Einführung zu diesem Kapitel 5 erwähnt, durch Wettbewerb geprägt ist und auf Angebot und Nachfrage bzw. Tausch fokussiert, ist der Staat durch Hierarchien charakterisiert, mit dem Ziel der Um- bzw. Gleichverteilung der Wohlfahrtsproduktion auf Basis von Rechten. Die private Sphäre bezieht sich wiederum auf persönliche Verpflichtungen sowie auf ein normativ geleitetes Geben und Nehmen. Die Zivilgesellschaft hingegen basiert auf Freiwilligkeit und Solidarität (vgl. Zimmer & Priller 2004, S. 16; Simsa 2013, S. 130). Dieser Definition gemäß werden der privaten Sphäre alle Formen der Selbsthilfe und der Eigenarbeit zugeordnet. In die Zivilgesellschaft hingegen werden alle Varianten der sozialen und politischen Beteiligung hineingedacht, die mitunter im Dritten Sektor in organisierter Form stattfinden. Es ist der Ort, in dem Menschen ihre Anliegen vertreten, politische Ideen artikulieren, Menschen mobilisieren, um soziale Lebensbedingungen aktiv zu gestalten (vgl. Vogt 2005, S. 99; Edwards 2009, S. 3; Anheier 2013, S. 77). Es handelt sich um privates Engagement von Individuen, sozialen Bewegungen und Organisationen, das mit der „Hoffnung auf Partizipation, mehr Demokratie und sozialer Gerechtigkeit" (Simsa & Zimmer 2014, S. 21) verbunden ist.

Deutlich wird darin die normative Besetzung des Begriffes. Zivilgesellschaftliches Engagement zielt auf eine „world as it should be" (Bunyan 2014, S. 547) ab, wobei dieses „should be" von unterschiedlichen Interessen und Machtkonstellationen geleitet ist. Es kann zugleich emanzipative und integrierende Züge aufweisen. Zivilgesellschaftliche Ausprägungen sind zudem mit unterschiedlichen wohlfahrtsstaatlichen Kontexten und Demokratieverständnissen zusammenzudenken, wie es in den Modellen des ‚Social-Origins-Approach' tendenziell herausgearbeitet wird. Seit den 1990er-Jahren ist allenfalls eine Aufwertung der Zivilgesellschaft zu beobachten (siehe Kapitel 2.2.1), die auch im deutschsprachigen Raum realpolitisch vorangetrieben wird. Dieser wird mitunter kritisch begegnet. So orten Böhnisch und Schröer (2002, S. 7) ähnlich wie Butterwegge (2014, S. 88) die Gefahr, dass aus dem amerikanischen liberalen wohlfahrtsstaatlichen Kontext adaptierte zivilgesellschaftliche Auffassungen, die sich am kommunitaristischen, den Bürgersinn betonenden Denken orientieren, unreflektiert in höher entwickelte Wohlfahrtsstaatsmodelle importiert werden, um staatliche Verantwortung an die BürgerInnen zusehends abzugeben, wie in den Dezentralisierungstendenzen auch nachweisbar ist (siehe Kapitel 4.4.4). Der Hype um die Bürgergesellschaft muss daher auch vor dieser Matrix gelesen werden.

Zusammenfassend ist festzuhalten, dass die Zivilgesellschaft mehr ist als der Dritte Sektor. Zivilgesellschaft stellt einen Teil im gesellschaftlichen Gesamtgefüge dar, durch den insbesondere der demokratiepolitische und partizipative

Gehalt von Gesellschaftssystemen zum Ausdruck kommt. Insofern ist Zivilgesellschaft als gesellschaftspolitischer Ordnungsbegriff des Dritten Sektors zu lesen. „Intermediate organiszations [are] embbeded in [...] a ‚civic culture'" (Ehrenberg 1999, S. 149). Balgar definiert den Dritten Sektor umgekehrt als „Infrastruktur, als ‚organisierte Zivilgesellschaft'" (Balgar 2011, S. 92). Ähnlich stellen für Zimmer und Priller (2004, S. 17) Dritt-Sektor-Organisationen einen „maßgeblichen Bestandteil einer zivilgesellschaftlichen Infrastruktur" dar. Sie bieten die Möglichkeit zur Partizipation und Selbstorganisation. „In gewisser Weise bilden sie in Form von Parteien, Vereinen, Verbänden, Gewerkschaften, Initiativen und Projekten die Infrastruktur für belastbares gesellschaftliches und soziales Engagement jenseits kurzfristiger Proteste, Sit-ins und Demonstrationen" (Simsa & Zimmer 2014, S. 12).

Die Verbindungslinie zwischen Zivilgesellschaft und Drittem Sektor liegt also primär in der formalen Organisiertheit. Informelle Arrangements der Freiwilligenarbeit, des Protestes, der Gemeinschaftsbildungen in sozialen Netzwerken etc., die insgesamt am gesellschaftlichen Wandel drehen, sind zentrale zivilgesellschaftliche Ausprägungen und vielfach Basisbewegungen, die den Dritten Sektor nachhaltig bereichern und beeinflussen. So können sie sich beispielsweise im Dritten Sektor institutionalisieren. Umgekehrt sind Dritt-Sektor-Organisationen an solche ideologisch rückgebunden. Es sind PartnerInnen in der Artikulation gemeinsamer Anliegen (vgl. Simsa 2013, S. 128). Zwischen Drittem Sektor und Zivilgesellschaft liegt demnach eine konzeptionelle Differenz mit praktischen Verflechtungen vor. Während sich die Zivilgesellschaft auf die Makroebene bezieht und die Gesamtheit aller informellen und formellen Aktivitäten zwischen Markt, Staat und Privatem umfasst, wird der Dritte Sektor konkret in Zusammenhang mit seinen Organisationen und deren Charakteristika auf der Mesoebene diskutiert. Grundsätzlich handelt es sich um unterschiedliche Diskurse, die weitgehend unabhängig voneinander in jeweils anderen Disziplinen geführt werden. Die Zivilgesellschaftsforschung ist in der politischen Theorie und Philosophie verankert und weist Bezüge zur politischen Partizipationsforschung auf. Die Dritt-Sektor-Forschung hingegen ist ein junges Forschungsgebiet, das weniger gesamtgesellschaftliche Phänomene im Blick hat, sondern auf die Organisationen fokussiert und aus deren Perspektive heraus ihre Umwelten betrachtet (vgl. Simsa & Zimmer 2014, S. 11 f.). Mit Beginn des Jahrtausends sind jedoch zusehends diskursive Bezugnahmen der Dritt-Sektor-Forschung auf die zivilgesellschaftstheoretischen Diskurse zu verzeichnen, wo mit insbesondere die partizipative Funktion und die gesellschaftlichen Gestaltungskräfte des Dritten Sektors herausgestellt werden sollen (vgl. Zimmer & Priller 2004, S. 17).

5.3.1.4 Organisationstheoretische Ansätze

Organisationstheoretische Zugänge stellen Erklärungsmodelle zur Einbettung des Dritten Sektors in das gesellschaftliche Gefüge bereit. Exemplarisch zu nennen sind das intermediäre Modell, der Multiple-Stakeholder-Ansatz sowie die bereits in den Kapiteln 5.1.2 und 5.3.1.1 erwähnten neoinstitutionalistischen Blickrichtungen mit strukturierungstheoretischen Adaptionen.

Mit dem Begriff der *Intermediarität* wird der Zwischenstatus von Dritt-Sektor-Organisationen im Spannungsfeld zwischen Staat, Markt und informellen Arrangements hervorgehoben (vgl. Evers & Olk 1996, S. 16). Sie werden als Koppelungsinstanzen begriffen, als Medien, die zwischen Personen, Organisationen und gesellschaftlichen Institutionen vermitteln (vgl. Zimmer & Priller 2004, S. 17). Durch ihre Vermittlerrolle bewegen sie sich in dynamischen Wechselbeziehungen zwischen den anderen Sektoren, aber mitunter auch in sie hinein und aus diesen heraus, womit die im Kapitel 5.2.1 diskutierten sektoralen Grenzziehungen konzeptionell aufgeweicht werden (vgl. Betzelt & Bauer 2000, S. 10).

Um die Nähen von Dritt-Sektor-Organisationen zu den anderen herauszustellen, legt Zauner (2002, S. 161 f.) eine Anziehungspunkttypologie vor: Als *verwaltungsnahe* gelten jene Organisationen, die eine starke Verflechtung mit dem öffentlichen Sektor aufweisen. Kennzeichen dafür sind ein relativ hoher Anteil an öffentlicher Finanzierung, entweder durch Leistungsverträge oder Subventionen, sowie personelle oder organisatorische Verflechtungen, beispielsweise durch parteipolitische Naheverhältnisse. Als *wirtschaftsnahe* erweisen sich jene Organisationen, die durch marktwirtschaftliche Funktions- und Leitprinzipien geprägt sind. Sie weisen eine relativ hohe Eigenerwirtschaftungsquote auf und organisieren sich an der Schnittstelle zum Markt im Modus des sozialen Unternehmertums. *Basisnahe* Organisationen stehen dem informellen Sektor nahe und fokussieren auf die Anliegen ihrer Mitglieder sowie zivilgesellschaftlicher Initiativen insgesamt. Es handelt sich zumeist um lokale Organisationen mit beschränkten Ressourcenansprüchen.

Durch die jeweilige Positionierung der Organisationen innerhalb dieser Spannungszonen sind sie mit den bereits beschriebenen differenten Logiken der anderen Sphären – also Wettbewerb, Hierarchie und Reziprozität – in unterschiedlichen Intensitäten konfrontiert. Gemäß Olk, Rauschenbach und Sachße (1995, S. 17) besitzen Dritt-Sektor-Organisationen keine eigene Handlungslogik, sondern integrieren und kombinieren die Handlungslogik der anderen Bereiche, was auch als Mehrsprachigkeit bezeichnet wird (vgl. Simsa 2013, S. 136; Elsen 2014, S. 241). Damit können sie flexibel auf unterschiedliche Anforderungen und Ansprüche reagieren und die Spannungen ausbalancieren (vgl. Olk et al. 1995, S. 18).

Intermediarität bedeutet aber auch Vermittlung von oben nach unten respektive von außen nach innen. Dies entspricht den in Kapitel 2.3.1 besprochenen Widersprüchen der Sozialen Arbeit, die sich mitunter im ‚Tripelmandat', also in der Spannung zwischen professioneller Selbstbestimmung, Hilfe und Kontrolle, verdichten (vgl. Staub-Bernasconi 2007, S. 200f.). Das Ausbalancieren des Spannungsverhältnisses, das aus der gleichzeitigen Wahrung und Vertretung professioneller, institutioneller und adressatInnenbezogener Interessen resultiert, ist demnach zentral (vgl. Olk et al. 1995, S. 18; Simsa 2013, S. 136).

Mit dem *Stakeholder-Ansatz* wird versucht, unterschiedliche Anspruchsgruppen von Dritt-Sektor-Organisationen zu identifizieren und deren Einfluss zu eruieren, um in der Folge die Beziehungen zu optimieren (vgl. Bono 2010, S. 64). Laut Freeman (1984, S. 46) umfassen Stakeholder „any group or individual who can affect or is affected by the achievement of the organization's objectives". Der Bezug besteht in einem (begründeten) Interesse, einem juristischen bzw. moralischen Recht oder einem Eigentumsrecht, wobei Stakeholderbeziehungen insgesamt zur Wertschöpfungsfähigkeit des Unternehmens beitragen (vgl. Post, Preston & Sachs 2002, S. 7f.).

Da man nicht jedes Stakeholderbedürfnis erfüllen kann, sind für (pro)aktives Stakeholder-Management einerseits intensive Kommunikation und Information wichtig, anderseits müssen primäre und sekundäre Stakeholder unterschieden und implizit oder explizit gemanagt werden (vgl. Gelbmann, Anastasiadis & Aschemann 2011, S. 58). Primäre Stakeholder liefern durch ihre ständige, direkte Teilnahme oder ihren Input in das Unternehmen einen essenziellen Beitrag zum Unternehmensüberleben. Dazu zählen EigentümerInnen, InvestorInnen, MitarbeiterInnen, LieferantInnen, KundInnen, MitbewerberInnen und die natürliche Umwelt. Sekundäre Stakeholder nehmen Einfluss auf oder werden beeinflusst von den Tätigkeiten des Unternehmens, ohne direkt in diese involviert oder für das Überleben des Unternehmens zwingend erforderlich zu sein. Dazu zählen lokale Gemeinschaften und Verwaltungseinheiten ebenso wie BürgerInneninitiativen (vgl. Madsen & Ulhøi 2001, S. 77ff.). Hinsichtlich der primären Stakeholder wird wiederum zwischen internen und externen unterschieden (vgl. Haddad 2003, S. 22ff.). Während sich interne auf die EigentümerInnen der Organisationen sowie deren MitarbeiterInnen beziehen, zählen zu den externen KundInnen, AuftraggeberInnen, GeschäftspartnerInnen etc.

Diese Unterscheidungen treffen im Wesentlichen auch auf Dritt-Sektor-Organisationen zu. Bono (2010, S. 66) arbeitet dahingehend ein Grundmuster für eine Stakeholder-Landkarte aus, die als Basis für eine umfassende Analyse herangezogen werden kann und als solche auch für die gegenständlichen empirischen Erhebungen adaptiert wurde (siehe Kapitel 7.2.4). Ziel einer solchen ist es, die Erwartungen der unterschiedlichen Stakeholder zu erfassen, ihr Verhalten zu analysieren und darauf aufbauend Strategien und Interaktionswege zu entwickeln, die zur Verbesserung der Beziehungen beitragen und einen langfristigen Erfolg der Organisation sicherstellen sollen (vgl. Bono 2010, S. 67). Insofern geht auch dieser Ansatz vorrangig vom Einfluss der Umwelt auf die Organisationen und deren Steuerung aus.

Die Blickrichtung der *soziologischen Organisationsforschung*, insbesondere des Neoinstitutionalismus, auf den Dritten Sektor fokussiert in einer ähnlichen Weise auf die Einflüsse der Umwelten auf die internen Organisationsstrukturen (exemplarisch DiMaggio & Powell 1983; 2009). Es wird dabei jedoch nicht von objektiven Umweltfaktoren ausgegangen, sondern sie werden als interpretationsbedingt begriffen. Organisationen legitimieren sich über gesellschaftlich institutionalisierte Werte und Normen, die sich einerseits rekursiv im Wechselspiel zwischen individuellem Handeln innerhalb der Organisation und der Organisation selbst als strukturelle Rahmung entwickeln. Andererseits gehen sie aus der Beziehung zwischen organisationalem Handeln und gesellschaftlichen Institutionen hervor. Macht und organisationale Interessen erzeugen Spannungen, die die Beziehung der Organisationen zu ihren relevanten Umwelten prägen (vgl. Dederichs 2000, S. 16).

Mit dem Begriff des ‚Isomorphismus' wird so beispielsweise die Annäherung bzw. die Angleichung von Dritt-Sektor-Organisationen an die Strukturen, Kulturen und Prinzipien von Wirtschaftsunternehmen oder von öffentlichen Einrichtungen erklärt (vgl. DiMaggio & Powell 1983, S. 147). Die Autoren differenzieren dabei zwischen *erzwungener Isomorphie*, die von politischen Einflüssen und dem Problem der Legitimität ausgeht, *mimetischer Isomorphie*, die eine Folge routinisierter Reaktionen auf Ungewissheit darstellt, und *normativer Isomorphie*, die mit Professionalisierungsprozessen verbunden ist (vgl. DiMaggio & Powell 2009, S. 63). Insgesamt ist mit dieser Blickrichtung die Zurückstellung organisationaler Zielsetzungen hinter jene von externen Anspruchsgruppen beobachtbar, womit ein höheres Maß an Legitimität erreicht werden soll. So wird beispielsweise der Einsatz von ‚Controlling-Verfahren' erklärbar, die zwar der Organisation intern selbst nicht dienen, aber nach außen Professionalität signalisieren (vgl. Simsa 2013, S. 133).

In Erweiterung zu diesen einseitig gefassten neoinstitutionalistischen Blickrichtungen formulieren Ortmann, Sydow und Türk (2000, S. 15 ff.) in Replik auf Scott (1986) eine stärker an die Strukturierungstheorie von Giddens angelehnte weitere, in beide Richtungen denkende Variante. Sie gehen von einem breiteren Organisationsverständnis aus. Organisationen sind demzufolge Teil der Gesellschaft, Ausdruck gesellschaftlicher Aktivität, Produkt des gesellschaftlichen Wandels und bestimmen gesellschaftliche Entwicklungen mit. Die wechselseitige Durchdringung von gesellschaftlichen und organisationalen Strukturen wird mit der zirkulären Figur der „rekursiven Konstitution" (Ortmann, Sydow & Türk 2000, S. 19) bestimmt. So lassen sich sowohl Strukturierungsprozesse innerhalb der Organisation als auch zwischen Organisationen und gesellschaftlichen Institutionen erklären. Mit dieser „Rückkehr der Gesellschaft" in die Organisationstheorien berücksichtigen die Autoren „die gesellschaftliche und institutionelle Einbettung *und* Rückwirkung von Organisationen – einschließlich ihrer Bedingtheit durch und ihres Einflusses auf die ökonomischen

Systemzusammenhänge" (ebd., S. 20). Wie bereits in Kapitel 5.1.2 gezeigt wurde, werden diese die Wechselwirkung einbeziehenden Zugänge in der Analyse von Sozialen Dienstleistungen zunehmend rezipiert (exemplarisch Wilkesmann 2009; Langer 2014).

In diesen – wenn auch nur knapp aufgeschichteten – institutionalisierungstheoretischen Ansätzen werden Dritt-Sektor-Organisationen in ihrer Beziehung zu gesellschaftlichen Strukturen diskutiert. Es sind unterschiedliche Beleuchtungen, die unterschiedliche Lichtkegel erzeugen. In Summe werden ihre Einbettungen und tendenziell auch ihre Gestaltungspotenziale damit gerahmt. Betrachten wir nun das Gewordensein der in Kapitel 5.2 identifizierten Dritt-Sektor-Modelle in Österreich genauer. Diese Erkundung ist für das Verständnis der Entwicklungsprozesse von ECO-WISE grundlegend. Ihre in den empirischen Analysen herausgearbeitete Institutionalisierung (siehe Kapitel 7.1) ist in den hier aufgerissenen größeren Kontext mit den sich darin etablierenden Kulturen und Strukturen eingebettet, in dem schließlich ihre Positionierung und Ausgestaltung verhandelt wird.

5.3.2 Nationale Entwicklungsdynamik

In den institutionalisierungstheoretischen Zugängen spezifiziert sich der Zusammenhang zwischen Dritt-Sektor-Organisationen und gesellschaftlichen Institutionen, der sich in je unterschiedlichen sozioökonomischen Kontexten anders formuliert.[124] Prägend für den österreichischen Kontext sind, wie in Abbildung 12 dargestellt, wohlfahrtsstaatliche Strukturen, die sich vor den Hintergründen sozialer, wirtschaftlicher und zivilgesellschaftlicher Entwicklungen ausgestalten. Letztere realisieren sich in Österreich zum Großteil durch soziale Bewegungen, die sich organisational im Dritten Sektor formieren können. Auf zentrale Merkmale von sozialen Bewegungen und ihre Bezüge zur Sozialen Arbeit wurde bereits in Kapitel 2.1.2.5 eingegangen. Welche Entwicklungen sich dazu im österreichischen Raum vollziehen, wird nun hier thematisiert.

Zumal Soziale Organisationen, im Verständnis dieser Arbeit, in Handlungsfeldern der Sozialen Arbeit agieren, werden auch deren österreichischen Traditionslinien nachzuzeichnen sein. Es wird also zum einen nach dem Einfluss von sozialen Bewegungen auf die Soziale Arbeit und ihre Organisationen gefragt (exemplarisch Staub-Bernasconi 1995, S. 36; Roth 2011, S. 1363; Böhnisch 2014, S. 36; Böhnisch & Schröer 2012, S. 232; Böhnisch 2016, S. 192), zum anderen

124 Dahingehend liegen zur Charakterisierung der Entwicklungsdynamik vorwiegend länderspezifische Studien vor (exemplarisch Borzaga & Defourny 2001; Young 2003; Les & Jeliazkova 2007; Nyssens 2006; Mulgan 2008; Bagnoli & Megali 2011; Cooney 2011; Liu & Ko 2012; Squazzoni 2009).

werden deren politische und gesellschaftliche Gestaltungsmöglichkeiten ausgelotet. Umgekehrt werden die Auswirkungen sozialpolitischer Entwicklungen auf die Organisationen der Sozialen Arbeit in den Blick genommen.

Abbildung 12: Dynamik in der Institutionalisierung

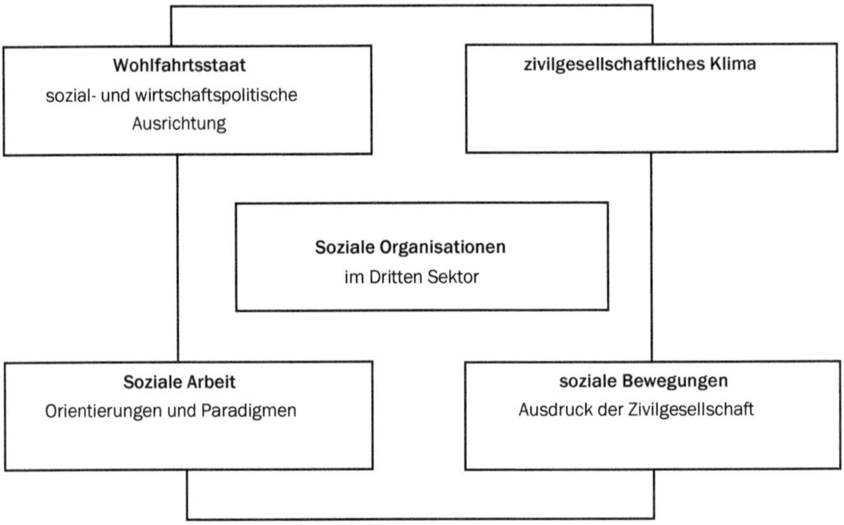

Quelle: eigene Darstellung

Diese Zusammenhänge werden auf Basis einer Literaturrecherche entlang vier Perioden nachgezeichnet: 1.) Ursprünge in der konservativen Wohlfahrtsstaatsbildung, 2.) staatszentrierter Korporatismus sowie 3.) daran anschließender Wohlfahrtspluralismus und 4.) Übergang vom Wohlfahrtspluralismus zum ‚Welfare-Market'.[125]

5.3.2.1 Ursprünge in der konservativen Wohlfahrtsstaatsbildung

Dritt-Sektor-Organisationen haben in Österreich eine lange, bis ins 19. Jahrhundert zurückreichende, Tradition (vgl. Anastasiadis 2006, S. 33; Neumayr et al. 2007, S. 1; Pennerstorfer, Schneider & Badelt 2013, S. 55). Ihre Ursprünge fallen in eine Zeit sozialer Notlagen, die im Wesentlichen aus der Industrialisie-

125 Da sich die Forschungslage zur Etablierung von Sozialen Organisationen in Österreich als dürftig und wenig systematisiert erweist, können die Entwicklungslinien lediglich über ein selektives, nicht auf Vollständigkeit abzielendes Zusammentragen von Fakten fragmentarisch angedeutet werden – eine Forschungslücke, die es zukünftig zu schließen gilt.

rung und zwei Weltkriegen resultierten. Kennzeichen dieser Periode sind: die Institutionalisierung der Lohnarbeiterschaft, Bevölkerungswachstum, Urbanisierung, Armut, gesellschaftliche Mobilisierung, die Verankerung politischer Rechte sowie Bestandsfragen der existierenden politischen Ordnung (vgl. Tálos & Wörister 1994, S. 14). Vor diesen Hintergründen steht ihre Entwicklung eng im Zusammenhang mit den damaligen sozialen Problemlagen, den daraus entstandenen sozialen Bewegungen und der Formung des konservativ-korporatistischen Wohlfahrtsstaates.

Wohlfahrtsstaatliche Entwicklungen

Die Herausbildung bürgerlicher Gesellschaftsstrukturen und die durch kapitalistische Produktionsweisen entstandenen negativen Industrialisierungsfolgen brachten neue Formen sozialer Ungleichheiten hervor, die sich im 19. Jahrhundert vor allem in der ‚Arbeiterfrage' respektive der ‚sozialen Frage' zuspitzten (vgl. Beck 1986, S. 115). Die Forderungen der Arbeiterschaft nach sozialer Absicherung und nach Regelungen die Arbeitsbedingungen betreffend markierten einen zentralen Ausgangspunkt für wohlfahrtsstaatliche Entwicklungsprozesse, die in Österreich durch konservative Sozialreformer, wie beispielsweise Eduard Taaffe, in der Bismarck'schen Tradition geprägt wurden (vgl. Tálos 2005, S. 15; Esping-Andersen 2007, S. 24). Österreich wird mit Deutschland zu den wohlfahrtsstaatlichen Pionierländern gezählt (vgl. Tálos & Wörister 1994, S. 13). Es wurden bereits im ausgehenden 19. Jahrhundert erste Gesetze zur sozialen Sicherung und zu den Arbeitsbedingungen verankert, wobei zwei Sicherungsnetze entstanden, in denen sich die heute noch gültige Trennung zwischen Sozialpolitik sowie Armen- und Fürsorgepolitik begründet.

Die Armen- und Fürsorgepolitik war zunächst auf Gemeindeebene durch das Heimatgesetz 1863 geregelt (vgl. Tálos 1981, S. 20; Scheipl 2003a, S. 19; 2005, S. 15). Es wurde 1920 auf Länderebene gestellt und in der Landesgesetzgebung geregelt, bis es 1938 durch das deutsche Fürsorgerecht abgelöst wurde (vgl. Stekl 1978, S. 44; zit. n. Scheipl 2003, S. 17). Die Länder übernahmen dabei gemeinsam mit den Gemeinden zentrale Funktionen im Wohltätigkeits- und Fürsorgebereich, worin sich die bis heute noch gültige föderalistische Ausgestaltung des österreichischen Sozialstaates widerspiegelt, die insbesondere für den sozialen Dienstleistungsbereich im Dritten Sektor prägend ist (vgl. Pantucek 2005, S. 796). Die Armen- und Fürsorgepolitik wird von Scheipl (2003a, S. 19) als „nicht solidarisch" beschrieben, da sie im Wesentlichen auf monetärer Hilfegewährung nach eingehender Prüfung der Hilfsbedürftigkeit basiert.

Die Entwicklung des umfassenden sozialpolitischen Netzes hingegen basierte auf der wachsenden Einsicht, dass die zunehmende Verelendung der Bevölkerung ein strukturelles Problem darstellt, das auch einer sozialpolitischen Lösung bedurfte (vgl. ebd., S. 15). Erwähnenswert ist die Einführung der Kranken- und Unfallversicherung für ArbeiterInnen und BetriebsbeamtInnen 1887/88, der Pensionsversicherung 1906, die zunächst nur für Privatangestellte galt und erst 1938 auch auf ArbeiterInnen ausgeweitet wurde, sowie diverser Regelungen die Arbeitszeiten betreffend, die allerdings im Ersten Weltkrieg wieder aufgeweicht wurden[126] (vgl. Tálos 2005, S. 15f.; Schmid 2009, S. 139). Zu einer beachtenswerten Ausweitung und Weiterentwicklung der sozialen Sicherung und des Arbeitsschutzes kam es in der Ersten Republik. Mit der Einführung des Acht-Stunden-Tages, des Arbeitsurlaubes, der betrieblichen Mitbestimmungsrechte und kollektivvertraglichen Regelungen wurde der Grundstein für ein umfassendes Arbeitsrecht gelegt. Die Einrichtung der Arbeiterkammern, die Einführung des Arbeitslosenversicherungsgesetzes und des Angestelltengesetzes gelten als weitere Meilensteine (vgl. Tálos 2005, S. 16). Die Entwicklungen stagnierten in der Phase des Austrofaschismus (1933–1938) und des Nationalsozialismus (1938–1945). In der Zweiten Republik wurden sie jedoch in expansiver Weise vorangetrieben.

Soziale Bewegungen und Organisationen

Druck zur Armutsbekämpfung, zur Entwicklung von Gesetzen zur sozialen Sicherung sowie zu Regelungen der Arbeitsbedingungen wurde europaweit und auch in Österreich wesentlich durch die sich in dieser Zeit formierenden sozialen Bewegungen ausgeübt (vgl. Roth 2011, S. 1361). Nohl fasste die in der damaligen gesellschaftlichen Umbruchsituation in Deutschland markanten Bedarfe in fünf geistige Energien respektive Gegenbewegungen (vgl. Nohl 1949, S. 140; zit. n. Niemeyer 1998, S. 146; siehe auch Böhnisch & Schröer 2012, S. 232 und Böhnisch 2016, S. 191): 1.) die Gegenbewegung in der Arbeiterschaft, 2.) die Gegenbewegung der Kirchen, 3.) die Frauenbewegung, 4.) die sozialpolitische Bewegung und 5.) die Jugendbewegung. Sie werden in der Literatur auch als traditionelle Bewegungen charakterisiert (vgl. Simsa 2013, S. 128). Die sich daraus entwickelnden Initiativen beruhten zunächst primär auf informell-organisiertem Engagement vorrangig in religiöser, sozialistischer und bürgerlicher Manier, wobei die Frauenbewegung und die Arbeiterbewegung einen relativ hohen Organisationsgrad aufwiesen (vgl. Wagner & Wenzel 2009, S. 109ff.; Notz 2009, S. 73ff.) und in der Folge relevante politische Ziele erreichten. Sie formalisierten sich mit der Etablierung rechtlicher Organisationsformate, die in Österreich zu dieser Zeit bereits gut entfaltet waren. Neben öffentlich-rechtlichen Anstalten existierten die Rechtsformen der Körperschaft, Stiftung, GmbH, AG, des privatrechtlichen Vereins und der Genossenschaft. Mit diesen etablierten sich drei für den österreichischen Dritten Sektor charakteristische

126 Eine gute Übersicht zur Entwicklung der einzelnen Regelungen bietet Tálos (1981, S. 443ff. und 2005, S. 82ff.). Für detaillierte Beschreibungen ist auf Tálos und Wörister (1994) sowie Obinger und Tálos (2006) verwiesen.

Organisationsstränge – die Interessenvertretungen, die alternativ wirtschaftenden Genossenschaften und die Wohlfahrtseinrichtungen, wobei insbesondere im Zusammenhang mit Letzteren auch die Professionsentwicklungen der Sozialen Arbeit erkennbar werden.

Interessenvertretungen. Die interessenvertretenden Gewerkschaften und Arbeitervereinigungen hatten in Österreich ebenso wie in vielen anderen europäischen Ländern einen wesentlichen Einfluss auf die Herausbildung von sozialen Sicherungssystemen (vgl. Anheier 2013, S. 78). Zudem übernahmen sie auch Aufgaben im Bildungs-, Sozial- und Gesundheitsbereich (vgl. Melinz 2004, S. 37). Ihre Partizipationsmöglichkeiten erweiterten sich in dieser Periode sukzessive. Aus ihnen konstituierte sich beispielsweise die gesetzlich verankerte Arbeiterkammer, die als Körperschaft öffentlichen Rechtes eingerichtet wurde und im Gegensatz zum Gewerkschaftsbund auf einer Zwangsmitgliedschaft basierte. Sie vertritt bis heute die Rechte und Interessen der ArbeiterInnen und Angestellten.

Genossenschaften. Gleichzeitig entwickelte sich die aus der Selbsthilfe stammende Genossenschaftsbewegung. Diese positionierte sich als Gegenkraft zur aufstrebenden Marktwirtschaft und zu damit verbundenen Marktzutrittsbeschränkungen von Industrie und Gewerbe (vgl. Gubitzer 1989; Anastasiadis 2006, S. 34; Lang & Novy 2014, S. 1748). Konsumgenossenschaften sicherten so beispielsweise mit preisgünstigen Gütern die Versorgung des täglichen Lebensbedarfes der Bevölkerung. Solche Initiativen etablierten sich vorwiegend in den Feldern Kredit, Wohnbau und Landwirtschaft (vgl. Melinz 2004, S. 36), wobei ab 1880 ein Gründungsboom zu verzeichnen ist. Sie erhielten teilweise staatliche Förderungen, wobei diese zumeist dem feudal-klerikalen Lager vorbehalten waren (vgl. Melinz 2004, S. 36). Sozialdemokratische Konsumvereine wurden von ihrer Partei in geringerem Ausmaß unterstützt, nicht zuletzt, da von dieser Fraktion die Idee einer umfassenden Hilfe durch den Staat vertreten wurde (vgl. Melinz 2004, S. 36). So wurde eher umgekehrt agiert. Die im Bereich des Wohnbaues Innovationen setzende Siedlerbewegung wurde beispielsweise von kommunaler sozialdemokratischer Seite inkorporiert und in den Gemeindebau des ‚Roten Wiens' integriert (vgl. Lang & Novy 2014, S. 1748).

Wohlfahrtsinitiativen. Die sich in dieser Periode etablierenden Wohlfahrtsinitiativen entstanden ebenso im Wesentlichen aus den von Nohl pointierten Gegenbewegungen (vgl. Böhnisch 2016, S. 191). Leider ist aus der vorhandenen Literatur die Grenze zwischen privaten und öffentlichen Organisationen nicht immer klar zu erkennen. Die folgende thematisch und nicht chronologisch strukturierte Zusammenschau gibt einen exemplarischen Einblick in die Entwicklungen.

Zunächst sind die auf Basis von Gesetzen und vermutlich unter behördlicher Trägerschaft eingeleiteten Maßnahmen zu nennen, die auf individuelle Beeinflussung und Besserung zielten. 1885 wurden beispielsweise mit dem Zwangsarbeitergesetz „besondere Besserungsanstalten für jugendliche Korrigierende" (Hueber 1911, S. 310; zit. n. Scheipl 2003a, S. 15f.) eingerichtet, die Vorläufer der Fürsorge für deviante Jugendliche in den späteren Erziehungsheimen. Hervorzuheben ist des Weiteren das Allgemeine Bürgerliche Gesetzbuch (ABGB 1811), worin der Schutz und die Erziehung der Kinder in eine (lose) staatliche Oberaufsicht gestellt wurden (vgl. Scheipl 2003a, S. 21). Im Vormärz – den Monaten vor der Revolution 1848 – zog sich der Staat jedoch tendenziell aus dieser Verantwortung zurück, indem er ausdrücklich private Wohltätigkeitsvereine beauftragte, sich um verwaiste und verwahrloste Kinder zu kümmern (vgl. Feldbauer 1980, S. 107f.; zit. n. Scheipl 2003a, S. 21). Es entstanden Schutzvereine in Graz und Wien, die ab 1850 ‚Rettungshäuser' einrichteten (vgl. Engelbrecht 1986, S. 140 und S. 399; zit. n. Scheipl 2003a, S. 21f.). Die ersten ‚Kleinkinderbewahranstalten' entstanden hingegen bereits um 1830 in Wien. Es handelte sich dabei um private Fürsorgeeinrichtungen für arme, arbeitende Mütter, die weitgehend ohne pädagogisches Konzept und ohne staatliche Förderungen agierten (vgl. Scheipl 2003a, S. 24). Ab 1848 etablierten sich ausgehend von Graz österreichweit die ‚Volkskindergärten', die das Fröbel'sche Konzept adaptierten (vgl. Engelbrecht 1986, S. 101; zit. n. Scheipl 2003a, S. 25).

In der Historie ist zudem die Relevanz der beiden Kinderschutzkongresse (1907 und 1913) hervorzuheben, die unter dem Bekenntnis standen, dass die Bekämpfung der Verwahrlosung ein öffentlicher Auftrag ist (vgl. Scheipl 2010, S. 428). „Das Kind [soll] von dem ersten Augenblick seiner Existenz an bis zu seinem Eintritte in das Alter der Selbständigkeit […] zum Gegenstande einer bewußten und planmäßigen Fürsorge werden, welche sich Familie, Gesellschaft und Staat zu teilen haben" (Kinderschutzkongress Bd. 3 1970, S. 7f.; zit. n. Scheipl 2011, S. 1343). Scheipl (2011, S. 1342) bezeichnet die Kongresse als „politische und inhaltliche Meilensteine für einen sozialpädagogischen Aufbruch in Österreich".

Als erstes Ergebnis dieser Kongresse wurde die Zentralstelle für Kinderschutz und Jugendfürsorge eingerichtet (vgl. ebd., S. 1343), die bedeutenden Einfluss auf die Entwicklung des Ministeriums für Soziale Fürsorge und Volksgesundheit (1918) ausübte. Dieses wurde 1919 zum Bundesministerium für Soziale Verwaltung (vgl. Scheipl 2010, S. 428; Krempl & Thaler 2015, S. 44), das die Basis für den Ausbau sozialpolitischer Dienstleistungen in der Ersten Republik bildete (vgl. Scheipl 2011, S. 1343). In dieses Ministerium war auch der zentralstaatlich gesteuerte Arbeitsverwaltungsapparat mit den sich bereits um 1900 etablierenden regionalen Arbeitsvermittlungsämtern integriert (vgl. Krempl & Thaler 2015, S. 27 und S. 44). Diese behördliche Struktur begründete sich auf der bereits 1917 erlassenen Arbeitsvermittlungsverordnung (AVVO), mit der es die aus dem Krieg heimkehrenden Soldaten zu unterstützen galt, am Arbeitsmarkt Fuß zu fassen (vgl. ebd., S. 37). Dies geschah aufgrund der eingetretenen Wirtschaftskrise 1929 allerdings mit mäßigem Erfolg. So betrug der Arbeitslosenanteil 1933 26 % (Krempl & Thaler 2015, S. 34). Zudem ist kritisch festzuhalten, dass im Austrofaschismus diskriminierend gegen nicht regimetreue Arbeitssuchende vorgegangen wurde (vgl. ebd., S. 79). Ab 1938 verwandelten sich die Ämter schließlich in Verfolgungsinstrumente. Sie organisierten einen Großteil der Zwangsarbeit jüdischer BürgerInnen (vgl. Krempl & Thaler 2016, S. 151).

Zurückkommend auf die Landschaft von Wohlfahrtseinrichtungen ist festzuhalten, dass sich deren Anzahl unter privater Trägerschaft beständig vergrößerte. Neben den Rettungshäusern und Kindergärten entstanden 1908 die Kinderfreunde in Graz. Es handelt sich um eine aus der organisierten Arbeiterklasse heraus erwachsene Organisation (vgl. Müller 1988 Bd.1, S. 172), durch welche die Jugendarbeit wichtige Anregungen erfuhr (vgl. Scheipl 2010, S. 429). Die Kinderfreunde-Bewegung verbreitete sich und galt um 1930 als „die wahrscheinlich größte Laienpädagogik-Bewegung außerhalb der Kirchen in Mitteleuropa“ (Müller 1988 Bd.1, S. 172). Sie wirkten während des Zweiten Weltkrieges illegal weiter und gründeten sich 1945 unter dem Sujet „Freie Schule – Kinderfreunde“ als pädagogisches Programm der Sozialistischen Partei Österreichs (SPÖ) neu.[127] Zu erinnern ist zudem an aus der Jugendbewegung hervorgegangene Initiativen. Vor dem Ersten Weltkrieg waren beispielsweise der Österreichische Wandervogel und die Wiener Gruppe rund um die Zeitschrift „Der Anfang“ aktiv. In der Ersten Republik formierte sich insbesondere die katholische Jugendbewegung „Bund Neuland“ (vgl. Springer 1985, S. 10 ff.; Scheipl 2011, S. 1344). Mit diesen Vereinigungen wurde der Grundstein für die sich in der Zeit nach dem Zweiten Weltkrieg etablierende verbandliche Jugendarbeit gelegt. Nicht unerwähnt bleiben dürfen die in Österreich um die Jahrhundertwende gegründeten ersten Caritasverbände nach deutschem Vorbild. Es handelt sich um eine Organisation kirchlichen Rechts, die Nothilfe während und nach dem Ersten Weltkrieg leistete. Kleiderabgaben, Ausspeisungen, Kindererholungsaktionen und Bahnhofsmission zählten zu ihren ursprünglichen Aktivitäten. Die Caritas war eine der wenigen Initiativen, die als katholische Organisation trotz starker Behinderungen im NS-Regime weiterwirkte.[128]

Professionalisierung der Sozialen Arbeit. Mit der Etablierung der hier ausschnitthaft genannten Sozialen Organisationen entwickelte sich auch die Profession der Sozialen Arbeit. Rauschenbach (1999) tituliert das 20. Jahrhundert

127 http://www.kinderfreunde.at/Ueber-uns/Geschichte/Zeitspuren [23. 7. 2016].
128 Siehe dazu https://www.caritas.at/ueber-uns/geschichte/# [23. 7. 2016].

bekanntlich als „sozialpädagogisches Jahrhundert“, in dem sich die Soziale Arbeit im Schatten des Wohlfahrtsstaates rasant entfaltete (vgl. ebd., S. 17). Auch in Österreich entwickelten sich bereits in dieser frühen Phase Ausbildungsstätten. Ilse Arlt begründete beispielsweise bereits 1912 die Sozialarbeiterausbildung (vgl. Scheipl 2010, S. 427) und leistete darüber hinaus wichtige Beiträge zur Armutsforschung, die Parallelen zum heute diskutierten Capability Approach von Sen und Nussbaum aufweisen (vgl. Maiss 2009, S. 71 f.). Diese bedürfnistheoretischen Arbeiten wurden von Staub-Bernasconi (2007, S. 46) gewürdigt, denn „sie nimmt vorweg, was heute im Zusammenhang mit dem Recht auf Existenzsicherung und anderen Formen der Sozialhilfe neu diskutiert und teilweise realisiert wird“ (ebd., S. 48). Des Weiteren wirkten zu dieser Zeit wichtige ImpulsgeberInnen wie Aichhorn, Dworschak, Bühler, Lazarsfeld, Jahoda, Zeisel und Redl, deren Erkenntnisse die pädagogische Arbeit entscheidend vorantrieben.[129]

Zusammenschau

In der kurzen Zusammenschau der sich in dieser Periode entwickelnden Sozialen Organisationen wird erkennbar, dass bürgerliche, kirchliche und auch gewerkschaftliche Initiativen bereits vor der Etablierung des Wohlfahrtsstaates Pionierfunktion in der Bildungsarbeit, Verwahrlosenerziehung und Gemeinwesenarbeit hatten (vgl. Melinz 2004, S. 37). Mit der Entwicklung des konservativen Wohlfahrtsstaates nahmen sie eine wichtige ergänzende Rolle ein. In dieser frühen Phase zeichnet sich bereits tendenziell das für Österreich typische enge Zusammenwirken zwischen behördlich gesteuerten und privaten Wohlfahrtsträgern ab. Dies galt vor allem für den kommunalen Bereich der Jugendwohlfahrt, der Armenfürsorge und der Altenarbeit (vgl. ebd., S. 38). Während kleinere, zumeist als Vereine organisierte Einrichtungen zunächst die Zusammenarbeit scheuten, da sie um ihre Eigenständigkeit fürchteten, setzten größere auf die Kooperation, wobei sie zusehends zum integralen Bestandteil der Sozialpolitik und der behördlichen Sozialarbeit wurden (vgl. ebd.). Der Grundstein für einen ‚Private-Public-Welfare-Mix‘, der in den 1980er-Jahren unter dem Schlagwort ‚Wohlfahrtspluralismus‘ diskutiert wird (vgl. Evers & Olk 1996), wurde bereits hier gelegt.

Insgesamt modellieren sich aus den Entwicklungen in dieser Periode für den österreichischen Dritten Sektor typische Kennzeichen heraus. Zum einen bildeten sich die beiden in der Organisationstypologie (siehe Kapitel 5.2.3) ausgewiesenen traditionellen Dritt-Sektor-Modelle aus. Eine Traditionslinie finden wir in den aus der kollektiven Selbsthilfe entstandenen Genossenschaften. Eine zweite stellen die bürgerlich, sozialistisch und kirchlich organisierten Wohl-

129 Eine Charakterisierung der Beiträge dieser und anderer ‚Klassiker‘ findet sich unter anderem in Scheipl (2010) und Moritz (2012a und b).

fahrtsaktivitäten dar, die dem klassischen Non-Profit-Modell zugeordnet sind. Diesem werden auch die Interessenvertretungen, wie beispielsweise Gewerkschaften und Berufsvereinigungen, hinzugezählt. Alle drei Traditionslinien sind als Reaktionsmuster auf die gesellschaftlichen Entwicklungen im 19. Jahrhundert zu sehen. Mit ihnen wurde auf die unzulängliche Bereitstellung öffentlicher Dienstleistungen und Angebote reagiert, fehlender und mangelnder sozialer Sicherung entgegengesteuert und es wurden Reformen eingefordert. Diese Bedarfsorientierung stellt ein zweites wesentliches Kennzeichen des österreichischen Dritten Sektors dar. Ein drittes resultiert aus dem engen Zusammenwirken mit dem öffentlichen Sektor und seinen parteipolitischen Vertretungen. So entstanden die Organisationen zum einen selbstorganisiert aus der Selbsthilfe im Bottom-up-Modus, zum anderen wurden sie im Zuge kooperativer Beziehungen von staatlicher Seite entweder inkorporiert oder als ergänzende DienstleistungserbringerInnen in das föderalistisch ausgestaltete staatliche System integriert. Dass solche korporatistischen Zusammenhänge nicht nur Ressourcen sichern, sondern dass sich dadurch auch Einflusskanäle zu politischen Entscheidungsprozessen eröffnen, gilt es mitzudenken (vgl. Evers und Olk 1996, S. 29).[130]

5.3.2.2 Staatszentrierter Korporatismus

Wie bereits erwähnt, wurden mit dem Nationalsozialismus nicht nur jegliche legalen Entfaltungsmöglichkeiten sozialer Bewegungen und ihrer Organisationen unterbunden, sondern es kam auch zur Auflösung zahlreicher Sozialer Organisationen, die sich bis 1938 pionierhaft etabliert hatten. Die Agenden wurden im Zweiten Weltkrieg im Wesentlichen durch den ‚Nationalsozialistischen Volkswohlfahrtsverband' übernommen. Wenn auch die unmittelbaren Nachkriegsjahre durch soziale und wirtschaftliche Probleme geprägt waren, erfolgte ab ca. 1950 eine Prosperitätsperiode, die bis weit in die 1970er-Jahre hinein anhielt. Die ökonomischen wie auch die politischen Bedingungen begünstigten einen expansiven Ausbau des Wohlfahrtsstaates, der beispielsweise 1979 in einem 99,3-prozentigen Anteil von krankenversicherten Personen gipfelte (vgl. Tálos 2005, S. 30). Österreich verfügte in den 1960er- und 1970er-Jahren über eine Vollbeschäftigung (siehe Kapitel 4.1.4). Das Normalarbeitsverhältnis, also ein vollzeitiges, arbeits- und sozialrechtlich abgesichertes und kontinuierliches Arbeitsverhältnis, etablierte sich so zum „Referenzpunkt" für sozialstaatliche Sicherung (ebd., S. 20). Ein Anstieg der Bevölkerung und eine steigende Le

130 Inwiefern private Wohlfahrtsaktivitäten zu dieser Zeit die Ausgestaltung öffentlicher beeinflussten, kann hier nicht im Detail nachgewiesen werden. Dazu bedarf es eingehender historischer Untersuchungen, die hiermit angeregt werden.

benserwartung werden ebenso für diese Periode konstatiert. Politisch herrschte ein auf Kompromiss beruhendes Klima vor. Die Landschaft wurde im Wesentlichen durch zwei Parteien gestaltet: die Sozialdemokratische Partei Österreich (SPÖ) und die Österreichische Volkspartei (ÖVP). Bei allen Differenzen herrschte Einigkeit in Fragen der Steuerung von ökonomischen und sozialen Entwicklungen durch den Staat. Es galt der Grundsatz: Wirtschafts- und Beschäftigungswachstum, Preis- und Währungsstabilität, Vollbeschäftigung als Basis für die soziale Sicherung und den Ausbau der Sozialpolitik (vgl. ebd., S. 22). Die Kooperation zwischen den Eliten ÖVP und SPÖ prägte lange die politische Landschaft Österreichs. Pantucek (2005, S. 796) ortet darin die Wurzeln eines „Klientilismus", wobei die Machtsphären zwischen diesen beiden Parteien und den ihnen nahestehenden Organisationen aufgeteilt wurden, was aus der Sicht des Autors zu einer Unterentwicklung des nicht parteigebundenen zivilgesellschaftlichen Engagements beitrug.

Wohlfahrtsstaatliche Entwicklungen

Die wohlfahrtsstaatlichen Entwicklungen knüpften am Status quo der Ersten Republik an (vgl. Tálos 2005, S. 17). Die Wiedereinführung der bestehenden Gesetzeslage sowie der etablierten Einrichtungen war der erste Schritt, dem zahlreiche weitere folgten. Hervorzuheben ist die Einführung des Allgemeinen Sozialversicherungsgesetzes 1955, das eine Expansion der personellen Reichweite wie auch des Niveaus der Leistungen selbst inkludierte und in weiterer Folge durch begleitende Gesetze (BSVG, GSVG, FSVG) auf alle Berufsgruppen ausgedehnt wurde (vgl. Dimmel & Schmid 2013, S. 31). Des Weiteren zu erwähnen sind die Kürzungen der Wochen- und Jahresarbeitszeiten, die Verlängerung des Urlaubsanspruches, das 1973 eingeführte Arbeitsverfassungsgesetz, das unter anderem die betrieblichen Mitbestimmungsoptionen erweiterte, und das 1968 entwickelte Arbeitsmarktförderungsgesetz, das den Zugang zum Arbeitsmarkt erleichtern soll. Bereits 1949 wurde das Kinderbeihilfegesetz, 1954 das Familienlastenausgleichsgesetz und 1957 das Mutterschutzgesetz eingerichtet. 1979 wurde zudem mit der Einführung des Gleichbehandlungsgesetzes bei der Festsetzung des Entgeltes für Frauen und Männer auf Forderungen der Frauenbewegung reagiert. 1971 wurde begonnen, die bereits seit 1948 bestehenden unterschiedlichen Fürsorgegesetze der Länder unter einem weitgehend angeglichenen Rahmen als Landessozialhilfegesetze zu verankern, womit die grundlegende materielle Absicherung von Nichterwerbstätigen sichergestellt wurde. Hinzu kamen die Hilfe in Notlagen sowie die Entwicklung spezifischer sozialer Dienste für ältere, kranke und behinderte Personen (vgl. Tálos 2005, S. 16ff.). Diese Landesgesetze blieben bis zur Einführung der ‚bedarfsorientierten Mindestsicherung' 2010 weitgehend unverändert (vgl. Pantucek 2005, S. 796). Eine oftmals eingeforderte Vereinheitlichung der Sozialhilfe auf Bundesebene stieß auf Widerstand der Länder, zumal dadurch ihr Kompetenzbereich beträchtlich geschmälert werden würde (vgl. ebd., S. 797). Eine Ausnahme bildet das Jugendwohlfahrtsgesetz des Bundes mit länderspezifischen Ausführungsgesetzen (erstes 1954, zweites 1989) (vgl. Scheipl 2011, S. 1345), wobei insbesondere die Novelle von 1989 zu einer verbesserten Stellung der freien Träger und zu einem Ausbau der nicht direkt durch Gebietskörperschaften organisierten Angebote führte (vgl. Pantucek 2005, S. 797 f.). Dennoch blieben damit die föderalistischen Strukturen weitestgehend erhalten.

Insgesamt verfestigte sich in der staatszentrierten Phase das bereits im 19. Jahrhundert entwickelte, umfassende und hauptsächlich auf Versicherungsleistungen basierende, konservativ-korporatistische Wohlfahrtsstaatssystem, das auf folgenden inhaltlichen Prinzipien gründet: 1.) Mit dem Leistungsprinzip wird der Anspruch auf soziale Sicherung an die Erwerbsarbeit und die damit verbundene Beitragsleistung gekoppelt; 2.) mit dem Äquivalenzprinzip sind die Versicherungsbeiträge sowie die Versicherungsleistungen an die Höhe des Einkommens gebunden; 3.) mit dem Subsidiaritätsprinzip werden staatliche Hilfen in Notlagen gewährt, allerdings nur dann, wenn keine anderen Möglichkeiten der Unterhaltssicherung gegeben sind, und 4.) mit dem Arbeitsschutzprinzip orientieren sich die Regelungen der Arbeitsbedingungen und -beziehungen am Schutz der lohnabhängigen Personen. Ziel der wohlfahrtsstaatlichen Sicherungsleistungen ist es, so vorwiegend Erwerbstätige vor Risiken wie Krankheit, Unfall, Alter, Arbeitslosigkeit etc. zu schützen und ihnen den Lebensstandard sicherzustellen. Eine Dekommodifizierung, also ein Schutz vor negativen Einflüssen des Marktes sowie vor Einkommensausfällen, ist das vorrangige Ziel (vgl. Esping-Andersen 2007, S. 3).

Wie bereits in Kapitel 4.1 angedeutet, wird an diesem Wohlfahrtsstaatsmodell kritisiert, dass Personengruppen, die keiner Erwerbsarbeit nachgehen können, von einer eigenständigen sozialen Sicherung ausgegrenzt bleiben. Des Weiteren werden mit diesem System Statusungleichheiten reproduziert, da die Leistungshöhe an die Einkommenshöhe gebunden ist (vgl. Tálos 2005, S. 35). Fraglich ist zudem seine Nachhaltigkeit. Da es sich weitestgehend aus Versicherungsbeiträgen und Steuern durch Erwerbstätigkeit finanziert, sind die Einnahmequellen von wirtschaftlichen und sozialen Faktoren abhängig. Auch der Generationenvertrag, auf dem das Pensionsversicherungssystem beruht, ist in Anbetracht möglicher demografischer Veränderungen ein instabiles Konstrukt.

Soziale Bewegungen und Organisationen

Die massive Präsenz des Staates prägte die nationalen wirtschaftlichen und sozialen Entwicklungen entscheidend mit. Gesellschaftliche Widersprüche, die als Motor für soziale Bewegungen und deren Organisationen gelten, wurden entweder weitgehend verdrängt oder mit dem Konzept der ‚sozialen Marktwirtschaft' als überwunden angesehen (vgl. Anastasiadis 2006, S. 39). In dieser Zeit blieben soziale Bewegungen, zumindest bis in die 1970er-Jahre, weitestgehend aus (vgl. Neumayr et al. 2007, S. 1). Dritt-Sektor-Organisationen entwickelten sich entweder als kommerzielle Unternehmen weiter – wie es vor allem in der Genossenschaftsbewegung der Fall war – oder sie wurden überwiegend zu staatlich finanzierten Sozial- und Wohlfahrtsinstitutionen mit parteipolitischer oder konfessioneller Prägung (vgl. Melinz 2004, S. 36; Pantucek 2005, S. 799; Anastasiadis 2006, S. 39; Lehner 2011, S. 59).

Genossenschaften. Hinsichtlich der *Genossenschaften* stellt Brazda (1986, S. 18; zit. n. Melinz 2004, S. 36) Tendenzen der Kommerzialisierung fest. Auch Lang und Novy (2014, S. 1749) bestätigen dies. Durch eine Ausgliederung von Funktionen aus dem gemeinsamen Geschäftsbetrieb, eine Ausweitung der Mitgliederanzahl, die Bildung von Managementeinheiten und die Ausdünnung der Mitbestimmungsmöglichkeiten der Mitglieder verwandelten sich einige, wie beispielsweise die Raiffeisengenossenschaften zusehends zu Wirtschaftsunternehmen des Marktsektors, die folglich auch weitestgehend aus der Dritt-Sektor-Forschung ausgeblendet bleiben (siehe Kapitel 5.2.2). Andere, wie beispielsweise die 1952 gegründete Wiener Siedlergenossenschaft, verfolgen ihren auf Selbsthilfe und Gemeinschaft bezogenen Ansatz bis heute weiter.[131]

Interessenvertretungen. Mit Blick auf die *Interessenvertretungen* entfaltete sich in dieser Periode eine enge Verflechtung unterschiedlicher gesetzlicher und freiwillige ArbeitnehmerInnen- und ArbeitgeberInnenverbände, die verstärkt in politische Entscheidungsprozesse miteinbezogen wurden. Als ‚Sozialpartnerschaft' oder ‚Austrokorporatismus' tituliert, entwickelte sich ein mehrdimensionales Kooperationssystem zwischen Interessenvertretungen und der Regierung (vgl. Tálos 2006, S. 426). Pantucek (2005, S. 796) streicht die sozialpartnerschaftliche Politik als „zentrales Element des Staatsbewusstseins, der nationalstaatlichen Identität" heraus. Im Konkreten handelt es sich um ein Netzwerk mit unterschiedlichen parteipolitischen Nähen 1.) zwischen Österreichischem Gewerkschaftsbund (ÖGB), der Bundesarbeitskammer (BAK) und der SPÖ sowie 2.) zwischen der Österreichischen Wirtschaftskammer (WKÖ), der Präsidentenkonferenz der Landwirtschaftskammer (PRÄKO), der Vereinigung Österreichischer Industrieller (VÖI) und der ÖVP. Daraus resultieren die für die österreichische politische Kultur typischen Kompromissstrategien sowie die parteipolitische Aufsplitterung der organisationalen Landschaft auch über die Grenzen der Interessenvertretungen hinaus. Für freie Wohlfahrtsinitiativen sind Interessenvertretungen beispielsweise insofern von Relevanz, da sie unter anderem Einfluss auf die Finanzierungsregelungen von sozialen Dienstleistungen ausüben, womit ihre Existenzgrundlage mitbestimmt wird.

131 http://www.wiener.co.at/ [24.7.2016].

Wohlfahrtsinitiativen. Neben der Kommerzialisierung einiger Genossenschaften und der Institutionalisierung der Interessenvertretungen expandierte in dieser Periode das Wohlfahrtsaktivitätsspektrum. Aus der Not der Nachkriegszeit entwickelten sich neue Soziale Organisationen, die im Folgenden exemplarisch genannt werden.

Hervorzuheben ist das von Hermann Gmeiner gegründete SOS Kinderdorf.[132] Von der Gemeinde Imst und über Spenden unterstützt, errichtete er 1949 das erste SOS Kinderdorf, nach dessen Prinzipien „Mutter, Geschwister, Haus, Dorf" Kriegswaisen und andere notleidende Kinder in einer familiären Umgebung aufwachsen können – eine Idee, die zu einer Bewegung wurde und sich weltweit ausbreitete. Des Weiteren entstanden unmittelbar in der Nachkriegszeit – zusätzlich zur Caritas und zum wiedergegründeten österreichischen Rotes Kreuz – die Innere Mission (seit 1968 Diakonie Österreich) und das Soziale Hilfswerk (1947)[133] sowie die Volkshilfe (1947)[134], womit sich das Spektrum der fünf ‚großen' Wohlfahrtsträger vervollständigt.

Der erwähnte Zusammenhang zwischen Interessenvertretungen, Sozialen Organisationen und dem öffentlichen Sektor wird in den konfessionellen und parteipolitischen Nähen dieser großen freien Wohlfahrtsträger in Österreich deutlich. So gilt die Volkshilfe als Vorfeldorganisation der SPÖ, das Rote Kreuz und das Hilfswerk werden der ÖVP zugeordnet, die Diakonie der evangelischen und die Caritas der katholischen Kirche (vgl. Pantucek 2005, S. 799; Neumayr et al. 2007, S. 11; Pennerstorfer, Schneider & Badelt 2013, S. 57). Daraus resultieren beidseitige Erwartungshaltungen. Zum einen wird von Sozialen Organisationen die Implementierung parteipolitischer bzw. konfessioneller Zielsetzungen erwartet, umgekehrt erwarten sich Soziale Organisationen ein Mitspracherecht, z. B. bei der Festsetzung von Förderkriterien (vgl. Pennerstorfer, Schneider & Badelt 2013, S. 58).

Insgesamt stellt Melinz (2004, S. 39) fest, dass die freien Träger nach 1945 wichtige Funktionen in der staatlich regulierten Wohlfahrtspolitik erfüllten. Während sich die öffentliche Fürsorge auf das Problem der Verwahrlosung und auf das Heimwesen konzentrierte (vgl. Moritz 2012a, S. 43), setzten sich die Wohlfahrtsverbände insbesondere gegen Hungersnot, Arbeitslosigkeit und mangelnde Gesundheitsversorgung ein. Im Verlauf dieser staatszentrierten Phase weiteten sich ihre Tätigkeitsfelder kontinuierlich aus. Die Volkshilfe setzte beispielsweise Schwerpunkte in der Kinderbetreuung, der Pflege, der Rechtsberatung, der Flüchtlingshilfe sowie der Katastrophen- und Entwicklungshilfe. Zum Angebot der Caritas zählten die Individual- und Sozialberatung, Behin-

132 http://www.sos-kinderdorf.at/sos-kinderdorf-erleben/einblick-in-unsere-welt/unsere-wurzeln/sos-kinderdorf-oesterreich [23.7.2016].

133 http://www.hilfswerk.at/wir-ueber-uns/das-hilfswerk/geschichte [23.7.2016].

134 https://www.volkshilfe.at/geschichte [23.7.2016].

dertenwerkstätten, Krankenfürsorge und mobile Pflege älterer Personen sowie Pflegewohnheime.

Neben diesen großen Trägern bildeten sich in der staatszentrierten Phase weitere, etwas kleinere heraus, die einen spezifischeren Fokus setzten und die Trägerlandschaft seither bereichern. So agiert beispielsweise die Lebenshilfe[135] seit 1967 im Handlungsfeld Behinderung, Rettet das Kind[136] widmet sich seit 1956 der Jugendwohlfahrt und Pro mente[137] spezialisiert sich seit 1965 im Bereich der Psychiatrie. Jugend am Werk wurde bereits 1945 gegründet, um die Beschäftigungs- und Ausbildungsstrukturen für junge Menschen zu verbessern. Seit den 1950er-Jahren spezialisierte sich diese Organisation auf benachteiligte Jugendliche am Arbeitsmarkt, insbesondere jene mit Lernschwierigkeiten und Behinderungen.[138]

Die Ausweitung des Träger- und Tätigkeitsspektrums ist ein Indiz für die Wahrnehmung spezifischer sozialer Problemlagen, auf die insbesondere freie Träger in ihrer intermediären Position reagierten, worin sich die Bedarfsorientierung manifestiert. In einer Zusammenschau dieser Expansions- und Ausdifferenzierungstendenzen konstatiert Melinz (2004, S. 39) einen Zusammenhang mit der Einführung der Landessozialhilfegesetze in den 1970er-Jahren. Diese trugen insbesondere im Bereich der Pflegeleistungen zu einer Erweiterung des Dienstleistungsangebotes bei (vgl. Melinz 2004, S. 39). Mit der Einführung des Pflegegeldgesetzes 1993 wird sich dieser Bereich in noch vergrößern (vgl. Pantucek 2005, S. 797).

Professionalisierung der Sozialen Arbeit. Die expansive Ausweitung sozialer Dienstleistungen prägt auch die Diskussionen um die Profession. Bis 1970 war die Soziale Arbeit vorwiegend durch ein Negativbild geprägt, nicht zuletzt durch die Häufung von Skandalen in Erziehungsheimen. Ein Personalmangel sowie der Einsatz rigider Methoden führten schließlich zu Heimaufständen wie beispielsweise der ‚Spartakusbewegung' (1952) (vgl. Moritz 2012b, S. 42). Während Reformen erst in den 1970er-Jahren eingeleitet wurden, forcierten Kriegsheimkehrerinnen aus Großbritannien und den USA bereits in den 1950er-Jahren neue, innovative Methoden wie das Case-Work und die Supervision zur Modernisierung des Fürsorgewesens (vgl. Pantucek 2005, S. 798), die in das Ausbildungswesen implementiert wurden (vgl. Moritz 2012b, S. 44). Moritz (ebd., S. 45) bezeichnet diese Entwicklung als „eine Bewegung von unten zu

135 http://www.lebenshilfe.at/index.php?/de/Ueber-uns/Geschichtliche-Meilensteine [23.7.2016].

136 http://www.rettet-das-kind-tirol.at/organisation/geschichte/ [23.7.2016].

137 http://www.promente-wien.at/ueber-uns/geschichte.html [23.7.2016].

138 http://www.jaw.at/home/ueberuns/8/Geschichte [23.7.2016].

neuen Arbeitsweisen und Haltungen". Darin manifestiert sich die Relevanz kritischer Stimmen von sozial Engagierten auf den professionellen Fortschritt.

Des Weiteren kam es 1956 zur Gründung der ÖKSA, des Österreichischen Komitees für Soziale Arbeit. Als Gründungsmotiv galten Zweifel, dass die staatlichen sozialpolitischen Maßnahmen ausreichen, um die sozialen Probleme zu lösen. Ziel war es, ein Dialoggremium für zentrale Akteure zu schaffen, Tagungen unter Beteiligung von ExpertInnen aus dem Ausland anzubieten und die Kooperation zwischen freien Trägern, der Sozialbürokratie und der Sozialpolitik voranzutreiben, um ein sinnvolles Miteinander statt Nebeneinander zu fördern. Den bereits 1949 erarbeiteten Vorbereitungsprotokollen dieser Arbeitsgemeinschaft ist in diesem Zusammenhang Folgendes zu entnehmen: „[...] gemeinsam die Richtlinien und Maßnahmen zu erörtern bzw. zu treffen, durch welche sozialen Notständen aller Art in möglichst rationeller und ökonomischer Weise abgeholfen werden kann; ferner den Einsatz der zusätzlichen Fürsorgemittel der freien Wohlfahrtspflege so zu regeln, dass die Einheitlichkeit, Zweckmäßigkeit und Wirksamkeit aller Fürsorgemaßnahmen gewahrt und gefördert wird" (Melinz 2006, S. 10). Mit diesem Anspruch wurde eine nationale Zentralstelle für die Profession mit internationaler Einbindung in das „International Council on Social Welfare" (ICSW) gegründet, die unter anderem Forderungen nach einer einheitlichen Ausbildung und einer Ausweitung der Erwachsenenfürsorge sowie nach einem neuen Jugendwohlfahrtsgesetz stellte (vgl. Moritz 2012a, S. 46), worin sich die aktive Beteiligung der freien Träger an der sozialpolitischen Diskussion zeigt (vgl. Pantucek 2005, S. 799).

Zusammenschau

Die hier in groben Zügen nachgezeichneten Entwicklungen von Dritt-Sektor-Organisationen zur Zeit eines staatszentrierten korporatistischen Wohlfahrtssystems lassen tendenziell Rückschlüsse auf einen organisationalen Isomorphismus zu (vgl. DiMaggio & Powell 1983, S. 147). Sie glichen sich zunehmend an externe Organisationswelten an. Sie erfüllten entweder nach vorgegebenen Standards öffentliche Wohlfahrtsdienste, vertraten Interessen in Form von institutionalisierten Verbänden mit parteipolitischen bzw. konfessionellen Nähen oder entwickelten sich zu kommerziellen Genossenschaften. Die Räume für bottom-up-induzierte soziale Innovationen verengten sich merklich (Anastasiadis 2006, S. 69; Neumayr et al. 2007, S. 1; Lang & Novy 2014, S. 1749), wenn auch Spuren insbesondere in der Professionalisierung der Sozialen Arbeit und in den Wohlfahrtsdiensten zu finden sind, die auf soziale Probleme reagierend ihr Angebotsspektrum erweiterten und alternative Methoden einführten. Die wirklich kritische Wende vollzog sich in Österreich allerdings erst im Gefolge der Studierendenbewegung der 1970er-Jahre, womit die wohlfahrtspluralistische Periode ihren Ausgang nahm.

5.3.2.3 Wohlfahrtspluralismus

In dieser Periode zeichneten sich bereits gesellschaftliche, wirtschaftliche und demografische Veränderungen ab, die sich in den 1990er-Jahren zuspitzten. Die in Kapitel 4.1 umrissenen Entwicklungen der Individualisierung, Globalisierung, Flexibilisierung und ökologischer Gefährdungen eröffneten neue Themen, denen sich soziale Bewegungen annahmen. Während das politische Klima weitgehend konstant blieb und auf Kompromiss zwischen den beiden Großparteien beruhte, wurden durch die Bewegungsoffensive neue Akzente gesetzt, die schließlich auch von der Politik als unterstützend wahrgenommen wurden.

Wohlfahrtsstaatliche Entwicklungen

Die in den 1980er-Jahren langsam eintretenden wirtschaftlichen und demografischen Wandlungsprozesse führten zu ersten wohlfahrtsstaatlichen Reformen. Eine Trendwende zeigt sich in der Pensionsversicherung. In der Novelle des Allgemeinen Sozialversicherungsgesetzes (ASVG-Novelle) 1984 wurde der Bemessungszeitraum von fünf auf zehn Jahre ausgeweitet und Leistungseinschränkungen vor allem bei Frauenpensionen festgesetzt. In der Fassung von 1988 wurde der Bemessungszeitraum auf 15 Jahre ausgedehnt und die beitragsfreie Anrechnung von Schul- und Studienzeiten zur Pensionshöhe abgeschafft. Das Arbeitslosenversicherungsgesetz 1989 brachte Verbesserungen und Restriktionen. Mit dem Arbeitskräfteüberlassungsgesetz 1989 wurden ergänzend arbeits- und sozialrechtliche Regelungen für die wachsende Zahl an Leiharbeitskräften geschaffen (vgl. Tálos 2005, S. 83).

Soziale Bewegungen und Organisationen

Parallel zu diesen wohlfahrtsstaatlichen Entwicklungen setzte in den 1970er- und 1980er-Jahren eine Bewegungsoffensive ein, die als ‚neue soziale Bewegung' bezeichnet wurde (vgl. Anastasiadis 2006, S. 69; Neumayr et al. 2007, S. 2). ‚Neu' deshalb, da sie zum einen neue, in der damaligen Öffentlichkeit weitestgehend unberührte Themen lancierte sowie einen ökologischen, kulturellen, sozialen und politischen Bewusstseinswandel einleitete. ‚Neu' zum anderen, da sie sich in ihrer organisationalen Offenheit von den frühen Bewegungen unterschied. Mit flachen Hierarchien und Partizipationsformaten zielte sie auf eine Veränderung der Politik sowie der Lebensweisen insgesamt ab (vgl. Wagner 2009, S. 12). „Anders arbeiten – anders leben" hieß es beispielsweise. Die Alternativbewegungen knüpften im Wesentlichen an die Grundgedanken und die Prinzipien der ursprünglichen Genossenschaftsbewegung an, insbesondere an die an der Basis orientierte Selbsthilfe sowie an die Selbstverwaltung (vgl. Pennerstorfer, Schneider & Badelt 2013, S. 59). Gubitzer (1989) verwendet für die entstandene Vielzahl von Projekten den Sammelbegriff „Alternative Ökonomie", die sich in Österreich aufgrund der von traditionellen Genossenschaften eingeführten Revisionsgesetze zumeist als Vereine organisierten[139] (vgl. Gubitzer 1989, S. 18ff.). Das Vereinswesen erlebte zu diesem Zeitpunkt einen Aufschwung, der sich bis heute fortsetzt und ein wesentliches Kennzeichen des Dritten Sektors in Österreich abbildet (vgl. Pennerstorfer, Schneider & Badelt 2013, S. 62), wie es bereits in Kapitel 5.2.2 ausgewiesen wurde.

Auch wenn sich das Engagement der ‚neuen sozialen Bewegung' in Konfrontation und auch in Ergänzung zur bestehenden – weitgehend isomorphen – Struktur und Kultur des Dritten Sektors entwickelte, blieb es nicht unerkannt und wurde sozialpolitisch nutzbar gemacht, oder wie es Böhnisch (2016, S. 191) formuliert: „Der Sozialstaat als Moderator des gesellschaftlichen Konflikts transformierte diese Bewegungen in Modernisierungsprojekte der Sozialen Arbeit." Es wurden politische Reformen eingeleitet und Projekte subventioniert, insbesondere solche mit konflikteindämmender Wirkung (vgl. Melinz 2004, S. 40). Insofern wurde der Innovationsgehalt der Engagierten wahrgenommen und im Sinne des Wohlfahrtspluralismus politisch unterstützt und genützt. Dadurch begann sich das bereits weit entwickelte Spektrum Sozialer Organisationen in den 1980er-Jahren nochmals auszudehnen, auszudifferenzieren und – das ist entscheidend – zu institutionalisieren.

Neue Organisationen. So setzte die Heimreform, die in den 1970er-Jahren ihren Ausgang nahm und sukzessive zu einer Umstrukturierung von ehemaligen Großheimen in Kleinheime, Wohngemeinschaften und mobil betreutes Wohnen führte (vgl. Scheipl 2011, S. 1344), Impulse für die Weiterentwicklung der freien Trägerszene in diesem Segment. Die Bewährungshilfe, die sich bereits 1957 gegründet hatte und Initiativen zur Betreuung von delinquenten Jugendlichen bereitstellte (vgl. Moritz 2012a, S. 44), wurde in den 1970er-Jahren zu einer relevanten Mitspielerin in der Strafrechtsreform. Der Verein für Bewährungshilfe (seit 2002 Neustart) implementierte am Case-Work orientierte Methoden und entwickelte den zunächst in Modellprojekten erprobten ‚außergerichtlichen Tatausgleich', der 1989 im Jugendstrafrecht verankert wurde (vgl. Pantucek 2005, S. 797; Scheipl 2011, S. 1346). Auch im Bereich der aktiven Arbeitsmarktpolitik wurden in den 1980er-Jahren neue Wege beschritten (vgl. Pantucek 2005, S. 798). In enger Kooperation zwischen Politik und neu gegründeten Sozialökonomischen Betrieben wurde nach europäischem Vorbild ein ‚zweiter Arbeitsmarkt' geöffneten.[140] Mit Blick auf die Jugendarbeit etablierten sich offene Formen in Ergänzung und Kritik an der bis dato weitestgehend verbandlich organisierten Jugendarbeit, zu der unter anderem das Evangelische

139 Laut Vereinsregister (Pennerstorfer, Schneider & Badelt 2013, S. 62) waren 1960 42 269, 1970 45 734, 1980 58 400 und 1990 78 835 Vereine in Österreich registriert.

140 Dessen Entwicklung wird in den empirischen Arbeiten explizit nachgegangen (siehe Kapitel 7.1).

Jugendwerk, die Katholische Jugend, die Junge Generation der ÖVP, die Pfadfinder, die Gewerkschaftsjugend und die Naturfreunde zählten (vgl. Springer 1985, S. 19). Die autonome Jugendzentrumsbewegung grenzte sich von diesen mehrheitlich konfessionellen und parteipolitisch gebundenen Organisationen ab. Sie forderten offene und freie Räume, die sie mitunter durch Hausbesetzungen für sich okkupierten, wie es im ‚alten Schlachthof St. Marx' in Wien der Fall war (vgl. Moritz 2013, S. 46). Die Bewegung war wesentlich durch jugendkulturelle Motive mit generationsspezifischen Identitätsfindungsprozessen begleitet. Die ersten autonomen Jugendzentren blieben allerdings aufgrund mangelnder finanzieller Mittel von kurzer Dauer (vgl. Springer 1985, S. 32). Im Verlauf der 1980er-Jahre entstand schließlich im Mischfinanzierungsmodus aus Spenden, Eigeneinnahmen und vorwiegend kommunalen Subventionen österreichweit eine Reihe von vereinsbasierten Jugendzentren, wie beispielsweise die ‚Insel' (1982) oder das ‚Explosiv' (1988) in Graz (vgl. Maier & Wohnsich 1991, S. 37, S. 137 und S. 138).

Neues professionelles Selbstverständnis der Sozialen Arbeit. Im Gefolge dieser Entwicklungen geriet auch die Profession in Bewegung. Wie hier ausschnitthaft gezeigt wurde, leiteten kritische Basisbewegungen Umstrukturierungen in zahlreichen Bereichen ein. Aus professionstheoretischer Sicht betont Moritz (2013, S. 47), dass die bereits Mitte der 1950er-Jahre vollzogenen Neuerungen in den Ausbildungseinrichtungen ein entscheidendes Potenzial für die sich seit den 1970er-Jahren durchsetzenden Innovationen und Reformen bildeten. In den Ausbildungen wurde an der Kritik an den bestehenden Einrichtungen angeknüpft und es wurden alternative Modelle und Methoden auf Projektbasis entwickelt und erprobt. Durch diese Öffnung und die damit einhergehenden Reformen konnte die Profession schließlich in den 1970er-Jahren ihre zivilgesellschaftlichen Bezüge zurückgewinnen (vgl. Pantucek 2005, S. 798). Insgesamt erhielt das Berufsbild ein neues Selbstbewusstsein (vgl. Moritz 2013, S. 47). Soziale Arbeit wird nicht mehr ausschließlich als behördliche Fürsorge und Kontrolle, sondern vor allem als an Bedürfnissen ausgerichtete Unterstützungs- und Serviceleistung begriffen. In der Folge wurde die Fürsorgeschule 1985 zur Akademie für Sozialarbeit (Pantucek 2005, S. 798) umfunktioniert. Ergänzend dazu wird an den Universitäten seit den 1970er-Jahren Sozialpädagogik als Schwerpunktbereich im Rahmen des erziehungswissenschaftlichen Studiums angeboten (Scheipl 2011, S. 1342). Insgesamt nahm das Nachwuchsinteresse an diesem Berufsfeld stetig zu.[141] Damit wurde auch der Boden für die Adaptierung einer an Partizipation orientierten Fachlichkeit bereitet (siehe Kapitel 2.3.1). So

141 Einen Überblick zur Entwicklung der Ausbildungslandschaft geben Heimgartner (2009a, S. 139 ff.) und Lauermann (2011, S. 172 ff.).

wurde laut Moritz (2013, S. 48) durch die Selbsthilfe-Bewegung das Empowerment gelebt und konzeptionalisiert. Scheipl (2011, S. 1346) identifiziert in den Arbeiten von Hovorka und Redl (1987) am Sozialraum orientierte Elemente.

Zusammenschau

In einer Zusammenschau kann festgehalten werden, dass in der Aufbruchsphase dieser Zeit eine Vielzahl von Sozialen Organisationen entstand und bestehende sich weiterentwickelten. So weiteten auch die großen Wohlfahrtsträger in dieser wohlfahrtspluralistischen Phase erneut ihr Tätigkeitsspektrum aus. Die Caritas beispielsweise dehnte in den 1980er-Jahren ihre Schwerpunkte auf Obdachlosenhilfe, Beschäftigungsprojekte, Katastrophen- und Entwicklungshilfe sowie auf die Flüchtlingsbetreuung aus. Zudem bildeten sich in dieser Phase ergänzend zu den klassischen NPOs die dem in der Organisationstypologie ausgewiesenen neueren Modell zugeordneten Social Enterprises heraus (siehe Kapitel 5.2.3). Als prototypisch dafür sind die in der aktiven Arbeitsmarktpolitik tätigen Sozialökonomischen Betriebe zu nennen. Insgesamt übernahmen Dritt-Sektor-Organisationen im Windschatten der ‚neuen sozialen Bewegung' nicht nur behördlich gesteuerte Dienstleistungsfunktionen, sondern sie reagierten auf gesellschaftliche Bedürfnislagen und prägten wichtige Reformen entscheidend mit (vgl. Melinz 2004, S. 34). Im Gefolge ihrer zunehmenden Institutionalisierung lösten sich diese Experimentierfelder allerdings wieder langsam auf, womit sich ihr Mobilisierungspotenzial deutlich verringern wird (vgl. Wagner 2009, S. 12), wie im folgenden Abschnitt gezeigt wird. Insbesondere Soziale Organisationen beschränken sich im Modus des Wohlfahrtspluralismus (vgl. Evers & Olk 1996) wieder zunehmend auf Dienstleistungsfunktionen und geraten im ‚Welfare-Market' unter erheblichen Druck.

5.3.2.4 Übergang vom Wohlfahrtspluralismus zum ‚Welfare-Market'

Angesichts massiver gesellschaftlicher Wandlungsprozesse spitzt sich die Frage nach der Haltbarkeit des österreichischen Wohlfahrts- und Gesellschaftssystems seit Mitte der 1980er-Jahre zusehends zu. Sie stellen aber auch neue Herausforderungen an den Dritten Sektor, der eng an strukturelle und individuelle Entwicklungen gekoppelt ist. Die Wandlungsprozesse verlaufen in unterschiedlichen gesellschaftlichen Teilbereichen parallel (vgl. Tálos 2005, S. 41 ff.). So ist ein demografischer Wandel wahrnehmbar, der zu einem Alterungsprozess der Bevölkerung beiträgt und sich in Diskursen zur Finanzierbarkeit des daran gebundenen Pensionsversicherungssystems sowie in einer erhöhten Nachfrage nach Pflegedienstleistungen niederschlägt. Veränderungen im familiären Zusammenleben führten zu einer Erhöhung der Zahl der AlleinerzieherInnen, was Herausforderungen an die Familienpolitik, an die Kindererziehung und -betreuung und an das soziale Sicherungssystem insgesamt stellt, nicht zuletzt, da die Gruppe der Ein-Eltern-Haushalte mit 42 % die höchste Armuts- und Ausgrenzungsgefährdung in Österreich aufweist (vgl. Statistik Austria 2016, S. 1). Wirtschaftlich ist einerseits eine merkbar niedrigere Wachstumsrate zu verzeichnen, die sich mit der Wirtschaftskrise ab 2008 nochmals reduzierte. Andererseits ist die durch die Globalisierung eingeleitete Internationalisierung der Produktionsprozesse und des Kapitals ausschlaggebend für betriebliche Rationalisierungen und Standortwettbewerbe, die sich in einer steigenden Arbeitslosenrate und einer Erosion des Normalarbeitsverhältnisses auswirken (siehe Kapitel 4.1.4), woraus insbesondere für das Arbeitslosenversicherungssystem, aber auch für das soziale Sicherungssystem insgesamt Folgen resultieren. Des Weiteren ist der Beitritt Österreichs zur Europäischen Union 1995 folgenreich. Damit verbundene Budgetkonsolidierungsmaßnahmen im Zusammenhang mit den Maastricht-Kriterien sowie Abstimmungen der nationalen politischen Agenden mit EU-Vorgaben, auf die bereits im Zusammenhang mit der Arbeitsmarktpolitik in Kapitel 4.4.2 hingewiesen wurde, schränken den Handlungsspielraum der nationalen Sozialpolitik deutlich ein (vgl. Tálos 2005, S. 48). Demgegenüber unterstützen EU-Förderprogramme, wie die des Europäischen Sozialfonds (ESF) beispielsweise, nationale Projekte mit Innovationsgehalt (siehe Kapitel 7.1). Zu erwähnen sind zudem die Ereignisse von 1989 mit folgender Grenzöffnung und EU-Osterweiterung sowie die massiven Migrationsbewegungen, die sich in der ‚Flüchtlingskrise' von 2015/2016 zuspitzen. Vor diesen Hintergründen formulieren sich die ‚AusländerInnenfragen' neu. Insgesamt ist es eine Zeit mit erhöhten Exklusionstendenzen und Inklusionsbedürfnissen, die abseits austeritätspolitischer Strategien eine Rekonzeptualisierung von staatlicher Sicherung notwendig werden lassen.

Wohlfahrtsstaatliche Entwicklungen

Waren die wohlfahrtsstaatlichen Entwicklungen bis Mitte der 1980er-Jahre durch eine Expansion geprägt, so dominiert seither eine restriktivere Ausrichtung (vgl. Tálos 2005, S. 39), die durch Schlagworte wie das ‚Ende des goldenen Zeitalters', die ‚Legitimations- und Finanzierungskrise' oder die ‚neoliberal-konservative Wende' begleitet werden, wie in Kapitel 4.4 bereits diskutiert wurde. Während bis 2000 noch moderate Modifikationen mit teilweisen Erweiterungen und Umstrukturierungen zu verzeichnen sind, setzten ab 2000 jedoch massive Änderungen auch in der sozialpolitischen Grundauffassung und Ausrichtung ein.

So sind für die erste Phase die Erweiterung des Gleichbehandlungsgebotes (1997) zu erwähnen, die Einführung der Bildungskarenz (1997) und die Umstrukturierung der Arbeitsmarktverwaltung (1994) (vgl. Tálos 2005, S. 38 f.). Letztere wurde aus dem Sozialministerium ausgelagert und in Form des Arbeitsmarktservices (AMS) teilprivatisiert (siehe Kapitel 7.1). Außerdem wurde das Volumen für die aktive Arbeitsmarktpolitik erweitert und vom ESF kofinanziert, wovon insbesondere soziale Dienstleistungen im arbeitsmarktpolitischen Bereich profitierten. Hervorzuheben sind des Weiteren das bereits erwähnte Bundespflegegesetz 1993 und das ebenso schon genannte Jugendwohlfahrtsgesetz von 1989 mit seinen Ausführungsgesetzen in den 1990er-Jahren (vgl. Melinz 2004, S. 39). Die Sparpakete 1995 und 1996 beschränkten sich auf partielle Leistungskürzungen und Erschwernisse beim Leistungszugang in der Arbeitslosenversicherung, der Familienbeihilfe, den Kranken- und Pensionsversicherungen. Tálos (2005, S. 29) spricht von einer „pragmatischen Anpassung" an die sozialen und ökonomischen Wandlungsprozesse unter Beibehaltung des sozialpolitischen Kurses einer staatlichen Sicherung und Verantwortung mit auf Kompromiss abzielenden Mitteln und Strategien zwischen den beiden Koalitionsparteien und den Interessenvertretungen.

Seit dem Amtsantritt der ÖVP-FPÖ-Nachfolgeregierung unter Bundeskanzler Schüssel im Frühjahr 2000 wurde hingegen von diesem Kompromiss abgewichen und eine neokonservative Wende vorangetrieben. Die programmatischen Vorstellungen der neuen Regierung – ablesbar am Regierungsabkommen, an Budgetreden, Aussagen von RepräsentantInnen der Koalition – fokussieren eindeutig auf eine neoliberale Gesellschafts- und Sozialpolitik, angereichert mit konservativen Vorstellungen von Ehe und Familie (vgl. Anastasiadis 2006, S. 163). Ein Kernpunkt ist dabei die Verschlankung staatlicher Aufgaben, verbunden mit mehr Eigenverantwortung der BürgerInnen, worin über eine suppressive Adaption der ‚Politik des dritten Weges' hinaus Pflichten akzentuiert werden (siehe Kapitel 4.2.4). So wird im Regierungsprogramm vom Februar 2000 als Ziel „die Konzentration der staatlichen Leistungen auf Kernfunktionen" (Bundesregierung 2000, S. 76) angegeben. In der Budgetrede des Finanzministers im März 2000 hieß es dazu: „Unsere Vision ist ein schlanker Staat, der dem Bürger dient, ist mehr Freiheit und weniger Ge- und Verbote, ist mehr Eigenverantwortung und weniger Fremdleistung, ist eine offene und demokratische Gesellschaft freier Bürger" (Grasser; zit. n. Tálos 2005, S. 59). Analog weicht das neue Verständnis von sozialer Sicherung vom bisherigen deutlich ab. Im Regierungsprogramm (Bundesregierung 2000, S. 14) heißt es dazu: „Wir vertreten den Standpunkt, dass es zum Wesen einer sozialen Gesellschaft gehört, denjenigen zu helfen, die unzureichend oder gar nicht zur Selbsthilfe fähig sind. Moderne Sozialpolitik steht dabei im Spannungsfeld zwischen Freiheit und Verantwortung, von Leistungsbereitschaft und Solidarität. Die Neuordnung der Aufgabenteilung zwischen staatlich und privater sozialer Verantwortung gehört zu den größten Herausforderungen einer Sozialpolitik, die vor der drohenden Unterfinanzierbarkeit und geringer sozialer Treffsicherheit immer teurer werdender Leistungen steht. Nur das, was erarbeitet und erwirtschaftet wird, kann auch verteilt werden. Grundsätzlich muss Vorsorge Vorrang vor Fürsorge haben." Tálos (2005, S. 60) kommentiert diesen Schwenk als „Sozialpolitik á la Thatcher", die nicht mehr die Risikovorsorge und Hilfe für sozial Bedürftige als zentral ansieht, sondern die individuelle Not- und Bedarfslage, die nicht immer zugunsten der Bedürftigen bemessen und unterstützt wird. Des Weiteren sieht er darin eine Unterordnung des Sozialversicherungssystems unter budgetpolitische Prioritäten. Beides führt zu weitreichenden Zugangsbeschränkungen und Leistungskürzungen.

So wurde unter ‚Schüssel I'[142] der Hauptverband der Sozialversicherungsträger umgeformt und die vorzeitige Alterspension abgeschafft (vgl. Tálos 2005, S. 38 und S. 40). Unter ‚Schüssel II' waren es die Pensionsreformen, die die Lebensstandardsicherung im Alter zusehends gefährdet, die Gesundheitsreform mit neuen Belastungen der BeitragszahlerInnen und PatientInnen (vgl. ebd., S. 40) sowie die bereits in Kapitel 4.4.2 ausführlich beschriebenen Reformen der Arbeitslosenversicherung mit Leistungskürzungen sowie Verschärfungen der Kontrollen und Sanktionen (vgl. ebd., S. 68). Im selben Zug werden die Aktivitätsspielräume für die Wirtschaft erweitert und die Mitgestaltungsmöglichkeiten der Sozialpartner sowie der politischen Opposition zurückgedrängt (vgl. Tálos 2006, S. 442). Der für die Sozialpartnerschaft charakteristische Interessenausgleich fand kaum noch statt. Hingegen hat sich das Mehrheitsprinzip in politischen Entscheidungsprozessen durchgesetzt. Es ist also eine deutliche Einflusseinbuße der Interessenvertretungen wahrzunehmen (vgl. Pantucek 2005, S. 796). Tálos (2006, S. 442) bezeichnet die traditionelle Sozialpartnerschaft folglich als ein „Auslaufmodell".

Mit der Re-Etablierung der ‚großen Koalition' respektive der SPÖ-ÖVP-Regierung ab 2007 wurde versucht, einige dieser Änderungen zurückzunehmen. Während die Arbeitsmarkt- und Umverteilungspolitik jedoch weitestgehend unverändert blieben, wurde wieder verstärkt auf kompromissberuhende Lösungen unter Einbeziehung der SozialpartnerInnen gesetzt. Der erste Koalitionskompromiss unter der Kanzlerschaft Gusenbauers wird vor allem mit Blick auf die Sozialpolitik aus sozialdemokratischen Reihen kritisiert.[143] So war die Arbeitsmarktpolitik als eigentlich sozialpolitisches Themengebiet im Zeitraum 2007–2008 im Wirtschaftsressort angesiedelt, bevor sie 2008 in die Sozialpolitik zurückkehrte. Neben den in Kapitel 4.4.2 bereits genannten arbeitsmarktpolitischen Neuerungen, wie z. B. der Jugendbeschäftigungs- und Ausbildungsgaran-

142 Mit ‚Schüssel I' und ‚Schüssel II' werden in österreichischen Diskursen die beiden Perioden dieser Regierung bezeichnet.

143 Anzumerken ist dazu, dass die ÖVP ihren neoliberalen Kurs in der neuen Regierungskonstellation weiterführen wollte, während die SPÖ beabsichtigte, gerade diesen Kurs zu korrigieren. Die Regierungsverhandlungen wurden schließlich durch die ÖVP abgebrochen und erst nach Einmahnung des Bundespräsidenten wieder aufgenommen (vgl. Buchinger 2012, S. 123). Die Konfliktbehaftetheit dieses Prozesses durchzieht die weiteren Kompromissfindungen.

tie und der dort ebenso bereits beschriebenen Einführung der ‚bedarfsorientierten Mindestsicherung' 2010, wurde vor allem versucht, die massiven Änderungen im Pensionsversicherungssystem zu korrigieren – mit allerdings marginalen Erfolgen. So gelang es, die Abschlagzahlungen bei Korridorpensionen herabzusetzen, die Anrechnung der Kindererziehungszeiten von Frauen zu verbessern und die Befristung der sogenannten ‚Hacklerregelung'[144] zu erweitern (vgl. Buchinger 2012, S. 125). Zudem wurde das für eine größere Rechtssicherheit sorgende Pensionskonto eingeführt. Erwähnenswert sind zudem die Legalisierung und Förderung der 24-Stunden-Betreuung (2007) (vgl. ebd., S. 126) sowie die nicht unumstrittene Steuerreform (2015), mit der insbesondere die niedrigen Einkommensgruppen entlastet werden sollen, deren Wirkung sich allerdings erst weisen wird. Zudem wurden in den ersten Jahren der Wirtschaftskrise von 2008 wirtschaftspolitische Unterstützungssysteme aktiviert, wie beispielsweise die strittige Übernahme von Beteiligungen und Haftungen zur Stabilisierung des Bankensystems, die Hinnahme von hohen Budgetdefiziten oder eine expansive Geldpolitik durch Zinssenkungen (vgl. Marterbauer 2010, S. 35). Diese Akzente werden von einer unter anderem aus Mitteln der passiven Arbeitsmarktpolitik finanzierten kontinuierlichen Erhöhung des Budgets für die aktive Arbeitsmarktpolitik flankiert, wie in Kapitel 4.4.2 bereits angedeutet wurde und in den empirischen Arbeiten in Kapitel 7.1.3 noch detailliert aufgezeigt wird. Die sozialen Folgen der Wirtschaftskrise konnten bis 2016 damit allerdings nicht erfolgreich eingedämmt werden, wie beispielsweise die anhaltend hohen Arbeitslosenzahlen belegen (siehe Kapitel 4.1.4).[145]

Soziale Bewegungen und Organisationen

Die gesellschaftlichen und politischen Veränderungen tangieren selbstredend die Entwicklung sozialer Bewegungen und ihrer Organisationen. Auf der einen Seite steigen aufgrund neuer Problemlagen die gesellschaftlichen Bedarfe und die damit verbundenen Bewältigungsherausforderungen. Individualisierte und flexibilisierte Unterstützungsstrukturen für immer breiter werdende Anspruchsgruppen werden insbesondere in der sozialen Dienstleistungserbringung benötigt. Hinzu kommen globale Probleme ökologischer, wirtschaftlicher und sozialer Natur sowie kulturelle Disparitäten, die sich in zunehmender Fundamentalisierung mit erhöhtem Terrorrisiko ausdrücken, wie in Kapitel 4.1 bereits dargelegt wurde. Auf der anderen Seite nimmt sich der Staat merklich zu-

144 Vorzeitige Alterspension für langzeitversicherte Personen

145 Mit dem Regierungswechsel 2017 sind weitere Änderungen im sozialen Sicherungssystem zu erwarten. Von den Koalitionsparteien ÖVP und FPÖ wurden u. a. Reformen in der Arbeitslosenversicherung und Verschärfungen im Asylbereich angekündigt, deren Umsetzung es abzuwarten gilt. Auch sind Einschränkungen in der Sozialpartnerschaft zu erwarten (siehe Österreichische Bundesregierung 2017).

rück. Neue Umverteilungsmodelle, die auf Inklusion zielen, werden zwar thematisiert, wie beispielsweise in der ‚Europa-2020-Strategie' (vgl. Europäische Kommission 2010a, S. 10), realpolitische Konsequenzen bleiben aber weitestgehend noch aus. Stattdessen verlagern sich die Entwicklungsräume für alternative Lösungen im Modus der Dezentralisierung (siehe Kapitel 4.4.4) zunehmend in den zivilgesellschaftlichen Bereich. Diese Räume werden nachweislich auch intensiv genutzt (vgl. Kern 2008, S. 15; Wagner 2009, S. 13). Als Ausdruck von Staats- und Marktversagen reagieren Engagierte auf wachsende Ungleichheiten in mitunter kritischer Manier.

So positionierte sich beispielsweise eine „bunte Szene des Widerstandes", wie z. B. SOS Mitmensch und das daraus hervorgegangene Integrationshaus (Pantucek 2005, S. 799), gegen eine wachsende Fremdenfeindlichkeit, die durch die Erstarkung der Freiheitlichen Partei Österreichs (FPÖ) geschürt wurde und weiterhin wird. Im Zuge der ‚Flüchtlingskrise' 2015/2016 engagierte sich auch in Österreich eine Vielzahl von BürgerInnen ehrenamtlich in einem beachtlichen zivilgesellschaftlichen Ausdruck, um die damit überforderten staatlichen Institutionen zu unterstützen und eine soziale Katastrophe abzuwenden.

Parallel zu diesen insbesondere in Krisenzeiten erstarkenden sozialen Bewegungen wird dem Dritten Sektor als organisationale Basis der Zivilgesellschaft, wie bereits erwähnt (siehe Kapitel 5.1.2), in dieser Periode erhöhte Aufmerksamkeit geschenkt. Damit in Verbindung steht jedoch weniger die Akzeptanz der kritischen Potenziale, sondern eher die Verlagerung von gesellschaftlichen Problemlösungen in diesen Sektor, wie es in der ‚Third-Party-Policy' (siehe Kapitel 5.3.1.2) tendenziell angeregt ist. Er wird mitunter mit Hoffnungszuschreibungen idealisiert. Rifkin (2003, S. 201) spricht beispielsweise „von unserer letzten größten Hoffnung" und Beck (1997, o. S.) vom „Gemeinwohlunternehmer als Seele der Demokratie". In internationalen Studien werden die Wirtschafts- und Beschäftigungspotenziale sowie die darin liegenden Möglichkeiten zur Demokratisierung und zur sozialen Innovation betont. Es besteht darüber Einigkeit, dass diese Organisationen einen breiten sozialen Mehrwert generieren, vor allem mit Blick auf den sozialen Zusammenhalt, die Beschäftigung, die Herstellung und Erhaltung des sozialen und ökonomischen Gefüges, die Entwicklung der Demokratie und der sozialen Innovationen sowie die kommunale Entwicklung (vgl. OECD 2014, S. 5). Laut CIRIEC (2007, S. 29) trägt dieser Sektor auch erheblich zu einer gerechteren Einkommens- und Wohlstandsverteilung bei, zur Bereitstellung von Wohlfahrtsleistungen, zur nachhaltigen Entwicklung, zu einer stärkeren Demokratie und zur Einbeziehung der Öffentlichkeit sowie zu einer besseren Effizienz der staatlichen Maßnahmen. Es werden aber auch kritische Blicke auf diese idealisierten Entwicklungen gerichtet (vgl. Anastasiadis 2006, S. 5). Badelt (2000, S. 51) hält mit Blick auf NPOs in Österreich dazu Folgendes fest: „Überspitzt formuliert entsteht der Eindruck, dass die öffentliche Wirtschafts- und Sozialpolitik nach einer Phase der Vernachlässigung des Nonprofit-Sektors nun eher auf eine Phase des Idealisierens und Delegierens setzt. Vertreter des Nonprofit-Sektor werden deshalb darauf achten müssen, nicht als billige Lückenbüßer für die politische Rechtfertigung einer Strategie des Rückzugs des Staates aus Wirtschaft und Sozialpolitik zu agieren."

Der Widerspruch zwischen Idealisierung und Rationalisierung ist im Zuge der österreichischen Entwicklungsgeschichte dieses Sektors sukzessive herangereift. Mit den gegenwärtig wahrnehmbaren Ökonomisierungstendenzen (siehe Kapitel 4.4.3) spitzt er sich insbesondere in Sozialen Organisationen zu. Die fortgeschrittene Privatisierung öffentlicher Dienstleistungen führt allenfalls zu weiteren sektoralen Wachstumsschüben und Ausdifferenzierungen in der Organisations- und Angebotslandschaft. Zudem wird auch hierzulande mit einem wirkungsorientierten Kontraktmanagement ein staatlicher Wettbewerb initiiert, der zu einer Aufweichung der sektoralen Grenzen beiträgt. Damit werden Bestehensfragen einzelner Organisationen virulent. Gleichzeitig gefährdet die Outputorientierung das Handeln entlang der leitenden professionellen Prinzipien. Demgegenüber sind Veränderungen in der nationalen Netzwerkstruktur sowie Repolitisierungsbestrebungen der sozialen Akteure bemerkbar. Diese Tendenzen werden im Folgenden exemplarisch ausschraffiert.

Wachstum und Ausdifferenzierung des Sektors. Das Wachstum ist beispielsweise beobachtbar in den zahlreichen Neugründungen vor allem parteiunabhängiger Organisationen (vgl. Pennerstorfer, Schneider & Badelt 2013, S. 58). Darunter finden sich verschiedene Formate mit unterschiedlichen Ausrichtungen. Wie bereits in Kapitel 5.2.2 herausgestrichen wurde, ist die Zahl der Vereine zwischen 1990 und 2010 deutlich gestiegen – von 78 835 auf 116 556 (vgl. ebd., S. 62). Das Organisationsspektrum ergänzt sich durch Spielarten der solidarischen Ökonomie, die an den Grundsätzen der traditionellen Genossenschaftsbewegung anknüpfen und sich der Vision „einer unabhängigen, kooperativen Gemeinschaft, die den Menschen eine Alternative zur Arbeitslosigkeit, ausbeuterischen Arbeitsbedingungen, Bildungsmangel und Armut bieten soll" (Elsen 2004, S. 1), verpflichten. Als Beispiel ist die Plattform ‚Commons & Co'[146] genannt, die nationale Vorhaben in unterschiedlichsten Bereichen vernetzt. Des Weiteren etablieren sich seit 2010 vermehrt Social Entrepreneurs in Österreich, eine Entwicklung, die dem internationalen Trend folgt und davon zeugt, dass sich auch wirtschaftliche Akteure verstärkt um soziale Anliegen kümmern und zur sozialen Innovation Beiträge leisten, allerdings unter eher ökonomischen Gesichtspunkten und nicht wie für den Dritten Sektor typisch mit vorrangig kollektiven sozialen Ansprüchen (siehe Kapitel 5.2.3). Wie bereits erwähnt, bietet der an der Wirtschaftsuniversität Wien angesiedelte Social-Entrepreneur-

146 https://blog.commons.at/ [24.7.2016].

ship-‚Hub' dafür eine Informations- und Vernetzungsquelle sowie Programme zur Förderung von Ideen. Damit wäre das Spektrum der Organisationstypologie vervollständigt. Neben klassischen NPOs, Social Enterprises und Organisationen der solidarischen Ökonomie finden wir auch Social Entrepreneurs, die unter anderem den ‚sozialen Dienstleistungsmarkt' neu aufmischen.

Einen weiteren Indikator für das Wachstum des Sektors stellen die Beschäftigungszahlen dar. Zwischen 2000 und 2010 stieg einer Studie zufolge die Zahl der Vertragsverhältnisse im österreichischen Dritten Sektor um 39% von 152 882 auf 212 175. Das größte Wachstum verzeichneten dabei die Branchen ‚Kindergärten' (93%) und ‚Sozialwesen' (76%) (vgl. Pennerstorfer, Schneider & Badelt 2013, S. 64).[147] Darin zeigt sich insbesondere die Relevanz von Sozialen Organisationen als ArbeitgeberInnen. Wenn auch hier teils unter prekären Bedingungen gearbeitet wird, wie in Kapitel 4.4.3 exemplifiziert wurde, ist eine Professionalisierungstendenz in diesen Beschäftigungszahlen unverkennbar.

Die Ausdifferenzierung der Angebote insbesondere in der sozialen Dienstleistungslandschaft wird einerseits durch neue gesetzliche Regelungen vorangetrieben. Zu nennen sind das bereits erwähnte Bundespflegegesetz (1993) und das Jugendwohlfahrtsgesetz mit den Ausführungsgesetzen in den 1990er-Jahren (vgl. Melinz 2004, S. 39) sowie die 24-Stunden-Betreuung (2007), mit der sich ein dem informellen Sektor nahestehender privater ‚Care-Sektor' formiert. Mit diesen Regelungen wurden gleichzeitig neue Steuerungsmodelle implementiert und sogenannte ‚Sozialmärkte' geschaffen. In der Jugendwohlfahrt werden beispielsweise New-Public-Management-Modelle erprobt, mit dem Ziel einer Aufwertung der freien Träger und einer Optimierung der Kooperation (vgl. Pantucek 2005, S. 797). Die Fokussierung auf Kosten- und Leistungstransparenz führt allerdings auch in Österreich zu „Normkostenmodellen", die sich „als relativ rigide Kataloge mit detaillierten Beschreibungen von einzelnen Dienstleistungen" erweisen (Scheipl 2011, S. 1346) – eine Entwicklung, die sich mit der Einführung des Bundesvergabegesetzes (2002) auf zahlreiche soziale Dienstleistungsbereiche ausdehnte. Deutlich werden hier Formate des Kontraktmanagements, womit nicht nur das Leistungsangebot der Organisationen tendenziell determiniert wird (siehe Kapitel 4.4.3), sondern auch des Wettbewerbes und der Vermarktlichung von Wohlfahrtsleistungen insgesamt (vgl. Melinz 2004, S. 39). Im Verlauf entwickelten die größeren freien Wohlfahrtsträger zunehmend holdingartige Organisationsstrukturen (vgl. Melinz 2004, S. 39) und weiteten ihre Geschäftsfelder in Richtung Einkommensgenerierung aus.[148] Entwicklungen zur

147 Die AutorInnen weisen darauf hin, dass die Zahl der Vertragsverhältnisse höher ausfällt als die Zahl der beschäftigten Personen, da eine Person innerhalb eines Jahres ein Vertragsverhältnis beenden und ein neues eingehen kann.

148 Damit vermischen sich die Grenzen innerhalb der ‚klassischen' Dritt-Sektor-Aufteilung. Auch wenn diese in Diskursen immer noch als NPOs bezeichnet werden und mit dem

Erhöhung der Eigenerwirtschaftungsquote durch die Etablierung neuer Geschäftsfelder, wie beispielsweise im ökologischen Segment, sind auch bei arbeitsmarktintegrativen Betrieben auszumachen (siehe Kapitel 7.1).

Andererseits tragen die durch gesellschaftliche Wandlungsprozesse bedingten neuen Problemlagen zur Angebotserweiterung bei. Pantucek (2005, S. 798) nennt exemplarisch frauenspezifische Angebote und Schuldnerberatungsstellen. Scheipl (2011, S. 1346) hebt ergänzend migrationsbezogene Aktivitäten, die vorrangig von kirchlichen Trägern wie Caritas und Diakonie geleistet werden, Schulsozialarbeit, Arbeitsmarktintegration, Soziale Arbeit im Alter, in Krankenanstalten, mit Wohnungslosen, Drogenberatung und Sachwalterschaft heraus. Damit vervollständigen sich die von Heimgartner (2009a, S. 192; siehe Kapitel 5.1.1) ausgewiesenen Handlungsfelder der Sozialen Arbeit.

In Anbetracht der in Österreich beobachtbaren sektoralen Wachstums- und Ausdifferenzierungstendenzen kann nicht generell von einer durch die Wettbewerbsorientierung forcierte Monopolisierung größerer Trägerorganisationen ausgegangen werden, wie Dimmel (2012, S. 148; siehe Kapitel 4.4.3) konstatiert. Real hat sich der ‚Markt' durchmischt, das Organisationsspektrum ausgeweitet und ausdifferenziert. Nicht auszuschließen ist allerdings, dass in einigen Branchen dennoch tendenziell große Träger eine Vormachtstellung besitzen, wie es beispielsweise in der Flüchtlingshilfe ablesbar ist.

Professionalisierung, Ökonomisierung und Repolitisierung der Sozialen Arbeit. Mit Blick auf die Fachlichkeit setzten sich in der österreichischen Sozialen Arbeit die in der vorangegangenen Periode sukzessive herangereiften, an den individuellen Bedürfnissen orientierten Methoden und Prinzipien durch. Lebensweltorientierung, Sozialraumorientierung, Empowerment und Partizipation sind mittlerweile in den Leitbildern von Sozialen Organisationen integriert (vgl. Scheipl 2010, S. 429 f.; Moritz 2013, S. 48 f.). Dahingehend entwickelte sich auch die Ausbildungslandschaft differenzierter weiter. Vor allem im Bereich der Jugendarbeit wurden in den 1990er-Jahren Universitätslehrgänge eingerichtet, z. B. „Sozialpädagogische Arbeit und soziokulturelle Animation in offenen Handlungsfeldern" (1995) an der Karl-Franzens-Universität Graz. Für eine Personalkostenförderung in der steirischen offenen Jugendarbeit ist seit 2012 beispielsweise der Abschluss einer Bachelorausbildung Voraussetzung. Des Weiteren setzt die Dienstleistungsorientierung Akzente zur Stärkung der individuellen Rechte der NutzerInnen. Scheipl (2011, S. 1345) sieht darin eine bedeutende Rolle für die Entwicklung der Praxisfelder. Die Entwicklung von Qualitäts

nicht gewinnorientierten Kriterium versehen sind, agieren sie zum Teil im Modus der Social Enterprises, die in der Organisationstypologie dem neueren kollektiven Modell zugeordnet sind (siehe Kapitel 5.2.3).

standards unter Einbeziehung der NutzerInnen wird beispielsweise von SOS Kinderdorf im Projekt „Quality4Children" realisiert (vgl. ebd.; Posch 2011, S. 225 ff.), worin die NutzerInnenforschung (siehe Kapitel 5.1.2) tendenziell umgesetzt wird.

Diese Professionalisierung wird allerdings vom Haupttrend der Ökonomisierung überschattet. Der durch neue Steuerungsmodelle eingeleitete gestiegene Wettbewerb unter sozialen DienstleistungsanbieterInnen, auch privatwirtschaftlichen, führt zu Interessenkonflikten in Sozialen Organisationen, denn erwerbswirtschaftliche Bestrebungen stehen mitunter der advokatorischen und professionspolitischen Identität entgegen (vgl. Schneider 2012, S. 165). So hält Kreft (2004, S. 89) fest: „In Zukunft muss jeder Anbieter genau benennen, welche Leistungen für welche Zielgruppe er vorhält und für wen eben nicht, was seine Leistungen kosten und wie er kontrollieren will, ob die mit der Leistung erwarteten Wirkungen eingetreten sind. Auch der damit verbundene Wechsel von der traditionellen bürokratisch-kammeralistischen zur betriebswirtschaftlichen Steuerung im Rahmen des Sozialmanagements mit neuen Instrumenten ist voll zu unterstützen. Aber nur wenn das nicht zu einem (Tunnel)blick auf Kosten, insbesondere der Kostensenkung und Kostenvermeidung, verkommt, sondern immer noch Wirtschaftlichkeit und Fachlichkeit bedeutet, ist diese Wende als Haupttrend der 2000er-Jahre zu akzeptieren und positiv zu begleiten. Im anderen Fall allerdings ist er mit allen uns zur Verfügung stehenden Mitteln und Möglichkeiten zu bekämpfen!"

Damit wird zweierlei deutlich: 1.) dass den Ökonomisierungstendenzen grundsätzlich im Sinne einer Professionalität positiv gegenübergestanden wird. Der Einsatz von Sozialmanagement schafft Legitimität im Sinne des Isomorphismus. Außerdem wird 2.) ganz gezielt die Politikfähigkeit der Profession angesprochen (siehe Kapitel 2.3.2). Die zentrale Voraussetzung für eine solche sieht Moritz (2013, S. 50) in ihrer Entkoppelung von der Politik und ihrer RepräsentantInnen. Pennerstorfer et al. (2013, S. 58) stellen in diesem Zusammenhang fest, dass sich die parteipolitischen Nähen traditioneller Wohlfahrtsorganisationen tendenziell auflösen. Organisationen setzen vermehrt auf Unabhängigkeit, auf Professionalität und lösen sich von ideologietragenden Images.

Die Politikfähigkeit der Sozialen Arbeit manifestiert sich insbesondere in den neuen, sich seit den 1990er-Jahren etablierenden Bundesnetzwerken, die als Interessenvertretungen fungieren und zunehmend politischen Einfluss üben (siehe Kapitel 2.3.3). Sie werden mitunter als ExpertInnen ergänzend zu den SozialpartnerInnen in Dialogprozesse involviert. In diesem Zusammenhang ist auf das seit 1997 bestehende Netzwerk ‚Sozialwirtschaft Österreich'[149] hinzuweisen. Dieses vertritt die österreichischen Sozial- und Gesundheitsunternehmen

149 http://www.bags-kv.at/1058,,,2.html [24.7.2016].

und hat zusätzlich zu kollektivvertraglichen Verhandlungen für diesen Bereich das Aufgabenspektrum erweitert. Beispielsweise findet seit 2012 jährlich eine Konferenz zur Sozialwirtschaft statt. Es ist in unterschiedliche Fachgruppen unterteilt, worin sich arbeitsmarktpolitische Dienstleistungen, Behindertenarbeit und psychosoziale Dienste, Gesundheits- und soziale Dienste, Kinder- und Jugendhilfe vereinen. Seit 2015 ist das Netzwerk auf EU-Ebene in das Projekt ‚Social services in European cross-industry social dialogue' eingebunden, womit sich Partizipationsmöglichkeiten auf den immer relevanter werdenden internationalen Einflussraum ausdehnen.[150] Weitere relevante Netzwerke, die sich in die sozialpolitische Diskussion einbringen und ebenso eine internationale Anbindung aufweisen, sind beispielsweise die 1995 gegründete Armutskonferenz[151] und der bereits 1986 ins Leben gerufene ‚Bundesdachverband für Soziale Unternehmen', mittlerweile in ‚arbeit plus' umbenannt. Herauszustreichen sind des Weiteren sich im Selbsthilfemodus entwickelnde ‚Betroffenennetzwerke', wie der Verein AMSEL – ‚Arbeitslose Menschen suchen effektive Lösungen'[152]. Diese Repolitisierungsbemühungen werden durch empirische und theoretische Arbeiten gestützt. Exemplarisch erwähnt sei hier der Verein Kriso – ‚Kritische Soziale Arbeit'[153].

Zusammenschau

Insgesamt betrachtet sind die Entwicklungen in der gegenwärtigen Periode wesentlich durch Aktivierungs-, Ökonomisierungs- und Dezentralisierungstendenzen geprägt sowie durch sich diesen gegenüber kritisch positionierende Zusammenschlüsse und Initiativen aus Praxis und Wissenschaft, worin sich der Kreis zu den in Kapitel 4.4.5 eingemahnten notwendigen sozialstaatlichen Modifizierungen schließt. Da der Staat seine Funktion auf die Gewährleistung sozialer Dienste mit geringerer Gestaltungskompetenz reduziert, ist die Soziale Arbeit umso mehr gefordert, ihre gestaltenden Kräfte einzubringen, ein proaktives und professionelles Lobbying für soziale Dienste und deren AdressatInnen zu betreiben (vgl. Schneider 2012, S. 165).

---

150 Im Beitrag „Associating at the European Level: Civil Society Networks in Brussels" weisen Brandsen und Sittermann (2014, S. 183) auf die seit den 1990er-Jahren wachsende Zahl europäisch agierender Dritt-Sektor-Netzwerke hin. Sie betonen ihren wachsenden Einfluss auf globalpolitischer Ebene und heben gleichzeitig die doch schwach institutionalisierte Rückbindung in den nationalen Kontext hervor, worin sich die mit der Dezentralisierung verbundenen Herausforderungen widerspiegeln (siehe Kapitel 4.4.4). „Vertical linkages between the European and national levels are often weak, which means that socially and politically they constitute different worlds."

151 http://www.armutskonferenz.at/index.php?option=com_content&task=view&id=19&Itemid=86 [24.7.2016].

152 http://www.amsel-org.info/ [24.7.2016].

153 http://kriso.at/ [24.7.2016].

5.3.3 Partizipation in Sozialen Organisationen

An dieser Stelle gilt es die aus der historischen Spurensuche resultierenden Fäden zusammenzuziehen und mit Blick auf die in der Einleitung (siehe Kapitel 1) genannte zentrale These zu verdichten, nämlich, dass sich in Sozialen Organisationen multiple Partizipationsgelegenheiten für lebensweltliche, strukturelle und professionelle Gestaltungsprozesse öffnen.

Aus institutionalisierungstheoretischer Perspektive manifestiert sich in den vier Entwicklungsphasen die eingangs aufgespannte Dynamik zwischen Wohlfahrtsstaat und Zivilgesellschaft, in die der Dritte Sektor eingespannt ist. Die Entwicklung von Sozialen Organisationen als soziale DienstleistungserbringerInnen in und in der Nähe des Dritten Sektors steht insofern eng im Zusammenhang mit sich wandelnden wohlfahrtsstaatlichen Strukturen und den sich darin als zivilgesellschaftlicher Ausdruck formierenden sozialen Bewegungen. Die Profession der Sozialen Arbeit ist in dieses Gefüge unweigerlich hineinzudenken (vgl. Böhnisch 2016, S. 191). Soziale Arbeit ist somit ein Ergebnis diskursiver Praktiken, die von den Akteuren produziert und reproduziert werden. Sie ist eingebettet in politische Regelungen, die von differenten Interessen und Menschenbildern geleitet werden. Sie funktioniert in organisatorischen Rahmungen, die administrativ gesteuert sind. Sie wird getragen und vorangetrieben durch die Haltung von Akteuren und ihrer je spezifischen Motivation. Sie ist an der Hilfe und dem Empowerment der AdressatInnen orientiert, aber auch an Kontrollen gebunden. In diesem Spannungsgefüge ist ihre Rückbindung an von sozialen Bewegungen ausgehende Kritikpotenziale essentiell. Sie tragen zu Reformen und zur Politisierung der sozialen Sphäre bei. Die Institutionalisierung von Sozialen Organisationen ereignet sich diesen Befunden zufolge in einer Wechselseitigkeit zwischen Handlung und Struktur. Sie ist, wie in Kapitel 5.3.1.4 aufgezeigt, nicht deterministisch, sondern prozessual-dynamisch zu denken. Organisationen und Institutionen erhalten in diesem Gefüge zum einen Bestand, zum anderen sind sie durch die darin integrierte Dynamik und Spannung auch veränderbar.

Das Handeln in Spannungsfeldern und in variierenden Machtverhältnissen ist somit neben der thematischen Breite, der hybriden Finanzierung, des in der Regel kollektiven, auf Engagement beruhenden Gründungsmotives sowie der NutzerInnenpartizipation und der Gebrauchswertorientierung ein wesentliches Merkmal von Sozialen Organisationen in Österreich. Sie vermitteln zwischen den Interessen der Individuen und jenen der Gesellschaft (vgl. Zimmer & Priller 2004, S. 23), wobei ihre Akteure gleichzeitig soziale Innovation betreiben, indem sie neue, an den Bedarfen orientierte Angebote und Methoden entwickeln, Prozesse neu gestalten und neue Beschäftigungsformate ausprobieren. Mit ihrer gemeinwohlorientierten wirtschaftlichen Ausrichtung sind sie einerseits bestrebt, die Lücken, die von staatlicher und wirtschaftlicher Seite hinterlassen werden, zu füllen, andererseits arbeiten sie eng mit den anderen Sektoren zusammen, was die Ausgestaltung bevölkerungsnaher Angebote, aber auch deren Finanzierung betrifft (vgl. Anastasiadis 2006, S. 227). Die Nähe zu den anderen Sektoren manifestiert sich in isomorphen Angleichungen sowie kritischen Öffnungen, worin sich die konfrontativen und kooperativen Beziehungsmuster insbesondere zu staatlichen Institutionen abzeichnen (siehe Kapitel 5.3.1.2). So erfolgte nach der Herausbildung im 19. und frühen 20. Jahrhundert in den 1950er- und 1960er-Jahren sowie in den 1990er- und 2000er-Jahren eine tendenzielle Inkorporierung bzw. Integration zahlreicher Einrichtungen in die staatliche Dienstleistungsverpflichtung. Kennzeichen sind enge Vorgabenkorsette, auf deren Grundlage die Finanzierung basiert, die zu einer „Ent-Politisierung" (Bütow et al. 2014, S. 8) der Sozialen Arbeit beitragen (siehe Kapitel 2.3.2). Die mit der ‚neuen sozialen Bewegung' einhergehende Aufbruchsstimmung in den 1970er-Jahren – auch als Phase der „expliziten Politisierung" (ebd.) bezeichnet – leitete eine Wende ein, in deren Folge sich die Profession, die Angebote und Methoden in Sozialen Organisationen weiterentwickelten und politische Reformen eingeleitet wurden. Solche kritischen Stimmen sind auch gegenwärtig wieder wahrnehmbar. Sie äußern sich im Lösen von gewachsenen politischen und konfessionellen Gebundenheiten, in der Netzwerkstruktur, in den Spielarten der solidarischen Ökonomie und in der Belebung der kritischen und gestaltenden Theorieentwicklungstradition. Vor diesen Hintergründen sprechen Bütow et al. auch von einer „Re-Politisierung" (ebd.). In diesen Entwicklungen zeigt sich deutlich der demokratische Wille und Gehalt, der in Sozialen Organisationen eingelassen ist, der sich zwischen den Polen einer expliziten Politisierung und Entpolitisierung vollzieht.

Insgesamt ist erkennbar, dass Soziale Organisationen aus gesellschaftlichen Bedürfnissen heraus entstanden und sich in ihnen Räume zur (Mit-)Gestaltung des Sozialen erschließen. Es sind Partizipationsstrukturen für unterschiedliche Partizipationskulturen, -interessen und -ziele (vgl. Anastasiadis 2011a, S. 289). Damit erfüllen sie entscheidende Voraussetzungen für eine mehrdimensionale Partizipation in einem hierarchisch strukturierten Gesellschaftssystem. Es verbinden sich in ihnen adressatInnen-, engagements- und professionsbezogene Partizipationsakzente (siehe Kapitel 2.3.2), die sich im Querschnitt der im Raummodell ausgewiesenen Partizipationsebenen vollziehen (siehe Kapitel 2.3.3). Auf operativer Ebene unterstützen sie durch ihre soziale Zielsetzung die gesellschaftliche Teilhabe ihrer AdressatInnen. Sie fördern ihre wirtschaftlichen, sozialen, kulturellen, gesundheitlichen oder politischen Partizipationschancen. Im Prozess der Leistungserbringung folgen sie idealtypisch Maßstäben des inklusiven Teilhabegedankens. Partizipation gilt, wie in Kapitel 2.3.1 ausgewiesen, als ein leitendes Handlungsprinzip. Aus organisationspraktischer Perspektive charakterisieren sich Soziale Organisationen durch eine partizipative Organisationsstruktur und -kultur. Sie entstehen in der Regel im Kollektiv aus einem

Zusammenschluss von Engagierten selbstorganisiert oder als Projekt bzw. Tochterorganisation einer bereits bestehenden Trägereinrichtung heraus. Zudem weisen sie eine hybride Ressourcenstruktur auf, für die sich unterschiedliche Beteiligte verantwortlich zeigen. Man könnte in diesem Zusammenhang von einem partizipativen Budget sprechen, dass sich aus öffentlichen Mitteln, der Eigenerwirtschaftung am Markt, Investitionen von unternehmerischem und privatem Kapital sowie zeitlichem Engagement durch Freiwilligenarbeit und Mitgliedsbeiträgen zusammensetzt. Das verweist uns auf das heterogene Stakeholdergefüge sowie auf eine daraus ableitbare partizipative Unternehmensstruktur, die zahlreiche Akteurgruppen zusammenführt, um das ‚Soziale' zu gestalten. Es kann vermutet werden, dass sich durch diese Vernetztheit Partizipationsräume insbesondere auf der Ebene des professionellen Ermessens und der strategischen Kontextgestaltung für Engagierte und ProfessionistInnen eröffnen, die anwaltschaftlich und unter Beteiligung der AdressatInnen Interessen und Bedarfslagen kommunizieren sowie Einfluss auf regionale Reformen und Angebotsgestaltungen üben. Mit Blick auf den national- und globalpolitischen Ereignisrahmen geschieht dies vor allem über den Weg von Vernetzungen.

In der historischen Spurensuche bestätigt sich dieses Modell, wobei nochmals darauf zu verweisen ist, dass die Räume je eigene Logiken besitzen und die Akteure in Sozialen Organisationen in diesen ‚mehrsprachig' agieren. Insofern modelliert sich – den Beziehungsgedanken wieder aufgreifend – das Erbringungsverhältnis im Austausch zwischen AdressatInnen und Professionellen, der Erbringungskontext zwischen unterschiedlichen Stakeholdergruppen und dem Ausbalancieren von deren Interessen. Die gesellschaftliche Rahmung strukturiert sich hingegen im Auflösen gesellschaftlicher Widersprüche auf der Makroebene, auf der politisch-ökonomische Richtungen ausgehandelt werden. Hervorzuheben ist abschließend nochmals die Entwicklung von Soziale Organisationen prägenden Dynamiken zwischen den Räumen. Sie ereignen sich gleichermaßen von unten nach oben wie von oben nach unten und strukturieren sich in der ‚Dualität von Struktur'. Wie sich diese Dynamiken im Detail ausgestalten, wird in den empirischen Arbeiten eingehend an einem organisationalen Ausschnitt mit Fokussierung auf den strategisch-regionalplanerischen Partizipationsraum durchleuchtet. Das spezifische Forschungsfeld und das dafür gewählte methodische Design werden im folgenden Kapitel 6 präzisiert.

6 Forschungsfeld, -ziele und -design

In den empirischen Durchleuchtungen wird, wie bereits in der Einleitung dieser Studie betont (siehe Kapitel 1), der Blick auf ein spezifisches Segment von Sozialen Organisationen gelegt. Konkret handelt es sich um ECO-WISE – ‚ecologically oriented work integration social enterprises'. Diese arbeitsmarktintegrativen Unternehmen weisen zusätzlich zu ihrer sozialen und wirtschaftlichen Ausrichtung eine ökologische Fokussierung auf (vgl. Anastasiadis 2013a, S. 1). In Kapitel 5 wurde gezeigt, dass es sich bei Sozialen Organisationen um ein heterogenes Feld handelt, was eine genaue Darlegung des jeweils zu untersuchenden Ausschnittes bedingt. Ziel des Kapitels ist es daher, das konkrete Forschungsfeld auf Basis der einschlägigen internationalen und nationalen Forschungsliteratur zu umreißen. Dazu wird zu Beginn das Handlungsfeld ‚Soziale Arbeit bei Arbeitslosigkeit' charakterisiert und es werden die allgemeinen Merkmale von arbeitsmarktintegrativen Betrieben (WISE) als dessen Teil bestimmt. Anschließend werden die österreichischen Spezifika von WISE entlang der nationalen Richtlinienpraxis erörtert und die ökologischen Besonderheiten gefiltert. Im nächsten Abschnitt sind die Ziele und Fragestellungen der Forschung klargelegt und in Zusammenhang mit den für die Arbeit geltenden übergeordneten Erkenntnisinteressen gestellt. Es folgen eine Darlegung des Erkenntnisstils und eine detaillierte Beschreibung des mehrstufigen methodischen Designs sowie eine Reflexion des Forschungsprozesses. Abschließend wird ein Ausblick auf die Ergebnisdarstellung gegeben, die sich auf die Entfaltung der Nachhaltigkeits- und Partizipationspotenziale von ECO-WISE konzentriert.

6.1 Forschungsfeld ECO-WISE

Im Handlungsfeld ‚Soziale Arbeit bei Arbeitslosigkeit' findet sich eine Vielzahl von Hilfen und Dienstleistungen, wobei arbeitsmarktintegrative Betriebe eine zentrale Komponente bilden.

6.1.1 Das Handlungsfeld Soziale Arbeit bei Arbeitslosigkeit

Der in der Orientierungsübersicht von Heimgartner (2009a, S. 192) ausgewiesene Bereich ‚Soziale Arbeit bei Arbeitslosigkeit' ist breit und zugleich facettenreich, mit Überlappungen zu anderen dort kategorisierten Problemdimensionen und Themenfeldern der Sozialen Arbeit (siehe Kapitel 5.1.1). So werden durch Arbeitslosigkeit nachweislich soziale Ausgrenzungs- und Armutserfahrungen sowie körperliche und psychische Belastungserscheinungen verstärkt (vgl. Knapp 2008, S. 328 und S. 336; Dimmel 2008, S. 617 ff.; Promerger 2008, S. 10 f.). Ein Zusammenhang zu den Thematiken ‚Asyl und Migration', ‚Behinderung' sowie ‚Berufstätigkeit' generell ist ebenso gegeben. Insofern lassen sich arbeitsmarktspezifische Dienstleistungen je nach Schwerpunktsetzung in der Orientierungsübersicht mehrfach zuordnen.

Des Weiteren hat die Soziale Arbeit im Kontext der Arbeitsmarktpolitik eine lange, bis zu ihren Ursprüngen zurückreichende Tradition. Sie entwickelt sich im Schatten der Kernbereiche, wie z. B. der Kinder- und Jugendhilfe, weitestgehend ohne Rückbesinnung auf ihre Traditionen (vgl. Böhnisch & Schröer 2005, S. 213). Wie zu zeigen sein wird, agiert die Soziale Arbeit in diesem Handlungsfeld als „Krisenbewältigerin, Identitätsarbeiterin und Weiterbildnerin" (Heimgartner 2009a, S. 258). Die Leistungen beziehen sich auf die Berufsorientierung und Jugendberufshilfe, auf Transitbeschäftigungen im ‚zweiten Arbeitsmarkt' sowie auf Beratungs-, Qualifizierungs- und Trainingsangebote. Aber auch die präventive Unterstützung der Betrieblichen Sozialen Arbeit (BSA) ist zu erwähnen. Mit dieser direkt im Unternehmen eingebundenen oder extern zugekauften Ressource können personale und organisationale Krisen, welche die Arbeitsleistung beeinflussen, bearbeitet werden (vgl. Appelt 2013, S. 176). So kann mitunter eine drohende Arbeitslosigkeit verhindert werden. Angesichts steigender Burn-out-Raten erlangt die BSA auch in Österreich zunehmend Relevanz. Die Bundesregierung setzt mit der Initiative „fit2work" beispielsweise dahingehend deutliche Signale (Göbl 2013, S. 1).[154]

Festzustellen ist, dass in Anbetracht der gegenwärtigen wirtschaftlich und arbeitsmarktpolitisch angespannten Gesamtsituation (siehe Kapitel 4.1.4 und 4.4.2) arbeitsmarktbezogene Hilfen insgesamt an Bedeutung gewinnen. Es handelt sich um ein stetig wachsendes und durch arbeitsmarktpolitische Initiativen gestütztes Handlungsfeld, dem spätestens seit den 1990er-Jahren auch vonseiten der Forschung verstärkte Aufmerksamkeit geschenkt wird. Mittlerweile liegt eine Fülle von Publikationen vor. Nach einer eingehenden Analyse der deutschsprachigen Literatur lassen sich die Beiträge schematisch in theoretisch-strukturelle und empirisch-reflexive sortieren. Der folgende kursorische, auf einer selektiven Literaturauswahl gegründete Einblick soll zur Charakterisierung wesentlicher Zielsetzungen, Orientierungen und Widersprüche dieses Handlungsfeldes beitragen.

154 Es handelt sich dabei um Angebote für ArbeitnehmerInnen und Unternehmen. Finanziert wird dieses Projekt aus Mitteln des AMS, der GKK, der Pensionsversicherung, der AUVA und des Bundessozialamts. Siehe http://www.fit2work.at/cms/home [27. 7. 2016].

Theoretisch-struktureller Blick

Historische und aktuelle Zusammenhangsanalysen zwischen der Sozialen Arbeit und der Arbeitsgesellschaft bilden den Schwerpunkt in theoretisch-strukturellen Publikationen. Böhnisch und Schröer (2001, S. 9) konstatieren im Anschluss an eine historische Spurensuche, die bis zum Anfang des 20. Jahrhunderts zurückreicht, dass die Pädagogik in der Spannung „zwischen der Selbstwerdung des Menschen und seiner arbeitsgesellschaftlichen Zurichtung" handelt. Sie entwickelte sich – so die Autoren weiter – zu einer „gesellschaftlich verpflichteten wie gesellschaftskritischen Disziplin" (ebd., S. 10). Böhnisch und Schröer zeigen auf, dass „die Arbeitsgesellschaft in ihrer arbeitsteiligen Logik und Dynamik dauernd ‚pädagogische Vorgaben' macht, mit denen die Pädagogik konfrontiert ist und denen sie in einer entsprechenden (arbeitsgesellschaftlichen) Reflexivität begegnen muss, will sie sich nicht der gesellschaftlichen Realität entziehen bzw. ihre Handlungsspielräume ideologisieren" (ebd., S. 13). Vor diesen Hintergründen plädieren sie für eine „arbeitsgesellschaftlich reflexive Pädagogik" (ebd., S. 13).

Die historischen Zusammenhänge zwischen Lohnarbeit und Sozialer Arbeit werden von Galuske (1993) eingehend vor der Matrix sozialstaatlicher und arbeitsgesellschaftlicher Wandlungsprozesse in Deutschland rekonstruiert.[155] Auch er kommt zu dem Schluss, dass die Genese der Sozialen Arbeit eng mit den Entwicklungen der industriellen Arbeitsgesellschaft verknüpft ist. Verändert sich diese, so verändert sich auch die Soziale Arbeit (vgl. ebd., S. 147). Ähnlich wie Böhnisch und Schröer wird von ihm ebenso der bereits mehrmals betonte, für die Soziale Arbeit typische Spannungsbogen zwischen professioneller Selbstbestimmung, Hilfe und Kontrolle (siehe Kapitel 2.3.1) herausgehoben. Diesen gilt es kontinuierlich in den Veränderungsdynamiken auszubalancieren und zu reflektieren: „Die Sozialarbeit kann sich ihrer gesellschaftlichen Funktion im Kontext von Sozialpolitik nicht per Definition entledigen. Sie kann aber die ihr inhärenten Gefährdungen reflektieren und in ihren Konsequenzen für die Alltagsarbeit so weit wie möglich minimieren. Ein selbstkritisch reflexiver Bezug auf die eigenen Handlungsansätze und eine Analyse des Gegebenen und Möglichen der Subjekte in ihren lebensweltlichen Zusammenhängen unter Maßgabe normativer Kategorien wie die Beförderung von Autonomie und Selbständigkeit sind dafür unabdingbar" (ebd., S. 148). Vor diesen Hintergründen ist Soziale Arbeit für Galuske immer auch „ein politischer Akteur, passiver, wo sie sich unreflektiert instrumentalisieren lässt, aktiver, wo sie die Gestaltung von Lebenslagen zu ihrem Anliegen macht" (ebd., S. 149)

155 Burghardt (2005, S. 18 ff.) legt ebenso einen chronologischen Überblick für Deutschland vor.

Vor der Kulisse der flexiblen Arbeitsgesellschaft und der Wende vom sorgenden zum aktivierenden Staat (siehe Kapitel 4.4.2) ist, wie bereits betont, ein erneutes Ausbalancieren des ‚Tripelmandats' (vgl. Staub-Bernasconi 2007, S. 200 f.) der Sozialen Arbeit gefordert. Daher gilt es insbesondere mit Blick auf das Handlungsfeld ‚Soziale Arbeit bei Arbeitslosigkeit', nochmals herauszustreichen, dass die Soziale Arbeit heute mehr denn je ihre politischen Gestaltungskräfte zu reaktivieren und sich auf die Kernprinzipien – eine dem Menschen zugewandte Soziale Arbeit – zu besinnen hat (vgl. Böhnisch, Schröer & Thiersch 2005, S. 231), was sie im Modus der Repolitisierung auch nachweislich tut, wie in Kapitel 5.3.2 deutlich wurde.

Auch die österreichischen handlungsfeldspezifischen theoretisch-strukturellen Diskurse fokussieren auf die Folgen der flexiblen Arbeitsgesellschaft und damit einhergehenden wohlfahrtsstaatlichen Modifikationen, die die Soziale Arbeit vor Herausforderungen stellen. Thematisiert werden Veränderungen hinsichtlich der Art, Gestalt und Verteilung der Lohnarbeit, politische Konzepte und Maßnahmen sowie gestaltende Eingriffsmöglichkeiten (vgl. Stelzer-Orthofer 2006, S. 7 ff.). Zauner (2006, S. 204) und Dorfinger (2006, S. 233 ff.) geben beispielsweise einen Überblick über die Entwicklung der aktiven Arbeitsmarktpolitik, die in den 1980er-Jahren den ‚zweiten Arbeitsmarkt' und folglich eine Vielzahl von sozialen Hilfsangeboten hervorbrachte.[156] Andree (2006, S. 278) hinterfragt die gegenwärtigen arbeitsmarktpolitischen Zumutbarkeitsbestimmungen und Sanktionen kritisch, die in Kapitel 4.4.2 diskutiert wurden. Winkler (2006, 296 ff.) betont angesichts des steigenden Drucks auf Arbeitssuchende die Notwendigkeit einer „Arbeitslosenanwaltschaft", die als Sprachrohr, Rechtsvertretung und Vernetzungs- sowie Empowermentplattform fungieren kann. Spuren davon sind in selbstorganisierten Arbeitslosennetzwerken bereits zu finden, wie beispielsweise im schon erwähnten Netzwerk AMSEL. Heitzmann (2006, S. 217 ff.) diskutiert die Ökonomisierung der Sozialen Arbeit in diesem Handlungsfeld. Die Leistungen Sozialer Organisationen im Arbeitsmarktbereich sollten aus ihrer Sicht vom öffentlichen Sektor „nicht nur mit schönen Worten gewürdigt werden, sondern v. a. ausreichend und verlässlich finanziert werden" (ebd., S. 230).

Die in Kapitel 5.3.2 und Kapitel 4.4 bereits eingehend diskutierte Einbettung der Sozialen Arbeit in gesellschaftspolitische Zusammenhänge und die damit verbundenen handlungsfeldspezifischen Fragen lassen sich im Tenor der hier benannten Literatur gut nachzeichnen. Mit Blick auf die nationale Publikationslandschaft ist allerdings festzustellen, dass die Debatten interdisziplinär im weiten Feld der Politik- und Sozialwissenschaften und weniger disziplinspezi-

156 Auf diesen Ausschnitt wird in den empirischen Arbeiten (siehe Kapitel 7.1) noch detailliert eingegangen.

fisch geführt werden. Zudem beziehen sie sich zum Großteil auf die Entwicklungen ab den 1980er-Jahren – also auf die Zeitspanne, in der Arbeitslosigkeit zu einem fortschreitenden gesellschaftlichen Problem wurde. Forschungsarbeiten zu historisch weiter zurückreichenden Dynamiken sind rar. Die erst vor Kurzem erschienene zeitgeschichtliche Studie von Krempl und Thaler (2015) beleuchtet als eine von wenigen die Herausbildung und Entwicklung arbeitsmarktintegrativer Hilfen aus behördlicher Perspektive in der Zeit von 1917 bis 1957, womit die Forschungslücke ein Stück weit geschlossen wird. Darin bestätigt sich die zumindest für Österreich weitgehend fehlende historisch-systematische Selbstvergewisserung der Sozialen Arbeit in diesem Handlungskontext – wie es Böhnisch und Schröer (2005, S. 214) nennen. Eine solche erweist sich allerdings für das Einbringen in aktuelle sozialpolitische Gestaltungsprozesse als eine wesentliche Grundlage.

Empirisch-reflexiver Blick

Empirisch-reflexive Arbeiten reichen hingegen weiter zurück. Herauszustellen ist die Anfang der 1930er-Jahre vom AutorInnenkollektiv Maria Jahoda, Paul Lazarsfeld und Hans Zeisel veröffentlichte Studie „Die Arbeitslosen von Marienthal“ (1933, 1975). Die nicht zuletzt aufgrund ihres methodischen Designs zum Klassiker avancierte Arbeit beleuchtet die Folgen der Arbeitslosigkeit eindrucksvoll. Diese beziehen sich nicht nur auf den Verlust der ökonomischen Sicherheit, sondern sie beeinträchtigen wesentlich die soziale Teilhabe, das Selbstbewusstsein und das psychosoziale Wohlbefinden. Jahoda (1983, S. 136) beschreibt die integrativen Funktionen der Erwerbsarbeit wie folgt: „Zum einen ist sie das Mittel, durch das die große Mehrheit der Menschen ihren Lebensunterhalt verdient; und zum anderen zwingt sie, als ein unbeabsichtigtes Nebenprodukt ihrer Organisationsform, denjenigen, die daran beteiligt sind, bestimmte Kategorien der Erfahrung auf. Nämlich: Sie gibt dem wach erlebten Tag eine Zeitstruktur; sie erweitert die Bandbreite der sozialen Beziehungen über die oft stark emotional besetzten Beziehungen zur Familie und zur unmittelbaren Nachbarschaft hinaus; mittels Arbeitsteilung demonstriert sie, daß die Ziele und Leistungen eines Kollektivs diejenigen des Individuums transzendieren; sie weist einen sozialen Status zu und klärt die persönliche Identität; sie verlangt eine regelmäßige Aktivität.“ Arbeitslosigkeit bedingt demgemäß ein Entfallen zentraler gesellschaftlicher Integrationskategorien. Die vier in der Marienthal-Studie identifizierten Handlungstypen – die Resignierten, Ungebrochenen, Verzweifelten und Apathischen – verdeutlichen, dass Arbeitslosigkeit individuell anders erlebt wird (Jahoda et al. 1975, S. 64 ff.).

Neuere Studien, die sich mit den Auswirkungen von Arbeitslosigkeit beschäftigen, bestätigen und ergänzen diese Erkenntnisse. So weisen Wolski-Prenger und Rothardt (1996, S. 98) darauf hin, dass die Bewältigung von Arbeitslosigkeit beeinflusst wird durch das Alter und das Geschlecht, den Gesundheitszustand und das allgemeine Aktivitätsniveau, das Ausmaß der finanziellen Belastung und die persönliche Verwundbarkeit, die Unterstützung aus dem sozialen Umfeld und die Dauer der Arbeitslosigkeit. Ähnliche Determinanten legen Kritzinger, Ludvig und Müller (2009, S. 32) einer Analyse der Effekte der Arbeitslosigkeit in Österreich zugrunde. Sie differenzieren zusätzlich zwischen Ressourcen, sozialen Räumen und psychischen Attributionen (vgl. ebd., S. 198). Die AutorInnen heben insbesondere die Dauer der Arbeitslosigkeitserfahrungen hervor, denn spätestens nach zwölf Monaten verstärken sich gesundheitliche und physische Probleme merklich (vgl. ebd., S. 29 und S. 5).

Laut Kieselbach (2000, S. 115) können Veränderung des Blutdrucks und des Körpergewichtes, Störungen des vegetativen Nervensystems, ein Anstieg der Nervosität, Ängstlichkeit, Depressionen, Konzentrations- und Schlafstörungen, die Zunahme psychosomatischer Beschwerden sowie eine Erhöhung der Suizidgefährdung bei arbeitslosen Personen nachgewiesen werden. Begleitet wird dies oftmals von einem gesteigerten Tabak-, Alkohol- und Tablettenkonsum.

Jahoda, Lazarsfeld und Zeisel (1975, S. 102) erkennen bei den Arbeitslosen von Marienthal verschiedene Stadien eines psychischen Abgleitens. Solche Phasenmodelle zum Verlauf der Arbeitslosigkeit sind in der aktuellen sozialpsychologischen Arbeitslosenforschung weit verbreitet. Auf den Schock über den Arbeitsplatzverlust folgt in der Regel eine optimistische Phase der Arbeitsplatzsuche. Bleibt der Erfolg aus, stürzen die Betroffenen in ein pessimistisches Tief, das durch Geldsorgen und Perspektivenlosigkeit geprägt ist. Nach ca. zwölf Monaten ist eine fatalistische Anpassung zu beobachten. Arbeitslosigkeit wird zu einer Gewohnheit (vgl. Wolski-Prenger & Rothardt 1996, S. 96). In diesen Erkenntnissen manifestiert sich eine Negativspirale. Je länger die Arbeitslosenerfahrung anhält, desto eher verstärken sich die gesundheitlichen und psychischen Problemlagen und desto schwieriger wird der Wiedereinstieg (vgl. Hollederer 2011, S. 13).

Kritzinger et al. (2009, S. 206) empfehlen daher, niederschwellige Gesundheitsprogramme für Arbeitslose auszuweiten – wie z.B. niederschwellige Bewegungsangebote, Maßnahmen zur Förderung von gesundheitsbewusster Ernährung, Informationen über arbeitsmarktpolitische Beratungsstellen etc. Des Weiteren betonen sie die Notwendigkeit, die Angebotslandschaft des ‚zweiten Arbeitsmarktes' zu vergrößern und in einen ‚erweiterten Arbeitsmarkt' zu investieren, in welchem Personen, die aus gesundheitlichen und sozialpsychologischen Gründen nicht mehr in den Regelarbeitsmarkt vermittelt werden können, eine Stabilisierung erfahren können (vgl. ebd., S. 205). Auf diese Notwendigkeit wird auch in den empirischen Arbeiten hingewiesen (siehe Kapitel 7.4).

Hinsichtlich unterschiedlichster Formen von arbeitsmarktintegrativen Hilfen liegen zahlreiche angebotsreflektierende Analysen vor, wobei insbesondere auf Maßnahmen für bestimmte arbeitsmarktpolitische Risikogruppen wie Jugendliche unter 25 Jahren, ältere Personen über 50 Jahren, MigrantInnen und

Menschen mit Behinderung fokussiert wird.[157] Diese Maßnahmen werden im Folgenden in ihren Grundzügen charakterisiert. Die Genderthematik liegt diesen Betrachtungen zumeist quer, wird aber auch eigens herausgestellt diskutiert, vor allem in Hinblick auf genderspezifische Berufswahlmöglichkeiten, den eingeschränkten Zugang von Frauen zu technischen Berufen, Aufstiegsmöglichkeiten, Entlohnungsdifferenzen und Karriereverläufe von Frauen sowie betreuungspflichtbedingte atypisierte Beschäftigungsformen mit sozialrechtlichen Benachteiligungen.[158]

Jugendliche. Mit Blick auf die Jugendberufshilfe wird die Übergangsgestaltung von Schule in Arbeit und Beruf kritisch thematisiert. Walther (2014, S. 126) untersuchte beispielsweise Übergangsverläufe benachteiligter Jugendlicher im Spannungsfeld von biografischer Selbstbestimmung und institutionell erwarteten normalbiografischen Übergängen, woraus sechs Verlaufstypen identifiziert werden konnten: 1.) „glatte" Übergänge ohne Brüche entlang der normalbiografischen Erwartungen, 2.) „aufsteigende" Übergänge mit zusätzlichen Bildungsabschlüssen, 3.) „alternative" Übergänge in selbstgewählten Formen abseits institutionell erwarteter konventioneller Vorgaben, 4.) „institutionell korrigierte" Übergänge, in denen Brüche durch intervenierende Maßnahmen revidiert werden konnten, 5.) „stagnierende" Übergänge mit entmutigenden Ein- und Ausstiegen in unterschiedliche Qualifikationsformen ohne wesentlichen Erfolg und 6.) „absteigende" Übergänge mit wachsenden sozialen Benachteiligungen, die sich durch prekäre Handlungsstrategien verstärken.

Arnold, Böhnisch und Schröer (2005, S. 13) konstatieren diesbezüglich, dass die Übergänge von der Schule in den Beruf aufgrund gesellschaftlicher Wandlungsprozesse an Verlässlichkeit verloren haben und zunehmend individuell bewältigt werden müssen. Die Bewältigungsperspektive schiebt sich zusehends vor die Bildungsperspektive. Insofern müsse die sozialpädagogische Beschäftigungsförderung in den Kernbereich des Bildungswesens vordringen und nicht nur in Randbereichen kompensatorisch fungieren (vgl. ebd., S. 10).

Eine intensive Kooperation von Schule, Sozialer Arbeit und Arbeitsmarkt sowie eine Ausweitung alternativer Bildungs- und Beschäftigungsangebote für Jugendliche und junge Erwachsene werden auch von Kittl-Satran (2009, S. 101)

157 Das Forschungsportal des AMS Österreich bietet eine Plattform für Analysen und Ergebnisse aus der Arbeitsmarkt- und Qualifikationsforschung: http://www.ams-forschungsnetzwerk.at/deutsch/willkommen.asp?sid=263001841 [27.7.2016]. Zu nennen sind des Weiteren die Sammelbände von Burghardt und Enggruber (2005 und 2010), die auf Spannungsfelder und professionelle Reflexion fokussieren.

158 Eine Übersicht zu betreffenden Forschungsarbeiten stellt das Bundesministerium für Bildung und Frauen bereit: https://www.bmbf.gv.at/frauen/publikationen/publ_bestellservice.html [6.5.2016].

gefordert. Die Autorin gibt einen Überblick der Ausbildungs-, Qualifizierungs- und Beschäftigungsangebote in der Schweiz, in Deutschland und Österreich, wobei sie jene für am Arbeitsmarkt benachteiligte junge Menschen herausstellt. In Österreich sind es Beratungs-, Informations- und Clearingangebote sowie Qualifizierungsmaßnahmen, die durch niederschwellige Jugendbeschäftigungsprojekte und überbetriebliche Lehrausbildung erweitert werden.

Letztere erfuhr insbesondere im Zuge der Beschäftigungs- und Ausbildungsgarantie für Jugendliche im letzten Jahrzehnt eine kontinuierliche Ausweitung (siehe Kapitel 4.4.2). Sichergestellt wird damit, dass Jugendliche, die eine Lehre absolvieren möchten, dafür allerdings keine betriebliche Lehrstelle finden können, in einer überbetrieblichen, vom Arbeitsmarktservice (AMS) unterstützten Lehrausbildung eine gleichwertige Lehre mit anerkanntem Abschluss absolvieren können. Diese Offensive wird europaweit als Vorzeigemodell zur Bekämpfung der Jugendarbeitslosigkeit gehandelt. Diese Ausbildungsgarantie wurde 2016 zu einer Ausbildungspflicht weiterentwickelt (vgl. Bundeskanzleramt 2016c). Mit dieser Initiative werden Jugendliche über das neunte Pflichtschuljahr hinaus zu einer daran anschließenden Ausbildung verpflichtet, um einer Ausbildungsentfernung und somit negativen Arbeitsmarktkarrieren vorzugreifen. In der Pressaussendung des Bundesministeriums heißt es dazu: „Ab Herbst des heurigen Jahres müssen alle unter 18 Jahre, die die Schulpflicht erfüllt haben entweder eine weiterführende Schule, eine betriebliche bzw. überbetriebliche Lehrausbildung oder Maßnahmen der Ausbildungsvorbereitung (Produktionsschulen, AMS-Qualifizierung) oder niederschwellige Maßnahmenangebote, wie stundenweise Beschäftigung, im Vorfeld von und zur schrittweisen Heranführung an weiterführende Bildung und Ausbildung absolvieren" (BMASK 2016b, o. S.). Sanktionen bei Nichterfüllung dieser Verpflichtung sind im benannten Gesetz nicht konkretisiert.

Oehme, Beran und Krisch (2007, S. 55) diskutieren die genannten konventionellen Jugendberufshilfemaßnahmen kritisch, vor allem hinsichtlich ihrer ausschließlichen Fokussierung auf die Integration in den Regelarbeitsmarkt. Die Arbeitslosenzahlen sprechen zumindest dafür, den Vermittlungsdruck zu lockern (siehe Kapitel 4.1.4). Die AutorInnen hinterfragen die nachhaltige Wirkung von Vermittlungsinitiativen und orten darin eine biografische Entfremdung. „Bildung und Kompetenzentwicklung können daher zukünftig nicht allein auf den Arbeitsmarkt bezogen werden, wie es gegenwärtig im Bereich der Bildungs- und Arbeitsmarktpolitik vielfach diskutiert und praktiziert wird. Denn damit verengt sich das Verständnis von Bildung auf diejenigen Fähigkeiten, die einer kurzfristigen ökonomischen Verwertung zweckdienlich sind – so z. B. einzelne Wissensbestände oder auch die anspruchslose Hinnahme von schlechten Arbeitsbedingungen, das ‚Abkühlen' eigener Interessen und Ideen usw." (ebd., S. 20). Perspektiven sehen die AutorInnen in der Entwicklung von „sozialräumlichen Beschäftigungsprojekten", die individuelle und biografische Lernprozesse zulassen und die gesellschaftlichen Partizipationschancen erhöhen. Es gilt, neben bestehenden Ausbildungs- und Beschäftigungsmaßnahmen Experimentierfelder aufzumachen, in denen mit Jugendlichen gemeinsam in sozialräumlichen Aneignungsprozessen Beschäftigungsstrukturen entwickelt werden. Mit solchen als sinnvoll erlebten Lern- und Arbeitsarrangements können gleichzeitig soziale Räume belebt werden (vgl. ebd., S. 82 ff.). Der sozialräumlichen Fassung Reutlingers zufolge (siehe Kapitel 2.3.1) ist bei solchen Vorhaben darauf zu achten, dass sich diese Ermöglichungskontexte nicht nur auf das Kleinräumige verengen, sondern darin erworbene Erfahrungen auch für größere Räume anwendbar und adaptierbar sind. Ansonsten würde die Soziale Arbeit soziale und räumliche Benachteiligungen reproduzieren (vgl. Reutlinger 2005, S. 365).

MigrantInnen und AsylantInnen. Neben der Jugendberufshilfe wird in den letzten Jahren der Thematik ‚MigrantInnen und AsylantInnen am Arbeitsmarkt' durch eine wachsende Zahl an Publikationen verstärkt Aufmerksamkeit geschenkt. Im Zentrum stehen hier zum einen Reflexionen bestehender Unterstützungsangebote und zum anderen rechtliche Ausgangsbedingungen sowie Diskriminierungserfahrungen. Dass sich die Problematik weiterhin zuspitzen wird, steht in Anbetracht der Flüchtlingsbewegung 2015/2016, die Europa vor neuartige Herausforderungen stellt, außer Frage.

Mit Blick auf die Rechtslage hat Österreich strenge Zugangsregelungen für AsylwerberInnen. Durch den § 4 Abs. 1 Z 1 Ausländerbeschäftigungsgesetz sind AsylwerberInnen zwar prinzipiell drei Monate nach Asylantragstellung berechtigt, sich am österreichischen Arbeitsmarkt zu integrieren. Praktisch erhalten sie allerdings erst dann einen Zugang zum Arbeitsmarkt, wenn ihnen der Asylstatus oder der Status des/der subsidiär Schutzberechtigten zugesprochen wird (vgl. Ammer 2013, S. 28). AsylwerberInnen werden in der Regel nur Bewilligungen für Saisonarbeit im Gastgewerbe oder in der Landwirtschaft erteilt, für die Dauer von maximal sechs Monaten (vgl. Ammer 2013, S. 33). Als einzige Ausnahme besteht seit 2012 für minderjährige Asylsuchende die Möglichkeit, Lehrverträge zu unterzeichnen, allerdings unter dem Vorbehalt, dass in der betreffenden Berufssparte ein nachgewiesener Lehrlingsmangel vorherrscht und im Sinne des Ausländerbeschäftigungsgesetzes keine bevorzugte bzw. gleich qualifizierte Ersatzarbeitskraft erfolgreich vermittelt werden kann (vgl. Ammer 2013, S. 29). Darüber hinaus können AsylwerberInnen in Österreich einer gemeinnützigen Hilfstätigkeit nachgehen, wobei diese mit drei Monaten limitiert ist und der monatliche Zuverdienst 100 Euro nicht überschreiten darf, da ansonsten der Anspruch auf die Grundversorgung entfällt (vgl. Ammer 2013, S. 30). Des Weiteren ist eine Vormerkung oder Vermittlung von asylsuchenden Personen beim AMS nicht möglich.

Aufgrund der hier fragmentarisch skizzierten Hürden, die von den Asylsuchenden vor Eintritt in den Arbeitsmarkt bewältigt werden müssen, kann davon ausgegangen werden, dass oftmals der Schritt in den informellen Arbeitsmarkt gewählt wird, was zu einer Verletzung sozial- und arbeitsrechtlicher Standards von ArbeitgeberInnenseite führt. Das Ludwig Boltzman Institut für Menschenrechte fordert deshalb für Asylsuchende den Zugang zum Arbeitsmarkt inklusive einer Berufsorientierung und -ausbildung, damit Fähigkeiten und Kenntnisse erhalten werden können und der Berufseinstieg erleichtert wird (vgl. Ammer 2013, S. 36). Priorität kommt des Weiteren der Anerkennung von bereits vorhandenen Qualifikationen, die im Heimatland erworben wurden, sowie der Förderung der Sprachkompetenzen der Asylwerbenden zu (vgl. Hofer, Titelbach, Weichselbaumer & Winter-Ebmer 2013, S. 108f.).

Doch auch wenn der Zugang zum Arbeitsmarkt besteht, sind MigrantInnen mit Diskriminierungen konfrontiert. Grabovac (2013, S. 94) konstatiert, dass eine solche durch Inserate, in Bewerbungsgesprächen und im Arbeitsumfeld sowie im Lohndumping nachweisbar ist. Arbeitsmarktpolitische Beratungsstellen, die sich auf diese Zielgruppe spezialisiert haben, sind also mit mannigfaltigen Problemen konfrontiert. Es gilt, fremdenrechtliche Bestimmungen und Zugangsbeschränkungen zum Arbeits- und Ausbildungssystem, durch diese mitbedingte Segmentierungen des Arbeitsmarktes, Prozesse der Dequalifizierung aufgrund langanhaltender Phasen der Berufsausübungsverweigerung und komplexer Nostrifizierungsverfahren, Vorurteile und Fremdenfeindlichkeit, Sprachdefizite und -barrieren wie auch kulturelle Diversitäten zu bewältigen (vgl. Girlasu 2013, S. 237). Neben der rechtlichen Beratung setzt die Soziale Arbeit insbesondere an der individuellen Ressourcenstärkung, Netzwerkarbeit und am Empowerment an. Sie bietet diversitätsgerechte, an den Bedürfnissen der Zielgruppen ausgerichtete Angebote an und engagiert sich für eine interkulturelle Öffnung der Gesellschaft insgesamt (vgl. ebd., S. 239f.).

Ältere Personen. Eine diversitätsgerechte Angebotsentwicklung und breite Sensibilisierung öffentlicher und ökonomischer Institutionen ist auch in Hinblick auf arbeitsmarktbezogene Hilfen für Ältere zentral. Die Altersgruppe 50+ fällt, arbeitsmarktpolitisch betrachtet, in vielerlei Hinsicht auf. Es sind zum einen demografische Veränderungen und damit in Zusammenhang stehende pensionsrechtliche Konsequenzen, die einen längeren aktiven Verbleib am Arbeitsmarkt erfordern. Resultat ist eine hohe Anzahl potenziell erwerbstätiger, aber auch arbeitssuchender Personen in dieser Altersgruppe (vgl. Mosberger, Muralter & Zdrahal-Urbanek 2007, S. 8f.). Zum anderen sind es erworbene Qualifikationen, die angesichts des technologischen Fortschritts an Haltbarkeit verloren haben und kontinuierlich im Modus des lebenslangen Lernens aktualisiert und erweitert werden müssen. Ältere sind dahingehend einem erhöhten Qualifizierungsdruck ausgesetzt. Hinzu kommt, dass sich das Defizitbild vom Älterwerden im Kontext der Arbeitsgesellschaft auffallend hartnäckig hält, wohingegen es in anderen Lebensbereichen, wie z.B. in der Konsum-, Wellness-

und Freizeitgesellschaft, als nahezu überwunden erscheint. Am Arbeitsmarkt wird das Älterwerden nicht selten mit verminderter Leistungsfähigkeit, mit veralteten Qualifikationen und mit wenig Flexibilität gleichgesetzt (vgl. Mosberger, Muralter & Zdrahal-Urbanek 2007, S. 12f.), wie in Kapitel 4.1.4 bereits festgestellt wurde.

Als herausfordernd gestaltet sich zudem der Wandel in der Arbeitswelt respektive in der Arbeitshaltung. Soziologische Studien verweisen darauf, dass es seit Mitte der 1980er-Jahre zu einem generativen Bruch in der Haltung zur Arbeit gekommen ist (vgl. Zoll 1993, S. 14). An die Stelle eines kollektiven Arbeitsethos ist ein individualisiertes und flexibilisiertes getreten. Auch haben sich die durch die Arbeitsgesellschaft geprägten kontinuierlichen Lebensgeschichten durch den strukturellen und kulturellen Wandel von Arbeit zu fragmentarischen Lebensabschnittsgeschichten entwickelt. Ecarius (1998, S. 148) bringt diese Entwicklungen auf den Punkt, indem sie festhält, dass „neben das Kontinuitätsparadigma [das trotz sich wandelnder Bedingungen in unseren Köpfen immer noch existiert, Anmk. d. Verf.] das Paradigma der Eigenleistung tritt". Es sind in erster Linie ökonomische Diskontinuitäten, die eine erhöhte Mobilität und Flexibilität bedingen, was sich deutlich in den Erwerbsbiografien niederschlägt. Es stehen nicht mehr stabile Berufsbeziehungen im Vordergrund, sondern vielmehr berufliche Etappen, die den „Charakter des Vorläufigen" (ebd.) in sich tragen. Der generative Bruch von der ‚alten', auch als ‚industriell' zu bezeichnenden kontinuitätsstiftenden Haltung zur neuen, durch Flexibilität und Individualismus geprägten Werthaltung ist bei den Geburtenjahrgängen der 1960er-Jahrgänge zu suchen. Dieser Bruch führt dazu, dass sich die ‚Generation 50+' am Arbeitsmarkt als ‚doppelt' alt fühlt. Sie werden nicht nur weniger gebraucht als Jüngere, sondern sie erleben auch ihr gemeinsames Weltbild, ihren kollektiven Arbeitsethos als veraltet. Sie sind die Generation des Überganges, die mit Prinzipien von Beständigkeit sozialisiert wurden und nun mit Flexibilität und erhöhter Eigenverantwortung konfrontiert sind.

Dieser Widerspruch ist in erster Linie subjektiv zu bewältigen, was wesentlich an das jeweilige selbstbestimmte Handlungsvermögen gebunden ist (vgl. Anastasiadis 2008, S. 182). Die Herausforderung der arbeitsmarktpolitischen Praxis besteht also darin, neben den auf punktgenaue Qualifizierungen abzielenden Maßnahmen, arbeitsrechtlichen Erweiterungen, wie beispielsweise der Altersteilzeit[159], sowie unternehmerischen Anreizsystemen Räume für diese

159 Mit der Altersteilzeit können ArbeitnehmerInnen ihre Arbeitszeit um 40 % bis zu 60 % reduzieren, bei gleichbleibenden Pensions- und Sozialversicherungsansprüchen. Sie erhalten durch einen Zuschuss des AMS je nach Modell 70 bis 80 % ihres Einkommens. Der damit geschaffene gleitende Übergang in die Pension kann maximal fünf Jahre vor Pensionsantritt in Anspruch genommen werden (vgl. Kammer für Arbeiter und Angestellte 2016c, o. S.).

Personengruppe zu öffnen, die die Selbstwahrnehmung und Selbstbestimmtheit fördern. Es gilt insbesondere, verschüttete biografisch erworbene Erkenntnisse und Erfahrungen für die betroffenen Personen wieder erkennbar und nutzbar zu machen (vgl. ebd., S. 182). Auch Brauer und Clemens (2009, S. 34) konstatieren, dass humanitäre Ansätze, die sowohl auf ältere ArbeitehmerInnen als auch auf präventive lebens- und berufsverlaufsbezogene Aspekte gerichtet sind, Seltenheitswert haben. Stattdessen überwiegen Strategien, die sich an der Leistungsgesellschaft, an betriebs- und volkswirtschaftlichen Kalkülen sowie an den Arbeitsmarkterfordernissen orientieren.

Menschen mit Behinderung. Ressourcenorientierung und Unternehmenssensibilisierung stehen auch im Zentrum arbeitsmarktbezogener Hilfen für Menschen mit Behinderung. In Österreich ist die Arbeitsmarktbeteiligung dieser Personengruppe durch verschiedene Gesetze geregelt, die auf ihre Stärkung und ihren Schutz abzielen. Das Behinderteneinstellungsgesetz (BMASK 2015b) regelt die Beschäftigungspflicht und die Förderung sowie Unterstützung von Unternehmen. Zudem inkludiert es Schutzrechte. Personen mit einer 50-prozentigen Beschäftigungsfähigkeit gelten demnach als begünstigte behinderte Menschen (vgl. ebd., § 2). Unternehmen, die mehr als 25 Personen beschäftigen, sind dazu verpflichtet, pro 25 Beschäftigte mindestens eine begünstigte behinderte Person anzustellen. Wenn dies nicht erfüllt wird, haben sie eine Ausgleichstaxe zu entrichten (BMASK 2015b, § 1 und § 9). Diese variiert je nach Größe des Unternehmens. Sie reicht von monatlich ca. 250 Euro bis 375 Euro pro nicht eingestellter Person (vgl. Kammer für Arbeiter und Angestellte 2016b, o. S.). Die Taxen fließen in einen Fonds für berufliche Integrationsförderung. Mittel daraus werden an Unternehmen zur Förderung und Unterstützung der Beschäftigung von behinderten Menschen ausgeschüttet. Diese beziehen sich unter anderem auf Lohnkostenzuschüsse und Förderungen für Arbeitsplatzadaptierungen (vgl. Widy & Ernst 2011, S. 312 f.).

Hinsichtlich der Schutzrechte weist das Behinderteneinstellungsgesetz einen besonderen Kündigungs- und Diskriminierungsschutz aus. Um behinderte Personen vor der Gefahr konjunkturbedingter Kündigungen zu bewahren, werden anstehende Kündigungen von einem Behindertenausschuss geprüft (BMASK 2015b, § 8). Der besondere Kündigungsschutz findet allerdings keine Anwendung, wenn das Dienstverhältnis zum Zeitpunkt des Ausspruches der Kündigung noch nicht länger als vier Jahre bestanden hat (BMASK 2015b, § 8, Abs. 6). Mit dieser in den letzten Jahren eingeführten Lockerung sollen die mit dem besonderen Kündigungsschutz einhergehenden abschreckenden Effekte für UnternehmerInnen beseitigt werden, um so den Zugang zum Arbeitsmarkt für Menschen mit Behinderung zu erleichtern.

Laut einer Erhebung des Bundesministeriums für Arbeit, Soziales und Konsumentenschutz (BMASK 2009, S. 147) erfüllen österreichische Unternehmen die Einstellungspflicht zu 65 %. Demzufolge tendiert trotz verschiedener Investitionen und Förderungen im Bereich der Behindertenarbeit eine Vielzahl von Unternehmen eher dazu, die Verantwortung abzugeben und die monatliche Ausgleichstaxe zu bezahlen. Leichsenring und Strümpel führen dies auf eine weitgehende Unwissenheit der Unternehmen zurück, vor allem auf zu geringe Kenntnisse über Lohnkostenzuschüsse bzw. Förderungen der Arbeitsplatzadaptierungen sowie ein zu geringes Wissen über die mögliche begleitende Betreuung von Menschen mit Behinderung im Arbeitsalltag (vgl. Leichsenring & Strümpel 1997, S. 10 f.).

Die Arbeitsassistenz, die von diversen Sozialen Organisationen angeboten wird, unterstützt beispielsweise Menschen mit Behinderungen beim Einstieg in den Beruf und begleitet sie im Berufsalltag. Zudem bietet sie den Unternehmen Unterstützung in der Vorbereitung und im Verlauf eines Arbeitsverhältnisses. Diese umfasst zum einen die bewusste Auseinandersetzung der Betriebe mit der Thematik ‚Behinderung' und zum anderen ein Abklären der unterstützenden Bedingungen und Vorgehensweise im Integrationsprozess. Als relevant erweisen sich ebenso die Ermittlung des Ressourcenrepertoires der angehenden MitarbeiterInnen sowie die Festlegung eines darauf abgestimmten Aufgabenbereiches. Vonseiten der angehenden MitarbeiterInnen sind fachliche und soziale Kompetenzen sowie eine positive Selbsteinschätzung von Bedeutung. Im Verlauf des Integrationsprozesses sind es insbesondere Respekt und ein wertschätzendes Miteinander sowie Kommunikationsmöglichkeiten mit den Vorgesetzten und den KollegInnen, die Halt vermitteln. Es ist davon auszugehen, dass sich die Prozesse sehr individuell gestalten und vom Zusammenwirken unterschiedlichster Faktoren abhängen. Im Optimalfall verläuft der Integrationsprozess in einem engen Zusammenspiel zwischen Betroffenen, den sozialpädagogischen UnterstützerInnen und den Vorgesetzten bzw. MitarbeiterInnen in den Betrieben.

Neben der Arbeitsassistenz bieten auch Soziale Organisationen am ‚zweiten' und ‚erweiterten' Arbeitsmarkt Personen mit Behinderung Möglichkeiten zur Integration an. Herauszustreichen sind hier die ‚Integrativen Betriebe', die eine Sonderform von arbeitsmarktintegrativen Betrieben in Österreich darstellen. In der folgenden Charakterisierung des empirischen Organisationsspektrums wird auf diese noch genauer eingegangen (siehe Kapitel 6.1.3.5). Zu erwähnen ist zudem die Möglichkeit der ‚integrativen Berufsausbildung', durch die das Spektrum der betrieblichen und überbetrieblichen Lehre erweitert wird (vgl. Dornmayr 2012, S. 4).

Die Rolle der Sozialen Arbeit lässt sich diesen schlaglichtartigen handlungsfeldspezifischen Beleuchtungen zufolge als Schnittstelle zwischen von Arbeitslosigkeit Betroffenen, arbeitsmarktpolitischen Behörden und den Betrieben am Arbeitsmarkt definieren. Unterstützung, Begleitung und Förderung der Arbeitsmarktintegration sind die zentralen Aufgabenbereiche. Insgesamt gilt es, durch Arbeitslosigkeit bedingten Armuts- und Exklusionserfahrungen entgegenzusteuern. Doch Soziale Arbeit ist mehr als Integration durch Jobvermittlung und Qualifizierung. Wie gezeigt wurde, setzt sie bei den Lebenswelten ihrer AdressatInnen an und fungiert als Lebensbegleiterin auf Zeit. Ressourcen- und Sozialraumorientierung, Partizipation und Empowerment der AdressatInnen sowie Öffentlichkeitssensibilisierung haben sich als leitende Prinzipien in der breiten Landschaft arbeitsmarktbezogener Hilfen durchgesetzt (siehe Kapitel 2.3.1). Der über die ‚Integration' hinausreichende ‚Inklusionsanspruch' ist darin deutlich erkennbar.

Dieser inklusionsfördernde Zugang erweitert das arbeitsgesellschaftliche Integrationspostulat tendenziell, worin die widerspenstigen und gestaltenden Kräfte der Sozialen Arbeit zum Vorschein kommen. In den empirischen Arbeiten wird noch gezeigt, dass sich die Soziale Arbeit für ein erweitertes Verständnis von Arbeit und alternative Lösungswege, die über eine klassische Arbeitsmarktintegration hinausgehen, einsetzt. Es sind zarte Spuren eines Wandels wahrnehmbar, die aus den Dynamiken zwischen normierenden Systemanforderungen und lebensweltlichen Bedürfnissen hervorgehen. Da Arbeit zu haben trotz struktureller Veränderungen am Arbeitsmarkt jedoch nach wie vor der arbeitsgesellschaftlichen Norm entspricht (siehe Kapitel 4.1.4) – worin die Soziale Arbeit speziell in diesem Handlungskontext eingelassen ist –, wird der Integrationsbegriff in den folgenden theoretischen und empirischen Auseinandersetzungen bewusst weiterzuführen sein. Alles andere würde die gesellschaftliche Realität ideologisieren.

Der Blick wird darauf gerichtet, wie die Soziale Arbeit die Reformen in der Arbeitsmarktpolitik bewältigt, wie sie sich in dieser Dynamik verortet, ihre Zugänge reflektiert und im Austausch mit ihren Umwelten weiterentwickelt. Dazu werden arbeitsmarktintegrative Betriebe in den Fokus gerückt. Wie bereits in Kapitel 5.2.1 ausgeführt, haben sich diese im internationalen Diskurs als ‚work integration social enterprise' (WISE) bezeichneten Organisationen in den 1980er-Jahren als Antwort auf arbeitsmarktspezifische Veränderungen in Europa entwickelt und sie bilden seither auch in Österreich neben der Beratung und der Qualifizierung eine zentrale Säule der aktiven Arbeitsmarktpolitik.

6.1.2 WISE – Work Integration Social Enterprise

Als Social Enterprises sind WISE der Social Economy respektive dem ökonomischen Ausschnitt des Dritten Sektors zuzuordnen (siehe Kapitel 5.2.1). Der idealtypischen Charakterisierung von Defourny und Nyssens (2012b, S. 77f.) folgend zeichnen sich diese durch spezifische soziale, ökonomische und partizipative Handlungsweisen aus, die sie von Organisationen des Marktes und des Staates sowie von nicht gewinnerzielenden NPOs und der informellen Ökonomie unterscheiden.

Wie in der Tabelle 2 in Kapitel 5.2.1 bereits dargestellt, beziehen sich die sozialen Faktoren im Wesentlichen auf die am Gemeinwohl ausgerichtete Orientierung:

1. *Ein kollektives und bedarfsorientiertes Gründungsmotiv:* Social Enterprises entstehen in der Regel aus einer lokalen Initiative von Menschen in Hinblick auf ein spezifisches gesellschaftliches Problem oder Bedürfnis. Das Verfolgen dieser gemeinsamen Zielsetzung ist ein wesentliches Kennzeichen.
2. *Keine Gewinnmaximierung:* Social Enterprises zeichnen sich durch eine limitierte Profitverteilung innerhalb des Unternehmens aus. Die erwirtschafteten Gewinne kommen demnach nicht den EigentümerInnen im Sinne einer Profitmaximierung zu, sondern werden in Hinblick auf die Erreichung des gemeinnützigen Gesamtziels verwendet.
3. *Eine gemeinnützige Zielorientierung:* Diese Unternehmen verfolgen allgemeine gesellschaftliche Anliegen bzw. jene bestimmter Gruppen (ältere Menschen, arbeitsmarktferne Personen etc.).

In ökonomischer Hinsicht sind folgende Merkmale tragend:

1. *Die kontinuierliche Produktion und Vermarktung von Waren und/oder Dienstleistungen:* Der Unternehmenszweck von Social Enterprises ist generell nicht auf Beratungsaktivitäten, Interessenvertretung oder Verwaltung und Umverteilung von öffentlichen Geldern beschränkt (z. B. Fonds). Stattdessen sind die Produktion von Waren und das Anbieten von Dienstleistungen sowie deren Vermarktung relevante Mittel, um ihre sozialen Ziele zu erfüllen.
2. *Ein Mindestmaß an bezahlter Beschäftigung:* In Social Enterprises kann sowohl bezahlt als auch unbezahlt (ehrenamtlich) gearbeitet werden. Um die ökonomischen Unternehmensziele erreichen zu können, ist jedoch meistens ein Mindestmaß an bezahlter Beschäftigung notwendig.
3. *Die Betriebe tragen das unternehmerische Risiko selbst:* Die finanzielle Existenz dieser Unternehmen gründet sich in der Leistung ihrer Mitglieder und MitarbeiterInnen.

Mit den partizipativen Faktoren wird die spezifische Unternehmensstruktur charakterisiert:

1. *Ein hoher Grad an Autonomie:* Social Enterprises sind aus dem unternehmerischen und sozialen Engagement Einzelner oder Gruppen entstanden und werden von diesen organisatorisch und unternehmerisch unabhängig gesteuert. Auch wenn sie öffentliche Mittel z. B. in Form von Leistungsent-

gelten oder Subventionen beziehen, agieren sie unabhängig von der öffentlichen Verwaltung.
2. *Gleichberechtigte Entscheidungsfindung:* An der Entscheidungsfindung im Unternehmen sind in der Regel alle MiteignerInnen gleichberechtigt beteiligt. Die Stimmverteilung ist demnach nicht an die Höhe des wirtschaftlichen Anteils gebunden. Auch wenn die Entscheidungen vom Vorstandsgremium getroffen werden, gilt es, die Interessen aller Stakeholder mit zu berücksichtigen.
3. *Partizipation und Mitbestimmung im Unternehmen:* Social Enterprises zeichnen sich durch die partizipative Einbindung aller Interessengruppen aus. Ein demokratiefördderndes Management ist dazu notwendig. Viele Organisationen haben in ihrem Unternehmensprofil auch die Förderung demokratischer Mitbestimmung auf lokaler Ebene als Ziel ausgewiesen.

Auch wenn die Terminologie ‚Social Enterprise' mittlerweile auf ein facettenreiches Verständnis verweist und die so verstandenen Organisationen lediglich einen Ausschnitt im von Young und Lecy (2014, S. 1320f.) lancierten „Social Enterprise Zoo" bilden (siehe Kapitel 5.2.1), entsprechen WISE europäischen Studien zufolge im Wesentlichen diesen von Defourny und Nyssens erarbeiteten idealtypischen Faktoren (exemplarisch WISE-Project 2009, S. 5; Mathis, Heckl & Senarclens de Grancy 2014, S. 33). Insofern fungieren diese Kriterien auch als zentraler Orientierungsrahmen für die Charakterisierung von ECO-WISE, auf deren Besonderheiten nun eingegangen wird.

WISE im Allgemeinen und ECO-WISE im Speziellen unterscheiden sich von anderen Social Enterprises durch ihre spezifische soziale Zielsetzung, nämlich Perspektiven gegen Armut und soziale Ungleichheit zu schaffen, indem zum Teil aus öffentlichen Mitteln geförderte Beschäftigungsverhältnisse im Unternehmen bereitgestellt werden, durch die eine Integration von arbeitsmarktfernen Personen in den Arbeitsmarkt und in die Gesellschaft unterstützt wird (vgl. Anastasiadis & Mayr 2010, S. 8). Im Sinne einer ‚positiven Wohlfahrt' im Gidden'schen Verständnis (siehe Kapitel 4.2.2) zielen solche Arbeitsmarktintegrationsprozesse auf Ressourcenstärkung ab. Unter Einbeziehung dieser Organisationen werden im Modus einer ‚gemischten Wirtschaft' dafür Infrastrukturen geschaffen, die zur Erhöhung der Partizipationschancen von exklusionsgefährdeten Personen beitragen.

Internationale Studien verweisen auf einen Variantenreichtum von WISE innerhalb Europas, der insbesondere auf die unterschiedlichen nationalen organisationsstrukturellen und -rechtlichen Situationen zurückzuführen ist. Neben nationalen Besonderheiten werden aber auch internationale Gemeinsamkeiten erkennbar, die Definitionen, Geschäftsfelder und Wirkungen betreffen.

Definitionen. So definieren WissenschafterInnen des EMES-Netzwerkes WISE wie folgt: „Precisely, the main objective of WISEs is to help low-qualified unemployed people, who are at risk of permanent exclusion from labour market. WISEs integrate these people into work and society through a productive activity" (Defourny & Nyssens 2008b, S. 207f.). Davister, Defourny und Gregoire (2004, S. 3) charakterisierten im Rahmen des PERSE-Projektes[160] WISE als „autonomous economic entities whose main objective is the professional integration – within the WISE itself or in mainstream enterprises – of people experiencing serious difficulties in the labour market. This integration is achieved through productive activity and tailored follow-up, or through training to qualify the workers."

Zu einer ähnlichen Beschreibung kommen WissenschafterInnen des WISE-Projektes, die trotz nationaler Unterschiede drei Gemeinsamkeiten herausfilterten, die in den untersuchten Ländern Österreich, Belgien, Finnland, Italien, Malta, Polen, Rumänien und Spanien gleichermaßen auftreten. Demnach handelt es sich bei WISE um 1.) private, unabhängige und in wirtschaftlichen Märkten agierende Organisationen, die 2.) am Arbeitsmarkt benachteiligte Personen unter geltenden nationalen arbeits- und sozialrechtlichen Bestimmungen beschäftigen, wobei 3.) ihr zentrales Ziel die Integration dieser Personen durch aktive produktive Tätigkeit und Qualifizierung ist (vgl. BDV Austria 2008, S. 15; WISE-Project 2009, S. 6).

Geschäftsfelder. In all diesen Definitionen wird die soziale Zielsetzung, also die Arbeitsmarktintegration durch aktive produktive Tätigkeit, als das Hauptanliegen von WISE hervorgehoben. Als wichtigste aktive produktive Tätigkeit identifizierten die AutorInnen des PERSE-Projektes handwerkliche Tätigkeiten wie Bau- und Renovierungsarbeiten, Tischlereien und Schneidereien. Zudem agieren sie in Bereichen des Recyclings und der Abfallwirtschaft sowie in der Pflege des öffentlichen Raums und der Verpackungsbranche (vgl. Davister, Defourny & Gregoire 2004, S. 3). Es handelt sich insgesamt um wenig Know-how-intensive Geschäftsfelder, die eine Integration von niedrig qualifizierten Personen oder jenen mit sozialen, psychischen und körperlichen Einschränkungen erleichtern (vgl. Anastasiadis 2013a, S. 52).

Dies gilt auch für Österreich. In einer vom WIFO und der prospect Unternehmensberatung durchgeführten Studie zu Beschäftigungsbetrieben werden als klassische Tätigkeitsfelder Entrümpelung, Renovierung, Altkleiderverwer-

160 Dieses Projekt war eines der ersten internationalen Forschungsarbeiten zu diesem Gegenstandsfeld, das unter der Beteiligung von WissenschafterInnen aus Belgien, Deutschland, Italien, Dänemark, Frankreich, Irland, Finnland, Portugal, Großbritannien, Schweden und Spanien durchgeführt wurde.

tung, Reinigung oder Grünraumpflege benannt (vgl. Eppel, Horvath, Lackner, Mahringer, Hausegger, Hager, Reidl, Reiter, Scheiflinger & Friedl-Schafferhans 2014, S. 192). Zu einer ähnlichen Auflistung kommen die AutorInnen des nationalen Berichtes im Rahmen der WISE-Studie (vgl. BDV Austria 2008, S. 41). Es überwiegen Handwerksbranchen wie Tischlerei, Malerei, Schlosserei, Schneiderei und einfache Dienstleistungen, wozu unter anderem Grünraumpflege, haushaltsnahe Dienste, Reparatur, Transport und Übersiedlungen, Büro- und Versanddienstleistungen zuzuzählen sind.

Organisationsstruktur. Über die organisationsstrukturellen Differenzierungen gibt die im PERSE-Projekt erarbeitete Typologie Aufschluss. Es werden vier Typen von WISE, die in national unterschiedlichen organisationsrechtlichen Kontexten eingebettet sind, identifiziert: 1.) WISE, die auf Basis einer Langzeitförderung agieren und insbesondere die Arbeitsmarktintegration von Personen mit besonderen Bedürfnissen im Blick haben. Diese Organisationen existieren in einer Vielzahl europäischer Länder und sie sind in der Regel stark von öffentlichen Behörden reguliert. 2.) WISE, die eine dauerhafte Beschäftigung von benachteiligten Personen anstreben und sich über Eigenerwirtschaftung und eine Initialförderung finanzieren, die sich verringert, sobald die MitarbeiterInnen angemessen qualifiziert und einsetzbar sind; 3.) WISE, die Personen mit psychosozialen Problemen und besonderen Bedürfnissen in geschützten Werkstätten beschäftigen, und 4.) WISE, die geförderte Transitbeschäftigungen am sogenannten ‚zweiten Arbeitsmarkt' anbieten, mit dem Ziel, die Personen durch Beschäftigung und begleitende Qualifizierungs- und Beratungsangebote in den ‚ersten Arbeitsmarkt' zu integrieren. Letzte Gruppe erweist sich als häufigste in den untersuchten Ländern (vgl. Davister, Defourny & Gregoire 2004, S. 4f.). Sie stellt auch die größte Gruppe von WISE in Österreich dar, wie noch gezeigt wird (vgl. BDV Austria 2008, S. 12; siehe Kapitel 6.1.3).

Insgesamt wird in diesen nationalen und internationalen Forschungsarbeiten eine Spezifizierung der Kennzeichen von WISE vorangetrieben, aber auch ihre gesellschaftliche Relevanz wird herausgearbeitet.

Wirkungen. So betonen die AutorInnen des WISE-Projektes, dass diese Organisationen wesentlich dazu beitragen, dass marginalisierte, oft von Wohlfahrtsleistungen abhängige Personen zu ProduzentInnen des gesellschaftlichen Wohlstandes werden: „WISEs manage to displace thousands of disadvantaged persons from the conventional welfare structures in which they were simple objects of assistance, to re-integrate them fully in society by transforming them into producers and generators of value for themselves and for others" (WISE-Project 2009, S. 6).

Die jüngste Evaluierung arbeitsmarktintegrativer Betriebe in Österreich macht im Rahmen einer Wirkungsanalyse auf die positiven Effekte von WISE auf individuelle Erwerbskarrieren und auf die damit verbundenen fiskalischen Effekte aufmerksam. Auf Basis der Daten des Hauptverbandes der Sozialversicherungsträger und des Arbeitsmarktservice wurden mittels eines mikroökonomischen Matching-Verfahrens individuelle Schätzwerte von geförderten MitarbeiterInnen in Sozialökonomischen Betrieben und Gemeinnützigen Beschäftigungsgesellschaften ermittelt und mit jenen von Arbeitssuchenden mit einer ähnlichen Ausgangssituation, die in keiner der beiden Programmtypen integriert waren, verglichen. Die Ergebnisse zeigen, dass Personen, die in einem arbeitsmarktintegrativen Betrieb zwischen 2005 und 2010 integriert waren, deutlich länger in unselbstständiger Beschäftigung verbleiben als die Vergleichsgruppe. Konkret waren sie in den ersten fünf Jahren nach Förderbeginn durchschnittlich 774 Tage unselbständig beschäftigt, das sind 241 Tage oder 45,2% mehr als die Vergleichsgruppe, deren durchschnittliche Beschäftigung im selben Zeitraum bei 533 Tagen lag. Die Differenz schlägt sich folglich in einem höheren kumulierten Erwerbseinkommen nieder. Gemessen an den Beitragsgrundlagen zur Sozialversicherung ohne Sonderzahlungen bis zur Höchstbeitragsgrundlage, erzielen die Geförderten im Durchschnitt ein um 8531 Euro bzw. 31,8% höheres Einkommen als die nicht geförderten Vergleichspersonen (vgl. Eppel et al. 2014, S. X). Mit Blick auf die fiskalischen Effekte konstatieren die AutorInnen, dass die positiven Beschäftigungsresultate nicht nur Kosten, sondern auch Einnahmen für die öffentliche Hand nach sich ziehen. Diese resultieren aus erhöhten Einkünften aus der Einkommenssteuer und den Sozialabgaben sowie geringeren Aufwendungen passiver Leistungen wie beispielsweise Arbeitslosengeld und der Notstandshilfe. Insgesamt gleichen sich nach Schätzungen der AutorInnen die Förderungen nach sieben Jahren weitestgehend aus (vgl. Eppel et al. 2014, S. XXIII). Der soziale, aber auch der volkswirtschaftliche Mehrwert von WISE wird darin deutlich.

6.1.3 Rotweißrote Spezifika von WISE

Arbeitsmarktintegrationsunternehmen in Österreich weisen ähnliche Merkmale auf, wie sie in den zuvor dargelegten internationalen Definitionen von WISE ausgewiesen sind. Sie kennzeichnen sich durch die regelmäßige Vermarktung von Produkten und Dienstleistungen, während sie gleichzeitig die soziale Zielsetzung der Arbeitsmarktintegration durch die Beschäftigung, Qualifizierung und Betreuung benachteiligter Arbeitssuchender im Unternehmen verfolgen. Der aus dem Einsatz dieser Arbeitskräfte resultierende Wettbewerbsnachteil sowie die Zusatzaufwände für deren Qualifizierung und Betreuung werden durch Förderungen von öffentlicher Seite ausgeglichen (vgl. BDV Austria 2008, S. 15f.). Diesbezüglich existieren unterschiedliche Förderinstrumente. Die Differenz lässt sich vor allem an der Beschäftigungsfähigkeit der Zielgruppe, der

Marktfähigkeit der Produkte und Dienstleistungen sowie der Höhe der Eigenerwirtschaftung festmachen (vgl. Stoppacher 2005, S. 121).

Da sich ähnlich wie in anderen europäischen Ländern statt der internationalen Bezeichnung ‚WISE' Benennungen durchgesetzt haben, die sich an den spezifischen Förderrichtlinien orientieren, erweist sich auch hierzulande die Terminologie als dementsprechend vielfältig.[161] In Österreich versammeln sich unter dem Überbegriff ‚Soziale Integrationsunternehmen' (SIU) die Formate ‚Sozialökonomische Betriebe' (SÖB) und ‚Gemeinnützige Beschäftigungsprojekte' (GBP), wozu auch die gemeinnützige Arbeitskräfteüberlassung und die in der Steiermark existierenden Beschäftigungsgesellschaften (BG) zuzuzählen sind. Dieses Spektrum wird durch ‚Integrative Betriebe' (IB) ergänzt, deren Angebote vor allem auf Personen mit besonderem Förderbedarf zugeschnitten sind. Zudem finden wir ‚Niederschwellige Beschäftigungsprojekte' (Entry), die keinen spezifischen arbeitsmarktpolitischen Förderrichtlinie unterliegen und stundenweise Beschäftigung anbieten (z. B. für Jugendliche und Personen mit besonderen Vermittlungshemmnissen, wie DrogenkonsumentInnen etc.).

6.1.3.1 Soziale Integrationsunternehmen

Eine aus dem Förderjargon herausgelöste Bezeichnung, mit der versucht wird, einigen der benannten Unternehmensformaten eine zusammenführende begriffliche Heimat zu geben – insbesondere SÖB, GBP und BG –, ist jene der Sozialen Integrationsunternehmen (SIU) bzw. Sozialen Unternehmen (SU). Diese Unternehmen werden in Österreich seit 1986 durch den Bundesdachverband für Soziale Unternehmen (BDV) – seit 2016 umbenannt in ‚arbeit plus' – vertreten, der als nationale Dachorganisation auch in das europäische Netzwerk für Soziale Integrationsunternehmen (ENSIE) eingebunden ist (siehe Kapitel 7.1.2). Der Dachverband ist des Weiteren für die Vergabe des an dem von der European Foundation for Quality Management (EFQM) entwickelten Kriterienkatalog orientierten Gütesiegels für Soziale Unternehmen, die Beschäftigung und Beratungsdienstleistungen im Rahmen der Arbeitsmarktintegration anbieten, verantwortlich.[162]

Die Bezeichnungen ‚Soziale Unternehmen' und ‚Soziale Integrationsunternehmen' werden vom Bundesdachverband synonym verwendet, wobei beide an die soziale Zielsetzung der Arbeitsmarktintegration gebunden sind. Das ist keine

---

161 So werden sie beispielsweise als ‚empresas de inserción' in Spanien, als ‚sosiaalinen yritys' in Finnland, als ‚enterprises d'insertion' und ‚associations intermediaires' in Frankreich und als ‚sociale werkplaatsen' in Belgien benannt (vgl. Defourny & Nyssens 2008b, S. 208).

162 Siehe dazu: http://www.arbeitplus.at/guetesiegel/ [27. 7. 2016].

Besonderheit des Dachverbandes, sondern auch in einschlägigen Fachdiskussionen ein üblicher Trend. Loidl-Keil (2005, S. 22) beispielsweise möchte „Soziale Integrationsunternehmen als das begreifen, was sie geworden sind: als Betriebe und Unternehmen, deren Dienstleistung, Geschäft, Markt und Wertschöpfung in der sozialen und beruflichen Integration benachteiligter Menschen zu deren verbesserten Lebensbedingungen und -chancen liegen". Insgesamt wird mit der Bezeichnung ‚Soziale Integrationsunternehmen' der gesellschaftliche Wert, also die soziale Integration insbesondere durch Arbeitsmarktintegration, in den Vordergrund gerückt, denn in einer genaueren Betrachtung umschließen SIU die mit Geldern der aktiven Arbeitsmarktpolitik geförderten Beschäftigungsmaßnahmen, die Zielgruppenpersonen in die wirtschaftliche Produktion und Dienstleistungserbringungen einbeziehen (vgl. ebd., S. 20). Nicht eingeschlossen werden jedoch jene Maßnahmen, die ausschließlich auf Qualifizierung abzielen (vgl. ebd., S. 21).

Die immer wieder auftretende implizite begriffliche Nähe von Social Enterprises bzw. Sozialen Unternehmen zur Arbeitsmarktintegration dürfte ihren Ursprung in einer im Jahr 1999 von der OECD durchgeführten Studie zu Social Enterprises haben. Der damals noch relativ neue Begriff wurde in dieser Studie eng mit Arbeitsmarktintegrationsmaßnahmen in Verbindung gesetzt. Begründet wird diese funktionale Einschränkung durch die Bezugnahme auf unterschiedliche Studien zu Social Enterprises. „They confirm that social enterprises are an emerging concept in OECD countries and refer to enterprises with the following common concerns: the re-integration of disadvantaged groups into the labour market through the provision of goods and services to cater to unmet social needs" (OECD 1999, S. 9). Andere, nicht an Arbeitsmarktintegration gebundene Unternehmen werden von den AutorInnen der OECD-Studie als ‚social-purpose enterprises' bezeichnet. Somit blieb der Begriff ‚Social Enterprises' auf Arbeitsmarktintegration beschränkt. Diese ursprüngliche funktionale Einschränkung ist dem Begriff zum Teil bis heute anhaften geblieben, was sich tendenziell auch in der österreichischen Begrifflichkeit der ‚Sozialen Integrationsunternehmen' bzw. ‚Sozialen Unternehmen' zeigt.

Auch wenn die Terminologie ‚Soziale Integrationsunternehmen' bzw. ‚Soziale Unternehmen', gemäß diesen Befunden und dem heuristischen Verständnis bzw. der österreichtypischen Verwendung, als Überbegriff den übergeordneten Organisationsrahmen von arbeitsmarktintegrativen Unternehmen bezeichnet, wird für die weiteren Arbeiten die Verwendung des international etablierten Begriffes WISE und dessen funktionale Übersetzung als Arbeitsmarktintegrationsbetriebe und -projekte bzw. Beschäftigungsbetriebe und -projekte beibehalten (vgl. Anastasiadis & Mayr 2010, S. 13). Zum einen deshalb, da es ein wesentliches Ziel der Forschungen ist, die Erkenntnisse über die nationale Performance dieser Unternehmen in der internationalen Scientific Community zu diskutieren. Dazu ist es notwendig, das empirische Material vor den Konturen der internationalen Definition und Charakterisierung mit Bedachtnahme auf die nationalen Besonderheiten zu generieren.[163] Zum anderen birgt der Begriff ‚Soziale Integrationsunternehmen' sowie der weiter gefasste der ‚Sozialen Unternehmen' für den Forschungskontext erhebliche Unschärfe in sich. Denn Soziale Integration bzw. Soziales Unternehmertum muss nicht ausschließlich auf Arbeitsmarktintegration bzw. Integration mittels Beschäftigung begrenzt sein, wie in Kapitel 5 bereits ausführlich dargelegt wurde. In der näheren Begriffsbestimmung der SIU und auch SU ist zwar genau dieser funktionalistische Ausschnitt definiert, die Terminologie selbst würde aber eine umfassendere Auslegung nahelegen. Es könnte damit genauso soziale Integration mittels Bildung, Gesundheitsförderung, Pflege und Betreuung, Beratung etc. gemeint sein, wie es beispielsweise im Beitrag von Groß (2005, S. 166) zum Ausdruck kommt, in dem die Performance von Sozialen Integrationsunternehmen am Beispiel der Kinder- und Jugendhilfe diskutiert wird. Die internationale Begrifflichkeit WISE hingegen bezieht sich explizit auf die soziale Integration durch Arbeitsmarktintegration und grenzt somit WISE von anderen Social Enterprises respektive Sozialen Unternehmen und Sozialen Integrationsunternehmen deutlich ab.

Um einen Einblick in die strukturelle Rahmung der unterschiedlichen österreichischen WISE-Organisationsformate zu geben, werden sie im Folgenden entlang der einschlägigen Förderrichtlinien überblicksartig charakterisiert. Voranzustellen ist, dass die Richtlinien in den einzelnen Bundesländern in manchen Detailaspekten different ausgelegt werden. Insofern stellen sie eine Richtschnur dar. Auch sind die Kosten pro Transitarbeitsplatz darin nicht normiert, sondern werden bilateral zwischen den Betrieben und dem AMS ausgehandelt, worin sich Tendenzen der Wettbewerbsgestaltung widerspiegeln.

6.1.3.2 Sozialökonomische Betriebe

Sozialökonomische Betriebe[164] werden in der Regel von gemeinnützig agierenden sozialen Organisationen geführt, die marktnahe, aber doch relativ ge-

163 Gemäß den EMES-Kriterien müssten Beschäftigungsgesellschaften streng genommen ausgeschlossen werden, da in der Regel öffentliche Träger als GesellschafterInnen beteiligt sind. Da diese aber einen wesentlichen Bestandteil der ECO-WISE-Landschaft darstellen, wurden sie in die Erhebung miteinbezogen.

164 AMS Österreich (2013a): Bundesrichtlinie für die Förderung Sozialökonomischer Betriebe (SÖB), AMF/12-2013, GZ: BGS/AMF/0722/9965/2013, gültig ab 1. August 2013, erstellt von BGS/Förderung. Diese Richtlinie reguliert zudem die Gemeinnützige Arbeitskräfteüberlassung (SÖBÜ), die in einigen SÖB integrativer Bestandteil des Dienstleistungsangebotes ist.

schützte, befristete Arbeitsplätze für die nachhaltige Integration von schwer vermittelbaren Personen anbieten. Demgemäß verfolgen sie soziale und wirtschaftliche Ziele. Der soziale arbeitsmarktpolitische Auftrag fokussiert auf die Bereitstellung von befristeten Arbeitsplätzen sowie auf die Organisation von Betreuungs- und Trainingsmöglichkeiten innerhalb eines Wirtschaftsbetriebes für am Arbeitsmarkt benachteiligte Personen. Dabei gilt es, Vermittlungshemmnisse zu beseitigen und die Reintegration der befristet Beschäftigten in den regulären Arbeitsmarkt voranzutreiben. Zudem sollen sich die Reintegrationschancen der betreffenden Personen durch gezielte Qualifizierung verbessern (vgl. AMS Österreich 2013a, S. 5).

Leistungen. Konkret unterteilt sich das Leistungsspektrum in eine im Bedarfsfall stattfindende Vorbereitungsphase von maximal acht Wochen. Diese kann eine Arbeitserprobung, ein Arbeitstraining und bei gemeinnütziger Arbeitskräfteüberlassung die Suche nach geeigneten Beschäftigungsbetrieben inkludieren und durch Clearing-, Orientierungs-, Aktivierungs- und Qualifizierungsmodule sowie Gesundheitsförderung flankiert sein. Zentral ist der Übertritt der betreffenden Person in ein befristetes Beschäftigungsverhältnis, das im Folgenden als Transitbeschäftigung bezeichnet wird, wobei eine Übertrittsquote von mindestens 50 % vorgeschrieben ist (vgl. AMS Österreich 2013a, S. 6).

Die Integration in das Erwerbsleben im Zuge einer in ein reguläres Dienstverhältnis eingebundenen Transitbeschäftigung stellt die Hauptleistung von SÖB dar, die in den Fördervereinbarungen zwischen AMS und SÖB mitunter auch durch Vermittlungsquoten respektive Planerfolge festgeschrieben ist (vgl. ebd., S. 18). Ein bewusst gestalteter Ein- und Ausstieg wird dabei hervorgehoben sowie die Bereitstellung von sozialpädagogischen und weiteren unterstützenden Angeboten durch Schlüsselarbeitskräfte[165], die die Vermittlungsfähigkeit der Transitarbeitskräfte verbessern.

Die Verweildauer der Transitarbeitskräfte beträgt maximal zwölf Monate, wobei darauf zu achten ist, dass der Transitcharakter erhalten bleibt (vgl. AMS Österreich 2013a, S. 8). Die durchschnittliche Verweildauer wird mit sechs bis sieben Monaten bemessen (vgl. AMS Steiermark 2012, S. 9). Ausgenommen sind in der Regel ältere Personen, die weniger als 3,5 Jahre vor der Alterspension stehen. Diese können laut Richtlinie bis zum Antritt der Alterspension im Sozialökonomischen Betrieb beschäftigt bleiben (vgl. AMS Österreich 2013a, S. 6).

165 Schlüsselkräfte sind qualifizierte Führungs- und Fachkräfte, die für die Projektleitung, die fachliche Anleitung und Ausbildung sowie für die soziale Betreuung der Transitkräfte verantwortlich sind (vgl. AMS Steiermark 2012, S. 8).

Zielgruppen. Zielgruppen von SÖB sind, wie bereits erwähnt, schwer vermittelbare Personen mit eingeschränkter Produktivität. Gemäß den arbeitsmarktpolitischen Zielsetzungen wird dieser Personenkreis wie folgt näher bestimmt (vgl. AMS Österreich 2013a, S. 32):

- Langzeitbeschäftigungslose, die einen nicht durch Schulungen unterbrochenen Arbeitslosigkeitsstatus aufweisen, der mehr als 365 Tage beträgt
- Personen über 50 Jahre
- Personen mit Behinderung
- Personen mit sozialer Fehlanpassung
- Arbeitsmarktferne Personen mit besonderen Vermittlungshemmnissen wie Verlust sozialer Kompetenz aufgrund lang andauernder Arbeitslosigkeit, mangelnder Qualifikation, Wohnungslosigkeit, Haft, Schulden, Drogenmissbrauch etc.

Wirtschaftliche Ziele. Sozialökonomische Betriebe verfolgen neben diesen arbeitsmarktpolitischen Zielen auch wirtschaftliche. Dabei stellen sie Produkte her oder bieten Dienstleistungen zu Marktpreisen an. Ein unverzichtbares Kennzeichen Sozialökonomischer Betriebe ist, dass ein bestimmter Anteil des Gesamtaufwandes durch Verkaufserlöse abgedeckt wird. Von diesen Betrieben ist der Sachaufwand, mindestens jedoch 20 % des Gesamtaufwandes, aus Eigenerwirtschaftung zur Abdeckung der nicht geförderten Kosten abzudecken. Zudem ist im Falle einer Arbeitskräfteüberlassung von TransitmitarbeiterInnen ein angemessenes, marktübliches Entgelt festzulegen (vgl. ebd., S. 7).

Finanzierung. Die finanzielle Beteiligung des Arbeitsmarktservice (AMS) ist als Teilkostenersatz für eine durch das AMS nachgefragte und vom SÖB erbrachte Dienstleistung anzusehen, wobei der Fördervertragszeitraum in der Regel ein Jahr beträgt (vgl. ebd., S. 16). Vom AMS werden dabei Kosten für die Beschäftigung und Qualifizierung von Transitarbeitskräften, die sozialpädagogische Betreuung, die Personalentwicklung, die Integrationsunterstützung (Outplacement/Arbeitsvermittlung) der Transitarbeitskräfte und Kosten für die Nachbetreuung übernommen. Zudem werden Beihilfen für die notwendigen Schlüsselkräfte zur fachlichen Anleitung und Ausbildung der Transitarbeitskräfte sowie zur ordnungsgemäßen Führung des Wirtschaftsbetriebes bereitgestellt (vgl. ebd., S. 7). Zusätzlich zu den Personalkosten können folgende Kosten vom AMS mitvergütet werden: Beiträge für Mitgliedschaft bei Dachverbänden, Zinsaufwände, Abschreibungen, Abfertigungszahlungen, investive Maßnahmen und offene Rechnungen im Falle einer Betriebsauflösung (vgl. ebd., S. 11 ff.).

Die maximale Beihilfenhöhe entspricht der Differenz zwischen der Summe aller Erlöse und dem tatsächlichen Gesamtaufwand. Wird aufgrund einer positiven Geschäftsentwicklung im Laufe des Förderjahres ein Überschuss erwartet, verringert dieser den für den laufenden Betrieb gewährten Beihilfenteilbetrag. Der Überschuss kann aber auch nach Antragstellung für im Betriebskonzept ursprünglich nicht vorgesehene Aufwände wie beispielsweise zusätzliche Fort- und Weiterbildungen für Schlüsselkräfte oder Investitionsvorhaben verwendet werden. Andererseits können erwartete Defizite bei einer negativen Geschäftsentwicklung durch das AMS in Form eines erhöhten Förderbeitrages gedeckt werden (vgl. ebd., S. 22). Im Sinne der kooperativen Qualifizierungs- und Beschäftigungsstrategie ist der vom AMS gewährte Teilkostenersatz von anderen Stellen, z. B. durch die Länder, zu ergänzen. Eine Beteiligung von einem Drittel durch Länder und Gemeinden wird dabei angestrebt. Auf Wunsch des Projektträgers unterstützt das AMS durch diverse Maßnahmen solche Verhandlungen (vgl. ebd., S. 18). Wenn in SÖB auch MindestsicherungsbezieherInnen betreut werden, dann sollte allenfalls eine Beteiligungsfinanzierung der dafür verantwortlichen Stellen gegeben sein (vgl. ebd., S. 10).

Fördervoraussetzungen. Als Fördervoraussetzung gilt die Vorlage eines Betriebskonzeptes, das sich in einen Organisations-, Betreuungs- und Wirtschaftsteil gliedert, wobei im Betreuungsteil die sozialpädagogische und die fachliche Betreuung konkret auszuweisen sind (ebd., S. 9). Diese sind zudem durch ein implementiertes Qualitätsmanagementsystem nachweislich zu gewährleisten. Neben der Messung der TeilnehmerInnenzufriedenheit wird darauf geachtet, dass die Qualifikation der Schlüsselkräfte, die für die sozialpädagogische Betreuung und fachliche Qualifizierung zuständig sind, den aktuellen Standards entsprechen[166], dass die Arbeitsorganisation so gestaltet ist, dass neben der produktiven Beschäftigung von Transitarbeitskräften auch deren sozialarbeiterische bzw. sozialpädagogische Betreuung und deren Aus- und Weiterbildung in- und außerhalb des Betriebes zeitlich und organisatorisch sichergestellt sind und dass die arbeitsrechtlichen Bestimmungen eingehalten werden. Basis für die Qualitätssicherung bilden individuelle Vereinbarungen über die Zielsetzung und die zu erbringenden Dienstleistungen bezüglich der sozialpädagogischen Betreuung und Qualifizierung (vgl. ebd., S. 10).

Sozialpädagogische Betreuung. In der Bundesrichtlinie „Qualitätsstandards für Arbeitsverhältnisse im Rahmen eines Sozialökonomischen Betriebes (SÖB)

166 In der regionalen Richtlinie des AMS Steiermark werden dazu folgende Qualifikationsanforderungen genannt: Studium der Psychologie, Pädagogik (Pädagogik, Heil- und Integrationspädagogik, Sozialpädagogik), Lehrbefähigung mit universitärer Ausbildung (FH) oder bei einem anerkannten Institut oder Ausbildung zum psychosozialen Berater, Lebens- und Sozialberater, Sozialarbeiter (universitäre Ausbildung, FH oder anerkanntes Bildungsinstitut) (vgl. AMS Steiermark 2012, S. 8).

oder eines Gemeinnützigen Beschäftigungsprojektes (GBP)"[167] wird insbesondere auf die Inhalte und das Ausmaß der sozialpädagogischen Betreuung eingegangen, die folgende Bereiche umfassen kann: allgemeine Lebensberatung, Berufsorientierung, Kompetenzfeststellung, Maßnahmen zum Abbau von Vermittlungshemmnissen, Lernen-lernen, Gesundheits- und Ernährungsberatung, gesundheitsfördernde Maßnahmen, Case Management bzw. Information über externe Beratungsangebote, wie z. B. Schuldnerberatung, Bewerbungstraining und Outplacementberatung. Das Ausmaß der Betreuung wird fallspezifisch vereinbart, es darf jedoch unter Zurechnung der Aus- und Weiterbildungen gegenüber der praktischen Arbeitsleistung nicht überwiegen. Das Mindestbetreuungsausmaß beträgt zwölf Stunden pro Monat (vgl. AMS Österreich 2014a, S. 6).

Kooperation. Um die arbeitsmarktpolitischen und ökonomischen Anforderungen erfüllen zu können, ist auf ein ausgewogenes Verhältnis von Vermittlungshindernissen und Produktivität der TransitmitarbeiterInnen zu achten. Die Auswahl und Zusammensetzung wird in Kooperation zwischen AMS Landesgeschäftsstellen (LGS), regionalen Geschäftsstellen (RGS) und den SÖB vereinbart (vgl. AMS Österreich 2013a, S. 7). Die Rollen verteilen sich dabei wie folgt: Die Landesgeschäftsstellen sind zuständig für die Entwicklung eines Gesamtprogrammes, das einen Schwerpunkt- und Maßnahmenplan inkludiert. Basis dafür sind der arbeitsmarktpolitische Bedarf, die vorhandenen finanziellen Ressourcen sowie die existierende Projektträgerlandschaft. Die regionalen Geschäftsstellen bilden aufgrund ihrer Nähe zu den Arbeitssuchenden und den Projektträgern eine Schnittstelle zwischen diesen. Die Ausrichtung der konkreten Angebote erfolgt bedarfsorientiert in Zusammenarbeit zwischen RGS und SÖB mit dem Ziel einer sinnvollen Erweiterung von Transitarbeitsplätzen gemäß den regionalspezifischen Anforderungen (vgl. ebd., S. 9). Insofern werden die Integrationserfolge der SÖB auch vonseiten der RGS beurteilt, während die Förderungen über die LGS abgewickelt werden (vgl. ebd., S. 17).

---

167 AMS Österreich (2014a): Bundesrichtlinie Qualitätsstandards für Arbeitsverhältnisse im Rahmen eines Sozialökonomischen Betriebes (SÖB) oder eines Gemeinnützigen Beschäftigungsprojektes (GBP) (AV-SÖB/GBP), AMF/21-2014; GZ: BGS/AMF/0722/9921/2014, gültig ab 1. November 2014, erstellt von BGS/Förderungen.

6.1.3.3 Gemeinnützige Beschäftigungsprojekte

Gemeinnützige Beschäftigungsprojekte[168] (GBP) unterscheiden sich von SÖB im Wesentlichen durch die Nichtmarktfähigkeit ihrer Produkte und Dienstleistungen sowie durch die Beihilfen- und Trägerstruktur. Ihre arbeitsmarktpolitische Leistung, die Zielgruppen sowie deren Zuweisung und Verweildauer sind dieselben, ebenso wie die Art der durch das AMS abdeckbaren Kosten, die Fördervoraussetzungen, die Qualitätsstandards und die Kooperationsstrukturen zwischen LGS, RGS und SÖB.

Produkte und Dienstleistungen. Was die Produkte und Dienstleistungen betrifft, sind diese bei GBP im Gegensatz zu SÖB an ein öffentliches oder gemeinnütziges Interesse gebunden. Ein solches zeigt sich in der finanziellen Beteiligung anderer Stellen und/oder im überwiegenden Vorliegen öffentlicher oder gemeinnütziger AuftraggeberInnen. Die Tätigkeiten stehen demnach im Interesse der Allgemeinheit und tragen zur Verbesserung regionaler und kommunaler Lebensbedingungen bei (vgl. AMS Österreich 2014b, S. 5). Genannt werden Aktivitäten in den Bereichen Landschaftspflege, Kultur, soziale Dienste, lokale Entwicklung etc. (vgl. ebd., S. 19). GBP sollten daher nicht in Konkurrenz zu regulären Wirtschaftsbetrieben stehen, wie es bei SÖB tendenziell der Fall ist, und – das ist entscheidend – sie sind nicht an die Erfüllung einer Eigenerwirtschaftungsquote durch marktkonforme Produkte und Dienstleistungen gebunden.

Beihilfenstruktur. Bezüglich der Beihilfenstruktur fördert das AMS Kosten für Transitarbeitskräfte bis zur Höhe von 66,7 % und für Schlüsselkräfte bis zur Höhe von 100 %. Zuschüsse für Abschreibungen sowie für Schulungs- und Weiterbildungsaufwand werden ebenso bis zur Höhe von 100 % gewährt. Ausgaben für sonstiges Personal wie Administrations- und Reinigungskräfte sowie für andere Sachmittel gilt es aus Eigenmitteln, Spenden sowie der finanziellen Beteiligung anderer Stellen abzudecken. Markterlöse sollen in Anbetracht der gemeinnützigen Ausrichtungen dabei eine untergeordnete Rolle spielen (vgl. ebd., S. 10 f.).

Die finanzielle Beteiligung anderer öffentlicher Stellen durch Förderungen oder Auftragsvergabe ist eine Fördervoraussetzung. Dadurch soll mindestens 1/3 der laufenden Ausgaben gedeckt werden, denn die AMS-Beihilfen sind mit 2/3 für Personal und Sachausgaben limitiert (vgl. ebd., S. 11). Da die Tätigkeiten von GBP insbesondere auch Ländern und Gemeinden nützen, sind diese in

---

168 AMS Österreich (2014b): Bundesrichtlinie für Gemeinnützige Beschäftigungsprojekte (GBP), AMF/25-2014, GZ: BGS/AMF/0722/9916/2014, gültig ab 1. Dezember 2014, erstellt von BGS/Förderungen.

die gemeinsame Finanzierung einzubinden (vgl. ebd., S. 19). Um die Ausfinanzierung sicherzustellen und Doppelförderungen zu vermeiden, übernehmen die Landesgeschäftsstellen eine Koordinationsfunktion. Die unterschiedlichen Finanzierungsanteile, Zweckbindungen und Abrechnungsformen werden durch die LGS abgestimmt (vgl. ebd., S. 20). Auch hier gilt ähnlich wie bei SÖB, dass sich im Falle von Überschüssen der Anteil der AMS-Beihilfen reduziert, außer es ist eine zweckmäßige Verwendung von Überschüssen für Investitionen in das Projekt oder für Aus- und Weiterbildungen der MitarbeiterInnen in der Fördervereinbarung ausgewiesen (vgl. ebd., S. 17).

Trägerstruktur. Gemeinnützige Beschäftigungsprojekte werden in der Regel von privaten gemeinnützigen Trägern angeboten. Vereinzelt finden sich jedoch auch öffentlich-rechtliche Körperschaften, die ein GBP führen. Dazu zählen unter anderem Gemeindeverbände sowie landes- bzw. gemeindenahe gemeinnützige Vereine, bei denen eine wesentliche Einflussmöglichkeit des Landes- bzw. der Gemeinde auf die vereinsinterne Willensbildung besteht (vgl. ebd., S. 31). Damit wird die im idealtypischen Social-Enterprise-Modell ausgewiesene Limitierung der privaten Trägerschaft und der autonomen Geschäftsführung tendenziell ausgeweitet. Diese nationale Besonderheit wird in einer Sondervariante von GBP noch deutlicher, wie im Folgenden gezeigt wird. Sie verweist aber auch auf die Notwendigkeit einer flexibilisierten Auslegung des Social-Enterprise-Modells bzw. auf dessen Modifikation, wie es beispielsweise im „Social Enterprise Zoo“ von Young und Lecy (2014, S. 1320f.; siehe Kapitel 5.2.1) vorgeschlagen wird.

6.1.3.4 Beschäftigungsgesellschaften

Beschäftigungsgesellschaften (BG) stellen eine Sonderform von gemeinnützigen Beschäftigungsprojekten dar, die ausschließlich in der Steiermark existieren. In den „Allgemeinen Bestimmungen für GBP/BG“ des AMS Steiermark[169] wird hingewiesen, dass die Förderrichtlinien für GBP auch für die Errichtung von BG gelten. Da sich aus diesen Bestimmungen keine spezifischen Merkmale für BG herauslesen lassen (vgl. AMS Steiermark 2012), wird im Folgenden auf eine Evaluierungsstudie der steirischen Beschäftigungsgesellschaften, die vom IFA durchgeführt wurde, zurückgegriffen, um für BG zutreffende Abweichungen zu GBP bzw. auch zu SÖB zu filtern.

169 AMS Steiermark (2012): Allgemeine Bestimmungen des Arbeitsmarktservice Steiermark für Gemeinnützige Beschäftigungsprojekte GBP/BG; Gültigkeitsbereich Arbeitsmarktservice Steiermark, Version: 05; Gültig ab: 16.2.2012.

Beschäftigungsgesellschaften entstanden Mitte der 1990er-Jahre nach deutschem Vorbild (vgl. Heschl & Stüger 1997, S. 343 ff.). Die Verknüpfung von arbeitsmarktpolitischen und wirtschaftlichen Zielsetzungen mit den Interessen der Gemeinden und Regionen unterscheidet sie von den anderen Formaten (vgl. Lechner, Seiler & Stoppacher 2000, S. 5). Die Kombination von befristeter Beschäftigung, nicht marktfähiger Arbeit und wirtschaftlicher Orientierung sowie der gesellschaftlichen Beteiligung und gleichzeitigen Verantwortungsübernahme durch regionale öffentliche und private Organisationen zeichnet die Beschäftigungsgesellschaften aus.

Gesellschaftsstruktur. Als ein wesentliches Unterscheidungsmerkmal kristallisiert sich heraus, dass BG als Gesellschaften konstituiert sind, an denen unterschiedliche Einrichtungen unter öffentlicher und privater Trägerschaft beteiligt sind. Gemäß der Evaluierung des IFA fungieren zum Großteil Gemeinden als Gesellschafter (vgl. Lechner, Seiler & Stoppacher 2000, S. 5), wobei vereinzelt auch Beteiligungsstrukturen durch mehrere private Vereine gegeben sind. Insgesamt agieren sie als gemeinnützige Gesellschaften mit beschränkter Haftung in einer für Social Enterprises typischen nicht gewinnmaximierenden Manier.

Arbeitsmarktspezifische Leistung. Die arbeitsmarktpolitische Leistung formuliert sich dabei ähnlich wie bei GBP und SÖB, nämlich am Arbeitsmarkt benachteiligten Personen im Rahmen eines Wirtschaftsbetriebes ein befristetes Dienstverhältnis von in der Regel bis zu zwölf Monaten anzubieten. Diese durch soziale Betreuung und fachliche Qualifizierung begleitete temporäre Beschäftigung soll die Integration in den regulären Arbeitsmarkt erleichtern (vgl. ebd., S. 7). In dieser Zielerreichung unterliegen sie, wie bereits erwähnt, den Zuweisungs- und Förderbestimmungen von GBP, wobei die Planerfolgsquote der Vermittlungen in den regulären Arbeitsmarkt zum Zeitpunkt der Evaluierungsstudie zumeist mit 50 % bis 70 % in den Fördervereinbarungen festgesetzt war (vgl. ebd., S. 7).

Wirtschaftliche Leistungen. Bezüglich ihrer wirtschaftlichen Leistung haben Beschäftigungsgesellschaften ähnlich wie SÖB eine Eigenerwirtschaftungsquote zu erzielen, die jedoch über nicht marktfähige Leistungen durch vorwiegend öffentliche AuftraggeberInnen erreicht werden soll. BG treten dabei als professionell agierende Unternehmen mit einer betriebswirtschaftlichen Orientierung auf. Der Eigenerwirtschaftungsanteil soll sich sukzessive steigern, indem das Ausmaß an öffentlichen, nicht marktfähigen Aufträgen ausgeweitet wird. Die AutorInnen der Evaluierungsstudie halten fest, dass das AMS nach vier Jahren keine Sachkostenförderungen mehr übernimmt. AuftraggeberInnen sollen vor allem Gemeinden sein, aber auch mit regionalen Wirtschaftsbetrieben werden enge Kooperationen angestrebt, um Aufträge zu lukrieren und sie als potenzielle ArbeitgeberInnen für die Transitkräfte zu gewinnen (vgl. ebd., S. 8). Der Evaluierung zufolge scheint auch hier das 1/3-Finanzierungsprinzip, ähnlich wie bei GBP, zu greifen. So unterstützte das AMS bzw. mitunter auch der ESF die untersuchten Betriebe zu 51 %, 16 % wurden vom Land Steiermark bereitgestellt und 33 % resultierten aus der Eigenerwirtschaftung (vgl. ebd., S. 115).

Mit Blick auf die Nichtmarktfähigkeit von Leistungen besetzen bzw. erschließen BG Geschäftsfelder, die sich als nicht profitabel erweisen, sich jedoch auf einen regionalspezifischen Bedarf beziehen. Durch die Förderung von BG werden somit strukturpolitische Vorhaben synergetisch mit zum Teil aus arbeitsmarktpolitischen Töpfen stammenden Mitteln umgesetzt (vgl. ebd., S. 6). Die AutorInnen sehen darin ein zentrales Gründungsmotiv der BG, nämlich Tätigkeiten, die sich öffentlich nicht finanzieren lassen oder sich betrieblich nicht rechnen, für beschäftigungspolitische Akzente zu nutzen (vgl. ebd., S. 8). Insofern fungieren BG als DienstleisterInnen im kommunalen und regionalwirtschaftlichen Bereich. Sie stellen ähnlich wie GBP Produkte und Dienstleistungen bereit, die der Allgemeinheit zugutekommen. Dadurch unterscheiden sie sich wiederum von SÖB, die vorwiegend in Konkurrenz zu anderen Betrieben am Markt stehen (vgl. ebd., S. 15).

Regionale Verankerung. Als Spezifikum von Beschäftigungsgesellschaften erweist sich zudem ihre starke regionale Verankerung. Da in die GesellschafterInnenstruktur zumeist regionale öffentliche Träger und mitunter auch VertreterInnen der regionalen Wirtschaft eingebunden sind, wird zum einen eine ideelle Mitverantwortung gezeigt, zum anderen wird damit eine ausreichende Anzahl von Aufträgen sowie Beschäftigungsmöglichkeiten sichergestellt. Die AutorInnen der Evaluierungsstudie konstatieren dahingehend, dass über BG Strukturen für eine kooperative Arbeitsmarktpolitik hergestellt werden (vgl. ebd., S. 8). Eine solche Politik wird seit den 1990er-Jahren vom AMS Steiermark konsequent verfolgt. Sie zielt insgesamt darauf ab, Gebietskörperschaften, regionale Sozialpartner und Unternehmen in arbeitsmarktpolitische Aktivitäten verstärkt einzubeziehen (vgl. ebd., S. 20). Eine gemeinsame Organisationsentwicklung zwischen Gemeinden, regionalen Wirtschaftsunternehmen, gemeinnützigen Organisationen und dem AMS wird angestrebt und mitunter auch vom AMS als Fördervoraussetzung angesehen. Zumindest muss eine enge Kooperation durch die Auftragsvergabe im Vorfeld der Genehmigungen nachgewiesen sein und auch stattfinden (vgl. ebd., S. 20).

6.1.3.5 Integrative Betriebe

Als Integrative Betriebe (IB)[170] – vormals geschützte Werkstätten – gelten von Gebietskörperschaften, Körperschaften des öffentlichen Rechtes, Wohlfahrtseinrichtungen oder sonstigen Rechtspersonen geführte Organisationen, die begünstigte behinderte Personen beschäftigen (siehe Kapitel 6.1.1). Zu diesem Kreis zählen per Definition Personen, die wegen Art und Schwere der Behinderung noch nicht oder nicht wieder auf dem allgemeinen Arbeitsmarkt tätig sein können, bei denen aber eine wirtschaftlich verwertbare Mindestleistungsfähigkeit vorliegt sowie eine weitgehende Unabhängigkeit von Pflegeleistungen nachweisbar ist (vgl. BMASK 2015b, § 11, Abs. 1). Insgesamt handelt es sich um Personen, die aus Mitteln des Ausgleichstaxfonds gefördert werden können und für die gemäß den Behindertengesetzen der Länder Leistungen für die berufliche Integration erbracht werden können (vgl. BMASK 2004, S. 6).

Ziel von IB ist es, die begünstigten behinderten Personen zu befähigen, ihre Leistungsfähigkeit weiterzuentwickeln respektive wiederzugewinnen, um im Idealfall am regulären Arbeitsmarkt Fuß fassen zu können (vgl. BMASK 2015b, § 11, Abs. 2). Die Entscheidung über die Aufnahme in einen IB erfolgt im Rahmen eines Konsortiums, bestehend aus VertreterInnen des Arbeitsmarktservice, des Sozialministeriumsservice, des Landes und der Leitung des jeweiligen IB (vgl. ebd., § 11, Abs. 5).

Leistungen. Die Funktionsbereiche von Integrativen Betrieben sind modular aufgebaut. Das *Modul ‚Beschäftigung‘* bietet Arbeitsplätze für den begünstigten Personenkreis an, wobei als Ausgleich für die verminderte Wettbewerbsfähigkeit Förderungen gewährt werden. Diese erfolgen aus Mitteln des Ausgleichstaxfonds sowie des jeweiligen Landes unter Einbeziehung des Arbeitsmarktservice. Insgesamt sind IB anderen Betrieben gleichgestellt. Sie müssen sich mit ihren Produkten und Dienstleistungen am Markt im freien Wettbewerb behaupten. Insofern liegt auch hier ein Finanzierungsmix aus Eigenerwirtschaftung und Subventionen vor (vgl. BMASK 2004, S. 8). Das Modul *‚Berufsvorbereitung‘* zielt darauf ab, Menschen mit Behinderung zu qualifizieren, sodass eine Vermittlung in den regulären Arbeitsmarkt erleichtert wird. Die Infrastruktur der IB bietet dafür eine ideale Voraussetzung (vgl. ebd., S. 3). Diese kann und soll auch von unterschiedlichen Projektträgern in Anspruch genommen werden (vgl. BMASK 2013a, S. 27). Als AuftraggeberInnen gelten dabei insbesondere

---

170 BMASK (2004): Richtlinie für die Förderung von Integrativen Betrieben, GZ: 44.210/19-6/04, gültig ab 1. Juli 2004; BMASK (2015b): Behinderteneinstellungsgesetz, insbesondere § 11 zu Integrative Betriebe; BMASK (2013a): BABE Österreich 2014–2017 – Behinderung – Ausbildung – Beschäftigung. Bundesweites arbeitsmarktpolitisches Behindertenprogramm.

das Sozialministeriumsservice, die Länder und das AMS, wobei die Förderung über diese gemäß den einschlägigen Richtlinien erfolgt (vgl. BMASK 2004, S. 3). Im Modul ‚*Dienstleistung*' steht der Know-how-Transfer, den IB aufgrund ihrer Erfahrung in der Beschäftigung von behinderten Personen haben, im Zentrum. Es werden Beratungsleistungen und andere Serviceangebote für andere Betriebe und Einrichtungen bereitgestellt, die in Zusammenhang mit der beruflichen Integration von Menschen mit Behinderung stehen (vgl. ebd., S. 3). Diese Angebote werden von den nachfragenden Institutionen finanziert.

Trägerstruktur. Mit Blick auf die Organisationsstruktur ist für Integrative Betriebe die Rechtsform einer Gesellschaft mit beschränkter Haftung nach kaufmännischen Grundsätzen vorgeschrieben (vgl. ebd., S. 4). Davon existieren in Österreich derzeit insgesamt acht, die durch den Dachverband Integrative Betriebe Österreich (IBÖ) vertreten sind.[171] IB sind verpflichtet, jährliche Bilanzen sowie einen Kostenplan für das Folgejahr gemäß den Vorgaben des Ausgleichstaxfonds vorzulegen und sich einer Wirtschaftsprüfung zu unterziehen (vgl. ebd., S. 4).

Als Förderbedingungen aus dem Ausgleichstaxfonds gelten zusätzlich zu infrastrukturellen Voraussetzungen unter anderem die Bereitstellung regulärer Dienstverhältnisse mit kollektivvertraglicher Entlohnung sowie die Einhaltung arbeits- und sozialrechtlicher Grundsätze, das Anbieten von Arbeitserprobungs- und Trainingsmöglichkeiten sowie von begleitenden Diensten betreffend die medizinische, soziale, heilpädagogische und psychologische Betreuung der beschäftigten Behinderten (vgl. BMASK 2015b, § 11, Abs. 4). Letztere hat in einem Ausmaß von mindestens 25 Stunden pro Woche für 100 Personen zu erfolgen, was im Durchschnitt vier Wochenstunden pro Person ausmacht. Der Betreuungsschlüssel in IB ist mit 12:1, der Beschäftigungsanteil mit mindestens 60 von 100 festgesetzt (vgl. BMASK 2004, S. 7). Konkret bedeutet das, dass für zwölf Behindertenarbeitsplätze eine fachlich, psychologisch und pädagogisch geeignete Führungskraft (MeisterInnen, VorarbeiterInnen) vorzusehen ist und dass von 100 Beschäftigten mindestens 60 begünstigte Personen eingestellt sein müssen (vgl. BMASK 2004, S. 7).

6.1.3.6 Stundenweise Niederschwellige Beschäftigung

Ein noch relativ junges und wenig institutionalisiertes Format, das in den letzten Jahren im Rahmen von regionalen Pilotprojekten entwickelt und erprobt wird, sind stundenweise niederschwellige Beschäftigungsformen (Entry). Diese

171 Siehe dazu http://www.iboe.at/ [27.7.2016].

bieten keine regulären Dienstverhältnisse an und sind somit auch nicht über die bisher genannten Förderstrukturen finanzierbar. Im Zuge eines Projektes des Steirischen Beschäftigungspaktes (STEBEP) werden seit 2012 Transitarbeitsplätze für MindestsicherungsbezieherInnen und Personen mit besonderen Vermittlungshemmnissen angeboten. Dieser Personenkreis zeichnet sich durch eine längere Abwesenheit vom Arbeitsmarkt aus. Über niederschwellige Angebote soll ihnen die Möglichkeit gegeben werden, sich stundenweise, ihren individuellen Möglichkeiten angemessen in Arbeit zu erproben. Sie erhalten fachliche Kurzausbildungen und eine sozialpädagogische Betreuung. Ziel ist, ihre Beschäftigungsfähigkeit abzuklären und diese innerhalb eines Zeitraumes von drei bis sechs Monaten so weit zu fördern, dass eine Beschäftigung am zweiten und im Idealfall am regulären Arbeitsmarkt möglich wird. Diese Arbeitsplätze sind in bereits vorhandene Beschäftigungsbetriebe und -projekte eingebunden und werden finanziell und ideell mitgetragen vom Land Steiermark, dem AMS Steiermark, dem Sozialamt der Stadt Graz, dem ESF und dem Steirischen Beschäftigungspakt.[172]

Diese stundenweisen Beschäftigungen setzen an Erfahrungen von pionierhaften AnbieterInnen an und sind mitunter in Stufenmodelle eingebettet. Ein solches wurde beispielsweise in der Steiermark im Rahmen des ESF-Schwerpunktprogrammes 3b ‚Integration von arbeitsmarktfernen Personen' 2008–2009 entwickelt und erprobt, wie in den empirischen Arbeiten gezeigt wird (siehe Kapitel 7.1.3). Je nach Beschäftigungsfähigkeit und Leistungspotenzialen werden spezifische Betreuungs- und Beschäftigungsangebote bereitgestellt. An der untersten Stufe rangiert die stundenweise Heranführung, Erprobung und Wiedergewöhnung an Arbeit. An diese schließen höherschwellige Angebote an, die zunächst über eine regelmäßige Tätigkeit auf Stabilisierung, dann durch Qualifizierung auf Konsolidierung und schließlich auf Vermittlung in den regulären Arbeitsmarkt abzielen (vgl. Paierl & Stoppacher 2009, S. 10 f.). Gemäß der Evaluierungsstudie zu arbeitsmarktintegrativen Betrieben werden solche Stufenmodelle derzeit auch in Niederösterreich und Oberösterreich erprobt. Vorteile dieses Modells werden insbesondere darin gesehen, dass die TeilnehmerInnen je nach Leistungsbild und Belastbarkeit an der am besten geeigneten Stufe einsteigen können (vgl. Eppel et al. 2014, S. XXXIV). Dadurch wird dem Ziel der Entwicklung von passgenauen Angebotspaletten für heterogener werdende Zielgruppen nähergekommen.

172 Siehe dazu http://www.bbsnet.at/bbs-netzwerk/projekte.html und https://www.caritas-steiermark.at/hilfe-angebote/menschen-in-not/arbeit/beschaeftigungsprojekte/stundenweise-niederschwellige-beschaeftigung-entry/ [6. 5. 2016].

6.1.3.7 Besonderheiten nationaler WISE im Überblick

Insgesamt ist die österreichische WISE-Landschaft durch eine Vielzahl von Benennungen geprägt, die in Verbindung mit den zumeist in Kooperation zwischen FördergeberInnen und Praxis entstandenen Förderrichtlinien und Bestimmungen steht. Diese kooperativen Institutionalisierungsprozesse der unterschiedlichen Organisationstypen werden am Forschungsfeld der ECO-WISE noch eingehend empirisch nachgezeichnet (siehe Kapitel 7.1).

Organisationstypen. In Hinblick auf die genannten Organisationstypen wird ein Überhang an Transitbeschäftigung anbietenden Einrichtungen erkennbar. Dieses Bild entspricht den internationalen Beobachtungen, wie von Davister, Defourny und Gregoire (2004, S. 4f.) ausgewiesen (siehe Kapitel 6.1.2). Andere Formen, die eine Dauerbeschäftigung über eine Langzeitförderung anbieten oder sich nach Initialunterstützungen zum Großteil über die Eigenerwirtschaftungen finanzieren, finden sich nur in marginalisierter Form wieder.[173]

Im Rahmen der Evaluierung von arbeitsmarktintegrativen Unternehmungen in Österreich wurden beispielsweise für das Jahr 2012 169 Einrichtungen gezählt, die ca. 7200 Transitarbeitsplätze anboten. Evaluiert wurden GBP und SÖB, wozu auch die gemeinnützige Arbeitskräfteüberlassung und Beschäftigungsgesellschaften gezählt wurden. Insofern entspricht die Auswahl der vom Netzwerk arbeit plus vertretenen Organisationen bzw. Projekte. Mit Blick auf die Aufteilung waren darunter 87 GBP, 71 SÖB und elf Arbeitskräfteüberlasser (vgl. Eppel 2014, S. IV). Als Datenpool fungierten hier die vom AMS geförderten Organisationen.

Die vom Netzwerk arbeit plus editierte Länderstudie im Rahmen des internationalen WISE-Projekts bezog hingegen neben SÖB und GBP auch Integrative Betriebe und andere Soziale Unternehmen ein, die allgemeine Förderungen, wie beispielsweise den Kombilohn[174], in Anspruch nehmen (vgl. BDV Austria 2008, S. 16). Hier wurden gemäß der Datenbasis öffentlicher FördergeberInnen für das Jahr 2007 259 Förderverträge identifiziert. Vom AMS wurden dem Projektbericht zufolge 170 GBP und 81 SÖB gefördert. Hinzu kommen die in Ös-

173 Als Beispiel für letzteren Typ kann das R. U. S. Z. angeführt werden. Hierin werden ehemals Transitbeschäftigte über z. B. Eingliederungsbeihilfen dauerhaft beschäftigt (siehe dazu http://www.rusz.at/) [27. 7. 2016].

174 Diese Eingliederungsbeihilfe ist ein Lohnkostenzuschuss, der allen ArbeitgeberInnen mit Ausnahme des Bundes, des AMS und politischen Parteien gewährt wird, wenn sie langzeitarbeitslose Personen einstellen. Die Höhe beträgt maximal 66,7 % bzw. 100 % für jene gemäß § 38a AMSG. Dabei handelt es sich um WiedereinsteigerInnen nach Kinderbetreuungszeiten sowie um Personen unter 25 und über 50 Jahre (vgl. AMS Österreich 2015a, S. 22). Die Dauer der Förderung ist zwischen ArbeitgeberInnen und AMS auszuhandeln, beträgt aber maximal zwei Jahre (vgl. AMS Österreich 2000, S. 8).

terreich agierenden acht Integrativen Betriebe. Die AutorInnen konstatieren, dass die tatsächliche Anzahl von SÖB und GBP weitaus geringer ausfallen kann, da in der ihnen zugänglichen Statistik die Förderverträge ausgewiesen sind und nicht die Organisationen selbst, was vor allem die reale Anzahl der GBP minimieren dürfte (vgl. ebd., S. 11). Die Datenlage verweist auf die Schwierigkeit, dieses organisationale Spektrum zu quantifizieren und einer vertiefenden Analyse zugänglich zu machen, nicht zuletzt, da bis dato keine einheitlich erfasste Datenbank zur Verfügung steht. Dadurch bleibt die reale Grundgesamtheit unbekannt – eine Herausforderung, die sich auch für die Erfassung von ECO-WISE stellt (siehe Kapitel 6.3).

Instrumente. Mit Blick auf die einzelnen Instrumente identifizieren ExpertInnen, die im Rahmen der Evaluierungsstudie zu arbeitsmarktintegrativen Betrieben befragt wurden, eine für Österreich typische bedarfslagenbezogene ‚Instrumentenhierarchie', wobei am untersten Ende stundenweise Beschäftigungsformate ohne reguläres Dienstverhältnis anzutreffen sind, die besonders arbeitsmarktfernen Zielgruppen einen niederschwelligen Einstieg ermöglichen. Am obersten Ende rangieren hingegen gemeinnützige Arbeitskräfteüberlassungen, die eher als Vermittlungshilfen und weniger als Beschäftigungsmaßnahme eingestuft werden (vgl. Eppel et al. 2014, S. XXXIII).

Empirische Evidenz für diese Einschätzungen liefert eine TeilnehmerInnenanalyse, der zufolge Transitarbeitskräfte in SÖB und GBP weitaus größere Ausgrenzungsrisiken aufweisen als in Überlassungsbetrieben (vgl. ebd., S. VII). Die AutorInnen der Studie zu Beschäftigungsgesellschaften in der Steiermark konstatieren, dass die AdressatInnen hinsichtlich der Leistungsfähigkeit und des Beratungsaufwandes ungefähr zwischen den SÖB und der gemeinnützigen Arbeitskräfteüberlassung angesiedelt sind (vgl. Lechner, Seiler & Stoppacher 2000, S. 15).

Die sukzessive Ausdifferenzierung der WISE-Landschaft kann – wie bereits erwähnt – vor den Hintergründen der Entwicklung einer bedarfsorientierten Angebotspalette gesehen werden, mit der versucht wird, den heterogenen Bedürfnissen von arbeitsmarktfernen Personen zu begegnen und ‚Creaming-Tendenzen' vorzubeugen (siehe Kapitel 4.4.3). Die pilotierten Stufenmodelle bieten dazu teilnehmerInnensensible Einstiegs- und Übergangsmöglichkeiten, wodurch die unter dem Druck der Ökonomisierung beobachtbare Auswahl von AdressatInnen mit einer geringeren Problembelastung eingedämmt werden kann.

Bundesvergabegesetz. Eine weitere Besonderheit der österreichischen WISE-Landschaft und ihrer Förderstruktur ist im Zusammenhang mit dem Bundesvergabegesetz zu sehen (siehe Kapitel 5.1.2), das öffentliche Förder- und Auftragsvergaben regelt. Laut Förderrichtlinien handelt es sich bei den Beihilfen des AMS für GBP und SÖB um einseitige Verträge, da sie sich auf Dienstleistungen von allgemeinem wirtschaftlichen Interesse beziehen, die von WISE für das AMS erbracht werden. Ein einseitiger Fördervertrag bedingt, dass Förderungen nur dann zu gewähren sind, wenn die vereinbarten Leistungen von den Organisationen auch erbracht wurden. Wenn die Leistung nicht bzw. nur unzureichend erbracht wurde, erfolgt eine dementsprechende Kürzung des zuerkannten Beihilfebetrages. Anders als bei zweiseitigen Förder- bzw. Werkverträgen kann vonseiten des AMS die zu erbringende Leistung nicht eingeklagt werden. Solche einseitigen Förderverträge unterliegen nicht den Bestimmungen des Bundesvergabegesetzes (vgl. AMS Österreich 2013a, S. 35). Werden jedoch im Zuge der Geschäftstätigkeit öffentliche Aufträge an WISE vergeben, die nicht im allgemeinen wirtschaftlichen Interesse liegen, wie z. B. die Produktion von diversen Gütern oder die Bereitstellung von Dienstleistungen, liegt eine Ausschreibungs- und Angebotspflicht vor. Im Fall von IB sieht das Bundesvergabegesetz dahingehend eine Bevorzugung vor. Bei Aufträgen des Bundes gilt es demgemäß, in jedem Fall Angebote von Integrativen Betrieben einzuholen respektive diese zur Angebotsstellung einzuladen (vgl. BMASK 2015b, § 11, Abs. 7).

Finanzierungsstruktur. In den österreichischen Föderrichtlinien spiegelt sich zudem die Tendenz hin zu Public-Private-Partnership- bzw. Social-Entrepreneur-Modellen wider. Deutlich wird darin allenfalls die hybride Finanzierungsstruktur zwischen öffentlichen und privaten Mitteln. Insofern ist davon auszugehen, dass die nationalen Entwicklungen dem internationalen Trend einer Ökonomisierung und Hybridisierung von Sozialen Organisationen folgen (siehe Kapitel 5), worin sich tendenziell ein ‚struktureller Pluralismus' im Gidden'schen Verständnis realisiert (siehe Kapitel 4.2). Inwiefern die einschlägigen Richtlinien auch so umgesetzt werden, ist am Einzelfall zu prüfen. Verhandlungsspielräume hinsichtlich der Finanzierungs- und GesellschafterInnenaufteilung sind darin zumindest ausgewiesen (vgl. AMS Österreich 2014b, S. 11). Ob und wie diese in der Praxis wahrgenommen werden, wird Gegenstand des empirisch nachgezeichneten Institutionalisierungsprozesses von ECO-WISE sein (siehe Kapitel 7). Wie sich die ökologischen Akzente dieses spezifischen Organisationsspektrums zeigen, wird nun beleuchtet.

6.1.4 ECO-WISE – ökologische Akzente

Der Begriff ECO-WISE wird im weiteren Sinne mit ökologisch bewussten und umweltfreundlichen Handlungsweisen assoziiert. Im hier gebrauchten engeren Verständnis stellen ECO-WISE einen spezifischen Ausschnitt von WISE dar, die zusätzlich zu ihrer institutionell partizipativen, ökonomischen und sozialen, auf Arbeitsmarktintegration gerichteten Zielsetzung einer ökologischen nachgehen.[175]

Während WISE national und international in den letzten Jahrzehnten zunehmend in das Blickfeld der Forschung gerieten, wurde der Subgruppe ECO-WISE bislang eher wenig Aufmerksamkeit geschenkt. Ein Grund dafür kann in der primär sozialen Zielorientierung von WISE gesehen werden, die mit gemeinnützig angelegten ökonomischen Strategien verfolgt wird (siehe Kapitel 6.1.2). Die Betrachtung dieser Prioritäten sowie des darin eingelagerten Spannungsfeldes überschattet die Analyse ökologischer Bedeutungen – ein weiteres wesentliches Merkmal, das eine Vielzahl dieser Organisationen kennzeichnet –, die demzufolge selten explizit ausgewiesen und kommuniziert werden. So stellen Edwards, Smith und Büchs (2013, S. 133) mit Blick auf den gesamten Dritten Sektor in Großbritannien fest, dass ökologisches Handeln darin zusehends an Relevanz gewinnt, dies allerdings nur selten explizit benannt und nach außen transportiert wird. Während die Wirtschaft bereits zahlreiche Performance-Reporting-Tools einsetzt, um ihr ökologisch bewusstes Handeln zu kommunizieren, konzentrieren sich Dritt-Sektor-Organisationen nach wie vor weitestgehend darauf, ihren sozialen Mehrwert sichtbar zu machen.

Auch wenn die Beziehung zwischen dem Dritten Sektor und ökologischen Agenden auf eine lange Tradition verweist – erinnert sei hier beispielsweise an die Naturfreunde –, so liegen dazu lediglich vereinzelt Studien und Publikationen vor.[176] Vickers (2013, S. 22) beschäftigt sich beispielsweise mit den Ursprüngen, Entwicklungen und dem Ausmaß von „environmentally-motivated social enterprise“ in Großbritannien und entwickelt auf Basis von Case Studies eine Typologie der „green social economy“ (vgl. ebd., S. 32 ff.). Hierin wird differenziert zwischen: 1.) *„Small and Beautiful niche ventures“* – Nischenbetriebe, die auf lokale Bedürfnisse reagieren und im Bottum-up-Modus entstanden sind, um alternative, nachhaltige, lokale ökonomische Strukturen bereitzustellen. Sie agieren beispielsweise im Bereich der Lebensmittelerzeugung sowie der erneuerbaren Energieversorgung und weisen Ähnlichkeiten zu den Charakteristiken der solidarischen Ökonomie auf (siehe Kapitel 5.2.1). 2.) *„Green Knowledge Economy ventures“* sind auf Wissenstransfer, Beratung und Innovation abzielende Einrichtungen, die ihre Dienstleistungen Gemeinden, Universitäten,

175 Der Begriff ECO-WISE wurde im Rahmen eines an der Universität Graz durchgeführten Forschungsprojektes für die Charakterisierung dieses Forschungsfeldes adaptiert (siehe Anastasiadis & Mayr 2010).

176 Mit dem Sammelband „ECO-WISE – Social Enterprises as Sustainable Actors“, herausgegeben von Anastasiadis (2013), wurde versucht, diese Lücke zu schließen. Der Band stellt eine erste Sammlung von einschlägigen internationalen Forschungsarbeiten im und um das Fachgebiet bereit. Damit soll ein erster Einblick in den Forschungsstand gegeben werden, aber auch zu weiteren Forschungen inspiriert werden.

der regionalen Wirtschaft, anderen sozialen Unternehmen und interessierten Privatpersonen anbieten. 3.) „*Green Collar Army enterprises*" entsprechen WISE, die in ökologischen Tätigkeitsfeldern agieren. Sie sind spezialisiert auf die Bereitstellung von Beschäftigung und Qualifizierung in arbeitsintensiven Branchen, wie beispielsweise der Abfallwirtschaft. In Hinblick auf die enge Kooperation mit öffentlichen Stellen sind sie auch in Großbritannien relativ stark durch bestehende Förderprogramme reguliert. Evidenz für die Existenz des ‚Green Collar-WISE-Formats' in Österreich findet sich unter anderem in der Datenbank des Dachverbandes arbeit plus.[177] Über 70 WISE sind beispielsweise dem Tätigkeitsbereich ‚Re-Use und Recycling' zugeordnet, worin neben dem sozialen und ökonomischen auch ein deutlicher ökologischer Mehrwert zu erkennen ist (vgl. Mathis et al. 2014, S. 33). Auch wenn eine Vielzahl von ECO-WISE diesen ‚Green Collar Army enterprises' zuzählen sind, sind sie nicht gänzlich darauf zu beschränken, wie im Folgenden gezeigt wird.

Da die Literatur für das ‚ECO' in diesem engeren Kontext keine spezifischen Merkmalszuschreibungen anbietet, wurde im Rahmen einer explorativen Bestandsaufnahme, die in die ersten beiden Phasen des in Kapitel 6.3.3 beschriebenen Research-Cycle eingebettet ist[178], eine heuristische Definition erarbeitet. Auf Basis von ExpertInneninterviews, Internetrecherchen und unter Hinzuziehung der vorhandenen Literatur zu ökologischen Handlungsweisen kann schlussfolgernd konstatiert werden, dass ECO-WISE zuzüglich der bereits genannten Kennzeichen von WISE 1.) ihr Portfolio einem ökologischen Tätigkeitsbereich zuordnen und/oder 2.) Dienstleistungen und/oder Waren auf eine ökologisch nachhaltige Weise anbieten und herstellen (vgl. Anastasiadis & Mayr 2010, S. 14). Diese Definition schließt demnach die Was- und die Wie-Ebene ein. Das Merkmalsset wurde im Anschluss mittels quantitativer Befragungsschleifen im Jahr 2008 und 2015 von ECO-WISE-VertreterInnen rückgeprüft und spezifiziert.

Wie in Abbildung 13 dargestellt, konnten mit Blick auf die Was-Ebene Geschäftsfelder in folgenden Bereichen ausgemacht werden (vgl. Anastasiadis 2013a, S. 53): Als traditionelles Handlungsfeld erweist sich der bereits erwähnte Re-Use- und Recyclingbereich. Dazu zählen Aktivitäten der Abfallwirtschaft und Abfallentsorgung, des Designs und der Herstellung von Produkten aus Recyclingmaterialien, das Recycling selbst sowie Reparaturen, Entrümpelungen und das Führen von Re-Use-Shops. Haushalts- und haushaltsnahe Dienstleistungen stellen ebenso ein bedeutendes Geschäftsfeld dar, das oftmals eng im Zusammenhang mit Re-Use- und Recyclingaktivitäten steht. Darunter fallen

177 http://www.arbeitplus.at/datenbank/ [27.7.2016].

178 Die explorative Bestandsaufnahme war Teil des genannten Forschungsprojektes, das im Zeitraum 2008–2010 an der Karl-Franzens-Universität Graz unter der Leitung der Autorin durchgeführt wurde (siehe Anastasiadis & Mayr 2010).

Bau und Baunebengewerbe, handwerkliche Tätigkeiten wie Schneidern, Schlossern, Tischlern etc., Hilfsdienste, Reinigungsarbeiten, Renovierungsarbeiten sowie Übersiedlung und Transport. Von Relevanz sind zudem naturbezogene Arbeiten, wozu Gartengestaltung, Grünland- und Landschaftspflege gezählt werden. Als eher jüngere Geschäftsfelder kristallisieren sich jene zu Ernährung, Beratung sowie Energie und Ressourcen heraus. Im Bereich der Ernährung finden wir Gastronomiebetriebe mit Fokus auf Bioprodukte sowie deren landwirtschaftliche Erzeugung selbst. Im Beratungssegment liegt der Schwerpunkt auf Abfall- und Umweltberatung und im Energie- und Ressourcenzweig auf nachhaltiger Energieerzeugung.

Abbildung 13: Geschäftsfelder von ECO-WISE

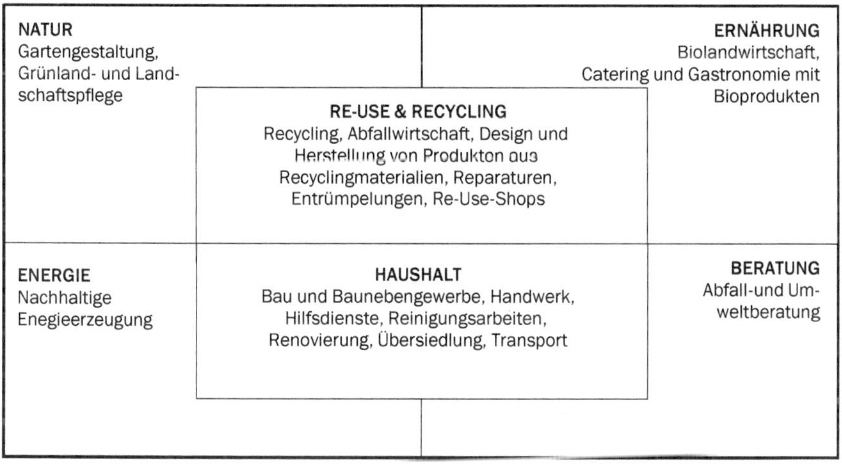

Quelle: adaptierte und erweiterte Darstellung aus Anastasiadis 2013a, S. 54

Im Großen und Ganzen erweist sich die Mehrheit der hier identifizierten Geschäftsfelder als arbeits-, aber weniger Know-how-intensiv (vgl. Gelbmann & Hammerl 2015, S. 54), was eine ideale Voraussetzung für die Arbeitsmarktintegrationsbestrebungen darstellt. ECO-WISE bieten ihre Dienstleistungen und Produkte für öffentliche und private KundInnen an. Zu den privaten zählen Firmen ebenso wie Einzelpersonen, worunter zum einen Personen mit niedrigem Einkommen zählen, die z. B. Gebrauchtwaren in guter Qualität günstig erwerben. Zum anderen finden sich darunter auch eher gut situierte Personen mit einem ausgeprägten nachhaltigen Bewusstsein, die den sozialen, ökonomischen und ökologischen Mehrwert der Unternehmen schätzen und fördern (vgl. Pladerer, Meissner, Huber, Pflugl & Bauer 2008, S. 26).

Hinsichtlich des ‚Wie' wurden von den ExpertInnen Material- und Energieeffizienzfaktoren genannt: Abfallvermeidung, Reduktion des Material-, Wasser-

und Energieverbrauches, adäquate Entsorgung, Lärmvermeidung und Verringerung der Schadstoffemissionen. Diese Auflistung ist für ein jeweilig betriebsinternes Performance-Reporting bei Bedarf selektiv mit Indikatoren des bereits in Kapitel 2.2.1 erwähnten GRI-Reporting-Systems (2006) spezifizierbar.[179]

Mit Blick auf die Relevanz der Was- bzw. Wie-Ebene fällt die Bewertung vonseiten der im Rahmen dieser Felderkundung befragten ExpertInnen uneinheitlich aus. So rückten die ExpertInnen außerhalb des Organisationsfeldes das ‚Wie' in den Vordergrund, während GeschäftsführerInnen aus dem Handlungsfeld das ‚Was' betonten (vgl. Anastasiadis 2013a, S. 54). Insofern sind beide Bereiche als einschlägige Kennzeichen für das ‚ECO' in Betracht zu ziehen. Eine Reduktion auf einzelne Geschäftsfelder würde diesen Einschätzungen der ExpertInnen gemäß zu kurz greifen.

In einer Zusammenschau der bisher für WISE und ECO-WISE ausgewiesenen Kriterien kann festgehalten werden, dass sie durch ihren Fokus auf Arbeitsmarktintegration und Beschäftigung, ihr nicht gewinnmaximierendes, am Gemeinwohl und an regionalen Bedürfnissen ausgerichtetes Handeln, ihre partizipative Organisationsstruktur sowie ihr ökologisches Engagement einen wichtigen Beitrag zur Verbesserung der Lebens(um)welt leisten können. Da sie allen vier im Konzept der nachhaltigen Entwicklung ausgewiesenen Dimensionen (siehe Kapitel 4.3.2) – zumindest gemäß den hier angestellten theoretischen sowie heuristischen Betrachtungen – nachgehen, können sie prototypisch als regionale Nachhaltigkeitsakteure eingestuft werden. Tabelle 4 gibt einen integrativen Überblick über die bisher erarbeiteten Modelle: 1.) die konzeptionellen Zieldimensionen von nachhaltiger Entwicklung, 2.) das idealtypische Social-Enterprise-Modell und 3.) das heuristisch hergeleitete Merkmalsset von ECO-WISE.

Darin wird ersichtlich, dass diese in der Regel aus dem sozialen Engagement entsprungenen, selbstverwalteten Organisationen mit Blick auf die *soziale Dimension* die gesellschaftliche Partizipation von am Arbeitsmarkt benachteiligten Bevölkerungsgruppen durch Arbeit und Bildung fördern, womit sie zur Verteilungsgerechtigkeit von Ressourcen und Lebenschancen beitragen. Hinsichtlich der *ökonomischen Dimension* agieren sie in einer für Soziale Organisationen typischen nicht gewinnmaximierenden Manier. Die angebotenen Arbeitsplätze, Produkte und Dienstleistungen sind an regionalen Bedarfen ausgerichtet und tragen so zur Minimierung regionaler und sozialer Disparitäten bei. Mittelfristig lässt sich diesbezüglich auch ein volkswirtschaftlicher Mehrwert

179 Im Rahmen eines Pilotprojektes wurde die Adaptierbarkeit des GRI-Nachhaltigkeitsreportings mit acht steirischen Re-Use-ECO-WISE erprobt, wobei sich die Dokumentation der ökologischen Leistungsindikatoren als besonders herausfordernd für die Organisationen darstellte (vgl. Anastasiadis, Aschemann, Gelbmann & Neitsch 2012, S. 12f. und S. 44; siehe Kapitel 7.5.3).

Tabelle 4: Gegenüberstellung der Ziele von nachhaltiger Entwicklung und ECO-WISE (Fortsetzung nächste Seite)

Ziele	Nachhaltige Entwicklung (strategiepolitisch)	ECO-WISE (organisational)
sozial	Inter- und intragenerationelle Verteilungsgerechtigkeit von Ressourcen und Lebenschancen Förderung der gesellschaftlichen Partizipation durch Arbeit, Bildung, Preisstabilität und Grundversorgung	Initiativen, die kollektiv von engagierten BürgerInnen oder einer Dritt-Sektor-Organisation gegründet wurden: Ein kollektives und bedarfsorientiertes Gründungsmotiv liegt vor. Die Gründung selbst erfolgt autonom oder in Kooperation mit öffentlichen Trägern. Verfolgung gemeinnütziger Ziele: Indem Beschäftigung und Qualifizierungsmöglichkeiten flankiert durch soziale Betreuung für am Arbeitsmarkt benachteiligte Personen bereitgestellt werden, fördern sie die Arbeitsmarktintegration und schaffen so Perspektiven gegen Armut und soziale Ungleichheit auf regionaler Basis. Keine Gewinnmaximierung, limitierte Profitverteilung mit Blick auf das soziale Ziel: Indem allfällige Gewinne in das Unternehmen für den sozialen Zweck reinvestiert werden, agieren sie in typisch sozialökonomischer Manier.
ökonomisch	Minimierung regionaler und sozialer Disparitäten Sozial- und ökologiesensibles Wirtschaften unter Beachtung der Ressourceneffizienz und der Schaffung menschenwürdiger Arbeitsbedingungen Erhaltung des Kapitalstocks für nachfolgende Generationen durch ausgewogene Staatshaushalte	Ein Mindestmaß an bezahlter Beschäftigung: Sie schaffen reguläre und alternative Arbeitsplätze in der Region, worin sich mittelfristig ein volkswirtschaftlicher Mehrwert nachweisen lässt. Kontinuierliche Produktion und Vermarktung von Waren und/oder Dienstleistungen: Sie stärken den regionalen Mehrwert, insbesondere durch die ökologiesensible Bereitstellung von Dienstleistungen und Waren, die in der Region benötigt werden. Dabei entwickeln sie neue, oftmals noch nicht marktfähige Geschäftsfelder. Die Unternehmen tragen das unternehmerische Risiko selbst: Die Unternehmen finanzieren sich aus differenten Quellen – aus öffentlichen Förderungen, Eigenerwirtschaftung und Spenden. Die Arbeitsplätze sind unter Einhaltung bestimmter Förderkriterien zum Teil von öffentlicher Seite subventioniert. Eine weitere ideelle und finanzielle Beteiligung ist unter anderem durch öffentliche und private AuftraggeberInnen gegeben. Fallweise sind öffentliche und private Einrichtungen an der Unternehmensstruktur als GesellschafterInnen beteiligt, wodurch regionale Kooperationsstrukturen stimuliert werden.
ökologisch	Vermeidung von Umweltrisiken und Wahrung der Umweltressourcen durch material- und energieeffizientes Handeln im privaten, wirtschaftlichen und öffentlichen Bereich Förderung eines Umweltbewusstseins durch Bildung	Sie bieten Waren und Dienstleistungen an, die eine nachhaltige Lebensweise der Bevölkerung in der Region unterstützen, indem sie ihr Portfolio direkt einem ökologischen Tätigkeitsbereich zugeordnet haben. Zum anderen zeichnen sich die Unternehmen durch eine ökologisch nachhaltige Arbeitsweise aus, was z. B. die Material- und Energieeffizienz betrifft.

Ziele	Nachhaltige Entwicklung (strategiepolitisch)	ECO-WISE (organisational)
institutionell	Umfassende Beteiligung der Öffentlichkeit in Entscheidungsprozesse betreffend die Realisierung von Nachhaltigkeitsprojekten Findung von konsensuellen Lösungen zur Reduktion von Zielkonflikten Governance als Gestaltungsauftrag regierender Stellen: Koordination unterschiedlicher Akteurgruppen und Überwindung sektoraler Grenzen	Ein hoher Grad an Autonomie: Es handelt sich um eigenständige, selbstverwaltete Organisationen, wobei die Finanzierungs- und somit auch die Organisationsstruktur auf ein multiples Stakeholdergefüge verweisen. Als Hauptgruppen finden wir unterschiedliche Beschäftigungstypen, Finanziers und KundInnen. Gleichberechtigte Entscheidungsfindung sowie Partizipation und Mitbestimmung im Unternehmen: Organisationale Entscheidungen finden aufgrund ihrer sozialökonomischen Ausrichtung nicht auf Basis von Mehrheitseignern statt, sondern werden in der Regel von Vorstandsgremien unter Einfluss der Perspektiven relevanter Stakeholdergruppen getroffen. Beteiligt sind demgemäß Finanziers, MitarbeiterInnen und mitunter auch KundInnen. Gemeinsame Verantwortungsübernahme für Arbeitsmarktintegration unterschiedlicher Akteure wird vonseiten des AMS gefordert und gefördert: ECO-WISE, Wirtschaft, öffentliche Stellen aus unterschiedlichen Politikbereichen (AMS, Gemeinden, Länder) sollen in die Initiierung bedarfssensibler Angebote eingebunden sein.

Quelle: eigene Darstellung

nachweisen. Die Arbeitsplätze entsprechen wohlfahrtsstaatlichen Standards, wenn sich auch darin mitunter alternative Formate außerhalb regulierter Dienstverhältnisse finden. *Ökologisch* zeichnen sie sich durch ein ressourceneffizientes Handeln aus. Ihre Geschäftsfelder sind darauf abgestimmt. Zudem leisten sie über das Anbieten ihrer Produkte und Dienstleistungen einen wichtigen Beitrag zur Herausbildung eines Umweltbewusstseins unter ihren Stakeholdern, womit sie insgesamt die ökologischen Zielaspekte im Leitbild verfolgen. Den *institutionellen* Aspekten werden sie durch ihre partizipative Finanzierungs- und Organisationsstruktur gerecht. Das Stakeholdergefüge erweist sich als heterogen (siehe Kapitel 5.3.1.4 und 7.2.4). Es setzt sich im Wesentlichen aus unterschiedlichen Beschäftigungsgruppen, Finanziers und KundInnen zusammen. Dieses Gefüge stellt eine entscheidende Voraussetzung zur Stimulierung regionaler Kooperationen dar. Im Modus einer ‚Governance' wird eine gemeinsame Verantwortungsübernahme zwischen öffentlichen, privat- und sozialwirtschaftlichen Einrichtungen im Zusammenhang mit der Arbeitsmarktintegration vonseiten der öffentlichen FördergeberInnen gefordert und gefördert. Damit profiliert sich die öffentliche Hand, hier das AMS, als Koordinator und Gestalter.

Dieser Konnex von nachhaltiger Entwicklung und ECO-WISE wurde bereits vor mehr als zehn Jahren von der Europäischen Union erkannt. ECO-WISE wurden in einem Arbeitspapier, das insbesondere auf Re-Use-ECO-

WISE fokussiert, als regionale Best-Practice-Akteure in der Umsetzung des globalen Konzeptes der nachhaltigen Entwicklung entdeckt: „A good example of such activity is the Re-use and Recycling European Union Social Enterprises (RREUSE), which is a network of national and social economy federations with activities in re-use and recycling. The member organisations operate in labour intensive and low profit activity that is of little interest to the private sector but important environmentally and has brought back into the labour force around 40 000 people“ (European Commission 2005, S. 17).

Auch Gelbmann und Hammerl (2015, S. 50) sehen insbesondere in solchen Re-Use-ECO-WISE Chancen für nachhaltige Entwicklung. Unter Bezugnahme auf das Drei-Säulen-Modell von nachhaltiger Entwicklung (siehe Kapitel 4.3.2) konstatieren sie: „(R)e-use ECO-WISE contribute to all three dimensions of sustainable development by helping reduce waste and increasing resource productivity and by providing jobs and affordable goods for disadvantaged people.“ Gerade im Zuge der von der Europäischen Kommission erstellten „Waste Framework Directive“ (Europäische Union 2008) können Re-Use-ECO-WISE als zukunftsweisende PartnerInnen auftreten. Der daran ausgerichtete Abfallwirtschaftsplan der Bundesregierung (Lebensministerium 2011) zielt auf professionell aufgestellte Abfallvermeidungssysteme ab, indem insbesondere Dienstleistungen im Bereich des „collecting, repairing, re-designing or re-manufacturing and re-distributing of waste-considered products“ gefragt sind (Gelbmann & Hammerl 2015, S. 50). Auch wenn sich ECO-WISE als Arbeitsmarktintegrationsbetriebe verstehen, haben sie den Beobachtungen der Autorinnen zufolge begonnen, Re-Use-Business-Modelle zu implementieren, um sich im Kontext der Abfallwirtschaft als Re-Use-AnbieterInnen zu positionieren (vgl. ebd., S. 54). Damit bewegen sie sich tendenziell aus ihren Geschäftsfeldnischen heraus und in einen größeren Geschäftskontext hinein. In Frankreich sind Re-Use-ECO-WISE beispielsweise bereits als bestehende PartnerInnen in das territoriale Abfallwirtschaftsnetzwerk eingebunden. Als „ecocyclerie“ bezeichnet, interagieren sie mit öffentlichen und privaten Serviceanbietern, wobei auch Glémain (2013, S. 93) ihre Bedeutung als Nachhaltigkeitsakteure heraushebt.

Dass ECO-WISE insgesamt auch zum Bewusstseinswandel – hin zu einem ‚eco-wisdom' – beitragen können, unterstreicht Herrmann (2013, S. 19), wobei der Autor insbesondere der sozialen Dimension Aufmerksamkeit schenkt. Der in diesen Organisationen stattfindenden Entwicklung und Erprobung alternativer Beschäftigungsformate, die in Anbetracht des Wandels der Arbeitsgesellschaft zusehends notwendiger werden, gilt es Priorität einzuräumen. In Anlehnung an (Barry 2011, S. 77) konstatiert er: „Being truly *ecologically oriented work-integration social enterprises* [Hervorhebung durch den Autor], they have adopt entirely new patterns of organisation, reinterpret work and tackle afresh the understanding of work as complex social process that allows ‚engaged participation in changing human activity'.“ Auf die Relevanz solcher auf Inklusion abzielenden Modelle, die nicht ausschließlich dem Normalarbeitsverhältnis entsprechen und über weitere Grundversorgungsschemata gestützt sind, verweisen auch Johanisová und Franková (2013, S. 118). Sie werden angesichts der nachweislich steigenden Arbeitslosenzahlen und Deregulierungsbestrebungen wichtig, um gegenüber einer grenzenlosen Flexibilität vor allem Kontinuität und Stabilität insbesondere für benachteiligte Personengruppen zu bieten (siehe Kapitel 4.1.4).

Vor diesen Befunden gilt es zu prüfen, inwiefern ECO-WISE diese Zielvorgaben und Ansprüche erfüllen bzw. in Anbetracht aktueller gesellschaftspolitischer Einwirkungen, wie sie in Kapitel 4 ausgeführt wurden, erfüllen können. Diese Frage markiert den Ausgangspunkt eines teilpartizipativen, inter- und transdisziplinär ausgerichteten, mehrstufigen Forschungsvorhabens.

6.2 Zielsetzungen und Forschungsfragen

Da ECO-WISE weder national noch international explizit erforscht sind, gilt es in erster Linie, sichtbar zu machen, welchen Stellenwert diese Organisationen im Rahmen nachhaltiger Entwicklung einnehmen bzw. einnehmen können und welche Potenziale, aber auch welche Bedarfe sich in der regionalen Umsetzung von ökologischen, ökonomischen und sozialen Zielsetzungen zeigen. Zudem soll beleuchtet werden, wie sich ihre partizipative Organisationsstruktur auf die Erreichung dieser Zieldimensionen auswirkt. Aufzuzeigen ist insgesamt, wie sich ihre Performance darstellt und wie sich diese entfaltet hat bzw. weiterhin entfalten kann. Es soll mit diesen Forschungen zur Optimierung ihrer strategischen Positionierung im Spannungsfeld zwischen den unterschiedlichen Anspruchsgruppen beigetragen werden und es sollen umsetzungssensible Handlungsempfehlungen für das Praxisfeld bereitgestellt werden.

Die im Folgenden formulierten detaillierten empirischen Fragestellungen sind an die leitenden Fragestellungen dieser Studie rückgebunden (siehe Kapitel 1). Zudem konzentrieren sie sich auf die strategische Partizipationsebene (siehe Kapitel 2.3.3), in der das Mitgestaltungsvermögen von Akteuren in Sozialen Organisationen im Rahmen regionaler Entwicklungs- und Entscheidungsprozesse untersucht wird.

Erste Forschungsfrage: Wie können Soziale Organisationen – hier ECO-WISE – in Zeiten der Globalisierung, Ökonomisierung und Aktivierung zwischen gesellschaftlichen Institutionen und subjektiven Lebenswelten gestaltend vermitteln?

Zur Beantwortung dieser Forschungsfrage wird im Rahmen einer Bestandsaufnahme von ECO-WISE in Österreich empirisch eruiert,

1. wie sich diese Organisationen im nationalen strukturellen Bedingungsgefüge institutionalisiert bzw. strukturiert haben,
2. wie sich ihre Performance entlang der Dimensionen der nachhaltigen Entwicklung darstellt, also wie sich ihre sozialen, ökonomischen, ökologischen und organisationsstrukturellen Angebote und Leistungen empirisch beschreiben lassen und
3. welche partizipativen Elemente sich in den Dimensionen und im Institutionalisierungsprozess empirisch herauskristallisieren.

Zweite Forschungsfrage: Wie können ProfessionistInnen in Sozialen Organisationen – hier ECO-WISE – als an der Lebenswelt orientierte Akteure ihre Partizipationsmöglichkeiten in regionalen strategischen Planungsprozessen wahrnehmen und weiterentwickeln?

Dahingehend wird im Zuge eines an die Bestandsaufnahme anschließenden regionalen teilpartizipativen Strategieentwicklungsprozesses gefragt,

4. welche Herausforderungen sich unter gegebenen strukturellen Bedingungen für ProfessionistInnen im Zuge der Entfaltung ihrer Organisationen als regionale Nachhaltigkeitsakteure ausweisen lassen,
5. welche Handlungsstrategien sie zur Bewältigung dieser Herausforderungen entwickelt haben und wie sie damit auf den laufenden Strukturierungsprozess einwirken können,
6. welche Möglichkeiten Akteure aus dem Organisationsfeld und -umfeld für eine Optimierung der strategischen Positionierung von ECO-WISE sehen und wie die Relevanz dieser Perspektiven von innen heraus bewertet wird,
7. welche Konsequenzen sich aus den eruierten und bewerteten Optionen für das zukünftige Handeln der beteiligten Akteure ziehen und welche Handlungsempfehlungen sich daraus ableiten lassen, um die Entfaltung von ECO-WISE als Nachhaltigkeitsakteure zukünftig zu unterstützen.

Ergänzend gilt es zu prüfen, was und wie die sozialpädagogische Forschung zur Erschließung und Förderung von Partizipationsräumen in Sozialen Organisationen – hier ECO-WISE – beitragen kann. Dazu wird in Kapitel 6.3.1 der im Rahmen dieser Studie initiierte Strategieentwicklungsprozess reflektiert.

Für die Analyse der Forschungsfragen ist eine enge Anbindung zur Praxis notwendig, nicht zuletzt, um das wenig erforschte Gebiet über den Tellerrand der Fachliteratur hinaus von innen heraus erkunden zu können und um den Strategieentwicklungsprozess, in dem die Delphi-Technik als partizipativer Forschungszugang adaptiert wurde, zu realisieren. In der Multidimensionalität des Forschungsfeldes verdeutlicht sich zudem, dass in Handlungsfeldern der Sozialen Arbeit nicht nur soziale und mittlerweile auch vermehrt wahrnehmbare ökonomische Fragestellungen von Interesse sind, sondern auch ökologische Aspekte das Handlungsfeld zu durchdringen beginnen. Das setzt einen breiten Zugang und ein interdisziplinäres Vorgehen voraus. In die Forschungsarbeiten sind daher ExpertInnen aus unterschiedlichen Disziplinen eingebunden. In diesen Aspekten begründet sich die trans- und interdisziplinäre Gangart des mehrstufigen Forschungsprozesses, der im Folgenden detailliert beschrieben wird.

6.3 Forschungsstil und methodisches Vorgehen

Um die genannten Forschungsziele zu erreichen, basiert das Vorhaben zusätzlich zur trans- und interdisziplinären Ausrichtung auf einen Mixed-Methods-Zugang (exemplarisch Denzin 1978; Tashakkori & Teddlie 2003; Flick 2011; Kuckhartz 2014). Theoretische Literaturanalysen sind mit qualitativen und quantitativen Verfahren kombiniert, die Daten in der Analyse systematisch integriert, wodurch sich die Perspektiven auf das Forschungsfeld erweitern (vgl. Kuckartz 2014, S. 13).[180] Zudem ist der Forschungsprozess zyklisch und teilpartizipativ angelegt, angereichert durch eine emanzipativ-systemverändernde Note, die insbesondere in der Adaption der Delphi-Technik zum Ausdruck kommt. Bevor auf das Forschungsdesign im Detail eingegangen wird, werden Verbindungslinien zwischen der Delphi-Technik und partizipativer Forschung gezogen, um den der Arbeit zugrunde liegenden Forschungsstil zu charakterisieren.

6.3.1 Partizipative Forschung

Grundsätzlich handelt es sich bei partizipativer Forschung um einen Forschungsstil bzw. eine Forschungsstrategie oder -haltung, deren Ursprünge in der Action Research bzw. der Aktions- und Handlungsforschung der 1960er- und 1970er-Jahre zu finden sind (vgl. Flieger 2003, o. S.; Kemmis & McTaggart 2005, S. 560; Berghold & Thomas 2010, S. 333; Unger 2014, S. 3). Seitdem haben sich partizipative Forschungsstrategien, wenn auch mit Unterbrechungen[181], in

180 Der sich in den 1970er-Jahren in den USA entwickelnde und mittlerweile weit etablierte Forschungszugang wird von Tashakkori und Teddlie (2003, S. 5) als „dritte methodologische Bewegung" charakterisiert, die auf die quantitative und qualitative Forschung folgte. Insgesamt ähnelt die Mixed-Methods-Forschung der im deutschsprachigen Raum bekannteren Triangulation, die sich ebenso durch eine Methodenkombination auszeichnet. Detaillierte Diskurse dazu finden sich in den angeführten Quellen sowie im „Journal of Mixed Method Research": http://mmr.sagepub.com/ [28.7.2016].

181 Im deutschsprachigen Raum ebbte das Interesse an partizipativen Ansätzen in den 1980er-Jahren ab (vgl. Unger 2014, S. 4). Altrichter und Gstettner (1993, S. 68 ff.) begründen dies unter anderem in einer mangelnden Vernetzung der ForscherInnen, einer

unterschiedlichen Kontexten und Disziplinen weiterentwickelt. Der mit der Individualisierung einhergehende Turn zur Subjektivität sowie der zunehmend eingeforderte Anwendungsbezug von Forschung lässt Wissenschaft insgesamt näher an die realen Lebenswelten und die Handlungspraxen rücken, wie es beispielsweise im wissenschaftstheoretischen Konzept „Mode 2“ (vgl. Gibbons, Limoges, Nowotny, Schwartzmann & Scott 1994) programmatisch angelegt ist und auch unter dem Sujet „Citizen-Science“ jüngst diskutiert wird (vgl. Nowotny & Leroy 2009, S. 62). Insofern geraten partizipative Forschungsvorhaben aktuell nicht nur verstärkt in den Blick, sondern sie durchdringen auch die wissenschaftliche Disziplinlandschaft (vgl. Unger 2014, S. V). Insbesondere im Bereich der transdisziplinären Nachhaltigkeitsforschung (siehe Kapitel 4.3.3.2) und in Feldern der Sozialen Arbeit, in denen sich Partizipation als grundlegendes Praxisprinzip durchgesetzt hat (siehe Kapitel 2.3.1), lässt sich ein Trend partizipativ ausgerichteter Forschungszugänge beobachten (vgl. Anastasiadis, Heimgartner, Kittl-Satran & Wrentschur 2014, S. 147). Für die Soziale Arbeit von Relevanz sind beispielsweise Ansätze der AdressatInnenforschung, Praxisforschung, performativen Sozialforschung, Evaluations- und Wirkungsforschung sowie der Zukunftsforschung und -gestaltung.

6.3.1.1 Merkmale und Intentionen

Wenn auch die Forschungskontexte und -zugänge von partizipativer Forschung und ebenso die Formen vielfältig sind, so lassen sich nach Sichtung der einschlägigen Literatur einige gemeinsame Merkmale identifizieren. Zunächst ist hervorzuheben, dass sich die grundlegende erkenntnistheoretische Position von partizipativer Forschung darin erweist, dass nicht über Menschen und auch nicht für Menschen geforscht wird, sondern mit Menschen (vgl. Berghold & Thomas 2010, S. 333). Unger (2014, S. 2) spricht diesbezüglich von „Gemeinschaftsprojekten“ zwischen akademischen und nicht-wissenschaftlichen gesellschaftlichen Akteuren.

Intensitäten der Beteiligung. Doch partizipative Forschungsprozesse unterscheiden sich ebenso wie Partizipation selbst erheblich nach der Intensität der Beteiligung (vgl. Arnstein 1969, S. 218; siehe Kapitel 2.2.3). Dick (1997, o. S.)

---

wachsenden Kritik aus dem traditionell-empirischen Lager betreffend die Methoden und Grundbegriffe dieses Ansatzes und dem Wandel einer von der StudentInnenbewegung geprägten kritisch-engagierten Gesellschaft zu einer politisch konservativen, was sich in Reformfeindlichkeit und dem Rückgang des Engagements, sich für benachteiligte Personengruppen einzusetzen, widerspiegelt.

hat aus der Forschungsperspektive sieben Stufen der Partizipation herausgearbeitet, wobei zwischen inhaltlicher und prozessualer Ebene unterschieden wird. Auf *inhaltlicher Ebene* kann Partizipation auf die Datengewinnung reduziert sein, indem Akteure über den zu untersuchenden Sachverhalt Auskunft geben. Sie können aber auch in Dateninterpretation, Zukunftsgestaltungs- und Entscheidungsfindungsprozesse sowie in die Ergebnisimplementierung einbezogen sein. Auf *Prozessebene* kann Partizipation in der Entwicklung des Forschungsdesigns sowie im Forschungsmanagement möglich sein. Auf beiden Ebenen sind Formate zu finden, in denen sich die Beteiligung darauf beschränkt, über Inhalte und Prozesse informiert zu sein. Insgesamt muss also differenziert werden zwischen einer umfassenden, teilweisen und geringen Beteiligung der Akteure an Entwicklungs- und Umsetzungsprozessen von Forschungsprojekten (vgl. Anastasiadis, Heimgartner, Kittl-Satran & Wrentschur 2014, S. 149).

Die Spannbreite reicht von der aktiven, begleitenden, planenden bis zur rein informierenden Partizipation, wobei fraglich ist, ob Forschungsprojekte, die die Teilhabe auf die Datengewinnung und Information einschränken, noch als partizipativ eingestuft werden können, da sich diese von anderen quantitativen und qualitativen Forschungssettings nicht wesentlich unterscheiden. Dahingehend beschreibt Unger (2014, S. 40) partizipative Forschung als partnerschaftliche Prozesse, in denen Mitbestimmung sowie partielle Entscheidungskompetenzen und -macht der Kernbeteiligten Voraussetzungen sind. Forschung gilt demnach dann als partizipativ, wenn der Forschungsprozess oder wesentliche Teile davon durch in die Praxis und Lebenswelt involvierte Personen mitgestaltet werden und ihre Subjektivität als Ko-ForscherInnen anerkannt wird (vgl. Vogel & Truninger 2012, S. 55).

Im Kontext der Sozialen Arbeit sind dies AdressatInnen und ProfessionistInnen. Insofern kann zwischen ‚participatory client research' und ‚participatory professional research' differenziert werden (vgl. Anastasiadis et al. 2014, S. 148). Einer Sichtung unterschiedlicher partizipativer Forschungsansätze zufolge sind ProfessionistInnen zumeist im Rahmen der Praxisforschung an Qualitätsoptimierungsprojekten beteiligt, AdressatInnen oder andere marginalisierte Gruppen hingegen finden sich in Ansätzen der Community-basierten Forschung und der traditionellen Participatory Action Research wieder (vgl. Unger 2014, S. 35).

Verbindung von Theorie und Praxis. Ein weiteres Kennzeichen partizipativer Forschung zeigt sich in der Intention, Lücken zwischen Theorie und Praxis zu füllen. Sie ist wesentlich der Kritik an den in den 1960er- und 1970er-Jahren vorherrschenden empirisch-analytischen und quantitativ-naturwissenschaftlich orientierten Methoden der Wissenschaftspraxis entsprungen (vgl. Moser 1995, S. 33). Ziel dieser Kritik war und ist es, Theorie und Praxis in ein engeres Verhältnis zueinander zu bringen. Dabei gilt es, insbesondere das Wissen und die

Interessen der Betroffenen bzw. Akteure zu berücksichtigen (vgl. Flieger 2003, o. S.) und die Handelnden als ExpertInnen des Alltags zu begreifen.

Dieses grundlegende Bestreben spiegelt sich heute in zahlreichen Ansätzen der Praxisforschung in der Sozialen Arbeit wider, die eng mit dem Thema der Professionalisierung in Zusammenhang zu bringen sind. Modelle der experimentierenden Evaluation (vgl. Heiner 1998, S. 11 ff.) und der kooperativen Wissensbildung (vgl. Hüttemann & Sommerfeld 2007, S. 47) sowie zur AdressatInnenforschung (vgl. Thiersch 2013, S. 17 ff.), NutzerInnenforschung (vgl. Oelerich & Schaarschuch 2013, S. 85 ff.) und evidenzbasierten Praxis (vgl. Mullen, Bellamy & Bledsoe 2007, S. 10 ff.) seien hier exemplarisch genannt. Die Möglichkeiten, die sich durch partizipationsorientierte Forschungen eröffnen, liegen insbesondere darin, dass die gewonnenen Erkenntnisse lebenswelt- und praxisbasiert sind. Durch die Fülle der Perspektiven aus Wissenschaft und Praxis kann das Gegenstandsfeld zudem vollständiger rekonstruiert werden. Partizipative Forschung weicht so die Grenzen zwischen Wissenschaft und Praxis tendenziell auf und eröffnet Möglichkeiten für kooperative Wissensgenerierung (vgl. Unger 2014, S. 7).

Des Weiteren führt die kooperative Forschungsarbeit zu einer Selbstverständigung und Selbstermächtigung der beteiligten Personen sowie zu einer Verbesserung der Praxis selbst (vgl. Berghold & Thomas 2010, S. 342), wie bereits in Kapitel 5.1.2 im Zusammenhang mit der NutzerInnenforschung herausgestellt wurde und womit ein weiteres zentrales Merkmal dieses Forschungsstils angesprochen wird.

Soziale Veränderung. Partizipative Forschung zielt grundsätzlich auf soziale Veränderung ab. Die Wissensproduktion ist somit immer interessengeleitet und wertgebunden, wodurch sich dieser Forschungsstil vom klassischen empirisch-analytischen Prädikat der Wertfreiheit abgrenzt (vgl. Berghold & Thomas 2010, S. 336). In partizipativen Forschungsprojekten erhalten AdressatInnen oder Betroffene über das Medium ‚Forschung' eine Stimme. Demokratisierung, Verbesserung der Lebensumstände von benachteiligten Gruppen und Empowerment sind oft konkrete Zielsetzungen (vgl. Unger 2014, S. 45). Beispielhaft erwähnt seien hier lateinamerikanische Ansätze des „enlightment and awaking of common peoples" (vgl. Fals Borda 2001, S. 27 ff.), performative Ansätze, die die Verbindung zwischen politischem und künstlerischem Engagement suchen (vgl. Gergen & Gergen 2010, S. 358 ff.), wie beispielsweise das szenische Forschen (vgl. Wrentschur 2011, S. 243 ff.), oder Ansätze der partizipativen Zukunftsforschung und -gestaltung (vgl. Popp 2009, S. 131 ff.).

Frank (2012, S. 58) verbindet insbesondere diese partizipativen Forschungszugänge mit einem politisch-intervenierenden Forschungsverständnis. Indem marginalisierten Gruppen wie beispielsweise Obdachlosen (Hodgetts, Hodgetts & Radley 2006) oder Arbeitssuchenden (Anastasiadis 2008, S. 181 ff.) eine Stimme gegeben wird, wird Forschung politisch. Über Reflexionen und gemeinsame Wissensgenerierung können Handlungsalternativen erschlossen werden. In Anlehnung an Cornwall und Jewkes (1995, S. 1667) betont Unger (2014, S. 46), dass partizipative Forschung nicht nur „knowledge for understanding", sondern auch „knowledge for action" hervorbringt. Partizipativ entwickelte Theorien knüpfen an die subjektiven Deutungen der Beteiligten an, beziehen aber auch für die Beteiligten noch unerkannte Aspekte mit ein und transformieren so ihre Perspektiven auf Handlungen und Strukturen (vgl. ebd., S. 47).

Hinsichtlich der sozialen Veränderbarkeiten ist zwischen unterschiedlichen Ebenen zu differenzieren. Während auf der Mikroebene Kompetenzen entwickelt werden, beziehen sich Aktionen auf der Mesoebene zumeist auf organisatorische Prozesse. Auf der Makroebene werden strukturelle Änderungen angestrebt, die die Teilhabechancen der Akteure erhöhen (vgl. Reason & Bradbury 2008, S. 7). Bradbury und Reason (2001, S. 449) knüpfen in diesem Punkt an die rekursive Wechselbeziehung zwischen sozialen Strukturen und Akteuren an, die in der Theorie der Strukturierung von Giddens (1997) grundgelegt ist. „Action research is a potent orientation to change and transformation. Before international change can be fostered, however, it helps to realize, at an individual, group and community level, that the reality we have co-created, however unintentionally, can be re-patterned in participative inquiry. In thinking of our institutions as emergent in our activities and therefore continuously changing, we suggest that the human world as we know it is produced and reproduced by the innumerable acts and conversations that we undertake daily. [...] However, a structurationist view (Bourdieu, 1977; Giddens, 1984) offers a logic from which to commence the work of change by implicitly asserting that systems are not totalizing, and that conscious, action-oriented people, especially those working and reasoning together, can indeed achieve systematic and systemic change through time" (Bradbury & Reason 2001, S. 449). Insgesamt betonen sie die Bedeutung gesellschaftlicher Strukturen, die in partizipativen Forschungsprozessen durch bewusstes Handeln verändert, aber auch reproduziert werden können, womit gleichzeitig auch Grenzen der partizipativen Forschung angesprochen sind.

Öffnen von kommunikativen Räumen. Dass partizipative Forschung kommunikative Räume öffnet, in denen sich verschiedene Perspektiven verschränken, stellt hingegen eine unverkennbare Möglichkeit dar, durch die soziale Veränderungen eingeleitet werden können. Nach Kemmis und McTaggart (2005, S. 580) zielen partizipative Forschungsstrategien auf einen gemeinsamen Erkenntnisprozess von Forschenden und Mitforschenden ab, der über Kommunikation gesteuert wird. Über Kommunikation soll 1.) das implizite Wissen der Praxis gemeinsam erforscht, reflektiert und durch die Forschung expliziert werden, 2.) sollen die Perspektiven der jeweils anderen am Forschungsprozess

Beteiligten anerkannt werden, sodass eine gemeinsam erarbeitete Sach-, Handlungs- und Problemanalyse bzw. -darstellung das Erkenntnisprodukt darstellt, das wiederum die Ausgangsbasis für Veränderungen der Praxis ist. Die Autoren gehen davon aus, dass ein solcher offener Diskurs gerade durch die Beteiligung der Wissenschaft gefördert wird, da durch sie Erkenntnis- und Verallgemeinerungsstandards in den Verständigungsprozess eingebracht werden, die die intersubjektive Nachvollziehbarkeit fördern.

Sie gehen noch einen Schritt weiter, indem sie in der Konstituierung solcher kommunikativen Räume eine Grundintention partizipativer Forschung sehen. „Participatory research offers an opportunity to create forums in which people can join one another as coparticipants in the struggle to remake the practices in which they interact" (ebd., S. 563). Sie schließen an das Habermas'sche Verständnis von „Öffentlichkeit" bzw. „public sphere" an, das in Faktizität und Geltung (1998, S. 435ff.) aufgegliedert ist. Dieses bietet einen metatheoretischen Begründungsrahmen, wie durch partizipative Forschung interne Dialoge der ForscherInnen-Handelnden-Gruppe und externe Dialoge mit gesellschaftlichen Verantwortlichen inszeniert werden können, die schließlich zur Veränderung von Strukturen und Praktiken bzw. zur Problem- und Krisenbewältigung beitragen können (vgl. Kemmis & McTaggart 2005, S. 582).

In einer Zusammenschau der zentralen Merkmale zeigt sich, dass sich partizipative Forschung auszeichnet durch 1.) Beteiligung, 2.) Befähigung und Ermächtigung sowie 3.) durch die doppelte Zielsetzung, nämlich die Erforschung *und* Veränderung sozialer Wirklichkeiten, womit Forschung einerseits eine klare Handlungsorientierung, andererseits einen Interventionscharakter erhält (vgl. Unger 2014, S. 35).

6.3.1.2 Diskurse

Veränderungen vorzubereiten und einzuleiten ist auch ein wesentliches Anliegen des gegenständlichen Forschungsvorhabens. Inwiefern die Sozialwissenschaft gestaltenden Einfluss auf Veränderungsprozesse haben kann bzw. inwieweit sie sich davon abgrenzen soll, ist in der wissenschaftstheoretischen Literatur durchwegs umstritten. Während die einen Wissenschaft auf Datengenerierung und daran anschließende Rekonstruktion reduziert sehen wollen, schreiben ihr andere eine Einfluss nehmende Rolle zu (vgl. ebd., S. 9).

Die Verbindung von „research and activism" (Abraham & Purkayasth 2012, S. 125) wird in angloamerikanischen Diskursen weitaus progressiver vertreten als in deutschsprachigen, wo nach wie vor ein Wissenschaftsverständnis vorherrschend ist, das sich auf die Repräsentation sozialer Wirklichkeiten bezieht (vgl. Berghold & Thomas 2010, S. 342; Unger 2014, S. 99). Die hierzulande bestehende mangelnde Legitimität begründet sich im Wesentlichen in einem Empirie- und Theoriegenerierungsdefizit. Indem Akteure aus Praxis und Lebenswelt beteiligt sind, schränkt sich gemäß diesen Auffassungen das Methodenrepertoire auf Verfahren ein, die ohne konkretes Vorwissen adaptierbar sind. Für Heinze (1987, S. 35) spielt Forschung darin „keine bzw. nur noch eine rudimentäre Rolle". Des Weiteren wird kritisiert, dass alle Beteiligten gemeinsam Auswertungsprozesse durchführen, wodurch kein eigenständiges, sich vom Alltagswissen abhebendes Wissen entstehen kann (vgl. Nagel 1983, S. 285). Dieser Einwand lässt sich allerdings durch die Perspektivenverschränkung von Wissenschaft und Praxis tendenziell entkräften. Dass die Anwendungsorientierung das primäre Ziel ist und eine Theorieentwicklung dem nachgereiht ist, steht außer Frage.

Dennoch existieren im breiten Feld der partizipativen Forschung auch Ansätze, wie beispielsweise die ‚Action Science', die eine theoretische Fokussierung aufweisen (vgl. Unger 2014, S. 96). Auch ist darauf zu verweisen, dass die Wissenschaft in einer Aufgabenteilung gerade diese Funktionen bei Bedarf übernehmen kann. Unger stellt fest, dass sich diese Kritikpunkte vorrangig auf die Wahrnehmung von partizipativer Forschung aus den 1970er-Jahren beziehen, wobei aktuellen internationalen Entwicklungen kaum Augenmerk geschenkt wird. In Anlehnung an Terhart und Tillmann (2007, S. 142) führt sie aus, dass mittlerweile die Ambitionen realistischer, die Methoden fundierter argumentiert sind und die wissenschaftliche Reputation deutlich gestiegen ist (vgl. Unger 2014, S. 101). Ein Beleg dafür findet sich im „Handbuch qualitativer Forschung", in dem die HerausgeberInnen Forschungen, die auf soziale Veränderungen zielen, in Anbetracht steigender sozialer Ungleichheiten nicht nur als zeitgemäß, sondern auch als notwendig hervorheben: „There is a pressing need to show how the practice of qualitative research can help change the world in positive ways. It is necessary to continue to engage the pedagogical, theoretical and practical promise of qualitative research as a form of radical democratic practice" (Denzin & Lincoln 2011, S. 10).

Die Diskurse zu den forscherischen Gestaltungspotenzialen und -aufträgen sind äußerst facettenreich und gehen weit über den terminologischen Horizont partizipativer Forschung hinaus. So hält Claußen (1983, S. 98) beispielsweise mit Blick auf die Emanzipationsforschung fest: „Sozialwissenschaftliches Arbeiten kann den Kampf um bessere Lebensbedingungen vor Ort nicht ersetzen. Es kann aber für Emanzipation, statt für den gegenwärtigen Zustand, Partei nehmen, Praxis über sich selbst aufklären und zu Handlungsalternativen anleiten, über die stets nur die Betroffenen selbst sich einigen können. [...] Solche Beiträge zur Systemveränderung sind nicht, wie manche Büttel der herrschenden Zustände, Gruppen und Systemzusammenhänge weismachen wollen, verfassungsfeindlich. Sie füllen nur verbriefte Grundrechte mit Leben." Auch das Konzept der „doppelten Hermeneutik" von Giddens steht in dieser Traditionslinie, wie bereits in Kapitel 3.2 angesprochen wurde. Damit beschreibt er die gegenseitige interpretative Beeinflussung zwischen den Sozialwissenschaften und jenen, deren Handlungen ihren Gegenstand bilden (vgl. Giddens 1997, S. 46f.). Theorien und Befunde der Sozialwissenschaften können in diesem Sinne nicht gänzlich von den durch die Handelnden reflexiv und diskursiv konstruierten gegenständlichen Handlungen und Institutionen getrennt werden. Umgekehrt finden sozialwissenschaftliche Erkenntnisse und Begrifflichkeiten wiederum Eingang in die Praxis. „Soziologisches Wissen schraubt sich in den Bereich des sozialen Lebens hinein und aus diesem Bereich wieder heraus, und es gehört als integraler Bestandteil mit zu diesem Vorgang, daß dieses Wissen dabei sowohl sich selbst als auch diesen Bereich umgestaltet“ (Giddens 1997, S. 26).

Mit Blick auf die Forschung zur Sozialen Arbeit konstatiert Holten (2012, S. 40), dass diese aufgrund des politischen Mandats der Sozialen Arbeit selbst (siehe Kapitel 2.3.2) immer eine politische Konnotation hat. Soziale Arbeit kann systemstabilisierend, aber auch kritisch sein und laut Holten unterfüttert die Forschung die jeweilige Positionierung (vgl. ebd., S. 46). Schneider (2012, S. 165) betont den politisch-gestaltenden Auftrag in Sozialen Organisationen generell, der gerade in Zeiten neuer Steuerungs- und Aktivierungsmodelle, die durch Wirkungsanalysen begleitet werden, gefordert wird (siehe Kapitel 4.4.3). Er sieht insbesondere in der Zunahme von einseitig auf Output respektive mengenmäßige Ergebnisse orientierten Wirkungsanalysen die Gefahr, dass die Forschung sich auf die Funktion einer politisch gesteuerten Legitimation reduziert. Demgegenüber plädiert er dafür, dass die Forschung aktiv durch Wissensgenerierung zu sozialer Veränderung beitragen soll. Voraussetzung dafür ist allerdings ein Wissenschaftsverständnis, das Wissenschaft und Praxis bzw. Politik als sich bedingende und überschneidende Systeme versteht (vgl. ebd., S. 168). So kann Forschung in der Sozialen Arbeit ein professionelles Lobbying für soziale Dienste und deren AdressatInnen unterstützen (vgl. Schneider 2012, S. 165) und Entscheidungsgrundlagen für die Politik und Praxis bereitstellen (vgl. ebd., S. 171). Auch für Möller (2012, S. 99) ist es eine zentrale Intention sozialpädagogischer Forschung, die gesellschaftliche Praxis zu beeinflussen. Chancen dafür sieht er vor allem auf lokaler und regionaler Ebene. Voraussetzungen dafür sind die Entwicklung einer gemeinsamen Verständigungsbasis sowie die Beteiligung der NutzerInnen am Forschungsprozess selbst (vgl. ebd., S. 101).

6.3.1.3 Realisierungsbedingungen

Für die Realisierung partizipativer Forschungsprozesse sind grundsätzliche Aspekte zu beachten. Allen voran bedarf es institutioneller Rahmenbedingungen, die die Forschung und die Partizipation fördern (Räume, Geld, Zeit, Infrastruktur). Partizipative Forschungsprozesse gelten zudem als äußerst zeitintensiv, da sie zumeist zyklisch in Reflexions- und Aktionsschleifen angelegt sind.

Partizipative Forschungsprozesse erweisen sich auch hinsichtlich der Zusammenarbeitsausgestaltung als äußerst voraussetzungsvoll (vgl. Unger 2014, S. 95). Zunächst muss die individuelle Bereitschaft der Teilnehmenden gegeben sein (vgl. Berghold & Thomas 2010, S. 337). Dies setzt ein gemeinsames Interesse voraus. Dass ein Bedarf an Forschung besteht und den Forschenden vertraut wird, auch Handlungsempfehlungen entwickeln zu können, sind dementsprechende Grundsätze (vgl. Möller 2012, S. 104).

Als wichtig erweist sich zudem, dass alle Stimmen im Forschungsfeld im Sinne eines „multi-voicing" einbezogen werden (vgl. Berghold & Thomas 2010, S. 338). Es müssen dazu prozedurale Vorkehrungen getroffen werden, die es zulassen, dass die Beteiligten ihre Meinung frei äußern, gleichberechtigt teilnehmen und mitentscheiden können. Ansonsten besteht die Gefahr, dass ein durch Machtverhältnisse verzerrtes Wissen generiert wird.

Aus der Perspektive der Forschung kann wiederum der hohe Grad des Involviert- und Engagiertseins im Feld zu einer Vereinnahmung der beteiligten WissenschafterInnen bzw. zu einer Übernahme der Denkweisen und Konzepte des Forschungsfeldes führen. Um ein solches „going native" (Berghold & Thomas 2010, S. 338) zu vermeiden, sollten Forschende Reflexions- und Distanzierungsinstrumente zur Verfügung haben, wie Forschungstagebücher, Memos, Forschungssupervision für Einzelne und Gruppen, Forschungswerkstätten, Austausch mit KollegInnen in Kolloquien etc.

Die Klärung von oftmals gegensätzlichen Deutungen, Interessen und Erwartungen zwischen Forschung und Praxis ist ein weiteres herausforderndes Merkmal partizipativer Forschungen. Im Laufe des Prozesses ist eine Vielzahl von Entscheidungen zu treffen. Inhaltliche, prozessuale und methodische Aspekte gilt es zu klären, die mitunter auch forschungsethische Fragen berühren, wie beispielsweise die des informierten Einverständnisses, der Schadensvermeidung, der Anonymität und Integrität (vgl. Unger 2014, S. 88 f.). Aushandlungen dazu sind entscheidend und durchziehen den gesamten Forschungsprozess. Konflikte sind dabei nicht immer vermeidbar, allerdings sollten sie als ein Ausdruck von Gleichberechtigung interpretiert und reflektiert werden, was ein zentrales Qualitätskriterium partizipativer Prozesse darstellt (vgl. ebd., S. 87). Insgesamt sind für alle Beteiligten akzeptable Kompromisse zu finden, die das Ziel der Forschung unterstützen, nämlich die Erweiterung des Wissens und der gemeinsamen Handlungsfähigkeit aller am Prozess involvierten Personen. In diesem Sinne ist die Ergebnisoffenheit ebenfalls ein wichtiges Kriterium (vgl. Berhold & Thomas 2010, S. 342).

Last, but not least ist bei interventionsgeleiteten partizipativen Vorhaben darauf zu achten, dass die Ergebnisse verständlich, in ihren Konsequenzen durchschaubar sind und allen zur Verfügung stehen (vgl. ebd.). Die Resultate und deren Transfer haben vor allem nützlich für und anschlussfähig an die Praxis zu sein. Daher müssen Forschungsergebnisse in die Sprache der Politik und

Praxis übersetzt (vgl. Schneider 2012, S. 169) und koordiniert vermittelt werden (vgl. ebd., S. 171). Die Theorieverbindungen sind dabei zumeist zweitrangig. Damit limitiert sich das Verbreitungsterrain allerdings auf die lokale und handlungsfeldspezifische Sphäre (vgl. Anastasiadis et al. 2013, S. 149). Für die Disseminationen bzw. Transformationen der Erkenntnisse werden jedoch oftmals mehrere Versionen erarbeitet, in der je nach Zielgruppe (Wissenschaft, Politik, Praxis, Gemeinschaften etc.) unterschiedliche Akzente gesetzt werden (vgl. Unger 2014, S. 10). Insofern sind auch Publikationen, die einer breiteren Scientific Community zugänglich gemacht werden können, nicht auszuschließen, sofern dies von den Beteiligten auch unterstützt wird.

In einer retrospektiven Betrachtung unterschiedlicher Merkmale und Bedingungen von partizipativer Forschung wird deutlich, dass diese von gegenseitigen Lern- und Akkulturationsprozessen zwischen Forschung und Praxis durchdrungen sind. Für eine gelingende Umsetzung ist es daher insgesamt wichtig, Spielregeln zu definieren bzw. im Prozess sukzessive herauszuarbeiten, die in Anbetracht der hier gesammelten Herausforderungen die Qualität bzw. Güte sichern und die Ergebnisse nachvollziehbar machen (vgl. Anastasiadis et al. 2014, S. 149). Des Weiteren ist die Notwendigkeit einer (Selbst-)Reflexivität hervorzuheben, um Instrumentalisierungen vorzubeugen und Nebeneffekte im Auge zu behalten (vgl. Schneider, Streck & Eppler 2012, S. 9; Unger 2014, S. 8). Partizipative Forschung benötigt immer auch Reflexionsräume. Die hier zusammengestellten Merkmale und Gelingensbedingungen können als Reflexionsschablonen hilfreich sein. Sie sind leitend für die Analyse der ergänzenden Forschungsfrage, in der insbesondere die Adaption der Delphi-Technik als teilpartizipative Forschungsmethode des Strategieentwicklungsprozesses reflektiert wird (siehe Kapitel 6.3.4).

6.3.2 Die Delphi-Technik

Im hier vorgestellten Forschungsprojekt sind ProfessionistInnen aus der ECO-WISE-Landschaft sowie ExpertInnen und EntscheidungsträgerInnen aus dem Umfeld involviert. Da an ihren Expertisen angesetzt wird, ist es der „participatory professional research“ zuzuordnen. Um partizipative Kommunikationsforen im Sinne von Kemmis und McTaggert (2005, S. 580) zwischen ProfessionistInnen und gesellschaftlich Verantwortlichen durch die Forschung zu eröffnen, bietet sich die Delphi-Technik an.

Die Delphi-Technik macht sich ganz allgemein betrachtet das Wissen von ExpertInnen zu einem spezifischen Thema zunutze, um Zukunftsrisiken durch gezielte Strategieentwicklungsprozesse zu reduzieren (vgl. Anastasiadis 2012, S. 168 ff. und 2009, S. 229 ff.). Wie der Name verrät, ist dieser vorausschauende Forschungsansatz vom griechischen Orakel zu Delphi inspiriert. Im antiken

Griechenland galten die aus göttlicher Quelle stammenden und durch PriesterInnen in Verse gebrachten Orakelsprüche als unbezweifelbare Instanzen, die das private und das öffentliche Leben entscheidend mitprägten. Evidenz finden wir dazu bei Sokrates: „Nun aber entstehen uns die größten Güter aus einem Wahnsinn, der jedoch durch göttliche Gunst verliehen wird. Denn die Prophetin zu Delphi hat im Wahnsinn vieles Gute in privaten und öffentlichen Angelegenheiten unserer Hellas zugewendet“ (Phaidros, 244a–b/IV, 25–26; zit. n. Martin 1996, S. 36). Die politischen und sozialen Einflüsse, die das Orakel im siebenten und achten Jahrhundert vor Christus auf Griechenland hatte, werden auch andernorts betont. Häder (2014, S. 14) etwa weist darauf hin, dass das Orakel vor allem bei staatsrechtlichen Fragen oder bei Entscheidungen über Krieg und Frieden zurate gezogen wurde. Die Antworten waren jedoch zumeist zweideutig, d. h., dass ein nicht unwesentlicher Interpretationsspielraum bei der Auslegung der Ergebnisse vorhanden war.

6.3.2.1 Entwicklung und Charakteristik

Wissenschafter der RAND Corporation (Kaplan, Skogstad & Girshick 1950, S. 93 ff.) setzten in den frühen 1950er-Jahren an diesem Gestaltungspotenzial von Zukunftsvorhersagen an. Sie wendeten die von Kaplan nach dem Orakel zu Delphi benannte Methode erstmals im Rahmen einer Studie an (vgl. Linstone & Turoff 1975, S. 10). Die auf dem Erfahrungswissen von ExpertInnen basierenden Zukunftseinschätzungen zu einem Sachverhalt – in diesem ursprünglichen Fall einem militärischen – wurden als ‚Orakelsprüche‘ einer aufgeklärten modernen Welt lesbar und für politische Entscheidungsfindungsprozesse nutzbar gemacht. In den folgenden Jahrzehnten entwickelte sich diese Technik weiter und in den 1970er-Jahren erschienen erste Publikationen zu deren Anwendung und Prinzipien.

Linstone und Turoff (1975) definierten die Delphi-Technik beispielsweise als ein mehrstufiges Gruppenbefragungsverfahren, in dem durch eine angeleitete Gruppeninteraktion die Einschätzungen einzelner ExpertInnen zu einem Sachverhalt, über den naturgemäß unsicheres und unvollständiges Wissen besteht, zu einer Einschätzung der ExpertInnengruppe verdichtet wird. „Delphi may be characterized as a method for structuring a group communication process so that the process is effective in allowing a group of individuals, as a whole, to deal with a complex problem“ (Linstone & Turoff 1975, S. 5).

Helmer (1967) hebt als zentrales Merkmal die Sichtweise der ExpertInnen in der Entscheidungsfindung heraus. Dadurch grenzt sich die Delphi-Technik von deterministischen theoriebasierenden Zukunftsvorhersagen ab. „Among the new techniques is one that had become known as the Delphi technique, which attempts to make effective use of informed intuitive judgement. It derives its importance from the realization that projections into the future, on which public policy decisions must rely, are largely based on the personal expectations of individuals rather than on predictions derived from well-established theory" (Helmer 1967, S. 6). Demzufolge versuchen Delphi-Prozesse – anders als im klassischen Forecasting – „offen in die Zukunft zu schauen, unterschiedliche Meinungen einzubringen, unterschiedliche Informationen aus differierenden Quellen zu sammeln und die Kommunikation über diese zu stimulieren" (Cuhls 2009, S. 207).

Vor diesen Hintergründen werden Delphi-Verfahren der partizipativen Zukunftsforschung bzw. -gestaltung zugeordnet, deren Grundlage zukunfts- und innovationsorientierte Dialoge zwischen WissenschafterInnen und ExpertInnen aus der Praxis bilden, in denen Verbesserungen von unter anderem sozialen und institutionellen Bedingungen angestrebt werden (vgl. Popp 2009, S. 131) – oder wie es Overbury (1969, S. 76) formuliert: „The problem is not to forecast what might happen, but rather to decide what should happen." Es handelt sich demnach um eine intuitiv-subjektive Methode der Vorausschau (vgl. Cuhls 2009, S. 209), mit der es „das implizite Wissen in den Köpfen von Personen möglichst explizit zu machen" (ebd., S. 207) gilt, um einen systematischen Blick in die Zukunft zu werfen und diese zu gestalten.

Die Stärke der Delphi-Technik leitet sich aus diesen beiden Grundcharakteristika her. Sie ist zum einen ein Verfahren zur Erforschung bestimmter Sachverhalte, über die unsicheres Wissen besteht, indem die Einschätzungen von ExpertInnen dazu eruiert werden. Zum anderen ist der strukturierte Gruppenkommunikationsprozess ein wesentliches Kennzeichen, in dem es vor allem darum geht, einen Konsens zu entwickeln und dabei MeinungsführerInnenschaften zu verhindern (vgl. Häder 2014, S. 21). Häder verweist im Zuge einer Zusammenschau unterschiedlicher Definitionen und daran anschließende Diskussionen darauf, dass die konsensbezogene Zielsetzung nicht immer als zwingendes Merkmal ausgelegt wird, sondern auch die Ermittlung von Divergenzen als ein Potenzial der Delphi-Technik betrachtet werden kann.

Die partizipativen Elemente des Forschungsansatzes zeigen sich insbesondere in Aushandlungsprozessen, in denen ExpertInnen aus unterschiedlichen Perspektiven über einen Sachverhalt kommunizieren und diesen in die Zukunft denken (vgl. Dick 2000, o.S.). Damit wird insgesamt eine kommunikations-, koordinations- und umsetzungsfördernde Wirkung freigesetzt (vgl. Aichholzer 2002, S. 4). Vor diesen Hintergründen kann sich die Delphi-Technik gerade für zukunftsweisende Analysen von komplexen Fragestellungen in der Sozialen Arbeit, insbesondere organisatorische und strategische Punkte betreffend, als relevant erweisen. Wie aus einer ersten Sichtung der Anwendungsgebiete hervorgeht, hat sich die Delphi-Technik hierin jedoch noch nicht etabliert. Es finden sich lediglich vereinzelt Studien, wie beispielsweise jene von Meyer und Simsa (2013b, S. 509), in der Trends und Entwicklungen des Non-Profit-Sektors in Österreich eruiert wurden.

6.3.2.2 Varianten und Methoden

Wie bereits erwähnt, hatte die Delphi-Technik ihren Ursprung in militärischen Kontexten. In den 1970er-Jahren wurde sie in der Betriebswirtschaft adaptiert und erfreut sich seit den 1990er-Jahren vor allem in Technologiefolgeabschätzungsprogrammen großer Beliebtheit. Sie wird zudem als Methode zur Entwicklung von Produkten unter anderem im Tourismus- und Telekommunikationsbereich sowie zur Stadtforschung und -planung herangezogen. Beispiele finden sich auch im Zuge von Sensibilisierungsverfahren in jungen demokratischen Staaten wie Südafrika oder Ungarn (vgl. Häder 2014, S. 69ff.). Das Einsatzfeld hat sich mittlerweile stark ausdifferenziert und auch die methodische Breite ist inzwischen eine beachtliche. Das Spektrum erstreckt sich über standardisierte und nichtstandardisierte Befragungsmethoden, quantitative und qualitative Ansätze sowie off- aber auch online erhobene Einschätzungen. Als Grund für das wachsende Interesse an diesem Verfahren können einerseits die verstärkt zugenommenen Unsicherheiten und die Suche nach Orientierung angesehen werden (vgl. Häder 2014, S. 16). Andererseits kann die methodologische Modifizierbarkeit des Ansatzes, die es erlaubt, das Design bezogen auf das jeweilige Forschungsziel und den Sachverhalt flexibel zu gestalten, als Anreiz gesehen werden. Anlass kann aber auch die gestiegene Relevanz von trans- und interdisziplinären Zugängen sein, die ein multidisziplinäres Herangehen voraussetzen, was mittels der Delphi-Technik gut umsetzbar ist.

Insgesamt fällt es in Anbetracht der Heterogenität jedoch schwer, von ‚einer' Technik zu sprechen. Vielmehr müsste von einer „family of Delphi-inspired techniques" (Linstone & Turoff 1975, S. 185) die Rede sein. Nach einer eingehenden Untersuchung zahlreicher Anwendungsbeispiele stellt Häder (2014, S. 25) einen hohen Variantenreichtum fest, in dem zum Teil auf ausgewählte Elemente des klassischen Delphi-Designs, wie es von Linstone und Turoff (1975) publiziert wurde, zurückgegriffen wird. Zum anderen sind starke Modifikationen zu finden. Im Folgenden werden unterschiedlichen Delphi-Varianten umrissen. Es wird zunächst das klassische Delphi-Design überblicksartig skizziert. Daran anschließend wird ein Typologisierungsversuch von Häder (2014, S. 30ff.) diskutiert, der für potenzielle AnwenderInnen eine wichtige Orientierung bereitstellt.

Das *klassische Delphi* stellt ein mehrstufiges Gruppeninteraktionsverfahren zur Gewinnung einer Gruppenmeinung dar. In der Regel unterteilt sich dieses Setting in vier Schritte (vgl. Linstone & Turoff 1975, S. 5):

1. Zu Beginn werden zumeist von den WissenschafterInnen die Themenbereiche explorativ identifiziert, die mit den ExpertInnen zur Lösung der Problemstellung diskutiert werden sollen. Diese werden operationalisiert und in ein standardisiertes Frageprogramm integriert.
2. Die ExpertInnen werden mittels des standardisierten Fragebogens anonym zu ihren Einschätzungen bezüglich der Themenbereiche befragt.
3. Die Ergebnisse werden im Anschluss von den WissenschafterInnen zu einer Gruppeneinschätzung zusammengeführt, interpretiert und an die ExpertInnen anonymisiert für eine Evaluation retourniert. Dadurch werden die ExpertInnen nicht nur über die Ergebnisse informiert, sondern sie haben die Möglichkeit, die von den WissenschafterInnen herausgeschälte Gruppeneinschätzung zu kommentieren und erneut zu bewerten.
4. Der Prozess wird auf Basis der in der Feedbackrunde gewonnenen Erkenntnisse so lange wiederholt, bis das zu Beginn gesetzte Ziel bzw. Abbruchkriterium erreicht ist (vgl. Häder 2014, S. 24f.).

Als konstitutive Grundelemente dieses Prozesses gelten nach Rowe und Wright (1999, S. 354): Anonymität der ExpertInnen, Wiederholung, kontrolliertes Feedback und Generierung einer Gruppenantwort einer statistischen Gruppe. Diese Elemente verweisen auf geringe Partizipationsmöglichkeiten für die ExpertInnen. Der Forschungsprozess ist mehrheitlich durch die Wissenschaft gesteuert und kontrolliert. In den Modifikationen, die im Folgenden skizziert sind, tritt der partizipative Charakter, den die Delphi-Technik haben kann, jedoch deutlich hervor.

Die von Häder (2014, S. 30ff.) herausgearbeiteten Typen orientieren sich in den Grundzügen an dem klassischen Delphi. Sie weichen jedoch in ihrer Ausrichtung von einigen Grundelementen ab.

In der *Delphi-Befragung zur Ideenaggregation (Typ 1)* werden die Expertisen unterschiedlicher ExpertInnen zur Erarbeitung von Problemlösungsvorschlägen genutzt. Dies gelingt vorwiegend über ein rein qualitatives Forschungsdesign. In der Regel werden mittels qualitativer Befragungen Vorschläge erhoben, die im Anschluss ausgewertet und interpretiert werden. Die Ergebnisse werden in einer zweiten Befragungsrunde den ExpertInnen präsentiert, wobei Stellungnahmen, Anregungen und eventuelle weitere Lösungsvorschläge erfasst werden. Ziel dieses Typs ist es, möglichst viele Vorschläge zu generieren und festzuhalten. Der partizipative Gehalt zeigt sich hier im Wesentlichen in einer kommunikativen Validierung der Ergebnisse durch die ExpertInnen, um die Gültigkeit der Resultate zu erhöhen (siehe dazu beispielsweise Mayring 2002, S. 144ff.).

Die *Delphi-Befragung für eine möglichst exakte Vorhersage eines unsicheren Sachverhaltes (Typ 2)* gleicht im Weitesten der Intention und dem Design des klassischen Delphi. Hier werden die Expertisen vor allem dafür genutzt, um sich Klarheit über eine diffuse Angelegenheit zu verschaffen und um die Zukunft im Sinne einer Vorhersage zu planen.

Die *Delphi-Befragung zur Ermittlung und Qualifikation der Ansichten einer ExpertInnengruppe über einen diffusen Sachverhalt (Typ 3)* wird laut Häder am häufigsten eingesetzt. Hier gilt es, die Meinung einer bestimmten ExpertInnengruppe zu erheben, um daraus gezielte Interventionen zur Problemlösung abzuleiten. Die Kommunikation über die Zukunft sowie ihre aktive Gestaltung stehen im Rahmen der Erhebung im Vordergrund. Diese Variante verbindet qualitative und quantitative Datengenerierungsmethoden. In der Regel werden die Ergebnisse der qualitativen Erhebung einer quantitativen Bewertung unterzogen, womit die Mehrheitsfähigkeit geprüft werden kann. Als ExpertInnen sollen alle, die mit der Umsetzung befasst sind, eingeladen werden. Das ist insofern von Bedeutung, da so Hintergründe von Meinungskonflikten zwischen den ExpertInnen über den Weg der Kommunikation bewusst gemacht werden können, wodurch Sensibilisierung und Qualifikation möglich werden. Die Partizipation am Forschungsprozess geht hier über die für den Typ 1 charakteristische kommunikative Validierung der von WissenschafterInnen abgeleiteten Erkenntnisse hinaus. Da die Kommunikation und deren Inhalte selbst wesentliche Elemente des Erkenntnisprozesses sind, lassen sich mittels rekonstruktiver Verfahren, wie es beispielsweise in der dokumentarischen Methode angelegt ist (vgl. Bohnsack 2003, S. 31 ff.; Bohnsack & Schäffer 2013, S. 332) die unterschiedlichen Orientierungen der ExpertInnen herausschälen und die entwickelten Lösungen bzw. Zukunftsstrategien vor diesen Schablonen nachzeichnen und zurückspielen. Prozesse der Konsens- bzw. Nichtkonsensfindung und der kooperativen Zukunftsgestaltung werden dadurch hervorgebracht und transparent. Insofern sind die Beteiligten als Akteure intensiver in den Forschungsprozess und dessen Gestaltung eingebunden als in den beiden anderen Typen.

Die *Delphi-Befragung zur Konsensbildung der TeilnehmerInnen (Typ 4)* schließlich nutzt die Feedbackschleifen für eine Gruppenkommunikation, deren Ziel ein höchstes Maß an Konsens ist. Diese Form kann vor allem demokratische Entscheidungsfindungsprozesse erleichtern. Voraussetzungen dafür sind ein trans- und interdisziplinärer TeilnehmerInnenkreis sowie eine gut vorstrukturierte Aufbereitung des Sachverhaltes durch die WissenschafterInnen. Szenarien zur Zukunftsgestaltung bieten sich dafür an, die gemeinsam mit den ExpertInnen generiert und weiterführend diskutiert werden (vgl. Mietzner 2009, S. 25). Hier handelt es sich um ein weitgehend offenes Verfahren, dessen Format und Inhalt über die Kommunikation der TeilnehmerInnen entsteht (vgl. Dick 2000, o. S.).

Die von Häder entwickelten Varianten sind durch eine weitere zu ergänzen, nämlich die sich jüngst etablierenden *Realtime-Verfahren*, die online in Form von Blogs organisiert sind und Einschätzungen zu möglichen Zukunftsszenarien erfragen. Ein Feedback erfolgt relativ rasch, sobald eine ausreichende Anzahl von Antworten vorliegt (vgl. Cuhls 2009, S. 209). Problematisch dabei ist die mangelnde Kontrollierbarkeit im Internet. Dominante Personen, die sich öfters mit jeweils anderen Pseudonymen einloggen, können so ihren Einschätzungen in quantitativer Hinsicht zur Durchsetzung verhelfen. Dies wirft insbesondere gruppendynamische Fragen auf. Von Cuhls werden Realtime-Delphis dennoch als zukunftsweisend eingestuft, allerdings gilt es, diese noch eingehend zu erforschen und weiterzuentwickeln, vor allem hinsichtlich der Gruppendynamik (vgl. ebd., S. 219).

Wie aus den angeführten Varianten hervorgeht, erweist sich das Methodenrepertoire in Delphi-Settings als äußerst vielfältig. Neben qualitativen Verfahren, die zumeist der Thesengenerierung dienen und in Statements oder Szenarien übersetzt werden, kommen quantitative Befragungen zur Thesenbewertung zum Einsatz. Insofern sind die meisten Delphi-Settings triangulativ respektive Mixed-Methods-Formate, wobei nochmals hervorzuheben ist, dass nicht nur Fragen gestellt werden, sondern Personen über Kommunikation zusammengeführt werden (vgl. Cuhls 2009, S. 208).

Probleme, die in der einschlägigen Literatur genannt werden, liegen einerseits in dieser kommunikativen Ausrichtung, die gruppendynamische MeinungsführerInnenschaften hervorbringen kann. Dahingehend wird vorgeschlagen, insbesondere in Bewertungsphasen auf anonymisierte schriftliche Vorgehensweisen zurückzugreifen (vgl. ebd., S. 210). Andererseits besteht die Gefahr, dass die Resultate von Delphi-Settings als Fakten oder reale Zukünfte interpretiert werden. In diesem Zusammenhang gilt es zu betonen, dass sie lediglich Einschätzungen von ExpertInnen über mögliche zukünftige Entwicklungen abbilden (vgl. ebd., S. 209). Die Ergebnisse stellen ein Arbeitsmaterial bereit für weiterführende Entscheidungsfindungen und Maßnahmenentwicklungen. Erst durch deren Umsetzung werden sie real (vgl. ebd., S. 214). Darin begründet sich auch die Schwierigkeit, die Ergebnisse von Delphi-Untersuchungen zu evaluieren, denn negative Prognosen können beispielsweise durch gegensteuernde Maßnahmen real verhindert werden (vgl. ebd., S. 214).

Ein Teilziel des hier vorgestellten Forschungsvorhabens ist es, einen wie im Typ 3 dargestellten Aushandlungs- und Qualifizierungsraum im Aktionsfeld ECO WISE zu eröffnen, um aktive Zukunftsgestaltung in einem multidisziplinären Team über den Weg der strukturierten Kommunikation einzuleiten. Eine Konsensbildung wird demnach nicht als Ziel gesetzt. Vielmehr gilt es, unterschiedliche Perspektiven in Hinblick auf die leitenden Forschungsfragen (siehe Kapitel 6.2), insbesondere zum zweiten Fragenblock, zu generieren und darauf aufbauend Möglichkeiten zu filtern, die anschließend einer Bewertung unterzogen werden. Wie die Delphi-Technik adaptiert und in einen mehrstufigen, zyklischen Forschungsprozess integriert ist, wird nun erläutert.

6.3.3 Phasierung des teilpartizipativen Zukunftsforschungsprozesses

Partizipative Forschung bewegt sich zumeist zyklisch-spiralförmig zwischen Aktion (Datenerhebung) und Reflexion (Auswertung) (vgl. Reason & Bradbury 2008, S. 1; Berghold & Thomas 2010, S. 339; Unger 2014, S. 51). Dieses von Lewin bereits 1946 (S. 206; zit. n. Unger 2014, S. 59) entwickelte Vorgehen von Planung, Aktion und der Eruierung von Fakten hat sich in der partizipativen Forschung durchgesetzt, um einerseits ein vertieftes Verständnis von kontextbezogenen Zusammenhängen zu gewinnen und darauf aufbauend Handlungsalternativen zu entwickeln.

Abbildung 14: Forschungszyklus und empirischer Verlauf

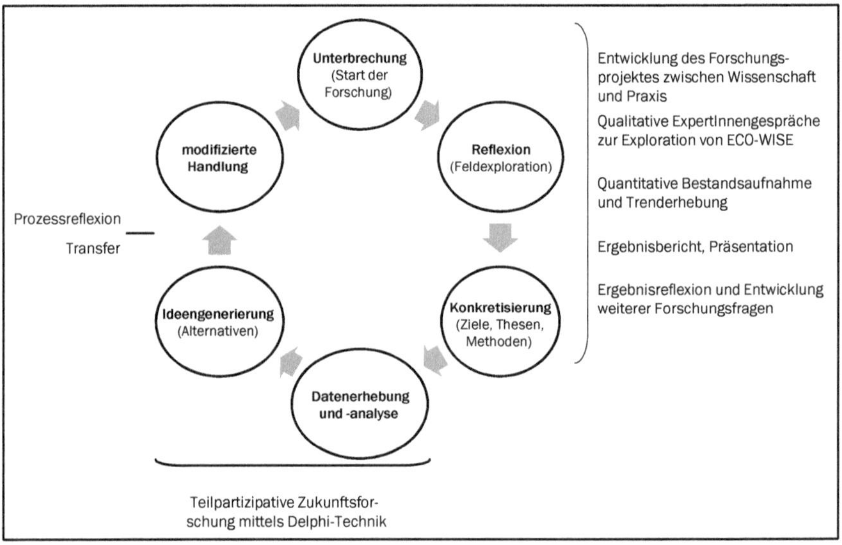

Quelle: eigene Darstellung

Der in Abbildung 14 dargestellte idealtypische zyklische Verlauf bildet auch für das gegenständliche Forschungsvorhaben die Rahmung. Partizipative Forschungsprozesse beginnen in der Regel mit der Unterbrechung einer Handlung bzw. eines bisherigen Ablaufes, der sich als optimierungsbedürftig erweist. In dieser *ersten Phase* konstituiert sich das Forschungskonsortium, das Thema wird eingegrenzt und es werden der Handlungsbedarf sowie das Projektziel definiert (vgl. Unger 2014, S. 51). In einer *Feld- und Problemexploration* wird das Handlungsfeld reflektiert und es werden relevante Problemzonen bestimmt. Diese Reflexionsphase geht zumeist mit einer ersten Bestandsaufnahme einher, in der qualitative und quantitative Methoden zur Anwendung kommen können. Zentral dabei ist das Kennenlernen des Feldes und seiner Strukturen, insbesondere seiner Stakeholder- und Machtstrukturen. Die Erkenntnisse daraus lösen Überlegungen hinsichtlich der Problemursachen aus, woraufhin das Ziel sowie *detaillierte Fragestellungen* der weiteren Forschung konkretisiert werden (vgl. ebd., S. 51). Im Anschluss wird das Feld im Rahmen einer *Datengenerierung* nach weiteren Informationen durchsucht, um ein vertieftes Verständnis für auftretende Probleme zu entwickeln, was wiederum die Basis für die Entwicklung von Veränderungsideen bildet (vgl. Berghold & Thomas 2010, S. 340). Dafür gilt es eine kontext- und praxissensible Methodik zu wählen, die auf die Fragestellungen und auf die Möglichkeiten der an der Erhebung Beteiligten zugeschnitten ist. Auch hier können verschiedene Forschungsmethoden eingesetzt werden, wie beispielsweise Interviews, Gruppendiskussionen, Fragebögen, Akten- und Tagebuchanalysen sowie aus performativen Settings generierte unterschiedliche Materialien (vgl. Berghold & Thomas 2010, S. 340 f.; Unger 2014, S. 10).

Die *Datenanalyse* wird zumeist aus pragmatischen Gründen durch die Wissenschaft bzw. von kleineren Gruppen des Projektkonsortiums durchgeführt (vgl. Berghold & Thomas 2010, S. 341). Dennoch ist diese Forschungsphase je nach gewählter Partizipationsintensität wesentlich durch die Kommunikation über die gewonnenen Problemverständnisse der Beteiligten gekennzeichnet (vgl. Unger 2014, S. 10 und S. 61 ff.). In Auswertungsworkshops oder Forschungswerkstätten kann ein Austausch darüber eröffnet werden, können Perspektiven eingefangen werden, kann ein gemeinsames Verständnis erzielt werden, das eine Grundlage für die Entwicklung von konsensuell getragenen Veränderungsideen ist. Außerdem dienen solche Settings, die über eine kommunikative Validierung hinausreichen, dazu, das Theorie- und Praxiswissen besser aufeinander abzustimmen sowie eine gemeinsame Sprache zu finden (vgl. ebd., S. 63). Die Phase der *Ideengenerierung* stellt den Abschluss des ersten und den Übergang in einen möglichen zweiten Zyklus dar. Hier gilt es, vor der Folie der bisher gewonnenen Erkenntnisse Alternativen zu formulieren und diese auf eine operative Ebene in Form von Berichten und Präsentationen zu transferieren. Im Zuge der Umsetzung der modifizierten Handlung werden praktische und theoretische Konsequenzen reflektiert, woraus sich weitere Verbesserungsbedarfe als notwendig erweisen können (vgl. ebd., S. 51).

Für partizipative Zukunftsforschungsprozesse schlägt Popp (2009, S. 138 ff.) ein ähnliches Ablaufschema vor. Dieses unterteilt sich in eine Ist- und Soll-Stand-Analyse sowie eine Realisierungsplanung und -evaluation. Die Ist-Stand-Analyse bezieht sich auf die zuvor beschriebenen Phasen der Unterbrechung, Reflexion und Konkretisierung. Die Soll-Stand-Entwicklung entspricht den Schritten der Datenerhebung bzw. -analyse und der Ideengenerierung. Die Realisierungsplanung gleicht dem Übergang zur modifizierten Handlung. In der *Ist-Stand-Analyse* wird mittels ausgewählter Methoden der aktuelle Forschungskontext abgebildet und kritisch-reflexiv interpretiert bzw. evaluiert, wobei die Erhebung und Datenaufbereitung nach Popp zum Großteil in der Verantwortung der Wissenschaft liegt und die PraktikerInnen zumeist erst im Rahmen einer diskursiven Evaluierung eingebunden sind. Die so gemeinsam entwickelten Ergebnisse stellen die Basis für die *Soll-Stand-Analyse* dar. In dieser werden Zukunftsszenarien generiert, in planungsorientierten Diskursen wünschenswerte und realisierbare Interventionen selektiert und Innovationsziele definiert. Diese Entwicklung setzt im Gegensatz zur Ist-Stand-Analyse eine enge Kooperation mit den PraktikerInnen voraus, die hier auch in alle Schritte gleichermaßen eingebunden sind. Im Zuge der *Realisierungsplanung und -evaluation* werden innovationsorientierte Maßnahmen definiert, es wird deren Umsetzung geplant und der Prozess von der Ist- zur Soll-Stand-Analyse reflexiv evaluiert. Damit wird das Ende des Forschungsprozesses markiert, denn die Umsetzung selbst kann und soll naturgemäß nicht mehr Teil dieses Prozesses sein (vgl. Popp 2009, S. 140).

So strukturiert stellt partizipative Zukunftsforschung eine interventionsgeleitete soziale Handlung dar. In deren Verlauf treten immer wieder Entscheidungspunkte auf, an denen das Verhältnis zwischen Forschung und Praxis legitimiert werden muss. Popp (2009, S. 135) spricht dahingehend von einem doppelten Legitimierungszwang, in dem die Wissenschaft ihren inhaltlichen und formalen Kriterien gemäß zu agieren hat, bei gleichzeitiger Wahrnehmung des Partizipationscharakters und der Nutzungsorientierung der Ergebnisse. Vor diesen Hintergründen ist die (Selbst-)Reflexivität, wie bereits erwähnt, ein wichtiges Kernelement. Darauf verweisen auch Hüttemann und Sommerfeld (2007, S. 48) in ihrem heterhierarchischen Modell der kooperativen Wissensbildung.

Die entscheidenden Fragen, welche die partizipativen Forschungsprojekte durchziehen, sind: 1.) Wer partizipiert wann in welcher Form? 2.) Was sind die Ziele und durch wen werden sie definiert? Diese Entscheidungen können in der Regel nicht im Vorfeld getroffen werden, sondern sie unterliegen der Dynamik des Forschungsprozesses. Partizipationsformen und -intensitäten sowie die Ziele werden in einzelnen Forschungsphasen immer wieder neu zu entscheiden bzw. zu verhandeln sein. Der Charakter des Vorhabens wird allerdings wesentlich dadurch bestimmt, wer es initiiert bzw. von wem die Handlungsunterbrechung ausgeht und die Forschung eingeleitet wird (vgl. Berghold & Thomas 2010, S. 339). Dies kann vonseiten der Forschung selbst, der Praxis und mitunter auch der Politik geschehen. Eine Intervention kann zudem synergetisch in einem transdisziplinären Projektrahmen erfolgen.

Im Folgenden werden die einzelnen Phasen des gegenständlichen Forschungsvorhabens beschrieben (siehe Abbildung 14), die in Hinblick auf ihre partizipativen Elemente und Herausforderungen, wie bereits angekündigt, in Kapitel 6.3.4 reflektiert werden.

6.3.3.1 Start der Intervention

Der Anstoß für das gegenständliche Forschungsvorhaben resultierte aus einer Vernetzungsaktivität (vgl. Anastasiadis & Mayr 2010, S. 1). Im Februar 2007 wurde im Rahmen eines Netzwerktreffens der ‚Reuse and Recycling European Union Social Enterprises' (RREUSE) über die sozialen, politisch-partizipativen, ökologischen und wirtschaftlichen Potenziale von ECO-WISE vor dem Hintergrund der Praxis und der Social-Enterprise-Forschung diskutiert. Am Ende dieses inspirierenden Tages stand das Anliegen im Raum, die Erfahrungen der Organisationen im Ausbalancieren dieser Zielsetzungen sichtbar und für Aktivitäten im Sinne der nachhaltigen Entwicklung nutzbar zu machen. Es galt herauszufinden, inwiefern die Organisationen dieses Konzept strategisch nutzen können, um sich über die klassische sozialpolitische Fokussierung hinaus zu positionieren, mit dem Ziel, so auch neue Stakeholdergruppen anzusprechen.

Als gemeinsames Ziel kristallisierte sich heraus, dass zunächst auf nationalen Ebenen Einblicke in das wenig erforschte Gegenstandsfeld zu gewinnen sind. Dabei sollte die Rolle von ECO-WISE im Rahmen der aktiven Arbeitsmarktpolitik und des Wirtschaftssystems – hier insbesondere im ökologischen Dienstleistungsbereich – untersucht werden. Mittels einer Potenzial- und Bedarfsanalyse sollten zudem die Rahmenbedingungen, unter denen diese Unternehmen agieren, die sich daraus ergebenden Herausforderungen und mögliche Perspektiven eruiert werden. In Zusammenarbeit mit WissenschafterInnen aus dem EMES-Netzwerk und Akteuren aus der RREUSE-Gruppe wurde hierfür ein international angelegtes und auf Vergleichbarkeit basierendes Forschungsprojekt geplant, das, wie so manch engagiertes Vorhaben, aufgrund mangelnder finanzieller Ressourcen leider nicht umgesetzt werden konnte.[182] Auf nationalen Ebenen wurden die Arbeiten dennoch in der einen oder anderen Form fortgesetzt. In Österreich entwickelte sich daraus in Kooperation zwischen der Universität Graz und einem damaligen österreichischen Vertreter dieses Netzwerkes der Arge Abfallvermeidung, Ressourcenschonung und nachhaltige Entwicklung GmbH (im Folgenden ARGE)[183] – ein Forschungsprojekt mit explorativem Charakter, das in weiteren Detailforschungen mit konkreten strategischen

182 Das Projekt SeEpol wurde im siebenten EU-Rahmenprogramm (2007) eingereicht und unter anderem aufgrund seiner partizipativen Ausrichtung abgelehnt. „This is not a scientific project but is instead rather an operational project with some scientific ambitions." Oder: „The scientific expertise of the team members is quite diverse and several team members are not experienced researchers." Diese Argumentationen sprechen für sich. Partizipative Forschungsstrategien hatten zumindest 2007 noch eine geringe Legitimität in Begutachtungsverfahren der Europäischen Kommission.

183 Aktuell wird Österreich durch Repanet in dem Netzwerk vertreten. Siehe http://www.repanet.at/ [6.5.2016].

Fragestellungen eine Fortsetzung fand. Die Konstellation zwischen Wissenschaft und Praxis wurde hier grundgelegt, womit – mit Unger (2014, S. 52) gesprochen – die Weichen für die weiteren Entwicklungen gestellt wurden.

6.3.3.2 Feld- und Problemexploration

An die für das EU-Projekt gemeinsam definierte Zielsetzung anknüpfend, wurde in Abstimmung mit dem Kooperationspartner ein Forschungsdesign für die explorative Phase entwickelt, wobei die Praxisperspektive eine zentrale Rolle bei der Erarbeitung der Befragungsinstrumente spielte. Zudem folgten auf die Erhebung und Datenaufbereitung, die vorrangig von den Forschenden durchgeführt wurden, kritisch-reflexive Interpretations- und Entwicklungsdiskurse.

Zur ersten Annäherung an das wenig erforschte Gegenstandsfeld wurden die damit in Verbindung stehenden theoretischen Konzepte und Begriffe gesichtet. Erkenntnisse daraus sind in die theoretischen Auslotungen dieser Studie (siehe Kapitel 4 und 5) sowie in der Charakterisierung des Forschungsfeldes integriert (siehe Kapitel 6.1). Um das Feld über den Tellerrand der Fachliteratur hinaus zu erschließen, wurden im Jahr 2008 ExpertInnengespräche mit GeschäftsführerInnen von ECO-WISE, WissenschafterInnen aus den Disziplinen der Politik-, Umwelt- und Sozialwissenschaft, VertreterInnen von Dachverbänden und Arbeitsgemeinschaften sowie FördergeberInnen und sachpolitischen VertreterInnen geführt (vgl. Anastasiadis & Mayr 2010, S. 4)[184]. Als ExpertInnen wurden sowohl außenstehende FunktionärInnen einbezogen, die ihr Kontextwissen bereitstellten, als auch Personen, die selbst Teil des erforschten Gegenstandsfeldes sind und die ihr Betriebswissen einfließen ließen (vgl. Meuser & Nagel 2009, S. 470). Die Zuschreibung des ExpertInnenstatus erfolgte relational bezogen auf das spezifische Erkenntnisinteresse. Ausschlaggebend war, dass RepräsentantInnen einbezogen wurden, die zum definierten Sachverhalt aus ihrer funktionellen Sicht Stellung beziehen konnten. Zudem tragen sie die Verantwortung zur Durchführung bzw. Umsetzung spezifischer Problemlösungsstrategien und/oder besitzen einen privilegierten Zugang zu Informationen. Von Relevanz war zudem der trans- und interdisziplinäre Mix, der für die Erschließung des Gegenstandsfeldes eine wesentliche Voraussetzung darstellt.

In den insgesamt 15 geführten leitfadengestützten Interviews – sechs mit Frauen und neun mit Männern – wurden folgende Aspekte diskutiert:

- Die Entwicklung von ECO-WISE in Österreich
- Ihre Ziele

184 Eine anonymisierte Liste findet sich im Anhang.

- Ihre Tätigkeitsfelder
- Ihre Organisationsformen und die spezifischen gesetzlichen Bestimmungen
- Ihre Rolle im Kontext nachhaltiger Entwicklung und
- Zukunftsperspektiven

Diese Themen kristallisierten sich auf Basis der Literaturrecherche zum Handlungsfeld als relevant heraus. Für die Gesprächsführung selbst wurde ein teiloffener Zugang gewählt. Es wurde entlang dieser Aspekte ein offener Gesprächsleitfaden vorformuliert, der allerdings nicht als zwingendes Ablaufmodell galt. Der Leitfaden orientierte sich am fünfstufigen Schema der aktivierenden Befragung (vgl. Seippel 1976, S. 167 f.): Türöffnung, Mundöffnung, Problem- und Ideenfragen, Aktionsfragen. Im Zuge der Türöffnung wurden das Forschungsprojekt und der gewählte Zugang vorgestellt sowie der Aspekt der Anonymität und Tonaufzeichnung geklärt.[185] Die Mundöffnungsfrage war offen gestellt und diente der Annäherung an das Themenfeld durch die GesprächspartnerInnen. Die anschließenden Problem- und Ideenfragen wurden nachfragend geklärt. Die abschließende Aktionsfrage bezog sich auf die Ermittlung von relevanten Aspekten für die im Anschluss geplante quantitative Strukturerhebung von ECO-WISE in Österreich und auf die Bereitstellung von Kontaktdaten für die Generierung einer Datenbasis. In der gesamten Gesprächsführung wurde insbesondere darauf geachtet, dass die Relevanzbereiche der ExpertInnen zum Ausdruck kommen konnten. Dahingehend wurden Gesprächspassagen, die nicht augenscheinlich der Erhebung dienten, nicht vorschnell unterbrochen, sondern im Sinne der Selbstläufigkeit weitergeführt. Es wurde erst im Zuge der Auswertung über die Bedeutsamkeit dieser Passagen entschieden.

Die Gespräche wurden transkribiert und inhaltsanalytisch ausgewertet, wobei MAXQDA als softwarebasiertes Hilfsmittel zur Entwicklung von Kategorien sowie zur Erstellung von Codings und Memos herangezogen wurde. In Anlehnung an die zusammenfassende Inhaltsanalyse nach Mayring (2010, S. 59 ff.) wurde das Material über Paraphrasen und Generalisierungen so weit reduziert, dass nur jene Inhalte zurückblieben, die für die Interpretation wesentlich waren. In diesem Schritt galt es zudem, Zusammenhänge zwischen den Fällen und Kategorien sowie zu Befunden aus der Literatur erkennbar zu machen. Zentrale Ergebnisse aus der Analyse wurden abschließend mit dem Forschungspartner kritisch reflektiert und in den Forschungsbericht integriert (siehe Anastasiadis & Mayr 2010).

185 Als wichtige Voraussetzung für die Interviewführung galt, vorab bekannt zu geben, dass die Anonymität der GesprächspartnerInnen gewahrt wird. Aus diesem Grunde sind in der Ergebnisdarstellung weder Namen der Personen noch Zusammenhänge zu den jeweiligen Organisationen genannt.

Diese multiperspektivische Annäherung ermöglichte es insgesamt, die Konturen und Charakteristika der Unternehmen im sozialökonomischen Kontext Österreichs nachzuzeichnen und eine heuristische Definition dieses spezifischen Organisationsspektrums zu entwickeln, die bereits zur Charakterisierung des Forschungsfeldes in Kapitel 6.1 herangezogen wurde. Darüber hinaus resultierten weiterführende Fragen, die in den anschließenden quantitativen Strukturerhebungsprozess inkludiert wurden.

Die Befragungstools dafür wurden in enger Zusammenarbeit mit dem Kooperationspartner erstellt und getestet. Zudem war dieser wesentlich an der Generierung des Datenpools beteiligt. Wie bereits erwähnt, liegt für Österreich keine einheitliche Datenbasis über WISE vor, aus denen ECO-WISE gefiltert werden können (siehe Kapitel 6.1.3.7). Da keine Liste der Grundgesamtheit zur Verfügung stand, war ein spezielles Stichprobengenerierungsverfahren erforderlich. In Anlehnung an die Nominationstechnik (vgl. Diekmann 2008, S. 400) wurde am Beginn der Strukturerhebung ein Ausgangsdatensatz gebildet. Dafür wurden über 400 Arbeitsmarktintegrationsbetriebe und -projekte in Österreich ausfindig gemacht und mit einem ersten Fragebogen dahingehend befragt, ob sie sich gemäß den in der Beschreibung des Forschungsfeldes (Kapitel 6.1.4) angeführten Merkmalen als ECO-WISE bezeichnen würden. Zugang zu diesen 400 Adressen war über die Landesgeschäftsstellen des Arbeitsmarktservice (AMS), den Sozialministeriumsservicestellen, über diverse Handbücher und Internetplattformen sowie aus den Angaben in den ExpertInneninterviews gegeben. Die Datenbasis beinhaltete 218 Trägerorganisationen, die 399 Projekte realisierten (vgl. Anastasiadis & Mayr 2010, S. 19).

Die hier ermittelte Projektzahl fällt weitaus höher aus als die im Jahr 2007 vom Dachverband arbeit plus im Rahmen der österreichischen Erhebung des WISE-Projektes ermittelten (vgl. BDV Austria 2008, S. 11). Wie bereits erwähnt, konzentrierte diese sich auf einen vom AMS Österreich bereitgestellten Datensatz von 251 Förderverträgen in SÖB und GBP sowie den acht in Österreich existierenden Integrativen Betrieben. In der hier erstellten Zielpopulation hingegen wurden auch Projekte inkludiert, die keine AMS-Förderung erhalten und sich unter anderem über Gemeinden, Länder, allgemeine arbeitsmarktpolitische Förderungen und die Eigenerwirtschaftung finanzieren, wie es beispielsweise in der Stundenweisen Niederschwelligen Beschäftigung der Fall ist. Außerdem verweist der Unterschied zwischen Träger und Projekten darauf, dass von den Trägern mehrere Projekte gleichzeitig umgesetzt werden, die in dem vorliegenden Datensatz einzeln erhoben wurden. Auch wenn Ungewissheit über die Grundgesamtheit besteht, kann davon ausgegangen werden, dass ein Großteil der im Zeitraum 2007/2008 in Österreich existierenden WISE-Projekte in dieser Vorfeldanalyse kontaktiert wurde.

Zur Befragung nach der Zugehörigkeit wurde ein Befragungstool entwickelt, in dem die auf europäischer Basis erstellten Merkmalsdimensionen von Social

Enterprises (siehe Kapitel 5.2.1) unter Berücksichtigung der nationalen Besonderheiten der WISE-Organisationslandschaft (siehe Kapitel 6.1.3) operationalisiert wurden. Darin inkludiert ist die ökologische Dimension, die sich im Rahmen der ExpertInnengespräche spezifizierte (siehe Tabelle 4 in Kapitel 6.1.4). Insofern erfolgte die Fragebogenentwicklung theoriegeleitet anhand vorliegender konzeptioneller Modelle, wobei insbesondere hinsichtlich der ökologischen Merkmalsbereiche empirisch Präzisierungen vorgenommen wurden (vgl. Kallus 2010, S. 25).

Tabelle 5: Operationalisierung der Zugehörigkeitsmerkmale von ECO-WISE

Soziale Faktoren	Operationalisierung der Variable
gemeinnützige Zielorientierung	Welcher förderrechtlichen Struktur ordnen sie sich zu? (SÖB, GBP, BG etc.)
keine Gewinnmaximierung	Wie werden erwirtschaftete Gewinne verwendet?
Ökonomische Faktoren	**Operationalisierung der Variable**
kontinuierliche Produktion und Vermarktung von Waren und/oder Dienstleistungen	Stellen sie Waren her und/oder bieten sie Dienstleistungen zum Verkauf an?
ein Mindestmaß an bezahlter Beschäftigung	Haben sie mindestens einen bezahlten Arbeitsplatz?
Die Unternehmen tragen das unternehmerische Risiko selbst.	Unter welcher Rechtsform agiert ihre Organisation? (Verein, gGmbH etc.) Ist ihre Organisation eine Trägerorganisation, eine Organisationseinheit oder ein Projekt?
Partizipative Faktoren	**Operationalisierung der Variable**
ein hoher Grad an Autonomie	Unterliegt die Finanzgebarung einer direkten und regelmäßigen Überprüfung des Rechnungshofes oder einer entsprechenden Einrichtung einer Gebietskörperschaft? Inwieweit üben sie hoheitliche Aufgaben aus? (Lehrlingsprüfungen, Auszahlung von Transferleistungen)
Ökologische Faktoren	**Operationalisierung der Variable**
Förderung ökologisch nachhaltigen Lebens	Stellen sie Produkte her und/oder Dienstleistungen bereit, die ökologisch nachhaltiges Leben fördern? Welche ökologischen Tätigkeiten übt ihre Organisation aus?

Quelle: modifizierte Darstellung auf Basis von Anastasiadis & Mayr 2010, S. 20

Die in Tabelle 5 ausgewiesenen Variablen und Indikatoren bildeten die Zugehörigkeitsmerkmale erster Ebene. Sie grenzen ECO-WISE deutlich vom Markt, vom Staat und von informellen Initiativen ab und erfassen zudem das Vorliegen einer ökologischen Akzentuierung. Andere Kriterien – wie beispielsweise das kollektive, bedarfsorientierte Gründungsmotiv, die gleichberechtigte Entscheidungsfindung, die Partizipation und Mitbestimmung im Unternehmen sowie die gemeinsame Verantwortungsübernahme in der Arbeitsmarktintegration über gemischte Finanzierungsbeteiligung – galten hinsichtlich der Zugehörigkeit als nicht zwingend. Ihnen wurde jedoch in der detaillierten Strukturanalyse auf mehreren Ebenen begegnet.

Die Items bezogen sich vorrangig auf auf dichotome Antwortformate (Zustimmung bzw. Verneinung) (vgl. Kallus 2010, S. 43). Hinsichtlich der Organisationsform, Förderrichtlinien und ökologischen Tätigkeitsfelder waren merkmalsbezogene Antwortmöglichkeiten vorgegeben, die durch die Option ‚Sonstiges' erweitert wurden. Insofern handelt es sich hier um sogenannte halboffene Hybridfragen (vgl. Pallas 2006, S. 342). Der Fragebogen wurde 2008 als bearbeitbare PDF-Datei per E-Mail an die Organisationen versandt. Insgesamt beantworteten 52,5 % (N = 210) der Betriebe/Projekte diesen ersten Fragebogen. Auf dieser Basis konnten nach einer ersten Prüfung 151 Organisationen und Projekte identifiziert werden, die dem Merkmalsset von ECO-WISE entsprachen (vgl. Anastasiadis & Mayr 2010, S. 20). Diese rücklaufquotenbedingte Zufallsstichprobe wurde Anfang 2009 mit einem detaillierten Fragebogen zu ihren strukturellen Bedingungen befragt, wobei folgende Dimensionen erhoben wurden:

- Auf Ebene der *Organisationsstruktur* wurden Fragen zur Gründung sowie zur Positionierung zwischen Markt, Staat und Bevölkerung gestellt, aber auch die Leistungserbringung, EigentümerInnenstrukturen sowie Vernetzungsformen und -strategien waren relevante Themen.
- Mit Blick auf die Dimension der *nachhaltigen Entwicklung* wurden Fragen zur Definition und Gewichtung ihrer Zielsetzungen sowie Möglichkeiten und Grenzen der Zielerreichung gestellt.
- Was die *finanzielle Situation* betrifft, wurde das Gesamtbudget für das Geschäftsjahr 2007 erhoben, die Zusammensetzung dieses erfragt und Einschätzungen zur vergangenen sowie zukünftigen Finanzierungsentwicklung erbeten.
- Der Fragenblock zur *Beschäftigungs- und Personalsituation* fiel am umfangreichsten aus. Hier wurde zunächst die Zusammensetzung aller MitarbeiterInnen erhoben. Im Anschluss wurden zu den jeweiligen MitarbeiterInnengruppen detaillierte Variablen beispielsweise zur Altersstruktur oder zum Ausbildungsniveau erfragt. Die MitarbeiterInnenentwicklung wie auch die -mitbestimmung und Entlohnung waren ebenfalls Themen.
- Für die *Potenzial- und Bedarfsanalyse* wurde nach aktuellen und zukünftigen Herausforderungen hinsichtlich der ökonomischen, ökologischen und sozialen Zielerreichung gefragt. In Form von offenen Fragen galt es, dahingehend Tendenzen zu ermitteln.

Die Items bzw. Antwortformate variierten in dieser umfassenden Erhebung. Es mischten sich dichotome Ja/Nein-Antwortmöglichkeiten mit halboffenen Hybridformaten, Bewertungsskalen, geschlossenen und offenen qualitativen Antworten. Der Fragebogen selbst war in zwei Teile gegliedert und wurde schriftlich als bearbeitbare PDF-Datei per E-Mail versandt. Der erste Teil beinhaltete die Dimensionen Organisationsstruktur, nachhaltige Entwicklung sowie Potenziale und Bedarfe und sollte von den Verantwortlichen in den einzelnen Projekten direkt ausgefüllt werden. Der zweite Teil, in dem die Finanzierungs- und Personalsituation abgefragt wurde, konnte bei Bedarf von den jeweiligen Trägerorganisationen beantwortet werden. Dieses Vorgehen erwies sich nach einer Pretest-Phase als sinnvoll, da die Daten zur Finanzierung und Personalstruktur in den Trägerorganisationen zusammenlaufen und von dort aus auch am besten Auskunft darüber gegeben werden konnte. Demgegenüber konnten Fragen zu den Zielsetzungen sowie zur Organisationsstruktur besser von den Verantwortlichen in den Projekten selbst beantwortet werden. Ein weiterer Vorteil dieser Erhebungsstrategie zeigte sich darin, dass durch die Zerstückelung des umfangreichen Fragebogens Abschreckungseffekte vermieden wurden, was sich in der als hoch einzuschätzenden Rücklaufquote bestätigt. 61 Betriebe/Projekte aus ganz Österreich (40 %) beteiligten sich nach mehrmaligen telefonischen Erinnerungskontaktaufnahmen im viermonatigen Befragungszeitraum (Februar bis Mai 2009) an dieser Erhebung. Die Daten wurden händisch in das Programm SPSS übertragen und mit einer vorrangig deskriptivstatistischen Analyse ausgewertet. Zentrale Ergebnisse daraus sind ebenfalls dem Forschungsbericht (vgl. Anastasiadis & Mayr 2010) zu entnehmen.

Um über möglichst aktuelle Zahlen für die vorliegende Studie zu verfügen, wurde im Jahr 2015 eine Trenderhebung durchgeführt. In Trenddesigns werden zu mehreren Zeitpunkten, zu den gleichen Variablen, in jeweils unterschiedlichen Stichproben Daten erhoben (vgl. Diekmann 2008, S. 305). Anders als in Paneldesigns, die mit identischen Stichproben arbeiten, können bei Trenderhebungen stichprobenbedingt keine Veränderungen auf Fallebene ausgemacht werden. Auch wenn dieselbe Ausgangsstichprobe zugrunde liegt, ändert sich diese rücklaufquotenbedingt in den jeweiligen Erhebungsschleifen. Daher sind lediglich Trendaussagen auf Aggregatsebene (z. B. Mittel- und Prozentwer te) möglich. Im konkreten Fall wurde die Zufallsstichprobe, die aus der Zugehörigkeitsbefragung des Jahres 2008 generiert wurde (N = 151), nach einer Kontaktdatenüberprüfung abermals entlang derselben Variablen befragt, um ihre Angaben zur Organisationsstruktur, den Dimensionen der nachhaltigen Entwicklung, der finanziellen Situation sowie der Beschäftigungs- und Personalsituation zu aktualisieren. Das ursprüngliche Befragungstool wurde zwischenzeitlich in Kooperation mit den beteiligten Akteuren überarbeitet. Anregungen im Zuge der Ergebnispräsentationen aus der ersten Befragungsrunde sowie aus weiteren Gesprächen im Zuge des Delphi-Verfahrens (siehe Kapitel

6.3.3.3 und 6.3.3.4) wurden eingearbeitet. Dazu zählen beispielsweise eine vereinfachte Erhebung der Personalstruktur, eine Ausdifferenzierung der Geschäftsfelder sowie eine differenzierte Erfassung der Vernetzungs- und Kooperationsstrukturen nach räumlichen Ebenen. Ergänzt wurde eine Stakeholderanalyse, in deren Rahmen der Einfluss unterschiedlicher Anspruchsgruppen auf die Performance des Unternehmens/Projektes mit einer sechsstufigen Ratingskala eingeschätzt werden konnte. Zudem wurden die im Delphi-Verfahren ermittelten Entwicklungsperspektiven (siehe Kapitel 6.3.3.4) im Rahmen dieser Befragung hinsichtlich der Relevanz und Realisierbarkeit zur Bewertung[186] vorgelegt.

Die Trenderhebung zielte insgesamt darauf ab, abermals die Potenziale und Bedarfe von ECO-WISE sichtbar zu machen sowie ihre Synergiewerte als gleichsam sozial, ökologisch und ökonomisch handelnde Unternehmen zu kommunizieren. Des Weiteren lässt die gewählte Zeitspanne Rückschlüsse auf mögliche mittelfristige Veränderungen bezüglich der Strukturen des Handlungsfeldes zu. Seit der ersten Erhebungsphase im Jahr 2009 hat sich die wirtschaftliche, arbeitsmarkt- und sozialpolitische Situation in Österreich weitreichend verändert. Es ist davon auszugehen, dass die Wirtschaftskrise, der damit verbundene Anstieg der Zahl der Arbeitssuchenden, die Ausweitung des Betroffenenkreises, die Einführung der Mindestsicherung, der Aufmerksamkeitszuwachs in Hinblick auf die sogenannte „Green Economy" etc. die Performance und den Arbeitsalltag von ECO-WISE maßgeblich beeinflussen. Vor diesen Hintergründen eröffnet die Trenderhebung auch die Möglichkeit, eingetretene Veränderungen – zumindest auf Aggregatsebene – aufzuzeigen.

Die Befragung selbst wurde dieses Mal im Modus einer Online-Erhebung[187] durchgeführt, die in Zusammenarbeit mit dem Kooperationspartner ARGE erstellt wurde. Der auf diesem Datenbanksystem basierende Fragebogen war in sechs Seiten gegliedert, wobei für jede Dimension ein eigenes Befragungsblatt erstellt wurde. Dies trug aufgrund der Länge des Fragebogens zur Übersichtlichkeit bei und sollte abermals Abschreckungseffekte verhindern. Zudem konnten Grafiken eingepasst werden, wie beispielsweise ein Überblick über mögliche Stakeholdergruppen. Auf diese Vorteile verweist auch Diekmann (2008, S. 522). Ein weiterer Vorteil zeigt sich darin, dass verschiedene Personen zu unterschiedlichen Zeitpunkten an der Beantwortung arbeiten können. Der Zugang erfolgte direkt über einen Link in der Kontakt-E-Mail oder über einen mitgesandten TAN-Code. Dieser konnte von der Kontaktperson z. B. an die Betriebs und Projektleitung, die Trägerorganisation, einzelne Verantwortliche aus den

186 Weiterführende Informationen zu unterschiedlichen Ratingverfahren finden sich beispielsweise in Pallas (2006, S. 339) und Kallus (2010, S. 40 ff.).

187 Zu Online-Erhebungen siehe beispielsweise Diekmann 2008, S. 522.

Personal- oder Rechnungswesen-Abteilungen etc. zur Beantwortung von Fragebogenteilen weitergeleitet werden. Ein weiterer Vorteil, den diese Form der Befragung bietet, ist, dass laufende Aktualisierungen des generierten Basisdatenmaterials möglich sind. Mittels des TAN-Codes kann nach erneutem Freischalten der Datenbank von den Befragten auf den bereits ausgefüllten Fragebogen zurückgegriffen werden, so können Angaben in Hinblick auf tatsächliche Veränderungen überschrieben werden und neu hinzugefügte Eingabefelder ausgefüllt werden. Der einmalige Aufbau dieses Datenbanksystems lässt somit auch eine langfristige Betrachtung von ECO-WISE-Entwicklungen zu.

Für die Trenderhebung war die Datenbank im Juni und Juli 2015 freigeschaltet. Da der Befragungszeitraum diesmal nur zwei Monate umfasste und die Befragung in den Sommermonaten stattfand, fiel die Rücklaufquote nicht ganz so hoch aus wie bei der ersten Befragung. Zudem stellten sich zwischen der Kontaktdatenaktualisierung und der Erhebung Veränderungen ein, sodass von den insgesamt 151 Betrieben und Projekten sechs nicht mehr als solche existierten, zwei nicht mehr als ECO-WISE im Sinne der Definition agierten, drei und zwei nun als jeweils ein Projekt fungierten. Aufgrund dieser handlungsfeldspezifischen Dynamiken, die zugleich von unsteten Bedingungen zeugen, minimierte sich die Ausgangspopulation auf 140 Betriebe und Projekte. Von diesen nahmen 33 Betriebe/Projekte an der Trenderhebung teil, was mit 24% einer durchschnittlichen Rücklaufquote entspricht. Die Daten wurden ins SPSS exportiert und für die abermals vorrangig deskriptivstatistische Auswertung aufbereitet.

Nach einer genaueren Betrachtung der Stichproben aus der Zugehörigkeitsbefragung, der ersten Strukturerhebung und der folgenden Trenderhebung (siehe Tabelle 6) muss festgehalten werden, dass die Ergebnisse nicht auf die Gesamtlandschaft von Beschäftigungs- und Arbeitsmarktintegrationsmaßnahmen in Österreich übertragen werden können. Mit Blick auf die Förderrichtlinienspezifik wurden z. B. – laut den AMS-Daten aus dem Jahr 2007 – 170 GBP und 81 SÖB gefördert (vgl. BDV Austria 2008, S. 11). Das entspricht einem Verhältnis von 2:1. Von den im Jahr 2008 identifizierten 151 ECO-WISE-Betrieben und -Projekten weisen sich 47 (31,5%) als in SÖB und 39 (26%) als in GBP-Strukturen eingebettet aus. Demnach stellen sich diese beiden Gruppen als tendenziell gleichwertig dar. Rechnet man die 14 (9%) Beschäftigungsgesellschaften den GBP zu, wie es in der bundesweiten Betrachtung von WISE üblich ist, ändert sich das Verhältnis nur unwesentlich. Es sind geringfügig mehr GBP (n = 53) als SÖB (n = 47). Die restlichen Organisationen agieren als Integrative Betriebe respektive geschützte Werkstätten (n = 14; 9%)[188] und in anderen

188 Auffallend in den Zuschreibungen ist, dass mit Blick auf die Kategorie ‚Integrative Betriebe bzw. geschützte Werkstätten‘ sich in allen drei Stichproben nur zwei Projekte ei-

Förderstrukturen (n = 29; 19,5 %), denen Lehrwerkstätten, Niederschwellige Beschäftigungsprojekte und Qualifizierungsmaßnahmen zuzuzählen sind. Acht (5 %) enthielten sich der Antwort.

Tabelle 6: Stichproben im Überblick

	Zugehörigkeit 2008 (N = 151)	Strukturerhebung 2009 (N = 61)	Trenderhebung 2015 (N = 33)
Förderrichtlinien	n = 143	n = 60	n = 29
SÖB	47 (31,5 %)	17 (28 %)	13 (39,4 %)
GBP	39 (26 %)	18 (29,5 %)	9 (27,3 %)
BG	14 (9 %)	10 (16,4 %)	2 (6,1 %)
IG	9 (6 %)	4 (6,5 %)	0
Sonstiges	34 (22,5 %)	11 (18 %)	5 (15,2 %)
Bundesländer	n = 151	n = 61	n = 33
Wien	18 (12 %)	5 (8,2 %)	3 (9,1 %)
Niederösterreich	23 (15,2 %)	12 (19,7 %)	5 (15,2 %)
Oberösterreich	29 (19,2 %)	5 (8,2 %)	4 (12,1 %)
Salzburg	7 (4,6 %)	1 (1,6 %)	2 (6,1 %)
Tirol	8 (5,3 %)	4 (6,6 %)	3 (9,1 %)
Vorarlberg	6 (4 %)	5 (8,2 %)	2 (6,1 %)
Kärnten	10 (6,6 %)	3 (4,9 %)	2 (6,1 %)
Steiermark	44 (29,1 %)	22 (36,1 %)	12 (36,4 %)
Burgenland	6 (4 %)	4 (6,6 %)	0 (0 %)
Organisationsstruktur	n = 147	n = 59*	n = 32
Träger	54 (36,7 %)	32 (51,6 %)	18 (50 %)
Organisationseinheit	58 (39,5)	19 (30,6 %)	9 (25 %)
Projekt einer Organisationseinheit	35 (23,8 %)	11 (17,7 %)	9 (25 %)

* 3 Doppelnennungen
Quelle: eigene Darstellung

nen von den acht in Österreich agierenden IB zuordnen ließen. Die restlichen Angaben bezogen sich auf Beschäftigungsinitiativen, die explizit behinderte Personen als Hauptzielgruppe aufweisen. Es ist also davon auszugehen, dass der Großteil nicht der Förderrichtlinie IB zuzuordnen ist, sondern andere Förderstrukturen wahrnimmt, die auf diese Personengruppe zugeschnitten sind.

Ein ähnliches Bild zeichnet sich in der Strukturerhebung 2009 und der Trenderhebung 2015 ab. Denn auch hier überwiegen SÖB und GBP gegenüber anderen Förderstrukturen. Im Jahr 2009 waren es insgesamt 57 %, 2015 sogar 66,7 %. Im Detail agierten die 61 Betriebe und Projekte, die 2009 erfasst wurden, jeweils zu fast einem Drittel (n = 17; 28 %) unter der Förderrichtlinie SÖB sowie unter jener der GBP (n = 18; 29,5 %), was nahezu einem 1 : 1-Verhältnis entspricht. 16,4 % (n = 10) waren als Beschäftigungsgesellschaften tätig, knapp 6,5 % (n = 4) als Integrative Betriebe bzw. geschützte Werkstätten (IB) und knapp ein Fünftel (n = 11; 18 %) gab an, nach anderen Förderrichtlinien zu handeln, wobei der Großteil Qualifizierungsmaßnahmen zuzuordnen ist. Ein Betrieb/Projekt (1,6 %) enthielt sich der Antwort. Von den 2015 erfassten 33 Betrieben/Projekten gaben 13 (39,4 %) an, als SÖB zu handeln, und neun (27,3 %), als GBP zu agieren. In dieser Stichprobe ist ein leichter Überhang an SÖB gegenüber GBP zu verzeichnen. Zwei Betriebe/Projekte (6,1 %) wiesen sich als Beschäftigungsgesellschaften aus. Integrativer Betrieb bzw. geschützte Werkstätte fand sich keine/r unter den Organisationen, die an der Trenderhebung teilnahmen. Zudem enthielten sich vier Organisationen in der Beantwortung dieser Frage. Fünf Organisationen gaben sonstige Förderstrukturen an. Darunter wurden Beschäftigungsinitiativen ohne spezielle Förderrichtlinie sowie jeweils eine Kursmaßnahme und ein Stiftungsprojekt genannt.

Da in den Erhebungen sowohl Betriebe als auch deren Projekte befragt wurden, gilt es an dieser Stelle die Verteilung aufzuzeigen, wodurch die verschachtelte Organisationsstruktur sichtbar wird. Von den 147 Organisationen, die im Rahmen der Zugehörigkeitsbefragung im Jahr 2008 diesbezüglich Auskunft gaben, sind 54 (36,7 %) Betriebe/Projekte als Muttergesellschaft oder Trägerorganisation, 58 (39,5 %) als Organisationseinheiten einer Muttergesellschaft oder Trägerorganisation und 35 (23,8 %) als Projekt einer Organisationseinheit organisiert. In der Strukturerhebung aus dem Jahr 2009 waren 32 (51,6 %) von den insgesamt 59 Betrieben/Projekten, die hierzu Angaben tätigten, Trägerorganisationen[189], 19 (30,6 %) Organisationseinheiten von Trägerorganisationen und elf (17,7 %) wiesen sich als Projekte von Organisationseinheiten aus. Im Jahr 2015 wurde die Frage von 32 Betrieben/Projekten beantworten. Davon weist sich die Hälfte (n = 18; 50 %) als selbständige Träger aus, und jeweils ein Viertel (n = 9; 25 %) als Organisationseinheiten einer Trägerorganisation oder als Projekt einer Organisationseinheit. Während sich bei der Zugehörigkeitsbefragung Träger und Organisationseinheiten noch die Waage hielten, waren es in den detaillierten Befragungsrunden deutlich mehr Trägerorganisationen, die den Fragebogen beantworteten, gefolgt von Organisationseinheiten und Projekten.

189 Es liegen hier drei Doppelnennungen vor.

Was die Bundesländerverteilung betrifft, so zeigt sich, ähnlich wie in der Studie bezüglich WISE vom Dachverband arbeit plus ausgewiesen wurde, ein tendenzielles Nord-Süd- sowie Ost-West-Gefälle (vgl. BDV Austria 2008, S. 20). Es ließen sich in der Ausgangsstichprobe von 2008 deutlich weniger ECO-WISE in Salzburg (n = 7; 4,6 %), Tirol (n = 8; 5,3 %) und Vorarlberg (n = 6; 4 %) identifizieren als beispielsweise in Niederösterreich (n = 23; 15,2 %), Oberösterreich (n = 29, 19,2 %) und Wien (n = 18; 12 %). Am meisten ECO-WISE sind in der Steiermark zu finden (n = 44; 29,1 %). Burgenland (n = 6; 4 %) und Kärnten (n = 10; 6,6 %) weisen demgegenüber eine deutlich niedrigere Zahl auf. Wie eine Analyse der bundeslandspezifischen Arbeitslosenzahlen im Jahr 2007 erkennen lässt, ist kein Zusammenhang zwischen der jeweiligen Arbeitslosenquote und der Existenz von ECO-WISE festzustellen (vgl. Anastasiadis & Mayr 2010, S. 22). Gemäß den Daten des Hauptverbandes der österreichischen Sozialversicherungsträger (vgl. AMS Österreich 2008, S. 10) wies beispielsweise Wien im Jahr 2007 mit 8,5 % die höchste Arbeitslosenquote auf. Die Anzahl der in der Zugehörigkeitsbefragung identifizierten Wiener ECO-WISE liegt mit n = 18 hingegen im Mittelfeld. In der Steiermark, in dem Bundesland mit der höchsten ECO-WISE-Frequenz (n = 44), betrug die Arbeitslosenquote nur 6,4 %. Am besten war die Arbeitsmarktlage in Oberösterreich mit einer Quote von 3,6 %. Hier ließ sich der zweithöchste Anteil an ECO-WISE verzeichnen (n = 29). Die Verteilung scheint also weniger auf die Arbeitsmarktlage als auf die unterschiedlichen regionalen arbeitsmarkt- und umweltpolitischen Ausrichtungen zurückzuführen sein. Wie in der Ergebnisdarstellung noch ausführlich diskutiert wird, sind deutliche Zusammenhänge zumindest zwischen der regionalen Arbeitsmarktpolitik und der Existenz dieser Betriebe nachweisbar (siehe Kapitel 7.1).

Mit Blick auf die für die Strukturerhebung aus dem Jahr 2009 vorliegende Stichprobe hebt sich rücklaufquotenbedingt das Nord-Süd- bzw. Ost-West-Gefälle auf. So waren die Rücklaufquoten in Vorarlberg mit fünf von sechs und im Burgenland mit vier von sechs antwortenden Organisationen am höchsten. In Niederösterreich, der Steiermark und Tirol nahm rund die Hälfte der Organisationen an der detaillierten Erhebung teil (12 von 23; 22 von 44; 4 von 8) und in Wien und Kärnten konnte nur knapp ein Drittel erfasst werden (fünf von 18; 3 von 10). In Salzburg und in Oberösterreich fiel die Rücklaufquote am geringsten aus (1 von 7; 5 von 29). In einer prozentuellen Betrachtung weisen Salzburg mit 1,6 %, gefolgt von Kärnten mit 4,9 % und Burgenland sowie Tirol mit jeweils 6,6 % einen geringen Anteil an antwortenden Organisationen auf. Wien, Vorarlberg und Oberösterreich rangieren mit 8,2 % ebenso im unteren, Niederösterreich mit 19,7 % hingegen im oberen Segment. Die Steiermark ist mit 36,1 % am prominentesten vertreten.

Gemäß der Trendstichprobe aus dem Jahr 2015 befinden sich auch hier die meisten ECO-WISE in der Steiermark (n = 12; 36,4 %), fünf sind in Niederösterreich (15,2 %), vier (12,1 %) in Oberösterreich, jeweils drei (9,1 %) in Wien und Tirol sowie jeweils zwei (6,1 %) in Vorarlberg, Salzburg und Kärnten angesiedelt. Aus dem Burgenland liegen leider keine Angaben vor. Prozentuell betrachtet zeigt sich in Hinblick auf die regionale Verteilung also ein ähnliches Bild wie in der Erhebung aus dem Jahr 2009.

Insgesamt zeichnet sich die Tendenz ab, dass die ECO-WISE-Landschaft in Österreich deutlich durch SÖB- und GBP-Strukturen geprägt ist. Es überwiegen also auch hier Transitbeschäftigungsformen, wie von Davister et al. (2004, S. 4f.) für WISE im internationalen Vergleich angezeigt wurde. Erkennbar wird zudem, dass sich eher Trägerorganisationen an den repetitiven Trenderhebungen beteiligten als Projekte und dass in der Steiermark die höchste ECO-WISE-Dichte gegeben ist.

In einer Zusammenschau konnten im Zuge der qualitativen und quantitativen Analysen dieser Feld- und Problemreflexion Einblicke in das Gegenstandsfeld gewonnen werden. Diese Bestandsaufnahme ermöglichte es, 1.) die Ausdehnung dieses Wirtschaftsbereiches in Österreich und seine regionale Standortverteilung tendenziell abzubilden und 2.) die strukturellen Merkmale dieser Organisationen inhaltlich zu bestimmen und quantitativ zu erfassen, wodurch die soziale, ökonomische und ökologische Performance sowie ihre partizipative Organisationsstruktur sichtbar werden. Zudem konnte anhand der qualitativen ExpertInnengespräche ihre Institutionalisierung nachgezeichnet werden. Demgemäß bilden die hier gewonnenen Daten und Erkenntnisse eine wichtige Grundlage für die Analyse der ersten leitenden Forschungsfrage: Wie können Soziale Organisationen – hier ECO-WISE – im Spannungsfeld zwischen gesellschaftlichen Institutionen und subjektiven Lebenswelten gestaltend vermitteln? Es konnten dabei aber auch schon Synergien bzw. Konflikte, die sich in der Zielerreichung zeigen, tendenziell identifiziert werden. Diese wurden im nächsten Forschungsschritt konkretisiert.

6.3.3.3 Konkretisierung

Wie bereits erwähnt, wurden zentrale Ergebnisse aus der explorativen Forschungsphase als Forschungsbericht publiziert und so VertreterInnen aus dem Feld und Umfeld der Organisationen zugänglich gemacht (siehe dazu Anastasiadis & Mayr 2010). Im Rahmen von nationalen und internationalen Präsentationen und Diskussionen konnten die im Projektverlauf entwickelten zentralen Erkenntnisse laufend mit internen und externen ExpertInnen reflektiert und weitere Forschungsbedarfe eruiert werden.[190] Gemeinsam mit dem Koopera-

190 Beispielhaft genannt seien hier: Anastasiadis, Maria: Beschäftigungsbetriebe und -projekte mit ökologischer Akzentuierung. Entwicklung und Perspektiven. Konzeption und

tionspartner wurde darauf aufbauend die nächste Forschungsfrage konkretisiert, nämlich wie es Akteuren in ECO-WISE gelingen kann, in Zeiten der Umgestaltung der wohlfahrtsstaatlichen Bedingungen, der anhaltenden Krise am Arbeitsmarkt und dringlicher werdender ökologischer Probleme weiterhin ökologische, ökonomische und soziale Zielsetzungen zu erfüllen, ohne ihre nachweislich partizipative Organisationsstruktur zu gefährden. Die Herausforderungen und Potenziale sollen gebündelt sichtbar gemacht werden und die Rolle der ECO-WISE als Nachhaltigkeitsakteure gestärkt werden.

Den Ausgangspunkt dafür bilden drei Thesen, die sich aus den bisherigen Forschungsarbeiten ableiten lassen (vgl. Anastasiadis 2012, S. 173 f.):

- *Ihr Status im Nachhaltigkeitsdiskurs:* Auch wenn ECO-WISE tagtäglich sozialen, ökologischen und ökonomischen Zielen nachgehen, bleiben ihre Potenziale als regionale Nachhaltigkeitsakteure weitestgehend unausgeschöpft, da sie weder intern noch extern als solche wahrgenommen werden (vgl. Anastasiadis & Mayr 2010, S. 45). Als WISE liegt ihre Priorität deutlich auf der sozialen Ebene, was von VertreterInnen der Organisationen auch so kommuniziert wird. Ihre regionalökonomischen und ökologischen Beiträge hingegen sind bis dato wenig transparent.
- *Ihre strategischen Entwicklungsmöglichkeiten:* Die Entfaltung von ECO-WISE ist wesentlich durch ihre Umwelten, also durch die Politik, die Wirtschaft und die Bevölkerung, mitbestimmt. Veränderungen sozialer, wirtschaftlicher und politischer Art prägen ihre mittlerweile 30-jährige Entwicklung (vgl. ebd., S. 27). Zugleich stellen sich Akteure in ECO-WISE als wichtige strategische PartnerInnen in der regionalen Ausgestaltung und Umsetzung politischer Programme heraus. Dies betrifft sozial-, umwelt- und wirtschaftspolitische Vorhaben gleichermaßen, wie z. B. die Förderung von Green Jobs und von Lokale-Agenda-21-Prozessen oder die Einführung der Mindestsicherung. Durch ihr multidimensionales Agieren können sich diese Konzeptionen im Organisationsfeld ECO-WISE synergetisch realisieren.
- *Ihre operativen Herausforderungen:* Das Handeln im intermediären Feld, zwischen Markt, Staat und der informellen Familien- bzw. Nachbarschaftsökonomie, eröffnet entscheidende Möglichkeiten für soziale, ökonomische und ökologische Innovationen. Es bringt aber auch erhebliche Herausforderungen mit sich, die sich im Ausbalancieren der unterschiedlichen Interes-

Moderation des Workshops sowie Impulsvortrag am Symposium Sozialpädagogik „Soziales braucht Politik, Politik braucht Soziales“ an der Universität Graz am 17. 6. 2010; Anastasiadis, Maria: The role of ECO-WISEs in Sustainable Development. Presentation at the International Social Innovation Research Conference, 11. 9.–13. 9. 2009 at the Said Business School, University of Oxford.

sen zeigen. Aktuell handeln Akteure in ECO-WISE in unterschiedlichen Konfliktfeldern: a) der zunehmenden Ökonomisierung von arbeitsmarktpolitischen Dienstleistungen, b) der sich mit der Wirtschaftskrise zuspitzenden regionalökonomischen und sozial-integrativen Problemstellungen und c) der notwendigen Wahrnehmung ökologischer Aufgaben, die oftmals sozialen und ökonomischen Aufgaben nachgereiht sind.

Wie sich die Akteure in ECO-WISE in diesen Konfliktzonen positionieren, ist eine entscheidende Frage, die strategisch zu klären ist. Um die Rolle des Organisationsfeldes als regionale Nachhaltigkeitsakteure zu stärken, bedarf es konkreter Strategien, die es gemeinsam mit EntscheidungsträgerInnen im Feld und im Umfeld zu entwickeln gilt. Ein solcher Aushandlungsraum wurde mittels der Delphi-Technik eröffnet. Die Thesen galt es dabei mit Blick in die Zukunft – konkret bezogen auf die kommenden 10 bis 15 Jahre – zu diskutieren. Dazu wurden diese in Entwicklungsfragen übersetzt:

- Wie kann es gelingen, zukünftig die Potenziale von ECO-WISE als regionale Nachhaltigkeitsakteure auszuschöpfen?
- Welchen Einfluss können Akteure in ECO-WISE auf aktuelle und zukünftige Strategien im Bereich der Sozial-, Umwelt- und Wirtschaftspolitik haben? Welche Synergien lassen sich durch ECO-WISE in diesen Politikfeldern realisieren?
- Welche Wege lassen sich finden, um den operativen Herausforderungen zukünftig adäquat zu begegnen?

Die Zielsetzungen und Entwicklungsfragen stehen in unmittelbarem Zusammenhang mit dem zweiten Forschungsfragenset dieser Studie, demgemäß es zu eruieren gilt, wie ProfessionistInnen in Sozialen Organisationen – hier ECO-WISE – als an der Lebenswelt orientierte Akteure ihre Partizipationsmöglichkeiten in regionalen strategischen Planungsprozessen wahrnehmen und weiterentwickeln können. Ihre Potenziale und Herausforderungen, aktuellen Handlungsstrategien im Umgang mit diesen und deren Optimierung im Sinne der Ausweitung von Gestaltungsmöglichkeiten stehen im Zentrum.

Nachdem die Richtung festgelegt war, wurde ein dafür passendes Forschungsdesign entwickelt sowie über in den Prozess einzubeziehende Personen diskutiert. Wie bereits erwähnt, fiel die Entscheidung auf ein Delphi-Verfahren, das im Austausch mit dem Kooperationspartner verfeinert und im Detail geplant wurde.

6.3.3.4 Datenerhebung, Interpretation und Ideengenerierung

Das in diesem Forschungszyklus eingebettete Delphi-Verfahren dient zur vertieften Problemanalyse mit darauf aufbauender Generierung von Veränderungsideen. In ausgewählten multidisziplinären ExpertInnengruppen galt es, konkrete Zukunftsgestaltungsmöglichkeiten für ECO-WISE zu erarbeiten. Hierfür sollten die Ansichten von ExpertInnen zu den expliziten Entwicklungsfragen ermittelt werden und es sollte über den Weg der strukturierten Kommunikation zu einem Austausch der unterschiedlichen Sichtweisen beigetragen werden. Mit Blick auf diese Ziele wurde die dritte in der Häder'schen Typologie dargestellte Delphi-Variante gewählt (siehe Kapitel 6.3.2.2). Das daraus zu erwartende Ergebnis ist ein Arbeitsmaterial für konkrete Entscheidungsfindungen bzw. für zukünftige Handlungsschritte, die im Anschluss an die Untersuchung eingeleitet werden können. Es wird davon ausgegangen, dass die gemeinsame Umsetzung der in diesem Delphi-Verfahren erarbeiteten Aspekte durch den Gruppenkommunikationsprozess unterstützt wird (vgl. Anastasiadis 2012, S. 177).

Der Kontext für das Delphi-Verfahren wurde auf einen regionalen Bezugspunkt eingeschränkt, denn es erschien – zumindest in dieser Projektphase – als wenig realistisch, Veränderungen auf nationaler und transnationaler Ebene anzustreben. Als möglich wurden jedoch Erneuerungen auf regionalpolitischer strategischer Ebene eingeschätzt – also was die Ausgestaltung der lokalen Gewährleistungsplanung und Dienstleistungsbereitstellung betrifft, wie es im Raummodell des partizipativen Handelns ausgewiesen ist (siehe Kapitel 2.3.3). Auf Chancen, in dieser räumlichen Sphäre mittels partizipativer Forschung Veränderungen zu erwirken, verweist auch Möller (2012, S. 104). Der Fokus wurde auf die Steiermark gelegt, da die Steiermark zum einen im Vergleich zu anderen Bundesländern eine besonders hohe Dichte an ECO-WISE aufweist, wie in der Stichprobenübersicht der Feld- und Problemexploration gezeigt wurde. Zum anderen gelten die steirischen Betriebe/Projekte hinsichtlich ihrer Kooperationsbeziehungen als besonders innovativ. Die Steiermark ist beispielsweise das einzige Bundesland, in dem die Organisationsform der Beschäftigungsgesellschaften (BG) existiert, in denen in der Regel regionale öffentliche Träger sowie VertreterInnen der regionalen Wirtschaft GesellschafterInnen und wichtige AuftraggeberInnen sind (siehe Kapitel 6.1.3.4). Zudem weist die Steiermark in ihrer kooperativen Arbeitsmarktpolitik langjährige Erfahrungen in der Kooperation zwischen AMS, Land und Stadt bzw. Gemeinden sowie der Wirtschaft und der Trägerlandschaft auf, was eine wichtige Voraussetzung für weiterführende Strategiefindungsprozesse und Entwicklungsarbeiten darstellt und als solche genutzt werden kann (vgl. Anastasiadis 2012, S. 177).

Bei der Auswahl der ExpertInnengruppen wurde in Anlehnung an Häder (2014, S. 97 ff.) auf folgende Kriterien geachtet: Zum einen müssen die TeilnehmerInnen über genügend Wissen zum Gegenstandsfeld und zu den Problemstellungen verfügen. Des Weiteren sollen sie den notwendigen Einfluss besitzen, um die Ergebnisse später in die Praxis umsetzen zu können. Außerdem gilt es, so weit wie möglich alle professionellen Perspektiven, die an der Umsetzung der Ergebnisse beteiligt sind, einzubinden. Auf Grundlage einer Stakeholderanalyse und der bisherigen Erkenntnisse aus dem Handlungsfeld wurden zwei ExpertInnengruppen rekrutiert – eine quantitative österreichweite Feldgruppe, die aus VertreterInnen der in der Vorfeldstudie erfassten 61 österreichischen ECO-WISE bestand, und eine regionale qualitative Think-Tank-Gruppe, die sich aus 21 regionalen VertreterInnen des AMS, des Sozialministeriumsservice, der Sozial-, Wirtschafts- und Umweltpolitik, der Arbeiter- und Wirtschaftskammer, des Territorialen Beschäftigungspaktes, der Koordinationsstelle für Nachhaltige Entwicklung, der Sozial- und Umweltwissenschaft, einer Initiative arbeitssuchender Personen sowie aus dem Netzwerk der Beschäftigungsbetriebe, die auch der quantitativen Gruppe zuzuzählen sind, zusammensetzte.[191] Insofern bestand auch dieses ExpertInnengefüge aus internen und externen VertreterInnen, wodurch sowohl das Betriebswissen als auch das Kontextwissen in die Diskurse und Analysen einflossen (vgl. Meuser & Nagel 2009, S. 470). Aufgrund der vorangegangenen Forschungsarbeiten bestanden bereits gute Kontakte zu potenziellen TeilnehmerInnen der Think-Tank-Gruppe. Zudem konnten vorhandene Kontakte des Kooperationspartners, der GeschäftsführerInnen sowie anderer ExpertInnen zu weiteren EntscheidungsträgerInnen aus dem Umfeld genutzt werden, sodass es nur vereinzelt notwendig war, VertreterInnen mit einer weiterführenden Expertise neu zu kontaktieren.

Der Zukunftsgestaltungsprozess selbst ist in vier Schritte gegliedert, in denen mittels unterschiedlicher Forschungsmethoden jeweils spezifische Forschungsziele erreicht werden sollten (siehe Abbildung 15).

State of the Art. Ziel dieses ersten Schrittes war es, die identifizierten Konfliktfelder durch die quantitative Feldgruppe von innen heraus zu spezifizieren. Die in der Strukturerhebung 2009 inkludierten offenen Fragen zu aktuellen und zukünftigen Herausforderungen hinsichtlich der sozialen, ökonomischen und ökologischen Zielerreichung, mit denen ECO-WISE heute konfrontiert sind und in den nächsten 10 bis 15 Jahren konfrontiert sein werden, wurden einer detaillierten inhaltsanalytischen Auswertung unterzogen (vgl. Mayring 2010, S. 59 ff.). Die von den 61 Betrieben/Projekten getätigten Antworten wurden mit dem Text-Preprozessor im Programm MAXQDA aufbereitet und weiterbearbeitet. Entlang der drei Grunddimensionen – soziale, ökonomische und ökologische Ziele – wurden die Textstellen zugeordnet und mittels Memos paraphrasiert. In

191 Eine anonymisierte Liste findet sich im Anhang.

Abbildung 15: Ablauf Zukunftsgestaltungsprozess

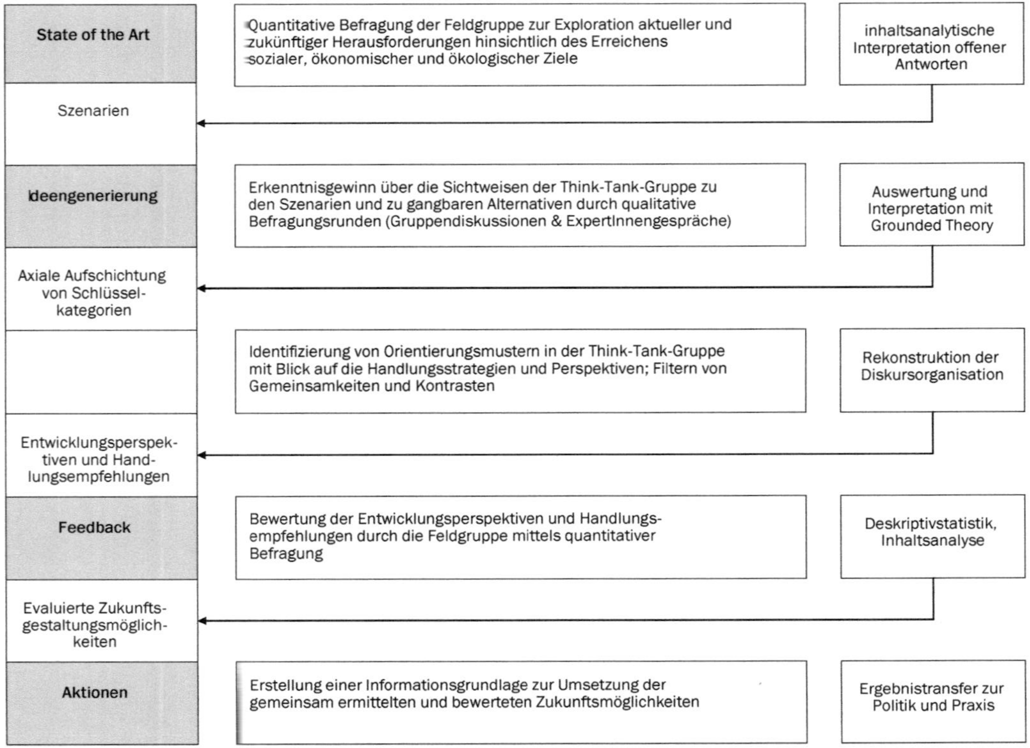

Quelle: Modifikation und Weiterentwicklung von Anastasiadis 2012, S. 180

einer interpretierenden Zusammenschau konnten insgesamt 15 Szenarien herausgeschält werden. Im Allgemeinen werden mit Szenarien unterschiedliche Zukunftsoptionen abgebildet, die als Basis für gegenwärtige strategische Entscheidungsfindungsprozesse fungieren (vgl. Mietzner 2009, S. 25). Auch die hier entwickelten Szenarien stellen die Ausgangsbasis für die Ausarbeitung alternativer Strategien im regionalen Kontext dar.

Ideengenerierung. Ziel dieses Schrittes war es, die Einschätzungen der multidisziplinären Think-Tank-Gruppe zu den Entwicklungsfragen und zu den Szenarien zu eruieren. In mehreren qualitativen Befragungsrunden, die im Zeitraum September bis Oktober 2010 durchgeführt wurden – zwei Gruppendiskussionen[192] und acht ergänzende ExpertInnengespräche[193] –, konnten sie ihre Sichtweisen formulieren und diskutieren. Dabei galt es, die Gespräche weitgehend offen zu halten.

Aufgrund der angestrebten Offenheit orientierten sich die Gespräche nicht an einem Leitfaden, wie es bei ExpertInnengesprächen oder fokussierten Gruppendiskussionen üblich ist (vgl. Lamnek 1998, S. 87; Kühn & Koschel 2011, S. 97), sondern waren im Verlauf durch Gesprächsimpulse strukturiert. Ähnlich wie im von Kühn und Koschel (2011, S. 104f.) entwickelten Ablaufmodell wurden in der *Einführungsphase* die Forschungsziele und Rahmenbedingungen erörtert sowie die zuvor ermittelten Szenarien als thematische Hinführung präsentiert, woraufhin die Gruppe respektive die ExpertInnen aufgefordert wurden, diese aus ihrer Perspektive zu kommentieren und mögliche Lösungen zur Diskussion zu stellen. Die anschließende *Warm-up-Phase* diente zur Klärung der Frage, welchen Zugang insbesondere die externen TeilnehmerInnen aus ihrer je unterschiedlichen Funktion zu ECO-WISE haben bzw. in welcher Beziehung sie mit ECO-WISE-Akteuren stehen. Nach dieser Annäherung wurden im *Hauptteil* der Gespräche unterschiedliche Positionen und Perspektiven zu ECO-WISE und nachhaltiger Entwicklung generiert. Im Rahmen dieser offenen Diskussion konnten Einschätzungen gesammelt werden, welchen aktuellen bzw. zukünftigen Stellenwert die Organisationen als regionale Nachhaltigkeits-

192 Zu Varianten und Grundsätzen von Gruppendiskussionsverfahren siehe beispielsweise Lamnek (1998, S. 51 ff.), Kühn & Koschel (2011, S. 19 ff.), Bohnsack, Przyborski & Schäffer (Hrsg.) (2010).

193 Die ExpertInnengespräche wurden mit jenen VertreterInnen geführt, die sich aus terminlichen Gründen nicht an den Diskussionen beteiligen konnten. Wenn auch dadurch das diskursive Element in der Erhebungsphase verloren ging, wurde dieser Weg als einzig möglicher gesehen, um ihre Perspektive in den Prozess zu integrieren. Daher folgten diese Gespräche dem Ablaufschema der Gruppendiskussionen. Zusätzlich wurden wesentliche Inhalte aus diesen als thematische Impulse eingeführt, um Stellungnahmen und Assoziationen der ExpertInnen dazu einzuholen. So konnte der dynamische Diskussionscharakter weitestgehend aufrechterhalten werden.

akteure haben bzw. haben können und welche Handlungsstrategien von den Akteuren gewählt werden, um den aktuellen und zukünftigen Herausforderungen zu begegnen. In der *Abschlussphase* wurden die genannten Gesichtspunkte zusammengefasst. Möglichkeiten, die den Organisationen auf strategischer und operativer Ebene zur Optimierung ihrer Nachhaltigkeitspotenziale zur Verfügung stehen, und auch Grenzen wurden thematisiert. Perspektiven, die die TeilnehmerInnen für weitere Entwicklungen sahen, konnten konkretisiert werden.

Interpretationswege der Daten zur Ideengenerierung. Die Analyse der Daten aus den Gruppendiskussionen und den ergänzenden ExpertInnengespräche gestaltete sich als äußerst aufwändig und zeitintensiv. Es wurden dafür zwei sich ergänzende Interpretationswege gewählt.

Nach einer Transkription der Gespräche erfolgte zunächst ein an der Grounded Theory (vgl. Strauss & Corbin 1996, S. 43 ff.) orientiertes Interpretationsverfahren, abermals unter Zuhilfenahme der Software MAXQDA. Nach einem mehrmaligen Materialdurchlauf im Modus des offenen Kodierens wurden zentrale Kategorien identifiziert und mittels Memos konzeptionelle Aspekte zu den einzelnen Textpassagen festgehalten. Der Kodierleitfaden umfasste folgende vier Hauptkategorien: 1.) Forschung als Intervention, 2.) Nachhaltigkeitsdiskurs und -performance, 3.) strategische Positionierung und regionale Kooperationsstrukturen sowie 4.) Innovation und Perspektiven.

Da diese Kategorien allerdings nicht getrennt voneinander analysierbar sind, sondern sich inhaltlich gegenseitig bedingen, wurden in einem nächsten Schritt thematische Schnittpunkte gesucht und Metakategorien gebildet. Im Modus eines tangential gerahmten axialen Kodierens konnten Verbindungen zwischen den Kategorien hergestellt und Zusammenhänge herausgearbeitet werden. Für das axiale Kodieren eines zu untersuchenden Phänomens stellen Strauss und Corbin (1996, S. 75) mögliche Blickrichtungen bereit: 1.) Eigenschaften der ursprünglichen Bedingungen des Phänomens, 2.) Eigenschaften des Handlungskontextes, in den das Phänomen eingebettet ist, 3.) intervenierende Bedingungen, die auf das Handeln wirken, 4.) Handlungs- und Interaktionsstrategien und 5.) Konsequenzen für das Handeln, die mitunter die Bedingungen beeinflussen können.[194] Nach einem erneuten Materialdurchlauf kristallisierte sich als zentrales zu analysierendes Phänomen die Kategorie ‚Entfaltung von ECO-WISE als Nachhaltigkeitsakteure' heraus. Als weitere Kategorien konnten das ‚Öffnen regionaler Ermöglichungsräume', das ‚Kooperieren in Zwischenräumen' und das ‚Kommunizieren von Nachhaltigkeitspotenzialen' identifiziert werden.

194 Im Ausblick auf die Ergebnisdarstellung werden diese noch detaillierter besprochen (siehe Kapitel 6.4).

Um die Berührungen zwischen diesen Kategorien zu entschlüsseln, wurden diese in ein tangentiales Netz eingespannt (siehe Abbildung 16), in dem das Phänomen ‚Entfaltung' den inneren Kreis bildet, um den herum sich die anderen Kategorien als Orientierungsfiguren respektive mögliche Konsequenzen reihen. Die aus dem offenen Kodieren generierten Codes und Subcodes sowie die dazu verfassten Memos wurden schließlich entlang dieses Modells neu sortiert. Mittels mehrfärbigen Post-its wurden die Kernaussagen zu den kategoriespezifischen ursächlichen (beige), kontextuellen (grün) und intervenierenden Bedingungen (orange), Handlungsstrategien (gelb) sowie Konsequenzen (rosa) in das tangentiale Analysemodell eingepasst. So konnten die Aussagen in unterschiedlichen Nähen und Distanzen entlang der Achsen respektive Tangenten zugeordnet werden, wodurch ihre Beziehungen sichtbar wurden.

Abbildung 16: Phänomen und Orientierungsfiguren

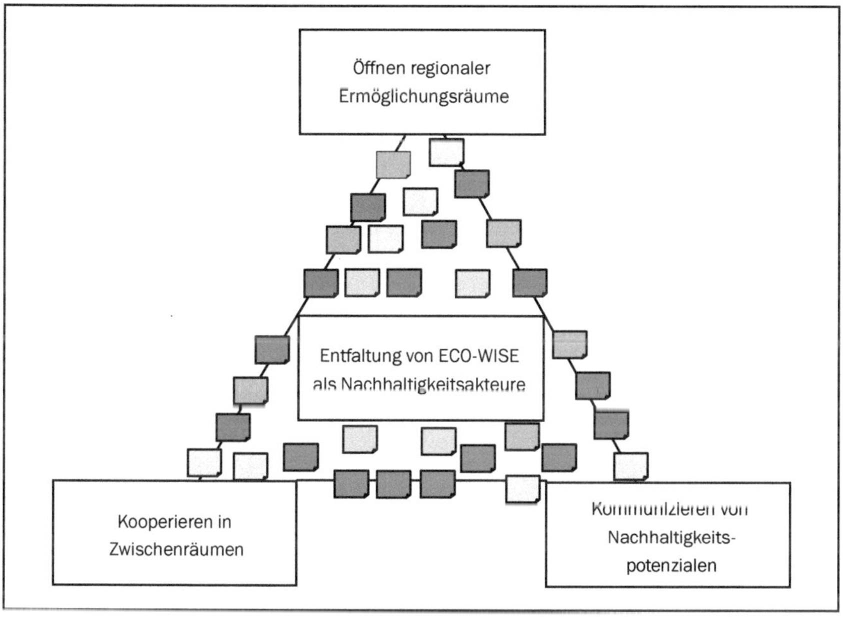

Quelle: eigene Darstellung

In einem nächsten Schritt wurde das Phänomen ‚Entfaltung' entlang der im axialen Kodieren ausgewiesenen Blickrichtungen respektive Subkategorien systematisiert und interpretiert. Diese axiale Aufschichtung bildete gleichzeitig die Basis für die Ergebnisinterpretation (siehe Kapitel 7), in welcher die Daten aus allen Forschungsphasen miteinander in Beziehung gesetzt werden. Im Ausblick auf die Ergebnisdarstellung (siehe Kapitel 6.4) wird darauf noch detaillierter eingegangen. Vorweg, die ursächlichen und kontextuellen Bedingungen lassen sich mit den Daten der Feld- und Problemexplorationsphase und mit den in der Ideengenerierung ermittelten Aussagen zum Handlungskontext sowie den Entwicklungsbedingungen abbilden. Die ermittelten Szenarien fungieren als Grundlage zur Diskussion der intervenierenden Bedingungen. Mit Blick auf die Handlungs- und Interaktionsstrategien sowie auf die Konsequenzen stellen in Analogie zur Ziel- und Fragestellung insbesondere die Gruppendiskussionen und ExpertInnengespräche dieser Forschungsphase die zentrale Analysegrundlage bereit.

Ergänzend wurden in der Entwicklung des Phänomens ‚Entfaltung' die den Handlungs- und Interaktionsstrategien zugeordneten Gesprächspassagen rekonstruktiv betrachtet und interpretiert. Mit derselben Analyseform wurde jenen Textpassagen begegnet, die den Orientierungsfiguren ‚Öffnen', ‚Kooperieren' und ‚Kommunizieren' zugewiesen waren. Allerdings wurde hier der Fokus auf Bedingungen und Empfehlungen gerichtet. Die Analyse erfolgte in Anlehnung an die Rekonstruktion der Diskursorganisation der dokumentarischen Methode (exemplarisch Loos & Schäffer 2001, S. 64ff.; Bohnsack & Schäffer 2013, S. 332). Ziel war es, die unterschiedlichen Bedeutungs- und Orientierungsmuster der am Think-Tank Beteiligten zu zentralen Dimensionen herauszuschälen. Zudem galt es zu eruieren, ob bestimmte Orientierungen geteilt waren respektive ob Gemeinsamkeiten und Kontraste in den Positionen vor dem Hintergrund der unterschiedlichen Perspektiven erkennbar waren. Dieser Analyseschritt konzentrierte sich demnach auf das ‚Was' – auf die Orientierungen, wobei das ‚Wie' mitschwingt, um Feinheiten innerhalb der Orientierungen zu entdecken.[195]

Dafür stellt die dokumentarische Methode ein Kommunikationsform-Analysesystem bereit, das den Blick darauf lenkt, wie etwas gesagt wird. Zentrale Elemente sind die *Proposition* (die Stellungnahme zu einem Thema, in der eine Orientierung zum Ausdruck gebracht wird), die *Konklusion* (die ergebnissichernde Zusammenführung der Behandlung eines Themas) und die *Elaboration* (die erneute differente Stellungnahme zu einem Aspekt oder Zwischenresümee). Die Elaboration kann *exemplifizierend* (Illustrierung und Untermauerung von Orientierungen mittels Beispielen und Erfahrungen) und *differenzierend* (Unterschiede, Feinheiten und Ergänzungen zu einer Orientierung) erfolgen. Die Differenzierung kann *antithetisch* (‚ja, aber' …), *validierend* (‚ja' …) oder *oppositionell* (‚nein' …) sein. Des Weiteren sind die *Transition* zu nennen – eine Konklusion, mit der gleichzeitig ein neues Thema aufgemacht wird – sowie eine *Anschlussproposition* – eine erneute Proposition mit leichten Modifikationen.

---

195 Ausgespart wurde der Blick auf TeilnehmerInnenrollen in den Gruppendiskussionen (Vortänzer, Schweiger, Resümierer). Diese lassen sich zwar deutlich erkennen, sind aber für die Analyse der gegenständlichen Fragestellung nicht von Relevanz.

Mit dieser Analyse konnten kontrastierende Haltungen der am Think-Tank Beteiligten identifiziert werden. Es konnten aber auch Gemeinsamkeiten in Hinblick auf Entwicklungsperspektiven und zukünftig zu setzende Maßnahmen rekonstruiert werden. Diese sind in der Ergebnisdarstellung (siehe Kapitel 7.4 und 7.5) durch Passagen aus den Gesprächen beispielhaft gekennzeichnet. Deutlich wird in der Diskursorganisationsanalyse zudem, dass die Gruppen bzw. auch die ExpertInnen in den Einzelgesprächen sich in den Diskursverläufen gemeinsame Orientierungspunkte erarbeiteten, was als wesentliches Charakteristikum des partizipativen Forschungszugangs gelesen werden kann. Die Diskurse gestalteten sich zum überwiegenden Teil antithetisch, validierend und exemplifizierend. Insgesamt konnten mit diesen gewählten Interpretationswegen zur Ideengenerierung die Dimensionen innerhalb der Subkategorien spezifiziert, ein tieferes Verständnis dafür entwickelt, Variationen entdeckt und Handlungsmuster ermittelt werden.

Feedback. In diesem Schritt wurden die Entwicklungsperspektiven und Handlungsempfehlungen durch die quantitative nationale Feldgruppe evaluiert, um so ihre österreichweite Akzeptanz aus der Praxis zu prüfen. Dafür wurde ein Fragenkatalog entwickelt, in dem die Entwicklungsperspektiven und möglichen Maßnahmen operationalisiert wurden. Die Perspektiven und Maßnahmen waren entlang der Dimensionen ‚Arbeitsmarktintegration', ‚Ökonomisierung' und ‚ökologische Nachhaltigkeit' strukturiert und konnten nach ihrer Relevanz (sehr wichtig, wichtig, weniger wichtig, überhaupt nicht wichtig) und Realisierbarkeit (hoch, mittel, gering, gar nicht) bewertet werden. Zudem waren zu jeder vorgeschlagenen Maßnahme Kommentarfenster für darüber hinausgehende Lösungen und Alternativen bzw. Anmerkungen vorhanden. Der Evaluierungsprozess war aus organisatorischen Gründen integraler Bestandteil der repetitiven Trenderhebung, die für 2015 angesetzt war. Die quantitativen Daten wurden mittels SPSS ausgewertet, die Kommentare wurden inhaltsanalytisch zusammengefasst.

Aktionen. In diesem letzten Schritt ist der Ergebnistransfer zur Scientific Community und zur Praxis zentral. Dazu wurden die Ergebnisse aus der Feld- und Problemexploration, der Ideengenerierung und Feedbackphase zusammenführend interpretiert und mit dem Kooperationspartner diskutiert. Hauptziel war die Validierung der durch die Forschung generierten Erkenntnisse durch die Praxis. Die Resultate finden sich in Kapitel 7. Des Weiteren soll der Transfer zur Praxis vorbereitet werden. Dafür gilt es, gemeinsam mit dem Kooperationspartner eine allgemein verständliche und komprimierte Informationsgrundlage zur Entscheidungsfindung zu erstellen. Dieser noch nicht abgeschlossene Transferprozess liegt im Übergang zur Phase der modifizierten Handlung (siehe Abbildung 14), die als Fortsetzung des gegenständlichen Forschungsvorhabens angedacht ist. Die ermittelten und bewerteten Alternativen bilden die Basis für die Formulierung von Handlungsoptionen, die als zentrale Ergebnisse des Prozesses an die beteiligten EntscheidungsfinderInnen und -trägerInnen im Rahmen einer Ergebnispräsentation und Diskussion rückgespielt werden sollen. Die Entwicklung von konkreten Maßnahmen zur Umsetzung soll zudem angeregt werden. Inwiefern die weiteren Prozesse durch die Forschung begleitet werden sollen, gilt es im Zuge dessen ebenso zu diskutieren.

6.3.4 Forschungsprozess revisited

Im Rückblick handelte es sich bei diesem mehrstufigen Forschungsprozess um ein herausforderndes Vorgehen mit spannenden Einblicken und motivierenden Ausblicken. Durch die aktive Einbindung strategischer, operativer und wissenschaftlicher PartnerInnen in durch die Forschung eröffnete kommunikative Räume boten sich entscheidende Möglichkeiten, um zumindest auf regionaler Ebene konkrete Handlungsempfehlungen für zukünftige Entwicklungen vorzubereiten. Das Gelingen solcher Prozesse ist jedoch wesentlich von der Bereitschaft der Mitwirkenden abhängig, sich auf diese weitestgehend ergebnisoffenen Entwicklungsschritte einzulassen. Dieses Einlassenkönnen ist jedoch auch für die Wissenschaft eine Herausforderung. Zumal gesellschaftliche, strategische und operative Gegebenheiten nicht als statisch, sondern als sich stets verändernd zu verstehen sind, muss der Entwicklungsprozess von Strategien, der auf Einschätzungen beruht, stets eng an das Praxisfeld gebunden sein, um allfällige Änderungen in der Wahrnehmung der Beteiligten zu berücksichtigen. Demzufolge handelt es sich gewissermaßen um einen „Prozess ohne Geländer" (Anastasiadis 2012, S. 179).

Wie bereits mehrfach betont wurde, sind in partizipativen Zukunftsforschungsprozessen Prozessreflexionen ein zentrales Element. Daher wird an dieser Stelle der in Kapitel 6.3.3 dargestellte Forschungszyklus entlang der aus der einschlägigen Literatur ableitbaren Merkmale und Bedingungen von partizipativen Forschungssettings reflektiert (siehe Kapitel 6.3.1). Damit wird der ergänzenden Forschungsfrage begegnet (siehe Kapitel 6.2), nämlich inwiefern die sozialpädagogische Forschung zur Öffnung von Partizipationsräumen in Sozialen Organisationen – hier ECO-WISE – beitragen kann.

Intensität der Beteiligung. Zunächst ist hervorzuheben, dass es sich beim gegenständlichen Forschungsdesign um eine teilpartizipative Variante handelt, in der sich folgende Beteiligungselemente finden: Der Forschungszyklus wurde in Kooperation zwischen Akteuren und der Wissenschaft initiiert. Die Ziele und Fragestellungen der beiden zentralen Forschungsphasen wurden gemeinsam bestimmt. Der Kooperationspartner war zudem in die Erhebungen selbst involviert, einerseits als Experte in der Generierung qualitativer und quantitativer Daten sowie als Beteiligter in der Gruppendiskussion, andererseits floss das Praxiswissen in die entwickelten Erhebungsinstrumente und Verfahren ein. Dies galt insbesondere für die Fragebögen in den quantitativen Erhebungsschleifen sowie für die Planung des Delphi-Verfahrens und die Validierung der Forschungsergebnisse. Neben dem Kooperationspartner waren weitere Akteure aus dem Feld und Umfeld über die Datengenerierung hinaus in den Prozess involviert. Die Ergebnisse aus der Feld- und Problemreflexion wurden in mehreren Präsentationen kommunikativ validiert, woraus sich weiterführende Ziel- und Fragestellungen entwickelten. Die aktuellen Problemstellungen von ECO-WISE wurden durch die quantitative Feldgruppe ermittelt. Eine multidisziplinäre Think-Tank-Gruppe war an der Ideengenerierung beteiligt, deren Resultate wiederum durch die FeldexpertInnen evaluiert wurden. Prospektiv werden am noch ausstehenden Transfer der entwickelten Zukunftsmöglichkeiten in die Praxis weitere ExpertInnen und Akteure involviert sein.

Was die Planung des Forschungsprozesses und dessen Abfolge betrifft, wurde dieser weitestgehend vonseiten der Forschung vorbereitet und mit dem Kooperationspartner abgestimmt. Alle anderen Beteiligten wurden diesbezüglich lediglich informiert. Hinsichtlich der Datenauswertung und Interpretation waren zwar Ko-Interpretationssettings in Form von Werkstätten eingeplant, allerdings ließen sich diese aus zeitlichen und organisatorischen Gründen nicht realisieren. So lagen diese Arbeitsschritte weitestgehend im Verantwortungsbereich der Forschenden. Die Ergebnispräsentation am Ende der Feld- und Problemexploration sowie die Diskussion der entwickelten Szenarien im Zuge der Think-Tank-Gespräche boten jedoch kooperative Reflexionsräume, in denen die Erkenntnisse spezifiziert und auch weitergedacht wurden. Hier klingen bereits erste Herausforderungen partizipationsorientierter Forschungsprozesse an.

Realisierungsbedingungen. Allen voran bedarf es Ressourcen, die die Forschung und die Partizipation fördern (Räume, Geld, Zeit, Infrastruktur). Zudem muss die individuelle Bereitschaft der Teilnehmenden (Interesse, Expertise) gegeben sein. Wenn auch im gegenständlichen Forschungsprozess diese durchwegs vorhanden war, was nicht zuletzt auf die kooperative Initiierung zurückzuführen ist, war es herausfordernd, mit den vorhandenen bzw. nicht vorhandenen Ressourcen das Projekt so weit umzusetzen. Wie erwähnt wurde, wurde ein internationaler Drittmittelantrag abgelehnt, wodurch sich der Projektverlauf deutlich verzögerte. Demzufolge konnte die Beteiligung der Akteure nur ideell honoriert werden. Auch wenn eine mangelnde Finanzierung eine geringe Wertschätzung vonseiten der Gesellschaft gegenüber den Forschungs- und Entwicklungsarbeiten signalisiert (vgl. Anastasiadis, Heimgartner, Kittl-Satran & Wrentschur 2014, S. 150), wurde deren Relevanz vonseiten der Praxis im Forschungsverlauf stets hervorgehoben. Die Aussicht auf die Weiterentwicklung des Handlungsfeldes und auf die Intensivierung der Kooperationsbeziehungen galt laut Aussagen der GesprächspartnerInnen als primäre Motivation, daran mitzuwirken. Auch wurde das Engagement der Forschung gewürdigt und für die weiterführenden Entwicklungsarbeiten als essentiell eingestuft (siehe Kapitel 7.5).

Hinsichtlich weiterer in der einschlägigen Literatur ausgewiesener Gefahrenquellen in partizipativen Forschungsprozessen wurden prozedurale Vorkehrungen getroffen. So wurde mit Blick auf das „multi voicing“ (Berghold & Thomas 2010, S. 338) darauf geachtet alle relevanten Stimmen im Forschungsfeld gleichberechtigt einzubeziehen. Dies konnte über die gewählten Settings tendenziell sichergestellt werden. Es waren sowohl in der Feldexploration als auch in der Ideengenerierung Beteiligte aus dem Feld und Umfeld involviert, wobei die Feldgruppe quantitativ überrepräsentiert war. Dahingehend galt es insbesondere in den Gruppendiskussionen darauf zu achten, dass alle Beteiligten ihren Gesprächsraum fanden. Zudem bestand im Zuge dessen durchwegs auch die Gefahr von strategisch erwünschten Antworten. Die Diskussionen verliefen der Diskursorganisationsanalyse zufolge (siehe Kapitel 6.3.3.4) allerdings eher konfrontativ und gegenseitig aufklärend, wie es im gewählten dritten Delphi-Typ angestrebt ist.

Dem „going native“ (Berghold & Thomas 2010, S. 338) konnte insbesondere durch Reflexionsgespräche mit nicht am Forschungsprozess beteiligten KollegInnen aus unterschiedlichen Disziplinen vorgebeugt werden. Zudem war an den Forschungen ein trans- und interdisziplinäres ExpertInnen-Team beteiligt, wodurch stets verschiedene Sichtweisen auf den Sachverhalt gegeben waren, was vor dem Einnehmen einer einseitigen oder polarisierenden Perspektive schützte.

Die Klärung von oftmals gegensätzlichen Erwartungen zwischen Forschung und Praxis gilt als ein weiteres herausforderndes Merkmal partizipativer Forschungen. Wahrnehmbar war, dass, je länger der Prozess andauerte, zunehmend neue Themen und Zielsetzungen an Relevanz gewannen und damit andere Erwartungen an die Forschung gestellt wurden. Darin spiegelt sich die Dynamik der Praxis wider, der die Forschung oftmals hinterherhinkt. So wurde beispielsweise aus den ermittelten Bedarfen in der Feldexplorationsphase ein umsetzungsorientiertes Pilotprojekt gestartet, obwohl der laufende Forschungsprozess noch nicht abgeschlossen war. Es wurde erprobt, inwiefern das GRI-Reporting-Tool geeignet ist, um die Nachhaltigkeitsperformance von ECO-WISE zu kommunizieren. In Anbetracht der schlechten Ressourcenlage verzögerte sich durch die Zwischenschaltung eines, wenn auch kleinen und überschaubaren, Projektes erneut der eigentliche Forschungsverlauf. Allerdings konnten damit auch wichtige Einblicke in Bezug auf die Kommunikation von Nachhaltigkeitspotenzialen gewonnen werden – eine zentrale Kategorie im gegenständlichen Analyseraster (siehe Kapitel 7.5).

Mit Blick auf den Ergebnistransfer wurden unterschiedliche Formate gewählt, um die Resultate an die Forschung, Praxis und Politik zu kommunizieren. Zum einen informierten Forschungsberichte über den Verlauf und die zentralen Erkenntnisse. Zum anderen fanden im Rahmen von Präsentationen auch Diskussionen dazu statt. In die Scientific Community wurden die Ergebnisse kontinuierlich in Form von Publikationen und Vorträgen getragen. Dazu wurden die Erkenntnisse durch theoretische Verbindungen und empirische Erweiterungen akzentuiert. Inwiefern die Resultate Einfluss auf die Politik und die Praxis haben, kann an dieser Stelle nicht reflektiert werden, da der letzte Transfer außerhalb des gegenständlichen Forschungsvorhabens als Übergang zur Phase der modifizierten Handlung konzipiert ist und dementsprechend zum Zeitpunkt dieser Publikation noch nicht abgeschlossen ist. Dass durch die Forschung Gestaltungsräume eröffnet werden konnten, wird mit Blick auf die in der Ergebnisdarstellung diskutierten Perspektiven und möglichen Maßnahmen allenfalls evident.

6.4 Schablone der Ergebnisdarstellung

Wie aus den Forschungszielen (Kapitel 6.2) und dem darauf abgestimmt entwickelten Design (Kapitel 6.3) ablesbar ist, wird in Erweiterung zu den theoretischen Auslotungen auch in den empirischen Durchleuchtungen die Verbindung zwischen Handlung und Struktur gesucht. Im Modus der Mixed-Methods-Forschung wurden dazu unterschiedliche Erhebungs- und Auswertungsverfahren praxissensibel adaptiert sowie für den Forschungskontext relevante Perspektiven involviert. Die Analyse von Strukturen und Handlungen setzt unterschiedliche Erkenntniswege voraus. Während die Strukturerkundungen auf generalisiertes, strukturbildendes Wissen über Regelhaftigkeiten und zentrale Ausprägungen von ECO-WISE fokussieren, basieren die Erkenntnisse zur Handlungsdimension auf individualisierten Wahrnehmungen und Einschätzungen von Einzelpersonen aus unterschiedlichen Perspektiven. Beide Blickrichtungen stehen in der Tradition differenter Erkenntnisstile (vgl. Anastasiadis 2006, S. 15). Die Strukturanalyse setzt am empirisch-erklärenden Paradigma an, jene der Handlungen hingegen am interpretativen, hermeneutisch-verstehenden Paradigma.

Im gegenständlichen Forschungsvorhaben konnten die strukturellen Bedingungen durch eine Bestandsaufnahme mittels ExpertInnengesprächen und inhaltsanalytischer Interpretation sowie über ein umfassendes Survey inklusive repetitiver Trenderhebung mit deskriptivstatistischer Auswertung erfasst werden. Die Erkenntnisse charakterisieren den strukturellen Rahmen von ECO-WISE und bilden die Basis für die Diskussion des ersten Forschungsfragenblocks. Für die Erschließung der Handlungsebenen wurde ein Delphi-Setting initiiert, das unter anderem offene Gruppendiskussionen und ExpertInnengespräche inkludierte. Aus diesen ließen sich im Modus der Grounded Theory von innen heraus ursächliche und kontextuelle Rahmenbedingungen, intervenierende Herausforderungen und Bewältigungsstrategien ermitteln sowie Ideen für Zukunftsstrategien und Handlungskonsequenzen, die wiederum auf die Bedingungen rückwirken können, generieren. Damit konnte das Gegenstandsfeld differenziert ergründet werden und es konnten subjektive und auch kollektive Wahrnehmungskonstruktionen hinsichtlich gegenwärtiger und zukünftiger Handlungen rekonstruiert werden. Hieraus können Rückschlüsse für die Diskussion des zweiten Forschungsfragenblocks gezogen werden. Beide Herangehensweisen sind eingerahmt in einen teilpartizipativen Forschungsprozess mit zyklischem Verlauf. Hervorzuheben ist, dass die hier praktizierte Kombination von quantitativem und qualitativem Material nicht ausschließlich der Validität dient, sondern vielmehr sollten damit die Tiefe und die Breite der Analyse erweitert werden.

Um, wie angestrebt, die Dynamik zwischen Handlung und Struktur zu erschließen, werden – wie bereits in Kapitel 6.3.3 angekündigt – in der Ergebnisdarstellung die Erkenntnisse aus diesen unterschiedlichen Forschungszugängen miteinander in Beziehung gesetzt. Es wird ein perspektivitätstheoretischer Dialog initiiert (vgl. Prengel 2003, S. 603), in dem die Erkenntnisse aus den unterschiedlichen Forschungsphasen zusammenfließen und verschränkt diskutiert werden. Dazu sind sie in ein Analyseframework eingepasst, das an die für die Erkundung von Partizipationsphänomenen relevanten Elemente der Strukturierungstheorie rückgebunden ist (siehe Kapitel 3.3). Zur Erinnerung wird demgemäß Partizipation als spezifische soziale Praxis verstanden, die eingelassen ist in durch Regeln und Ressourcen institutionalisierte demokratische Strukturen, die wiederum durch das Handeln produziert und reproduziert werden. Demokratische Strukturen werden als Medien und Resultate begriffen, die Restriktions- und Ermöglichungskomponenten einschließen. In der Dynamik zwischen einer sich so herausbildenden sozialen und institutionalisierten Partizipationsordnung kann im Strukturierungsprozess zwischen interpretativen, mobilisierenden und moralisch-regulativen Partizipationsmodalitäten unterschieden werden. Dass auch in restriktiven Strukturen Gestaltungsmöglichkeiten bestehen – sofern noch Aushandlungsräume vorhanden sind –, wird mit dem Konzept der ‚Dialektik der Herrschaft' herausgestellt. Partizipation als soziale Praxis steht zudem mit gesellschaftlichen Strukturprinzipien respektive Widersprüchen in Verbindung. Sie stellen gewissermaßen gesellschaftspolitische Partizipationsschattierungen dar. Die für den Forschungskontext relevanten wurden in den Kapiteln 4.1 und 4.4 diskutiert. Die Grundelemente dieses Übertragungsmodells werden im hier entwickelten empirischen kategorialen Gerüst weitergeführt. Dieses bezieht sich konkret auf das Forschungsfeld. Möglichkeiten der Transformation auf andere Forschungsfelder werden in Kapitel 8 in Aussicht gestellt, in dem, wie in der Einleitung (siehe Kapitel 1) angekündigt, der Fokus auf die Generalisierung der Erkenntnisse und Analysemodelle gerichtet wird.

Um die theoretisch hergeleiteten Partizipationskomponenten für eine Untersuchung von konkreten Partizipationsphänomenen aufzubereiten, werden sie, wie bereits angekündigt, in ein prozessual-interaktionistisches Schema gegossen, das angelehnt ist an das paradigmatische Modell des axialen Kodierens der Grounded Theory (vgl. Strauss & Corbin 1996, S. 75 ff.). Mit diesem Modell können Ausprägungen eines Phänomens präzisiert und systematisch miteinander in Beziehung gesetzt werden (vgl. Strauss & Corbin 1996, S. 78). Dabei wird in der Analyse von Handlungen respektive den sozialen Praxen ausgegangen. Sie stehen im Mittelpunkt der Betrachtungen dieser handlungs- und interaktionsorientierten Methode gegenstandsbezogener Theorieentwicklungen (vgl. ebd., S. 83). Auch die Grounded Theory setzt – wie Giddens in seiner Strukturierungstheorie – das Handeln und die Interaktionen ins Zentrum. In ihr werden Strukturen als Bedingungen gefasst, die auch veränderbar sind (vgl. ebd., S. 85). Phänomene bilden in der Begrifflichkeit der Grounded Theory die zentralen zu analysierenden Kategorien ab. Es sind Ideen, Ereignisse oder Probleme, auf die sich die Handlungen und Interaktionen beziehen (vgl. ebd., S. 79). Um die Ausprägungen des Phänomens zu systematisieren, wird ein Muster von Subkategorien vorgeschlagen, das aus folgenden Elementen besteht:

- *Bedingungen, die das Phänomen verursachen (causual conditions):* Ereignisse, die zum Auftreten und zur Entwicklung des Phänomens führen, werden rekonstruiert. Es werden Eigenschaften und spezifische Dimensionen dieser Ereignisse geklärt, wie beispielsweise Anzahl und Arten der Ereignisse, Intensitäten, Dauer, Orte, Beteiligte etc. (vgl. ebd., S. 79 f.).
- *Kontexte, in die das Phänomen eingebettet ist (contextual conditions):* Ereignisse und deren Eigenschaften, die sich auf das Phänomen beziehen, werden geklärt. Es handelt sich um die auf eine bestimmte Dimension bezogenen Bedingungen, in denen die Handlungs- und Interaktionsstrategien stattfinden (vgl. ebd., S. 80).
- *Intervenierende Bedingungen, die auf die konkreten Handlungsstrategien einwirken (intervening conditions):* Strukturelle Bedingungen, die das Handeln erleichtern oder hemmen, werden identifiziert. Diese Bedingungen können als gesellschaftliche Rahmenbedingungen auf der Makroebene definiert sein oder als konkrete Handlungsbedingungen der Meso- und Mikroebene. Zeit, Raum, Kultur, soziale und wirtschaftliche Situation etc. sind typische Bezugsgrößen (vgl. ebd., S. 82). Um diese Bedingungen zu systematisieren, kann die Bedingungsmatrix als analytisches Hilfsmittel herangezogen werden (vgl. ebd., S. 136). Wie bereits in Kapitel 2.2.4 angedeutet werden in dieser Bedingungsebenen respektive Handlungssphären differenziert. Diese reichen von der internationalen Ebene über die nationale und lokale in die organisationale Ebene hinein, führen weiter zur Ebene der Kollektive und Individuen, zu jener der Interaktionen und schließlich zur Ebene der kon-

kreten Handlung. In dieser Matrix kann zwischen einem strukturellen Kontext und einem Aushandlungskontext unterschieden werden. Während der erste sich auf die äußeren Ebenen bezieht, schließt der zweite die inneren Bereiche ein (vgl. ebd., S. 138). Diese Bedingungsmatrix kann auch zur Lokalisierung des zu analysierenden Phänomens dienen, wobei das Phänomen selbst stets in einer „bedingenden Beziehung“ (ebd., S. 136) zu darüber- und darunterliegenden Sphären steht, wie es auch im Raummodell des partizipativen Handelns angelegt ist (siehe Kapitel 2.3.3).

- *Handlungen und Interaktionsstrategien, die im Umgang mit dem Phänomen identifizierbar sind (strategy):* Es werden Strategien identifiziert, die gedacht sind oder eingesetzt werden, um mit dem Phänomen unter den jeweilig gegebenen Bedingungen umzugehen bzw. es zu bewältigen. Diese Handlungen und Interaktionen weisen wiederum Eigenschaften auf, die es zu spezifizieren gilt. Sie sind prozessual und können im Zeitverlauf untersucht werden. Sie sind zumeist zweckgerichtet und beabsichtigt, können aber auch unbeabsichtigt sein. Auch gilt es, nach ausbleibenden Handlungen bezogen auf das Phänomen zu suchen (vgl. ebd., S. 83).
- *Konsequenzen der Handlungen (consequences):* Resultate und Folgen, die mitunter auf die Handlungsbedingungen rückwirken können, werden in den Blick genommen (vgl. ebd., S. 85). Diese sind nicht immer vorhersagbar und beabsichtigt. Sie können in der Gegenwart oder in der Zukunft eintreten. Die Auswirkungen können sich auf Menschen, Orte oder Dinge beziehen. Sie finden aber auch in Form von Handlungen statt.

Mit Blick auf die theoretisch gefilterten Partizipationskomponenten unter Einbeziehung der Kategorien und Parameter der Kartografie (siehe Partizipationsanalyse-Rahmenmodell Kapitel 3.3) bietet sich eine Adaption des Modells an. Eine solche ermöglicht eine aufeinander bezogene Diskussion struktur- und handlungsbezogener Erkenntnisse. Wie gezeigt wurde, realisiert sich Partizipation in konkreten Phänomenen des Handelns, die in einer rekursiven Wechselbeziehung zu den strukturellen Bedingungen stehen. Insofern ist Partizipation empirisch nur bezogen auf konkrete Handlungsphänomene rekonstruierbar. Vor diesen Hintergründen können in Bezug auf ein spezifisches Partizipationsphänomen die ursächlichen und kontextuellen Eigenschaftsbedingungen bestimmt, die intervenierenden Bedingungen herausgearbeitet und Handlungsstrategien sowie Konsequenzen identifiziert werden, die sich wiederum auf die Ausgestaltung von konkreten demokratischen Strukturen, die für das Phänomen von Relevanz sind, auswirken können. Daten, die in Hinblick auf ein konkretes Partizipationsphänomen generiert werden, können so in ihrer Komplexität entschlüsselt und über systematisches Nachdenken miteinander in Beziehung gesetzt werden.

Betrachten wir diese einzelnen Bausteine nun genauer und übersetzen wir sie auf das im Kodierungsprozess ermittelte Phänomen – die Entfaltung von

ECO-WISE als Nachhaltigkeitsakteure (siehe Abbildung 17). Es gilt, die Dynamik zwischen Handlung und Struktur in Hinblick auf dieses Partizipationsphänomen zu erschließen. Wie unter ‚Zielsetzungen und Forschungsfragen' (siehe Kapitel 6.2) dargelegt wurde, geht es darum, die Entfaltungsprozesse von ECO-WISE als Nachhaltigkeitsakteure in den Blick zu nehmen. Insbesondere sollen Partizipationsmöglichkeiten der ProfessionistInnen in den Organisationen in Bezug auf die Ausgestaltung regionalpolitischer strategischer Planungsprozesse ausgelotet werden, die wiederum auf die Entfaltungsmöglichkeiten der Organisationen wirken. Es gilt demnach, Gestaltungsmöglichkeiten und -unmöglichkeiten zu identifizieren, die sich in der strukturellen Rahmung, aber auch im Handeln selbst begründen. Die Bedingungsebene ist folglich die organisatorisch-institutionelle Ebene, die sich an der Schwelle von Aushandlungs- und Strukturkontext befindet. Diese entspricht der im Raummodell des partizipativen Handelns ausgewiesenen strategisch-organisationalen Ebene (siehe Kapitel 2.3.3).

Im Modus des axialen Kodierens werden zunächst die ursächlichen Bedingungen bezogen auf dieses Phänomen herausgeschält. Dabei werden Daten aus der Feld- und Problemexploration herangezogen und stellenweise durch jene aus dem Delphi-Verfahren generierten ergänzt. Konkret stehen Ereignisse und Begebenheiten im Zentrum, die ausschlaggebend sind und waren, dass sich ECO-WISE als regionale Nachhaltigkeitsakteure entwickelten und weiterhin entfalten möchten. Der Institutionalisierungsprozess von ECO-WISE wird im chronologischen Verlauf rekonstruiert. Ausgehend von gesellschaftlichen Widersprüchen werden Konflikte identifiziert, an deren Schwelle sich ECO-WISE entwickelten und entwickeln. Die entstandenen Regeln und Ressourcen sowie deren Anwendung und Auslegung werden diskutiert. Die Partizipationsmodalitäten und -intensitäten werden in der Tendenz herausgearbeitet sowie ihre Beziehungen zu politischen, ökonomischen und rechtlichen Institutionen schematisiert.

Im weiteren Verlauf werden die kontextuellen Bedingungen spezifiziert. Der Handlungskontext wird über die Performance von ECO-WISE rekonstruiert und zwar wird diese entlang der identifizierbaren Zieldimensionen von nachhaltiger Entwicklung und der organisationalen Dimensionen von Sozialen Organisationen respektive WISE beschrieben. Es wird dabei auf die Daten der quantitativen Struktur- und Trenderhebung zurückgegriffen. Der Blick wird insbesondere auf ihre Beiträge zur sozialen, ökonomischen und ökologischen Partizipation gelegt. Einen relevanten Ausschnitt bildet zudem die Darlegung ihrer partizipativen Organisationsstruktur, die mit einer Stakeholdermatrix umrahmt wird. Des Weiteren wird der Einfluss einzelner Akteurgruppen auf ihre Performance untersucht sowie ihre Verortung und Positionierung im gesellschaftlichen Gefüge analysiert. Allgemeine Handlungsmotive werden über ihre Zielorientierungen nachgezeichnet und es werden Rückschlüsse auf die Realisierung der identifizierten zentralen Regeln und Ressourcen gezogen.

Damit wird dem ersten Forschungsfragensatz begegnet (siehe Kapitel 6.2). Im Anschluss daran wird den intervenierenden Bedingungen und den entwickelten Handlungsstrategien vertiefte Aufmerksamkeit geschenkt. Die Daten beziehen sich hier auf den Forschungsschritt der Datenerhebung, Interpretation und Ideengenerierung. Zur Entschlüsselung ersterer werden aktuelle und zukünftige Herausforderungen gefiltert, die auf die Handlungs- und Interaktionsstrategien von ECO-WISE wirken und Entfaltungsprozesse mitbestimmen. Sozioökonomische Rahmenbedingungen zählen ebenso dazu wie politische Programme und unterschiedliche Auffassungen von Partizipation. Es handelt sich um konkrete Regeln und Ressourcen, die sich in Verbindung mit den Handlungsstrategien neu strukturieren.

Mit Blick auf die Handlungs- und Interaktionsstrategien werden jene herausgeschält, die zur Entfaltung der Nachhaltigkeitsperformance von ECO-WISE in gegebenen und durch ihr Handeln veränderbaren Strukturen beitragen respektive mit denen sie dazu beitragen möchten. Konkret handelt es sich um Perspektiven und Maßnahmen ihrer sozialen, ökonomischen und ökologischen Nachhaltigkeitslogik folgend. Es gilt zu eruieren, welche Handlungsstrategien Akteure in ECO-WISE zur Bewältigung der Herausforderungen und zur Entfaltung ihrer Chancen entwickelt haben und wie sie damit auf den laufenden Strukturierungsprozess einwirken. Zu spezifizieren sind die Handlungsmotive und Eigenschaften als reflexiv gesteuerte, diskursiv ausdrückbare, bewusste, unbewusste, routinisierte und eventuell ausgebliebene Handlungen sowie die darin eingelagerten interpretierenden, mobilisierenden und regulativen Partizipationsmodalitäten. Strukturen werden hier als Medien verstanden, wobei der Fokus auf unterschiedliche Partizipationsverständnisse der Akteure sowie auf ihre Mobilisierungsmöglichkeiten, -strategien und -formen gelegt wird.

Des Weiteren werden ermittelte Konsequenzen besprochen. Es gilt darzulegen, welche Konsequenzen VertreterInnen aus dem Organisationsfeld und -umfeld aus den gefilterten Handlungsstrategien für ihr zukünftiges Handeln ziehen und welche konkreten Handlungsempfehlungen sich daraus zur Entfaltung der Nachhaltigkeitsperformance von ECO-WISE ableiten lassen bzw. inwiefern sich damit die strukturellen Bedingungen förderlich gestalten lassen. Entlang der Orientierungsfiguren ‚Öffnen', ‚Kooperieren' und ‚Kommunizieren' werden unterschiedliche Zukunftsperspektiven aufgeschichtet und Maßnahmenempfehlungen formuliert.

Mit diesem axialen kategorialen Gerüst kann das in Kapitel 3.3 unter Bezugnahme auf Giddens' Strukturierungstheorie entwickelte, breite analytische Rahmenmodell zur Entschlüsselung von Partizipationsbeziehungen für empirische Betrachtungen spezifischer Partizipationsphänomene zugänglich gemacht werden. Die nun folgende Ergebnisdarstellung und -diskussion zielt nicht auf eine systematische Überprüfung, sondern auf eine Plausibilisierung des Modells und dessen empirischer Rahmung ab. Indem für das gegenständliche Forschungs-

Abbildung 17: Schema des axialen Kodierens

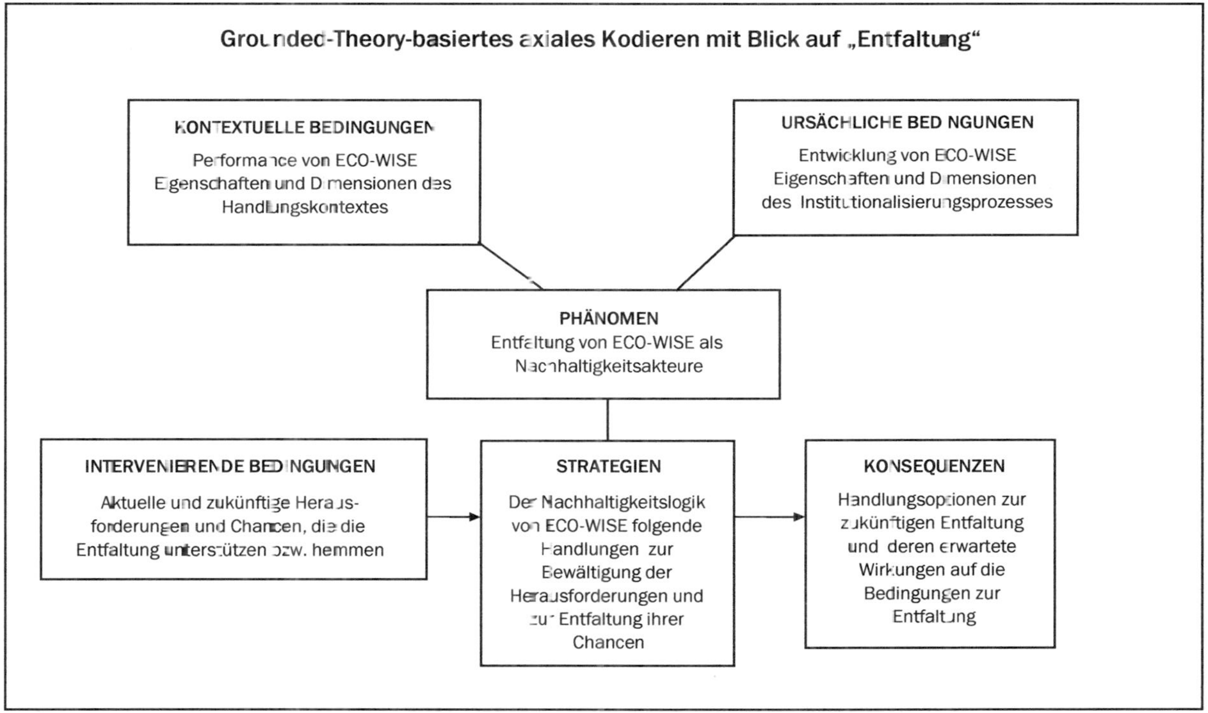

Quelle: eigene Darstellung

feld relevante Elemente und Dynamiken in den Blick genommen werden, können selektiv theoretische Implikationen empirisch fundiert werden. Des Weiteren ist an dieser Stelle nochmals zu betonen, dass mit dieser Interpretationsvariante einerseits der zyklische Forschungsprozess in den Interpretationsverlauf integriert werden konnte. Andererseits gelang es damit, „so viel wie möglich von der Komplexität und Bewegung in der wirklichen Welt einzufangen" (Strauss & Corbin 1996, S. 89) und schematisch zu verdichten. Wie einleitend betont (siehe Kapitel 1), reifen so in die Dynamik zwischen Handlung und Struktur eingelassene Spannungsbögen im Querschnitt sukzessive heran, für deren Bewältigung Handlungsempfehlungen rekonstruiert werden konnten.

7 ECO-WISE – ihre Entfaltung als regionale Nachhaltigkeitsakteure

Wie in Kapitel 5.3 ausführlich auf theoretischer Basis dargelegt wurde, strukturieren sich Soziale Organisationen im Zusammenwirken von gesellschaftlichen Institutionen und bedarfsorientierten kollektiven Handlungsarrangements. Als grundsätzliches Entwicklungsmotiv lässt sich das Füllen von Lücken identifizieren, die von staatlicher und wirtschaftlicher Seite hinterlassen werden (vgl. Weisbrod 1977; zit. n. Pennersdorfer & Badelt 2013, S. 109). Damit setzen sie an der Auflösung der durch die in Kapitel 4.1 akzentuierten Widerspruchskonstellationen hervorgehenden gesellschaftlichen Fragen an. Die benannten Konfliktzonen zwischen Individualisierung und Solidarisierung, Globalisierung und Regionalisierung, wirtschaftlichem Wachstum und ökologischer Gefährdung sowie Flexibilisierung und Kontinuität in der Erwerbsgesellschaft bilden gewissermaßen die Reibungsflächen in der Dualität aktueller demokratischer Strukturen.

Institutionalisierungstheoretische Analysen stellen – wenn auch in unterschiedlichen Nuancierungen – Fragen nach der wechselseitigen Einflussnahme von Dritt-Sektor-Organisationen und ihren Umwelten (siehe Kapitel 5.3.1). In dieser Dynamik lassen sich die ursächlichen Bedingungen des Entfaltungsprozesses von ECO-WISE als Nachhaltigkeitsakteure erschließen. Wie in Kapitel 6.4 angekündigt, wird in einem ersten Schritt empirisch ergründet, wie sich ECO-WISE als alternative LeistungserbringerInnen im Kontext sozialpolitischer, wirtschaftlicher und ökologischer Entwicklungen formierten, um als partizipativ strukturierte Organisationen sozial, ökonomisch und ökologisch nachhaltig zu handeln.

7.1 Institutionalisierung von ECO-WISE

Im Zuge der ExpertInnengespräche der Feld- und Problemexploration (siehe Kapitel 6.3.3.2) wurden unter anderem die Entwicklungslinien von ECO-WISE in Österreich rekonstruiert. Verfolgt man ihre Spuren, so lässt sich deutlich der Wandel des Arbeitsmarktes und der Arbeitsmarktpolitik sowie tendenziell die Relevanz umweltpolitischer Bewegungen und Verordnungen nachzeichnen (vgl. Anastasiadis & Mayr 2010, S. 27 ff.). Erkennbar ist zum einen der Einfluss, den politische Entscheidungen auf die Entwicklung dieser Organisationen haben. Zum anderen wird ersichtlich, wie ihre Akteure auf die Ausgestaltung der arbeitsmarktpolitischen Situation und Regulative einwirken. Um diese Beziehung zu präzisieren, wird im Folgenden entlang der drei im Rahmen der ExpertInnengespräche identifizierbaren zentralen Phasen die Entwicklungsdynamik von ECO-WISE im sozioökonomischen Kontext Österreich untersucht (siehe Tabelle 7).

Tabelle 7: Entwicklungsphasen von ECO-WISE im Überblick

Phase / Bereiche	1980er-Jahre Entwicklung von ECO-WISE	1990er-Jahre Expansion von ECO-WISE	2000er-Jahre Neuausrichtung von ECO-WISE
Arbeitsmarktpolitik	Innovationen in der aktiven Arbeitsmarktpolitik führen zur Entstehung des ‚zweiten Arbeitsmarktes'.	Neue Bedarfe entstehen durch arbeitsmarktspezifische Entwicklungen, was zu einer Ausweitung des Integrationsangebotes führt.	Die arbeitsmarktpolitische Fokussierung auf Qualifizierungs maßnahmen bedingt eine stagnierende Entwicklung von ECO-WISE.
Finanzierungspolitik	Die Förderrichtlinie für WISE wird entwickelt (SÖB-Richtlinie).	Der Beitritt Österreichs zur EU ermöglicht den Zugang zu ESF-Förderungen. Die Regionalisierung arbeitsmarktpolitischer Strukturen schafft neue Kooperationsbedingungen zwischen AMS und ECO-WISE.	Ökonomisierung und Aktivierung führen zu Unsicherheiten in der Finanzierung durch das AMS. Gleichzeitig werden neue Kooperationen zwischen ECO-WISE und dem privaten bzw. öffentlichen Sektor gesucht, die zu einer Belebung von ECO-WISE beitragen sollen.
Umweltpolitik	Umweltbewegungen und abfallwirtschaftliche Themen gewinnen an Bedeutung, worin ECO-WISE ihre Geschäftsfeldnischen finden.	Der Brundtland-Report betont die Notwendigkeit einer nachhaltigen Entwicklung, gefolgt von der Rio-Deklaration und der Agenda 21. Nachhaltige Entwicklung rückt auf die politische Agenda und wird für die Wirtschaft interessant.	Die Implementierung umweltpolitischer Zielsetzungen in ECO-WISE nimmt zu. Ihre Positionierung im Nachhaltigkeitsdiskurs wird als vielversprechend für weitere Entwicklungen gesehen.
Partizipationsverständnis	Partizipationsspielräume	Institutionalisierung von Partizipationsräumen	Verengung und Reglementierung von Partizipation einerseits, Wiederbelebung von Spielräumen andererseits

Quelle: erweiterte Darstellung in Anlehnung an Anastasiadis & Mayr 2010, S. 27

Dabei wird insbesondere auf arbeitsmarkt-, finanzierungs- und umweltpolitische Zusammenhänge geachtet.[196] Da der im weiteren Forschungsverlauf ein-

196 Da diese Daten im Jahr 2008 erhoben wurden, beziehen sich die empirischen Ergebnisse auf den Zeitraum 1980 bis zum auslaufenden ersten Jahrzehnt in den 2000er-Jahren. Die weiteren Entwicklungen bis einschließlich 2015 werden in den Ausführungen über die Literatur spezifiziert. Dieser Zeitraum entspricht dem empirischen Erhebungszeitraum der gesammten Studie.

gebettete regionale Strategieentwicklungsprozess in der Steiermark verortet ist, werden bundeslandspezifische Besonderheiten auf Basis einschlägiger Studien und Dokumente ergänzend berücksichtigt. Allerdings sind diese regionalpolitischen Entscheidungen und Schwerpunktsetzungen stets im Licht europäischer und bundesweiter Zielvorgaben und Strategien zu sehen. Ergänzend zu dieser inhaltsanalytischen Zusammenschau des Entwicklungsprozesses werden in jeder Entwicklungsphase zentrale Elemente aus dem Partizipationsanalyse-Rahmenmodell (siehe Kapitel 3.3) empirisch im Material aufgespürt und diskutiert. Die Strukturierung von normativen Partizipationsrechten, -richtlinien und -standards sowie jene von autoritativen und materiellen Partizipationsressourcen werden reflektiert. Daraus lassen sich unterschiedliche Partizipationsverständnistendenzen herausschälen.

7.1.1 1980er-Jahre: Die Entstehung

Wie WISE insgesamt entstanden auch ECO-WISE in Österreich weitestgehend im Einklang mit den von Sozialminister Alfred Dallinger (1980–1989) eingeleiteten Innovationen in der ‚aktiven Arbeitsmarktpolitik' Mitte der 1980er-Jahre (vgl. BDV 2008, S. 19). Beispielsweise wurden zehn von den 59 Organisationen (17 %), die auf die Frage nach dem Gründungsjahr in der Strukturerhebung 2009 antworteten, zu dieser Zeit gegründet (siehe Abbildung 18); fünf von 23 steirischen Organisationen gaben an, in dieser Periode entstanden zu sein (21,7 %).

Abbildung 18: Gründungsjahr von ECO-WISE (N = 59)

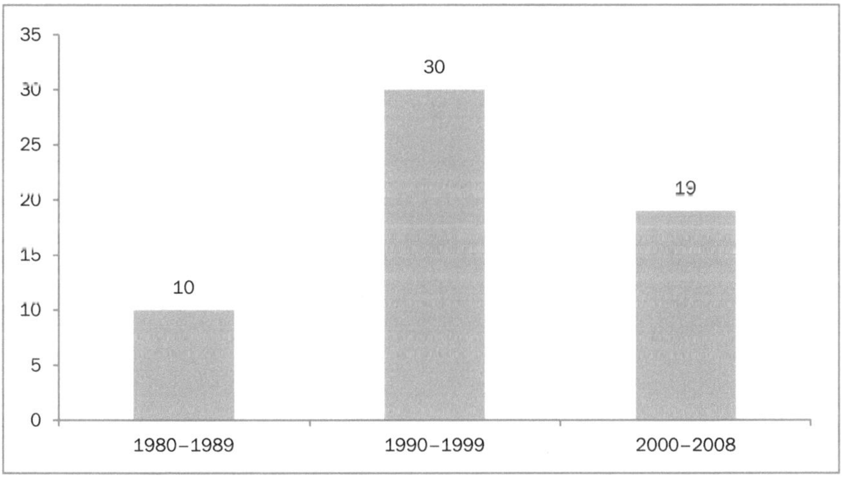

Quelle: SPSS_datafile_ECO-WISE_Struktur_2009

7.1.1.1 Experimentelle Arbeitsmarktpolitik

Mit Blick auf die Arbeitslosenstatistik (siehe Kapitel 4.1.4) dominierte in Österreich in den 1970er-Jahren die Vollbeschäftigung. Arbeitsmarktintegration war zu dieser Zeit, gemäß den Einschätzungen der ExpertInnen, kein relevantes politisches Thema (vgl. IPm 2:36; IPm 7:39[197]). Die Arbeitsmarktverwaltung (AMV)[198] konzentrierte sich auf die Arbeitsvermittlung und die Auszahlung der Transferleistungen. Das durch die globalen wirtschaftlichen Veränderungen beginnende Anwachsen der Arbeitslosigkeit in den 1980er-Jahren erforderte jedoch neue Maßnahmen in der Bekämpfung von Armut und sozialer Ausgrenzung. Darin machen die GesprächspartnerInnen einen arbeitsmarktpolitischen Wendepunkt fest. *„Und das hat eben damit angefangen, wie die Arbeitslosigkeit irgendwie in Österreich sich sozusagen ein bisschen verfestigt hat, wie der Sockel an Dauerarbeitslosen immer größer geworden ist und wo man dann gesehen hat, okay, da braucht man irgendwelche Maßnahmen, dass die Leute auch ein bisschen wieder reinfinden können in einen Arbeitsprozess"* [IPm 8:33]. Dallingers Anliegen war es, die 1969 eingeführte ‚aktive Arbeitsmarktpolitik zur Förderung der beruflichen Mobilität' in Österreich durch arbeitsmarktpolitische Experimente auszuweiten. Diese experimentelle Phase brachte die bis heute bestehenden drei Säulen der ‚aktiven Arbeitsmarktpolitik' hervor: Qualifikation, Beratung und Integration durch Arbeit. Vor allem der letztgenannte Schwerpunkt führte zur Entstehung des ‚zweiten Arbeitsmarktes' (vgl. Zauner 2006, S. 204; Dorfinger 2006, S. 235), in dem, wie bereits mehrmals erwähnt, langzeitarbeitslose Personen die Möglichkeit einer zeitlich befristeten Anstellung erhalten, verbunden mit beruflichem Training und sozialer Unterstützung von Fachkräften. Nach dieser Phase, die gewöhnlich ein Jahr dauert, soll eine Integration in den regulären ‚ersten Arbeitsmarkt' erfolgen.

Die Wurzeln von ECO-WISE liegen also in diesen experimentellen Entwicklungen, wobei insbesondere die ‚Aktion 8000' hervorzuheben ist. Ziel dieser arbeitsmarktpolitischen Maßnahme war es, 8 000 Arbeitsplätze im gemeinnützigen, nicht marktfähigen Bereich zu schaffen, wodurch neue Branchen nachhaltig erwachsen sollten. *„Das war die berühmte Aktion 8000 und da wurden eben sehr viele Mittel für diese experimentelle Arbeitsmarktpolitik irgendwie aufgestellt. Und in Zusammenhang mit dieser Aktion 8000 sind viele von diesen sozialen Integrationsunternehmen in Österreich auch entstanden"* [IPw 12:43]. Die Initiative richtete sich zumeist an besser qualifizierte Personen, also auch an AkademikerInnen, die über eine befristete Personalkostenförderung zur Grün-

---

197 Zitierung hier und im Folgenden: IP (= InterviewpartnerIn) m/w (= Geschlecht) Nummer des/der InterviewpartnerIn:Absatz im Dokument

198 Die Arbeitsmarktverwaltung (AMV) wurde 1994 in das heutige Arbeitsmarktservice (AMS) umgewandelt (siehe Kapitel 5.3.2.4).

dung von innovativen Projekten angeregt wurden. Darunter befanden sich auch zahlreiche Beschäftigungsbetriebe und -projekte, wie es ein Experte exemplifiziert: *„Na ja, die Aktion 8000 sozusagen war ein Programm, wo gemeinnützige Organisationen sozusagen Personen anstellen konnten, die gefördert waren. Das waren jetzt aber zum Großteil, muss man dazu sagen, ah, keine Personen, die jetzt schwer vermittelbar waren, also das waren eher eben Sozialarbeiter, also wo Strukturen in der weiterführenden aktiven Arbeitsmarktpolitik politisch geschaffen wurden, ja, also zum Beispiel unsere Projektvorbereitung für xy [Anonymisierung des Betriebes durch die Verf.] ist über die Aktion 8000 gefördert worden, ja"* [IPm 7:41].

7.1.1.2 Entwicklung von Förderrichtlinien

Zur Abwicklung der Transitbeschäftigung wurde in der Folge der ‚Aktion 8000' eine spezifische Förderrichtlinie, nämlich die Richtlinie für Sozialökonomische Betriebe (SÖB), eingeführt (siehe Kapitel 6.1.3.2). Aus den ExpertInneninterviews wird ersichtlich, dass die Entwicklung des Förderinstruments SÖB in kooperativer Zusammenarbeit zwischen den Akteuren in den Organisationen und der Arbeitsmarktverwaltung (AMV) vor sich ging. Darin bekräftigt sich die These der gegenseitigen Einflussnahme. *„Das heißt, ich glaub, vor rund 25 Jahren, da haben sich Personen zusammengetan [...] und haben einfach probiert, selber was zu machen. Einen Verein gegründet und (..) das waren so eigenorganisierte Geschichten. Das ist sehr basisdemokratisch abgelaufen und die sind dann auch in Kooperation mit der Arbeitsmarktverwaltung gekommen. Das heißt, das ist ursprünglich ganz zu Beginn über irgendwelche Kursformen fördertechnisch abgewickelt worden, bis es dann halt das Instrument der Sozialökonomischen Betriebe gegeben hat"* [IPm 2:36]. Die Richtlinie selbst entstand im Austausch zwischen Selbsthilfeinitiativen und der Politik aus der gelebten Praxis heraus, wie eine Expertin betont: *„Das waren einfach Leute, die im Sozialbereich, im Bereich der Arbeitsmarktpolitik gearbeitet haben und natürlich dann die AMV, auf der anderen Seite oder das Ministerium auf der anderen Seite. Ich denke mir, das war eine gemeinsame Aktion. Es war das Geld da, es wurden Anträge gestellt und dann wurden sozusagen die ersten Unternehmen gegründet in dieser Richtung. So war es in Österreich"* [IPw 12:46].

Mit Blick auf die Steiermark ortet ein Gesprächspartner hier eine besonders hohe Dichte an WISE. Dies bestätigt sich in der für die Befragung vorliegenden Stichprobe von ECO-WISE.[199] Die Umstrukturierung der Stahlindustrie ließ

199 Wie in Kapitel 6.3.3.2 ausgewiesen, waren 36 % der in beiden Erhebungen befragten Organisationen in der Steiermark verortet.

seiner Erfahrung nach die Steiermark zu einem zentralen arbeitsmarktpolitischen Fördergebiet werden: „*Die Steiermark hat eine sehr hohe Dichte dieser Einrichtungen, weil aus der Geschichte heraus hat die Steiermark früher durch diese Umstrukturierung der Stahlindustrie sehr viele arbeitsmarktpolitische Gelder bekommen, für Umschulungen, für alle möglichen Maßnahmen, das ist also historisch (.), hat man jetzt rein von der Arbeitsmarktpolitik einen Schwerpunkt in der Steiermark gesetzt und da sind eben sehr viele solche Einrichtungen entstanden. Die haben sicher eine höhere Dichte als in allen anderen Bundesländern in Österreich. Es gibt sie zwar überall, aber nicht in dieser Konzentration*" [IPm 13:41].

Die Umsetzung des Programms der aktiven Arbeitsmarktpolitik sickerte hingegen nur mühsam in den einzelnen Bundesländern durch, wie ein anderer Experte aus der Steiermark betont: „*Und das war am Anfang eher schwierig, sag ich einmal, weil sozusagen grad auf der Ministeriumsebene und auf der AMV-Ebene in Wien draußen waren da sehr engagierte Leute tätig, und in den Bundesländern war das allerdings recht schwierig sozusagen, die davon zu überzeugen, dass sie sozusagen diese Richtlinie heranziehen sollen und darüber auch Fördermittel auszuschöpfen und in ihrem Bundesland etwas für die Zielgruppe zu machen. Aber man darf nicht vergessen, die AMV war damals, eigentlich kann man sagen, ein reines Arbeitsvermittlungsprogramm und hat sich für aktive Arbeitsmarktpolitik eigentlich nicht wirklich zuständig gefühlt, ja. Das ist dann erst sukzessive gekommen*" [IPm 7:31]. Er benennt Schwierigkeiten in der damaligen Arbeitsmarktverwaltungsstruktur. Die Verwaltungsstellen in den Ländern hatten aufgrund des von Wien gesteuerten Top-down-Modells relativ wenig Mitsprachemöglichkeit. Auch die Projektträger selbst fuhren des Öfteren nach Wien, um über die Förderungen direkt im Ministerium zu verhandeln. „*Na ja, ich sage einmal die klassische Verwaltungsstruktur in den Bundesländern, die war nicht so fortschrittlich. Die wollten sozusagen klassische Arbeitsvermittlung haben. Die wollten vielleicht noch ein paar Qualifizierungskurse machen. Aber alles, was sozusagen Beschäftigung in betrieblicher Struktur war, das war für die eigentlich fast unvorstellbar (.) ja. Wir mussten sozusagen (…), wir sind immer nach Wien gegangen, um in Wien sozusagen das auszuverhandeln und damals war die AMV ja wirklich sehr hierarchisch strukturiert und von Wien ist einfach der Auftrag gekommen, das Projekt ist in der Steiermark umzusetzen. Da hat die Steiermark gar nix mitreden dürfen, außer dass sie die Vorgaben erfüllen mussten, ja*" [IPm 7:35].

7.1.1.3 Arbeit und Umwelt – neu entdeckte Synergie

Zur gleichen Zeit, etwa vor 30 Jahren, gewann die Umweltbewegung[200] in Österreich zunehmend an Bedeutung. In diesem Bereich fanden ECO-WISE ihre Marktnische. Mit der in der SÖB-Richtlinie festgeschriebenen Höhe der Eigenerwirtschaftungsquote von 20 % (siehe Kapitel 6.1.3.2) eröffnete sich automatisch eine Konkurrenzsituation mit der Wirtschaft, die allerdings vermieden werden soll. Laut Aussagen der interviewten ExpertInnen war es dahingehend für SÖB von hoher Relevanz, Betätigungsfelder zu finden, in denen sie nicht in Konkurrenz zur Wirtschaft stünden. In diesem Zusammenhang bot sich der damals für die Wirtschaft noch relativ uninteressante Umweltbereich an. *„Dann war es halt lang so, dass man sich Felder gesucht hat, wo diese Konkurrenz irgendwie ein bisschen kleiner gewesen ist. Und das war halt (.), um Umweltschutz hat sich dort niemand gekümmert"* [IPm 8:51].

Die bereits erwähnte ‚Aktion 8000' unterstützte zudem gezielt Initiativen zur Entdeckung bzw. zum Ausbau potenzialreicher Branchen, die auch für die Integration von schwer vermittelbaren Personen geeignet waren. Neben dem regionalen Tourismus war es vor allem der Umweltbereich, in dem die Arbeitsmarktpolitik Synergieeffekte erkannte. *„Da hat es die Aktion-8000-Kurse gegeben, wo man im Rahmen von Landesausstellungen oder regionalen Entwicklungsprojekten in Eisenerz oben einfach alte Bauten irgendwie renoviert hat, hergerichtet hat, geschaut hat, dass man da ein bisschen eine Verbindung auch zum Tourismus herstellt (..) und, (.) die Verbindung auch zum Umweltbereich"* [IPm 8:37]. Laut Aussagen der ExpertInnen wurde damals im Sozialministerium eine Arbeitsgruppe mit dem Titel ‚Beratung, Mobilität, Umwelt' zur expliziten Generierung von Arbeitsplätzen im Umweltbereich eingerichtet (vgl. IPw 15:27). *„Umwelt war damals so ein bisschen ein aufstrebender Sektor, aber eben nicht marktfähig, weil also viele Dienstleistungen einfach zu teuer waren oder nicht nachgefragt worden sind. Es hat zwar viele Umweltorganisationen gegeben und ein Teil davon war eben, dass die geschaut haben, wo können sie solche Arbeitsplätze [Aktion-8000-Arbeitsplätze, Anmk. d. Verf.] eben bei diesen Organisationen schaffen und sie sind da auch zu uns gekommen, und diese Abfallberaterausbildung war damals eine erste Maßnahme, die wir gemacht haben mit diesem Instrument. In Wien hat es dann das Ökologieinstitut gegeben, die in einer bisschen anderen Ausrichtung Umweltberater und Umweltberaterinnen ausgebildet haben. Und das war sozusagen eigentlich der Beginn"* [IPm 13:41]. Die Expertinnen vom AMS sehen darin eine entscheidende Entwicklung vor allem im Hinblick auf die Kombination von Lernen und Arbeiten (vgl. IPw 15:23). Sie er-

200 Diese ging aus der ‚neuen sozialen Bewegung' hervor, deren Entwicklung in Österreich bereits in Kapitel 5.3.2.3 umrissen wurde.

wähnen ebenso die Fokussierung auf gesellschaftspolitisch relevante Arbeiten wie Reinigung von Flussufern etc., an die die Fördergelder gebunden waren. Die Trägerorganisationen traten ihren Erfahrungen gemäß aus eigener Initiative mit den Beschäftigungsideen an die AMV heran (vgl. IPw 15:29).

7.1.1.4 Partizipationsspielräume

In diesen Erinnerungen spiegeln sich die in Kapitel 6.1.2 dargestellten Entstehungsvoraussetzungen von ECO-WISE deutlich wider. Ein kollektives Engagement, das an regionale Bedarfe ausgerichtet ist, sowie eine Kooperation zwischen Politik, Verwaltung und den sozialökonomischen Akteuren waren und sind als essenziell einzustufen. Insgesamt handelt es sich um Projekte, die aus der Selbsthilfe entstanden und in ein politisch passendes Umfeld gefallen sind: *„Man muss es konkret sagen, ohne den Minister Dallinger wäre das einfach kein Thema gewesen"* [IPm 3:50], oder wie eine andere Expertin meint: *„[D]as war ein sehr innovativer Sozialminister, der gesagt hat, ‚das machen wir'"* [IPw 12:43]. Im empirischen Material lassen sich Ankerpunkte zur Strukturierung von Partizipationsregeln und -ressourcen sowie zur ‚Dialektik der Herrschaft' finden, wie sie im Partizipationsanalyse-Rahmenmodell schematisiert sind (siehe Kapitel 3.3). In einer genaueren Betrachtung wird die in demokratischen Strukturen eingelassene Beziehung zwischen institutionalisierten und ermöglichenden Handlungen erkennbar.

Strukturierung von materiellen Partizipationsressourcen in den 1980er-Jahren

ECO-WISE trafen in den 1980er-Jahren als sozial engagierte, selbstorganisierte Gruppierungen auf politische Institutionen, die an alternativen und innovativen Möglichkeiten zur Lösung von arbeitsmarkt- und umweltspezifischen Problemen interessiert waren. Von der im Sozialministerium angesiedelten Arbeitsmarktverwaltung wurden Beteiligungsräume geöffnet, um an die Ressourcen sozial engagierter und mitunter auch gesellschaftskritischer Personen oder Kollektive anzuknüpfen. In Zeiten der allmählich steigenden Arbeitslosigkeit galt es, für betroffene Personen Integrationsmöglichkeiten bereitzustellen. Als einschlägiger Entwicklungsbereich dafür wurde das Umweltsegment entdeckt. Die ‚Aktion 8000' und die Arbeitsgruppe zur Schaffung von Arbeitsplätzen im Umweltbereich waren Experimentierzonen, aus denen ECO-WISE hervorgingen. Ökologie erwies sich in den 1980er-Jahren als ein noch nicht marktfähiges Wirtschaftssegment, in dem Geschäftsfeldchancen für die sich neu formierenden Beschäftigungsbetriebe lagen. Dem Interesse ökonomischer Institutionen entsprechend sollten Konkurrenzsituationen zu Wirtschaftsbetrieben vermieden werden. Für die Gestaltungsprozesse selbst wurden Ressourcen bereitgestellt. Die materiellen Voraussetzungen für die Entwicklung von ECO-WISE waren somit gegeben. Insofern fungierte die Sozialpolitik als Weichenstellerin zwischen lebensweltlich orientierten Initiativen und den ökonomischen Institutionen. Durch die aktive Einbindung von ECO-WISE-VertreterInnen in die konkrete Maßnahmenausgestaltung fand eine intensive Partizipation statt. Partizipation als soziale Praxis war den Befunden zufolge gesteuert, kontrolliert und diskursiv ausdrückbar. Die Akteure konnten in einer mobilisierenden Manier maßgeblich die arbeitsmarktpolitische Angebotslandschaft beeinflussen und erweitern, woraus neue Partizipationsbedingungen resultierten, die sich in der Folge reglementierten.

Strukturierung von Partizipationsregeln in den 1980er-Jahren

Die Entstehung der Förderrichtlinie ist als Beispiel für die Strukturierung von normativen Partizipationsrechten, -richtlinien und -standards zu lesen. Erkennbar ist, dass sich die SÖB-Richtlinie aus der gelebten Praxis, im Zusammenwirken zwischen Politik, Verwaltung und ECO-WISE-VertreterInnen entwickelte. Das Motiv war ein gemeinsames, nämlich, die aus der ‚Aktion 8000‘ hervorgegangenen arbeitsmarktpolitischen Modellprojekte im Sinne einer regulativen Partizipationsmodalität zu formalisieren. Es kann davon ausgegangen werden, dass die Akteure im Prozess unterschiedliche Wertigkeiten legten. ECO-WISE-VertreterInnen sind als potenzielle FördernehmerInnen auf die Wahrung ihrer Rechte als gemeinnützig agierende soziale Unternehmen und die Einhaltung von an die Bedürfnisse der Zielgruppen orientierten Standards bedacht. Für die Bundesarbeitsmarktverwaltung und das Sozialministerium ist als rechtliche Institutionen und fördervergebende Stellen die nachweislich adäquate Verwendung der Fördermittel wesentlich, ebenso wie die Einhaltung einer Eigenerwirtschaftungsquote mit gleichzeitiger Marktnischenauflage. Da der Entstehungsprozess der Richtlinie im empirischen Material nicht im Detail rekonstruierbar ist, kann lediglich angenommen werden, dass das Beteiligungsformat legal war. Jedenfalls waren ECO-WISE-VertreterInnen in die Ausgestaltung eingebunden und sie agierten selbstorganisiert in der Umsetzung der Direktive auf regionaler Ebene. Insofern kann von einer hohen Partizipationsintensität ausgegangen werden, die weit über ein Informiertsein hinausgeht. Partizipation als soziale Praxis gestaltete sich auch hier als bewusst gesteuertes und kontrolliertes Handeln, in dem die Motive diskursiv ausgedrückt wurden. Mit der Richtlinie wurden allerdings auch neue Partizipationsbedingungen formalisiert. Inwiefern darin unbeabsichtigte Folgen impliziert sind, wird in den Diskussionen zu aktuellen Herausforderungen und zu den gelebten Handlungsstrategien thematisiert (siehe Kapitel 7.3 und 7.4).

Strukturierung autoritativer Partizipationsressourcen in den 1980er-Jahren

Im Durchsetzungsprozess der SÖB-Richtlinie werden Elemente einer mobilisierenden Partizipation hinsichtlich der Strukturierung autoritativer Partizipationsressourcen erkennbar. Die SÖB-Richtlinie ist eine Bundesrichtlinie zur Förderung regional verankerter Projekte. Für die Adaptierung waren die Länderstellen der Arbeitsmarktverwaltung (AMV) zuständig, die laut Aussagen der ExpertInnen tendenziell an bisherigen Routinen festhielten und von den Innovationen sowie Verordnungen auf Bundesebene irritiert waren. Die hierarchische Struktur der AMV, die top-down vom damaligen Sozialministerium gesteuert wurde, ist hier deutlich erkennbar. Vor diesen Hintergründen gelang die Durchsetzung der neuen Förderrichtlinie für Beschäftigungsprojekte in den Ländern nur langsam. Dem waren viel Überzeugungsarbeit und zahlreiche direkte Verhandlungsprozesse zwischen ECO-WISE-VertreterInnen und dem Ministerium als politische Institution vorgeschaltet. Aus den Aussagen können keine konkreten Partizipationsformate abgeleitet werden, es sind jedoch unterschiedliche Partizipationsintensitäten, je nach Akteurgruppen, wahrnehmbar. Da in der Richtlinie relevante Rechte und Standards für ECO-WISE festgelegt sind, sind ECO-WISE-VertreterInnen auf deren Anwendung bedacht. Insofern fand eine selbstorganisierte, mobilisierende Beteiligung statt. Die in den bisherigen Entwicklungsverlauf nicht involvierten AMV-Länderstellen wurden hingegen lediglich informiert bzw. wurden zur Umsetzung durch ECO-WISE-VertreterInnen aufgefordert oder vom Ministerium dazu beordert. Die unterschiedlichen machtspezifischen Voraussetzungen spiegeln sich in den Handlungsformaten wider. Während ECO-WISE-VertreterInnen und die bundespolitischen Institutionen bewusst gesteuert sowie kontrolliert agieren und ihre Motive diskursiv kommunizieren, konzentrieren sich die Akteure in den AMV-Länderstellen auf ein routinisiertes Handeln, das auf dem praktischen Regelwissen basiert. Darin lassen sich allerdings auch unbewusste Partizipationswünsche vermuten, nämlich stärker in Vorfeldprozesse einbezogen zu sein oder die Dinge routinisiert so belassen zu wollen, wie sie sind.

Die Situation änderte sich erst merklich mit dem Beitritt Österreichs zur Europäischen Union 1995 und der 1994 stattgefundenen Umstrukturierung der AMV, wie im folgenden Abschnitt detailliert dargestellt wird. Im Zuge dessen institutionalisierte sich die SÖB-Richtlinie als Regelinstrument auch auf Länderebene. Zusätzlich wurden neue Richtlinien entwickelt, die auf sich etablierende bedarfsorientierte Projekte zugeschnitten waren. In diesen Entwicklungen wird deutlich, dass durch die arbeitsmarktpolitischen Reformen die Kompetenzen der Länder stärkere Berücksichtigung fanden, was die regionalpolitischen Kooperationen zwischen AMS und ECO-WISE sowie zu anderen Beteiligten unterstützte. Damit verlagerten sich die Kommunikation und die Partizipation auf die regionale Ebene, die autoritativen Partizipationsressourcen strukturierten sich folglich auf dieser Ebene neu.

Strukturierung des Partizipationsverständnisses in den 1980er-Jahren

Alle drei Beispiele führen hin zu einem für das Partizipationsphänomen ‚Entfaltung von ECO-WISE als Nachhaltigkeitsakteure' konstitutivem Partizipationsverständnis. In den 1980er-Jahren strukturierte sich dieses in der Dynamik zwischen integrativen und emanzipativen Ansprüchen (siehe Kapitel 3.1).

So sind auf der handlungsorientierten, ‚ermöglichenden' Strukturebene sowohl integrative als auch emanzipative Konnotationen von Partizipation wahrnehmbar. Hinsichtlich der Projektentwicklung wurden neue, die Routine aufbrechende Wege beschritten, die emanzipativ-systemverändernde Züge hatten. Das Ansetzen an den Ressourcen der Betroffenen, um diese über den unter anderem nach internationalen Vorbildern neu geschaffenen ‚zweiten Arbeitsmarkt' wieder näher an die Arbeitswelt heranzubringen, weist gleichermaßen inklusive und integrative Elemente auf. Aus dieser Spannung laden sich folglich die insbesondere in den 2000er-Jahren schlagend werdenden Herausforderungen in der Erreichung der sozialen Zielsetzung auf (siehe Kapitel 7.3). Die Einbettung von inklusiven Ansätzen in eine integrativ-normgeleitete strukturelle Rahmung ist ein zentraler Widerspruch, den die Organisationen stets aufs Neue aufzulösen haben. Insofern findet der in Kapitel 6.1 theoretisch erkundete, das Handlungsfeld ‚Soziale Arbeit bei Arbeitslosigkeit' prägende Widerspruch in den gegenständlichen empirischen Erkenntnissen eine Entsprechung. Es kann davon ausgegangen werden, dass in der sich etablierenden Organisationslandschaft interpretative Diskurse über diese unterschiedlichen Partizipationsverständnisse stattgefunden haben und weiterhin stattfinden.

Systemverändernde Elemente kommen nicht nur im sozialen Agieren, sondern auch im institutionell-politischen Handeln zum Ausdruck – hier allerdings in einer anderen Intensität. Im Sinne der ‚Dialektik der Herrschaft' setzen ECO-WISE-VertreterInnen gesellschaftskritisch und inklusiv an der Verbesserung der Lebenswelten der Zielgruppen sowie der Umweltsituation an. Für die Sozialpolitik hingegen galt es, routinisierte arbeitsmarktpolitische Praktiken aufzubrechen, wobei ihr Hauptaugenmerk auf der Senkung der Arbeitslosenzahlen durch innovative Arbeitsmarktintegration lag, womit das System ‚Arbeitsgesellschaft' implizit stabilisiert wird. Des Weiteren handelt es sich um Bottom-up-Prozesse, die gleichzeitig top-down gesteuert waren. Die Entwicklungs- und Verhandlungstüren wurden vom Sozialministerium für sozial Engagierte geöffnet. Die Metapher vom *„trojanischen Pferd"* von Gronemeyer aufgreifend (siehe Kapitel 3.1.2), wurden Innovationen der Basis gefördert, deren Realisierung hingegen top-down von den Ländern gefordert wurde. Die Machtkarten der Legitimation, Forderung und Förderung wurden ausgespielt. Insofern kann das vorherrschende institutionalisierte Partizipationsverständnis als ein integratives mit emanzipativen Öffnungen bezeichnet werden.

Insgesamt muss mit Blick auf das gegenständliche Partizipationsphänomen festgehalten werden, dass in den 1980er-Jahren deutlich Spielräume die Partizipation betreffend gegeben waren, die sich in den weiteren Phasen der Institutionalisierung durch Reglementierung und Ökonomisierung sowie Aktivierung allerdings wieder zusehends verengten.[201]

7.1.2 1990er-Jahre: Die Expansion

In Österreich waren die 1990er-Jahre durch einen hohen Anstieg der Arbeitslosigkeit geprägt. Strukturelle Veränderungen in der Arbeitswelt, die ausführlicher in Kapitel 4.1.4 besprochen wurden, ließen die Arbeitslosenquote im Zeitraum 1980 bis Mitte 1990 von knapp 2 % auf 7 % ansteigen (vgl. Amt der Steiermärkischen Landesregierung 2010, S. 26). Gegen Ende des Jahrzehnts lässt sich konjunkturbedingt eine tendenzielle Normalisierung erkennen. So sank der Wert in Gesamtösterreich und in der Steiermark auf den Ausgangswert am Beginn des Jahrzehntes zurück (siehe Abbildung 19). In dieser angespannten Arbeitsmarktlage wurden die in den 1980er-Jahren entwickelten Arbeitsmarktintegrationsbetriebe als erfolgreiche KooperationspartnerInnen erkannt. Es kam zu einer Expansion, was laut Aussagen der ExpertInnen mit dem Anstieg der Fördermittel im Bereich der Arbeitsmarktintegration korrelierte. Finanziell bestärkt durch zusätzliche Subventionen aus dem durch den EU-Beitritt Österreichs 1995 zugänglichen Europäischen Sozialfonds (ESF), wurde in diesem Zeitraum die Hälfte der befragten 59 österreichischen ECO-WISE gegründet (n = 30; 49,2 %). In der Steiermark waren es prozentuell gesehen nicht ganz so viele (9 von 23; 39,1 %) (siehe Abbildung 18 in Kapitel 7.1.1).

Abbildung 19: Arbeitslosenquote in Österreich und in der Steiermark 1990–2000

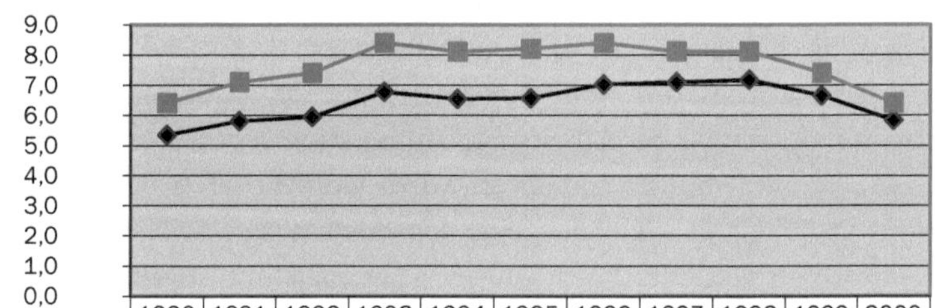

	1990	1991	1992	1993	1994	1995	1996	1997	1998	1999	2000
Österreich	5,4	5,8	5,9	6,8	6,5	6,6	7,0	7,1	7,2	6,7	5,8
Steiermark	6,4	7,1	7,4	8,4	8,1	8,2	8,4	8,1	8,1	7,4	6,4

Quelle: Amt der Steiermärkischen Landesregierung 2010, eigene Bearbeitung

201 Darauf verweist mitunter auch Dorfinger (2006, S. 236 ff.).

Auf die Periode der Entwicklungsjahre folgte also eine der Etablierung. Ein Experte kommentiert dies wie folgt: *„Der wirkliche Durchbruch, sage ich einmal, ist sozusagen mit dem EU-Beitritt Österreichs passiert, weil über das Lukrieren von ESF-Mitteln über den-, ah, über die EU sozusagen da auch Rahmenvorgaben da waren, die eben solche Projekttypen forciert haben*" [IPm 7:31]. Vom ESF wurden insbesondere regionale zielgruppenspezifische Projekte unterstützt, die auf Kooperation und Innovation abzielten. Der Anstieg der öffentlichen Mittel für Arbeitsmarktintegration insgesamt signalisiert, dass die Arbeitslosigkeit zunehmend zu einem gesellschaftlichen Problem wurde, dem politisch durch die Unterstützung solcher Maßnahmen entgegenzusteuern versucht wurde. Im Zentrum der Förderung standen nun vor allem langzeitarbeitslose und gering qualifizierte Personen, wie ein anderer Gesprächspartner konkretisiert: *„Ja, ja da [in den 1990er-Jahren, Anmk. d. Verf.] ist es ausgebaut worden. Ja einfach auch vor dem Hintergrund, dass man gesagt hat, also gerade Menschen, die-, je länger Leute aus dem Arbeitsprozess draußen sind, desto schwieriger kommen sie wieder hinein, aus unterschiedlichen Gründen. Das ist einmal, ah (…) dass man ein Qualifikationsdefizit bekommt, wenn man eine Zeit lang draußen ist, ah dann macht es natürlich viel mit dem Selbstwert der Leute. Also in so einer Situation kann man sich wirklich nur sehr schwer selbstbewusst präsentieren bei einem Vorstellungsgespräch. Das weiß jeder, der das selber schon einmal erlebt hat. Also da ist es fast nicht möglich, einen wirklichen selbstbewussten, ahm, gestandenen Eindruck zu machen. Weil es einem einfach nicht gut geht, diesbezüglich. Das ist das Eine und zum anderen vermuten die Unternehmen, dass es einen speziellen Grund hat, warum man lange arbeitslos ist. Also entweder vermuten sie, dass man nicht richtig will, oder sie vermuten, man ist eine schwierige Persönlichkeit, oder sie vermuten, man kann nichts, oder alles zusammen. Und dadurch hat man einfach einen gewaltigen Wettbewerbsnachteil. Wenn die Leute bei uns arbeiten, bewerben sie sich aus einem Arbeitsverhältnis heraus*" [IPm 2:42]. Die Vorteile des ‚zweiten Arbeitsmarktes' als zentrale Ressource werden vom Experten betont.

Um die Kräfte der Organisationen zu bündeln, Wirkungen sichtbar zu machen und Lobbying zu betreiben, bildeten sich in diesem Jahrzehnt Netzwerke auf regionaler, nationaler und internationaler Ebene. Demzufolge finden die in den Kapiteln 2.3.2 und 5.3.2.4 aufgedeckten Repolitisierungsbestrebungen in der Sozialen Arbeit im gegenständlichen Handlungsfeld eine Entsprechung. Vor allem der internationalen Ebene wird ein immer größerer Stellenwert beigemessen, denn arbeitsmarktspezifische Zielsetzungen und umweltpolitische Verordnungen, die es national umzusetzen gilt, werden größtenteils dort bestimmt[202] (vgl. IPw 12:48).

202 Dies wurde bereits in Kapitel 4.4.4 und 4.4.2 theoretisch evident.

In den Think-Tank-Gesprächen wird zwischen zwei Arten von Netzwerken differenziert (vgl. Think Tank Doc. 2: Abs. 66[203]). Mit Blick auf die Arbeitsmarktintegration sind auf regionaler Ebene das Netzwerk der ‚Beschäftigungsbetriebe Steiermark' (BBS)[204], auf nationaler der in Kapitel 6.1.3.1 bereits erwähnte Zusammenschluss ‚arbeit plus – Soziale Unternehmen Österreich' – vormals Bundesdachverband für Soziale Unternehmen (BDV)[205] – und auf europäischer Ebene das ‚European Network for Social Integration Enterprises' (ENSIE)[206] zu nennen. Auf der Produktebene existieren seit Anfang der 2000er-Jahre Zusammenschlüsse mit ökologischer Fokussierung, wie beispielsweise das internationale REUSE-Netzwerk (RREUSE)[207] oder das regionale Reparaturnetzwerk (Repanet)[208]. Diese leisten Lobbying im Vorfeld umweltpolitischer Regulierungen und engagieren sich für Kooperationen zwischen der Sozialwirtschaft und der Privatwirtschaft in diesen Feldern.

Neben den durch arbeitsmarktspezifische Wandlungsprozesse bedingten Expansionstendenzen war die Entwicklung von ECO-WISE in den 1990er-Jahren geprägt durch eine Ausdifferenzierung ihrer Geschäftsfelder und einen Strukturwandel in der Arbeitsmarktpolitik mit einhergehenden Regionalisierungsbestrebungen.

7.1.2.1 Ausdifferenzierung ökologischer Geschäftsfelder

Wie in Kapitel 4.3 dargelegt, wuchs in den 1990er-Jahren das gesellschaftliche Umweltbewusstsein. Ebenso werden seither ökologische Themen auf internationalen politischen Bühnen diskutiert. 1992 wurden in Rio de Janeiro erstmals verbindliche politische Vereinbarungen für eine globale nachhaltige Entwicklung getroffen.[209] Infolgedessen begann auch der private Marktsektor, ökologische Aktivitäten zu setzen und Geschäftsbereiche zu entwickeln. Umwelttechnologien, Recycling und die Abfallwirtschaft generell wurden zunehmend attraktiver für diesen Sektor (vgl. Gelbmann & Klampfl-Pernold 2010, S. 162f.).

Da insbesondere in der Abfallwirtschaft traditionelle Geschäftsbereiche von ECO-WISE liegen, führten diese Entwicklungen gemäß den Aussagen der ExpertInnen dazu, dass aufgrund des Konkurrenzverbotes neue nicht marktfähige

203 Zitierung hier und im Folgenden: Think Tank Doc. Nummer des Dokumentes: Absatz.
204 http://www.bbsnet.at/ [30.7.2016].
205 http://www.arbeitplus.at/ [30.7.2016].
206 http://www.ensie.org/ [30.7.2016].
207 http://www.rreuse.org/ [30.7.2016].
208 http://www.repanet.at/ [30.7.2016].
209 Die Rio-Deklaration und Agenda 21. Zur Vorgeschichte und Weiterentwicklung dieser Prozesse siehe Kapitel 4.3.

Nischen entdeckt werden mussten. *„Sie besetzen Nischen, wo sie irgendwie reingelassen werden“* [IPm 8:169]. Laut Auskunft der AMS-Expertinnen achtet das AMS gezielt darauf, dass diese Betriebe nicht in bestehende Marktbereiche eingreifen (vgl. IPw 15:68). In den 1990er-Jahren kamen daher neue Geschäftsbereiche hinzu. Zu nennen sind der Gastronomiebereich, Fahrradservice, die Sonnenkollektoren-Montage, Schneidereien, ökologischer Landbau, Landschaftsgestaltung, Reparatur-, Reinigungs- und Verleihdienste.[210]

7.1.2.2 Strukturwandel in der Arbeitsmarktpolitik

Neben dem bereits erwähnten EU-Beitritt ereignete sich in diesem Jahrzehnt eine weitere für die Fördersituation von ECO-WISE folgenreiche strukturelle Veränderung. Laut Zauner (2006, S. 205) setzte eine notwendig gewordene Professionalisierungsphase ein, die die aus den 1980er-Jahren hervorgegangenen Experimente zu Regelinstrumenten mit einer ausgeprägten Kontrollfunktion werden ließ. Die Richtlinien, zu denen nun auch die der Gemeinnützigen Beschäftigungsprojekte (GBP) zählte (siehe Kapitel 6.1.3.3), waren nun mit Indikatoren zur Messung der arbeitsmarktpolitischen Ziele bestückt. Diese basieren auf den im ‚Nationalen Aktionsplan für Beschäftigung‘ (NAP) festgeschriebenen ministerialen Vorgaben, die wiederum mit den arbeitsmarktpolitischen Strategien der EU korrespondieren, worauf in Kapitel 4.4.2 hingewiesen wurde.

Folgen auf das experimentelle Klima hatte zudem die 1994 vollzogene Umwandlung der Arbeitsmarktverwaltung in das ausgelagerte Arbeitsmarktservice (AMS), mit regionalen und lokalen Geschäftsstellen. Der von Minister Dallinger forcierte Bottom-up-Ansatz, wonach unter zwar weitgehend vom Ministerium vorgegebenen Rahmenbedingungen eine Vielzahl sozialer Innovationen zugelassen wurde, veränderte sich zu einem Top-down-Modell, in dem das Arbeitsmarktservice den Zielvorgaben des Ministeriums gemäß und unter Einbindung der SozialpartnerInnen als EntscheidungsträgerInnen erforderliche Maßnahmen bei den jeweiligen Trägerorganisationen zukaufte.[211]

Die sich in den 1980er-Jahren bereits abzeichnenden Schwierigkeiten zwischen der bundespolitischen Entscheidungsebene und der regionalen Umsetzungsebene schrieben sich trotz der – oder wegen der – strategischen Ausgliederung der Arbeitsmarktverwaltung aus der Bundesebene fort. Die ExpertInnen sehen hierin keine großen Veränderungen. *„Nein, das ist in Wirklichkeit nicht spürbar, weil es nach wie vor so ist, dass die Vorgaben ans AMS vom Ministerium*

210 Zur quantitativen Verteilung der Geschäftsfelder siehe Kapitel 7.2.3.

211 Die Relevanz der Sozialpartner in der für Österreich typischen Kompromisspolitik wurde bereits in Kapitel 5.3.2.2 betont.

letztendlich kommen, vom zuständigen. Auch die Geldmittel kommen von dort. Und die Geldmittel ah (..) eh sind alle entsprechend zugeordnet. Das heißt, das Arbeitsmarktservice hat einen sehr geringen Spielraum selber. Sie werden schon, sie haben sicher einen Spielraum, aber die Budgetmittel sind relativ klar zugeordnet" [IPm 2:130]. Auch ein Anstieg der Entscheidungskompetenzen der regionalen AMS-Stellen war aus ihrer Sicht nicht damit verbunden: *„Also die regionalen AMS-Stellen haben ein hohes Interesse an regionalen Trägern, an Know-how, an Ressourcen, die da sind, damit ihre Probleme auch bearbeitet werden. Derzeit ist es ja eher so, dass die regionalen AMS-Stellen ja ganz wenig gefragt werden. Entscheiden tut im Wesentlichen die Landesebene und die Bundesebene. Also die Ziele kommen von der Bundesebene, sind ganz stark politisch beeinflusst und ändern sich, wie der Wind sich dreht. Und das führt dazu, dass es immer schwieriger wird, eine konstante Trägerszene aufrechtzuerhalten"* [IPm 3:75].

Der Bedarf an einer regionalen Verantwortungsausweitung wird hier ein Stück weit ersichtlich. Eine solche stehe jedoch mit den beginnenden Ökonomisierungsbestrebungen der Arbeitsmarktpolitik im Widerspruch (siehe Kapitel 4.4.3 und 5.3.2.4), wie ein anderer Experte aus der Steiermark betont: *„Es hängt natürlich auch mit einer verstärkten wirtschaftlichen Betrachtung des Arbeitsmarktservice an sich, also im Inneren, zusammen, weil früher war die AMV, die hat sich für sehr vieles zuständig erklärt. Das war auch politisch so gewollt (.) und hat Sachen finanziert, die jetzt nicht im ureigensten Aufgabenbereich des AMS liegen, wie es heute ist. Das AMS ist ja auch umgewandelt worden in eine GmbH. Das war früher viel mehr Behörde, die Leute, die dort beschäftigt waren, waren Beamte. Jetzt ist es eine GmbH, jetzt gibt es einen wesentlich eingeschränkteren Auftrag des AMS und da zählt schlicht und einfach ‚ist jemand arbeitslos oder nicht' und irgendwelche anderen Problematiken sind für sie uninteressant"* [IPm 13:4]. Neue Steuerungsmodelle und Strukturreformen im Modus des ‚New Public Management' haben die Arbeitsmarktpolitik in Österreich erreicht. Innovation, Entwicklung und die Auseinandersetzung mit weiteren gesellschaftlichen Fragen liegen vor diesen Hintergründen nicht länger im behördlichen Möglichkeitsbereich.

Insgesamt wird klar, dass die Förderinstrumente der SÖB und der GBP per Richtlinien nicht nur die Rahmenbedingungen (Höhe, Dauer, Ziele der Förderung) regulieren, sondern auch eine Kontrollfunktion haben, durch welche die Erreichung der vorrangig durch die Bundespolitik vorgegebenen Zielsetzungen überprüft werden soll. Die Legitimation und die Effizienz dieser Beihilfen können somit belegt werden. Die hier einsetzenden Ökonomisierungstendenzen führten dazu, dass sich die Räume für soziale Innovation und regionale kooperative Entwicklungen zu verengen begannen.[212] Möglichkeiten, diese wiederzu-

212 Welche Folgen diese Ökonomisierung im Detail mit sich bringt, wird in Kapitel 7.1.3 erläutert.

beleben, können in den Beschäftigungsgesellschaften gesehen werden, die in der Mitte der 1990er-Jahre in der Steiermark entstanden (siehe Kapitel 6.1.3.4). In einer retrospektiven Betrachtung identifiziert ein Sozialwissenschafter im Rahmen der Think-Tank-Diskussionen die Intensivierung der Regionalität als deren entscheidendes Gründungsmotiv. GP18SFm[213]: „*Und wenn ich mich da so zurückerinnere, da haben sie durchwegs gesagt, also die regionale Verankerung und die Kontakte, die auf regionaler Ebene da sind, sind auch wirklich wichtige Schlüsselfaktoren und die (.) wollen sie mit ihnen ausbauen*" [Think Tank Doc. 4: Abs. 11]. Mit den Beschäftigungsgesellschaften wurden unter anderem Strukturen für die Umsetzung einer kooperativen Arbeitsmarktpolitik geschaffen.

7.1.2.3 Kooperative Arbeitsmarktpolitik in der Steiermark

In der Arbeitsmarktpolitik weist die Steiermark langjährige Erfahrungen in der Kooperation zwischen Arbeitsmarktservice, Land und Stadt bzw. Gemeinden auf. Aussagen von VertreterInnen der AMS-Landesgeschäftsstelle gemäß forciert das steirische Arbeitsmarktservice seit Beginn der 1990er-Jahre die Strategie, Gebietskörperschaften, SozialpartnerInnen und regionale Unternehmen in die Ausgestaltung der Arbeitsmarktpolitik mit einzubeziehen (vgl. Lechner, Seiler & Stoppacher 2000, S. 9). Dies geht auch aus den in Kapitel 7.4 gefilterten Handlungsstrategien deutlich hervor. Die Steiermark entwickelte bereits in Zeiten vor den durch den ‚Nationalen Aktionsplan für Beschäftigung' (NAP) im Jahr 1999 eingeleiteten ‚Territorialen Beschäftigungspakten'[214] (TEP) hohe Standards in der lokalen und regionalen Beschäftigungspolitik. Von Lechner et al. (2000, S. 10) werden exemplarisch gemeinsame Finanzierungsübereinkommen bzw. Projektträgerschaften für regionale Arbeitsstiftungen, Beschäftigungsgesellschaften und Sozialökonomische Betriebe genannt. Hervorgehoben werden des Weiteren die Vereinbarungen zwischen dem AMS und dem Land für das steirische Jugendbeschäftigungsprogramm ‚JOB 2000'.

Im ‚Kooperativen Qualifizierungs- und Beschäftigungsprogramm' zwischen Land Steiermark und AMS Steiermark sind sämtliche bestehende Förderungsprogramme und -instrumente des Wirtschaftsressorts des Landes Steiermark in Kooperation mit dem Arbeitsmarktservice im Bereich der aktiven Qualifizierungs- und Beschäftigungspolitik zusammengefasst. Ziel dieses Programms ist

213 Zitierung hier und im Folgenden: GP (= Gesprächspartner) Nummer der/des GP SF (= Sozialforschung) m/w (= Geschlecht) (eine detaillierte Liste findet sich im Anhang).

214 Diese wurden bereits als Beispiele einer dezentralisierten Politik in Kapitel 4.4.4 erwähnt. Hintergründe zur Entwicklung dieser Territorialen Beschäftigungspakte in Österreich und in der Steiermark finden sich in Kapitel 7.1.3 „Regionalisierung in der Arbeitsmarkt- und Umweltpolitik".

die Beschäftigungsförderung unter Berücksichtigung strukturpolitischer, regionalwirtschaftlicher und sozialer Aspekte (vgl. Steiner 2002, S. 227).

Gemäß dem 1997 entwickelten ‚Sozialpolitischen Beschäftigungsprogramm' des Landes Steiermark zeigen sich das Arbeitsmarktservice Steiermark, das Sozialressort des Landes Steiermark, das Sozialministeriumsservice – vormals Bundessozialamt – sowie die Stadt Graz gemeinsam für die Integration benachteiligter Personen in eine Beschäftigung verantwortlich. Im Jahr 1998 wurden das ‚Sozialpolitische Beschäftigungsprogramm' und das ‚Kooperative Qualifizierungs- und Beschäftigungsprogramm' im Steiermärkischen Arbeitsförderungsgesetz verankert (vgl. Amt der Steiermärkischen Landesregierung 1998, S. 210). Dieses Gesetz legt die landesseitige Schwerpunktsetzung im Bereich der Arbeitsmarktpolitik und die dafür vorgesehenen Fördermittel fest. Dabei engagieren sich das Sozialressort und das Wirtschaftsressort des Landes Steiermark gleichermaßen. Somit wurden die vorangegangenen Kooperationen bzw. Ko-Finanzierungen zwischen AMS Steiermark und Land Steiermark, die über die in einzelnen Förderrichtlinien festgesetzten Pflichtmittel hinausgingen, auf eine gesetzliche Basis gestellt (vgl. Lechner et al. 2000, S. 9).

Ziel des Gesetzes ist die Erreichung und nachhaltige Sicherung der Vollbeschäftigung in der Steiermark (vgl. Amt der Steiermärkischen Landesregierung 1998, S. 210). Das Land verpflichtet sich damit, Maßnahmen zur Erreichung dieses Ziels zu unterstützen. Konkret werden folgende Teilziele angeführt: 1.) die Verbesserung und Sicherung der beruflichen Qualifikation; 2.) die Schaffung und Erhaltung von Lehr- und Ausbildungsplätzen; 3.) die Schaffung und Erhaltung eines bedarfsorientierten und arbeitsmarktpolitisch ausgewogenen Fachkräftenachwuchses; 4.) die Schaffung und Erhaltung von Arbeitsplätzen für sozial benachteiligte Personen oder Personengruppen; 5.) die Erleichterung des Zugangs zu beruflichen Tätigkeiten für Personen mit Betreuungspflichten und 6.) der Ausgleich von durch die Arbeitsmarktstruktur oder sonstige Ursachen bedingten Nachteilen und Belastungen von ArbeitnehmerInnen. Hinsichtlich der Verantwortungsaufteilung kann festgestellt werden, dass im Wirtschaftsressort die Schaffung von Arbeitsplätzen sowie die Qualifizierung im Zentrum stehen, im Sozialressort stehen zielgruppenorientierte Initiativen, wie z. B. die Unterstützung von Beschäftigungsbetrieben und -projekten, im Vordergrund (vgl. Amt der Steiermärkischen Landesregierung 2007, S. 78).

7.1.2.4 Institutionalisierung von Partizipation

Zusammenfassend erweisen sich auch in den 1990er-Jahren die in Kapitel 6.1.2 herausgearbeiteten Motive und Voraussetzungen als zentral für die Entwicklung von ECO-WISE: regionale Verankerung, bedarfsorientiertes Engagement und Kooperationen. Insgesamt war dieses Jahrzehnt durch Wachstums-, Ausdifferenzierungs- und Umgestaltungsprozesse geprägt, die Möglichkeiten eröffneten, aber auch Grenzen setzten. Zum einen mündete die experimentelle Phase der 1980er-Jahre in eine reglementierte Entwicklung, die mit beginnenden Ökonomisierungstendenzen in Zusammenhang steht. Diese verstärkten sich im Laufe des nächsten Jahrzehnts, was weitreichende Folgen für die Organisationen hatte (siehe Kapitel 7.1.3). Zum anderen sind, nicht zuletzt durch den EU-Beitritt Österreichs, eine Globalisierung und Hierarchisierung der arbeitsmarktpolitischen Strategiebildung und Zieldefinitionen erkennbar. Nationale Entwicklungen wurden zusehends an die europäischen Zielvorgaben angepasst, wodurch sich der Gestaltungsspielraum für regionale Akteure vorerst verengte. Mit Blick auf die Steiermark ist demgegenüber ein regionales Kräftebündeln erkennbar. Die genannten Kooperationen zwischen dem AMS Steiermark, dem Land Steiermark, den Beschäftigungsbetrieben und -projekten sowie der Wirtschaftspolitik zeugen von einer Intensivierung einer bereits vorhandenen Zusammenarbeitskultur. Diese mit Dezentralisierungsbestrebungen einhergehende Regionalisierung setzt sich im weiteren Entwicklungsverlauf fort, worauf in Kapitel 7.1.3 eingegangen wird. Im Folgenden werden abermals die im Material lesbaren Strukturierungsprozesse entlang im Partizipationsanalyse-Rahmenmodell (siehe Kapitel 3.3) ausgewiesener Aspekte detaillierter beleuchtet. Sie beziehen sich auf materielle und autoritative Partizipationsressourcen sowie auf Partizipationsrechte. Ebenso erkennbar ist in diesen Rekonstruktionen ein für diese Periode konstitutives Partizipationsverständnis.

Strukturierung materieller Partizipationsressourcen in den 1990er-Jahren

Die Expansion und Ausdifferenzierung von ECO-WISE in den 1990er-Jahren stellt ein Beispiel für eine mobilisierende Partizipation mit Blick auf die Strukturierung materieller Partizipationsressourcen dar. Als sozial Agierende werden ECO-WISE-VertreterInnen in zweifacher Hinsicht durch gesellschaftliche Institutionen mobilisiert. Zum einen förderten politische Institutionen, die in Zeiten steigender Arbeitslosenquoten die Potenziale von ECO-WISE erkannten, die Expansion des Bereiches, womit die Experimente zum arbeitsmarktpolitischen Standardrepertoire avancierten. Durch den Anstieg an Fördermitteln, angereichert mit zusätzlichen Geldern aus EU-Fördertöpfen, waren dafür die materiellen Voraussetzungen gegeben. ECO-WISE galten fortan als relevante Beteiligte in der Realisierung von Arbeitsmarktintegration, wobei eine Weiterentwicklung der Experimente dabei weniger gefragt war. Eine Ausnahme bildeten die durch den ESF im Modus der Dezentralisierung geförderten Projekte, in denen zielgruppen- und regionalspezifisch neue Wege beschritten werden konnten. Diese neuen Wege waren auch wichtig für das Entdecken alternativer Geschäftsfeldnischen, wozu sie insbesondere durch ökonomische Institutionen mobilisiert wurden. Durch das Vordringen jener in mittlerweile marktfähig gewordene ökologische Geschäftsfelder wurden ECO-WISE aus ihren Nischen gedrängt. Ökologische Innovationen waren gefragt, aus denen eine Palette weiterer nicht marktfähiger Geschäftsfelder hervorging, womit sich ECO-WISE erneut als Nachhaltigkeitsakteure profilieren konnten.

Deutlich werden in diesen Entwicklungen die unterschiedlichen Motive. Während politische Institutionen sich für die Institutionalisierung der Experimente als Regelinstrumente interessierten, hatten und haben ECO-WISE-VertreterInnen die Arbeit mit den AdressatInnen im Blick. Eine auf die Zielgruppen zugeschnittene Angebotsentwicklung war vor allem über die vom ESF kofinanzierten Projekte möglich. Routinisierte Partizipation auf Basis des Regelwissens setzte sich im Alltagshandeln der Organisationen jedoch langsam durch. Bewusste Gestaltungspläne sind in spezifischen Projekten, in der Ausweitung der Geschäftsfelder und in der Herausbildung von Netzwerken erkennbar. Darin spiegeln sich ein weiteres Mal die gesellschaftlichen Gestaltungspotenziale der Akteure wider. Mit Blick auf die Beteiligungsintensitäten waren ECO-WISE-VertreterInnen insbesondere im Rahmen der zahlreichen Neugründungen selbstorganisiert aktiv und in Entscheidungen eingebunden. Durch die zunehmende Institutionalisierung wurden und werden sie allerdings vermehrt durch die politische Seite auf die Umsetzungsfunktion reduziert, was einer Scheinbeteiligung gleichkommt. Darin zeigen sich deutlich Parallelen zur für Österreich typischen Entwicklung von Dritt-Sektor-Organisationen insgesamt.[215] Hinsichtlich der Geschäftsfeldentwicklung und Netzwerkbildung liegt hingegen wieder ein hohes Maß an Eigeninitiative, Entscheidungsbeteiligung und Selbstorganisation vor. Zudem haben sich die Handlungssphären erweitert: Zur regionalen und nationalen ist die europäische Handlungssphäre hinzugekommen.

Strukturierung von Partizipationsregeln in den 1990er-Jahren

In den Reglementierungsprozessen der 1990er-Jahre spiegelt sich die fortlaufende Strukturierung von Partizipationsrechten, -richtlinien, -standards und auch -pflichten wider. Wie gezeigt wurde, war diese Periode durch eine Professionalisierung und Umstrukturierung bestehender arbeitsmarktpolitischer Strukturen geprägt. Die Förderrichtlinie der SÖB wurde modifiziert und eine neue, bedarfsorientierte entwickelt, die insbesondere auf die Erbringung von gemeindenahen Aufträgen abzielte. So sollte sich die Kooperation zwischen ECO-WISE und den Gemeinden als AuftraggeberInnen intensivieren. Die in den Regulativen festgesetzten Leistungsindikatoren sind ministerial vorgegeben und an die EU-Strategien angelehnt. Dahingehend implizierten die Vorgaben nicht nur Rechte, sondern sie enthielten auch Pflichten, deren Einhaltung durch öf-

---

215 Wie in Kapitel 5.3.2.4 gezeigt, wurden in den 1990er-Jahren zahlreiche aus der ‚neuen sozialen Bewegung' hervorgegangene Experimente in die wohlfahrtsstaatliche Dienstleistungserbringung integriert.

fentliche Institutionen kontrolliert wurde. Für die Umsetzung und Kontrolle sind den Förderrichtlinien gemäß nach wie vor die regionalen Geschäftsstellen des AMS verantwortlich (siehe Kapitel 6.1.3.2).

Aus den Interviews lässt sich herauslesen, dass die Instrumente SÖB und GBP in den Ländern nun auf eine breite Akzeptanz stießen, nicht zuletzt, da damit auch Zusatzgelder vom ESF lukriert werden konnten, wodurch zusätzliche Mittel für Arbeitsmarktintegration direkt in die Regionen flossen. Des Weiteren ist von einem – wenn auch limitierten – Gestaltungsspielraum in der regionalen praktischen Richtlinienumsetzung auszugehen. Dass die einen oder anderen Absprachen abseits ministerialer Vorgaben möglich sind, findet beispielsweise in der Entwicklung der steiermarkspezifischen Beschäftigungsgesellschaften eine Entsprechung. Darin verdeutlicht sich, dass Strukturen im Allgemeinen und Regeln im Speziellen nicht irreversibel sind, sondern in der konkreten Praxis modifizierbar sind. Die Förderrichtlinien stellen Orientierungen dar, die bundeslandspezifisch unterschiedlich interpretiert und erweitert werden können (siehe Kapitel 3.2.5).

Für die Regulierungsbestrebungen ließen sich folgende Motive identifizieren: Für politische Institutionen ist das Ausbalancieren globaler Vorgaben mit regionalen, zielgruppenspezifischen Bedarfen zentral. Ziel ist es, mit den zur Verfügung stehenden Mitteln die arbeitsmarktpolitisch gesetzten Ziele bestmöglich zu erreichen. ECO-WISE-VertreterInnen sind als UmsetzerInnen ebenso von dieser Zielerreichung geleitet, nicht zuletzt, da die Fördergelder daran gebunden sind. Sie sind aber auch diejenigen, die die Bedarfe in den Regionen kennen und darauf abgestimmte Angebotsentwicklungen vorschlagen und – wie gezeigt wurde – auch durchsetzen. Insofern liegen hier, wenn auch in geringerem Ausmaß als in den 1980er-Jahren, Entwicklungsspielräume vor. Abseits von größtenteils routinisierten Handlungen im Rahmen der Richtlinienumsetzung existieren auch gesteuerte, kontrollierte und diskursive Partizipationsbeiträge hinsichtlich der Weiterentwicklung des Angebotsspektrums.

Strukturierung autoritativer Partizipationsressourcen in den 1990er-Jahren

Trotz Verwaltungsreform und Regionalisierung der vormaligen AMV zum AMS mit regionalen Geschäftsstellen ändern sich die hierarchischen Strukturen der Arbeitsmarktpolitik nicht merklich. Das Bundesministerium gibt in Analogie zur EU die Ziele und Budgetmittel vor. Den regionalen AMS-Stellen bleibt ein geringer Handlungsspielraum, um bedarfsorientierte Innovationen zu unterstützen. Vor diesen Hintergründen haben sich in der Steiermark ergänzend kooperative regionale Strukturen herausgebildet. Mit der steirischen Zusatzvereinbarung von Beschäftigungsgesellschaften in der GBP-Richtlinie wurden machtspezifische und organisatorische Voraussetzungen für die Realisierung der kooperativen Ziele und damit auch für die Ausweitung des Gestaltungsvermögens von ECO-WISE gesetzt.

Retrospektiv kann festgehalten werden, dass auf Bundesebene zwar Strukturen geschaffen wurden, mit denen die Regionen eine stärkere Einbindung erfahren sollten. Dennoch galt es damit gleichzeitig, die Hierarchien und das System zu stabilisieren, worin die in Kapitel 4.4.4 bereits kritisch diskutierten Dezentralisierungsmotive eine Entsprechung erfahren. Auf regionalpolitischer Ebene war das selbstorganisierte Finden von Gestaltungsmöglichkeiten zentral. Dazu wurde und wird auf eine Verantwortungsverteilung gesetzt. Für ECO-WISE-VertreterInnen war eine Einbindung in diese neuen regionalen politischen Kooperationsstrukturen insofern von Relevanz, da es ihnen durch diese Partnership-Projekte möglich wurde, ihre Umsetzungsrolle tendenziell abzulegen und zu partnerschaftlichen MitspielerInnen zu werden. Der ermöglichende Charakter von Strukturen wird in diesem Beispiel evident. Insofern kann konstatiert werden, dass eine selbstorganisierte Partizipation von regionalpolitisch Verantwortlichen unter Einbindung von Akteuren in ECO-WISE in die Entscheidungsfindung stattfand.

Analog dazu differenzierten sich die Handlungseigenschaften aus. Während sich auf Bundesebene routinisiertes, auf dem praktischen Regelwissen basierendes Handeln durchsetzte, mit dem es Hierarchien aufrechtzuerhalten galt, fand im Zuge des regionalpolitischen Kräftebündelns eine gesteuerte und kontrollierte Partizipation statt, die diskursiv ausdrückbar war und bewusst ein gemeinsames Partizipationsmotiv verfolgte, nämlich auf regionaler Ebene Entwicklungsräume zu eröffnen. Damit wurden neue Partizipationsbedingungen auf regionaler Ebene geschaffen, die im folgenden Jahrzehnt in den bundesweit reglementierten ‚Territorialen Beschäftigungspakten' (TEP) systematisiert wurden. Allerdings bedingt die Beteiligung eines größeren Anspruchsgruppenkreises eine facettenreichere Bedürfnislage, die es zu bedienen gilt. Die sich darin abzeichnenden unintendierten Handlungsfolgen können sich als vor- oder nachteilig erweisen, wie in Kapitel 7.3 und 7.4 noch gezeigt wird.

Strukturierung des Partizipationsverständnisses in den 1990er-Jahren

Auch hier führen alle drei Beispiele hin zu einem für das gegenständliche Partizipationsphänomen konstitutiven Partizipationsverständnis, das sich in den 1990er-Jahren stärker als ein integratives strukturierte.

Die 1990er-Jahre waren die Zeit, in denen sich die Experimente der 1980er-Jahre institutionalisierten. Auf der institutionellen Strukturebene setzte sich ein Routinen und Hierarchien aufrechterhaltendes Partizipationsverständnis durch. Politische Institutionen, insbesondere auf Bundesebene, agierten legitimierend, fordernd und einschränkend, mit dem Ziel der Systemstabilisierung. Unter dem Deckmantel der Professionalisierung wurde ein ‚New Public Management' realisiert, mit dem neue Steuerungsmodelle eingeleitet wurden. Es fand eine Regulierung mittels strenger Vorgaben und somit eine Verriegelung für Innovationen statt. Ein auf Integration abzielendes Partizipationsverständnis liegt hier vor, das durch Nichtbeteiligung, Scheinbeteiligung und Information geprägt ist. Diskurse über ein emanzipatives Partizipationsverständnis wurden entweder verdrängt oder in die blühenden Gärten der vom ESF geförderten Alternativprojekte verlagert.

Auf regionalpolitischer Ebene setzte dieser Entwicklung gegenläufig – zumindest in der Steiermark – eine Bottom-up-Bewegung im Sinne der ‚Dialektik der Herrschaft' ein (siehe Kapitel 3.3). Die lebensweltliche Machtkomponente kam im Modus einer systemverändernden Selbstorganisation zum Ausdruck, mit dem Ziel, sich auf regionaler Ebene Gestaltungsräume zu schaffen. Die im Steiermärkischen Arbeitsmarktförderungsgesetz 1998 festgesetzten Kooperationsbestimmungen sowie die Förderrichtlinie für Beschäftigungsgesellschaften waren Resultate, die als wegweisend für die nächsten Jahre einzustufen sind. Das Ziel dieser Initiativen war und ist es, nach wie vor am normierten Verständnis der Arbeitsgesellschaft anzusetzen und Arbeitsmarktintegration zu fördern. Organisatorisch lagen emanzipative Bestrebungen vor, die unterschiedlichen Verantwortlichen in der Erreichung dieses Ziels mit einzubeziehen. Es wurde nach innovativen Lösungen gesucht, wozu auch neue Geschäftsfeldentwicklungen zählen, die insbesondere für die kommende Periode tragend sein würden.

Insgesamt vertiefte sich in den 1990er-Jahren der Graben zwischen den Aktivitäten in den Ländern und denen auf Bundesebene, auch wenn dem gerade durch Strukturreformen entgegengesteuert werden sollte. Anders als im vorigen Jahrzehnt verlagerten sich die Partizipationsmöglichkeiten für ECO-WISE-VertreterInnen in dieser Phase auf die regionale Ebene, die durch Beteiligungsbemühungen in Form von Netzwerken auf nationaler und internationaler Bühne flankiert wurden. Ein integratives Verständnis lag mit Blick auf die arbeitsmarktpolitischen Ziele vor, ein emanzipatives war in den regionalen kooperativen Entwicklungen aufzuspüren, die sich als Gegenbewegungen zum restriktiveren Vorgehen auf Bundesebene positionierten. Insofern kann hier von einem stärker integrierenden Partizipationsverständnis mit pragmatischen, emanzipativen Zügen gesprochen werden.

7.1.3 2000er-Jahre: Die Neuausrichtung

Blickt man auf die Arbeitsmarktlage der ersten Dekade des neuen Jahrtausends zurück, so zeigt sich, dass die konjunkturbedingt moderate Arbeitslosenquote zu Beginn des Jahrzehnts von 5,8 % in Gesamtösterreich bzw. 6,4 % in der Steiermark im Laufe der Jahre sukzessive anstieg (siehe Kapitel 4.1.4). Im Jahr 2009 betrug sie bereits 7,2 % in Gesamtösterreich bzw. 7,8 % in der Steiermark, wobei die Tendenz angesichts der wirtschaftlichen Lage als steigend eingestuft wurde (vgl. Amt der Steiermärkischen Landesregierung 2010, S. 26). Dies bestätigt sich in den realen Zahlen im angebrochenen zweiten Jahrzehnt (siehe Abbildung 20). 2015 betrug die Arbeitslosenquote in Österreich bereits 9,1 % und in der Steiermark 8,3 %.

Die Arbeitsmarktpolitik reagierte auf diese Entwicklungen, wie bereits in Kapitel 4.4.2 erwähnt wurde, zum einen mit einer Intensivierung des bereits Mitte der 1990er-Jahre einsetzenden restriktiven Kurses in Zusammenhang mit der Arbeitslosenversicherung (vgl. Talós 2005, S. 60 f.) sowie mit der Einführung der ‚bedarfsorientierten Mindestsicherung' ab 2010. Welche Rolle Beschäftigungsbetriebe und -projekte im Zusammenhang mit Letzterer einnehmen werden bzw. welche Auswirkung die Anbindung der Mindestsicherung an eine Arbeitsmarktintegration auf die Organisationen und deren Leistungen haben kann, war zum Zeitpunkt der ExpertInnengespräche eine hochaktuelle Frage, die im nächsten Abschnitt diskutiert wird (siehe Kapitel 7.1.3.1). Insgesamt zeigt sich in all diesen Entwicklungen eine zunehmend auf Aktivierung abzielende politische Strategie (siehe Kapitel 4.4.2).

Zum anderen wurde innerhalb der ‚aktiven Arbeitsmarktpolitik' im Verlauf des Jahrzehnts ein deutlich stärkerer Akzent auf Qualifizierungsprogramme gesetzt: *„Ja, ich meine, in der Geschichte war es eher so, dass das Arbeitsmarktservice dann, ich weiß nicht ab wann das losgegangen ist, eigentlich schon, ja 1997, 1998 sind dort die Mittel immer weniger geworden, das heißt, das ist anders umverteilt worden. Es hat sich auch die politische Landschaft geändert, sodass die Forderung auf Verwendung dieser Arbeitsmarktförderungsmittel halt auch in Richtung Betriebe gegangen ist, in Richtung Qualifizierung von Beschäftigten. Und auf der anderen Seite natürlich da [in ECO-WISE, Anmk. d. Verf.] die Mittel auch weniger geworden sind"* [IPm 13:45]. Knapper werdende Mittel bei anhaltend hoher Arbeitslosigkeit führen sukzessive weg von einer aktiv integrierenden hin zu einer auf Qualifizierung orientierten Strategie. Begründet wird das in den ExpertInnengesprächen damit, dass in Qualifikationsprogrammen mehr Menschen untergebracht werden können, als das beispielsweise in ECO-WISE möglich ist, und das zu weitaus günstigeren Konditionen, als das in längerfristigen arbeitsintegrativen Prozessen der Fall ist: *„Es werden sehr viele Schulungen angeboten, meistens kurze Schulungen. Mit jeder Schulungsmaßnahme bringe ich wieder ein paar Leute weg aus der Statistik. In einem kurzen Kurs habe ich natürlich ganz andere Durchläufe und ich kann irgendwelche Zielwerte erreichen, die das AMS ja selber vorgegeben bekommt. Das Problem momentan ist also, dass halt die Beschäftigungsbetriebe als teuer gelten und dass sie statistisch nicht eine gar so eine Entlastung mit sich, (.) bewirken können. Weil's eigentlich um kleinere Mengen geht"* [IPm 8:73].

Diese Wahrnehmung wird durch die Aussage eines anderen Experten bestätigt: *„[...] und das AMS sagt: ‚Ja wir sind für Arbeitslosigkeit zuständig, und alles was nicht arbeitslos ist, ist ein Erfolg für uns.' Das heißt, man ist dann hergegangen und hat gesagt: ‚Okay, wie viele Leute kann ich in einen Ausbildungskurs stecken?',*

Abbildung 20: Arbeitslosigkeit in Österreich und in der Steiermark 2000–2015

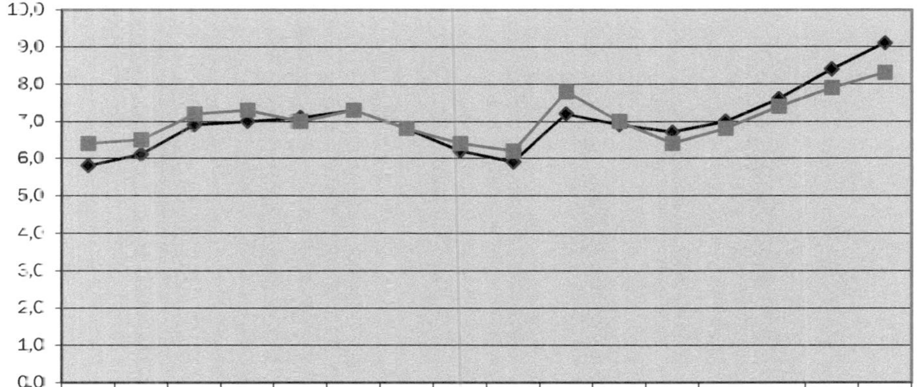

	2000	2001	2002	2003	2004	2005	2006	2007	2008	2009	2010	2011	2012	2013	2014	2015
Österreich	5,8	6,1	6,9	7,0	7,1	7,3	6,8	6,2	5,9	7,2	6,9	6,7	7,0	7,6	8,4	9,1
Steiermark	6,4	6,5	7,2	7,3	7,0	7,3	6,8	6,4	6,2	7,8	7,0	6,4	6,8	7,4	7,9	8,3

Quelle: Amt der Steiermärkischen Landesregierung 2010, S. 26; AMS Österreich 2016 „Arbeitsmarktdaten online“, eigene Bearbeitung

Abbildung 21: Geförderte Personen in aktiven Maßnahmen 2000–2014

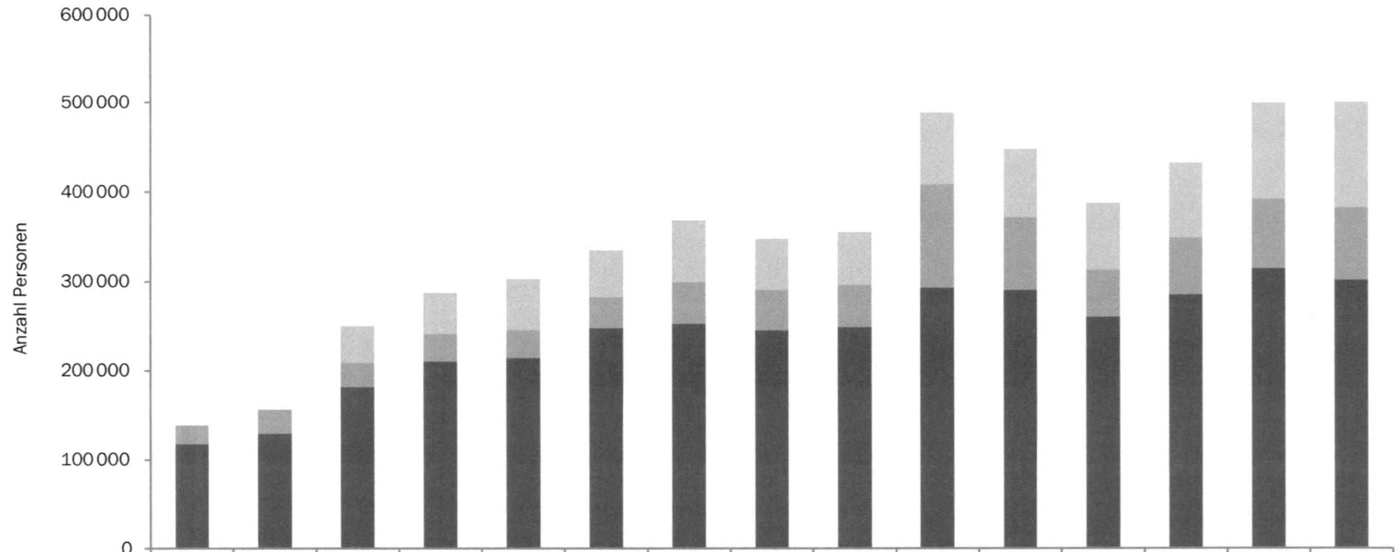

	2000	2001	2002	2003	2004	2005	2006	2007	2008	2009	2010	2011	2012	2013	2014
Unterstützung			41 092	46 421	57 875	51 953	68 630	56 784	58 716	80 113	76 126	74 781	83 637	107 567	118 635
Beschäftigung	21 000	26 700	26 608	30 330	30 248	35 052	47 094	45 809	47 747	115 149	80 611	51 992	62 980	77 578	80 895
Qualifizierung	117 600	129 424	181 821	210 519	214 387	247 681	252 331	245 067	248 649	293 086	290 781	260 455	285 486	314 303	301 168

Quelle: eigene Darstellung gemäß den Angaben in den jährlichen Geschäftsberichten des AMS Österreich (2001, 2002, 2003, 2004, 2005, 2006, 2007, 2008, 2009, 2010, 2011, 2012, 2013b, 2014c, 2015b) *weil in dem Moment, wo die in so einem Kurs drinnen sind, sind sie nicht mehr arbeitslos. Da gibt es halt dann echte Skurrilitäten, dass Leute halt in einem Kurs sitzen, den sie gar nicht brauchen oder den sie schon zum 100. Mal machen oder- aber das ist aus der Sicht des AMS jetzt, das sagt: ‚Okay, für uns ist die Person quasi aus der Statistik draußen.' Und dadurch wird auch dieser Auftrag sehr stark eingeschränkt und diese Maßnahmen, diese Schulungen sind natürlich aus der Sicht des AMS wesentlich günstiger, billiger zu haben als jetzt so eine Beschäftigungsgesellschaft, wo die Leute dann, früher bis zu einem Jahr, drinnen sind, das ist auch schon gekürzt worden auf neun Monate, sechs Monate"* [IPm 13:47].

Auch Atzmüller (2009, S. 171 ff.; zit. n. Stelzer-Orthofer 2011, S. 146) macht auf die vom AMS forcierte Qualifizierungsinitiative aufmerksam. Seinen Studien zufolge wurden vermehrt Personen zu Schulungen vermittelt, vorrangig um eine statistische Unterbrechung der Arbeitslosigkeit zu erwirken. So hat sich zwischen 1996 und 2007 die monatliche Anzahl von SchulungsteilnehmerInnen verdreifacht. Hinzu kam ein Anstieg der Angebotszahlen bei relativ konstant gebliebenen Budgets. Dies ist seiner Einschätzung nach nur durch eine Verkürzung der Schulungsdauer mit einhergehendem Qualitätsverlust zu bewerkstelligen. Dahingehend erscheinen diese kurzen und billigen Maßnahmen vor allem in Hinblick auf die nachhaltige Effizienz des Mitteleinsatzes als kritikwürdig (vgl. Stelzer-Orthofer 2011, S. 146).

Diese Entwicklungen spiegeln sich tendenziell in den vom AMS publizierten Zahlen wider. Mit Blick auf die aktiven arbeitsmarktpolitischen Maßnahmen insgesamt ist im Zeitraum 2000 bis 2014 ein kontinuierlicher Anstieg der jährlich neu geförderten Personen zu beobachten (siehe Abbildung 21). Gemäß den Angaben in den AMS-Geschäftsberichten (2001–2015) haben sich die TeilnehmerInnenzahlen im Bereich der Qualifizierung von 117 000 auf 301 000 nahezu verdreifacht, jene in Beschäftigungsinitiativen von rund 21 000 auf 80 000 sogar fast vervierfacht.

In einer spezifischen Betrachtung stellt das Bundesministerium für Arbeit und Soziales einen deutlichen Anstieg von geförderten Personen in Beschäftigungsbetrieben (SÖB und GBP) fest. Im Zeitraum 2001 bis 2010 wuchs die Zahl von 7 269 auf 26 781 Personen (vgl. BMASK 2011a, S. 36). Erkennbar sind in den Angaben des AMS zudem deutliche Schwankungen. So stechen die Jahre 2009 und 2010 hervor. Im Gefolge der 2008 eingetretenen Wirtschaftskrise wurden zahlreiche arbeitsmarktpolitische Initiativen gesetzt. So erhielten im Bereich ‚Beschäftigung' unter anderem mehr als die Hälfte der angeführten Personen eine Beihilfe für Kurzarbeit. Dadurch reduzierte sich der Anstieg für andere Beschäftigungsförderungen deutlich auf 49 000 Personen, was in etwa den Zahlen aus dem Jahr 2008 entspricht. Eppel et al. (2014, S. XXVI f.) identifizieren in den von ihnen im Rahmen der Evaluierungsstudie zu Beschäftigungsbetrieben untersuchten Organisationen ein sprunghaftes Wachstum von verfügbaren Transitarbeitsplätzen. Im Jahr 2009 erfolgte beispielsweise eine Steigerung um

Abbildung 22: Arbeitsmarktpolitisches Förderbudget 2000–2014

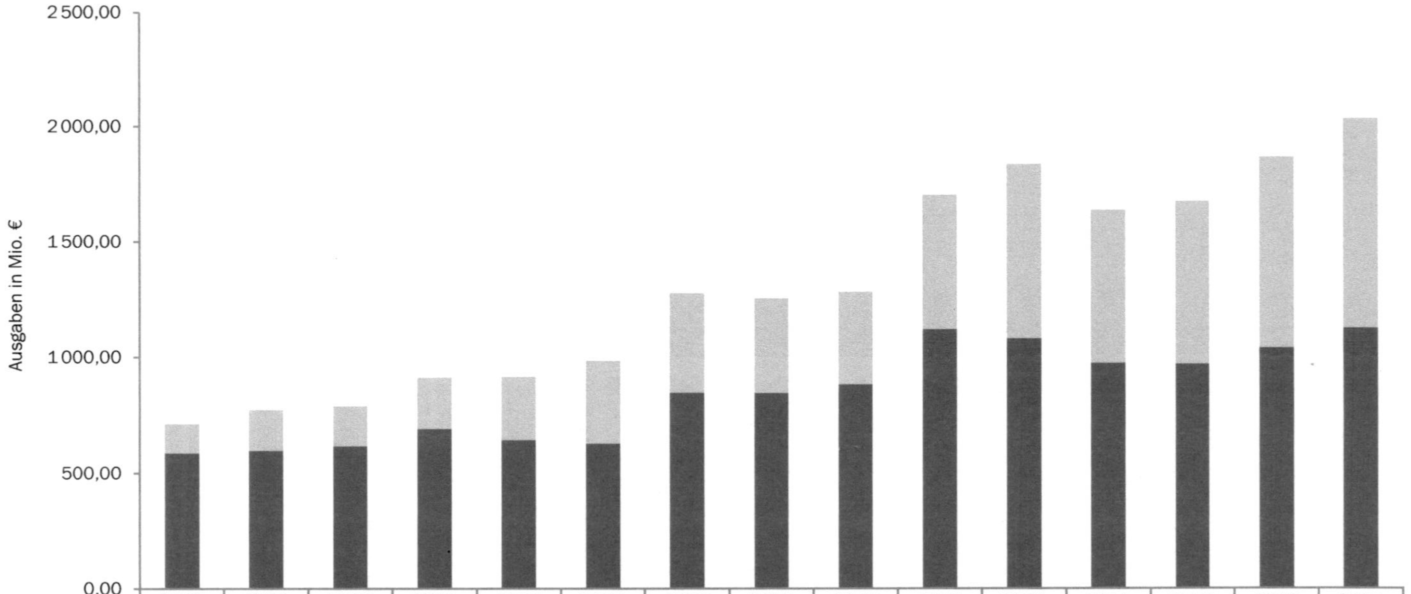

	2000	2001	2002	2003	2004	2005	2006	2007	2008	2009	2010	2011	2012	2013	2014
passive AMP	125,76	173,21	168,67	218,61	269,60	354,06	428,94	408,00	399,98	583,39	756,70	660,94	703,00	827,00	906,00
aktive AMP	586,87	598,95	619,38	691,77	644,60	629,93	846,97	845,61	882,24	1 119,5	1 078,9	975,19	971,00	1 038,0	1 124,0

Quelle: eigene Darstellung gemäß den Angaben in den jährlichen Geschäftsberichten des AMS Österreich (2001, 2002, 2003, 2004, 2005, 2006, 2007, 2008, 2009, 2010, 2011, 2012, 2013b, 2014c, 2015b).

27,5 %, wobei sich diese vorrangig auf GBP konzentrierte. Sie sehen darin einen Zusammenhang mit der in diesem Jahr gestarteten ‚Aktion 4000', in deren Rahmen in Analogie zur ‚Aktion 8000' 4 000 gemeindenahe Transitarbeitsplätze angeboten wurden. Mit der Beendigung dieser Aktion reduzierten sich die von GBP angebotenen Arbeitsplätze wieder auf das Niveau von 2008.

Diese Entwicklungen decken sich mit den Ausgaben für aktive Maßnahmen insgesamt. Zwischen 2000 und 2014 ist diesbezüglich ebenso ein kontinuierlicher Anstieg auszumachen (siehe Abbildung 22). Ein erhöhter Mitteleinsatz ist wirtschaftskrisenbedingt insbesondere in den Jahren 2009 und 2010 beobachtbar, ebenso für 2013 und 2014. Dies korreliert mit den höheren Arbeitslosenzahlen zu diesen Zeitpunkten (siehe Abbildung 20).

Die Gelder setzen sich zusammen aus den jährlich bewilligten aktiven Förderbudgets gemäß dem Arbeitsmarktservicegesetz. Diese werden durch passive Mittel aus der Arbeitslosenversicherung für spezifische aktivierende Angebote ergänzt. Auffallend ist, dass die Umwidmung von passiven Geldern seit 2009 sprunghaft zunahm und stetig anstieg. So betrug das gesamte Förderbudget im Jahr 2014, das sich jeweils ca. zur Hälfte aus aktiven und passiven Mitteln zusammensetzte, bereits über 2 Milliarden Euro. Nicht hinzugezählt sind hier Mittel, die direkt für spezielle Förderprogramme, wie beispielsweise die Lehrlingsoffensive bereitgestellt wurden.

In einer genaueren Betrachtung der Budgetverteilung der aktiven Maßnahmen ist festzustellen, dass im Durchschnitt ca. zwei Drittel der Gelder für Qualifizierungsmaßnahmen verwendet wurden (vgl. BMASK 2013b, S. 4). Diese für die österreichische Arbeitsmarktpolitik typische Schwerpunktsetzung änderte sich tendenziell im Jahr 2015. Es wurde internationalen Beispielen folgend ein Kurswechsel eingeleitet, wonach Beihilfen für die Wiedereingliederung und Kurzarbeit, höherwertigen Kursen für Fachkräfteausbildungen und der Förderung des ‚zweiten Arbeitsmarktes' gegenüber Jobcoaching und Trainingsprogrammen der Vorzug gegeben wird (vgl. Bruckner 2015, S. 24). Ziel dieser Strategie ist es, Einzelfälle verstärkt zu unterstützen und weniger Gießkannenförderung zu betreiben (vgl. Prinz 2015, S. 24).

In der Budgetverteilung und -entwicklung ist klar ersichtlich (siehe Abbildung 23), dass das Wachstum verglichen mit dem Anstieg der Personenzahl deutlich geringer ausfiel. Im Bereich der Qualifizierung stieg das Förderbudget beispielsweise im Zeitraum 2000 bis 2014 von 355 auf 698 Millionen Euro an. Einer dreifachen Zahl an geförderten Personen steht somit lediglich eine Verdoppelung der Ausgaben gegenüber. Hinsichtlich der Beschäftigung spitzte sich die Lage noch weiter zu. Hier wuchsen die Ausgaben von rund 175 auf 319 Millionen Euro. Während sich die TeilnehmerInnenzahlen allerdings nahezu vervierfachten, verdoppelte sich das Budget nur knapp. Die Abwicklung konnte demnach nur über Kürzungen, die Maßnahmenausgaben bzw. -dauer betreffend,

Abbildung 23: Zusammensetzung des Förderbudgets für aktive Maßnahmen 2000–2014

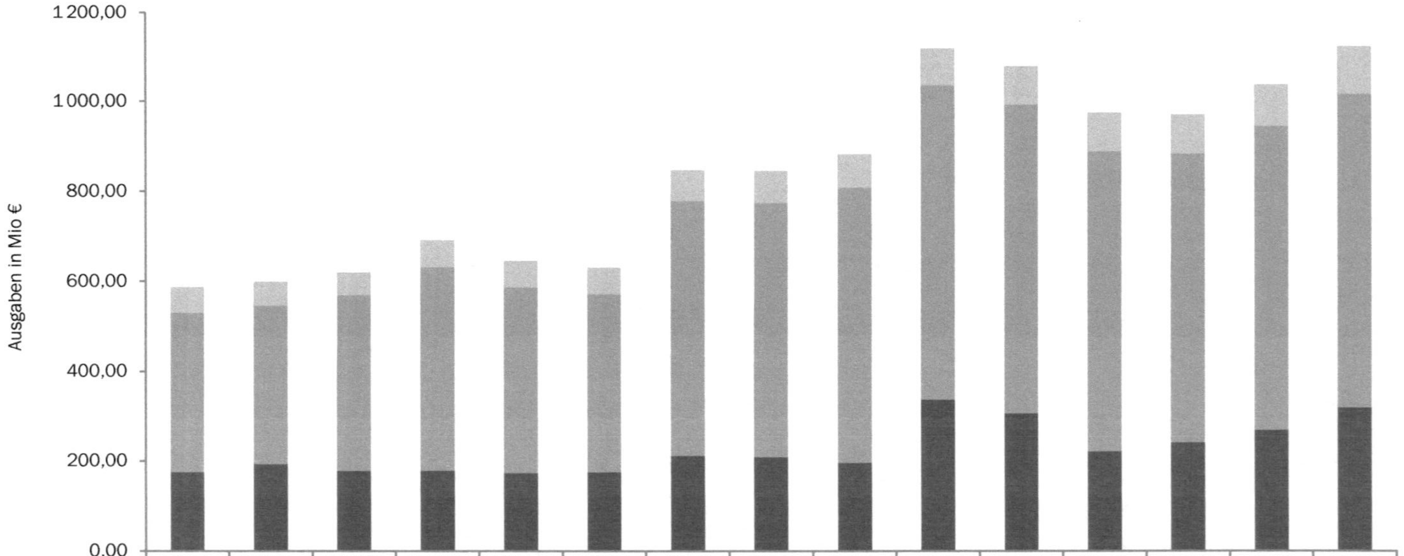

	2000	2001	2002	2003	2004	2005	2006	2007	2008	2009	2010	2011	2012	2013	2014
Unterstützung	56,48	53,27	50,76	60,38	58,22	59,30	68,56	71,74	74,45	83,30	85,50	87,00	88,00	94,00	107,00
Qualifizierung	355,08	352,71	390,99	452,76	413,22	395,25	566,96	565,01	611,83	699,86	686,98	667,00	641,00	675,00	698,00
Beschäftigung	175,31	192,97	177,63	178,63	173,16	175,38	211,45	208,86	195,96	336,35	306,48	221,19	242,00	269,00	319,00

Quelle: eigene Darstellung gemäß den Angaben in den jährlichen Geschäftsberichten des AMS Österreich (2001, 2002, 2003, 2004, 2005, 2006, 2007, 2008, 2009, 2010, 2011, 2012, 2013b, 2014c, 2015b) realisiert werden. Dies bestätigt sich in den empirischen Zahlen der Struktur- und Trenderhebung tendenziell (siehe Kapitel 7.2.1).

Finanzierungsengpässe im Bereich der öffentlichen Gelder, gepaart mit dem zunehmenden Druck, immer mehr Menschen in kürzerer Zeit in den ‚ersten Arbeitsmarkt' zu integrieren, erschweren laut Aussagen der ExpertInnen die Erfüllung des sozialen, ökologischen und ökonomischen Auftrags von ECO-WISE. Ein Experte sieht zum Zeitpunkt der Gespräche sogar die Existenz des gesamten Bereiches bedroht: *„Also, WISE (..) sind auf der roten Liste, eine aussterbende Gattung. Das ist offensichtlich (..). Es ist immer eine, eine politische Entscheidung, die dahintersteckt. Unter Dallinger als Sozialminister sind sie eigentlich geboren worden. Im weitesten Sinn. Und unter Bartenstein als Arbeitsminister werden sie jetzt beerdigt. Ganz einfach"* (IPm 6:46). Die tendenziell stagnierenden Neugründungszahlen von ECO-WISE können als Reaktion auf die restriktiver gewordenen strukturellen Bedingungen gelesen werden. Denn trotz anhaltend angespannter Arbeitsmarktlage ist seit Ende der 1990er-Jahre ein leichter Rückgang in der Neugründung von ECO-WISE in Österreich erkennbar. Im Zeitraum 2000 bis 2008 wurden gemäß der Strukturerhebung aus dem Jahr 2009 knapp 20 von 61 (31,2 %) ECO-WISE ins Leben gerufen. In der Steiermark war es prozentuell betrachtet ähnlich, dort wurden sieben von 23 bzw. 30,4 % ECO-WISE in dieser Zeit gegründet (siehe Abbildung 18 in Kapitel 7.1.1).

Insgesamt kann festgestellt werden, dass die Entwicklung in den 2000er-Jahren wesentlich durch eine fortschreitende Ökonomisierung und Aktivierung in der Arbeitsmarktpolitik geprägt ist. Wie diese von ECO-WISE-VertreterInnen wahrgenommen und bewältigt werden, wird im Folgenden diskutiert. Des Weiteren wird auf neue Regionalisierungsstrategien der Arbeitsmarkt- und Umweltpolitik eingegangen, die sich in Form der ‚Territorialen Beschäftigungspakte' (TEP) und der ‚Lokalen Agenda 21' (LA21) konkretisierten. Thematisiert wird zudem die aufgrund multipler werdender Problemlagen notwendig gewordene spezifischere Zielgruppenorientierung. In all diese Prozessen sind ECO-WISE als aktive PartnerInnen involviert, was nicht zuletzt von viel Bewegung in einer bewegten Zeit zeugt.

7.1.3.1 Ökonomisierung und Aktivierung

Wie in Kapitel 4.4 bereits theoretisch behandelt, bezieht sich die Ökonomisierung auf die Implementierung marktanaloger und wettbewerbsorientierter Prinzipien im Bereich der sozialen Dienstleistungen. Aktivierung hingegen zielt auf eine Kürzung adressatInnenbezogener Leistungsansprüche ab bzw. versucht, über Kontrollen und Sanktionen einem Systemmissbrauch vorzugreifen. Beide Tendenzen sind in der ‚Politik des dritten Weges' (siehe Kapitel 4.2) vorgesehen und finden realpolitische Umsetzungen, die auch ECO-WISE tangieren. Die Effekte greifen in der Praxis ineinander und gehen zulasten der LeistungsbezieherInnen und der Leistungserbringung. Dies geht aus den Wahrnehmungen der ExpertInnen deutlich hervor.

Grundsätzlich sehen die GesprächspartnerInnen in den Tendenzen kurzfristige und vor allem konzeptlose Sparprogramme, die mit der sich global durchsetzenden Austeritätsstrategie in Verbindung stehen. Sie kritisieren daran, dass unter dem Schlagwort *„schlankerer Staat"* reale Leistungsverkürzungen stattfinden und nicht – wie im öffentlichen Diskurs stets positiv dargestellt – das Einsparen von Verwaltungsstrukturen forciert wird. *„Grundsätzlich ist zu sagen [...] wir sind in den letzten 10 Jahren mit einer ziemlich konzeptlosen Politik konfrontiert, wo so alle zwei bis drei Jahre Budgetkürzungen vorgenommen werden ohne Konzept. [...] Wir haben immer wieder vorgeschlagen, entwickeln wir etwas Langfristiges – was wünscht man sich? Aber wir hören nur: ‚Wir haben kein Geld, wir haben kein Geld.' Dieser Ansatz, der jetzt nichts mit Österreich zu tun hat, der einfach auf der ganzen Welt überhaupt da ist, dieser Ansatz ‚Der Staat muss sehr schlank sein', der ist aus meiner Sicht sehr gefährlich, weil er eine verkürzte Sichtweise darstellt. [...] Und zwar deshalb, weil sie medial so besetzt ist, dass jeder glaubt, wenn man vom schlanken Staat redet, oder die meisten glauben es, geht es nur um ein paar Beamte, die man abbaut. Dabei geht es um Leistungen, die abgebaut werden, und das halte ich für sehr problematisch. Man kann schon für schlanke Strukturen sorgen, was aber in der Realität passiert, ist, dass die öffentlichen Budgets immer weniger werden und dann wird einfach: Augen zu und gekürzt, wo es geht. Das ist eben das, was ich so stark kritisiere, diese Konzeptlosigkeit und dieser missverstandene schlanke Staat"* [IPw 12:10]. Kürzungen erleben ECO-WISE in geringeren Fördersummen, einer kürzeren Verweildauer der AdressatInnen und einer statistischen Zuweisungspraxis, die sich nicht an den Bedarfen der Organisation und den Möglichkeiten der AdressatInnen orientiert. *„Also diese drei Dinge zusammengenommen, massive Kostenreduktion pro Transitarbeitsplatz, Verkürzung der Verweildauer auf bis zu sechs Monate und (..) die BewerberInnenauswahl zu eigenen Lasten sind alle auf einmal gekommen. Und das ist natürlich schwer zu nehmen"* [IPm 6:64].

Es ist insbesondere die mit der Ökonomisierung in Zusammenhang stehende Wirtschaftlichkeit, durch die ECO-WISE-VertreterInnen unter Druck stehen, die fehlenden öffentlichen Gelder über alternative Finanzierungsmodelle abzudecken, um ihren sozialen Auftrag ihren Qualitätsansprüchen gemäß zu erfüllen. Dabei wird zum einen auf Projektgelder fokussiert und zum anderen auf die Erhöhung der Eigenerwirtschaftungsquote. Beide Strategien haben Vor- und Nachteile.

Durch die Partizipation in nationalen und internationalen Projekten können die Betriebe insbesondere vom internationalen Know-how-Transfer profitieren. Dieser Weg ist aus organisationsstrukturellen Gründen allerdings ein schwieriger, da nur Echtkosten, die für die Abwicklung des Projektes anfallen, rückgerechnet werden können und aufgebaute Strukturen nach Projektabschluss in der Regel wieder aufgelöst werden müssen: „*Ahm, ja, na ja, prinzipiell ist schon zu sagen, dass die Mittel einfach immer weniger werden und dass es uns schon so ein bisschen an den Kragen geht. Was jetzt passiert, ist halt, dass viele in dieses Projektbusiness einsteigen und versuchen, über europäische Stellen auch Projekte zu akquirieren, was gut ist, weil da geht es um Know-how-Gewinn. Ich meine, man lernt neue Partner/Partnerinnen kennen. Und andererseits ist es einfach sehr prekär, also sie können nur auf ein Jahr planen. Und sagen, ‚okay, nächstes Jahr haben wir zwei Projekte, ist super, wir können überleben.' Also so wie wir es jetzt im xy [Anonymisierung der EU-Programmschiene durch die Verf.] gemacht haben. Wir haben zwei Leute eingestellt, aber wir haben sie nach zwei Jahren wieder entlassen müssen, weil wir quasi dann keine Folgeaufträge haben. Also nur von Projekten zu leben, ist einerseits super, weil man viel lernt, andererseits ist es auch gefährlich, weil die Strukturen so nicht erhalten bleiben können*" [IPw 12:77].

Auch die Erhöhung der Eigenerwirtschaftung ist ein zweischneidiges Vorhaben, da hiermit die wirtschaftliche Ausrichtung gegenüber der sozialen an Bedeutung gewinnt, wie ein Experte konstatiert: „*Jetzt sind wir wieder ganz stark in einer Phase, wo es um Eigenerwirtschaftung geht. Das heißt, die Betriebe sind alle stark damit beschäftigt, Geld zu verdienen. Das heißt, ich brauche entsprechend Märkte, ich brauche Produkte oder Dienstleistungen, die verkaufbar sind, ich muss mich entsprechend präsentieren, ich muss entsprechende Qualität liefern. Also es geht ganz stark so in Richtung wirtschaftliches Arbeiten. […] Und also das geht auch immer auf Kosten des sozialen Arbeitens*" [IPm 2:58].

Die Eigenerwirtschaftung ist ein wesentliches Kennzeichen von ECO-WISE (siehe Kapitel 6.1.2 und 6.1.3), deren Erhöhung ist jedoch keine ausschließlich von den Organisationen selbst ersonnene Strategie, sondern sie wird per Richtlinie auch von behördlicher Seite eingefordert, was insbesondere in strukturschwachen Regionen, in denen ECO-WISE eine wichtige arbeitsmarktpolitische Stütze darstellen können, folgenreiche Entwicklungen nach sich ziehen kann, wie ein anderer Experte exemplifiziert: „*Und dort haben sie halt dann sukzessive diese Einrichtungen (.) haben sie gekürzt von den Mitteln, haben auch höheren wirtschaftlichen Output verlangt, also sogenannte Eigenerwirtschaftungsquote, und die Betriebe haben eben müssen viel mehr aus den Erlösen, aus den eigenen Erlösen halt für die Finanzierung des Betriebes aufbringen. Dann sind später sogar welche, die relativ unwirtschaftlich waren, aus verschiedenen Gründen, nicht unbedingt, weil sie jetzt schlechte Arbeit gemacht haben, sondern weil diese Betriebe in einer Region angesiedelt sind, wo es eben nicht möglich ist – in xy zum Beispiel, Organisation xy ist zugesperrt. Der Betrieb ist evaluiert worden, hat eine geringe Eigenerwirtschaftung, aber wenn es kaum Auftraggeber gibt oder die Leute auch zu wenig Geld haben, um diese Dienstleistung zu bezahlen, dann kann der Betrieb natürlich das auch sehr schwer erwirtschaften und da sind einige dann wieder geschlossen worden*" [IPm 13:45].

Aus diesen Ökonomisierungsbestrebungen lässt sich schließen, dass die Betriebe zwar auf alternative Finanzierungen setzen respektive setzen müssen, um sich so aus der Abhängigkeit von restriktiver werdenden Förderbeziehungen zu lösen. Doch diesen Varianten sind auch deutlich Grenzen gesetzt. Insbesondere die erhöhten Eigenerwirtschaftungsleistungen belasten die Qualität der sozialen Arbeit mit den AdressatInnen. Zudem sind diese immer auch wesentlich an die Kaufkraft in der jeweiligen Region gebunden. Des Weiteren werden damit implizit über den Verkauf von Produkten und Dienstleistungen arbeitsmarktpolitische Angebote am freien Markt positioniert, wodurch sich der Wettbewerb zwischen den Betrieben erhöht, was sich wiederum negativ auf die soziale Zielsetzung überträgt. Insbesondere in Hinblick auf den quantitativen Druck – Erhöhung der Eigenerwirtschaftung, steigende Vermittlungsquoten, kürzere Verweildauer, weniger Förderungen – ist die Tendenz zu beobachten, dass Organisationen vermehrt bedacht darauf nehmen, ‚leicht' vermittelbare Personen bei sich aufzunehmen. Dadurch findet eine Ausgrenzung zweiter Ordnung statt. Ausgegrenzte werden durch dieses ‚Creaming' (siehe Kapitel 4.4.3) nochmals ausgegrenzt: „*Also wir merken, dass sozusagen, wenn ich mir das jetzt arbeitsmarktpolitisch anschaue, dass es extrem eng wird, für verschiedene Zielgruppen. Dass dadurch ganz extrem Druck ausgeübt wird, dass ich immer schneller da quasi Leute durchschleuse, dass die Kennzahlen immer besser sind, die Kosten pro Platz niedriger sind, die Vermittlungszeiten oder die Verweildauern in den Unternehmen niedriger sein muss, da wird ein extremer Druck ausgeübt. Was dazu führt, dass sich die sozialen Unternehmen quasi nur noch die besten Leute aussuchen, die sie eh gut vermitteln können, die suchen sie sich aus und dann gibt es Gruppen, die überbleiben*" [IPm 4:63].

Die Frage, wie viel marktorientiertes Handeln diese Organisationen vertragen, um ihre sozialen Ziele nicht aus den Augen zu verlieren, kristallisiert sich als Leitkonflikt ihrer gegenwärtigen und zukünftigen Entwicklungen heraus. Im Strategieentwicklungsprozess wird dieser Spannungsbogen zwischen ‚ökonomischen Quantitäten und sozialen Qualitäten' daher ausführlich diskutiert (siehe Kapitel 7.3 und 7.4). ECO-WISE-VertreterInnen sind sich darüber im Klaren, dass die von ihnen geforderten alternativen Finanzierungsstrategien der Entlastung staatlicher Ausgaben und somit auch der Verantwortung dienen sollen. Durch ein Folgeleisten würden sie indirekt die existierenden inadäquaten strukturellen Rahmenbedingungen unterstützen. Demgemäß sind sie bemüht, auf Schwierigkeiten aufmerksam zu machen und einer weiteren Vermarktlichung von arbeitsmarktintegrativen Angeboten gegenzusteuern. Sie sehen jedoch dafür zum Zeitpunkt der ExpertInnengespräche wenig Perspektiven: „*Wir steuern zwar dagegen und überlegen uns etwas, aber wenn man Arbeitsmarktpolitik anbietet, dann ist das eben kein Gut, das man am freien Markt anbieten kann. Das ist ein öffentliches Gut-, also das ist eine Bedingung. Da leiden wir alle darunter, das ist extrem frustrierend"* [IPw 12:10].

Es ist insbesondere die mangelnde Innovations- und Entwicklungsbereitschaft, die frustrierend auf die Akteure wirkt. Der Einschätzung einer Expertin zufolge definieren sich die AMS-Stellen als ausführende Gewalt des Bundesministeriums für Wirtschaft und Arbeit – und dieses ist an der Lösung von sozialen Problemen kaum interessiert: *„Und das Problem, das wir auch erkennen, ist, dass das AMS im Moment politisch nichts mehr machen will. Das AMS fühlt sich nicht mehr zuständig für Innovationen, etwas ausprobieren, experimentell sein, wie zum Beispiel unter Dallinger. Sondern das AMS sagt: ‚Das BMWA gibt uns den Auftrag, das Wirtschaftsministerium, die Politik sagt, wir müssen, und wir führen das aus, wir sind die Manager, wir verwalten das.' Das war nicht immer so, momentan ist es so, teilweise auch sehr schwierig zu Lobbyieren. Also alleine die Tatsache, dass das Thema Arbeit nicht beim Sozialministerium angesiedelt ist, sondern beim Wirtschaftsministerium, das alleine spricht schon Bände (mhm). Es ist ganz schwierig, da zu guten Ergebnissen irgendwie zu kommen"* [IPw 12:71].

Das Sicheinmischen respektive bedarfsorientierte Forderungen an die Politik zu vermitteln und soziale Innovation zu betreiben, ist – wie gezeigt wurde – ein zentrales Anliegen der Sozialen Arbeit (siehe Kapitel 2.3.2 und 5.3.2.4). Auch wenn sich solche Gestaltungsprozesse für VertreterInnen der ECO-WISE-Landschaft in dieser Periode als schwierig erweisen, sind die Bemühungen unverkennbar. Im Zusammenhang mit der sich zum Zeitpunkt der ExpertInnenbefragung in Vorbereitung befindlichen ‚bedarfsorientierten Mindestsicherung' (BMS) fanden beispielsweise Kooperations- und Abstimmungsprozesse statt, an denen auch ECO-WISE als potenzielle zukünftige UmsetzungspartnerInnen beteiligt waren. ExpertInnen sehen vor allem hinsichtlich der Abklärung der Arbeitswilligkeit Entwicklungschancen für WISE insgesamt. *„Aber eine Möglichkeit gibt es unter Umständen, was auf uns zukommen kann, ähm, wenn die Mindestsicherung kommt. Da ist ja an die Auflage geknüpft, dass die Menschen, wenn sie darum ansuchen, ihre Arbeitswilligkeit belegen müssen. Und das kann ich im Prinzip nur über den zweiten Arbeitsmarkt abklären. Also da kann es sein, da gehen auch schon politische Signale teilweise in die Richtung, dass es da vermehrt Arbeitsplätze brauchen wird für diese Zielgruppenpersonen. Ja, das könnte sein, dass das eine Chance ist, dass der Sektor wieder ganz stark ausgebaut wird. Also das (..) wissen wir nicht, aber da gibt es wirklich-, also wir sind da in Diskussion und wir sind da auch mit dabei bei diesen Überlegungen teilweise (…), aber worauf es hinauslaufen wird, wissen wir noch nicht"* [IPm 2:112].

Laut Aussage des Gesprächspartners sind die Betriebe in die Verhandlungen darüber mit dem AMS bereits eingebunden. Das AMS betrachtet demzufolge ECO-WISE als Möglichkeit in der Handhabung der BMS. Ein anderer Experte sieht darin ebenso eine Chance für die Organisationen, aber nur dann, wenn die für die Mindestsicherung notwendig werdenden Rahmenbedingungen – also Beratungs-, Betreuungs- und Beschäftigungsmöglichkeiten für die Zielgruppen – auch ernsthaft geschaffen werden (vgl. IPm 3:81). Die bedarfsorientierte Mindestsicherung könnte aus Sicht eines weiteren Experten einen Aufschwung im Beschäftigungssektor bedingen. Er sieht allerdings ein Problem darin – wenn diese über das AMS abgewickelt werden sollte –, dass sich das AMS seinen Erfahrungen nach in den letzten Jahren von den betroffenen AdressatInnen zunehmend distanziert hat, indem nicht in Kurse oder Beschäftigungsbetriebe vermittelbare Personen ans Sozialamt weiterverwiesen wurden. Hier müsse es zu einem Umdenken kommen. Das AMS müsste sich nun wieder dieser Personengruppe annehmen und sie konstruktiv betreuen (vgl. IPm 7:47). Modellprojekte, die insbesondere auf diese bevorstehende Herausforderung abgestimmt sind, wurden mittlerweile in regionalen Kooperations- und Entwicklungsprojekten realisiert und in die alltägliche Praxis implementiert.[216] Dazu wurden zeitgleich zum restriktiven Ökonomisierungs- und Aktivierungskurs regionale Strukturen erweitert, die Beteiligungsmöglichkeiten und Mitsprache für ECO-WISE-VertreterInnen auf strategischer Planungs- und auf operativer Umsetzungsebene eröffnen. Sie stellen die Basis für Kooperationen zwischen unterschiedlichen Akteurgruppen im Querschnittsfeld der Arbeitsmarktpolitik.

7.1.3.2 Regionalisierung der Arbeitsmarkt- und Umweltpolitik

Die bereits in den 1990er-Jahren gewachsenen und gesetzlich verankerten arbeitsmarktpolitischen Kooperationsstrukturen wurden Anfang der 2000er-Jahre in die von der EU empfohlenen und bis 2014 kofinanzierten ‚Territorialen Beschäftigungspakte' (TEP) integriert (siehe Kapitel 4.4.4). Dies bedingte eine Modifikation und Vertiefung der ‚Kooperativen Arbeitsmarktpolitik' in der Steiermark, woraus auch auf strategischer Ebene verbesserte Mitsprachemöglichkeiten für Akteure in ECO-WISE resultieren können. Des Weiteren wurden im Jahr 2004 in Bezug auf nachhaltige Entwicklung die sogenannten Aalborg Commitments beschlossen, durch welche die Umsetzung des Drei-Säulen-Modells in Lokale-Agenda-21-Prozessen bekräftigt wurde (siehe Kapitel 4.3.1). In der Realisierung können ECO-WISE ebenso eine wichtige Schnittstellenfunktion einnehmen, worin sich weitere Partizipationschancen für ihre Akteure zeigen.

‚Territoriale Beschäftigungspakte' (TEP) sind in einer allgemeinen Betrachtung vertraglich vereinbarte regionale Partnerschaften zur Verknüpfung der Arbeitsmarkt- und Beschäftigungspolitik mit anderen Politikbereichen, um zur Verbesserung der Arbeitsmarktlage in den Regionen beizutragen (vgl. Brand-

---

216 Verwiesen sei hier auf die in Kapitel 6.1.3.6 bereits genannten niederschwelligen und stufenweisen Beschäftigungsformen.

stetter 2006, S. 262). „Die partnerschaftliche Zusammenarbeit soll die Erhöhung der Wirksamkeit und Effizienz des Mitteleinsatzes, die Verbesserung der Betreuung bestimmter Zielgruppen, die Sicherung und Schaffung von Arbeitsplätzen, die Sicherung von Fördermitteln für die Region und die nachhaltige Sicherung des Lebensraumes bewirken" (Koordinationsstelle der Territorialen Beschäftigungspakte Österreich 2007, S. 8). Der Stein für diese Pakte wurde am Gipfel der europäischen Staats- und Regierungschefs von Florenz im Juni 1996 ins Rollen gebracht (vgl. ebd., S. 10). Angesichts der angespannten europäischen Arbeitsmarktlage galt es, die Strukturfonds, insbesondere den Europäischen Sozial Fonds (ESF), stärker auf Beschäftigungsförderung auszurichten. Erkannt wurde zudem, dass Arbeitsmarkt- und Beschäftigungspolitik eine Querschnittspolitik ist, die eines politikbereichsübergreifenden und regional orientierten Ansatzes bedarf. 1997 erfolgte durch die Europäische Union die Ausschreibung zur Gründung von Territorialen Beschäftigungspakten. Die Bundesländer Salzburg, Vorarlberg und Wien sowie eine lokale Initiative in Tirol wurden im Zuge dessen als Pilotprojekte bewilligt (vgl. Koordinationsstelle der Territorialen Beschäftigungspakte Österreich 1999, S. 1). Im „Joint Employment Report" der Europäischen Union wurden die positiven Effekte dieser Pilotprojekte eigens hervorgehoben (vgl. European Commission 1999, S. 64). Die erzielten Erfolge veranlassten die Bundesregierung dazu, solche Kooperationsprojekte in allen Bundesländern zu unterstützen. Im Nationalen Aktionsplan für Beschäftigung (NAP) 1998 wurde darauf eigens hingewiesen. Im Jahr 1999 wurde diese Initiative verstärkt. Die Bundesregierung verankerte daraufhin die TEP in den entscheidenden Strategie- und Umsetzungsdokumenten. Dies war zum einen der NAP 1999 (vgl. Österreichische Bundesregierung 1999, S. 4), zum anderen der Vorschlag für das Ziel-3-Programm Österreich des ESF 2000 bis 2006. Hier wurde den im NAP angestrebten Bündnissen der eigene Schwerpunkt 6 zuteil (vgl. Brandstetter 2006, S. 265). Durch die Genehmigung des Vorschlags im Ziel-3-Programm des ESF für Österreich konnten ab sofort der Aufbau und die Umsetzungen dieser TEP gefördert werden. Eine flächendeckende Ausbreitung erfolgte bereits im Jahr 2001.

Da jeder Pakt seine Ziele regional abstimmt und darauf aufbauend seine Maßnahmen festlegt, variieren die Strukturen. Generell kann gesagt werden, dass in allen neun Pakten die Landesregierung, die Landesstellen des AMS und die SozialpartnerInnen vertreten sind. Zudem ist gemäß der globalen Zielsetzung des Gender Mainstreamings ein/e VertreterIn aus diesem Bereich zugegen. Je nach regionaler Zielsetzung sind auch andere Interessenvertretungen (z. B. von Unternehmen, Forschungseinrichtungen, Gemeinden, Bildungsinstituten, Regionalmanagements und Dritt-Sektor-Organisationen) MitstreiterInnen in den Pakten (vgl. Koordinationsstelle der Territorialen Beschäftigungspakte Österreich 2007, S. 8). Jeder dieser Pakte wird von einer regionalen Koordinationsstelle bei der Programmerstellung und Maßnahmenabstimmung unterstützt. Diese Koordinationsstelle ist auch für den Informationsfluss sowie für die Vorbereitung von thematischen Aktivitäten verantwortlich. Darüber hinaus gibt es eine bundesweite Koordinationsstelle, die sich für die Querschnittsthematik des Gender Mainstreamings verantwortlich zeigt, aber auch für die Konsolidierung und Entwicklung der Paktbewegung essenzielle Arbeiten leistet. Dazu zählen beispielsweise der Transfer der Empfehlungen aus Evaluierungen oder die Koordination von paktübergreifenden Projekten. Sie gilt aber auch als VermittlerIn zwischen Ländern, Bund und internationalen Organisationen (EU, OECD) (vgl. ebd., S. 22).

Für die Finanzierung der Pakte sind zum einen der ESF und der Bund verantwortlich, zum anderen die PaktpartnerInnen selbst. Aus Mitteln des ESF und des Bundes werden die Strukturen für die regionalen Koordinationsstellen, das Monitoring und die Evaluierungen finanziert. Für die arbeitsmarkt- und beschäftigungspolitischen Maßnahmen der Pakte sind die PartnerInnen (Länder, Gemeinden, AMS etc.) zuständig. Diese Aktivitäten können jedoch auch über diverse operationelle Kofinanzierungsprogramme zwischen Bund und ESF finanziert sein (z. B. EQUAL-Partnerschaften oder das ESF-Schwerpunktprogramm 3b „Integration arbeitsmarktferner Personen" 2007–2013) (vgl. ebd., S. 9). Die Hierarchie von der EU zum Bund – zu den Ländern – zu den regionalen Gemeinden findet in dieser Paktstruktur eine Entsprechung. Zentrales Anliegen ist es, die Zielvorgaben der EU mit Bedachtnahme auf die regionalen Bedürfnisse in den Regionen umzusetzen.

Mit Blick auf die Region Steiermark erfolgte die Entwicklung nicht nur top-down-gesteuert. Der Aufbau war bottom-up durch eine in hohem Maße kooperative Tradition[217] geprägt (vgl. Krainer 2007, S. 25). Es wurden die vorhandenen Kooperationsstrukturen integriert und die Gemeinden dementsprechend berücksichtigt. Im Rahmen der Think-Tank-Diskussionen schildert eine strategische Koordinatorin den Prozess wie folgt: GP17SKsozw: *„Es ist nicht nur top-down, sondern auch bottom-up, das angesetzt. Wichtig ist ja die Region, also das, was auf der Landesebene passiert, das passiert ja auch auf der Gemeindeebene, weil auch da hat man wieder dieselben Akteure wie auf Landesebene und es geht ja genauso darum, diese gemeinsam auf einen Tisch zu setzen, gemeinsam zu überlegen, ‚was haben wir schon und was fehlt uns und wo entwickeln wir uns hin'"* [Think Tank Doc. 3: Abs. 21].

Neben dem Landespakt STEPEP existieren sechs steirische Regionalpakte[218], in die 300 verschiedene Institutionen und Organisationen eingebunden sind

217 Auf diese Tradition wurde bereits in Kapitel 7.1.2.3 „Kooperative Arbeitsmarktpolitik in der Steiermark" eingegangen.

218 Oststeiermark, Weststeiermark, Südsteiermark, Mürztal, Obersteiermark, Murtal. Der STEPEP und die Regionalpakte wurden unmittelbar nach Abschluss der vorliegenden Studie mit der ESF Programmperiode 2014–2020 eingestellt, wodurch eine wichtige Ko-

(vgl. IPm 7:67). Diese wurden in die vorhandenen Regionalmanagementstellen eingepasst, deren generelle Aufgabe darin besteht, regionale Vernetzung voranzutreiben sowie EU-Gelder aus diversen Programmen für regionale Projekte nutzbar zu machen. GP17SKsozw: *„Na also sozusagen es sollte regional was passieren und da ist überlegt worden, gibt's schon Strukturen, wo man diese regionalen Beschäftigungspakte ansiedeln kann. Und diese Regionalmanagementstellen gibt's ja schon länger. Sie haben den Auftrag in den Regionen zu vernetzen. Sie sind ja auch von diesen Gemeinden und dem Arbeitsmarktservice getragen und vom Land. Und jetzt haben sie halt diesen arbeitsmarktpolitischen Bereich als Zusatzauftrag quasi dazubekommen"* [Think Tank Doc. 3: Abs. 21]. Die Regionalmanagementstellen sind in der Abteilung 17 der steirischen Landesregierung im Referat ‚Landesplanung und Regionalentwicklung' angesiedelt. Durch die Pakte bekamen sie einen arbeitsmarktpolitischen Zusatzauftrag, der über den STEPEP kofinanziert wird (vgl. GP17SKsozw, Think Tank Doc. 3: Abs. 43). Dazu werden mit den Partnerorganisationen an das jeweilige regionale Leitbild angepasste Schwerpunktprogramme entwickelt.[219] So fokussiert zum Zeitpunkt der Erhebung die Oststeiermark beispielsweise auf Projekte zur erneuerbaren Energie oder zum Radwegausbau. Im steirischen Zentralraum hingegen werden unter anderem Schwerpunkte zur Mobilität sowie zur Qualifizierung und Beschäftigung gesetzt. Eine Synergie zwischen Arbeitsmarktpolitik, Wirtschaftsentwicklung und regionaler nachhaltiger Leitbildentwicklung wird in diesen Regionalmanagementstellen zu erzielen versucht.

Der Landespakt fungiert dabei als strategisches Dach, das als Schnittstelle zwischen den einzelnen Pakten und der Landesregierung sowie der AMS-Landesstelle dient (vgl. Krainer 2007, S. 25). Er wurde durch den Arbeitsförderungsbeirat vorbereitet. Im Jahr 2001 erfolgte die Unterzeichnung durch das Land und das AMS. Im Folgejahr wurde die Modifikation im Arbeitsförderungsgesetz vorgenommen. In der Gesetzesnovelle wird der Steirische Beschäftigungspakt (STEBEP) als zentraler Abstimmungspartner und gleichzeitig Träger von privatrechtlich organisierten Qualifizierungs- und Beschäftigungsmaßnahmen genannt. Somit gelang es in der Steiermark, die Pakte in die gewachsenen Kooperationsstrukturen zu integrieren und eine zentrale Vertretung für die Trägerorganisationen im Entscheidungsgremium zu positionieren. ECO WISE sind in diese Kooperationsstruktur als regionale sozialökonomische Betriebe eingebunden, allerdings nur auf der Umsetzungsebene. GP17SKsozw: *„Ich mein, ich kann nur sagen, also in der Koordination, sozusagen auf dieser Landeskoordination, haben wir direkt mit den Unternehmen kaum zu tun, weil wir selber*

ordinationsstruktur entfiel. Die folgenden Ausführungen verdeutlichen die Relevanz des STEPEP für innovative Entwicklungen.

219 http://www.eurm.or.at/die-steirischen-regionalmanagements [30.7.2016].

machen nicht die Projekte oder die Umsetzung. Also da müsste man wirklich in diese regionalen Pakte gehen" [Think Tank Doc. 3: Abs. 59]. Der steirische Beschäftigungspakt als Dachorganisationen ist für ECO-WISE aber insofern eine wichtige Struktur, da dieser in die arbeitsmarktpolitische Strategieentwicklung auf Länderebene eingebunden ist und über den Pakt Innovationsprojekte koordiniert werden, in die mitunter ECO-WISE eingebunden sind.

GP17SKsozw exemplifiziert die Stärke des Paktes als Koordinator, Vernetzer und Kommunikator in Strategieentwicklungsprozessen anhand des ESF-Schwerpunktprogramms 3b „Integration arbeitsmarktferner Personen". An dessen Umsetzung waren auch einige ECO-WISE beteiligt. Dieses vom Pakt koordinierte Projekt vernetzt 1.) die Betriebe untereinander, 2.) die Betriebe mit den arbeitsmarktpolitisch verantwortlichen Partnern (AMS und Land = Kernteam) und vermittelt 3.) die Ergebnisse inklusive Evaluierung an die politische Ebene, die als beschäftigungspolitisches Forum Teil des Paktes ist. Dieses Vermitteln von Erfahrungen aus der Praxis sowie das Kommunizieren beobachtbarer Bedarfe ist eine zentrale Innovationsfunktion des Paktes. Wie die Politik darauf reagiert, ist allerdings für die Gesprächspartnerin im Vorhinein nicht abschätzbar. GP17SKsozw: „*Also bei uns, wir haben ja im Rahmen des Paktes einen Schwerpunkt, das ist der Schwerpunkt 3b, wo es um die Förderung von arbeitsmarktfernen Personen geht. Und da sind überwiegend diese Institutionen drinnen, die das umsetzen. Und das wird über den Pakt gespielt und da werden ja auch die Ergebnisse präsentiert. Also, ich denk mir, solche Projekte, Programme unterstützen einerseits natürlich diese Vernetzung, diese Kooperation. Und da gibt es natürlich die Evaluierung dazu, da gibt es dieses Rückspielen an das Kernteam, wo AMS und Land drinnen sitzen, da gibt's dann wieder die nächste Stufe, das beschäftigungspolitische Forum, wo die Vertreter des Landtages da wieder drin sind und die Wirtschaftskammer, Sozialpartner. Also ich denk mir, man kann nur hinweisen immer wieder, wo funktioniert es, wo sind die Kooperationen, was wird gebraucht? Welche Auswirkungen das hat, kann ich nicht abschätzen, aber sozusagen, das ist die Rolle ein bisschen des Steiermärkischen Beschäftigungspaktes*" [Think Tank Doc. 3, Abs. 109].

Wie aus den folgenden Ausführungen von GP17SKsozw zum Ablauf des Prozesses hervorgeht, erfolgt die Vorgabe top-down durch die EU bzw. das Ministerium, woraufhin Überlegungen durch den TEP angestellt werden, welche Projekte in der Steiermark sinnvoll wären. Daran anschließend wird mit einem Call nach Unternehmen zur Beteiligung bzw. zur Umsetzung der Überlegungen gesucht. Abschließend werden die Resultate an die Politik kommuniziert. GP17SKsozw: „*Also es gibt sozusagen eine Vorgabe des Ministeriums von der EU. Was könnte da alles reinpassen, auf das wird noch mal in der Steiermark geschaut: ‚Was wollen wir mit diesem Geld, das wir jetzt da bekommen, umsetzen und was würde uns da gefallen?' Und dann hat es eben einen Call gegeben, wo sich Unternehmen, also Institutionen beteiligen können. Und das Resultat wird natürlich wieder zurückgespielt, dann gilt es, zu schauen, ‚gelingt es, passen solche Projekte, wie schaut denn das aus', ja"* [Think Tank Doc. 3, Abs. 111].

Paierl und Stoppacher (2009, S. 9) halten retrospektiv fest, dass die im Pakt eingelagerten kooperativen Strukturen im Zuge des steirischen ESF-Schwerpunktprogramms 3b „Integration arbeitsmarktferner Personen" noch ausgebaut werden konnten. Konkret wurden in diesem Projekt niederschwellige und stufenförmige Beschäftigungsarrangements entwickelt, wie bereits in Kapitel 6.1.3.6 erwähnt, die auf die damals in Vorbereitung befindliche ‚bedarfsorientierte Mindestsicherung' zugeschnitten waren. Dabei wurden sowohl auf Ebene der Modellprojekte als auch in der strategischen Steuerung innovative Wege beschritten. Es wurden individuelle Formen der Betreuung und Beschäftigung entwickelt, die auf die heterogenen Ressourcen und Fähigkeiten der Personen sowie auf spezifische regionale Problemlagen abgestimmt sind (vgl. ebd., S. 10).

Vonseiten des AMS wurden bereits vor diesem Projekt tendenziell solche Angebotserweiterungen unterstützt, insbesondere dann, wenn arbeitslose Personen mit besonders schwierigen Problemlagen zunächst über den Weg des ‚dritten Arbeitsmarktes' in den ‚zweiten' integriert werden sollen. *„Ja, es gibt auch Maßnahmen, die fangen im dritten Arbeitsmarkt an, wo die Leute wirklich so weit weg sind vom Arbeiten schon, dass sie mit stundenweiser Beschäftigung anfangen, da sind wir noch nicht dabei vom AMS, weil da kein Dienstverhältnis ist, dann werden die Leute einmal so weit gebracht, das sie zumindest Teilzeit arbeiten können, und dann steigen sie erst in eine AMS-Maßnahme ein"* [IPw 15:110]. Hierbei handelt es sich laut Auskunft der ExpertInnen um keine AMS-Maßnahmen im Sinne der SÖB- oder GBP-Richtlinie, da keine Dienstverhältnisse vorliegen. Erste Umsetzungen gehen in Richtung einer Auffächerung der Zielgruppen auf verschiedene PartnerInnen und die Einrichtung von Einstiegsmodulen, in denen stundenweise Beschäftigung für Personen angeboten wird, die aufgrund verschiedener Problemlagen noch keiner Teil- oder Vollzeitbeschäftigung nachgehen können (vgl. IPm 5:52). Diese Versuche wurden im Rahmen des genannten Projektes systematisiert. Im Zuge des Vorhabens sollte zudem insbesondere die Zusammenarbeit zwischen den Institutionen AMS, Land Steiermark, Sozialhilfebehörden, Gemeinden und Trägerorganisationen ausgebaut werden. Damit sollten Betreuungslücken geschlossen, aber auch Doppelgleisigkeiten vermieden werden (vgl. Paierl & Stoppacher 2009, S. 129). Der Austausch von Erfahrungen, das Abstimmen von Zuständigkeiten und die Weiterentwicklung der Integrationsmaßnahmen waren dabei vorrangig. Es galt aber auch, jene Institutionen, die sich bis dato eher randständig mit der Thematik der Arbeitsmarktintegration beschäftigten, dafür zu sensibilisieren. Ein gemeinsames Lernen und Entwickeln sollte dadurch ermöglicht werden.

Ein solches spielt auch in den Lokale-Agenda-21-Projekten (LA21) eine zentrale Rolle (siehe Kapitel 4.3.3.1). Fast zeitgleich mit den Regionalisierungsbemühungen der Arbeitsmarktpolitik begann sich das regionale Engagement im Zusammenhang mit nachhaltiger Entwicklung zu entfalten. Den Ausgangspunkt für die Konkretisierung der Nachhaltigkeitsstrategie markieren die drohenden sozialen, ökologischen und regionalökonomischen Folgeschäden des globalen Kapitalismus. Wie in Kapitel 4.3 genauer erläutert, gilt es mit den 2004 in den Aalborg Commitments beschlossenen Strategien nachhaltige beziehungsweise dauerhafte Entwicklungen auf lokaler Ebene zu forcieren, womit der Bogen von der Global zur Local Governance vollzogen wird (siehe Kapitel 4.3.3.1). LA21-Prozesse haben unter anderem das Entdecken und den nachhaltigen Umgang mit lokalen Ressourcen, die Schaffung einer kleinräumigen Wirtschaft sowie regionaler Arbeitsplätze und eine Förderung der Kooperation zwischen Politik und BürgerInnen zum Ziel. Dies alles soll in partizipativen Prozessen entwickelt und realisiert werden, wie in der an der Landesumweltkonferenz 2003 beschlossenen gemeinsamen Erklärung zur Lokalen Agenda 21 in Österreich nachzulesen ist: „Durch die breite Einbindung der BürgerInnen entstehen Zusammenhalt und Identifikation mit dem Lebensumfeld. Als Ausgleich zur Globalisierung werden gewachsene ländliche und urbane Strukturen gestärkt. Als ‚Hilfe zur Selbsthilfe' ermöglicht die Lokale Agenda 21 maßgeschneiderte lokale und regionale Lösungen. Sie trägt zur Sicherung des natürlichen Erbes und zur Verbesserung der Umweltsituation bei. Sie verbessert regionale Wirtschaftskreisläufe und schafft neue Beschäftigungsmöglichkeiten vor Ort. Sie stärkt den sozialen Zusammenhalt und fördert eine neue Beziehungskultur zwischen dem politisch-administrativen System und den BürgerInnen. Durch die Lokale Agenda 21 nimmt Nachhaltigkeit im täglichen Denken und Handeln konkrete Formen an" (Lebensministerium 2010, S. 16).

Ein strategischer Koordinator aus den Think-Tank-Diskussionen pointiert die Ziele auf seine Weise und spricht dabei auch die Grenzen an. GP20SKökolm: *„Lokale Agenda versucht die Menschen wieder reinzuholen, dass wir auf kommunaler Ebene ein Zukunftsprofil erstellen. Wo wir sagen […], ‚wie wollen wir uns in Zukunft selbst darstellen, wie wollen wir das bespielen (.)], wie wollen wir das Lebensumfeld lebensfähig machen und auch für uns attraktiv machen?' (.) Man darf aber nicht vergessen, dass ich mit einem Agenda-21-Prozess keinen globalen Wind aus den Segeln nehmen kann. […] Das, was oben drüberpfeift, das ist eine ganz eine andere Welt, als die da drin. Wir können ein Stück bewusst machen, dass natürlich jeder und jede mit ihrem täglichen Konsumverhalten einen Einfluss darauf nimmt: Gibt es in Zukunft noch eine Lehrstelle oder gibt es keine mehr?"* [Think Tank Doc. 6: Abs. 20–23]. Insgesamt zielen LA21-Prozesse darauf ab, die Menschen auf regionaler und kommunaler Ebene zur Mitgestaltung der gemeinsamen Zukunft zu ermutigen. Es ist ein kleinräumiges Konzept, das gewissermaßen im Kontrast zu globalen Trends steht, allerdings in Anbetracht globaler Entwicklungen laut Einschätzung des Gesprächspartners nicht merklich ins Gewicht fällt. Wie mit über LA21-Prozessen hinausgehenden Initiativen zur Förderung einer regionalen nachhaltigen Entwicklung beigetragen werden kann, wird in den Handlungskonsequenzen diskutiert (siehe Kapitel 7.5.1).

Zurückkommend auf die LA21-Strukturen, so obliegt die finanzielle und infrastrukturelle Unterstützung in Österreich den Bundesländern. In der Steiermark hat die Initiierung und Begleitung von LA21-Prozessen die Landentwicklung Steiermark übernommen. Sie agiert im Auftrag der Steiermärkischen Landesregierung, Abteilung 17 für Landes- und Regionalentwicklung. Zudem steht sie in enger Kooperation mit dem Nachhaltigkeitskoordinator des Landes Steiermark, der sektorenübergreifend für die Realisierung nachhaltiger Entwicklung insgesamt zuständig ist und für die bundesweite Zusammenarbeit sorgt. Was die Finanzierung betrifft, können zusätzlich zu Landesmitteln Gelder von der Europäischen Union lukriert werden, insbesondere über Programme zur Entwicklung des ländlichen Raums. Von der Landentwicklung werden RegionalbetreuerInnen bereitgestellt, die in der Steiermark zumeist in den Baubezirksleitungen angesiedelt sind. Diese begleiten die Umsetzung des vom Österreichischen Institut für Nachhaltige Entwicklung (ÖIN)[220] erarbeiteten vierphasigen Ablaufmodells – Vorbereitung, Start, Leitbild, Umsetzung[221] – und fördern Zusammenschlüsse von Gemeinden zu gemeinsamer Regionalentwicklung.

Es liegt nahe, dass ECO-WISE bei der Verfolgung von LA21-Prozessen eine wichtige Schnittstellenfunktion einnehmen können. Ihre Kooperationen mit der kommunalen Politik und der Wirtschaft sowie ihre Nähe zu den BürgerInnen stellen Potenziale zur Eröffnung solcher gestaltenden Prozesse dar. Jedoch scheint die Forcierung des vorrangig umweltpolitischen Programms der Lokalen Agenda 21 bis dato nicht zu ihrer Entfaltung beizutragen. Den Angaben der Organisationen der Strukturerhebung 2009 zufolge sind sie kaum bis gar nicht in diese Prozesse eingebunden. So gaben lediglich drei (4,9 %) der österreichischen ECO-WISE an, hierin zu partizipieren, und eine Organisation (1,6 %) äußerte Interesse, zukünftig daran mitzuwirken (vgl. Anastasiadis & Mayr 2010, S. 32). Von den drei Beteiligten befinden sich zwei in der Steiermark und auch jene Organisation, die Interesse an einer Einbindung zeigte, ist hier regional verortet (vgl. spss_datafile_ÖKO-STEBP_Struktur_2009). Ausschlaggebend für die geringe Beteiligung der Organisationen an LA21-Prozessen dürfte sein, dass sie von ihren VertreterInnen selbst als primär sozial ausgerichtet eingeschätzt werden, wie in der Charakterisierung des kontextuellen Handlungsrahmens detailliert gezeigt wird (siehe Kapitel 7.2.5). Zudem bestehen Hemmschwellen, Potenziale in andere politische Verantwortungsbereiche zu kommunizieren, wie in Kapitel 7.5.3 noch diskutiert wird.

220 Dessen Aufgabe ist die wissenschaftliche Unterstützung der LA21-Projekte.
221 http://www.landentwicklung-steiermark.at/AGENDA-21 [30.7.2016].

7.1.3.3 Reglementierung von Partizipation und Belebung von Spielräumen

In einer Zusammenschau wird deutlich, dass ECO-WISE als soziale DienstleistungserbringerInnen von den Konsequenzen der Ökonomisierung und Aktivierung in doppelter Weise betroffen sind. Zum einen wird von ihnen die Aktivierung ihrer AdressatInnen erwartet und über die Vorgabe von Vermittlungsquoten sowie einer Verkürzung der Verweildauer auch gefordert. Dies steht im Widerspruch zur angespannten Arbeitsmarktlage, in der eine gelingende Integration von besonders benachteiligten Personen nur erschwert möglich ist. Zum anderen werden diese Sozialen Organisationen über Ökonomisierungsbestrebungen selbst aktiviert, höhere Eigenerwirtschaftungserträge zu erzielen. Eine solche sich zunehmend selbst erhaltende marktorientierte Ausrichtung steht der Auffassung entgegen, dass Arbeitsmarktintegration ein öffentlicher Auftrag ist. Es wird von den Betrieben erwartet und über Förderstrukturen auch gefordert, sich als Wirtschaftsbetriebe mit einer sozialen Verpflichtung zu profilieren. Insgesamt wird in diesem restriktiven Klima die Entlastung des Staates vorangetrieben. Die in Kapitel 4.4 auf theoretischer Basis genannten Herausforderungen, die sich im Zusammenhang mit der Ökonomisierung und Aktivierung stellen, finden am untersuchten Ausschnitt deutlich eine empirische Entsprechung. Spielräume für innovative bedarfsorientierte Entwicklungen sind kaum noch gegeben. Immerhin konnten in regionalen Local-governance-Kooperationsprojekten Akzente zur Bewältigung aktueller arbeitsmarkt- und sozialpolitischer Herausforderungen gesetzt werden. Das gesellschaftskritische Potenzial von ECO-WISE-VertreterInnen wird im Willen erkennbar, Strukturen zu verändern. Als sozial Bewegte kommunizieren sie ihre Erfahrungen und Vorschläge, sie stoßen damit aber nicht sofort auf Resonanz. Beharrlichkeit ist gefragt. Inwiefern WISE und ECO-WISE durch den 2015 einsetzenden arbeitsmarktpolitischen Kurswechsel einen größeren Handlungsspielraum erhalten, gilt es in Follow-up-Forschungsarbeiten eigens zu reflektieren. Festzustellen ist hier, dass sich in der Dynamik der 2000er-Jahre vielfältige Strukturierungsprozesse realisieren, die nun entlang ausgewählter Kategorien im Partizipationsanalyse-Rahmenmodell (siehe Kapitel 3.3) diskutiert werden.

Strukturierung materieller Partizipationsressourcen in den 2000er-Jahren

Die Fokussierung auf Qualifizierung in der Arbeitsmarktpolitik und die Rückzugstendenzen des Staates können als Beispiele für eine mobilisierende Partizipation hinsichtlich der Strukturierung materieller Partizipationsressourcen gelesen werden. Die anhaltend angespannte Arbeitsmarktlage in Zeiten der global einsetzenden Wirtschaftskrise sowie der internationale Turn zur Austeritätspolitik leiten Sparprogramme ein, von denen sowohl die LeistungsbezieherInnen als auch die -erbringerInnen in erhöhtem Maße betroffen sind. Die materiellen Voraussetzungen zur Entfaltung der Gestaltungspotenziale von ECO-WISE auf sozialer, ökonomischer und ökologischer Ebene sind aufgrund eines restriktiveren arbeitsmarktpolitischen Förderkurses nicht mehr im ausreichenden Maße gegeben. Finanzierungsengpässe für die Erreichung der sozialen Zielsetzung sind die Folge. Gleichzeitig werden diese Sozialen Organisationen zur Erhöhung ihrer Eigenerwirtschaftung mobilisiert, was von einer Verantwortungsverlagerung zeugt. Sie werden intensiver für die materielle Sicherstellung der dafür notwendigen Ressourcen in die Pflicht genommen. Damit rückt die als öffentlicher Auftrag zu verstehende Arbeitsmarktintegration zusehends in den Verantwortungsbereich der umsetzenden Organisationen.

Die Beziehung zwischen Akteuren aus der Handlungs- und Struktursphäre ist durch unterschiedliche Machtvoraussetzungen geprägt. Von einer Partizipation kann in diesem Zusammenhang nicht mehr gesprochen werden. Die Kürzungen sowie die verschärften Vorgaben bzw. Fördervoraussetzungen werden einseitig von politischer Seite vorgenommen, ohne die OrganisationsvertreterInnen aktiv an Entscheidungsprozessen zu beteiligen. Das Wirtschaftsministerium und die AMS-Stellen reduzieren ihre Verantwortung als politische Institutionen auf die Steuerung und Kontrolle. Es liegt eine hierarchisch vom Ministerium vorgegebene und von den AMS-Stellen realisierte Nichtbeteiligung vor. Die Veränderungen werden von den ExpertInnen als unter einem globalpolitischen Druck resultierende konzeptlose Restriktionen empfunden, die an den gesellschaftlichen Bedarfen – nämlich gegen soziale Ausgrenzung und Armut zu wirken – vorbeiführen. Die auf Aktivierung und Ökonomisierung ausgerichtete politische Strategie verstärke gerade Ausgrenzungstendenzen. Zum einen wird die Landschaft von ECO-WISE dünner – insbesondere in strukturschwachen Regionen ist die Aufrechterhaltung der Angebotsstruktur gefährdet. Zum anderen werden LeistungsbezieherInnen in besser und schlechter vermittelbare selektiert, wodurch unter finanzierungstechnischem Druck der eigentlichen sozialen Zielsetzung zuwidergehandelt wird. Die Spannungen zwischen Integration und Inklusion sowie zwischen sozialem und ökonomischem Handeln laden sich in dieser Situation besonders auf.[222] Das Agieren ist auf Routinen beschränkt, mit dem Ziel, zu überleben, womit allerdings implizit das System stabilisiert wird und institutionalisierte Praktiken unintendiert reproduziert werden (siehe Kapitel 3.2.3). ECO-WISE-VertreterInnen versuchen zwar zu intervenieren, insbesondere über Netzwerkstrukturen. Die Innovationsfeindlichkeit der nach hierarchischen Vorgaben funktionierenden und agierenden politischen Institutionen wirkt dahingehend frustrierend. So identifizieren sie sich selbst als eine *„aussterbende Gattung"*.

Demgegenüber besteht Hoffnung, dass aus der Einführung der ‚bedarfsorientierten Mindestsicherung' zusätzliche materielle Partizipationsressourcen

222 Diese Spannungen werden detailliert in Kapitel 7.3 bestimmt.

resultieren. In den Prozessen ist ebenso eine mobilisierende Partizipation erkennbar. ECO-WISE-VertreterInnen waren zum Zeitpunkt der Gespräche als potenzielle Kooperationspartner in Verhandlungen eingebunden. Insbesondere bezüglich der Abklärung der Arbeitswilligkeit kann an ihre Ressourcen und ihr Know-how angeknüpft werden. Das Motiv der politischen Institutionen ist demzufolge ein pragmatisches. Die Beteiligungsmotive von Akteuren in ECO-WISE gehen hingegen dahin, die Ansprüche neu erwarteter arbeitsmarktpolitischer Zielgruppen zu kommunizieren und bedarfsorientierte Angebote zu entwickeln. Damit verbunden sind ebenso Wachstumserwartungen das Organisationsfeld- und Aufgabenspektrum betreffend. Dies wird jedoch vom weiteren Entwicklungsverlauf abhängig sein, in dem es adäquate Förderbedingungen auszuhandeln gilt. Partizipation findet hier in einer tendenziellen Entscheidungsmitbeteiligung statt. Es handelt sich um eine gesteuerte, kontrollierte und diskursiv ausdrückbare Partizipationshandlung, die bewusst an bestimmten Motiven und Erwartungen anknüpft. So werden mitunter auch neue Partizipationsbedingungen geschaffen, die wiederum unintendierte Handlungsfolgen aufwerfen können.

Strukturierung autoritativer Partizipationsressourcen in den 2000er-Jahren

In der Institutionalisierung regionaler Kooperationsstrukturen kann eine mobilisierende Partizipation die Strukturierung autoritativer Partizipationsressourcen identifiziert werden. Bereits vorhandene regionale Kooperationsbündnisse in der Arbeitsmarkt- und Umweltpolitik wurden in die von internationaler Seite geforderten und national adaptierten Strukturvorgaben der TEP und LA21 eingepasst. Die Strukturen institutionalisierten sich und wurden fortan finanziell durch internationale Fonds mitsubventioniert. Ziel ist es, Innovationen in den beiden Politikbereichen unter Einbindung der regionalen Wirtschaft und der Zivilgesellschaft voranzutreiben. Im Gegenzug zu restriktiveren nationalen Strukturen wurden damit für die regionale strategische Planungsebene Beteiligungsräume eröffnet, in denen sich auch ECO-WISE-VertreterInnen als querschnittspolitische Akteure positionieren können. Sie können sich durch die Beteiligung an Innovations- und Entwicklungsprojekten hier zukünftig profilieren.

Der Innovationsgedanke ist das ausschlaggebende Motiv für die Schaffung dieser regionalen Strukturen. Da nationale Regierungen in Zeiten der Sparpolitik nur in geringem Ausmaß Ressourcen für Innovationspolitik aufbringen können, werden diese für regionale Entwicklungsprojekte teilweise über EU-Mittel bereitgestellt. In diesem Zusammenhang werden von der EU als internationale politische Institution Strategien vorbereitet, die von der Bunderegierung als nationale politische Institution implementiert werden, deren Umsetzung wiederum auf regionaler Ebene in einem multidisziplinären Geflecht erfolgt. Die sich bereits in den 1990er-Jahren abzeichnende Verlagerung von Innovation in die Regionen institutionalisierte sich in den 2000er-Jahren, worin die in Kapitel 4.4.4 diskutierten Dezentralisierungstendenzen respektive Governanceprozesse eine handlungsfeldspezifische Entsprechung finden. Vonseiten der Länder galt es, bereits vorhandene Kooperationsbündnisse, die sich als regionale Gegenkraft zum hierarchischen, von der Bundesebene verordneten Regime entwickelten, weiterzubringen. Sie wurden von den VertreterInnen an die neuen Strukturen angepasst, womit die Innovationen nun ein abgesichertes und durch EU-Mittel gestärktes Fundament erhielten. Die Regionalmanagementstellen bilden sich dabei als Schnittstellen heraus, denn sie sind zum einen die strukturelle Heimat der regionalen Beschäftigungspakte, zum anderen sind sie auch PartnerInnen in LA21-Prozessen. Hinsichtlich der Pakte wurde in der Steiermark zusätzlich eine Dachorganisation gegründet, die die Beschäftigungsprojekte im strategischen Entscheidungsgremium des Landes Steiermark vertritt. Auch wenn diese Strukturen top-down gefordert wurden, formten sie sich bottom-up. Die Ausgestaltung oblag im Weitesten den Regionen. Dadurch war eine Entscheidungsbeteiligung und Selbstorganisation gegeben. Die vorhandenen Partizipationsräume wurden durch diese neuen Strukturen formalisiert und sie konnten sich damit auch etablieren.

Strukturierung von Partizipationsregeln in den 2000er-Jahren

Das durch den ESF geförderte Modellprojekt zu stufenförmigen Beschäftigungsangeboten kann als Beispiel dafür gelesen werden, wie sich abseits institutionalisierter Förderstrukturen bedarfsorientierte alternative Angebotsstrukturen entwickeln und zur Strukturierung neuer normativer bzw. regulativer Partizipationsrechte, -richtlinien und -standards beitragen. Das Modellprojekt war in ein innovatives regionales Kooperationsklima eingebettet und konnte sich auch nach Ablauf der ersten Förderperiode in der Steiermark etablieren. Eine Erweiterung der regionalen Angebotslandschaft mit sozialpolitisch innovativen Elementen ging daraus hervor.

Die Entwicklung von bedarfsorientierten Dienstleistungen kristallisiert sich für alle am Prozess Beteiligten als das zentrale Motiv heraus. Im Zuge eines gesteuerten und kontrollierten Prozesses wurde nach Möglichkeiten gesucht, routinisiertes Handeln aufzubrechen. In der Entwicklung und Realisierung waren ECO-WISE-VertreterInnen in Entscheidungsprozesse eingebunden. Es gingen daraus selbstorganisierte Initiativen hervor, die auch in den Folgejahren noch Bestand haben. Es wurden damit neue Partizipationsbedingungen für die Organisationen und die Zielgruppen geschaffen. Daraus resultierende unintendierte Folgen sind derzeit noch nicht absehbar. Hinsichtlich der Arbeitsmarktintegration wurde tendenziell der Blick auf ein inklusives Partizipationsverständnis geöffnet, in dem auch von normalen Arbeitsverhältnissen abweichende Beschäftigungsmöglichkeiten geschaffen wurden. Wege für die Entfaltung eines von der Norm abweichenden arbeitsgesellschaftlichen Bewusstseins wurden damit aufbereitet, mit denen den in Kapitel 7.4 noch eingehend beleuchteten Kontinuitätsbedürfnissen nähergekommen werden kann.

Strukturierung des Partizipationsverständnisses in den 2000er-Jahren

Auf den ersten Blick ist Partizipation in den 2000er-Jahren für ECO-WISE-VertreterInnen und für ihre Zielgruppen deutlich schwieriger geworden. Die Erhöhung der sozialen Treffsicherheit und die der Eigenerwirtschaftung legen den fordernden Kurs offen. Auf den zweiten Blick sind Beteiligungsmöglichkeiten erkennbar, diese finden allerdings in stark regulierten und top-down konstruierten regionalen Räumen statt. Hier wird eine Bottom-up-Partizipation gefördert, aber auch gefordert. Insofern strukturiert sich das Partizipationsverständnis mit Blick auf das gegenständliche Partizipationsphänomen in dieser Dekade in der Dynamik zwischen Fördern und Fordern. Somit bestätigt sich in den Ergebnissen die in Kapitel 4.4 theoretisch hergeleitete aktuelle dualistische gesellschaftliche Auffassung von Partizipation.

Auf der handlungsorientierten Strukturebene ist die lebensweltliche Machtkomponente deutlich eingeschränkt. Durch den restriktiven Kurs der arbeitsmarktpolitischen Vorgaben und Fördervoraussetzungen bleibt ECO-WISE kaum Spielraum zur Systemveränderung. Politische Institutionen agieren innovationsfeindlich und pragmatisch mit dem Anspruch der Systemerhaltung in wirtschaftlich angespannten Zeiten. Demzufolge herrscht institutionell weitgehend ein integrierendes Partizipationsverständnis vor, das auf Systemstabilisierung abzielt. Sowohl die Bundespolitik als auch die EU und die Länder handeln routinisiert, wenn auch auf regionaler Ebene Öffnungstendenzen in den institutionalisierten Kooperationsstrukturen wahrzunehmen sind. So wird beispielsweise die Entwicklung neuer arbeitsmarktpolitischer Angebotsstrukturen gefördert, die mit der Realisierung der ‚bedarfsorientierten Mindestsicherung' in Verbindung stehen. Die regionalen Gestaltungsspielräume öffnen sich insbesondere durch finanzielle Anschubfinanzierungen für Innovationsprojekte durch europäische Strukturfonds, womit Beteiligung gleichermaßen gefordert und gefördert wird.

In Hinblick auf die Einbindung von ECO-WISE-Akteure in die genannten regionalpolitischen Strukturen kann zusammenfassend festgestellt werden, dass ihre Ressourcen bezüglich der Lokalen Agenda 21 weitgehend ungenutzt sind. Betrachtet man die grundlegenden Kennzeichen von ECO-WISE (siehe Kapitel 6.1.4), so stellen diese wesentliche Voraussetzungen für die Umsetzung von LA21-Prozessen dar. Die regionale Verankerung und Vernetzungshaltung, die bestehenden Kooperationen mit der Arbeitsmarktpolitik und der Wirtschaft sowie ihr an den regionalen Bedürfnissen ausgerichtetes Handeln sind wichtige Potenziale. Dahingehend gilt es weiterführend, mögliche Ursachen für die geringe Einbindung zu erfragen. Was die arbeitsmarktpolitischen regionalen Strukturen betrifft, so wurde ersichtlich, dass sich der STEBEP vor allem in Hinblick auf soziale Innovationen gut bewährt hat. Eine Schnittstelle zwischen den arbeitsmarkt- und umweltpolitischen regionalen Strukturen könnte eventuell zu einer besseren Verzahnung dieser beiden Politikbereiche führen und eine intensivere Einbindung von ECO-WISE als Nachhaltigkeitsakteure bewirken. Bevor aber auf mögliche zukünftige strategische Entwicklungen spezifischer eingegangen wird, wird zunächst ein deskriptiver Überblick über die gewordene Landschaft von ECO-WISE in Österreich gegeben, um ihre kontextuelle Handlungsrahmung zu spezifizieren.

7.2 Performance von ECO-WISE

Die Performancedarstellung orientiert sich an den in Kapitel 6.1.4 herausgearbeiteten Zielsetzungen von ECO-WISE. Die dort entwickelten organisationalen Kriterien stellen ein Konglomerat aus den Faktoren des idealtypischen Social-Enterprise-Modells und den im Rahmen der ersten ExpertInneninterviewserie heuristisch entwickelten Merkmalen von ECO-WISE dar, das wiederum entlang der strategiepolitischen Ziele von nachhaltiger Entwicklung aufgefädelt ist (siehe Tabelle 4 in Kapitel 6.1.4). Auch wenn die Klassifizierung zwischen ökonomischen, sozialen, ökologischen und partizipativen Elementen nicht immer eindeutig ausfällt, stellt das Modell eine brauchbare Matrix dar, um die kontextuellen Bedingungen von ECO-WISE schematisiert zu veranschaulichen und zu diskutieren. Im Konkreten werden die Eigenschaften dieses Handlungs- und Interaktionskontextes anhand der Daten aus der Struktur- und Trenderhebung spezifiziert. Des Weiteren werden die Partizipationsmöglichkeiten von Akteuren in diesen Sozialen Organisationen umrahmt. Begonnen wird mit der sozialen Zieldimension, die sich, wie in den theoretischen Betrachtungen zu lesen war (siehe Kapitel 6.1.4), auch empirisch als die zentralste erweist (siehe Kapitel 7.2.5).

7.2.1 Soziale Dimension

Wie aus dem Institutionalisierungsprozess herausgelesen werden kann, ist die Entstehung und Entwicklung von ECO-WISE eng mit regionalen Versorgungslücken und gesellschaftlichen Problemlagen verbunden. Die Organisationsgründungen erfolgen in der Regel durch engagierte BürgerInnen oder Dritt-Sektor-Organisationen und oftmals in Kooperation mit öffentlichen Einrichtungen. Das kollektive und bedarfsorientierte Gründungsmotiv stellt ein wesentliches Charakteristikum von ECO-WISE dar, das sich auch in den Daten abbildet.

In der ersten Strukturerhebung aus dem Jahr 2009 wurde konkret nach den Gründungsmotiven gefragt.[223] Von den 59 Betrieben/Projekten, die darauf ant-

223 In der aktualisierten Erhebung von 2015 wurde diese Frage nicht erneut gestellt, da dem Sample dieselbe Ausgangspopulation zugrunde lag.

worteten, gab ein gutes Drittel an, dass die Gründung aus privater Initiative erfolgte (n = 22; 37 %). Lediglich knappe 7 % (n = 4) ordnen ihren Entstehungsgrund einer politischen Initiative zu. Ein knappes Drittel sieht sowohl private als auch politische Beweggründe als ausschlaggebend für ihre Existenz (n = 17; 29 %) und ein Fünftel (n = 13; 22 %) gab andere Gründe an, wie z. B. die Fusion zweier Vereine oder schlicht bedarfsorientiertes Handeln (vgl. Anastasiadis & Mayr 2010, S. 26). Die Bedarfsorientierung und gemeinnützige Zielausrichtung manifestiert sich insbesondere in den Antworten zur Leistungserbringung und Innovation.

Im Rahmen der Trenderhebung aus dem Jahr 2015 stufte der Großteil der Betriebe/Projekte (n = 25; 76 %) ihre erbrachten Leistungen als Schadensbegrenzung ein, womit laut Simsa (2002, S. 139) Versorgungslücken bei bestimmten Personengruppen geschlossen oder unbehandelte Themen aufgegriffen werden. Vier der 31 antwortenden Organisationen (13 %) negierten diese Zuschreibung. Weitere zwei (6 %) wählten die Option ‚keine Angabe' (siehe Tabelle 8).

Tabelle 8: Leistungserbringung im Sinne der Schadensbegrenzung 2015

Schadensbegrenzung		Häufigkeit	Prozent	Gültige Prozente
gültig	ja	25	75,76	80,65
	nein	4	12,12	12,90
	keine Angabe	2	6,06	6,45
	gesamt	31	93,94	100
fehlend	System	2	6,06	
gesamt		33	100	

Quelle: SPSS_datafile_ECO-WISE_Struktur_2015

Ein knappes Fünftel (n = 6; 18 %) der Betriebe/Projekte beschreibt sich dabei als LeistungspionierInnen, die innovative weder vom Staat noch vom Markt erbrachte Dienste anbieten (siehe Abbildung 24). Ein weiteres knappes Fünftel (n = 6; 18 %) positioniert sich als ergänzende/konkurrierende LeistungserbringerInnen. Mehr als die Hälfte (n = 18; 55 %) der Betriebe/Projekte erlebt sich in Bezug auf die von ihnen erbrachte Leistung sowohl als LeistungspionierInnen als auch als ergänzende/konkurrierende LeistungserbringerInnen. Lediglich ein Betrieb/Projekt (3 %) verfolgt eine andere Strategie. Eine Organisation (3 %) von 32 antwortenden machte dezidiert keine Angaben.

Diese Ergebnisse weisen mit denen aus der ersten Strukturerhebung aus dem Jahr 2009 starke Ähnlichkeiten auf – sowohl was die Schadensbegrenzungsfunktion als auch was die Art der Leistung betrifft. In der Strukturerhebung 2009 stuften sich ebenso drei Viertel als SchadensbegrenzerInnen ein (n = 46; 75 %). Mehr als die Hälfte (n = 34; 56 %) sah sich sowohl als ergänzende/konkurrierende LeistungserbringerInnen als auch als LeistungspionierInnen (vgl. Anastasiadis & Mayr 2010, S. 36). Darin spiegelt und verfestigt sich ihre Rolle zwischen Markt, Staat und informeller Ökonomie wider, als alternative und gemeinnützig orientierte DienstleistungsanbieterInnen, die insbesondere auf regionale Bedarfslagen reagieren, wie im Folgenden deutlich wird.

Abbildung 24: Art der Leistungserbringung 2015 (N = 32)

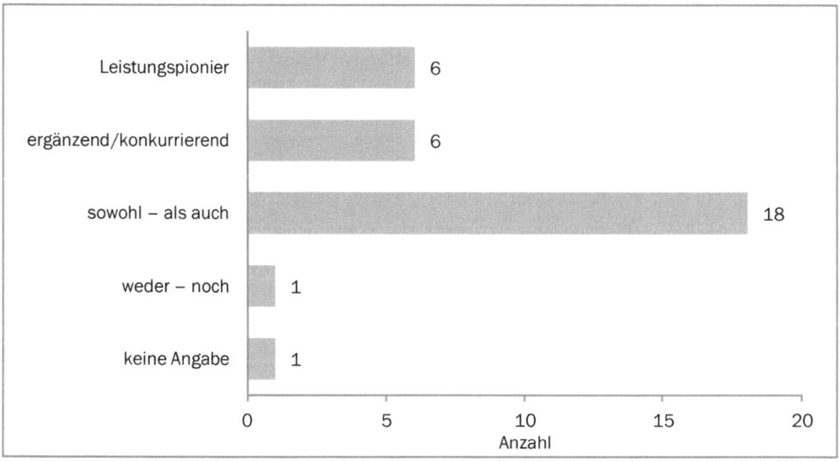

Quelle: SPSS_datafile_ECO-WISE_Struktur_2015

Von den 33 Betrieben/Projekten, die im Jahr 2015 an der Befragung teilnahmen, sah sich der Großteil als lokal und/oder regional agierend (siehe Abbildung 25). 14 (42 %) begrenzten ihren Dienstleistungsradius auf die lokale Gemeindeebene und sieben (21 %) auf die regionale Bundesländerebene. Zehn (31 %) handeln sowohl regional als auch lokal und eine Organisation (3 %) fügte der regionalen Basis einen internationalen Handlungskontext hinzu. Eine Organisation enthielt sich der Antwort. In der räumlichen Verortung verdeutlicht sich die in Kapitel 7.1 bereits skizzierte Relevanz von regionalen Kooperationsbeziehungen, sei es zu den regionalen AMS-Stellen oder zu Unternehmen aus der Privatwirtschaft. Wie noch zu zeigen sein wird, stellen sie eine entscheidende und ausbaufähige Ressource für die Entfaltung von ECO-WISE dar (siehe Kapitel 7.5).

Die gemeinnützige Orientierung zeigt sich insbesondere in den Angaben zur Verwendung von möglichen Gewinnen. Gemäß den Kriterien ist eine solche mit Investitionen zur Erreichung der sozialen Zielsetzung limitiert (siehe Kapitel 6.1.4). Keine der 33 im Jahr 2015 erfassten Organisationen gab an, Gewinne an Mitglieder, EigentümerInnen und den Vorstand zu verteilen. Gut drei Viertel führten hingegen an (n = 25; 76 %), Gewinne ausschließlich für den Unternehmenszweck zu verwenden. Vier Organisationen (12 %) verneinten sogar diese Verteilungsoption. Weitere vier (12 %) machten dazu keine Angaben.[224] Insofern agieren die hier erfassten ECO-WISE in typisch sozialökonomischer Manier, um ihre soziale Hauptzielsetzung – die Beschäftigung und Qualifizierung von am Arbeitsmarkt benachteiligten Personengruppen – zu fördern. Die Relevanz der Arbeitsmarktintegration wird insbesondere in der Personalstruktur und in der konkreten Benennung der sozialen Zielsetzungen der Organisationen deutlich.

Abbildung 25: Räumliche Verortung in der Leistungserbringung 2015 (N = 33)

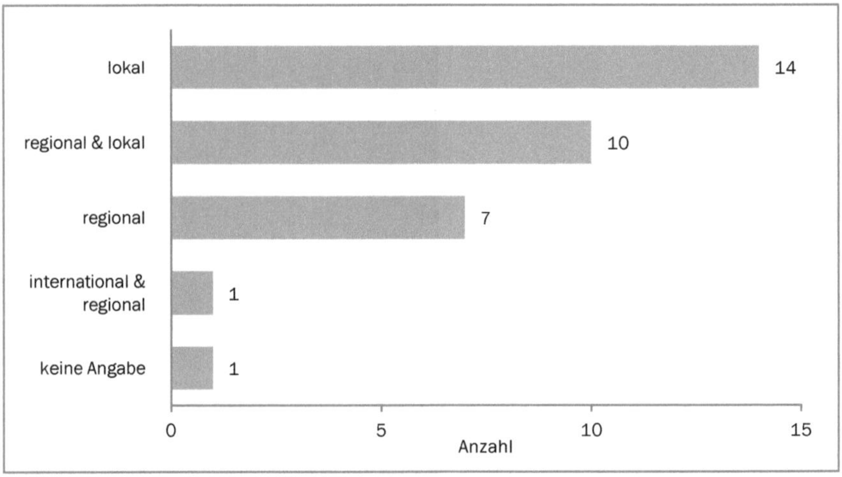

Quelle: SPSS_datafile_ECO-WISE_Struktur_2015

Mit Blick auf die Personalsituation konnten in den 33 Betrieben/Projekten rückblickend auf das Geschäftsjahr 2014 insgesamt 2 277 MitarbeiterInnen auf allen Ebenen, inklusive ehrenamtlich Tätiger, ausgemacht werden. Davon sind fast zwei Drittel (n = 1 306; 57 %) geförderte MitarbeiterInnen und 278 (12 %) Schlüsselarbeitskräfte, die für die Ausbildung und die soziale Begleitung der geförderten Personen zuständig sind.[225] Bei genauerer Betrachtung zeigt sich eine

224 Bei der Rücküberprüfung der vier Betriebe/Projekte, die auf diese Frage nicht antworteten, stellte sich heraus, dass es sich dabei um Organisationen mit steuerrechtlichem Gemeinnützigkeitsstatus handelt. Insofern erfüllen sie das Kriterium der limitierten Gewinnverwendung.

225 Da es immer wieder zu Missverständnissen zwischen ‚geförderten' und ‚Schlüsselkräften' kommt, nicht zuletzt, da auch Schlüsselarbeitskräfte gefördert werden können, wur-

große Spannbreite. So reicht beispielsweise der Anteil von null bis zu 151 geförderten und von null bis zu 55 Schlüsselkräften pro Betrieb/Projekt. Weitere MitarbeiterInnengruppen haben zahlenmäßig einen geringeren Stellenwert (siehe Abbildung 26).

Abbildung 26: Beschäftigtenstruktur in ECO-WISE im Vergleich (2009: N = 61; 2015: N = 33)

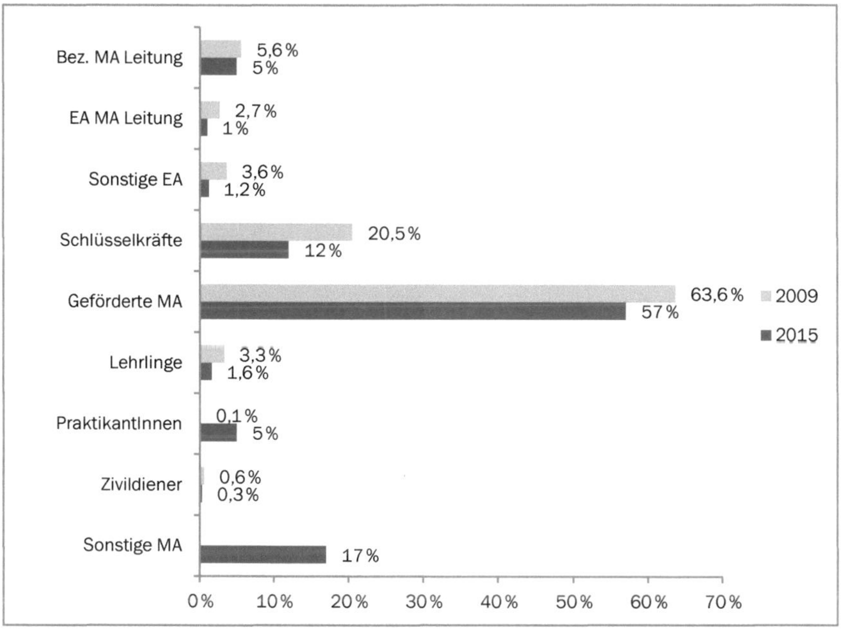

Quelle: SPSS_datafile_ECO-WISE_Struktur_2015 und SPSS_datafile_ECO-WISE_Struktur_2009

In der Leitungsebene sind 2014 insgesamt 6% der MitarbeiterInnen beschäftigt, wobei der Großteil (n = 105; 5%) bezahlt (Bez. MA Leitung) und ein sehr geringer Teil (n = 24; 1%) ehrenamtlich (EA MA Leitung) tätig sind. Weitere Ehrenamtliche (n = 28; 1,2%), Lehrlinge (n = 36; 1,6%) und Zivildiener (n = 7; 0,3%) weisen den geringsten Anteil aus. Demgegenüber sind PraktikantInnen (n = 105; 5%) etwas häufiger anzutreffen. Zur Rubrik ‚sonstige MitarbeiterInnen' zählen 388 Personen (17%). Darunter fallen unter anderem langfristig integrativ Beschäftigte ohne Vermittlungsauftrag, niederschwellige stundenweise Beschäftigte sowie Schulungs-, Clearing- und ArbeitstrainingsteilnehmerInnen.

de im Fragebogen der Zusatz ‚MitarbeiterInnen am „ersten" bzw. am „zweiten" Arbeitsmarkt' hinzugefügt, um die Differenzierung zu betonen.

Die Personalstruktur zeigt sich im Großen und Ganzen ähnlich durchmischt und gewichtet wie die der 61 befragten Betrieben/Projekte aus dem Jahr 2009 (vgl. Anastasiadis & Mayr 2010, S. 40). Auffallend ist allerdings, dass sich das Verhältnis in den beiden Stichproben zwischen geförderten MitarbeiterInnen und Schlüsselkräften geringfügig unterscheidet. Während für das Geschäftsjahr 2007 für 1960 geförderte Beschäftigte (64%) noch 631 (20%) Schlüsselarbeitskräfte zur Verfügung standen, was einem Schlüssel von ca. 3:1 entspricht, kommen 2015 auf eine Schlüsselarbeitskraft bereits fast fünf geförderte Beschäftigte.

Dieser Trend lässt sich tendenziell mit einer beobachtbaren geringeren Verweildauer von geförderten Beschäftigten in einen Zusammenhang stellen (siehe Abbildung 27). So lag beispielsweise in der Erhebung aus dem Jahr 2009 mit Bezug auf das Geschäftsjahr 2007 der Schwerpunkt noch im Zeitraum zwischen sechs und zwölf Monaten. 40% der damals 33 antwortenden Betriebe/Projekte (n = 13) gaben eine Verweildauer zwischen sechs und neun Monaten an und 30% (n = 10) eine zwischen neun und zwölf Monaten. In lediglich 9% (n = 3) der Betriebe/Projekte verblieben die geförderten MitarbeiterInnen kürzer als sechs Monate. Länger als zwölf Monate war die Verweildauer in einem Fünftel (n = 7; 21%) (vgl. Anastasiadis & Mayr 2010, S. 44).

Abbildung 27: Verweildauer geförderter Beschäftigter im Vergleich (2009: N = 33; 2015: N = 25)

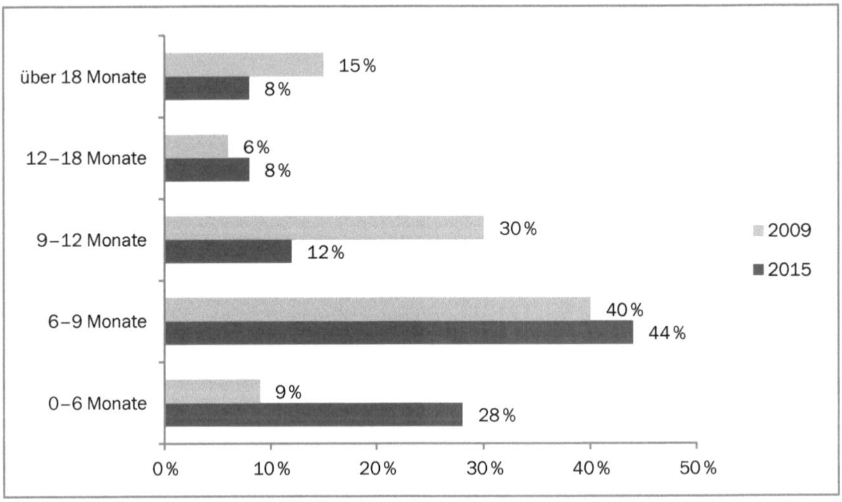

Quelle: SPSS_datafile_ECO-WISE_Struktur_2015 und SPSS_datafile_ECO-WISE_Struktur_2009

In der aktualisierten Befragung von 2015 gaben dazu 25 Organisationen Auskunft. Davon konnten in elf Betrieben/Projekten (44%) die geförderten MitarbeiterInnen im Geschäftsjahr 2014 zwischen sechs und neun Monaten verbleiben und in knapp einem Drittel (n = 7; 28 %) sind sie durchschnittlich weniger als sechs Monate beschäftigt. Das bedeutet, dass in nahezu drei Viertel (72 %) der Einrichtungen, die auf diese Frage antworteten, die geförderten Beschäftigten weniger als neun Monate verbleiben. In sieben Betrieben/Projekten (28 %) bleiben die geförderten MitarbeiterInnen im Durchschnitt länger: in drei (12 %) zwischen neun und zwölf Monaten, zwei VertreterInnen (8 %) gaben eine Verweildauer zwischen zwölf und 18 Monaten an und in weiteren zwei (8 %) konnten die MitarbeiterInnen länger als 18 Monate beschäftigt werden. Hierbei handelt es sich um einen Betrieb, der eine Lehrausbildung für Jugendliche anbietet, und um eine Werkstätte, die Menschen mit Beeinträchtigungen in den Arbeitsmarkt integriert.

Insgesamt wird in diesen Angaben die Tendenz zu immer kürzer werdenden Förderzeiträumen erkennbar. Diese Verkürzung wurde von den ExpertInnen im Rahmen der ersten Interviewserie bereits angesprochen (siehe Kapitel 7.1). Sie zeigt sich ebenso in den Ergebnissen der Evaluierung von arbeitsmarktintegrativen Betrieben in Österreich. So wurde im Untersuchungszeitraum 2005 bis 2012 eine stetig wachsende Zahl von Förderepisoden beobachtet (2005: 7 683; 2012: 19 208), bei gleichzeitigem Rückgang der durchschnittlichen Förderdauer (2005: 241 Tage; 2012: 116 Tage) (vgl. Eppel et al. 2014, S. IV ff.). Darin manifestiert sich der durch Aktivierungs- und Ökonomisierungstendenzen geschürte Konflikt zwischen einer bedarfsorientierten Betreuung und behördlichen Vermittlungsvorgaben. Der dem Handlungsfeld ‚Soziale Arbeit bei Arbeitslosigkeit' generell immanente Widerspruch zwischen Integrations- und Inklusionsansprüchen bestätigt sich im gegenständlichen Forschungsfeld (siehe Kapitel 6.1.1). Im Zusammenhang mit den intervenierenden Bedingungen und den Handlungsstrategien wird dieser Aspekt noch detaillierter diskutiert (siehe Kapitel 7.3 und 7.4).

Auf die Fragen nach dem Vermittlungsauftrag gaben 86 % (n = 24) der 28 Betriebe und Projekte, die diese Frage in der Erhebung von 2015 beantworteten, an, einen Vermittlungsauftrag zu haben.[226] Lediglich vier dieser Einrichtungen (14,3 %) haben keinen ausdrücklichen Auftrag, eine bestimmte Anzahl von Personen innerhalb eines definierten Zeitraumes erfolgreich in den ‚ersten Arbeitsmarkt' zu vermitteln (siehe Tabelle 9). Diese prozentuelle Aufteilung entspricht

226 Von den Betrieben/Projekten mit Vermittlungsauftrag nannten 22 in einem offenen Frageformat Einschätzungen zum Erfüllungsausmaß. Sechs Einrichtungen erfüllen die vorgeschriebene Quote zu 95 % bzw. 100 %. Ein Betrieb vermittelt zurzeit sogar mehr Personen als gefordert. Aus den weiteren 15 Angaben kann nicht eindeutig eruiert werden, ob sich die Zahlen auf die vorgegebene Vermittlungsquote oder auf die tatsächliche Erfüllungsquote des Auftrages beziehen. Insofern wurden sie in die Auswertung nicht einbezogen.

auch im Weitesten jener der Strukturerhebung aus dem Jahr 2009 (vgl. Anastasiadis & Mayr 2010, S. 45). Dort hatten knapp 90 % der 56 antwortenden Betriebe/Projekte einen Vermittlungsauftrag. Auch wenn ein solcher gemäß den Förderrichtlinien lediglich im Bedarfsfall und freiwillig festgesetzt werden kann (siehe Kapitel 6.1.3), scheint dies jedoch in der Praxis die Regel zu sein.

Tabelle 9: Vermittlungsauftrag von ECO-WISE 2015

Vermittlungsauftrag		Häufigkeit	Prozent	Gültige Prozente
gültig	nein	4	12,12	14,29
	ja	24	72,73	85,71
	gesamt	28	84,85	100
fehlend	System	5	15,15	
gesamt		33	100	

Quelle: SPSS_datafile_ECO-WISE_Struktur_2015

In einer detaillierten Betrachtung der Zielgruppen zeigt sich, dass den Angaben der 33 Betriebe/Projekte aus der Trenderhebung 2015 zufolge langzeitarbeitslose Personen, die unter anderem auch den nachfolgenden Gruppen zugeordnet sind[227], den größten Teil einnehmen. Beinahe die Hälfte der geförderten Beschäftigten (n = 816; 44 %) wurde hier zugezählt (siehe Abbildung 28).

Als zweitgrößte Gruppe – mit knapp einem Fünftel – kristallisieren sich junge Menschen mit sozialen Einschränkungen heraus (n = 359; 19 %). Die Verteilung zwischen Frauen über 45 bzw. Männern über 50 Jahren (n = 227, 12 %), Menschen mit Beeinträchtigungen (n = 212; 11 %) und Problemgruppen, wie etwa Obdachlose, Suchtkranke, Haftentlassene, Personen mit Migrationshintergrund etc. (n = 214; 12 %), ist relativ ausgewogen. Personen in Karenz (n = 29; 2 %) bilden dagegen eine vergleichsweise kleine Gruppe. Die Zuteilung aus der Strukturerhebung 2009 unterscheidet sich in einigen Punkten. So war die Gruppe der Personen mit Einschränkungen im Vergleich höher (n = 511, 26 %), jene der jungen Menschen mit sozialen Einschränkungen (n = 244; 12,4 %), der älteren Personen (n = 174; 8,9 %) und der Personen mit sonstigen Problemen (n = 30; 1,5 %) deutlich geringer. Die unterschiedliche Gewichtung

227 Diese Frage wurde von 24 Organisationen beantwortet. Aufgrund vorhandener multipler Problemlagen der Zielgruppen war eine eindeutige Zuordnung zu den an den Förderrichtlinien angelehnten Kategorien (siehe dazu Kapitel 6.1.3) nicht immer möglich. Daher wurden von den Befragten Doppelzuteilungen vorgenommen. Insofern fällt die Gesamtsumme hier deutlich höher aus (n = 1 857) als jene der angegebenen geförderten Beschäftigten insgesamt (n = 1 306), zu denen auch die sonstigen Beschäftigten (n = 388) hinzuzuzählen sind.

ist in Zusammenhang mit jährlich variierenden zielgruppenspezifischen Schwerpunktprogrammen zu sehen, die vom AMS bzw. vom Bundesministerium in Anbetracht der jeweiligen arbeitsmarktpolitischen Herausforderungen vorgegeben werden, wobei bedarfsorientierte Anpassungen durch die regionalen AMS-Stellen möglich sind.

Abbildung 28: Verteilung geförderter Beschäftigter im Vergleich (2009: N = 61; 2015: N = 33)

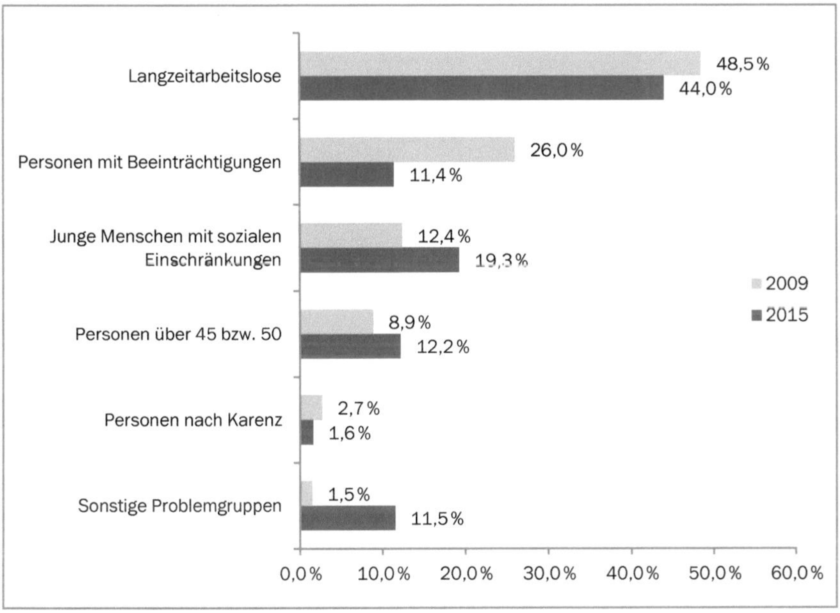

Quelle: SPSS_datafile_ECO-WISE_Struktur_2015 und SPSS_datafile_ECO-WISE_Struktur_2009

Die Angaben verdeutlichen die aktuellen Bedarfslagen sowie die Heterogenität der AdressatInnen[228], die sich insbesondere in der an Bedeutung gewinnenden Gruppe mit sonstigen Problemlagen manifestiert. Die Vielfältigkeit setzt sich in der Geschlechter- und der Altersverteilung fort, zu denen jeweils von 28 Betrieben/Projekten aus dem Jahr 2015 Angaben vorliegen. So finden sich unter den geförderten Beschäftigten 850 (52 %) Frauen und 788 (48 %) Männer. Davon sind 627 (38 %) zwischen 25 und 45, 534 (33 %) über 45 und 477 (29 %) unter 25 Jahre alt. In den 61 befragten Betrieben/Projekten aus dem Jahr 2009 war dies ähnlich (siehe Abbildung 29). 857 (49 %) geförderte Beschäftigte waren

228 Diese wurden in der Charakterisierung des Handlungsfeldes (siehe Kapitel 6.1.1) tendenziell abgebildet.

zwischen 25 und 44 Jahre alt. Auf die Gruppe der unter 25-Jährigen kamen 531 (30 %) und auf jene der über 45-Jährigen 375 (21 %) Personen (vgl. Anastasiadis & Mayr 2010, S. 41). Erkennbar ist ein Anstieg des Alters. Während die unter 25-Jährigen prozentuell in den beiden Stichproben relativ gleich verteilt sind, ist die Gruppe im Haupterwerbsalter in der aktuellen Stichprobe geringer, dafür jene der über 45-Jährigen größer.

Abbildung 29: Altersverteilung geförderter Beschäftigter im Vergleich (2009: N = 61; 2015: N = 33)

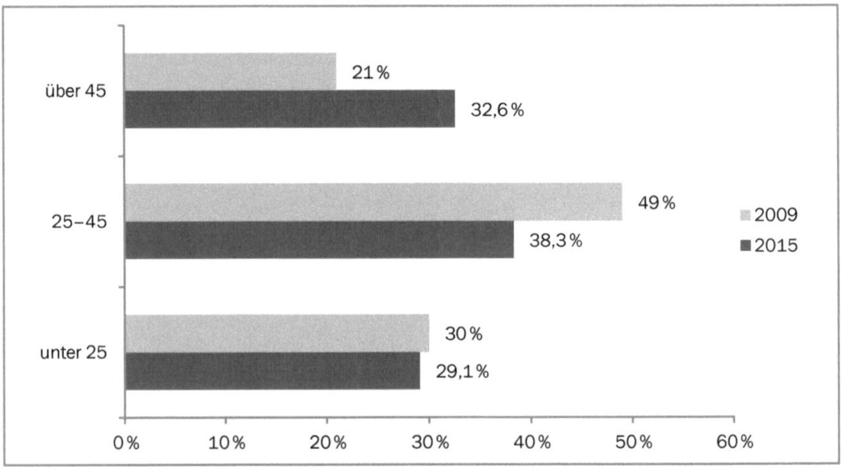

Quelle: SPSS_datafile_ECO-WISE_Struktur_2015 und SPSS_datafile_ECO-WISE_Struktur_2009

Gemäß den Arbeitslosenzahlen aus dem Jahr 2014[229] kann festgestellt werden, dass sich die Hauptgruppe arbeitssuchender Personen im mittleren Erwerbsfähigkeitsalter befindet. Wie die folgende Tabelle 10 illustriert, finden wir den höchsten Anstieg bei den über 45-Jährigen. Auffallend ist zudem, dass mit zunehmendem Alter die Dauer der Arbeitslosigkeit steigt (vgl. AMS Österreich 2015c, S. 21). Daher wird, wie bereits in den Kapiteln 4.4.4 und 6.1.1 betont, älteren Personen in den jüngsten arbeitsmarktpolitischen Fokussierungen ein besonderes Augenmerk geschenkt. Vor diesen Hintergründen lässt sich auch der Anstieg älterer Personen in ECO-WISE begründen.

Mit Blick auf das Qualifikationsniveau verfügen beinahe drei Viertel (n = 1 165; 78 %) der geförderten Beschäftigten, den Angaben der VertreterInnen der 2015 befragten ECO-WISE zufolge, maximal über einen Pflichtschulabschluss.

229 Auf dieses Jahr beziehen sich auch die Angaben der Organisationen in der Trenderhebung 2015.

Diese Gruppe stellt demnach die Hauptzielgruppe von ECO-WISE dar. Ein weiteres Fünftel (n = 293; 20 %) hat eine mittlere Ausbildung wie etwa eine Mittlere Schule oder eine Lehre abgeschlossen. Relativ wenige Personen, die als geförderte Beschäftigte in den Betrieben und Projekten arbeiten, besuchten eine Höhere Schule mit Matura (n = 32; 2 %) oder eine Akademie bzw. Universität (n = 9; 1 %). Diese Verteilung gleicht im Weitesten den Angaben der Stichprobe von 2009 (siehe Abbildung 30).

Tabelle 10: Arbeitslosigkeit nach Alter in Österreich 2014

Alter	Bestand	Veränderungen Bestand zum Vorjahr absolut	Veränderungen Bestand zum Vorjahr Prozent
Jugendliche unter 25 Jahre	45 147	2 403	5,6
Erwachsene 25 bis 44 Jahre	151 904	13 527	9,8
Ältere über 45 Jahre	122 306	16 221	15,3

Quelle: AMS Österreich (2014d)

Abbildung 30: Qualifikation geförderter Beschäftigter im Vergleich (2009: N = 61; 2015: N = 33)

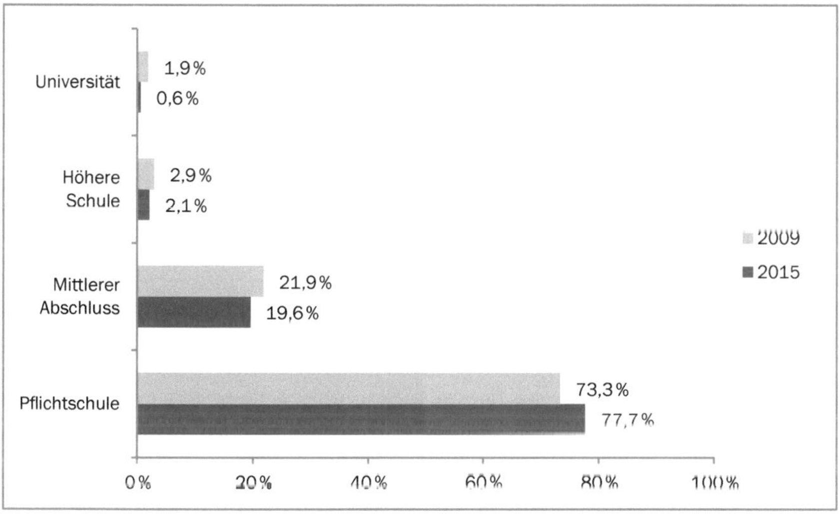

Quelle: SPSS_datafile_ECO-WISE_Struktur_2015 und SPSS_datafile_ECO-WISE_Struktur_2009

In der Stichprobe von 2009 verfügten 73 % (n = 1 269) der geförderten Beschäftigten maximal über einen Pflichtschulabschluss, 22 % (n = 379) über einen mittleren und 3 % (n = 51) über einen höheren Abschluss. Die Absolvierung eines Studiums oder einer Akademie war lediglich bei 2 % (n = 33) gegeben (vgl.

Anastasiadis & Mayr 2010, S. 43). Es spiegelt sich darin das für die gesamte Arbeitsmarktlage gültige Bild wider, dass es umso schwieriger ist, am Arbeitsmarkt Fuß zu fassen, je geringer die Qualifikation ist. In Tabelle 11 wird dies deutlich. Erkennbar ist in den Angaben jedoch auch, dass die Arbeitslosigkeit bei gut qualifizierten Personen im Steigen begriffen ist. So wuchs der Bestand bei AkademikerInnen im Vergleich zum Jahr 2013 um 17,5 %. Insofern haben höhere Ausbildungen nicht mehr dieselbe Schutzfunktion.

Tabelle 11: Arbeitslosigkeit nach Ausbildung in Österreich 2014

Ausbildung	Bestand	Veränderungen Bestand zum Vorjahr absolut	Veränderungen Bestand zum Vorjahr Prozent
akademische Ausbildung	17 877	2 667	17,5
höhere Ausbildung	28 806	3 446	13,6
mittlere Ausbildung	16 255	1 261	8,4
Lehrausbildung	105 646	8 725	9,0
Pflichtschule	127 739	13 181	11,5
keine abgeschlossene Schule	21 002	2 640	14,4
ungeklärt	2 032	231	12,8

Quelle: AMS Österreich (2014d)

Die VertreterInnen der 2015 befragten Betriebe und Projekte wurden ersucht, die aus ihrer Sicht häufigsten Qualifizierungsbedarfe in offene Antwortfenster einzutragen. Dies wurde von 25 Einrichtungen vorgenommen. Diese können, ähnlich wie in der Strukturerhebung aus dem Jahr 2009, in die Bereiche ‚Qualifikation', ‚Kompetenzen' und ‚personenbezogene Merkmale' eingeteilt werden (vgl. Anastasiadis & Mayr 2010, S. 43). Die meisten Angaben beziehen sich auf die Qualifikation der geförderten Beschäftigten (n = 27). Hier wurde das Nachholen diverser Ausbildungen und Abschlüsse (z. B. Pflichtschul- und Lehrabschlüsse), eine Weiter- und Höherqualifizierung in unterschiedlichen fachlichen Bereichen, aber auch der Erwerb eines Führerscheins mit diversen Lenkberechtigungen und von Grundfertigkeiten wie Lesen, Schreiben und Rechnen sowie die Verbesserung der Deutschkenntnisse thematisiert. Im Bereich ‚Kompetenzen' wurde insbesondere die Stärkung der sozialen Kompetenz hervorgehoben. Dazu zählt die Verbesserung der Kommunikations- und Teamfähigkeit sowie der Selbstständigkeit, wie sie insbesondere in der Steigerung der physischen und psychischen Mobilität zum Ausdruck kommt. Zudem wurden praxisbezogene Kompetenzen genannt, wozu die Anwendung fachspezifischen Wissens, das Erlernen von Arbeitsabläufen, die Entwicklung von realistischen beruflichen Perspektiven sowie der Erwerb von Selbstpräsentations- und Bewerbungstechniken zählen. Hinsichtlich der personenbezogenen Merkmale fällt vor allem die Ausbildung einer grundlegenden Arbeitsfähigkeit und einer Arbeitshaltung nach langer Arbeitsabstinenz ins Gewicht. Die Steigerung der Belastbarkeit, des Durchhaltevermögens und der Motivation ist ebenso hier zuzuzählen. Aber auch die Stabilisierung individueller Lebenslagen, das Lösen von privaten Problemen, wie beispielsweise die Tilgung von Schulden, die Ausbildung eines Gesundheitsbewusstseins und die Steigerung des Selbstwertes sind zentrale Aspekte.

In den genannten Qualifizierungsbedarfen manifestiert sich das zentrale Aufgabenspektrum dieses Handlungsfeldes, das unter anderem in der Bundesrichtlinie für Qualitätsstandards in Beschäftigungsbetrieben und -projekten festgelegt ist (siehe Kapitel 6.1.3). Eine Fördervoraussetzung ist zudem der dort angeführte Nachweis einer angemessenen Qualifikation der Personen, die für die fachliche und soziale Betreuung zuständig sind. Dahingehend gaben die 33 Betriebe/Projekte in der Trenderhebung 2015 an, dass mehr als die Hälfte der dort tätigen Schlüsselarbeitskräfte (n = 181; 52 %) über eine Lehre, Meisterprüfung oder einen Abschluss einer mittleren Schule verfügt, 56 (16 %) eine höhere Schule absolvierten und 95 (27 %) einen Studienabschluss vorweisen können. Lediglich 21 Personen (6 %) verfügen nur über einen Pflichtschulabschluss (siehe Abbildung 31).

Abbildung 31: Qualifikation der Schlüsselkräfte 2015 (N = 33)

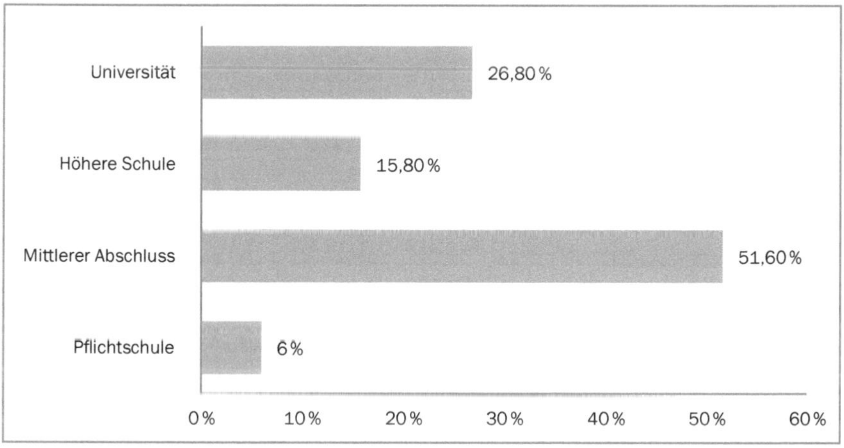

Quelle: SPSS_datafile_ECO-WISE_Struktur_2015

In Hinblick auf die soziale Orientierung stellen, wie in der Charakterisierung des Forschungsfelds bereits betont (siehe Kapitel 6.1.2), die Qualifizierung, Betreuung und Vermittlung von am Arbeitsmarkt benachteiligten Personen das generelle soziale Unternehmensziel von WISE dar. Dies bestätigt sich deutlich in den bisher angeführten Angaben der in der Untersuchung befragten österreichischen ECO-WISE. In der Reihung ihrer sozialen Ziele bekräftigt sich dies nochmals. 31 Betriebe und Projekte priorisierten in der Trenderhebung aus dem Jahr 2015 ihre sozialen Zielsetzungen entlang der im Zuge der ersten ExpertInneninterviewserie ermittelten Zielkategorien (siehe Tabelle 12). Jeweils 30 Einrichtungen (97 %) gaben die ‚Integration in den „ersten" Arbeitsmarkt' und ‚Qualifizierung bzw. Vermittlung von Kompetenzen' an. Auch durch die dritt- und viertgereihten Ziele – ‚Bewältigung von Problemen' (n = 25; 81 %) und ‚Verbesserung der Lebenssituation von geförderten Beschäftigten' (n = 23; 74 %) – wird die Wertigkeit ersichtlich. An fünfter Stelle findet sich die ‚Einbindung von MitarbeiterInnen in Entscheidungen' (n = 20; 65 %), gefolgt von ‚Gleichberechtigung' (n = 19; 61 %). Darin zeigt sich deutlich die partizipative und auf Inklusion bedachte Unternehmenskultur. Während die Hauptprioritäten in der 2009 durchgeführten Befragung von ECO-WISE noch exakt dieselben waren, wurden dort die Letzteren von jeweils nur 27 % der Einrichtungen angekreuzt (vgl. Anastasiadis & Mayr 2010, S. 47). Dies könnte mit der wachsenden Aufmerksamkeit gegenüber Partizipation und Inklusion in sozialen Berufsfeldern insgesamt in Zusammenhang stehen (siehe Kapitel 2.3.1).

Tabelle 12: Soziale Ziele von ECO-WISE 2015

soziale Ziele	Häufigkeit	Prozent	Prozent der Fälle
Einbindung der MitarbeiterInnen in Entscheidungen	20	8,58	64,52
Empowerment von KundInnen	13	5,58	41,94
Erhaltung von Arbeitsplätzen	18	7,73	58,06
Gleichberechtigung	19	8,15	61,29
Integration in den ‚ersten' Arbeitsmarkt	30	12,88	96,77
Qualifizierung/Vermittlung von Kompetenzen	30	12,88	96,77
Schaffung von Arbeitsplätzen	18	7,73	58,06
unterschiedliche Arbeitszeitmodelle	17	7,30	54,84
Bewältigung von Problemen	25	10,73	80,65
Verbesserung der Lebenssituation geförderter Personen	23	9,87	74,19
Weiterbildung der Schlüsselkräfte	16	6,87	51,61
Sonstiges	4	1,72	12,90
Gesamt	233	100	751,61

Mehrfachantworten (N = 31) Dichotomie-Gruppe (Wert 1)
Quelle: SPSS_datafile_ECO-WISE_Struktur_2015

Mit Blick auf die soziale Zieldimension wird deutlich, dass ECO-WISE ihren AdressatInnen hohe Aufmerksamkeit widmen und ihre Partizipation auch auf der operativen Umsetzungsebene zu verwirklichen suchen. Zudem leisten sie einen wichtigen Beitrag hinsichtlich der strategiepolitischen sozialen Orientierung von nachhaltiger Entwicklung. Sie streben Verteilungsgerechtigkeit von Ressourcen und Lebenschancen sowie die Förderung der gesellschaftlichen Partizipation von durch Ausgrenzung bedrohten Personen insbesondere durch Arbeit und Bildung an. Sie unterstützen somit deutlich die sozialen und auch ökonomischen Partizipationschancen ihrer AdressatInnen.

7.2.2 Ökonomische Dimension

ECO-WISE tragen durch die Schaffung von regulären und mitunter auch alternativen Arbeitsplätzen, wie beispielsweise der niederschwelligen stundenweisen Beschäftigung, zur Minimierung von sozialen Disparitäten bei – eine ökonomische Zielkomponente von nachhaltiger Entwicklung. Wie in den theoretischen Auseinandersetzungen bereits hervorgehoben wurde (siehe Kapitel 6.1.2), lässt sich durch das Wirken von WISE insgesamt mittelfristig auch ein volkswirtschaftlicher Mehrwert nachweisen. Die ökonomischen Ziele von ECO-WISE konkretisieren sich neben der Schaffung von Arbeitsplätzen in zwei weiteren Aspekten (siehe Tabelle 4 in Kapitel 6.1.4). Zum einen agieren diese Organisationen am Markt. Als sozialökonomische Akteure verfolgen sie neben dem sozialen Unternehmensziel ein wirtschaftliches, indem sie Produkte und Dienstleistungen anbieten, für die in der jeweiligen Region eine Nachfrage besteht. Dabei entwickeln sie mitunter neue und oftmals noch nicht marktfähige Geschäftsfelder. Insgesamt können sie zur Aufwertung regionaler Wirtschaftsstrukturen beitragen. Zum anderen zeichnen sie sich durch den für Soziale Organisationen typischen Finanzierungsmix aus (siehe Kapitel 5.1). Ihre Einnahmen setzen sich aus öffentlichen Geldern, privaten Spenden und der Eigenerwirtschaftung zusammen. Zentral ist, dass sie das unternehmerische Risiko selbst tragen, auch wenn in manchen Fällen öffentliche und private Einrichtungen an der Unternehmensstruktur als GesellschafterInnen beteiligt sind.

In diesem Abschnitt stehen die Finanzierungsstruktur und -entwicklung sowie die Priorisierung der ökonomischen Ziele von ECO-WISE in Österreich im Mittelpunkt. Auf dieser Basis kann ihre ökonomische Performance nachgewiesen und diskutiert werden. Eine Explikation ihrer Geschäftsfelder wird in der ökologischen, die EigentümerInnenstruktur in der partizipativen Dimension Gegenstand sein.

Hinsichtlich der Finanzierungssituation ist zunächst hervorzuheben, dass das Jahresbudget 2014 aller Betriebe/Projekte, die diese Frage im Rahmen der Trenderhebung 2015 beantworteten (N = 28), knapp 29 Millionen Euro betrug.

Die Spannbreite der verfügbaren Jahresbudgets reichte dabei vom geringsten mit 270 000 Euro bis zum höchsten mit 3 400 000 Euro. Im Durchschnitt betrug das Jahresbudget ca. 1 Million Euro (€ 1 035 714,30).

Abbildung 32: Finanzierungsstruktur von ECO-WISE im Vergleich (2009: N = 61; 2015: N = 28)

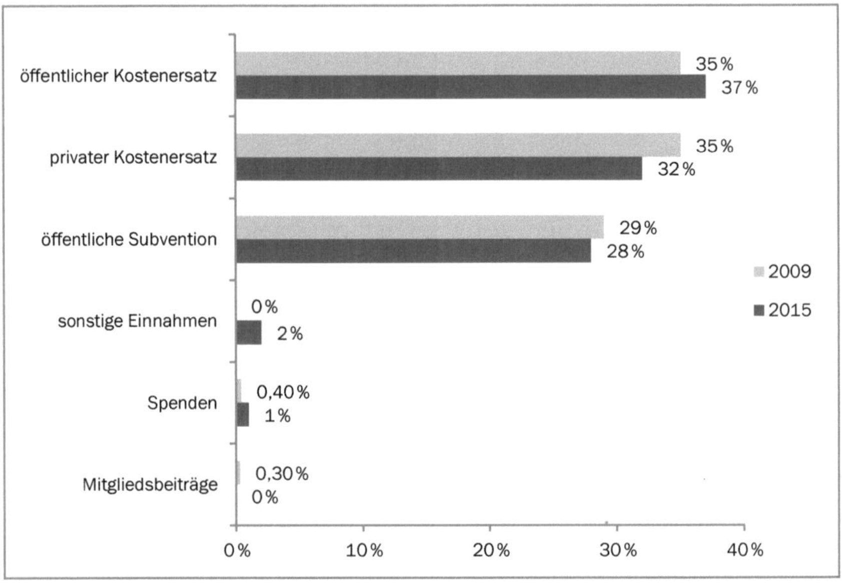

Quelle: SPSS_datafile_ECO-WISE_Struktur_2015 und SPSS_datafile_ECO-WISE_Struktur_2009

In der Strukturerhebung 2009 war der Durchschnittswert des Jahresbudgets 2007 mit 1,2 Millionen Euro geringfügig höher. Das Gesamtbudget der 45 Organisationen, die damals auf diese Frage antworteten, betrug knapp 54 Millionen Euro. Das geringste belief sich auf 110 000 Euro, das höchste auf 4 600 000 Euro (vgl. Anastasiadis & Mayr 2010, S. 37).

Die Zusammensetzung fällt in der Trendbefragung 2015 ähnlich wie in der Strukturerhebung von 2009 aus. Der Anteil zwischen öffentlichem Kostenersatz (2015: 37 %; 2009: 35 %), privatem Kostenersatz (2015: 32 %; 2009: 35 %) und öffentlichen Subventionen (2015: 28 %; 2009: 29 %) erweist sich in den Geschäftsjahren 2007 und 2014 mit jeweils zu ca. einem Drittel als ausgewogen. Der öffentliche und der private Kostenersatz beziehen sich auf Aufträge bzw. den Ankauf von Produkten und Dienstleistungen durch öffentliche Einrichtungen, private Betriebe oder Einzelpersonen. Zu den öffentlichen Subventionen hingegen sind nicht an Leistungen gebundene Gelder von Ländern, Gemeinden etc. hinzuzuzählen. Spenden (2015: 1 %; 2009: 0,4 %) sind von geringer Relevanz, ebenso wie Mitgliedsbeiträge (2015: 0 %; 2009: 0,3 %). 2 % stellen 2015 sonstige

Einnahmen dar, die nicht näher definiert wurden (siehe Abbildung 32). Hier bilden sich deutlich der Finanzierungsmix und auch die Bedeutung der Finanzierung durch die öffentliche Hand ab. Dennoch tragen die Betriebe/Projekte zu knapp einem Drittel durch den Verkauf von Dienstleistungen und/oder Produkten am Privatmarkt aktiv zur Finanzierung bei, womit die Relevanz der eigenen Erlöse und damit der wirtschaftlichen Dimension Betonung findet.

Bezüglich der Finanzierungsentwicklung wurden die Organisationen zur Veränderung ihres Finanzvolumens im Laufe der vergangenen drei Jahre befragt (siehe Abbildung 33).

Abbildung 33: Vergangene Finanzierungsentwicklung im Vergleich (2009: N = 52; 2015: N = 30)

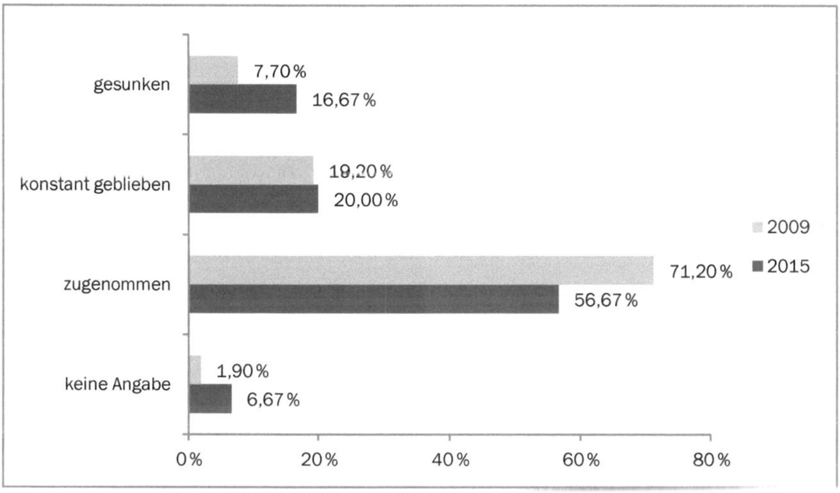

Quelle: SPSS_datafile_ECO-WISE_Struktur_2015 und SPSS_datafile_ECO-WISE_Struktur_2009

Diese Frage wurde 2015 von 30 Betrieben/Projekten beantwortet. Davon gaben 17 an (57 %), dass ihr Budget gewachsen ist, sechs (20 %), dass es konstant geblieben ist und fünf (17 %), dass es gesunken ist. Zwei Organisationen wählten die Option ‚keine Angabe'.

Die Einschätzung der Betriebe/Projekte zur zukünftigen Entwicklung des Budgets fällt neutral mit einer positiven Nuancierung aus (siehe Abbildung 34). Den Angaben der 29 Organisationen zufolge geht die Mehrheit von einem konstant bleibenden Budget (n = 12; 41 %) in den kommenden drei Jahren aus und neun (31 %) rechnen mit einer Zunahme. Lediglich 17 % (n = 5) gaben an, dass es wahrscheinlich sinken wird. Die Wahrnehmungen zur vergangenen und die Einschätzungen zur zukünftigen Finanzierungsentwicklung unterscheiden sich geringfügig zu denen der 2009 befragten Organisationen. Dort gaben noch 71 %

der 52 antwortenden Organisationen (n = 37) an, dass das Jahresbudget zwischen 2005 und 2007 gestiegen ist, und lediglich 8 % (n = 4) hatten einen Budgetrückgang zu verzeichnen. Die Quote der konstant gebliebenen Budgets liegt gleich auf bei knapp 20 % (n = 10). Für die zukünftige Entwicklung zeichneten die 51 Organisationen, die dazu eine Einschätzung vornahmen, auch ein etwas positiveres Bild. Sie rechneten für die Jahre 2008 bis 2010 zu 47 % (n = 24) mit einer Zunahme, zu 31 % (n = 16) mit einer gleichbleibenden und zu 15 % (n = 8) mit einer rückläufigen Entwicklung (vgl. Anastasiadis & Mayr 2010, S. 38 f.).

Abbildung 34: Zukünftige Finanzierungsentwicklung im Vergleich (2009: N = 51; 2015: N = 29)

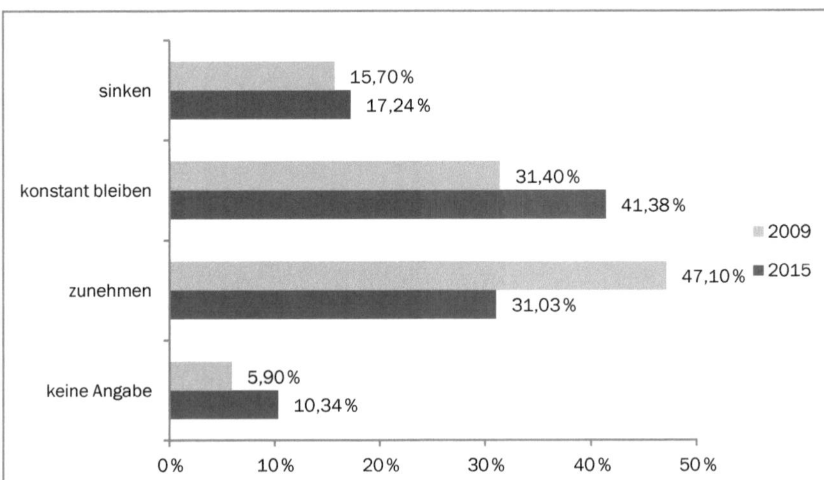

Quelle: SPSS_datafile_ECO-WISE_Struktur_2015 und SPSS_datafile_ECO-WISE_Struktur_2009

Die optimistischere Wahrnehmung der 2009 befragten Betriebe und Projekte hinsichtlich ihrer vergangenen und zukünftigen Finanzierungsentwicklung steht vermutlich in Zusammenhang mit der 2008 einsetzenden Wirtschaftskrise, deren Folgen zum Befragungszeitpunkt in einem geringeren Ausmaß spürbar waren. Die steigende Arbeitslosigkeit und die damals erwartete Einführung der ‚bedarfsorientierten Mindestsicherung' ließen zunächst erhöhte Bedarfe an arbeitsmarktintegrativen Dienstleistungen erwarten (siehe Kapitel 7.1.3), mit einer positiven Auswirkung auf die Finanzierungssituation von ECO-WISE. Bei den 2015 erfassten Betrieben/Projekten hingegen liegen bereits reale Krisenerfahrungen vor. Mit Blick auf die vergangene Entwicklung zeichnet sich eine stagnierende Tendenz ab. In der Trenderhebung 2015 haben die Budgets bei weniger Organisationen zugenommen als in der Strukturerhebung 2009. Gleichzeitig sind sie bei mehreren Betrieben/Projekten gesunken. Zukünftig wird eher von konstant bleibenden Mitteln ausgegangen. In den Gründen, die die Organisationen zur Finanzierungsentwicklung anführten, bestätigt sich diese Tendenz.

Von den 30 bzw. 29 Betrieben und Projekten, die 2015 dazu in offener Form Angaben machten, wird eine positive vergangene und auch zukünftige Entwicklung mit einer guten Angebotslage und Auslastung, einer Angebotserweiterung und Fokussierungen z. B. auf GroßkundInnensegmente sowie mit Preisanpassungen begründet. Die Erhöhung der Eigenerwirtschaftung wird mitunter durch die Entwicklung neuer Geschäftsfelder angekurbelt. Standort- und Angebotserweiterungen für Zielgruppen wirken sich ebenso positiv aus. Erwartet werden zudem neue Förderungen und mehr Transitarbeitsplätze durch die allgemein angespannte Arbeitsmarktsituation. Des Weiteren trägt eine intensive Öffentlichkeits- und Medienarbeit zur Bekanntheit der Unternehmen bei, was eine wichtige Basis für neue Kooperationen und für die Absicherung ihrer ökonomischen Situation darstellt. Insgesamt gehen diese Betriebe/Projekte von einer stabilen konjunkturellen Entwicklung und einem kontinuierlichen Wachstum ihrer Marktaktivitäten aus. Etwas skeptischer fallen die Begründungen jener Organisationen aus, die eine konstante Budgetentwicklung wahrnehmen und zukünftig erwarten. Einsparungen von Fördergeldern, stagnierende AMS-Förderungen und eine schwierige Auftragslage durch konjunkturelle Schwankungen schmälern die Wachstumspotenziale. Sie erwarten stagnierende Förderungen, die durch eine wachsende Eigenerwirtschaftung auszugleichen sein werden. Einige Betriebe haben ihren Einschätzungen zufolge dahingehend jedoch bereits ihr Limit erreicht. Zudem bedingt die wahrnehmbare abnehmende Verweildauer der geförderten Beschäftigten (siehe Kapitel 7.2.1) eine erhöhte Personalfluktuation, durch die es nur schwer möglich ist, eine wirtschaftliche Professionalität und Kontinuität an den Tag zu legen. Jene, die ein rückläufiges Budget aufweisen und auch zukünftig erwarten, begründen dies zum Großteil mit Einsparungen im öffentlichen Bereich, aber auch mit intern notwendigen Umstrukturierungen und Investitionen, die zu kurzfristigen Umsatzeinbußen führen.

Die hier angeführten Begründungen geben ein heterogenes Bild der finanziellen Situation von ECO-WISE in Österreich wieder. Es zeigen sich, ähnlich wie in der Befragung von 2009, Potenziale und Bedarfe (vgl. Anastasiadis & Mayr 2010, S. 39). Auch 2009 waren es Budgetaufstockungen vonseiten der öffentlichen Hand, die zu einem Wachstum führten bzw. ein solches erwarten ließen, und andererseits rückläufige Förderungen, die eine negative Entwicklung in Aussicht stellten. Der Eigenerwirtschaftung am Markt standen die Betriebe ebenso zweigeteilt gegenüber, was ihre Möglichkeiten und auch Grenzen markiert. Während einige Wachstumspotenziale wahrnahmen, stießen andere bereits an ihr Limit. Insgesamt lässt sich in den Angaben zur Finanzierungsentwicklung von ECO-WISE den im Institutionalisierungsprozess wahrnehmbaren steigenden finanziellen Unsicherheiten nachspüren. In Kapitel 7.3 wird diese Herausforderung detaillierter ausgeführt. Ein zentrales Ziel von ECO-WISE ist es allenfalls, diese Unsicherheiten über ökonomische Aktivitäten auszugleichen. Dies geht insbesondere in den Antworten zur Gewichtung ihrer ökonomischen Ziele hervor.

In den beiden Strukturerhebungen wurden die befragten Betriebe und Projekte ersucht, ihre ökonomischen Ziele zu priorisieren. Ähnlich wie bei den sozialen Zielen wurden dazu Kategorien vorgegeben, die sich aus der ersten ExpertInneninterviewreihe ableiten ließen (vgl. Anastasiadis & Mayr 2010, S. 47). In beiden Erhebungsphasen steht für die antwortenden Betriebe und Projekte (2015: N = 32; 2009: N = 60) die Sicherung der Überlebensfähigkeit an erster Stelle (2015: n = 27; 84 %; 2009: n = 51; 85 %). Die Vergrößerung des Unternehmens (2015: n = 8; 25 %; 2009: n = 7; 12 %) und dessen Etablierung (2015: n = 4; 13 %; 2009: n = 11; 18 %) wurden hingegen nur von wenigen Einrichtungen als dezidierte ökonomische Ziele ausgewiesen, auch wenn einige, wie in den Begründungen zur Finanzierungsentwicklung deutlich wurde, dahingehend durchwegs Potenziale sehen (siehe Tabelle 13). Die Erhöhung der Eigenerwirtschaftungsquote rangiert 2009 auf Platz zwei (n = 40; 67 %) und 2015 auf Platz drei (n = 24; 75 %). Dies lässt erkennen, dass sich die Organisationen angesichts nachweislich unsicher werdender öffentlicher Auftragslagen und Fördergelder bemühen, ihr soziales Unternehmen verstärkt über alternative Finanzierungen zu erhalten. Die Verwendung von Managementinstrumenten, die von den Organisationen 2015 an zweiter (n = 25; 78 %) und 2009 an dritter Stelle (n = 39; 65 %) gereiht wurde, drückt das Bestreben nach einer professionellen Unternehmensführung aus, die im Zuge der Ökonomisierung von Sozialen Organisationen insgesamt zunehmend an Wichtigkeit erfährt (siehe Kapitel 4.4.3 und 5.3.2.4).

Tabelle 13: Ökonomische Ziele von ECO-WISE 2015

ökonomische Ziele	Häufigkeit	Prozent	Prozent der Fälle
Aufwertung der Region	15	8,57	46,88
Entwicklung neuer Geschäftsfelder	21	12,00	65,63
Erfüllung von Bedarfen in der Region	22	12,57	68,75
Erhöhung d. Eigenerwirtschaftungsquote	24	13,71	75,00
Etablierung	4	2,29	12,50
ökonomische Unabhängigkeit	9	5,14	28,13
Vergrößerung des Kundenstockes	20	11,43	62,50
Sicherung der Überlebensfähigkeit	27	15,43	84,38
Vergrößerung d. Unternehmens	8	4,57	25,00
Verwendung v. Managementinstrumenten	25	14,29	78,13
Gesamt	175	100	546,88

Mehrfachantworten (N = 32) Dichotomie-Gruppe (Wert 1)
Quelle: SPSS_datafile_ECO-WISE_Struktur_2015

Als vierte Priorität findet sich 2015 (n = 22; 69 %) und 2009 (n = 39; 65 %) die ‚Erfüllung von Bedarfen in der Region'. Damit wird wiederum die Relevanz der Etablierung von Märkten und Geschäftsfeldern, für die in der Region Versorgungslücken bestehen, akzentuiert. Insgesamt wird der regionalökonomische Fokus in dieser Zielpriorisierung ersichtlich, wobei die Unternehmen in unsicheren Finanzierungsstrukturen agieren und die Sicherung der Überlebensfähigkeit die absolute Priorität darstellt. Diese wird teils über die kontinuierliche Erhöhung der Eigenerwirtschaftung und teils über neue Kooperationsschienen realisiert. Wie in Kapitel 6.1.3 dargelegt wurde, stimulieren die Vorgaben in den diversen Förderrichtlinien gerade diese Entwicklungen.

Erinnert sei an die vorgeschriebene mindestens 20-prozentige Eigenerwirtschaftungsquote bei SÖB über marktfähige Dienstleistungen, aber auch an die Kooperations- und Kofinanzierungsauflagen in GBP sowie BG. Wie in der Stichprobenbeschreibung dargelegt wurde,[230] agieren die meisten 2015 befragten Organisationen, die Angaben zu ihrer Förderstruktur machten (N = 29), als SÖB (n = 13; 39 %) und GBP (n = 9; 27 %). 6 % (n = 2) stellen eine Sonderform von Letzteren dar und sind als BG strukturiert. Weitere 15 % (n = 5) handeln ohne spezifische Förderrichtlinie. Mit Blick auf die Einschätzungen der ExpertInnen zum Institutionalisierungsprozess[231] erweitern sich vor allem in GBP und BG Chancen auf alternative Finanzierungsmöglichkeiten, nicht zuletzt aufgrund ihrer verpflichtenden Finanzierungsbeteiligung von über das AMS hinausreichenden öffentlichen und/oder privaten Initiativen. Auch wenn beide Richtlinien strikte Vorgaben hinsichtlich der Gewinnverwendung ausweisen, besteht durch die Partizipation von Gemeinden oder privaten Unternehmen in GBP und BG ein größerer Spielraum in Bezug auf die Rücklagenbildung und das Investitionskapital. Zudem stehen SÖB aufgrund der Marktfähigkeit ihrer Produkte und Dienstleistungen stärker in Konkurrenz zur Privatwirtschaft als GBP und BG, die dezidiert regional getragte, nicht marktfähige Nischen bedienen und per Richtlinie an keine Eigenerwirtschaftungsquote gebunden sind. Insofern kann davon ausgegangen werden, dass ein öffentlicher Kostenersatz durch Länder und Gemeinden in GBP bzw. BG eine größere Rolle spielt als in SÖB.

Da in der Variable ‚öffentlicher Kostenersatz' Gelder des AMS, der Gemeinden und Ländern zusammengefasst angeführt sind, kann diesbezüglich keine Unterschiedsberechnung vorgenommen werden. Es kann allerdings errechnet werden, ob sich GBP, BG und SÖB hinsichtlich der Höhe des privaten Kostenersatzes unterscheiden. Den Charakterisierungen zufolge ist davon auszugehen, dass der private Kostenersatz in SÖB eine größere Relevanz hat als in

230 Siehe dazu Kapitel 6.3.3.2.
231 Siehe Kapitel 7.1.2

GPB und BG. Da mehr als zwei Stichproben vorliegen (SÖB, GBP, BG, Sonstige) und die Werte zur Höhe des privaten Kostenersatzes metrisch nicht normalverteilt sind, wird der H-Test nach Kruskal und Wallis zur Überprüfung dieser Unterschiedshypothese verwendet (vgl. Zöfel 2002, S. 92; Blanz 2015, S. 211).

Abbildung 35: Zusammenhang privater Kostenersatz und Förderrichtlinie 2015

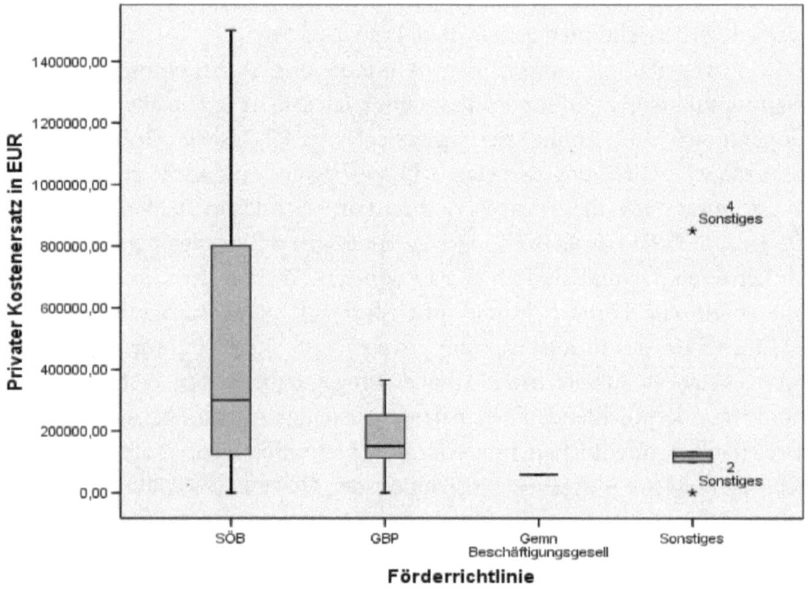

Quelle: SPSS_datafile_ECO-WISE_Struktur_2015

Wie der Boxplot zeigt (siehe Abbildung 35), liegt bei SÖB der höchste Wert bei über 1 400 000 Euro. 25 % der Fälle liegen über 800 000 Euro und 75 % darunter. Der Median liegt bei 300 000 Euro. Jeweils 50 % der Fälle liegen über bzw. unter diesem Wert. 75 % liegen über 100 000 Euro und 25 % darunter. Bei GBP liegt der Median bei 151 521 Euro, bei BG bei 60 000 Euro. Sonstige Organisationen weisen einen hohen und niedrigen Extremwert auf. Der Median pendelt sich bei 120 000 Euro ein. In der Stichprobe ist die Tendenz eines höheren Kostenersatzes bei SÖB erkennbar. Dies kann sich allerdings für die Grundgesamtheit aufgrund der kleinen Stichprobengröße nicht signifikant bestätigen (p = 0,420). Der vermutete Zusammenhang kann demzufolge nicht mit hinreichender Sicherheit angenommen werden (siehe Tabelle 14). Somit ist davon auszugehen, dass in der Praxis die Eigenerwirtschaftung am Privatmarkt für alle Organisationen von Relevanz ist, unabhängig von der Förderrichtlinie.

Tabelle 14: Zusammenhang privater Kostenersatz und Förderrichtlinie 2015

		privater Kostenersatz			
Förderrichtlinie	Fälle	Mittlerer Rang*	Median	Minimum	Maximum
SÖB	13	16,31	300 000,00	–	1 500 000,00
GBP	8	12,88	151 521,22	–	365 000,00
BG	1	6,00	60 000,00	60 000,00	60 000,00
Sonstiges	5	11,40	120 000,00	–	850 000,00
Gesamt	27		167 000,00	–	1 500 000,00

Statistik für Test (a,b)*	
Chi-Quadrat	2,822
df	3,000
Asymptotische Signifikanz	0,420
a	Kruskal-Wallis-Test
b	Gruppenvariable: Förderrichtlinie

Quelle: SPSS_datafile_ECO-WISE_Struktur_2015

Wie mit Blick auf die Finanzierungsstruktur gezeigt wurde, weisen in der Stichprobe die Einnahmen aus der durchschnittlichen Eigenerwirtschaftung am Markt mit 32 % einen weitaus höheren Anteil aus, als er beispielsweise für SÖB mit 20 % vorgeschrieben ist. Des Weiteren ist ein knappes Drittel (n = 9; 27 %) der 30 Betriebe/Projekte, die in der Trenderhebung 2015 dazu Angaben machten, Mitglied bei der Wirtschaftskammer. 2009 waren es ähnliche 33 % (n = 20) (vgl. SPSS_datafile_ECO-WISE_Struktur_2009). Diese Daten belegen die nicht zu unterschätzenden ökonomischen Aktivitäten von ECO-WISE.

Insgesamt kann festgehalten werden, dass ECO-WISE für die Erfüllung des sozialen Auftrags einen relevanten Eigenbeitrag leisten. Im Sinne des strategiepolitischen Ziels der nachhaltigen Entwicklung (siehe Kapitel 6.1.4) tragen sie durch die Schaffung von Arbeitsplätzen und durch die Bereitstellung von Produkten und Dienstleistungen, für die in der Region Bedarf besteht, zur Minimierung von sozialen und regionalen Disparitäten bei. Inwiefern sie durch ihr sozialwirtschaftliches Agieren auch einen Beitrag zu einem ausgewogenen Staatshaushalt leisten, kann an dieser Stelle nicht beurteilt werden. Dazu wären langfristige makroökonomische Studien notwendig, die diese Wirkung nachweisen.

Im Finanzierungsmix bildet sich des Weiteren eine partizipative Ressourcenstruktur ab, die die Teilhabe unterschiedlicher Gruppierungen widerspiegelt. Es lassen sich hier Parallelen zur ‚gemischten Wirtschaft' respektive dem ‚strukturellen Pluralismus' nach Giddens ziehen (siehe Kapitel 4.2), in welchen die Bedeutung von Dritt-Sektor-Organisationen neben staatlichem und privatem Engagement insbesondere zur Lösung von sozialen Fragen herausgestrichen wird. Für die Organisationen selbst bedeutet eine zunehmende Ausdifferenzierung des Budgets einerseits eine größere Autonomie von zentralen Förderstellen wie z. B. dem AMS, andererseits ist damit eine Erhöhung des unternehmerischen Risikos verbunden. Die Ergebnisse verweisen darauf, dass ECO-WISE den förderpolitischen Vorgaben von innen heraus zu entsprechen versuchen. Dies betrifft sowohl die Ausweitung der Kooperationsbeziehungen als auch die der Eigenerwirtschaftungsquote. Mit Blick auf Letztere werden die Auflagen sogar darüber hinaus erfüllt. Aufgrund unsicher werdender öffentlicher Auftragslagen und Förderbudgets, die spätestens seit Beginn der Jahrtausendwende einsetzten, bemühen sich die Organisationen, ihre Dienstleistungen damit aufrechtzuerhalten. Mitunter werden die Unternehmen durch arbeitsmarktpolitische Druckausübung dazu auch gezwungen. Sich unabhängiger zu machen kann also als ein proaktives oder reaktives Handeln eingestuft werden, je nachdem, ob dies als Chance oder als Risiko interpretiert wird. Dasselbe gilt für die Kooperationen.

Dass öffentliche Finanziers relevante AuftraggeberInnen und FördergeberInnen sind – und es auch bleiben werden, solange Arbeitsmarktintegration als ein öffentlicher Auftrag begriffen wird –, wird ebenso in den Daten ersichtlich. Durch die Kofinanzierungs- und Kooperationsauflagen versucht sich das AMS allerdings zusehends als Hauptförderpartner zu entlasten. Ergänzend sollen weitere verantwortliche und nutznießende Akteure eingebunden werden, die insbesondere durch die Unterstützung nicht marktfähiger Leistungen zur Weiterentwicklung regionaler Strukturen beitragen sollen. Dadurch bilden sich neue Allianzen zwischen Organisationen des Marktes, des Staates und des Dritten Sektors – Kooperationen, die zunehmend an Bedeutung gewinnen, wie in Kapitel 7.5 noch ausführlich diskutiert wird. Sie bilden sich auch in der partizipativen Unternehmensstruktur ab (siehe Kapitel 7.2.4). Deutlich wird, dass Kooperationen von arbeitsmarktpolitischer Seite gefördert und gefordert werden, worin sich das identifizierte aktuelle Partizipationsverständnis erneut widerspiegelt (siehe Kapitel 7.1.3.3). Erkennbar ist, dass sich durch die arbeitsmarktpolitische Mobilisierung und das Folgeleisten der Vorgaben durch die Organisationen diese institutionalisierten Regeln restrukturieren.

7.2.3 Ökologische Dimension

ECO-WISE zeichnen sich zusätzlich zu ihrer sozialen Komponente durch ein ökologiesensibles Wirtschaften aus. Dieses bildet sich zum einen in den Geschäftsfeldern (siehe Tabelle 15) und zum anderen in spezifischen ökologischen Handlungsweisen ab, wie in Kapitel 6.1.4 dargelegt wurde.

Tabelle 15: Geschäftsbereiche von ECO-WISE 2015

Tätigkeiten	Häufigkeit	Prozent	Prozent der Fälle
Hilfsdienste	19	9,27	59,38
handwerkliche Tätigkeiten	16	7,80	50,00
Übersiedlung Transport	16	7,80	50,00
Grünlandpflege	14	6,83	43,75
Design Produkte aus Recycling	13	6,34	40,63
Reinigungsarbeiten	12	5,85	37,50
Gartenpflege	12	5,85	37,50
Recycling	11	5,37	34,38
Reparatur	11	5,37	34,38
Entrümpelung	11	5,37	34,38
Schneiderei	10	4,88	31,25
Abfallwirtschaft	10	4,88	31,25
Landschaftspflege	9	4,39	28,13
Gastronomie	8	3,90	25,00
Beratung und Umwelt	7	3,41	21,88
Renovierungsarbeiten	7	3,41	21,88
Produktion von Nahrungsmitteln	4	1,95	12,50
Bau- und Baunebengewerbe	4	1,95	12,50
sonstige Tätigkeiten	11	5,37	34,38
Gesamt	205	100	640,625

Mehrfachantworten (N = 32) Dichotomie-Gruppe (bei Wert 1)
Quelle: spss_datafile_ECO-WISE_2015

Bezüglich der Geschäftsbereiche gaben die meisten der 2015 befragten ECO-WISE bei mehrfacher Antwortmöglichkeit Hilfsdienste (n = 19; 59 %), gefolgt von handwerklichen Tätigkeiten und Übersiedlung/Transport (jeweils n = 16; 50 %) an. Grünlandpflege (n = 14; 44 %), Design von Produkten aus Recycling-material (n = 13; 41 %), Gartenpflege sowie Reinigungsarbeiten (jeweils n = 12; 37,5 %), Recycling, Reparatur und Entrümpelung (jeweils n = 11; 34 %) stellen weitere relevante Aktivitäten dar.

Die in Tabelle 15 im Detail ausgewiesenen Geschäftsfelder lassen sich in die Clusterung einpassen, die in Kapitel 6.1.4 vorgestellt wurde. Es zeigt sich, dass der Großteil der 2015 erfassten ECO-WISE haushaltsnahe Dienste als Geschäftsbereich angab (n = 84), gefolgt von Re-Use- und Recycling-Tätigkeiten (n = 65).[232]

232 Handwerkliche Tätigkeiten sind sowohl dem Re-Use- und Recycling-Cluster als auch

Gemäß den Aussagen der ExpertInnen stellen diese beiden Geschäftsbereiche die klassischen Tätigkeitsfelder von ECO-WISE dar (siehe Kapitel 7.1). Aktivitäten zur Erhaltung der Natur wurden am dritthäufigsten (n = 35) angegeben. Danach reiht sich der Ernährungsbereich mit zwölf Nennungen ein. Beratungsleistungen wurden lediglich siebenmal angegeben. Nachhaltige Energieerzeugung wurde von keinem der auf diese Frage antwortenden 32 Betriebe/Projekte erwähnt (siehe Abbildung 36).

Abbildung 36: Geschäftsfelder von ECO-WISE im Vergleich (2009: N = 58; 2015: N = 32)[233]

Quelle: SPSS_datafile_ECO-WISE_Struktur_2015 und SPSS_datafile_ECO-WISE_Struktur_2009

Bei Ernährung, Beratung und Energie dürfte es sich um relativ junge Geschäftsbereiche handeln, die sich als solche erst etablieren müssen. Zudem ist anzunehmen, dass vor allem im Energie- und Beratungssegment ein höheres Qualifikationsniveau als beispielsweise in haushaltsnahen Hilfsdiensten vorausgesetzt wird, was sich als suboptimal für die Realisierung der sozialen Zielsetzung, der Integration und Qualifizierung von am Arbeitsmarkt benachteiligten Personen, erweist. Insofern sind Möglichkeiten zur ökologischen Innovation durch die soziale Zielausrichtung der Betriebe tendenziell eingeschränkt, wie noch eingehender im Rahmen der Handlungsstrategien diskutiert wird (siehe Kapitel 7.4).

---

dem der haushaltsnahen Dienste zuzuordnen. Wenn auch Schneidereien oder Tischlereien beispielsweise in beiden Segmenten vertreten sein können, wurden sie hier dem Haushaltsbereich zugezählt.

233 Nennungen zu sonstigen Tätigkeiten sind in diesem Clusterung nicht miteingerechnet.

Die Geschäftsfeldaufschlüsselung gleicht im Großen und Ganzen der in der Stichprobe 2009 ausgewiesenen. Auch dort fanden sich die meisten Nennungen im Segment der haushaltsnahen Hilfsdienste (n = 111) und im Re-Use-Bereich (n = 66). 45 Nennungen gab es zu Gartengestaltung und Landschaftspflege, was den drittgrößten Bereich ausmachte. Tätigkeiten zur Ernährung wurden 20-mal angegeben, ökologische Beratung wurde lediglich einmal angekreuzt[234] (vgl. Anastasiadis & Mayr 2010, S. 48). Unter ‚sonstige Aktivitäten' wurden in beiden Stichproben beispielsweise Wäscherei und Küchendienste genannt, die den haushaltsnahen Tätigkeiten zuordenbar sind. Zudem wurden Archäologie und Denkmalpflege sowie Handel genannt. Zu Letzterem zählen beispielsweise Secondhandshops und Sozialmärkte, die unter den Re-Use-Bereich fallen würden, wo auch der von einer Organisation genannte Geschirrverleih anzuführen ist.

Zur Ermittlung der Handlungsweisen wurden abermals Kategorien vorgegeben, die im Rahmen der ersten Interviewserie und der Sichtung der einschlägigen Literatur zu ökologischen Zielen abgeleitet wurden (siehe Tabelle 16).

Tabelle 16: Ökologische Ziele von ECO-WISE 2015

ökologische Ziele	Häufigkeit	Prozent	Prozent der Fälle
Förderung Umweltbewusstsein	2	1,33	6,90
Produktion nach ökologischen Standards	18	12,00	62,07
Reduktion Umweltbelastungen	22	14,67	75,86
Schaffung von Arbeitsplätzen im Umweltschutz	7	4,67	24,14
Veränderung der Produktnutzung	19	12,67	65,52
Verlängerung der Nutzungsdauer	20	13,33	68,97
Vermeidung der Neubelastung	21	14,00	72,41
Vermeidung von Abfall	23	15,33	79,31
Verwendung natürlicher Materialien	15	10,00	51,72
sonstiges ökologisches Ziel	3	2,00	10,34
Gesamt	150	100	517,24

Mehrfachantworten (N = 29) Dichotomie-Gruppe (Wert 1)
Quelle: spss_datafile_ECO-WISE_2015

In beiden Stichproben (2015: N = 29; 2009: N = 54) stand die ‚Verminderung des Abfallaufkommens' (2015: n = 23; 79 %; 2009: n = 44; 79 %) im Vordergrund. In der aktualisierten Befragung reihen sich unmittelbar danach die ‚Re-

234 Der Energiebereich war in den Antwortmöglichkeiten noch nicht inkludiert. Er wurde erst nach der Validierungsphase im neuen Erhebungsformat ergänzt. Bestätigt wurde er empirisch allerdings in der Stichprobe nicht.

duktion der Umweltbelastungen' (n = 22; 76%), die ,Vermeidung von Neubelastungen' (n = 21; 72%) und die ,Verlängerung der Nutzungsdauer' (n = 20; 69%). Letzteres Ziel stellte auch in der Befragung 2009 eine Priorität dar (n = 38; 68%) (vgl. Anastasiadis & Mayr 2010, S. 49). Die ,Veränderung der Produktnutzung' (n = 19; 65%) und die ,Produktion nach ökologischen Standards' (n = 18; 62%) sowie die ,Verwendung natürlicher Materialien' (n = 15; 52%) wurden von jeweils mehr als der Hälfte der Betriebe angeführt. In dieser Gewichtung bilden sich die ökologiesensiblen Geschäftsfelder ab. Die Schaffung von Arbeitsplätzen im Umweltbereich im Sinne von ,Green Jobs' (n = 7; 24%) sowie die Förderung des Umweltbewusstseins (n = 2; 7%) spielen eine vergleichsweise geringe Rolle. Während das erste Ziel auch 2009 eine marginale Stellung einnahm (n = 15; 27%), war die Bewusstseinsbildung dort deutlich wichtiger (n = 38; 68%). Die Stärkung der ,Circular Economy', der ,Sharing Economy' und regionaler Wirtschaftskreisläufe wurde in der Trendbefragung von einem Betrieb als weiteres ökologisches Ziel herausgehoben.

Insgesamt bestärken die Angaben die ökologische Ausrichtung von ECO-WISE. Im Sinne des strategiepolitischen Ziels der nachhaltigen Entwicklung (siehe Kapitel 6.1.4) tragen sie durch ihre Geschäftsfelder und ihre Arbeitsweisen zur Vermeidung von Umweltrisiken und zur Wahrung von Umweltressourcen bei. Zudem schärfen sie explizit und implizit das Umweltbewusstsein ihrer MitarbeiterInnen und KundInnen. So fördern sie die ökologische Partizipation, indem sie die Beteiligung an der Erhaltung der Umwelt unterstützen, sodass wiederum gegenwärtige und zukünftige Generationen an dieser teilhaben können. Der Etablierung eines Lebensstils, der die natürlichen Grundlagen nur in einem regenerationsfähigen Ausmaß beansprucht, wird über den Konsum ihrer Produkte und Dienstleistungen gedient (vgl. Kapitel 4.3).

7.2.4 Partizipative Dimension

Die partizipative Unternehmensstruktur von ECO-WISE spiegelt sich in ihren organisationalen Merkmalen wider. Innerorganisational entstanden sie zumeist aus der Eigeninitiative Engagierter und mitunter in Kooperation mit öffentlichen Einrichtungen, wie bereits im Abschnitt zum sozialen Ziel dargelegt wurde. Diese Charakteristik schreibt sich in ihrem weiteren Bestehen und ihren Entwicklungen fort. Dass sie Partizipation nach innen fördern, wird in der formalen Organisationsform und in der Relevanz der MitarbeiterInnenmitbestimmung erkennbar. Aber sie streben auch eine Beteiligung in ihrem Umfeld an. Dies zeigt sich in ihrer Positionierung zwischen Markt, Staat und dem informellen Bereich sowie in ihrem Kooperations- und Vernetzungshandeln. Des Weiteren bedingt die partizipative Ressourcenstruktur ein multiples Stakeholdergefüge, auf das es eigens einzugehen gilt.

Auf die Bedeutung der MitarbeiterInnenmitbestimmung wurde bereits im Abschnitt zur sozialen Zielsetzung hingewiesen. Dazu bestehen in den 28 Betrieben/Projekten, die 2015 auf diese Frage antworteten, folgende Möglichkeiten (siehe Tabelle 17): In allen Organisationen wurden bei mehrfachen Antwortmöglichkeiten Teambesprechungen genannt (n = 28; 100 %). Am zweithäufigsten wurden spezifische Einbeziehungsschemata für geförderte Beschäftigte (n = 22; 79 %) genannt, gefolgt von Betriebsversammlungen (n = 16; 57 %) und dem Einsatz eines Betriebsrates (n = 13; 46 %). Mitbestimmungsmöglichkeiten für Ehrenamtliche wurden elfmal angeführt (39 %). Ein Betrieb/Projekt gab unter ‚sonstige Möglichkeiten' ‚Supervisionen' und ‚Klausuren' an.

Tabelle 17: Formen der MitarbeiterInnenmitbestimmung 2015

Formen der MitarbeiterInnenmitbestimmung	Häufigkeit	Prozent	Prozent der Fälle
Betriebsrat	13	14,29	46,43
Betriebsversammlung	16	17,58	57,14
Teambesprechungen	28	30,77	100
Mitbestimmung für Ehrenamtliche	11	12,09	39,29
Mitbestimmung für geförderte Personen	22	24,18	78,57
Sonstige Mitbestimmungsformen	1	1,1	3,57
Gesamt	91	100	325

Mehrfachantworten (N = 28) Dichotomie-Gruppe (Wert 1)
Quelle: SPSS_datafile_ECO-WISE_Struktur_2015

Abbildung 37: Organisationsform von ECO-WISE 2015

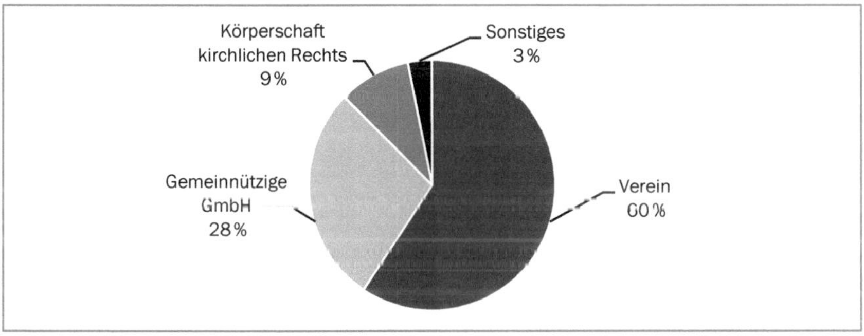

Quelle: SPSS_datafile_ECO-WISE_Struktur_2015

Die Mitbestimmungspotenziale zeigen sich auch in der Wahl ihrer Organisationsform. Anders als beispielsweise in Italien existiert in Österreich keine eigene Rechtsform für arbeitsmarktintegrative Betriebe. WISE im Allgemeinen und

ECO-WISE im Speziellen nutzen für ihre formale Organisation andere, für den Dritten Sektor typische Rechtsformen. So sind mehr als die Hälfte (n = 19; 60 %) der in der Trendbefragung erfassten Betriebe und Projekte als Vereine organisiert bzw. in einen Verein eingebunden (siehe Abbildung 37). Ein knappes Drittel (n = 9; 28 %) handelt als gemeinnützige GmbH und drei (9 %) fungieren unter der Rechtsform einer Körperschaft kirchlichen Rechts. Eine Organisation (3 %) beschreibt sich als Dachmarke, unter der ein Verein und ein Einzelunternehmen firmieren. Ein Betrieb/Projekt machte dazu keine Angaben. Die Aufteilungen sind ähnlich wie die in der Strukturerhebung 2009 (vgl. Anastasiadis & Mayr 2010, S. 33). Dort handelte es sich bei zwei Dritteln um Vereine (n = 39; 64 %) und bei einem Drittel um gGmbHs (n = 20; 33 %). Die große Zahl an Vereinen ist ein wesentliches Kennzeichen von Dritt-Sektor-Organisationen in Österreich insgesamt (siehe Kapitel 5.2.2). In einer Bestandsaufnahme des Dritten Sektors in Wien gaben beispielsweise 90 % der Organisationen einen Vereinsstatus an (vgl. Anastasiadis et al. 2003, S. 58). Der Verein gilt als basisdemokratische Organisationsform, die zum einen relativ unkompliziert zu gründen ist und sich zum anderen durch eine Mitgliederorientierung und -mitbestimmung auszeichnet.[235] Auffallend ist der verglichen mit dem gesamten Dritten Sektor relativ hohe Anteil an gGmbHs unter den 2009 und 2015 erfassten ECO-WISE. Eine ähnliche Verteilung zeigt sich auch in der Stichprobe der WISE-Studie. So sind die dort befragten Organisationen zu 57 % als Verein und zu 22 % als gGmbH organisiert (vgl. BDV Austria 2008, S. 23). Diese Häufigkeit kann mit der für alle WISE geltenden, in der zweiten Entwicklungsphase sukzessive einsetzenden Ökonomisierung in Zusammenhang gesehen werden (siehe Kapitel 7.1.2), die mitunter neue Kooperationen mit der regionalen Wirtschaft und öffentlichen Gebietskörperschaften hervorbrachte. So sind beispielsweise in der Stichprobe aus dem Jahr 2009 an einem Drittel der Organisationen (n = 18; 35 %) GesellschafterInnen beteiligt, wobei bei mehrfachen Antwortmöglichkeiten eine Beteiligung aus dem öffentlichen Sektor am häufigsten genannt wurde (n = 11; 48 %), gefolgt von Sozialen Organisationen (n = 9; 39 %) und der Wirtschaft (n = 3; 13 %) (vgl. Anastasiadis & Mayr 2010, S. 33 f.). Zur Frage nach der EigentümerInnenstruktur machten in der Trenderhebung 2015 30 bzw. 29 Organisationen Angaben. Hier gab lediglich ein Betrieb von 30 (3 %) an, Miteigentümer an einer anderen sozialen Organisation zu sein, und nur zwei von 29 (7 %) führten an, dass an ihrer Organisation GesellschafterInnen beteiligt sind. 93 % (n = 27) verneinten eine solche Geschäftskonstellation. An den erwähnten beiden Organisationen sind GesellschafterInnen sowohl aus der Wirtschaft, dem öffentlichen Bereich als auch aus der sozialen Organisationslandschaft beteiligt, wobei eine Organisation alle drei GesellschafterInnentypen

235 Siehe dazu Vereinsgesetz, Bundeskanzleramt Österreich (2016d)

angab und die andere nur GesellschafterInnen aus dem öffentlichen Bereich anführte. Demnach stellt sich mit Blick auf die EigentümerInnenstruktur die Stichprobe aus dem Jahr 2015 autonomer dar als jene aus dem Jahr 2009.

Dass sie an der Schnittstelle insbesondere zwischen Markt und Staat agieren, zeigt sich in ihrer Positionierung. In Anlehnung an die Typologie von Zauner (2002, S. 161f.; siehe Kapitel 5.3.1.4) konnten die befragten Betriebe/Projekte bei mehrfachen Antwortmöglichkeiten ihre Nähe zum öffentlichen, zum wirtschaftlichen und zum informellen Sektor ausweisen. In der aktualisierten Erhebung führten 26 der befragten Organisationen eine Zuordnung durch. Die restlichen sieben verneinten entweder alle drei Optionen oder machten keine Angaben. Den Ergebnissen zufolge bezeichnen sich drei Viertel (n = 21; 75 %) als verwaltungsnahe und sieben (25 %) sehen sich als wirtschaftsnahe. Als basisnahe benannte sich kein Betrieb/Projekt. In der Stichprobe 2009 verorteten sich mehr als die Hälfte als verwaltungsnahe (n = 37; 57 %), ein knappes Drittel als privatwirtschaftsnahe (n = 21; 32 %) und 11 % (n = 7) als basisnahe (siehe Abbildung 38). In beiden Stichproben hat die Nähe zur Basis gar keine bzw. eine geringe Relevanz. Demgegenüber sind die Beziehungen zur Wirtschaft stärker ausgeprägt. Dies unterstreicht unter anderem auch die ökonomische Ausrichtung der Organisationen.

Abbildung 38: Positionierung von ECO-WISE im Vergleich (2009: N = 61; 2015: N = 26)

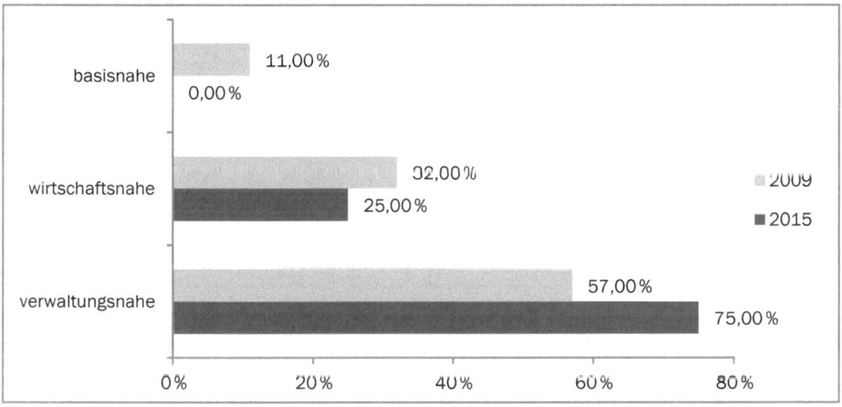

Quelle: SPSS_datafile_ECO-WISE_Struktur_2015 und SPSS_datafile_ECO-WISE_Struktur_2009

Die soziale Orientierung wird in der Nähe zum öffentlichen Sektor transparent. Die Mehrheit der 2009 und 2015 erfassten Organisationen weist gemäß ihren Angaben finanziell, personell und auch organisatorisch starke Verflechtungen zum öffentlichen Sektor aus. Dies spiegelt sich in der bereits dargelegten Finanzierungs- sowie in der Personalsituation wider, in der öffentliche Gelder bzw. geförderte Beschäftigte einen hohen Stellenwert einnehmen.

Befragt nach dem Verhältnis der Zusammenarbeit mit öffentlichen Organisationen und privatwirtschaftlichen Betrieben zeigen sich ECO-WISE in beiden Befragungsrunden zum Großteil als kooperativ, wobei ein Hauch von Konfrontation mitschwingt (vgl. Anastasiadis & Mayr 2010, S. 35). So gab die Mehrheit (2015: n = 18; 56 %; 2009: n = 38; 63 %) von insgesamt 32 (2015) bzw. 60 (2009) Betrieben/Projekten gegenüber öffentlichen Organisationen ein kooperatives Verhältnis an, ungefähr ein Drittel (2015: n = 10; 31 %; 2009: n = 20; 33 %) handelt sowohl kooperativ als auch konfrontativ und ein geringer Anteil (2015: n = 3; 6 %; 2009: n = 2; 3 %) hat eine andere Zusammenarbeitsstrategie, die nicht näher erläutert wurde. 2015 gab eine Organisation (3,13 %) eine ausschließlich konfrontative Zusammenarbeitskultur mit öffentlichen Institutionen an (siehe Abbildung 39).

Abbildung 39: Kooperationskultur von ECO-WISE 2015

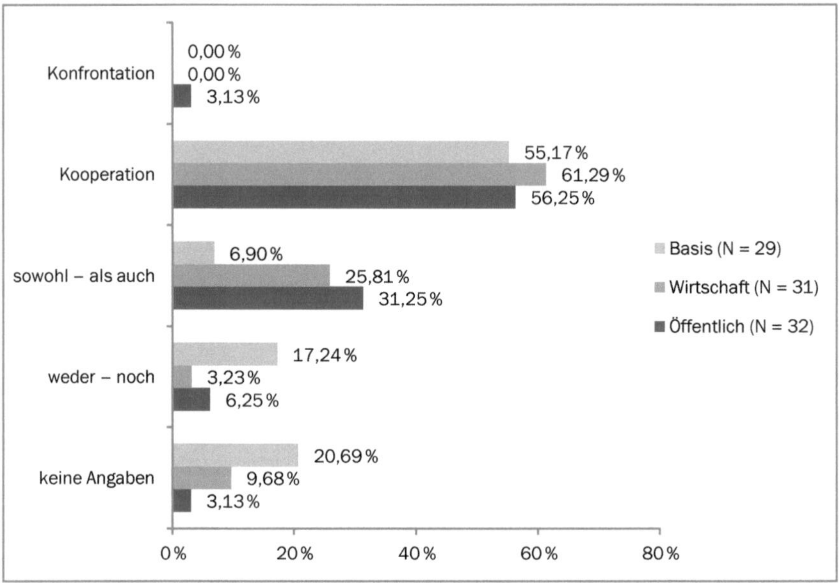

Quelle: SPSS_datafile_ECO-WISE_Struktur_2015

In den Angaben lassen sich Parallelen zum Beziehungsmodell von Young (2000, S. 180) erkennen, wonach Dritt-Sektor-Organisationen sich in ihrer Leistungserbringung zum öffentlichen Sektor gleichermaßen ergänzend, komplementär und konfrontativ verhalten können (siehe Kapitel 5.3.1.2).

Bezüglich privatwirtschaftlicher Organisationen unterscheiden sich die Angaben der beiden Strichproben geringfügig. So setzte von 57 Betrieben/Projekten aus der Stichprobe 2009 einer/eines (1,8 %) klar auf Konfrontation, fast die

Hälfte (n = 26; 46 %) auf Kooperation und zwei Fünftel (n = 22; 38 %) führten ‚sowohl – als auch' an. Sechs (10,5 %) definierten sie als ‚weder – noch' und zwei (3,5 %) wählten die Option ‚keine Angaben' (vgl. Anastasiadis & Mayr 2010, S. 35). Die 31 Einrichtungen, die darauf 2015 antworteten, zeigten sich um eine Nuance kooperativer. So gab niemand Konfrontation an, drei Fünftel (n = 19; 61 %) setzen auf Kooperation und 26 % (n = 8) auf Konfrontation und Kooperation. Ein Betrieb (3 %) verweist auf andere Strategien. Mit Blick auf die Kooperation mit Basisinitiativen beantworteten in der Trenderhebung 2015 29 Betriebe/Projekte diese Frage. Davon wählten 38 % (n = 11) die Option ‚weder – noch' bzw. ‚keine Angaben'. Die knappe Hälfte (n = 16; 55 %) bezeichnete das Verhältnis als kooperativ und zwei (7 %) definierten es als kooperativ und konfrontativ.[236] Die geringere Relevanz der Basis spiegelt sich hier erneut wider. Es zeigt sich jedoch, dass, wenn eine Zusammenarbeit vorliegt, diese am ehesten in Kooperation erfolgt.

Des Weiteren ist ca. ein Drittel (n = 9; 27 %) der in der Trenderhebung 2015 befragten Betriebe/Projekte zum Befragungszeitpunkt in ein oder mehrere Kooperations- und Entwicklungsprojekte eingebunden (siehe Tabelle 18).

Tabelle 18: Beteiligung von ECO-WISE in Kooperationsprojekten 2015

Kooperationsprojekte	Häufigkeit	Prozent	Prozent der Fälle
internationales Entwicklungsprojekt	4	20	44,44
nationales Entwicklungsprojekt	4	20	44,44
regionales Entwicklungsprojekt	7	35	77,78
lokales Entwicklungsprojekt	5	25	55,56
Gesamt	20	100	222,22

Mehrfachantworten (N = 9) Dichotomie-Gruppe (Wert 1)
Quelle: SPSS_datafile_ECO-WISE_Struktur_2015

Dazu zählen unter anderem Lokale-Agenda-21-Projekte oder von europäischen Programmen geförderte Innovationsprojekte, die unteranderem vom TEP koordiniert sind (siehe Kapitel 7.1.3). Bei einer genaueren Betrachtung sind diese auf unterschiedlichen geografischen Ebenen angesiedelt. Internationale und nationale Bezüge wurden jeweils viermal von 44 % der Organisationen genannt, siebenmal (78 %) wurde der regionale und fünfmal (56 %) der lokale Kontext angeführt. Da sich die Leistungen von ECO-WISE zum Großteil auf den regionalen und lokalen Raum beziehen, wie im Abschnitt zu den sozialen Zielen bereits ausgewiesen wurde, sind in diesem Kontext auch die meisten Entwick-

236 In der Strukturerhebung 2009 wurde dieser Punkt nicht abgefragt.

lungsprojekte angesiedelt. Das soll aber nicht darüber hinwegtäuschen, dass vor allem mit Blick auf Innovation österreichweite und auch internationale Kooperationen gesucht und gelebt werden.

Die Wichtigkeit von Kooperationen spiegelt sich ebenso in den Vernetzungsstrategien von ECO-WISE wider. So ist der Großteil der in beiden Strukturerhebungen befragten Organisationen Mitglied in einem oder mehreren Dachverbänden (2015: n = 30; 91 %; 2009: n = 46; 75 %). Wie bereits in Kapitel 7.1.2 charakterisiert wurde, befinden sich unter den Dachverbänden solche, die nationale Interessen wahrnehmen, wie z. B. ‚arbeit plus – Soziale Unternehmen Österreich', aber auch solche, die ihre Aktivitäten auf regionale Räume konzentrieren, wie beispielsweise das Netzwerk ‚Beschäftigungsbetriebe Steiermark'. Diese ergänzen sich durch das Spektrum produktorientierter ökologischer Zusammenschlüsse, wie ‚repanet'. Im Jahr 2015 waren 70 % der Organisationen (n = 21) in nationalen und 93 % (n = 28) in regionalen Netzwerken Mitglied (siehe Tabelle 19).

Tabelle 19: Mitgliedschaft von ECO-WISE in Dachverbänden 2015

Mitglied in Dachverbänden	Häufigkeit	Prozent	Prozent der Fälle
internationaler Dachverbänden	6	8,57	20
nationaler Dachverbänden	21	30	70
regionaler Dachverbänden	28	40	93,33
lokaler Dachverbänden	15	21,43	50
Gesamt	70	100	233,33

Mehrfachantworten (N = 30) Dichotomie-Gruppe (Wert 1)
Quelle: SPSS_datafile_ECO-WISE_Struktur_2015

Genannt wurden zudem Mitgliedschaften in internationalen und lokalen Verbänden, wobei von den 30 Organisationen 20 % (n = 6) auch in internationale und 50 % (n = 15) in lokale Verbände eingebunden waren.

Als Motive für die Vernetzung gaben die in der Trenderhebung 2015 befragten ECO-WISE bei mehrfacher Antwortmöglichkeit zu jeweils knapp einem Drittel (n = 30; 97 %) die Stärkung nach innen, die Stärkung nach außen (n = 31; 100 %) sowie inhaltliche und fachliche Ergänzungen an (n = 28; 90 %). Knapp 20 % der Organisationen (n = 6) nannten die Unterstützung in internationalen Aktivitäten und zweimal (6 %) wurden andere Motive genannt, die sich bei näherer Betrachtung auf kooperative Programmentwicklungen beziehen (siehe Tabelle 20). Die Angaben gleichen prozentuell im Weitesten jenen aus der Strukturerhebung 2009. 100 % der darauf antwortenden Betriebe/Projekte (n = 43) nannten dort die Stärkung nach außen, 95 % (n = 41) die Stärkung nach innen, 74 % (n = 32) die inhaltliche und fachliche Ergänzung sowie 11 % (n = 5) die Unterstützung bei internationalen Aktivitäten (vgl. spss_datafile_ECO-WISE_Struktur_2009).

Insgesamt unterstützen die Vernetzungsstrategien das Sicheinmischen in allen Partizipationsräumen (siehe Kapitel 2.3.3). In Zeiten sich verengender Partizipationsmöglichkeiten (siehe Kapitel 7.1.3) erweisen sich Netzwerke als wichtige Instrumentarien, die auch nachweislich von ECO-WISE-VertreterInnen genutzt werden.

Tabelle 20: Vernetzungsmotive von ECO-WISE 2015

Vernetzungsmotive	Häufigkeit	Prozent	Prozent der Fälle
Stärkung nach außen	31	31,96	100
Stärkung nach innen	30	30,93	96,77
inhaltliche und fachliche Ergänzung	28	28,87	90,32
internationale Aktivitäten	6	6,19	19,35
Sonstiges	2	2,06	6,45
Gesamt	97	100	313

Mehrfachantworten (N = 31) Dichotomie-Gruppe (Wert 1)
Quelle: SPSS_datafile_ECO-WISE_Struktur_2015

Tabelle 21: Personelle Vernetzungen in ECO-WISE 2015

Personelle Vernetzung	Häufigkeit	Prozent	Prozent der Fälle
Funktion in der Politik	4	14,81	23,53
Funktion in der Wirtschaft	6	22,22	35,29
Funktion in anderen Dritt-Sektor-Organisationen	15	55,56	88,24
Funktion in sonstigen Bereichen	2	7,41	11,76
Gesamt	27	100	158,82

Mehrfachantworten (N = 17) Dichotomie-Gruppe (Wert 1)
Quelle: SPSS_datafile_ECO-WISE_Struktur_2015

Eine wichtige Grundlage für Kooperationen und Vernetzungen stellen personelle Verbindungslinien von leitenden Personen zu anderen sektoralen Bereichen dar. Dies ist in rund der Hälfte der in der Trenderhebung 2015 befragten ECO-WISE der Fall (n = 17; 52 %). Ihren Angaben zufolge haben die Personen dabei zum Großteil Funktionen in anderen Dritt-Sektor-Organisationen inne. Dies kommt in 15 Betrieben/Projekten oder 88 % der Fälle vor. Am zweithäufigsten wurden Funktionen in der Wirtschaft genannt. Dies ist in 35 % der Einrichtungen der Fall (n = 6). Der Anteil von Funktionen in der Politik wurde viermal genannt und tritt in 24% der Organisationen auf (siehe Tabelle 21). Funktionen in anderen Bereichen wurden zweimal genannt, wobei einmal dezidiert die Verbindung zur Wissenschaft herausgehoben wurde. In Anbetracht dieser Daten zeigt sich deutlich, dass für die Erhaltung und Gestaltung des Angebotes personelle Vernetzungen bedeutsam sind.

Die in der Trenderhebung 2015 erfassten ECO-WISE gaben unterschiedliche Wege an, wie sie ihre sozialen, ökonomischen und ökologischen Wirkungen kommunizieren. Zum einen verfügt der Großteil (n = 24; 73%) über Zertifizierungen. 13 Organisationen tragen beispielsweise das vom Dachverband ‚arbeit plus' entwickelte ‚Gütesiegel für Soziale Integrationsunternehmen', das von Quality Austria vergeben wird. In Anlehnung an das EFQM-Excellence-Modell wird damit die Qualität von sozialen, organisatorischen und wirtschaftlichen Prozessen im Unternehmen bewertet. Jeweils drei Organisationen sind mit dem ‚Gütesiegel für betriebliche Gesundheitsförderung' und dem ‚Qualitätssiegel der Erwachsenen- und Weiterbildungseinrichtungen', das dem Ö-Cert-Qualitätsrahmen entspricht, ausgezeichnet. Speziell auf den Umweltbereich abgestimmte Zertifizierungen liegen in drei Fällen vor, wobei zwei mit dem ‚Ökoprofit'-Zertifikat, das die Implementierung eines praxisorientierten Umweltmanagementsystems beurteilt, und einer mit ‚Bio-Austria' bewertet ist. Weitere Zertifizierungen, die genannt wurden, sind Auszeichnungen als Lehrbetrieb, Zertifizierung von Pharmafirmen, ISO-Zertifizierungen für Lerndienstleistungen sowie Eignungsnachweise für öffentliche AuftragnehmerInnen durch das AuftragnehmerInnenkataster (ANKÖ). In Planung sind bzw. Interesse besteht an der Gemeinwohl-Bilanz, diversen Staatspreisen und dem EMAS-Zertifikat (Eco Management and Audit Scheme). Dies wurde von jeweils neun Betrieben/Projekten geäußert (27%). Zum anderen kommuniziert der Großteil von 32 ECO-WISE, die auf diese Frage antworteten, ihre Potenziale im Rahmen von Besprechungen und Konferenzen (n = 30; 94%%), Events (n = 29; 91%), durch eine Verankerung im Leitbild (n = 29; 91%), durch Medienarbeit (n = 27; 84%) und Jahresberichte (n = 24; 75%) nach außen. Wirkungsanalysen werden in zehn Einrichtungen (31%) durchgeführt und über einen Nachhaltigkeitsbericht verfügt eine Organisation (3%). Drei Betriebe/Projekte (9%) führten sonstige Varianten an, wie beispielsweise Mundpropaganda durch KundInnen (siehe Tabelle 22).

Mit diesen Kommunikationsmitteln machen ECO-WISE ihre Stärken sichtbar. Jedes von ihnen benutzt eine eigene Sprache, die auf die Handlungslogiken der jeweiligen Anspruchsgruppen zugeschnitten ist. So eignen sich Besprechungen und Konferenzen für die inner- und überbetriebliche Kommunikation. Mit Wirkungsanalysen und Leitbildern werden insbesondere öffentliche AuftraggeberInnen anzusprechen sein. Eine Nachhaltigkeitsberichterstattung wiederum kann für die Gewinnung von KooperationspartnerInnen aus der Wirtschaft und der Umweltpolitik interessant sein. Darin verdeutlicht sich das von Simsa für Dritt-Sektor-Organisationen ausgewiesene Vermögen der ‚Mehrsprachigkeit‘ (vgl. Simsa 2013, S. 136; siehe Kapitel 5.3.1.4). Durch die Kombination der ‚Sprachen‘ respektive Logiken der anderen Sektoren gelingt es ihnen, die differenten und oft widersprüchlichen Ansprüche ihrer Stakeholder auszubalancieren.

Tabelle 22: Kommunikationswege von ECO-WISE 2015

Kommunikationswege	Häufigkeit	Prozent	Prozent der Fälle
Jahresbericht	24	15,69	75
Nachhaltigkeitsbericht	1	0,65	3,13
Leitbild	29	18,95	90,63
Besprechungen und Konferenzen	30	19,61	93,75
Medienarbeit	27	17,65	84,38
Teilnahme an Events	29	18,95	90,63
Wirkungsanalysen	10	6,54	31,25
Sonstiges	3	1,96	9,38
Gesamt	153	100	478,13

Mehrfachantworten (N = 32) Dichotomie-Gruppe (Wert 1)
Quelle: SPSS_datafile_ECO-WISE_Struktur_2015

Aufgrund ihrer nachweislichen intermediären Positionen und ihrer multiplen Zielsetzung weisen ECO-WISE eine äußerst komplexe Stakeholderstruktur auf. In Anlehnung an die von Bono (2010, S. 66; siehe Kapitel 5.3.1.4) für Dritt-Sektor-Organisationen erarbeitete Stakeholder-Landkarte und auf Basis der Erkenntnisse aus der ersten ExpertInneninterviewserie wurde ein Stakeholdermodell für ECO-WISE entworfen, in dem die in der Trenderhebung 2015 befragten Organisationen den Grad des Einflusses einzelner Anspruchsgruppen auf die Performance ihres Betriebes/Projektes einschätzen konnten (siehe Abbildung 40).

Wie in Kapitel 5.3.1.4 bereits theoretisch erörtert, können mit einer Stakeholderanalyse unterschiedliche Einflussgruppen identifiziert werden, um darauf aufbauend die Beziehungen mit diesen zu optimieren. Dabei ist zwischen internen und primären bzw. sekundären externen Stakeholdern zu unterscheiden. Die internen Stakeholder setzen sich in ECO-WISE aus unterschiedlichen MitarbeiterInnengruppen und den EigentümerInnen sowie den Trägern zusammen. In diesem Zusammenhang ist zwischen geförderten, nicht geförderten und leitenden MitarbeiterInnen zu differenzieren. Ehrenamtliche und sonstige MitarbeiterInnengruppen wurden aufgrund ihrer geringen quantitativen Relevanz nicht mit einbezogen (siehe Kapitel 7.2.1). Was die Managementebene betrifft, üben die Vorstände des Betriebes bzw. des Projektträgers sowie GesellschafterInnen und andere EigentümerInnen Einfluss aus. Für Vereine können zusätzlich die Mitglieder von Bedeutung sein. Hinsichtlich der Unternehmensumwelt sind es primär Förder- und AuftraggeberInnen, wobei zwischen öffentlichen AuftraggeberInnen mit einem konkreten Leistungsanspruch und öffentlichen FördergeberInnen bzw. InvestorInnen ohne konkrete Leistungsansprüche zu differenzieren ist. Diese können aus der Arbeitsmarkt- und Sozialpolitik, aber auch aus der Wirtschafts- und Umweltpolitik kommen. Des Weiteren können private FördergeberInnen wie SpenderInnen und SponsorInnen, private KundInnen, die sich aus Einzelpersonen und Wirtschaftsunternehmen zusammensetzen, sowie GeschäftspartnerInnen Einfluss ausüben.

Abbildung 40: Stakeholdergefüge in ECO-WISE

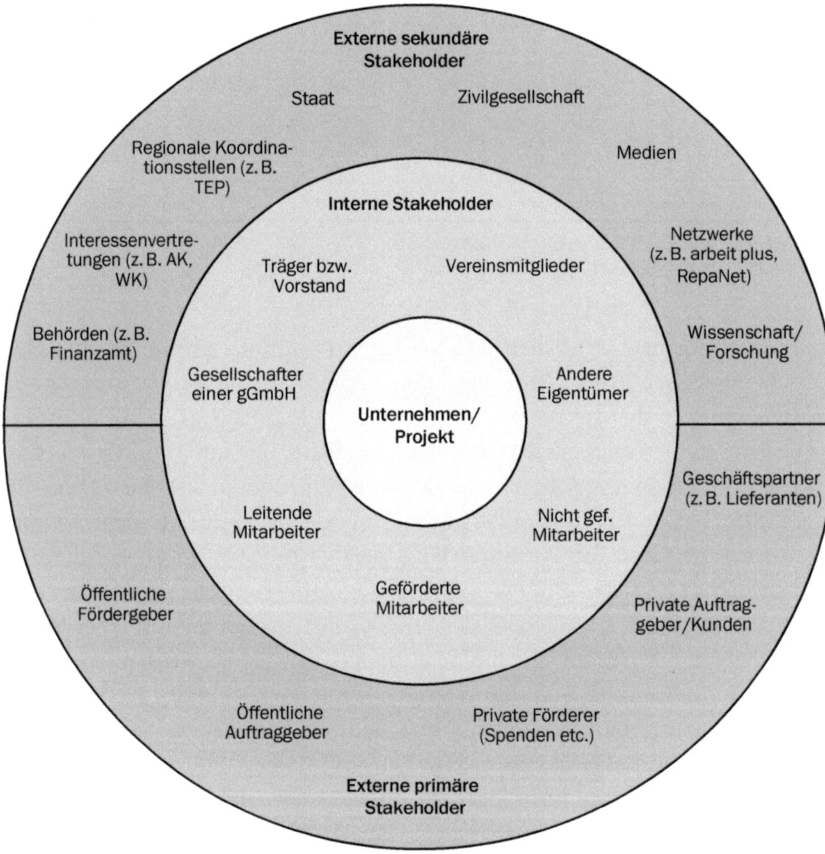

Quelle: eigene Darstellung

Als externe sekundäre Stakeholder treten mitunter Interessenvertretungen wie z. B. die Arbeiterkammer, Wirtschaftskammer und der Gewerkschaftsbund auf. Diese sind zum Teil auch EntscheidungsträgerInnen, etwa im AMS, und sind so über die arbeitsmarktpolitischen Strukturen indirekt in die Performance der Unternehmen involviert. Netzwerke (z. B. RREUSE), in welche die Unternehmen eingebunden sind, lassen sich ebenso dieser Stakeholdergruppe zuzählen. Sie leisten Lobbying und üben Einfluss auf strategische und politische Entscheidungen aus, die nachhaltig für die Performance von ECO-WISE von Relevanz sind. Andere Verwaltungseinheiten (z. B. Sozialversicherungsträger oder Finanzämter) profitieren einerseits ohne ideelle und finanzielle Beteiligung von den arbeitsmarktintegrativen Dienstleistungen, andererseits können sie über ihre Strukturen auch den Unternehmensalltag beeinflussen. Des Weiteren sind hier regionale Koordinationsstellen, wie z. B. die ‚Territorialen Beschäftigungspakte' oder die Regionalmanagementstellen, zu erwähnen. Von Bedeutung können auch weitere externe Gruppen sein, wie Wissenschaft und Medien. Der Staat als Gesamtheit mit seiner Zivilgesellschaft bildet schließlich den äußeren, übergeordneten Rand des Stakeholdergefüges.

In der Trenderhebung 2015 wurden die Betriebe/Projekte ersucht, den Einfluss der einzelnen Anspruchsgruppen auf ihre Performance einzustufen, wobei mit ‚1' sehr gering, ‚2' gering, ‚3' mittel, ‚4' hoch und ‚5' sehr hoch, Bewertungen vorgenommen werden konnten. Da nicht alle Anspruchsgruppen in allen ECO-WISE auftreten, konnte mit ‚0' angegeben werden, dass die jeweilige Gruppe für den Betrieb/das Projekt nicht relevant ist.

Dass die Performance des Unternehmens wesentlich durch ihre MitarbeiterInnen geprägt wird, liegt auf der Hand. So schreiben die 28 Betriebe/Projekte, die Einschätzungen vornahmen, allen MitarbeiterInnengruppen zum Großteil eine sehr hohe (n = 41) bzw. eine hohe (n = 22) Bedeutung zu. Dieser internen Stakeholdergruppe wurde lediglich zweimal keine Relevanz und dreimal eine sehr geringe bzw. geringe Relevanz beigemessen. Zehn Organisationen stuften ihren Einfluss im mittleren Bereich ein (siehe Abbildung 41).

In einer differenzierten Betrachtung überwiegen bei den Angaben zur sehr hohen Bedeutung die leitenden MitarbeiterInnen (n = 23), gefolgt von geförderten und Schlüsselkräften mit jeweils neun Nennungen (siehe Abbildung 42). Ein hoher Einfluss wird vorrangig den Schlüsselkräften beigemessen (n = 14), aber auch leitende und geförderte MitarbeiterInnen werden hier mit jeweils vier Nennungen erwähnt. Im mittleren Einflussbereich stechen die geförderten MitarbeiterInnen (n = 7) heraus.

Es bildet sich somit die Tendenz ab, dass den MitarbeiterInnen generell eine hohe bzw. sehr hohe Bedeutung beigemessen wird, wobei die größte der kleinsten Beschäftigtengruppe, nämlich den leitenden Personen, zugeschrieben wird. So wurden diese im Durchschnitt mit $\bar{x} = 4{,}8$ ($\Sigma = 134$[237]) bewertet, gefolgt von

237 Die Summe bzw. Mittelwerte wurde deskriptivstatistisch als Quersumme der Rangreihe errechnet.

Abbildung 41: Einfluss der MitarbeiterInnen im Überblick (N = 28)

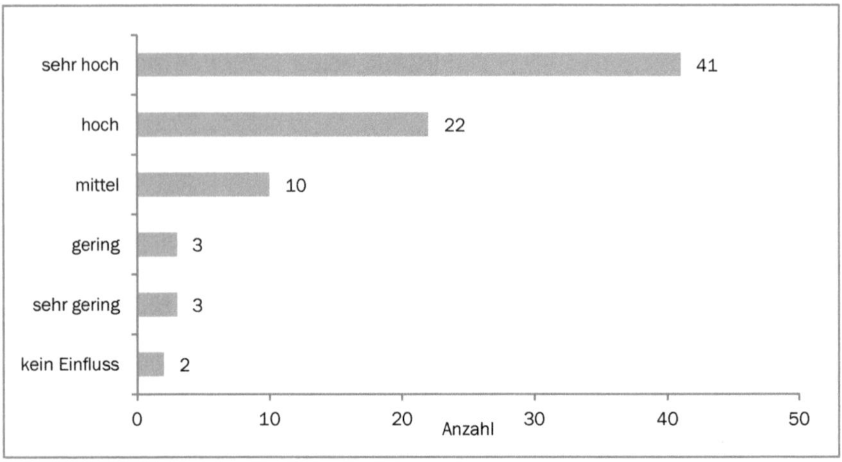

Quelle: SPSS_datafile_ECO-WISE_Struktur_2015

Abbildung 42: Einfluss der MitarbeiterInnen (N = 28)

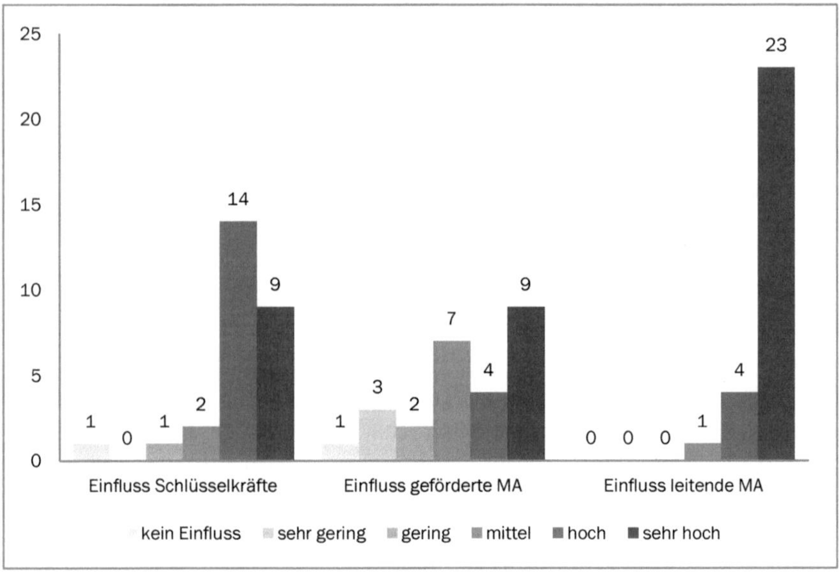

Quelle: SPSS_datafile_ECO-WISE_Struktur_2015

den Schlüsselarbeitskräften ($\bar{x}$ = 4,0; Σ = 109) und den geförderten MitarbeiterInnen ($\bar{x}$ = 3,4; Σ = 89). Die Verantwortungsaufteilung spiegelt sich in diesen Angaben deutlich wider (siehe Abbildung 49_Mittelwertsgrafik). Sie stellt sich als Hierarchie dar, die von den leitenden, koordinierenden MitarbeiterInnen über jene, die auf operativer Ebene für die Betreuung und Qualifizierung der AdressatInnen zuständig sind, und schließlich bis zu diesen selbst reicht, die durch ihre Einbindung in die Geschäftsverläufe ebenso auf die Performance wirken.

In der Relevanz der EigentümerInnen und Träger spiegelt sich die Rechtsform der erfassten Betriebe/Projekte wider, die zum Großteil aus Vereinen besteht. So wird der Trägerorganisation bzw. dem Vorstand ein sehr hoher (n = 13) bzw. hoher (n = 10) Einfluss auf die Performance zugeschrieben (siehe Abbildung 43). Viermal wurde dieser als mittel und lediglich einmal als gering ausgewiesen. Den Vereinsmitgliedern hingegen kommt eine vergleichsweise marginale Rolle zu. Ihnen werden lediglich zweimal ein hoher und fünfmal ein mittlerer Einfluss beigemessen. Am häufigsten wurde ein geringer (n = 8) bzw. sehr geringer (n = 6) Einfluss der Vereinsmitglieder ausgewiesen. Von sechs befragten Organisationen wurden sie als irrelevante Stakeholdergruppe charakterisiert. Hierin bestätigt sich tendenziell die nachweislich wenig ausgeprägte Basisnähe von ECO-WISE.

Abbildung 43: Einfluss der Organisation (N = 28)

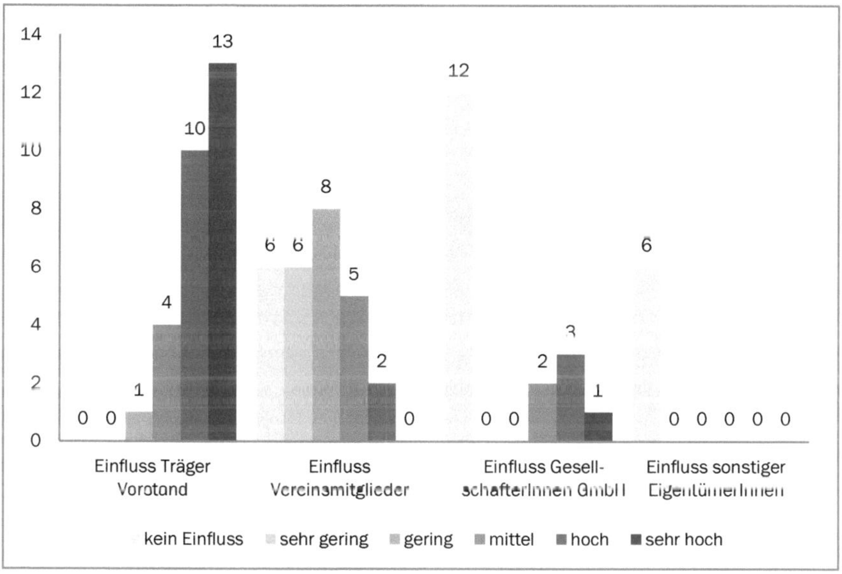

Quelle: SPSS_datafile_ECO-WISE_Struktur_2015

GesellschafterInnen in GmbHs stellen in den meisten Organisationen keine Stakeholdergruppe dar. Von den in der Erhebung identifizierten GmbHs gaben bei dieser Frage zwei einen mittleren, drei einen hohen und eine einen sehr hohen Einfluss an. Es wurden keine sonstigen EigentümerInnen von den befragten Organisationen genannt. Diese Tendenz spiegelt sich in den Mittelwerten des Rankings wider (siehe Abbildung 49_Mittelwertüberblick). So werden Träger und Vorstände im Durchschnitt mit $\bar{x} = 4{,}3$ ($\Sigma = 119$) bewertet, Vereinsmitglieder mit $\bar{x} = 1{,}7$ ($\Sigma = 45$) und GesellschafterInnen mit $\bar{x} = 1{,}3$ ($\Sigma = 23$).

In einer gesamten Betrachtung wird der organisationalen Ebene tendenziell weniger Einfluss beigemessen als den MitarbeiterInnen (siehe Abbildung 44).

Abbildung 44: Einfluss der Organisation im Überblick (N = 28)

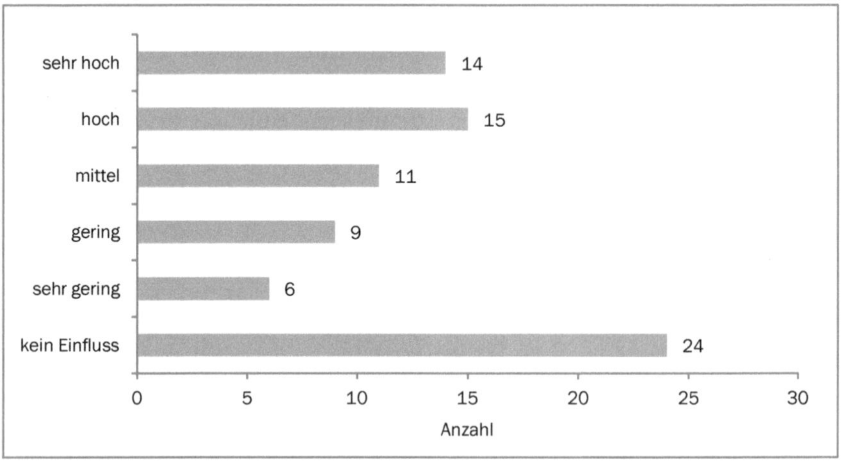

Quelle: SPSS_datafile_ECO-WISE_Struktur_2015

So werden die Kategorien ‚sehr hoch' bzw. ‚hoch' seltener angegeben (n = 14 bzw. n = 15), als dies bei den MitarbeiterInnen der Fall ist. In den mittleren Rängen finden sich hingegen mehr Nennungen (n = 11 bzw. n = 9). Da die wenigsten Organisationen GesellschafterInnen respektive sonstige EigentümerInnen besitzen und auch Vereinsmitgliedern keine hohe Relevanz zugesprochen wird, überwiegen hier die Angaben zu ‚kein Einfluss'.

In der Relevanz der externen primären Stakeholder bildet sich die partizipative Ressourcenstruktur ab. So wird öffentlichen AuftraggeberInnen und öffentlichen FördergeberInnen ein sehr hoher (n = 12; n = 11) bzw. hoher Einfluss (n = 6; n = 5) zugeschrieben (siehe Abbildung 45). Sie sind aber auch in einigen Organisationen als Stakeholder nicht von Bedeutung (n = 5; n = 3). Ein sehr geringer bis mittlerer Einfluss wurde für diese Gruppen selten ausgewiesen. Bei privaten KundInnen und GeschäftspartnerInnen liegt die Relevanz im mittleren bis hohen Bereich (n = 10, 8; n = 10, 6), wobei bei KundInnen mit sieben Nennungen zur ‚sehr hohen Bedeutung' gleichzeitig die Bedeutung der Eigenerwirtschaftung untermauert wird.

Abbildung 45: Einfluss externer primärer Stakeholder (N = 28)

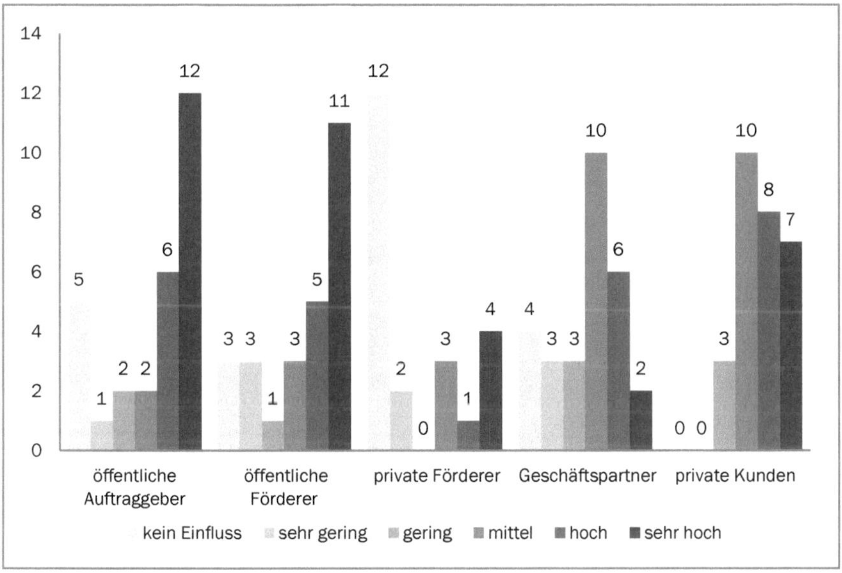

Quelle: SPSS_datafile_ECO-WISE_Struktur_2015

Ihre Relevanz zeigt sich auch in der durchschnittlichen Beurteilung des Einflusses. Der Mittelwert beträgt bei dieser Anspruchsgruppe $\bar{x} = 3{,}7$ ($\Sigma = 103$). Dem folgen öffentliche AuftraggeberInnen und öffentliche FördergeberInnen mit jeweils $\bar{x} = 3{,}4$ ($\Sigma = 95$; $\Sigma = 89$) sowie GeschäftspartnerInnen mit $\bar{x} = 2{,}6$ ($\Sigma = 73$) (siehe Abbildung 49_Mittelwerte). Private UnterstützerInnen sind zumeist nicht Teil des Stakeholdergefüges (n = 12). Wenn sie als solche ausgewiesen wurden, dann reicht ihr Einfluss von ‚sehr gering' (n = 2) bis ‚sehr hoch' (n = 4) und pendelt sich durchschnittlich bei $\bar{x} = 1{,}6$ von 35 Nennungen ein.

In einer Zusammenschau wird der Einfluss der externen primären Stakeholder auf die Performance des Betriebes/Projektes, sofern sie für die einzelnen Organisationen von Bedeutung sind, 36-mal als sehr hoch, 26-mal als hoch und 28-mal als mittel eingestuft. Ihnen kommt tendenziell ein höheres Gewicht zu als der organisationalen Ebene (siehe Abbildung 46).

Der Einfluss der externen sekundären Stakeholder wird höchst unterschiedlich eingeschätzt (siehe Abbildung 47). Die meisten Nennungen finden sich bei ‚sehr gering' (n = 50), ‚gering' (n = 42), ‚mittel' (n = 53) und ‚hoch' (n = 49) ein. Dass die eine oder andere Anspruchsgruppe keinen Einfluss ausübt, wird selten

Abbildung 46: Einfluss externer primärer Stakeholder im Überblick (N = 28)

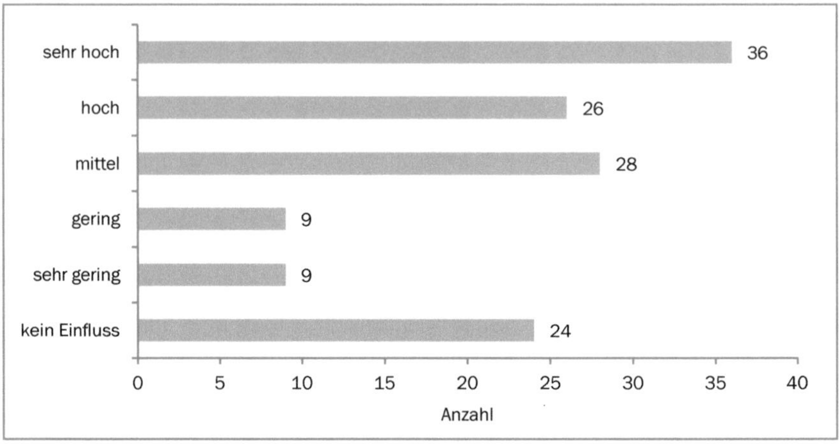

Quelle: SPSS_datafile_ECO-WISE_Struktur_2015

Abbildung 47: Einfluss externer sekundärer Stakeholder im Überblick (N = 28)

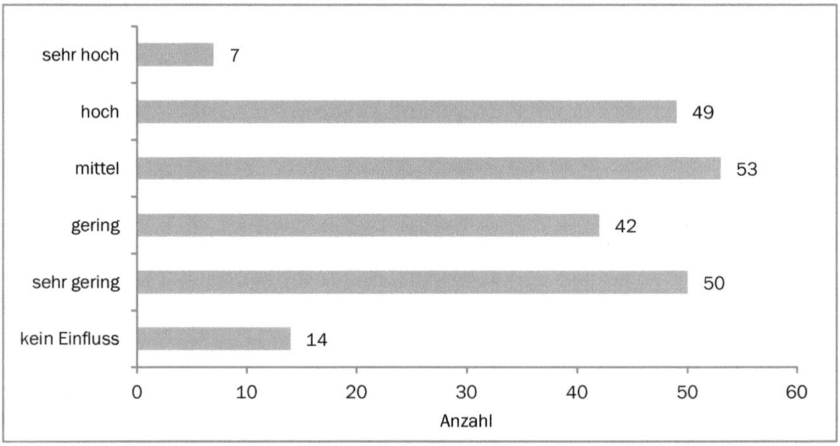

Quelle: SPSS_datafile_ECO-WISE_Struktur_2015

angegeben (n = 14), dass sie eine sehr hohe Bedeutung einnimmt, tritt ebenso kaum auf (n = 7).

In einer detaillierten Betrachtung zeigt sich, dass Zivilgesellschaft (n = 9), Staat (n = 8) und Medien (n = 9) am ehesten einen hohen Einfluss auf die Performance der Betriebe/Projekte ausüben (siehe Abbildung 48). Von mittlerer Relevanz sind tendenziell Netzwerke (n = 12) und öffentliche Behörden (n = 7). Interessenvertretungen (n = 9), regionale Koordinationsstellen (n = 9) und der Wissenschaft (n = 13) wird eher ein sehr geringer Einfluss beigemessen.

Abbildung 48: Einfluss externer sekundärer Stakeholder (N = 28)

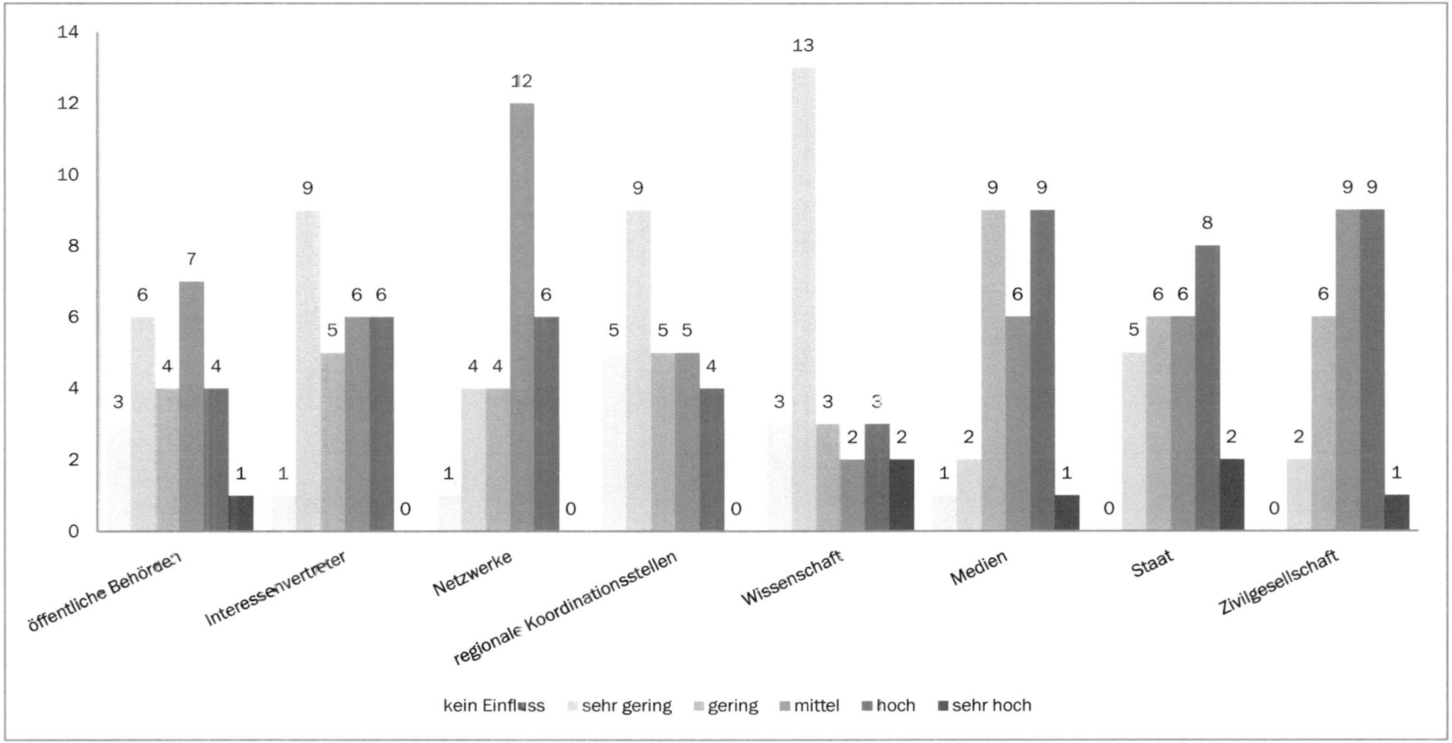

Quelle: SPSS_datafile_ECO-WISE_Struktur_2015

Diese Tendenz verhärtet sich in der durchschnittlichen Bewertung. So wird der Einfluss der Zivilgesellschaft mit $\bar{x} = 3$, des Staates mit $\bar{x} = 2{,}9$ und der Medien mit $\bar{x} = 2{,}8$ bewertet, jener der Wissenschaft und regionalen Koordinationsstellen hingegen mit jeweils $\bar{x} = 1{,}8$. In dieser durchschnittlichen Betrachtung reihen sich die Netzwerke mit $\bar{x} = 2{,}7$ an vierter Stelle ein, gefolgt von Interessenvertretungen ($\bar{x} = 2{,}3$) und öffentlichen Behörden ($\bar{x} = 2{,}2$) (siehe Abbildung 49_Mittelwerte).

Abbildung 49: Einfluss der einzelnen Stakeholder im Überblick (N = 28)

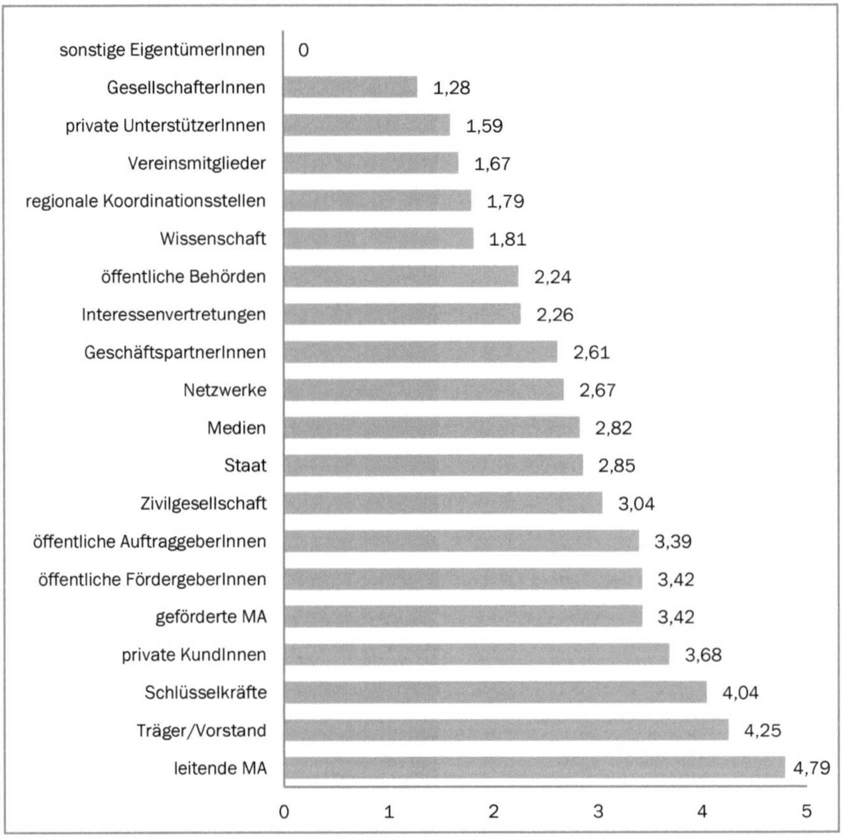

Quelle: SPSS_datafile_ECO-WISE_Struktur_2015

Auch wenn davon auszugehen ist, dass Stakeholderanalysen fallspezifisch erfolgen und die Bewertung zwischen einzelnen Organisationen variiert, weist die hier versuchte Zusammenschau des Einflussgrades einzelner Anspruchsgruppen auf die Performance der österreichischen ECO-WISE einige gemeinsame Tendenzen aus. In der durchschnittlichen Bewertung zeigt sich (siehe Abbildung 49_Mittelwerte), dass leitenden MitarbeiterInnen, gefolgt von Trägerorganisationen und Vorständen der größte Einfluss zukommt. Sie repräsentieren in ihrer Funktion das soziale Unternehmen nach außen und nach innen und sie sind auch im Wesentlichen verantwortlich für die Geschäftsprozesse. Sie steuern gewissermaßen das Unternehmen. Dieses Steuern kann durchwegs in Konflikt mit den Auffassungen anderer interner Anspruchsgruppen stehen, denen ebenso ein hoher Einfluss zugeschrieben wird.

So konnte in einer Studie, in der eine partielle Stakeholder- und punktuelle Wirkungsanalyse in einem ECO-WISE durchgeführt wurde, eine divergierende Erwartungshaltung zwischen Projektträger und Projektleitung festgestellt werden. Während sich beispielsweise die Trägerorganisation eine kontinuierliche Erhöhung der Eigenerwirtschaftung vom Projekt erwartet, wird eine solche von der Projektleitung als nicht realisierbarer Anspruch eingestuft (vgl. Bachler & Rettenbacher 2013, S. 127). Ein organisationsinterner Konflikt zeichnet sich hier ab, der auch durch die Erwartungshaltungen externer primärer Stakeholder wie öffentlicher AuftraggeberInnen geschürt wird (siehe Kapitel 7.1.3).

Die Relevanz der MitarbeiterInnenmitbestimmung als Teil der sozialen Zieldimension bestätigt sich in der durchschnittlichen Bewertung der geförderten MitarbeiterInnen und der Schlüsselkräfte, wobei, wie bereits erwähnt, Letzteren tendenziell mehr Gestaltungsraum zukommt. Insgesamt wird in den Angaben zum Einflussgrad der organisationalen Ebene und der MitarbeiterInnen eine hierarchische Struktur erkennbar, was tendenziell mit einem integrierenden, systemerhaltenden Partizipationsverständnis korrespondiert. Allerdings verweist der hohe Einfluss der MitarbeiterInnen sowie der AdressatInnen auf ein in den Organisationen gelebtes inklusives Verständnis. Insofern kann davon ausgegangen werden, dass ECO-WISE in widersprüchlichen organisationskulturellen Settings agieren, in denen die Steuerung von oben durch Einmischung von unten auszugleichen versucht wird. Eine Entsprechung dafür findet sich in einer anderen Studie, in der die Partizipation der AdressatInnen in einem ECO-WISE untersucht wurde. Den Ergebnissen zufolge findet Partizipation statt, allerdings sind dieser auch Grenzen gesetzt. Mit Blick auf die ‚Ladder of Participation' nach Arnstein (1969, siehe Kapitel 2.2.3) werden Vorstufen realisiert, wie z.B. Information, Anhörung und Einbeziehung. Mitbestimmung wird hingegen nur tendenziell und Entscheidungskompetenz kaum verwirklicht. Insgesamt wird deutlich, dass Partizipation als grundlegendes Arbeitsprinzip gilt, sie sich jedoch in manchen Bereichen als nicht realisierbar herausstellt. Hervorgehoben wurde die Arbeitsplanung, in der nicht alle individuellen Bedürfnisse berücksichtigt werden können, oder die Produktgestaltung, die sich an den KundInnenwünschen orientiert (vgl. Fischböck 2012, S. 91 f.).

Dass der Einfluss privater KundInnen durchschnittlich höher bewertet wird als jener öffentlicher AuftraggeberInnen und FördergeberInnen, wenn auch nur geringfügig, kann als Hinweis für die ökonomische Orientierung gelesen werden, die mit Blick auf unsichere Finanzierungssituationen zunehmend bedeutender wird. Sie befinden sich im oberen oder im mittleren Einflussbereich. Insofern prägen Ansprüche dieser Finanziers die Performance des Unternehmens mit, da sich die Produkte und Dienstleistungen im Wesentlichen daran ausrichten.

Die ideelle Nähe zu gesellschaftlichen Institutionen zeigt sich in der durchschnittlich mittleren Einflusskraft der Zivilgesellschaft, des Staates insgesamt und der Medien. Diese sowie die ähnlich bewerteten Beziehungen zu Netzwerken und GeschäftspartnerInnen spiegeln die Positionierung der Betriebe/Projekte zwischen Markt, Staat und dem informellen Bereich wider. Diese stellen relevante Umwelten dar, denen die Organisationen durch ihre ausgeprägte Netzwerkstruktur gegenübertreten. Geringen bis sehr geringen Einfluss üben im Durchschnitt die restlichen Anspruchsgruppen aus. Hinsichtlich der GesellschafterInnen ist dies auf die Rechtsform zurückzuführen, da die meisten Organisationen der Stichprobe als Vereine agieren. Dass den Vereinsmitgliedern ein geringer Einfluss zukommt, liegt in der kaum ausgeprägten Mitgliederorientierung von ECO-WISE. Sie bieten ihre Dienste weniger für Mitglieder, sondern zumeist für die Gesellschaft insgesamt an. Private Unterstützungsstrukturen, wie SpenderInnen oder andere Investoren, haben im Dritten Sektor in Österreich generell eine geringe Tradition (siehe Kapitel 5.2.2), was sich im empirischen Feld bestätigt. Dies zeigt sich auch im Finanzierungsmix der in der Strukturerhebung 2009 und in der Trenderhebung 2015 erfassten ECO-WISE. Dahingehend stellen sie derzeit noch keine bedeutende Stakeholdergruppe dar. Dies könnte sich durch ein aktives Stakeholdermanagement ändern, was sich in Anbetracht der Finanzierungsunsicherheiten von öffentlicher Seite durchwegs als ein Potenzial darstellen kann. Regionale Koordinationsstellen, andere öffentliche Behörden, Wissenschaft und Interessenvertretungen können in Einzelfällen von Bedeutung sein. Insgesamt sind diese Beziehungen jedoch wenig ausgeprägt. Auch darin werden noch weitestgehend unausgeschöpfte Kooperationspotenziale ersichtlich.

In einer Zusammenschau der hier dokumentierten organisationsstrukturellen Merkmale von ECO-WISE wird deutlich, dass das multiple Stakeholdergefüge eine ideale Voraussetzung für partizipative Gestaltungsprozesse innerhalb und außerhalb der Organisationen bildet. Damit verbunden sind aber auch Herausforderungen in Bezug auf das Ausbalancieren der Interessen unterschiedlicher Anspruchsgruppen, worauf in Kapitel 7.3 noch ausführlicher eingegangen wird.

Mit Blick auf die institutionelle Dimension im strategiepolitischen Nachhaltigkeitsbild (siehe Kapitel 4.3 und 6.1.4) können ECO-WISE insgesamt als autonom agierende Organisationen, die zwischen Staat, Markt und dem informellen Bereich positioniert sind, eine Schnittstelle für Nachhaltigkeitsvorhaben bilden. Ihre organisationalen Merkmale weisen dahingehend zahlreiche partizipationsfördernde Elemente auf. In ihrer Kooperationsstruktur sowie ihrer Positionierung wird erkennbar, dass sie als intermediäre Organisationen agieren (siehe Kapitel 5.3.1.4) und so ein Stück weit als Medium fungieren, um die gemeinsame Verantwortungsübernahme verschiedener öffentlicher Stellen, der Wirtschaft und der Zivilgesellschaft voranzutreiben. Sie können so ein ideales Instrument für öffentliche Steuerungsprozesse im Sinne der ‚Governance' darstellen (siehe Kapitel 4.4.1), um bedarfssensible Angebote kooperativ zu entwickeln. Allerdings gilt es hier insbesondere darauf zu achten, dass sich die Gestaltungsräume nicht durch von außen nach innen wirkende Steuerungsmechanismen verengen, sondern offen gehalten werden.

7.2.5 Nachhaltigkeitsorientierung

Die theoretisch herausgearbeiteten und hier empirisch nachgezeichneten Zieldimensionen von nachhaltiger Entwicklung (siehe Kapitel 6.1.4) bilden sich in der österreichischen ECO-WISE-Landschaft deutlich ab. Dennoch sehen sich ECO-WISE mit Blick auf das Drei-Säulen-Modell zum Großteil nicht als prototypische Nachhaltigkeitsakteure, sondern vorwiegend als soziale, nachhaltige Unternehmen.

Befragt nach der Priorität der Zielsetzungen gab in der Strukturerhebung 2009 und in der Trenderhebung 2015 ca. jeder fünfte Betrieb/jedes fünfte Projekt (2015: n = 7; 21 %; 2009: n = 11; 18 %) an, ökonomische, soziale und ökologische Ziele in einem ausgewogenen Verhältnis zu verfolgen (vgl. Anastasiadis & Mayr 2010, S. 45). Ein großer Teil der restlichen ECO-WISE konstatierte in beiden Stichproben ein soziales Ziel als primär (2015: n = 23; 96 %; 2009: n = 48; 96 %).[238] 2015 reihten drei Organisationen das ökologische (12,5 %) und zwei (8 %) das ökonomische Ziel an die erste Stelle. 2009 wurde nur einmal (1,6 %) das ökologische und viermal (6,6 %) das ökonomische Ziel priorisiert. Hinsichtlich des sekundären Ziels überwiegt das ökonomische (2015: n = 16; 67 %; 2009: n = 32; 53 %), gefolgt vom ökologischen (2015: n = 12; 50 %; 2009: n = 15; 25 %). Das soziale Ziel wurde hier 2015 von einem Betrieb/Projekt (4 %) und 2009 von zwei Organisationen (3 %) angegeben. 28 Betriebe/Projekte reihten 2009 die ökologische Zielsetzung an die dritte Stelle (45,9 %); neun (38 %) waren es 2015. Des Weiteren ordnete in der aktualisierten Stichprobe ein Viertel (25 %) das

238 In der Stichprobe 2015 antworteten zwei Organisationen nicht auf die Frage nach der Zielpriorität. Von den N = 31 gaben sieben eine gleichwertige Zielorientierung an. Die restlichen 24 gewichteten ihre Ziele entlang der drei Dimensionen. In der Stichprobe 2009 antworteten alle 61 erfassten Organisationen, davon gaben elf eine Gleichwertigkeit an und die restlichen 50 bewerteten das soziale Ziel. Hinsichtlich des ökonomischen und des ökologischen Ziels machten sechs Organisationen keine Angaben. Insofern beläuft sich die Zahl hier auf N = 44.

ökonomische Ziel dem dritten Rang zu. 2009 wurde dieses nur sechsmal angeführt (siehe Abbildung 50).

Abbildung 50: Prioritäten der Ziele von ECO-WISE 2015 (N = 24)

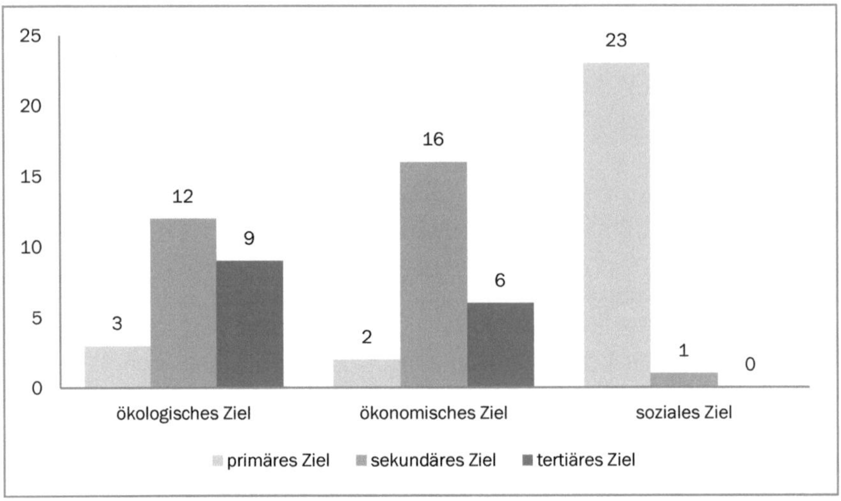

Quelle: SPSS_datafile_ECO-WISE_Struktur_2015

In Analogie zur in der Organisationstypologie ausgewiesenen Charakterisierung von Social Enterprises insgesamt (siehe Kapitel 5.2.3) können ECO-WISE vor diesen Hintergründen als sozial engagiert, ökonomisch motiviert und ökologisch inspiriert bezeichnet werden. Sie weisen sich, diesen Angaben zufolge, zum überwiegenden Teil ganz klar als Betriebe/Projekte mit einem eindeutig sozialen Fokus aus. Somit bestätigt sich die auch für WISE geltende soziale Zielpriorität (siehe Kapitel 6.1.2). Ökonomische und ökologische Ziele rangieren entweder auf gleicher Höhe oder an zweiter und dritter Stelle. Allerdings zeichnet sich die Tendenz ab, vorher eher ökonomische Gesichtspunkte zu berücksichtigen, die über das finanzielle Überleben entscheiden, ehe ökologische Ziele forciert werden, wobei die ökonomischen und ökologischen Ziele in den 2015 erfassten Organisationen in der sekundären und tertiären Zielzuordnung tendenziell weniger Differenzen aufweisen als in der Stichprobe 2009.

In diesem Zusammenhang ist auf die multiprofessionelle Personalstruktur in ECO-WISE zu verweisen (siehe Kapitel 7.2.1), in der ein Gesprächspartner des Think-Tank Potenziale für eine ausgewogene Zielakzentuierung sieht. Die Schlüsselarbeitskräfte gehören unterschiedlichen Professionen an und besitzen vielfältige berufsbiografische Hintergründe. Sie kommen aus den Bereichen der Sozialen Arbeit, der Betriebswirtschaft sowie aus handwerklichen und technischen Berufen. Aus der Zusammensetzung resultiert die Stoßrichtung des jeweiligen Betriebes. Das soziale Ziel ist zumeist zwar das prioritäre, aber inwieweit darüber hinaus ökonomische oder ökologische Akzente gesetzt werden, hängt wesentlich mit der internen Personalstruktur und den personellen Hintergründen zusammen, wie der Gesprächspartner betont. GP5GFm: „*Ich sehe das Ganze noch ein bisschen mehr auf der psychologischen Ebene. Es ist bei uns so und bei anderen Betrieben habe ich auch ein bisschen Einblick gehabt. Jeder Mensch, egal von wo er kommt, hat so seinen Rucksack mit seiner Biographie, seinen Erfahrungen, seinen Prioritäten. […] Weil wenn jemand von der Sozialarbeit kommt, oder wenn jemand aus der Wirtschaft kommt, dann hat er natürlich sein persönliches Augenmerk darauf. Und dann kommt noch dazu, dass man es im Sozialbereich, sage ich jetzt einmal, an der Front wirklich mit den Menschen zu tun hat, die ganz konkrete Probleme haben, denen man einfach helfen muss, bei ganz banalen Dingen, und das bindet natürlich auch Ressourcen. Und dahingehend gibt es natürlich auch mehr Interesse am sozialen Bereich und sehr viel weniger am ökologischen. Im Ökonomischen insofern, als die eigene Existenz natürlich gefährdet sein könnte, das irgendwie zu gewährleisten. Das ist ganz klar. Ich persönlich komme eher vom Designbereich, arbeite zwar in einem Sozialbetrieb, aber ich habe natürlich persönlich einen anderen Hintergrund und habe einen anderen Anspruch an die Produkte selbst. Meine KollegInnen kommen wieder aus anderen Bereichen und die haben wieder andere. Und nur aus der Mischung heraus ergibt sich dann eine gewisse Stoßrichtung und daher ist bei uns natürlich der soziale Aspekt an erster Stelle. Das ist einfach so. Auf jeden Fall funktioniert es nur deswegen, weil wir nicht auf Mitleid tun, sondern sozusagen auf professioneller Produktbasis arbeiten wollen, es zumindest versuchen*“ [Think Tank Doc. 1: Abs. 226–228]. Aus diesem Grund wäre es aus seiner Sicht wichtig, auch in Zukunft eine Durchmischung zu fördern, sodass sich die jeweilige betriebliche Fokussierung im Alltag nicht verhärtet und weiterhin Innovation auf der sozialen, ökonomischen und ökologischen Ebene betrieben werden kann.

Zusammenfassend kann festgehalten werden, dass sich in der Betrachtung der drei Zielsetzungen das Bestreben von ECO-WISE manifestiert, nachhaltig, im Sinne des Drei-Säulen-Modells, zu handeln. Auch wenn den Zielen vom Großteil der Organisationen unterschiedliche Bedeutung zugesprochen wird, geht aus den Daten zur Performance hervor, dass ECO-WISE gute Gründe dafür haben, sich selbst als regionale Nachhaltigkeitsakteure zu positionieren und sich in diese Diskurse auch aktiv einzubringen. In Validierungsgesprächen im Anschluss an die Feld- und Problemexplorationsphase wurde von internen und externen ExpertInnen in diesem Zusammenhang konstatiert, dass ECO-WISE mit dem Konzept der nachhaltigen Entwicklung noch zu wenig vertraut sind. Zudem werden ihrer Einschätzung nach die regionalökonomischen und ökologischen Beiträge im Handlungsfeld selbst nicht ausreichend wahrgenommen und nach außen kommuniziert. Angesichts des steigenden Wettbewerbs um öffentliche Fördergelder aus der Sozial- und Arbeitsmarktpolitik erkennen ECO-WISE zusehends die Notwendigkeit, auf andere FördergeberInnen und KooperationspartnerInnen aktiv zuzugehen (siehe Kapitel 7.1). Das Konzept der nachhaltigen Entwicklung kann sich dafür als ein entscheidendes Argumentationsinstrument entpuppen. Die ExpertInnen sehen allenfalls in einer zukünftigen Profilierung von ECO-WISE als Nachhaltigkeitsakteure Chancen.

Diese Diskussionen wurden in der Konkretisierungsphase präzisiert, woraus sich die weiterführende Forschungsfrage entwickelte, nämlich wie es gelingen kann, die Rolle von ECO-WISE als regionale Nachhaltigkeitsakteure zu stärken (siehe Kapitel 6.2). Der daraufhin eingeleitete partizipativ angelegte Zukunftsgestaltungsprozess knüpft an die in der Konkretisierungsphase bestimmten drei Überlegungen an. Demnach gilt es zu fragen, wie ECO-WISE-VertreterInnen die regionalökonomischen und ökologischen Beiträge zusätzlich zu den sozialen konsequenter nach innen und nach außen kommunizieren können, wie Akteure in ECO-WISE ihre strategischen Entwicklungsmöglichkeiten als PartnerInnen in der regionalen Ausgestaltung von politischen Strategien optimieren können und welche Handlungsoptionen zur Bewältigung operativer Herausforderungen von VertreterInnen aus dem Organisationsfeld und -umfeld gesehen werden.

Die Ergebnisse aus diesen Forschungsarbeiten sind Gegenstand der folgenden Kapitel. Im ersten Schritt werden die operativen Herausforderungen – im Sinne eines State of the Art – von innen heraus spezifiziert. Es wird eruiert, mit welchen aktuellen und zukünftigen Möglichkeiten und Problemen ECO-WISE hinsichtlich der sozialen, ökonomischen und ökologischen Zielerreichung konfrontiert sind. Aus diesen Ergebnissen leiten sich die einschlägigen, als Szenarien gefassten, intervenierenden Bedingungen ab, die ihre Entfaltung fördern oder hemmen.

7.3 Herausforderungen und Chancen

Wie bisher gezeigt wurde, bieten ECO-WISE als Dritt-Sektor-Organisationen auf nicht gewinnmaximierende und auf nicht staatlich organisierte Art und Weise Dienstleistungen an, die sich an den aktuellen sozialen, regionalökonomischen und ökologischen Bedürfnissen der Bevölkerung orientieren. Das Agieren in diesem intermediären Feld bringt nicht nur Potenziale, wie beispielsweise innovative Dienstleistungen, hervor, sondern auch erhebliche Herausforderungen mit sich, die in der bisherigen Ergebnisdarstellung zu den ursächlichen und kontextuellen Bedingungen hinsichtlich der Entfaltung von ECO-WISE als Nachhaltigkeitsakteure bereits partiell angedeutet wurden. Angesprochen wurde der Widerspruch zwischen Integration und Inklusion, der sich im Anspruch auflädt, eine bedarfsorientierte Begleitung der Zielgruppen anzubieten und gleichzeitig den behördlichen Vermittlungsvorgaben zu entsprechen. Erschwert wird die Auflösung dieses mit dem ‚Tripelmandat‘ der Sozialen Arbeit verbindbaren Konflikts (siehe Kapitel 2.3.1 und 6.1.1) durch die sich in der angespannten Wirtschaftslage zuspitzenden regionalökonomischen und sozialen Probleme. Des Weiteren stellen sich die Fragen, inwiefern sich die wachsende wirtschaftliche Orientierung auf die Qualität in der sozialen Zielerreichung auswirkt und ob die soziale Fokussierung ökologische Innovationen einschränkt. Die Bedienung von mehreren Stakeholdergruppen und ihren unterschiedlichen sowie mitunter konfligierenden Ansprüchen erweist sich zudem als herausfordernd. Diese operativen Konfliktzonen stehen im Zusammenhang mit in der ursächlichen Rahmung eingelagerten institutionalisierten Tendenzen zur Ökonomisierung, Aktivierung, Globalisierung der Märkte, Hierarchisierung politischer Systeme mit gleichzeitiger Regionalisierung und dem Verständnis, Partizipation zu fordern und zu fördern.

Im Folgenden werden aktuelle und zukünftige Herausforderungen, die aus dem operativen Handeln in den genannten Spannungsfeldern resultieren, aus der Perspektive von ECO-WISE-VertreterInnen spezifiziert. Dazu wurde in der Strukturerhebung 2009 ein offener Fragenblock integriert, in dem die Organisationen entlang der sozialen, ökonomischen und ökologischen Zieldimension Probleme benennen konnten, die sich aktuell ergäben und zukünftig bezogen auf die kommenden 10 bis 15 Jahre erwartet würden[239] (siehe Kapitel 6.3.3.4). 51 Organisationen brachten ihre Statements ein, die im Anschluss inhaltsanalytisch mit MAXQDA ausgewertet und zu Szenarien verdichtet wurden. In der Ergebnisdiskussion wird zuerst auf aktuelle und zukünftige Problemszenarien hinsichtlich der sozialen, ökonomischen und ökologischen Entfaltungsdimension eingegangen. Anschließend werden dimensionsspezifische Perspektivenszenarien zu zukünftigen Entfaltungsmöglichkeiten nachgezeichnet (siehe Szenarien 5, 10 und 15). Da die Ergebnisse direkt an die bisher dargestellten Erkenntnisse anknüpfen, werden Verbindungen zu diesen angeführt. Anzumerken ist, dass sich die Ausformulierung der Szenarien wesentlich am Wortlaut der Aussagen der VertreterInnen der Organisationen orientiert. Um die Grundstimmung mittransportieren zu können, sind Originalzitate[240] eingefügt.

7.3.1 Perspektiven gegen Armut und soziale Ungleichheit

Mit Blick auf die soziale Zielsetzung von ECO WISE – Perspektiven gegen Armut und soziale Ungleichheit durch aktive Arbeitsmarktintegration zu schaffen – sorgen laut Einschätzungen der Organisationen die prekäre Arbeitsmarktsituation (siehe Kapitel 4.1.4) und die mit der Finanzierungskrise des Wohlfahrtsstaates

239 Die Einschätzungen beziehen sich demnach auf den Zeitraum 2009–2024.
240 Die Quellenangabe inkludiert: Org. Nummer:Absatznummer im MAXQDA.

einhergehende Sparpolitik (siehe Kapitel 4.4) für aktuelle und zukünftige Herausforderungen.

Aktuelles Problemszenario (1): Der Arbeitsmarkt hat sich verengt.
Die durch die globale Wirtschaftskrise gegenwärtig äußerst angespannte Arbeitsmarktlage erschwert aus Sicht der Akteure die gelingende Vermittlung von am Arbeitsmarkt benachteiligten Personen. Die Aufnahmefähigkeit des ‚ersten Arbeitsmarktes' scheint insbesondere für diese Gruppen erschöpft zu sein. Auf die Begrenztheit des ‚ersten Arbeitsmarktes' und auf geringere Vermittlungschancen insbesondere von Personen mit multiplen Problemlagen wurde bereits in den ExpertInnengesprächen zum Institutionalisierungsprozess hingewiesen (siehe Kapitel 7.1.3). In den Statements der Akteure bekräftigt sich diese Wahrnehmung: „*Wegen der derzeitigen Wirtschaftslage sind unsere geförderten Beschäftigten schwer in den Arbeitsmarkt einzugliedern*" (Org. 32:14). „*Es ist eine schwierige Arbeitsmarktsituation für Menschen, die meist auf keine fachliche Ausbildung zurückgreifen können und oft auch weitere Problemstellungen in unterschiedlichen Bereichen mitbringen*" (Org. 29:13). Insgesamt steigt die Differenz zwischen den Anforderungen des ‚ersten Arbeitsmarktes' und den Möglichkeiten dieser Personen, diesen zu begegnen (vgl. Org. 33:14). Neben der geringen Qualifikation sind es eine wahrnehmbare Stigmatisierung seitens der ArbeitgeberInnen sowie multiple sozial-emotionale Problemlagen der AdressatInnen, die eine Vermittlung erschweren. Die Heterogenität der Zielgruppen und deren vielschichtige Problemlagen zeigten sich bereits in den quantitativen Daten zur sozialen Zielsetzung in der Performancedarstellung (siehe Kapitel 7.2.1). Als Vermittlungshemmnise werden von den ECO-WISE-VertreterInnen im Detail folgende genannt:

- Grenzen der Qualifizierbarkeit von bestimmten AdressatInnen (vgl. Org. 5:12; 19:14);
- mangelnde Mobilität v. a. bei Frauen (vgl. Org. 52:14);
- Vorurteile der ArbeitgeberInnen gegenüber MigrantInnen (vgl. Org. 52:14);
- geringe psychische Belastbarkeit der AdressatInnen (vgl. Org. 50:13);
- Anstieg von Krankenständen (vgl. Org. 41:13);
- mangelnde Bereitschaft mancher AdressatInnen zur Vermittlung bzw. Veränderung (vgl. Org. 39:14);
- hoher Druck am ‚ersten Arbeitsmarkt' (vgl. Org. 16:12);
- Schwierigkeiten im Finden der passenden BewerberInnen für angebotene Stellen (vgl. Org. 43:13);
- Schwierigkeiten im Finden von Firmen für die Aufnahme von Personen mit besonderen Bedürfnissen (vgl. Org. 43:13).

Insgesamt wird eine gesamtgesellschaftliche Schieflage geortet, in der die Schwächeren zusehends ausgegrenzt werden (vgl. Org. 34:13).

Zukünftiges Problemszenario (2): Lohnarbeit wird zu einem elitären Gut.
Laut Einschätzungen der Organisationen wird sich die Arbeitsmarktlage in den nächsten 10 bis 15 Jahren nicht erholen. Ein fortschreitender Rückgang regionaler Wirtschaftspotenziale wird erwartet, wodurch im schlimmsten Fall die Integration von benachteiligten Personen in den ‚ersten Arbeitsmarkt' schlicht nicht mehr möglich sein wird. Im Zitat *„Lohnarbeit wird ein elitäres Gut, das könnte zur weiteren Armut unserer KlientInnen führen"* (Org. 51:10) verdeutlichen sich die ernüchternden Einschätzungen. Insgesamt werden die Arbeitslosenzahlen aufgrund eines anhaltenden Arbeitsplatzmangels als steigend eingestuft, was sich real zumindest bis 2015 bestätigt (siehe Kapitel 7.1.3 und Kapitel 4.1.4). Gleichzeitig werden der Druck, der Stress und die psychische Belastung am Arbeitsmarkt zunehmen (vgl. Org. 1:17). Die Kluft zwischen jenen, die den Erwartungen standhalten können, und jenen, die es nicht schaffen, wird somit größer. Die Etablierung einer Zweiklassengesellschaft wird erwartet (vgl. Org. 49:18), wobei mit einer wachsenden Intoleranz gegenüber Randgruppen gerechnet wird (vgl. Org. 51:10).

Aktuelles Problemszenario (3): Der arbeitsmarktpolitische Integrationsdruck steigt.
Den Wahrnehmungen der Organisationen zufolge divergieren momentan die von der Arbeitsmarktpolitik definierten Zielvorgaben und Förderbedingungen von den an die Bedürfnisse der AdressatInnen ausgerichteten sozialen Zielen der Betriebe. *„Die Ziele der Fördergeber widersprechen oft den persönlichen Zielen der MitarbeiterInnen"* (Org. 8:18). Die Erfüllung der Vermittlungsquote, die als Instrument zur Messung des Erfolges einer Maßnahme dient, wird unter den gegebenen Umständen am Arbeitsmarkt (siehe Szenario 1) sowie aufgrund der Zuweisungs- und Förderpraxis des AMS als schwierig eingestuft. Der *„Integrationsdruck"* (Org. 42:2) verdeutlicht sich in folgenden Statements: *„Grundsätzlich sind die Ausbildung und die Etablierung der Zielgruppe am ersten Arbeitsmarkt schwierig"* (Org. 27:7). *„Geförderte Mitarbeiter wollen auch über das geförderte Projektjahr im Unternehmen verbleiben; nicht möglich – obwohl dies absolut sinnvoll wäre"* (Org. 44:12). Die arbeitsmarktpolitischen Effizienzanforderungen sind für eine gelingende Integration insbesondere von Schwächeren laut Aussagen einiger Akteure nicht immer adäquat. Der Konflikt zwischen qualitätsvoller personenbezogener Betreuung und rascher Vermittlung, um die Quote zu erfüllen, wird in diesen Wahrnehmungen erkennbar.

Was die Zuweisungs- und Förderpraxis betrifft, werden zusätzlich folgende für die Organisationen als schwer zu bewältigende Faktoren genannt: Inhomogenität in der Zieldefinition zwischen Ministerium, AMS-Bundesgeschäftsstelle, -Landesgeschäftsstelle und -Bezirksorganisationen führt zu Unklarheiten in der Erfüllung der Aufträge (vgl. Org. 14:14). Das Abstimmen der Maßnahmen auf sich rasch wandelnde Zielvorgaben und Zielgruppen mit unterschiedlichen und mehrdimensionalen Problemlagen ist schwierig (vgl. Org. 48:14). Zudem wird eine mangelnde Flexibilität der AMS-Förderrichtlinien bekundet (vgl. Org. 11:14). Die hier angesprochenen Probleme wurden zum Großteil bereits in den ExpertInnengesprächen zum Institutionalisierungsprozess thematisiert (siehe Kapitel 7.1.3). Hier zeigen sich die in den 2000er-Jahren einsetzende Ökonomisierung und Aktivierung nochmals deutlich.

Zukünftiges Problemszenario (4): Gelingende Arbeitsmarktintegration wird zu einer Frage der Finanzierbarkeit.
Aufgrund der sich zuspitzenden wirtschaftlichen Entwicklungen wird gemäß den Einschätzungen der Akteure in den kommenden 10 bis 15 Jahren zwar der Bedarf an sozialen Beschäftigungsprojekten steigen, jedoch wird die Realisier- und Finanzierbarkeit einer klassischen Arbeitsmarktintegration infrage gestellt, wie es in folgenden Statements offenkundig wird: *„Der Bedarf wird aufgrund wirtschaftlicher Entwicklungen steigen, die Frage wird sein, wie viel Geld von FördergeberInnenseite zur Verfügung gestellt werden wird“* (Org. 38:14). *„Ich fürchte, da wird es unter Umständen Sozialökonomische Betriebe NICHT mehr geben!“* (Org. 4:18) *„Die Budgets werden nicht in notwendigem Bedarf mitwachsen“* (Org. 23:18). *„Wird ein GBP/SÖB noch für den Staat leistbar sein bzw. ist der politische Wille dafür vorhanden?“* (Org. 40:17). Welche sozialen Ziele bzw. welchen Auftrag ECO-WISE in einer von zunehmender Arbeitslosigkeit und Armut bedrohten Gesellschaft (siehe Szenario 2) einnehmen können und werden, wird gemäß den Wahrnehmungen der Organisationen wesentlich von der wirtschaftlichen Lage (vgl. Org. 32:18; Org. 36:18), der Finanzierbarkeit durch die öffentliche Hand (vgl. Org. 5:16) und vom politischen Willen abhängig sein. Einige Organisationen erwarten insgesamt einen Rückgang der öffentlichen Gelder für Arbeitsmarktintegration (vgl. Org. 18:15; Org. 30:13; Org. 33:19; Org. 34:17). Wie die Daten aus der Performancedarstellung zur Finanzierungsentwicklung zeigen, begründen jene Organisationen, die in den nächsten drei Jahren mit einem stagnierenden Budget rechnen, dies mit Einsparungen im öffentlichen Bereich (siehe Kapitel 7.2.2). Anzumerken ist, dass der Anteil dieser Betriebe als relativ gering einzustufen ist. 15 % (n = 8) rechneten 2009 mit zukünftig rückläufigen Budgets. 2015 sind es 17 % (n = 5).

Neben Einsparungen orten die Akteure zukünftig die Gefahr, dass die Funktion von ECO-WISE lediglich auf die Abklärung der Arbeitsfähigkeit und -willigkeit von arbeitsmarktfernen Personen reduziert wird (vgl. Org. 14:17), so wie es im Rahmen der Einführung der ‚bedarfsorientierten Mindestsicherung‘ in den ExpertInnengesprächen diskutiert wurde (siehe Kapitel 7.1.3). Andere erwarten einen eingeschränkten Handlungsspielraum, mit kürzerer Aufenthaltsdauer, geringeren Fördersätzen und kurzfristigen Verträgen, die darauf abzielen, die Arbeitslosenstatistik niedrig zu halten, womit eine nachhaltige Vermittlungsarbeit an Bedeutung verliert (vgl. Org. 11:18). Dies verdeutlicht sich in der

Aussicht auf die „*Ausrichtung von sozialen Integrationsunternehmen an statistischen Erfordernissen als Instrument zur Bereinigung und Kosmetik*" (Org. 14:17). Zudem wird mit einer wahlloser werdenden Zuweisung gerechnet, die von den AdressatInnen als Sanktion für ihre Arbeitslosigkeit erlebt wird. Das damit verbundene Motivationsdefizit wird einer zielgruppenbezogenen Arbeit mit nachhaltiger Betreuung und Qualifikation nicht förderlich sein (vgl. Org. 14:17). Insgesamt wird die Erreichung des sozialen Ziels, gesellschaftliche Integration über den Modus der Beschäftigung mit begleitender sozialer Betreuung zu erwirken, unter diesen Bedingungen zukünftig infrage gestellt.

Perspektivenszenario (5): Ein bedarfs- und realisierungssensibles Handeln ist gefragt.
Um den genannten aktuellen und zukünftig erwarteten Problemen entgegenzusteuern, bedarf es konkreter Schritte, um weiterhin durch Arbeitsmarktintegration Perspektiven gegen Armut und soziale Ungleichheit zu eröffnen. Deren Schaffung setzt ein bedarfs- und realisierungssensibles Handeln der Organisationen sowie ihrer Umwelten voraus. Genannt wurde von den Akteuren mitunter die Einrichtung von zusätzlichen, an die Arbeitsmarktlage angepassten Angeboten, die den AdressatInnen mit ihren individuellen Problemlagen „*Chancen und Perspektiven*" (Org. 7:14) bieten. Dies kann über den Ausbau niederschwelliger Beschäftigungsmöglichkeiten, unbefristeter Beschäftigungsoptionen für benachteiligte Personen sowie angemessener Qualifizierungsmodelle erreicht werden (vgl. Org. 7:14). Des Weiteren wurde die Notwendigkeit von adäquaten Förderbedingungen zur Bereitstellung solcher Angebote sowie zur Sicherstellung der Betreuungsqualität betont: „*Laufend genügend finanzielle Mittel zur Verfügung zu haben, um qualitätsvoll arbeiten zu können und die gesteckten Ziele zu erreichen*" (Org. 12:8).

In einer Übersetzung der zuvor benannten Probleme in Perspektiven könnte eine bedarfsorientierte Zuweisung und eine kooperative Gestaltung der Förderzeiträume, ein gemeinsames Aushandeln von Zielen zwischen den Organisationen und der Politik – anstatt intransparenter und rasch wechselnder Vorgaben gemessen an Vermittlungsquoten – zur Verbesserung beitragen. Gegenwärtige Entwicklungen sind diesen Lösungswegen bereits auf der Spur (siehe Kapitel 7.1.3). Diskussionen um einen ‚erweiterten Arbeitsmarkt' bildeten sich bereits in den ExpertInnengesprächen zur Institutionalisierung ab. Des Weiteren stellen die identifizierten Probleme zentrale Ausgangspunkte aktueller regionaler Modellprojekte dar, die im Rahmen des ESF-Schwerpunktprogramms 3b „Integration arbeitsmarktferner Personen" durchgeführt werden (vgl. Paierl & Stoppacher 2009, S. 9). Auch wurde eine stärkere Einbindung der Betriebe und Projekte in arbeitsmarktpolitische Strategiebildungen in den ExpertInnengesprächen als zentraler Bedarf identifiziert. Die Weiterverfolgung dieser Spuren wird allerdings vom gesellschaftlichen Bewusstsein für soziale Problemlagen abhängen, das von den Akteuren tendenziell infrage gestellt wird: *„Ist die Gesellschaft bereit, soziale Projekte zu unterstützen?“* (Org. 39:18) *„Soziale Problemstellungen werden gerne aus dem Bewusstsein verdrängt“* (Org. 23:14).

7.3.2 Förderung des regionalen Mehrwertes

Auch hinsichtlich der Erreichung des ökonomischen Ziels – der Förderung des regionalen Mehrwertes auf sozialwirtschaftlicher Basis – stoßen die Akteure aktuell und zukünftig an ihre Grenzen. Ihre Haupteinnahmequellen im Finanzierungsmix (siehe Kapitel 7.2.2) – die Eigenerwirtschaftung und öffentliche Subventionen – erweisen sich wirtschaftskrisenbedingt als äußerst unsicher. Das Statement *„Wirtschaftskrise – es wird überall gespart“* (Org. 47:15) fängt den Grundtenor der Akteure ein.

Aktuelles Problemszenario (6): Eigenerwirtschaftung ist wichtig, aber limitiert.
Die Erlöse aus dem Verkauf der Leistungen an öffentliche und private AuftraggeberInnen sowie KundInnen stellen ein wichtiges ökonomisches Standbein der Organisationen dar, das in vielen Fällen zur Sicherung ihres Fortbestehens beiträgt. Das belegen auch die quantitativen Daten zur Finanzierungsstruktur (siehe Kapitel 7.2.2), wonach zu jeweils einem Drittel die Finanzierung über die Eigenerwirtschaftung am Privatmarkt, über öffentliche Aufträge und öffentliche Subventionen erfolgt. Erkennbar wird dort des Weiteren, dass die ökonomische Haltung primär auf die Sicherung der Überlebensfähigkeit beschränkt ist und eine Vergrößerung des Unternehmens damit selten in Verbindung gebracht wird. Insgesamt kristallisiert sich eine ökonomische Grundhaltung als unerlässlich heraus, wie folgendes Statement verdeutlicht: *„Ökonomische Ziele sind überlebenswichtig für die eigene Arbeit“* (Org. 51:7).

Als sozialwirtschaftlich agierende Unternehmen sind ihrem wirtschaftlichen Handeln jedoch klare Grenzen gesetzt. Mehrere Akteure gaben an, dass es aktuell schwierig ist, die Eigenerwirtschaftungsquote zu erreichen (vgl. Org. 6:15; Org. 2:15; Org. 17:15; Org. 26:3). Zum einen ist dies im sozialen Auftrag der Organisationen begründet, am Arbeitsmarkt benachteiligte Personen in den täglichen Leistungserbringungsprozess zu integrieren und sie dabei zu betreuen, zu qualifizieren und gemäß dem öffentlichen Auftrag zu vermitteln (vgl. Org. 53:15). Zum anderen sind die Herausforderungen der generellen Marktgegebenheiten wie Kaufkraft- und Konkurrenzbedingungen (vgl. Org. 13:15) zu bewältigen. Beide Schwierigkeiten wurden bereits in den ExpertInnengesprächen benannt (siehe Kapitel 7.1.3) und finden hier eine Konkretisierung.

Bezüglich der ersten Herausforderung wird genannt, dass in Hinblick auf die Eigenerwirtschaftungsquote Rücksicht auf die Fähigkeiten und Potenziale der Zielgruppen genommen werden muss. Bei der Annahme von Aufträgen ist stets abzuwägen, ob die KundInnenanfrage dem aktuellen Leistungsprofil der Einrichtung entspricht, ob dafür genügend personelle und fachliche Ressourcen vorhanden sind, ob sie mit dem Betreuungs- und Vermittlungsauftrag zu bewältigen ist und ob Lieferfristen eingehalten werden können. *„Grundsätzlich funktioniert die Entwicklung gut, es gilt immer abzuwägen (systemimmanenter Konflikt), ob Kundenanfragen mit unserem Leistungsprofil zusammenpassen (z. B. kann Zeitdruck dazu führen, dass Aufträge von uns nicht angenommen werden, oder unsere Lieferfristen dazu führen, dass sich KundInnen anders entscheiden“* (Org. 38:11). Das Ausbalancieren von wirtschaftlichem und sozialem Handeln stellt sich für die Organisationen unter den gegenwärtigen zielgruppen- und förderspezifischen Bedingungen als besonders konfliktreich dar (siehe Szenario 1 und 3). Einerseits wird von öffentlicher Seite ein immer höherer Eigenerwirtschaftungsanteil gefordert (vgl. Org. 20:15; Org. 34:14; Org. 40:15): *„Wir sollen immer mehr erwirtschaften, als das Jahr davor“* (Org. 42:3). Andererseits bestehen Schwierigkeiten, *„mit der Zielgruppe Quoten und Vorgaben zu erreichen“* (Org. 27:8). Auch wenn die Erbringung der sozialen Dienstleistung als öffentlicher Auftrag angesehen wird, der auch durch die öffentliche Hand finanziert sein soll, streben immer mehr Betriebe aufgrund der gegenwärtig unsicheren Förderbedingungen (siehe Szenario 8) eine größere ökonomische Unabhängigkeit an (vgl. Org. 7:15). Diese Entwicklung wurde auch in den ExpertInnengesprächen zum Institutionalisierungsprozess wahrgenommen. Eine Ausweitung der Geschäftsfelder und des KundInnenkreises würde zwar zur Erhöhung der Eigenerwirtschaftungsquote beitragen, was auch mehr förderungsunabhängige Arbeitsplätze zur Folge hätte. Dass die unter den gegenwärtigen Bedingungen bereits schwierig zu erhaltende Betreuungs-, Qualifizierungs- und Vermittlungsqualität dadurch weiterhin sicherzustellen wäre, wird bezweifelt (vgl. Org. 24:11), denn *„ohne Förderungen geht es nicht“* (Org. 22:13).

Bezüglich der zweiten Herausforderung wird darauf hingewiesen, dass bedingt durch die aktuelle Wirtschaftskrise ein Rückgang der Kaufkraft und Auftragslage zu beobachten ist, was unter anderem durch die gegenwärtig als relativ hoch einzustufende Preisgestaltung mitbedingt wird (vgl. Org. 14:15; Org. 44:13). Von einigen Organisationen wird ein *„deutlicher Rückgang von Aufträgen aus dem Wirtschaftssektor“* (Org. 8:15) wahrgenommen (vgl. Org. 10:3; Org. 11:15). Die Auftragslage ist momentan schwierig und auch in der nahen Zukunft ungewiss. Die *„Ungewissheit der Auswirkungen der allgemeinen Krise“* (Org. 36:15) wird als verunsichernd erlebt. Hinzu kommen die begrenzten Produktionsmöglichkeiten sowie die vorhandene Konkurrenz der regionalen Privatwirtschaft, die einer Ausdehnung der wirtschaftlichen Leistung entgegenstehen (vgl. Org. 14:15). Die Wirtschaftskrise trifft jedoch nicht alle Organisationen in gleichem Maße. So erleben beispielsweise Secondhandläden einen Aufschwung: *„Die Finanzkrise führt zu mehr Umsatz im Secondhandshop“* (Org. 50: 13). Andere, die an der Wiederverwertung von technischen Materialien arbeiten, nehmen Einbußen wahr, da der Einbruch von Märkten zu Schwierigkeiten in der Warenbeschaffung führt (vgl. Org. 3:15). Dass die Eigenerwirtschaftung insbesondere auch an die regionale Kaufkraft gebunden ist, wurde in den ExpertInnengesprächen zur Institutionalisierung exemplifiziert (siehe Kapitel 7.1.3). Insgesamt spiegeln sich in den Einschätzungen der Akteure zur Eigenerwirtschaftung die differenten Wahrnehmungen zur Finanzierungsentwicklung wider. So begründeten in der Performancedarstellung (siehe Kapitel 7.2.2) einige Organisationen eine positive Finanzierungsentwicklung unter anderem mit einer gelingenden Erhöhung der Eigenwirtschaftsleistung. Andere, die eine kontinuierliche Budgetentwicklung aufweisen und erwarten, gaben an, diesbezüglich bereits an ihre Grenzen zu stoßen.[241]

Zukünftiges Problemszenario (7): Ein Rückgang der Eigenerwirtschaftung wird erwartet.
Auch wenn die zukünftige Auftragslage für die Organisationen nicht einschätzbar ist (vgl. Org. 8:19), wird – überschattet von der ungünstigen Wirtschaftslage – vom Großteil ein Rückgang der Eigenerwirtschaftungsquote erwartet (vgl. Org. 11:19; Org. 14:18; Org. 34:18). Zunächst wird den Einschätzungen der Akteure zufolge eine notwendig werdende Preissteigerung negative Folgen auf die Kaufkraftentwicklung haben: „*Nicht ausreichende Eigenerwirtschaftungsquote, da exorbitante Preissteigerungen*" (Org. 49:19). Zudem werden Kooperationen mit der Privatwirtschaft durch die laufende Ausgabenreduktion der Firmen geschwächt: „*Eine Ausweitung des Betriebes wird aufgrund der Marktsituation nicht möglich sein*" (Org. 22:17). „*Auswirkungen einer Rezession könnten uns treffen, z.B. durch Kürzungen der Werbemittel für Firmen (hier sind wir Dienstleister)*" (Org. 38:15). Durch die erwartete Reduktion der öffentlichen Teilfinan-

241 Anzumerken ist, dass die Antworten zur Finanzierungsentwicklung in den kommenden drei Jahren, die von denselben Akteuren in der quantitativen Strukturerhebung 2009 gegeben wurden, weitaus positiver ausfallen, als die hier geäußerten Einschätzungen zu ihren zukünftigen ökonomischen Handlungsspielräumen. Dies lässt sich wie folgt begründen: Die eingeschätzte zukünftige Finanzierungsentwicklung basiert auf den Erfahrungen der vergangenen. Zudem war der Zeitraum mit drei Jahren deutlich eingegrenzter, wobei er sich in Hinblick auf bestehende Vertraglichkeiten auch als real erweist. Die in den offenen Fragen getätigten Aussagen zu aktuellen und zukünftigen ökonomischen Problemen beziehen sich nicht ausschließlich auf die organisationale Budgetentwicklung, sondern auf die Möglichkeit, Arbeitsmarktintegration anzubieten und Beiträge zum regionalen Mehrwert zu leisten. Die Einflussfaktoren sind somit breiter und umfassen gesamtgesellschaftliche, ökonomische und politische Entwicklungen, denen die Akteure sehr kritisch entgegenblicken. Insofern handelt es sich um zwei unterschiedliche Betrachtungen: um reale bzw. real erwartbare Budgets einerseits und um hypothetisch in die weitere Zukunft gedachte Entwicklungen andererseits.

zierungen (siehe Szenario 9) werden ECO-WISE gezwungen, ihr wirtschaftliches Agieren zu intensivieren. Mit einem solchen verstärkten Vordringen in regional bestehende Märkte wird die Konfrontation mit ehemals kooperierenden privatwirtschaftlichen Betrieben steigen (vgl. Org. 7:19): *„Der zunehmende wirtschaftliche Druck (Kostenreduzierung der Fördergeber) führt zu einer wachsenden Konfrontation mit der regionalen Wirtschaft"* (Org. 53:18). *„Die Konkurrenz wird von übrigen Wirtschaftsbetrieben in Zeiten der Stagnation etwas schärfer gesehen werden"* (Org. 19:19). Zudem sehen einzelne Akteure die Gefahr, dass traditionelle handwerkliche Geschäftsfelder durch technische Entwicklungen wegbrechen könnten: *„Die Technik wird so weit fortschreiten, dass händische Zerlegung keinen hohen Stellenwert mehr hat"* (Org. 21:19). Die Marktgegebenheiten für den Absatz der Produkte und Dienstleistungen werden sich nach Einschätzungen der Organisationen insgesamt zukünftig verschlechtern, wodurch das Erreichen der Umsatzziele schwieriger wird. Aus ihrer Sicht wird es nicht gelingen, die durch einen erwarteten Rückgang an öffentlichen Mitteln (siehe Szenario 9) bedingte höhere Kostendeckung für die soziale Dienstleistung über die Eigenerwirtschaftungsquote zu erzielen.

Aktuelles Problemszenario (8): Arbeitsmarktpolitische Ressourcen sind unsicher.

Die Finanzierung durch die öffentliche Hand nimmt vor allem in der Erbringung ihrer sozialen Dienstleistung einen wichtigen Raum ein. Auch wenn der Bedarf an solchen Maßnahmen als steigend erlebt wird und eine Expansion dieses Dienstleistungsbereiches sinnvoll wäre, erscheint dies aufgrund nicht ausreichender finanzieller Förderungen gemessen am wachsenden Bedarf aktuell und zukünftig als nicht realisierbar (siehe Szenario 4). *„Die höhere Arbeitslosigkeit bei gleichzeitig verminderten Möglichkeiten öffentlicher Förderungen erschwert die Finanzierung nötiger Angebote"* (Org. 19:15). Eine Organisation berichtet von einer aktuell geringen Auslastung bestehender Transitarbeitsplätze aufgrund rückläufiger öffentlicher Budgets (vgl. Org. 1:15). Der *„Sparkurs der öffentlichen Hand"* zeigt sich des Weiteren im *„Einfrieren der Höhe der Förderungen durch die öffentliche Hand bzw. dem Verhindern des Ausbaus qualitätssteigernder Maßnahmen und Investitionen"* (Org. 28:18). Zudem sind laut Einschätzungen der Akteure *„Förderzusagen schwieriger zu erreichen in der derzeitigen schwierigen wirtschaftlichen Situation"* (Org. 37:15) und es ist ein *„zunehmender Druck der Fördergeber in Bezug auf die Kosten und die Reduzierung der sozialen Komponente"* (Org. 53:14) zu beobachten. Aktuelle Schwierigkeiten werden vor allem auch darin geortet, dass die inkonstante Fördersituation (nur einjährige Verträge mit flexibel gehaltenen Fördersummen) ein mittelfristig geplantes Wirtschaften erschwert (vgl. Org. 39:15; Org. 23:15; Org. 46:15). Außerdem steigt der Verwaltungsaufwand (vgl. Org. 22:13). Ferner scheitern oft fruchtbringende Kofinanzierungen durch Gemeinden an deren mangelndem frei verfügbaren Budget (vgl. Org. 33:15). Die aktuellen Unsicherheiten die öffentlichen Gelder betreffend setzen sich im Zukunftsszenario dazu fort.

Zukünftiges Problemszenario (9): Eine sinkende Nachfrage von arbeitsmarktpolitischer Seite wird erwartet.
Durch die anhaltend angespannte Arbeitsmarktlage, mit einhergehenden verringerten Integrationschancen von benachteiligten Personen (siehe Szenario 2), wird laut Einschätzungen der Akteure die Nachfrage vonseiten der öffentlichen AuftraggeberInnen nach arbeitsmarktintegrativen Dienstleistungen zukünftig sinken bzw. werden diese als nicht finanzierbar erachtet werden (siehe Szenario 4). Das zeigt sich auch in folgenden Statements: „*Die Notwendigkeiten von ‚teuren' arbeitsmarktpolitischen Maßnahmen wie Beschäftigungsprojekte werden viel diskutiert werden*" (Org. 37:18). „*Da immer weniger Lohnarbeit gegeben sein wird, wird für die Qualifizierung weniger finanziert werden, deswegen werden Einschnitte erwartet*" (Org. 51:11). Oder als Frage formuliert: „*Werden sich unsere Dienstleistungen noch jemand leisten können/wollen im Hinblick auf die Wirtschaftskrise?*" (Org. 40:18). Die öffentlichen Gelder werden sich aller Voraussicht nach nicht mit den ansteigenden Bedarfen erhöhen. Für eine umfassende Kostendeckung der zu erbringenden Leistung wird es dem Staat an Geld fehlen (vgl. Org. 33:19). Unter Beibehaltung ihrer sozialen Leistungsausrichtung wird das in den Organisationen zu erheblichen budgetären Lücken führen. Die gleiche Leistung mit weniger Ressourcen zu erfüllen, wird die Qualität beeinträchtigen (vgl. Org. 18:16; Org. 11:19). Eine Kostendeckung dieser Lücken über die Erhöhung der Eigenerwirtschaftungsquote zu erreichen, wird gemäß den auf gegenwärtigen Erfahrungen basierenden (siehe Szenario 6) zukünftigen Erwartungen der Akteure als ebenso unrealistisch betrachtet (siehe Szenario 7). Damit steht die Finanzierbarkeit von ECO-WISE insgesamt infrage (vgl. Org. 31:16; Org. 36:19; Org. 44:16).

Perspektivenszenario (10): Netzwerke, Steuerung und proaktives Agieren sind gefragt.
Auch wenn der Entfaltung ihrer ökonomischen Potenziale aktuell und in den nächsten 10 bis 15 Jahren klare Grenzen gesetzt sind (siehe Szenario 6 und 7) und auch die Finanzierung der öffentlichen Hand unsicher und als rückläufig eingeschätzt wird (siehe Szenario 8 und 9), zeigen sich alternative Perspektiven. So können laut Einschätzung der Akteure ECO-WISE insbesondere in durch Abwanderung bedrohten Regionen als PartnerInnen im Aufbau sozialer regionaler Netzwerke eine wichtige Rolle spielen. Deren Notwendigkeit wird betont, aber auch als schwierig eingestuft: „*Schwierige Etablierung sozialer Netzwerke in der Region*" (Org. 46:17). Die Entwicklung solcher Netzwerke wird vor den Hintergründen der sich zuspitzenden wirtschaftlichen Allgemeinsituation und Arbeitsmarktlage unerlässlich sein. Dafür bedarf es jedoch einer strukturellen

Rahmung, die im Abschnitt ‚Konsequenzen' (siehe Kapitel 7.5.2) eingehend diskutiert wird. Die im Institutionalisierungsprozess entwickelten regionalen Kooperationsstrukturen in der Arbeitsmarktpolitik sowie der Umweltpolitik (siehe Kapitel 7.1.3) können sich als einflussreiches regionales Gegenstück zur globalen wirtschaftlichen Situation etablieren. Die empirisch nachweisliche Einbindung von ECO-WISE in diese sowie ihre grundsätzliche regionale Ausrichtung und Verankerung (siehe Kapitel 7.2.1) stellen zudem entscheidende Potenziale für solche Entwicklungen dar.

Des Weiteren wird eine *„Steuerung und Kontrolle der Entwicklung (qualitativ wie quantitativ) in sehr komplexen und labilen Zeiten"* (Org. 7:18) als notwendig erachtet; zudem ist proaktiv auf aktuelle und zukünftige Herausforderungen zu reagieren: *„Wir planen, auf neue Anforderungen immer rasch und proaktiv einzugehen und auch künftig in vielen Bereichen der Abfallvermeidung und des nachhaltigen Konsums eine Pionierrolle einzunehmen"* (Org. 3:19). In diesem Szenario zeigen sich gestalterische Potenziale, um den ernüchternden Zukunftsaussichten entgegenzuwirken. Dass eine Sehnsucht nach Ruhe und Stabilität besteht, wird aus einer Antwort auf die Frage nach zukünftigen ökonomischen Herausforderungen ablesbar – nämlich: *„Hoffentlich keine mehr"* (Org. 12:12).

7.3.3 Förderung einer nachhaltigen Lebensweise

Die ökologische Zielsetzung der Förderung einer nachhaltigen Lebensweise in der Region durch den Konsum von durch ECO-WISE bereitgestellten ökologisch nachhaltigen Produkten und Dienstleistungen wird durch die Folgewirkungen der insgesamt angespannten wirtschaftlichen Situation gebremst. Aussagen zu den aktuellen und zukünftigen Herausforderungen stehen daher eng im Zusammenhang mit dem dadurch beeinflussten ökologischen Konsumbewusstsein der Bevölkerung, der finanziellen Situation der Organisationen und den Innovationsmöglichkeiten in der Produkt- und Dienstleistungserbringung.

Aktuelles Problemszenario (11): Es gilt, das Bewusstsein für nachhaltiges Konsumieren zu stimulieren.
Die Akteure definieren ihre ökologische Akzentuierung als Pionierarbeit, mit dem Ziel, die Nachfrage nach ökologisch nachhaltigen Produkten und Dienstleistungen zu erhöhen. Eine Voraussetzung dafür ist die Stimulierung eines Bewusstseins für ökologisches Konsumieren in der Bevölkerung. Dieses Ziel zu erreichen erweist sich in Anbetracht der heute noch mehrheitlich vorherrschenden Konsum- und Wegwerfhaltung als schwierig. Das verdeutlicht sich in dem Statement *„Pionierarbeit ist anstrengend"* (Org. 33:16). Laut Einschätzungen der Akteure werden eher billigere Wegwerfprodukte konsumiert als teurere

umweltschonend erzeugte und wiederverwendbare (vgl. Org. 32:16). Zumal widersprechen die KundInnennachfragen oft den ökologischen Zielsetzungen der Organisationen (vgl. Org. 16:14). Auch wenn ein wachsendes Bewusstsein von einigen Akteuren wahrnehmbar ist, folgen die tatsächlichen Handlungen dem oftmals nicht. *„Die Haltungen der Bevölkerung und die gesetzten Handlungen sind oft nicht übereinstimmend. Z. B. positive Einstellung zur Abfallreduktion durch lange Lebensdauer von Qualitätsprodukten und dennoch Kauf von Wegwerferzeugnissen"* (Org. 19:16). In den quantitativen Daten zur ökologischen Zieldimension wird erkennbar, dass die Bewusstseinsbildung in der Strukturerhebung 2009 von 68 % der befragten Organisationen als wichtiges ökologisches Teilziel definiert wurde. Diese Relevanz verdeutlicht sich in den Statements der Akteure. In der Stichprobe von 2015 führten hingegen nur zwei von 29 antwortenden Organisationen dieses Ziel an (7 % der Organisationen; 1 % der Nennungen), was verglichen mit anderen auf die konkrete Leistungserbringung bezogenen Aspekten einen relativ geringen Stellenwert ausmacht (siehe Tabelle 16 in Kapitel 7.2.3). Dahingehend kann von einer tendenziellen Verschiebung ökologischer Relevanzbereiche zwischen den Befragungsrunden ausgegangen werden.

Zukünftiges Problemszenario (12): Ein nachhaltiges Konsumbewusstsein wird zusehends hintergründig.
Die durch die angespannte wirtschaftliche Lage zu erwartende geringere Kaufkraft der Bevölkerung ist gemäß den Einschätzungen der Akteure aus dem Jahr 2009 dem Bewusstseinswandel hin zu einer ökologisch konsumierenden Gesellschaft hinderlich. Eine niedrigere Einkommenssituation bedingt eine geringere Kaufkraft, die den Konsum von teureren umweltschonend erzeugten Produkten und Dienstleistungen in den Hintergrund drängen wird (vgl. Org. 19:20). Insbesondere in durch Abwanderung bedrohten Regionen sehen die Organisationen einem Absatzrückgang entgegen (vgl. Org. 37:19). Ihre Pionierarbeit wird gerade deshalb als weiterhin wichtig eingestuft (vgl. Org. 33:20). In den zukünftigen Einschätzungen erweisen sich die ökonomischen Bezüge der ökologischen Ausrichtung als zentral. Die wirtschaftliche Bedeutung ihrer Geschäftsfelder und damit einhergehende Befürchtungen bilden sich hier ab.

Aktuelles Problemszenario (13): Ökologische Innovationen brauchen Ressourcen.
Ökologisch bewusstes Handeln ist immer auch eine Frage der Finanzierbarkeit. Bedingt durch die unsichere Budgetlage der Organisationen ist das Anbieten nachhaltiger Produkte und Dienstleistungen oft nur in begrenztem Ausmaß möglich (vgl. Org. 51:8). *„Ökologische Ziele treten immer mehr in den Hintergrund"* (Org. 20:16). Es fehlen *„Ressourcen, um alle geplanten Maßnahmen umzusetzen"* (Org. 5:14). So setzt beispielsweise die Entwicklung von ökologisch

nachhaltigen Produkten und Dienstleistungen Investitionen voraus. *„Die ökologische Ausrichtung ist immer wieder teuer, die finanzielle Ausstattung fehlt"* (Org. 23:16). Aufgrund der labilen Finanzlage scheitern gute Ideen oft bereits an der mangelnden Finanzierbarkeit für die Entwicklung und Umsetzung (vgl. Org. 47:16; Org. 4:16). Schwierig sind zudem *„lange Amortisationszeiten bzw. hohe Kosten von ökologischen Investitionen"* (Org. 7:16). Des Weiteren sind Kooperationen mit regionalen Ökobetrieben (z. B. Biobauern) aufgrund der hohen Produktpreise sowie zu geringer Liefermengen nur erschwert möglich (vgl. Org. 34:15; Org. 52:16). Ebenso sind die Produktion von Ökoprodukten (z. B. Bioprodukte) sowie eine umweltgerechte Entsorgung mit höheren Kosten verbunden (vgl. Org. 49:16).

Mit Blick auf ihre ökologisch nachhaltige Leistungserbringung bemühen sich die Betriebe um Optimierung, z. B. die Verringerung der Umweltbelastungen betreffend (vgl. 22:14; Org. 41:15), sowie um Transparenz, beispielsweise durch Zertifizierungen (vgl. Org. 31:13), was abermals mit Ressourcen in Verbindung steht und aktuell nur erschwert realisierbar ist. Der Zielkonflikt zwischen ökonomischem und sozialem Handeln setzt sich hier zwischen ökonomischem und ökologischem Handeln fort. Die im Drei-Säulen-Modell der nachhaltigen Entwicklung angelegte Gleichwertigkeit dieser Zielsetzungen (siehe Kapitel 4.3) erweist sich vor diesen Hintergründen als ein idealtypisches Modell mit zahlreichen realen Reibungspunkten.

Zukünftiges Problemszenario (14): Mangelnde Ressourcen werden die ökologische Zielerreichung erschweren.
Mit Blick auf die insgesamt fraglich werdende Finanzierungssituation von ECO-WISE in den nächsten 10 bis 15 Jahren sehen die Akteure insbesondere die Verfolgung ökologischer Ziele als gefährdet. *„Die ökonomischen Überlebensfragen werden die ökologischen Ziele in den Hintergrund drängen"* (Org. 51:12). Wenn überhaupt, dann erscheint die Umsetzung ökologischer Zielsetzungen aufgrund der unsicheren Fördersituation (siehe Szenario 13) nur mehr über Eigenmittel möglich. *„Die hohen ökologischen Standards werden mit den Eigenerwirtschaftungserlösen finanziert werden müssen"* (Org. 11:20). Die Erschließung und Entwicklung neuer Geschäftsfelder bedarf allerdings gezielter Förderungen (z. B. Forschungsförderung), die nicht in Aussicht sind. Insgesamt forcieren ökonomische Fragen die Verdrängung ökologischer Ansprüche, zugleich eröffnet gerade die ökologische Orientierung von ECO-WISE Chancen die wirtschaftlich prekäre Situation zu bewältigen, wie es im folgenden Szenario evident wird.

Perspektivenszenario (15): Ökologiesensible Geschäftsfelder eröffnen aktuelle und zukünftige Chancen.
Wenn auch die wirtschaftliche Situation und deren Folgen auf die Kaufkraft und Finanzierung der Organisationen als eher negativ eingestuft werden, schät-

zen die Akteure davon unabhängig ihre ökologischen Geschäftsbereiche als potenzialreich ein. Ihre ökologische Fokussierung öffnet Zukunftschancen für die Entdeckung und Entwicklung neuer, „*innovativer Angebote von zeitgemäßen Dienstleistungen*" (Org. 48:20). Auch altbewährte Dienstleistungen, wie Secondhandläden, werden ihren Reiz nicht so schnell verlieren. Da dieses Segment mit der aktuellen gesamtgesellschaftlichen Lage und den Bedürfnissen korrespondiert, „*wird Secondhand eher wachsen!*" (Org. 38:16). Allerdings wird hier eine „*verminderte Qualität der Alttextilien durch Billigproduktionen*" (Org. 6:19) erwartet.

Des Weiteren könnten gesetzliche Vorgaben Möglichkeiten für die Etablierung bestehender und die Entwicklung neuer Betätigungsfelder liefern (vgl. Org. 19:20). Die Abfallrahmenrichtlinie der Europäischen Union mit damit einhergehenden politischen Entscheidungen zur Wiederverwertung von Recyclingmaterial wird beispielsweise als Möglichkeit für die Entwicklung und die Erweiterung dieses Tätigkeitsbereiches eingestuft (siehe Kapitel 6.1.4). „*Positive Auswirkungen der neuen Abfallrahmenrichtlinie werden erwartet. Hier wird erstmals Wiederverwendung von Abfällen als Priorität VOR dem Recycling gesetzlich verpflichtend vorgeschrieben. Die nationale Umsetzung in Österreich wird derzeit vorbereitet, wir sind als Experten/Stakeholder in diesen Prozess federführend eingebunden*" (Org. 3:16). Insofern können sich durch die ökologische Ausrichtung materielle und gestalterische Spielräume eröffnen.

7.3.4 Aussicht auf eine soziale Ökologie des Zusammenlebens

In den 15 aufgefächerten Szenarien verdeutlichen sich die Spannungen zwischen sozialem und ökonomischem sowie ökonomischem und ökologischem Handeln. Die in den vorangegangenen Forschungsschritten herausgearbeiteten Tendenzen finden in der hier quantitativ breiter gefassten Befragtengruppe eine Entsprechung und Ergänzung. Der Konflikt zwischen Inklusion und Integration wird in der sozialen Zieldimensionierung erkennbar, jener zwischen der Qualität der Sozialen Arbeit und der wirtschaftlichen Quantität in der ökonomischen Zieldimensionierung. Als relevant erweist sich zudem die Dynamik zwischen ökologischen Ansprüchen und finanziellen Rahmenbedingungen. Nicht thematisiert wurden hier hingegen die Spannungen zwischen der sozialen Zielerreichung und ökologischen Innovationsmöglichkeiten. Diese wurden in den Think-Tank-Gesprächen eruiert und werden im Rahmen der Handlungsstrategien (siehe Kapitel 7.4.3) eingehend diskutiert. Hinsichtlich der partizipativen Unternehmensstruktur wurden die Kooperationen mit der Arbeitsmarktpolitik und der Wirtschaft thematisiert. Während in der Performancedarstellung (siehe Kapitel 7.2.4) die Organisationen ihr Verhältnis zu wirtschaftlichen und öffentlichen Institutionen mehrheitlich als kooperativ bzw. kooperativ und konfrontativ beschrieben, erweisen sie sich in der State-of-the-Art-Analyse als deutlich konfliktbehaftet. Mit Blick auf die Politik sind es vor allem die Förderauflagen und -bedingungen, im Falle der Wirtschaft die angesprochenen Konkurrenzwahrnehmungen. Unter Beibehaltung ihrer multiplen Zielsetzung kristallisiert sich insgesamt die Frage nach der Finanzierbarkeit von ECO-WISE als das aktuelle und zukünftige Schlüsselthema heraus, dem die Akteure großteils ernüchternde Einschätzungen entgegenbringen.

In einer genaueren Betrachtung der im Partizipationsanalyse-Rahmenmodell ausgearbeiteten Kategorien (siehe Kapitel 3.3) sind insbesondere die gegenwärtig wahrgenommenen Herausforderungen durch rechtliche, ökonomische und politische Institutionen induziert und sie werden auch so von den Organisationen in der Zukunft weitergedacht. Vor allem in Bezug auf die ökonomische und soziale Situation ist eine Machtlosigkeit sowohl die autoritativen als auch die materiellen Ressourcen betreffend vorherrschend. Systemveränderungen werden an wirtschaftliche Entwicklungen, öffentliche Budgetlagen und an den politischen Willen gebunden. Die Handlungen der gesellschaftlichen Institutionen respektive der Politik und der Wirtschaft gestalten sich routinisiert, mit dem Motiv, das System aufrechtzuerhalten. Sie agieren legitimierend, fordernd und einschränkend, was deutlich auf Kosten der AdressatInnen und der sozial engagierten Akteure geht. Sie werden aktiviert und ökonomisiert. Durch die wirtschaftlichen Bedingungen und die behördlichen Vorgaben sind der Schaffung von Perspektiven gegen Armut und soziale Ungleichheit durch aktive Arbeitsmarktintegration sowie der Förderung des regionalen Mehrwertes auf sozialwirtschaftlicher Basis aktuell und zukünftig klare Grenzen gesetzt. In den Szenarien und auch in der Zielgewichtung von ECO-WISE (siehe Kapitel 7.2.3) wird deutlich, dass ökonomische Diktate auch das ökologische Handeln (sowohl auf der Bewusstseins- als auch auf der Geschäftsfeldebene) determinieren. Insofern ist die Forderung nachhaltiger Lebensweisen ebenso eingeschränkt durch ökonomische und politische Institutionen.

Insgesamt scheint hier ein integratives Partizipationsverständnis als vorherrschend durch. Spuren von Inklusion und Emanzipation sind kaum erkennbar. Die lebensweltliche Machtkomponente beschränkt sich auf die ökologische Dimension, in der gestaltende Kooperationen zwischen ECO-WISE und der Umweltpolitik benannt wurden. Die Instrumentalisierung von ECO-WISE als arbeitsmarktpolitisches Regelinstrument, die in den ExpertInnengesprächen in der dritten Periode bereits angedeutet wurde, findet in den Statements der Akteure eine Entsprechung. Die Zurückdrängung ihrer Rolle als arbeitsmarktpolitische Erfüllungsgehilfen (vgl. Heitzmann 2001; siehe Kapitel 5.3.1.2) wird kritisiert, worin ihre inklusiven Bestrebungen zum Ausdruck kommen. Die ernüchternden Einschätzungen und Erwartungen können umgekehrt als Anklage gelesen werden, als Möglichkeit, über den Weg der anonymen Befragung das auszusprechen, was ‚unter den Nägeln brennt'. Vorschläge, wie der Situation entgegengesteuert werden kann, sind darin implizit lesbar. Dass nur wenige Perspektiven explizit benannt wurden, ist auf die Formulierung der Frage zurückzuführen, denn es wurde nicht nach Chancen, sondern nach aktuellen und zukünftigen Herausforderungen gefragt. In einer Umkehrung der benannten Probleme in Möglichkeiten werden mobilisierende Veränderungswege erkennbar. Den Spannungen zwischen Inklusion und Integration, zwischen ökonomischer Quantität und sozialer Qualität sowie zwischen ökonomischen und ökologischen Wertigkeiten, die sich insgesamt in differenten Ansprüchen unterschiedlicher Stakeholdergruppen aufladen, kann über arbeitsmarktpolitische Innovationen, regionale Netzwerke und eine Geschäftsfeldaufwertung in Kooperation mit umweltpolitischen Akzenten begegnet werden, womit der in einer Aussage pointierten anzustrebenden *„Entwicklung einer sozialen Ökologie des Zusammenlebens“* (Org. 23:20) nähergekommen werden kann. Alles in allem zeigt sich in den Szenarien, dass die Lage ernst ist, aber nicht hoffnungslos.

7.4 Perspektiven und Handlungsstrategien

Die herausgeschälten Herausforderungen und Chancen bildeten die Basis für einen kooperativen Strategieentwicklungsprozess, in dem Handlungsstrategien eruiert wurden, wie den Problemen und genannten Lösungsvarianten begegnet wird bzw. werden kann. Da die Handlungen von ECO-WISE-VertreterInnen eingepasst sind in die ihrer Umwelten, diese sich wechselseitig bedingen, wurde zur Erkundung ein multidisziplinärer Think-Tank initiiert. Mittels Gruppendiskussionen und ExpertInnengesprächen konnten Sichtweisen zu den Herausforderungen eruiert und gangbare Alternativen spezifiziert werden. Nochmals hervorzuheben ist an dieser Stelle, dass die Think-Tank-Gespräche im Jahr 2010 in der Steiermark stattfanden. Insofern beziehen sich die Aussagen auf regionale Entwicklungen in diesem Zeitraum (siehe Kapitel 6.3.3.4).[242]

Die Gespräche wurden mit einem an die Grounded Theory angelehnten Verfahren interpretiert. Es wurden zentrale Kategorien gefiltert und miteinander in Beziehung gesetzt. Die Handlungsstrategien beziehen sich auf das Phänomen ‚Entfaltung als Nachhaltigkeitsakteure‘, die Konsequenzen sind in den drei Orientierungsfiguren ‚Öffnen‘, ‚Kooperieren‘ und ‚Kommunizieren‘ eingearbeitet, auf die in Kapitel 7.5 eingegangen wird.

Mit Blick auf die Handlungsstrategien konnten nach einer Rekonstruktion der Diskursorganisation im Modus der dokumentarischen Methode Gemein-

242 Entwicklungen im Rahmen der ‚bedarfsorientierten Mindestsicherung‘ oder von Pilotprojekten im umweltpolitischen Bereich, die zwischenzeitlich beide unter der Einbindung von ECO-WISE weiträumiger realisiert wurden, sind daher hier als sich entwickelnde Optionen diskutiert.

samkeiten und Kontraste gefiltert werden. Als Gemeinsamkeiten ließen sich drei Leitperspektiven herausschälen: 1.) den AdressatInnen trotz flexibler werdender Strukturen Kontinuität zu ermöglichen; 2.) die Besinnung auf eine gemeinnützige Unternehmensidentität und 3.) das Entwickeln von und Etablieren in ökologischen Geschäftsfeldern in Kooperation mit der regionalen Wirtschaft. Diese Perspektiven werden im Wesentlichen von allen DiskutantInnen konsensuell wahrgenommen, wobei in einer differenzierten Analyse unterschiedliche Herangehensweisen und strategische Blickrichtungen rekonstruierbar sind.[243]

Die Leitperspektiven werden nun am Datenmaterial gegengelesen. Dabei gilt es, insbesondere ihre Eigenschaften zu spezifizieren und Variationen der Sichtweisen der DiskutantInnen aufzuspüren. Es werden Normen, Positionen und Sichtweisen der einzelnen DiskutantInnengruppen identifiziert, die damit verbundenen Partizipationsgelegenheiten reflektiert und die Auswirkungen der Handlungen und Strategien auf den Strukturierungsprozess diskutiert. Die im Rahmen der Trenderhebung 2015 durchgeführte Bewertung der Leitperspektiven durch die quantitative Feldgruppe ist ebenso integriert wie Rückschlüsse zu vorangehenden empirischen und theoretischen Erkenntnissen.

7.4.1 Kontinuität in flexibler werdenden Strukturen

In der Erreichung der sozialen Zielsetzung kristallisieren sich zwei Herausforderungen heraus: 1.) der Anstieg der Anzahl der von Erwerbslosigkeit bedrohten Personen sowie die Heterogenisierung ihrer Problemlagen und 2.) die Ökonomisierungs- und Aktivierungstendenzen in der sozialen Dienstleistungserbringung. Während 1.) mit globalen Veränderungen der Erwerbsgesellschaft in Zusammenhang zu sehen ist, steht 2.) mit sozialpolitischen Reaktionen darauf in Verbindung. Die in Kapitel 4 theoretisch herausgearbeiteten Bedingungen erfahren hier erneut empirische Evidenz. Die damit verbundenen Herausforderungen haben Auswirkungen auf die soziale Nachhaltigkeitsperformance von ECO-WISE. Zum einen ist es schwieriger geworden, langfristige Perspektiven für ihre AdressatInnen in einer durch Diskontinuitäten durchdrungenen Erwerbsgesellschaft zu ermöglichen. Zum anderen sind sie als Organisationen von inkonstanten öffentlichen Finanzierungsbedingungen betroffen, die Resultat einer umfassenden Neubestimmung der öffentlichen Verwaltung sind, womit sowohl die Akzeptanz als auch die Effektivität sozialer Dienstleistungen erhöht werden soll (vgl. Anastasiadis 2011a, S. 288).

---

243 Die Darlegung und gegenseitige Wahrnehmung dieser differenten Positionen entspricht einer gegenseitigen Qualifizierung, so wie es im Typus 3 der Delphi-Methode impliziert ist (siehe Kapitel 6.3.2).

Hinsichtlich der sozialen Zielsetzung ließ sich in den Gesprächen eine gemeinsame Blickrichtung identifizieren, nämlich unter flexibler werdenden arbeitsmarktstrukturellen und sozialpolitischen Bedingungen Kontinuität und Stabilität für die AdressatInnen zu ermöglichen. Die strukturellen Bedingungskonstellationen werden in den Diskussionen von einzelnen DiskutantInnengruppen unterschiedlich gewichtet. Dementsprechend sind auch die genannten Strategien tendenziell verschieden, wobei sich eine relative Gemeinsamkeit zeigt, nämlich, dass die Sicherstellung der Kontinuität ein öffentlicher Auftrag ist und dass dafür weder Soziale Organisationen, denen ECO-WISE zuzuzählen sind, noch die Arbeitsmarktpolitik alleinig verantwortlich zu machen sind. Gerade in Zeiten der anhaltenden Krise am Arbeitsmarkt gilt es neue Wege zu beschreiten, indem andere Stakeholdergruppen gleichermaßen in die Pflicht zu nehmen sind, wie es tendenziell auch in der ‚Politik des dritten Weges' angelegt ist (siehe Kapitel 4.3). Die Diskurse verdichten sich in zwei strategischen Blickrichtungen: 1.) nachhaltige Finanzierungsmodelle für passgenaue Angebote zu entwickeln und 2.) nachhaltige Beschäftigungsmöglichkeiten für die AdressatInnen zu kreieren.

7.4.1.1 Nachhaltige Finanzierungsmodelle für passgenaue Angebote

Der Konflikt zwischen ökonomischen Quantitäten und sozialen Qualitäten ist ein immanenter Teil der Think-Tank-Diskussionen. Zum einen wird der Bedarf an nachhaltigen Finanzierungsmodellen für die Kultivierung der sozialen Zielsetzung betont. Gleichzeitig wird die Relevanz des notwendig gewordenen Umdenkens in Richtung Transparenz und Effektivität in der sozialen Dienstleistungserbringung hervorgehoben. Eine Ökonomisierung in Maßen wird als Kompromiss von einer strategischen Koordinatorin aus dem sozialpolitischen Bereich (GP17SKsozw) in Aussicht gestellt.

> GP17SKsozw: „*Ich glaub, dass es notwendig ist, dass es diese Einrichtungen gibt, aber im Sinne jetzt auch, dass sie- und was sie auch eh schon tun, so erlebe ich es jetzt schon – und da hat es ein Umdenken gegeben, glaube ich oder für mich ist das spürbar in den letzten Jahren, dass es ja nicht mehr diese Basisfinanzierungen gibt für sie. Ja also, sie müssen genau vorlegen, welche Quoten sie erfüllen, welche Ziele sie erreichen wollen. Im Sinne auch, was können sie wirtschaftlich erwirtschaften oder wie stellen sie sich auf die Füße. Und das glaube ich, also aus meiner Sicht, ist es eine gute Entwicklung. Wobei man schon sagen muss, manchmal denke ich mir, auf der anderen Seite haben wir Zielgruppen, die einfach nicht vermittelbar sind und die kann man auch nicht vermitteln. Also ich glaube, dass es gut ist, dass sie wirtschaftlicher denken, aber dass sie sich selbst erhalten können, ist eine Illusion. Also das ist mein Bild, das wäre natürlich fein, aber das wird natürlich nicht gelingen, glaube ich, zumindest ist das mein*

Bild, jetzt noch nicht, und das wäre für mich auch nicht das Ziel. Dieses wirtschaftliche Denken, finde ich, ist gut. Das finde ich schon gut, weil das hat schon viel bewegt in dieser Landschaft. Ein Wegkommen von einer Basisfinanzierung, also von dem Denken ‚das lauft eh immer alles gleich weiter', das finde ich war eine gute Entwicklung. Es hat zwar einige hart getroffen, das habe ich schon gespürt auch, aber ich finde nur den Ansatz, wenn jetzt wer sagt, ‚ja, und jetzt müsst ihr euch dann selbst erhalten', das passt nicht. Weil sonst wär es ja eh sehr leicht, diese Zielgruppe am Arbeitsmarkt unterzubringen, das ist aber nicht der Fall, denke ich mir-. Und da wäre es unfair jetzt zu sagen, ‚weil das nicht gelingt, streich ich euch Mittel', aus meiner Sicht" [Think Tank Doc. 3: Abs. 81].

Die in den letzten Jahren vonseiten fördergebender Stellen eingeleiteten Ökonomisierungsbestrebungen werden von der Gesprächspartnerin grundsätzlich als positiv bewertet.[244] Die Definition von Zielen und die Überprüfung, ob diese erreicht wurden, lösten einen Professionalisierungsschub in der arbeitsmarktpolitischen Dienstleistungslandschaft aus. Gleichzeitig ist diesen Entwicklungen mit Skepsis zu begegnen, insbesondere dann, wenn die Zielerwartungen der FördergeberInnen zu hoch gesteckt sind, wenn sie den realen Potenzialen der AdressatInnen sowie jenen der Organisationen nicht entsprechen. Die Auffassung, dass sich ECO-WISE zu weiten Teilen selbst erhalten können, ist in Anbetracht ihres arbeitsmarktpolitischen Auftrages und ihrer mitunter schwer bis gar nicht vermittelbaren AdressatInnen definitiv zu weit gegriffen. Das kann und soll ihrer Ansicht nach nicht das Ziel von ECO-WISE sein.

Die hier angesprochenen Aspekte der Ökonomisierung und Aktivierung respektive die gleichzeitige Erhöhung der Eigenerwirtschaftungs- und Vermittlungsquote wurden bereits in den ExpertInnengesprächen zum Institutionalisierungsprozess (siehe Kapitel 7.1) und von den Akteuren in der State-of-the-Art-Analyse (siehe Kapitel 7.3) als herausfordernd benannt. Aus der Kritik der strategischen Koordinatorin an einer zu weit greifenden Ökonomisierung lässt sich schließen, dass sich der Staat – trotz der Finanzierungskrise der öffentlichen Haushalte – nicht gänzlich aus der Verantwortung ziehen dürfe. Dieser Rückschluss wird von ihr im Gesprächsverlauf auf Nachfrage validiert.

IPw: „*Ja, also es ist der soziale Auftrag auch, ein Stück weit einfach auch ein öffentlicher Auftrag, wo, wo-.*
GP17SKsozw: *Ja, ich sehe das wirklich so.*
IPw: *Mhm, mhm. Und das soll auch, das wird auch so bleiben. Also soll auch so bleiben?*

244 Damit schließt sich der Kreis zu den in Kapitel 5.3.2.4 und 4.4.3 angesprochenen nicht ausschließlich negativen Wahrnehmungen zur Ökonomisierung.

GP17SKsozw: *Aus meiner Sicht soll es so bleiben, weil ich mir denke, da haben wir, alle Bürger, Bürgerinnen denke ich mir haben da eine Verantwortung dafür, für diese Zielgruppen, die in diesen Projekten drinnen sind. Also es ist wirklich von Behinderten oder schwer vermittelbaren Jugendlichen, also es ist ja sehr breit, was die machen. Und ich denke mir, ja die Zielgruppe, das ist ja eher das Erschreckende, generell wird ja größer, ja. Egal, mit wem man redet, diese Zielgruppe, die nicht einfach nur Kurse macht und dann vermittelbar ist, wird immer größer. Also ich sehe ja eher, dass der Aufwand, dass man das nicht mehr mit klassischen Kursen oder mit Klassischem, was früher in der Betreuung alles gefahren worden ist, nicht mehr abdecken kann, dass da einfach neue Konzepte und Ideen und Entwicklungsmöglichkeiten hergehören, aber die natürlich auch mehr kosten*" [Think Tank Doc. 3: Abs. 82–87].

Die Expertin definiert Arbeitsmarktintegration als einen öffentlichen Auftrag, für den *„alle Bürger und Bürgerinnen eine Verantwortung haben"*. Implizit weitet sie mit dieser Argumentation den engen Zuständigkeitskontext der Arbeitsmarktpolitik und der von ihr unterstützten Maßnahmen auf die gesamte Öffentlichkeit aus. Diese Position wird von einem sachpolitischen Vertreter aus der Umweltpolitik im Wesentlichen geteilt.

GP19PVökolm: *„Wir können uns nur aussuchen, sponsern wir die Leute, ohne dass sie irgendetwas tun, oder versuchen wir hier mit einem Vehikel, die Leute einfach anzuspornen und auch an sich selbst wieder zu glauben, denen zu beweisen, dass sie vor sich selbst eine Achtung haben können und dass sie auch wieder ins Geschäftsleben zurückfinden können. Solche Brücken sind gut und wichtig und um die wird man glaub ich auch in Zukunft nicht herumkommen. Entscheidend ist halt nur, wenn wir eine hohe Anzahl von Arbeitslosen haben, dass wir-, die kosten uns ja so auch was, der Gesellschaft. Und da gehören alle Maßnahmen so quasi gesetzt, um hier die Situation zu verbessern. Ah, blöd wird es nur und kritisch wird es nur, wenn wir halt in der Summe nicht mehr irgendetwas anbieten können, weil dann, weil die Unternehmen dann letztlich auch nicht mehr da sind. Und das ist für mich so quasi die größte Herausforderung, dass der Standort Österreich in Summe nicht ganz uninteressant wird*" [Think Tank Doc. 5: Abs. 73–75].

Arbeitsmarktintegration ist aus Sicht dieses Gesprächspartners ebenso ein gesamtgesellschaftlicher Auftrag. Reintegrationsmaßnahmen sind wichtige *„Brücken"*, die es öffentlich zu finanzieren gilt. In Differenzierung zur strategischen Koordinatorin aus dem sozialen Bereich liegt für ihn die entscheidende Herausforderung hingegen im Schaffen von Arbeitsplätzen am ‚ersten Arbeitsmarkt' insgesamt. In Anbetracht sinkender Regionalwirtschaftsraten (siehe Kapitel 7.5.1) verringern sich die Vermittlungschancen sukzessive.

Zurückkommend auf die Zielgruppe, decken sich die Wahrnehmungen der strategischen Koordinatorin aus dem sozialpolitischen Bereich mit den quantitativen und qualitativen Ergebnissen der Bestandsaufnahme (siehe Kapitel 7.1, 7.2 und 7.3). Sie wächst kontinuierlich, wird heterogener und schwerer zu vermitteln. Dahingehend sind aus Perspektive der strategischen Koordinatorin zukünftig monetäre Investitionen in Ideen, Konzepte und Entwicklungsmöglichkeiten prioritär, die eine qualitätsvolle Betreuung und Vermittlung gewährleisten.

> GP17SKsozw: „*Und ich denke mir, es ist gut, dass man-, was ich eh vorhin auch schon erwähnt habe, dass sie angefangen haben auch wirtschaftlicher zu denken und im Sinne, was brauchen wir wirklich und wie ist das. Und da wird es natürlich wieder zurückgespielt dann, also so-, dieses wirklich zu schauen: ‚Gelingt es, passen solche Projekte, wie schaut denn das aus?‘, ja. Also das glaube ich und auch, dass diese Institutionen mehr projektorientiert arbeiten werden müssen, in Zukunft. Eben, wir müssen uns wieder überlegen: ‚Und welcher Ansatz hat gut gewirkt und welche Innovation könnten wir einbauen und was entwickelt sich wie weiter?‘ Also so, eben nicht: ‚Okay, es gibt jetzt Unternehmen, die arbeiten die nächsten 15 Jahre so‘, sondern, dass es auch bei ihnen ein ständiger Entwicklungsprozess ist. Und auch dranbleiben, wo gibt's für was jetzt-, auf sozusagen strategischer Ebene auch Fördergelder*“ [Think Tank Doc. 3: Abs. 113].

Um dem Zielkonflikt zwischen Inklusion und Integration adäquat zu begegnen, werden von der Gesprächspartnerin operative Schritte vorgeschlagen, die im Wesentlichen der Bottom-up- und der Top-down-Logik, die für die Entwicklungsdynamiken von ECO-WISE von Anbeginn prägend sind, entsprechen (siehe Kapitel 7.1). Der Fokus ist auf projektorientierte Entwicklungsarbeiten mit verschiedenen finanziellen Verantwortlichkeiten zu setzen, die bedarfsorientiert und strategisch koordiniert sind. Die Erfahrungen und Resultate gilt es an politische EntscheidungsträgerInnen zu kommunizieren, um positive Entwicklungen langfristig in Programmen zu verankern.

Beide GesprächspartnerInnen betonen in den Diskursen eine nachhaltige Denkweise, die es den AdressatInnen erleichtern soll, eine Kontinuität in ihrem Erwerbsleben herzustellen. Diese Leitperspektive erweist sich in der Debatte zwischen GeschäftsführerInnen und fördergebenden Stellen hinsichtlich der Entwicklung von nachhaltigen Beschäftigungsoptionen für die AdressatInnen als ebenso zentral.

7.4.1.2 Nachhaltige Beschäftigungsoptionen für AdressatInnen

In einer Proposition der Think-Tank-Gruppendiskussion stellt ein Geschäftsführer (GP4GFm) die Realisierung der sozialen Zielsetzung infrage, womit der Konflikt zwischen Inklusion und Integration implizit thematisiert wird. Transitarbeitsplätze stiften aus seiner Sicht per se keine Kontinuität. In ihrer Konstitution als „*Durchlaufstationen*" determinieren sie die Entwicklung eines Zugehörigkeitsgefühls sowie einer betrieblichen Solidarität.

> GP4GFm: „*Ich sehe für mich, also ein Problem, dass diese ganzen Betriebe im Grunde genommen Durchlaufstationen sind, wo also Leute im Grunde genommen einen bestimmten Teil ihres Arbeitslebens sein können, aber dann weitergehen müssen. Das heißt, es gibt im Augenblick keine Einrichtungen, wo ich sagen kann, da kann ich Solidarität miteinander ausleben oder da kann ich ein Zugehörigkeitsgefühl entwickeln. [...] Zum Teil also ist es aufgrund des Drucks, dass man sie weitervermitteln muss, und zum Teil ist es aufgrund der Nicht-mehr-Förderbarkeit, dass die Leute wechseln müssen. Das hat zwar etwas Positives, aber es entstehen keine Betriebe nachhaltig, sodass ich sagen kann, ich bin seit 40 Jahren beim xy [Anonymisierung eines Grazer Unternehmens durch die Verf.] angestellt, oder so irgendwie. [...] Jetzt ist die Frage, inwieweit diese Möglichkeit bestünde, dass man solche Institutionen errichtet. Die Mitarbeiter [Schlüsselkräfte, Anmk. d. Verf.] werden zum Teil schon jahrzehntelang beschäftigt, aber das Personal [Transitkräfte, Anmk. d. Verf.], die sind Durchlaufposten*" [Think Tank Doc. 1: Abs. 68].

Als Zukunftsperspektive stellt der Gesprächspartner die Option in den Diskussionsraum, Einrichtungen zu schaffen, die nicht ausschließlich auf die Vermittlung in den ‚ersten Arbeitsmarkt' abzielen. Der hier angesprochene Bedarf an langfristigen Beschäftigungsoptionen, im Sinne eines ‚erweiterten Arbeitsmarktes', der bereits im Rahmen der ExpertInnengespräche andiskutiert wurde, setzt an der Bewältigung der aus der Individualisierung und Flexibilisierung resultierenden gesellschaftlichen Herausforderungen an (siehe Kapitel 4.1). Zugleich gerät damit die wachsende Gruppe von äußerst schwer vermittelbaren Personen in den Blick, die sich oftmals in einer wenig vielversprechenden Maßnahmenschleife befinden. Zur Stärkung der gegenseitigen Solidarität sollten diesen Personen Kontinuität und Stabilität in ihrem Arbeitsleben geboten werden. Der Geschäftsführer exemplifiziert den Bedarf am aktuellen Beispiel von durch die ‚Aktion 4000' (siehe Kapitel 7.1.3) angebotenen gemeindenahen Transitstellen [vgl. Think Tank Doc. 1: Abs. 70]. Aus seiner Sicht ist gerade hier besondere Vorsicht geboten, um nicht falsche Hoffnungen bei den AdressatInnen zu wecken, da eine nachhaltige Übernahme dieser Personen durch die Gemeinden aufgrund mangelnder budgetärer Deckung kaum möglich ist. Ähnlich schwierig gestaltet sich die Übernahme von ehemaligen befristeten Arbeitsplätzen in ECO-WISE. Sie sind als regionale Unternehmen zwar bemüht, für ehemalige Transitbeschäftigte aktiv Arbeitsplätze zu schaffen. Aufgrund ihrer sozialwirtschaftlichen Ausrichtungen gelingt dies allerdings nur bis zu einem gewissen Grad, wie es ein anderer Geschäftsführer elaboriert. GP5GFm: „*Wir haben eh, ich weiß nicht, irgendwo zwischen zehn und 15 Leuten ehemalige Transitmitar-*

beiterinnen und Mitarbeiter, die wir ohne Subventionen beschäftigen inzwischen. Dauerhaft beschäftigen. Aber das geht halt auch nur in einem begrenzten Ausmaß, weil wir halt unsere Strategien so gewählt haben, dass wir in diesen nicht so ertragreichen Dienstleistungsbereichen unterwegs sind“ [Think Tank Doc. 1: Abs. 110].

Die Option eines ‚erweiterten Arbeitsmarktes‘ wird im Diskursverlauf von VertreterInnen fördergebender Stellen weitergedacht. Zunächst wird die Relevanz von einem Gesprächspartner (GP3FGm) validiert [vgl. Think Tank Doc. 1: Abs. 69]. Daraufhin äußert sich eine andere Vertreterin antithetisch differenzierend. Aus ihrer Sicht (GP2FGw) sind für nachhaltige Arbeitsmarktintegrationsvorhaben andere regionale Akteure wie Gemeinden, die Privatwirtschaft etc. verstärkt in die Pflicht zu nehmen.

> GP2FGw: „*Das ist das, was ich eben zuerst gemeint habe. Also mit dem, dass man eben einfach auch schauen müsste, dass die regionale Verankerung vielleicht stärker gegeben ist und auch sich eben andere Institutionen wirklich in die Pflicht genommen fühlen, da mitzufinanzieren, weil dann wäre das durchaus möglich, dass einige Personen immer wieder eben weiter beschäftigt werden könnten, ohne eine AMS-Förderung. […]*
> IPw: *Ich wollte nur noch mal nachfragen: Andere Organisationen in die Pflicht nehmen?*
> GP2FGw: *Nein, nicht nur Organisationen. Ich denke mir, das kann jetzt zum Beispiel eine Gemeinde sein.*
> GP1FGw: *Gemeinde sein. Die Stadt, wie auch immer.*
> GP2FGw: *Die Stadt.*
> IPw: *Dass ich es nur ein bisschen präziser habe.*
> GP2FGw: *Oder eben ja-, regionale Akteure*“ [Think Tank Doc. 1: Abs. 71–77].

Im Weiteren werden von der Gesprächspartnerin die Wichtigkeit von WISE bzw. ECO-WISE für die Heranführung Arbeitssuchender an den Arbeitsmarkt sowie positive Kooperationserfahrungen herausgestellt, wie es auch vom sachpolitischen Vertreter aus dem Umweltbereich, GP19PVökolm, an einer anderen Stelle betont wurde (vgl. Think Tank Doc. 5: Abs. 67–69).

> GP2FGw: „*Und ich denke mir, sonst würde ich das aber auch gar nicht so negativ sehen, jetzt von der Seite der Beschäftigten, von den langzeitbeschäftigungslosen Personen, weil in der Zeit der Förderung, da entwickeln sie ja irrsinnig viele Perspektiven. Da tut sich ja wirklich wahnsinnig viel bei den Leuten. Wenn das jetzt auch oft nur kurzfristige Beschäftigungsverhältnisse sind. Das sehen wir in unseren Auswertungen. Ich meine, da sind wirklich Personen dabei, die wirklich ganz schwer vermittelbar sind, mit einer Mehrfachproblematik, wo wir dann auch i mmer wieder hören, was sich da in neun Monaten manchmal entwickelt hat bei der Person. Die Person will*

dann wieder arbeiten. Ich meine, die lernt einfach, oder sieht einfach, was arbeiten gehen wirklich für Vorteile hat. Und was sich persönlich verändert im ganzen Umfeld, wirklich im ganzen Bereich. Und ich denke mir, das ist ja auch wirklich sehr positiv zu sehen. Ich meine, das ist ja eben wirklich das Ziel von der Transitbeschäftigung und nicht, die Person auf immer und ewig oder 40 Jahre dann halt dort zu beschäftigen. Und ich denke mir, das ist in der heutigen Zeit einfach nicht mehr gegeben die Möglichkeit, so lange irgendwo tätig zu sein" [Think Tank Doc. 1: Abs. 71].

Aus Sicht der Gesprächspartnerin sollten in den Diskursen um den ‚erweiterten Arbeitsmarkt' das genuine Ziel und die Stärken von WISE bzw. ECO-WISE nicht aus dem Blick geraten. Wie in der Entwicklungsgeschichte detailliert ausgeführt, entstanden die Organisationen im Rahmen der Etablierung des ‚zweiten Arbeitsmarktes'. Das Anbieten von in der Regel befristeten und durch öffentliche Förderungen finanzierten Transitbeschäftigungen ist ein konstitutives Moment (siehe Kapitel 7.1). Sie tragen Wesentliches zur Entfaltung der Eigenverantwortung und der sozialen Ressourcen der Betroffenen bei. Mit der Option von öffentlich finanzierten langfristigen Beschäftigungsmöglichkeiten würde die ursprüngliche Zielsetzung unterlaufen werden. Eine solche entspricht aus ihrer Sicht weder der Realität der heutigen Erwerbsgesellschaft noch der Zielsetzung von WISE bzw. ECO-WISE. Diese Perspektive wird grundsätzlich von ihrer Kollegin validiert, wobei sie antithetisch differenzierend darauf hinweist, dass eine 100-prozentige Vermittlungsquote illusorisch ist. Aus arbeitsmarktpolitischer Sicht ist es jedoch fragwürdig, schwerer zu vermittelnde Personen in einer staatlich finanzierten Dauerbeschäftigung unterzubringen.

GP1FGw: „*Und ich denke, es ist auch illusorisch, zu glauben, dass alle Leute, die in einer Transitposition bei uns ein Projekt durchwandern, tatsächlich am Arbeitsmarkt Fuß fassen können. Ich glaube, das ist einfach illusorisch. Es sind sehr viele, wie die Kollegin GP2FGw gesagt hat, die Auswertungen sind zum Teil überraschend. Ich habe zum Beispiel Arbeitskräfteüberlasser gemeinnützige bei den Jugendlichen, die wirklich Bombenergebnisse haben. Da habe ich neun Monate später eine Auswertung, die mir 68 % in der normalen Wirtschaft anzeigt. Also es tut sich schon was. Nur wie gesagt, 100-prozentig wird das nie funktionieren, und ob Strukturen wie die gescheit sind, dass ich quasi eine Verstaatlichte gründe, wo jemand auf immer und ewig sein kann, weiß ich auch nicht, ob das wirklich Sinn machen würde*" [Think Tank Doc. 1: Abs. 68–78].

7.4.1.3 Strategische Kontrastierung und Partizipationsgelegenheiten

In diesen Passagen wird der Umgang mit den Zielkonflikten zwischen Inklusion und Integration sowie zwischen ökonomischen Quantitäten und sozialen

Qualitäten exemplarisch aus vier Perspektiven diskutiert – aus der Sicht der FördergeberInnen und GeschäftsführerInnen sowie der strategischen Koordinatorin aus dem Sozialbereich und einem sachpolitischen Vertreter aus dem Umweltbereich. Der Anspruch, Kontinuität für die AdressatInnen zu ermöglichen, wird von allen, wenn auch unter unterschiedlichen Vorzeichen, geteilt. In Anbetracht der durch die angespannte wirtschaftliche Situation bedingten Vermittlungshemmnisse von arbeitsmarktfernen Personen besteht der Bedarf an neuen und nachhaltigen Konzepten, die über Kooperationen und gemeinsame Verantwortungsübernahme sichergestellt und finanziert werden können.

Während sich die Angebotserweiterungsstrategie auf die AdressatInnenpartizipation bezieht, wird mit der Kooperationsüberlegung die Positionierung der Organisationen auf strategischer und finanzieller Ebene angesprochen. Mit Blick auf die AdressatInnenpartizipation sind sich die DiskutantInnen darüber einig, dass Arbeitsmarktintegration gesellschaftliche Partizipation ermöglicht. Darin sind die soziale und die ökonomische Partizipationsdimension gleichermaßen inbegriffen (siehe Kapitel 2.2.1). In den genannten Möglichkeiten zu deren Förderung spiegeln sich die differenten Perspektiven wider. So konzentriert sich die strategische Koordinatorin auf die Entwicklung innovativer und strategisch koordinierter Angebote. Der Sachpolitiker aus dem Umweltbereich betont in Erweiterung der derzeitigen arbeitsmarktpolitischen Maßnahmenpalette die Notwendigkeit, ausreichend Arbeitsplätze am ‚ersten Arbeitsmarkt' zu schaffen, was derzeit durch regionalwirtschaftliche Entwicklungen begrenzt ist. ECO-WISE-VertreterInnen sind bemüht, reguläre Arbeitsplätze anzubieten, stoßen dabei allerdings auf sozialwirtschaftlich bedingte Barrieren. Demgegenüber heben sie die Möglichkeiten eines ‚erweiterten Arbeitsmarktes' und Angebote von langfristigen öffentlich finanzierten Beschäftigungsoptionen hervor. Letzteren stehen die fördergebenden Stellen zum Teil kritisch gegenüber, die in einer gemeinsamen Verantwortungsübernahme unterschiedlicher Stakeholdergruppen die Lösung für kontinuierliche und stabilisierende Arbeitsplätze für benachteiligte Personengruppen identifizieren. Damit wird gleichzeitig eine strategische Option benannt, durch welche die Organisationen aus der arbeitsmarktpolitischen Finanzierungsabhängigkeit herausgelöst werden können. Finanzielle und ideelle Partnerschaften zwischen den Gemeinden, Ländern, der regionalen Wirtschaft, BürgerInnen, der Arbeitsmarktpolitik und ECO-WISE sollen demnach forciert werden. Die Verantwortungsaufteilung wird ebenso vom sachpolitischen Vertreter aus dem Umweltbereich und der strategischen Koordinatorin aus dem Sozialbereich betont. Letztere streicht eine weitere strategische Komponente heraus, wonach einer zu weit greifenden Ökonomisierung von arbeitsmarktpolitischer Seite Einhalt zu gebieten ist, denn damit würde als Resultat eine doppelte Ökonomisierung – Erhöhung der Eigenerwirtschaftungs- und Vermittlungsquoten – vorangetrieben werden, was negative Folgen auf die Partizipationsmöglichkeiten von und in ECO-WISE insgesamt hätte.

In den Nuancierungen wird das existierende duale Partizipationsverständnis erkennbar, in dem die ‚Dialektik der Herrschaft' (siehe Kapitel 3.2) deutlich zum Vorschein kommt. Die arbeitsmarktpolitische, fördergebende Seite repräsentiert die institutionelle Machtkomponente. Mit Blick auf die AdressatInnen ist Integration das vorrangige Motiv. Ihre Strategien sind legitimierend und fordernd, was sich insbesondere in der Diskussion zur Möglichkeit langfristiger Beschäftigungsoptionen zeigt. Es besteht allerdings auch Beweglichkeit, z. B. hinsichtlich eines ‚erweiterten Arbeitsmarktes', worin inklusive und partizipationsfördernde Spuren lesbar werden. Mit Blick auf die Organisationen werden ECO-WISE als wichtige und erfolgreiche PartnerInnen in der Erfüllung arbeitsmarktpolitischer Aufgaben gesehen, worin sich ein routinisiertes Handeln widerspiegelt. Strategisch wurde der Bedarf an einer weiteren Verantwortungsaufteilung ausgesprochen. Darin zeigen sich mobilisierende, systemverändernde Elemente, die der Arbeitsmarktpolitik und den Organisationen mehr Freiräume eröffnen könnten. Die strategische Koordinatorin unterstützt eine solche Systemveränderung und setzt in ihrer Rolle als Vermittlerin zwischen Akteuren und Institutionen auf die Strategie eines zielorientierten und koordinierten Handelns im Sinne aller Beteiligten. Über den Weg von Pilotprojekten können Schritt für Schritt Innovationen hervorgebracht werden. Der sachpolitische Vertreter aus dem Umweltbereich wirft einen gesellschaftlichen Blick auf die Möglichkeiten der Arbeitsmarktintegration. ECO-WISE sind ein von mehreren Lösungswegen. Damit spricht er ebenso die gemeinsame Verantwortungsübernahme als strategische Option an. ECO-WISE-VertreterInnen hingegen fokussieren in ihren Aussagen stärker auf Inklusion. Ihr operatives Handeln konzentriert sich auf die Kontinuität und Stabilität für ihre AdressatInnen. Die Strategie ist darin auszumachen, dass sie sich darum bemühen und Möglichkeiten dazu strategisch einfordern. Die lebensweltliche Machtkomponente wird in den Forderungen deutlich.

Mit Blick auf den Strukturierungsprozess kann insgesamt festgehalten werden, dass ECO-WISE-VertreterInnen als GestalterInnen, InnovatorInnen und ErfüllerInnen wahrgenommen werden. Ihre Grenzen werden erkannt und wichtige Orientierungen zur Optimierung ihrer strategischen Positionierung werden betont. Gemäß der hier herausgeschälten Leitperspektive gilt es, den AdressatInnen langfristige Perspektiven zu bieten. Es soll zum einen die Eigenverantwortung und Ressourcenstärkung bei ihnen erwirkt werden, sodass diese in den ‚ersten Arbeitsmarkt' integriert werden können, sofern dies möglich ist. Dafür gilt es Strukturen zu schaffen, sowohl für die Heranführung als auch für das Vorhandensein von Arbeitsplätzen. Möglichkeiten, die Regionalwirtschaft zu stärken, werden in der Orientierungsfigur ‚Öffnen' explizit diskutiert (siehe Kapitel 7.5.1). Des Weiteren müssen Modelle entwickelt werden, um der immer größer werdenden Gruppe der Nichtvermittelbaren Möglichkeiten der Kontinuität zu eröffnen. Auch dafür gilt es, Strukturen bereitzustellen. Diesbezüglich wären neben der Arbeitsmarktpolitik andere regionale Akteure, wie Gemeinden oder Wirtschaftsunternehmen, stärker in die Pflicht zu nehmen. Solche regionalen Kooperationsstrukturen sind vorhanden, aber auch ausbaufähig. Darauf wird detaillierter unter der Orientierungsfigur ‚Kooperieren' (siehe Kapitel 7.5.2) eingegangen.

7.4.1.4 Relevanz und Realisierbarkeit

In der Trenderhebung 2015 wurden die Akteure ersucht, die generierten Perspektiven und vorgeschlagenen Entwicklungsmöglichkeiten hinsichtlich ihrer Relevanz und Realisierbarkeit entlang einer vierstufigen Ratingskala zu bewerten. Die Antwortmöglichkeiten reichten von ‚sehr wichtig' (1), ‚wichtig' (2), ‚weniger wichtig' (3) bis ‚überhaupt nicht wichtig' (4) bzw. von ‚hoch' (1), ‚mittel' (2), ‚gering' (3) bis ‚gar nicht' (4). Zudem waren zu den jeweiligen Lösungswegen offene Kommentarfenster integriert, in denen die Bewertung verbal spezifiziert werden konnte.

Die Leitperspektive, dass angesichts prekärer werdender arbeitsmarktstruktureller und sozialpolitischer Bedingungen (z. B. steigende Arbeitslosenzahlen und wachsender Vermittlungsdruck) Kontinuität und Stabilität für ihre AdressatInnen im Prozess der Heranführung an den Arbeitsmarkt zu gewährleisten sind, fand eine breite Zustimmung. 24 von 28 antwortenden Betrieben/Projekten bezeichneten sie als sehr wichtig (86 %), drei als wichtig (11 %) und nur ein/e Vertreter/in schätzte sie als weniger wichtig ein (3 %) (siehe Abbildung 51).

Abbildung 51: Relevanz der Perspektive ‚Kontinuität für AdressatInnen' (N = 28)

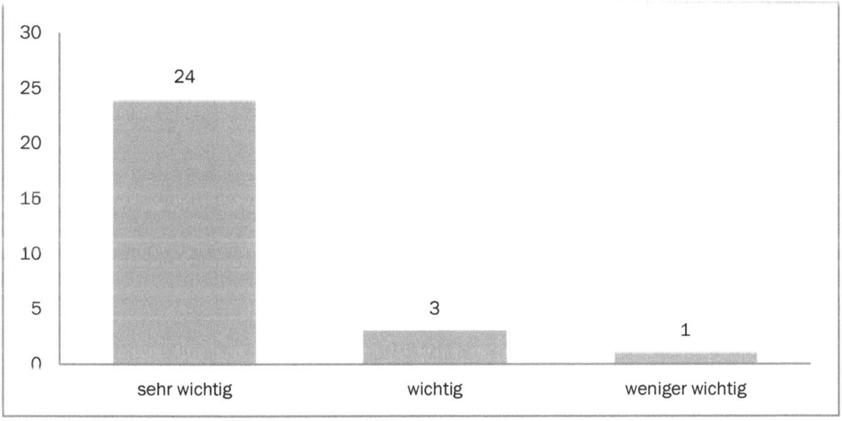

Quelle: SPSS_datafile_ECO-WISE_Struktur_2015

Die Schaffung von nachhaltigen Finanzierungsmodellen für passgenaue Angebote, die an den heterogenen Bedürfnissen der AdressatInnen ausgerichtet sind (z.B. für leicht bis schwer vermittelbare Personen), wurde als äußerst relevant eingestuft. Sie wurde von 86% der antwortenden Betriebe/Projekte als sehr wichtig und von 14% als wichtig erachtet (siehe Abbildung 52). In den Kommentaren weisen die Akteure darauf hin, dass langfristige Förderungen für bestimmte Personengruppen notwendig geworden sind. Hervorgehoben wurden kognitiv beeinträchtigte und ältere Personen. Für Erstere erscheint der reguläre Arbeitsmarkt oftmals als zu überfordernd und integrative Werkstätten als zu unterfordernd. Für ältere Personen wird eine größere Flexibilität von FördergeberInnenseite erwartet. Statt Regulierung gilt es, den Akteuren mehr Entscheidungsfreiheiten hinsichtlich der Verweildauer zuzugestehen. Eine fallspezifische Blickrichtung wird gerade für diese Zielgruppe als essenziell erachtet.

Abbildung 52: Relevanz nachhaltiger Finanzierung für passgenaue Angebote (N = 28)

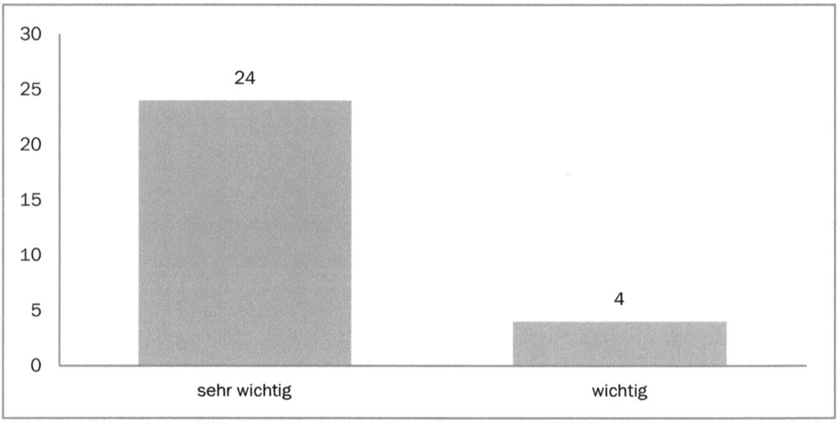

Quelle: SPSS_datafile_ECO-WISE_Struktur_2015

Die Realisierbarkeit solcher Angebote erweist sich jedoch als fraglich. Der Großteil der antwortenden Betriebe/Projekte schätzt sie als mittel (59%) und ein Drittel als gering ein (33%). Eine Organisation sieht hohe Chancen in der Umsetzung (4%), eine andere hingegen gar keine (siehe Abbildung 53).

Diese Bewertung findet in den Kommentaren unterschiedliche Begründungen, wobei die Finanzierung innovativer Angebote ähnlich wie in der State-of-the-Art-Analyse primär von der wirtschaftlichen und politischen Einflussnahme abhängig gemacht wird (siehe Kapitel 7.3). Aus Sicht der optimistischen Organisation werden die steigenden Arbeitslosenzahlen die Arbeitsmarktpolitik dazu zwingen, kreative soziale Innovationen zu unterstützen. Jene Organisationen, die eine geringe Realisierbarkeit orten, führen dies auf ein fehlendes Bewusstsein und fehlende Mittel im Budget zurück. Sie sehen eher die Tendenz zur Verweildauerkürzung, wobei die Einschätzungen der Politik bezüglich der Bedürfnisse und Arbeitsfähigkeiten der Personen aus ihrer Sicht nicht der Realität entsprechen.

Abbildung 53: Realisierung nachhaltiger Finanzierung für passgenaue Angebote (N = 27)

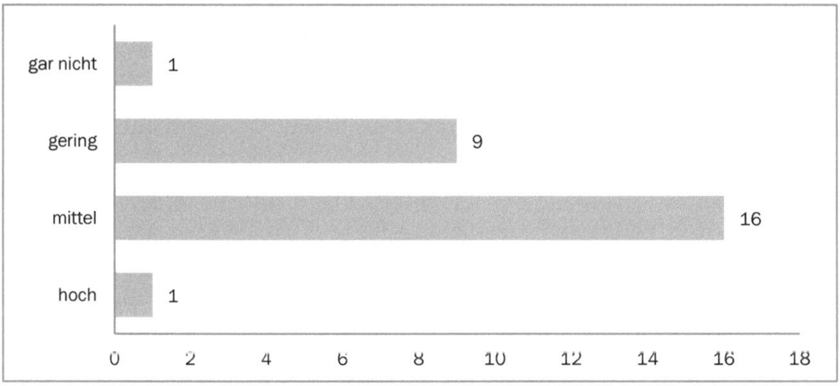

Quelle: SPSS_datafile_ECO-WISE_Struktur_2015

Abbildung 54: Relevanz regionaler Förderprogramme zur Arbeitsplatzschaffung (N = 28)

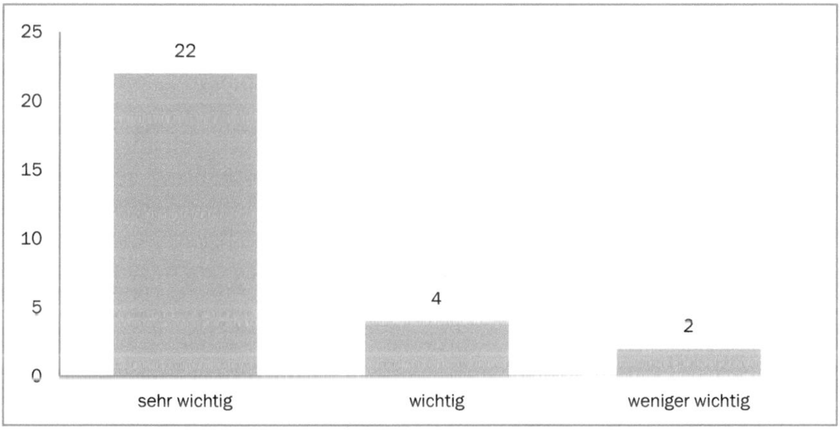

Quelle: SPSS_datafile_ECO-WISE_Struktur_2015

Die Möglichkeit, ausreichend Arbeitsplätze am ersten Arbeitsmarkt und darüber hinaus, z. B. in ‚erweiterten Arbeitsmärkten', durch den Ausbau regionalwirtschaftlicher Förderungsprogramme zu schaffen, wird ebenso als wichtig eingestuft. 79 % der antwortenden Betriebe/Projekte erachten diese als sehr wichtig, 14 % als wichtig und lediglich 7 % als weniger wichtig (siehe Abbildung 54).

Die Relevanz liegt auf der Hand und wird in den Kommentaren damit begründet, dass regionale Förderprogramme generell und insbesondere in strukturschwachen Regionen zu wirtschaftlichen und sozialen Verbesserungen beitragen. Zu achten ist aus der Sicht der Akteure allerdings darauf, dass mit allen Arbeitsplätzen, unabhängig, ob sie dem ‚ersten', ‚zweiten' oder ‚erweiterten' Arbeitsmarkt zugeordnet sind, ein entsprechendes lebensunterhaltssicherndes Gehalt gewährleistet wird. Nur so können die sozialen und ökonomischen Partizipationsmöglichkeiten der AdressatInnen erhöht werden.

Die Realisierbarkeit wird allerdings auch diesbezüglich vom Großteil als mittel (48 %) bzw. gering (44 %) eingestuft. Jeweils eine Organisation (4 %) stand einer solchen positiv bzw. gänzlich negativ gegenüber (siehe Abbildung 55). In den Kommentaren äußert eine Organisation die Wahrnehmung, dass interessante Regionalförderungen in den letzten fünf Jahren sukzessive zurückgefahren wurden. Zudem entsprechen die festgeschriebenen Schwerpunktsetzungen oft nicht den realen Bedarfen in der Region. Die Bewusstseinsbildung bei KonsumentInnen und Wirtschaftsbetrieben wird dahingehend als wichtiger erachtet, um nicht auf Programme angewiesen zu sein.

Abbildung 55: Realisierung regionaler Förderprogramme zur Arbeitsplatzschaffung (N = 27)

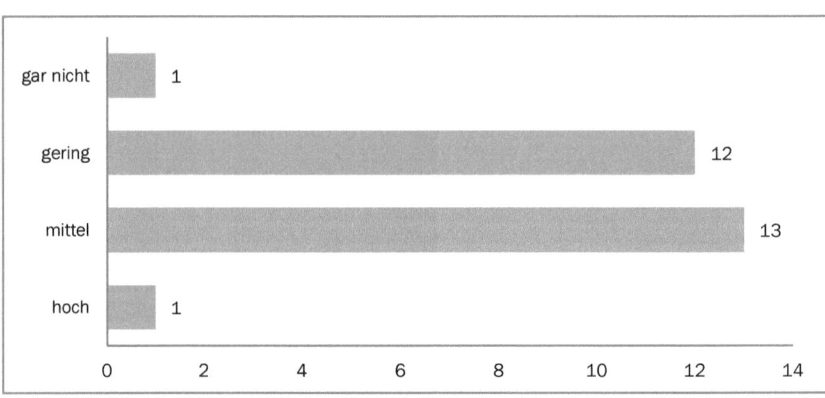

Quelle: SPSS_datafile_ECO-WISE_Struktur_2015

Eine gemeinsame Verantwortungsübernahme verschiedener Stakeholdergruppen für die Arbeitsmarktintegration benachteiligter Personengruppen sehen auch die befragten Akteure als äußerst wichtig an. Eine solche Entwicklung wird von 79 % der antwortenden Betriebe/Projekte als sehr wichtig, von 18 % als wichtig und von nur 3 % als weniger wichtig beurteilt (siehe Abbildung 56).

Abbildung 56: Relevanz der Verantwortung aller Stakeholder (N = 28)

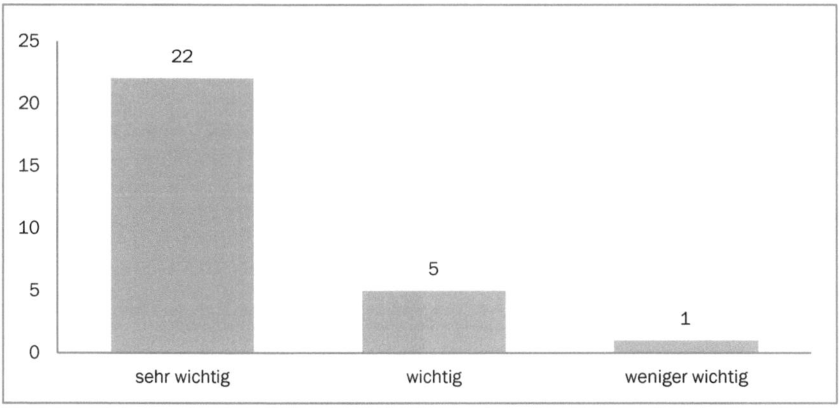

Quelle: SPSS_datafile_ECO-WISE_Struktur_2015

In den Kommentaren wird insbesondere die soziale Verantwortung der Wirtschaft angesprochen. So kann beispielsweise das Problem der Arbeitslosigkeit von älteren Personen aus der Sicht eines Vertreters/einer Vertreterin nur durch ein Umdenken der Wirtschaft gemindert werden. Ein anderer Betrieb spricht sich für ein auf Verantwortungsverteilung abgestimmtes Finanzierungsmodell aus, in dem alle privat- und sozialwirtschaftlichen Unternehmen benachteiligte Personengruppen beschäftigen sollen und für ihre MitarbeiterInnen, entsprechend ihrer Leistungsstärke unbefristet, aber jährlich angepasste Förderungen ausbezahlt bekommen. Die Leistungsstärke müsste von neutralen Stellen (z. B. der Pensionsversicherung) festgestellt werden. Wenn jemand beispielsweise nur 70 % des durchschnittlichen Potenzials von Beschäftigten erreicht, müssten demnach 30 % des kollektivvertraglichen Mindestlohns/ gehalts gefördert werden. Die Möglichkeit kann hier nicht weiterführend diskutiert werden. Sie stellt aber eine Gleichstellung von privatwirtschaftlichen und sozialwirtschaftlichen Unternehmen in Aussicht, mit einer gleichzeitig erwünschten höheren Verantwortungsübernahme der Privatwirtschaft.

Die Realisierbarkeit einer generellen gemeinsamen Verantwortungsübernahme wird vom Großteil der antwortenden Akteure als gering bewertet (67 %), ein Viertel (26 %) schätzt sie als mittel und lediglich 7 % als hoch ein (siehe Abbildung 57). In den Kommentaren wird ersichtlich, dass es hierfür an einem Bewusstsein fehlt. Zudem bestehen auf behördlicher Seite oft unklare Abgrenzungstendenzen die Kompetenzen und Zuständigkeiten betreffend, die einer gemeinsamen Verantwortungsübernahme gegenläufig sind: *„Behörden schieben die Verantwortung hin und her.“* Mit Blick auf die Wirtschaft werden zum einen Vorurteile thematisiert. Laut einer Organisation besteht *„trotz Information und Angeboten zur Kooperation wenig Interesse an der Aufnahme, da beeinträchtigte*

Personen trotz Qualifizierung als leistungseingeschränkt wahrgenommen werden". Zum anderen wird von positiven Kooperationserfahrungen berichtet, die auch zu einer positiven Einschätzung hinsichtlich der Realisierung der Verantwortungsaufteilung beitrugen: *„Wir haben einige ganz gute Kontakte zur Wirtschaft, die immer wieder gerne mit uns zusammenarbeiten."* Die Erfahrungen sind demnach höchst unterschiedlich und somit nicht verallgemeinerbar.

Abbildung 57: Realisierung der Verantwortung aller Stakeholder (N = 27)

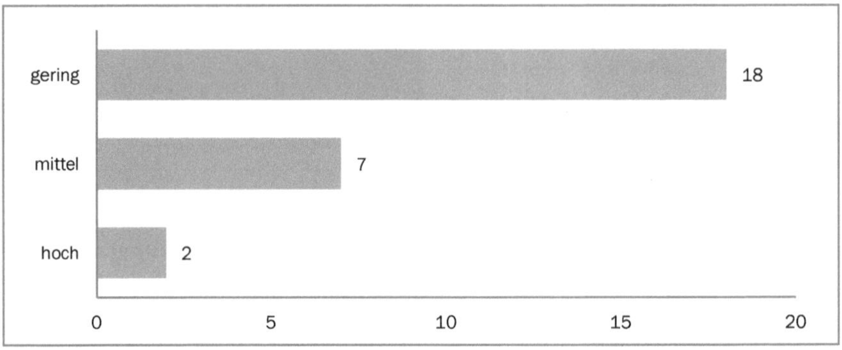

Quelle: SPSS_datafile_ECO-WISE_Struktur_2015

Insgesamt kann festgehalten werden, dass die in den Think-Tank-Gesprächen entwickelte Perspektive auf die Kontinuität für AdressatInnen sowie die analogen Entwicklungsmöglichkeiten von den österreichweiten ECO-WISE-VertreterInnen eine breite Zustimmung erfahren. Die Umsetzungsmöglichkeiten werden hingegen vom Großteil als durchschnittlich bzw. gering bewertet. Insofern handelt es sich um gangbare Wege, die einer eingehenderen Konkretisierung in einzelne Umsetzungsschritte durch die mittragenden Stakeholdergruppen bedürfen.

7.4.2 Identität als gemeinnützige Organisationen

Sozialwirtschaftliches Handeln lässt sich gewissermaßen als ein Handeln zwischen den Stühlen charakterisieren. Typisch dafür ist der Finanzierungsmix, der sich, wie in Kapitel 7.2.2 ausgewiesen, zu nahezu gleichen Teilen aus öffentlichen Subventionen sowie aus privaten und öffentlichen Aufträgen zusammensetzt. In Anbetracht der sich wandelnden Finanzierungsbedingungen insbesondere von arbeitsmarkt- und sozialpolitischer Seite wird in den letzten 15 Jahren der Eigenerwirtschaftungsquote erhöhte Aufmerksamkeit geschenkt, wodurch das sozialwirtschaftliche Grundverständnis – die Balance zwischen sozialem und wirtschaftlichem Handeln – neu auszuhandeln ist. Die Überlegung, dass die

Betriebe über größeres unternehmerisches Engagement, eine größere Zahl von Beschäftigungsmöglichkeiten für sozial benachteiligte Personengruppen auch abseits einer Transitbeschäftigung anbieten können, schwingt dabei mit, ebenso wie die, dass dadurch größere Autonomie von restriktiver werdenden Förderbedingungen zu erreichen ist. Die Strategie zur Erhöhung der Eigenerwirtschaftungsquote wurde bereits in den ExpertInnengesprächen zum Institutionalisierungsprozess thematisiert (siehe Kapitel 7.1.3). In der State-of-the-Art-Analyse (siehe Kapitel 7.3) wurden diesbezüglich Grenzen aufgezeigt. Das Arbeiten mit Transitbeschäftigten bzw. mit zu vermittelnden Personen beeinflusst die ökonomische Performance ebenso wie die mit den Förderungen in Verbindung stehenden Auflagen, 1.) keine Rücklagen zu bilden und 2.) sich nicht in Konkurrenz zu privatwirtschaftlichen Unternehmen zu stellen (siehe Kapitel 6.1.3). Beides steht ihrer ökonomischen Entfaltung entgegen.

In den Think-Tank-Gesprächen wurde dem Zielkonflikt zwischen ökonomischen Quantitäten und sozialer Qualität ein weiteres Mal ausführlich begegnet. Während die Spannung bisher in Hinblick auf ihre soziale Performance besprochen wurde, steht in den hier zusammengeführten Diskursen der ökonomische Aspekt im Zentrum. Das Ausbalancieren der Interessen unterschiedlicher Anspruchsgruppen erweist sich dabei als besonders tragend.

Da die strukturellen Gegebenheiten von den DiskutantInnen abermals unterschiedlich ausgelegt werden, sind die benannten strategischen Möglichkeiten dementsprechend kontrovers. Eine konsensuelle Perspektive konnte vor diesem Hintergrund nicht entwickelt werden, worin sich allerdings die These verhärtet, dass ihre ökonomische Identität als gemeinnützige Organisationen und ihre Positionierung im Stakeholdergefüge intern und extern zu verhandeln sind.

7.4.2.1 Grenzen wahrnehmen und Möglichkeiten aushandeln

Im ökonomischen Alltagshandeln sind ECO-WISE-VertreterInnen mit internen und externen Dynamiken konfrontiert, aus denen sie spezifische Handlungsstrategien und Kompetenzen entwickeln. Hervorzuheben sind zunächst interne Problematiken, die im Wesentlichen aus der Personalsituation resultieren. Wie in der Performancedarstellung gezeigt wurde (siehe Kapitel 7.2.1), sind mehr als die Hälfte der MitarbeiterInnen in den befragten Organisationen geförderte Beschäftigte. Ein Geschäftsführer (GP14GFm) elaboriert in den Think-Tank-Gesprächen dahingehend erneut, dass die von ihnen angebotenen Dienstleistungen bzw. Produkte wesentlich an die Ressourcen der TransitmitarbeiterInnen gebunden sind. Was am Markt angeboten wird, muss von den AdressatInnen abgedeckt werden können. GP14GFm: *„Also das ist ja auch so eine Spannung zwischen ‚Was biete ich am Markt an, wie weit positioniere ich mein Produkt am Markt‘ und ‚Wie kann ich das vor allem mit unserer Klientel* *machen, mit unseren Transitarbeitskräften? Wie kann ich das abdecken?'. Weil, diese ganzen Produkte sind ja eigentlich vor dem Hintergrund entstanden: ,Was können unsere Transitarbeitskräfte?', und diese Produkte werden angeboten"* [Think Tank Doc. 2: Abs. 191]. Insofern sind der ökonomischen Entfaltung durch das Arbeiten mit ihren AdressatInnen klare interne Grenzen gesetzt.

Mit Blick auf die AdressatInnen geht es vor allem darum, Qualifikationen nachzuholen, die soziale Kompetenz zu stärken und auf die Stabilisierung der Person hinzuarbeiten (siehe Kapitel 7.2.1). Das im Zuge des Arbeits- und Betreuungsprozesses generierte Know-how geht den Betrieben allerdings nach erfolgreicher Vermittlung verloren. Dieses innerbetriebliche Kontinuitätsproblem, das sich ebenso auf die ökonomische Performance auswirkt, wird von einem anderen Geschäftsführer (GP6GFm) in einer Transition exemplifiziert.

> GP6GFm: *„Also ich glaube aus dem, was wir jetzt besprochen haben, ergibt sich auch ein enormes Know-how der WISE überhaupt und auch damit der ECO-WISE. Nämlich wir haben Betriebe, die am Markt bestehen müssen, mit ihren Produkten, mit ihren Dienstleistungen, und wir verlieren unsere Leistungsträger, nämlich die vermitteln wir. Alle sechs bis neun Monate. Und das muss man einmal sagen. Das heißt für unsere Fachkräfte, die wir beschäftigen, enorm was. Also in einem Restaurant zum Beispiel, oder auch im Gartenbereich, es ist egal wo-, man muss jederzeit die Topqualität haben, sonst sind die Kunden weg, und man hat manchmal Situationen, wo zufälligerweise 80 % der Transitkräfte zur gleichen Zeit vermittelt werden können. Weil wir sie ja dann auch nicht zurückhalten, wenn wir einen Job haben für sie. Also das ist auch ein Know-how, ich denke, das muss man auch noch-, also ein organisatorisches Know-how, das muss man schon auch noch mal gesondert erwähnen"* [Think Tank Doc. 1: Abs. 81–83].

Der Gesprächspartner konnotiert das Problem positiv als organisatorische Kompetenz. Sie sind in der Lage, trotz fluktuierender MitarbeiterInnen eine gute Qualität am Markt zu erbringen und so ihr Bestehen zu sichern.

Zu diesen internen Gegebenheiten kommen externe Konflikte hinzu. Das Bestehen am Markt ist, wie bereits in der State-of-the-Art-Analyse erwähnt, wesentlich durch die Konkurrenzsituation mit der Wirtschaft mitgeprägt. Im Institutionalisierungsprozess wurde aufgezeigt, dass sich ECO-WISE zunächst in Nischen, die für die Wirtschaft als nicht lukrativ erscheinen, entwickeln. Fallweise etablieren sich daraus marktfähige Geschäftsfelder, woraus Konkurrenzsituationen mit in diesen Bereich vordringenden Wirtschaftsbetrieben resultieren. Nach Meinung eines sachpolitischen Vertreters aus dem Wirtschaftsbereich können ECO-WISE aufgrund ihrer Förderungen einen Wettbewerbsvorteil gegenüber privatwirtschaftlichen Betrieben haben. GP24PVökonm: *„[...] sie können quasi natürlich jetzt sogar eine Konkurrenz sein zu marktetablierten Betrieben und dann einfach preislich durchaus besser agieren. Natürlich muss man* *aufpassen, dass man dann sagt: ‚Okay, der kann nur deswegen mitgehen, weil der Förderungen kriegt‘, nicht?*“ [Think Tank Doc. 9: Abs. 80].

Dieser Vorteil wird von einem Interessenvertreter der AdressatInnengruppe (GP9IGadm) in einer oppositionellen Differenzierung als Vorurteil entlarvt. Das Preisargument der Wirtschaft ist aus seiner Sicht ein Vorwand, um sich Märkte nicht mit der Sozialwirtschaft teilen zu müssen, denn seinen Erfahrungen nach sind Produkte und Dienstleistungen von sozialwirtschaftlichen Betrieben zumeist teurer als die der Privatwirtschaft (vgl. Think Tank Doc. 1: Abs. 41). Ein Geschäftsführer (GP5GFm) validiert diese Wahrnehmung aus seinem Erfahrungsbereich und exemplifiziert dies an einem Beispiel. „*Wir haben eher die Situation, also nicht wir unterbieten am Markt, sondern das sind teilweise ja privatwirtschaftliche Unternehmen. Ich habe einmal mitgeboten, Reinigung Schulgebäude. Da hat ein privatwirtschaftliches Unternehmen ein Drittel unter dem Selbstkostenpreis angeboten. Und die haben aber auch den Zuschlag bekommen. Das ist schon schräg*“ [Think Tank Doc. 1: Abs. 42–47].

Aufgrund ihrer Mischfinanzierung geraten ECO-WISE-VertreterInnen folglich in Argumentationszwänge gegenüber der Wirtschaft. Wie bereits ausgeführt wurde, sind in den Förderbedingungen die Eigenerwirtschaftungsquoten beschränkt und die Überschussverwendung ist an gemeinnützige Zwecke gebunden. Diese Rahmenbedingungen konkretisieren sich in partizipativen Aushandlungsprozessen zwischen ECO-WISE-VertreterInnen, FördergeberInnen und WirtschaftsvertreterInnen, wie es ein Sozialwissenschafter ausführt.

> GP18SFm: „*Und da hängt das auch mit den Förderbestimmungen zusammen. Und zum Teil versuchen ja Betriebe eh oder überlegen jetzt ja auch manche, ob sie ein ‚Mischmodell‘ machen, dass sie halt zum Teil den geförderten Transitarbeitsbereich haben und zum Teil aber auch andere Leistungen anbieten, die nicht von Förderungen abhängig sind. Sei es jetzt, dass man Dienstleistungen für Auftraggeber übernimmt. Aber ich denke mir, da ist man halt oft von der Erlaubnis oder der Zustimmung von den wichtigsten Fördergebern und so abhängig und manche Betriebe oder viele sind eigentlich Mitglied der Wirtschaftskammer, damit sie die Konkurrenz ein bisschen minimieren können, weil sie sagen: ‚Ich bin eh einer von euch irgendwie.‘ Das ist eine Strategie*“ [Think Tank Doc. 4: Abs. 121–134].

In dieser Proposition validiert der Sozialwissenschafter implizit die Tendenz, dass ECO-WISE Finanzierungsalternativen in der Erhöhung ihrer Eigenerwirtschaftung suchen bzw. dieser Forderung von arbeitsmarktpolitischer Seite auch nachkommen. Um unabhängiger von Fördergeldern zu werden, wählen mittlerweile viele Betriebe ein Mischmodell, in dem sie einen geförderten Bereich und zusätzlich einen auf das Anbieten von Dienstleistungen und Produkten am Markt orientierten führen. Dieses Mischverhältnis ist in der Regel mit FördergeberInnen auszuhandeln. Es gilt zu klären, wie viel Eigenerwirtschaftung möglich ist, um 1.) die Förderung nicht zu verlieren bzw. gekürzt zu bekommen und 2.) die Konkurrenzschwelle zur Wirtschaft nicht zu überschreiten. Eine Strategie, die Konkurrenz zur Wirtschaft zu neutralisieren, ist, dass ECO-WISE ihren produktiven Unternehmenszweig bei der Wirtschaftskammer anmelden und dort Mitglieder werden. Gemäß der Performancedarstellung ist rund ein Drittel der befragten Organisationen Mitglied in den betreffenden von der Wirtschaftskammer vertretenen Branchen (siehe Kapitel 7.2.2). Allerdings fühlen sie sich aufgrund der wahrgenommenen Konkurrenzsituation von dieser Seite nicht ausreichend repräsentiert, wie im folgenden Dialog zwischen zwei Geschäftsführern deutlich wird.

> GP5GFm: „*[…] Jetzt habe ich mich fast verspätet, weil ich noch mit einem Stammkunden von uns geplaudert habe. Das ist xy [ein Funktionär in der Wirtschaftskammer – Anonymisierung durch die Verf.]. […] Wenn ich jetzt einem Wirtschaftskämmerer gegenübersitze, der dann über die sozialwirtschaftlichen Unternehmen schimpft, tue ich mich relativ leicht, weil dann verweise ich auf ihn und frage, was der sagen würde, wenn es uns nicht gäbe.*
> GP6GFm: *Na ja, aber du musst ja eigentlich sagen: ‚Ich bin auch Wirtschaftskammermitglied, ihr schimpfts da über uns? Ihr vertretet unsere Interessen nicht!' Das muss man ihnen sagen.*
> GP5GFm: *Sie sind verpflichtet, uns zu vertreten.*
> GP6GFm: *Genau*" [Think Tank Doc. 1: Abs. 125–127].

Der Interessenvertreter aus dem Wirtschaftsbereich GP23IGökonm kommentiert diese Wahrnehmung auf Nachfrage der Autorin damit, dass die Wirtschaftskammer nicht in der Lage ist, die Interessen dieser geförderten Betriebe im gleichen Maße zu vertreten wie die privatwirtschaftlichen Unternehmen, die ihre Kernklientel bilden, da auch aus seiner Sicht die Gefahr förderungsbedingter Wettbewerbsvorteile besteht.

> IPw: „*Ja, wobei einige ECO-WISE sind ja auch Mitgliedsbetriebe bei der Wirtschaftskammer.*
> GP23IGökonm: *Ja, das ist schon klar, aber nur ich tu mich halt schwer natürlich, dass die, weil sie mit Mitarbeitern arbeiten, die sehr hoch gestützt sind, die zwar nicht die 100-prozentige Leistung bringen, das ist mir schon klar, durch die hohen Zuzahlungen natürlich dann oft völlig unter dem Preis reinfallen. Das kann passieren. Ich kann jetzt auch nicht genau sagen, aber die Gefahr ist natürlich gegeben*" [Think Tank Doc. 8: Abs. 95–107].

Auch wenn auf operativer Ebene positive Kooperationserfahrungen zwischen Wirtschaftsbetrieben und ECO-WISE bestehen, wie es von einem Geschäftsführer elaboriert wurde, erfahren sie auf strategischer Vertretungsebene kaum

Unterstützung. Vielmehr sind sie mit Konkurrenz und Vorurteilen konfrontiert. Die Geschäftsführer einigen sich im Diskurs darauf, in Auseinandersetzungen proaktiv Vorurteile auszuräumen, eine Vertretung einzufordern und ihre unternehmerischen Potenziale zu kommunizieren.

Wie die Balancehaltung zwischen sozialem und wirtschaftlichem Agieren das ökonomische Alltagshandeln von ECO-WISE prägt, wurde in den Diskursen aus unterschiedlichen Perspektiven diskutiert – Geschäftsführer, Sozialwissenschaft, wirtschaftlicher Sachpolitiker, Interessenvertreter aus dem AdressatInnenfeld und dem Wirtschaftsbereich. Die von ECO-WISE-VertreterInnen entwickelten Strategien im Umgang mit internen und externen Stakeholdergruppen repräsentieren insgesamt ihr spezielles wirtschaftliches Know-how, Grenzen wahrnehmen und Möglichkeiten aushandeln zu können. Es manifestiert sich darin ein anhaltender Aushandlungsbedarf zwischen sozial- und privatwirtschaftlichen Interessen insbesondere auf strategischer Vertretungsebene.

7.4.2.2 Gemeinnützigkeitsstatus – Relikt oder identitätsstiftendes Rückgrat?

Eine andere Strategie, um zu einer größeren ökonomischen Autonomie zu gelangen, wird von einem Geschäftsführer elaboriert. GP6GFm sieht in der Erhöhung der Eigenerwirtschaftungsquote eine zentrale Möglichkeit, wozu es allerdings die in den Förderbedingungen eingelagerte Einschränkung zur Rücklagenbildung aufzuheben gilt. Seiner Ansicht nach bedarf es wirtschaftsähnlicherer Förder- und Finanzierungsmodelle für gemeinnützige Betriebe, die eine Rücklagenbildung zulassen und ein langfristigeres Wirtschaften ermöglichen: GP6GFm: *„Dass vielleicht neue Modelle, die ja heute kaum möglich sind, nämlich auch solchen gemeinwirtschaftlichen oder gemeinnützigen Betrieben zu erlauben, dass sie Rücklagen bilden, dass sie Überschüsse erwirtschaften können usw. Man kann damit ihre Selbständigkeit und Autonomie stärken. Derzeit zahlen wir halt Überschüsse zurück. Also das heißt, wir sind immer in einer prekären Lebenssituation als Betrieb"* [Think Tank Doc. 1: Abs. 38]. Inwiefern der Gemeinnützigkeitsstatus dadurch ausgehöhlt werden würde, wird im Folgenden zwischen den FördergeberInnen, Geschäftsführern und der Interessenvertretung aus dem Organisationsfeld diskutiert.

In Österreich wird einem möglichen Übergriff der Sozialwirtschaft gesetzlich durch den Gemeinnützigkeitsstatus vorgebeugt. Ein Fördergeber (GP3FGm) betont in einer differenzierten Stellungnahme, dass dieser das Verhältnis zwischen Sozialwirtschaft und Wirtschaft regelt und dass die von GP6GFm elaborierte Möglichkeit einer unbegrenzten Überschusserwirtschaftung vor diesen Hintergründen problematisch ist. GP3FGm: *„Sonst wird es ja natürlich ein Problem geben, würde die xy oder zz [Anonymisierung der Betriebe durch die Verf.] die Produkte als gewinnbringend verkaufen und Rücklagen bilden können, dann* *hättets ihr wahrscheinlich ein größeres Problem"* [Think Tank Doc. 1: Abs. 40]. Ein Geschäftsführer (GP5GFm) verneint in einer oppositionellen Differenzierung diese Problematik. Er führt das steirische Modell der Beschäftigungsgesellschaften an, das eine Rücklagenbildung bis zu einem gewissen Grad zulässt, solange Überschüsse für den gemeinnützigen Zweck im Unternehmen verwendet werden – z. B. für die Schaffung von Arbeitsplätzen, Investitionen in die Infrastruktur und Entwicklungsarbeiten. Ergänzend betont er, dass die Auflösung des Gemeinnützigkeitsstatus für ihn nicht der zielführende Weg ist, da sich damit zwangsläufig auch die Kultur in der Sozialwirtschaft ändern würde.

> GP5GFm: *„Nein. Also das stimmt definitiv nicht. Also wir haben in der Steiermark eine sehr gute Situation, muss ich sagen. Wir haben eben das Modell der Beschäftigungsgesellschaft und da haben wir die Möglichkeit, ganz normal zu wirtschaften im Prinzip. Das geht auch. Das funktioniert. […] Wir haben die Möglichkeit eben mit diesem Modell, nicht in jedem Modell, das ist schon ganz klar, ganz normal zu wirtschaften und die Gemeinnützigkeit an und für sich ist nicht das Problem. Den Status halte ich für unseren Sektor für ganz wichtig und entscheidend, weil das würde den prinzipiellen Zugang zum Arbeiten im Betrieb verändern, wenn eine Gewinnorientierung oder eine Gewinnausschüttung möglich wäre. Das macht einen Unterschied, einen ganz gewaltigen. Aber wir haben schon die Möglichkeit. Ich mein, wir haben ein Budget oder einen Umsatz, einen Jahresumsatz jetzt von 1,6 Millionen inzwischen oder so. Da kann ich ja gar nie auf null hinkalkulieren, das ist ja völlig unmöglich mit so einem Geschäftsgang. Und da bin ich als Geschäftsführer auch verpflichtet, immer auf der sicheren Seite zu sein, das ist ganz klar. Die Frage ist nur immer, was passiert dann mit dem Geld, wenn was überbleibt und wenn das im Unternehmen bleibt, dann ist das sicher das. Wenn das einfach drinnen bleibt und in Arbeitsplätze oder über Infrastruktur investiert wird bzw. in Entwicklung, ist das überhaupt kein Problem. Das ist möglich steuerrechtlich, das geht alles ja. Also wir haben da in der Steiermark eben mit der Beschäftigungsgesellschaft österreichweit eine spezielle Situation, die ich sehr schätze, ja"* [Think Tank Doc. 1: Abs. 42–47].

Wie im Institutionalisierungsprozess dargelegt wurde (siehe Kapitel 7.1), gingen Beschäftigungsgesellschaften als ein Unikat der steirischen kooperativen Beschäftigungspolitik hervor, deren formale Charakteristika bereits in Kapitel 6.1.3.4 beschrieben wurden. Im weiteren Gesprächsverlauf wird die Bedeutung des Gemeinnützigkeitsstatus von einem Interessenvertreter aus dem Organisationsfeld (GP8IGorgm) weiter ausdifferenziert und konkludierend zusammengeführt. Der Gemeinnützigkeitsstatus ist aus seiner Perspektive gewissermaßen das Rückgrat der Sozialwirtschaft. Dadurch grenzt sie sich von der Privatwirtschaft ab und damit gelingt es ihr auch, im Sinne der Schadensbegrenzung Lücken zu füllen, die der Staat und der Markt hinterlassen. Gemeinnützig heißt nicht *„nicht wirtschaftlich"*, sondern betont den sozialen Zweck, die gesellschaftliche Verantwortung, die solche Unternehmen tragen. Dies wird seiner Wahrnehmung nach von vielen sozialen Organisationen missverstanden, was dazu führt, dass Gemeinnützigkeit als aufoktroyiertes Relikt interpretiert wird und die damit verbundene zentrale soziale Haltung in Vergessenheit gerät – wie es auch hier in der Forderung eines Geschäftsführers, die Rücklagenbildung zu entgrenzen, tendenziell nachlesbar ist.

> GP8IGorgm: *„Ahm zum Vorhergehenden. Es gibt oft ein falsches Bild, was Gemeinnützigkeit betrifft, ja. Gemeinnützig heißt nicht, ich darf keinen gescheiten Preis verlangen. Gemeinnützig heißt nicht, ich darf meine Produkte nicht verkaufen, heißt auch nicht, ich darf nicht Produkte produzieren überhaupt, ja. Gemeinnützig ist noch lange nicht, wenn in einem Vereinsstatut ‚nicht auf Gewinn gerichtet' steht, ja. Und da gibt's viele Unterscheidungen und deswegen, gemeinnützig heißt eben in Wahrheit nicht privat-, kein privater Gewinn, ja. Aber der Betrieb muss genauso kalkulieren, muss genauso wirtschaftlich erfolgreich sein, ja, weil Verluste werden dort am wenigsten von irgendwem übernommen, ja. Und ich hätte damit überhaupt kein Problem, wenn die Wirtschaft halt dann schreit, ja bitte, dann sollen sie Behindertenarbeitsplätze schaffen, ja, dann sollen sie Langzeitarbeitslose beschäftigen, ja. Und solange-.*
> GP3FGm: *Diese Diskussion habe ich schon gehabt.*
> GP8IGorgm: *Nein, solang das nicht in ausreichendem Maße der Fall ist, na bitte, dann kann ich sagen, ja bitte, da gibt's Unternehmer, die tun das und die gehören gescheit gefördert und die brauchen eine ordentliche wirtschaftliche Basis, mit der sie agieren können, nicht. Und erst recht denke ich, sollten wir gerade dort-, ich meine jetzt nicht offensiv in Konkurrenz treten, aber wenn jetzt ein Betrieb ein Produkt erzeugt und warum kommt dann irgendein Privatbetrieb und sagt, das darfst du nicht, ja. Ich meine, das ist ja absurd"* [Think Tank Doc. 1: Abs. 46–48].

Solange die Wirtschaft diese soziale Verantwortung nicht übernimmt, bedarf es gemeinnütziger Organisationen. Die Notwendigkeit besteht für den Gesprächspartner eher darin, mit Nachdruck vorhandene Vorurteile vonseiten der Wirtschaft auszuräumen und ECO-WISE für ihr soziales und wirtschaftliches Handeln adäquate strukturelle Rahmenbedingungen bereitzustellen. Der wahrnehmbare Einfluss der Wirtschaft, sozialwirtschaftlichen Organisationen das wirtschaftliche Agieren verbieten zu wollen, der auch von einem Fördergeber validiert wird, ist aus seiner Sicht absurd.

Diese konkludierende Positionierung wird von zwei weiteren am Diskurs beteiligten Geschäftsführern – GP7GFm und GP6GFm – validiert (vgl. Think Tank Doc. 1: Abs. 49–50), worin sich eine zukünftige Leitperspektive herauslesen lässt, nämlich die interne Besinnung auf ihre Identität als gemeinnützige Unternehmen zu forcieren und nach außen zu kommunizieren. Eine strategische Option dafür wurde im Anschluss an diesen Diskursstrang von einem Geschäftsführer benannt.

7.4.2.3 Sozialwirtschaftliche Interessenvertretung

> GP6GFm: *„Also ich denke, auf diese Diskussion hin wäre es auch eine Zukunftsfrage- ‚Wo sollen wir hin, oder der Sektor hin?' Ich glaube, wir müssen dort rein. Wir müssen in die Wirtschaft. Wir müssen in die Wirtschaftskammer mit einer Sektion der Sozialwirtschaft, weil wir einfach auch Rahmenbedingungen für die anderen Betriebe damit schaffen und viele Grundlagen aufbereiten. Soziale Gerechtigkeit ist eine Voraussetzung, dass das Gefühl in einer Region da ist, hier kann man gut leben. Und hierzu tragen wir was bei. Und ein zweiter Punkt ist, natürlich, dass wir mit so Aufträgen, indem wir zum Beispiel arbeitsmarktpolitische Aufträge oder Betreuungsaufträge im Behindertenbereich übernehmen, in Regionen Arbeit schaffen, wo sonst kaum mehr was möglich ist. Also da muss man sich ja auch die steirische Situation noch einmal anschauen. Ich komme aus der Oststeiermark, 240 000 Einwohner leben dort. Wir haben fünf Städte und in den Städten sind nur 6 bis 8 000 Einwohner. Also das heißt, da leben 200 000 Leute in der Pampa. Und die leben zum Teil in Gegenden, wo kein Betrieb mehr ist, wo kein Gasthaus, kein Geschäft mehr ist. Also daraus ergeben sich ziemliche steuerungspolitische Aufgaben für die Regionen. Wie kann ich in diesen Regionen in Zukunft überhaupt noch ein soziales und gesellschaftliches Leben sicherstellen mit einer gewissen Infrastruktur? Und da gehen sozialwirtschaftliche Betriebe zum Beispiel hinein. Und das macht Sinn. Und sie schaffen damit wieder die Voraussetzung, damit privatwirtschaftliche Betriebe auch wirtschaften können. Weil, ich mein, wenn ich mir vorstelle, die Oststeiermark würde verkommen, da gibt es ja Perspektiven für xy [Anonymisierung des Ortes durch die Verf.], dass in 15 Jahren dort 30 % weniger Bevölkerung sein wird. Das schau ich mir dann an, was das für die Wirtschaft bedeutet"* [Think Tank Doc. 1: Abs. 50].

Für den Geschäftsführer wäre eine Strategie, um ihrer auf Gemeinnützigkeit beruhenden wirtschaftlichen Ausrichtung innerhalb der Wirtschaftswelt eine Kommunikationsplattform zu geben, eine eigene Sektion für die Sozialwirtschaft in der Wirtschaftskammer zu erwirken. Damit kann zudem dem permanenten Aushandlungs- und Verdachtsmodus, in dem sich ECO-WISE befinden, präventiv entgegengesteuert werden. Gemäß den Einschätzungen des Geschäftsführers (GP6GFm) tragen ECO-WISE wesentlich zur regionalen Entwicklung bei. Sie schaffen nicht nur regionale Arbeitsplätze am ‚ersten' und am ‚zweiten Arbeitsmarkt'[245], sondern versuchen durch die Bereitstellung von Infrastruktur – z. B. über die Erbringung diverser Dienstleistungen – die Regionen auch lebenswerter zu machen, nicht zuletzt um bestehende Abwanderungstendenzen einzudämmen und den regionalen wirtschaftlichen Kreislauf aufrechtzuerhalten.

245 Der Gesprächspartner leitet beispielsweise einen Betrieb, der einen der größten Arbeitgeber in der Region darstellt.

Der sozialwissenschaftliche Vertreter (GP18SFm) sieht in diesem Bestreben ebenso eine Option zur Aufwertung dieses Wirtschaftsbereiches. Er betont, dass einige der Betriebe in manchen Regionen die größten ArbeitgeberInnen sind und sie als solche auch von der Wirtschaftskammer wahrgenommen werden sollten. GP18SFm: „*Das wäre natürlich auch eine Möglichkeit. Das wäre sicher eine schöne Aufwertung. [...] In manchen Ortschaften sind ja diese Beschäftigungsbetriebe fast die größten Arbeitgeber. Wenn in so einer kleinen Ortschaft ein Betrieb 30 oder 40 Mitarbeiter hat, das ist schon ein Patzen Betrieb, also die haben schon einen anderen Stellenwert eigentlich. Und die nimmt man wirklich nicht wahr*“ [Think Tank Doc. 4: Abs. 288–294].

Die Handlungsoption, eine eigene Sektion in der Wirtschaftskammer zu etablieren, wird auf Nachfrage vonseiten des ökonomischen Interessenvertreters allerdings kritisch kommentiert:

> GP23IGökonm: „*Wenn, dann ist es nur eine Fachgruppe sinnvoll. Wir versuchen auch unsere Fachgruppen eher schlank zu halten, obwohl wir auch wirklich sehr viele haben [...]. Es muss nicht jeder in der Wirtschaftskammer sein, weil die Ärzte, Notare, die Rechtsanwälte, die Ziviltechniker und und und, die sind da alle nicht bei uns Mitglied. Das heißt also, es ehrt uns zwar, dass man immer gleich die Wirtschaftskammer hernimmt, aber es gibt viele, die gar nicht bei uns dabei sind. Das zum einen, und b), wenn wir so etwas schaffen, würde man wirklich das Problem bekommen, dass natürlich dann der Gärtner trotzdem kommt und sagt: ‚Schau, eigentlich würde ich lieber das Ding da machen in der Wirtschaftskammer und würde ich lieber den Auftrag kriegen mit meinen Leuten.‘ Das heißt also, damit würde man diese sozialökonomischen Betriebe in die Wirtschaft reinsetzen und damit in ein riesen Spannungsfeld, das ich denen nicht antun möchte – das Spannungsfeld, dass sie immer wieder natürlich in Konkurrenz treten mit der normalen gewerblichen Wirtschaft, der normal Steuern zahlt, der ganz normal davon leben muss. Das ist das Problem*“ [Think Tank Doc. 8: Abs. 192–206].

Aus Sicht des Interessenvertreters würde sich damit intern das vorhandene Konkurrenzdenken verstärken, was für beide Seiten nicht förderlich ist. Im Aufzählen der nicht in der Wirtschaftskammer beteiligten Berufssparten ist die Option impliziert, eventuell eine eigene Kammer oder Interessenvertretung der Sozialwirtschaft in Erwägung zu ziehen, die entscheidende Lobbyarbeit leisten kann. Eine Fachgruppe innerhalb der Wirtschaftskammer wäre denkbar, jedoch scheint ihm eine externe Interessenvertretung chancenreicher. Auch wenn der Modus hier nicht geklärt werden konnte, ist die Strategie, eine formale Interessenvertretung für die Sozialwirtschaft insgesamt in Österreich zu entwickeln, aus Sicht der Geschäftsführer und der Sozialwissenschaft eine Möglichkeit, die sozialen und ökonomischen Potenziale zu kommunizieren sowie ein Lobbying über bestehende Netzwerke hinaus zu betreiben. Wie in Kapitel 5.3.2.4 angeführt, engagiert sich das Netzwerk ‚Sozialwirtschaft Österreich' tendenziell bereits in diese Richtung[246], worin ausbaufähige Potenziale liegen.

7.4.2.4 Strategische Kontrastierung und Partizipationsgelegenheiten

Wie die Diskurse zeigen, ist die Balance zwischen sozialem und wirtschaftlichem Handeln aufgrund förderpolitischer Dynamiken neu auszuhandeln. Einerseits wird eine Ausweitung der Eigenerwirtschaftung von arbeitsmarktpolitischer Seite gefordert und von ECO-WISE-VertreterInnen selbst vorangetrieben, sofern es die Rahmenbedingungen erlauben. Dies bestätigt sich in den Angaben zur Finanzierungsentwicklung tendenziell (siehe Kapitel 7.2.2). Gleichzeitig wird deutlich, dass ihre ökonomische Entfaltung nicht nur intern durch die Personalsituation, sondern vor allem auch extern durch die Förderbedingungen und die Konkurrenzsituation mit der Wirtschaft begrenzt ist. Wie sich ECO-WISE in diesem Spannungskreis positionieren, wie sie agieren und welche Optimierungsbedarfe und -möglichkeiten bestehen, wurde aus unterschiedlichen Perspektiven diskutiert.

Die internen operativen Spannungen wurden von zwei Geschäftsführern thematisiert, wobei einer die Problematik positiv als Know-how bezeichnet, dass sich ECO-WISE im Ausbalancieren zwischen sozialen und ökonomischen Ansprüchen angeeignet haben. Die Hervorhebung des Potenzials schreibt sich in den Diskursen zum Gemeinnützigkeitsstatus fort. Dieser ist weniger als eine Last, sondern als identitätsstiftendes Rückgrat Sozialer Organisationen insgesamt zu sehen. Während von fördergebender Seite der Gemeinnützigkeitsstatus als ein Regulativ dargestellt wird, mit dem sich die Sozialwirtschaft von der Wirtschaft abgrenzen lässt, identifiziert der Interessenvertreter aus dem Organisationsfeld darin keine Einschränkung, sondern einen Mehrwert. Diesen gilt es intern und extern anzuerkennen und aufzuwerten. Das Kommunizieren dieser Potenziale schält sich hier als eine zentrale Orientierung für zukünftiges Handeln heraus, der in Kapitel 7.5.2 eigens Raum gegeben wird. Es ist eine von den Organisationen mit Nachdruck betonte Option, die sich in der Zukunftsvorstellung einer sozialwirtschaftlichen Interessenvertretung in der Wirtschaftskammer fortschreibt.

Dieser Möglichkeit wurde kontrovers begegnet. Während die Organisationen darin eine Aufwertung und ein relevantes Kommunikationsmittel sehen – ein Argument, das von sozialwissenschaftlicher Seite mitgetragen wird –, wird vonseiten des wirtschaftlichen Interessenvertreters eine Abstandnahme von diesem Weg empfohlen. Damit würde sich aus seiner Sicht die Konkurrenzsitua-

246 http://www.bags-kv.at/1012,,,2.html [2.8.2016].

tion zu Wirtschaftsbetrieben verschärfen und nicht verringern, wie es sich die Betriebe erwarten. Die Konkurrenzsituation resultiert zum Großteil aus den von Wirtschaftsbetrieben angenommenen flexibleren Preisgestaltungsmöglichkeiten der Förderungen beziehenden Sozialen Organisationen. Dies wird auch von einem sachpolitischen Vertreter aus dem Wirtschaftsbereich herausgestellt. Dass es sich dabei um keinen Vorteil, sondern um ein Vorurteil handelt, zeigen ein Interessenvertreter der AdressatInnen und ein Geschäftsführer auf Basis von Erfahrungen auf. Unbeachtet bleibt aus Sicht des Interessenvertreters der Organisationen dabei die Tatsache, dass ECO-WISE mit den Förderungen einen sozialen Auftrag erfüllen. Vor diesen Hintergründen erscheint eine nicht zwingend in der Wirtschaftskammer angesiedelte Lobby als sinnvoll, die den gesellschaftlichen Mehrwert und den regionalwirtschaftlichen Beitrag nach innen und nach außen trägt. Damit kann gezielt am Ausräumen von Vorurteilen gearbeitet werden. Mit einer solchen Aufwertung ist die Hoffnung verbunden, dass gemeinnützige Organisationen insgesamt und ECO-WISE im Besonderen als regionalwirtschaftliche PartnerInnen größere Anerkennung erfahren und sich die Kooperationsstrukturen und -kulturen dahingehend verändern.

Hinsichtlich förderbedingter Einschränkungen, insbesondere die Eigenerwirtschaftungshöhe und Rücklagenbildung betreffend, wird in den Diskursen nach Modellen gesucht, die ein langfristiges Wirtschaften unterstützen. In Ergänzung zu den angestrebten nachhaltigen Finanzierungsmöglichkeiten für passgenaue Angebote, die auf die AdressatInnenpartizipation wirken, werden hier Möglichkeiten diskutiert, um die instabile ökonomische Gesamtsituation der Organisationen zu entschärfen und um bilaterale Aushandlungsschleifen mit fördergebenden Stellen abzustellen. Es wird betont, dass es nicht darum gehe, den Gemeinnützigkeitsstatus aufzugeben, sondern ihnen ein kontinuierliches Wirtschaften zu ermöglichen. Das in der Steiermark existierende Modell der Beschäftigungsgesellschaften bietet bereits Möglichkeiten für ein den organisationalen ökonomischen Bedingungen angemessenes Wirtschaften – eine Struktur, die in den Worten eines Geschäftsführers *„sehr geschätzt"* wird.

Insgesamt werden in den Diskursen drei einander nicht ausschließende Strategien entwickelt, um die materiellen Partizipationsressourcen von ECO-WISE zu stabilisieren und ihre Positionierung auf strategischer Ebene zu optimieren: 1.) die Besinnung auf den Gemeinnützigkeitsstatus, 2.) die Schaffung von adäquaten Förderbedingungen, die das gemeinnützige ökonomische Agieren nicht hemmen, und 3.) das Kommunizieren ihrer sozialökonomischen Potenziale in Form einer sozialwirtschaftlichen Interessenvertretung. In der Perspektivierung zeigt sich, dass vor allem von wirtschaftlicher Seite, welche die ökonomischen Institutionen im Partizipationsanalyse-Rahmenmodell repräsentieren (siehe Kapitel 3.3), Konkurrenzbefürchtungen vorhanden sind. Es sind zudem Bestrebungen wahrnehmbar, die materiellen Gestaltungsmöglichkeiten von ECO-WISE einzuschränken. Belege dafür finden sich in der nicht angemessenen Unterstützung der Betriebe von der wirtschaftlichen Interessenvertretung trotz Mitgliedschaft und im impliziten Abraten von einer eigenen Fachgruppenbildung. Da die Betriebe gemäß den Förderbedingungen nicht in Konkurrenz mit der Wirtschaft treten dürfen, wird in einigen Branchen in Rücksprache mit fördergebenden Stellen das Ausmaß ihres wirtschaftlichen Handelns diskutiert. Fördergebende Stellen versuchen in ihrer Funktion als politische Institutionen, welche die ökonomischen Partizipationsrechte von ECO-WISE gemäß den einschlägigen Richtlinien im Blick haben, die Spannungen zu neutralisieren. Sie eröffnen Aushandlungsräume, in denen die Höhe der Eigenerwirtschaftung fallspezifisch verhandelt wird. Wie an anderer Stelle deutlich wurde, sind die arbeitsmarktpolitischen Mittel begrenzt, und somit ist eine höhere Eigenerwirtschaftung durchwegs in ihrem Sinne. Dahingehend fordern und fördern sie die materiellen Partizipationsmöglichkeiten von ECO-WISE gleichermaßen. Als Argumente werden die regulativ festgelegte eingeschränkte Rücklagenbildung und die Rückführung erwirtschafteter Überschüsse in den Betrieb für gemeinnützige Zwecke angeführt, wodurch sich ECO-WISE in ihrer wirtschaftlichen Orientierung deutlich von privatwirtschaftlichen Unternehmen unterscheiden. ECO-WISE-VertreterInnen verhalten sich in diesem Spannungsfeld zwischen förderpolitischen und wirtschaftlichen Interessen mobilisierend und versuchen, durch die von ihnen eingesetzten Strategien die materiellen Partizipationsressourcen aufrechtzuerhalten und auszuweiten. Das Kommunizieren ihres Verständnisses von Gemeinnützigkeit als nicht *„nicht wirtschaftlich"*, sondern als Ökonomie für die Gesellschaft, die Entwicklung passender Förderbedingungen, die ein Reinvestieren zulassen, und die Initiative einer sozialwirtschaftlichen Interessenvertretung, um geschlossen als Sektor aufzutreten und die Potenziale sichtbar zu machen, markieren ihre mobilisierenden Bestrebungen, sich auf strategischer Ebene zu profilieren.

Mit Blick auf den Strukturierungsprozess kann mit diesen Strategien eine Aufwertung von ECO-WISE als regionale PartnerInnen im Gefüge zwischen Wirtschaft und Arbeitsmarktpolitik forciert werden. Zu achten ist allerdings auch darauf, dass die wirtschaftlichen Möglichkeiten der Betriebe von arbeitsmarktpolitischer Seite nicht überspannt werden. Mit einer regelmäßigen Erhöhung der Eigenerwirtschaftungsquote wird eine Verantwortungsübertragung und Instrumentalisierung vorangetrieben. Indem ECO-WISE-VertreterInnen dem Folge leisten, unterstützen sie, wie bereits an anderer Stelle erwähnt (siehe Kapitel 7.1), unintendiert diese strukturellen Entwicklungen. Im Sinne einer gemeinsamen Verantwortungsübernahme für arbeitsmarktintegrative Prozesse, wie sie im Zusammenhang mit der Angebotserweiterung bereits thematisiert wurde (siehe Kapitel 7.4.1), ist auf strategischer Ebene eine Bewusstseinsentwicklung der wirtschaftlichen PartnerInnen voranzutreiben. In operativen Prozessen stellt sich dahingehend bereits fallweise eine auf Gegenseitigkeit beruhende Kooperationssituation ein, wie noch zu zeigen sein wird (siehe Kapitel 7.4.3).

7.4.2.5 Relevanz und Realisierbarkeit

Auch die hier entwickelte Leitperspektive und die Entwicklungsmöglichkeiten wurden hinsichtlich ihrer Relevanz und Realisierbarkeit von österreichischen ECO-WISE-VertreterInnen bewertet. Die von den Akteuren eingebrachte Perspektive, dass sich ECO-WISE angesichts des wahrnehmbaren Drucks, die Eigenerwirtschaftungsquoten zu erhöhen, und der erkennbaren Konkurrenzsituationen mit der Wirtschaft verstärkt auf ihre Identität als gemeinnützige Organisationen besinnen, fand eine breite Zustimmung (siehe Abbildung 58). Drei Viertel (75 %; n = 21) der antwortenden Organisationen bewerteten sie als sehr wichtig und ein knappes Fünftel (18 %; n = 5) als wichtig. Lediglich ein Betrieb stufte diesen Aspekt als weniger wichtig und ein weiterer als überhaupt nicht wichtig ein. Letzterer führte folgende Begründung an: *„[W]enn sich Soziale Integrationsunternehmen erst auf ihre Identität besinnen müssen, sind sie fehl am Platz.“* Das gemeinnützige Agieren wird in diesem Sinne als Grundvoraussetzung interpretiert.

Abbildung 58: Relevanz der Perspektive ‚gemeinnützige Identität‘ (N = 28)

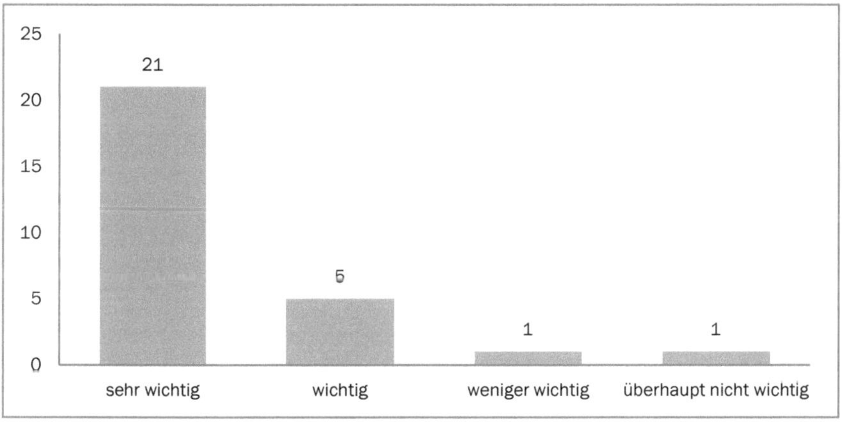

Quelle: SPSS_datafile_ECO-WISE_Struktur_2015

Ebenfalls eine hohe Wichtigkeit wird der Entwicklung adäquater Fördermodelle für gemeinnützige Unternehmen beigemessen, die eine Erhöhung der Eigenerwirtschaftung und eine Rücklagenbildung zulassen, ohne dass der Gemeinnützigkeitsstatus aufgehoben wird, wie es beispielsweise in Beschäftigungsgesellschaften in der Steiermark tendenziell bereits möglich ist (siehe Abbildung 59).

19 von 28 (68 %) antwortenden Organisationen stuften diese Entwicklungen als sehr wichtig und neun (32 %) als wichtig ein. Kommentiert wurde dies unter

anderem damit, dass die existierenden Förderrichtlinien *„aus den Achtzigerjahren des vorigen Jahrhunderts"* stammen und in Fragen der Nachhaltigkeit und Wirtschaftlichkeit nicht mehr zeitgemäß sind. Eine Rücklagenbildung würde die unternehmerische Planbarkeit unterstützen. Konkret könnte dadurch schneller auf veränderte Erfordernisse des Marktes reagiert und die Entwicklung neuer Wirtschaftsfelder und Dienstleistungen initiiert werden. Hinsichtlich Beschäftigungsgesellschaften wird auf den – aus den flexiblen Finanzierungsarrangements resultierenden – Nachteil des erhöhten wirtschaftlichen Risikos hingewiesen, was *„beste marktwirtschaftliche Kenntnisse erfordert"*.

Abbildung 59: Relevanz von Fördermodellen für gemeinnütziges Wirtschaften (N = 28)

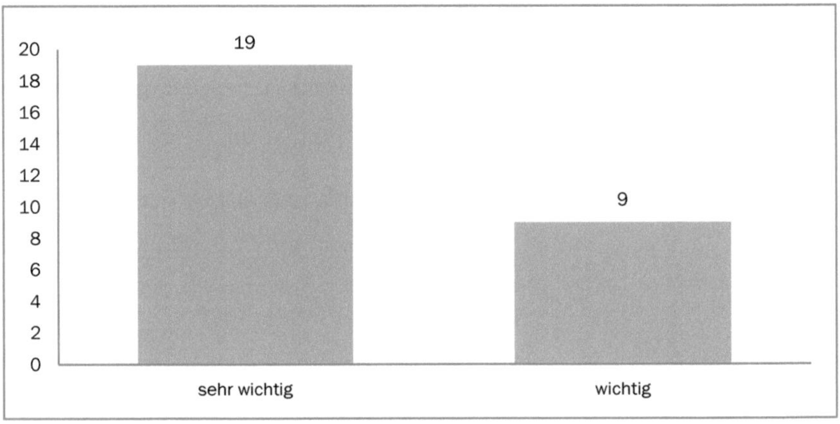

Quelle: SPSS_datafile_ECO-WISE_Struktur_2015

Abbildung 60: Realisierung von Fördermodellen für gemeinnütziges Wirtschaften (N = 26)

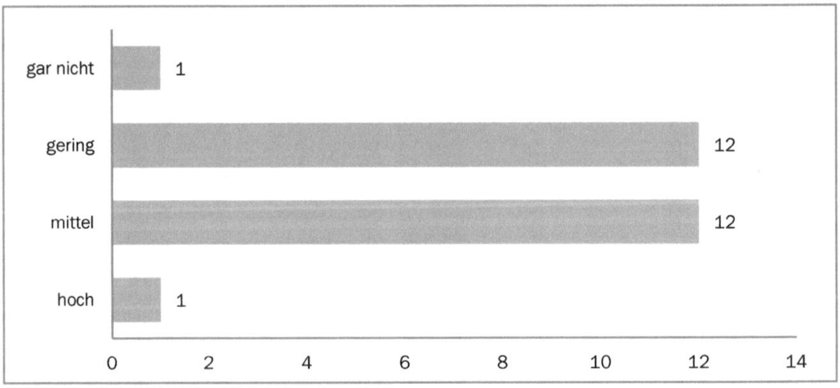

Quelle: SPSS_datafile_ECO-WISE_Struktur_2015

Die Realisierungschancen solcher Modelle erweisen sich für den Großteil der Akteure als mittelmäßig bzw. gering (siehe Abbildung 60). Jeweils 46 % (n = 12) schätzen sie so ein. Ein Betrieb sieht gar keine Realisierungsmöglichkeiten und führt dies auf jahrelange ergebnislose Diskussionen zurück. Wiederum ein anderer bewertet sie als hoch und bezieht sich im Kommentar auf das existierende steirische Modell der Beschäftigungsgesellschaften, die auch österreichweit umsetzbar wären.

Die dritte Entwicklungsmöglichkeit – die Schaffung einer sozialwirtschaftlichen Interessenvertretung (z. B. Kammer für Sozialwirtschaft), durch die der sozialökonomische Mehrwert nach innen und nach außen kommuniziert, die Identität als wirtschaftliche und soziale Akteure gestärkt und ihre Aufwertung als PartnerInnen in regionalwirtschaftlichen Gefügen vorangetrieben werden kann – wird von der Mehrheit der Organisationen (58 %; n = 15) als sehr wichtig eingestuft. Weitere sieben Betriebe (27 %) sehen dies als wichtig an und vier (15 %) als weniger wichtig (siehe Abbildung 61). In den Kommentaren unterlegen die Akteure diese Relevanz: *„Es ist unerträglich, dass über diesen Sektor immer von anderen Sektoren entschieden wird und er selbst nicht verpflichtend in den politischen Entscheidungsprozess im Rahmen der Sozialpartnerschaft eingebunden ist.“* Eine solche Einrichtung würde einen Gegenpol zur Wirtschaft bieten, den sozialwirtschaftlichen Mehrwert sichtbar machen und ein wichtiges Gremium schaffen, durch das der gesamte Wirtschaftsbereich in politische Entscheidungsprozesse eingebunden wäre. Ein/e Vertreter/in fordert darüber hinaus ein Ministerium oder zumindest ein Staatssekretariat für die Sozialwirtschaft ein, wie es beispielsweise in Großbritannien der Fall ist.

Abbildung 61: Relevanz einer sozialwirtschaftlichen Interessenvertretung (N = 26)

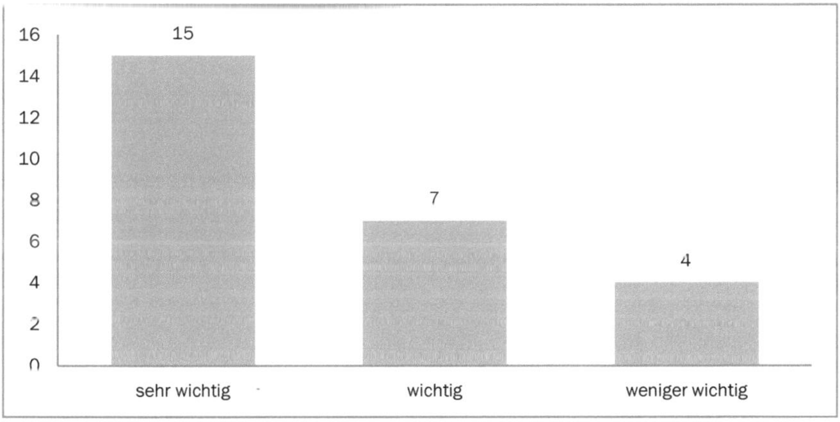

Quelle: SPSS_datafile_ECO-WISE_Struktur_2015

Bezüglich der Verwirklichungsmöglichkeiten bestehen allerdings eher geringe Erwartungen (siehe Abbildung 62). Der Großteil der antwortenden Betriebe/Projekte sieht dafür geringe Chancen (52 %; n = 13). Begründet wird dies damit, dass eine solche Interessenvertretung nur schwer politisch durchsetzbar ist und dass das gesellschaftlich akzeptierte Primat der Wirtschaft kaum zu durchbrechen ist. Ein Drittel (32 %; n = 8) stuft die Realisierbarkeit als mittel ein und drei Organisationen (12 %) schätzen sie sogar als hoch ein. Leider liegen dazu keine Kommentare vor.

Abbildung 62: Realisierung einer sozialwirtschaftlichen Interessenvertretung (N = 25)

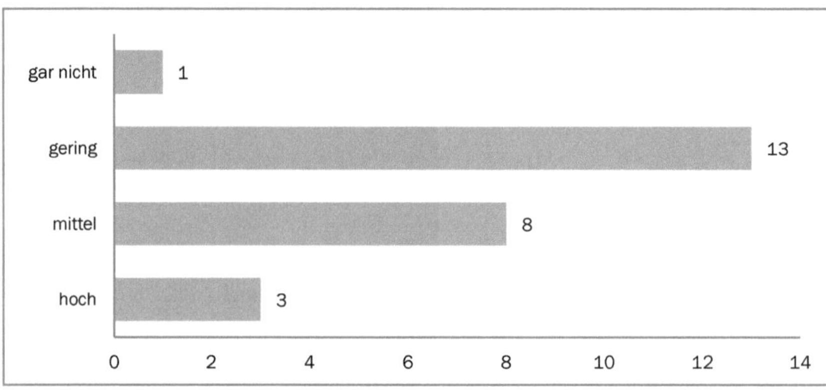

Quelle: SPSS_datafile_ECO-WISE_Struktur_2015

In einer Zusammenschau wird ersichtlich, dass auch diese Perspektiven und Entwicklungsmöglichkeiten eine breite Zustimmung durch die Akteure aus dem Handlungsfeld erfahren. Die Identität als gemeinnützige Organisationen, die geforderten zeitgemäßen Fördermodelle sowie eine starke Interessenvertretung spielen für ihre ökonomischen Entfaltungsprozesse eine wichtige Rolle. Die Realisierung neuer Fördermodelle für gemeinnütziges Wirtschaften sowie jene einer sozialwirtschaftlichen Interessenvertretung werden durchschnittlich bis gering mit einem Mittelwert von jeweils 2,5 eingeschätzt. Es werden dabei insbesondere Barrieren von wirtschaftlicher und arbeitsmarktpolitischer regulativer Seite wahrgenommen.

7.4.3 Entwicklung von und Etablierung in ökologischen Geschäftsfeldern

Wie in der State-of-the-Art-Analyse bereits hervorgehoben wurde (siehe Kapitel 7.3), können ECO-WISE mit der Entwicklung bzw. Etablierung ökologiesensibler Dienstleistungen und Produkte zum bewussten Konsumieren und zu einer regionalen Infrastrukturentwicklung beitragen. Klargestellt wurde dort auch, dass sich die praktische Entfaltung dieser Nachhaltigkeitspotenziale an den durch Systemlogiken geprägten Konfliktzonen reibt. Die Spannung zwischen sozialen und ökologischen Ansprüchen ist zum einen durch das globale Marktregulativ induziert, das zum Kauf von in weltweiten Verwertungs- und Gewinnketten erzeugten Produkten zwingt und eine Bewusstseinsentwicklung für nachhaltiges Konsumieren erschwert. Diese Entwicklungen werden gemäß den Einschätzungen der Akteure durch die Folgen der Wirtschaftskrise verstärkt. Ein Kaufkraftrückgang von regional erzeugten nachhaltigen Produkten wird dahingehend erwartet. Zum anderen sind ECO-WISE-VertreterInnen aufgrund ihrer sozialen Zielsetzung klare Grenzen in der Ausgestaltung ihrer Produkt- und Dienstleistungspalette gesetzt. Diese ist, wie bereits erwähnt (siehe Kapitel 7.4.2), an die Möglichkeiten ihrer AdressatInnen angepasst. Innovationen in wirtschaftlich interessanten, aber oftmals Know-how-intensiven Bereichen sind demgemäß in der Regel eingeschränkt. Des Weiteren sind ökologische Entwicklungsvorhaben durch ökonomische Gegebenheiten limitiert. Einerseits fehlt es an Investitionskapital, um neue Produkte und Dienstleistungen zu entwerfen. Andererseits begrenzt die Konkurrenzproblematik zwischen Sozialwirtschaft und Privatwirtschaft die Etablierung von ECO-WISE in heranwachsenden ökologischen Märkten. Damit reduziert sich ihr Handlungsspektrum auf ökonomische Nischen.

Diese Ausgangsbedingungen sind den DiskutantInnen des Think-Tanks bewusst. Von den einzelnen Akteurgruppen werden unterschiedliche Herangehensmöglichkeiten genannt, die sich in einer zentralen Leitperspektive verdichten lassen. Es zeigt sich, dass Kooperationen zwischen ECO-WISE und regionalen Wirtschaftstreibenden essenziell sind für die Entwicklung ökologischer Geschäftsfelder, in denen sich ECO-WISE mit ihrer Expertise folglich auch etablieren können. So können sie über Nischen hinaus ihre ökologische Performance nachhaltig in eventuell daraus entstehenden regionalen Märkten entfalten, ohne in Konkurrenz mit Wirtschaftsbetrieben zu treten.

7.4.3.1 Investitionskapital für regionale Innovationsnischen

Blickt man in die Entwicklungsgeschichte von ECO-WISE, so haben sie ökologische Nischen für sich als Geschäftsfelder entdeckt, um in noch nicht marktfähigen und nicht Know-how-intensiven Bereichen Arbeitsplätze am ‚zweiten Arbeitsmarkt' anbieten zu können (siehe Kapitel 7.1). Insofern stellen ökologische Geschäftsfeldnischen für ECO-WISE ein identitätsstiftendes Charakteristikum dar. Das wird in einer Proposition der Vertreterin einer fördergebenden Stelle und in einer darauffolgenden antithetischen Differenzierung eines Geschäftsführers auch so herausgestellt.

> GP1FGw: *„Ich glaube, das hat sich aber einfach so ergeben. Ich meine, dadurch, dass bei uns [in der Arbeitsmarktpolitik, Anmk. d. Verf.] die Voraussetzung ist, dass das gemeinnützige Träger sind, die nicht auf Gewinn ausgerichtet sind, und dass das eben vorwiegend in dem Bereich [im ökologischen Bereich, Anmk. d. Verf.] stattfindet, ist es eigentlich vorwiegend in die Richtung gegangen. Und dadurch haben wir eigentlich auch sehr viele Projekte, die eben in diesem Bereich dann die Arbeitsplätze anbieten.*
> GP5GFm: *Das ist auch eben spannend, weil, das sind eben diese Nischen, diese ökologischen Nischen, mit denen man offensichtlich nicht viel Geld verdienen kann.*
> GP2FGw: *Aber das war es ja von Anfang an.*
> GP5GFm: *Darum sind sie den gemeinnützigen Unternehmen letztendlich geblieben"* [Think Tank Doc. 1: Abs. 29–32].

Wie ein anderer Geschäftsführer in einer Anschlussproposition exemplifiziert, ist der Ökologiebereich zu einem mittlerweile durchwegs höchst gewinnbringenden Wirtschaftssektor avanciert. GP4GFm: *„Ich habe erst vor Kurzem im Fernsehen beobachtet, da haben sie Sachen von Korruption gebracht über Abfallwirtschaft in einer deutschen Kleinstadt von 600 000 Leuten, da geht's um 85 Millionen Korruption, was mit Abfallwirtschaft zu machen ist. Und dann sag mir nicht, dass im Umweltbereich kein Geld drinnen liegt. Also das, was wir da machen, sind ja Peanuts. Wenn ich ein paar Räder zusammenschraube und ein bisserl ein Holz einsammle oder sonst was mache, das ist ja nicht das Geschäft. Das tatsächliche Geschäft liegt ja ganz wo anders und da kommen wir auch gar nicht hin"* [Think Tank Doc. 1: Abs. 33].

Während die Geschäftsführer (GP5GFm, GP4GFm) in dieser Diskurspassage auf Entwicklungen außerhalb ihrer ökologischen Nischen hinweisen und ihre zumeist nicht marktfähigen Geschäftsbereiche mit lukrativen Ökomärkten der Privatwirtschaft vergleichen, stellt für die arbeitsmarktpolitische Vertretung das Agieren in ökologischen Nischen ein grundlegendes Merkmal von ECO-WISE dar, das mit ihrer nicht auf Gewinnmaximierung ausgerichteten gemeinnützigen Konzeption korrespondiert. Dass VertreterInnen aus dem Organisationsfeld diesem Nischendasein skeptisch gegenüberstehen, ist hier nachzulesen, und es wird an anderen Stellen noch verdeutlicht.

Doch Nische ist nicht gleich Nische. Ein Sozialwissenschafter (GP18SFm) und ein sachpolitischer Vertreter aus der Wirtschaftspolitik (GP24PVökonm) exemplifizieren die Entwicklung zweier steirischer integrativer Betriebe zu global agierenden Wirtschaftsunternehmen. Beide sind im Solaranlagenbereich tätig – einem marktfähig gewordenen globalen Nischenbereich – und haben mittlerweile einen weltweiten Kundenstock mit Firmensitzen im Ausland. Sie sind beispielgebend dafür, dass ECO-WISE sich über regionale Nischen hinaus auch in globalen etablieren können. Zudem verkörpern sie eine übersektorale Dynamik, auf die in Kapitel 5.2.1 hingewiesen wurde. Sie belegen, wie aus Dritt-Sektor-Organisationen gewinnmaximierende Firmen mit sozialer und ökologischer Fokussierung werden können. GP18SFm: „*Und manche Betriebe, die eigentlich als integrative Betriebe angefangen haben, sind jetzt normale Firmen geworden. Und die haben so Solardinger hergestellt und Großanlagen beliefert. Und jetzt hat die xy [Anonymisierung des Firmennamens durch die Verf.] internationale Firmen in Singapur, in Australien und so herum. Ich denke mir-, damals waren sie noch gefördert irgendwie auch, weil sie viele Leute mit Behinderung angestellt gehabt haben. Jetzt habe ich nichts mehr gesehen, dass es so etwas gibt. Bei yy [Anonymisierung des Firmennamens durch die Verf.] ist es so ähnlich, glaube ich*“ [Think Tank Doc. 4: Abs. 136–140]. Mit Blick auf die soziale Zielsetzung ist sich der Gesprächspartner nicht sicher, ob und inwieweit die Unternehmen dieser treu geblieben sind. Recherchen belegen, dass zumindest einer der beiden Betriebe im Firmenprofil nach wie vor eine soziale Fokussierung ausweist: Mehr als ein Drittel der Belegschaft sind Personen mit Behinderungen, die in einem dauerhaften Dienstverhältnis mit individueller Unterstützung stehen.

Auch der sachpolitische Vertreter aus der Wirtschaftspolitik (GP24PVökonm) sieht in Feldern der erneuerbaren Energie und Ökotechnologie insgesamt Potenziale. In Replik auf das benannte Firmenbeispiel leitet er förderungswürdige Zukunftschancen für ECO-WISE ab.

> GP24Pvökonm: „*xy [Anonymisierung des Firmennamens durch die Verf.], glaube ich, heißen die. Wenn uns das gelingen würde, mehr so ähnliche Unternehmen zu haben, die in dem Bereich tätig sind, einerseits in einem Feld, das irgendwie ein Zukunftsfeld ist, wie erneuerbare Energien, Ökotechnologien, Humantechnologien, ja, wobei ich natürlich jetzt schwer sagen kann, inwieweit Leute halt dann derartig einsetzbar und ausbildbar sind, die halt Behinderungen haben zum Beispiel. Da fehlt mir jetzt der Einblick. Aber wenn es gelingen würde, mehr von derartigen Unternehmen quasi irgendwie zu fördern, auf die Beine zu bringen, dann glaube ich, dass das schon gewisse Zukunftschancen halt hätte*“ [Think Tank Doc. 9: Abs. 96–98].

In der Realisierung dieser Entwicklungsmöglichkeit erweisen sich drei Aspekte als herausfordernd. Zum einen ist es fraglich, inwiefern in wirtschaftlich interessanten, aber Know-how-intensiven Bereichen mit am Arbeitsmarkt benachteiligten Personen zielführend gearbeitet werden kann. Diese Einschränkung wurde bereits mehrmals im Rahmen des sozialökologischen Konfliktes thematisiert. Zum anderen setzt die Entwicklung solcher Unternehmen eine privatwirtschaftliche Ausrichtung und somit die Aufgabe der Gemeinnützigkeit voraus, die als identitätsstiftendes Rückgrat identifiziert wurde. Schließlich ist ein angemessenes Investitionskapital zur Entwicklung solcher Unternehmen notwendig, das nicht alleinig über arbeitsmarkt- und sozialpolitische Förderungen abzudecken ist. Es bedarf zusätzlicher Gelder aus dem ökologie- und wirtschaftspolitischen Bereich, die in der Regel für ECO-WISE aufgrund ihrer sozialwirtschaftlichen Ausrichtung schwierig zu lukrieren sind.[247]

Vor diesen Hintergründen stellen Beispiele wie diese eher die Ausnahme als die Regel dar. Insofern sind die Stärken von ECO-WISE im regionalen Nischenhandeln zu suchen, wo sie mit ihren Dienstleistungen und Produkten Innovation initiieren und wichtige infrastrukturelle Impulse setzen können. In einer Proposition differenziert der Sozialwissenschafter (GP18SFm) zwischen großen und kleinen regionalen Nischen. GP18SFm: „*Also ich denke mir, das ist halt auch der Lauf der Zeit irgendwie, dass vielleicht- ich weiß nicht, ob es grundsätzlich so schlecht ist halt, dass man in einer Nische drinnen ist, und es gibt ja auch große Nischen irgendwie. Wenn man sich das belgische Modell der Re-Use-Shops anschaut, wo sie riesige Einkaufszentren haben mit fast nur Secondhandwaren, aber nicht so diese Schmuddelecke, sondern ganz klass und schön, mit einem großen Umsatz, ja das ist halt eine große Nische*“ [Think Tank Doc. 4. Abs. 136–141]. Das Beispiel der belgischen Re-Use-Zentren zeigt, dass es auch sozialwirtschaftlichen Betrieben gelingen kann, sich zu vergrößern und sich in wachsenden Märkten zu etablieren. Dass auch in Österreich der Secondhandbereich ein aufstrebender ist, darauf wurde in der State-of-the-Art-Analyse bereits hingewiesen. Inwiefern Secondhand-Einkaufszentren auch hierzulande eine Option bieten, um Synergien zu bündeln, wurde hier nicht weiter diskutiert. Im Rahmen der letzten österreichischen Re-Use-Konferenz (2016) wurden allerdings ausbaufähige Beispiele vorgestellt, wie der Re-Use Park in Graz (vgl. Gelbmann 2016, o. S.; Ebner 2015).

Gleichzeitig erweisen sich ECO-WISE als kreative Nischenentwickler. Zum Zeitpunkt der Think-Tank-Gespräche etablierten sich einige Organisationen gerade im Geschäftsfeld ‚Design‘, wie vom Sozialwissenschafter (GP18SFm) in einer Anschlussproposition exemplifiziert wird.

> GP18SFm: „*Ich denke, in den klassischen Feldern sind sie voll drinnen so mit, mit Re-Use oder mit Mülltrennung. Mülltrennung, die Schadstoffgeschichten und Wiederverwertung. Ja und ich denke mir, [...] dass sich da immer neue Felder auftun irgendwie. Weil vor fünf Jahren hat es, glaube ich, xy [Anonymisierung des Organisationsnamens durch die Verf.] gerade als ganz kleinen Betrieb gegeben, wenn überhaupt*

247 Auf den Zugang zu Wirtschaftsförderungen wird im Abschnitt ‚Kooperieren‘ (7.5.2) noch detaillierter eingegangen.

schon. Ja und in der Zwischenzeit-, gibt es ja schon mehrere. Es gibt mehrere solche Betriebe jetzt, die eben aus alten Materialien irgendwie etwas Trendiges, Zeitgeistiges, Modisches machen. Ja, das ist auch der Trend, die Überschneidung zum Designbereich. Und ich denke mir, da gibt es immer wieder Möglichkeiten irgendwie" [Think Tank Doc. 4: Abs. 116–120].

In einer Brainstorming-ähnlichen Auflistung eventueller zukünftiger Geschäftsfeldnischen spricht er weitere Möglichkeiten an. Es könnten sich beispielsweise im Rahmen der Green-Jobs-Initiative Synergien ergeben, oder auch im Zusammenhang mit dem Trend zum Elektrofahrrad. GP18SFm: „*Und ich weiß ich nicht, was man sich da noch alles vorstellen könnte. Vielleicht kommt im Bereich von diesen viel gerühmten Green-Jobs noch irgendwas daher. Oder dass man dann schaut, wenn jetzt diese Elektroräder irgendwie so boomen, vielleicht tut sich da irgendetwas auf. Ich bin kein Techniker, aber dass man zum Beispiel ab und zu die Batterie oder den Akku irgendwie herrichten müsste (lachen) oder austauschen*" [Think Tank Doc. 4: Abs. 144–147]. Im Bereich des ‚sanften Tourismus' sieht der Experte weitere Optionen. Exemplarisch genannt werden der barrierefreie Ausbau von Wanderwegen oder die Renaturierung von Flüssen und Bächen [vgl. Think Tank Doc. 4: Abs. 268–272].

GP18SFm: „*In Kärnten da bei dem ESF-3b-Programm jetzt, da gibt es ein großes Projekt, wo sich die Gemeinden, die Regionalmanager und ein paar so Non-Profit-Organisationen zusammengeschlossen haben. Die tun jetzt die Radwege herrichten. Also mit ganz arbeitsmarktfernen Personen, eine soziale Zielsetzung, aber auf der anderen Seite, dass ein bisschen Infrastruktur hergerichtet wird. Das ist auch eine Möglichkeit. In Tirol gibt es, glaube ich, einen sozialökonomischen Betrieb, der auch die Wanderwege, also die Bergwege herrichtet. Und das ist eine Ausnahmeregelung, dass dort die Transitzeit aufgespaltet werden kann, in zwei Sommer und in zwei Saisonen, weil das allein schon vom Wetter her nicht ein ganzes Jahr durchgehen kann. Aber da, ich glaube, in dem sanften Tourismus oder so gibt es auch Wege*" [Think Tank Doc. 4: Abs. 144–164].

Insgesamt zeigt sich, dass im Agieren in Nischen wichtige innovative Impulse gesetzt werden können, die nachhaltig auf die regionale Infrastruktur wirken. Ein Geschäftsführer (GP6GFm) äußert sich dazu, die Entwicklungsgeschichte von ECO-WISE aufgreifend, konkludierend und antithetisch differenzierend.

GP6GFm: „*Also ich glaube, und das ist so eine These von mir, dass unsere Betriebe immer wieder in neue Geschäftsfelder gehen, die sich noch nicht wirtschaftlich so rechnen. Also, ich meine, zum Beispiel wir haben den ersten/die erste Abfallberater/in in der Region, ich weiß nicht, 1991 gehabt. Da hat sich das für niemanden noch gerechnet. Ja ich meine, es ist eigentlich-*
GP8IGorgm: *1986.*

GP6GFm: *Oder noch früher. Und wir haben ein Abfallentsorgungssystem für wiederverwertbare Abfälle aufgebaut. Und wie sich's dann richtig gerechnet hat, dann gehen die großen [Firmen, Anmk. d. Verf.] rein. Also wie das plötzlich ein Thema war. Dann war es für uns einfach nicht mehr durchführbar, zum Beispiel, weil wir als regionales Unternehmen nicht steiermarkweit und österreichweit und darüber hinaus liegen. Also das ist so ein Punkt. Also ich glaube, da gibt's einige Dinge, also wo's immer wieder so Impulse gibt aus dem ECO-WISE-Sektor, wo auch richtige Berufe entstehen oder Arbeitsfelder und die dann von der Wirtschaft, quasi, wenn der Boden aufbereitet ist, wenn das Bewusstsein da ist, wenn auch Finanzierungsströme da sind, übernommen werden. Und auch gesetzliche Rahmenbedingungen. Eine zweite Geschichte ist, dass viele von uns ja größere Betriebe haben. Also wir haben eine Firmengruppe, wo wir dann natürlich auch jetzt mit anderen unserer Betriebe solche ökologischen Geschäftsfelder unterstützen, zum Beispiel, indem wir sehr früh begonnen haben mit regionalen Bauern unsere Heizanlagen umzubauen, und die liefern uns die Energie zum Beispiel. Also das ist auch ein sinnvoller Bereich und damit sind wir ein Vorreiter in der Region für andere Unternehmen, die das heute auch machen, oder für Wohnbaugenossenschaften. Also solche Dinge können es auch sein*" [Think Tank Doc. 1: Abs. 122–124].

Der Geschäftsführer spricht in dieser Passage konkret die innovativen Potenziale von ECO-WISE-VertreterInnen in der Geschäftsfeldentwicklung und im ökologisch nachhaltigen Handeln insgesamt an, die auch für ihn wesentlich im Agieren in der Nische begründet sind. Seiner Erfahrung nach suchen sie stets neue Geschäftsfelder, die sich wirtschaftlich noch nicht rechnen, womit sie Impulse für die Wirtschaft setzen. Allerdings werden ihre Entwicklungen – wenn der Boden dafür aufbereitet ist, das Bewusstsein dafür vorhanden ist oder neue rechtliche Bestimmungen es erfordern und schließlich auch das Geld dafür fließt – oftmals von Wirtschaftsbetrieben aufgegriffen und ausgebaut, wie es im Institutionalisierungsprozess bereits Erwähnung fand (siehe Kapitel 7.1.2). ECO-WISE können allerdings als regional begrenzte Unternehmen den Einschätzungen des Gesprächspartners zufolge an solchen wachsenden Märkten nicht mehr partizipieren, worin sich im Wesentlichen die eingangs nachlesbare Nischenskepsis begründet. Was ihnen bleibt – und was sie auch können –, ist, neue Innovationen zu setzen. Das vom Gesprächspartner angeführte Heizanlagenprojekt hingegen verdeutlicht die Chancen, die in Kooperationsbeziehungen mit der Wirtschaft liegen. Es signalisiert, ebenso wie das nächste Beispiel, dass im operativen Handeln Kooperationen gelebt werden, auch wenn auf strategischer Ebene Vorurteile und Konkurrenzbefürchtungen vorherrschend sind (siehe Kapitel 7.4.2).

Denn aus der Sicht des Geschäftsführers GP14GFm eröffnet sich für die Wirtschaft durch Kooperationen mit ECO-WISE eine ‚CSR-Schiene'. Ihre Produkte und Dienstleistungen sind dafür prädestiniert. Exemplifizierend zeigt er den gegenseitigen Wert auf.

GP14GFm: „*Aber es spricht auch nichts dagegen, dass wir uns im Sinne von CSR mit den Großunternehmen zusammenschließen und Kooperationen mit denen eingehen, denn gerade mit unserem Produkt ergeben sich da enorme Chancen. Ich meine, das werden nicht die großen Arbeitsfelder werden oder mehr Jobs für uns entstehen, aber es ist durchaus ein Potenzial vorhanden. […] Wir haben zum Beispiel das Glück gehabt, dass wir uns sehr lange schon so mit Produkten für Kinderspielplätze und solche Freizeitgestaltungsmöglichkeiten beschäftigen. Und wir bauen auch schon sehr lange Wasserräder und da war halt das Thema immer: ‚Ja, wenn man da einen Dynamo dazuhängen könnte, dann hätten wir noch mehr Nutzen, weil man eben gleichzeitig einen Strom erzeugen kann.‘ Und da haben wir 2007 mit der Uni xy und mit der HTL in xy [Anonymisierung der Namen durch die Verf.] einen Generator entwickelt, eine Innovation, also ganz was Neues auf dem Markt. Das ist eben für langsam drehende Antriebe, das kann Windkraft oder eben Wasserkraft sein. Und da haben wir jetzt diese Pilotstudie abgeschlossen, sehr erfolgreich. Und wir haben uns jetzt mit der Firma xy [Anonymisierung des Namens durch die Verf.] in xy [Anonymisierung des Ortes durch die Verf.] kurzgeschlossen. Mit denen könnte sein, dass wir Generatoren bauen in Zukunft, in welcher Form, wissen wir noch nicht, wer da die Hauptarbeit leistet, aber durch die Uni, also das ist für uns enorm wichtig. Durch diesen Draht gibt es wieder Anfragen zum Beispiel aus Irland, die Interesse haben an unserem Generator. Also da tut sich sicher etwas in den nächsten Jahren und wir haben auch mit der xy Landesregierung [Anonymisierung des Bundeslandes durch die Verf.] jetzt enorme Fortschritte gemacht und vor allem auch mit der zz Landesregierung [Anonymisierung des Bundeslandes durch die Verf.] gleichzeitig und der Wirtschaftsförderung. Denen gefällt unser Projekt so, dass halt in xy [Anonymisierung der Ortschaft durch die Verf.], in dem Impulszentrum jetzt einmal endlich eine Innovation herausgekommen ist. Und jetzt helfen die uns Gott sei Dank sehr damit, dass das halt auch dann vom Markt abgenommen wird. Wie gesagt, es ist sehr viel Arbeiten da, es sind natürlich wieder die Grenzen von uns sichtbar. Wir haben alle unsere Arbeit neben den täglichen Dingen unseres Lebens zu tun, also man soll in erster Linie die Leute beschäftigen und nebenbei musst aber auch da sehr professionell natürlich auftreten*“ [Think Tank Doc. 2: Abs. 84–86].

Der Geschäftsführer bezieht sich in seinen Ausführungen auf ein multidisziplinäres Kooperationsprojekt von mittlerweile internationaler Reputation, an dem wissenschaftliche Einrichtungen in der Entwicklung und eine Privatfirma in der Umsetzung beteiligt sind. Entscheidend ist, dass durch die Zusammenarbeit Mittel aus regionalen Wirtschaftsförderungsprogrammen zugänglich wurden. Problematisch ist allerdings, dass solche Entwicklungen „*nebenbei*“ erfolgen. Da die Kerntätigkeit von ECO-WISE in der Arbeitsmarktintegration liegt, sind für solche Vorhaben nur begrenzt Ressourcen vorhanden. Um den bereits benannten Konflikt zwischen ökonomischen Ressourcen und ökologischen Ansprüchen auszugleichen, wird zukünftig ein ausreichendes Investitionskapital für innovative regionalwirtschaftliche Entwicklungen bedeutsam sein.

7.4.3.2 Win-win-Kooperationsbeziehungen in bestehenden Märkten

Wie diese Beispiele bereits deutlich machen, sind Kooperationen mit regionalen Wirtschaftsbetrieben essenziell, um Geschäftsfelder zu entwickeln und regionale Innovationen voranzutreiben. Sie sind aber auch von großer Bedeutung für ECO-WISE, um sich außerhalb von Nischen in bestehenden und vor allem wachsenden Märkten sichtbar zu etablieren. In den Think-Tank-Diskussionen wurden solche Kooperationsstrategien am Ausschnitt von Re-Use-ECO-WISE exemplifiziert. Im Gefolge von gesetzlichen Rahmenbedingungen und strategisch vermittelnden Initiativen haben sich in diesem Geschäftsfeld die regionalen Beziehungen zwischen ECO-WISE und der Privatwirtschaft zum Gesprächszeitpunkt intensiviert.

In Anbetracht drohender Ressourcenknappheit wird es zukünftig wichtig sein, Abfälle als Ressource anzusehen. Die damit verbundene Aufwertung von Abfall sowie einschlägige Richtlinien zur sachgerechten Entsorgung führten dazu, dass sich auch die Privatwirtschaft vermehrt für Re-Use und Recycling engagiert. Der Interessenvertreter aus dem Wirtschaftsbereich (GP23IGökonm) exemplifiziert am Fall der EU-Rahmenrichtlinie zur Elektroaltgeräteverordnung, mit der Wirtschaftsbetriebe zur angemessenen Entsorgung von Elektroaltgeräten verpflichtet werden, die sich daraus für ECO-WISE ergebenden Konsequenzen. GP23IGökonm: *„Und mittlerweile hat aber xy [Anonymisierung der Firma durch die Verf.] das Geschäftsfeld auch entdeckt. Weil durch die Elektroaltgeräteverordnung natürlich das Ganze auf eine gesetzliche Basis gestellt worden ist, man jetzt sowieso ein Geld bekommt, wie bei der Verpackungsordnung. Bedingt durch EU-Rahmenrichtlinien ist es geregelt, dass die Wirtschaft sowieso diesen Aufgaben nachkommen muss. Kommen muss! Und jetzt ist das nicht mehr auf freiwilliger Basis und dadurch muss man das auch nicht mehr so beschäftigungsinitiativ machen, sondern jetzt muss die Wirtschaft einfach erfüllen, fertig, aus, Punkt. Das wird natürlich öfter kommen, in vielen Bereichen"* [Think Tank Doc. 8: Abs. 28–33]. Da Firmen nun selbst die Entsorgung übernehmen bzw. neue Betriebe, die darauf spezialisiert sind, auf den Markt drängen, verengt sich dieses Geschäftsfeld für ECO-WISE.

Doch Verordnungen können auch Möglichkeiten eröffnen. ECO-WISE können als DienstleisterInnen von privatwirtschaftlichen Unternehmen zur Erfüllung dieser Pflichten beauftragt werden. Aus dieser Synergie eröffnen sich Zukunftsperspektiven. Aus Sicht des Interessenvertreters der Wirtschaft (GP23IGökonm) wäre es wichtig, dass die Betriebe rechtzeitig ein Gesetzes-Monitoring einleiten, um bereits im Vorfeld möglicher Gesetzesänderungen, die Einfluss auf zentrale Geschäftsbereiche haben können, Strategien zu entwickeln, wie sie sich unter der neuen Gesetzeslage ideal positionieren können.

> GP23IGökonm: „*Was natürlich wichtig ist jetzt in den ganzen Tätigkeiten-, man beginnt sehr engagiert, macht das, und dann irgendwann wird man aber natürlich wie auch in vielen anderen Bereichen durch irgendeine Gesetzesänderung überrollt. Das heißt, ein gewisses Gesetzes-Monitoring ist, glaube ich, in dem Bereich immer wichtig, dass man sagt: ‚Okay, was kommt jetzt nach der Ruhe auf uns zu und ab wann wird zum Beispiel jetzt der Elektronikschrott dann doch einmal von der Wirtschaft selber geregelt aufgrund von Regelungen der EU, weil die Wirtschaft das dann einfach selber übernehmen muss? Und wie weit können wir uns dann vielleicht auch einbringen?‘ Das gilt jetzt natürlich ganz stark für die Abfallwirtschaft und Abfallentsorgung*“ [Think Tank Doc. 8: Abs. 72–74].

In Ergänzung dazu verweist der sachpolitische Vertreter aus dem Umweltbereich mit Blick auf die Elektroaltgeräteentsorgung auf bereits vorhandene Synergien zwischen ECO-WISE und der Abfallwirtschaft. GP19PVökolm: „*Was ich in Gesprächen mit dem Herrn xy [Geschäftsführer eines ECO-WISE, Anonymisierung durch die Verf.] mitbekommen habe, dass es Kooperation auch mit den Entsorgern gibt, es ja eine Kooperation mit der Firma xy [Anonymisierung des Firmennamens durch die Verf.] in xy [Anonymisierung d. Ortes durch die Verf.] gibt, wo es um die Zerlegung von Elektroaltgeräten geht – Fernsehapparaten und solche Dinge, und dass dort durchaus sehr positive Erfahrungen gemacht werden*“ [Think Tank Doc. 5: 69–71].

Eine weitere Synergieoption zeichnet sich im Reparaturbereich ab. Der Interessenvertreter aus der Wirtschaft (GP23IGökonm) und der Repräsentant aus der Wirtschaftspolitik (GP24PVökonm) orten mit Blick auf den Abfallwirtschaftsplan zukünftige Kooperationspotenziale, insbesondere da darin die dreistufige Skala ‚Vermeidung‘, ‚Recycling‘ und ‚Entsorgung‘ durch ‚Wiederverwertung‘ und ‚Reparatur‘ erweitert wurde. In den differenzierten Propositionen der Gesprächspartner sind jedoch auch Grenzen nachlesbar, die vorwiegend aus dem gering ausgeprägten Reparaturbewusstsein der Bevölkerung resultieren.

> GP23IGökonm: „*Das wäre eigentlich ein wichtiger Ansatz [Wiederverwendung und Reparatur, Anmk. d. Verf.]. Und da hat es schon sehr viele Initiativen gegeben, die aber leider immer wieder einschlafen. Weil einfach das Reparieren gar nicht mehr in den Köpfen der Menschen drinnen ist und auch Dinge sich gar nicht mehr reparieren lassen teilweise, weil sie schon so konstruiert sind. […] Das wiederzubeleben wäre natürlich ein Hammer. Wir von der Wirtschaftskammer wären da eigentlich höchst interessiert und vor allen Dingen wäre die Zeit jetzt gut. Eben aufgrund der neuen EU-Abfallrahmenrichtlinie, wo es auch Ziele gibt für die Wiederverwendung. Dass man hier einsteigt. Das heißt also Wiederverwendung, Reparatur, das ist ein ganz wichtiger Bereich, den man wieder forcieren sollte*“ [Think Tank Doc. 8: Abs. 86–94].

Initiativen, die die Wiederverwendung und Reparatur fördern, sind aus Sicht des wirtschaftlichen Interessenvertreters bis dato *„immer wieder eingeschlafen"*, da 1.) Reparieren im Bewusstsein der Bevölkerung nicht verankert ist und 2.) vieles sich nicht mehr reparieren lässt. Durch geplante Obsoleszenz – eine Produktstrategie (vgl. Kreiß 2014) – ist beispielsweise der Zugang zu Ersatzteilen limitiert und/oder überteuert oder es lassen sich die Produktgehäuse nicht öffnen. Der sachpolitische Vertreter aus dem Wirtschaftsbereich (GP24PVökonm) validiert dies. Er erachtet die Aktivitäten von ECO-WISE insbesondere zur Verbesserung des Stoffkreislaufes als wichtigen und unterstützenswerten Beitrag zur nachhaltigen Entwicklung. Realistisch betrachtet ist auch aus seiner Sicht ihre Entfaltung durch das vorgegebene Marktregulativ limitiert.

> GP24PVökonm: *„Aber das ist das Marktregulativ, solang eine neue Waschmaschine billiger ist, als wenn ich sie mir reparieren lasse. Ahm, ist natürlich schwer, aber da denke ich, können derartige Betriebe wahrscheinlich sehr gut ansetzen, weil, ich glaube, wenn das jetzt rein der Abtransport von Möbeln ist, wenn man zum Beispiel Wohnungen entrümpelt oder was. Oder ob das eben zum Beispiel eine derartige Reparatur ist, glaube ich, wenn man das recht kostengünstig ansetzt und sagt: ‚Okay, ich kann es vielleicht zu einem günstigeren Preis reparieren, als zum Beispiel eine neue Maschine kosten würde.' Also insofern finde ich schon, dass es im Sinne einerseits einer Einbindung von Menschen mit Handicap und andererseits auch im Sinne eines nachhaltigen Stoffkreislaufes natürlich sinnvoll ist, derartige Bestrebungen oder Betriebe, Unternehmen zu unterstützen"* [Think Tank Doc. 9: Abs. 28–30].

Die marktregulativen Beschränkungen werden von den GeschäftsführerInnen validiert (GP12GFm, GP11GFm, GP14GFm, GP13GFm, GP16GFm, GP10GFw). Sie exemplifizieren dies anhand von Studien, mit denen versucht wird zu belegen, dass die Produktion neuer Geräte inklusive der Entsorgung von Altgeräten weniger Energie verbrauche als die Reparatur und Wiederverwendung. Die GesprächspartnerInnen identifizieren darin eine Vermarktungsstrategie, denn alternative, das Gegenteil belegende Studien verdeutlichen, dass, wenn alle Komponenten der Produktion, Lieferung etc. zusammengerechnet werden, die Neuproduktion mehr Energie als die Verwendung reparierter Altgeräte verbrauche (vgl. Think Tank Doc. 2: Abs. 94–108).

Ein weiteres Problem in Bezug auf Reparatur wird von den GeschäftsführerInnen in einer Anschlussproposition angesprochen – die schwieriger gewordene Altwarenbeschaffung, die durch eine andere Richtlinie, nämlich die Entsorgungsverordnung, mitbedingt ist.

> GP14GFm: *„Na ja, es ist auch meiner Meinung nach immer eine Frage von Angebot und Nachfrage, das regelt den Markt, und bei uns bestätigt sich immer wieder, wir könnten viel mehr verkaufen, als was wir hineinbekommen. Und ich bin jetzt eingela-*

den von xy [strategischer Koordinator und sachpolitischer Vertreter aus dem Umweltbereich, Anonymisierung durch die Verf.] zu dem Thema, weil wir mit dem gekämpft haben, dass nach wie vor so viele Sachen unkontrolliert verschwinden, vor allem ins Ausland. Das sollte man in den Griff bekommen. Da kommen nach wie vor die Leute aus Ungarn. Ich bin letztes Mal zum Bodensee gefahren und war erstaunt, also da waren Fahrzeuge, ungarische Fahrzeuge mit Anhängern unterwegs, richtige Kolonnen. Also so weit fahren die und holen die Sachen ab. […] Früher haben wir diese Entrümpelungsaktionen gehabt, da hat man den ganzen Sperrmüll loswerden können. Das gibt es nicht mehr. Jetzt muss man das hinbringen und man muss auch bezahlen. Und wenn jetzt ein Ungar daherkommt und der nimmt mir 3 000 Kilo ab, dann erspare ich mir natürlich sehr viel Geld, weil die 3 000 Kilo sehr viel Geld kosten. Das ist halt ein bisschen die Diskrepanz" [Think Tank Doc. 2: Abs. 109–113].

Viele Altgeräte verschwinden den Beobachtungen des Gesprächspartners zufolge illegal und unkontrolliert am Ostmarkt, was auf die Entsorgungsgebühr und das mangelnde Bewusstsein zurückzuführen ist. Das ‚Transwaste'-Thema ist hochaktuell und es wird ihm auch in zahlreichen Projektaktivitäten Aufmerksamkeit geschenkt. Entscheidend ist jedoch die Frage, wie ECO-WISE im Re-Use-Bereich weiterhin zu ausreichend Waren kommen, um ihr Geschäftsfeld aufrechtzuerhalten und gegebenenfalls auch auszuweiten. Der Erfolg von ECO-WISE in diesem Geschäftsfeld hängt somit nicht allein von der Nachfrage ab, sondern ebenso vom ausreichenden Vorhandensein von Waren.

In einem Kooperationsprojekt zwischen einem ECO-WISE und einem Wirtschaftsbetrieb wird versucht, diese Warenlücke zu schließen. In die Projektanbahnung war ein Sachpolitiker aus dem Umweltsegment entscheidend involviert. Diese kommentiert er wie folgt.

GP19PVokolm: „*Es gibt auch die Idee der Kooperation mit dem Betrieb xy [Anonymisierung durch die Verf.] zum Beispiel. Vom Geschäftsführer weiß ich, dass der Betrieb eine Verkaufsfläche hat, was den Möbelverkauf betrifft, der könnte wesentlich mehr Möbel verkaufen, aufgrund der Fläche, die er hat, als er tatsächlich verkauft, weil er zu wenig Möbel nachbekommt. Und da habe ich schon einmal versucht, ein Projekt anzuleiern, wo wir zum Beispiel mit den großen Möbelhäusern, in dem Fall sind es zz [Anonymisierung durch die Verf.], eine Kooperation anwerfen oder starten, wo, wenn ein neues Schlafzimmer, ein neues Wohnzimmer oder was auch immer, eine neue Küche verkauft und eine alte zum wegtragen ist, dass die das nicht einfach herausreißen und dann zur AEVG auf den Sturzplatz bringen, sondern dass man in Kooperation mit dem Betrieb xy auch schaut, dass dort, wo es sich lohnt, die Möbel ordnungsgemäß herausgetragen werden und der weiteren Verwendung zugeführt werden. Aber an dem müssen wir noch arbeiten, das wollen wir noch durchsetzen*" [Think Tank Doc. 5: Abs. 61].

Laut Medienberichten kam das Vorhaben erfolgreich zustande[248] – ein weiteres Beispiel einer auf Nachhaltigkeit abzielenden Zusammenarbeit zwischen Wirtschaftsbetrieben und ECO-WISE, das in erster Linie ein nachhaltiges Konsumieren insbesondere von sozial schwächer gestellten Personengruppen fördert.

Aus diesen exemplarischen Belegen kristallisiert sich die Tendenz zu auf Gegenseitigkeit beruhenden Win-win-Kooperationen heraus. Diese wird von der Umweltwissenschafterin (GP21UFw) validiert, wobei die Gesprächspartnerin Synergieeffekte differenziert elaboriert. Insgesamt handelt es sich zumeist um Aktivitäten in nicht Know-how-intensiven Geschäftsfeldern, in welchen die Tätigkeiten sehr gut über TransitmitarbeiterInnen abgedeckt werden können. Der Synergieeffekt für die Abfallwirtschaft zeigt sich aus ihrer Sicht im Zukauf einer sozialen und nachhaltigen Dienstleistung, der Vorteil für das Möbelhaus erweist sich in der sachgerechten Wiederverwertung mit gleichzeitigem sozialen Touch. Solche Kooperationen stellen für Wirtschaftsbetriebe ideale CSR-Aktivitäten dar (vgl. Think Tank Doc. 7: Abs. 9–21). Dieses CSR-Potenzial von ECO-WISE ist auch in anderen Geschäftsbereichen nachweislich gegeben, wie es von einem Geschäftsführer (GP14GFm) bereits herausgestrichen wurde (vgl. Think Tank Doc. 2: Abs. 84–86). Hierbei gilt es allerdings, auf einen ausgewogenen Know-how- und Ressourcentransfer zu achten. Der Umweltwissenschafter (GP22UFm) elaboriert in einer antithetischen Differenzierung die dabei generell mitschwingende Gefahr, dass Soziale Organisationen in solchen Settings ausgenutzt werden. Dies wird von ihm an Beispielen exemplifiziert (vgl. Think Tank Doc. 7: Abs. 9–21). Zu beachten ist, dass CSR in erster Linie eine unternehmerische Handlung ist und kein altruistisches Motiv der Wirtschaft.

> GP21UFw: „*Das ist jetzt wieder die Frage, muss ein Unternehmen rein altruistische Motive haben, um was Gutes zu tun?*
> GP22UFm: *Ich glaub nicht.*
> GP21UFw: *Warum sollte es?*“ [Think Tank Doc. 7: Abs. 22–27]

Lesbar wird in den Erfahrungen, dass Wirtschaft nicht mit Sozialwirtschaft gleichzusetzen ist, dass es sich um zwei unterschiedliche Strukturen und Kulturen handelt, die sich in einem auf Gegenseitigkeit beruhenden Win-win-Gefüge ergänzen können, wobei insbesondere auf einen ausgewogenen Ressourcen- und Know-how-Transfer zu achten ist.

248 Kleine Zeitung vom 14. 3. 2012.

7.4.3.3 Strategische Kontrastierung und Partizipationsgelegenheiten

Die Entwicklung von und Etablierung in ökologiesensiblen Geschäftsfeldern ist für ECO-WISE eine zentrale Leitperspektive. Dass die Stärken von ECO-WISE im Agieren in regionalen Nischen liegen, wird von den VertreterInnen der fördergebenden Stellen und dem Sozialwissenschafter betont. Es stellt ein wesentliches Kennzeichen dar, das auch mit ihrer gemeinnützigen Orientierung im Einklang ist. Die Geschäftsführer verbinden dieses Nischendasein hingegen implizit mit einem Ausgeschlossensein und einer mangelnden Wertschätzung ihrer Entwicklungsarbeiten. Dies spiegelt sich in der Feststellung wider, dass die von ihnen aufbereiteten Felder im Gefolge eines Marktfähigwerdens von Wirtschaftsbetrieben übernommen werden und sie an deren lukrativer Weiterentwicklung aufgrund ihrer ökonomischen Einschränkungen nicht partizipieren können. Zudem haben sich außerhalb von regionalen Ökonischen und Märkten globale etabliert, die einer kapitalistischen Systemlogik unterliegen, was von den Geschäftsführern implizit kritisiert wird.

Es lassen sich drei differente Strategien erkennen, wie sich ECO-WISE als regionale Nachhaltigkeitsakteure mit ihren sozialen, ökonomischen und ökologischen Ansprüchen im Raum zwischen regionaler Nische und globalem Markt positionieren können. Der Sozialwissenschafter und der sachpolitische Vertreter aus dem Wirtschaftsbereich weisen darauf hin, dass der Weg von regionalen in globale Nischen für ECO-WISE möglich ist, vorausgesetzt, er ist mit der sozialen und ökonomischen Nachhaltigkeitslogik von ECO-WISE vereinbar. Eine andere Option, die vom Sozialwissenschafter und den Akteuren aus dem Feld herausgestellt wurde, ist, in den regionalen Nischen zu verbleiben und nach Eintritt ihrer Marktfähigkeit neue Nischen zu entdecken, womit gleichzeitig eine regionale Innovation forciert wird. Deutlich wurde, dass für die Entwicklung von innovativen Geschäftsfeldern Kooperationen mit Wirtschaftsbetrieben und anderen Stakeholdern, wie beispielsweise Gemeinden oder den Regionalmanagementstellen, essenziell sind, um Ressourcen dafür zu lukrieren. Daraus lässt sich die Forderung nach einem angemessenen Investitionskapital ableiten. Eine dritte Handlungsmöglichkeit besteht darin, mit zu Märkten werdenden Nischen mitzuwachsen. Dies setzt ein proaktives Agieren voraus, wie es vom wirtschaftlichen Interessenvertreter benannt wurde. Über gezielte regionale Kooperationen mit der Wirtschaft kann Konkurrenz durch Synergie ersetzt werden. Insbesondere im letzten Punkt zeigen sich zukunftsweisende Entwicklungsmöglichkeiten, die auch vom umweltpolitischen und vom wirtschaftspolitischen Repräsentanten als förderungswürdig hervorgehoben werden. ECO-WISE können sich in nachhaltigen regionalwirtschaftlichen Kooperationsbeziehungen mit der Wirtschaft in Märkten entwickeln und sich auch darin mit ihrer Expertise etablieren. Als wichtig erweist sich dabei ein Modus der Gegenseitigkeit, im Sinne eines ausgewogenen Know-how- und Ressourcentransfers, wie es von den UmweltwissenschafterInnen betont wird.

Wenn auch zwischen den DiskutantInnen des Think-Tanks unterschiedliche strategische Optionen lesbar sind, lässt sich zusammenführend erkennen, dass sich ECO-WISE-VertreterInnen mit Blick auf ihre ökologische Fokussierung in zwei unterschiedlichen Machtbeziehungsgefügen bewegen. Zum einen partizipieren sie am Einsatz gegen die der kapitalistischen Systemlogik folgenden globalen ökonomischen Institutionen, die auf das Konsumverhalten wirken, Korruption betreiben und regional nachhaltiges Handeln erschweren. ECO-WISE-VertreterInnen versuchen, mit ihren Produkten und Dienstleistungen mobilisierend diesen Entwicklungen entgegenzusteuern. Im Sinne der ‚Dialektik der Herrschaft' (siehe Kapitel 3.3) zielen sie auf Systemveränderung ab. Zum anderen bewegen sie sich im Spannungsgebiet regionaler Umweltmärkte. Es zeigt sich, dass die ökologische Orientierung eine entscheidende materielle Partizipationsressource für sie ist. Diese ist zwar durch ihre sozialökonomische, regionale und soziale Ausrichtung beschränkt. Andererseits stellt gerade diese Ausrichtung einen entscheidenden Entwicklungsvorteil im regionalwirtschaftlichen Handeln dar. Gesetzliche Regulative wie die Abfallrahmenrichtlinie der Europäischen Union und die Elektroaltgeräteentsorgungsverordnung wirken sich nicht nur positiv auf die Einhaltung von Umweltstandards aus, sondern eröffnen auch Chancen für ECO-WISE, sich innerhalb der regionalen Umweltwirtschaft zu positionieren und mit ihren sozialen und ökologischen Expertisen an diesen Märkten zu partizipieren. Anders als auf der strategischen Ebene sind in den operativen Handlungen, insbesondere im Re-Use-Bereich, Synergieeffekte zwischen regionalen Unternehmen und ECO-WISE nachweisbar. Um ökologische Vorgaben zu erfüllen und auch soziale Nachhaltigkeitsziele zu verfolgen, kooperieren regionale Unternehmen mit ECO-WISE. Spuren einer ‚gemischten Wirtschaft' im Gidden'schen Sinne (siehe Kapitel 4.2) werden hier erkennbar. Die routinisierte Konkurrenzsituation weicht Kooperationsbeziehungen. Diese werden unter anderem durch den sachpolitischen Vertreter aus dem Umweltbereich strategisch unterstützt, der hier im Modus der ‚Governance' (siehe Kapitel 4.3) eine Schnittstellenfunktion einnimmt. Im Prozess der weiterführenden Strukturierung dieser Kooperationen wird insbesondere auf die Gegenseitigkeit zu achten sein. Dass eine gemeinsame Verantwortungsübernahme für nachhaltige Entwicklung essenziell ist, wurde theoretisch bereits begründet. Dies bestätigt sich hier und auch an anderen Stellen empirisch (siehe Kapitel 7.5.2).

7.4.3.4 Relevanz und Realisierbarkeit

Die Akteure der Feldgruppe wurden im Rahmen der Trenderhebung 2015 befragt, für wie wichtig sie es halten, dass ECO-WISE in Kooperation mit regionalen Wirtschaftstreibenden neue ökologische Geschäftsfelder und Märkte entwickeln und sich darin mit ihrer Expertise etablieren, um ihre ökologische Nachhaltigkeitsperformance über Nischen hinaus entfalten zu können. Die in den Think-Tank-Diskussionen identifizierte Leitperspektive wird vom Großteil der 27 antwortenden Organisationen als wichtig (n = 14; 52 %) bzw. sehr wichtig (n = 12; 44 %) bewertet (siehe Abbildung 63). Lediglich ein/e Vertreter/in stuft sie als weniger wichtig ein (4 %).

Kommentiert wird die Relevanz zum einen mit der Bedeutung von ökologiesensiblen Produkten und Dienstleistungen insgesamt, mit denen sich ECO-WISE gegen das globale kapitalistische Marktregulativ stellen. „*Reparaturdienstleister sind Wertschöpfer der Nation. Sie stehen in Konkurrenz zu Neuprodukten, deren Preise weder die ökologische noch die soziale Wahrheit widerspiegeln. Sie beruhen auf doppelter Ausbeutung: Internationale Konsortien beuten in den Ländern des Südens fossile Rohstoffe aus, die dann in Schwellenländern unter Ausbeutung von Arbeitskräften zu Produkten verarbeitet werden, die wir im Norden billig kaufen, entsprechend wenig wertschätzen und demzufolge schnell wegschmeißen.*“ Zum anderen werden die wachsenden Bewegungen in der ‚Circular‘ und ‚Sharing Economy‘ benannt, mit denen sich abseits von klassischen ‚grünen Produkten‘ Geschäftswege eröffnen, die aktuell und zukünftig speziell für ECO-WISE interessant sind. „*Aktuelle Entwicklungen zur Circular Economy auf der EU-Ebene lassen die Erwartung zu, dass ein systemischer Wechsel weg vom kapitalistischen Marktsystem in den nächsten 15 Jahren stattfinden wird. Auch die Studie ‚Sharing Economy‘ des EU-Parlaments lässt berechtigte Hoffnungen zu, dass nicht allein den ‚green products‘ die Zukunft gehört.*“

Abbildung 63: Relevanz der Perspektive ‚Entwicklung und Etablierung in ökologischen Geschäftsfeldern‘ (N = 27)

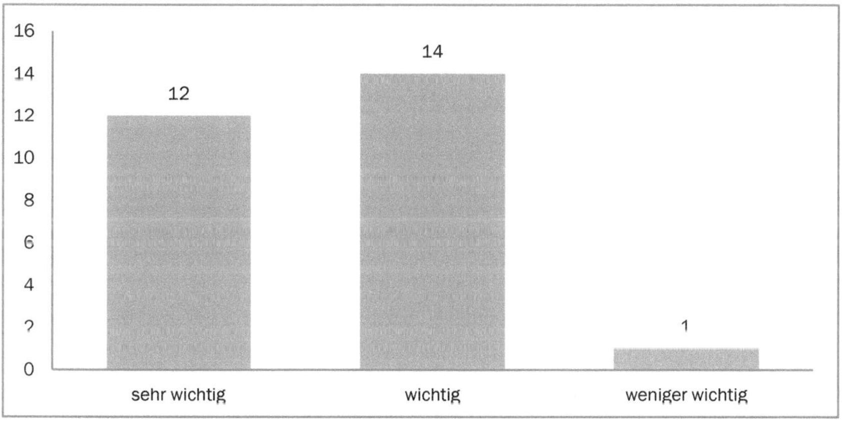

Quelle: SPSS_datafile_ECO-WISE_Struktur_2015

Dass es für die Entwicklung neuer Geschäftsfelder gezielter regionaler Kooperationsprojekte mit Investitionskapital (z.B. Wirtschaftsförderungen) bedarf, wird ebenso vom Großteil der antwortenden Organisationen als sehr wichtig (n = 13; 50%) bzw. wichtig (n = 12; 46%) wahrgenommen (siehe Abbildung 64).

Abbildung 64: Relevanz investiver regionaler Kooperationsprojekte (N = 26)

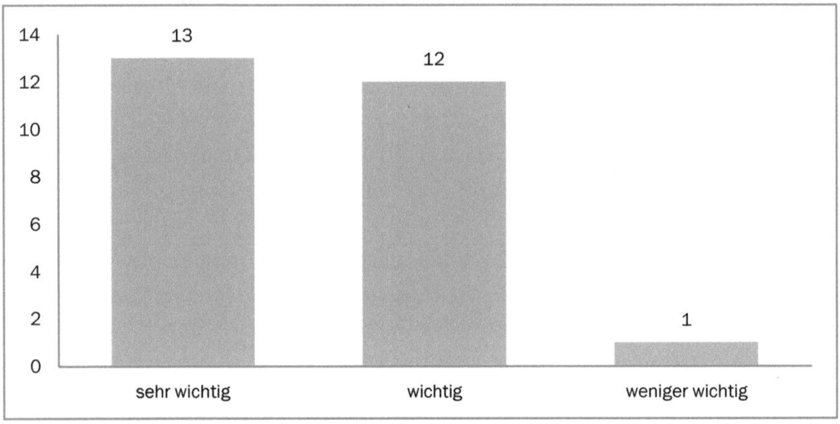

Quelle: SPSS_datafile_ECO-WISE_Struktur_2015

Die Bedeutung wird in den Kommentaren unterstrichen. So sind aus der Sicht eines Vertreters/einer Vertreterin Wirtschaftsförderungen unumgänglich, um Kooperationsprojekte aktivieren zu können. In einem anderen Kommentar wird die Schwierigkeit des Zugangs zu diesen herausgestellt: „*Sozialwirtschaftliche Unternehmen sind richtige Wirtschaftsbetriebe und müssen ihre Produkte/Dienstleistungen wie andere Betriebe weiterentwickeln. Dazu erhalten sie derzeit keine Fördermittel. Sie werden immer auf die Sozialabteilungen mit ihren Förderanträgen verwiesen. Diese haben jedoch kein Innovationskapital. Der Zugang zu Innovationsförderungen ist unabdingbar.*“ Ein/e Vertreter/in spricht in diesem Zusammenhang die Möglichkeit von ‚Crowdfunding' als Investitionsquelle für überschaubare Entwicklungen an.

Der Realisierung dieser Entwicklungsoption wird, wie in den Kommentaren bereits durchscheint, wenig optimistisch begegnet. 15 von 25 Organisationen (60%) stufen sie als mittel und neun (36%) als gering ein. Lediglich ein Betrieb (4%) bewertet sie als hoch (siehe Abbildung 65).

Für die Akteure ist die Realisierung gekoppelt an das Vorhandensein finanzieller Mittel und an die Bereitschaft zu deren Freigabe durch VerantwortungsträgerInnen. Als Option wird in den Kommentaren auf der gemeinsamen Verantwortungsübernahme insistiert: „*Ich glaube, die einzige sinnvolle Lösung ist die Etablierung eines zweiten Arbeitsmarktes mit fixen und befristeten Anstel-*

lungsverhältnissen. Ca. 50 % bis 40 % sollten von der öffentlichen Hand und von der Wirtschaft gefördert werden. Jeder Wirtschaftsbetrieb sollte sich verpflichten, eine Patenschaft eines sozialen Unternehmens zu übernehmen.“

Abbildung 65: Realisierung investiver regionaler Kooperationsprojekte (N = 25)

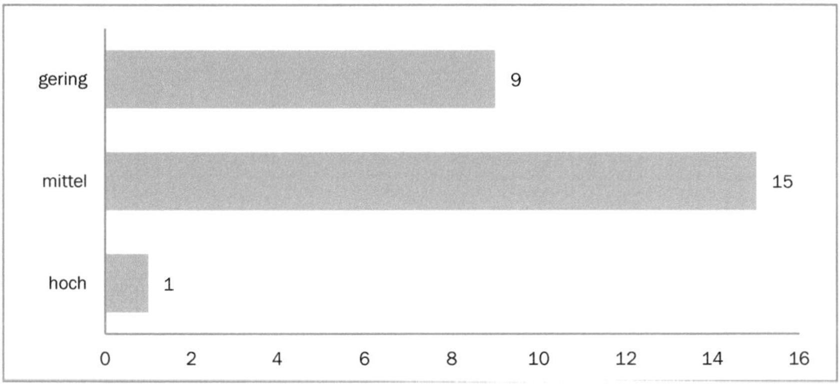

Quelle: SPSS_datafile_ECO-WISE_Struktur_2015

Abbildung 66: Relevanz von Win-win-Kooperationen (N = 27)

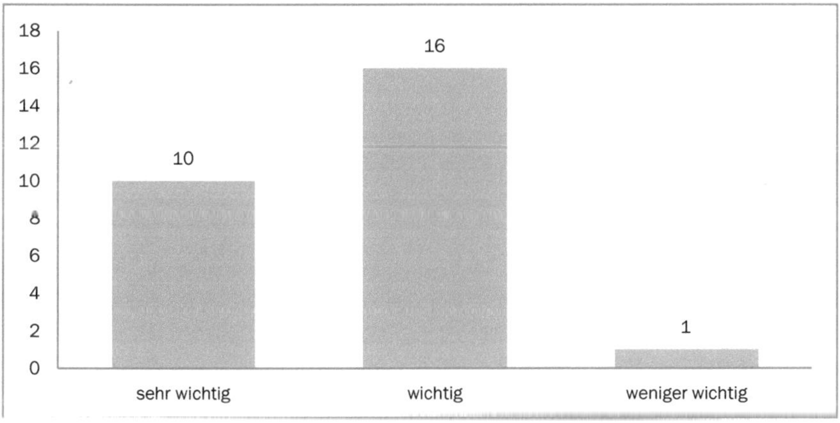

Quelle: SPSS_datafile_ECO-WISE_Struktur_2015

Der Aussage, dass sich die wahrnehmbare Konkurrenz zwischen Wirtschaftstreibenden und ECO-WISE in bestimmten Geschäftsfeldern (z. B. Transport und Entrümpelung) zu einer auf Gegenseitigkeit beruhenden Win-win-Kooperationsbeziehung verändern müsste, wird von den Akteuren zum überwiegenden Teil zugestimmt (siehe Abbildung 66). 59 % (n = 16) stufen eine derartige Entwicklung als wichtig und 37 % (n = 10) als sehr wichtig ein. In den Kommentaren wird auf bereits bestehende positive Kooperationen hingewiesen, worin sich die Erfahrungen der Think-Tank-Gruppe und der Feldgruppe ergänzen: *„In manchen Regionen wie zum Beispiel der unseren in der Oststeiermark ist das schon so. Wirtschaftsunternehmen und Sozialwirtschaftsunternehmen kooperieren zum gegenseitigen Vorteil.“* In einem anderen Kommentar wird die Notwendigkeit betont, nichtmonetäre Werte monetären gegenüberzustellen, sodass Wirtschaftsunternehmen den Vorteil erkennen können, der sich aus einer Zusammenarbeit für sie ergibt.

Aufgrund der bestehenden positiven Erfahrungen werden die Realisierungsmöglichkeiten etwas besser eingestuft ($\bar{x} = 2$) als jene, die das Investitionskapital betreffen ($\bar{x} = 2{,}32$). Der Großteil der antwortenden Organisationen sieht mittlere Umsetzungschancen (n = 17; 65 %), 19 % (n = 5) bewerten sie als gering und 15 % (n = 4) als hoch (siehe Abbildung 67). Voraussetzung dafür ist ein beidseitiges Zulassen, wie es von einem Vertreter/einer Vertreterin kommentiert wird.

Abbildung 67: Realisierung von Win-win-Kooperationen (N = 26)

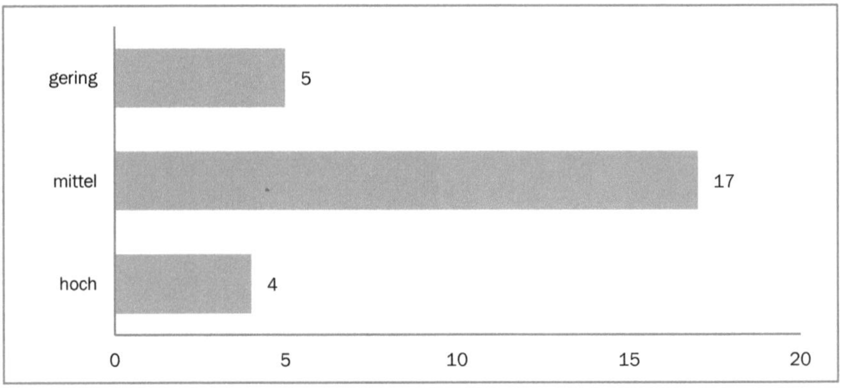

Quelle: SPSS_datafile_ECO-WISE_Struktur_2015

Wie in den Think-Tank-Diskussionen nachlesbar ist, zeichnet sich eine gemeinsame Verantwortungsübernahme für ökologische Nachhaltigkeit durch einen ausgewogenen Know-how- und Ressourcentransfer zwischen den KooperationspartnerInnen aus. Diese Perspektive wird im Wesentlichen von den Akteuren geteilt (siehe Abbildung 68).

Mehr als drei Viertel (n = 20; 77 %) der antwortenden Betriebe/Projekte bewerten sie als wichtig und ein knappes Fünftel (n = 5; 19 %) als sehr wichtig. Lediglich eine Organisation stuft diese Blickrichtung als weniger wichtig ein. In einem Kommentar wird herausgestellt, dass ökologische Nachhaltigkeit nur durch ein wirtschaftliches Zusammenspiel aller am Markt beteiligten Stakeholder erreicht werden kann. Dafür wird ein hohes Maß an Verantwortung und Bereitschaft zur Zusammenarbeit vorausgesetzt, was nur sehr langfristig und unter idealen Bedingungen als realisierbar erachtet wird.

Abbildung 68: Relevanz eines ausgewogenen Know-how- und Ressourcentransfers (N = 26)

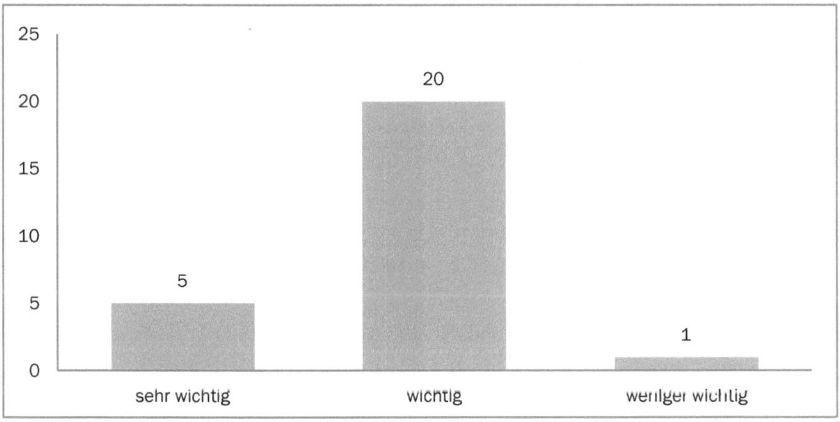

Quelle: SPSS_datafile_ECO-WISE_Struktur_2015

Vor diesen Hintergründen fallen die Einschätzungen zur Verwirklichung wiederum um eine Spur schlechter aus ($\bar{x}$ = 2,35). 56 % (n = 13) der antwortenden Betriebe/Projekte stufen eine solche als mittel und 39 % (n = 9) als gering ein (siehe Abbildung 69).

Abbildung 69: Realisierung eines ausgewogenen Know-how- und Ressourcentransfers (N = 23)

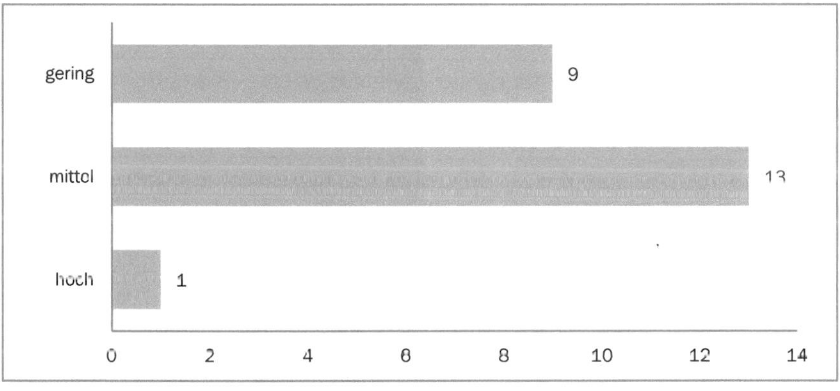

Quelle: SPSS_datafile_ECO-WISE_Struktur_2015

Insgesamt finden auch die hier diskutierten Perspektiven und Strategien Resonanz bei der österreichweiten Feldgruppe. Die Entwicklung von und Etablierung in ökologischen Geschäftsfeldern als zentraler Weg wird unterstützt, ebenso wie die Notwendigkeit von Win-win-Kooperationen, Investitionen und einer ausgewogenen Know-how- und Ressourcenverteilung im Zusammenarbeiten. Der Realisierung von Win-win-Kooperationen wird, nicht zuletzt aufgrund bestehender guter Erfahrungswerte, etwas positiver gegenübergestanden als der Verfügbarkeit von Investitionen und der gemeinsamen Verantwortungsübernahme. Letztere werden an die Bereitschaft aller daran beteiligten Stakeholdergruppen gebunden.

Aufgrund der Dynamiken im sozialen, wirtschaftlichen und ökologischen System unterliegen die hier herausgearbeiteten Perspektiven und Strategien laufenden Modifikationen und Spezifikationen. Es hat sich gezeigt, dass einige im Rahmen des Think-Tanks angedachte Wege bereits eine Realisierung erfahren, andere hingegen sich nur langfristig verwirklichen lassen werden und an das gleichzeitige Engagement unterschiedlicher Stakeholdergruppen gebunden sind. Explizit gemacht wurden in den Ausführungen die differenten Partizipationsgelegenheiten von ECO-WISE, die sich als intermediäre Organisationen für die Anliegen sowie Bedürfnisse ihrer AdressatInnen einsetzen und gleichermaßen wirtschaftliche wie politische Ansprüche erfüllen. Deutlich wurde, dass sie nicht nur aktiviert und ökonomisiert werden, sondern diesen Entwicklungen proaktiv mobilisierend entgegensteuern. Sie sind Teil unterschiedlicher Machtbeziehungen, wobei sich je nach Blickrichtung das Rollengefüge verändert. Durch diese Multidimensionalität und die darin eingelagerte Dynamik öffnen sich Gestaltungsräume.

Hinsichtlich der adressatInnenbezogenen Perspektive – Kontinuität in flexibleren Strukturen zu schaffen – agieren sie beispielsweise in Kooperation und Konfrontation mit der Arbeitsmarktpolitik, wobei hier die strategische Koordinatorin aus dem sozialpolitischen Bereich als Vermittlerin auftritt. Als ökonomisch agierende gemeinnützige Organisationen handeln sie im Spannungsfeld mit konkurrierenden Wirtschaftsbetrieben, die auf strategischer Ebene über eine einflussreiche Lobby verfügen. Um die Spannungen zu neutralisieren, werden sie argumentativ von arbeitsmarktpolitischen Akteuren unterstützt. Eine eigene sozialwirtschaftliche Interessenvertretung wird als wichtig wahrgenommen, um den Stellenwert und die Identität der Organisationen zu transportieren. In Hinblick auf die Geschäftsfeldentwicklung und ihrer Etablierung in regionalen Umweltmärkten gewinnen Kooperationen mit regionalen Wirtschaftsbetrieben und öffentlichen Institutionen an Bedeutung. Ihre Anbahnung wird von umweltpolitischen Akteuren strategisch mitgetragen. Beim Aufeinandertreffen von zwei differenten Kulturen stellen sich das Erkennen von Synergiewerten und die operative Umsetzung in einem auf Gegenseitigkeit beruhenden Maße als herausfordernd dar.

In diesen Nuancierungen wird erkennbar, dass ECO-WISE-VertreterInnen in unterschiedlichen Kontexten agieren, wobei auf regionalpolitisch-strategischer Ebene eine wechselseitige Einflussnahme ausgemacht werden kann. Sie sind zwar nicht direkt in Entscheidungsprozesse eingebunden, ihre Expertisen können jedoch gezielt über Vermittlung durch strategische KoordinatorInnen zu Entwicklungsprozessen führen, womit die strukturellen Bedingungen für 1.) ihre AdressatInnen, 2.) ihr sozialökonomisches Agieren und 3.) ihre ökologische Geschäftsfeldentwicklung mitgestaltet werden können. Mit Blick in die Zukunft wird es dahingehend wichtig sein, Kooperationen zwischen unterschiedlichen Politikbereichen, zwischen der Sozialwirtschaft und Wirtschaft und zwischen Politik und Sozialwirtschaft zu vertiefen. Für ihre Entfaltungsprozesse ist zudem eine Bewusstseinsentwicklung für nachhaltiges Handeln und für regionale Entwicklungsprozesse insgesamt von Relevanz. Das Sichtbarmachen ihrer Potenziale, das in allen drei Leitperspektiven und den darin eingepassten Entwicklungsmöglichkeiten mitschwingt, ist ebenso zentral. Diese aus den Handlungsstrategien ableitbaren drei Orientierungen sind Thema des nächsten Abschnittes.

7.5 Konsequenzen und Handlungsempfehlungen

Aus den Think-Tank-Gesprächen ließen sich drei Orientierungsfiguren herausschälen, wie die als Hemmnisse erfahrenen intervenierenden Bedingungen beeinflusst werden können, um den sich aus den zuvor diskutierten Handlungsstrategien ableitbaren Perspektiven zu einer höheren Durchsetzung zu verhelfen. Konkret handelt es sich um durch die Handlungen intendierte Konsequenzen zur Zukunftsgestaltung, die die Entfaltung von ECO-WISE als Nachhaltigkeitsakteure unterstützen. Diese beziehen sich, wie es im Analyseschema der Grounded Theory auch ausgewiesen ist (siehe Kapitel 6.4), auf gesellschaftliche Rahmenbedingungen der Makroebene ebenso wie auf strategische und operative Handlungsbedingungen auf der Meso- und Mikroebene. Diese Zonen entsprechen auch den von Reason und Bradbury (2008, S. 7) identifizierten Wirkungsbereichen von partizipativer Forschung generell (siehe Kapitel 6.3.1). Entlang der drei Orientierungsfiguren ‚Öffnen regionaler Ermöglichungsräume', ‚Kooperieren in Zwischenräumen' und ‚Kommunizieren von Nachhaltigkeitspotenzialen' werden Zukunftsgestaltungsoptionen und Handlungsempfehlungen sowie deren erwartete Wirkung auf die Bedingungen diskutiert. Sie werden von den am Think-Tank beteiligten Akteuren konsensuell getragen, wobei sich mit Blick auf die damit verbundenen Erwartungen tendenziell Differenzierungen erkennen lassen.

7.5.1 Öffnen regionaler Ermöglichungsräume

Nachhaltige Entwicklung ist, wie in Kapitel 4.3 theoretisch umrahmt, ein strategiepolitisches Konzept, mit dem es Kapitalismusfolgen einzudämmen gilt. Es führt in eine alternative Denk- und Lebensweise ein, die soziale und ökonomische Ungleichheiten reduzieren und Umweltbelastungen minimieren soll. Nachhaltige Entwicklung fokussiert auf institutionelle Innovationen und auf konsensorientierte, partizipative Verfahren in der Konkretisierung des Leitbildes. Dass die Umsetzung durch verschiedene Faktoren beeinflusst wird, zeigt sich in den bisherigen Ergebnissen zum Entfaltungsprozess von ECO-WISE deutlich.

In den Think-Tank-Diskussionen nahmen Realisierungsmöglichkeiten von nachhaltiger Entwicklung insgesamt einen breiten Raum ein. Die GesprächspartnerInnen spezifizierten ihr Verständnis von nachhaltiger Entwicklung und dachten Handlungsempfehlungen an, wie sich die strukturellen Bedingungen dafür förderlicher gestalten lassen, wovon schließlich auch ECO-WISE profitieren können. Es besteht ein Konsens darüber, dass die Realisierung von nachhaltiger Entwicklung mit einer Aufwertung und Stärkung der Regionen einhergehen muss. Daher gilt es, stärker als bisher *„Innovationsräume und Dynamisierungsräume in den eigenen Regionen aufzumachen“* [Think Tank Doc. 6: Abs. 61], wie es ein strategischer Koordinator aus dem Umweltbereich (GP20SKökolm) elaboriert. Inwiefern das Organisationsfeld ECO-WISE dazu beitragen bzw. zukünftig beitragen kann, wird hingegen kontrovers diskutiert. Diese erste Orientierungsfigur verdichtet sich im Diskurs zwischen einem Interessenvertreter aus dem Organisationsfeld und einem Geschäftsführer.

> GP8IGorgm: *„[...] Es ist ja auch eine, sage ich einmal, eine Art Antiglobalisierung damit verbunden, ja. Also einfach zu schauen, welche Bedürfnisse sind in der Region vorhanden. Wenn wir es schaffen, hier eine lebenswerte Umwelt zur erhalten, Bedürfnisse auf lokaler Ebene zu befriedigen, dann werden wir irgendwann einmal einen Entwicklungsvorteil wiederhaben, weil jetzt hinken wir immer mehr, habe ich zumindest das Gefühl, so hinten nach. Also wenn wir jetzt die wirtschaftliche Entwicklung von China zum Beispiel anschauen, die Zerstörung, die dort stattfindet, und wir weiter diese Produkte auf dem globalen Markt hier beschaffen, dann kann da schon für die nächsten-, sage ich einmal, 15 Jahre oder auch längerfristig ein Gegenkonzept drinnen stecken, nämlich des regionalen Wirtschaftens und des Erhalts unserer Ressourcen, die wir einfach zur Aufrechterhaltung unserer Lebensgrundlage brauchen, ja. Und da spielen ECO-WISE für mich eine ganz große Rolle oder eine Vorreiterrolle, die Konzepte entwickeln, die vielleicht politisch erst in zehn Jahren, oder früher, ich weiß nicht, erkannt werden, dass das einen großen Wert hat, ja. Der eben jetzt nicht festgemacht werden kann, aber à la longue schon eine entscheidende Frage des Überlebens ist, ja, wenn wir sagen: ‚Okay, welche Art von Lebensstil wollen wir in Zukunft hier haben?‘*

GP7GFm: *Ich darf da vielleicht gleich anknüpfen. Ich arbeite seit fünf Jahren im Betrieb und dahingehend bin ich mit den Zielvorstellungen natürlich völlig d'accord. Allerdings bin ich sehr viel skeptischer. Es ist im Grunde genommen ein Sisyphusunternehmen, sowohl was uns angeht als auch was wir leisten wollen, und vor allem es ist wirklich nur ein Tropfen auf den heißen Stein. Es ist mit unglaublichen Anstrengungen verbunden für jeden einzelnen Menschen, der sich bemüht, in diese Richtung privat als auch in seinem Betrieb etwas zu machen. Es ist mit so vielen Anstrengungen verbunden, die letztlich nicht durchführbar sind, und dann scheitert es am Egoismus oder an der fehlenden Kraft, an der fehlenden Zeit. Einsicht ist da, aber es ist kaum möglich da [aus dem globalen Kreislauf, Anmk. d. Verf.] auszusteigen, auch für die, die bemüht sind. Dahingehend bin ich skeptisch [...] und das ist für mich mehr eine Art Traum, den man anstreben muss. Natürlich. Deshalb mache ich das ja auch. Aber wie viel das tatsächlich bewirkt, ist eine Frage der Zukunft*" [Think Tank Doc. 1: Abs. 34–35].

Der aus der Problemaufrisspassage der Think-Tank-Gruppendiskussion entnommene Dialog spiegelt exemplarisch das Verständnis von nachhaltiger Entwicklung als regionales Gegenkonzept zum globalen Kapitalismus wider, spricht die damit verbundenen Herausforderungen in der Realisierung an und diskutiert die Relevanz von ECO-WISE als regionale InnovatorInnen, wobei der optimistisch konnotierten Sicht des Interessenvertreters aus der Organisationslandschaft ein skeptischer Blick des Geschäftsführers folgt. Nachhaltige Entwicklung ist aus der Perspektive des Interessenvertreters eine Antiglobalisierungsstrategie, die sich an den regionalen Bedürfnissen orientiert, um sukzessive einen Entwicklungsvorteil gegenüber dem globalen Kapitalismus zu erlangen. Es ist ein Gegenkonzept zur Aufrechterhaltung der Lebensgrundlage in den Regionen. ECO-WISE versuchen, dieses Konzept auf regionaler Ebene umzusetzen. Sie sind aus Sicht des Gesprächspartners dahingehend gewissermaßen Vorreiter. Auch wenn ihr Wert derzeit noch nicht ausreichend erkannt wird, können sie langfristig gesehen Entscheidendes zur Erhaltung einer lebenswerten Umwelt beitragen. Die Frage, über die wir uns seiner Ansicht nach heute klar werden müssen, ist, welche Art von Lebensstil wir in Zukunft „*in der Region*" haben wollen. Der Geschäftsführer validiert in einer Anschlussproposition die Ansichten des Interessengruppenvertreters, er begegnet den Entwicklungen allerdings mit etwas mehr Skepsis. Aussagen wie „*es ist ein Traum, den man anstreben muss*" oder „*es ist ein Sisyphusunternehmen*" drücken diese Bedenken metaphorisch aus. In Relation zu den Problemen, die der globalisierte Kapitalismus aufwirft, sind ECO-WISE seiner Ansicht nach „*ein Tropfen auf den heißen Stein*". Zudem ist es für jeden/jede schwierig, sich dessen Vorgaben zu entziehen, womit er den Blick vom strategisch konzeptionellen Plateau auf die individuelle Umsetzungsebene richtet. Er unterstützt das Konzept fraglos, fraglich für ihn ist allerdings, was ECO-WISE im Rahmen des Diktats des globalen Marktregulatives zukünftig tatsächlich bewirken können.

Mit einer ähnlichen Skepsis begegnen andere Gesprächspartner der Wirkung von ECO-WISE auf globale Gegebenheiten. Aus der Sicht des strategischen Koordinators aus dem Umweltbereich (GP20SKökolm) können ECO-WISE als regional verankerte Unternehmen nicht die nötige Durchschlagskraft für globale Veränderungen entwickeln (vgl. Think Tank Doc. 6: Abs. 9–19). GP20SKökolm: *„Nehmen wir das Beispiel Reparaturnetzwerk, das Sie erwähnt haben. Solange die Wegwerfgesellschaft das Nonplusultra ist, brauchen wir nicht viel reparieren. Solange das nicht beim Menschen drinnen ist ein Stückerl, und solange die Hersteller quasi die Gewinner sind – quasi End-of-Pipe*[249] *produzieren und das einfach dann entsorgen. Gott sei Dank muss man jetzt alles wieder trennen oder schauen, dass das Recycling funktioniert, bei uns, ja. Aber das ist nicht auf der ganzen Welt so, ja"* [Think Tank Doc. 6: Abs. 103–105]. Auch der Umweltwissenschafter (GP22UFm) stuft den Beitrag von ECO-WISE zu einer global zu denkenden nachhaltigen Entwicklung eher als marginal ein. Er sieht Potenziale in der Verlängerung der Lebensdauer von Produkten, was aus seiner Sicht in Summe aber keine globale Breite erreichen kann. GP22UFm: *„Ich meine, solche ECO-WISE, ich kenne es halt eher so aus den Geschichten ‚Lebensdauerverlängerung von Produkten'. Und da wird jetzt immer wieder mal diskutiert, aber das erreicht auch keine Breite eigentlich"* [Think Tank Doc. 7: Abs. 218–220].

In diesen Diskursen bestätigt sich die Relevanz von ECO-WISE als regionale Nischenakteure. Zudem zeigen sich hier erneut ihre Grenzen, die im Zusammenhang mit globalen Entwicklungen stehen.[250] Ihre Stärke liegt, wie bereits in der Perspektive ‚Entwicklung von und Etablierung in neuen Geschäftsfeldern' klargestellt wurde (siehe Kapitel 7.4.3), im regionalen Handeln. Doch auch hier ist die Forcierung einer nachhaltigen Entwicklung von individuellen und strukturellen Komponenten mitbestimmt. Warum nachhaltige Entwicklung ein Traum ist, den man anstreben muss, und was es braucht, um diesen zu verwirklichen, wird im Folgenden eingehender diskutiert. Dem Widerspruch zwischen Globalisierung und Regionalisierung (siehe Kapitel 4.1.2) wird hier aus unterschiedlichen Perspektiven der am Think-Tank beteiligten Akteure begegnet.

249 Unter „End-of-Pipe"-Strategien werden nachsorgende Umweltschutzmaßnahmen verstanden, um die in der Produktion entstandenen Schäden einzudämmen (z. B. Filter- oder Kläranlagen).

250 Ähnlich werden Lokale-Agenda-21-Projekte eingestuft. Auch mit diesen regionalen Initiativen kann aus Sicht der ExpertInnen der globale Lauf nicht wesentlich beeinflusst werden (siehe Kapitel 7.1.3).

7.5.1.1 Nachhaltige Entwicklung – ein anzustrebender Traum

Auf die diskussionsgenerierende Frage, welchen Stellenwert ECO-WISE im Nachhaltigkeitsdiskurs einnehmen können, wurde von den Think-Tank-DiskutantInnen zunächst die Realisierung von nachhaltiger Entwicklung kritisch durchleuchtet.

> GP20SKökolm: „*Ja, das beantwortet vielleicht ein Stück weit die Frage, warum diese sehr regional aufgestellten Betriebe, die sehr regional aktiv und tätig sind, vielleicht nicht diese Durchschlagskraft entwickeln, weil dieser Nachhaltigkeitsdiskurs zwar in einschlägigen Bereichen sehr offen und sehr weitgehend diskutiert wird, auch sehr progressiv diskutiert wird, aber in der großen Auseinandersetzung damit, was wir heute an Wirtschaftsmaßnahmen, an energiepolitischen Maßnahmen, wirklich dort, wo die großen Gelder drinnen liegen, auch sozialpolitische Maßnahmen haben, er sich nicht wieder findet, aus meiner Sicht. Weil wir betreiben heute, nehmen wir jetzt einen anderen Bereich, die gesamte Gesundheitsversorgung zum Beispiel, betreiben wir nach wie vor End-of-Pipe und nicht Vorsorge. Im Bereich des Sozialen betreiben wir auch End-of-Pipe und nicht Vorsorge. […] Das ist das-, sagen wir einmal das sind zwei Softbereiche in unserer harten Wirtschaftswelt. Das Gleiche haben wir aber in der Wirtschaftswelt auch, nehmen wir den Energiebereich her. Wir investieren vier Millionen, fünf Millionen Euro in Ausschreibungen für Photovoltaikanlagen, aber wir investieren zehn Milliarden Euro in eine Nabucco-Leitung.*[251] *Das sind Relationen de facto um 1000e. Und das ist meines Erachtens mit auch, mit auch ein Hintergrund-, und in diesem Hintergrund müssen wir das auch sehen, dass wir sinkende Raten der Regionalwirtschaftsverträge haben und steigende Raten der Globalwirtschaftsverträge*“ [Think Tank Doc. 6: Abs. 9–19].

In dieser Proposition konstatiert der Gesprächspartner, dass nachhaltige Entwicklung in einschlägigen Bereichen zwar sehr offen und auch progressiv diskutiert wird. Mit Blick auf realpolitische und regionale Umsetzungen, die an sozial-, wirtschafts- und energiepolitischen Entscheidungen exemplifiziert wurden, finden diese Diskurse allerdings nicht ausreichend Eingang in die Debatten. Politische Strategien sind zum Großteil als End-of-Pipe-Lösungen konzipiert und demnach alles andere als nachhaltig. Des Weiteren nimmt der Gesprächspartner eine sinkende Rate der Regionalwirtschaftsinvestitionen und eine steigende jener der Globalwirtschaft wahr. Auch energiewirtschaftliche Investitionen gehen vonseiten der Politik zu einem weit höheren Ausmaß in den globalen Bereich als in den regionalen.

---

251 Die zum Zeitpunkt der Gespräche hochumstrittene Nabucco-Pipeline, die von der türkisch-bulgarischen Grenze bis in das österreichische Erdgasverteilerzentrum führen sollte, wurde wegen ungenügender Nachfrage und der Konkurrenz zu South Stream zwischenzeitlich aufgegeben.

In dieser Passage werden Schlüsselthemen andiskutiert, wozu sich auch andere DiskutantInnen des Think-Tanks ähnlich äußerten. Daraus lässt sich eine gemeinsame Gruppeneinschätzung zu den Realisierungsmöglichkeiten und -grenzen von nachhaltiger Entwicklung formulieren. Diese verdichten sich einerseits im Hinterfragen der realpolitischen Umsetzung, andererseits im wahrnehmbaren Schwinden regionaler Potenziale aufgrund wachsender globaler Engagements.

Realpolitische Umsetzung

Hinsichtlich der realpolitischen Umsetzung von nachhaltiger Entwicklung kann, ähnlich wie der strategische Koordinator aus dem Umweltbereich (GP20SKökolm), auch eine Gesprächspartnerin aus der Umweltwissenschaft keinen konzertiert geführten Diskurs ausmachen. Im Zuge einer reflexiven Betrachtung des Konzeptes differenziert sie dessen Realisierung aus politischer und unternehmerischer Sicht skeptisch. GP21UFw: *„Aus politischer Sicht, ja, ist es ein Haufen heiße Luft, wo nicht viel dahintersteckt. Der Nachhaltigkeitsdiskurs aus Unternehmenssicht ist teilweise heiße Luft, teilweise machen es die Unternehmen ernst, aber jetzt so einen konzertierten Diskurs nehme ich nicht wahr"* [Think Tank Doc. 7: Abs. 210]. Des Weiteren wird nachhaltige Entwicklung auf der Unternehmensebene von der Gesprächspartnerin eng mit CSR in Verbindung gebracht (vgl. ebd.). Darin begründen sich mitunter die bereits diskutierten Kooperationsannäherungen zwischen Wirtschaft und ECO-WISE (siehe Kapitel 7.4.3). Der strategische Koordinator aus dem Umweltbereich (GP20SKökolm) mahnt in einer oppositionellen Differenzierung die Selbstverpflichtung der Wirtschaft zu nachhaltigem Handeln über CSR hinaus ein. Er exemplifiziert dies an *„überzogenen"* Managementgehältern (vgl. Think Tank Doc. 6: Abs. 127–130).

Ein sachpolitischer Vertreter aus dem Umweltbereich weist in einer Anschlussproposition ergänzend darauf hin, dass nachhaltige Entwicklung teilweise *„falsch"* interpretiert wird, nämlich verkürzt auf die zeitliche Dimension, ohne die Wirkung in Betracht zu ziehen. Mit Blick auf die Wirkungen betont er die im Konzept angelegte Gleichwertigkeit von sozialer, ökonomischer und ökologischer Nachhaltigkeit (siehe Kapitel 4.3), auf die es stets hinzuweisen gilt.

> GP19PVökolm: *„Das Thema ‚Nachhaltigkeit' oder der Begriff ‚Nachhaltigkeit' wird ja heute von vielen politischen Menschen oder von anderen auch gebraucht, und er wird zum Teil falsch interpretiert. Viele verstehen unter dem Begriff ‚Nachhaltigkeit' nur eine zeitliche Dimension, wenn irgendwas eine Zeit lang dauert, dann ist es schon nachhaltig, nicht? Ohne zu hinterfragen, wie es wirkt, in dieser dreidimensionalen Darstellung. Wir machen da jedoch immer wieder den Versuch, um das klarzustellen, dass man hier mit diesem Drei-Säulen-Modell in der Wertigkeit eine Art Gleichbetrachtung vornehmen muss, soziale Dimension, ökologische Dimension und auch die wirtschaftliche Seite. In einem Projekt, das wir gerade abschließen, gilt es das Thema*

‚Nachhaltigkeit' in den Abfallwirtschaftsverbänden greifbar zu machen. [...] Wie kann man den Entscheidungsträgern verklickern, den Bürgermeistern, den Abfallverbandsobleuten, welche Kriterien maßgeblich sind, dass tatsächlich eine Entscheidung nachhaltig wirkt? Und wenn man nur, um ein einfaches Beispiel zu geben, wenn man heute irgendwo eine Ausschreibung macht, wo es dann darauf ankommt, dass man das zum billigsten Preis irgendwie hinbekommt und dass alles andere dann egal ist, wichtig ist, dass der Preis passt, dann müssen wir so quasi den Zeigefinger heben und sagen: ‚Nein, das ist nicht nachhaltig.' Wenn wir lange Transportstrecken haben, Emissionen haben, vielleicht Umweltstandards haben im Zielgebiet, wo das abgeladen wird und verarbeitet wird und wo bei uns vielleicht dann auch Wertschöpfung oder Arbeitsplätze dann verloren gehen. Äh, das Komplexe zu vermitteln und wenn, wenn es darum geht, hier das so zu vermitteln, dann hat das Thema ‚Nachhaltigkeit' in der Betrachtung wieder seine Berechtigung" [Think Tank Doc. 5: Abs. 17–21].

Der Gesprächspartner legt sein Zielverständnis als Sachpolitiker aus dem Umweltbereich dar, nämlich politischen Verantwortlichen und EntscheidungsträgerInnen z.B. bei Ausschreibungen zu vermitteln, worauf bei nachhaltigem Handeln tatsächlich zu achten ist, welche Aspekte sie in ihre Entscheidungen mit einbeziehen müssen, sodass es allen drei Dimensionen der nachhaltigen Entwicklung entspricht. In den exemplifizierten Kriterien – Transportstrecken, Emissionsverbrauch, regionale Wertschöpfung, Erhaltung von Arbeitsplätzen – zeigt sich bereits tendenziell das Spannungsverhältnis zwischen globalem und regionalem Agieren, das sich im zweiten Aspekt der Gruppeneinschätzung abbildet.

Globale Bedrohung regionaler Räume

Neben der mangelnden realpolitischen Umsetzung widersprechen insbesondere die beobachtbaren sinkenden Regionalwirtschaftsraten gegenüber steigenden globalen dem von den GesprächspartnerInnen elaborierten Verständnis von nachhaltiger Entwicklung. Der sachpolitische Vertreter aus dem Umweltbereich reflektiert diese Situation in einer längeren Proposition.

GP19PVökolm: *„Das Problem ist nur, wie lange wir uns die Diskussion über Nachhaltigkeit noch leisten können, insbesondere, wenn wir uns das Horrorszenario anschauen, in dem Österreich als Industriestandort schon abgehakt ist. [...] Das heißt, die hohen Kosten im Arbeitsbereich, also die menschlichen Kosten, die unflexiblen Arbeitszeiten, so quasi, Vorgaben. Alles das führt dazu, dass heute mehr oder weniger die ganzen großen Hersteller irgendwo im Fernen Osten alles machen, nicht. Und es ist leicht vorstellbar und das ist das, was mich ein bisschen beklemmt, muss ich auch ganz offen sagen. Wir leben heute in einer globalisierten Welt, es ist alles mehr oder weniger recht locker verfügbar, austauschbar, alles dreht sich um die Kugel, ob es das Kapital ist, ob das die Produkte sind, die Rohstoffe, alles kein Problem, nicht. Die Containerschiffe fahren, das Kapital rotiert extrem. Und in Zeiten wie diesen, haben wir doch so deutli-*

che Unterschiede. Wir sehen es beim ökologischen Fußabdruck, wir sehen es im Energieverbrauch, wir sehen es bei all diesen Dingen und haben ein extremes Gefälle. Und, ähm, Sie können sich vorstellen, wenn Sie irgendwo ein Wasser haben, ein aufgestautes Wasser, eine Staumauer, wo viel Wasser drinnen ist, das ist vielleicht Europa, das ist Amerika. Wenn Sie sich das so vorstellen und Sie reißen und Sie sprengen ein Loch in die Staumauer hinein, nicht. Wie lang es dauert, bis dann so quasi das Wasser im Stausee so gleich ist wie das so quasi außerhalb vom Stausee. Das heißt, es rinnt Ihnen aus. Und je größer das Loch ist, umso schneller geht es. Und mit diesem Bild vor Augen muss man sich wirklich fürchten anfangen, dass wir im sozialen Bereich uns das, was wir haben, also die Löhne und alles das, was wir haben, auf absehbare Zeit nicht halten können. Dass wir das, was wir an sozialen Standards errungen haben in den letzten 100 Jahren, dass das alles Gefahr läuft, dass das verloren geht. Und dass Europa, das ist jetzt nicht Österreich, dass Europa verarmt" [Think Tank Doc. 5: Abs. 25].

Aus Sicht des Gesprächspartners ist die wirtschaftliche und soziale Situation Österreichs sowie Europas durch die globalen Entwicklungen und Orientierungen gefährdet. Dass der Industriestandort Österreich durch hohe Lohnnebenkosten und unternehmerische Abwanderungstendenzen geschwächt ist, das wurde theoretisch in Kapitel 4.1.4 und empirisch im Zusammenhang mit der Schaffung regionaler Arbeitsplätze (siehe Kapitel 7.4.1) bereits diskutiert. Diese Entwicklung ruft eine „*Beklemmung*" hervor, vor allem mit Blick auf sich real erweisende Ungleichheiten, die sich in den Daten des ökologischen Fußabdrucks oder sozialer Ungleichheitsmessungen widerspiegeln (siehe Kapitel 4.1.3). Der Experte rückt diese Ungleichheiten zwischen Kontinenten und Staaten in die Metaphorik eines Stausees, dessen Staumauern durch das globale wirtschaftliche Agieren sukzessive rückgebaut werden, wodurch es zusehends schwieriger wird, die sozialen, ökologischen und wirtschaftlichen Errungenschaften der sich innerhalb der Staumauer befindenden europäischen Staaten aufrechtzuerhalten. Mit dem Auslassen des Stausees wird keine Umverteilung oder kein Ausgleichen von sozialen Standards betrieben, sondern deren Verlust vorangetrieben, was auf lange Sicht zu einer Verarmung Europas führt.

In einer differenzierenden Anschlussproposition kritisiert er das mangelnde politische und zivilgesellschaftliche Bewusstsein.

GP19PVökolm: „*Weil produziert wird dann nichts mehr, wir haben im Bereich der Rohstoffe ein mangelndes Bewusstsein, was wir momentan alles weghauen, die Mengen, die wir weghauen und wie wir weghauen, ist ein Zeichen dafür, denken wir nur an die alten Autos, denken wir an den Elektroschrott. Was da hier an wertgebenden Komponenten drinnen ist, was in einem Handy-, das ganze Periodensystem ist in so einem alten Handy drinnen. Und wir schmeißen das weg und denken uns gar nichts dabei. Und auf der anderen Seite haben wir die Fantastereien, dass da auch von der Politik, abwärts alle reden, also wie das also ist mit den neuen Technologien, mit der neuen Mobilität, E-Mobility, das große Schlagwort. Aber ob das die Räder sind, die Mopeds oder die Autos, die fahren ja nicht nur mit einem Akku und in einem Akku habe ich jetzt nach jetziger Manier einen Lithium-Ionen-Akku drinnen. Und wenn ich heute 100 000 Fahrzeuge ausstatte mit einem Lithium-Ionen-Akku, brauche ich halt einen Haufen Lithium. Aber das haben wir nicht, das ist in China. Das heißt ah-, und dann wird es für mich so ein bisschen kritisch, wo ich glaube, dass das, was momentan das größte Problem ist, dass viele Entscheidungsträger, aber auch in der Bevölkerung insgesamt, das Bewusstsein für die Entwicklung und für das, was da abläuft, nicht da ist. Wir diskutieren immer noch über CSR, das ist für mich so fatal. Wir diskutieren über CSR, Corporate Social Responsibility, überlegen uns, was könnte da die unternehmerische Verantwortung noch alles tun, so quasi, was die noch in Betracht zu ziehen haben, nicht. Und in Wirklichkeit gehen uns die Unternehmen verloren, die das also wahrnehmen sollten. Da brauchen wir über CSR nicht mehr diskutieren. Das heißt, das ist die Situation ein bisschen im Moment*" [Think Tank Doc. 5: Abs. 25].

Insgesamt sind ein fehlendes Bewusstsein im Umgang mit Rohstoffen sowie ein Ignorieren der Probleme, die diese globalen Entwicklungen mit sich bringen, sowohl von politischen EntscheidungsträgerInnen als auch von der Bevölkerung diagnostizierbar. Die in Aussicht gestellte Regression des regionalen Unternehmertums lässt Diskussionen zur sozialen Verantwortung der Wirtschaft zweifelhaft erscheinen. Hier schließt sich der Kreis zu den Einschätzungen des Interessengruppenvertreters (GP8IGorgm) aus der diese Orientierungsfigur umrahmenden Diskurspassage. Nachhaltige Entwicklung bedeutet, sich an den Bedürfnissen in den Regionen zu orientieren, um wieder einen Entwicklungsvorteil gegenüber dem globalen Kapitalismus zu erreichen: „*[...] dann kann da schon für die nächsten- sage ich einmal 15 Jahre oder auch längerfristig ein Gegenkonzept drinnen stecken, nämlich des regionalen Wirtschaftens und des Erhalts unserer Ressourcen, die wir einfach zur Aufrechterhaltung unserer Lebensgrundlage brauchen, ja*" [GP8IGorgm, Think Tank Doc. 1: Abs. 34].

7.5.1.2 Empfehlungen für Politik, Wirtschaft und Zivilgesellschaft

Wenn nachhaltige Entwicklung nicht nur ein erstrebenswerter Traum sein soll, dann müssen wir uns laut Einschätzungen der DiskutantInnen fragen, wie der regionale Wirtschaftsstandort gestützt werden kann, um in der Konsequenz sozial, ökologisch und ökonomisch nachhaltig handeln zu können. Entscheidende Schritte dafür werden in der Aussage des sachpolitischen Vertreters aus dem Umweltbereich zusammengedacht elaboriert.

GP19PVökolm: „*Das heißt, ich denke, was uns da vielleicht gelingen müsste, wäre hier ein Bewusstsein dahingehend zu erzeugen, dass wir uns selbst so quasi die Lebens-*

fähigkeit erhalten. Wenn es um Nahrungsmittel geht, um regionale Produkte. Wenn es um Automobile geht, werden wir vielleicht-, jetzt haben wir zwar eine Autoproduktion in Graz, aber-, oder im Bereich der Computer, in der Elektronik, da glaube ich nicht, dass wir die großen Schritte machen werden, dass das da bei uns dann so toll sein wird. Wir haben eh ohnedies im Spezialbereich, wenn ich da jetzt an xy [Anonymisierung der Firma durch die Verf.] denke, die Leiterplattengeschichte, wo wir einen hohen Level haben, wo wir uns aber wirklich extrem zusammenreißen müssen, dass wir diese Dinge nicht verlieren. Aber dass wir da was Frisches, Neues hereinbekommen, diese Chance oder diese Wahrscheinlichkeit sehe ich überhaupt nicht. Wir haben zwar einen tollen Informationsstand in der Ausbildung, also viele Facharbeiter. [...] Ähm, so gesehen haben wir einen sehr hohen Level, aber den können wir nur in kleinen Nischen irgendwo verkaufen und nicht im Großen, so quasi in der Masse. Wir müssen uns im Klaren sein, dass wir mit den Ressourcen, die wir selber haben, einfach sorgfältiger umgehen müssen. Da ist eine Entwicklung im Gang, die nicht gut ist, wenn ich da so an die Jugend denke, wir bemühen uns mit dem Thema ökologischer Fußabdruck, hier in die Schulen zu gehen, etwas zu vermitteln, so wie sie es vor 20 Jahren mit der Mülltrennung gemacht haben. Aber wenn man sich heute anschaut, ich sage jetzt einmal, ich habe selber einen 14-Jährigen, wo diverse Dinge keine Wertigkeit haben, ob das ein Handy ist oder ein I-Pod ist oder was auch immer. Wenn es hin ist, dann ist es hin, kaufe ich mir halt ein Neues. Das heißt, diese Einstellung auch zu Geld und zu Werten, die wir vielleicht, ich weiß nicht, es klingt irgendwie schon so komisch, wir sind die Alten, die haben das alles noch viel mehr geschätzt und so. Und waren viel braver und waren viel bescheidener, die anderen sind heute, mehr oder weniger, sie haben das alles nicht mehr gelernt. Das ist so quasi die soziale Problematik, die da näher auf uns zukommt, das Nichthaben und wie sich das dann äußert in der Nichterfüllung der Wünsche. Das wird ein soziales Thema werden“ [Think Tank Doc. 5: Abs. 41].

Auf die Nachfrage, wie man Regionen in Zeiten des globalen Kapitalismus stärken kann, spricht der sachpolitische Vertreter aus dem Umweltbereich (GP19PVökolm) in dieser längeren Passage konkret zwei Aspekte an: 1.) Bewusstsein schaffen, um unsere Lebensfähigkeit zu erhalten, und 2.) Stärkung der existierenden regionalen Produktion, die auf einem hohen Level rangiert und sich globalwirtschaftlich in Nischen bewegt (z.B. Leiterplatten, Automobile, Nahrungsmittel), durch bewusstes regionales Konsumieren und Investieren (vgl. auch Abs. 73–75). In Summe wird es wichtig sein, mit den vorhandenen Ressourcen sorgfältig umzugehen. Dass dafür zum einen das individuelle Bewusstsein geschärft werden muss und zum anderen regionale Investitionen notwendig sind, darüber sind sich die DiskutantInnen des Think-Tanks weitestgehend einig.

Bewusstes Konsumieren

Der Bewusstseinswandel ist ein grundlegendes Thema in den Diskursen um nachhaltige Entwicklung (siehe Kapitel 4.3). In den Think-Tank-Gesprächen kam ein solcher in unterschiedlichen Kontexten zur Sprache. Demnach findet er sich als Querschnittskategorie in allen Orientierungsfiguren wieder. Im Zusammenhang mit der Orientierungsfigur ‚Öffnen regionaler Ermöglichungsräume' konzentriert er sich auf die Entwicklung des individuellen Konsumverhaltens hin zu einem ressourcenschonenden und regionalen Konsumieren. Dieser Bedarf wird von nahezu allen DiskutantInnen selbstläufig angesprochen und als entscheidend betrachtet.

Dass die Bewusstseinsentwicklung bereits bei Kindern und Jugendlichen ansetzen muss, fand zuvor im Zitat des sachpolitischen Vertreters aus dem Umweltbereich Betonung (GP19PVökolm). Ähnlich wie beim Thema Mülltrennung vor 20 Jahren werden heute SchülerInnen in spezifischen Unterrichtsprojekten mit dem Konzept des ökologischen Fußabdrucks konfrontiert, nicht zuletzt, um über diesen Weg auch die Eltern mit zu sensibilisieren. Der Gesprächspartner identifiziert in der fortschreitenden Entwicklung der Wegwerfgesellschaft zudem einen generativen Bruch mit einer folglich neuen sozialen Problematik. Auf etwas Leistbares verzichten zu können unterscheidet sich vom Verzicht aus mangelnden Möglichkeiten. Älteren Generationen, die in einer Knappheitsgesellschaft sozialisiert wurden, wird ein ausgeprägteres Konsumbewusstsein zugeschrieben als jüngeren. Eine Veränderung des individuellen Konsumverhaltens setzt ein Verzichtenkönnen voraus, das in einer „Nachknappheitsgesellschaft"[252], wie sie von Giddens (1999c, S. 146) bezeichnet wird, erst erlernt werden muss. Insofern ist nachhaltige Entwicklung immer auch ein Prozess, in dem Lernelemente integriert sind (vgl. Kapitel 4.3.3.2). Die neue soziale Problematik begründet sich in der Ungleichverteilung respektive im Dualismus zwischen Verzichtenkönnen und Verzichtenmüssen. Ein Vertreter aus der AdressatInnengruppe erkennt insbesondere im Verzichtenmüssen positive, auf das nachhaltige Konsumieren wirkende Elemente. In einer Proposition konstatiert er, dass sozialökonomisch benachteiligte Personen automatisch ökologisch nachhaltig handeln, da sie verzichten müssen. Er eröffnet damit eine Diskurspassage in der Think-Tank-Gruppendiskussion, in welcher der Dualismus differenziert diskutiert wird.

> GP9IGadm: *„[…] weil ich seit 1. Februar 2004 keinen PKW besitze und ich bin glücklich darüber. Es ist eine Notwendigkeit, dass wir mit den Öffis fahren, dass wir zu Fuß gehen, dass wir mit dem Rad fahren. Also, das ist so- […] das ist eine ökonomische Notwendigkeit, dass wir auch ökologisch sind. Also insofern ist es ein Erfordernis.*
> GP8IGorgm: *Nein, ich sehe das trotzdem nicht ganz so. Weil es ist durchaus in Graz ein Gewinn, mit dem Fahrrad zu fahren. Es ist eine Verbesserung des Lebensstils, nicht*

252 Nachknappheit bezieht sich nicht darauf, dass es keine Knappheit mehr gibt, sondern auf ein Wirtschaftswachstum, das soziale und ökologische Schäden verursacht und demnach in Frage zu stellen ist.

mit dem Auto zu fahren. Also wenn jetzt mein Bestreben wäre, aus ökonomischen Gründen, kann ich-, ich mein, ich habe einen PKW, aber der bleibt so gut wie immer stehen, aber ich kann mir nicht vorstellen, dass das Ziel ist, okay, nur dann keinen PKW, wenn ich ihn mir nicht leisten kann-

GP9IGadm: *Sag ich ja, ich bin ein glücklicher Nichtbesitzer.*

GP8IGorgm: *Und ich glaube, dass die Lebensstilfrage in dem Zusammenhang, öffentlicher Verkehr, mit weniger Ressourcenverschleuderung, ja, dass das immer mehr zur Gewohnheit wird, und dann auch so unsinnige Geschichten wie Plastikspielzeuge aus China, ja, alle glauben, sie müssen alles haben, doppelt und dreifach, und das möglichst billig, und wenn ich dann irgendjemanden sagen höre: ,Ja warum hast du das gekauft?', oder: ,Kaufen wir das, kostet eh nichts', ja, kostet eh nichts, dann führt das ja genau zu diesen unsinnigen Geschichten der Verschwendung und da gibt's eine-, stelle ich immer mehr fest, gibt's eigentlich eine Bewegung, die ständig wächst. Ja, also die genau diesen Lebensstil: ,Was bringt mich überhaupt dazu, ein angenehmes Leben zu führen, und brauche ich das überhaupt? Muss ich mich an diesem Konsumterrorismus da beteiligen in Zukunft? Ja. Gibt's nicht ein anderes Konzept?' Das ist absolut im Steigen, ja. Und dann hören sich gewisse Dinge vielleicht, vielleicht einmal auf, ja. Aber-.*

GP9IGadm: *Ja das ist interessant, dass es in Zusammenhang mit dem ökonomischen Zwang geschieht. Auf der einen Seite-. Es ist ja auch eine Wertediskussion. Das heißt, die einen werden ökonomisch gedrängt kein-. Ich sage, ich spare mir pro Monat mindestens 300 Euro und das setze ich insofern um, dass ich teurere Bioprodukte kaufe, aber dafür eben gezielt. Ich nehme mir die Zeit, dass ich eben einen weiteren Weg mit dem Rad nehme und teurer einkaufe, aber dafür bewusster.*

GP7GFm: *Das ist auch ein Bildungsproblem, natürlich.*

GP9IGadm: *Ja (Lachen), sicher. Da sind wir wieder mitten drinnen*" [Think Tank Doc. 1: Abs. 51–67].

In einer antithetischen Differenzierung führt der Interessenvertreter aus der Organisationslandschaft (GP8IGorgm) in Ergänzung zum positiv konnotierten Verzichtenmüssen das zu erlernende Verzichtenkönnen ein, das sich aus seiner Perspektive als prioritär für das Vorantreiben eines Bewusstseinswandels erweist. Ökologisches Handeln ist vielmehr eine Frage des Lebensstils als eine ökonomische Notwendigkeit. Er ortet eine ständig wachsende Bewegung, die dem auf Verschwendung ausgerichteten globalen „*Konsumterrorismus*" kritisch gegenübersteht.[253] Der Interessenvertreter der AdressatInnengruppe (GP9IGadm) validiert diese Wahrnehmungen und assoziiert mit der Gegenbewegung einen sich abzeichnenden Wertewandel, dem er selbst folgt. Als sozialökonomisch Be-

253 Beispielhaft zu nennen sind die der Solidarischen Ökonomie entspringenden Projekte wie das ,Urban Gardening' und die ,Fairteiler' sowie der wachsende Bereich der ,Sharing Economy'.

nachteiligter kann er es sich allerdings nur dann leisten, nachhaltig zu konsumieren, wenn er auf etwas anderes, wie z.B. einen PKW, verzichtet. Nachhaltiges Handeln ist demnach vorrangig eine Frage der Haltung respektive Einstellung, deren Umsetzung auch an eine Leistbarkeit gebunden ist. Dass insbesondere das Verzichtenkönnen erlernt werden muss und somit auch zu einer Bildungsfrage wird, ergänzt ein Geschäftsführer (GP7GFm) konkludiert.

Inwiefern der Bildungsgrad für ein nachhaltiges Handeln von Relevanz ist, war auch Thema im Gespräch mit einem sachpolitischen Vertreter aus dem Wirtschaftsbereich. Ein langsames Umdenken in der Bevölkerung wird wahrgenommen, jedoch nicht überall im selben Ausmaß. GP24PVökonm: *„Also und ich denke einfach, dass das Bewusstsein bei den Leuten langsam wiederkommt, und natürlich nicht in allen Gesellschaftsklassen, aber, ich meine, ich denke gerade, vielleicht bei den-, habe ich das Gefühl, bei den Höhergebildeten oder bei den Besserverdienenden- ohne jetzt quasi überheblich wirken zu wollen. Also da habe ich schon das Gefühl, dass sich da das stärker manifestiert, als jetzt unter Anführungszeichen bei ‚Normalbürgern'"* [Think Tank Doc. 9: Abs. 78–81]. Die Ungleichverteilung von materiellen und immateriellen Ressourcen setzt sich in seinen Einschätzungen zum Bewusstseinswandel fort, wobei dem elitären Ausschnitt der Besserverdienenden und Gebildeteren gegenüber den *„Normalbürgern"* tendenziell eine Vorreiterrolle zugesprochen wird. Es bestätigt sich hierin, dass bewusstes Konsumieren unter den Prämissen der Nachhaltigkeit immer eine materielle (Leistbarkeit) und immaterielle (Bildung) Ressourcenfrage ist.

Auf die Eigenverantwortung respektive Wertehaltung bezieht sich der sachpolitische Vertreter aus dem Umweltbereich in seiner Exemplifikation. GP19PVökolm: *„Man muss die Leute einladen, bei sich selbst nachzuschauen, was im Leiberl, oder in der Hose oder sonst irgendwas, für ein Etikett drinnen ist, ob das jetzt irgendwo ein heimisches Produkt ist oder sonst irgendetwas drinnen steht. Und das ist genau das, wenn man selber beim xy [Anonymisierung durch die Verf.] die besten, so quasi die günstigsten Markenartikel sucht und kauft und sagt: ‚Das ist billig und da schlage ich zu', und nicht irgendwo Alternativen sucht und sagt: ‚Ich kaufe was anderes ein und mir ist bewusst, ich zahle halt mehr dafür, aber dafür hat die Wirtschaft in der Region stattgefunden'"* [Think Tank Doc. 5: Abs. 75].

Die notwendige Eigenverantwortlichkeit wird von einer Fördergeberin validiert. Ergänzend macht sie auf die Langwierigkeit des Prozesses und auf die notwendige Beharrlichkeit aufmerksam. GP1FGw: *„Aber das Bewusstsein muss bei jedem Einzelnen kommen. Und wie GP9IGadm richtigerweise gesagt hat, weil sie mit dem Fahrrad unterwegs sind, zu Fuß unterwegs, mit den Öffis. Aber das ist etwas, was jeder Einzelne für sich dann herausfiltern muss. Das kann anders nicht funktionieren. Ich meine, man verordnet was weiß ich xy Tage, wo man nicht Auto fahren kann, das haben wir schon einmal gehabt. Beim ersten Öl-Schock, weiß ich auch nicht, ob das wirklich was gebracht hat. Ich denke, da muss man wirklich- und da darf man auch nicht nachlassen, weil das ist einfach etwas,* *wo ich sage, da höhlt der stete Tropfen tatsächlich den Stein"* [Think Tank Doc. 1: Abs. 261–266].

Zusammenfassend kann festgehalten werden, dass von den GesprächspartnerInnen ein ‚Turn' zu einem bewussten Konsumieren wahrgenommen wird. Ein solches ist allerdings von verschiedenen Faktoren abhängig. Wertehaltung, materielle und immaterielle Ressourcen, persönliche Entscheidung und Engagement wurden herausgestrichen. Wie schwierig es ist, dem *„Konsumterrorismus"* als Einzelne/r entgegenzuwirken und bewusst nachhaltig sowie regional zu konsumieren, darauf hat uns der Geschäftsführer in der die Orientierungsfigur umrahmenden Diskurspassage bereits hingewiesen. An einer anderen Stelle wird diese Problematik exemplifiziert. GP7GFm: *„Beispielsweise ich wollte letzte Woche eine Heftklammermaschine kaufen von xy [Anonymisierung durch die Verf.]. Schau ich mir das genauer an: Made in China. [...] Also jeder, der sich bemüht, das wirklich für sich zu befolgen, scheitert daran, dass er stundenlang Sachen lesen muss, dass er da sehr wenig für sich in Anspruch nehmen kann. [...] Es ist ein Dilemma"* [Think Tank Doc. 1: Abs. 35]. Um dieses Dilemma aufzulösen, ist an mehreren Strängen zu ziehen. Dazu bedarf es insbesondere regionalwirtschaftlicher Ressourcen zur Förderung regionaler Produktionen, was wiederum ein strategiepolitisches Bekenntnis voraussetzt.

Systeme drehen

Neben dem bewusst nachhaltigen Konsumieren gilt es aus Sicht der Think-Tank-DiskutantInnen, in die regionale Produktion und Dienstleistungserbringung zu investieren, um Arbeitsplätze zu erhalten sowie neue entstehen zu lassen. Nur so kann langfristig der Wohlstand Österreichs gesichert werden, wie dies vom strategischen Koordinator aus dem Umweltbereich elaboriert wird. GP20SKökolm: *„Also ich glaube, die Zukunft im Staat Österreich, um unseren Wohlstand zu erhalten, wird nur darin bestehen, dass wir Innovationsräume und Dynamisierungsräume in den eigenen Regionen aufmachen"* [Think Tank Doc. 6: Abs. 61]. Diese Sichtweise wird von anderen DiskutantInnen validiert. Der Interessenvertreter der AdressatInnengruppe (GP9IGadm) untermauert dies beispielsweise anhand eines Studienergebnisses. GP9IGadm: *„Jedenfalls das regionale Wirtschaften hat meiner Meinung nach etwas Nachhaltiges. Und da gibt es von den Regionen Europas eine Studie zum Thema ‚Subsidiarität' und da kommt das Ergebnis heraus, dass die Dezentralisierung der Wirtschaft sehr stark zum Bruttoinlands-, also zum Wirtschaftswachstum beiträgt. Ahm und das denke ich wäre meines Erachtens zumindest argumentativ verwendbar, diese Studie"* [Think Tank Group Doc. 1: Abs. 210].

Im Zusammenhang mit der Realisierung von nachhaltiger Entwicklung wurde von den DiskutantInnen das mangelnde strategiepolitische Regionalbewusstsein kritisiert. In der Kritik werden jedoch auch konkrete Optimierungsmöglichkeiten elaboriert, die als Handlungsempfehlungen zu lesen sind. Der strategische Koordinator aus dem Umweltbereich (GP20SKökolm) beispielsweise hält im Zuge des Gespräches des Öfteren konkludierend fest, dass es vorausschauender Strategien bedarf, Investitionen in Innovationsräume anstatt kostspieliger und kurzfristiger End-of-Pipe-Lösungen (vgl. Think Tank Doc. 6: Abs. 51).

> GP20SKökolm: „*Ich sage es ganz extrem, also die zehn Milliarden Euro nicht in einen Brennerbasistunnel oder in eine Nabucco-Rohrleitung stecken, sind jeweils ungefähr so schwer, sondern das stecken Sie in ein Klimaschutzprogramm im Staate Österreich, dann werden Sie einerseits auf den Universitäten ein riesiges Ding auslösen, Sie werden in Unternehmen eine Dynamik auslösen, weil plötzlich neue Optimierungen, neue Technologien zum Vorschein kommen, und Sie werden am Arbeitsmarkt etwas auslösen. Und Sie werden privates Investment auch noch auslösen damit. Wenn sie heute die Nabucco-Leitung bauen, lösen Sie ein Investment bei zwei bis fünf großen Betrieben aus. […] So sind wir Gasversorgt dann am Ende des Tages. Aber die Frage wird sich stellen-, sicher werden wir Gas brauchen für die hohe Energiedichte in Industriebetrieben, aber deshalb die gesamte österreichische Energiepolitik auf so etwas aufzuhängen, halte ich nicht für sehr innovationsreif und auch nicht für dynamikauslösend. Weil die Prozesse, die dahinter stehen, nicht jetzt wirklich neue Räume aufmachen. Wenn Sie so ein Energieprogramm da aufstellen, werden die Arbeitsplätze da entstehen, und sonst entstehen sie irgendwo*“ [Think Tank Doc. 6: Abs. 125].

In dieser Proposition wird der Investitionsbedarf in regionale und nationale Entwicklungen deutlich herausgestellt, wodurch sich weitreichendere Dynamiken zeigen würden, im Bereich ‚Forschung und Entwicklung' ebenso wie in der Wirtschaft und am Arbeitsmarkt.

Die strategische Koordinatorin aus dem Bereich der Sozial- und Arbeitsmarktpolitik (GP17SKsozw) ortet in ihrem Handlungsfeld ebenso eine geringe Bereitschaft, in Innovationen zu investieren. Ihrer Wahrnehmung nach ist die Politik zwar gewillt, innovative Projekte zu finanzieren. Dieser Wille wird allerdings durch einen um sich greifenden Sparkurs gebremst. Aus ihrer Perspektive wäre es in Anbetracht der aktuellen arbeitsmarktpolitischen Herausforderungen (siehe Kapitel 7.3) wichtig, von sogenannten Massenberatungen und -schulungen Abschied zu nehmen und stattdessen in die Entwicklung zielgruppenspezifischer, flexibler und passgenauer Angebote zu investieren, wie es bereits im Kontext der Handlungsstrategien elaboriert wurde. Fraglich ist allerdings, wer einen solchen Kurswechsel wagt. In der Politik gehen Veränderungen ihrer Einschätzung nach nur sehr langsam vor sich.[254]

254 Wie bereits in Kapitel 7.1.3 erwähnt, hat die nationale Arbeitsmarktpolitik 2015 einen Strategiewechsel in diese Richtung vollzogen. Was dieser konkret bewirkt, gilt es zukünftig zu beobachten.

GP17SKsozw: „*Also mit dem Wissen und ich habe ja so das Gefühl, dass die Politik eh investiert, in solche Projekte [zielgruppenspezifische Projekte, Anmk. d. Verf.]. Und auf der anderen Seite gibt's halt dieses Budget, diese Problematik. Und da ist die Frage, ja wie bekomme ich das hin, ohne da zu kürzen und dem Bewusstsein, ich habe diese Zielgruppe und sie wächst eher. Und die Ansätze von den Projekten werden ja eher beratungsintensiver, als weniger. Also ich meine, ich hätte ja da einen klaren Ansatz, dass wir eher bei der Masse einmal schauen müssten. Wenn ich sage, ich brauche das Budget, ist das einfach für so viele sofort zu klein, dass ich einfach schaue, wo kann ich denn da einsparen. Und bei diesen ganzen Standardprogrammen, die halt dann nicht mehr finanziert werden, sondern dass man einen Weg findet für konkrete Zielgruppen, die mehr werden und mehr brauchen, und da wirklich einen Weg findet für die. Und beim zweiten, dritten Arbeitsmarkt, wo auch immer, oder am ersten wäre noch schöner, hinzukommen, braucht's andere Konzepte, als wie die monatlich in eine andere Schulung zu stecken. [...] Und die Frage ist, wo traut sich dann wer drüber. Da bin ich mir nicht sicher, auch jetzt, wenn ich diese Politik anschaue, wie langsam so Veränderungen passieren*" [Think Tank Doc. 3: Abs. 95–101].

Ein Interessenvertreter der Wirtschaftstreibenden (GP23IGökonm) elaboriert ebenso Notwendigkeiten zur Systemveränderung. Einer Realisierung steht er pessimistisch gegenüber. Solange den Staaten immer wieder Kredite gegeben werden und sie sich weiter verschulden können, wird sich aus seiner Sicht nicht viel ändern. GP23IGökonm: „*Pff. Ich sehe da von der Politik überhaupt keinen Ansatz. Die Systemveränderung kommt vielleicht erst dann, wenn sie überhaupt kein Geld mehr haben, aber nachdem sie diese Pleite, die jeder Unternehmer schon längst hätte, mit Schulden machen, immer weiter hinausschieben können, kommt die Systemveränderung auch nicht. [...] Ich meine, es wird irgendwann einmal einen großen Crash geben*" [Think Tank Doc. 8: Abs. 162–166].

Der strategische Koordinator aus dem Umweltbereich (GP20SKökolm) formuliert aus seiner Kritik heraus einen konkreten Handlungsauftrag. Er betont die Wichtigkeit, festgefahrene Systeme zu drehen, um dynamische regionale Innovationsräume zu öffnen. GP20SKökolm: „*[...] dass ich mein eigenes System hinterfragen muss und überlegen muss, ‚wo kann ich was umgestalten?', sodass ich mehr Output herausbekomme. Und sobald ich den Schritt setze, dieses System einmal zu drehen beginne, entsteht ein neuer, dynamischer Innovationsraum, weil da mehrere Menschen an dem nachdenken, da wird auch mehr entstehen. Wenn ich das System starr einfach weiterfahre in eine Richtung, dann fährt es halt weiter und das war es eigentlich, ja also deswegen entsteht nichts mehr Neues und auch nichts mehr, was jetzt mehr Arbeitsplätze oder mehr Wohlstand oder sonst was bringt in dem Sinne, ja, oder auch mehr Zufriedenheit*" [Think Tank Doc. 6: Abs. 71]. Der Gesprächspartner exemplifiziert die Starrheit von Systemen an unterschiedlichen Politikbereichen. GP20SKökolm: „*Und das ist halt immer diese Starrheit von manchen Dingen, die halt bei uns sind. Wir leisten uns in Österreich sicher die teuersten Systeme mit einem relativ bescheidenen Output. Es fängt bei der Schule an, es geht über die Universitäten weiter, geht in die Wirtschaftsgeschichte und und und. Energiepolitisch genau dieselben Dinge, überall gleiche Muster, und ich glaube, das muss man ein Stück weit beginnen auszuhebeln*" [Think Tank Doc. 6: Abs. 73].

An anderer Stelle konkretisiert der Experte die Handlungsoption anhand von Beispielen aus der Energiepolitik, der Pflege und im Umgang mit regionalen Ressourcen. Zusammenfassend gilt es aus seiner Sicht, 1.) die Regionalwirtschaft zu stärken, 2.) die Eigenverantwortung zu fördern und 3.) neue Ausgleichsysteme einzuführen, beispielsweise in Hinblick auf Steuergerechtigkeit. Diese Richtung entspricht zentralen Elementen des ‚dritten Weges' (siehe Kapitel 4.2), worin sich erneut der realpolitische Gehalt dieser – wenn auch umstrittenen – Politik zeigt.

Des Weiteren attestiert der Gesprächspartner, dass die Systeme den bereits eingesetzten positiven Entwicklungen in der Gesellschaft hinterherhinken und diese somit in ihrer Entfaltung bremsen.

> GP20SKökolm: „*Wir haben sicher steigende Raten im Bereich des Konsums auf Biolebensmittel. Da hat sich vieles getan, da haben wir sicher steigende Raten auch im Ökotourismus usw. Es gibt schon den Umsatz, deswegen glaube ich, dass die Gesellschaft dort schon weiter ist wie die Systematik im System. Und auch das Verständnis in der Gesellschaft ist viel weiter, ah, zu sagen zum Beispiel, ‚ja, wir haben in der Pflege, wir werden auch alle älter, also müssen wir uns irgendetwas einfallen lassen dazu'. Das hat keinen Sinn, wenn man Kopf-in-den-Sand-Politik betreibt, und dazu wird man ein Stückerl etwas beitragen müssen, jeder Einzelne, und dass wir zu anderen Ausgleichsmechanismen kommen müssen. Und solange man diesen Diskurs nicht eröffnet, werden die, die nachhaltig handeln versuchen, wie zum Beispiel Stoffkreisläufe zu schließen oder auch die Regionalwirtschaft zu stärken, ein großes Problem haben, das auf den Boden zu bringen. Glaube ich halt zumindest, denn es gibt nur eine begrenzte Ressourcenverfügbarkeit und die kann ich nur einmal verbrauchen. Wenn das normale Establishment oder die normale Struktur jetzt 90 % dieser Ressourcen verbrauchen, bleiben 10 % über. Und dann kann ich aber nicht erwarten, dass die 10 % so eine große Wolke machen, dass sich alles umzudrehen anfängt. Das geht so nicht. Gerade im Energiebereich, der schreit de facto danach, Innovationsräume aufzumachen und mit einem großen Paket quasi dort auch neue Technologien einzuführen*" [Think Tank Doc. 6: 109–113].

Wie hier deutlich wurde, ist nachhaltige Entwicklung ein Querschnittsthema, das sich über alle Politikbereiche erstreckt und daher einer querschnittspolitischen Grundhaltung, einer horizontal über die einzelnen Politikbereiche liegenden Strategieentwicklung bedarf (siehe Kapitel 4.3.3.1). Auf die damit verbundenen Herausforderungen wird in der Orientierungsfigur ‚Kooperieren' detaillierter eingegangen. In den hier zusammengeführten Aussagen wurde dem Konflikt zwischen Globalisierung und Regionalisierung (siehe Kapitel 4.1.2) im Duktus von Handlungsempfehlungen begegnet. Die benannten Vorschläge können zu einer Entladung der auch in ECO-WISE eingelagerten Spannung zwischen ökonomischem und ökologischem Agieren beitragen. Nachhaltige Entwicklung setzt aus der Perspektive der DiskutantInnen Initiativen auf globaler und regionaler Ebene voraus, wobei entsprechend der regionalen Verortung des Handlungskontextes Aktivitäten auf dieser Ebene verstärkt in den Blick genommen wurden. Zusammenfassend wird es insgesamt wichtig sein, 1.) die IndividualkonsumentInnen zu einem ressourcenschonenden und regionalorientierten Konsumverhalten zu motivieren und 2.) strategisch-politische Entscheidungen zu treffen, die das regionale Wirtschaften und Zusammenleben in Form von gezielten Investitionen stärken.

Beide Handlungsempfehlungen implizieren die Mobilisierung materieller und autoritativer Partizipationsressourcen (siehe Kapitel 3.3). Sie zielen auf ein Aufbrechen routinisierter, von politischen und ökonomischen Institutionen induzierten Handlungen ab, mit dem es eine Systemveränderung zu erwirken gilt. Die damit verbundenen Erwartungen sind in erster Linie gesamtgesellschaftliche, um die regionale *„Lebensfähigkeit“* zu erhalten und Regionen lebenswert zu gestalten. Beide Aspekte fanden bereits im Rahmen der State-of-the-Art-Analyse als Herausforderungen Betonung (siehe Kapitel 7.3). Unter den Handlungsstrategien wurden Wege genannt, wie ECO-WISE zur Bewältigung dieser Herausforderungen beitragen können (siehe Kapitel 7.4.3). Durch ihr regionales Angebot von ökologiesensiblen Produkten und Dienstleistungen können sie zum einen ein bewusstes Konsumieren zumindest auf dieser Ebene unterstützen und zum anderen als KooperationspartnerInnen impulsgebend für regionale Entwicklungen fungieren, wie es in einem Statement eines Geschäftsführers auch herausgestellt wurde: GP6GFm: *„Sie haben es gesagt, soziale Gerechtigkeit ist eine Voraussetzung, dass das Gefühl in einer Region da ist, hier kann man gut leben und hier tragen wir was bei“* [Think Tank Doc. 1: Abs. 50]. Im Sinne von *„die Gesellschaft ist schon weiter wie die Systematik im System“* [Think Tank Doc. 6: Abs. 109] können ECO-WISE als bereits vorhandene und ausbaufähige Ressource angesehen werden. Um solche regionalen Prozesse zu forcieren, bedarf es, den GesprächspartnerInnen zufolge, einer ideellen, finanziellen und strategischen Verantwortungsübernahme vonseiten der Politik, der Wirtschaft und der Zivilgesellschaft insgesamt, worin sich der von Giddens geforderte ‚strukturelle Pluralismus‘ (2001, S. 65; siehe Kapitel 4.2) deutlich erkennen lässt.

7.5.2 Kooperieren in Zwischenräumen

Akteure der Sozialen Arbeit sind in unterschiedlichen Grenzgebieten respektive Ritzen aktiv (vgl. Bütow 2012, S. 455; siehe Kapitel 2.1.2.6). Um ihre soziale, ökonomische und ökologische Orientierung zu entfalten, arbeiten auch ECO-WISE mit zahlreichen KooperationspartnerInnen zusammen. In der Performancedarstellung wurde das komplexe Stakeholdergefüge ausgeleuchtet und nach der Einflussrelevanz unterschiedlicher Gruppierungen gefragt. Um das Agieren in diesen differenten Zwischenräumen zu bewerkstelligen, ist, wie gezeigt wurde, ein multidisziplinäres Team essenziell (siehe Kapitel 7.2).

In den Rekonstruktionen des Institutionalisierungsprozesses (siehe Kapitel 7.1) ist die sukzessive Ausdifferenzierung der Stakeholdergruppen nachlesbar. Die Kooperation war anfänglich auf das Sozialministerium sowie die regionalen Arbeitsmarktverwaltungsstellen und private KundInnen beschränkt. In den 1990er-Jahren wuchs die Zusammenarbeitsstruktur und dehnte sich in andere geografische Sphären aus. Als HauptkooperationspartnerInnen galten fortan die regionalen AMS-Stellen. Hinzu kamen der ESF und insbesondere in der Steiermark das Land, Gemeinden, SozialpartnerInnen und die Wirtschaft, die im Rahmen des kooperativen Beschäftigungsprogramms Mitverantwortung zeigten und zeigen. Diese Kooperationsbeziehungen verfestigten sich durch die Beschäftigungsgesellschaften, die im Zuge des von der EU kofinanzierten 5B-Programms erprobt und weitergeführt wurden. Auf ministerialer und Bundesebene reduzierten sich die Kooperationen auf das Lobbying durch neu gegründete nationale Netzwerke wie beispielsweise ‚arbeit plus' oder die ‚Sozialwirtschaft Österreich'. In den 2000er-Jahren wurden die gewachsenen regionalen Kooperationsstrukturen in die ‚Territorialen Beschäftigungspakte' eingepasst und durch die LA21-Programmstruktur ergänzt. Über beide können sich arbeitsmarktpolitische, regionalwirtschaftliche und Umweltfragen betreffende Innovationsprojekte entwickeln.

In einer zusammenführenden Rückschau des Institutionalisierungsprozesses kann konstatiert werden, dass es ECO-WISE ohne Kooperation nicht geben würde. Sie sind aus Kooperationsarrangements als selbstorganisierte und an den gesellschaftlichen Bedarfen orientierte Kollektive hervorgegangen und haben sich in diesen und mit diesen weiterentwickelt. Sie positionieren sich in den Ritzen zu drei gesellschaftlichen bzw. politischen Großgebieten. Zum Sozialen bestehen aufgrund ihrer Hauptzielsetzung die engsten und traditionell gewachsene Verflechtungen. Zur Wirtschaft sind die Beziehungen im Wachsen begriffen, insbesondere zur Abfallwirtschaft, wie in Kapitel 7.4 deutlich wurde. Zum ökologischen Gebiet liegen vor allem zivilgesellschaftliche und ideologisch getragene Bindungen vor, die allerdings kaum strukturiert sind und sich zum Großteil über die im Wirtschaftsbereich eingelagerten umweltpolitischen Kooperationsstrukturen spielen. Insgesamt sind ECO-WISE relevante regionale

KooperationspartnerInnen für VertreterInnen aus den Grenzländern. Neben der in den Förderrichtlinien festgeschriebenen Kooperationsverpflichtung (siehe Kapitel 6.1.3.2) sind es vor allem immer wieder sie selbst, die proaktiv Zusammenarbeitswege erschließen. Wie aus den bisherigen Ausführungen zu erkennen ist, liegen zahlreiche Kooperationen vor, die insbesondere mit Blick auf ihre Entfaltung als Nachhaltigkeitsakteure optimierbar sind.

Im Folgenden werden zunächst ausgewählte Kooperationsformate in der Steiermark diskutiert, um einerseits die Strukturen zu konkretisieren und andererseits die Kulturen in der Zusammenarbeit zu pointieren. Da Kooperationen mit der Privatwirtschaft bereits im Zuge der Handlungsstrategien diskutiert wurden, konzentriert sich die Auswahl hier auf öffentliche Stellen in der Sozial-, Wirtschafts- und Umweltpolitik. Aus diesen Strukturen und Kulturen lässt sich eine konsensuelle Zukunftsgestaltungsoption ableiten. Eine regionale handlungsfeldspezifische Cross-over-Policy-Strategie im Sinne einer *„Verschränkung von Soziales, Ökologie und Wirtschaft“* (vgl. Think Tank Doc. 5: Abs. 52) wird von allen Think-Tank-DiskutantInnen befürwortet. Wie bereits in der Orientierungsfigur ‚Öffnen‘ betont, ist nachhaltige Entwicklung eine Querschnittsthematik, der mit einer querschnittspolitischen Strategie zu begegnen ist. In einer solchen strategiepolitischen Entwicklung können sich ECO-WISE als Schnittstellenakteure und operative SynergieträgerInnen weiträumiger über einzelne und differente Kooperationen hinaus positionieren und profilieren.

7.5.2.1 Kooperationsstrukturen und -kulturen

In den Think-Tank-Gesprächen wurden die im Institutionalisierungsprozess skizzierten Kooperationsstrukturen und -kulturen zur Sozial-, Wirtschafts- und Umweltpolitik mit Blick auf die Steiermark aus differenten Perspektiven konkretisiert.

Soziale Zwischenräume

Die Kooperationsbeziehung zur AMS-Landesstelle und zu weiteren sozialpolitischen VertreterInnen kristallisiert sich als traditionell gewachsene, auf Gegenseitigkeit beruhende und mittlerweile selbstverständlich gewordene heraus, die allerdings durch eingetretene Budgetkürzungen in den 2000er-Jahren eine Belastung erfährt, wie es von einer Fördergeberin elaboriert wird. GP1FGw: *„Die Position des AMS, glaube ich, braucht man auch nicht extra herausheben […] Es ist bekannt, dass seit den 80er-Jahren das AMS das [WISE und ECO-WISE, Anmk. d. Verf.] forciert hat, wobei ein Einbruch dann aufgrund von Budgetproblemen auch ganz klar erkennbar gewesen ist. Aber grundsätzlich stehen wir natürlich hinter diesen Organisationen. Das ist keine Frage. Weil es soll uns ja auch unterstützen in der normalen Arbeit, sage ich jetzt einmal“* [Think Tank Doc. 1: Abs. 24].

Ein ECO-WISE-Geschäftsführer kritisiert die durch die Selbstverständlichkeit nicht wahrgenommene Wertschätzung der Leistung der Organisationen, deren Wertigkeit erst dann erkannt wird, wenn ihre Aufrechterhaltung gefährdet ist. Dies exemplifiziert er an einem erlebten Beispiel. GP5GFm: „*Und dort-, also das, was selbstverständlich da ist, das ist halt da. Und wenn's dann nicht mehr da wäre, dann würde man erst sehen, ‚da habe ich ein Problem'. Also ich habe die Diskussion ja einmal gehabt, wie wir eine gröbere Einsparung gehabt haben, da bin ich dann auch zur Politik in Graz gegangen und habe gesagt: ‚Also so wie es aussieht, kann ich euch das und das im nächsten Jahr nicht mehr anbieten. Wir stellen das Know-how gern zur Verfügung und Sie müssen sich dann halt überlegen, wollen Sie das weiter, und wenn ja, wie Sie es durchführen. Wir können das, so wie es aussieht, nicht mehr machen.' Und dann habe ich schon die Rückmeldung bekommen, na ja, das kann ja sonst niemand. […] Aber erst, wenn dann diese Leistung fehlt oder droht wegzufallen, dann plötzlich wird's wichtig*" [Think Tank Doc. 1: Abs. 129].

Eine Vertreterin der fördergebenden Stellen nivelliert die geortete Nichtwertschätzung in einer antithetischen Differenzierung. Aus ihrer Sicht hat sich die Kooperation zwischen ECO-WISE und der regionalen Arbeitsmarktpolitik seit Mitte der 1990er-Jahren stetig verbessert, was zur Sicherheit und zur Erhöhung ihres Stellenwertes beitrug. Sie werden seither als PartnerInnen bezeichnet und im Rahmen bestehender Möglichkeiten aktiv in regionale strategische Entscheidungsfindungs- und Planungsprozesse einbezogen. Diese positiven Entwicklungen werden im Anschluss konkludierend vom zuvor eher kritischen Gesprächspartner validiert.

> GP2FGw: „*Obwohl ich auch glaube, dass sich da in den letzten Jahren auch irrsinnig-, dass es auch in den letzten Jahren eine irrsinnige Entwicklung gegeben hat in dem Bereich, oder? Weil wenn ich es jetzt bei uns sehe, ich mein, vom xy [Anonymisierung der öffentlichen Stelle durch die Verf.] her, glaube ich, ist das in den letzten 15 Jahren-, hat sich da extrem viel getan. Wie man früher eigentlich, ich meine, da hat es ja nicht mal die Bezeichnung ‚Partner' gegeben und das ist eigentlich jetzt was, was wir schon sehr ernst nehmen. Und wo wir auch, ich meine, im Rahmen unserer Möglichkeiten, wo wir wirklich irgendwelche Entscheidungen treffen können, ich meine, werden die Träger aktiv mit einbezogen. Jeder, der mitarbeiten kann, kann mitarbeiten, seine Ideen einbringen, und das wird berücksichtigt. Also da tut sich schon sehr viel. Und ich habe auch eigentlich das Gefühl, ich meine, dass das auch bei anderen Stellen ist. Ich meine, es hat sich viel entwickelt mit den Kooperationsprogrammen und so und ich glaube, dass das auch zur Sicherheit beiträgt und den Stellenwert wirklich enorm gehoben hat, oder?*
> GP5GFm: *Auf alle Fälle. Also da ist viel passiert, da hat sich viel verändert*" [Think Tank Doc. 1: Abs. 130–131].

GP2FGw: *„Na, alleine, wenn man sich die Vernetzung ansieht – denke ich mir – unter den Trägern.*
GP1FGw: *Innerhalb der Träger.*
GP2FGw: *Besteht eine wunderbare Vernetzung zum xy [Anonymisierung der öffentlichen Stelle durch die Verf.] – also da wird wirklich Know-how ausgetauscht und jeder weiß, auf wen er zurückgreifen kann. Wenn irgendein Bedarf ist, es kommt ein Sonderprogramm zum Beispiel. Wir wenden uns an die Träger. Wer kann da mittun? Wer kann was erfüllen?“* [Think Tank Doc. 1: Abs. 143–145].

Eine andere Vertreterin der fördergebenden Stellen schließt sich im fortlaufenden Diskursstrang der Sichtweise an, dass es gute Kooperationsbedingungen gibt. Sie unterstreicht die Vernetzung innerhalb der Trägerlandschaft auf regionaler Ebene, die die Zusammenarbeit mit den öffentlichen Stellen unterstützt. Bedarfsorientierte Sonderprogramme sind durch den gelingenden Know-how-Transfer zwischen Trägern und Behörden gut koordinierbar.

Die regionale Vernetzung der Träger und die auf Gegenseitigkeit gelebte Kooperationskultur zu den öffentlichen Auftrag- und FördergeberInnen stellen eine wichtige Basis dar, um durch bundespolitisch induzierte Budgetengpässe resultierende Schwierigkeiten auf regionaler strategischer Ebene gemeinsam zu bewältigen. Die Kooperationskultur schafft auch gute Voraussetzungen für die vom regionalen TEP koordinierten Innovationsprojekte, die in Kapitel 7.1 bereits erläutert wurden. Auf die Zusammenarbeit mit dieser strategischen Institution wird in den Think-Tank-Diskursen allerdings nicht näher eingegangen. Da die Kooperation nicht in einem direkten Austausch zwischen TEP und ECO-WISE stattfindet, sondern in regionalen Entwicklungsprojekten geschieht, für die der TEP die Schnittstelle zwischen Umsetzung und strategischer Politikgestaltung ist, wird in der Wahrnehmung der ECO-WISE-VertreterInnen diesem als Stakeholder auch eine relativ geringe Bedeutung beigemessen (siehe Kapitel 7.2.4). Mit Blick auf das gesamte sozialpolitische Kooperationsgebiet kann festgehalten werden, dass ECO-WISE als beschäftigungspolitische UmsetzerInnen und InnovatorInnen via Schnittstellen und auch direkt in regionale strategische Entwicklungsprozesse tendenziell eingebunden sind.

Ökonomische Zwischenräume

In den letzten Jahren haben sich laut Aussagen der GesprächspartnerInnen des Think-Tanks die Kooperationsstrukturen zur Wirtschaftspolitik geöffnet. Insbesondere im Bereich der Abfallwirtschaft ist ein Aufeinanderzubewegen erkennbar, nicht zuletzt, da ECO-WISE, die im Re-Use- und Recycling-Bereich agieren, in der Umsetzung des Abfallrahmenplans als regionale KooperationspartnerInnen beteiligt sind (siehe Kapitel 7.4.3). Für dessen Realisierung ist in der Steiermark die Fachabteilung 19D zuständig, die neben der Abfallwirtschaft auch weitere Andockstellen für ECO-WISE bietet, wie ein sachpolitischer Vertreter aus diesem Bereich (GP19PVökolm) bestätigt. Dazu zählen beispielsweise die ‚WIN-Initiative' und der ‚Eco-World-Styria-Cluster', die zukunftsweisende wirtschaftliche Projekte fördern und vernetzen. Politisch angesiedelt sind dort ebenso die Koordination nachhaltiger Entwicklung und die LA21-Projekte, die zum Zeitpunkt der Gespräche strategisch über die Landentwicklung betreut werden (vgl. Think Tank Doc. 5: Abs. 63–65). In einer Think-Tank-Gesprächspassage werden die wachsenden und ausbaufähigen Kooperationsbeziehungen von einigen GeschäftsführerInnen reflektiert, die als KooperationspartnerInnen in der Abfallwirtschaft agieren.

> GP12GFm: „*Ich habe den Eindruck, also dass mit dem xy [Anonymisierung der Kontaktperson in der FA 19D durch die Verf.] da jetzt ein bisschen mehr Bewegung hineingekommen ist, als es vorher war. Und ihm scheint dieser Sektor in der Sozialwirtschaft nicht unwichtig zu sein. Das ist mein Eindruck.*
> GP14GFm: *Wie soll ich sagen, ah, ein Verständnis wäre halt notwendig für uns. Weil wir tun das eh alles und so und, und, und die Töpfe sind leider Gottes auch alle jetzt leer. Also wir bräuchten auch teilweise finanzielle Unterstützung. Aber zumindest gibt es so etwas, dieses Projekt, wo es eben um diese Shops auch geht, ob das in jedem Bezirk möglich wäre oder sinnvoll wäre*" [Think Tank Doc. 2: Abs. 62–65].

> GP13GFm: „*Shops und auch nicht nur Shops, sondern auch die Re-Use-Warenbeschaffung, denke ich mir, haben wir auch stark eingebracht. [...] Weil nach wie vor sehr viele brauchbare Geschichten im Elektrobereich, im Ökobereich einfach entsorgt werden, weil der Weg einfacher ist, weil es günstiger ist für die Leute. Und wenn die Re-Use-Quoten jetzt verpflichtend werden, dass man das vorher herauslösen kann. Also Shops, aber auch schon vorher, Warenbeschaffung. [...]*
> GP16GFm: *Die rechtliche Situation, damit man auch die Waren bekommt, ist jetzt anscheinend gelost worden, durch diese EU-Abfallrahmenrichtlinie. Also da haben wir jetzt Zugang zu dem Ganzen*" [Think Tank Doc. 2: Abs. 196–200].

Die Gesprächspartner erhoffen sich über die Initiative der Fachabteilung 19D, dass ECO-WISE als sozialwirtschaftliche Unternehmen verstärkt in die Umsetzung der Abfallrahmenrichtlinie der Europäischen Union einbezogen werden und so ein breiteres Verständnis für ECO-WISE als Nachhaltigkeitsakteure entstehen kann. Für solche Entwicklungen bedarf es allerdings Ressourcen, wozu die Gesprächspartner Chancen in dem exemplifizierten Re-Use-Projekt identifizieren. Als KooperationspartnerInnen bringen sie wichtige für ihre Praxis relevante Aspekte in die Prozesse ein, wie beispielsweise die Warenbeschaffung, die in Kapitel 7.4 bereits angesprochen wurde. Der Ansprechpartner in der Fachabteilung 19D kommentiert die Zusammenarbeit auf Nachfrage wie folgt: GP19PVökolm: „*Aber die NGOs, die hier angesprochen sind, die wir kennen, mit denen wir vorzüglich, intensiv auch zusammengearbeitet haben und zusammen-*

arbeiten, kommen natürlich naturgemäß aus dem Bereich der Abfallwirtschaft. Also wie zum Beispiel die xx, yy, zz [Anonymisierung der Betriebe durch die Verf.]. Wir haben im Übrigen auch, was das Thema ‚Re-Use' betrifft, ein Projekt laufen in der Steiermark, das auch der Wissenschaftsfonds unterstützt. Und wir haben es auch im Land auf dem Wirtschaftsplan festgelegt, dass wir zum Thema ‚Re-Use' beispielsweise in den Regionen, jeweils in einer Großregion so ein Re-Use-Outlet anstreben in den nächsten Jahren" [Think-Tank Doc. 5: Abs. 54–63]. Wie in den Handlungsstrategien zur Kooperation mit der Wirtschaft bereits ausgewiesen wurde, fungieren regionale strategiepolitische Koordinationsstellen als Vermittler, um ‚gebietsüberschreitende' Kooperationen zu fördern. Mit Blick auf die Abfallwirtschaft gestalten sich diese als ausbaufähig, wie es der Gesprächspartner an den zum Zeitpunkt der Gespräche in Entwicklung befindlichen Re-Use-Outlets exemplifiziert, die den genannten belgischen Secondhand-Einkaufszentren ähneln. Insgesamt liegen *„vorzügliche"* Kooperationserfahrungen vor.

In Hinblick auf den ‚Eco-World-Cluster' elaborieren die GesprächspartnerInnen aus der Umweltwissenschaft (GP21UFw und GP22UFm) die Möglichkeit für ECO-WISE, diesem Netzwerk beizutreten. Da auch Universitäten und Forschungseinrichtungen darin Mitglieder sind, müsste prinzipiell auch eine Offenheit gegenüber sozialwirtschaftlichen Organisationen bestehen.[255] Der Cluster selbst ist ein Netzwerk, deren Kernmitglieder sich aus nachhaltig handelnden Unternehmen zusammensetzen. Die Mitgliedschaft ist kostenpflichtig und inkludiert die Partizipation an sämtlichen Netzwerkaktivitäten, Marketingplattformen und Strategieentwicklungsprozessen (vgl. Think Tank Doc. 7: Abs. 50–68). Auch ein sachpolitischer Vertreter aus der Fachabteilung 14 für Wirtschaft und Innovation sieht hier eine gewinnbringende zukünftige Kooperationsmöglichkeit für ECO-WISE.

> GP24PVökonm: *„Es ist quasi ein Netzwerk im Rahmen des Wirtschaftsressorts. Ich weiß nicht, ob zum Beispiel xx [Anonymisierung des Namens eines ECO-WISE durch die Verf.] oder andere Organisationen da Mitglied sind, die dort Mitglied werden könnten, wenn sie es nicht schon sind, eben. Und die dort also von diesen Aktivitäten im Netzwerk und von den Unterstützungsmöglichkeiten profitieren könnten. […] Das heißt also, wenn zum Beispiel wer sagt: ‚Ja, für uns wäre es einmal interessant, eben zum Beispiel einmal eine Veranstaltung zu machen zum Thema Nachhaltigkeit und Menschen mit Behinderung' oder so, dann könnte das zum Beispiel für Umweltbetriebe oder für umweltbereichstätige Betriebe, dann könnte zum Beispiel das Eco-World-Styria Veranstaltungen organisieren dazu"* [Think Tank Doc. 9: Abs. 18–21].

255 Diese Möglichkeit bestätigt sich mittlerweile, da seit dem Zeitpunkt der Gespräche bereits einzelne Betriebe dem Cluster als Mitglieder beigetreten sind.

Die Fachabteilung 14 für Wirtschaft und Innovation bietet weitere Kooperationsmöglichkeiten an, allerdings liegen hier Einschränkungen vor, die es genauer zu prüfen gilt. Der Vertreter dieses Fachbereiches (GP24PVökonm) umreißt die zum Zeitpunkt des Gesprächs relevanten Schwerpunkte als 1.) strategische Entwicklung der steirischen Wirtschaftspolitik, die von der ‚Steirischen Wirtschaftsförderungsgesellschaft' (SFG) umgesetzt wird, 2.) Verwaltung des EU-Förderprogramms ‚Regionale Wettbewerbsfähigkeit' 2007–2013 und 3.) Koordination der Regionalmanagementstellen (vgl. Think Tank Doc. 9: Abs. 8). In Letzteren sind, wie bereits erwähnt, auch die regionalen Beschäftigungspakte eingegliedert, mit denen ECO-WISE auf Projektbasis kooperieren (siehe Kapitel 7.1.3). Des Weiteren stehen die über die SFG geförderten Beratungs- und Unternehmensgründungsprogramme jedem Betrieb offen (vgl. Think Tank Doc. 9: Abs. 10–13), allerdings nur unter der Voraussetzung, dass *„das Unternehmen sozusagen irgendwo natürlich im Wettbewerb steht und als Unternehmen, als GmbH oder Einzelunternehmen usw., tätig wird"* [Think Tank Doc. 9: Abs. 14]. Da es sich bei ECO-WISE um gemeinnützig agierende Unternehmen handelt, dürfte dies als Ausschlusskriterium gelten. Das konnte im Rahmen des Gespräches allerdings nicht im Detail geklärt werden und wird im Anlassfall zu prüfen sein.

In einer Zusammenschau können die Kooperationsbeziehungen im wirtschaftspolitischen Gebiet als punktuell und auf Gegenseitigkeit beruhend bezeichnet werden. Am Beispiel der Abfallwirtschaft ist ein synergiesuchendes Aufeinanderzugehen nachweisbar. Die Wirtschaftspolitik profitiert vom Knowhow der Betriebe und ihrer regionalen Etablierung. ECO-WISE hingegen erfahren zum einen eine Wertschätzung, zum anderen resultieren aus diesen Kooperationen erweiterte Auftragslagen, die zur Erhöhung ihrer Eigenerwirtschaftung beitragen. Die Erfahrungen aus der Abfallwirtschaft können beispielgebend sein für die Entwicklung von Kooperationsbeziehungen mit anderen Wirtschaftszweigen, wie beispielsweise dem Tourismus (vgl. Think Tank Doc. 1: Abs. 176). Voraussetzung dafür ist allerdings, dass sich ECO-WISE in das Grenzgebiet hineinwagen.

Ökologische Zwischenräume

Hinsichtlich der Kooperationen in ökologischen Feldern kann neben dem ‚Eco-World-Cluster' die lokal ausgerichtete LA21-Programmstruktur von ECO-WISE genutzt werden. Wie die quantitativen Daten zeigen, liegen dazu nur vereinzelt Erfahrungen vor. Aus den Think-Tank-Gesprächen lassen sich unterschiedliche Begründungen dafür finden.

GP5GFm: *„LA 21? [...] Das wird eine Informationslücke sein. Also-*
GP6GFm: *Nicht nur.*
GP5GFm: *Also ich denke, es ist-, also ich war schon auch immer wieder tangiert bei solchen Geschichten, das wird in Graz vom Umweltamt meines Wissens durchgeführt.*

[...] Aber das war immer so am Rande, wenn sie uns angesprochen haben, ganz konkret, weil sie irgendwelche Dienstleistungen dazu gebraucht haben oder auch für Informationsveranstaltungen. Aber da wurden wir gar nicht mehr mit einbezogen und dann fehlt mir auch die Information. Ich wüsste jetzt nicht, was jetzt Stand ist, was LA21 anbelangt.

GP6GFm: *Nein, aber ich glaube, das ist ein Teil des Problems. Also ich glaube, das hat mit dem Selbstbild zu tun. Also der Sozialbereich geht üblicherweise nicht dorthin, wo die anderen sind.*

GP5GFm: *Weiß ich nicht.*

GP6GFm: *Ja, ich sehe es schon so. In-, also es gibt nur ein paar Bereiche. Ich meine zum Beispiel regionale Wirtschaft. Gehen die Leute dort hin, wo der Tourismusverband agiert, der regionale? Sind sie Mitglied im Tourismusverband? Und solche Dinge sind es einfach. Also wir haben lange Jahre uns auch immer beklagt, dass wir nicht bemerkt werden in xy [Anonymisierung der Gemeinde durch die. Verf.], obwohl wir der größte Betrieb sind. Und dann sind wir draufgekommen, wir gehen auch nicht hin. Dann hat es einen Film gegeben über xy. Yz [Anonymisierung des Betriebes durch die Verf.] kommt nicht vor. (Lachen) Dann habe ich mir gedacht, ja genau. (Lachen) Also es hat auch damit zu tun, wenn du dann dort immer auftauchst, wo alle anderen auch sind, dann-.*

GP5GFm: *Ja, aber die sind ja so anders*" [Think Tank Doc. 1: Abs. 166–177].

Im Dialog der beiden Geschäftsführer wird deutlich, dass Kooperieren bedeutet, die eigenen Grenzgebiete zu überschreiten und in andere Kulturen einzutauchen. Während GP5GFm die spärliche Beteiligung von ECO-WISE an LA21-Prozessen in seiner Proposition an der mangelnden Information über diese Prozesse festzumachen versucht, die er auf Basis eigener Erfahrungswerte begründet, führt GP6GFm in einer antithetischen Differenzierung die fehlende Information auf das Selbstbild der Sozialwirtschaft zurück, die üblicherweise nicht aktiv Kontakte zu anderen Bereichen sucht. GP5GFm ist von dieser Sichtweise zunächst nicht überzeugt, woraufhin GP6GFm seine Auffassung konkretisiert. Er nennt Bereiche, in denen sich ECO-WISE nicht prominent genug einbringen, um dort als KooperationspartnerInnen wahrgenommen zu werden. Der Geschäftsführer exemplifiziert dies an einem selbst erlebten Schlüsselerlebnis. Dem stimmt GP5GFm schließlich konkludierend zu und merkt in einer Transition ergänzend an, dass das Vordringen in andere Bereiche mit Hemmschwellen insbesondere die Kultur betreffend verbunden ist – *„Ja, aber die sind ja so anders"*.

Ein anderer Gesprächspartner betont in diesem Zusammenhang die Konkurrenz zu Umweltorganisationen. GP13GFm: *„Also aus meiner eigenen Erfahrung heraus weiß ich einfach, dass es im Umweltbereich unzählig mehr Organisationen gibt, auch privatwirtschaftliche Vereine, die sehr darauf konzentriert sind, sozusagen die Programme, die in dem Bereich sind, selber umzusetzen, und da* *kaum jemanden hineinlassen, sage ich jetzt einmal so. […] Ja, also ich erlebe das in xy [Anonymisierung der Gemeinde durch die Verf.], da hat es immer wieder auch Einladungen gegeben vom Umweltamt oder von anderen öffentlichen Trägern, wo man sehr schnell einmal auch sehr klar gespürt hat, sozusagen, dass ‚wir sind die Experten und wir setzen sozusagen die Programme in dem Bereich um'. Und ich glaube, dass das eine wesentliche Rolle spielt, ja"* [Think Tank Doc. 2, Abs. 42–47]. In der erfahrungsbasierten Proposition wird die geringe Beteiligung von ECO-WISE in LA21-Prozessen mit einem limitierten Zugang zu diesen für nicht primär im Umweltsegment agierende Organisationen begründet.

Diese Einschätzung steht in tendenziellem Widerspruch mit jener des strategischen Koordinators für LA21-Prozesse (GP20SKökolm). Aus seiner Sicht sind LA21-Programme für alle konzipiert, die sich in der Region beteiligen wollen. Dazu zählen auch ECO-WISE. Allerdings sind diese durch ihre Abhängigkeit von öffentlichen Fördergeldern bzw. AuftraggeberInnen und deren Vorgaben suboptimale KooperationspartnerInnen. GP20SKökolm: *„Es sind Organisationen, die von der öffentlichen Hand abhängig sind. Sie sind in dem Sinn erstens einmal keine Märkte aus meiner Sicht, sondern es ist eine staatliche Interventionspolitik in den Dingen. Und in dem Bereich hat man dann oft Grenzen. […] Das werden Sie in der Regionalentwicklung in vielen Bereichen einfach sehen, dass man sagt: ‚Na ja, dort wollen wir nicht hin, weil das ist von oben diktiert.' […] Und zum anderen kann einem auch etwas weggenommen werden. […] Das ist sicher einer der Hemmschuhe in den Dingen, warum das nicht so zusammengeht, dass wir nicht sektorenübergreifend denkend aufgestellt sind, sondern alles sektoral passiert"* [Think Tank Doc. 6: Abs. 33–36]. In dieser Differenzierung werden Vorgaben von öffentlichen Stellen als einschränkend für ergebnisoffene LA21-Prozesse identifiziert. Arbeitsmarktpolitische Zielsetzungen können mit jenen von regionalen Entwicklungsvorhaben divergieren.

Als problematisch erweist sich zudem die sektorale Bindung von Fördergeldern. Um Doppelförderungen zu vermeiden, ist ein Agieren in mehreren Förderschienen ohne Absprachen und drohende Kürzungen nicht möglich. Dies steht einer Partizipation an LA21-Prozessen zudem entgegen. Aus diesem Grund sieht der Gesprächspartner die gewachsenen Kooperationen mit der Abfallwirtschaft für ECO-WISE auch als sinnvoller und fruchtbringender. GP20SKökolm: *„Weil es gibt in der Abfallwirtschaft und aus der Geschichte, aus den Entwicklungen, aus den Abfallberatern, die Wirtschaftsverbände und und und. Und diese Unternehmen, die sich im Abfallbereich und Recycling- und Reparaturbereich, die sind eher dort angedockt. Die sehen jetzt die Agenda 21 als kommunale oder regionale Entwicklungsstrategie, jetzt nicht so als den ersten Anknüpfungspunkt"* [vgl. Think Tank Doc. 6: Abs. 31]. Damit wird auf den präferierten Kooperationsbereich hingewiesen, der sich bereits im Entwicklungsprozess von ECO-WISE abzeichnete. Auch die UmweltwissenschafterInnen sehen hier konkretere Andockstellen für ECO-WISE.

GP21UFw: „*Ja, aber weißt du, in LA21-Prozesse würde ich nicht hineingehen. […] Weil die LA21-Prozesse, die verlaufen samt und sonders im Sand. Die werden politisch marginalisiert.*

GP22UFm: *Die spielen eigentlich keine große Rolle, find ich.*

GP21UFw: *Eventuell geduldet, aber im Prinzip sind sie für gar nichts. Also man sollte schon diese FA-19D-Schiene fahren*" [Think Tank Doc. 7: Abs. 166–174].

Die GesprächspartnerInnen stimmen dahingehend überein, dass LA21-Prozesse politisch marginalisiert werden. Damit bestätigen sie die vom strategischen Koordinator im Umweltbereich (GP20SKökolm) ausgewiesenen Grenzen dieser gemeinwesenorientierten Projekte (siehe Kapitel 7.1.3). Deshalb raten sie ECO-WISE, die vorhandenen Kooperationen zur FA 19D zu intensivieren, anstatt sich in LA21-Prozessen zu engagieren. Dazu schlagen sie die Gründung eines regionalen ECO-WISE-Netzwerkes vor, das als solches Mitglied im ‚Eco-World-Styria-Cluster' werden könnte. Als Einzelne würden sie sich aufgrund ihrer kleinräumigen wirtschaftlichen Ausrichtung den Erfahrungen der GesprächspartnerInnen gemäß im Cluster nicht ausreichend behaupten können. Mit dieser Mitgliedschaft könnte sich in weiterer Folge auch der Cluster selbst im Sinne einer CSR-Initiative profilieren.

GP21UFw: „*Ich meine, da könnte sich nämlich die Eco-World noch ein zusätzliches Mascherl umhängen. Man könnte ja auf dieser Schiene fahren, so ‚ECO-WISE Styria in der Eco World'.*

GP22UFm: *Ja, sicher, sicher.*

GP21UFw: *Dass man die ECO-WISE als eine Einheit hineintut. Nicht jedes einzeln, weil da gehen sie unter. (..) Oder?*

GP22UFm: *Wahrscheinlich, ja. Und vor allem sind sie ja extrem regional. Also die strahlen ja nicht aus.*

GP21UFw: *Eben. Aber als gesamte Initiative*" [Think Tank Doc. 7: Abs. 174–188].

Schwierigkeiten in der Positionierung von ECO-WISE in ökonomischen Feldern werden vom strategischen Koordinator im Umweltbereich geortet. In einer Anschlussproposition wird die fehlende Einbindung von ECO-WISE in die regionalen wirtschaftspolitischen Strategien kritisiert. GP20SKökolm: „*Das ist sicherlich dieser Hemmschuh, dass die großen Entscheidungen-. Ahm ja, dann sieht man ja sehr deutlich, dass solche Unternehmen einen sehr großen Beitrag zur Wiederintegration von Menschen, die aus einer Beschäftigungswelt herausfallen, wie auch immer, leisten. Aber sie sind nicht in die Hauptstrangader der Wirtschaftsentwicklung mit integriert. Und das macht die Dinge auch wieder schwierig. Das ist eine Frage, die entscheidet schon ein Stück weit die Politik auch, das muss man schon dazu sagen*" [Think Tank Doc. 6: Abs. 45–50]. Aus Sicht des Gesprächspartners wäre es zukünftig wichtig, die Organisationen über die sozial- und arbeitsmarktpolitischen Strategien hinaus auch in wirtschaftlichen mit zu berücksichtigen, womit ein konkreter Auftrag an die Politik formuliert wird.

In diesen Kooperationswahrnehmungen wird ersichtlich, dass umweltpolitisches Engagement eng mit den Agenden regionaler und wirtschaftspolitischer Strategien in Zusammenhang steht. Die für ECO-WISE bis dato relevanten Kooperationsstrukturen sind zumindest so gerahmt – sowohl der Eco-World-Styria-Cluster als auch die LA21-Prozesse. Während Letztere auf Gemeinwesenprojekte fokussieren, bietet der Cluster über wirtschaftliche und betriebliche Vernetzungen ECO-WISE adäquatere Beteiligungsoptionen. So schätzen es zumindest die ExpertInnen aus der Wirtschafts- und Umweltpolitik sowie den Umweltwissenschaften ein. Für ECO-WISE-VertreterInnen war der Cluster zum Zeitpunkt der Gespräche noch kein Thema, eine Mitgliedschaft könnte aber zukünftig eine Option werden, um gezielt über die Abfallwirtschaft hinaus KooperationspartnerInnen auch in anderen Wirtschaftssegmenten anzusprechen.[256] LA21 Prozesse hingegen wurden von den GeschäftsführerInnen thematisiert, wobei hier eine Distanzierung wahrnehmbar ist, die aus mangelnder Information, fehlenden Kontakten, Konkurrenzwahrnehmungen und unterschiedlichen Erwartungshaltungen resultiert. Eine Beteiligung daran hat sich aus Sicht der dazu Stellungnehmenden bis dato nicht bewährt. Dies spiegelt sich auch in der geringen Relevanzzuschreibung der regionalen strategischen Koordinationsstellen in der Trenderhebung wider. Ähnlich wie beim TEP gibt es auch zur Landentwicklung für ECO-WISE wenig Berührungspunkte (siehe Kapitel 7.2.4).

Thematisiert wurde des Weiteren die Förderstruktur von ECO-WISE, die sich als hemmend für Kooperationsvorhaben mit der Wirtschafts- und Umweltpolitik erweisen kann. Diese Problematik wird auch im Gespräch mit dem sachpolitischen Vertreter aus dem Umweltbereich angesprochen, der sich auf hinderliche Erfahrungen mit vom AMS geförderten Projekten beruft. GP19PVökolm: *„Was interessant war, wir haben ja in anderen Projekten, wo das AMS dazugezahlt hat, schon einmal irgendwann ein ziemliches Problem bekommen, weil das AMS sich dann zurückgenommen hat in der Förderung“* [Think Tank Doc. 5: Abs. 71]. Vor diesen Hintergründen stellt sich die Frage, inwiefern Kooperationsbeziehungen insbesondere im Kontext der nachhaltigen Entwicklung durch gemeinsam übersektoral abgestimmte Finanzierungsstrukturen bzw. Realisierungsstrategien erleichtert werden können – eine Konsequenz, die von den Ge-

256 Wie bereits erwähnt, sind einzelne Betriebe mittlerweile Mitglieder des Clusters. Inwiefern ein Zusammenschluss zu einem ECO-WISE-Styria-Netzwerk für diese und andere Betriebe Sinn macht, um gestärkt in diesem Cluster vertreten zu sein, wird in der noch ausstehenden Phase des Ergebnistransfers respektive der ‚Aktion‘ (siehe Kapitel 6.3.3.4) zu klären sein.

sprächspartnerInnen in den Think-Tanks eingebracht und ausdifferenziert wurde.

7.5.2.2 Regionale handlungsfeldspezifische ‚cross-over policy'

Wie bereits mehrmals erwähnt, kann nachhaltige Entwicklung aufgrund der Mehrdimensionalität nur als Querschnittsmaterie politisch und praktisch realisiert werden (siehe Kapitel 4.3.3.1 und 7.5.1.2). Während in EU-Strategien sozial-, wirtschafts- und umweltpolitischen Fragen zusammengedacht begegnet wird, da sie nicht unabhängig voneinander lösbar sind[257], erfolgen die realpolitischen regionalen Umsetzungen weitestgehend segmentiert in einzelnen Politikfeldern. Dies unterlegt ein sachpolitischer Vertreter aus dem Wirtschaftsbereich in einer Proposition.

> GP24Pvökonm: „*Und insofern sage ich mal, ist diese Verschränkung Soziales, Ökologie und Wirtschaft, glaube ich, schon recht wichtig. Wie gesagt, wir versuchen es aus dem Wirtschaftsbereich eben mit den vorhin erwähnten Beispielen Eco-World usw., wobei natürlich im Bereich ‚Umwelt' die Kompetenz auf Bundes- und Landesebene leider sehr zersplittert ist. Es gibt zwar ein Umweltministerium [Lebensministerium, Anmk. d. Verf.], aber wenn ich dann schaue, rein auf Landesebene bei uns, wir haben zwar die Fachabteilung 13A, die im Umweltbereich tätig ist. Dort laufen die Wasserrechts- zusammen und dort lauft auch dann die Umweltverträglichkeitsprüfung. […] Und das ist ähnlich wie der Themenbereich ‚Energie', einfach sehr zersplittert und wahrscheinlich wahnsinnig schwer einzufangen. Wir haben es halt für uns im Wirtschaftsbereich anhand der wirtschaftspolitischen Notwendigkeiten einfach festgemacht und gesagt: ‚Ja, eben Anlagenbau, Maschinenbau, erneuerbare Energien, Heizungstechnik und dergleichen ist einfach für uns ein Thema und da steigen wir einfach mit der Eco-World und mit Förderungsinstrumenten stärker ein.' Und wir haben natürlich nicht jetzt diesen Zugang, dass wir uns um Menschen halt kümmern, die irgendwie vom Arbeitsmarkt halt ein bisschen ausgeschlossen sind, weil das natürlich, sage ich, ist Aufgabe des AMS, quasi*" [Think Tank Doc. 5: Abs. 52–60].

Da die Umweltpolitik in der Steiermark zum Teil in wirtschaftspolitischen Zuständigkeitsbereichen liegt, sind umweltbezogene Thematiken in wirtschaftspolitische Strategien eingepasst. Fragen im Rahmen sozialer Nachhaltigkeit liegen aus Sicht des Gesprächspartners eindeutig in der Verantwortung der Sozial- und Arbeitsmarktpolitik. Interaktionsbeispiele zwischen den einzelnen Politik-

257 Siehe dazu beispielsweise „Europe 2020 – A strategy for smart, sustainable and inclusive growth" (European Commission 2010, S. 10; siehe auch Kapitel 4.3.3.1).

feldern konnten in den Aussagen der Think-Tank-DiskutantInnen nicht aufgespürt werden. Auch zwischen den strategischen Koordinationsstellen konnte keine Kommunikation nachgewiesen werden. GP17SKsozw: „*Aha, okay, nein. Also, ich kenne sie nicht und-, ja, ich kenne auch nicht alle, muss ich sagen. Aber es kann schon sein, [...] dass einmal ein Kontakt vorhanden war, aber jetzt nicht so augenscheinlich, dass es mir jetzt sofort einfallen würde, dass es dort Zusammenarbeit gibt*" [Think Tank Doc. 3: Abs. 64–67].

Vor diesen Hintergründen sind sich die GesprächspartnerInnen weitestgehend einig, dass eine bessere Verzahnung der einzelnen Politikbereiche regionale Nachhaltigkeitsprozesse unterstützen würde. Von einer Abstimmung der sozial- und arbeitsmarktpolitischen Agenden mit regionalwirtschaftlichen und umweltpolitischen können alle Politikfelder profitieren. Auch ECO-WISE könnten sich als Querschnittsakteure optimaler positionieren. Voraussetzungen für eine solche ‚cross-over policy'[258] sind eine Strukturschärfung, ein übersektoraler Strategieentwicklungsprozess und ein Sicheinlassen auf differente Kulturen.

Erwartungen

Mit einer solchen von einem Geschäftsführer in der Think-Tank-Gruppendiskussion elaborierten Strategie für das Handlungsfeld sind unterschiedliche Erwartungen verbunden.

> GP5GFm: „*Wobei es halt schon auch zu unterscheiden gilt, [...] welche Aufgabe hat wer? Die Diskussion haben wir auch schon gemeinsam gehabt, die Aufgabe der Arbeitsmarktpolitik ist es, Arbeitsmarktpolitik zu unterstützen und zu fördern. Ob das jetzt mit ökologischen Dienstleistungen passiert oder nicht, ist ja nicht die Aufgabenstellung der Arbeitsmarktpolitik. Genauso ist es dort, wo es um Ökologie, um Abfallwirtschaft, Umweltpolitik geht. Dort ist die Aufgabe, eben das zu unterstützen und zu fördern, aber halt nicht Arbeitsmarktpolitik zu machen. Und das findet dann teilweise zwar gemeinsam statt, aber jetzt nicht von den Fördergebern oder von der öffentlichen Verwaltung so initiiert oder geplant, sondern es ist dann so entstanden und funktioniert so. Die Frage ist, die sich mir stellt: Würde sich was verändern, wenn man das verknüpfen würde? Also schon von der Beabsichtigung her. Also Arbeitsmarktpolitik ist auch günstig, wenn sie ökologisch stattfindet und umgekehrt. Das wäre eine spannende Fragestellung, hätte ich einmal gesagt*" [Think Tank Doc. 1: Abs. 26–29].

Wie aus der Institutionalisierung der Organisationen ablesbar ist (siehe Kapitel 7.1), sind ECO-WISE nicht nur ein arbeitsmarktpolitisches Instrument, son-

---

258 Der aus dem angloamerikanischen politikwissenschaftlichen Diskurs entlehnte ‚Policy'-Begriff fokussiert auf die inhaltliche Ausgestaltung von Politik in Form von Programmen und Strategien. Mit ‚Polity' wird hingegen Politik als System umrahmt und ‚Politics' fasst Politik als Prozess (vgl. exemplarisch Sturzenhecker 2008, S. 23).

dern auch ökologische DienstleisterInnen. Sie bedienen sowohl die Arbeitsmarkt- als auch die Umweltpolitik, wobei beide politische Zonen jeweils ihre spezifischen Relevanzbereiche betonen. Teilweise finden Synergien statt, die aber nicht im Modus einer ‚Governance' durch die Verwaltung initiiert sind, sondern sich informell aus der Praxis heraus entwickeln. Ob sich etwas verändern würde, wenn die zwei Politikbereiche ihre Strategien in Hinblick auf Arbeitsmarktintegration in ökologischen Geschäftsfeldern verknüpfen würden, wird im weiteren Gesprächsverlauf diskutiert.

Der Interessenvertreter aus dem Organisationsfeld identifiziert in der historischen Entwicklung von ECO-WISE das Vorhandensein einer solchen strategischen Verknüpfung. In einer antithetischen Differenzierung exemplifiziert er nationale und internationale strategiepolitische Verbindungsstücke.

> GP8IGorgm: „*Nein, ich meine-. Es hat ja immer wieder arbeitsmarktpolitisch gesehen Forderungen gegeben, Initiativen im Umweltbereich zu setzen, weil dort Entwicklungspotenziale vorhanden sind. Das heißt, es hat sehr wohl Initiativen der Arbeitsmarktpolitik gegeben, verstärkt in diesen Bereich hineinzugehen. Also ganz so isoliert möchte ich es nicht dastehen lassen, dass man sagt, einer Arbeitsmarktpolitik ist das wurscht, in welchen Bereich, Hauptsache, es entstehen Arbeitsplätze. Ich denke schon, dass es eine politische Aufgabe ist zu schauen, wo gibt's da Nischen, wo gibt's Entwicklungsmöglichkeiten. Es werden ja damit auch übergeordnete Ziele verfolgt. Also wenn wir jetzt auf die EU-Ebene schauen, wie eine Lissabon-Strategie oder eine Göteborg-Strategie, dann sind die ECO-WISE natürlich-, entsprechen sie genau diesen politischen Zielsetzungen. Und ich würde schon ganz massiv die Forderung auch stellen, dass auch die Arbeitsmarktpolitik sich an den Grundsätzen einer nachhaltigen Entwicklung orientieren soll. Was sie auch getan hat. Also ich erinnere an die Entstehungsgeschichte der Aktion 8000 in Österreich. Sozialminister Dallinger, der extra eine Arbeitsgruppe damals 1984 eingerichtet hat, unter dem Motto ‚Umweltschutz schafft Arbeitsplätze'. Natürlich war das politisch im Kontra zur Arbeitergewerkschaft, die dann gesagt hat, Umweltschutz vernichtet Arbeitsplätze und was brauchen wir das alles, ja. Also es hat schon massiven politischen Einfluss gegeben, vor allem in der Entstehungsgeschichte. Das zieht sich dann auch durch die ganze EU-Politik durch und es gibt viele, viele Dokumente, die fordern, dass schwerpunktmäßig in diesen Bereichen investiert werden soll*" [Think Tank Doc. 1: Abs. 34].

Aus der Perspektive des Gesprächspartners besitzen ECO-WISE entscheidende Potenziale, um querschnittspolitische Agenden zu realisieren. In diesem Sinne wäre es aus seiner Sicht auch zukünftig wichtig, dass sich die Arbeitsmarktpolitik auf nationaler und regionaler Ebene weiterhin verstärkt an den integrierten Zielsetzungen globalpolitischer Strategien orientiert und in diesen Bereich investiert.

Die Gesprächspartnerin aus der Arbeitsmarktpolitik streicht in einer antithetischen Differenzierung heraus, dass nicht die Arbeitsmarktpolitik alleinig dafür verantwortlich sein kann. Vielmehr wäre es aus ihrer Sicht wichtig, solche Initiativen, zu denen insbesondere ECO-WISE zählen, strategisch im Rahmen der Regionalentwicklung zu fördern. Die Wirkungen von ECO-WISE dürfen nicht nur auf die Arbeitsmarktpolitik reduziert betrachtet werden. Denn darin besteht die Gefahr, dass diese zu sehr von zurzeit äußerst fragilen AMS-Förderbudgets abhängig bleiben.

> GP2FGw: „*Ja, vor allem, wenn ich da gleich einhaken darf, denke ich mir, es ist das Problem auch, dass man das nicht immer nur von einer arbeitsmarkpolitischen Seite oder Wertigkeit her sehen darf. Weil das ist so ein Ausgeliefertsein, ich meine, vom Budget des AMS eigentlich, weil sobald eine Kürzung ansteht, so wie es derzeit stattfindet, ich meine, muss jetzt eventuell wieder ein Betrieb geschlossen werden, und das Know-how geht damit verloren. Was, denke ich mir, verstärkt forciert gehört, ist die regionale Verankerung, ich meine, einfach einmal den Stellenwert wirklich bewusst zu machen, was das eigentlich wert ist, und aber auch zu schauen, dass sich andere wirklich auch finanziell in die Pflicht genommen fühlen. So, denke ich mir, reduziert das auch die Abhängigkeit zum AMS und zu den Fördergeldern*“ [Think Tank Doc. 1: Abs. 37].

Demgemäß gilt es, zunächst die Wirkung von ECO-WISE über die Arbeitsmarktpolitik hinaus sichtbar zu machen und ihren Wert für die Gesellschaft herauszustellen.[259] Darauf aufbauend müsste eine strategische regionale Verankerung der Betriebe forciert werden. Es müssten vor allem auch andere Politikbereiche in die Pflicht genommen werden, die von der Wirkung der ECO-WISE profitieren. Dass sich in Einzelfällen bereits andere Ressorts engagieren, unterlegen die Beispiele im Re-Use-Bereich. Ergänzend verweist der Gesprächspartner aus der Sozialforschung auf kooperative Verknüpfung der Arbeitsmarktpolitik mit der Landwirtschaft. Eine weitreichendere strategische Planung und Verankerung wäre auch aus seiner Sicht wünschenswert. GP18SFm: „*Weil bei der Landwirtschaft, diese integrierte ländliche Entwicklung, diese Programme waren früher ein bisschen so eine Schnittstelle zur Arbeitsmarktpolitik, dass man manche Sachen halt mitgedacht hat, aber es ist halt so vereinzelt. Aber das [Verknüpfung von Strategien, Anmk. d. Verf.] wäre sicher super*“ [Think Tank Doc. 4: Abs. 255].

Deutlich werden in den Diskursen unterschiedliche Erwartungshaltungen in Hinblick auf die Verantwortungsübernahme. Diese Fragen würden sich gerade mit einer solchen ‚cross-over policy‘ nicht mehr stellen müssen. Fraglich ist allerdings, wie eine solche auf den Weg gebracht werden kann, auf welcher stra-

259 Möglichkeiten des Sichtbarmachens werden in der Orientierungsfigur ‚Kommunizieren‘ diskutiert (siehe Kapitel 7.5.3).

tegiepolitischen Grundlage dies erfolgen kann. Ein Geschäftsführer sendet in einer Proposition deutliche Bedarfssignale und stellt erste Überlegungen zum Entwicklungsrahmen an.

> GP5GFm: „*Ich meine, was wir erleben, ist, dass wir auf vielen Ebenen sehr gut kooperieren. Das heißt, mit dem Arbeitsmarktservice funktioniert das sehr gut. Auf Landesseite mit der Abteilung für Abfallwirtschaft, das ist eine locker laufende, gute Kooperation, wo teilweise sehr viel passiert und auch Gelder fließen und das so ohne viel bürokratischen Aufwand und immer sehr gut in Abstimmung, wie die gegenseitigen Bedarfe sind. Und da passiert irrsinnig viel. […] Aber wenn der Bedarf besteht an sozialwirtschaftlichen, ökologischen Betrieben, um gesellschaftliche Probleme zu lösen, dazu wären wir in der Lage, dann wäre es fällig, das einfach besser zu verknüpfen und strategischer anzugehen. Das sind Kooperationen, wo unterschiedliche Bereiche der öffentlichen Verwaltung, Politik, wer auch immer, mitarbeitet, aber es ist nicht gebündelt, nicht strategisch, nicht konzentriert. Und vielleicht wäre es-, oder aus meiner Sicht wäre der nächste Schritt, das einfach vielleicht ein bisschen strategischer und verknüpfter anzugehen. Wo ich auch sage, Sie [Forscherin, Anmk. d. Verf.] hätten ja eh schon die Richtigen eingeladen gehabt. Alle sind halt leider nicht gekommen. Also das ist ein sehr guter Kreis, sage ich einmal, wo man das wirklich strategisch gebündelt auch angehen könnte*“ [Think Tank Doc. 1: Abs. 208–209].

Der in Kooperation mit der Praxis initiierte Think-Tank stellt aus seiner Sicht eine praktikable Ausgangsbasis für eine gemeinsame und verknüpfte übersektorale Strategieentwicklung dar. Ob sich dieses Forum dafür eignet, wird im weiteren Gesprächsverlauf kontrovers diskutiert.

Empfehlungen

Der Interessenvertreter aus dem Organisationsfeld sieht in Ergänzung zum Geschäftsführer GP5GFm in der Weiterführung des Think-Tanks ein ideales Forum für die Entwicklung einer handlungsfeldspezifischen regionalen ‚cross-over policy'. GP8IGorgm: „*[…], dass das erhalten bleibt, dass man das auch als Vernetzungsstruktur, nämlich als neutrale Vernetzungsstruktur nutzen kann, und wenn noch so Akteure und Akteure aus verschiedenen Bereichen an einen Tisch gebracht werden, jetzt über welche Art von Veranstaltung auch immer, dann ist das hier ein viel unauffälligerer Ort, als wenn irgendwelche Interessensvertretungen versuchen, irgendwelche Politiker vor sich herzutreiben, ja. Also das hat hier, denke ich, einen hohen Stellenwert für eine neutrale Vernetzung, für eine unverfängliche Vernetzung und kann auch vermitteln*“ [Think Tank Doc. 1: Abs. 216].

Das im Rahmen der Forschung initiierte Netzwerk könnte zukünftig als neutrale Vernetzungsstruktur genutzt werden. Die Stärke dieser Plattform liegt für einen Geschäftsführer (GP6GFm) vor allem darin, dass Diskurse auf der Potenzialebene geführt werden. Es kann in diesem inter- und transdisziplinären Forum die gesellschaftliche Relevanz von ECO-WISE herausgearbeitet und vermittelt werden (vgl. Think Tank Doc. 1: Abs. 36).

Aus der Perspektive der Arbeitsmarktpolitik wäre eine Bewusstseinsbildung auf einer höheren politischen Ebene im Vorfeld eine wichtige Voraussetzung, um auf regionaler Ebene aktiv werden zu können: GP1FGw: „*Die Akteure, die da [im Think-Tank, Anmk. d. Verf.] vorgesehen sind, die sind gut zu gebrauchen, um da was weiterzubringen. Aber eins ist auch klar: In so einem kleinen Kreis wird das nicht funktionieren. Das muss man ganz ehrlich sagen. Das muss einfach auf eine höhere Ebene hinauf. Weil wenn ich da eine Bewusstseinsarbeit leisten will, oder eine Bewusstseinsbildung machen will, dann muss ich die Politik einbinden, da komme ich überhaupt nicht drüber. Das steht und fällt aus meiner Sicht wirklich damit*" [Think Tank Doc. 1: Abs. 255]. Der Think-Tank kann aus ihrer Sicht ein wichtiges strategisches Forum sein. Die Gesprächspartnerin ist jedoch skeptisch, ob damit bei der Politik etwas bewirkt werden kann. Ihres Erachtens ist insbesondere für eine notwendige Bewusstseinsbildung in der Politik der Kreis zu klein.

Der hierarchische Blick aus der regionalen Arbeitsmarktpolitik trifft hier auf einen emanzipativ gestaltenden aus der Praxis. Während die Akteure aus der Praxis im Think-Tank Gestaltungsmöglichkeiten sehen, ist dafür aus der arbeitsmarktpolitischen Perspektive zunächst ein bundespolitisches Umdenken notwendig. Insgesamt wird also an beiden Ebenen anzusetzen sein, ein regionales Entwicklungsforum, das gezielt die jeweiligen Ministerien anspricht und seine Vorschläge dort diskutiert bzw. sogar legitimiert. Dass sich der Transfer auf die nationale Ebene als schwierig gestalten kann, wird in der Orientierungsfigur ‚Kommunizieren' weiter ausgeführt (siehe Kapitel 7.5.3).

Dass die Generierung einer Cross-over-Policy-Strategie einer Koordination bedarf, steht außer Frage. Der Gesprächspartner aus der Sozialforschung schlägt alternativ die Initiierung eines Amtes vor, in dem überschneidende Aktionsfelder zusammengedacht werden. GP18SFm: „*Aber gut wäre sonst da ein Amt, in einer [.], von mir aus diese Umweltabteilung oder ist ja wurscht, Wirtschaftsabteilung. Ich denke mir, da tut man sich leicht, wenn man schon ein bisschen so konkrete Felder, was es an Überschneidungen geben könnte, im Kopf hat*" [Think Tank Doc. 4: Abs. 255]. Der Sachpolitiker aus dem Umweltbereich (GP19PVökolm) fokussiert hingegen auf die Koordination im Kleinen und sieht im Tun die größten Chancen, sich aus sektoralen Korsetten zu befreien.

> GP19PVökolm: „*Ich habe nur – und das sage ich mit voller Inbrunst und Überzeugung –, ich habe miterlebt, wie das war, wie sich eine Kollegin darum bemüht hat, ein Landesentwicklungsleitbild für die Steiermark zu machen. Und in dem Augenblick, wo man alle an den Tisch holen muss, das sind 60 Abteilungen gewesen, dann können Sie sich vorstellen, wie effizient und gut man da ans Werk geht. Und wenn es nur zehn*

Abteilungen sind, die da hier mitreden, was passiert ist, dann wird hier so lange über das Wenn und Aber und über Grundsätzliches geredet, dass man eigentlich in der Sache nicht weiterkommt. Das zeigt, dass das Reden, das theoretische Handeln, das theoretische Reden, das Strategien-Machen, sehr locker und leicht ins Nirwana führt, wenn man einfach in der Diskussion verharrt. Also wenn man erkennen kann, was einfach nachhaltig ist, in dem Bereich, wo man was tun kann, dann soll man es einfach tun und dann so quasi ans Werk gehen. Und nicht darauf warten, bis man eine Strategie hat, weil wenn man so lange zuwartet, bis man eine Strategie hat, glaube ich, ist es eh nicht mehr aktuell" [Think Tank Doc. 5: Abs. 79–81].

Demgemäß ist auf das bewusste Handeln zu setzen, aus dem Strukturen und Bedingungen erwachsen, die sich mitunter auch nachhaltig institutionalisieren. Die gelebten Kooperationen von ECO-WISE in den wirtschaftspolitischen Ritzen können in diesem Zusammenhang als beispielgebend gelesen werden. Um Erfahrungswerte daraus strategiepolitisch nutzbar zu machen, bedarf es allerdings eines Austausches. Ob ein solcher geführt werden soll oder nicht, kann an dieser Stelle nicht geklärt werden. Dass der Wunsch dazu besteht, wurde in den Gesprächen deutlich. Möglichkeiten, wie eine Koordination des Transfers von der gelebten Praxis zur national legitimierten regionalpolitischen Strategie erfolgen kann, wurden hierzu genannt.

Hemmschwellen

Neben Möglichkeiten wurden auch Schwierigkeiten angesprochen. Zusätzlich zu den bürokratischen Hindernissen, die Strategieentwicklungsprozesse im größeren Rahmen mit sich bringen, beziehen sich diese vor allem auf unterschiedliche politische Kulturen, sachpolitische Zwänge und die sektorale Beharrlichkeit.

Der Interessenvertreter aus dem Wirtschaftsbereich (GP23IGökonm) bezeichnet auf Nachfrage eine ‚cross-over policy' prinzipiell als wünschenswert, jedoch ist er mit Blick auf eine Realisierung skeptisch. Die Handlungslogiken sind aus seiner Sicht zu verschieden. Die Wirtschaftspolitik agiert bilanzierend und rechnerisch, während die Sozialpolitik auf Gegebenheiten spontan und aus dem Bauch heraus zu reagieren pflegt. Voraussetzung für eine sektorenübergreifende, harmonisierte Politik ist aus seiner Sicht eine Rationalisierung der sozialpolitischen Gangart. GP23IGökonm: *„Wäre wünschenswert, aber verstehens-, […] wie soll man Sozialpolitik mit der Wirtschaft verbinden, wenn die Politik – und somit auch die Sozialpolitik – nicht bereit ist, die einfachsten Regeln der Wirtschaft anzuerkennen? Das heißt, für mich ist es einmal ganz wichtig, dass man sagt, okay, Regeln der Wirtschaft anerkennen, für sich selber einmal anwenden in seinem Bereich, eruieren, rechnen, einfach nur rechnen 1 + 1 = 2 und dann die Ergebnisse anerkennen. Und auf diesen Ergebnissen, die man gerechnet hat, dann Entscheidungen zu treffen. Im Moment wird Sozialpolitik aus* *dem Bauch heraus getroffen, ohne irgendwie zu rechnen, ohne zu evaluieren"* [Think Tank Doc. 8: Abs. 173–191].

Während der wirtschaftliche Interessenvertreter mit Unüberwindbarkeiten differenter politischer Kulturen argumentiert, sieht der Vertreter aus dem umweltpolitischen Bereich vorwiegend sachpolitische Zwänge, die einer sektorenübergreifenden politischen Strategie entgegenstehen.

> GP19PVökolm: *„Ja, ich denke, das wäre ganz wichtig und notwendig, dass das ganze Tun und Handeln, das sektoral ausgerichtet ist-, jeder Politiker hat seine Sektoren und die Abstimmung untereinander erfolgt in einer, mit Sicherheit, unzurechenbaren Art und Weise. Am schönsten wird das dokumentiert, wenn es den Auftrag gibt, den Fußabdruck zu machen. Und von einem anderen Bereich, ob der jetzt im Tourismusbereich oder sonst irgendwo gelegen ist, wird das nicht einmal registriert und ignoriert. Wir bemühen uns um die CO_2-Thematik und im selben Atemzug finden dann die Festspiele im Eichfeld statt, wo man dann Flieger schauen geht, wie das da rausgeblasen wird. Und das in derselben Landesregierung mit denselben politischen Zielsetzungen, da frage ich mich, wo die Koordination bleibt. Also das ist ein Beispiel, was ins Auge sticht"* [Think Tank Doc. 5: Abs. 76].

Dass das österreichische politische System in Sektoren aufgeteilt ist und darin unterschiedliche Interessenschwerpunkte liegen, wurde hier erneut exemplifiziert. Dass die Politik gar nicht anders denken kann, das streicht der strategische Koordinator aus dem Umweltbereich heraus:

> GP20SKökolm: *„Schauen Sie sich die Landesverwaltung an, sektoral aufgestellt. Wie bei uns in der Abteilung, die genau für etwas zuständig ist und quer darüber liegt, gar nichts. Also das Denken, nach oben, das haben wir gelernt. Das Denken in der Waagrechten haben wir nicht gelernt. Das macht es auch so schwierig. Jetzt haben wir jahrelang gebraucht, damit wir einmal die österreichische Strategie für nachhaltige Entwicklung auf Bundesebene durchgebracht haben. Erstens haben wir gesehen mit der ersten Bundesstrategie […], dass die anderen Ministerien da nicht teilnehmen und geschweige die Länder, die sich sowieso abgeseilt haben. So, jetzt gibt es erstmals eine Strategie, die alle Ministerien einbindet und auch die Länder einbindet, das heißt, es übernimmt jeder Rechte und Pflichten. […] Und damit haben wir immer erst noch einen Papiertiger, der ist noch nicht mit Leben erfüllt, dieses ganze Ding. Daran sieht man, wie schwierig es ist, sektorübergreifend die Dinge auf die Reihe zu bringen"* [Think Tank Doc. 6: Abs. 38–45].

Am Beispiel der Entwicklung der österreichischen Nachhaltigkeitsstrategie (siehe Kapitel 4.3.3.1) werden die sektoralen Unüberwindbarkeiten exemplifiziert. Es spiegelt sich hier zum einen die hierarchisch ausgerichtete Kommunikation zwischen dem Bund und den Ländern sowie die horizontale zwischen den Politikbereichen wider, die einer Realisierung von nachhaltiger Entwicklung als Querschnittsmaterie generell im Wege stehen. Hinzu kommen Differenzen innerhalb der einzelnen Politikbereiche, die auch einer handlungsfeldspezifischen ‚cross-over policy' entgegenstehen würden. In einer retrospektiven Betrachtung der Entwicklung des kooperativen Beschäftigungsprogrammes durch die GesprächspartnerInnen werden diese sektoralen Grenzen, die unterschiedlichen Kulturen und die parteipolitischen Fragen erneut evident.

Das kooperative Beschäftigungsprogramm reguliert, wie bereits in Kapitel 7.1.2 ausführlich besprochen, die Kooperation zwischen AMS und dem Land Steiermark. Die strategische Koordinatorin aus dem Sozialbereich (GP17SKsozw) erläutert auf Nachfrage, dass dieses ursprünglich im Wirtschaftsressort angesiedelt war und nach einer Zuständigkeitsverschiebung in das Sozialressort gewandert ist. Grundsätzlich soll das kooperative Beschäftigungsprogramm die Anliegen von beiden Ressorts des Landes abdecken (vgl. Think Tank Doc. 3: Abs. 136–145). Der Vertreter aus dem Wirtschaftsressort äußert sich in Hinblick auf die Umsetzung kritisch. Dies betrifft das ‚Abwandern' des Programms und die einseitige Ausführung durch das Sozialressort.

> GP24PVökonm: „*Wir haben zum Beispiel in der vorletzten Legislaturperiode in unserem Referat oder in unserer Abteilung den Bereich ‚Qualifizierung' gehabt, ja, also sowohl betriebliche als auch überbetriebliche Qualifizierung. Damit haben wird quasi ein bisschen auch so eine Ergänzung zu den Förderungen und Entwicklungen des Arbeitsmarktservice oder der Arbeitsmarktpolitik gehabt. Der ist durch die letzten Wahlen wieder weggefallen und in der Fachabteilung 11A angesiedelt worden. Und wir haben aber gesehen, im Wirtschaftsbereich, dass so Qualifizierung natürlich ein entscheidender Faktor ist für Unternehmen und wir haben dann eigentlich den Bereich ‚betriebliche Qualifizierung' bei uns fortgeführt. Der wird weiterhin über die SFG gefördert. Das heißt zum Beispiel, es ist möglich, über gewisse Förderungsprogramme, dass Unternehmen Personalentwicklungskonzepte gefördert bekommen und dann auch die entsprechenden Qualifizierungsmaßnahmen dazu*" [Think Tank Doc. 9: Abs. 44–46].

Laut Einschätzungen des Gesprächspartners wird im Bereich betrieblicher Weiterbildung vonseiten des Sozialressorts zu wenig unternommen, sodass dieser zusätzlich vom Wirtschaftsressort weitergeführt wird, in Ergänzung zu den Angeboten des AMS und des Sozialressorts.

Diese im größeren politischen Rahmen eingelagerten Hemmschwellen können natürlich auch kleiner angelegte Strategieentwicklungsprozesse beeinträchtigen. Die hier genannten – und es gibt sicherlich noch andere – sind allenfalls in weiterführenden Prozessen mitzudenken. Die Frage, die es zuerst zu klären gilt, ist, ob eine regionale handlungsfeldspezifische Cross-over-Policy-Strategie entwickelt werden soll. Hinsichtlich der Relevanz besteht unter den DiskutantInnen weitgehend Einigkeit. Mit Blick auf die Realisierbarkeit dieses überaus engagierten und visionär anmutenden Vorhabens werden unterschiedliche Möglichkeiten und Herausforderungen benannt. Wenn solche Schritte getätigt werden, ist es allen voran entscheidend, dass an den bisherigen Erfahrungen angesetzt wird, dass die relevanten Akteure einbezogen werden, dass ein Forum dafür gefunden wird, dass die politischen Kulturen anerkannt werden, dass die sachpolitischen Zwänge abgewogen werden und dass das sektorale Denken entlarvt und überwunden wird.

Vom Kleinen ins Große zu gehen hat sich für ECO-WISE bewährt. Das ist in ihrer Entwicklungsgeschichte deutlich erkennbar. Auf Projektbasis beginnende Innovationen und Kooperationen wachsen zu lassen und nach einem gewissen Maß der Etablierung über Möglichkeiten der Institutionalisierung und einer weiteren Verbreitung zu sprechen, ist der für dieses Wirtschaftssegment charakteristische Weg. Für die Entwicklung einer solchen Strategie bedarf es allerdings eines klaren Auftrags und Ressourcen, die eventuell über Innovationsfonds der EU kofinanziert werden können. Damit würde gleichzeitig ihre Wirkung im Zusammenhang mit den existierenden globalpolitischen Strategien gewürdigt werden.

Die mit einer solchen Strategie verbundenen Erwartungen sind längerfristig. Sie beziehen sich zum einen auf das Erzielen von materiellen sowie immateriellen Synergieeffekten zwischen den Verantwortungsbereichen und zum anderen auf eine breitere und gesicherte Wahrnehmung von ECO-WISE als regionale Nachhaltigkeitsakteure, deren Potenziale nicht nur arbeitsmarktpolitisch, sondern auch umwelt- und wirtschaftspolitisch genutzt werden können. Dafür müssten sich selbstredend alle Beteiligten gleichermaßen engagieren.

Zu bedenken sind des Weiteren bürokratische Abwicklungsaspekte. Normalerweise bringen verschiedene Auftrag- oder FördergeberInnen differente Abrechnungs- und Evaluierungsformate mit sich, die es anzugleichen gilt, um damit den behördlichen Aufwand nicht zu erhöhen. Ebenso sind kurzfristige Förderkürzungen von der einen oder anderen Seite zu vermeiden. Eine Verbindlichkeit muss insbesondere innerhalb von Projektlaufzeiten gegeben sein.

Als operative SchnittstellenpartnerInnen für die Umsetzung von pilotierten Projektinitiativen unter einer solchen neuen Rahmung bieten sich verschiedene Stellen an: die Regionalmanagementstellen, die Landentwicklung oder die Koordinationsstellen von politischen Programmen, wie die für nachhaltige Entwicklung oder jene des kooperativen Beschäftigungsprogramms. Sie betreiben Vernetzung in wirtschaftlicher, beschäftigungspolitischer und auch umweltpolitischer Hinsicht, wie im Zuge der Institutionalisierung herausgestellt wurde (siehe Kapitel 7.1.3). Ebenfalls von Relevanz ist die Kommunikation von Entwicklungen, die aus solchen Synergieprojekten resultieren – womit wir bei der dritten Orientierungsfigur wären.

7.5.3 Kommunizieren von Nachhaltigkeitspotenzialen

Im Zuge der Think-Tank-Gespräche wurde die heuristisch entwickelte Charakterisierung von ECO-WISE als Nachhaltigkeitsakteure multiperspektivisch spezifiziert (siehe Kapitel 6.1.4) und über das Sichtbarmachen ihrer Performance diskutiert. In ökonomischer Hinsicht ist beispielsweise zusätzlich zum regionalökonomischen der volkswirtschaftliche Mehrwert prominenter herauszustreichen, zu dem ECO-WISE insbesondere über ihre soziale Zielsetzung beitragen. Ihr soziales Handeln ist wiederum über die Arbeitsmarktintegration hinaus zu denken. Sie tragen Entscheidendes zum Erhalt des sozialen Friedens und der Solidarität bei, indem sie einerseits Selbstwertgefühl und Zufriedenheit bei ihren AdressatInnen vermitteln, andererseits für sozial benachteiligte KonsumentInnen leistbare Waren und Dienstleistungen, z.B. in Secondhandshops, anbieten. Ökologische Beiträge werden vorwiegend in den Geschäftsfeldern gesehen. Dass viele Organisationen darüber hinaus im alltäglichen betrieblichen Handeln ressourcenschonend agieren, wird in den Angaben zu ihren ökologischen Handlungsweisen unterstrichen (siehe Kapitel 7.2.3). Auch wenn ECO-WISE klare Nachhaltigkeitspotenziale im Sinne des Drei-Säulen-Modells aufweisen, werden diese weder von innen noch von außen ausreichend wahrgenommen (siehe Kapitel 7.2.5). Insofern ist das Kommunizieren ihrer Nachhaltigkeitspotenziale zukünftig von zentraler Bedeutung, wie es beispielsweise vom umweltwissenschaftlichen Vertreter akzentuiert wird: GP22UFm: *„Es ist strategisch wichtig, einen Diskurs zu initiieren- […] und zwar nach außen und auch nach innen“* [Think Tank Doc. 7: Abs. 237–239].

Das Sichtbarmachen der Performance von ECO-WISE als regionale Nachhaltigkeitsakteure stellt in den Think-Tank-Diskussionen ein Querschnittsthema dar. Der Bedarf dazu wurde in beiden Orientierungsfiguren und in den Handlungsstrategien thematisiert. Ein Interessenvertreter des Organisationsfeldes elaboriert beispielsweise in der Orientierungsfigur ‚Öffnen‘, dass die Wirkungen von ECO-WISE für nachhaltige Entwicklung noch nicht erkannt werden. Aus seiner Sicht können sie auch als regionale Akteure langfristig zur globalen Bewegung wichtige Beiträge leisten (siehe Kapitel 7.5.1). Dass sie nicht ausreichend wahrgenommen werden, erweist sich zudem in unterschiedlichen Kooperationskontexten als hemmend für ihre Entfaltung. So werden aus der Sicht der GeschäftsführerInnen ihre Leistungen vonseiten der regionalen Wirtschaft und der Gemeinden nur unzureichend anerkannt. Für die Sozial- und Arbeitsmarktpolitik erscheinen sie als selbstverständliche Angebote. Der Umweltbereich attestiert ihnen zwar für die Erhaltung des Stoffkreislaufs auf regionaler Ebene Bedeutung. Darüber hinaus wird ihnen jedoch keine Durchschlagskraft zugetraut. Gleichzeitig erwähnen die GeschäftsführerInnen mit Nachdruck die Notwendigkeit, sich von sich aus stärker in den jeweiligen Grenzgebieten zu positionieren und die Potenziale zu kommunizieren. Die diskutierten Handlungsstrategien und -empfehlungen sind Wege, um ihre Qualitäten gebündelt nach innen und nach außen zu tragen: 1.) eine sozialwirtschaftliche Interessenvertretung zu initiieren, um auf sektoraler Ebene Präsenz zu zeigen (siehe Kapitel 7.4.2.3), und 2.) ein spezifisches ECO-WISE-Netzwerk zu lancieren, das als solches Mitglied in der umweltwirtschaftlichen Lobby ‚Eco-World-Styria' werden kann (siehe Kapitel 7.5.2.1).

Den quantitativen Angaben zufolge ist der Großteil von ECO-WISE bereits Mitglied in einem oder in mehreren Dachverbänden, was eine gute Vernetzungsbasis dafür darstellt (siehe Kapitel 7.2.4). In der organisationsindividuellen Kommunikation werden zahlreiche – allerdings vorwiegend klassische – Formate wie Konferenzen, Events, Leitbilder, Medienarbeit und Jahresberichte genutzt. Spezifischere Performancereportings wie beispielsweise Wirkungsanalysen und Nachhaltigkeitsberichte werden hingegen nur in Einzelfällen adaptiert. Auch die Vertreterinnen der fördergebenden Stellen betonen ihr Interesse, die über die arbeitsmarktpolitische Schiene hinausgehenden Wirkungen von ECO-WISE herauszustreichen. So kann verdeutlicht werden, dass weitere Stakeholdergruppen von ihren Leistungen profitieren und demgemäß von ihnen eine stärkere Verantwortung zu zeigen ist.

In den Think-Tank-Diskussionen wurden unterschiedliche Möglichkeiten diskutiert, wie die Kommunikation und Kommunikationsbedingungen förderlicher gestaltet werden können, um die Entfaltungsprozesse von ECO-WISE als regionale Nachhaltigkeitsakteure zu unterstützen. Die DiskutantInnen sind sich darüber einig, dass Kommunikation vor allem von innen heraus zu erfolgen hat. Dazu steht eine breite Palette unterschiedlicher Kommunikationsinstrumentarien zur Verfügung, die ihrer Mehrsprachigkeit (siehe Kapitel 5.3.1.4) entsprechend adaptiert und weiterentwickelt werden können. Die Kommunikation alleine wird allerdings nicht ausreichen. Voraussetzung ist ein internes Bewusstsein über ihre Stärken sowie ein Verständnis der externen Stakeholder, die Wirkungen von ECO-WISE anzuerkennen. Als eine weitere konsensuelle Zukunftsgestaltungsoption lässt sich eine Intensivierung der Kooperationen mit der Wissenschaft ableiten. Mittels begleitender, interdisziplinär angelegter Studien – so wie sie beispielsweise hier erfolgt – können ihre Potenziale offengelegt und in unterschiedliche Bereiche kommuniziert werden. Es würde sich so eine neutrale Kommunikationsplattform eröffnen, durch welche die Entwicklung eines internen und externen Potenzialbewusstseins unterstützt werden könnte.

7.5.3.1 Internes und externes Potenzialbewusstsein

VertreterInnen aus der ECO-WISE-Szene sind bestrebt, ihre Innovationen und ihre Wirkungen zukünftig stärker zu kommunizieren. Sie sehen darin für sich einen klaren Handlungsbedarf.

GP5GFm: „*Ja also und da lande ich immer wieder dabei, wo wir Schwächen haben ganz stark, das ist eben dieser Wert, der diesen Unternehmen zuerkannt wird. Der Stellenwert [...] Und-, aber wir stellen uns da immer wieder eben zurück und streichen das nicht genug heraus, eben. Ich meine, mit dieser Heizungsgeschichte zum Beispiel, das ist ja wahrscheinlich ein ganz großer regionaler Impuls, der sicher ordentlich was nach sich zieht.*[260] *Nur ich meine, das fällt dir halt nur irgendwie so nebenbei jetzt ein. Aber ein anderes, ein privatwirtschaftliches Unternehmen würde das möglicherweise viel stärker oder viel größer verkaufen. Und ich denke so, dieser Stellenwert, den dieser Sektor hat, wie du es auch angesprochen hast, auf europäischer Ebene, was die Wirtschaftsleistung anlangt.*[261] *Das müssten wir halt auch noch schaffen, das ein bisserl stärker herauszustellen, einfach, dass es gesehen und erkannt wird und auch entsprechend die Wertigkeit bekommt, die er in Wirklichkeit ja auch hat. Und wir wissen es ja. Also da würden regional immer wieder große Probleme entstehen, wenn es diese Dienstleistungen, die wir erbringen, nicht gäbe. Und wenn etwas selbstverständlich da ist, das ist halt da. Und wenn's dann nicht mehr da wäre, dann würde man erst sehen, dass wir ein Problem haben*" [Think Tank Doc. 1: Abs. 125–129].

Der Geschäftsführer GP5GFm führt in dieser Proposition die Nichtwahrnehmung der Potenziale von ECO-WISE auf die Schwäche der Betriebe zurück, dass sie ihre innovativen Leistungen nicht ausreichend kommunizieren. Seiner Ansicht nach sollten sich ECO-WISE dahingehend stärker an den Verkaufs- und Kommunikationsstrategien der Privatwirtschaft orientieren, denn ansonsten werden ihre Leistungen weiterhin als selbstverständliche Gegebenheit wahrgenommen werden, auf die man erst aufmerksam wird, wenn sie zu fehlen drohen. Dieses Erfordernis gilt nicht nur für ECO-WISE, sondern für den gesamten Dritten Sektor, dessen wirtschaftliche Leistung in den letzten Jahren vermehrt über nationale und internationale Studien transportiert wird, wie es hier auch exemplifiziert wurde. Der Handlungsbedarf wird von einem anderen Geschäftsführer validiert. GP6GFm: „*Ich muss uns leider da selber noch an der Nase nehmen. In Österreich schaffen wir es noch nicht wirklich, diesen sozialwirtschaftlichen Sektor so gut zu organisieren und zu vereinigen. Es hängt meistens an Finanzierungen-, [...] also alleine unsere Dachverbände haben große Proble-*

260 Der Gesprächspartner nimmt hier Bezug auf eine betriebliche Innovation, die bereits unter ‚Investitionskapital für regionale Innovationsnischen' (siehe Kapitel 7.4.3.1) exemplifiziert wurde. Die Organisation entwickelte in Kooperation mit der regionalen Landwirtschaft ein nachhaltiges Energieversorgungssystem, das Vorbildwirkung auf andere Wirtschaftstreibende hat.

261 Der Gesprächspartner bezieht sich hier auf eine im Abs. 36 durch einen anderen Geschäftsführer zitierte europäische Studie, wonach 16 % des europäischen Bruttonationalproduktes von der Sozialwirtschaft erwirtschaftet werden. Es handelt sich um eine 2009 erschienene Studie, zu der vom Gesprächspartner keine detaillierteren Angaben gemacht wurden.

me, sich zu finanzieren. [...] Ich meine, das ist natürlich auch was, also wir müssen wahrscheinlich auch noch viel besser irgendwann zeigen, was wir alle tun, um uns anzuregen" [Think Tank Doc. 1: Abs. 149–155].

In diesen Aussagen wird deutlich, dass Vernetzungsarbeit ein wichtiges Element im Vorfeld der Kommunikation ist. Im Verbund ist es leichter und effizienter, die Aufmerksamkeit auf sich zu ziehen. Der Bedarf an einer sozialwirtschaftlichen Interessenvertretung als größere Plattform wird hier erneut betont. In den theoretischen Ausführungen zum Dritten Sektor in Österreich ist ersichtlich (siehe Kapitel 5.2.2), dass dieser äußerst heterogen ist und die Diskurse dazu dementsprechend vielfältig sind. Die konzeptionellen Uneinigkeiten spiegeln sich in den Schwierigkeiten in der Praxis wider, diesen zu „*organisieren und [zu] vereinigen*". Darüber hinaus setzt Vernetzungs- und Kommunikationsarbeit Ressourcen voraus, die laut Einschätzungen des Geschäftsführers nicht im ausreichenden Maße gegeben sind. Dass eine gelingende Verständigung auch wesentlich von der Aufnahmewilligkeit und -fähigkeit des Gegenübers abhängt, findet in der Selbstverständlichkeitsthese Ausdruck. Ebenso von Bedeutung ist in diesem Zusammenhang die Art und Weise der Kommunikation respektive die gewählte Sprache, Frequenz und Intensität. Diese Aspekte werden im Folgenden am Ausschnitt zu an den ‚Social Return on Investment' angelehnten Wirkungsanalysen diskutiert.

Aufnahmefähigkeit

Um ein internes und externes Potenzialbewusstsein anzuregen, werden von einigen Organisationen in den letzten Jahren vermehrt projektspezifische Wirkungsanalysen durchgeführt. Das Modell des ‚Social Return on Investment' (SROI) bietet sich für die Darstellung einer Kosten- bzw. Investitionstransparenz an, womit der volkswirtschaftliche Mehrwert sichtbar gemacht werden soll. GP6GFm: „*Wir haben im Rahmen eines EU-Projektes dazu eine Studie gemacht über den Social Return on Investment, der ist enorm. [...] Wir konnten zeigen, dass das Land, wenn es die Sozialhilfe weitergezahlt hätte für die Personen, hätten die die größten Kosten zu tragen gehabt. Jetzt haben die gesagt: ‚Okay, dann zahlen wir gleich von vornherein in die Arbeitsplätze für die Behinderten.' Also die hätten die größten Kosten zu tragen gehabt, wenn die Leute arbeitslos auf Dauer gewesen wären. Der Social Return on Investment war 1:13, glaube ich. Also ein investierter Euro spart 13 Euro Gesundheitskosten, Sozialhilfekosten und wieder zurückfließende Steuern und Sozialversicherung usw.*" [Think Tank Doc. 1: Abs. 83].

Wie in den theoretischen Ausführungen bereits besprochen wurde, handelt es sich hierbei um quantitative Richtwertschätzungen, die in sozialwissenschaftlichen Diskursen nicht unumstritten sind (siehe Kapitel 4.4.3), da durch diese die sozialen Wirkungen auf wirtschaftliche Kennwerte reduziert und somit nicht adäquat in ihrer Komplexität erfasst werden. Diese Problematik spricht auch ein dem Verfahren kritisch gegenüberstehender Geschäftsführer an. GP4GFm: *„Und ich kann also nur von Einzelfällen sprechen, wo wir mit unseren Leuten [geförderte Beschäftigte, Anmk. d. Verf.] für andere Menschen arbeiten, denen es selbst nicht gut geht. Und diese Selbstwertfindung, anderen Menschen zu helfen, führt dazu, dass Menschen, die sonst ganz andere Dinge auch machen würden und ihr Selbstwertbewusstsein auf anderen Plätzen austoben könnten, da etwas erreichen was-, und das einen Wert hat, den man nicht in Euro und so weiter definieren kann, aber es bringt einfach unheimlich viel Zufriedenheit"* [Think Tank Doc. 1: Abs. 230].

Vom sozialwissenschaftlichen Vertreter wird der Aussagewert solcher zumeist auf Schätzungen beruhenden Verfahren angezweifelt. Diese können maximal einen Orientierungsrahmen bieten. GP18SFm: *„Ich bezweifle solche Sachen auch irgendwie, weil es auf so viel-, ja es ist ein bisschen ein Orientierungsrahmen. Aber es beruht auf so vielen Annahmen. [...] Und dann könnte man annehmen, okay, da müssten nur von den 50 Leuten, die drinnen waren, die Hälfte von mir aus dann drei Jahre arbeiten, dann fällt das weg, das könntest dann alles nur annehmen, aber das ist schon alles"* [Think Tank Doc. 4: Abs. 230]. Als Alternative nennt er auf tatsächlichen Zahlen beruhende Berechnungen. GP18SFm: *„So viel wird von mir aus pro Jahr hineingebuttert, so viel kommt dann an Eigenerwirtschaftetem dazu. Und was zahlen dann die Betriebe an Steuern, was kann man über die Löhne ungefähr annehmen, was an die öffentliche Hand zurückfließt. Das ist einigermaßen, okay, da weiß man die Sätze, man weiß die Zahlen genau"* [Think Tank Doc. 4: Abs. 230].

Das Instrument SROI hat sich in Großbritannien als Argumentationsmodell für öffentliche Ausgaben bereits weiträumig durchgesetzt. Seit ca. 2010 wird es auch in Österreich vermehrt als Möglichkeit diskutiert (vgl. Schober & Rauscher 2014, S. 7). Den Diskursen vorgreifend, experimentieren ECO-WISE bereits zum Zeitpunkt der Gespräche damit, in der Erwartung, ihr Wirkungen kurz und bündig auf den Punkt bringen zu können, in einer Sprache, die jeder/jede versteht. GP10GFm: *„Ich war in Cambridge und das war überall-, also ich denke mir, das ist für uns ganz eine wichtige Geschichte. Sozusagen das noch viel mehr auf den Punkt zu bringen. Weil die Leute eher weniger-, lange Studien lesen. Die gibt es genug, wo uns Nachhaltigkeit bewiesen wird, und das hat eigentlich nicht wirklich jemanden interessiert. Es wurde weder versucht, das auf den Punkt zu bringen und zu sagen: ‚Das bringt es einfach auch.' In der Sprache, die man versteht, also, das sehe ich schon als wichtige Geschichte an"* [Think Tank Doc. 2: Abs. 168].

Aufnahmewilligkeit

In einer SROI-Analyse werden des Weiteren öffentliche Kosten semantisch durch Investitionen ersetzt. Es wird der gesamtgesellschaftliche Mehrwert betont, womit eine weiträumigere Wertschätzung Sozialer Organisationen insgesamt in Aussicht gestellt wird. Zudem werden damit Hoffnungen geweckt, dass andere, nicht direkt in die operativen Prozesse involvierte, aber profitierende Stakeholdergruppen sich folglich stärker engagieren. Dass die Perzeption von öffentlichen Kosten als Investitionen noch nicht in der Realität angekommen ist, exemplifiziert ein Geschäftsführer. GP6GFm: „*Aber zum Beispiel die Wirtschaftskammer, die hat jetzt wieder Studien präsentiert, wo sie sagt, die Wirtschaftsförderung ist geringer als das, was als Förderung für Sozialprojekte ausgegeben wird. Und das ist genau der Punkt. Also, jeder öffentliche Straßenbau wird als Investition verstanden. Das, was hier eingesetzt wird, wird als Kosten verstanden und nicht als Investition. Und das ist genau die Sichtweise, die wir ändern müssen. Wir müssen auch unsere Stellung anders sehen und wir müssen sagen: ‚Hey, wir sind genauso Wirtschaft wie ihr. Ihr in dem Bereich, in dem Bereich, in dem Bereich und das ist der Bereich.*'" [Think Tank Doc. 1: Abs. 139].

Der SROI impliziert demzufolge neben dem kommunikativen auch einen ideellen Wert. Er ist ein Instrument, das ECO-WISE dabei unterstützt, selbstbewusst in der Sprache der Wirtschaft sozialwirtschaftliche Wertigkeiten zu transportieren. Ein anderer Geschäftsführer validiert dies in einer Anschlussproposition. Öffentliche Förderungen sind auch aus seiner Sicht nicht als Kosten zu betrachten, sondern als Investitionen, die in die Gesellschaft rückfließen. Darauf gilt es vor allem gegenüber politischen VertreterInnen mit Nachdruck hinzuarbeiten.

> GP5GFm: „*Ich meine, ich glaube, bei der Diskussion ECO-WISE in Summe gehört überhaupt einmal so diese Kostenwahrheit reingebracht, also sowohl bei Dienstleistungen und Produkten als auch bei diesen Kosten für die Beschäftigung. Weil, es heißt ja immer, das kostet was, und es wird aber nicht gesehen, was man sich auf der anderen Seite erspart bzw. welche Aufwendungen man hätte, wenn man da nicht hineininvestieren wurde. Und ich meine, das ist bei jedem anderen Unternehmen so. Oder bei Finanzentscheidungen insgesamt. Da ist immer die Entscheidung, was kostet mich das bzw. das und wo habe ich den größeren Ertrag in dem Sinn. So funktioniert überhaupt unser ganzes Wirtschaftssystem und bei uns werden aber immer nur die Kosten angeführt. Das heißt, das kostet was. Ein Arbeitsplatz, ein Transitarbeitsplatz kostet was, und da wird aber nicht gegenübergestellt, was kostet die arbeitslose Person ohne diesen Transitarbeitsplatz zum Beispiel bzw. was sind da an geldmäßigen Rückflussen. Wir zahlen ja auch Sozialabgaben und Steuern, das ist ja nicht wenig, wenn man das gegenrechnet. Es sind halt immer wieder andere Töpfe. Ist schon ganz klar, gell. Aber es sind öffentliche Gelder letztendlich in Summe.*
> GP1FGw: *Na ja, aber die Erhebungen hat's ja schon gegeben, bitte schön, die Auswertungen.*
> GP5GFm: *Eh, nur die schaut sich ja niemand an. Und letztendlich landen wir immer wieder dort, das kostet was. Ob jetzt der Transitarbeitsplatz kostet was und das ist teuer. Haben wir gerade erst wieder gehört beim Sozialgütesiegel bei der Verleihung. Ja,*

Transitarbeitsplätze sind teuer. Wo ich mir immer denke: ‚Oh Gott, das ist so was von nicht intelligent.‘
GP4GF: *Ein Häfenplatz ist teurer.*
GP5GFm: *Diese Aussage kommt aber immer wieder. Kommt ganz oben immer wieder. Und ja, kann man eh nur immer wieder sagen, das ist keine Kostenwahrheit*“ [Think Tank Doc. 1: Abs. 87–91].

In diesem Diskursstrang wird die Aufnahmeunwilligkeit von öffentlichen Stellen, insbesondere jener *„ganz oben“*, konstatiert. Es zeigt sich, dass die mit SROI-Analysen verbundenen Erwartungen Visionen sind. Auch wenn damit monetäre Rückflüsse im Sinne einer Kostenwahrheit herausgestellt und auf den Punkt gebracht werden können – in einer für öffentliche Institutionen adäquaten und einfachen Sprache, wie es eine Fördergeberin in Rekurs auf die exemplarisch genannte Pilotstudie elaboriert –, besteht gemäß der antithetischen Differenzierung des Geschäftsführers real geringes Interesse vonseiten der Politik, diese anzuerkennen. In diesen Erfahrungen lassen sich implizit ein mangelndes Bewusstsein und ein Festhalten an routinisierten Argumentationen erkennen, womit ECO-WISE-VertreterInnen in rekursive Abhängigkeitskorsette zurückgedrängt werden, wie es in der Fortsetzung des Dialoges akzentuiert wird.

GP3FGm: *„Aber wäre das nicht ihre Aufgabe eigentlich, diese Information raufzutransportieren auf die politische Ebene?*
GP5GFm: *Tun wir. Da gibt es-:*
GP3FGm: *Weil es hat ja keinen Sinn, wenn man uns Beamten das sagt, die als Fördergeber agieren. Ich kann nicht zum Sozialminister gehen und sagen: ‚Du, pass auf-. […] Transitbeschäftigung ist eine tolle Geschichte. Erspart so und so viel.‘*
GP5GFm: *Aber es gibt sie ja, die Erhebungen. GP6GFm hat's zum Beispiel machen lassen und sie verstecken es auch nicht, gell. Also diesen Social Return on Investment. Und die Frage ist immer, will das wer hören oder nicht, gell. Und wir sind halt immer wieder damit konfrontiert, dass man das nicht hören will. […]*
GP7GFm: *Ich möchte das gleich aufnehmen und ein bisschen weiterführen. […] Es gibt einen Fall, da war ich dabei […]. Es ging um Subventionen, um die wir angesucht haben und die wir dann auch bekommen haben und wir mussten uns dann noch zum Abschluss anhören: ‚Vergessen Sie nie, dass es ein Geschenk ist.‘ […] Weil wir gewagt haben, die Dauer, wie lang das gedauert hat, anzusprechen-, das dauert ewig, ewig, ewig. Niemand ist zuständig, man wird hingehalten, es ist einfach nicht wichtig. Es gibt leider solche Menschen auch – Anwesende natürlich ausgenommen. Und wenn dieses Denken verbreitet ist, dass jemand wie wir vier, die wir hier sitzen, und viele andere Geschenke bekommen, dann ist das eigentlich ein sehr, sehr trauriger Befund und zeigt, wie schwer es ist im Prinzip, diese Sachen nach oben zu befördern, zu kommunizieren. Ich hätte natürlich in dieser Situation sagen können: ‚Moment mal. Wie kom-*

men Sie zu dieser Ansicht?‘ Aber welche Schwierigkeiten bekommen wir beim nächsten Antrag? Das kann ich mir gar nicht ausmalen. Und das sind einfach leider auch Gegebenheiten“ [Think Tank Doc. 1: Abs. 92–100].

In diesem Diskurs zwischen Fördergeber und Geschäftsführern wird klar zum Ausdruck gebracht, dass Sensibilisierungsprozesse in hierarchische Kommunikationswege eingebettet sind. Die öffentlichen Stellen auf strategischer politischer Ebene sehen für sich keine Möglichkeiten, das Bewusstsein auf ministerialer Ebene zu schärfen. ECO-WISE-VertreterInnen bemühen sich zwar darum, werden aber ihren Erfahrungen zufolge nicht gehört. Insofern setzt sich die etablierte Konnotation von Kosten, die das Sozialbudget belasten, weiter fort, auch wenn von den Akteuren versucht wird, dem – im Sinne der ‚Dialektik der Herrschaft‘ (siehe Kapitel 3.3) – mobilisierend entgegenzusteuern. Ein anderer Geschäftsführer validiert die Festgefahrenheit des Systems. Indem Förderungen von einer regionalen subventionsgebenden Stelle in der Folge einer Kritik am Prozess als „*Geschenke*“ definiert werden, wird das hierarchische Verhältnis in zweierlei Richtungen reproduziert. Zum einen wird damit die institutionalisierte Kostenauffassung von oben nach unten fortgeschrieben. Zum anderen erhalten Subventionen einen disziplinierenden Charakter. ECO-WISE-VertreterInnen werden in Abhängigkeitsspiralen gedrängt und dazu veranlasst, sich dementsprechend zu verhalten, um im Angemessenheitsfall wieder ein „*Geschenk*“ zu bekommen. Ihre Leistungen werden damit nivelliert, ihre Kommunikationschancen reduziert. Das Beispiel verdeutlicht die im Rahmen des Institutionalisierungsprozesses bereits herausgearbeitete aktuelle Verengung von Partizipationsräumen (siehe Kapitel 7.1.3.3). Im Modus eines integrativen Partizipationsverständnisses wird Partizipation politisch und strategisch gesteuert, um Systeme zu erhalten. Durch die hierarchische Anordnung der unterschiedlichen Partizipationsebenen und durch das wahrnehmbare ‚Nicht-hören-Wollen‘ gestaltet sich eine mobilisierende, systemverändernde Kommunikation von unten nach oben aus der Sicht der DiskutantInnen als nahezu unmöglich und frustrierend, wie es auch in Kapitel 7.1.3.1 von einer Netzwerkvertreterin zum Ausdruck gebracht wurde.

GP2FGw. „*Also für mich wäre eigentlich auch die Idee, einfach einmal zu zeigen der Gesellschaft, ich meine, welcher Nutzen da vorhanden ist. Ich meine, damit das wirklich für jede Einzelperson auch nachvollziehbar wird. Und wichtig wäre mir auch noch der Hinweis, dass man diese Dinge vielleicht nicht jetzt auf Bundeslandebene angeht, sondern wirklich zum Teil eben eher auf Bundesebene.*
IPw: *Okay. (..) Ja, es konnte eine eigene Sondersitzung im Parlament angeregt werden.*
GP2FGw: *Ja, genauso in der Art.*
GP9IGadm: *In den Weihnachtsferien. […]*

GP6GFm: *Die Parlamentsgeschichten sind halt auch-, sind immer so Eintagsfliegen. Da ist es schwierig, solche Themen dann auch zu positionieren*" [Think Tank Doc. 1: Abs. 285–302].

In einer antithetischen Differenzierung validiert eine Fördergeberin die Relevanz, den gesellschaftlichen Nutzen von ECO-WISE sichtbar zu machen. Ergänzend streicht sie die Priorität heraus, diesen an die nationale Politik zu kommunizieren, um das System ein Stück weit drehen zu können. Da, wie in Kapitel 7.1 gezeigt wurde, sowohl die Förderrichtlinien als auch die -budgets auf Bundesebene beschlossen werden, bedarf es einer Strategie, insbesondere diesen Personenkreis zu sensibilisieren. Auf Länderebene können die Bundesvorgaben nur marginal nachjustiert werden. Die von der Forscherin angeregte Möglichkeit, eine Sondersitzung im Parlament zu erwirken, wird von der Fördergeberin als eine Möglichkeit erachtet. Der Interessenvertreter aus dem AdressatInnenkreis begegnet der Option mit einem obligatorischen Zynismus. Mit „*in den Weihnachtsferien*" signalisiert er erwartbare Ausgrenzungsrituale. Geringe Erwartungen zeigt auch der Geschäftsführer. Seinen Erfahrungen zufolge ist es insgesamt schwierig, Themen wie diese im Parlament nachhaltig zu positionieren.

In den Aussagen ist nachlesbar, dass Kommunizieren zunächst Sensibilisieren bedeutet. Der Weg, öffentliche Kosten als Investitionen umzudeuten, ist ein langer, insbesondere, wenn fallweise Subventionen noch als Geschenke aufgefasst werden. ECO-WISE sind sich dieser Gegebenheiten bewusst und arbeiten mit Nachdruck darauf hin, ihren Stellenwert nach außen zu tragen. Dafür ist ein internes Potenzialbewusstsein ebenso wichtig wie ein adäquates Performancereporting, das die ökonomischen, sozialen und ökologischen Wirkungen von ECO-WISE eindeutig und klar sichtbar macht. Abgebildet werden soll der volkswirtschaftliche Mehrwert gleichermaßen wie ihr Beitrag zum sozialen Zusammenleben und zur Erhaltung der Umwelt. Fraglich ist jedoch, ob der SROI dafür das ideale Modell ist. Zumal es auf Schätzungen beruht, besteht die Gefahr einer hypothetischen Wirkungsverzerrung. Dieser kann mit Umwegrentabilitätsanalysen, die auf realen Zahlen basieren, vorgegriffen werden. Ein weiterer Kritikpunkt ist, dass die Komplexität sozialer Leistungen und deren mehrfache Effekte in der quantitativen, reduzierten Sprache untergehen können. Die damit verbundene Erwartung der Verständlichkeit bedingt einer Nivellierung der tatsächlichen Leistungen. In den Think-Tank-Diskussionen wurden andere, mitunter einander ergänzende Möglichkeiten benannt, um Signale zu setzen.

7.5.3.2 Kommunikationsformen

Um die Nachhaltigkeitsperformance von ECO-WISE zu kommunizieren, kann auf eine Vielfalt von Möglichkeiten zurückgegriffen werden. Es existieren zahlreiche Instrumente, die dafür adaptiert und weiterentwickelt werden können. In der Wahl wird darauf zu achten sein, wer damit angesprochen und was vermittelt werden soll. In der Orientierungsfigur ‚Kooperieren in Zwischenräumen' (siehe Kapitel 7.5.2) wurde deutlich gemacht, dass ECO-WISE als Soziale Organisationen in unterschiedlichen Grenzgebieten agieren. Um sich darin zu positionieren und die eigenen Anliegen zu kommunizieren, ist eine Auseinandersetzung mit den jeweiligen Logiken und Sprachen unumgänglich. In Ergänzung zu den quantitativ ausgewiesenen Kommunikationsmöglichkeiten (siehe Kapitel 7.2.4) und der bereits eingehend diskutierten Wirkungsanalyse wurden in den Think-Tank-Diskussionen weitere Optionen angesprochen, um zukünftig auf unterschiedliche Stakeholdergruppen gezielt zuzugehen. Dabei kann differenziert werden zwischen 1.) Veranstaltungen und Pressearbeit, mit welchen eine größere Öffentlichkeit erreicht wird, 2.) der Entwicklung einer ‚Brand Mark' sowie eines Manifestes, die insbesondere nach innen wirken, und 3.) organisationsindividuellen Berichten, um spezifische KooperationspartnerInnen anzusprechen und von der Wirksamkeit der eigenen Leistungen zu überzeugen.

Öffentlichkeit

Der Interessenvertreter der AdressatInnengruppe schlägt als zukünftigen operativen Schritt die Möglichkeit einer Messe der Sozialwirtschaft vor. Dadurch kann allgemein das Bewusstsein in der Gesellschaft für den gesamten Sektor geschärft werden und es können Innovationen nach außen getragen werden.

> GP9IGadm: *„Ich frage mich, ob man das nicht proaktiv angehen könnte. Der Sektor scheint ja sehr groß zu sein, dass man so Messen veranstaltet, wo auch die Gesellschaft insgesamt, jeder Einzelne eingeladen ist, nicht nur die Partnerorganisationen, sondern jeder Einzelne eingeladen ist. Der Effekt wäre sozusagen diese Pionierhaftigkeit, diese gesellschaftlichen Aktivitäten, diesen gesellschaftlichen Nutzen zu demonstrieren, wo man das anschauen kann, wo man das herzeigen kann und auch besprechen und diskutieren kann. Und dann wäre nämlich ein Effekt auch gegeben, zusätzlich noch, dass man dieses Plakative von der Wirtschaftskammer – ‚ja, die Förderungen sind geringer an die Wirtschaft als an die Sozialen' –, dann könnte man dem sozusagen auch einen gewissen Druck nehmen. Ich weiß nicht, gibt's so was?"* [Think Tank Doc. 1: Abs. 148].

Der Geschäftsführer GP6GFm befürwortet eine solche Messe, weist in einer antithetischen Differenzierung allerdings erneut darauf hin, dass der Sektor in Österreich nicht ausreichend organisiert ist und schwer für solch eine gemeinsame Aktion zu vereinen ist. Das Vertretungsnetzwerk ‚Sozialwirtschaft Österreich' ist über kollektivvertragliche Verhandlungen hinaus bemüht, im Rahmen von Konferenzen Akteure von Sozialen Organisationen mit relevanten Stakeholdern zusammenzuführen (siehe Kapitel 5.3.2.4). Es könnte zukünftig auch für weitere öffentlichkeitswirksame Veranstaltungen als Organisationsplattform fungieren. Zum Zeitpunkt der Gespräche macht der Geschäftsführer fruchtbringendere Möglichkeiten darin aus, eine handlungsfeldspezifische Messe für Beschäftigungsbetriebe zu organisieren, denn diese sind in den Regionen und auch bundesweit gut vernetzt. Eine solche Veranstaltung würde aus seiner Sicht zur Wertschätzung der Dienstleistung beitragen, Hintergrundinformationen transportieren, sich zum Verkauf von Produkten eignen und der Zielgruppe ein Selbstbewusstsein als ProduzentInnen vermitteln (vgl. Think Tank Doc. 1: Abs. 149–151).

Auch die FördergeberInnen unterstützen ein solches Vorhaben und suchen im Diskursverlauf nach Verankerungsmöglichkeiten zur Realisierung. Dass sich eine überschaubare Anzahl von Beschäftigungsbetrieben im Rahmen der ‚Grazer Messe' präsentiert, ist ein Vorschlag, ein anderer ist, den jährlich stattfindenden ‚Tag der Arbeitslosen' dafür intensiver zu nutzen, wobei sich insbesondere Letzterer aufgrund der thematischen Vorbesetztheit und Gewichtung als suboptimal herausstellt.

> GP1FGw: „*Der Vorschlag, sich bei einer Messe zu präsentieren, ist gar nicht so unblöd. […] Und in dem Zusammenhang würde sich ja die Grazer Messe anbieten, zumal ich dort jemanden habe von der öffentlichen Hand, der mir was zur Verfügung stellen kann unter Umständen und sich dort einmal klein zu präsentieren. Ich meine, muss ja nicht die ganze Szene auftreten, nicht, weil das würde sicher ja vom Budget her wahrscheinlich nicht drinnen sein, aber-. Warum nicht? Dauert natürlich eine gewisse Anlaufzeit.*
> GP2FGw: *Ja, so was hat es ja heuer eigentlich schon gegeben, beim Tag der Arbeitslosen, oder?*
> GP5GFm: *Ja.*
> GP1FGw: *Ja, das war das, ja.*
> GP5GFm: *Ja, wobei der Tag der Arbeitslosen ist halt wieder ein sehr spezielles Programm, genau ja.*
> GP2FGw: *Ein anderer Zugang dafür*" [Think Tank Doc. 1: Abs. 185–195].

Die hier unter Bedachtnahme auf die vorhandenen Ressourcen getätigten Vorschläge zielen darauf ab, von einer eigenen Veranstaltung abzugehen und eine Präsentationsplattform in bereits bestehende Messen zu integrieren. Damit würden sich allerdings die Kommunikationsmöglichkeiten verengen. Der Interessenvertreter aus dem Organisationsfeld führt den Blick zurück auf eine größere, den gesamten Dritten Sektor einschließende Ausrichtung und exemplifiziert diese Möglichkeit anhand eines internationalen Beispiels.

> GP8IGorgm: „*Also ich war vor Kurzem in Florenz. Und da hat es eine riesige Sozialwirtschaftsmesse gegeben unter dem Schwerpunkt Nachhaltigkeit. […]. Das war-, ich mein, das war unvorstellbar für unsere Verhältnisse nicht. Und ich meine, ich fände*

das super, wenn man sagt, man hat einmal im Jahr einen Tag, wo man sich präsentiert.
GP6GFm: *Ja. Oder auch drei Tage. Also so eine richtige Messe. Also zum Beispiel von den Deutschen Werkstätten für Behinderte, das ist ein riesen Sektor, die beschäftigen 300 000 behinderte Menschen, gibt's seit 15 Jahren eine Messe in Nürnberg und die ist top. Da kommen die Leute aus ganz Deutschland. Da geht es um 15 000 Besucher am Tag"* [Think Tank Doc. 1: Abs. 196–201].

Diese größer gedachte Variante wird von einem Geschäftsführer mit einem weiteren internationalen Beispiel unterlegt – allerdings bezogen auf einen Ausschnitt des Dritten Sektors. Das Stichwort ‚Nachhaltigkeit' aufgreifend, weist der Interessenvertreter aus dem Organisationsfeld auf Nachfrage darauf hin, dass hinsichtlich nachhaltiger Entwicklung zum Zeitpunkt der Gespräche in Österreich noch keine regelmäßig stattfindende Veranstaltung existiert. GP8IGorgm: *„Nicht so verankert und regelmäßig. Ich meine, außer politisch motivierte Geschichten, die dann so punktuell stattfinden, das gibt es schon. Aber so unter dem Schwerpunkt"* [Think Tank Doc. 1: Abs. 203]. Dem hinzuzufügen ist, dass seit 2013 in Österreich ein jährlicher Aktionstag zur Nachhaltigkeit stattfindet – eine Plattform, an der auch ECO-WISE partizipieren können, um ihre Wertigkeiten zu kommunizieren.

Insgesamt wird in den Diskursen zwischen GeschäftsführerInnen, FördergeberInnen, Interessenvertretungen aus dem Organisationsfeld und der AdressatInnen erkennbar, dass eine jährliche Präsentationsmöglichkeit als sinnvoll erachtet wird. Nicht geklärt werden konnte hier der Größenrahmen – eine Messe der Sozialwirtschaft oder eine mit Fokus auf Beschäftigungsbetriebe, eine eigene Veranstaltung oder eine in bereits bestehende Formate integrierte. In jeder Variante werden andere BesucherInnengruppen zu erwarten sein. Unklar ist des Weiteren die Machbarkeit respektive die Organisier- und Finanzierbarkeit eines solchen Unterfangens.

Der Interessenvertreter aus der Wirtschaft steht hingegen einer solchen Veranstaltung prinzipiell skeptisch gegenüber. Aus seiner Sicht werden mehr Personen mit einer attraktiven Pressearbeit erreicht.

GP23IGökonm: *„Klar. ‚Wer nicht wirbt, stirbt' heißt es, das ist eine alte Regel, deswegen ist es auch für Sozialprojekte wichtig, zu zeigen, was sie alles machen, und dazu kann natürlich so ein Tag oder eine Messe dienen. […] Aber, wenn Sie das Ziel haben, einfach in die Medien zu kommen, […] das erreichen Sie auch mit einer ganz normalen Pressekonferenz. Also wenn Sie den ORF bekommen wollen, dann müssen Sie einfach nur eine Geschichte haben. Sie müssen einfach nur eine Geschichte haben. […] Wo Jugendliche irgendetwas mit voller Begeisterung machen. Das ist am billigsten und damit erreichen Sie am meisten. In ‚Steiermark heute' sehen das die meisten Leute und da brauchen Sie gar nicht viel Geld, da brauchen Sie nur eine gute Geschichte, verste-*

hen Sie. Solche Geschichten müssen Sie dem ORF anbieten und da erreichen Sie am meisten Werbung. [...] Und es ist billiger als so ein Tag" [Think Tank Doc. 8: Abs. 230–236].

In dieser antithetischen Differenzierung stuft der Gesprächspartner eine Messe oder einen Aktionstag als ineffizienten Weg ein. Mit einer fokussierten Pressearbeit könnte aus seiner Sicht mit weniger Mitteln eine größere Öffentlichkeit erreicht werden. Die kooperationsfördernden und synergiestiftenden Elemente einer Veranstaltung würden damit allerdings außen vor bleiben. Insofern sollten beide Varianten in einander ergänzender Manier in Betracht bleiben.

Inneres Selbstverständnis

Um das interne Potenzialbewusstsein von Social Enterprises insgesamt zur schärfen, spricht der Interessenvertreter aus der AdressatInnengruppe die Entwicklung einer ‚Brand Mark' an. ECO-WISE könnten sich als Social Profit Enterprises (SPES) profilieren, womit der soziale und ökonomische Mehrwert herausgestellt wird. GP9Iadm: „*SPES, also ‚Social Profit Enterprises'. Spes ist lateinisch und heißt glaub ich Hoffnung. Profit insofern heißt, es sind Unternehmen, die verkaufen ihr Leistungen, genau auf derselben Ebene wie Wirtschaftsbetriebe*" [Think Tank Doc. 1: Abs. 152–154]. Ein Geschäftsführer validiert in einer antithetischen Differenzierung die Relevanz einer solchen Initiative zur Sichtbarmachung des Wertes. Dabei gilt es allerdings, auch die Qualität der Produkte hervorzuheben. Die Produkte sollen aufgrund ihrer Qualität konsumiert werden und nicht wegen ihrer Herstellung in einer Sozialen Organisation. GP6GFm: „*Also wir entwickeln eine eigene Marke-, für unsere, also wir haben Topprodukte. Aber die sollen nicht gekauft werden, weil sie von einem Sozialbetrieb sind, sondern weil sie ein Topprodukt sind. Und also solche Dinge, glaube ich, werden auch das Selbstbewusstsein unserer MitarbeiterInnen verändern und auch die Wertigkeit dessen, was hier gemacht wird am Markt*" [Think Tank Doc. 1: Abs. 155].

In den bisherigen Diskursen zu Kommunikationsformen zeichnet sich die Tendenz ab, dass die Think-Tank-DiskutantInnen – sowohl die internen als auch die externen – auf das Sichtbarmachen der sozialen und ökonomischen Performance fokussieren. Vor diesen Hintergründen beziehen sich die angesprochenen Handlungsempfehlungen auf Leistungen der Beschäftigungsbetriebe respektive WISE oder auf wirtschaftlich agierende Soziale Organisationen respektive Social Enterprises oder die Sozialwirtschaft insgesamt. Ihre ökologische Wirksamkeit als Besonderheit herauszustellen, wird in den Debatten zur Kommunikation nicht explizit thematisiert. Begründen lässt sich dies in der nachweislich mangelnden Selbstwahrnehmung der Akteure als ‚auch' ökologisch agierende Betriebe (siehe Kapitel 7.2.5). Es wäre zu überlegen, inwiefern eine organisatorische Vernetzung mit einer ideellen Rückbindung zur Schärfung ihres Selbstbewusstseins als regionale Nachhaltigkeitsakteure beitragen könnte. Die Entwicklung eines regionalen ECO-WISE-Netzwerkes wurde von externen DiskutantInnen im Zusammenhang mit der Mitgliedschaft im Eco-World-Styria-Cluster bereits angeregt (siehe Kapitel 7.5.2.1). Mit einem in den Diskursen angeregten Manifest könnten sich die daran beteiligten Organisationen auf ihre Grundsätze und Ziele einigen. Ihre sozialen, ökonomischen und ökologischen Werte können damit verbindlich festgeschrieben werden. Der strategische Koordinator aus dem Umweltbereich bezieht sich auf positive Erfahrungen in der Erarbeitung von Manifesten. GP20SKökolm: *„Eine solche Arbeit, die macht sich immer bezahlt, weil sie einerseits eine Innenwirkung hat. [...] bei allen, die dabei waren, und eine Außenwirkung hat. Das ist so. Weil dann wird das greifbar und anfassbar ‚was will man eigentlich'. Was gar nicht so viel an Geld kostet. Weil man gar nicht viel Investitionen setzen muss, jeder muss ein bisschen Zeit mitbringen, es muss gut begleitet sein, und der Fall hat sich"* [Think Tank Doc. 6: Abs. 158–161]. Eine Selbstreflexion würde mit der Entwicklung einer gemeinsamen Blickrichtung unterstützt werden. Gleichzeitig können die Positionsbestimmung und die Wirkungen nach außen klarer transportiert werden. Herauszustreichen ist, dass ein solches ECO-WISE-Netzwerk die Partizipation in übergeordneten anderen – wie in dem der Beschäftigungsbetriebe oder der Sozialwirtschaft – nicht ausschließt, sondern erweitert.

Organisationsindividuelle Kommunikationswege

Zusätzlich zu kollektiven Kommunikationsformaten bedarf es selbstredend organisationsindividueller. Die SROI-Variante wurde als ein Beispiel von Wirkungsanalysen bereits eingehender besprochen. Jahresberichte, Leitbilder und von FördergeberInnen vorgeschriebene Evaluierungen sind weitere praktizierte Verfahren. Ergänzend dazu bieten sich Nachhaltigkeitsberichte an. Solche erscheinen insbesondere für ECO-WISE als interessant, da damit ökologische, ökonomische und soziale Aktivitäten und Effekte kommuniziert werden können. Im interdisziplinären Diskurs mit UmweltwissenschafterInnen (GP21UFw und GP22UFm) wurde diese Option in einer Proposition angesprochen und konkretisiert. Aus ihrer Sicht können ECO-WISE damit ihre Nachhaltigkeitspotenziale gebündelt aufzeigen (vgl. Think Tank Doc. 7: Abs. 261). Anbieten würde sich dafür das Indikatoreninstrument der ‚Global Reporting Initiative' (GRI) (vgl. Think Tank Doc. 7: Abs. 247), das allerdings an die organisatorischen Bedingungen sowie an ihre spezifische Zielorientierung angepasst werden und dahingehend adaptiert werden müsste. Dies wird von den UmweltwissenschafterInnen herausgestellt.

GP22UFm: *„Na ja, GRI ist halt-, da muss man schauen, ob die Indikatoren passen.*
GP21UFw: *Es gibt glaube ich für NPOs-,*
GP22UFm: *Gibt es da was?*

GP21UFw: *Da gibt es, glaube ich, einen Indikatorprotokollsatz, einen eigenen.*
GP22UFm: *Ich könnte so etwas, sozusagen so etwas hernehmen und schauen, wie ist die Selbstwahrnehmung der Tätigkeit. Und daraus eventuell wirklich eine Berichterstattung machen.*
GP21UFw: *Was ganz was Kleines, keine großartigen Geschichten*" [Think Tank Doc. 7: Abs. 252–261].

Die GesprächspartnerInnen konkretisieren die Idee, wonach es zunächst zu überprüfen gilt, ob der GRI-Indikatorensatz für ECO-WISE adaptierbar ist. Wenn ja, könnte anhand dieser Indikatoren ihre Selbstwahrnehmung zu ihren Tätigkeiten eruiert und in Form von individuellen Nachhaltigkeitsberichten dargestellt werden. Das GRI-Indikatorenset wird von den UmweltwissenschafterInnen als das derzeit gängige Modell beschrieben, mit dem Unternehmen ihre Aktivitäten entlang der Nachhaltigkeitsdimensionen größtenteils quantitativ via Kennzahlen darstellen können.

GP22UFm: „*Ja, das gibt es natürlich von bis. Dieser GRI-Standard ist halt so einer-, letztlich keine Norm und Regel, sondern eine freiwillig entstandene Geschichte, die da so jetzt der Standard ist, weil es nichts anders gibt. [...] Da versucht man, die Nachhaltigkeitsdimensionen abzugreifen, dass sich das Unternehmen klarer darstellt und beschreibt und auch die Indikatoren mit Kennzahlen unterlegt.*
GP21UFw: *Letztlich sehr quantitativ, aber man kann sich zumindest an die Indikatoren anhalten und einmal schauen*" [Think Tank Doc. 7: Abs. 295–300].

Mit Blick auf eine mögliche Umsetzung elaborieren DiskutantInnen die Notwendigkeit, den Organisationen Hilfestellung bei der Berichterstellung zu bieten. Aus ihrer Sicht müssen sie in den Prozess selbst intensiv eingebunden sein – beginnend bei der Indikatorenauswahl über die Erfassung bis hin zur finalen Berichterstellung. Ein GRI-Reporting setzt demnach einen partizipativen Prozess voraus.

GP21UFw: „*Weißt du, was man versuchen könnte-, wie viel haben wir in der Steiermark-, wir könnten auf die zugehen und sagen: ‚Wir erstellen' oder ‚Wir geben euch Hilfe beim Erstellen'-, nein, das würde ich nicht machen, ich würde sie wirklich versuchen lassen, sie erstellen zu lassen, irgendwie-,*
GP22UFm: *Ja, sie müssen eingebunden sein, natürlich, massiv.*
GP21UFw: *Ja schon, aber ich würde sie nicht alleine lassen damit und auch nicht nur beraten. Aus meiner eigenen Erfahrung kommt nichts heraus.* [...]
GP22UFm: *Man darf ihnen nicht das Gefühl geben, ja, da wird jetzt über sie ein Bericht geschrieben oder so, von einem Experten. [...] Die haben oft so Berichte-, kann ja sein, dass sie das wirklich selber machen wollen, mit Anleitung*" [Think Tank Doc. 7: Abs. 276–290].

Dieser Diskurs fungierte als Initialzündung für ein interdisziplinäres Follow-up-Projekt, das in Kapitel 6.1.4 bereits kurz Erwähnung fand. Es wurde ein Pilotprojekt in Kooperation zwischen zwei Instituten der interdisziplinären Fakultät für Umwelt-, Regional- und Bildungswissenschaften der Karl-Franzens-Universität Graz und dem Kooperationspartner der vorliegenden Studie ARGE entwickelt und mit acht ausgewählten steirischen ECO-WISE, die im Reparatur- und Recyclingbereich tätig sind, umgesetzt. Ziel war es, mit den Organisationen gemeinsam ein an die GRI-Standards angelehntes Instrumentarium zur Nachhaltigkeitsberichterstattung für ECO-WISE zu entwickeln und zu erproben, das in weiterer Folge von einem weiteren Organisationsspektrum genutzt werden kann. Neben der interdisziplinären Vernetzung war die transdisziplinäre Ausrichtung ein zentrales Charakteristikum. Es konnte zu einem intensiven Zusammenspiel zwischen Wissenschaft und Praxis kommen, wodurch Prozesse gegenseitigen Lernens entstanden (vgl. Anastasiadis, Aschemann, Gelbmann & Neitsch 2012).

In der Evaluierungsphase äußerten die beteiligten VertreterInnen aus der Praxis Optimierungsvorschläge, die für eine Weiterentwicklung organisationsindividueller Reportingsysteme essenziell sind. Herauszustreichen ist die erwünschte betriebsübergreifende Vereinheitlichung und Zusammenführung unterschiedlicher Berichtserfordernisse in eine Art ‚integrierte Sozialberichterstattung mit ökologischen und ökonomischen Modulen', die je nach individuellem Betriebserfordernis modular aufgebaut ist und Folgendes enthalten kann: die obligatorische Berichterstattung an die FördergeberInnen, das Sozialgütesiegel, allfällige weitere Zertifizierungssysteme, die Nachhaltigkeitsberichte, ein Benchmarking-Tool – zwischenbetrieblich und/oder mit fixen Referenzwerten – sowie weitere Instrumente zur Analyse innerbetrieblicher Optimierungspotenziale hinsichtlich sozialer und ökologischer Aspekte. Zudem würde eine EDV-gestützte Datenerfassung und -auswertung den Prozess flexibilisieren und erleichtern, wobei hier auf eine Einschulung und anfängliche Begleitung nicht verzichtet werden sollte (vgl. ebd., S. 32).

Diese Entwicklungen setzen allerdings umfangreiche weiterführende inter- und transdiziplinäre Expertisen sowie eine enge Kooperation zwischen Wissenschaft und Praxis voraus. Eine solche wurde im Rahmen der Think-Tank-Diskussionen im Zusammenhang mit der Kommunikation eigens diskutiert, wie im Folgenden erörtert wird.

7.5.3.3 Forschung als Kommunikationsstütze

Von den DiskutantInnen wurden vielfältige Kooperationserfahrungen mit der Wissenschaft kommentiert und Bedarfe für weiterführende Projektvorhaben akzentuiert. Die Vorstellungen, zukünftig die Zusammenarbeit mit der Forschung zu intensivieren, verdichten sich in der Idee zur Initiierung einer trans- und interdisziplinär angelegten Forschungsplattform.

Erfahrungen und Bedarfe

ECO-WISE kooperieren traditionell mit Forschungseinrichtungen. Im Rahmen von fokussierten trans- und interdisziplinären Projekten werden Innovationen weiterentwickelt und konkretisiert. Dieses Teamwork hebt den Stellenwert der Organisationen auf nationaler, regionaler und internationaler Ebene, was sich auch positiv auf die internen MitarbeiterInnengruppen überträgt, wie von einem Geschäftsführer festgestellt wird. GP14GFm: *„Ich find das [Kooperationen mit der Forschung, Anmk. d. Verf.] eigentlich aus einem anderen Grund auch sehr toll. Wir haben plötzlich einen anderen Stellenwert, weil wir ja mit diesen Institutionen zusammenarbeiten, das macht schon was aus. Und das überträgt sich dann wieder auf die Leute auch natürlich, die wir beschäftigen. Weil die uns dann in den Medien hören oder sehen, dass eben halt da ein Projekt entwickelt worden ist. Bei uns gehen sogar die Professoren aus und ein, also das macht auch sehr was aus“* [Think Tank Doc. 2: Abs. 90].

Eine andere Geschäftsführerin ergänzt in einer antithetischen Differenzierung, dass solche Kooperationen nichts Neues sind, sondern von ECO-WISE schon immer praktiziert werden. Sie validiert die damit verbundene Ansehenssteigerung sowie die Vermarktungs- und Vernetzungsbenefits. Es ist allenfalls wichtig, damit fortzufahren. GP11GFw: *„Ich glaube, dass irgendwie sich jeder jetzt irgendwie denkt: ‚Das ist ja irgendwo eh nicht, irgendwie jetzt neu.‘ Also jetzt neu in dem Sinn, wir machen das ja eh. […] Es ist einmal eine Vermarktungsgeschichte und ich denke mir, dass es sich auszahlt, an diesen Dingen dranzubleiben“* [Think Tank Doc. 2: Abs. 92–94].

Weiterführende Forschungsbedarfe finden sich beispielsweise im Kontext oftmals aufwändiger und expertisenintensiver Wirkungsanalysen, die es auszuweiten gilt, um die Potenziale von ECO-WISE sichtbar zu machen. Insbesondere in Hinblick auf die ökologische Dimension bestehen gemäß der Selbstverortung als sozialökonomisch agierende Organisationen Unsicherheiten, wie es von einem Geschäftsführer elaboriert wird. GP6GFm: *„Und das Zweite war, was ich mir so aus der Diskussion noch einmal gedacht habe, aber das ist natürlich eine ziemliche Anforderung, wenn es auch gelingt, ein paar konkrete Beispiele darzustellen. Wie geht denn so was? Also so: Wie ist die Wirksamkeit von ökologischen Betrieben in diesem Sektor? Weil das ist auch was. Wenn wir jetzt nicht zusammensitzen, fällt es einem selber gar nicht auf“* [Think Tank Doc. 1: Abs. 278].

Wie die Erfahrungen aus dem Pilotprojekt in der Adaption des GRI-Indikatorensets gezeigt haben, bedarf es hierzu nicht nur einer wissenschaftlichen Anleitung und Begleitung, sondern vor allem einer intensiven Kooperation im Vorfeld der Berichterstellung hinsichtlich der Auswahl der Indikatoren und

Darstellungsform. Dies kann in einem ersten Schritt nur organisationsspezifisch erfolgen, da jeder Betrieb eigene Schwerpunkte setzt. In der Folge könnte in einem modularen Aufbau, wie in der Evaluation angeregt, an einem Schema für eine ‚integrierte Sozialberichterstattung mit ökologischen und ökonomischen Akzenten' gearbeitet werden, welches in der Folge auch organisationsübergreifend herangezogen werden kann. Dafür müssten jedoch ausreichende Erfahrungen vorliegen und Abstimmungen mit anderen Evaluierungsschemata erfolgen.

Als weitere Forschungsthemen kristallisierten sich zum Gesprächszeitpunkt Machbarkeitsstudien zu einem ‚erweiterten Arbeitsmarkt' im Zusammenhang mit der ‚bedarfsorientierten Mindestsicherung', Studien zur Integration von Personen mit Migrationshintergrund sowie Integrationsmöglichkeiten und -alternativen von älteren Personen am Arbeitsmarkt heraus (vgl. Think Tank Doc. 2: Abs. 136–174). Diese Themen entsprechen den aktuellen Herausforderungen in der Erreichung der sozialen Zielsetzung, wie sie in der Charakterisierung des Handlungsfeldes bereits theoretisch benannt wurden (siehe Kapitel 6.1.1).

In Hinblick auf die Schärfung des internen Potenzialbewusstseins könnte eine Prozessbegleitung durch Forschungsakteure unterstützend sein. Dies wurde vom Interessenvertreter aus dem Umweltbereich angeregt. Doch auch hier ist auf den interdisziplinären Zugang zu achten. In der Entwicklung eines Manifestes für ECO-WISE müssten beispielsweise Perspektiven auf die sozialen, ökonomischen, ökologischen und partizipativen Elemente gleichermaßen eröffnet werden.

Forschungsplattform

In der Orientierungsfigur ‚Kooperieren' wurde vom Interessenvertreter der Organisationslandschaft die Fortführung des im Zuge der Forschungsarbeiten initiierten Think-Tanks empfohlen. Dieser könne, wie in der betreffenden Passage bereits dargestellt, aus seiner Sicht für die Entwicklung einer handlungsfeldspezifischen ‚cross-over policy' ein ideales Forum bieten. Als ausschlaggebend dafür erweist sich zum einen die bereits stattfindende Partizipation relevanter Stakeholdergruppen, zum anderen die Verortung des Prozesses auf neutralem wissenschaftlichen Boden. In Anbetracht mangelnder Kapazitäten von ECO-WISE-VertreterInnen, größere Studien in Auftrag zu geben, die allerdings eine wichtige Grundlage darstellen, um insbesondere auf politischer Ebene Überzeugungsarbeit zu leisten, wäre die Weiterführung des Think-Tanks nicht nur als Vernetzungs-, sondern auch als Forschungsplattform eine unterstützende Option. Damit wird eine nächste Handlungsempfehlung angesprochen.

> GP8IGorgm: *„Ja, ich weiß, die Betriebe haben nicht die Kapazität, um jetzt was weiß ich was für großartige Studien in Auftrag zu geben. Man kann das hier gemeinsam*

fordern, dass das halt die öffentliche Hand machen soll, und falls das notwendig ist, ja. Aber ich glaube, dass das so eine Runde sein sollte, eine Vernetzungsplattform, die sich etablieren sollte und ja letztlich zum Nutzen der Beteiligten beiträgt, weil wir haben ja alle was davon, wenn wir uns auf fundierte Grundlagen berufen können. Weil, es ist eh in der politischen Diskussion hart genug, mit diesen ganzen Vorurteilen ständig zu kämpfen. Wenn man dann einmal was in der Hand hat und sagt: ,Okay, so schaut's aus, das sind die Zahlen, und das kommt da hier auch zusammen von allen anderen.' Oder was GP6GFm jetzt gemacht hat. EU-Projekte und diese ganzen Ergebnisse, wenn das hier gebündelt zentriert und dann wieder an die zuständigen Akteure verteilt wird, dann finde ich das als tolle Unterstützung" [Think Tank Doc. 1: Abs. 216].

Der Think-Tank bietet demnach nicht nur eine gute Ausgangsbasis für kooperative strategische Entwicklungen, sondern er könnte auch dahingehend genutzt werden, Forschungsbedarfe zu eruieren, Projekte zu initiieren und sich über Ergebnisse aus unterschiedlichsten Studien auszutauschen. Die Relevanz des gegenständlichen Forschungsvorhabens wird von mehreren DiskutantInnen herausgestellt. Der Sozialwissenschafter betont beispielsweise, dass sich über eine multidisziplinär angelegte und partizipationsorientierte Forschungsstrategie der Zugang von ECO-WISE zu anderen Ebenen, wie der politischen oder wirtschaftlichen, erleichtert. GP18SFm: „*Ich glaube, bei den Betrieben, dass Sie offene Türen einrennen, ist mein Eindruck jetzt irgendwie, weil die immer froh sind, wenn sie irgendwo auf eine andere Ebene kommen*" [Think Tank Doc. 4: Abs. 54]. Ein Geschäftsführer ergänzt, dass über den Weg der Forschung ein über den Tellerrand alltäglicher Routinen hinausreichender Blick auf relevante Praxisfragen eröffnet wird. GP6GFm: „*Nein, ich möchte nur sagen, ich find's wirklich eine super Initiative. Also auch-. Es ist auch was, was wir immer versucht haben, also Beziehung zur Uni zu schaffen mit praxisnahen Themen*" [Think Tank Doc. 1: Abs. 344]. Ein anderer Geschäftsführer (GP7GFm) unterstreicht ebenso die Wichtigkeit und validiert gleichzeitig die wissenschaftlichen Ergebnisse der Strukturerhebung sowie der State-of-the-Art-Analyse, die im Vorfeld des Think-Tanks durchgeführt wurden und entlang deren Ergebnissen die zentralen Diskussionsimpulse gesetzt wurden (siehe Kapitel 6.3.3.3). Inwieweit die Resultate zur Ausgestaltung des Politischen beitragen, ist für ihn allerdings eine „*Frage der Hoffnung*", worin sich sein in der Orientierungsfigur ,Öffnen' bereits ausgewiesener skeptischer Blick fortschreibt.

GP7GFm: „*Das kann ich auch unterschreiben. Beim Durchlesen habe ich mir auch zunächst gedacht, ja wunderbar, dass das auf eine argumentative, auf eine professionelle, auf eine diskursive Ebene gehoben wird. Dass das Thema einmal ankommt. Andererseits, wie ich mich am Anfang schon geoutet habe, bin ich doch noch etwas skeptisch, weil, wie weit das dann wirklich durchsickert und wann das der Fall sein wird und in welchem Ausmaß, das ist eben eine Frage der Hoffnung. Aber es ist sehr wich-*

tig, dass das passiert. [...]. Und ich hab auch unseren Betrieb, der da vielleicht irgendwo im Mittelfeld liegt, von Ihrer Erhebung, habe ich auch wirklich sehr, sehr gut aufgehoben bzw. verstanden empfunden. Also die Problemfelder sind genau so" [Think Tank Doc. 1: Abs. 218–221].

Die Frage, die noch zu klären ist, wäre, wie die aktuellen Forschungsergebnisse aus dieser regional ausgerichteten Diskussionsplattform auf die bundespolitische Ebene transportiert werden können. Wie sich in den Kommunikationsbestrebungen herauskristallisiert hat, ist ein solcher Transfer wichtig, aber schwierig. Ein Vorschlag dazu wird von einem Geschäftsführer benannt.

> GP6GFm: *„Ja ich, ich habe noch so als konkreten Punkt-, oder mir geht's auch um das, was passiert mit dem. Und ich meine, eine Möglichkeit, also wir haben im Dachverband xy [Anonymisierung durch die Verf.], derzeit arbeiten wir an ähnlichen Themen. Also Sozialwirtschaft anders darzustellen mit ihren globalen Wirkungen, und dann welche Formen der Beteiligung in der Wirtschaft gibt es, jetzt also in der Wirtschaftskammer oder im Verband der Sozialwirtschaft. Der denkt an den Aufbau also- so was wie eine eigene Interessensvertretung zu werden. Also außerhalb der Wirtschaftskammer. Also solche Themen muss man einfach-, [...] Und da würde ich glauben, dass Sie in die Diskussionen auch mit rein sollten. [...] Das wäre gut mit dem-, und wenn das Ganze dann fertig ist, denke ich mir, dann sollten wir auch damit-, miteinander überlegen, wie wir als Organisation, als Dachverbände vielleicht eine Präsentation eine gescheite machen können in Form einer Konferenz [...], dass wenn man-, wenn es gelingt, viele Repräsentanten der Politik einzubinden, dann kommen sie schon und haben einmal die Idee zumindest mitbekommen"* [Think Tank Doc. 1: Abs. 267–271].

Der Geschäftsführer elaboriert in einer Transition die Relevanz und Möglichkeiten, die Erkenntnisse aus den Think-Tank-Diskussionen in parallel stattfindende Diskurse, die beispielsweise in Dachverbänden geführt werden, mit einfließen zu lassen. Von einem solchen Transfer würde ebenso die Forschung profitieren. Es könnte im Sinne einer Generalisierbarkeit überprüft werden, inwiefern die Resultate auf ein breiteres Organisationsspektrum übertragbar sind. Des Weiteren wurde eine gemeinsame Öffentlichkeitsarbeit angeregt – im Konkreten eine Konferenz mit politischer Beteiligung, um die Resultate der Forschungsarbeiten und die Potenziale von ECO-WISE gezielt an diese Stakeholdergruppe zu vermitteln.

Diesen Empfehlungen ist zu entnehmen, dass eine Intensivierung der Beziehung zwischen Forschung und Praxis als wegweisend erachtet wird, um die Kommunikation nach innen und nach außen zu optimieren. Mittels Forschung können Entwicklungsprozesse rekonstruiert sowie Herausforderungen und Potenziale identifiziert werden. Sie kann begleitend wirken und als Vernetzungsplattform dienen. Das hier angewandte Forschungsformat inspirierte aufgrund der multidisziplinären und partizipationsorientierten Anlage allenfalls dazu, den Think-Tank als eine wissenschaftlich angeleitete und begleitende Kommunikationsplattform weiterzuführen. In einer solchen können im gegenseitigen Austausch konkrete Forschungsarbeiten angeregt und durchgeführt werden. Um die Erkenntnisse über diesen Fachkreis hinaus zu kommunizieren, werden von den DiskutantInnen weitgreifende Vernetzungsaktivitäten als notwendig erachtet. Die Partizipation in anderen Netzwerken und Gremien, nationalen wie internationalen, wird wichtig sein, ebenso wie die gemeinsame Sensibilisierung der Öffentlichkeit und der Politik. Wie diese Forschungsplattform im Detail weitergeführt werden kann, welche Aufgaben sie erfüllen soll und welche Realisierungsmöglichkeiten es diesbezüglich gibt, wurde in den Think-Tank-Diskursen nicht konkretisiert. Es handelt sich um eine Idee, die es in weiterführenden Gesprächen zu präzisieren gilt.

Neben solchen kollektiven Aktivitäten wird es zukünftig jedoch weiterhin wichtig sein, auf organisationsindividueller Basis Vernetzungsarbeit voranzutreiben und die Potenziale proaktiv an relevante Stakeholder zu kommunizieren. Dafür gilt es, jeweils geeignete Sprachformate zu finden. Die in den Think-Tank-Diskursen genannten stellen eine miteinander zu ergänzende und zu erweiternde Auswahl dar. Die Erwartung, ein für alle Stakeholdergruppen gleichermaßen verständliches Kommunikationsformat zu entwickeln, ist aufgrund der Mehrsprachigkeit der Anspruchsgruppen eine Illusion. Ein Nachhaltigkeitsreporting kann beispielsweise für die Kommunikation in Unternehmenskreisen wichtig sein, der SROI oder ein an den SROI angelehntes Verfahren mit Realzahlen für die Politik. Pressearbeit und Veranstaltungen sprechen wiederum die Zivilgesellschaft an, ebenso wie KundInnen aus unterschiedlichen Segmenten. Forschungsarbeiten hingegen können je nach Anlage für interne und spezifische externe Kommunikationsprozesse genutzt werden.

Insgesamt zeigt sich, dass das Kommunizieren von Nachhaltigkeitspotenzialen auf vielfältige Weise geschehen kann. Es erweist sich als äußerst relevant für ECO-WISE, um sich zukünftig als Nachhaltigkeitsakteure stärker zu profilieren und ihr Umfeld zu mobilisieren. Erforderlich dafür sind ein internes Potenzialbewusstsein und intensive Sensibilisierungsarbeiten zur Erhöhung der externen Wahrnehmungsbereitschaft. Das interne Bewusstsein ist, den Ergebnissen zufolge, tendenziell gegeben. Die Besinnung auf soziale und sozialökonomische Werte ist explizit nachweisbar. Dies spiegelt sich auch in der Orientierung an der Sozialwirtschaft insgesamt wider. Ausbaufähig erweist es sich in Hinblick auf ihr ökologisches Agieren. Mit der Forcierung einer Selbstprofilierung sowie einer Vernetzung von ECO-WISE als spezifisches sozialwirtschaftliches Segment mit ökologischer Wirkkraft könnten beispielsweise andere als die klassischen Stakeholdergruppen intensiver angesprochen werden. Auch könnten so die Beiträge von ECO-WISE zur regionalen Entwicklung sowie – optimistisch gedacht – zur globalen Nachhaltigkeitsbewegung herausgestellt werden. Auch wenn das Zukünftige immer utopisch ist, wie einst Dürrenmatt meinte, und die in den Orientierungsfiguren angeregten Zukunftsperspektiven mitunter auch utopisch anmuten, steckt in ihnen dennoch ein realisierbarer Gehalt.

8 Partizipationsräume in Sozialen Organisationen erforschen und gestalten

Die vorliegende Studie ging auf theoretischer und empirischer Basis der These auf den Grund, dass sich in Sozialen Organisationen vielfältige Partizipationsgelegenheiten bieten. In einer die unterschiedlichen Partizipationsakzentuierungen der Sozialen Arbeit dechiffrierenden Lesart konnten adressatInnenbezogene sowie engagements- und professionsgerichtete Beteiligungsformationen ausgemacht werden, die gesellschaftliche Mitgestaltungsmöglichkeiten implizieren und auf die Ausgestaltung der Sozialen Arbeit wirken. Diese Betonungen ließen sich in unterschiedliche, miteinander in Beziehung stehende, in Sozialen Organisationen real werdende Partizipationsräume ausschaffrieren – den operativen, den des professionellen Ermessens, den regionalpolitisch-strategischen sowie den national- und globalpolitischen Raum. Insofern findet Partizipation – in dieser hier vorgeschlagenen weiten, über die Beteiligung der AdressatInnen hinausreichenden, Fassung – in Mikro-, Meso- und Makrowelten statt.

In den theoretischen Herleitungen standen die sukzessive Ausleuchtung der in diesen Räumen auffindbaren Beteiligungselemente sowie die damit in Verbindung stehenden Widersprüche und Herausforderungen im Zentrum. Soziale Organisationen vermitteln als intermediäre Koppelungsinstanzen zwischen Personen, Organisationen und gesellschaftlichen Institutionen. Ihre Positionierung zwischen Markt, Staat und der informellen Sphäre wurde aus unterschiedlichen theoretischen Blickrichtungen diskutiert, ihre Entwicklungslinien in Österreich wurden in der Komplexität zwischen sozialen Bewegungen und wohlfahrtsstaatlichen Strukturen fragmentarisch nachgezeichnet. In diesen Rekonstruktionen ist erkennbar, dass Soziale Arbeit *bewegt*. Sie generiert auf gesellschaftliche Bedürfnislagen hin ausgerichtete Angebote und gestaltet sozialpolitische Rahmenbedingungen mit. Ihr historischer Einfluss auf die Formung der österreichischen Sozialgesetze und Dienstleistungslandschaft ist deutlich belegbar. Gleichzeitig *bewegt sich* die Soziale Arbeit in diesen dynamischen Rahmungen. Die Profession entwickelt sich im Spannungsfeld zwischen sozialen Ansprüchen und sozialpolitischen Vorgaben weiter. Das Ausbalancieren der Anliegen ihrer AdressatInnen und der gesellschaftlichen Normvorstellungen ist ihr immanenter Handlungswiderspruch, der sich aktuell im Zusammenhang mit Aktivierungs-, Ökonomisierungs- und Dezentralisierungstendenzen zuspitzt. Mit diesen – aus suppressiven Adaptionen des Politikkonzeptes des ‚dritten Weges' (vgl. Giddens 1999b) resultierenden – Strategien wird das für konservative

Wohlfahrtsstaaten typische geteilte Verantwortungsgefüge zwischen Staat und Gesellschaft in neoliberaler Manier neu sortiert. Diese Entwicklungen deuten an, dass Soziale Arbeit gegenwärtig zusehends sozialpolitisch instrumentalisiert respektive *bewegt wird.*

In der chronologischen Zusammenschau kristallisiert sich insgesamt der dem Partizipationsbegriff implizite Dualismus von emanzipativen und integrierenden Zügen heraus. Diese differenten Konnotationen durchdringen das Handeln in den ausgewiesenen Partizipationsräumen. Sie schichten sich in gegenseitiger Reibung dynamisch auf, woraus sich periodisch unterschiedliche Partizipationsverständnisbetonungen hervormodellieren. So sticht beispielsweise in den 1970er-Jahren der emanzipative Gehalt heraus, wohingegen in den 2000er-Jahren integrative Züge zu überwiegen beginnen. Um diese Dynamik zu ergründen, wurde ein an die Strukturierungstheorie von Giddens (1997) angelehntes Partizipationsanalyse-Rahmenmodell entwickelt, das für die gegenständlichen empirischen Untersuchungen in das prozessual-interaktionistische Schema der Grounded Theory (vgl. Strauss & Corbin 1996, S. 78) eingebettet wurde. Konkret galt es, in einem mehrstufigen, multimethodalen und teilpartizipativen Setting die ‚Beziehungsdynamiken' in ECO-WISE respektive in nachhaltig agierenden Sozialen Organisationen, die arbeitsmarktintegrative Hilfen anbieten, zu identifizieren. Im Zentrum der Forschungsarbeiten stand das Ausloten von gelingenden Vermittlungsmöglichkeiten zwischen individuell-lebensweltlichen, organisationalen und gesellschaftlich-strukturellen Ansprüchen. Dabei sollten insbesondere die Gestaltungsoptionen von in den Organisationen agierenden ProfessionistInnen hinsichtlich regionalpolitisch-strategischer Entwicklungen sichtbar gemacht und mit an der Forschung beteiligten ExpertInnen aus dem Feld und Umfeld weiterentwickelt werden.

In den folgenden abschließenden Betrachtungen werden zentrale Erkenntnisse in einer die Komplexität reduzierenden Gangart zusammengefasst reflektiert und für weiterführende forschungsgeleitete Gestaltungsprozesse im breiten Feld von Sozialen Organisationen generalisierend aufbereitet. Dazu wird das theoretisch entwickelte und empirisch adaptierte Analysemodell in ein neutrales Format transformiert und auf Basis von einschlägigen Ergebnissen fundiert. An dieser Stelle ist nochmals zu betonen, dass damit keine umfassende, systematische Überprüfung der Handhabbarkeit der Schablone angestrebt wird, sondern eine – mit Blick auf die Ziele und die Forschungsfragen sowie die vor dieser Matrix generierten Daten – selektive Plausibilisierung. Die Zusammenschau zielt darauf ab, eine mögliche Folie zur Betrachtung spezifischer Partizipationsphänomene in Sozialen Organisationen bereitzustellen, die insbesondere die darin eingelagerten Dynamiken in den Blick nehmen möchten.

Vorbemerkungen: Analyserichtung

Das Raster wurde vor dem Hintergrund des der Arbeit zugrunde liegenden Verständnisses von ‚Partizipation als Beziehung' generiert. Demzufolge wird davon ausgegangen, dass sich Soziale Organisationen im Generellen und ECO-WISE im Speziellen in einem rekursiven Wechselverhältnis zwischen sozialer Praxis und ermöglichenden sowie restriktiven strukturellen Bedingungen entwickeln. Demnach bilden die Beziehungsenergien und -elemente die zentrale Analyserichtung ab.

Im Konkreten sind jene Kernkategorien des Partizipationsanalyse-Rahmenmodells (siehe Kapitel 3.3), die für das jeweilig zu betrachtende Partizipationsphänomen von Relevanz sind, im Analyseverlauf sukzessive zu selektieren und in das sechsstufige axiale Kodierschema (siehe Kapitel 6.4) einzupassen. Das im Folgenden beschriebene umfassende generalisierte Modell (siehe Abbildung 70) ist demnach kein statisches, sondern ein gegenstandsspezifisch modifizier- und adaptierbares.

Erster Schritt: Spezifizierung des Phänomens

Die Identifikation eines Phänomens steht am Beginn des Analyseprozesses. Dieses Phänomen bezieht sich generell auf konkrete Ereignisse oder Probleme, in deren Zusammenhang sich Partizipationsbeziehungen realisieren und rekonstruiert werden sollen. Für deren sphärische Verortung können je nach thematischer Blickrichtung die Bedingungsmatrix der Grounded Theory, ökonomische Sektorenmodelle oder das vorgeschlagene Raummodell des partizipativen Handelns herangezogen werden.

Als zentrales Phänomen kristallisierte sich in der vorliegenden Studie die Entfaltung von ECO-WISE als regionale Nachhaltigkeitsakteure heraus, wobei insbesondere die Vermittlungsmöglichkeiten sowie die Gestaltungsoptionen von VertreterInnen des Organisationsfeldes im regionalpolitisch-strategischen Planungsraum in den Blick genommen wurden.

Zweiter Schritt: Ergründung der ursächlichen Bedingungen

Nach dieser ersten Spezifizierung gilt es, die ursächlichen Bedingungen zu ergründen. Im Generellen werden dabei Ereignisse und daran beteiligte Akteure identifiziert, die zur Ausformung des Phänomens beigetragen haben. Zentral ist 1.) das Erkennen von gesellschaftlichen Widersprüchen und damit verbundenen Konflikten, die die Beteiligungsmotive und -rahmung stellen, 2.) das Eruieren der sich aus der Dualität von sozialer und institutionalisierter Partizipationsordnung entwickelten Regeln und Ressourcen, die für das zu untersuchende Phänomen von Relevanz sind, und 3.) die Spezifizierung der interpretativen, mobilisierenden und regulativen Partizipationsmodalitäten, die sich mitunter in unterschiedlichen Wahrnehmungen der Beteiligten, den Beteiligungsintensitäten und -formaten sowie in erkennbaren Handlungselementen zeigen.

Abbildung 70: Generalisierte Analyseschablone

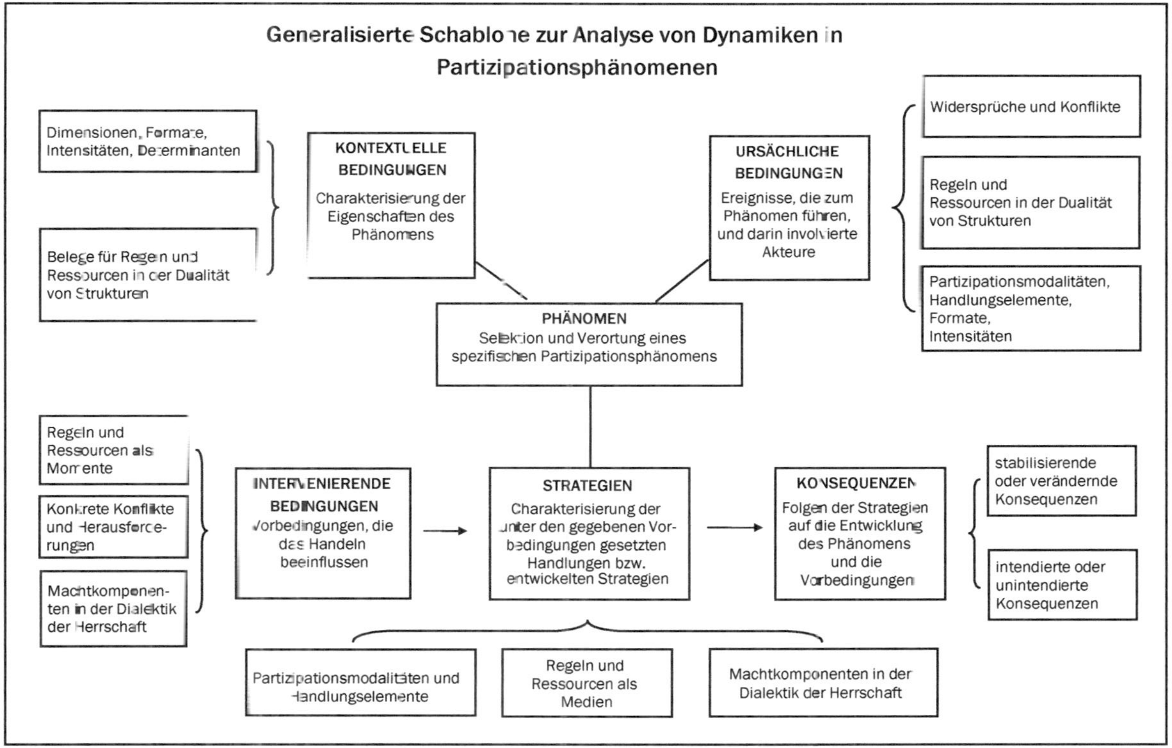

Quelle: eigene Darstellung

Um die Entfaltungsprozesse von ECO-WISE respektive ihre ursächlichen Bedingungen zu rekonstruieren, wurde auf Basis von qualitativen ExpertInnengesprächen ihr Institutionalisierungsprozess nachgezeichnet. Den empirischen Befunden zufolge haben sie sich im Sog der ‚neuen sozialen Bewegung' selbstorganisiert in Kooperation mit öffentlichen Einrichtungen etabliert, um alternative Wege zu bisherigen sozialpolitischen, wirtschaftlichen sowie ökologischen Geschehnissen aufzuzeigen und innovative Leistungen anzubieten, die sich an einer inklusiven und nachhaltigen Gesellschaft orientieren. Damit setzen sie an der Auflösung der benannten gesellschaftlichen Widersprüche zwischen Individualisierung und Solidarisierung, Globalisierung und Regionalisierung, Wirtschaftswachstum und ökologischer Gefährdung sowie Flexibilisierung und Kontinuität in der Erwerbsgesellschaft an, die aus dem zentralen Widerspruch zwischen Staat und Kapital als sekundäre Widersprüche resultieren. Ihr Gewordensein ist demzufolge wesentlich geprägt durch die Wahrnehmung gesellschaftlicher Herausforderungen von engagierten Personen, die in der Formation von Sozialen Organisationen zu Reformen in einem für diese Phase charakteristischen offenen politischen Klima beitrugen. Demzufolge entsprechen die handlungsfeldspezifischen empirischen Erkenntnisse den theoretisch herausgeschälten Entwicklungswegen von Sozialen Organisationen in Österreich insgesamt.

Wie gezeigt wurde, griff die Politik in der Folge diese Alternativen auf und unterstützte sie mit spezifischen Subventionen, wodurch sie sich sukzessive institutionalisierten. Die ‚experimentelle Arbeitsmarktpolitik' knüpfte beispielsweise am Innovationspotenzial von entstehenden ECO-WISE an und beförderte so die Weiterentwicklung dieser Modellprojekte. Ihre darauffolgende Expansion und Reglementierung in den 1990er-Jahren lässt sich mit vermehrten Outsourcingaktivitäten von sozialen Dienstleistungen in diesen Sektor begründen, wie sie in der ‚Third-Party-Policy' (Salamon 1996, S. 79) oder im ‚Wohlfahrtspluralismus' (Evers & Olk 1996) angelegt sind. Diese waren allerdings an die Implementierung neuer Steuerungsstrategien gekoppelt. So begannen sich – durch die Spezifizierung der Förderrichtlinien und die Reformen des AMS – die Experimentierräume in ECO-WISE zu verengen. Mit den seit den 2000er-Jahren beobachtbaren Rückzugstendenzen des Staates, die sich in der Aktivierung und Ökonomisierung strategisch modellieren, verlagert sich die Problemlösung zunehmend in diesen Sektor, unter gleichzeitig einengenden Bedingungen. Die Mitgestaltungsmöglichkeiten und Freiheitsgrade zur Einflussnahme erweisen sich auch für ECO-WISE-VertreterInnen seither als deutlich reduziert. Gleichzeitig eröffnen sich über regionale Kooperationsstrukturen, die durch die Dezentralisierung forciert werden, idealtypisch Mitentscheidungsräume, in die Soziale Organisationen im Generellen und ECO-WISE im Speziellen als gleichberechtigte PartnerInnen eingebunden sein können. Vorläufer dieser Entwicklungen sind beispielsweise Public-Private-Partnership-Modelle in der regionalen Arbeitsmarktpolitik, worin die steirischen Beschäftigungsgesellschaften ihren Ursprung haben. Durch die Einbindung in die Territorialen Beschäftigungspakte wurden diese Strukturen systematisiert und institutionalisiert. Es zeichnet sich demzufolge insgesamt die Tendenz einer Parallelentwicklung ab. Zum einen verengen sich die Räume durch restriktive, vorwiegend durch den Bund vorgegebene Strukturen. Zum anderen öffnen sie sich durch die Belebung regionaler Partnerschaften mit einem größeren Beteiligtenkreis. So werden exemplarisch Länder, Gemeinden, die Privatwirtschaft und ECO-WISE gleichermaßen in die arbeitsmarktpolitische Verantwortung gezogen, worin sich Spuren des ‚strukturellen Pluralismus' (Giddens 2001, S. 65) abbilden.

Als Resultat weichen sich die sektoralen Grenzen und somit auch das Selbstverständnis von sozialwirtschaftlich handelnden Organisationen insgesamt zusehends auf. Die sich mit diesen Entwicklungen zugleich etablierenden strategischen Netzwerke in der Organisationslandschaft versuchen den unvorteilhaften Bedingungen entgegenzusteuern und ein Bewusstsein für die Potenziale von Sozialen Organisationen im Allgemeinen und ECO-WISE im Speziellen nach innen und nach außen zu erzeugen. Sie stellen eine wichtige Säule dar, um sich insbesondere in strategiepolitische Planungsprozesse einbringen zu können. Ähnlich wie die Bewegungen in den 1970er-Jahren setzen sie politisierend an Systemveränderung an, worin sich emanzipative Züge zeigen.

In dieser retrospektiven Zusammenschau des Institutionalisierungsprozesses kann exemplarisch die Strukturierung einzelner Regeln und Ressourcen festgemacht werden. Mit Blick auf die *materiellen Partizipationsressourcen* ist festzustellen, dass sich diese in der experimentellen Phase aus der Praxis und in Kooperation zwischen Engagierten und der Politik entwickelten. Sie institutionalisierten und reglementierten sich in den 1990er-Jahren. Seit den 2000er-Jahren stehen sie allerdings vor dem Hintergrund öffentlicher Finanzierungsengpässe auf dem Prüfstand. Die von öffentlicher Seite geforderte Erhöhung der Eigenerwirtschaftungsquote signalisiert deutlich die erwähnte Verantwortungsübertragung und Problemlösungsverlagerung, der ECO-WISE-VertreterInnen tendenziell Folge leisten, womit sie das System, wenn auch unintendiert, stabilisieren. Die Strukturierung von *Partizipationsregeln* lässt sich an der Entwicklung der Förderrichtlinien nachlesen. Während eine gemeinsame partizipative Ausgestaltung in den 1980er-Jahren im Vordergrund stand, fand mit der eintretenden Ökonomisierung Mitte der 1990er-Jahre die Betonung von Rechten und Pflichten einen deutlichen Durchschlag, womit ECO-WISE-VertreterInnen zusehends unter Druck geraten. Demgegenüber entwickelten sich aufgrund neuer Bedarfslagen in den 2000er-Jahren insbesondere im Zuge regionaler Kooperationsvorhaben neue, an die Lebenslagen der Betroffenen ausgerichtete Modellprojekte, aus denen alternative Beschäftigungsformen, wie die stundenweise niederschwellige Beschäftigung, hervorgingen. Diese etablierten sich mittels kooperativer Förderungsprogramme zwischen Ländern, Gemeinden und dem ESF sukzessive und erweitern seither das ‚klassische' Richtlinienspektrum. Insofern sind auch diesbezüglich Partizipationsgelegenheiten identifizierbar, wenn auch in einer stärker reglementierten Form. Hinsichtlich der Strukturierung *autoritativer Partizipationsressourcen* ist die Dynamik innerhalb der differenten Partizipationsräume gut erkennbar. Diese exemplifiziert sich an der hierarchischen Anordnung von Entscheidungsverläufen. Nachvollziehbar wird dies an der anfänglich mangelnden Einbindung der regionalen Arbeitsmarktverwaltungsstellen in den 1980er-Jahren, an der Fortsetzung der bundespolitischen Vormachtstellung trotz der Regionalisierung des Arbeitsmarktservice sowie an den seit Mitte der 1990er-Jahre über die globale EU-Ebene eingeführten regionalen Entwicklungsprojekten. Insbesondere in Letzteren eröffnen sich neue Beteiligungsräume für ECO-WISE-VertreterInnen, in denen den restriktiver werdenden, hierarchisch gesteuerten nationalen Strukturen entgegengewirkt werden kann.

Insgesamt lassen sich in der beobachteten Zeitspanne unterschiedliche *Partizipationsverständnis-Tendenzen identifizieren.* Während in den 1980er-Jahren, in der experimentellen Phase, Spielräume gegeben waren und die Beteiligung der Organisationen an der Entwicklung bedarfsorientierter Angebote gefördert wurde, herrschte in den 1990er-Jahren ein reglementiertes Verständnis vor, das sich zusehends an Rechten und Pflichten orientierte. Diese integrierende Konnotation setzte sich weiter durch. Gleichzeitig sind deutliche, die Systeme aufbrechende Gegenbewegungen mit emanzipativem Gehalt wahrnehmbar. Insofern kann zum derzeitigen Zeitpunkt ein duales, sich in Reibungen entwickelndes Verständnis diagnostiziert werden. Vonseiten der Institutionen wird Partizipation in einem integrativen Verständnis gefordert und gefördert, vonseiten der Akteure wird sie im Sinne der Emanzipation und Inklusion eingefordert und gefördert.

Aus der Institutionalisierung wird insgesamt die ‚rekursive Konstitution' (Ortmann et al. 2000, S. 19) von Sozialen Organisationen deutlich. ECO-WISE sind Teil der Gesellschaft. Sie *bewegen, bewegen sich und werden bewegt.* Ausschlaggebend sind das politische Klima, die Arbeitsmarkt- und Wirtschaftslage sowie das Innovations-, Kommunikations- und Partizipationspotenzial der Akteure.

Dritter Schritt: Charakterisierung der kontextuellen Bedingungen

Die nächste Analysekategorie fokussiert auf die kontextuellen Bedingungen respektive auf die Charakterisierung der Ausprägungen des Phänomens. Da sich diese Konditionen zumeist aus den ursächlichen Bedingungen ableiten, ist die hier vorgeschlagene getrennte Betrachtung als methodische Strategie zu werten, um die Komplexität im Analyseprozess zu reduzieren. Konkret stehen hier die Identifizierung von Eigenschaften und spezifischen Dimensionen des Phänomens selbst im Zentrum, wobei der Blick auf die darin eingelagerten partizipativen Elemente zu legen ist, die sich insbesondere in den in der Kartografie (siehe Kapitel 2.4) ausgewiesenen differenten Partizipationsdimensionen, Akteuren, Motiven, Intensitäten und Formaten widerspiegeln können. Auch diesbezüglich sind selektiv für das zu analysierende Phänomen relevante Parameter zu wählen. Zudem können, falls erkennbar, Rückschlüsse auf die identifizierten Regeln und Ressourcen gezogen werden.

Im Falle von ECO-WISE wurde der Fokus auf die Spezifizierung der im Konzept der nachhaltigen Entwicklung und der im Social-Enterprise-Modell hergeleiteten Dimensionen gelegt. Mittels quantitativer Erhebungen wurde zunächst ihre Performance entlang der sozialen, ökonomischen und ökologischen Partizipationsdimension dargestellt. In einer Zusammenschau bieten sie mit Blick auf den sozialen Eigenschaftsbereich bedarfsorientierte Angebote in der Arbeitsmarktintegration an, in der ökonomischen Dimension experimentieren sie mit auf Nichtgewinnmaximierung abzielenden alternativen Modellen des Wirtschaftens und im ökologischen Bereich eröffnen sie auf Ressourcenschonung und -erhaltung angelegte Geschäftsfeldnischen, wodurch eine regionale Alternative zum globalen Marktregulativ geboten wird. Mit dieser multiplen Zielstellung beanspruchen sie, die soziale und ökonomische Partizipation ihrer AdressatInnen durch Arbeit und Bildung zu unterstützen, womit sie einen Beitrag zur Verteilungsgerechtigkeit leisten. Des Weiteren intendieren sie, durch die Schaffung von Arbeitsplätzen soziale Disparitäten auf regionaler Ebene zu minimieren. Indem sie Menschen durch ihre Produkte zu ressourcenschonendem, nachhaltigem Konsumieren inspirieren, versuchen sie wiederum ihre Partizipation an der Erhaltung der Umwelt zu unterstützen und ein Bewusstsein dafür in der Bevölkerung zu erwirken. In den Daten bildet sich ab, dass ECO-WISE prototypisch den sozialen, ökonomischen und ökologischen Fokussierungen begegnen, auch wenn ihnen in der Umsetzung unterschiedliche Relevanzen zugesprochen werden. Wie für Soziale Organisationen insgesamt erwartbar, definieren sich ECO-WISE vorrangig über die soziale Nachhaltigkeitsdimension.

Ihre partizipative Unternehmensstruktur konnte unter anderem mit einer an die Stakeholderanalyse angelehnten Aufschichtung sichtbar gemacht werden. Es zeigt sich darin das für Soziale Organisationen charakteristische bedarfsorientierte und kollektive Gründungsmotiv, ebenso wie die gewachsenen Kooperationsbeziehungen mit öffentlichen Einrichtungen und wirtschaftlichen Akteuren. Damit unterlegt sich ihre lokale und regionale Verortung sowie die aus ihrer Positionierung zwischen Markt, Staat und informeller Ökonomie resultierende Mehrsprachigkeit. Dass sie sich engagieren, ihr Umfeld mitzugestalten, wird in ihren Kooperationsstrategien erkennbar. Auch wenn sich die Mehrheit als verwaltungsnahe positioniert, suchen sie Verbindungen zur Wirtschaft, wobei sich die Beziehungen generell als kooperativ und weniger konfrontativ gestalten. Während Staat und Markt die ausgeprägtesten Referenzpunkte von ECO-WISE bilden, schwingt die Orientierung an der Basis lediglich ideell mit. Demgegenüber ist für diese Organisationen die Netzwerkstruktur bedeutsam, die für die Stärkung nach innen und nach außen nachweislich genutzt wird. Die Ergebnisse weisen des Weiteren auf die organisationsinterne Gestaltungsrelevanz der leitenden MitarbeiterInnen und Träger hin, wobei allerdings auch den restlichen MitarbeiterInnengruppen ein hoher Einfluss auf die Entwicklung der Performance des Betriebes zugeschrieben wird. Auch wenn eine hierarchische Bedeutungszuschreibung nachgewiesen werden kann, verdeutlichen die Angaben zur MitarbeiterInnenmitbestimmung, dass sie versuchen, eine Steuerung von oben durch ein Einmischen von unten auszugleichen. Die hohe Relevanz der KundInnen wiederum unterstreicht die Wichtigkeit der Eigenerwirtschaftung, die für die Sicherung der Überlebensfähigkeit eine mittlerweile unerlässliche Komponente bildet.

Aus den Daten können Rückschlüsse auf die unter den ursächlichen Bedingungen gefilterten Partizipationsregeln und -ressourcen gezogen werden. Zunächst bestätigt sich die Einhaltung der *Partizipationsregeln* in der Erfüllung der in den Richtlinien ausgewiesenen Zielgruppen-, Aufgaben- und Qualitätsorientierung, ebenso wie in der vorhandenen Eigenerwirtschaftungsquote und in den geforderten Kooperationsbeziehungen. Des Weiteren manifestiert sich die mit der Ökonomisierung und Aktivierung einhergehende Betonung auf Rechte und Pflichten. Beleg dafür ist beispielsweise die Veränderung des Personalschlüssels, der sich im beobachteten Zeitraum von einem 3:1-Verhältnis auf ein 5:1-Verhältnis reduzierte. Ein weiterer Hinweis ist die Verkürzung der Verweildauer der AdressatInnen. In den *materiellen Partizipationsressourcen* wird deutlich, dass sich die Organisationen zu jeweils einem Drittel aus öffentlichen und privaten Kostenersätzen sowie Subventionen finanzieren, wobei mit Blick auf die Einschätzungen zur Entwicklung eine Tendenz zur Erhöhung der Eigenerwirtschaftung erkennbar ist. Dies kann als Indiz für die sich zuspitzende Ökonomisierung gelesen werden. Insgesamt bestätigt sich in den Angaben das durch den öffentlichen Sektor mobilisierte integrative Partizipationsverständnis.

Welche Herausforderungen mit den gefilterten ursächlichen und kontextuellen Bedingungen einhergehen und welche Handlungen zu deren Bewältigung gesetzt werden, stand im Zentrum der nächsten Analyseschritte. Auch diese beiden Kategorien stehen unmittelbar miteinander im Zusammenhang und werden lediglich aus methodischen, komplexitätsreduzierenden Motiven getrennt betrachtet.

Vierter Schritt: Identifizieren von intervenierenden Bedingungen

Mit Blick auf die intervenierenden Bedingungen respektive die konkreten, die Handlungen beeinflussenden Vorbedingungen gilt es allgemein, einen spezifischen Satz von strukturellen Rahmungen zu identifizieren, die das Handeln ermöglichen oder determinieren. Strukturen werden hier als Momente begriffen, als über Raum und Zeit institutionalisierte Regeln und Ressourcen. Zentral ist das Identifizieren von konkreten, auf das Handeln bezogenen Konflikten und Herausforderungen sowie das Dechiffrieren von in der ‚Dialektik der Herrschaft' eingelagerten Machtkomponenten.

Im Unterschied zu den ursächlichen Bedingungen, die sich auf das Entstehen des Phänomens beziehen, handelt es sich hier um Konditionen, die das konkrete Handeln beeinflussen, aber auch durch das Handeln als veränderbar gelten. Insofern gilt es, die unter den ursächlichen Bedingungen genannten Partizipationskomponenten im Blick zu haben, nur diesmal werden sie im Zusammenhang mit dem Handeln diskutiert.

In der vorliegenden Studie wurden diese aus den Einschätzungen der Akteure generiert. Mittels offener Fragen konnten aktuelle und zukünftige Herausforderungen hinsichtlich der Erreichung sozialer, ökonomischer und ökologischer Zieldimensionen eruiert werden. Aus den daraus entwickelten 15 Szenarien modellierten sich handlungsfeldspezifische Konflikte heraus, die mit Ausnahme der ökologisch gewichteten tendenziell auf Soziale Organisationen insgesamt transformierbar sind.

Als zentral erweist sich der Konflikt zwischen *Inklusion und Integration.* Dieser begründet sich im Anspruch der Organisationen, trotz sich erschwerender Arbeitsmarktbedingungen auf die Ressourcen der AdressatInnen ausgerichtete lebenswelt- und bewältigungsorientierte Hilfestellungen bereitzustellen. Dem stehen restriktiver werdende arbeitsmarktpolitische Vorgaben gegenüber, die auf Aktivierung abzielen. Damit werden nicht nur die AdressatInnen, sondern auch die Organisationen unter Druck gesetzt und in eine defensive Rolle gedrängt. Belege dafür sind, wie bereits erwähnt, in der Verkürzung der Verweildauer und der Reduktion des Personalschlüssels zu finden. Diese Spannung setzt sich im Zielkonflikt zwischen *sozialen Qualitäten und ökonomischen Quantitäten* fort. Die mit der Ökonomisierung einhergehende ‚Vermarktlichung' sozialer Dienstleistungen realisiert sich in ECO-WISE insbesondere in der vonseiten der Arbeitsmarktpolitik geforderten Erhöhung ihrer Eigenerwirtschaftungsquote. Wie gezeigt wurde, ist diese zum einen aufgrund der ökonomischen Gegenwartslage und bestehender Konkurrenzbefürchtungen der Wirtschaft begrenzt. Zum anderen ist eine zunehmende wirtschaftliche Ausrichtung durch die eingeschränkten Möglichkeiten der AdressatInnen sowie durch die Begleitungs- und Betreuungsarbeiten limitiert. Insgesamt lädt sich die Spannung zwischen inklusiven und integrierenden Ansprüchen insbesondere durch adressatInnenbezogene Aktivierungstendenzen auf, jene zwischen sozialen Qualitäten und ökonomischen Quantitäten durch organisationsbezogene Ökonomisierungsbestrebungen.

Räume zur Entwicklung von ökologischen Innovationen sind durch das Ausbalancieren dieser Spannungen überschattet. Das Agieren in und das Entwickeln von ökologischen Geschäftsfeldnischen ist ein wesentliches Potenzial von ECO-WISE, dem aufgrund der aktuellen Ressourcenlage allerdings nicht ausreichend nachgekommen werden kann. Darin manifestiert sich der Zielkonflikt zwischen der *sozialen Zielfokussierung und den ökologischen Entfaltungsmöglichkeiten.* Des Weiteren marginalisiert das identifizierbare *globale Marktregulativ die Förderung einer ökologiesensiblen Grundhaltung,* wodurch das Konsumieren von durch ECO-WISE bereitgestellten regionalen und ressourcenschonend erzeugten Produkten beeinträchtigt wird, was sich wiederum negativ auf ihre ökonomische Positionierung auswirkt.

Diese markanten, aus den empirischen Analysen identifizierbaren Konflikte sind im Wesentlichen auf das Bestreben von ECO-WISE und von Sozialen Organisationen insgesamt zurückzuführen, gesellschaftliche Widersprüche zu lösen. Da sie allerdings selbst innerhalb dieser agieren, setzen sich die darin eingelagerten Dynamiken naturgemäß in ihrem organisationalen Handeln fort. Das Ausbalancieren der unterschiedlichen Interessen, die sich im multiplen Stakeholdergefüge von ECO-WISE verbinden, stellt nachweislich eine zentrale Herausforderung dar. Dieses in ihren Entwicklungslinien und in ihrer partizipativen Organisationsstruktur grundgelegte Geflecht kann ihre Entfaltung fördern. Gleichzeitig können externe Einflussnahmen diese hemmen. Konkludierend zeigt sich, dass ökonomische, politische und rechtlich legitimierende Institutionen aktuell restriktiv auf die Entfaltungsprozesse von ECO-WISE wirken. In den Aussagen ist eine gewisse Machtlosigkeit erkennbar, die darauf hinweist, dass hinsichtlich der *Dialektik der Herrschaft* die institutionelle Machtkomponente gegenüber der lebensweltlich orientierten überwiegt. Mit Blick auf die *Strukturierung von Regeln und Ressourcen* wird darin das integrierende Partizipationsverständnis erneut evident.

Fünfter Schritt: Filtern von Handlungs- und Interaktionsstrategien

Welche Handlungen und Strategien gesetzt werden, um diesen Herausforderungen zu begegnen, und wie diese auf den Strukturierungsprozess wirken, wurde im fünften Analyseschritt ergründet. Generell gilt es in dieser Kategorie, Handlungs- und Interaktionsstrategien und konkrete Motive zu identifizieren, die im Umgang mit dem Phänomen unter den wahrnehmbaren intervenierenden Bedingungen als zentrale hervorstechen. Im Fokus steht die Spezifizierung der Eigenschaften dieser auf das Phänomen bezogenen Partizipationshandlungen und -motive. Diese können sich als interpretierende, mobilisierende, regulierende, routinisierte oder Routinen aufbrechende Modalitäten formulieren. Regeln und Ressourcen werden hier als durch die Handlungen veränderbare Medien begriffen, in deren Ausgestaltung sich Machtkonfigurationen im Sinne der ‚Dialektik der Herrschaft' beobachten lassen.

In den Forschungsarbeiten wurde ein multidisziplinäres Think-Tank-Team, das sich aus VertreterInnen der Organisationslandschaft sowie relevanten externen Stakeholdergruppen zusammensetzte, mit den unter den intervenierenden Bedingungen identifizierten Szenarien bzw. Konflikten konfrontiert. In den

Auseinandersetzungen damit kristallisierten sich Leitperspektiven als Handlungsstrategien heraus, wie diese aktuell und prospektiv ausbalanciert werden können.

Mit Blick auf die Spannung zwischen *Inklusion und Integration* wird es wichtig sein, den AdressatInnen ein höheres Maß an Kontinuität in den unsicher gewordenen arbeitsmarktspezifischen Strukturen zu bieten. Aufgrund der durch die angespannte wirtschaftliche Situation bedingten Vermittlungsschwierigkeiten besteht der Bedarf an neuen und nachhaltigen Konzepten. Genannt wurden das Investieren in ‚Brücken‘ sowie das Schaffen von regulären Arbeitsplätzen über die Stärkung der Regionalwirtschaft, die Entwicklung zielgruppenspezifischer, passgenauer Angebote mit adäquaten Finanzierungsrahmen und die Ermöglichung von langfristigen Beschäftigungsoptionen im Sinne eines ‚erweiterten Arbeitsmarktes‘. Die Realisierung dieser Vorhaben wird laut Einschätzungen der VertreterInnen nur über ein kooperatives und flexibles Zusammenwirken unterschiedlicher Stakeholdergruppen im Sinne einer gemeinsamen Verantwortungsübernahme gewährleistet werden können, wobei die Hauptverantwortung von öffentlicher Seite zu tragen ist. Darin findet, ähnlich wie es im ‚dritten Weg‘ programmatisch angelegt ist (vgl. Giddens 2001, S. 38) und in der ‚Politik der Gestaltung‘ eingefordert wird (vgl. Böhnisch & Schröer 2002, S. 182f.) der staatliche Gestaltungsauftrag eine Betonung. In einer Rekonstruktion der Diskursorganisation konnten in den Aussagen Elemente der *Dialektik der Herrschaft* dechiffriert werden. Die arbeitsmarktpolitische Vertretung repräsentiert die politische institutionelle Machtkomponente, die VertreterInnen der ECO-WISE-Landschaft die lebensweltliche und die strategische Koordinatorin eine vermittelnde. Während Erstere routinisiert auf Integration fokussiert, wobei mit Blick auf den erweiterten Arbeitsmarkt eine systemerweiternde Beweglichkeit wahrnehmbar ist, agieren Letztere mit ihren Ansprüchen deutlich mobilisierend, auf Inklusion abzielend. In der Betonung der öffentlich gesteuerten solidarischen Verantwortungsübernahme ist hingegen ein gemeinsames, die derzeitigen Routinen aufbrechendes Motiv erkennbar.

Um den Zielkonflikt zwischen *sozialer Qualität und ökonomischer Quantität* auszugleichen, kristallisierte sich insbesondere die Rückbesinnung auf den Gemeinnützigkeitsstatus als relevante Strategie heraus. Es gilt, das Wesen und die Potenziale des sozialwirtschaftlichen Handelns zu kommunizieren, um nicht zuletzt bestehende Vorurteile vonseiten der Wirtschaft entgegenzuwirken und adäquate finanzierungsstrukturelle Rahmenbedingungen durch angepasste Fördermodelle einzufordern. In diesem Zusammenhang wird eine den Dritten Sektor umschließende Vertretungsstruktur diskutiert, die ähnlich wie die Wirtschaftskammer die Interessen sozialökonomischer Unternehmen repräsentiert. Insgesamt wird in diesem Punkt die organisationale Restrukturierungs- und Besinnungsfähigkeit akzentuiert, die angesichts der aus Vermarktlichungstendenzen resultierenden sektoralen Grenzaufweichung mit einhergehenden Irritationen des Selbstverständnisses von Sozialen Organisationen eine wichtige Komponente bildet. Auch in diesen Diskursen manifestiert sich die *Dialektik der Herrschaft*. Hier wird die ökonomisch-institutionelle Seite durch den wirtschaftlichen Interessenvertreter repräsentiert. Das routinisierte Festhalten an den Konkurrenzbefürchtungen wirkt einschränkend auf die Entfaltung der materiellen Partizipationsressourcen von ECO-WISE. Die organisationalen VertreterInnen hingegen engagieren sich mobilisierend durch die Einforderung von adäquaten Förderstrukturen für gemeinnützig wirtschaftende Unternehmen. Die arbeitsmarktpolitische Seite positioniert sich hier vermittelnd, indem sie organisationsindividuelle Aushandlungsräume in Hinblick auf die Ausweitung der Eigenerwirtschaftungsquote ermöglicht. Damit verfestigt sich allerdings wiederum das System respektive der Konflikt zwischen sozialer Qualität und ökonomischer Quantität.

Hinsichtlich des Ausgleichens der *sozialen Zielfokussierung* und der damit verbundenen eingeschränkten *ökologischen Innovationsmöglichkeiten,* die Folgen auf die materiellen Partizipationsressourcen haben, wird die Notwendigkeit von gezielten öffentlichen Investitionen in die Geschäftsfeldentwicklung herausgestrichen, ebenso wie die Chancen, die in bereits gelebten Kooperationen mit regionalen Wirtschaftsbetrieben liegen. In diesen synergetischen Projekten können ECO-WISE neue Geschäftsfelder entwickeln und sich in bestehenden etablieren. Dabei ist allenfalls auf einen ausgewogenen Know-how- und Ressourcentransfer zu achten. In diesem Punkt kristallisieren sich mit Blick auf die *Dialektik der Herrschaft* zwei Machtbeziehungsgefüge heraus. Zum einen wird durch das Anbieten von regionalen, ökologisch nachhaltigen Produkten und Dienstleistungen dem globalen Marktregulativ, das durch internationale ökonomische Institutionen repräsentiert wird, systemverändernd entgegenzusteuern versucht. Zum anderen werden die durch die soziale, regionale und ökonomische Ausrichtung von ECO-WISE limitierten Entwicklungsnachteile mitunter durch strategische Vermittlungen aus der Umweltpolitik mobilisierend in Vorteile transformiert, indem Kooperationen mit Wirtschaftsbetrieben gesucht und gelebt werden.

Sechster Schritt: Erkennen von Konsequenzen

Um diesen Leitperspektiven zur Realisierung zu verhelfen, wurden in den Think-Tank-Gesprächen drei Orientierungsfiguren erkennbar, die als Konsequenzen zu lesen sind. Im letzten Analyseschritt werden generell konkrete und zukünftig mögliche Folgen der Handlungs- und Interaktionsstrategien auf die Entwicklung des Phänomens und auf die intervenierenden Bedingungskonstellationen auszumachen gesucht. Gefragt wird danach, wie die Handlungsstrategien auf die institutionalisierten Regeln und Ressourcen wirken bzw. wirken können. Differenziert kann dabei werden zwischen in der ‚Dialektik der Herrschaft' eingelagerten systemstabilisierenden oder -verändernden sowie zwischen den Handlungselementen zugeordneten intendierten und unintendierten Konsequenzen.

In der Orientierungsfigur ‚*Öffnen regionaler Ermöglichungsräume*' werden beispielsweise die sich aus den Widerspruchskonstellationen zwischen Globalisierung und Regionalisierung sowie zwischen Wirtschaftswachstum und ökologischen Gefährdungen resultierenden Konflikte strategisch zu lösen gesucht. Damit wird die Verwirklichung der dritten Leitperspektive – der Entwicklung und Etablierung von ökologischen Geschäftsfeldern – in den Blick genommen. Nachhaltige Entwicklung wird dabei als regionales Gegenkonzept zum globalisierten Kapitalismus interpretiert, dessen Realisierung allerdings von den VertreterInnen insgesamt infrage gestellt wird. Grund dafür ist ein mangelndes strategiepolitisches Regionalbewusstsein, mit welchem dem globalen wirtschaftlichen Druck nur unzureichend entgegengesteuert wird. In einer die Routinen aufbrechenden Gangart werden von den GesprächspartnerInnen die bestehenden politischen und ökonomischen Institutionen kritisiert, die den globalen Zwängen großteils Folge leisten. Konsekutiv gilt es daher zukünftig, auf einen individuellen und strategiepolitischen Bewusstseinswandel hinzuwirken. Um die Lebensfähigkeit der Regionen zu erhalten, wird zum einen die Aufwertung der Regionalwirtschaft durch gezielte Investitionen eingefordert. Zum anderen wird an der individuellen Verantwortung anzusetzen sein, um ein nachhaltiges Konsumbewusstsein zu fördern. Die damit erwartete intendierte Konsequenz ist die Stärkung der regionalen Infrastruktur respektive eine Ausweitung der materiellen und autoritativen regionalen Ressourcenlage insgesamt. Diese stellt eine wichtige Grundlage für die Entfaltung von ECO-WISE als regionale Nachhaltigkeitsakteure dar. Unter solchen Bedingungen können sie sich zukünftig als relevante KooperationspartnerInnen stärker profilieren und besser zum regionalen verantwortungsbewussten Konsumieren inspirieren.

In der Orientierungsfigur ‚*Kooperieren in Zwischenräumen*' werden die mit der multiplen Zielstellung einhergehenden politischen Kooperationsbeziehungen reflektiert. Deutlich wird darin, dass ECO-WISE in traditionellen Verwaltungsstrukturen mit konfligierenden Erwartungen agieren, woraus im Wesentlichen die im organisationalen Handeln auszubalancierenden Spannungen resultieren. In diesen Kooperationsbeziehungen formen sich ihre durchwegs als prekär zu bezeichnenden autoritativen und materiellen Partizipationsressourcen. In der Konsequenz wird die für nachhaltige Entwicklung zentrale strategiepolitische Orientierung an einer Querschnittspolitik respektive einer ‚cross-over policy' ausbuchstabiert, in der die Sozial- bzw. Arbeitsmarktpolitik sowie die Umwelt- und Wirtschaftspolitik gemeinsam die Verantwortung für die Sicherstellung einer nachhaltigen arbeitsmarktintegrativen regionalen Struktur tragen und dahingehend ihre Strategien miteinander abstimmen. Mit einer solchen Schnittstelle, deren Form noch zu suchen ist, würde sich die Austragung der in den gesellschaftlichen Widersprüchen begründeten Spannungen aus dem Handlungsfeld in den strategiepolitischen Bereich verlagern, in dem sich wiederum ECO-WISE-VertreterInnen als EntwicklungspartnerInnen zukünftig mit ihren Erfahrungswerten in der Praxis klarer profilieren könnten. Eine solche zunächst auf das Handlungsfeld limitierte Plattform könnte modellgebend wirken und systemverändernde Effekte nach sich ziehen. Darin könnten beispielsweise adäquate Förderregulierungen ausgehandelt werden, wie sie in der zweiten Leitperspektive gefordert werden, oder an die aktuellen Bedarfslagen ausgerichtete zielgruppenspezifische Unterstützungsformate entwickelt werden, wie es in der ersten Leitperspektive intendiert ist. Dieser Entwicklung steht allerdings derzeit sowohl das vertikale als auch das horizontale politische Kräftemessen entgegen.

In der Orientierungsfigur ‚*Kommunizieren von Nachhaltigkeitspotenzialen*' wird das interne und externe Potenzialbewusstsein diskutiert, das es mittels gezielter Kommunikationsverfahren zu fördern gilt. Die Mehrsprachigkeit der Organisationen wird hier erneut evident, ebenso wie die machtspezifischen Unterschiede im hierarchischen Kommunikationsgefüge zwischen politischen nationalen und regionalen Institutionen sowie den organisationalen Akteuren. In der Konsequenz wird eine zukünftig zu intensivierende Vernetzung angesprochen, mit der es die unter der zweiten Leitperspektive herausgestellte organisationale und sektorale Identität zu beleben gilt. Ebenso werden Modelle des adäquaten Performancereportings diskutiert. In beiden wird die unterstützende Wirkung der Forschung betont und es werden Möglichkeiten lanciert, die im Laufe der gegenständlichen Forschungs- und Entwicklungsarbeiten entstandenen Kooperationsbeziehungen für weiterführende partizipativ ausgerichtete Settings zu nutzen. So könnte der durch die Forschung initiierte Think-Tank als Kommunikations- und Planungsforum zwischen Forschung, Praxis und Politik fungieren und für den Strategieentwicklungsprozess der angedachten handlungsfeldspezifischen regionalen ‚cross-over policy' adaptiert werden.

In diesen Intentionen bildet sich der für die Praxis relevante Gehalt des gewählten Forschungssettings ab. Mit diesem über eine evidenzbasierte Forschung hinaus-, in die konkrete Zukunftsstrategieentwicklung hineinreichenden Zugang eröffnet die Forschung Kommunikations- und Gestaltungsräume, womit sie allerdings gleichzeitig selbst zur Beteiligten wird. Der Prozess wurde bereits ausführlich beschrieben und reflektiert, womit ein Ausblick auf die in der sozialpädagogischen Forschung impliziten gestaltenden Elemente getätigt wurde (siehe Kapitel 6.3.4). Deutlich wurden darin auch die Grenzen von solchen initiierenden und begleitenden Ansätzen. Sie zeigen sich vorwiegend in den Zeitrestriktionen, dem erhöhten Aufwand in der Datengenerierung und Kommunikation sowie in den sich zumeist erst mittelfristig erweisenden Effekten und Realisierungen. Dahingehend muss hinsichtlich der angeregten Fortsetzung in der an die Forschungsarbeiten anschließenden Ergebnistransfer- bzw. Aktionsphase die Zielstellung in einem partizipativen Modus konkretisiert und darauf abgestimmt der Beteiligtenzirkel angepasst werden. Ebenso essenziell ist, die materiellen und zeitlichen Konditionen sowie die Anbindung möglicher Entwicklungen an die überregionale Ebene zu klären.

Schlussbemerkungen: Räume offen halten

In dieser hier getätigten knappen Zusammenschau spiegelt sich das für Soziale Organisationen generelle Charakteristikum wider: Sie sind Austragungsorte gesellschaftlicher Konflikte. Spannungszonen aufzuzeigen, Partizipationslinien zu erkennen und Zukunftsgestaltungsoptionen zu entwickeln, waren die erkenntnisleitenden Motive dieser Studie. Die theoretisch ausgelotete gegenwärtige Verengung von Gestaltungsräumen sowie der nachweisbar in die Organisationen hineinverlagerte Bewältigungsdruck bestätigen sich insgesamt in den empirischen Befunden. Am Tenor der kritischen Sozialen Arbeit anschließend ist mit Nachdruck eine gestaltungs- und bewältigungsorientierte Politik, so wie sie von Böhnisch und Schröer gedacht wird, einzufordern, zumal die in den Leitperspektiven und Konsequenzen formulierten handlungsfeldbezogenen Entwicklungsmöglichkeiten den Grundzügen einer solchen deutlich gleichen.

So wird eine Hintergrundsicherung für die Organisationen sowie für ihre AdressatInnen in Form einer adäquaten Ressourcenstruktur und einer an Inklusion ausgerichteten Angebotserweiterung bereitzustellen sein. Nur so können sich zukünftig, dem Ideal der Demokratisierung folgend, die organisationalen und individuellen Gestaltungs- und Entwicklungskräfte entfalten. Eine solidarische Verantwortungsaufteilung unterschiedlicher Beteiligungssegmente kann öffentliche Verantwortungseinheiten entlasten. Diese dürfen sich ihres Gestaltungsauftrages allerdings nicht entziehen. Für den Bereich der Arbeitsmarktintegration sowie für die Förderung einer ökologiesensiblen Regionalwirtschaft wird die öffentliche Verpflichtung zur Sicherung und Ausgestaltung kooperativer Entwicklungswege klar zum Ausdruck gebracht. Zumal der zentrale gesellschaftliche Widerspruch zwischen Ökonomie und Mensch respektive zwischen Staat und privatem Kapital nicht in Sozialen Organisationen aufgelöst werden kann, sondern dieser hierin immer aufs Neue in sich zuspitzenden Konflikten ausgetragen wird, wird mit der im regionalen Kontext angedachten ‚cross over policy' ein Konfliktlösungsverlagerungsmanöver in die strategiepolitische Vorfeldebene lanciert. Darin findet in Erweiterung des öffentlichen Gestaltungsauftrags die querschnittspolitische Notwendigkeit Betonung, ebenso wie die unabdingbare Rückbindung solcher als Chance begriffenen dezentralisierten Regionalvorhaben an überregionale und globale Strukturen.

In diesen handlungsfeldbezogenen, zwischen einzelnen VertreterInnen aus dem organisationalen Feld und Umfeld erwogenen Perspektiven wird tendenziell empfohlen, von suppressiven Adaptionen des ‚dritten Weges' ab- und zu Räume offen haltenden Gestaltungsprozessen überzugehen. Dies ist freilich nicht für die Situation von Sozialen Organisationen insgesamt verallgemeinerbar, sondern bestätigt vielmehr die Relevanz, solche Aushandlungsgelegenheiten außerhalb des routinisierten Alltags zu bieten, in denen mit Blick auf konkrete Problemkonstellationen kontextspezifische Strategien mit darin involvierten Akteuren ausgelotet werden können. Dazu kann die Forschung beitragen. Mit dem gewählten Setting wurde ein Schritt in diese Richtung gesetzt, mit dem entwickelten Analyseschema eine Erkennungsschablone bereitgestellt, die zur retrospektiven Erschließung und prospektiven Gestaltung von Partizipationsphänomenen in Sozialen Organisationen einen Weg weist. Zukunft wird in diesen die Dynamik zwischen sozialer Praxis und demokratischen Strukturen in den Blick nehmenden Prozessen nicht als etwas Gegebenes oder Vorhersagbares begriffen, sondern als etwas Machbares, wie es Rauch (1979, S. 163) formuliert: „Reality is not predicted, it is made."

Literatur

Aalborg Commitments Secretary (2004): The Aalborg Commitments. Nörresundby. Download: http://www.ccre.org/docs/Aalborg03_05_deutsch.pdf [8.4.2016].

Aberle, David (1966): The Peyote Religion Among the Navaho. Chicago: Aldine Press.

Ableitinger, Alfred; Binder, Dieter A. (Hrsg.) (2002): Geschichte der österreichischen Bundesländer seit 1945 – Steiermark. Wien, Köln und Weimar: Böhlau.

Abraham, Margaret; Purkayastha, Bandana (2012): Making a difference: Linking research and action in practice, pedagogy, and policy for social justice: Introduction. In: *Current Sociology* (2), S. 123–141.

Aichholzer, Georg (2002): Das ExpertInnen-Delphi: Methodische Grundlagen und Anwendungsfeld „Technology Foresight". Institut für Technikfolgen-Abschätzung. Wien. Download: http://epub.oeaw.ac.at/ita/ita-manuscript/ita_02_01.pdf [29.7.2016].

Alemann, Ulrich von (Hrsg.) (1975): Partizipation, Demokratisierung, Mitbestimmung. Problemstellung und Literatur in Politik, Wirtschaft, Bildung und Wissenschaft; eine Einführung. Opladen: Westdeutscher Verlag.

Alemann, Ulrich von (1975): Einleitung: Partizipation, Demokratisierung, Mitbestimmung – Zur Problematik eines Gegenstandes. In: Ulrich von Alemann (Hrsg.): Partizipation, Demokratisierung, Mitbestimmung. Problemstellung und Literatur in Politik, Wirtschaft, Bildung und Wissenschaft; eine Einführung. Opladen: Westdeutscher Verlag, S. 13–41.

Alemann, Ulrich von (1983): Demokratie. In: Wolfgang W. Mickel und Dietrich Zitzlaff (Hrsg.): Handlexikon zur Politikwissenschaft. München: Ehrenwirth, S. 75–79.

Alisch, Monika (Hrsg.): Statteilmanagement. Voraussetzungen und Chancen für die soziale Stadt. Opladen: Leske und Budrich.

Altrichter, Herbert; Gstettner, Peter (1993): Aktionsforschung – ein abgeschlossenes Kapitel in der Geschichte der deutschen Sozialwissenschaft? In: *Sozialwissenschaftliche Literaturrundschau* (16), S. 67–75.

Altvater, Elmar; Sekler, Nicola (Hrsg.) (2006): Solidarische Ökonomie. Reader des Wissenschaftlichen Beirats von Attac. Hamburg: VSA-Verlag.

Ammer, Margit (2013): Zugang zum Arbeitsmarkt für Asylsuchende aus menschenrechtlicher Perspektive. In: *Jurdikum* (1), S. 28–36.

Amnesty International (2016): Allgemeine Erklärung der Menschenrechte. Resolution 217 A (III) der Generalversammlung vom 10. Dezember 1948. Download: https://www.amnesty.at/de/menschenrechtsdokumente/ [11.7.2016].

AMS Österreich (2000): Richtlinie Eingliederungsbeihilfe. Aktion „Come Back", gültig ab: 1. Oktober 2000, erstellt von: BGS/Förderungen, Nummerierung: AMF/7-2000 GZ: BGS/AMF/1102/9804/-2000. Wien. Download: http://www.arbeitplus.at/wordpress/wp-content/uploads/2012/07/RL_Eingliederungsbeihilfe_2000.pdf [29.7.2016].

AMS Österreich (2001): Geschäftsbericht 2000. Arbeitsmarktservice Österreich. Wien. Download: http://www.ams.at/ueber-ams/geschaeftsbericht/archiv [29.7.2016].

AMS Österreich (2002): Geschäftsbericht 2001. Arbeitsmarktservice Österreich. Wien. Download: http://www.ams.at/ueber-ams/geschaeftsbericht/archiv [29.7.2016].

AMS Österreich (2003): Geschäftsbericht 2002. Arbeitsmarktservice Österreich. Wien. Download: http://www.ams.at/ueber-ams/geschaeftsbericht/archiv [29.7.2016].

AMS Österreich (2004): Geschäftsbericht 2003. Arbeitsmarktservice Österreich. Wien. Download: http://www.ams.at/ueber-ams/geschaeftsbericht/archiv [29.7.2016].

AMS Österreich (2005): Geschäftsbericht 2004. Arbeitsmarktservice Österreich. Wien. Download: http://www.ams.at/ueber-ams/geschaeftsbericht/archiv [29. 7. 2016].
AMS Österreich (2006): Geschäftsbericht 2005. Arbeitsmarktservice Österreich. Wien. Download: http://www.ams.at/ueber-ams/geschaeftsbericht/archiv [29. 7. 2016].
AMS Österreich (2007): Geschäftsbericht 2006. Arbeitsmarktservice Österreich. Wien. Download: http://www.ams.at/ueber-ams/geschaeftsbericht/archiv [29. 7. 2016].
AMS Österreich (2008): Geschäftsbericht 2007. Arbeitsmarktservice Österreich. Wien. Download: http://www.ams.at/ueber-ams/geschaeftsbericht/archiv [29. 7. 2016].
AMS Österreich (2009): Geschäftsbericht 2008. Arbeitsmarktservice Österreich. Wien. Download: http://www.ams.at/ueber-ams/geschaeftsbericht/archiv [29. 7. 2016].
AMS Österreich (2010): Geschäftsbericht 2009. Arbeitsmarktservice Österreich. Wien. Download: http://www.ams.at/ueber-ams/geschaeftsbericht/archiv [29. 7. 2016].
AMS Österreich (2011): Geschäftsbericht 2010. Arbeitsmarktservice Österreich. Wien. Download: http://www.ams.at/ueber-ams/geschaeftsbericht/archiv [29. 7. 2016].
AMS Österreich (2012): Geschäftsbericht 2011. Arbeitsmarktservice Österreich. Wien. Download: http://www.ams.at/ueber-ams/geschaeftsbericht/archiv [29. 7. 2016].
AMS Österreich (2013a): Bundesrichtlinie für die Förderung Sozialökonomischer Betriebe (SÖB), AMF/12-2013, GZ: BGS/AMF/0722/9965/2013, gültig ab 1. August 2013, erstellt von BGS/Förderung. Wien. Download: http://www.ams.at/_docs/001_soeb_RILI.pdf [29. 7. 2016].
AMS Österreich (2013b): Geschäftsbericht 2012. Arbeitsmarktservice Österreich. Wien. Download: http://www.ams.at/ueber-ams/geschaeftsbericht/archiv [29. 7. 2016].
AMS Österreich (2014a): Bundesrichtlinie Qualitätsstandards für Arbeitsverhältnisse im Rahmen eines Sozialökonomischen Betriebes (SÖB) oder eines Gemeinnützigen Beschäftigungsprojektes (GBP) (AV-SÖB/GBP), AMF/21-2014; GZ: BGS/AMF/0722/9921/2014, gültig ab 1. November 2014, erstellt von BGS/Förderungen. Wien. Download: http://www.ams.at/_docs/001_AV_SOEB_GBP_RILI.pdf [24. 8. 2015].
AMS Österreich (2014b): Bundesrichtlinie für Gemeinnützige Beschäftigungsprojekte (GBP), AMF/25-2014, GZ: BGS/AMF/0722/9916/2014, gültig ab 1. Dezember 2014, erstellt von BGS/Förderungen. Wien. Download: http://www.sozialplattform.at/fileadmin/sozialplattform/useruploads/Richtlinien-aktuell/GBP_RILI_AMF_25_2014_oN.PDF [24. 08. 2015].
AMS Österreich (2014c): Geschäftsbericht 2013. Arbeitsmarktservice Österreich. Wien. Download: http://www.ams.at/ueber-ams/geschaeftsbericht/archiv [29. 7. 2016].
AMS Österreich (2014d): Arbeitsmarktdaten online. Arbeitslose nach Personenmerkmale 2014 (AL590). Wien. Download: http://iambweb.ams.or.at/ambweb/ [29. 7. 2016].
AMS Österreich (2015a): AMSG. Bundesgesetz über das Arbeitsmarktservice. Fassung vom 24. 8. 2015. Wien: Download: https://www.ris.bka.gv.at/GeltendeFassung.wxe?Abfrage=Bundesnormen&Gesetzesnummer=10008905 [24. 8. 2015].
AMS Österreich (2015b): Geschäftsbericht 2014. Arbeitsmarktservice Österreich. Wien. Download: http://www.ams.at/ueber-ams/geschaeftsbericht/archiv [29. 7. 2016].
AMS Österreich (2015c): Arbeitsmarktlage 2014. Wien. Download: http://www.ams.at/_docs/001_jb2014.pdf [29. 7. 2016].
AMS Österreich (2016): Arbeitsmarktdaten online. Arbeitsmarktdaten für Österreich bzw. Bdl. (GÜ000), Jahresdaten 2008–2015. Wien. Download: http://iambweb.ams.or.at/ambweb/ [19. 7. 2016].
AMS Österreich (2017a): Arbeitsmarktdaten online. Arbeitsmarktdaten für Österreich bzw. Bdl. (GÜ000), Jahresdaten 2008–2015. Wien. Download: http://iambweb.ams.or.at/ambweb/ [27. 12. 2017].

AMS Österreich (2017b): Arbeitsmarktlage seit 1946. Wien. Download: http://www.ams.at/ueber-ams/medien/arbeitsmarktdaten/berichte-auswertungen [27. 12. 2017].

AMS Steiermark (2012): Allgemeine Bestimmungen des Arbeitsmarktservice Steiermark für Gemeinnützige Beschäftigungsprojekte GBP/BG. Graz. Download: http://www.bdv.at/fragen-antworten/beschaeftigungsgesellschaften/ [29. 7. 2016].

Amt der Steiermärkischen Landesregierung (1998): Landesgesetzblatt Steiermark. Gesetz vom 7. Juli 1998, mit dem das Steiermärkische Arbeitsförderungsgesetz erlassen wird. LGBl. Nr. 81/1998 Stück 23. Graz. Download:https://www.ris.bka.gv.at/Ergebnis.wxe?Abfrage=Lgbl&Lgblnummer=81/1998&Bundesland=Steiermark [19. 1. 2016].

Amt der Steiermärkischen Landesregierung (2007): Sozialbericht 2005/2006. Graz. Download: http://www.soziales.steiermark.at/cms/beitrag/10834890/5339/ [29. 7. 2016].

Amt der Steiermärkischen Landesregierung (2010): Arbeitsmarkt 2009. Steirische Statistiken, Heft 2/2010. Graz. Download: http://www.statistik.steiermark.at/cms/dokumente/10003178_103033722/3efcb2b1/Publikation%202-2009%20Arbeitsmarkt%202009.pdf [19. 1. 2016].

Amthor, Ralph Christian (Hrsg.) (2008): Soziale Berufe im Wandel. Vergangenheit, Gegenwart und Zukunft Sozialer Arbeit. Baltmannsweiler: Schneider-Verlag Hohengehren.

Anastasiadis, Maria (2006): Die Zukunft der Arbeit und ihr Ende? München und Mering: Rainer Hampp Verlag.

Anastasiadis, Maria (2007): Empowerment durch mediale Inszenierung. Unter Mitarbeit von Paul Weihs und Tom Schmid. Sozialökonomische Forschungsstelle. Wien.

Anastasiadis, Maria (2008): Biografisches Lernen durch medial erzeugte Selbstbilder. In: Rudolf Egger, Regina Mikula, Sol Haring, Andrea Felbinger und Angela Pilch-Ortega (Hrsg.): Orte des Lernens. Wiesbaden: VS Verlag für Sozialwissenschaften, S. 181–197.

Anastasiadis, Maria (2009): Delphi oracle approach – Eine partizipative Forschungsmethode zur Zukunftsgestaltung in sozialpädagogischen Handlungskontexten. In: Josef Scheipl, Peter Rossmann und Arno Heimgartner (Hrsg.): Partizipation und Inklusion in der Sozialen Arbeit. Graz: Leykam, S. 229–243.

Anastasiadis, Maria (2010): ÖKO-STEBP – Steirische Beschäftigungsbetriebe und Projekte mit ökologischer Akzentuierung. Ausdehnung, Voraussetzungen, Entwicklung, Merkmale und Perspektiven. Eine Grundlage zur Optimierung ihrer strategischen Positionierung. Forschungsbericht. Universität Graz. Graz.

Anastasiadis, Maria (2011a): Soziale Organisationen als Partizipationsräume. In: Maria Anastasiadis, Arno Heimgartner, Helga Kittl-Satran und Michael Wrentschur (Hrsg.): Sozialpädagogisches Wirken. Münster, Berlin und Wien: LIT, S. 288–303.

Anastasiadis, Maria (2011b): ECO-WISE – Regionale Verankerung von nachhaltigen Social Entrepreneurs in Österreich. In: Petra Jähnke, Gabriela Christmann und Karsten Balgar (Hrsg.): Social Entrepreneurship. Perspektiven für die Raumentwicklung. Wiesbaden: VS Verlag für Sozialwissenschaften, S. 255–270.

Anastasiadis, Maria (2012): Delphi-Methode. Zukunft in Feldern der Sozialen Arbeit erforschen und partizipativ gestalten. In: Arno Heimgartner, Ulrike Loch und Stephan Sting (Hrsg.): Empirische Forschung in der Sozialen Arbeit. Methoden und methodologische Herausforderungen. Münster, Berlin und Wien: LIT, S. 167–185.

Anastasiadis, Maria (Hrsg.) (2013): ECO-WISE – Social Enterprises as Sustainable Actors. Concepts, Performances, Impacts. Bremen: Europäischer Hochschulverlag.

Anastasiadis, Maria (2013a): ECO-WISE – Concepts, evolution and research perspectives. In: Maria Anastasiadis (Hrsg.): ECO-WISE – Social Enterprises as Sustainable Actors. Concepts, Performances, Impacts. Bremen: Europäischer Hochschulverlag, S. 46–69.

Anastasiadis, Maria (2013b): The role of ECO-WISE in sustainable development – Results from a research project in Austria. In: Maria Anastasiadis (Hrsg.): ECO-WISE – Social Enterprises as Sustainable Actors. Concepts, Performances, Impacts. Bremen: Europäischer Hochschulverlag, S. 70–93.

Anastasiadis, Maria (2015): „Wir meinen ja gar nicht das Gleiche". Systematisierungen zum Partizipationsbegriff. In: Peter Pantucek-Eisenbacher, Monika Vyslouzil und Johannes Pflegerl (Hrsg.): Sozialpolitische Innovationen. Wien und St. Pölten: ÖGB-Verlag, S. 37–53.

Anastasiadis, Maria; Aschemann, Ralf; Gelbmann, Ulrike; Neitsch, Matthias (2012): ECO-WISE REUSE. Bericht zum Pilotprojekt „Nachhaltigkeitsberichte für steirische ECO-WISEs im Reparatur- und Recyclingbereich". Universität Graz. Graz.

Anastasiadis, Maria; Essl, Günter; Riesenfelder, Andreas; Schmid, Tom; Wetzel, Petra (2003): Der Dritte Sektor in Wien – Zukunftsmarkt der Beschäftigung? Herausgegeben von EQUAL Entwicklungspartnerschaft und dem Bundesministerium für Wirtschaft und Arbeit. Wien.

Anastasiadis, Maria; Heimgartner, Arno; Kittl-Satran, Helga; Wrentschur, Michael (Hrsg.) (2011): Sozialpädagogisches Wirken. Münster, Berlin und Wien: LIT.

Anastasiadis, Maria; Heimgartner, Arno; Sing, Eva (2011): Partizipation und Soziale Arbeit. In: Regina Mikula und Helga Kittl-Satran (Hrsg.): Dimensionen der Erziehungs- und Bildungswissenschaft. Graz: Leykam, S. 35–51.

Anastasiadis, Maria; Heimgartner, Arno; Kittl-Satran, Helga; Wrentschur, Michael (2014): Participatory Research in Social Work. In: Franz Rauch, Angela Schuster, Thomas Stern, Maria Pribila und Andrew Townsend (Hrsg.): Promoting Change through Action Research. Rotterdam, Bosten und Taipei: Sense Publishers, S. 147–162.

Anastasiadis, Maria; Lang, Richard (2016): Social Enterprise in Austria. A Contxtual Approach to Understand an Ambiguous Concept. ICSEM Working Papers No. 26. Liége.

Anastasiadis, Maria; Mayr Andrea (2010): ECO-WISE: Ecologically oriented Work Integration Social Enterprises. Bestandsaufnahme von Organisationen in Österreich, die sozial, ökonomisch und ökologisch nachhaltig handeln. Universität Graz. Graz.

Andree, Dagmar (2006): Sind Sanktionen ein arbeitsmarktpolitisches Instrument. In: Christine Stelzer-Orthofer (Hrsg.): Arbeitsmarktpolitik im Aufbruch. Herausforderungen und innovative Konzepte. Wien: Mandelbaum, S. 278–296.

Anheier, Helmut K. (2013): Entwicklungen der internationalen Zivilgesellschaft. In: Ruth Simsa, Michael Meyer und Christoph Badelt (Hrsg.): Handbuch der Nonprofit-Organisation. Strukturen und Management. Stuttgart: Schäffer-Poeschel, S. 77–88.

Anheier, Helmut K. Seibl, Wolfgang (1990): The Third Sector: Comparative Studies of Nonprofit Organizations. Berlin und New York: Walter de Gruyter.

Appelt, Hans-Jürgen (2013): Betriebliche Sozialarbeit. In: Dieter Kreft und Mielenz Ingrid (Hrsg.): Wörterbuch Soziale Arbeit. 7., vollst. überarb. und aktualisierte Auflage. Weinheim und Basel: Beltz Juventa, S. 176–177.

Arge Partizipation (2016): Qualitätskriterien für Kinder- und Jugendbeteiligung. Download: http://www.jugendbeteiligung.at/qualitaetskriterien [14. 7. 2016].

Armutskonferenz (Hrsg.) (2013): Was allen gehört. Commons – Neue Perspektiven in der Armutsbekämpfung. Wien: ÖGB-Verlag.

Arnold, Helmut; Böhnisch, Lothar; Schröer, Wolfgang (Hrsg.) (2005): Sozialpädagogische Beschäftigungsförderung. Lebensbewältigung und Kompetenzentwicklung im Jugend- und jungen Erwachsenenalter. Weinheim und München: Juventa.

Arnold, Helmut; Böhnisch, Lothar; Schröer, Wolfgang (2005): Sozialpädagogische Beschäftigungsförderung. Lebensbewältigung und Kompetenzentwicklung im Jugend- und jungen Erwachsenenalter. In: Helmut Arnold, Lothar Böhnisch und Wolfgang Schröer (Hrsg.): Sozialpädagogische Beschäftigungsförderung. Lebensbewältigung und Kompetenzentwicklung im Jugend- und jungen Erwachsenenalter. Weinheim und München: Juventa, S. 9–119.

Arnstein, Sherry R. (1969): A Ladder of citizen participation. In: *Journal of the American Institute of Planners* (4), S. 216–244.

Asseburg, Muriel (Hrsg.) (2011): Proteste, Aufstände und Regimewandel in der arabischen Welt. Akteure, Herausforderungen, Implikationen und Handlungsoptionen. Berlin: Stiftung, Wissenschaft und Politik. Download: http://www.swp-berlin.org/fileadmin/contents/products/studien/2011_S27_ass_ks.pdf [17. 11. 2014].

Asseburg, Muriel (2011a): Zur Anatomie der arabischen Proteste und Aufstände. In: *Aus Politik und Zeitgeschichte* (39), S. 3–9.

Asseburg, Muriel (2011b): Einführung. In: Muriel Asseburg (Hrsg.): Proteste, Aufstände und Regimewandel in der arabischen Welt. Akteure, Herausforderungen, Implikationen und Handlungsoptionen. Berlin: Stiftung, Wissenschaft und Politik, S. 5–11. Download: http://www.swp-berlin.org/fileadmin/contents/products/studien/2011_S27_ass_ks.pdf [17. 11. 2014].

Atzmüller, Roland (2009): Aktivierung statt Vollbeschäftigung. Die Entwicklung der Arbeitsmarktpolitik in Österreich. In: Christoph Hermann und Roland Atzmüller (Hrsg.): Die Dynamik des „österreichischen Modells“. Brüche und Kontinuitäten im Beschäftigungs- und Sozialsystem. Berlin: edition sigma, S. 135–186.

Auer, Eva; Reiter, Walter; Wetzel, Petra (2005): Der Dritte Sektor als arbeitsmarktpolitischer Akteur Status Quo und Herausforderungen in überregionaler Perspektive. Österreich – Ungarn. L&R Sozialforschung. Wien.

Augustin, Siegfried; Schenk, Michael; Seidel, Holger; Lietz, Tobias (2011): Total Resource Management. In: Hubert Biedermann, Markus Zwainz und Rupert J. Baumgartner (Hrsg.): Umweltverträgliche Produktion und nachhaltiger Erfolg. München und Mering: Rainer Hampp Verlag, S. 7–18.

Austin, James; Stevenson, Howard; Wei-Skillern, Jane (2006): Social and Commercial Entrepreneurship: Same, Different, or Both? In: *Entrepreneurship: Theory and Prcatice* 30 (1), S. 1–22.

Bachler, Stephanie; Rettenbacher, Susanne (2013): Niederschwelliges Jugendbeschäftigungsprojekt tag.werk – Transparenz durch Stakeholder- und Wirkungsanalysen relevanter Interessensgruppen als Lösungsansatz für eine nachhaltige Entwicklung: Fakten, Herausforderungen, Perspektiven. Masterarbeit. Universität Graz, Institut für Erziehungs- und Bildungswissenschaft. Graz.

Bachstein, Werner (2000): Nonprofit Organisationen im Bereich sozialer Dienste. Beschäftigung und sozialpolitische Implikationen. Wirtschaftsuniversität Wien, Abteilung für Sozialpolitik. Wien.

Badawia, Tarek; Luckas, Helga; Müller, Heinz (Hrsg.) (2006): Das Soziale gestalten. Über Mögliches und Unmögliches der Sozialpädagogik. Wiesbaden: VS Verlag für Sozialwissenschaften.

Badelt, Christoph (2000): Der Nonprofit-Sektor im Wandel: Ansprüche der Wirtschafts- und Sozialpolitik. In: Reinbert Schauer, Ernst-Bernd Blümle und Dieter Witt (Hrsg.): Nonprofit-Organisationen im Wandel. Herausforderungen, gesellschaftliche Verantwortung, Perspektiven; Dokumentation. Linz: Trauner, S. 31–54.

Badelt, Christoph (Hrsg.) (2002): Handbuch der Nonprofit Organisation. Stuttgart: Schäffer-Poeschel.

Badelt, Christoph (2002a): Zielsetzungen und Inhalte des Handbuches der Nonprofit Organisationen. In: Christoph Badelt (Hrsg.): Handbuch der Nonprofit Organisation. Stuttgart: Schäffer-Poeschel, S. 3–19.

Badelt, Christoph (2002b): Der Nonprofit Sektor in Österreich. In: Christoph Badelt (Hrsg.): Handbuch der Nonprofit Organisation. Stuttgart: Schäffer-Poeschel, S. 63–87.

Badelt, Christoph; Österle, Augsut (2001a): Grundzüge der Sozialpolitik. Allgemeiner Teil: Sozialökonomische Grundlagen. Wien: Manz Verlag.

Badelt, Christoph; Österle, Augsut (2001b): Grundzüge der Sozialpolitik. Spezieller Teil: Sozialpolitik in Österreich. Wien: Manz Verlag.

Badura, Bernhard; Gross, Peter (1976): Sozialpolitische Perspektiven. München: Piper.

Bagnoli; Luca; Megali, Cecilia (2011): Measuring Performance in Social Enterprises. In: *Nonprofit and Voluntary Sector Quarterly* (14), S. 149–165.

Bakic, Josef; Diebäcker, Marc; Hammer, Elisabeth (Hrsg.) (2008): Aktuelle Leitbegriffe der Sozialen Arbeit. Ein kritisches Handbuch. Wien: Löcker.

Balgar, Karsten (2011): Zur „Verortung" von Social Entrepreneurship. In: Petra Jähnke, Gabriela Christmann und Karsten Balgar (Hrsg.): Social Entrepreneurship. Perspektiven für die Raumentwicklung. Wiesbaden: VS Verlag für Sozialwissenschaften, S. 87–103.

Balz, Hans-Jürgen; Benz, Benjamin; Kuhlmann, Carola (Hrsg.) (2012): Soziale Inklusion als Grundlage Sozialer Arbeit. Wiesbaden: VS Verlag für Sozialwissenschaften.

Balz, Hans-Jürgen; Benz, Benjamin; Kuhlmann, Carola (2012): (Soziale) Inklusion – Zugänge und paradigmatische Differenzen. In: Hans-Jürgen Balz, Benjamin Benz und Carola Kuhlmann (Hrsg.): Soziale Inklusion als Grundlage Sozialer Arbeit. Wiesbaden: VS Verlag für Sozialwissenschaften, S. 1–11.

Barber, Benjamin R. (1994): Starke Demokratie – Über die Teilhabe am Politischen. Berlin: Rotbuch.

Barnes, Samuel H.; Kaase Max; Allerbeck Klaus R.; Farah, Barbara G.; Heunks, Felix J.; Inglehart, Ronald F.; Jennings, M. Kent; Klingemann, Hans Dieter; Marsh, Alan; Rosenmayr, Leopold (Hrsg.) (1979): Political action: Mass participation in five western democracies: Beverly Hills & London: Sage Publications.

Barry, H. Rodrigue (2011): The Evolution of Macro-History in the United States. In: Leonid E. Grinin, Andrey V. Korotayev und H. Rodrigue Barry (Hrsg.): Evolution. A Big History Perspective. Volgograd, Russia: Uchitel Publishing House, S. 71–81.

Bauman, Zygmunt (2003): Flüchtige Moderne. Frankfurt am Main: Suhrkamp.

BDV Austria (2008): WISE Work Integration Social Enterprise as a tool for promoting inclusion. WISE and their role in European policies. National Report – Austria. Wien. Download: http://www.arbeitplus.at/wordpress/wp-content/uploads/2012/06/WISE_Bericht_DE_2009_final.pdf [10.8.2016].

Beck, Ulrich (1986): Risikogesellschaft. Auf dem Weg in eine andere Moderne. Frankfurt am Main: Suhrkamp.

Beck, Ulrich (1993): Die Erfindung des Politischen. Zu einer Theorie reflexiver Modernisierung. Frankfurt am Main: Suhrkamp.

Beck, Ulrich (1997): Die Seele der Demokratie. Wie wir Bürgerarbeit statt Arbeitslosigkeit finanzieren können. In: *Die Zeit online,* 28.11.1997. Download: http://www.zeit.de/1997/49/Die_Seele_der_Demokratie [22.7.2016].

Beck, Ulrich (1998): The cosmopolitan manifesto. In: *New Statesman* (11), S. 28–30.

Beck, Ulrich (1999): Was ist Globalisierung? Frankfurt am Main: Suhrkamp.

Beck, Ulrich (Hrsg.) (2000): Die Zukunft von Arbeit und Demokratie. Frankfurt am Main: Suhrkamp.

Beck, Ulrich (2000): Wohin führt der Weg, der mit dem Ende der Vollbeschäftigungsgesellschaft beginnt? In: Ulrich Beck (Hrsg.): Die Zukunft von Arbeit und Demokratie. Frankfurt am Main: Suhrkamp, S. 7–36.

Beck, Ulrich (2006): Die Weltrisikogesellschaft. Alles nochmal neu lernen. In: *GDI Impuls* (3), S. 8–16.
Beck, Ulrich (2007a): Weltrisikogesellschaft. Auf der Suche nach der verlorenen Sicherheit. Frankfurt am Main: Suhrkamp.
Beck, Ulrich (2007b): Schöne neue Arbeitswelt. Frankfurt am Main: Suhrkamp.
Beck, Ulrich (2009): Macht und Gegenmacht im globalen Zeitalter. Neue weltpolitische Ökonomie. Frankfurt am Main: Suhrkamp.
Beckmann, Markus (2011): Social Entrepreneurship – Altes Phänomen, neues Paradigma moderner Gesellschaften oder Vorboten eines Kapitalismus 2.0? In: Helga Hackenberg und Stefan Empter (Hrsg.): Social Entrepreneurship – Social Business: Für die Gesellschaft unternehmen. Wiesbaden: VS Verlag für Sozialwissenschaften, S. 67–85.
BEIGEWUM (2004): Editorial. In: *Kurswechsel* (4), S. 3–7.
Benz, Arthur; Dose, Nicolai (2010): Governance – Modebegriff oder nützliches sozialwissenschaftliches Konzept? In: Arthur Benz und Nicolai Dose (Hrsg.): Governance – Regieren in komplexen Regelsystemen. Eine Einführung. Wiesbaden: VS Verlag für Sozialwissenschaften, S. 13–37.
Benz, Arthur; Dose, Nicolai (Hrsg.) (2010): Governance – Regieren in komplexen Regelsystemen. Eine Einführung. Wiesbaden: VS Verlag für Sozialwissenschaften.
Benz, Arthur; Lütz, Susanne, Schimank, Uwe; Simonis, Georg (2007): Einleitung. In: Arthur Benz, Lütz, Susanne, Schimank, Uwe und Georg Simonis (Hrsg.): Handbuch Governance. Theoretische Grundlagen und empirische Anwendungsfelder. Wiesbaden: VS Verlag für Sozialwissenschaften, S. 9–27.
Benz, Arthur; Lütz, Susanne, Schimank, Uwe; Simonis, Georg (Hrsg.) (2007): Handbuch Governance. Theoretische Grundlagen und empirische Anwendungsfelder. Wiesbaden: VS Verlag für Sozialwissenschaften.
Benz, Benjamin (2010): Sozialpolitik und Soziale Arbeit. In: Benjamin Benz, Jürgen Boeckh und Hildegard Mogge-Grotjahn (Hrsg.): Soziale Politik, Soziale Lage, Soziale Arbeit. Wiesbaden: VS Verlag für Sozialwissenschaften, S. 317–336.
Benz, Benjamin; Boeckh, Jürgen; Mogge-Grotjahn, Hildegard (Hrsg.) (2010): Soziale Politik, Soziale Lage, Soziale Arbeit. Wiesbaden: VS Verlag für Sozialwissenschaften.
Benz, Benjamin; Rieger, Günter; Schönig, Werner; Többe-Schukalla, Monika (Hrsg.) (2013): Politik Sozialer Arbeit. Band 1: Grundlagen, theoretische Perspektiven und Diskurse. Weinheim und Basel: Beltz Juventa.
Benz, Benjamin; Rieger, Günter; Schönig, Werner; Többe-Schukalla, Monika (2013): Die Politik Sozialer Arbeit – Umrisse, Gegenstände und Positionen. In: Benjamin Benz, Günter Rieger, Werner Schönig und Monika Többe-Schukalla (Hrsg.): Politik Sozialer Arbeit. Band 1: Grundlagen, theoretische Perspektiven und Diskurse. Weinheim und Basel: Beltz Juventa, S. 8–32.
Berghold, Jarg; Thomas, Stefan (2010): Partizipative Forschung. In: Günter Mey und Katja Mruck (Hrsg.): Handbuch Qualitative Forschung in der Psychologie. Wiesbaden: VS Verlag für Sozialwissenschaften, S. 333–344.
Bergmann, Frithjof (2006): Neue Arbeit. In: *GDI Impuls* (3), S. 18–23.
Betz, Tanja; Gaiser, Wolfgang; Pluto, Liane (Hrsg.) (2010): Partizipation von Kindern und Jugendlichen. Forschungsergebnisse, Bewertungen, Handlungsmöglichkeiten. Schwalbach am Taunus: Wochenschau-Verlag.
Betzelt, Sigrid; Bauer, Rudolf (2000): Nonprofit-Organisationen als Arbeitgeber. Opladen: Leske und Budrich.

Biedermann, Hubert; Zwainz, Markus; Baumgartner, Rupert J. (Hrsg.) (2011): Umweltverträgliche Produktion und nachhaltiger Erfolg. München und Mering: Rainer Hampp Verlag.

Birkhölzer, Karl (2004): Entwicklung und Perspektiven des Dritten Sektors in Deutschland. Bilanz eines Forschungsvorhabens. In: Karl Birkhölzer, Ernst Kistler und Gerd Mutz (Hrsg.): Der Dritte Sektor. Partner für Wirtschaft und Arbeitsmarkt. Wiesbaden: VS Verlag für Sozialwissenschaften, S. 9–33.

Birkhölzer, Karl; Kistler, Ernst; Mutz, Gerd (Hrsg.) (2004): Der Dritte Sektor. Partner für Wirtschaft und Arbeitsmarkt. Wiesbaden: VS Verlag für Sozialwissenschaften.

Birkhölzer, Karl; Kramer, Ludwig (2004): Grundstrukturen und Erfolgsbedingungen innovativer Arbeits- und Unternehmensformen in Sozialen Unternehmungen. In: Karl Birkhölzer, Ernst Kistler und Gerd Mutz (Hrsg.): Der Dritte Sektor. Partner für Wirtschaft und Arbeitsmarkt. Wiesbaden: VS Verlag für Sozialwissenschaften, S. 99–175.

Blair, Tony; Schröder, Gerhard (1999): Der Weg nach vorne für Europas Sozialdemokraten. Ein Vorschlag von Gerhard Schröder und Tony Blair. London; Glasnost Archiv. Download: http://www.glasnost.de/pol/schroederblair.html [22. 7. 2016].

Blanz, Mathias (2015): Forschungsmethoden und Statistik für die Soziale Arbeit. Grundlagen und Anwendungen. Stuttgart: Kohlhammer.

BMASK (2004): Richtlinie für die Förderung von Integrativen Betrieben, GZ: 44.210/19-6/04, gültig ab 1. Juli 2004. Wien. Download: http://www.sozialministerium.at/cms/site/attachments/2/8/8/CH2217/CMS1220346918410/rl_integrative_betriebe.pdf [29. 7. 2016].

BMASK (2008): UN-Konvention. Übereinkommen über die Rechte von Menschen mit Behinderungen. Download: https://www.sozialministerium.at/cms/site/attachments/2/5/8/CH2218/CMS1314697554749/un-konvention_inkl._fakultativprotokoll,_de.pdf [14. 7. 2016].

BMASK (2009): Behidertenbericht 2008. Bericht der Bundesregierung über die Lage von Menschen mit Behinderungen in Österreich 2008. Wien. Download: https://www.sozialministerium.at/cms/site/attachments/0/5/9/CH3141/CMS1415978600199/behindertenbericht_2008.pdf [29. 7. 2016].

BMASK (2011a): Aktive Arbeitsmarktpolitik in Österreich. Dokumentation aktive Arbeitsmarktpolitik in Österreich 1994–2011. Maßnahmen, Instrumente, Programme und Politik. BMASK. Wien. Download: http://www.arbeitplus.at/wordpress/wp-content/uploads/2012/07/Dokumentation-Aktive-Arbeitsmarktpolitik-2011.pdf [29. 7. 2016].

BMASK (2011b): Arbeitsmarktpolitische Zielvorgaben 2010. Wien. Download: https://www.sozialministerium.at/cms/site/attachments/2/4/3/CH2130/CMS1249975053333/arbeitsmarktpolitische_zielvorgaben_inter_2011.pdf [13. 4. 2016].

BMASK (2013a): BABE Österreich 2014–2017 – Behinderung – Ausbildung – Beschäftigung. Bundesweites arbeitsmarktpolitisches Behindertenprogramm. Download: http://www.sozialministerium.at/cms/site/attachments/4/0/0/CH2092/CMS1407929526158/babe_2014.pdf [24. 8. 2015].

BMASK (2013b): Aktive Arbeitsmarktpolitik in Österreich. 1994–2013. Wien. Download: https://www.sozialministerium.at/cms/site/attachments/5/9/0/CH3434/CMS1453972744490/arbeitsmarktpolitik_dokumentation_aktive_arbeitsmarktpolitik_in_oesterreich_1994-2013.pdf [29. 7. 2016].

BMASK (2015a): Bericht zur Lage und zu den Perspektiven des Freiwilligen Engagements in Österreich 2. Freiwilligenbericht. Unter Mitarbeit von Public Opinion Marketing- und Kommunikationsberatungs-GmbH. Wien. Download: http://www.freiwilligenweb.at/index.php?id=CH3095 [14. 7. 2016].

BMASK (2015b): Behinderteneinstellungsgesetz. Fassung vom 24.8.2015. Download: https://www.ris.bka.gv.at/GeltendeFassung.wxe?Abfrage=Bundesnormen&Gesetzesnummer=10008253 [24.8.2015].

BMASK (2015c): Arbeitsmarkt- und Konjunkturgipfel: Wachstum und Arbeitsplätze durch gezielte Investitionen. Wien. Download: https://media.arbeiterkammer.at/PDF/Arbeitsmarktgipfel_30.10.2015.pdf [13.4.2016].

BMASK (2016a): Soziale Dienste. Download: http://www.sozialministerium.at/site/Soziales/Pflege_und_Betreuung/Soziale_Dienste/ [21.04.2016].

BMASK (2016b): Ausbildungspflicht vor Begutachtung: Hundstorfer – niemand soll zurückgelassen werden. Pressemitteilung vom 8.1.2016. Wien: OTS. Download: http://www.ots.at/presseaussendung/OTS_20160108_OTS0006/ausbildungspflicht-vor-begutachtung-hundstorfer-niemand-soll-zurueckgelassen-werden [9.2.2016].

BMLFUW (2010): Österreichische Strategie Nachhaltige Entwicklung (ÖSTRAT) – ein Handlungsrahmen für Bund und Länder. Wien. Download: http://www.bmwfw.gv.at/Aussenwirtschaft/nachhaltigkeit/Nachhaltigkeitspolitik/Documents/Bund-L%C3%A4nder-Nachhaltigkeitsstrategie%20(%C3%96STRAT)%202010.pdf [20.7.2016].

Bode, Ingo; Evers, Adalbert; Klein Ansgar (Hrsg.) (2009): Bürgergesellschaft als Projekt. Wiesbaden: VS Verlag für Sozialwissenschaften.

Böhnisch, Lothar (1999): Sozialpädagogik der Lebensalter. Weinheim und München: Juventa.

Böhnisch, Lothar (2003): Pädagogische Soziologie. Eine Einführung. Weinheim und München: Juventa.

Böhnisch, Lothar (2014): Drei historische Linien zur Thematisierung des Politischen in der Sozialen Arbeit: Die Integrationsfrage, die gesellschaftliche Wertigkeit von Reproduktionsarbeit und das Verhältnis der Sozialarbeit zu sozialen Bewegungen. In: Birgit Bütow, Karl August Chassé und Werner Lindner (Hrsg.): Das Politische im Sozialen. Historische Linien und aktuelle Herausforderungen der Sozialen Arbeit. Leverkusen: Budrich, S. 27–41.

Böhnisch, Lothar (2016): Lebensbewältigung. Ein Konzept für die Soziale Arbeit. Weinheim und Basel: Beltz Juventa.

Böhnisch, Lothar; Schröer, Wolfgang (2001): Pädagogik und Arbeitsgesellschaft. Historische Grundlagen und theoretische Ansätze für eine sozialpolitisch reflexive Pädagogik. Weinheim und München: Juventa.

Böhnisch, Lothar; Schröer, Wolfgang (2002): Die soziale Bürgergesellschaft. Zur Einbindung des Sozialpolitischen in den zivilgesellschaftlichen Diskurs. Weinheim und München: Juventa.

Böhnisch, Lothar; Schröer, Wolfgang (2005): Arbeit, Kompetenz und Bewältigung – ein sozialpädagogischer Zugang zur Arbeitsmarkt- und Beschäftigungspolitik. In: Heinz Burghardt und Ruth Enggruber (Hrsg.): Soziale Dienstleistungen am Arbeitsmarkt. Soziale Arbeit zwischen Arbeitsmarkt- und Sozialpolitik. Weinheim und München: Juventa, S. 213–227.

Böhnisch, Lothar; Schröer, Wolfgang (2012): Sozialpolitik und Soziale Arbeit. Eine Einführung. Weinheim und München: Juventa.

Böhnisch, Lothar; Schröer, Wolfgang; Thiersch, Hans (2005): Sozialpädagogisches Denken. Wege zu einer Neubestimmung. Weinheim und München: Juventa.

Bohnsack, Ralf (2003): Rekonstruktive Sozialforschung. Einführung in qualitative Methoden. Opladen: Leske und Budrich.

Bohnsack, Ralf; Marotzki Winfried (Hrsg.) (1998): Biografieforschung und Kulturanalyse. Opladen: Leske und Budrich.

Bohnsack, Ralf; Nentwig-Gesemann, Iris; Nohl, Arnd-Michael (Hrsg.) (2013): Die dokumentarische Methode und ihre Forschungspraxis. Grundlagen qualitativer Sozialforschung. Wiesbaden: VS Verlag für Sozialwissenschaften.

Bohnsack, Ralf; Przyborski, Aglaja; Schäffer, Burkhard (Hrsg.) (2010): Das Gruppendiskussionsverfahren in der Forschungspraxis. Opladen: Budrich.

Bohnsack, Ralf; Schäffer, Burkhard (2013): Exemplarische Textinterpretation: Diskursorganisation und dokumentarische Methode. In: Ralf Bohnsack, Iris Nentwig-Gesemann und Arnd-Michael Nohl (Hrsg.): Die dokumentarische Methode und ihre Forschungspraxis. Grundlagen qualitativer Sozialforschung. Wiesbaden: VS Verlag für Sozialwissenschaften, S. 331–347.

Bommes, Michael; Scherr, Albert (1996): Soziale Arbeit als Exklusionsvermeidung. Inklusionsvermittlung und/oder Exklusionsverwaltung. In: Roland Merten, Peter Sommerfeld und Thomas Koditek (Hrsg.): Sozialarbeitswissenschaft – Kontroversen und Perspektiven. Berlin: Luchterhand, S. 93–119.

Bono, Maria Laura (2010): Performance-Management in NPOs. Steuerung im Dienste sozialer Ziele. Baden-Baden: Nomos.

Bora, Alfons (2005): „Partizipation“ als politische Inklusionsformel. In: Christoph Gusy und Heinz-Gerhard Haupt (Hrsg.): Inklusion und Partizipation. Politische Kommunikation im historischen Wandel. Frankfurt am Main und New Yourk: Campus, S. 15–34.

Borzaga, Carlo; Defourny, Jacques (Hrsg.) (2001): The Emergence of Social Enterprise. London und New York: Routledge.

Botkin, James Waldron; Elmandjra, Mahdi; Malitza, Mircea (1979): Das menschliche Dilemma. Zukunft und Lernen. Bericht des Club of Rome. Wien und München: Molden.

Bradbury, Hilary; Reason, Peter (2001): Conclusion: Broadening the Bandwidth of Validity: Issues and Choice-points for Improving the Quality of Action Research. In: Peter Reason und Hilary Bradbury (Hrsg.): Handbook of Action Research. Participative Inquiry and Practice. London: Sage Publications, S. 447–455.

Brandsen, Taco; Sittermann, Birgit (2014): Associating at the European Level: Civil Society Networks in Brussels. In: Matthias Freise und Thorsten Hallmann (Hrsg.): Modernizing Democracy. Associations and Associating in the 21st Century. New York, Heidelberg, Dordrecht und London: Springer, S. 183–192.

Brandstetter, Manuela; Pflegerl, Johannes; Schmid, Tom (2009): Gestaltungsmöglichkeiten kommunaler SeniorInnenpolitik. In: Volkshilfe Österreich (Hrsg.): Seniorenfreundliche Gemeinde. Ein Handbuch. Wien: Eigenverlag, S. 37–53.

Brandstetter, Manuela; Schmid, Tom; Vyslouzil, Monika (Hrsg.) (2012): Community Studies aus der Sozialen Arbeit. Theorien und Anwendungsbezüge aus der Forschung im kleinstädtischen/ländlichen Raum. Münster, Berlin und Wien: LIT.

Brandstetter, Regina (2006): Territoriale Beschäftigungspakte (TEPs) – Kooperationen zur verbesserten Wirksamkeit regionaler Arbeitsmarktpolitik. In: Christine Stelzer-Orthofer (Hrsg.): Arbeitsmarktpolitik im Aufbruch. Herausforderungen und innovative Konzepte. Wien: Mandelbaum, S. 260–277.

Brazda, Johann (1986): Ist die Genossenschaftsprüfung eine Prüfung besonderer Art? In: Mario Patera (Hrsg.) Perspektiven der Genossenschaftsrevision. Wien: Orac, S. 18–25

Brauer, Kai (Hrsg.) (2009): Perspektive 50plus? Theorie und Evaluation der Arbeitsmarktintegration Älterer. Wiesbaden: VS Verlag für Sozialwissenschaften.

Brauer, Kai; Clemens, Wolfgang (2009): Die Arbeitsmarktintegration Älterer aus der Perspektive der Alter(n)ssoziologie. In: Kai Brauer (Hrsg.): Perspektive 50plus? Theorie und Evaluation der Arbeitsmarktintegration Älterer. Wiesbaden: VS Verlag für Sozialwissenschaften, S. 25–41.

Brinkmann, Volker (2010): Sozialwirtschaft. Grundlagen, Modelle, Übungen. Wiesbaden: Gabler.

Brinkmann, Volker (Hrsg.) (2014): Sozialunternehmertum. Baltmannsweiler: Schneider-Verlag Hohengehren.

Brinkmann, Volker (2014): Sozialunternehmertum, soziale Innovation und wirkungsorientierte Investitionen: Perspektiven der Sozialwirtschaft und Sozialer Arbeit. In: Volker Brinkmann (Hrsg.): Sozialunternehmertum. Baltmannsweiler: Schneider-Verlag Hohengehren, S. 11–19.

Bröckling, Ulrich (2007): Das unternehmerische Selbst. Soziologie einer Subjektivierungsform. Frankfurt am Main: Suhrkamp.

Bröckling, Ulrich; Krasmann, Susanne; Lemke, Thomas (Hrsg.) (2000): Gouvernementalität der Gegenwart. Studien zur Ökonomisierung des Sozialen. Frankfurt am Main: Suhrkamp.

Brodie, Ellie; Cowling, Eddie; Nissen, Nina (2009): Understanding Participation. A literature review. London: NCVO. Download: http://socialwelfare.bl.uk/subject-areas/government-issues/social-policy/ncvo/understanding09.aspx [17.7.2016].

Bruckner, Regina (2015): Bildungsbranche ächzt unter AMS-Kurswechsel. In: *Der Standard*, 30.4.2015, S. 24. Download: http://derstandard.at/2000015074242/Bildungsbranche-aechzt-unter-AMS-Kurswechsel [29.7.2016].

Buchinger, Erwin (2012): Die Wende der Wende versuchen. In: Tom Schmid (Hrsg.): Wien 1, Stubenring 1. Persönliche Erinnerungen von und an österreichische Sozialministerinnen und Sozialminister. Wien: ÖGB-Verlag, S. 121–128.

Buestrich, Michael; Burmester, Monika; Dahme, Heinz-Jürgen; Wohlfahrt, Norbert (2008): Die Ökonomisierung Sozialer Dienste und Sozialer Arbeit. Entwicklung – theoretische Grundlagen – Wirkungen. Baltmannsweiler: Schneider-Verlag Hohengehren.

Bundeskanzleramt (2011): Bundesverfassungsgesetz über die Rechte von Kindern. Wien. Download: https://www.parlament.gv.at/PAKT/VHG/XXIV/A/A_00935/ [17.7.2016].

Bundeskanzleramt (2012): Bundesvergabegesetz. Novelle 2012. Wien. Download: http://www.bka.gv.at/site/5100/default.aspx [27.1.2015].

Bundeskanzleramt (2016a): Bundesverfassungsgesetz. Fassung vom 17.7.2016. Wien. Download: https://www.ris.bka.gv.at/GeltendeFassung.wxe?Abfrage=Bundesnormen&Gesetzesnummer=10000138 [17.7.2016].

Bundeskanzleramt (2016b): Arbeitsmarktförderungsgesetz. Fassung vom 22.7.2016. Wien. Download: https://www.ris.bka.gv.at/GeltendeFassung.wxe?Abfrage=Bundesnormen&Gesetzesnummer=10008239&ShowPrintPreview=True [22.7.2016].

Bundeskanzleramt (2016c): Ausbildungspflichtgesetz. Wien. Download: https://www.ris.bka.gv.at/Dokumente/RegV/REGV_COO_2026_100_2_1177308/REGV_COO_2026_100_2_1177308.html [27.7.2016].

Bundeskanzleramt (2016d): Bundesgesetz über Vereine. BGBl I Nr 66/2002, VerG BGBl. I Nr. 66/2002. Fassung vom 16.2.2016. Wien. Download: https://www.ris.bka.gv.at/Dokument.wxe?Abfrage=BgblAuth&Dokumentnummer=BGBLA_2015_I_22 [16.2.2016].

Bundeskanzleramt; Lebensministerium (2009): Standards der Öffentlichkeitsbeteiligung. Empfehlungen für die gute Praxis. Wien. Download: http://www.partizipation.at/standards_oeb.html [17.7.2016].

Bundesregierung (2000): Regierungsprogramm. Österreich neu regieren. Wien. Download: http://www.austria.gv.at/2004/4/7/Regprogr.pdf [23.7.2016].

Bündnis Entwicklung Hilft (2015). WeltRisikoBericht 2015. Berlin. Download: http://www.weltrisikobericht.de/fileadmin/WRB/PDFs_und_Tabellen/WeltRisikoBericht_2015.pdf [19.7.2016].

Bunyan, Paul (2014): Re-conceptualizing Civil Society: Towards a Radical Understanding. In: *Voluntas* (25), S. 538–552.

Burghardt, Heinz (2005): Arbeitsfürsorge, Hilfe zur Arbeit und „moderne Dienstleistungen am Arbeitsmarkt". Stationen einer Chronologie. In: Heinz Burghardt und Ruth Enggruber (Hrsg.): Soziale Dienstleistungen am Arbeitsmarkt. Soziale Arbeit zwischen Arbeitsmarkt- und Sozialpolitik. Weinheim und München: Juventa, S. 15–47.

Burghardt, Heinz; Enggruber, Ruth (Hrsg.) (2005): Soziale Dienstleistungen am Arbeitsmarkt. Soziale Arbeit zwischen Arbeitsmarkt- und Sozialpolitik. Weinheim und München: Juventa.

Burghardt, Heinz; Enggruber, Ruth (Hrsg.) (2010): Soziale Dienstleistungen am Arbeitsmarkt in professioneller Reflexion Sozialer Arbeit. Berlin: Frank & Timme.

Buse, Michael J.; Nelles, Wilfried (1975): Formen und Bedingungen von Partizipation im politisch/administrativen Bereich. In: Ulrich von Alemann (Hrsg.): Partizipation, Demokratisierung, Mitbestimmung. Problemstellung und Literatur in Politik, Wirtschaft, Bildung und Wissenschaft; eine Einführung. Opladen: Westdeutscher Verlag, S. 41–112.

Bütow, Birgit (2012): Grenzen der Sozialpädagogik. Spannungszonen der Kooperation zwischen Kinder- und Jugendhilfe und Kinder- und Jugendpsychiatrie. In: *Soziale Arbeit. Zeitschrift für soziale und sozialverwandte Gebiete* (12), S. 454–461.

Bütow, Birgit; Chassé, Karl August; Lindner, Werner (Hrsg.) (2014): Das Politische im Sozialen. Historische Linien und aktuelle Herausforderungen der Sozialen Arbeit. Leverkusen: Budrich.

Bütow, Birgit; Chassé, Karl August; Lindner, Werner (2014): Das Politische im Sozialen – Historische Linien und aktuelle Herausforderungen der Sozialen Arbeit. In: Birgit Bütow, Karl August Chassé und Werner Lindner (Hrsg.): Das Politische im Sozialen. Historische Linien und aktuelle Herausforderungen der Sozialen Arbeit. Leverkusen: Budrich, S. 7–27.

Bütow, Birgit; Chassé, Karl August; Maurer, Susanne (Hrsg.) (2006): Soziale Arbeit zwischen Aufbau und Abbau. Transformationsprozesse im Osten Deutschlands und die Kinder- und Jugendhilfe. Wiesbaden: VS Verlag für Sozialwissenschaften.

Bütow, Birgit; Maurer, Susanne (2013): Kontextuelle Herstellungsbedingungen von Partizipation im organisationalen Schnittfeld von Sozialer Arbeit und Psychiatrie. In: Susanne Maria Weber, Michael Göhlich, Andreas Schröer, Claudia Fahrenwald und Hildegard Macha (Hrsg.): Organisation und Partizipation. Beiträge der Kommission Organisationspädagogik. Dordrecht: Springer, S. 263–271.

Butterwegge, Christoph (2014): Krise und Zukunft des Sozialstaates. Wiesbaden: VS Verlag für Sozialwissenschaften.

Castel, Robert (2000): Die Metamorphosen der sozialen Frage. Eine Chronik der Lohnarbeit. Konstanz: UVK.

CIRIEC (2007): The Social Economy in the European Union. Brüssel. Download: http://www.eesc.europa.eu/resources/docs/eesc-2007-11-en.pdf [23.7.2016].

Claußen, Bernhard (1983): Emanzipation. In: Wolfgang W. Mickel und Dietrich Zitzlaff (Hrsg.): Handlexikon zur Politikwissenschaft. München: Ehrenwirth, S. 93–98.

Colliot-Thélène, Catherine; François, Etienne; Gebauer, Gunter (Hrsg.) (2005): Pierre Bourdieu. Deutsch-französische Perspektiven. Frankfurt am Main: Suhrkamp.

Cooney, Kate (2011): An Exploratory Study of Social Purpose Business Models in the United States. In: *Nonprofit and Voluntary Sector Quartaly* (40), S. 185–196.

Cornwall, Andrea; Jewkes, Rachel (1995): What is Participatory Research? In: *Social Science & Medicine* (12), S. 1667–1676.

Cravens, Jayne; Ellis, Susan J. (2014): Virtual Volunteering Guidebook. Philadelphia: Energize Inc.

Cuhls, Kerstin (2009): Delphi-Befragungen in der Zukunftsforschung. In: Reinhold Popp und Elmar Schüll (Hrsg.): Zukunftsforschung und Zukunftsgestaltung. Beiträge aus Wissenschaft und Praxis. Berlin und Heidelberg: Springer, S. 207–221.

Dachs, Herbert; Gerlich, Peter; Gottweis, Herbert; Kramer, Helmut; Lauber, Volkmar; Müller, C. Wolfgang; Tálos, Emmerich (Hrsg.) (2006): Politik in Österreich. Das Handbuch. Wien: Manz.

Dahl, Robert A. (1971): Polyarchy: Participation and Opposition. New Haven: Yale University Press.

Dahme, Heinz-Jürgen;.Kühnlein, Gertrud; Wohlfahrt, Norbert (2004): Die sozialwirtschaftliche Modernisierung der bundesdeutschen Wohlfahrtspflege – ein weiterer Schritt auf dem „Holzweg" der Dienstleistungsgesellschaft. In: *Neue Praxis* (3), S. 409–425.

Dahme, Heinz-Jürgen; Wohlfahrt, Norbert (2001): Zur Theorie eines aktivierenden Sozialstaats (I). Aktivierender Staat: Neues Leitbild für die Sozial- und Gesellschaftspolitik. In: *Theorie und Praxis der Sozialen Arbeit* (1), S. 10–14.

Dahme, Heinz-Jürgen; Wohlfahrt, Norbert (Hrsg.) (2005): Aktivierende Soziale Arbeit. Theorie – Handlungsfelder – Praxis. Baltmannsweiler: Schneider-Verlag Hohengehren.

Dahme, Heinz-Jürgen; Wohlfahrt, Norbert (2005a): Einleitung. In: Heinz-Jürgen Dahme und Norbert Wohlfahrt (Hrsg.): Aktivierende Soziale Arbeit. Theorie – Handlungsfelder – Praxis. Baltmannsweiler: Schneider-Verlag Hohengehren, S. 1–5.

Dahme, Heinz-Jürgen; Wohlfahrt, Norbert (2005b): Sozialinvestition. Zur Selektivität der neuen Sozialpolitik und den Folgen für die Soziale Arbeit. In: Heinz-Jürgen Dahme und Norbert Wohlfahrt (Hrsg.): Aktivierende Soziale Arbeit. Theorie – Handlungsfelder – Praxis. Baltmannsweiler: Schneider-Verlag Hohengehren, S. 6–21.

Dahme, Heinz-Jürgen; Wohlfahrt, Norbert (Hrsg.) (2010): Regiert das Lokale das Soziale? Die Kommunalisierung und Dezentralisierung sozialer Dienste als sozialpolitische Reformstrategie. Baltmannsweiler: Schneider-Verlag Hohengehren.

Dahme, Heinz-Jürgen; Wohlfahrt, Norbert (2010a): Regieren durch Dezentralität. In: Heinz-Jürgen Dahme und Norbert Wohlfahrt (Hrsg.): Regiert das Lokale das Soziale? Die Kommunalisierung und Dezentralisierung sozialer Dienste als sozialpolitische Reformstrategie. Baltmannsweiler: Schneider-Verlag Hohengehren, S. 3–10.

Dahme, Heinz-Jürgen; Wohlfahrt, Norbert (2010b): Dezentralisierung und Kommunalisierung: die Aktivierung des Lokalen als Aufgabe und strategische Ressource bürgerschaftlicher Sozialpolitik. In: Heinz-Jürgen Dahme und Norbert Wohlfahrt (Hrsg.): Regiert das Lokale das Soziale? Die Kommunalisierung und Dezentralisierung sozialer Dienste als sozialpolitische Reformstrategie. Baltmannsweiler: Schneider-Verlag Hohengehren, S. 26–42.

Dahme, Heinz-Jürgen; Wohlfahrt, Norbert (2015): Soziale Dienstleistungspolitik. Eine kritische Bestandsaufnahme. Wiesbaden: VS Verlag für Sozialwissenschaften.

Dahrendorf, Ralf (1983): Die Chancen der Krise. Über die Zukunft des Liberalismus. Stuttgart: Deutsche Verlagsanstalt.

Dahrendorf, Ralf (1999): Whatever happened to liberty? In: *New Statesman* (6. September), S. 25–27.

Dahrendorf, Ralf (2000): Zwei Gasthäuser in jeder Straße. In: *Die Zeit online,* 5.10.2000. Download: http://www.zeit.de/2000/41/200041_essay_-_dahrendo.xml [23.7.2016].

Davis-Smith, Justin (2000): Volunteering and social development. In: *Voluntary Action* (3/1), S. 9–23.

Davister, Catherine; Defourny, Jacques; Gregoiere, Olivier (2004): WISE. Integration Social Enterprises in the European Union: An Overview of Existing Models. EMES Working Pa-

per 04/04. Brüssel. Download: http://emes.net/content/uploads/publications/PERSE_04_04_Trans-ENG.pdf [29. 7. 2016].
Dederichs, Andrea Maria (2000): Struktur und Strukturierung in und von Organisationen. Working Paper zur Modellierung sozialer Organisationsformen in der Sozionik. Technische Universität Hamburg-Harburg. Hamburg. Download: https://www.tuhh.de/tbg/Deutsch/Projekte/Sozionik2/wp5.pdf [8. 8. 2016].
Dees, Gregory J. (2001): The Meaning of Social Entrepreneurship. Chapel Hill: Center for the Advancement of Social Entrepreneurship. Download: https://entrepreneurship.duke.edu/news-item/the-meaning-of-social-entrepreneurship/ [23. 7. 2016].
Defourny, Jacques (2001): Introduction: from third sector to social enterprise. In: Carlo Borzaga und Jacques Defourny (Hrsg.): The Emergence of Social Enterprise. London und New York: Routledge, S. 1–29.
Defourny, Jacques; Nyssens, Marthe (2008a): Social Enterprise in Europe: Recent Trends and Developments. EMES Working Paper 08/01. Brüssel. Download: https://orbi.ulg.ac.be/bitstream/2268/11568/1/WP_08_01_SE_WEB.pdf [8. 8. 2016].
Defourny, Jacques; Nyssens, Marthe (2008b): Social Enterpirse in Europe: Recent Trends and Developments. In: *Social Enterprise Journal* (4), S. 202–228.
Defourny, Jacques; Nyssens, Marthe (2010): Conceptions of Social Enterprise and Social Entrepreneurship in Europe and the United States: Convergences and Divergences. In: *Journal of Social Entrepreneurship* (1), S. 32–53.
Defourny, Jacques; Nyssens, Marthe (2012a): „The EMES Approach of Social Enterprise in a Comparative Perspective“, EMES Working Paper, No. 12-03. Brüssel. Download: http://www.emes.net/site/wp-content/uploads/EMES-WP-12-03_Defourny-Nyssens.pdf [8. 8. 2016].
Defourny, Jacques; Nyssens, Marthe (2012b): Conceptions of Social Enterprise in Europe: A Comparative Perspective with the United States. In: Benjamin Gidron und Yekeskel Hasenfeld (Hrsg.): Social Enterprises. An Organizational Perspective. Houndmills, Basingstoke, Hampshire und New York: Palgrave Macmillan, S. 71–91.
Degener, Theresia; Mogge-Grotjahn, Hildegard (2012): „All inclusive“? Annäherungen an ein interdisziplinäres Verständnis von Inklusion. In: Hans-Jürgen Balz, Benjamin Benz und Carola Kuhlmann (Hrsg.): Soziale Inklusion als Grundlage Sozialer Arbeit. Wiesbaden: VS Verlag für Sozialwissenschaften, S. 59–77.
Deinet, Ulrich; Reutlinger, Christian (Hrsg.) (2004): „Aneignung“ als Bildungskonzept der Sozialpädagogik. Beiträge zur Pädagogik des Kindes- und Jugendalters in Zeiten entgrenzter Lernorte. Wiesbaden: VS Verlag für Sozialwissenschaften.
Deinet, Ulrich; Strurzenhecker, Benedikt (Hrsg.) (2005): Handbuch offene Kinder- und Jugendarbeit. Wiesbaden: VS Verlag für Sozialwissenschaften.
Denzin, Norman K. (1978): The Research Act: A Theoretical Introduction to Sociological Methods. New York: McGraw-Hill.
Denzin, Norman K.; Lincoln, Yvonna S. (Hrsg.) (2005): The Sage Handbook of Qualitative Research. Thousand Oakes: Sage Publications.
Denzin, Norman K.; Lincoln, Yvonna S. (Hrsg.) (2011): The Sage Handbook of Qualitative Research. Thousand Oakes: Sage Publications.
Denzin, Norman K.; Lincoln, Yvonna S. (2011): Introduction: The Discipline and Practice of Qualitative Research. In: Norman K. Denzin und Yvonna S. Lincoln (Hrsg.): The Sage Handbook of Qualitative Research. Thousand Oakes: Sage Publications, S. 1–20.
Derecik Ahmet, Paus Elisabeth (2013): Kompetenz- und Lernzielorientierung in Projektseminaren. In: *Zeitschrift für Hochschulentwicklung* 8 (3), S. 134–150.

Derrida, Jacques (1990): Die différance. In: Peter Engelmann (Hrsg.): Postmoderne und Dekonstruktion. Texte französischer Philosophen der Gegenwart. Stuttgart: Reclam, S. 76–113.

Deutscher, Ruth; Fieseler, Gerhard; Maor, Harry (Hrsg.) (1978): Lexikon der sozialen Arbeit. Stuttgart, Berlin, Köln, Mainz: Kohlhammer.

Dick, Bob (1997): Participative processes. Resource papers in action research. Download: http://www.aral.com.au/resources/partproc.html [12. 10. 2015].

Dick, Bob (2000): Delphi face to face. Resource papers in action research. Download: http://www.uq.net.au/action_research/arp/delphi.html [12. 10. 2015].

Die Armutskonferenz (2015): Projekt Sichtbar Werden. Download: http://www.armutskonferenz.at/aktivitaeten/sichtbar-werden.html [17. 7. 2016].

Die Presse (2016): Kreisky in Zitaten. Download: http://diepresse.com/home/zeitgeschichte/623054/Kreisky-in-Zitaten_Lernen-S-ein-bisschen-Geschichte [3. 4. 2016].

Diebäcker, Marc; Ranftler, Judith; Strahner, Tamara & Wolfgruber, Gudrun (2009a): Neoliberale Strategien und die Regulierung sozialer Organisationen im lokalen Staat. In: *soziales_kapital* (3), S. 1–20. Download: http://soziales-kapital.at/index.php/sozialeskapital/article/view/150/212Printversion [18. 4. 2016].

Diebäcker, Marc; Ranftler, Judith; Strahner, Tamara & Wolfgruber, Gudrun (2009b): Zeugnisse alltäglichen Leidens in sozialen Organisationen. In: *soziales_kapital* (4), S. 1–16. Download: http://soziales-kapital.at/index.php/sozialeskapital/article/view/168 [18. 4. 2016].

Diedrich, Ralf; Heilemann, Ulrich (Hrsg.) (2011): Ökonomisierung der Wissensgesellschaft. Berlin: Duncker & Humblot.

Diehm, Isabell (2011): Integration und Inklusion im Kontext von Migration und Pädagogik. In: Birgit Lütje-Klose, Marie-Therese Langer, Björn Serke und Melanie Urban (Hrsg.): Inklusion in Bildungsinstitutionen. Eine Herausforderung an die Heil- und Sonderpädagogik. Bad Heilbrunn: Klinkhardt, S. 37–47.

Diekmann, Andreas (2008): Empirische Sozialforschung. Grundlagen, Methoden, Anwendungen. Reinbek bei Hamburg: Rowohlt-Taschenbuch-Verlag.

DiMaggio, Paul J.; Powell, Walter, W. (1983): The Iron Cage Revisited: Institutional Isomorphism and Collective Rationality in Organisational Fields. In: *American Sociological Review* 48 (2), S. 177.

DiMaggio, Paul; Powell, Walter W. (2009): Das „stahlharte Gehäuse" neu betrachtet: Institutionelle Isomorphie und kollektive Rationalität in organisationalen Feldern. In: Sascha Koch und Michael Schemmann (Hrsg.): Neo-Institutionalismus in der Erziehungswissenschaft. Grundlegende Texte und empirische Studien. Wiesbaden: VS Verlag für Sozialwissenschaften, S. 57–85.

Dimmel, Nikolaus (2005a): Perspektiven der Sozialwirtschaft 2005–2015. Vergaberecht – Leistungsverträge – Sozialplanung. Münster, Berlin und Wien: LIT.

Dimmel, Nikolaus (2005b): Überlegungen zu Good-Practice in der Vergabepraxis. In: Andreas Riesenfelder und Wetzel Petra (Hrsg.): Der 3. Sektor. Handbuch. Der Dritte Sektor ein Wirtschaftsbereich mit Verantwortung. Wien: L&R Sozialforschung, S. 38–50.

Dimmel, Nikolaus (2008): Arbeitsmarktpolitische Dimensionen der Armutsbekampfung. In: Gerald Knapp und Heinz Pichler (Hrsg.): Armut, Gesellschaft und Soziale Arbeit. Perspektiven gegen Armut und soziale Ausgrenzung in Österreich. Klagenfurt: Hermagoras Verlag, S. 615–627.

Dimmel, Nikolaus (2012): Handlungsspielräume kommunaler Sozialpolitik. In: Manuela Brandstetter, Tom Schmid und MonikaVyslouzil (Hrsg.): Community Studies aus der Sozialen Arbeit. Theorien und Anwendungsbezüge aus der Forschung im kleinstädtischen/ländlichen Raum. München, Berlin und Wien: LIT, S. 139–175.

Dimmel, Nikolaus; Heitzmann, Karin; Schenk, Martin (Hrsg.) (2009): Handbuch Armut in Österreich. Innsbruck, Wien, Bozen: Studienverlag.
Dimmel, Nikolaus; Riesenfelder, Andreas; Simsa, Ruth (2004): Diskussionsrunde zum Begriff und Inhalten der Sozialwirtschaft. In: *Kurswechsel* (4), S. 7–15.
Dimmel, Nikolaus; Schmid, Tom (2009): Soziale Dienste. In: Nikolaus Dimmel, Karin Heitzmann und Martin Schenk (Hrsg.): Handbuch Armut in Österreich. Innsbruck, Wien, Bozen: Studienverlag, S. 579–609.
Dimmel, Nikolaus; Schmid, Tom (2013): Soziale Dienste in Österreich. Innsbruck, Wien und Bozen: Studienverlag.
Dorfinger, Günther (2006): Experimentelle Arbeitsmarktpolitik einst und heute – eine Analyse der Rolle von gemeinnützigen Akteuren in der experimentellen Arbeitsmarktpolitik. In: Christine Stelzer-Orthofer (Hrsg.): Arbeitsmarktpolitik im Aufbruch. Herausforderungen und innovative Konzepte. Wien: Mandelbaum, S. 233–248.
Dornmayr, Helmut (2012): Berufseinmündung von AbsolventInnen der Integrativen Berufsausbildung. Eine Analyse der Beschäftigungsverläufe. Ibw Forschungsbericht. Wien. Download: http://www.ibw.at/components/com_redshop/assets/document/product/1335256134_fb167.pdf [29.7.2016].
Drechsler, Hanno; Hilligen, Wolfgang; Neumann, Franz (Hrsg.) (2003): Gesellschaft und Staat. Lexikon der Politik. München: Vahlen.
Dryzek, John S. (1997): The Politics of the Earth: Environmental Discourses. Oxford und New York: Oxford University Press.
Duden (Hrsg.) (2001): Das Herkunftswörterbuch. Etymologie der deutschen Sprache. Mannheim, Leipzig und Wien: Dudenverlag.
EAPN (2009): Small steps – big changes. Building Participation of People Experiencing Poverty. Brüssel: EAPN.
Ebner, Tanja (2015): Entwicklung eines exemplarischen Business Models für einen Re-Use Park. Masterarbeit. Universität Graz, Insitut für Systemwissenschaften, Innovations- und Nachhaltigkeitsforschung. Graz. Download: http://unipub.uni-graz.at/obvugrhs/download/pdf/817532?originalFilename=true [2.8.2016].
Ecarius, Jutta (1998): Biografie, Lernen und Gesellschaft. Erziehungswissenschaftliche Überlegungen zu biografischem Lernen in sozialen Kontexten. In: Ralf Bohnsack und Marotzki Winfried (Hrsg.): Biografieforschung und Kulturanalyse. Opladen: Leske und Budrich, S. 129–152.
Edwards, Michael (2009): Civil Society. Cambridge: Polity Press.
Edwards, Rebecca; Smith, Graham; Büchs, Milena (2013): Environmental management systems and the third sector – Exploring weak adaption in the UK. In: Maria Anastasiadis (Hrsg.): ECO-WISE – Social Enterprises as Sustainable Actors. Concepts, Performances, Impacts. Bremen: Europäischer Hochschulverlag, S. 132–156.
Egger, Rudolf; Wustmann, Cornelia; Karber, Anke (Hrsg.) (2015): Forschungsgeleitete Lehre in einem Massenstudium. Bedingungen und Möglichkeiten in den Erziehungs- und Bildungswissenschaften. Wiesbaden: Springer Fachmedien Wiesbaden GmbH.
Egger, Rudolf; Mikula, Regina; Haring, Sol; Felbinger, Andrea; Pilch-Ortega, Angela (Hrsg.) (2008): Orte des Lernens. Wiesbaden: VS Verlag für Sozialwissenschaften.
Ehrenberg, John (1999): Civil Society. The Critical History Of An Idea. New York: New York University Press.
Elkington, John (1999): Cannibals with Forks. The Triple Bottom Line of 21st Century Business. Oxford: Capstone.

Elsen, Susanne (2004): Genossenschaften als Akteure im „Dritten Sektor". In: *www.stadtteilarbeit.de*, o. S. Download: http://www.stadtteilarbeit.de/handlungsfelder/genossenschaften-stadtteil/155-genossenschaften-als-akteure.html [22. 4. 2015].

Elsen, Susanne (2005): Soziale Arbeit auf Augenhöhe. In: *Sozialpädagogische Impulse* (1), S. 11–14.

Elsen, Susanne (2007): Die Ökonomie des Gemeinwesens. Sozialpolitik und Soziale Arbeit im Kontext von gesellschaftlicher Wertschöpfung und -verteilung. Weinheim und München: Juventa.

Elsen, Susanne (2014): Soziale Innovation, ökosoziale Ökonomie und Community Development. In: Susanne Elsen und Walter Lorenz (Hrsg.): Social Innovation, Participation and the Development of Society. Soziale Innovation, Partizipation und die Entwicklung der Gesellschaft. Bozen: Bozen University Press, S. 231–265.

Elsen, Susanne; Lorenz, Walter (Hrsg.) (2014): Social Innovation, Participation and the Development of Society. Soziale Innovation, Partizipation und die Entwicklung der Gesellschaft. Bozen: Bozen University Press.

EMES (Hrsg.) (2008): Social Enterprise: A New Model for Poverty Reduction and Employment Generation. Bratislava: UNDP.

Engelbrecht, Helmut (1986): Geschichte des österreichischen Bildungswesens. 1980–1988. Wien: Österreichischer Bundesverlag.

Engelmann, Peter (Hrsg.) (1990): Postmoderne und Dekonstruktion. Texte französischer Philosophen der Gegenwart. Stuttgart: Reclam.

Eppel, Rainer; Horvath, Thomas; Lackner, Manuel; Mahringer, Helmut; Hausegger, Trude; Hager, Isa; Reidl, Christine; Reiter, Andrea; Scheiflinger, Sara; Friedl-Schafferhans, Michaela (2014): Evaluierung von Sozialen Unternehmen im Kontext neuer Herausforderungen. Österreichisches Institut für Wirtschaftsforschung und prospect Unternehmensberatung GmbH. Im Auftrag des Bundesministeriums für Arbeit, Soziales und Konsumentenschutz. Wien. Download: http://www.wifo.ac.at/publikationen?detail-view=yes&publikation_id=50690 [29. 7. 2016].

Eschenbach, Rolf; Horak, Christian; Meyer, Michael (Hrsg.) (2003): Führung der Nonprofit-Organisation. Bewährte Instrumente im praktischen Einsatz. Stuttgart: Schäffer-Poeschel Verlag für Wirtschaft.

Esping-Andersen, Gösta (2007): The Three Worlds of Welfare Capitalism. Princton.

Esser, Hartmut (1999): Soziologie. Allgemeine Grundlagen. Frankfurt am Main und New York: Campus.

Etzioni, Amitai (1973): The Third Sector and Domestic Missions. In: *Public Administration Review* (33), S. 313–323.

Europäische Kommission (2000): The Lisbon Strategy. Presidency Conclusions. Brüssel. Download: https://portal.cor.europa.eu/europe2020/Profiles/Pages/TheLisbonStrategyinshort.aspx [25. 7. 2016].

Europäische Kommission (2010a): Europa 2020. Eine Strategie für intelligentes, nachhaltiges und integratives Wachstum. Brüssel. Download: http://eur-lex.europa.eu/LexUriServ/LexUriServ.do?uri=COM:2010:2020:FIN:DE:PDF [19. 7. 2016].

Europäische Kommission (2010b): Europe 2020. A strategy for smart, sustainable and inclusive growth. Brüssel. Download: http://eur-lex.europa.eu/LexUriServ/LexUriServ.do?uri=COM:2010:2020:FIN:EN:PDF [8. 4. 2016].

Europäische Kommission (2015): Den Kreislauf schließen – Ein Aktionsplan der EU für die Kreislaufwirtschaft. Brüssel. Download: http://eur-lex.europa.eu/legal-content/DE/TXT/HTML/?uri=CELEX:52015DC0614&from=EN [19. 7. 2016].

Europäische Union (2000): Charta der Grundrechte der Europäischen Union. Amtsblatt der Europäischen Gemeinschaft vom 18.12.2000. Brüssel. Download: http://www.europarl.europa.eu/charter/pdf/text_de.pdf [17.7.2016].

Europäische Union (2007): Vertrag von Lissabon. Amtsblatt der Europäischen Gemeinschaft vom 9.5.2008. Brüssel. Download: http://www.europarl.at/resource/static/files/Konsolidierte_Fassung_des_Vertrags_uber_die_Europaische_Union.pdf [17.7.2016].

Europäische Union (2008): Richtlinie 2008/98/EG des Europäischen Parlaments und des Rates vom 19. November 2008 über Abfälle und zur Aufhebung bestimmter Richtlinien. Brüssel. Download: http://eur-lex.europa.eu/legal-content/DE/TXT/PDF/?uri=CELEX:32008L0098&from=EN [27.8.2015].

European Commission (1999): Draft Joint Employment Report 1999. Brüssel. Download: http://aei.pitt.edu/6992/1/6992.pdf [15.02.2016].

European Commission (2001): Green Paper. Promoting a European framework for Corporate Social Responsibility. Brüssel. Download: http://eur-lex.europa.eu/legal-content/EN/TXT/?uri=celex:52001DC0366 [17.7.2016].

European Commission (2002): Communication from the Commission concerning Corporate Social Resposibility. A business contribution to sustainable development. Brüssel. Download: http://ec.europa.eu/europeaid/communication-commission-concerning-corporate-social-responsibility-business-contribution_en [17.7.2016].

European Commission (2005): Commission Staff Working Document on the links between employment policies and environment policies. SEC(2005) 1530. Brüssel. Download: http://ec.europa.eu/environment/archives/integration/pdf/sec_2005_1530_en.pdf [28.7.2016].

European Commission (2011): Communication from the Commission to the European Parliament, the council, the European economic and social Committee and the Committee of the regions. A renewed EU strategy 2011–14 for Corporate Social Responsibility. Brüssel. Download: http://eur-lex.europa.eu/LexUriServ/LexUriServ.do?uri=COM:2011:0681:FIN:en:PDF [20.7.2016].

European Commission (2019): Social enterprises and their ecosystem in Europe. Updated country report: Austria. Authors: Maria Anastasiadis, Waltraud Gspurning, Richard Lang. Luxembourg: Publications Office of the European Union.

European Conference on Sustainable Cities & Towns (1994): Charter of European Cities & Towns Towards Sustainability. Aalborg Charter. Aalborg. Download: http://www.sustainablecities.eu/fileadmin/content/JOIN/Aalborg_Charter_english_1_.pdf. [8.4.2016].

EUROSTAT (2017): Total unemployment rate (tsdec450). Brüssel. Download: http://ec.europa.eu/eurostat/search?p_auth=clqhjoB7&p_p_id=estatsearchportlet_WAR_estatsearchportlet&p_p_lifecycle=1&p_p_state=maximized&p_p_mode=view&_estatsearchportlet_WAR_estatsearchportlet_action=search&text=tsdec450 [27.12.2017].

Evers, Adalbert (2010): Observations on incivility: bild spots in third sector research and policy. In: *Voluntary Sector Review* (1), S. 113–117.

Evers, Adalbert; Heinze, Rolf G.; Olk, Thomas (Hrsg.) (2011): Handbuch Soziale Dienste. Wiesbaden: VS Verlag für Sozialwissenschaften.

Evers, Adalbert; Heinze, Rolf G.; Olk, Thomas (2011): Einleitung: Soziale Dienste – Arenen und Impulsgeber sozialen Wandels. In: Adalbert Evers, Rolf G. Heinze und Thomas Olk (Hrsg.): Handbuch Soziale Dienste. Wiesbaden: VS Verlag für Sozialwissenschaften, S. 9–35.

Evers, Adalbert; Laville, Jean-Louis (Hrsg.) (2004): The Third Sector in Europe. Cheltenham und Northampton: Edward Elgar.

Evers, Adalbert; Olk, Thomas (Hrsg.) (1996): Wohlfahrtspluralismus. Vom Wohlfahrtsstaat zur Wohlfahrtsgesellschaft. Opladen und Berlin: Westdeutscher Verlag.

Evers, Adalbert; Olk, Thomas (1996): Wohlfahrtspluralismus – Analytische und normativ-politische Dimensionen eines Leitbegriffs. In: Adalbert Evers und Thomas Olk (Hrsg.): Wohlfahrtspluralismus. Vom Wohlfahrtsstaat zur Wohlfahrtsgesellschaft. Opladen und Berlin: Westdeutscher Verlag, S. 9–63.

Fals Borda, Orlando (2001): Participatory (Action) Research in Social Theory: Origins and Challenges. In: Peter Reason und Hilary Bradbury (Hrsg.): Handbook of Action Research. Participative Inquiry and Practice. London: Sage Publications, S. 27–37.

Farfeleder, Matthias (2014): Solidarökonomie – Ein wirtschaftsdemokratischer Gegenentwurf. In: Susanne Elsen und Walter Lorenz (Hrsg.): Social Innovation, Participation and the Development of Society. Soziale Innovation, Partizipation und die Entwicklung der Gesellschaft. Bozen: Bozen University Press, S. 283–303.

Feldbauer, Peter (1980): Kinderelend in Wien. Von der Armenpflege zur Jugendfürsorge. Wien: Verlag für Gesellschaftskritik.

Fink, Marcel (2000): Atypische Beschäftigung und deren politische Steuererung im internationalen Vergleich. In: *ÖZP* 29 (4), S. 401–415.

Fischböck, Christina (2012): Chancen bieten – Möglichkeiten eröffnen. Eine Bestandsaufnahme niederschwelliger Beschäftigungsprojekte in Graz mit dem Fokus auf Arbeitsweise und Partizipation im Projekt Offline. Masterarbeit. Universität Graz, Institut für Erziehungs- und Bildungswissenschaft. Graz.

Flaker, Vito; Schmid, Tom (Hrsg.) (2006): Von der Idee zur Forschungsarbeit. Forschen in Sozialarbeit und Sozialwissenschaft. Wien: Böhlau.

Flick, Uwe (2011): Triangulation. Eine Einführung. Wiesbaden: VS Verlag für Sozialwissenschaften.

Flieger, Petra (2003): Partizipative Forschungsmethoden und ihre konkrete Umsetzung. Universität Innsbruck. Download: http://bidok.uibk.ac.at/library/flieger-partizipativ.html [28.7.2016].

Forst, Rainer (2005): Die erste Frage der Gerechtigkeit. In: *Aus Politik und Zeitgeschichte* (37), S. 24–31.

Foster, John (2008): The Sustainability Mirage. Illusion and Reality in the Coming War on Climate Change. London und New York: Routledge

Foucault, Michel (Hrsg.) (1978): Dispositive der Macht. Über Sexualität, Wissen und Wahrheit. Berlin: Merve Verlag.

Foucault, Michel (1978): Wahrheit und Macht. Interview mit Fontane, Alessandro und Pasquino, Pasquale. In: Michel Foucault (Hrsg.): Dispositive der Macht. Über Sexualität, Wissen und Wahrheit. Berlin: Merve Verlag, S. 1–54.

Foucault, Michel (1992): Was ist Kritik? Berlin: Merve Verlag.

Foucault, Michel (2000): Die Gouvernementalität. In: Ulrich Bröckling, Susanne Krasmann und Thomas Lemke (Hrsg.): Gouvernementalität der Gegenwart. Studien zur Ökonomisierung des Sozialen. Frankfurt am Main: Suhrkamp, S. 41–68.

Frank, Marco (2012): Forschung in der Sozialen Arbeit zwischen Polizei und Politik. In: Armin Schneider, Rebekka Streck und Eppler Natalie (Hrsg.): Forschung, Politik und Soziale Arbeit. Opladen, Berlin und Toronto: Budrich, S. 49–63.

Freeman, Edward R. (1984): Strategic Management. A Stakeholder Approach. Boston: Pitman.

Freise, Matthias; Hallmann, Thorsten (Hrsg.) (2014): Modernizing Democracy. Associations and Associating in the 21st Century. New York, Heidelberg, Dordrecht und London: Springer.

Frey, Urs (2011): Partizipation – universelles Anliegen oder nur Schlagwort? In: *SozialAktuell* 7/8, S. 36–37.

Friebertshäuser, Barbara; Prengel, Annedore (Hrsg.) (2003): Handbuch qualitative Forschungsmethoden in der Erziehungswissenschaft. Weinheim und München: Juventa.

Friedmann, Milton (2000): Alle Steuern sind zu hoch. In: *Der Spiegel* (41), S. 128–132.

Friese, Marion (1998): Kooperation als Wettbewerbsstrategie für Dienstleistungsunternehmen. Wiesbaden: Gabler.

Fuchs-Heinritz, Werner (2011a): Demokratisierung. In: Werner Fuchs-Heinritz, Daniela Klimke, Rüdiger Lautmann, Otthein Rammstedt, Urs Stäheli, Christoph Weischer und Hanns Wienold (Hrsg.): Lexikon zur Soziologie. Wiesbaden: VS Verlag für Sozialwissenschaften, S. 130.

Fuchs-Heinritz, Werner (2011b): Kulturelle Partizipation. In: Werner Fuchs-Heinritz, Daniela Klimke, Rüdiger Lautmann, Otthein Rammstedt, Urs Stäheli, Christoph Weischer und Hanns Wienold (Hrsg.): Lexikon zur Soziologie. Wiesbaden: VS Verlag für Sozialwissenschaften, S. 500.

Fuchs-Heinritz, Werner (2011c): Partizipation. In: Werner Fuchs-Heinritz, Daniela Klimke, Rüdiger Lautmann, Otthein Rammstedt, Urs Stäheli, Christoph Weischer und Hanns Wienold (Hrsg.): Lexikon zur Soziologie. Wiesbaden: VS Verlag für Sozialwissenschaften, S. 500.

Fuchs-Heinritz, Werner (2011d): Soziale Partizipation. In: Werner Fuchs-Heinritz, Daniela Klimke, Rüdiger Lautmann, Otthein Rammstedt, Urs Stäheli, Christoph Weischer und Hanns Wienold (Hrsg.): Lexikon zur Soziologie. Wiesbaden: VS Verlag für Sozialwissenschaften, S. 500.

Fuchs-Heinritz, Werner; Klimke, Daniela; Lautmann, Rüdiger; Rammstedt, Otthein; Stäheli, Urs; Weischer, Christoph; Wienold, Hanns (Hrsg.) (2011): Lexikon zur Soziologie. Wiesbaden: VS Verlag für Sozialwissenschaften.

Funtowicz, Silvio; Ravetz, Jerome (1993): Science for a post-normal age. In: *Futures* (25), S. 99–107.

Fürst, Roland; Hinte, Wolfgang (Hrsg.) (2014): Sozialraumorientierung. Ein Studienbuch zu fachlichen, institutionellen und finanziellen Aspekten. Wien: UTB; Facultas.

Gabriel, Oscar W.; Kropp, Sabine (Hrsg.) (2008): Die EU-Staaten im Vergleich. Strukturen, Prozesse, Politikinhalte. Wiesbaden: VS Verlag für Sozialwissenschaften.

Gabriel, Oscar W.; Völkl, Kerstin (2008): Politische und soziale Partizipation. In: Oscar W. Gabriel und Sabine Kropp (Hrsg.): Die EU-Staaten im Vergleich. Strukturen, Prozesse, Politikinhalte. Wiesbaden: VS Verlag für Sozialwissenschaften, S. 268–298.

Galuske, Michael (1993): Das Orientierungsdilemma. Jugendberufshilfe, sozialpädagogische Selbstvergewisserung und die modernisierte Arbeitsgesellschaft. Bielefeld: KT-Verlag.

Galuske, Michael (2002): Flexible Sozialpädagogik. Elemente einer Theorie Sozialer Arbeit in der modernen Arbeitsgesellschaft. Weinheim und München: Juventa.

Galuske, Michael (2008a): Flexible Arbeit und aktivierender Staat. Soziale Arbeit zwischen Aktivierung und Ökonomisierung. In: Gerald Knapp und Heinz Pichler (Hrsg.): Armut, Gesellschaft und Soziale Arbeit. Perspektiven gegen Armut und soziale Ausgrenzung in Österreich. Klagenfurt: Hermagoras Verlag, S. 113–136.

Galuske, Michael (2008b): Neuer Professionalisierungsschub oder Gefährdung des Professionsprojektes? In: Ralph Christian Amthor (Hrsg.): Soziale Berufe im Wandel. Vergangenheit, Gegenwart und Zukunft sozialer Arbeit. Baltmannsweiler: Schneider-Verlag Hohengehren, S. 205–228.

Galuske, Michael (2013): Methoden der Sozialen Arbeit. Eine Einführung. Weinheim und München: Juventa.

Galuske, Michael; Rosenbauer, Nicole (2006): Zwischen Subjekt und Markt – Professionelle Organisationen der Sozialen Arbeit in einer Kultur der Flexibilisierung. In: Arno Heimgartner und Karin Lauermann (Hrsg.): Kultur in der Sozialen Arbeit. Klagenfurt: Hermagoras Verlag, S. 143–169.

Gangl, Silvia; Wrentschur, Michael (2011): Die Stimme der AdressatInnen und szenisch-partizipatives Forschen in der Sozialen Arbeit. Eine Collage. In: Regina Mikula und Helga Kittl-Satran (Hrsg.): Dimensionen der Erziehungs- und Bildungswissenschaft. Graz: Leykam, S. 51–69.

Garrelts, Heiko (2008): Nichtregierungsorganisationen als „Player“ in der Nachhaltigkeitspolitik – Möglichkeiten und Grenzen. In: Hellmuth Lange (Hrsg.): Nachhaltigkeit als radikaler Wandel. Die Quadratur des Kreises? Wiesbaden: VS Verlag für Sozialwissenschaften, S. 315–341.

Gelbmann, Ulrike (2016): Erlebniswelt Re-Use – Ideen zur Entwicklung eines Re-Use Parks in Graz. Österreichische Re-Use-Konferenz 2016. Zero Waste Akademie. Graz, 27.01.2016.

Gelbmann, Ulrike; Anastasiadis, Maria; Aschemann, Ralf (2011): Sustainability Reporting in ECO-WISEs. Eine Basis für aktives Stakeholdermanagement. In: Hubert Biedermann, Markus Zwainz und Rupert J. Baumgartner (Hrsg.): Umweltverträgliche Produktion und nachhaltiger Erfolg. München und Mering: Rainer Hampp Verlag, S. 55–66.

Gelbmann, Ulrike; Hammerl, Barbara (2015): Integrative re-use systems as innovative business models for devising sustainable product-service-systems. In: *Journal of Cleaner Production* (97), S. 50–60.

Gelbmann, Ulrike; Klampfl-Pernold, Hannes (2010): Nachhaltige Abfallwirtschaft. In: Werner Lenz (Hrsg.): Interdisziplinarität. Wissenschaft im Wandel. Wien: Löcker Verlag, S. 161–175.

Gensicke, Thomas (2010): Zivilgesellschaft und freiwilliges Engagement in Deutschland im Lichte des Freiwilligensurveys 1999, 2004 und 2009. In: *Zeitschrift für Erziehungswissenschaft* 13 (2), S. 215–233.

Gergen, Mary M.; Gergen, Kenneth J. (2010): Performative Sozialwissenschaft. In: Günter Mey und Katja Mruck (Hrsg.): Handbuch Qualitative Forschung in der Psychologie. Wiesbaden: VS Verlag für Sozialwissenschaften, S. 358–367.

Gerhardt, Volker (2007): Partizipation. Das Prinzip der Politik. München: Beck.

Gertenbach, Lars; Kahlert, Heike; Kaufmann, Stefan; Rosa, Hartmut; Weinbach, Christine (2009): Soziologische Theorien. Paderborn und München: Fink.

Giarini, Orio; Liedtke, Patrick M. (1998): Wie wir arbeiten werden. Der neue Bericht an den Club of Rome. Hamburg: Hoffmann und Campe.

Gibbons, Michael; Limoges Camille; Nowotny, Helga; Schwartzman Simon; Scott Peter (1994): The New Production of Knowledge: The Dynamics of Science and Research in Contemporary Societies. London: Sage Publications.

Giddens, Anthony (1981): A contemporary critique of historical materialism. Power, property and state. London: Basingstoke.

Giddens, Anthony (1984). Interpretative Soziologie. Eine Kritische Einführung. Frankfurt am Main: Campus.

Giddens, Anthony (1985): A contemporary critique of historical materialism. The Nation-State and Violence. Berkely: University of California Press.

Giddens, Anthony (1995). Konsequenzen der Moderne. Frankfurt am Main: Suhrkamp.

Giddens, Anthony (1997): Die Konstitution der Gesellschaft. Grundzüge einer Theorie der Strukturierung. Frankfurt am Main und New York: Campus.

Giddens, Anthony (1999a): Soziologie. Unter Mitarbeit und herausgegeben von Fleck, Christian und Zilian, Hans Georg. Graz und Wien: Nausner & Nausner.
Giddens, Anthony (1999b): Der dritte Weg. Die Erneuerung der sozialen Demokratie. Frankfurt am Main: Suhrkamp.
Giddens, Anthony (1999c): Jenseits von Links und Rechts. Die Zukunft radikaler Demokratie. Frankfurt am Main: Suhrkamp.
Giddens, Anthony (2001): Die Frage der sozialen Ungleichheit. Frankfurt am Main: Suhrkamp.
Giddens, Anthony (2008): The Third Way. The renewal of social democracy. Cambridge: Polity Press.
Giddens, Anthony; Pierson, Christopher (1998): Conversations with Anthony Giddens. Making sense of modernity. Stanford: Stanford University Press.
Gidron, Benjamin; Hasenfeld, Yekeskel (Hrsg.) (2012): Social Enterprises. An Organizational Perspective. Houndmills, Basingstoke, Hampshire und New York: Palgrave Macmillan.
Gidron, Benjamin; Kramer, Ralph M.; Salamon, Lester M. (Hrsg.) (1992): Government and the Third Sector. Emerging Relationships in Welfare States. San Francisco: Jossey-Bass.
Gidron, Benjamin; Kramer, Ralph M.; Salamon, Lester M. (1992): Government an the Third Sector in Comparative Perspective. In: Benjamin Gidron, Ralph M. Kramer und Lester M. Salamon (Hrsg.): Government and the Third Sector. Emerging Relationships in Welfare States. San Francisco: Jossey-Bass, S. 1–31.
Giegold, Sven; Embshoff, Dagmar (Hrsg.) (2008): Solidarische Ökonomie im globalisierten Kapitalismus. Hamburg: VSA.
Gintzel, Ulrich (2008): Partizipation. In: Dieter Kreft und Ingrid Mielenz (Hrsg.): Wörterbuch Soziale Arbeit. Weinheim und München: Juventa, S. 635–639.
Girlasu, Mioara (2013): Interkulturelle Beratung für MigrantInnen im arbeitsmarktpolitischen Kontext in der Steiermark. In: Karin Maria Schmidlechner, Annette Sprung und Ute Sonnleitner (Hrsg.): Migration und Arbeit in der Steiermark. Graz: Leykam, S. 231–243.
Glémain, Pascal (2013): Ecocyclerie – Integration enterprises with sustainable development aim in France. In: Maria Anastasiadis (Hrsg.): ECO-WISE – Social Enterprises as Sustainable Actors. Concepts, Performances, Impacts. Bremen: Europäischer Hochschulverlag, S. 93–110.
Göbl, Verena (2013): Externe betriebliche Sozialarbeit als Handlungsfeld? Eine professionstheoretische Analyse. In: *soziales_kapital* (10), S. 1–12. Download: http://www.soziales-kapital.at/index.php/sozialeskapital/article/viewFile/292/485.pdf [9. 2. 2016].
Gorz, André (1985): Wege ins Paradies. Thesen zur Krise, Automation und Zukunft der Arbeit. Berlin: Rotbuch.
Gorz, André (2000): Arbeit zwischen Misere und Utopie. Frankfurt am Main: Suhrkamp.
Grabovac, Daniela (2013): Diskriminierung von MigrantInnen am Arbeitsmarkt. In: Karin Maria Schmidlechner, Annette Sprung und Ute Sonnleitner (Hrsg.): Migration und Arbeit in der Steiermark. Graz: Leykam, S. 87–97.
Graßhoff, Gunther (Hrsg.) (2013): Adressaten, Nutzer, Agency. Akteursbezogene Forschungsperspektiven in der Sozialen Arbeit. Wiesbaden: VS Verlag für Sozialwissenschaften.
GRI Global Reporting Initiative (2006): Leitfaden zur Nachhaltigkeitsberichterstattung. Amsterdam. Download: https://www.globalreporting.org/resourcelibrary/GRI-G3-German-Reporting-Guidelines.pdf [17. 7. 2016].
Grinin, Leonid E.; Korotayev, Andrey V.; Barry, H. Rodrigue (Hrsg.) (2011): Evolution. A Big History Perspective. Volgograd, Russia: Uchitel Publishing House.

Gronemeyer, Reimer (1973): Integration durch Partizipation? Arbeitsplatz/Wohnbereich: Fallstudien. Frankfurt am Main: Fischer Taschenbuchverlag.

Grossmann, Heinz (Hrsg.): Bürgerinitiativen – Schritte zur Veränderung? Frankfurt am Main: Fischer Taschenbuchverlag.

Groß, Dirk (2005): Alles Wirkung – oder was? Wirkungsorientierte Qualitätsentwicklung nach § 78 SGB VIII als Perspektive für die Evaluation von Arbeitsmarktpolitik. In: Rainer Loidl-Keil und Wolfgang Laskowski (Hrsg.): Evaluationen in Sozialen Integrationsunternehmen. Konzepte, Beispiele, Erfahrungen. München und Mering: Rainer Hampp Verlag, S. 165–187.

Gruber, Charlotte (2006): National Profiles of Work Intergration Social Enterprises: Austria. EMES WP no. 03/06. Brüssel. Download: http://emes.net/content/uploads/publications/ELEXIES_WP_03-06_AUS.pdf [25.7.2016].

Gruber, Christine (2014): Zum Konzept der Sozialwirtschaft. Einige Klärungen zum Begriffsverständnis. In: *soziales_kapital* (11), S. 1–12. Download: http://soziales-kapital.at/index.php/sozialeskapital/article/view/324/540 [8.8.2016].

Grunwald, Armin; Kopfmüller, Jürgen (2006): Nachhaltigkeit. Frankfurt und New York: Campus.

Grunwald, Klaus; Thiersch, Hans (Hrsg.) (2004): Praxis Lebensweltorientierter Sozialer Arbeit. Weinheim und München: Juventa.

Gschöpf, Heinrich (2010): The Social Economy Sector and the Situation of Social Enterprises in Austria. With special reference to „Work Integration Social Enterprises". National report: Austria im Rahmen des ISEDENET Projektes. Graz. Download: www.southeast-europe.net/document.cmt?id=190 [25.7.2015].

Gubitzer, Luise (1989): Geschichte der Selbstverwaltung. München: AG Spak.

Guggenberger, Bernd (1995): Demokratie/Demokratietheorie. In: Dieter Nohlen und Rainer-Olaf Schultze (Hrsg.): Lexikon der Politik. München: C. H. Beck, S. 36–49.

Guggisberg, Dorothee (2004): Partizipation in der Gemeinwesenarbeit. In: *SozialAktuell* (3), S. 13–16.

Gusy, Christoph; Haupt, Heinz-Gerhard (Hrsg.): Inklusion und Partizipation. Politische Kommunikation im historischen Wandel. Frankfurt und New Yourk: Campus.

Habermas, Jürgen (1998): Faktizität und Geltung. Beiträge zur Diskurstheorie des Rechts und des demokratischen Rechtsstaates. Frankfurt am Main: Suhrkamp.

Habisch, André (2011): Gesellschaftliches Unternehmertum – Blinder Fleck wirtschafts- und sozialwissenschaftlicher Gemeinwohltheorien. In: Helga Hackenberg und Stefan Empter (Hrsg.): Social Entrepreneurship – Social Business: Für die Gesellschaft unternehmen. Wiesbaden: VS Verlag für Sozialwissenschaften, S. 49–66.

Hackenberg, Helga; Empter, Stefan (Hrsg.) (2011): Social Entrepreneurship – Social Business: Für die Gesellschaft unternehmen. Wiesbaden: VS Verlag für Sozialwissenschaften.

Hackenberg, Helga; Empter, Stefan (2011): Social Entrepreneurship und Social Business: Phänomen, Potentiale, Prototypen – Ein Überblick. In: Helga Hackenberg und Stefan Empter (Hrsg.): Social Entrepreneurship – Social Business: Für die Gesellschaft unternehmen. Wiesbaden: VS Verlag für Sozialwissenschaften, S. 11–26.

Haddad, Tarek (2003): Stakeholder Analyse. In: Rolf Eschenbach, Christian Horak und Michael Meyer (Hrsg.): Führung der Nonprofit-Organisation. Bewährte Instrumente im praktischen Einsatz. Stuttgart: Schäffer-Poeschel Verlag für Wirtschaft, S. 22–28.

Hader, Michael (2014): Delphi-Befragungen. Ein Arbeitsbuch. Wiesbaden: VS Verlag für Sozialwissenschaften.

Hajer, Maarten A. (1995): The Politics of Environmental Discourse: Ecological Modernization and the Policy Process. Oxford: Oxford University Press.

Hamburger, Franz (2003): Einführung in die Sozialpädagogik. Stuttgart: Kohlhammer.
Hamburger, Franz; Eggert, Annelinde; Heinen, Angelika; Luckas, Helga; May, Michael; Müller, Heinz (Hrsg.) (2002): Gestaltung des Sozialen – eine Herausforderung für Europa. Opladen: Leske und Budrich.
Hardering, Friedericke (2011): Unsicherheiten in Arbeit und Biographie. Zur Ökonomisierung der Lebensführung. Wiesbaden: VS Verlag für Sozialwissenschaften.
Harders, Cilja (2011): Neue Proteste, alte Krisen: Ende des autoritären Sozialvertrages. In: *Aus Politik und Zeitgeschichte* (39), S. 9–15.
Hart, Roger A. (1992): Children's participation. From tokenism to citizenship. Florence, Italy: UNICEF International Child Development Centre.
Haugh, Helen (2007): Community-Led Social Venture Creation. In: *Entrepreneurship: Theory and Practice* 31 (2), S. 161–182.
Hegner Friedhart (2011): Demokratie. In: Werner Fuchs-Heinritz, Daniela Klimke, Rüdiger Lautmann, Otthein Rammstedt, Urs Stäheli, Christoph Weischer und Hanns Wienold (Hrsg.): Lexikon zur Soziologie. Wiesbaden: VS Verlag für Sozialwissenschaften, S. 127–128.
Heimgartner, Arno (2009a): Komponenten einer prospektiven Entwicklung der Sozialen Arbeit. Münster, Berlin und Wien: LIT.
Heimgartner, Arno (2009b): Über die Breite der Sozialen Arbeit in Österreich. In: Josef Scheipl, Peter Rossmann und Arno Heimgartner (Hrsg.): Partizipation und Inklusion in der Sozialen Arbeit. Graz: Leykam, S. 11–27.
Heimgartner, Arno; Lauermann, Karin (Hrsg.) (2006): Kultur in der Sozialen Arbeit. Klagenfurt: Hermagoras Verlag.
Heimgartner, Arno; Loch, Ulrike; Sting, Stephan (Hrsg.) (2012): Empirische Forschung in der Sozialen Arbeit. Methoden und methodologische Herausforderungen. Münster, Berlin und Wien: LIT.
Heiner, Maja (Hrsg.) (1998): Experimentierende Evaluation. Weinheim und München: Juventa.
Heiner, Maja (1998): Lernende Organisation und Experimentierende Evaluation. In: Maja Heiner (Hrsg.): Experimentierende Evaluation. Weinheim und München: Juventa, S. 11–53.
Heinrichs, Harald; Kuhn Katina; Newig Jens (Hrsg.) (2011): Nachhaltige Gesellschaft. Welche Rolle für Partizipation und Kooperation? Wiesbaden: Verlag für Sozialwissenschaften.
Heinze, Rolf G.; Schmid, Josef; Strünck, Christoph (1999): Vom Wohlfahrtsstaat zum Wettbewerbsstaat. Arbeitsmarkt- und Sozialpolitik in den 90er Jahren. Opladen: Leske und Budrich.
Heinze, Rolf G.; Schneiders, Katrin; Grohs, Stephan (2011): Social Entrepreneurship im deutschen Wohlfahrtsstaat – Hybride Organisationen zwischen Markt, Staat und Gemeinschaft. In: Helga Hackenberg und Stefan Empter (Hrsg.): Social Entrepreneurship – Social Business: Für die Gesellschaft unternehmen. Wiesbaden: VS Verlag für Sozialwissenschaften, S. 86–102.
Heinze, Thomas (Hrsg.) (1987): Qualitative Sozialforschung. Opladen: Westdeutscher Verlag.
Heinze, Thomas (1987): Programm und Praxis gesellschaftskritischer Handlungsforschung. In: Thomas Heinze (Hrsg.): Qualitative Sozialforschung. Opladen: Westdeutscher Verlag, S. 29–59.
Heitzmann, Karin (2001): Dimensionen, Strukturen und Bedeutung des Nonprofit Sektors. Eine theoretisch-konzeptionelle und empirische Analyse für Österreich. Wien: Facultas.
Heitzmann, Karin (2004): Sozialwirtschaft in Österreich heute. Gesundheits- und soziale Dienstleistungen. In: *Kurswechsel* (4), S. 60–65.

Heitzmann, Karin (2006): Entwicklung und gegenwärtige Rolle von Nonprofit Organisationen in der österreichischen Sozialwirtschaft. In: Christine Stelzer-Orthofer (Hrsg.): Arbeitsmarktpolitik im Aufbruch. Herausforderungen und innovative Konzepte. Wien: Mandelbaum, S. 217–233.

Helmer, Olaf (1967): Analysis of the future: The Delphi Method. Stanta Monica: Rand Corporation. Download: https://www.rand.org/content/dam/rand/pubs/papers/2008/P3558.pdf [30.7.2016].

Hermann, Christoph; Atzmüller, Roland (Hrsg.) (2009): Die Dynamik des „österreichischen Modells". Brüche und Kontinuitäten im Beschäftigungs- und Sozialsystem. Berlin: edition sigma.

Herriger, Norbert (2006): Empowerment in der Sozialen Arbeit. Eine Einführung. Stuttgart: Kohlhammer.

Herrmann, Peter (2013): Green growth – Critical perspective on third-sector development. In: Maria Anastasiadis (Hrsg.): ECO-WISE – Social Enterprises as Sustainable Actors. Concepts, Performances, Impacts. Bremen: Europäischer Hochschulverlag, S. 8–21.

Heschl, Franz; Stüger Hans Peter (1997): Beschäftigungsgesellschaften in der Steiermarkt. Ein Instrument der Arbeitsmarkt-, Beschäftigung- und Regionalpolitik. In: *Zeitschrift für Wirtschaft und Gesellschaft* (3), S. 339–370.

Hill, T. L.; Kothari, Tanvi H.; Shea, Matthew. (2010): Patterns of Meaning in the Social Entrepreneurship Literature: A Research Platform. In: *Journal of Social Entrepreneurship* 1 (1), S. 5–31.

Hinte, Wolfgang (1998): Bewohner ermutigen, aktivieren, organisieren – Methoden für ein effektives Stadtteilmanagement. In: Monika Alisch (Hrsg.): Statteilmanagement. Voraussetzungen und Chancen für die soziale Stadt. Opladen: Leske und Budrich, S. 153–170.

Hinte, Wolfgang (2012): Das Fachkonzept ‚Sozialraumorientierung'. Grundlage und Herausforderung für professionelles Handeln. In: *Sozialarbeit in Österreich* (1), S. 4–9.

Hinte, Wolfgang (2014): Das Fachkonzept „Sozialraumorientierung" – Grundlage und Herausforderung für professionelles Handeln. In: Roland Fürst und Wolfgang Hinte (Hrsg.): Sozialraumorientierung. Ein Studienbuch zu fachlichen, institutionellen und finanziellen Aspekten. Wien: UTB; Facultas, S. 9–29.

Hodgetts, Darrin; Hodgetts, Andrea; Radley, Alan (2006): Life in the Shadow of the Media: Imaging Street Homelessness. In: *European Journal of Cultural Studies* 9 (4), S. 497–516.

Hofer, Helmut; Titelbach, Gerlinde; Weichselbaumer, Doris; Winter-Ember, Rudolf (2013): Diskriminierung von MigrantInnen am österreichischen Arbeitsmarkt. IHS. Studie im Auftrag des BMASK. Wien. Download: https://www.sozialministerium.at/cms/site/attachments/7/3/0/CH3434/CMS1459843399534/10_diskriminierung_migrantinnen_arbeitsmarkt1.pdf [30.7.2016].

Hohendanner, Christian; Bellmann, Lutz (2006): Interne und externe Flexibilität. In: *WSI Mitteilungen* (5), S. 241–246.

Hollederer, Alfons (2011): Erwerbslosigkeit, Gesundheit und Präventionspotenziale. Ergebnisse des Mikrozensus 2005. Wiesbaden: VS Verlag für Sozialwissenschaften.

Holten, Armin (2012): Legitimationsfiguren Sozialer Arbeit – ein Kommen und Gehen. In: Armin Schneider, Rebekka Streck und Eppler Natalie (Hrsg.): Forschung, Politik und Soziale Arbeit. Opladen, Berlin und Toronto: Budrich, S. 39–49.

Homfeldt, Hans Günther; Reutlinger, Christian (Hrsg.) (2009): Soziale Arbeit und soziale Entwicklung. Baltmannsweiler: Schneider-Verlag Hohengehren.

Homfeldt, Günther; Reutlinger, Christian (2009): Sozialer Raum, soziale Entwicklung und transnationale Soziale Arbeit. In: Hans Günther Homfeldt und Christian Reutlinger

(Hrsg.): Soziale Arbeit und soziale Entwicklung. Baltmannsweiler: Schneider-Verlag Hohengehren, S. 102–126.
Hovorka, Hans; Redl, Leopold (1987): Ein Stadtviertel verändert sich. Bevölkerungsaktivierende Stadterneuerung. Wien: Österreichischer Bundesverlag.
Huber, Ludwig (2004): Forschendes Lernen – 10 Thesen zum Verhältnis von Forschung und Lehre aus der Perspektive des Studiums. In: *Die Hochschule* (2), S. 29–49.
Huber, Ludwig; Hellmer, Julia; Schneider, Friederike (Hrsg.) (2009): Forschendes Lernen im Studium. Aktuelle Konzepte und Erfahrungen. Bielefeld: UVW.
Hueber, Franz (1911): Kinderschutz und Jugendfürsorge in Österreich. Rechtsnormen und Organisation. Wien: K. k. Schulbücher-Verlag.
Hundstorfer, Rudolf (2015): Die Zukunft des Wohlfahrtsstaates. In: Peter Pantucek-Eisenbacher, Monika Vyslouzil und Johannes Pflegerl (Hrsg.): Sozialpolitische Innovationen. Wien und St. Pölten: ÖGB-Verlag, S. 177–185.
Huntington, Samuel P. (1991): The third Wave. Democtratization in the Late Twentieth Century. Oklahoma: Norman.
Huster, Ernst-Ulrich; Bourcarde, Kay (2012): Soziale Inklusion: Geschichtliche Entwicklung des Sozialstaats und Perspektiven angesichts Europäisierung und Globalisierung. In: Hans-Jürgen Balz, Benjamin Benz und Carola Kuhlmann (Hrsg.): Soziale Inklusion als Grundlage Sozialer Arbeit. Wiesbaden: VS Verlag für Sozialwissenschaften, S. 13–33.
Hüttemann, Matthias; Sommerfeld Peter (2007): Forschungsbasierte Praxis. Professionalisierung durch kooperative Wissensbildung. In: Peter Sommerfeld und Matthias Hüttemann (Hrsg.): Evidenzbasierte Soziale Arbeit. Nutzung von Forschung in der Praxis. Baltmannsweiler: Schneider-Verlag Hohengehren, S. 40–57.
ICF Consulting Service (2014): A map of social enterprises and their eco-system in Europe. Executive Summary. Im Auftrag der Europäischen Kommission. Brüssel und London. Download: http://ec.europa.eu/social/main.jsp?langId=en&catId=89&newsId=2149 [25.7.2016].
Icking, Maria (2004): Entwicklung erwerbsbiografischer Gestaltungskompetenzen zwischen Vermittlung und Aneignung. In: Ulrich Deinet und Christian Reutlinger (Hrsg.): „Aneignung“ als Bildungskonzept der Sozialpädagogik. Beiträge zur Pädagogik des Kindes- und Jugendalters in Zeiten entgrenzter Lernorte. Wiesbaden: VS Verlag für Sozialwissenschaften, S. 191–204.
IFSW (2010): Standards in Social Work Practice meeting Human Rights. Download: http://cdn.ifsw.org/assets/Standards_meeting_Human_Rights-_Final_Report_.pdf [17.7.2016].
IFSW (2014): Global Definition of Social Work. Download: http://ifsw.org/policies/definition-of-social-work/ [17.7.2016].
IMAS (2014): Die österreichische Nichtwählertypologie. Download: http://www.imas.at/index.php/de/imas-report-de/archiv/475-2014-als-pdf [17.7.2016].
ISO (2010): International Standard ISO 26000, Guidance on Social Responsibility. Download: http://www.iso.org/iso/catalogue_detail?csnumber=42546 [17.7.2016].
Jähnke, Petra; Christmann, Gabriela; Balgar, Karsten (Hrsg.) (2011): Social Entrepreneurship. Perspektiven für die Raumentwicklung. Wiesbaden: VS Verlag für Sozialwissenschaften.
Jahoda, Maria (1983): Wieviel Arbeit braucht der Mensch? Arbeit und Arbeitslosigkeit im 20. Jahrhundert. Weinheim und Basel: Beltz.
Jahoda, Maria; Lazarsfeld, Paul; Zeisel, Hans (1975): Die Arbeitslosen von Marienthal. Frankfurt am Main: Suhrkamp.
Jakob, Giseal (2003): Biografische Strukturen bürgerschaftlichen Engagements. In: Chantal Munch (Hrsg.): Sozial Benachteiligte engagieren sich doch. Weinheim und München: Juventa, S. 79–96.

Jann, Werner; Wegrich, Kai (2010): Governance und Verwaltungspolitik: Leitbilder und Reformkonzepte. In: Arthur Benz und Nicolai Dose (Hrsg.): Governance – Regieren in komplexen Regelsystemen. Eine Einführung. Wiesbaden: VS Verlag für Sozialwissenschaften, S. 175–201.

Joas, Hans (1997): Einführung von Hans Joas: Eine soziologische Transformation der Praxisphilosopie – Giddens' Theorie der Strukturierung. In: Anthony Giddens: Die Konstitution der Gesellschaft. Grundzüge einer Theorie der Strukturierung. Frankfurt am Main und New York: Campus, S. 9–25.

Joas, Hans; Knöbl, Wolfgang (2004): Sozialtheorie. Zwanzig einführende Vorlesungen. Frankfurt am Main: Suhrkamp.

Jochum, Véronique; Pratten, Belinda; Wilding, Karl (2005): Civil renewal and active citizenship. A guide to the debate. London: NCVO. Download: https://www.ncvo.org.uk/images/documents/policy_and_research/participation/civil_renewal_active_citizenship.pdf [17. 7. 2016].

Johanisová, Nadia; Franková, Eva (2013): Eco-social enterprises in practice and theory – A radical versus mainstream view. In: Maria Anastasiadis (Hrsg.): ECO-WISE – Social Enterprises as Sustainable Actors. Concepts, Performances, Impacts. Bremen: Europäischer Hochschulverlag, S. 110–131.

Kaase, Max (1992): Politische Beteiligung. In: Manfred G. Schmidt (Hrsg.): Lexikon der Politik. München: Beck, S. 339–346.

Kaina, Viktoria (Hrsg.) (2009): Politische Soziologie. Ein Studienbuch. Wiesbaden: VS Verlag für Sozialwissenschaften.

Kallus, Konrad Wolfgang (2010): Erstellung von Fragebogen. Wien: UTB; Facultas.

Kammer für Arbeiter und Angestellte (2016a): Sozialleistungen im Überblick 2016. Wien: ÖGB-Verlag.

Kammer für Arbeiter und Angestellte (2016b): Beschäftigungspflicht und Ausgleichstaxe. Download: http://www.arbeiterkammer.at/beratung/arbeitundrecht/arbeitundbehinderung/Beschaeftigungspflicht.html [30. 7. 2016].

Kammer für Arbeiter und Angestellte (2016c): Altersteilzeit. Download: https://www.arbeiterkammer.at/beratung/arbeitundrecht/pension/altersteilzeit/Altersteilzeit.html [6. 5. 2016].

Kaplan, Abraham; Skogstad, A. L.; Girshick, M. A. (1950): The Prediction of social and technological events. In: *The Public Opinion Quarterly* (XIV), S. 93–110.

Karstedt, Susanne (2004): Linking capital. Institutionelle Dimensionen sozialen Kapitals. In: Fabian Kessl und Hans-Uwe Otto (Hrsg.): Soziale Arbeit und Soziales Kapital. Zur Kritik lokaler Gemeinschaftlichkeit. Wiesbaden: VS Verlag für Sozialwissenschaften, S. 45–63.

Kaufmann, Franz-Xaver (1997): Herausforderungen des Sozialstaates. Frankfurt am Main: Suhrkamp.

Kemmis, Stephen; McTaggart, Robin (2005): Participatory action research. Communicative action and the public sphere. In: Norman K. Denzin und Yvonna S. Lincoln (Hrsg.): The Sage Handbook of Qualitative Research. Thousand Oakes: Sage Publications, S. 559–603.

Kerlin, Janelle A. (2010): A Comparative Analysis of the Global Emergence of Social Enterprise. In: *Voluntas* (21), S. 162–179.

Kerlin, Janelle A. (2013): Defining Social Enterprises across different Contexts: A Conceptual Framework Based on Institutional Factors. In: *Nonprofit and Voluntary Sector Quartaly* (42), S. 84–108.

Kern, Thomas (2008): Soziale Bewegungen. Ursachen, Wirkungen, Mechanismen. Wiesbaden: VS Verlag für Sozialwissenschaften.

Kessl, Fabian (2009): Soziale Arbeit als Grenzbearbeiterin. Einige grenzanalytische Vergewisserungen. In: Sascha Neumann und Philipp Sandermann (Hrsg.): Kultur und Bildung.

Neue Fluchtpunkte für die sozialpädagogische Forschung? Wiesbaden: VS Verlag für Sozialwissenschaften, S. 43–61.

Kessl, Fabian (2010): Demokratietheoretische Vergewisserungen in der Sozialen Arbeit. In: Bettina Lösch und Andreas Thimmel (Hrsg.): Kritische politische Bildung. Ein Handbuch. Schwalbach am Taunus: Wochenschau-Verlag, S. 129–141.

Kessl, Fabian; Maurer, Susanne (2005): Soziale Arbeit. In: Fabian Kessl, Christian Reutlinger, Susanne Maurer und Oliver Frey (Hrsg.): Handbuch Sozialraum. Wiesbaden: VS Verlag für Sozialwissenschaften, S. 111–129.

Kessl, Fabian; Maurer, Susanne (2010): Praktiken der Differenzierung als Praktiken der Grenzbearbeitung. Überlegungen zur Bestimmung Sozialer Arbeit als Grenzarbeiterin. In: Fabian Kessl und Melanie Plößer (Hrsg.): Differenzierung, Normalisierung, Andersheit. Soziale Arbeit als Arbeit mit den anderen. Wiesbaden: VS Verlag für Sozialwissenschaften, S. 154–169.

Kessl, Fabian; Otto, Hans-Uwe (Hrsg.) (2004): Soziale Arbeit und Soziales Kapital. Zur Kritik lokaler Gemeinschaftlichkeit. Wiesbaden: VS Verlag für Sozialwissenschaften.

Kessl, Fabian; Otto, Hans-Uwe (2004): Soziale Arbeit und die Neugestaltung des Sozialen. In: Fabian Kessl und Hans-Uwe Otto (Hrsg.): Soziale Arbeit und Soziales Kapital. Zur Kritik lokaler Gemeinschaftlichkeit. Wiesbaden: VS Verlag für Sozialwissenschaften, S. 7–21.

Kessl, Fabian; Otto, Hans-Uwe (Hrsg.) (2009): Soziale Arbeit ohne Wohlfahrtsstaat? Zeitdiagnosen, Problematisierungen und Perspektiven. Weinheim und München: Juventa.

Kessl, Fabian; Plößer, Melanie (Hrsg.) (2010): Differenzierung, Normalisierung, Andersheit. Soziale Arbeit als Arbeit mit den anderen. Wiesbaden: VS Verlag für Sozialwissenschaften.

Kessl, Fabian; Reutlinger, Christian; Maurer, Susanne; Frey, Oliver (Hrsg.) (2005): Handbuch Sozialraum. Wiesbaden: VS Verlag für Sozialwissenschaften.

Kieselbach, Thomas (2000): Arbeitslosigkeit und Gesundheit: Perspektiven eines zukünftigen Umgangs mit beruflichen Transitionen. In: Hans-Georg Zilian und Jörg Flecker (Hrsg.): Soziale Sicherheit und Strukturwandel der Arbeitslosigkeit. München und Mering: Rainer Hampp Verlag, S. 103–136.

Kießling, Bernd (1988): Die „Theorie der Strukturierung". Ein Interview mit Anthony Giddens. In: *Zeitschrift für Soziologie* (4), S. 286–295.

Kinderschutzkongress (1970): Schriften des Ersten Kinderschutzkongresses in Wien. Wien: K. k. Hof- und Staatsdruckerei.

Kittl-Satran, Helga (2009): Soziale Arbeit an der Schnittstelle von Schule und Beruf. In: Josef Scheipl, Peter Rossmann und Arno Heimgartner (Hrsg.): Partizipation und Inklusion in der Sozialen Arbeit. Graz: Leykam, S. 86–104.

Kleve, Heiko (2004): Die intime Grenze funktionsaler Partizipation. Ein Revisionsvorschlag zum systemtheoretischen Inklusions/Exklusion-Konzept. In: Roland Merten und Albert Scherr (Hrsg.): Inklusion und Exklusion in der Sozialen Arbeit. Wiesbaden: VS Verlag für Sozialwissenschaften, S. 163–187.

Kleve, Heiko (2005): Soziale Partizipation zwischen Integration und Inklusion. In: *Sozialpädagogische Impulse* (1), S. 19–21.

Klicpera, Christian; Gasteiger Klicpera, Barbara (1997): Soziale Dienste – Anforderungen, Organisationsformen und Perspektiven. Wien: Wiener Universitätsverlag.

Knapp, Gerald (Hrsg.) (2004): Soziale Arbeit und Gesellschaft. Entwicklungen und Perspektiven in Österreich. Klagenfurt: Hermagoras Verlag.

Knapp, Gerald (2008): Arbeit, Erwerbslosigkeit und Armut. In: Gerald Knapp und Heinz Pichler (Hrsg.): Armut, Gesellschaft und Soziale Arbeit. Perspektiven gegen Armut und soziale Ausgrenzung in Österreich. Klagenfurt: Hermagoras Verlag, S. 324–354.

Knapp, Gerald; Pichler, Heinz (Hrsg.) (2008): Armut, Gesellschaft und Soziale Arbeit. Perspektiven gegen Armut und soziale Ausgrenzung in Österreich. Klagenfurt: Hermagoras Verlag.

Koch, Achim; Wasmer, Matina; Schmidt, Peter (Hrsg.) (2001): Blickpunkt Gesellschaft 6. Politische Partizipation in der Bundesrepublik Deutschland. Empirische Befunde und theoretische Erklärungen. Opladen: Leske und Budrich.

Koch, Sascha; Schemmann, Michael (Hrsg.) (2009): Neo-Institutionalismus in der Erziehungswissenschaft. Grundlegende Texte und empirische Studien. Wiesbaden: VS Verlag für Sozialwissenschaften.

Koordinationsstelle der Territorialen Beschäftigungspakte Österreich (1999): Territoriale Beschäftigungspakte (TEPs) in Österreich. Newsletter. Entwicklungen 1999. Wien. Download: http://TEPnews_nr01_2000_Entwicklungen1999.pdf/ [7.6.2010].

Koordinationsstelle der Territorialen Beschäftigungspakte Österreich (2007): TEP Bilanz. Territoriale Beschäftigungspakte in Österreich 2000–2006. Wien. Download: http://amg.tsn.at/sites/amg.tsn.at/files/documents/2007_TEP_Bilanz.pdf [30.7.2016].

Kossek, Birgit (2009): Survey: Die forschungsgeleitete Lehre in der internationalen Diskussion. Wien: Center for Teaching and Learning/CTL. Download: https://ctl.univie.ac.at/fileadmin/user_upload/elearning/Forschungsgeleitete_Lehre_International_090414.pdf [17.7.2016].

Krainer, Helga (2007): Bottom up – Top down – Regionalisierung und Positionierungen im Steiermärkischen Beschäftigungspakt (STEBEP). In: Koordinationsstelle der Territorialen Beschäftigungspakte:TEP Bilanz. Territoriale Beschäftigungspakte in Österreich 2000–2006. Wien, S. 25.

Kratzwald, Brigitte (2013): Zukunftsfähiges Wirtschaften jenseits von Markt und Staat. In: Armutskonferenz (Hrsg.): Was allen gehört. Commons – Neue Perspektiven in der Armutsbekämpfung. Wien: ÖGB-Verlag, S. 15–27.

Kreft, Dieter (2004): Moden, Trends und Handlungsorientierungen in der Sozialen Arbeit seit 1945 oder: „Hits und Flops" – was bleibt für heute? In: *Archiv für Wissenschaft und Praxis der sozialen Arbeit* (4), S. 68–89.

Kreft, Dieter; Mielenz, Ingrid (Hrsg.) (2005): Wörterbuch Soziale Arbeit. 5., vollst. überarbeitete u. ergänzte AuflageWeinheim und München: Juventa.

Kreft, Dieter; Mielenz, Ingrid (Hrsg.) (2008): Wörterbuch Soziale Arbeit. 6., überarbeitete und aktualisierte Auflage. Weinheim und München: Juventa.

Kreft, Dieter; Mielenz, Ingrid (Hrsg.) (2013): Wörterbuch Soziale Arbeit. 7., vollst. überarbeitete und aktualisierte Auflage.Weinheim und München: Juventa.

Kreiß, Christian (2014): Geplanter Verschleiß. Wie die Industrie uns zu immer mehr und immer schnellerem Konsum antreibt – und wie wir uns dagegen wehren können. München: Europa Verlag.

Krempl, Mathias; Thaler, Johannes (2015): Arbeitsmarktverwaltung 1917–1957. Bürokratie und Praxis. Wien: ÖGB-Verlag.

Kritzinger, Sylvia; Ludvig, Alica; Müller, Karl (2009): „Pilotprojekt Effekte der Arbeitslosigkeit". Eine Studie im Auftrag des Bundesministeriums für Arbeit, Soziales und Konsumentenschutz. Wien. Download: http://www.sozialministerium.at/cms/site/attachments/0/0/9/CH2247/CMS1318326022365/effekte_der_arbeitslosigkeit-endbericht.pdf [9.2.2016].

Kronauer, Martin (2002): Exklusion. Die Gefährdung des Sozialen im hoch entwickelten Kapitalismus. Frankfurt am Main und New York: Campus.

Kuckartz, Udo (2014): Mixed Methods. Methodologie, Forschungsdesigns und Analyseverfahren. Wiesbaden: VS Verlag für Sozialwissenschaften.

Kuhlmann, Carola (2012): Der Begriff der Inklusion im Armuts- und Menschenrechtsdiskurs der Theorien Sozialer Arbeit – eine historisch-kritische Annäherung. In: Hans-Jürgen Balz, Benjamin Benz und Carola Kuhlmann (Hrsg.): Soziale Inklusion als Grundlage Sozialer Arbeit. Wiesbaden: VS Verlag für Sozialwissenschaften, S. 35–57.

Kuhn, Katina; Heinrichs Harald (2011): Partizipation, Kooperation und nachhaltige Entwicklung im Kontext globalen Wandels. In: Harald Heinrichs, Katina Kuhn und Jens Newig (Hrsg.): Nachhaltige Gesellschaft. Welche Rolle für Partizipation und Kooperation? Wiesbaden: Verlag für Sozialwissenschaften, S. 15–25.

Kuhn, Thomas S. (1996): Die Struktur wissenschaftlicher Revolutionen. Frankfurt am Main: Suhrkamp.

Kühn, Thomas; Koschel, Kay-Volker (2011): Gruppendiskussionen. Ein Praxis-Handbuch. Wiesbaden: VS Verlag für Sozialwissenschaften.

Lamla, Jörn (2003): Anthony Giddens. Frankfurt am Main: Campus.

Lamnek, Siegfried (1998): Gruppendiskussion. Theorie und Praxis. Weinheim: Beltz.

Lane, Robert (1959) (Hrsg.): Political Life: Why People Get Involved in Politics. Glencoe: The Free Press.

Lane, Robert (1959): „Strength", Happiness and Morality in Politics. In: Robert Lane (Hrsg.): Political Life: Why People Get Involved in Politics. Glencoe: The Free Press, S. 147–162.

Lang, Richard; Rößl, Dietmar (2011): Contextualizing the Governance of Community Cooperatives: Evidence from Austria and Germany. In: *Voluntas* (4), S. 706–730.

Lang, Richard; Novy, Andreas (2014): Cooperative Housing and Social Cohesion: The Role of Linking Social Capital. In: *European Planning Studies* 22(8), S. 1744–1764.

Lange, Hellmuth (Hrsg.) (2008): Nachhaltigkeit als radikaler Wandel. Die Quadratur des Kreises? Wiesbaden: VS Verlag für Sozialwissenschaften.

Lange, Hellmuth (2008): Wovon handelt dieses Buch? In: Hellmuth Lange (Hrsg.): Nachhaltigkeit als radikaler Wandel. Die Quadratur des Kreises? Wiesbaden: VS Verlag für Sozialwissenschaften, S. 7–13.

Langer, Andreas (2014): Zur Einbettung des Sozialunternehmertums in die Infrastruktur sozialer Dienstleistungen. In: Volker Brinkmann (Hrsg.): Sozialunternehmertum. Baltmannsweiler: Schneider-Verlag Hohengehren, S. 61–75.

Lauermann, Karin (2011): Sozialpädagogisch relevante Ausbildungen in Österreich. In: Maria Anastasiadis, Arno Heimgartner, Helga Kittl-Satran und Michael Wrentschur (Hrsg.): Sozialpädagogisches Wirken. Münster, Berlin und Wien: LIT, S. 172–185.

Lauermann, Karin; Knapp, Gerald (Hrsg.) (2003): Sozialpädagogik in Österreich. Perspektiven in Theorie und Praxis. Klagenfurt: Hermagoras Verlag.

Laville, Jean-Louis (2011): What is the third sector? From the non-profit sector to the social and solidarity economy. Theoretical debate and european reality. EMES Working Paper Series no11/01. Brüssel. Download: http://www.emes.net/site/wp-content/uploads/EMES-WP-11-01_Jean-Louis-Laville.pdf [26.7.2016].

Lebensministerium (2010): Gemeinsame Erklärung zur Lokalen Agenda 21 in Österreich. Wien. Download: https://www.bmlfuw.gv.at/dam/jcr:394d4815-7247-4194-a4df-cc5fda9f180a/Gemeinsame_Erkl%C3%A4rung%20zur%20Lokalen%20Agenda%2021%20in%20%C3%96sterreich_09.2010.pdf [30.7.2016].

Lebensministerium (2011): Bundes-Abfallwirtschaftsplan. Wien. Download: http://www.bmlfuw.gv.at/greentec/abfall-ressourcen/bundes-abfallwirtschaftsplan/bawp2011.html [27.8.2015].

Lechner, Hannes, Seiler, Eva-Christina; Stoppacher, Peter (2000): Evaluierung der steirischen Beschäftigungsgesellschaften. IFA. Graz. Download: http://www.ifa-steiermark.at/relaunch/upload/BG-Endbericht.PDF [30.7.2016].

Leeb, Wolfgang (2003): Die Situation der Sozialwirtschaft in Österreich. Studie im Rahmen des Equal-Projektes. EQ – Engagement mit Qualität für Steyr-Kirchdorf. Wolfern. Download: https://www2.fhstp.ac.at/~webmaster/equal_template/content/Downloads/01_Sozialwirtschaft-SozialeArbeit/Situation_Sozialwirtschaft_in_%D6sterreich.pdf [26. 7. 2016].

Lehner, Othmar M. (2011): The Phenomenon of Social Enterprise in Austria: A Triangulated Descriptive Study. In: *Journal of Social Entrepreneurship* 2 (1), S. 53–78.

Leichsenring, Kai (2001): Austria. Social Enterprises and new childcare services. In: Carlo Borzaga und Jacques Defourny (Hrsg.): The Emergence of Social Enterprise. London und New York: Routledge, S. 32–46.

Leichsenring, Kai; Strümpel, Charlotte (1997): Berufliche Integration behinderter Menschen – Innovative Projektbeispiele aus Europa. Schriftenreihe „Soziales Europa"; Band 6; herausgegeben vom BMAGS. Wien. Download: http://bidok.uibk.ac.at/library/leichsenring-beruflich.html [30. 7. 2016].

Lenk, Kurt (1983): Revolution. In: Wolfgang W. Mickel und Dietrich Zitzlaff (Hrsg.): Handlexikon zur Politikwissenschaften. München: Ehrenwirth, S. 443–447.

Lenz, Werner (Hrsg.) (2010): Interdisziplinarität. Wissenschaft im Wandel. Wien: Löcker Verlag.

Les, Eva; Jeliazkova, Maria (2007): The Social Economy in Central, East and South East Europe. In: OECD (Hrsg.): Social Economy. Building Inclusive Economies. Paris: OECD, S. 189–210.

Lessenich, Stephan (2005): „Activation without work". Das neue Dilemma des „konservativen" Wohlfahrtsstaats. In: Heinz-Jürgen Dahme und Norbert Wohlfahrt (Hrsg.): Aktivierende Soziale Arbeit. Theorie – Handlungsfelder – Praxis. Baltmannsweiler: Schneider-Verlag Hohengehren, S. 21–30.

Lewin, Kurt; Lewin Gertrud Weiss (Hrsg.) (1946): Resolving social conflicts. New York: Harper & Brothers.

Lewin, Kurt (1946): Action research and minority problems. In: Kurt Lewin und Lewin Gertrud Weiss (Hrsg.): Resolving social conflicts. New York: Harper & Brothers, S. 201–216.

Lindner, Werner (2014): Repolitisierung der Sozialen Arbeit – pragmatische Zugänge und Suchstrategien in Politikgestaltung, Politikberatung und Lobbyarbeit. In: Birgit Bütow, Karl August Chassé und Werner Lindner (Hrsg.): Das Politische im Sozialen. Historische Linien und aktuelle Herausforderungen der Sozialen Arbeit. Leverkusen: Budrich, S. 193–207.

Linstone, Harold A.; Turoff, Murray (Hrsg.) (1975): The Delphi Method. Techniques and Applications. Reading: Addison-Wesley.

Littig, Beate; Grießler, Erich (2004): Soziale Nachhaltigkeit. Informationen zur Umweltpolitik der Arbeiterkammer Österreich. Wien: AK Österreich. Download: https://media.arbeiterkammer.at/wien/Informationen_zur_Umweltpolitik_160.pdf [26. 7. 2016].

Liu, Gordon; Ko, Wai Wai (2012): Organizational Learning and Marketing Capability Development: A Study of the Charity Retailing Operations of British Social Enterprise. In: *Nonprofit and Voluntary Sector Quartaly* 41 (4), S. 580–608.

Loidl-Keil, Rainer (2005): Integration als Geschäft und Wertschöpfung – begriffliche Positionsbestimmung Sozialer Integrationsunternehmen als Organisationstyp. In: Rainer Loidl-Keil und Wolfgang Laskowski (Hrsg.). Evaluationen in Sozialen Integrationsunternehmen. Konzepte, Beispiele, Erfahrungen. München und Mering: Rainer Hampp Verlag, S. 1–29.

Loidl-Keil, Rainer; Laskowski, Wolfgang (Hrsg.) (2005): Evaluationen in Sozialen Integrationsunternehmen. Konzepte, Beispiele, Erfahrungen. München und Mering: Rainer Hampp Verlag.

Loos, Peter; Schäffer, Burkhard (2001): Das Gruppendiskussionsverfahren. Theoretische Grundlagen und empirische Anwendung. Opladen: Leske und Budrich.

Lösch, Bettina; Thimmel, Andreas (Hrsg.) (2010): Kritische politische Bildung. Ein Handbuch. Schwalbach am Taunus: Wochenschau-Verlag.

Löw, Martina (2001): Raumsoziologie. Frankfurt am Main: Suhrkamp.

Ludl, Herbert (1999): Housing Co-Operatives In Austria. Structure, Principles, Economic Importance. Wien: GBV.

Luhmann, Niklas (1997): Die Gesellschaft der Gesellschaft. Frankfurt am Main: Suhrkamp.

Luks, Fred (2002): Nachhaltigkeit. Hamburg: Europäische Verlagsanstalt.

Lüttringhaus, Maria (2000): Stadtteilentwicklung und Partizipation. Fallstudien aus Essen-Katernberg und der Dresdener Äußeren Neustadt. Bonn: Stiftung Mitarbeit.

Maccoby, Herbert (1958): The Differential Political Activity of Participants in a Voluntary Association. In: *American Sociological Review* (23), S. 524–532.

Madsen, Henning; Ulhøi, John P. (2001): Integrating environmental and stakeholder management. In: *Business Strategy and the Environment* 10, S. 77–88.

Mahoney, James (2000): Path Dependence in Historical Sociology. In: *Theory and Society* 29 (4), S. 507–548.

Maier, Florentine; Schober, Christian; Simsa, Ruth; Millner, Reinhard (2015): SROI as a Method for Evaluation Research: Understanding Merits and Limitations. In: *Voluntas* (26), S. 1805–1830.

Maier, Gerhard; Wonisch, Manfred (1991): Einrichtungen Offener Jugendarbeit in der Steiermark. Eine Analyse der steirischen Jugendzentren, Jugendtreffs und Jugendräume. Diplomarbeit. Karl-Franzens-Universität Graz, Graz. Erziehungs- und Bildungswissenschaft.

Mair, Johanna; Marti, Ignasi (2006): Social Entrepreneurship Research: A Source of Explanation, Prediction, and Delight. In: *Journal of World Business* 41(1), S. 36–44.

Mair, Johanna; Robinson, Jeffrey; Hockerts, Kai (Hrsg.) (2006): Social Entrepreneurship. Basingstoke, Hampshire und New York: Palgrave Macmillan.

Maiss, Maria (2009): Soziale Arbeit im Dienste der Ermöglichung substanzieller/materieller Bedingungen von Freiheit und Wohlleben. In: Peter Pantucek und Maria Maiss (Hrsg.): Die Aktualität des Denkens von Ilse Arlt. Wiesbaden: VS Verlag für Sozialwissenschaften, S. 61–74.

Marshall, Thomas H. (1992): Bürgerrechte und soziale Klassen. Zur Soziologie des Wohlfahrtsstaates. Frankfurt am Main und New York: Campus.

Marterbauer, Markus (2010): Finanz- und Wirtschaftskrise: Neue Herausforderungen für Sozial- und Beschäftigungspolitik. In: *Wirtschaft und Politik*, S. 35–43.

Martin, Gottfried (1996): Sokrates. Reinbek bei Hamburg: Rowohlt.

Marx, Karl; Engels, Friedrich (1972): Werke, Band 8, „Der achtzehnte Brumaire des Louis Bonaparte". Berlin: Dietz Verlag.

Marzahn, Christian (1982): „… Daß der Verlust der Freyheit Wohltat für sie werde." Zur Entwicklung des historischen Selbstverständnisses der Sozialpädagogik als wissenschaftlicher Disziplin. In: *Literatur Rundschau* (7), S. 6–22.

Masschelein, Jan (2003): Trivialisierung von Kritik. Kritische Erziehungswissenschaft weiterdenken. In: *Zeitschrift für Pädagogik* (46), S. 121–141.

Mathis, Juliette; Heckl, Eva; Senarclens de Grancy, Regina (2014): A map of social enterprises and their eco-systems in Europe. Country Report: Austria. Im Auftrag der Europäischen Kommission. Brüssel und London. Download: http://ec.europa.eu/social/main.jsp?langId=en&catId=89&newsId=2149 [26.7.2016].

Matzinger, Franz Josef (Hrsg.) (1979): Die Genossenschaften in Österreich und ihre Bedeutung für die österreichische Volkswirtschaft. Wien: Wirtschaftsuniversität.

Maurer, Susanne (2006a): Gedächtnis der Konflikte: Oppositionelle Milieus in der DDR und Soziale Arbeit in den Bundesländern. In: Birgit Bütow, Karl August Chassé und Susanne Maurer (Hrsg.): Soziale Arbeit zwischen Aufbau und Abbau. Transformationsprozesse im Osten Deutschlands und die Kinder- und Jugendhilfe. Wiesbaden: VS Verlag für Sozialwissenschaften, S. 43–58.

Maurer, Susanne (2006b): Gouvernmentalität „von unten her" denken – Soziale Arbeit und soziale Bewegungen als (kollektive) Akteure „beweglicher Ordnungen". In: Susanne Weber und Susanne Maurer (Hrsg.): Gouvernementalität und Erziehungswissenschaft. Wissen, Macht, Transformation. Wiesbaden: VS Verlag für Sozialwissenschaften, S. 233–252.

Mayring, Philipp (2002): Einführung in die qualitative Sozialforschung. Eine Anleitung zu qualitativem Denken. Weinheim: Beltz.

Mayring, Philipp (2010): Qualitative Inhaltsanalyse. Grundlagen und Techniken. Weinheim: Beltz.

McGovern, Karsten (2008): Lokale Steuerung und kooperative Leistungserbringung. In: *Sozialwirtschaft* (1), S. 13–15.

Meadows, Dennis; Meadows, Donella; Zahn, Erich; Milling, Peter (1974): Die Grenzen des Wachstums: Bericht an den Club of Rome zur Lage der Menschheit. Reinbek bei Hamburg: Rowohlt.

Melinz, Gerhard (2004): Geschichte der „Sozialwirtschaft" in Österreich: Eine historische Skizze. In: *Kurswechsel* (4), S. 33–42.

Melinz, Gerhard (2006): Österreichisches Komitee für Soziale Arbeit: Chronologie und sozialpolitischer Stellenwert. In: ÖKSA (Hrsg.): 50 Jahre ÖKSA. Eine politische Plattform im Wandel der Zeit. Festschrift anlässlich des 50-jährigen Bestehens des Österreichischen Komitees für Soziale Arbeit. Wien, S. 9–74.

Merchel, Joachim (2001): Qualitätsmanagement in der Sozialen Arbeit. Münster.

Merten, Roland; Scherr, Albert (Hrsg.) (2004): Inklusion und Exklusion in der Sozialen Arbeit. Wiesbaden: VS Verlag für Sozialwissenschaften.

Merten, Roland; Sommerfeld, Peter; Koditek, Thomas (Hrsg.) (1996): Sozialarbeitswissenschaft – Kontroversen und Perspektiven. Berlin: Luchterhand.

Meuser, Michael; Nagel, Ulrike (2009): Das Experteninterview – konzeptionelle Grundlagen und methodische Anlage. In: Susanne Pickel, Gert Pickel, Hans-Joachim Lauth und Detlef Jahn (Hrsg.): Methoden der vergleichenden Politik- und Sozialwissenschaft. Neue Entwicklungen und Anwendungen. Wiesbaden: VS Verlag für Sozialwissenschaften, S. 465–479.

Mey, Günter; Mruck, Katja (Hrsg.) (2010): Handbuch Qualitative Forschung in der Psychologie. Wiesbaden: VS Verlag für Sozialwissenschaften.

Meyer, Michael (2009): Wie viel Wirtschaft verträgt die Zivilgesellschaft? Über Möglichkeiten und Grenzen wirtschaftlicher Rationalität in NPOs. In: Ingo Bode, Adalbert Evers und Ansgar Klein (Hrsg.): Bürgergesellschaft als Projekt. Wiesbaden: VS Verlag für Sozialwissenschaften, S. 127–144.

Meyer, Michael; Simsa, Ruth (2013): NPOs: Abgrenzungen, Definitionen, Forschungszugänge. In: Ruth Simsa, Michael Meyer und Christoph Badelt (Hrsg.): Handbuch der Nonprofit-Organisation. Strukturen und Management. Stuttgart: Schäffer-Poeschel, S. 3–14.

Meyer, Michael; Simsa, Ruth (2013): Entwicklungsperspektiven des Nonprofit-Sektors. In: Ruth Simsa, Michael Meyer und Christoph Badelt (Hrsg.): Handbuch der Nonprofit-Organisation. Strukturen und Management. Stuttgart: Schäffer-Poeschel, S. 509–524.

Mickel, Wolfgang W.; Zitzlaff, Dietrich (Hrsg.) (1983): Handlexikon zur Politikwissenschaft. München: Ehrenwirth.

Miessen, Markus; Grassegger, Hannes (2012): Albtraum Partizipation. In: *Die Zeit Onine*, S. 2. Download: http://www.zeit.de/gesellschaft/zeitgeschehen/2012-06/essay-partizipation [17.7.2016].
Mietzner, Dana (2009): Strategische Vorausschau und Szenarioanalysen. Methodenevaluation und neue Ansätze. Wiesbaden: Gabler.
Mikula, Regina; Kittl-Satran, Helga (Hrsg.) (2011): Dimensionen der Erziehungs- und Bildungswissenschaft. Graz: Leykam.
Milbrath, Lester W. (1965): Political Participation. How and Why Do People Get Involved in Politics. Chicago.
Milbrath, Lester W.; Klein, Walter W. (1962): Personality, Correlates of Political Participation. In: *Acta Sociologica* (6), S. 53–66.
Millner, Reinhard; Vandor, Peter (2014): Neues Unternehmertum: Social Entrepreneurship und die Rolle des Umfeldes. In: Annette Zimmer und Ruth Simsa (Hrsg.): Forschung zu Zivilgesellschaft, NPOs und Engagement. Quo vadis? Wiesbaden: VS Verlag für Sozialwissenschaften, S. 283–301.
Millner, Reinhard; Vandor, Peter; Schneider Hanna (2013): Innovation und Social Entrepreneurship im Nonprofit-Sektor. In: Ruth Simsa, Michael Meyer und Christoph Badelt (Hrsg.): Handbuch der Nonprofit-Organisation. Strukturen und Management. Stuttgart: Schäffer-Poeschel, S. 431–449.
Mog, Justin M. (2004): Struggling with Sustainability – A Comparative Framework for Evaluating Sustainable Development Programs. In: *World Development* (32), S. 2139–2160.
Mollenhauer, Klaus (1970): Erziehung und Emanzipation. München: Juventa.
Möller, Kurt (2012): Empirische Kleinprojekte in der Region – Wie Forschung kommunale (Jugendarbeits-)Politik beeinflussen kann. In: Armin Schneider, Rebekka Streck und Eppler Natalie (Hrsg.): Forschung, Politik und Soziale Arbeit. Opladen, Berlin und Toronto: Budrich, S. 99–115.
More-Hollerwerweger, Eva; Heimgartner, Arno (2009): Freiwilliges Engagement in Österreich. 1. Freiwilligenbericht. Wien: BMSK. Download: https://www.wu.ac.at/fileadmin/wu/d/cc/npocompetence/downloads/npo-institut_freiwilligenbericht.pdf [17.7.2016].
Moritz, Maria (2012a): Von der Fürsorge zur Sozialarbeit. In: *Sozialarbeit in Österreich* (2), S. 43–46.
Moritz, Maria (2012b): Sozialarbeit in Österreich von 1945 bis heute – Geschichte und Geschichten. In: *Sozialarbeit in Österreich* (1), S. 39–42.
Moritz, Maria (2013): Die Entwicklung der Sozialarbeit ab 1970 bis zur Gegenwart – Teil 3. In: *Sozialarbeit in Österreich* (1), S. 46–50.
Mosberger, Brigitte; Muralter, Doris; Zdrahal-Urbanek, Julia (2007): Praxishandbuch Ältere am Arbeitsmarkt: Ressourcen – Maßnahmen – Strategien. Im Auftrag des AMS Österreich. Wien. Download: http://www.abif.at/deutsch/download/files/47_PH_aeltere.pdf [26.7.2016].
Moser, Heinz (1995): Grundlagen der Praxisforschung. Freiburg im Breisgau: Lambertus.
Moser, Heinz (2010): Einführung in die Medienpädagogik. Aufwachsen im Medienzeitalter. Wiesbaden: VS Verlag für Sozialwissenschaften.
Moser, Michaela; Pantucek, Gertraud; Pantucek, Peter; Schmid, Tom; Winge, Meinrad (2013): Inklusion ist... Multiperspektivische Annäherungen an einen Begriff und seine Bedeutung. In: *Sozialarbeit in Österreich* (1), S. 16–20.
Moser, Sonja (2010): Beteiligt sein. Partizipation aus der Sicht von Jugendlichen. Wiesbaden: VS Verlag für Sozialwissenschaften.
Mulgan, Geoff (2008): Cultivating the Other Invisible Hand of Social Entrepreneurship: Comparative Advantage, Public Policy, and Future Research Priorities. In: Alex Nicholls

(Hrsg.): Social Entrepreneurship. New Models of Sustainable Social Change. Oxford: Oxford University Press, S. 74–95.

Mullen, Edward J.; Bellamy, Jennifer L.; Bledsoe, Sarah E. (2007): Evidenzbasierte Praxis in der Sozialen Arbeit. In: Peter Sommerfeld und Matthias Hüttemann (Hrsg.): Evidenzbasierte Soziale Arbeit. Nutzung von Forschung in der Praxis. Baltmannsweiler: Schneider-Verlag Hohengehren, S. 10–26.

Müller, C. Wolfgang (1988): Wie Helfen zum Beruf wurde. Band 1: Eine Methodengeschichte der Sozialarbeit 1883–1945. Band 2: Eine Methodengeschichte der Sozialarbeit 1945–1990. Weinheim und Basel: Beltz.

Müller, Hans-Peter (2005): Handeln und Struktur. Pierre Bourdieus Praxeologie. In: Catherine Colliot-Thélène, Etienne François und Gunter Gebauer (Hrsg.): Pierre Bourdieu. Deutsch-französische Perspektiven. Frankfurt am Main: Suhrkamp, S. 21–42.

Müller, Siegfried; Sünker, Heinz; Olk, Thomas (Hrsg.) (2000): Soziale Arbeit. Gesellschaftliche Bedingungen und professionelle Perspektiven. Neuwied: Ernst Reinhardt.

Munch, Chantal (Hrsg.) (2003): Sozial Benachteiligte engagieren sich doch. Weinheim und München: Juventa.

Mutz, Gerd; Ludwig-Mayerhofer, Wolfgang; Koenen, Elmar J.; Eder, Klaus; Bonß, Wolfgang (1995): Diskontinuierliche Erwerbsverläufe. Analysen zur postindustriellen Arbeitslosigkeit. Wiesbaden: VS Verlag für Sozialwissenschaften.

Nagel, Alfred (1983): Aktionsforschung, gesellschaftsstrukturen und soziale Wirklichkeit: Zum Problem der Vermittlung von Theorie und Praxis im sozialwissenschaftlichen Forschungsprozess. Frankfurt am Main: Lang.

Nassehi, Armin; Nollmann Gerd (1997): Inklusion. In: *Soziale Systeme* (2), S. 393–411.

Nestmann, Frank (2004): Ressourcenarbeit. In: Klaus Grunwald und Hans Thiersch (Hrsg.): Praxis Lebensweltorientierter Sozialer Arbeit. Weinheim und München: Juventa, S. 69–86.

Neumann, Franz (2003): Mitbestimmung. In: Hanno Drechsler, Wolfgang Hilligen und Franz Neumann (Hrsg.): Gesellschaft und Staat. Lexikon der Politik. München: Vahlen, S. 650–653.

Neumann, Sascha; Sandermann, Philipp (Hrsg.) (2009): Kultur und Bildung. Neue Fluchtpunkte für die sozialpädagogische Forschung? Wiesbaden: VS Verlag für Sozialwissenschaften.

Neumayr, Michaela; Schneider, Ulrike; Meyer, Michael; Haider, Astrid (2007): The Nonprofit Sector in Austria. An economic, legal und political appraisal Working. Working Papers/Institut für Sozialpolitik, 01/2007. WU Vienna University of Economics and Business, Vienna. Download: http://epub.wu.ac.at/530/1/document.pdf [26.7.2016].

Newig, Jens; Kuhn, Katina; Heinrichs, Harald (2011): Nachhaltige Entwicklung durch gesellschaftliche Partizipation und Kooperation? – eine kritische Revision zentraler Theorien und Konzepte. In: Harald Heinrichs, Katina Kuhn und Jens Newig (Hrsg.): Nachhaltige Gesellschaft. Welche Rolle für Partizipation und Kooperation? Wiesbaden: Verlag für Sozialwissenschaften, S. 27–46.

Nicholls, Alex (Hrsg.) (2008): Social Entrepreneurship. New Models of Sustainable Social Change. Oxford: Oxford University Press.

Nicholls, Alex (2010): Editorial: Continuations and Beginnings. In: *Journal of Social Entrepreneurship* 1 (1), S. 1–5.

Nickell, Stephen (1997): Unemployment and Labor Market Rigidities: Europe versus North America. In: *Journal of Economic Perspectives* 11 (3), S. 55–74.

Nie, Norman; Powell, G. Bingham; Prewitt, Kenneth (1969): Social Structure and Political Participation. In: *American Political Science Review* (2 und 4), S. 261–376 (Part I); S. 808 832 (Part II).

Niemeyer, Christian (1998): Klassiker der Sozialpädagogik. Einführung in die Theoriegeschichte einer Wissenschaft. Weinheim und München: Juventa.

Noack, Michael (2015): Kompendium Sozialraumorientierung. Geschichte, theoretische Grundlagen, Methoden und kritische Positionen. Weinheim und Basel: Beltz Juventa.

Nohl, Herman (1935): Die pädagogische Bewegung in Deutschland und ihre Theorie. Frankfurt am Main: Vittorio Klostermann.

Nohl, Herman (1949): Pädagogik aus dreißig Jahren. Frankfurt am Main: Schulte-Bulmke.

Nohlen, Dieter; Schultze, Rainer-Olaf (Hrsg.) (1995): Lexikon der Politik. München: C.H. Beck.

Nohlen, Dieter; Schultze, Rainer-Olaf; Schüttemeyer, Suzanne S. (Hrsg.) (1998): Lexikon der Politik, Band 7: Politische Begriffe. München: C. H. Beck.

Notes from Nowhere (Hrsg.) (2007): Wir sind überall. Weltweit, unwiderstehlich, antikapitalistisch. Hamburg: Edition Nautilus.

Notz, Gisela (2009): Bürgerliche Sozialreform, Arbeiterbewegung und Soziale Arbeit. In: Leonie Wagner (Hrsg.): Soziale Arbeit und Soziale Bewegungen. Wiesbaden: VS Verlag für Sozialwissenschaften, S. 73–109.

Nowotny, Helga; Leroy, Pieter (2009): Helga Nowotny: an itinerary between sociology of knowledge and public debate. Interview by Pieter Leroy. In: *Natures Sciences Sociétés* (17), S. 57–64. Download: http://www.nss-journal.org/articles/nss/pdf/2009/01/nss9118.pdf [30.7.2016].

Nussbaum, Martha (1999): Gerechtigkeit oder das gute Leben. Frankfurt am Main: Suhrkamp.

Nyssens, Marthe (Hrsg.) (2006): Social Enterprise: At the crossroads of market, public policies and civil society. London und New York: Routledge.

Obinger, Herbert; Tálos, Emmerich (2006): Sozialstaat Österreich zwischen Kontinuität und Umbau: VS Verlag für Sozialwissenschaften.

OECD (Hrsg.) (1999): Social Enterprises. Paris. OECD.

OECD (Hrsg.) (2003): The Non-profit Sector in a Changing Economy. Paris: OECD. Download: http://www.oecd.org/leed-forum/publications/The%20Non-profit%20Sector%20in%20a%20Changing%20Economy.pdf [26.7.2016].

OECD (Hrsg.) (2007): Social Economy. Building Inclusive Economies. Paris: OECD.

OECD (Hrsg.) (2014): Job Creation and Local Economic Development. Paris: OECD.

Oehme, Andreas; Beran, Christina M.; Krisch, Richard (2007): Neue Wege in der Bildungs- und Beschäftigungsförderung für Jugendliche. Untersuchung von Potenzialen der Jugendarbeit zur Gestaltung von sozialräumlichen Beschäftigungsprojekten. Wien: Verein Wiener Jugendzentren.

Oelerich, Gertrud; Schaarschuch, Andreas (Hrsg.) (2005): Soziale Dienstleistungen aus Nutzersicht. Zum Gebrauchswert Sozialer Arbeit. München und Basel: Ernst Reinhardt.

Oelerich, Gertrud; Schaarschuch, Andreas (2013): Sozialpädagogische Nutzerforschung. In: Gunther Graßhoff (Hrsg.): Adressaten, Nutzer, Agency. Akteursbezogene Forschungsperspektiven in der Sozialen Arbeit. Wiesbaden: VS Verlag für Sozialwissenschaften, S. 85–99.

Oelschlägel, Dieter (1978): Partizipation. In: Ruth Deutscher, Gerhard Fieseler und Harry Maor (Hrsg.): Lexikon der sozialen Arbeit. Stuttgart, Berlin, Köln, Mainz: Kohlhammer, S. 148–150.

Offe, Claus (1971): Bürgerinitiativen und Reproduktion der Arbeitskraft im Spätkapitalismus. In: Heinz Grossmann (Hrsg.): Bürgerinitiativen – Schritte zur Veränderung? Frankfurt am Main: Fischer Taschenbuchverlag, S. 132–165.

Offe, Claus (1987): Das Wachstum der Dienstleistungsarbeit: Vier soziologische Erklärungsansätze. In: Thomas Olk und Hans-Uwe Otto (Hrsg.): Soziale Dienste im Wandel. Band 1. Helfen im Sozialstaat. Neuwied und Frankfurt: Hermann Luchterhand Verlag, S. 171–198.

ÖKSA (Hrsg.) (2006): 50 Jahre ÖKSA. Eine politische Plattform im Wandel der Zeit. Festschrift anlässlich des 50-jährigen Bestehens des Österreichischen Komitees für Soziale Arbeit. Wien.

Olk, Thomas (2000): Der „aktivierende Staat". Perspektiven einer lebenslagenbezogenen Sozialpolitik für Kinder, Jugendliche, Frauen und ältere Menschen. In: Siegfried Müller, Heinz Sünker und Thomas Olk (Hrsg.): Soziale Arbeit. Gesellschaftliche Bedingungen und professionelle Perspektiven. Neuwied: Ernst Reinhardt, S. 99–118.

Olk, Thomas (2011): Dienstleistungsbeziehungen: Bürger, Nutzer, Konsumenten und Koproduzenten. In: Adalbert Evers, Rolf G. Heinze und Thomas Olk (Hrsg.): Handbuch Soziale Dienste. Wiesbaden: VS Verlag für Sozialwissenschaften, S. 482–499.

Olk, Thomas; Otto, Hans-Uwe (Hrsg.) (1987): Soziale Dienste im Wandel. Band 1. Helfen im Sozialstaat. Neuwied und Frankfurt: Hermann Luchterhand Verlag.

Olk, Thomas; Rauschenbach, Thomas; Sachße, Christoph (1995): Von der Wertgemeinschaft zum Dienstleistungsunternehmen. Oder: über die Schwierigkeit, Solidarität zu üben. Eine einführende Skizze. In: Thomas Rauschenbach, Christoph Sachße und Thomas Olk (Hrsg.): Von der Wertgemeinschaft zum Dienstleistungsunternehmen. Jugend- und Wohlfahrtsverbände im Umbruch. Frankfurt am Main: Suhrkamp, S. 11–34.

Ortmann, Günther; Sydow, Jörg; Türk, Klaus (Hrsg.) (2000): Theorien der Organisation. Die Rückkehr der Gesellschaft. Opladen: Westdeutscher Verlag.

Ortmann, Günther; Sydow, Jörg; Türk, Klaus (2000): Organisation, Strukturation, Gesellschaft. Die Rückkehr der Gesellschaft in die Organisationstheorie. In: Günther Ortmann, Jörg Sydow und Klaus Türk (Hrsg.): Theorien der Organisation. Die Rückkehr der Gesellschaft. Opladen: Westdeutscher Verlag, S. 15–35.

Österreichische Bundesregierung (1999): Nationaler Aktionsplan für Beschäftigung Österreich. Wien. Download: http://www.pakte.at/rahmendok/2815/ [8.5.2010].

Österreichische Bundesregierung (2002): Die österreichische Strategie zur Nachhaltigen Entwicklung. Wien. Download: https://www.nachhaltigkeit.at/assets/customer/Downloads/Strategie/strategie020709_de.pdf [17.7.2016].

Österreichische Bundesregierung (2017): Zusammen. Für unser Österreich. Regierungsprogramm 2017–2022. Wien. Download: https://www.fpoe.at/fileadmin/user_upload/www.fpoe.at/dokumente/2017/Zusammen_Fuer_Oesterreich_Regierungsprogramm.pdf [28.12.2017].

Österreichisches Institut für Jugendkunde (Hrsg.) (1985): Jugendarbeit in Verbänden und offenen Gruppen. Jugendarbeit in Österreich. Österreichischer Jugendbericht 3. Wien: Jugend und Volk Verlagsgesellschaft.

Otto, Hans-Uwe (1999): Ideologie-Palaver? In: *Neue Praxis* (3), S. 323–324.

Otto, Hans-Uwe; Thiersch, Hans (Hrsg.) (2011): Handbuch Soziale Arbeit. München: Ernst Reinhardt.

Otto, Hans-Uwe; Thiersch, Hans; Böllert, Karin (Hrsg.) (2001): Handbuch der Sozialarbeit, Sozialpädagogik. Neuwied: Luchterhand.

Overbury, R.E. (1969): Technological Forecasting: A Criticism of the Delphi Technique. In: *Long Range Planning* (4), S. 76–77

Pailerl, Silvia; Stoppacher, Peter (2009): Evaluierung des Steirischen Programms: Integration arbeitsmarktferner Personen ESF Schwerpunkt 3b 2008 – 2009. IFA. Graz. Download: http://www.forschungsnetzwerk.at/downloadpub/Endbericht_ESF_3b_Letztfassung_IFA_Steiermark_Feb%202010.pdf [30.7.2016].

Pallas, Bettina (2006): Der Fragebogen. In: Vito Flaker und Tom Schmid (Hrsg.): Von der Idee zur Forschungsarbeit. Forschen in Sozialarbeit und Sozialwissenschaft. Wien: Böhlau, S. 333–349.

Pantucek, Peter; Maiss, Maria (Hrsg.) (2009): Die Aktualität des Denkens von Ilse Arlt. Wiesbaden: VS Verlag für Sozialwissenschaften.

Pantucek, Peter (2005): Soziale Arbeit in Österreich. In: Dieter Kreft und Mielenz Ingrid (Hrsg.): Wörterbuch Soziale Arbeit. Weinheim und München: Juventa, S. 796–801.

Pantucek-Eisenbacher, Peter; Vyslouzil, Monika; Pflegerl, Johannes (Hrsg.) (2015): Sozialpolitische Innovationen. Wien und St. Pölten: ÖGB-Verlag.

Patera, Mario (Hrsg.) Perspektiven der Genossenschaftsrevision. Wien: Orac.

Pattie, Charles; Seyd, Patrick; Whiteley, Paul (2003): Civic Attitudes and Engagement in Modern Britain. In: *Parliamentary Affairs* (56), S. 616–633.

Paulesich, Reinhard (2011): Nachhaltigkeit, Konsumforschung und Marketing. In: Hubert Biedermann, Markus Zwainz und Rupert J. Baumgartner (Hrsg.): Umweltverträgliche Produktion und nachhaltiger Erfolg. München und Mering: Rainer Hampp Verlag, S. 147–167.

Pearce, John (2009): Social Enterprise in Anytown. London: Calouste Gulbenkian Foundation.

Peattie, Ken; Morley, Adrian (2008): Eight paradoxes of the social enterprise research agenda. In: *Social Enterprise Journal* (4), S. 91–107.

Pennersdorfer, Astrid; Badelt, Christoph (2013): Zwischen Marktversagen und Staatsversagen? Nonprofit Organisationen aus ökonomischer Sicht. In: Ruth Simsa, Michael Meyer und Christoph Badelt (Hrsg.): Handbuch der Nonprofit-Organisation. Strukturen und Management. Stuttgart: Schäffer-Poeschel, S. 107–123.

Pennersdorfer, Astrid; Schneider, Ulrike; Badelt, Christoph (2013): Der Nonprofit-Sektor in Österreich. In: Ruth Simsa, Michael Meyer und Christoph Badelt (Hrsg.): Handbuch der Nonprofit-Organisation. Strukturen und Management. Stuttgart: Schäffer-Poeschel, S. 55–75.

Pennersdorfer, Astrid; Schneider, Ulrike; Reitzinger, Stephanie (2015): Nonprofit Organisationen in Österreich 2014. Forschungsbericht No 1/2015. Institut für Sozialpolitik der Wirtschaftsuniversität Wien. Wien. Download: https://www.wu.ac.at/fileadmin/wu/d/i/sozialpolitik/FB_01_2015_gesamt.pdf [26. 7. 2016].

Peredo, Ana Maria; Chrisman, James J. (2006): Toward a Theory of Community-Based Enterprise. In: *Academy of Management Review* 31 (2), S. 309–328.

Peskoller, Anton W. (2014): Nachhaltigkeitsgruppen als Orte der Bildung und des Lernens in einer flüssigen Gesellschaft. Dissertation. Universität Graz, Graz. Istitut für Erziehungs- und Bildungswissenschaft. Download: http://unipub.uni-graz.at/download/pdf/239617 [8. 4. 2016].

Pestoff, Victor (1992): Between Markets and Politics. Cooperatives in Sweden. Boulder: Campus & Westview.

Pickel, Susanne; Pickel, Gert; Lauth, Hans-Joachim; Jahn, Detlef (Hrsg.) (2009): Methoden der vergleichenden Politik- und Sozialwissenschaft. Neue Entwicklungen und Anwendungen. Wiesbaden: VS Verlag für Sozialwissenschaften.

Pieper, Marianne, Gutiérrez Rodríguez, Encarnación (2003): Einleitung. In: Pieper, Marianne, Gutiérrez Rodríguez, Encarnación (Hrsg.): Gouvernementalität. Ein sozialwissenschaftliches Konzept in Anschluss an Foucault. Frankfurt am Main: Campus, S. 7–22.

Pieper, Marianne, Gutiérrez Rodríguez, Encarnación (Hrsg.) (2003): Gouvernementalität. Ein sozialwissenschaftliches Konzept in Anschluss an Foucault. Frankfurt am Main: Campus.

Pladerer, Christian; Meissner, Markus; Huber, Thomas; Pflügl Manfred; Bauer, Dietmar (2008): Ruso – Reuse Shops Oberösterreich. Businessplan. Österreichisches Ökologie-Institut; ÖSB Consulting; ThinkAustria Unternehmensberatung. Wien. Download: http://www.ecology.at/files/berichte/E10.870.pdf [30. 7. 2016].
Platte, Andrea (2012): Inklusive Bildung als internationale Leitidee und pädagogische Herausforderung. In: Hans-Jürgen Balz, Benjamin Benz und Carola Kuhlmann (Hrsg.): Soziale Inklusion als Grundlage Sozialer Arbeit. Wiesbaden: VS Verlag für Sozialwissenschaften, S. 141–162.
Pluto, Liane (2010): Partizipation in der Kinder- und Jugendhilfe. Empirische Befunde zu einem umfassenden Anspruch. In: Tanja Betz, Wolfgang Gaiser und Liane Pluto (Hrsg.): Partizipation von Kindern und Jugendlichen. Forschungsergebnisse, Bewertungen, Handlungsmöglichkeiten. Schwalbach am Taunus: Wochenschau-Verlag, S. 195–212.
Polany, Karl (1944): The Great Transformation. The Political and Economic Origins of Our Time. Boston: Beacon Press.
Popp, Reinhold (2009): Partizipative Zukunftsforschung in der Praxisfalle? In: Reinhold Popp und Elmar Schüll (Hrsg.): Zukunftsforschung und Zukunftsgestaltung. Beiträge aus Wissenschaft und Praxis. Berlin und Heidelberg: Springer, S. 131–143.
Popp, Reinhold; Schüll, Elmar (Hrsg.) (2009): Zukunftsforschung und Zukunftsgestaltung. Beiträge aus Wissenschaft und Praxis. Berlin und Heidelberg: Springer.
Posch, Alfred (2012): Darstellung und kritische Analyse ökologieorientierter Bewertungsverfahren. In: Martin Tschandl und Alfred Posch (Hrsg.): Integriertes Umweltcontrolling. Von der Stoffstromanalyse zum integrierten Bewertungs- und Informationssystem. Wiesbaden: Gabler, S. 101–129.
Posch, Christian (2011): Qualität in der alternativen Kinderbetreuung zählt. In: Maria Anastasiadis, Arno Heimgartner, Helga Kittl-Satran und Michael Wrentschur (Hrsg.): Sozialpädagogisches Wirken. Münster, Berlin und Wien: LIT, S. 225–243.
Post, James E.; Preston, Lee E.; Sachs, Sybille (2002): Managing the Extended Enterprise. The New Stakeholder View. In: *California Management Review* 45 (1), S. 6–28.
Prengel, Annedore (2003): Perspektivität anerkennen – Zur Bedeutung von Praxisforschung in der Erziehungswissenschaft. In: Barbara Friebertshäuser und Annedore Prengel (Hrsg.): Handbuch qualitative Forschungsmethoden in der Erziehungswissenschaft. Weinheim und München: Juventa, S. 599–628.
Prettenthaler-Ziegerhofer, Anita (Hrsg.) (2006): Menschen mit Behinderung – Leben wie andere auch. Graz: Leykam.
Priddat, Birger P. (2011): Organisationstheoretische Einschätzungen – Warum Social Entrepreneurship so attraktiv für junge High Potentials ist. In: Helga Hackenberg und Stefan Empter (Hrsg.): Social Entrepreneurship – Social Business: Für die Gesellschaft unternehmen. Wiesbaden: VS Verlag für Sozialwissenschaften, S. 106–118.
Priller, Eckhard (2010): Stichwort: Vom Ehrenamt zum zivilgesellschaftlichen Engagement. In: *Zeitschrift für Erziehungswissenschaft* 13 (2), S. 195–215.
Prinz, Christopher (2015): „Normale Arbeitslose braucht das AMS kaum". Christopher Prinz im Gespräch mit Regina Bruckner. In: *Der Standard,* 20. 04. 2015, S. 21.
Promberger, Markus (2008): Arbeit, Arbeitslosigkeit und soziale Integration. In: *Aus Politik und Zeitgeschichte* (40/41), S. 7–15.
Putnam, Robert D. (1993): Making democracy work. Civic traditions in modern Italy. Princeton: Princeton University Press.
Rammstedt, Otthein (2011): Emanzipation. In: Werner Fuchs-Heinritz, Daniela Klimke, Rüdiger Lautmann, Otthein Rammstedt, Urs Stäheli, Christoph Weischer und Hanns Wie-

nold (Hrsg.): Lexikon zur Soziologie. Wiesbaden: VS Verlag für Sozialwissenschaften, S. 163.
Raschke, Joachim (1988): Soziale Bewegungen. Ein historisch-systematischer Grundriss. Frankfurt am Main: Campus.
Rauch, Franz; Schuster, Angela; Stern, Thomas; Pribila, Maria; Townsend, Andrew (Hrsg.) (2014): Promoting Change through Action Research. Rotterdam, Bosten und Taipei: Sense Publishers.
Rauch, Wolf (1979): The Decision Delphi. In: *Technological Forecasting and Social Change* 15 (3), S. 159–169.
Rauschenbach, Thomas (1999): Das sozialpädagogische Jahrhundert. Analysen zur Entwicklung Sozialer Arbeit in der Moderne. Weinheim und München: Juventa.
Rauschenbach, Thomas; Sachße, Christoph; Olk, Thomas (Hrsg.) (1995): Von der Wertgemeinschaft zum Dienstleistungsunternehmen. Jugend- und Wohlfahrtsverbände im Umbruch. Frankfurt am Main: Suhrkamp.
Rawls, John (1975): Eine Theorie der Gerechtigkeit. Frankfurt am Main: Suhrkamp.
Rawls, John (2003): Gerechtigkeit als Fairness. Ein Neuentwurf. Frankfurt am Main: Suhrkamp.
Reason, Peter; Bradbury, Hilary (Hrsg.) (2001): Handbook of Action Research. Participative Inquiry and Practice. London: Sage Publications.
Reason, Peter; Bradbury, Hilary (Hrsg.) (2008): The Sage Handbook of Action Research. Los Angeles: Sage Publications.
Reason, Peter; Bradbury, Hilary (2008): Introduction. In: Peter Reason und Hilary Bradbury (Hrsg.): The Sage Handbook of Action Research. Los Angeles: Sage Publications, S. 1–10.
Reicher, Hannelore (2009): Zur Bedeutung sozial-emotionalen Lernens in inklusiven und partizipativen Bildungskulturen. In: Josef Scheipl, Peter Rossmann und Arno Heimgartner (Hrsg.): Partizipation und Inklusion in der Sozialen Arbeit. Graz: Leykam, S. 28–45.
Reidl, Patrizia; Schmid, Tom (1998): „Globalisierung“ – eine Einleitung. In: Hans Salmutter (Hrsg.): Wieviel Globalisierung verträgt unser Land? Zwänge und Alternativen. Wien: ÖGB-Verlag, S. 9–27.
Reiner, Elisabeth; Rößl, Dietmar (2010): The Implementation of the SCE Regulation in Austria. RiCC – research report 2010/2. Wien: RiCC – Research Institute for Co-operation and Co-operatives.
Reutlinger, Christian (2005): Sozialräumliche Ermöglichungskontexte. Raumkonzeptionen und Beschäftigungsförderung. In: Helmut Arnold, Lothar Böhnisch und Wolfgang Schröer (Hrsg.): Sozialpädagogische Beschäftigungsförderung. Lebensbewältigung und Kompetenzentwicklung im Jugend- und jungen Erwachsenenalter. Weinheim und München: Juventa, S. 351–368.
Ribolits, Erich (2013): Das Ende der Emanzipation. In: *Streifzüge* (57), o. S. Download: http://www.streifzuege.org/2013/das-ende-der-emanzipation. [17. 7. 2016].
Ricken, Norbert; Rieger-Ladich, Markus (Hrsg.) (2013): Michel Foucault: Pädagogische Lektüren: VS Verlag für Sozialwissenschaften.
Rieger, Judith; Straßburger, Gaby (2014): Warum Partizipation wichtig ist – Selbstverständnis und Auftrag sozialer Berufe. In: Gaby Straßburger und Judith Rieger (Hrsg.): Partizipation kompakt. Für Studium, Lehre und Praxis sozialer Berufe. Weinheim und Basel: Beltz Juventa, S. 42–49.
Riesenfelder, Andreas; Wetzel Petra (Hrsg.) (2005): Der 3. Sektor. Handbuch. Der Dritte Sektor – ein Wirtschaftsbereich mit Verantwortung. Wien: L&R Sozialforschung.
Rifkin, Jeremy (2003): Das Ende der Arbeit und ihre Zukunft. Neue Konzepte für das 21. Jahrhundert. Frankfurt am Main: Fischer Taschenbuchverlag.

Rokkan, Stein (1979): Die vergleichende Analyse der Staaten und Nationenbindung. Modelle und Methoden. In: Wolfgang Zapf (Hrsg.): Theorien des Sozialen Wandels. Königstein: Anton Hain Meisenheim GmbH, S. 228–252.

Rosenau, James N. (1964): Internal War as an International Event. In: James N. Rosenau (Hrsg.): International Aspects of Civil Strife. Princeton: Princeton University Press, S. 45–91.

Rosenau, James N. (Hrsg.) (1964): International Aspects of Civil Strife. Princeton: Princeton University Press.

Roßteutscher, Sigried (2009): Soziale Partizipation und Soziales Kapital. In: Viktoria Kaina (Hrsg.): Politische Soziologie. Ein Studienbuch. Wiesbaden: VS Verlag für Sozialwissenschaften, S. 163–180.

Roth, Roland (2000): Bürgerschaftliches Enagement. Formen, Bedingungen Perspektiven. In: Annette Zimmer und Stefan Nährlich (Hrsg.): Engagierte Bürgerschaft. Traditionen und Perspektiven. Opladen: Leske und Budrich, S. 25–48.

Roth, Roland (2011a): Soziale Bewegungen. In: Hans-Uwe Otto und Hans Thiersch (Hrsg.): Handbuch Soziale Arbeit. München: Ernst Reinhardt, S. 1356–1364.

Roth, Roland; Rucht, Dieter (Hrsg.) (2008): Die sozialen Bewegungen in Deutschland seit 1945. Ein Handbuch. Frankfurt am Main und New York: Campus.

Roth, Roland; Rucht, Dieter (2008): Einleitung. In: Roland Roth und Dieter Rucht (Hrsg.): Die sozialen Bewegungen in Deutschland seit 1945. Ein Handbuch. Frankfurt am Main und New York: Campus, S. 9–36.

Rowe, Gene; Wright, George (1999): The Delphi technique as a forecasting tool: issues and analysis. In: *International Journal of Forecasting* 15, S. 353–375.

Rucht, Dieter (2010): Engagement im Wandel. Politsiche Partizipation in Deutschland. In: *WZBrief Zivil-Engagement,* 1. Mai 2010, S. 1–7. Download: https://www.wzb.eu/sites/default/files/publikationen/wzbrief/wzbriefzivilengagement012010rucht.pdf [17. 7. 2016].

Rueschenmeyer, Dietrich (2009): Usable Theory: Analytic Tools for Social and Political Research. Princeton: Princeton University Press.

Sachs, Renate (2005): Partizipation – aber wie? In: *Sozialpädagogische Impulse* (1), S. 22–25.

Salamon, Lester M. (1996): Third Party Governement. Ein Beitrag zu einer Theorie der Beziehung zwischen Staat und Nonprofit-Sektor im modernen Wohlfahrtsstaat. In: Adalbert Evers und Thomas Olk (Hrsg.): Wohlfahrtspluralismus. Vom Wohlfahrtsstaat zur Wohlfahrtsgesellschaft. Opladen und Berlin: Westdeutscher Verlag, S. 79–103.

Salamon, Lester M. (2014): 10 Great Myths of Global Civil Society. Presented in Glasgow on 13th October 2014 during „In The Age Of Big Data: Examining the Relevance, Emerging Opportunities, and Challenges of Using Data For Scotland's Third Sector Organisations". Download: http://ccss.jhu.edu/wp-content/uploads/downloads/2014/10/Presentation_Salamon_10-Myths_Glasgow_10.2014.pdf [26. 7. 2016].

Salamon, Lester M.; Anheier, Helmut K. (1996): The International Classification of Nonprofit Organizations: ICNPO-Revision 1, Working Papers of the Johns Hopkins Comparative Nonprofit Sector Project no. 19. Baltimore. Download: http://ccss.jhu.edu/wp-content/uploads/downloads/2011/09/CNP_WP19_1996.pdf [17. 7. 2016].

Salamon, Lester M.; Anheier, Helmut K. (1997a): Defining the Nonprofit Sector. A Cross-national Analysis. New York: Manchester University Press.

Salamon, Lester M.; Anheier, Helmut K. (1997b): The Civil Society Sector. In: *Society* (34), S. 60–65.

Salamon, Lester M.; Anheier, Helmut K. (1998): Social Origins of Civil Society: Explaining the Nonprofit Sector Cross-Nationally. In: *Voluntas* 9 (3), S. 213–248.

Salamon, Lester M.; Sokołowski, C. Wojciech (2010): The Social Origins of Civil Society. Explaining Variations in the Size and Structure of the Global Civil Society Sector. 9th International Conference of the International Society for Third Sector Research. Istambul, Türkei, 7.7.2010.

Salamon, Lester M.; Sokołowski, C. Wojciech; Anheier, Helmut K. (2000): Social Origins of Civil Society. An Overview. Working Papers of the Johns Hopkins Comparative Nonprofit Sector Project, no. 38. Baltimore: Johns Hopkins Center for Civil Society Studies.

Salmutter, Hans (Hrsg.): Wieviel Globalisierung verträgt unser Land? Zwänge und Alternativen. Wien: ÖGB-Verlag.

Salustowicz, Piotr (Hrsg.) (2011): Soziale Arbeit zwischen Kontrolle und Solidarität – Auf der Suche nach dem neuen Sozialen. Warszawa und Bielefeld: Societas Pars Mundi Publishing.

Schaarschuch, Andreas (1996): Dienstleistung und Soziale Arbeit. In: *Widersprüche* (59), S. 1–7. Download: http://www.widersprueche-zeitschrift.de/article723.html [23.01.2015].

Schaarschuch, Andreas (2006): Der Nutzer Sozialer Dienstleistungen als Produzent des „Sozialen". In: Tarek Badawia, Helga Luckas und Heinz Müller (Hrsg.): Das Soziale gestalten. Über Mögliches und Unmögliches der Sozialpädagogik. Wiesbaden: VS Verlag für Sozialwissenschaften, S. 81–95.

Schaarschuch, Andreas; Oelerich, Gertrud (2005): Theoretische Grundlagen und Perspektiven sozialpädagogischer Nutzerforschung. In: Oelerich, Gertrud und Andreas Schaarschuch (Hrsg.): Soziale Dienstleistungen aus Nutzersicht. Zum Gebrauchswert Sozialer Arbeit. München und Basel: Ernst Reinhardt, S. 9–28.

Schauer, Reinbert; Blümle, Ernst-Bernd; Witt, Dieter (Hrsg.) (2000): Nonprofit-Organisationen im Wandel. Herausforderungen, gesellschaftliche Verantwortung, Perspektiven; Dokumentation. Linz: Trauner.

Schauer, Reinbert; Purtschert, Robert; Witt, Dieter (Hrsg.): Nonprofit-Organisationen und gesellschaftliche Entwicklung: Spannungsfeld zwischen Mission und Ökonomie. Linz: Trauner.

Scheipl, Josef (2003a): Soziale Arbeit in Österreich – Ein Torso? Brüchige Entwicklungen, angedeutete Perspektiven. In: Karin Lauermann und Gerald Knapp (Hrsg.): Sozialpädagogik in Österreich. Perspektiven in Theorie und Praxis. Klagenfurt: Hermagoras Verlag, S. 10–43.

Scheipl, Josef (2003b): Soziale Arbeit – Sozialpolitik: Verhältnisse, Anregungen und Spannungsmomente. In: Karin Lauermann und Gerald Knapp (Hrsg.): Sozialpädagogik in Österreich. Perspektiven in Theorie und Praxis. Klagenfurt: Hermagoras Verlag, S. 138–168.

Scheipl, Josef (2004): Von der Hilfe zur (personenbezogenen) sozialen Dienstleistung. In: Gerald Knapp (Hrsg.): Soziale Arbeit und Gesellschaft. Entwicklungen und Perspektiven in Österreich. Klagenfurt: Hermagoras Verlag, S. 213–241.

Scheipl, Josef (2010): Soziale Arbeit in Österreich. Stand in Theorie und Praxis. In: Werner Thole (Hrsg.): Grundriss Sozialer Arbeit. Wiesbaden: VS Verlag für Sozialwissenschaften, S. 425–434.

Scheipl, Josef (2011): Soziale Arbeit in Österreich. In: Hans-Uwe Otto und Hans Thiersch (Hrsg.): Handbuch Soziale Arbeit. München: Ernst Reinhardt, S. 1342–1348.

Scheipl, Josef (2016): Sozialpädagogik – Sozialarbeit – Soziale Arbeit. Gemeinsamkeiten suchen und intensivieren, Unterschiede argumentieren und nutzen, um das Projekt „Soziale Arbeit" voranzubringen. In: *Sozialpädagogische Impulse* 4, S. 4–5.

Scheipl, Josef; Rossmann, Peter; Heimgartner, Arno (Hrsg.) (2009): Partizipation und Inklusion in der Sozialen Arbeit. Graz: Leykam.

Scherr, Albert (2001): Soziale Arbeit als Integrationsarbeit? In: *Sozial Extra* 11 (12), S. 10–14.

Scherr, Albert (2004): Exklusionsindividualität. Lebensführung und Soziale Arbeit. In: Roland Merten und Albert Scherr (Hrsg.): Inklusion und Exklusion in der Sozialen Arbeit. Wiesbaden: VS Verlag für Sozialwissenschaften, S. 55–74.

Scherr, Albert (2006): Annäherungen an einen Kritikbegriff einer kritischen Sozialen Arbeit. In: *Widersprüche* (2), S. 169–178.

Scheu, Bringfriede; Autrata, Otger (2013): Partizipation und Soziale Arbeit. Einflussnahme auf das subjektiv Ganze. Wiesbaden: VS Verlag für Sozialwissenschaften.

Schidler, Susanne (2008): Nachhaltige Entwicklung – Beispiele aus dem Bereich „Erneuerbare Rohstoffe/Engergien". In: *AMS info* (115), S. 1–4. Download: http://www.forschungsnetzwerk.at/downloadpub/info115.pdf [26. 7. 2016].

Schmid, Josef (2010): Wohlfahrtsstaaten im Vergleich. Soziale Sicherung in Europa: Organisation, Finanzierung, Leistungen und Probleme. Wiesbaden: VS Verlag für Sozialwissenschaften.

Schmid, Tom (2009): Ilse Arlt und Gösta Esping-Andersen: Das Insider-Outsider Problem in der Sozialpolitik. In: Peter Pantucek und Maria Maiss (Hrsg.): Die Aktualität des Denkens von Ilse Arlt. Wiesbaden: VS Verlag für Sozialwissenschaften, S. 135–160.

Schmid, Tom (Hrsg.) (2012): Wien 1, Stubenring 1. Persönliche Erinnerungen von und an österreichische Sozialministerinnen und Sozialminister. Wien: ÖGB-Verlag.

Schmid, Tom (2013): Inklusion im Diskurs „Behinderung". In: Michaela Moser, Gertraud Pantucek, Peter Pantucek, Tom Schmid und Meinrad Winge (2013): Inklusion ist… Multiperspektivische Annäherungen an einen Begriff und seine Bedeutung. In: *Sozialarbeit in Österreich* (1), S. 16–17.

Schmid, Tom (2016): Demokratie – Partizipation – Menschenrechte. In: *TransForm – Journal für zivilgesellschaftliche Innovation* (1), S. 128–138.

Schmidlechner, Karin Maria; Sprung, Annette; Sonnleitner, Ute (Hrsg.) (2013): Migration und Arbeit in der Steiermark. Graz: Leykam.

Schmidt, Manfred G. (Hrsg.) (1992): Lexikon der Politik. München: C. H. Beck.

Schmidt, Manfred G. (2010a): Wörterbuch zur Politik. Stuttgart: Kröner.

Schmidt, Manfred G. (2010): Demokratietheorien. Wiesbaden: VS Verlag für Sozialwissenschaften.

Schneider, Armin (2012): Forschung und Soziale Arbeit – Chancen und Grenzen zur Politikbeeinflussung. In: Armin Schneider, Rebekka Streck und Eppler Natalie (Hrsg.): Forschung, Politik und Soziale Arbeit. Opladen, Berlin und Toronto: Budrich, S. 163–177.

Schneider, Armin; Streck, Rebekka; Eppler Natalie (Hrsg.) (2012): Forschung, Politik und Soziale Arbeit. Opladen, Berlin und Toronto: Budrich.

Schneider, Armin; Streck, Rebekka, Eppler Natalie (2012): Einleitung. In: Armin Schneider, Rebekka Streck und Eppler Natalie (Hrsg.): Forschung, Politik und Soziale Arbeit. Opladen, Berlin und Toronto: Budrich, S. 9–13.

Schneider, Hanna; Maier Florentine (2013): Social Entrepreneurship in Österreich. Working Paper. Wirtschaftsuniveristät Wien, Abteilung für Nonprofit Management. Wien. Download: http://epub.wu.ac.at/4061/1/se_in_austria.pdf [26. 7. 2016].

Schneider, Hanna; Millner, Reinhard; Meyer, Michael (2010): Die Rolle der Gemeinnützigkeit in Österreichischen Stiftungen. Working Paper. Wirtschaftsuniveristät Wien, Abteilung für Nonprofit Management. Wien. Download: http://epub.wu.ac.at/1059/1/WP Stiftungen.pdf [26. 7. 2016].

Schneider, Ulrike; Haider, Astrid (2009): Nonprofit Organisationen in Österreich 2006. Institut für Sozialpolitik Wirtschaftsuniversität Wien. Wien.

Schnitzer, Hans; Jasch Christine (2011): Fokus Ressourceneffizienz. In: Hubert Biedermann, Markus Zwainz und Rupert J. Baumgartner (Hrsg.): Umweltverträgliche Produktion und nachhaltiger Erfolg. München und Mering: Rainer Hampp Verlag, S. 101–110.

Schnurr, Stefan (2001): Partizipation. In: Hans-Uwe Otto, Hans Thiersch und Karin Böllert (Hrsg.): Handbuch der Sozialarbeit, Sozialpädagogik. Neuwied: Luchterhand, S. 1330–1345.

Schnurr, Stefan (2011): Partizipation. In: Hans-Uwe Otto und Hans Thiersch (Hrsg.): Handbuch Soziale Arbeit. München: Ernst Reinhardt, S. 1069–1078.

Schober, Christian; Rauscher Olivia (2014): Was ist Impact? Gesellschaftliche Wirkungen von (Nonprofit) Organisationen. NPO-Institut der Wirtschaftsuniversität Wien. Wien: Download: https://www.wu.ac.at/fileadmin/wu/d/cc/npocompetence/downloads/Schober_Rauscher_2014_gesellschaftliche_Wirkungen.pdf [3. 8. 2016].

Schultze, Rainer-Olaf (1998a): Demokratie. In: Dieter Nohlen, Rainer-Olaf Schultze und Suzanne S. Schüttemeyer (Hrsg.): Lexikon der Politik, Band 7: Politische Begriffe. München: C. H. Beck, S. 112–115.

Schultze, Rainer-Olaf (1998b): Partizipation. In: Dieter Nohlen, Rainer-Olaf Schultze und Suzanne S. Schüttemeyer (Hrsg.): Lexikon der Politik, Band 7: Politische Begriffe. München: C. H. Beck, S. 470–472.

Schumacher, Maria (2011): Betriebliche Beteiligung. In: Werner Fuchs-Heinritz, Daniela Klimke, Rüdiger Lautmann, Otthein Rammstedt, Urs Stäheli, Christoph Weischer und Hanns Wienold (Hrsg.): Lexikon zur Soziologie. Wiesbaden: VS Verlag für Sozialwissenschaften, S. 89.

Scott, William R. (1986): Grundlagen der Organisationstheorie. Frankfurt am Main: Campus.

Seibel, Wolfgang (2002): Das Spannungsfeld zwischen „Mission" und „Ökonomie" im Nonprofit-Sector – Eine organisationstheoretische Einordnung. In: Reinbert Schauer, Robert Purtschert und Dieter Witt (Hrsg.): Nonprofit-Organisationen und gesellschaftliche Entwicklung: Spannungsfeld zwischen Mission und Ökonomie. Linz: Trauner, S. 15–38.

Seippel, Alf (1976): Handbuch aktivierende Gemeinwesenarbeit. Gelnhausen: Burckhardthaus-Verlag.

Seithe, Mechthild (2012): Schwarzbuch Soziale Arbeit. Wiesbaden: VS Verlag für Sozialwissenschaften.

Seithe, Mechthild (2014): Zur Begründung einer Re-Politisierung Sozialer Arbeit. In: Birgit Bütow, Karl August Chassé und Werner Lindner (Hrsg.): Das Politische im Sozialen. Historische Linien und aktuelle Herausforderungen der Sozialen Arbeit. Leverkusen: Budrich, S. 109–133.

Sen, Amartya (1992): Inequality Reexamined. New York.

Sen, Amartya (2007): Ökonomie für den Menschen. Wege zur Gerechtigkeit und Solidarität in der Marktwirtschaft. München: dtv.

Sennett, Richard (2000): Der flexible Mensch. Die Kultur des neuen Kapitalismus. München: btb Verlag.

Sennett, Richard (2005): Die Kultur des neuen Kapitalismus. Berlin: Berlin-Verlag.

Sennett, Richard (2012): Zusammenarbeit. Was unsere Gesellschaft zusammenhält. Berlin: Hanser.

Simsa, Ruth (2013): Gesellschaftliche Restgröße oder treibende Kraft? Soziologische Perspektiven auf NPOs. In: Ruth Simsa, Michael Meyer und Christoph Badelt (Hrsg.): Handbuch der Nonprofit-Organisation. Strukturen und Management. Stuttgart: Schäffer-Poeschel, S. 125–142.

Simsa, Ruth (2014): Drifting apart? Unterschiedliche Handlungslogiken von formalisierten und nichtformalisierten zivilgesellschaftlichen Akteuren. In: Annette Zimmer und Ruth

Simsa (Hrsg.): Forschung zu Zivilgesellschaft, NPOs und Engagement. Quo vadis? Wiesbaden: VS Verlag für Sozialwissenschaften, S. 181–197.

Simsa, Ruth; Meyer, Michael; Badelt, Christoph (Hrsg.) (2013): Handbuch der Nonprofit-Organisation. Strukturen und Management. Stuttgart: Schäffer-Poeschel.

Simsa, Ruth; Schober, Christian; Schober, Doris. (2004): Nonprofit Organisationen im sozialen Dienstleistungsbereich. Bedeutung, Rahmenbedingungen, Perspektiven. Studie im Auftrag der BAG „Freie Wohlfahrt". NPO-Institut der Wirtschaftsuniversität Wien. Wien: Download: http://epub.wu.ac.at/3666/1/npo-institut_npos_im_sozialen_dienstleistungsbereich.pdf [26. 7. 2016].

Simsa, Ruth; Zimmer, Annette (2014): Quo vadis? In: Annette Zimmer und Ruth Simsa (Hrsg.): Forschung zu Zivilgesellschaft, NPOs und Engagement. Quo vadis? Wiesbaden: VS Verlag für Sozialwissenschaften, S. 11–37.

Sing, Eva (2011): Gemeinwesenarbeit aus österreichischer Sicht. In: Maria Anastasiadis, Arno Heimgartner, Helga Kittl-Satran und Michael Wrentschur (Hrsg.): Sozialpädagogisches Wirken. Münster, Berlin und Wien: LIT, S. 274–288.

Sloterdijk, Peter (2010): Die nehmende Hand und die gebende Seite. Beiträge zu einer Debatte über die demokratische Neubegründung von Steuern. Frankfurt am Main: Suhrkamp.

Social Economy Europe (2007): Social Economy Charter. Brüssel. Download: http://www.amice-eu.org/userfiles/file/2007_08_20_EN_SE_charter.pdf [26. 7. 2016].

Sommerfeld, Peter; Hüttemann, Matthias (Hrsg.) (2007): Evidenzbasierte Soziale Arbeit. Nutzung von Forschung in der Praxis. Baltmannsweiler: Schneider-Verlag Hohengehren.

Spear, Roger (2006): Social entrepreneurship: a different model? In: *International Journal of Social Economics* 33 (5/6), S. 399–410.

Spitzer, Helmut (2010): Soziale Arbeit in Österreich – eine Profession in Österreich. In: *Neue Praxis* (3), S. 321–330.

Springer, Alfred (1985): Jugendarbeit im Wandel der Zeit. In: Österreichisches Institut für Jugendkunde (Hrsg.): Jugendarbeit in Verbänden und offenen Gruppen. Jugendarbeit in Österreich. Österreichischer Jugendbericht 3. Wien: Jugend und Volk Verlagsgesellschaft, S. 8–36.

Squazzoni, Flaminio (2009): Social Entrepreneurship and Economic Development in Silicon Valley: A Case Study on The Joint Venture: Silicon Valley Network. In: *Nonprofit and Voluntary Sector Quarterly* 38 (5), S. 869–883.

SROI Network (2012): A guide to Social Return on Investment. Haddington. Download: http://www.thesroinetwork.org/publications/publications/cat_view/29-the-sroi-guide/223-the-guide-in-english-2012-edition [30. 01. 2015].

Stanzl, Peter (2011): Bedarfsorientierte Mindestsicherung. In: Christine Stelzer-Orthofer und Josef Weidenholzer (Hrsg.): Aktivierung und Mindestsicherung. Nationale und europäische Strategien gegen Armut und Arbeitslosigkeit. Wien: Mandelbaum, S. 201–214.

Stark, Wolfgang (1993): Menschen stärken. Empowerment als eine neue Sicht auf klassische Themen von Sozialpolitik und sozialer Arbeit. In: *Blätter der Wohlfahrtspflege* (2), S. 41–44.

Statistik Austria (2016): Armut und soziale Ausgrenzung 2015. Pressemitteilung. 11.257-068/16. Wien. Download. http://www.statistik.at/web_de/statistiken/menschen_und_gesellschaft/soziales/armut_und_soziale_eingliederung/index.html [29. 4. 2016].

Staub-Bernasconi, Silvia (1995): Das fachliche Selbstverständnis Sozialer Arbeit – Wege aus der Bescheidenheit. Soziale Arbeit als „Human Right Profession". In: Wolf Rainer Wendt (Hrsg.): Soziale Arbeit im Wandel ihres Selbstverständnisses. Beruf und Identität. Freiburg im Breisgau: Lambertus, S. 57–80.

Staub-Bernasconi, Silvia (2007): Soziale Arbeit als Handlungswissenschaft. Bern, Stuttgart und Wien: Haupt Verlag.

Steinacker, Sven; Sünker, Heinz (2011): Solidarische Professionalität – Facetten und Widersprüche kritischer Sozialer Arbeit in den sechziger und siebziger Jahren des 20. Jahrhunderts. In: Piotr Salustowicz (Hrsg.): Soziale Arbeit zwischen Kontrolle und Solidarität – Auf der Suche nach dem neuen Sozialen. Warszawa/Bielefeld: Societas Pars Mundi Publishing, S. 193–221.

Steiner, Gerald; Posch, Alfred (Hrsg.) (2006): Innovative Forschung und Lehre für eine nachhaltige Entwicklung. Aachen: Shaker.

Steiner, Michael (2002): Vom Wandel in Vergangenheit und Gegenwart. Die wirtschaftliche Entwicklung der Steiermark seit 1945. In: Alfred Ableitinger und Dieter A. Binder (Hrsg.): Geschichte der österreichischen Bundesländer seit 1945 – Steiermark. Wien, Köln und Weimar: Böhlau, S. 127–234.

Steirischer Herbst Festival GmbH (Hrsg.) (2012): herbst. Theorie zur Praxis. Graz. Download: http://www.steirischerherbst.at/2012/deutsch/magazin/magazin.php [17.7.2016].

Stekl, Hannes (1978): Österreichs Zucht- und Arbeitshäuser 1671–1920. Institutionen zwischen Fürsorge und Strafvollzug. Wien: Sozial- und wirtschaftshistorische Studien. Universität Wien.

Stelzer-Orthofer, Christine (Hrsg.) (2006): Arbeitsmarktpolitik im Aufbruch. Herausforderungen und innovative Konzepte. Wien: Mandelbaum.

Stelzer-Orthofer, Christine (2006): Politik um die Erwerbsarbeit. In: Christine Stelzer-Orthofer (Hrsg.): Arbeitsmarktpolitik im Aufbruch. Herausforderungen und innovative Konzepte. Wien: Mandelbaum, S. 7–22.

Stelzer-Orthofer, Christine (2008): Aktivierung und soziale Kontrolle. In: Josef Bakic, Marc Diebäcker und Elisabeth Hammer (Hrsg.): Aktuelle Leitbegriffe der Sozialen Arbeit. Ein kritisches Handbuch. Wien: Löcker, S. 11–25.

Stelzer-Orthofer, Christine (2011): Mindestsicherung und Aktivierung. Strategien der österreichischen Arbeitsmarktpolitik. In: Christine Stelzer-Orthofer und Josef Weidenholzer (Hrsg.): Aktivierung und Mindestsicherung. Nationale und europäische Strategien gegen Armut und Arbeitslosigkeit. Wien: Mandelbaum, S. 141–156.

Stelzer-Orthofer, Christine; Weidenholzer, Josef (Hrsg.) (2011): Aktivierung und Mindestsicherung. Nationale und europäische Strategien gegen Armut und Arbeitslosigkeit. Wien: Mandelbaum.

Steyaert, Chris; Hjorth, Daniel (Hrsg.) (2006): Entrepreneurship as Social Change. A Third Movements in Entrepreneurship Book. Cheltenham: Edward Elgar.

Stoppacher, Peter (2005): Evaluierungen von Beschäftigungsprojekten – Erfahrungen aus Sicht der Forschung. In: Rainer Loidl-Keil und Wolfgang Laskowski (Hrsg.): Evaluationen in Sozialen Integrationsunternehmen. Konzepte, Beispiele, Erfahrungen. München und Mering: Rainer Hampp Verlag, S. 121–131.

Straßburger, Gaby (2014): Individuelle, institutionelle und politisch-rechtliche Voraussetzungen für Partizipation. In: Gaby Straßburger und Judith Rieger (Hrsg.): Partizipation kompakt. Für Studium, Lehre und Praxis sozialer Berufe. Weinheim und Basel: Beltz Juventa, S. 52–122.

Straßburger, Gaby; Rieger, Judith (Hrsg.) (2014): Partizipation kompakt. Für Studium, Lehre und Praxis sozialer Berufe. Weinheim und Basel: Beltz Juventa.

Straßburger, Gaby; Rieger, Judith (2014): Bedeutung und Formen der Partizipation – Das Modell der Partizipationspyramide. In: Gaby Straßburger und Judith Rieger (Hrsg.): Partizipation kompakt. Für Studium, Lehre und Praxis sozialer Berufe. Weinheim und Basel: Beltz Juventa, S. 12–42.

Strauss, Anselm; Corbin, Juliet (1996): Grounded Theory: Grundlagen Qualitativer Sozialforschung. Weinheim: Beltz.

Sturzenhecker, Benedikt (2008): Partizipation als politische Bildung in der Jugendarbeit. In: Verein Wiener Jugendzentren (Hrsg.): Partizipation. Zur Theorie und Praxis in der politischen Bildung in der Jugendarbeit. Wien: Verein Wiener Jugendzentren, S. 20–31.

Swedberg, Richard (2006): Social Entrepreneurship: The View of the Young Schumpeter. In: Chris Steyaert und Daniel Hjorth (Hrsg.): Entrepreneurship as Social Change. A Third Movements in Entrepreneurship Book. Cheltenham: Edward Elgar, S. 21–34.

Talos, Emmerich (1981): Staatliche Sozialpolitik in Österreich. Wien: Verlag für Gesellschaftskritik.

Tálos, Emmerich (2005): Vom Siegeszug zum Rückzug. Sozialstaat Österreich 1945–2005. Innsbruck: Studienverlag.

Tálos, Emmerich (2006): Sozialpartnerschaft. Austrokorporatismus am Ende? In: Herbert Dachs, Peter Gerlich, Herbert Gottweis, Helmut Kramer, Volkmar Lauber, C. Wolfgang Müller und Emmerich Tálos (Hrsg.): Politik in Österreich. Das Handbuch. Wien: Manz, S. 425–442.

Tálos, Emmerich; Wörister, Karl (1994): Soziale Sicherung im Sozialstaat Österreich. Entwicklung, Herausforderungen, Strukturen. Baden-Baden: Nomos.

Tanter Raymond; Midlarsky, Manus (1979): Revolutionen. Eine quantitative Analyse. In: Wolfgang Zapf (Hrsg.): Theorien des Sozialen Wandels. Königstein: Anton Hain Meisenheim GmbH, S. 418–441.

Tashakkori, Abbas; Teddlie, Charles (Hrsg.) (2003): Handbook of Mixed Methods in Social & Behavioral Research. Thousand Oakes: Sage Publications.

Teitzer, Roland (2014): Atypische Beschäftigung in Österreich vor und in der Krise. Ausmaß, Kombinationen atypischer Beschäftigung und Risikogruppen im Wandel. Working Papers on Employment Flexibilization. Universität Wien. Wien. Download: http://www.soz.univie.ac.at/fileadmin/user_upload/inst_soziologie/Personen/Institutsmitglieder/Teitzer/Atypische_Besch%C3%A4ftigung_in_%C3%96sterreich_vor_und_in_der_Krise-Teitzer.pdf [3.7.2015].

Terhart, Ewald.; Tillmann, Klaus-Jürgen (2007): Schulentwicklung und Lehrerbildung: Das Lehrer-Forscher-Modell der Laborschule auf dem Prüfstand. Bad Heilbrunn: Klinkhardt.

Thiersch, Hans (1996): Theorie der Sozialarbeit/Sozialpädagogik. In: Dieter Kreft und Mielenz Ingrid (Hrsg.): Wörterbuch Soziale Arbeit. Weinheim und München: Juventa, S. 618–623.

Thiersch, Hans (2004): Sozialpädagogik und Sozialarbeit. In: *Sozialpädagogische Impulse* (2), S. 4–9.

Thiersch, Hans (2005): Lebensweltorientierte Soziale Arbeit. Weinheim und München: Juventa.

Thiersch, Hans (2008): Theorie der Sozialarbeit/Sozialpädagogik. In: Dieter Kreft und Mielenz Ingrid (Hrsg.): Wörterbuch Soziale Arbeit, S. 976–981.

Thiersch, Hans (2013): AdresatInnen der Sozialen Arbeit. In: Gunther Graßhoff (Hrsg.): Adressaten, Nutzer, Agency. Akteursbezogene Forschungsperspektiven in der Sozialen Arbeit. Wiesbaden: VS Verlag für Sozialwissenschaften, S. 17–35.

Thiersch, Hans (2016): Alltag und Lebenswelt im 21. Jahrhundert. Ein gespräch mit Karin Lauermann. In: *Sozialpädagogische Impulse* 4, S. 6–11.

Thole, Werner (2010): Die Soziale Arbeit – Praxis, Theorie, Forschung und Ausbildung. In: Werner Thole (Hrsg.): Grundriss Sozialer Arbeit. Wiesbaden: VS Verlag für Sozialwissenschaften, S. 19–70.

Thole, Werner (Hrsg.) (2010): Grundriss Sozialer Arbeit. Wiesbaden: VS Verlag für Sozialwissenschaften.

Thomson, Christiane (2013): Diesseits von Authentizität und Emanzipation. Verschiebungen kritischer Erziehungswissenschaft zu einer kritischen Ontologie der Gegenwart. In: Norbert Ricken und Markus Rieger-Ladich (Hrsg.): Michel Foucault: Pädagogische Lektüren: VS Verlag für Sozialwissenschaften, S. 39–57.

Tilly, Charles (1978): From Mobilization to Revolution. Reading: Addison Wesley.

Tocqueville, Alexis de (1986): Über die Demokratie in Amerika. Stuttgart: Reclam.

Treptow, Rainer (2001): Kultur und Soziale Arbeit. Aufsätze. Münster: Votum.

Tschandl, Martin; Posch, Alfred (Hrsg.) (2012): Integriertes Umweltcontrolling. Von der Stoffstromanalyse zum integrierten Bewertungs- und Informationssystem. Wiesbaden: Gabler.

Türk, Klaus (2000): Organisation als Institution der kapitalistischen Gesellschaftsformation. In: Günther Ortmann, Jörg Sydow und Klaus Türk (Hrsg.): Theorien der Organisation. Die Rückkehr der Gesellschaft. Opladen: Westdeutscher Verlag, S. 124–176.

Uehlinger, Hans-Martin (1988): Politische Partizipation in der Bundesrepublik. Strukturen und Erklärungsmodelle. Opladen: Westdeutscher Verlag.

Unger, Hella von (2014): Partizipative Forschung. Einführung in die Forschungspraxis. Wiesbaden: VS Verlag für Sozialwissenschaften.

van Deth, Jan W. (2001): Soziale und politische Beteiligung. Alternativen, Ergänzung oder Zwillinge. In: Achim Koch, Matina Wasmer und Peter Schmidt (Hrsg.): Blickpunkt Gesellschaft 6. Politische Partizipation in der Bundesrepublik Deutschland. Empirische Befunde und theoretische Erklärungen. Opladen: Leske und Budrich, S. 196–219.

Vandor, Peter; Millner, Reinhard; Moder, Clara; Schneider, Hanna; Meyer, Michael (2015): Das Potenzial von Social Business in Österreich. NPO & SE Kompetenzzentrum der Wirtschaftsuniversität Wien. Wien. Download: https://www.awsg.at/Content.Node/files/events/20151105_Studie_Das_Potenzial_von_Social_Business_in_Oesterr.pdf [26. 7. 2016].

Vanek, Jaroslav (1975): Marktwirtschaft und Arbeiterselbstverwaltung. Frankfurt am Main und New York: Campus.

Verba, Sidney; Nie, Norman (1972): Participation in America. Political Democracy and Social Equality. New York: Harper & Row.

Verba, Sidney; Nie, Normann; Kim, Jae-On (1978): Participation and Political Equality. A Seven Nation Comparison. New York und London: Cambridge University Press.

Verba, Sidney; Scholzman, Kay L.; Brady, Henry (1995): Voice and Equality. Civic Voluntarism in Amerikan Politics. Cambridge, Mass: Harvard University Press.

Verein Wiener Jugendzentren (Hrsg.) (2008): Partizipation. Zur Theorie und Praxis in der politischen Bildung in der Jugendarbeit. Wien: Verein Wiener Jugendzentren.

Vereinte Nationen (1989): UN-Konvention über die Rechte des Kindes. Download: https://www.amnesty.at/de/view/files/download/showDownload/?tool=12&feld=download&sprach_connect=124 [17. 7. 2016].

Vereinte Nationen (1992): Agenda 21. Konferenz der Vereinten Nationen für Umwelt und Entwicklung. Rio de Janeiro, Juni 1992. Download: http://www.un.org/depts/german/conf/agenda21/agenda_21.pdf [17. 7. 2016].

Vereinte Nationen (2002): Report of the World Summit on Sustainable Development. New York. Download: http://unmillenniumproject.org/documents/131302_wssd_report_reissued.pdf [8. 4. 2016].

Vickers, Ian (2013): Environmentally-motivated social enterprise – Origins, contributions and opportunities. In: Maria Anastasiadis (Hrsg.): ECO-WISE – Social Enterprises as Sustainable Actors. Concepts, Performances, Impacts. Bremen: Europäischer Hochschulverlag, S. 21–46.

Vienney, Claude (1994): L'économie sociale. Paris: La Découverte.

Vilmar, Fritz (1973): Strategien der Demokratisierung. Band I: Theorie der Praxis; Band II: Modelle und Kämpfe der Praxis. Darmstadt: Luchterhand.

Vilmar, Fritz (1983): Partizipation. In: Wolfgang W. Mickel und Dietrich Zitzlaff (Hrsg.): Handlexikon zur Politikwissenschaft. München: Ehrenwirth, S. 339–344.

Vobruba, Georg (1998): Ende der Vollbeschäftigungsgesellschaft. In: *Zeitschrift für Sozialreform* 44 (2), S. 77–79.

Vogel, Margot; Truniger, Janine (2012): Subjektivität im Forschungsprozess – eine methodologische Herausforderung. In: Arno Heimgartner, Ulrike Loch und Stephan Sting (Hrsg.): Empirische Forschung in der Sozialen Arbeit. Methoden und methodologische Herausforderungen. Münster, Berlin und Wien: LIT, S. 53–65.

Vogel, Steffen (2013): Europas Revolution von oben. Sparpolitik und Demokratie in der Eurokrise. Hamburg: LAIKA.

Vogt, Ludgera (2005): Das Kapital der Bürger. Theorie und Praxis zivilgesellschaftlichen Engagements. Frankfurt am Main und New York: Campus.

Volkshilfe Österreich (Hrsg.) (2009): Seniorenfreundliche Gemeinde. Ein Handbuch. Wien: Eigenverlag.

Voß, Jan-Peter (2008): Nebenwirkungen und Nachhaltigkeit: Reflexive Gestaltungsansätze zum Umgang mit sozial-ökologischen Ko-Evolutionsprozessen. In: Hellmuth Lange (Hrsg.): Nachhaltigkeit als radikaler Wandel. Die Quadratur des Kreises? Wiesbaden: VS Verlag für Sozialwissenschaften, S. 237–261.

Voss, Kathrin (Hrsg.) (2014): Internet und Partizipation. Bottom-up oder Top-down? Politische Beteiligungsmöglichkeiten im Internet. Wiesbaden: VS Verlag für Sozialwissenschaften.

Voss, Kathrin (2014): Internet und Partizipation – Einleitung. In: Kathrin Voss (Hrsg.): Internet und Partizipation. Bottom-up oder Top-down? Politische Beteiligungsmöglichkeiten im Internet. Wiesbaden: VS Verlag für Sozialwissenschaften, S. 9–25.

Wagner, Leonie (Hrsg.) (2009): Soziale Arbeit und Soziale Bewegungen. Wiesbaden: VS Verlag für Sozialwissenschaften.

Wagner, Leonie (2009): Soziale Arbeit und Soziale Bewegungen – Einleitung. In: Leonie Wagner (Hrsg.): Soziale Arbeit und Soziale Bewegungen. Wiesbaden: VS Verlag für Sozialwissenschaften, S. 9–21.

Wagner, Leonie; Wenzel Cornelia (2009): Frauenbewegung und Soziale Arbeit. In: Leonie Wagner (Hrsg.): Soziale Arbeit und Soziale Bewegungen. Wiesbaden: VS Verlag für Sozialwissenschaften, S. 21–73.

Walther, Andreas (2005): Partizipation als Weg aus dem Aktivierungsdilemma? Perspektiven subjektorientierter Unterstützung junger Frauen und Männer im Übergang in die Arbeit im internationalen Vergleich. In: Heinz-Jürgen Dahme und Norbert Wohlfahrt (Hrsg.): Aktivierende Soziale Arbeit. Theorie – Handlungsfelder – Praxis. Baltmannsweiler: Schneider-Verlag Hohengehren, S. 44–58.

Walther, Andreas (2010): Partizipation oder Nicht-Partizipation? Sozialpädagogische Vergewisserung eines scheinbar eindeutigen Konzepts zwischen Demokratie, sozialer Integration und Bildung. In: *Neue Praxis* (2), S 115–135.

Walther, Andreas (2014): Bildung und Partizipation. Ein Beitrag zum Bildungsdiskurs in der Jugendhilfe. In: *Zeitschrift für Sozialpädagogik* (2), S. 116–135.

Weber, Susanne; Maurer, Susanne (Hrsg.) (2006): Gouvernementalität und Erziehungswissenschaft. Wissen, Macht, Transformation. Wiesbaden: VS Verlag für Sozialwissenschaften.

Weber, Susanne Maria; Göhlich, Michael; Schröer, Andreas; Fahrenwald, Claudia; Macha, Hildegard (Hrsg.) (2013): Organisation und Partizipation. Beiträge der Kommission Organisationspädagogik. Dordrecht: Springer.

Weisbrod, Burton A. (1977): The Voluntary Nonprofit Sector: An Economic Analysis. Lexington: Lexington Books.

Weiß, Ulrich (1998): Emanzipation. In: Dieter Nohlen, Rainer-Olaf Schultze und Suzanne S. Schüttemeyer (Hrsg.): Lexikon der Politik, Band 7: Politische Begriffe. München: C.H. Beck, S. 142.

Wendt, Wolf Rainer (Hrsg.) (1995): Soziale Arbeit im Wandel ihres Selbstverständnisses. Beruf und Identität. Freiburg im Breisgau: Lambertus.

Wendt, Wolf Rainer (2014): Soziales Unternehmertum im EU-Binnenmarkt und Unternehmen im System der Wohlfahrtspflege. In: Volker Brinkmann (Hrsg.): Sozialunternehmertum. Baltmannsweiler: Schneider-Verlag Hohengehren, S. 19–29.

Wendt, Wolf Rainer (2016): Sozialwirtschaft kompakt. Grundzüge der Sozialwirtschaftslehre. Wiesbaden: VS Verlag für Sozialwissenschaften.

WHO (1986): Ottawa Charta zur Gesundheitsförderung. Ottawa. Download: http://www.euro.who.int/__data/assets/pdf_file/0006/129534/Ottawa_Charter_G.pdf [17.7.2016].

Widy, Güther; Ernst, Karl (2011): Behinderteneinstellungsgesetz. Gesetze und Kommentare. Wien: ÖGB-Verlag.

Wildt, Johannes (2011): „Forschendes Lernen“ als Hochform aktiven und kooperativen Lernens. In: Ralf Diedrich und Ulrich Heilemann (Hrsg.): Ökonomisierung der Wissensgesellschaft. Berlin: Duncker & Humblot, S. 93–108.

Wilkesmann, Maximiliane (2009): Wissenstransfer im Krankenhaus. Institutionelle und strukturelle Voraussetzungen. Wiesbaden: VS Verlag für Sozialwissenschaften.

Wilkinson, Richard G.; Pickett, Kate (2010): Gleichheit ist Glück. Warum gerechte Gesellschaften für alle besser sind. Hamburg: Tolkemitt.

Winkler, Christian (2006): Arbeitslosenanwaltschaft. Überlegungen zur Errichtung in Oberösterreich. In: Christine Stelzer-Orthofer (Hrsg.): Arbeitsmarktpolitik im Aufbruch. Herausforderungen und innovative Konzepte. Wien: Mandelbaum, S. 296–312.

WISE-Project (2009): A WISE way of working. Work Integration Social Enterprises and their role in European Policies. National Cross Cutting Reports. Brüssel. Download: http://www.sopol.at/document/download/a-wise-way-of-working-work-integration-social-enterprises-and-their-role-in-european-policies [30.7.2016].

Wohlfahrt, Norbert (2004): Bürgeraktivierung statt Nutzerorientierung? Das Quartier im Mittelpunkt managerieller Verwaltungsmodernisierung. In: Fabian Kessl und Hans-Uwe Otto (Hrsg.): Soziale Arbeit und Soziales Kapital. Zur Kritik lokaler Gemeinschaftlichkeit. Wiesbaden: VS Verlag für Sozialwissenschaften, S. 123–139.

Wolski-Prenger, Friedhelm; Rothardt, Dieter (1996): Soziale Arbeit mit Arbeitslosen. Beratung, Bildung, Selbstorganisation. Weinheim und Basel: Beltz.

Woltran, Iris (2011): Arbeitsmarktpolitik in Österreich. Von monetärer Sicherung und arbeitsmarktpolitischen Maßnahmen. In: Christine Stelzer-Orthofer und Josef Weidenholzer (Hrsg.): Aktivierung und Mindestsicherung. Nationale und europäische Strategien gegen Armut und Arbeitslosigkeit. Wien: Mandelbaum, S. 122–141.

WCED World Commission on Environment and Development (1987): Report of the World Commission on Environment and Development: Our Common Future. Oxford: Oxford University Press. Download: http://www.un-documents.net/our-common-future.pdf [17.7.2016].

WWF – World Wide Fund For Nature (2014a): Living Planet Report 2014. Kurzfassung. WWF Deutschland. Download: http://www.wwf.de/fileadmin/fm-wwf/Publikationen-PDF/WWF_LPR2014_Kurzfassung.pdf [26.7.2016].

WWF – World Wide Fund For Nature (2014b): Living Planet Report 2014. Species and spaces, people and places: WWF International. Download: http://www.wwf.de/fileadmin/fm-wwf/Publikationen-PDF/WWF-LPR2014-EN-LowRes.pdf [26.7.2016].

WWF – World Wide Fund For Nature (2014c): Living Planet Report 2014: WWF schlägt Alarm für den Planeten. Download: http://www.wwf.at/de/living-planet-report-2014/ [26.7.2016].

Wrentschur, Michael (2005): Partizipation: Ein vielschichtiger Begriff. In: *Sozialpädagogische Impulse* (1), S. 4–6.

Wrentschur, Michael (2011): Soziokultur und Partizipation. Facetten einer vielschichtigen Beziehung. In: Maria Anastasiadis, Arno Heimgartner, Helga Kittl-Satran und Michael Wrentschur (Hrsg.): Sozialpädagogisches Wirken. Münster, Berlin und Wien: LIT, S. 243–260.

Wurtzbacher, Jens (2014): Politische Grundlagen von Partizipation: Leitbild und Beteiligungsformen. In: Gaby Straßburger und Judith Rieger (Hrsg.): Partizipation kompakt. Für Studium, Lehre und Praxis sozialer Berufe. Weinheim und Basel: Beltz Juventa, S. 99–108.

Young, Dennis R. (2000): Alternative Models of Government-Nonprofit Sector Relations: Theoretical and International Perspectives. In: *Nonprofit and Voluntary Sector Quartaly* 29 (1), S. 149–172.

Young, Dennis R. (2003): New Trends in the US Non-profit Sector: Towards Market Integration? In: OECD (Hrsg.): The Non-profit Sector in a Changing Economy. Paris: OECD, S. 61–79.

Young, Dennis R.; Lecy, Jesse D. (2014): Defining the Universe of Social Enterprise: Competing Metaphores. In: *Voluntas* (25), S. 1307–1332.

Zapf, Wolfgang (Hrsg.) (1979): Theorien des Sozialen Wandels. Königstein: Anton Hain Meisenheim GmbH.

Zauner, Alfred (2002): Über die Solidarität zu Wissen. Ein systemtheoretischer Zugang zu Nonprofit Organisationen. In: Christoph Badelt (Hrsg.): Handbuch der Nonprofit Organisation. Stuttgart: Schäffer-Poeschel, S. 153–181.

Zauner, Heinz (2006): Entwicklungen und Maßnahmen der aktiven Arbeitsmarktpolitik in Österreich. In: Christine Stelzer-Orthofer (Hrsg.): Arbeitsmarktpolitik im Aufbruch. Herausforderungen und innovative Konzepte. Wien: Mandelbaum, S. 204–217.

Ziegler, Petra; Sturm, René (2015): Ziele und nationale Vorgaben der Europa-2020-Strategie für ein „intelligentes, nachhaltiges und integratives Wachstum". In: *AMS info* (310), S. 1–4.

Zilian, Hans-Georg; Flecker, Jörg (Hrsg.) (2000): Soziale Sicherheit und Strukturwandel der Arbeitslosigkeit. München und Mering: Rainer Hampp Verlag.

Zimmer, Annette; Nährlich, Stefan (Hrsg.) (2000): Engagierte Bürgerschaft. Traditionen und Perspektiven. Opladen: Leske und Budrich.

Zimmer, Annette; Priller, Eckhard (2004): Gemeinnützige Organisationen im gesellschaftlichen Wandel. Ergebnisse der Dritt-Sektor-Forschung. Wiesbaden: VS Verlag für Sozialwissenschaften.

Zimmer, Annette.; Simsa, Ruth (Hrsg.) (2014). Forschung zu Zivilgesellschaft, NPOs und Engagement. Quo vadis? Wiesbaden: VS Verlag für Sozialwissenschaften.

Zimmermann, Friedrich, M. (2006): Nachhaltige Entwicklung und Universitäten. In: Gerald Steiner und Alfred Posch (Hrsg.): Innovative Forschung und Lehre für eine nachhaltige Entwicklung. Aachen: Shaker, S. 1–15.

Zimpel, Gisela (1970): Der beschäftigte Mensch : Beiträge zur sozialen und politischen Partizipation. München: Juventa.

Zinser, Claudia (2005): Partizipation erproben und Lebenswelten gestalten. In: Ulrich Deinet und Benedikt Strurzenhecker (Hrsg.): Handbuch offene Kinder- und Jugendarbeit. Wiesbaden: VS Verlag für Sozialwissenschaften, S. 157–166.

Zöfel, Peter (2002): Statistik verstehen. Ein Begleitbuch zur computergestützten Anwendung. München und Boston: Addison-Wesley.

Zoll, Rainer (1993): Alltagssolidarität und Individualismus. Zum soziokulturellen Wandel. Frankfurt am Main: Suhrkamp.

Zychlinski, Jan (2012): Das Paradox des ungeschützten Begriffs der Partizipation – eine veränderte Perspektive auf sozialräumliche Entwicklungsprozesse. In: Manuela Brandstetter, Tom Schmid, Monika Vyslouzil (Hrsg.): Community Studies aus der Sozialen Arbeit. Theorien und Anwendungsbezüge aus der Forschung im kleinstädtischen/ländlichen Raum. Münster, Berlin und Wien: LIT, S. 93–121.

Anhang

Abbildungsverzeichnis

Tabellenverzeichnis

Liste der ExpertInnen der explorativen Erhebung

IPw 1: ECO-WISE-Vertreterin
IPm 2: ECO-WISE-Vertreter
IPm 3: ECO-WISE-Vertreter
IPm 4: ECO-WISE-Vertreter
IPm 5: ECO-WISE-Vertreter
IPm 6: ECO-WISE-Vertreter
IPm 7: ECO-WISE-Vertreter
IPm 8: Sozialwissenschafter
IPm 9: Politikwissenschafter
IPw 10: Umwelt- und Systemwissenschafterin
IPw 11: Umwelt- und Systemwissenschafterin
IPw 12: Interessensvertreterin
IPm 13: Interessensvertreter
IPw 14: Vertreterin des Sozialministeriumsservice
IPw 15: Vertreterin der AMS Landesgeschäftsstelle Steiermark

Liste der Think-Tank-DiskutantInnen

IPw: Forscherin
GP1FGw: Fördergeberin weiblich
GP2FGw: Fördergeberin weiblich
GP3FGm: Fördergeber männlich
GP4GFm: Geschäftsführer eines ECO-WISE
GP5GFm: Geschäftsführer eines ECO-WISE
GP6GFm: Geschäftsführer eines ECO-WISE
GP7GFm: Geschäftsführer eines ECO-WISE
GP8IGorgm: Interessenvertreter aus dem Organisationsfeld
GP9IGadm: Interessenvertreter aus dem AdressatInnenfeld
GP10GFw: Geschäftsführerin eines ECO-WISE
GP11GFm: Geschäftsführer eines ECO-WISE
GP12GFm: Geschäftsführer eines ECO-WISE
GP13GFm: Geschäftsführer eines ECO-WISE
GP14GFm: Geschäftsführer eines ECO-WISE
GP15GFm: Geschäftsführer eines ECO-WISE
GP16GFm: Geschäftsführer eines ECO-WISE
GP17SKsozw: Strategische Koordinatorin aus dem Sozialbereich
GP18SFm: Sozialwissenschafter
GP19PVökolm: Sachpolitischer Vertreter aus dem Umweltbereich
GP20SKökolm: Strategischer Koordinator aus dem Umweltbereich
GP21UFw: Umweltwissenschafterin
GP22UFm: Umweltwissenschafter
GP23IVökonm: Interessenvertreter aus der Wirtschaft
GP24PVökonm: Sachpolitischer Vertreter aus der Wirtschaft